第一册

册府元龜

中華書局影印

圖書在版編目(CIP)數據

册府元龜/(北宋)王欽若等編.—北京:中華書局,
1960.6(2023.6 重印)

ISBN 978-7-101-00386-4

Ⅰ.册… Ⅱ.王… Ⅲ.百科全書-中國-北宋
Ⅳ.Z222

中國版本圖書館 CIP 數據核字(2003)第 048058 號

責任印製:管 斌

册 府 元 龜

(全十二册)

〔北宋〕王欽若等 編

*

中 華 書 局 出 版 發 行

(北京市豐臺區太平橋西里 38 號 100073)

http://www.zhbc.com.cn

E-mail:zhbc@zhbc.com.cn

北京市白帆印務有限公司印刷

*

787×1092 毫米 1/16 · 743½ 印張

1960 年 6 月第 1 版 2023 年 6 月第 12 次印刷

印數:10101-10400 册 定價:3500.00 元

ISBN 978-7-101-00386-4

影印明本册府元龜序

陳垣

册府元龜爲宋朝四大部書之一，亦爲清四庫全書中最大部書之一，庫本凡二萬七千二百餘頁，其數比太平御覽多一倍。二者同是類書，然前人每重御覽而輕册府，故御覽自明以來有數刻，册府只有一刻。御覽採摭範圍較廣，每條皆著出處，便於引據，爲校讎輯佚家所喜用。册府所採大抵以「正史」爲主，間及經子，不採說部，故楓窗小牘謂其「開卷皆目所常見，無罕覯異聞，不爲藝林所重」。明末諸儒如顧炎武等對册府尚不斷引用，其後致力者遂稀。

乾隆中四庫館輯薛五代史，大部分本可由册府輯出，乃以册府習見，外間多有，永樂大典孤本，爲內府所藏，遂標榜採用大典，而册府只可爲輔。雖然如此，册府已漸爲人所注意。道光間，劉文淇諸人爲岑氏校勘舊唐書，即大用册府，成績甚著，亦以册府所採唐五代事，不獨用劉薛二家之書，當其修册府時，唐五代各朝實錄存者尚衆，故今册府所載，每與舊史不盡同也。

册府材料豐富，自上古至五代，按人事人物，分門編纂，凡一千一百餘門，概括全部十七史。其所見史，又皆北宋以前古本，故可以校史，亦可以補史。舊唐舊五代史無論，魏書

自宋南渡後即有缺頁，嚴可均輯全後魏文，其三十八卷劉芳上書言樂事，引魏書樂志僅一行，即注「原有闕頁」；盧文弨撰羣書拾補，於魏書此頁認爲「無從考補」，僅從通典補得十六字。不知冊府五百六十七卷載有此頁全文，一字無闕。盧嚴輯佚名家，號稱博洽，乃均失之交臂，致魏書此頁埋沒八百年，亦可爲清儒不重視冊府之一證。

冊府可以校史，亦可以史校之。昔傅沅叔增湘以宋本冊府殘卷校明本，至五百十七卷十四頁一行，發見有錯簡，宋明本皆誤，馳書詢余。余審上下文義，上半係晉天福五年竇貞固奏國忌事，「勳舊」下缺文五十八字，可以本書三十一卷十六頁奉先門互見之文補足之。下半加冠一段，有王奐等十四人議，係南齊書禮志之文，伏曼容一段，亦採自南齊書輿服志。由加冠至十七行軍容，係本書五百七十七卷九頁十四行奏議門司徒下脫文，正可補其闕。至軍容下之「是月」究係何月，據五代會要十七卷知班條載賈玭此狀，係周廣順三年三月，知其前一條亦必是周廣順三年三月事，故承上文言是月也。以此覆沅叔，沅叔大喜，以爲問一得三。知宋本亦未爲盡善，要在讀者能以校勘學之「他校法」校之。陸心源亦曾校此二卷，未能校出，蓋對校易，他校難也。

此書自明以來，只有一刻，康乾而後，雖續有補版，實同出一源，非有二刻。據卷首藏本姓氏，明人所見，俱係鈔本。至清代，皕宋樓曾藏有北宋刻本殘帙四百七十一卷，京師圖書

館有宋本七十五卷，鐵琴銅劍樓有五卷，袁克文有十卷。傅沅叔曾借校袁氏等各卷。宋本實比明本爲強：如二百九十卷明本卷首前三頁半，係二百九十七卷譴讓門卷首之文，重出於此；所缺去者係立功門小序及周公旦等九條，凡一千二百餘字，非宋本何由補足之。又如明本五百八十九卷十一頁三行「疎降」下，脫宋本二頁，凡一千三百五十餘字。又如明本六百十九卷二十頁三行後，脫武懿宗等七條，凡六百餘字，均非宋本無由補足。故今影印本已將宋本諸條補遺於後矣。

然亦有宋本誤而明本不誤者：如傅校本三百七十四卷十八頁二行「擊虜」下，宋本有張奉國、劉澭等二條，凡三百三十餘字，已見本卷四至五頁，顯係錯簡衍文，明本刪之，是也。又五百九十卷十七頁四行「章」字下，宋本有黃鐘一宮等三百三十餘字，係五百六十八卷十八頁之文，錯簡於此，脫固不可，衍亦何用，明本亦已刪去。此皆明本勝宋本處。可見明人對此書集體校讎，曾用相當功力，不得以「明人空疎」，遂一筆抹煞也。

陸心源北宋本册府元龜跋所舉明本脫文甚多，有眞脫者，固可由宋本補足；有非脫而爲明本有意刪去者，固不必復由宋本補之也。如謂五百五十九卷十二頁李翺條前脫路隋一條，凡五百七十餘字，今按路隋條已見五百五十七卷一頁。又謂六百十七卷十六頁張仁愿條前脫劉三復一條，凡四百餘字，十八頁顧榮條前脫王觀一條，凡四十餘字，崔振條前脫王彪之

一條，凡八十餘字，今按劉三復條已見六百十六卷二十一頁，王觀、王彪之條已見六百十七卷五頁。謂六百十八卷十二頁狄仁傑條後脱徐有功一條，凡八十餘字，十三頁李棲筠條前脱李峴一條，凡二百餘字，十七頁蘇頲條前脱李日知一條，凡九十餘字，今按徐有功條已見六百十七卷二十頁，李峴條已見六百十六卷十二頁，李日知條已見六百十七卷十九頁。謂六百十九卷十四頁李殷夢條前脱崔器一條，凡二百二十餘字，今按崔器條與李峴條同詞，已見六百十六卷十二頁。謂六百五十卷十頁高彪條後脱羊陟、王堂二條，凡四十五字，孔昱條後脱蘇章一條，凡二十字，今按羊陟條已見本卷八頁，王堂、蘇章條已見本卷四頁。謂六百九十七卷五頁李章條前脱董宣一條，凡二百四十餘字，陽球條前脱黄昌一條，凡四十餘字，今按董宣條已見六百九十六卷十一頁，黄昌條已見六百九十六卷十三頁。謂八百六十四卷十八頁封隆之條前脱楊愔一條，凡三十字，今按楊愔即在本卷本頁封隆之後。

凡此諸條，非陸跋所舉有錯誤，即宋本重出或互見之文，可以用校勘學之「本校法」以本書前後互校，即知其重出或互見而删之，故與其説是明本脱文，毋寧説是明本删宋本重出之文爲得其實也。因此，益信明人校刻此書之勞不可没。今宋刻既無完本，以明刻初印本影印，亦其宜也。

一九五九年六月

册府元龜總目

冊府元龜第一冊目錄

册府元龜序

臣嗣京

聞宣尼得帝魁之書迄秦繆凡三千二百四十篇乃斷遠取近止留百二十

篇以爲萬世君臣之法又因端門之命使子夏等求周史記得百二十國之書乃斐辭取義止因魯史以申天王予奪之權是非大定得失燦然凜乎其不可易故後世司馬光作通鑑朱子作綱目皆始於周威

烈之二十三年而不敢上越以避尚書春秋然其立旨君規臣儆則根本託焉臣謂册府元龜實準於是

何也其該以君臣之道同也今按其書自初卷至三百八十卷必首敘帝王以明一統之尊繇是漸推之

宮儲宗室旁及閨僭以終於外戚皆隸於君猶之天一耳大而日月星辰小而風雨露雷無一非天之所

統邵子曰地以上皆天天道也君之道也自三百八十卷及末卷必首敘宰輔以明百官之長繇是漸推

之臺諫將帥下及守令以終於外夷皆屬之臣猶之地一耳近而五岳四瀆遠而三島十洲無一非地之

所分邵子曰天以下皆地地道也臣之道也臣於是而憶馮行之誥鄧禹焉曰昔者先王學大道以觀於政夫爲君而純乎道則上有以承

天下有以化民爲臣而明於道則進足以事君退足以脩身故堯年

十五而封爲諸侯二十而入登帝位其自言曰吾存心於先古加志於窮民痛萬姓之罹罪憂衆生之不遂舜曰以學乃時而行此爲良藥周公相成王朝讀書百篇夕見七十二士太公起朝歌端冕奉十六之

銘今
皇上出處媿堯用人行政
媿舜而一時大臣又
各以周公之德尚父
之才相期共效則休

氣四塞榮光出河取
天地之精以佐五穀
洗兵革之氣以壽民
人
君臣立極相竝納於道中

猗歟盛哉則册府元
龜當與尚書春秋史
鑑竝置
座右何也其該以君臣之
道同也

崇禎壬午冬月試監察
御史臣李嗣京謹撰

巡按福建試監察御史加一級加俸一級爲
聖學中
天道隆稽古譴䅳前代之成書以廣
聖朝之文治事職閩唐堯文明帝勲首著殷高學古
王運中興周武齋戒而受丹書造訪而陳洪範
乃能永清大定八百靈長我
皇上以極神至聖之才釐敬
天法
揭帖一
祖之念拾伍年宵衣旰食
求治省躬無懿不鎔性成無行不與道合而猶
虛心好古
遜志崇儒
須小學以開發羣蒙
繹性理而追尊六子仍
命編纂語録印證淵源
緝熙盎懋于光明
德脩厚積于時敏周公孔子之道凢散見于經史典
籍者恭逢
皇上如日月經
天昭回萬古乃有裕成憲而資鑒觀若宋人所輯冊府
元龜一書綜貫百家羽翼治道洋洋纚纚固蓺
苑之鴻寶也唯是
國朝叁百年來從無刊本經生家鮮有獲窺全豹
者即間有一二抄帙非訛謬于亥豕即殘闕于
揭帖二
蠹魚昨職奉
命按閩閩有建陽縣爲宋賢朱熹等講道之鄉縣有
書坊自宋迄今皆爲刊刻古書之所職因取家
藏舊本行分守建南道胡維霖轉行建陽縣知
縣黄國琦鳌訛補闕職與道縣合蠲薪廪爰付
棗梨二月始事十月告成是書也宋之君若臣
費十年苦心經數酱更定上自羲軒下止五代
總爲三十一部分爲壹千壹百肆門計壹千卷

從來彙書未有若是之多者然而該括當日編
書大指止取著歷代君臣德美之事爲將來做
法諸非經籍所載與非禮不足爲訓者悉刪去
之是爲書極其浩繁而爲義又極其簡要故可
傳也職愚無知聞之考獻徵文竝爲
帝王行政之助而
聖主之購名書與旁求名彥饑渴政復同心今
皇上允廷臣之請釋告起廢使幽谷之駒盡作漸逵

揭帖三

之羽則原河溯雒發二酉之蘊用備
乙夜之觀將
朝夕起居究親賢士
細旃廣廈足代論思不亦仰懈
寤寐側席之盛懷而弘開明目達聰之納牖乎且近
見啓事府遵
旨察奏一疏奉有
欽頒書籍如何致令散失着速行購補之

旨竊謂典雅灝博如此書者亦當在購補之中倘蒙
聖明採擇容職裝潢呈
進是亦食芹負暄小臣區區之忱悃所冀得少畢其
涓埃者也伏乞
睿鑒施行職不勝悚息待
命之至緑係
聖學中
天道隆稽古謹繕前代之成書以廣

揭帖四

聖朝之文治事理爲此除具
奏外理合具揭須至揭帖者

右　具

揭　帖

崇禎拾伍年拾壹月　　日試監察御史加一級加俸一級李嗣京

揭帖五

冊府元龜考據

景德冊府元龜

景德二年九月丁卯命資政殿學士王欽若知制誥楊億脩歷代君臣事迹欽若等奏請直祕閣錢惟演刁衎龍圖閣待制杜鎬戚綸直集賢院李維直史館王希逸陳彭年姜嶼陳越太子右贊善大夫宋貽序同編脩初令惟演等各撰篇目送欽若暨億參詳欽若等又自撰集上用欽若等所撰集定有未盡者奉旨增之又令內臣劉承珪劉崇超典其事編脩官供帳飲饌皆異常等俄又令祕書丞陳從易較理劉筠

同編脩官直館查道太常博士王曉未成又增直集賢院夏竦職方員外郎孫奭注撰音義三年四月丙子四年八月壬寅車駕再幸編脩之所再閱門類楊億悉以條對編次未及倫理者改正之帝曰朕編此書蓋取著歷代君臣德美之事爲將來取法至於開卷覽古亦頗資於學者皆命從官坐賜編脩官器幣王欽若以南北史有索虜島夷之號欲改去王旦曰舊史文不可改趙安仁曰杜預註春秋以長曆推甲子多誤亦不敢改但註云日月必有誤乃詔欲改者注釋其下凡所錄以經籍爲先億又以羣書中如西京雜記明皇雜錄之類皆繁碎不可與經史並行今並不取止以國語戰國策管孟韓子淮南子晏子春秋呂氏春秋韓詩外傳與經史俱編歷代類書脩文殿御覽之類采摭銓擇凡三十一部部有總序千一百四門門有小序初撰篇序諸儒皆作帝以體例不一祥符元年二月丙午遂擇李維等六人撰記付楊億竄定五月甲申手劄詔凡悖惡之事及不足爲訓者悉刪去之日進草三卷帝親覽之摘其舛誤多出手書詰問或召對指示商畧三月丁卯詔或有增改事標記覆閱之（是年十月丁未手劄令欽若等書名其增損悉書之）凡八年而

成六年八月十三日壬申欽若等以獻進表曰推明凡例分別部門皆仰稟於宸謨虔奉遵於成憲刊除非當穩括無憂每煩乙夜之覽鑒觀自清衷而裁定昔甘露石渠出於議奏開元麗正徒有史名矧皇覽博要之言玉鑑珠英之作但詞林之見采非治本之宏光洪惟上聖之能獨出百王之首崇政殿進呈凡千卷目錄十卷音義十卷詔題曰冊府元龜御製序序曰太宗皇帝始則編小說而成廣記纂百氏而著御覽集章句而製文苑聚方書而譔神醫次復刊廣疏於九經較闕疑於三史脩古學於篆籀總妙言於釋

老洪猷丕顯能事畢陳朕道遵先志肇振斯文載命羣儒共司綴緝粤自正統至於閏位君臣善迹邦家美政禮樂沿革法令寬猛官師議論多士名行靡不具載用存典刑凡勒成一千一百四門門有小序述其指歸分爲三十一部部有總序言其經制凡一千卷祥符八年十一月乙丑欽若等上版本宴編修官上作詩一章賜命屬和一本云景德四年九月戊辰上謂輔臣曰所編君臣事迹蓋欲垂爲典法異端小說咸所不取觀所著篇序援據經史頗盡體要而誡勸之理有所未盡也欽若等日自纘集此書發凡起例類事分門皆上稟聖

意授之羣官間有疑滯皆細陳論今當宣諭勤以懲勸爲本垂世之急務也十月癸亥上謂輔臣曰朕每因暇日閲君臣事迹草本遇事簡則從容省覽事多或至夜漏二皷乃終卷編修官自王欽若陳彭年至劉筠十一人景德二年奉勅編修楊億至宋貽共七人天禧四年閏十二月癸丑賜輔臣各一部景祐四年二月甲子賜御史臺臣帝王部一百二十八門閏位七十八門僭僞三十七門列國君四十門儲宮十七門宗室四十二門外戚二十三門宰輔四十一門將帥一百六門臺省二十九門邦計二十九門憲官十

五門諫諍六門詞臣八門國史十三門掌禮九門學校十五門刑法九門卿監十五門環衛九門銓選八門貢舉十門奉使十七門内臣十六門牧守四十二門令長二十一門宫臣十一門幕府十六門陪臣二十一門總錄二百四十一門外臣三十四門已上出玉海晁氏曰皇朝景德二年詔王欽若楊億脩君臣事迹唯取六經子史不錄小說雜書至祥符六年書成上之凡三十一部有總序一千一百四門有小序同脩者十五人錢惟演杜鎬刁衎李維戚綸王希哲陳彭年姜嶼宋貽序陳越陳從易劉筠查道王曙夏竦初撰

編序諸儒皆作帝以體制不一遂擇李維錢惟演陳彭年劉筠夏竦等付楊億竄定賜今名爲序冠其首其音釋又命孫奭爲之陳氏曰凡八年而書成總五十部部有總序一千一百四門門有小序賜名製序所采五經史之外惟取戰國策國語韓詩外傳呂氏春秋管晏韓子孟子淮南子及脩文殿御覽每門具進上親覽摘其舛誤多出手書或召對指示商畧容齋洪氏隨筆曰眞宗初命儒臣編脩君臣事迹後謂輔臣曰昨見宴享門中錄唐中宗宴飲韋庶人等

預會和詩與臣僚馬上口摘含桃事皆非禮也已令削之又曰所編事迹蓋欲垂爲典法異端小說咸所不取可謂盡善而編修官上言近代臣僚自述揚歷之事如李德裕文武兩朝獻替記李石開成承詔錄韓偓金鑾密記之類又有子孫追述先德敘家世如李繁鄴侯傳柳氏序訓魏公家傳之類或隱已之惡或攘人之善並多溢美故匪信書并僭僞諸國各有著撰如僞吳錄孟知祥實錄之類自矜本國事或近誣其上諸書並欲不取餘有三十國春秋河洛記壺關錄之類多是正史已有秦記燕書之類出自魏邦商

芸小說談藪之類俱是談諧小事河南志邠志平剡錄之類多是故吏賓從述本府戎帥征伐之功傷於煩碎西京雜記明皇雜錄事多語怪奉天錄尤是虚詞盡議采取恐成蕪穢並從之及書成賜名册府元龜首尾十年皆王欽若提總凡一千卷其所遺棄既多故亦不能暴白如資治通鑑則不然以唐朝一代言之敘王世充李密事用河洛記魏鄭公諫爭用諫錄李絳議奏用李司空論事睢陽事用張中丞傳淮西事用凉公平蔡錄李泌事用鄴侯家傳李德裕太原澤潞回鶻事用兩朝獻替記大中吐蕃尚婢婢等事用林恩後史補韓偓鳳翔謀畫用金鑾密記平龐勛用彭門紀亂討裘甫用平剡錄記畢師鐸呂用之事用廣陵妖亂志皆本末粲然然則雜史瑣說家傳豈可盡廢也已上出文獻通考

李嗣京述

冊府元龜序
未種髮從先子授書
子曰人輩書書輩道
古今之天分世古今

冊府元龜序一

之人合心又曰天高
日下地深水上人往
心畱又曰人三日不
食穀則脾絕五日不

飲水則胃絕一日不
讀書則心絕肆余枕
先訓三十稔按籍其
勤勤此心也但讀書

冊府元龜序二

之道如登山如臨水
如女織如丈夫耕海
內名山三百而必以
出雲敷雨之五岳爲

尊名水三千而必以
獨出其所而入海之
四瀆爲大飰青精煮
白石而必以兩岐九

穗之禾麥爲禎祥鮫
人製錦野女嘔絲而
必以適體禦寒之布
帛爲實用然則翻瑯

嬛之室倒二酉之藏
窮天竺之譯以視六
經史傳原本忠孝發
皇仁義道則理備政

則事詳其何敢跂而
望焉冊府元龜專紀
事也而理貫其中計
書一千卷前五百卷

紀君後五百卷紀臣義據通深囊括典要歷代帝王將相之心綜其類可從床廁之

冊府元龜序五

間取之昔王倪於齧鈌稱其以人受天乃後之人至不能以人受人何古今之塹也

故神聖代興尊師重道事事之不渝古人也繇其平日讀書即英雄創造溺寇罵儒

冊府元龜序六

而立心行政往往與古人暗合必其前世讀書夫前世不讀書則今世斷無天聰天

明之湧出今世不讀
書則後世斷無人綱
人紀之傳聞此兼資
堯舜終以不學爲累

固河汾所譏而絳灌
無文蓋代之功名一
蹶宜深雒陽之痛哭
者也水朝信日夜生

世山分心海合龐決
形怠決神一展卷而
歷代帝王將相翩其
來並飲食坐卧於吾

之一心此則受人之
道也

旹

崇禎壬午長至月臣

山黄國琦題於潭陽古治

冊府元龜序九

冊府元龜叙

宋彙書四大部他皆以天地人物事撒志之惟冊府元龜署君暨臣各五百卷而天地事物悉束入其中他皆龐拾稗野家言惟冊府元龜非子史

冊府元龜叙　一

經傳之可垂聖籍者屏不入他皆延眺易盡惟册府元龜廣則海繁則雨纍纍則墳

使人倦勤他皆宿巳鐫行惟册府元龜閲年六百止一寫本互相抄傳勢家購之必

損錢三二十萬貧士竟生至夢有不之逮者余童丱聞楊公用脩蓄此書且經讐正

公殁書未知所歸庚戌第後每與季木王子言引爲恨事不意又遲十年而竟得之

尋行丹櫛殊敬公之苦心然無柰其極冗極訛極參差極脫落得書而敗人意翻不

若未得而日冀得之之爲情往也庚申視晉學以石公黃子同西余眼光十丈惟日

注經生尺幅中石公則高榻深思批此忩倦自辛酉鶉首迄壬戌之鶉尾歲一易閱

乃一週亥豕之誅畧盡余時兩試已竣匝秋而涉癸之上浣亦計晷而趣弗麋其讐

正之功大約石公視楊公加詳余又佀詳于石公也丙寅先君見棄余歸處苫堊辛

未石公以禊月復自豫章來終南紫閣二曲三川日與石公漫遊旣而避暑大雁兩

人四秋水竝熖一書凡疑義當前輒縱橫曲直以盡其解攻堅破僻務使冗者削訛

者眞參差者得序脫落者盡補一字困手磨心數夕又博尋子史經傳之緜然條其

勝理析其本致務求
歸于至是不留愧于
將來其讐正之功石
公與余囘視從前得

失深淺若各成兩人
而甘苦勞逸又若共
成一人至此方有全
書矣卽令楊公再起

季木重來不可欣然
相證乎因與石公謀
曰世間物之尤者皆
不能祕破壁劚棺毀

柱古人應悔藏書況
吾輩六合同衣論及
人之道應如天風海
水無貧富皆俾取之

即論爲我孤本易失
如一絲之關重絶何
以博流後昆計非特
命梓人不可石公曰

夫子終歳賫文不當
薛責五極六天之集
行世無力遑劫此乎
琦聞吴越多好事者

且有中於奇龘之筴
或可任乎余頷然余
于是籐笈以伴石公
之南仍畧紀譽正月

日以詣余兩人之苦
心若此也

西極文翔鳳題于

尊天堂中

序

抉是書之僞案者余與太青師也余又輒引証爲示貫天光天兩門人壬申入沐賈用汝聚五危余孤本而副焉童百胥之指癸酉役兩季偕剌之璉刻璋深往往梤余之畧乙亥遊北

雍倪鴻寶先生借以攻其藏本丁丑第後侍幾亭師八閱月師愽涉又析理如繭絲每謂温國貫穿千三百六十二年之事僅繫左氏卒章若冊府元龜之權輿於璧書固大備也戊寅令朱子之鄉以副本贈張公覸淵以

正本寄夏公燮仲夏治海滋政清無
一事增減國諱字畫倣史記之避親
巳卯劉公晋卿趙公景之以劾武陵
閣臣謫至劉公復禮吳公節之以典
試至四君子並趣余曰世寒狐燠僅
見全書可不張之海內庚辰東崖師

北上許爲序以餉癯心而徐公九一
於燮仲張公天如于令脩每書往復
輒長余爭任玄晏天如且曰黃子他
日身備顧問此其腹本者也壬午李
少文先生按閩與胡公蘗山郭公正
夫厥剞氏之掖且念數千祀主極臣

謨應羞左个而竟以讀禮焚疏迫甲
申春余
召對中左門將自呈復痛時之巳棘
傷哉自辛酉訖辛巳二十年間師友
兄弟死者既如客去生者又不知作
何處青山主人惟此書閱盡兵火歸

然靈光穿閩浙之菁叢竟出杜林漆
版此余友王公雷臣蘇公次公之力
也原本出成都楊氏證本歷高陽等
九氏昔漢鍾興以經學顯而必表其
所自出於丁恭之門歐宋同削唐書
循例歐當獨署名乃曰宋公於我爲

前輩且用力於此書甚深何敢没也因並署焉則余之更定較閲姓氏步鍾涉歐不敢負本事也至於仲元子眞非五十萬錢而亦相及知余者其惟楊子雲乎

國琦再言

序四

冊府元龜

藏本姓氏

楊　愼　成都人内府抄本

劉應秋　吉水人抄本公子劉公同升借證

孫承宗　高陽人抄本公孫婿賈爾梅借證

劉一燝　南昌人抄本公次子劉斯瑋借證

傅　冠　進賢人抄本借證

曹學佺　侯官人抄本借證

邵捷春　閩縣人抄本借證

倪元璐　上虞人抄本借證

冊府元龜姓氏一

朱謀壂　新建人以内弟德安趙公師尹抄本借證

鄧續皇　侯官人抄本借證

初閱姓氏

張至發　淄川人

孔貞運　句容人

黃景昉　晉江人

吳　甡　興化人

賈鴻洙　清苑人

李邦華　吉水人

閔仲儼　永昌人

陳龍正　嘉善人

羅大任　豐城人

夏曰瑚　山陽人

黃願素　歙縣人

謝　璉　監利人

蕭奕輔　南海人

徐世蔭　開化人

鄒維璉　新昌人

曾　櫻　峽江人

胡維霖　新昌人

冊府元龜姓氏二

郭維經　龍泉人

凌義渠　烏城人

葉廷秀　濮州人

姚思孝　江都人

劉士禎　萬安人

林增志　瑞安人

郭之奇　揭陽人

黃文煥　永福人

蕭士瑋　泰和人

吳之屏　崇德人

劉曰俊　三原人
甘惟爍　海澄人
王　驥　丹徒人
孫朝讓　常熟人
張羅彥　清苑人
李九華　新昌人
黎元寬　南昌人
郭之祥　吉水人
侯峒曾　上海人
徐　汧　長洲人

吳偉業　太倉人
張　溥　太倉人
吳甘來　新昌人
周　鑣　金壇人
黃希憲　宜春人
章正宸　會稽人
徐養心　江寧人
林蘭友　仙遊人
姜　埰　萊陽人
詹光恒　永豐人

漆嘉祉　新昌人
劉理順　杞縣人
劉　僩　麻城人
金毓峒　完縣人
劉同升　吉水人
夏允彝　嘉善人
趙士春　常熟人
章　重　會稽人
王　燮　黃陂人
李永茂　鄧州人

唐九經　會稽人
蘊　銓　交河人
曹　溶　秀水人
沈履祥　慈谿人
熊人霖　進賢人
王世琇　清苑人
南洙源　濮州人
丁　辛　武進人
耿章光　館陶人
孫　鼎　江都人

王泰徵 江陵人
趙玉成 吳江人
唐階泰 達州人
鄒逢吉 湖口人
陳履忠 昆明人
李茹春 臨川人
曹鼎臣 如皐人
孫以敬 太倉人
呂兆龍 金壇人
張羅俊 清苑人

冊府元龜姓氏五

左光先 桐城人
朱　積 華亭人
馮垣登 新昌人
彭　賓 華亭人
祁能佳 山陰人
李令哲 歸安人
曹　廣 崇德人
徐　㶿 閩縣人
文毓鳳 三水人
張　恂 涇陽人

温日知 三原人
劉師峻 江都人
韓　詩 涇陽人
趙鳳雛 三水人
賈爾霖 清苑人
賈爾梅 清苑人
王　濤 涇陽人
趙而忭 長沙人

續閱姓氏

張文光 祥符人

冊府元龜姓氏六

繆　沅 仁和人
曹　玑 江陰人
葛世振 鄞縣人
吳聞禮 休寧人
關　鍵 錢塘人
梁以樟 大興人
錢開宗 仁和人
黃　濤 秀水人
嵇宗孟 安東人
白夢鼎 上元人

白夢鼐 上元人

門人

文貫天 三水人

文光天 三水人

鍾垣 龍溪人

張鳴駿 龍溪人

何家騎 惠安人

程應辰 長樂人

蕭起龍 順昌人

佘夢花 漳浦人

冊府元龜姓氏七

兄

起有

日芳

鼎象

鼎

弟

國璉

國璋

侄

鍾

姓氏終

冊府元龜

巡按福建監察御史臣李嗣京　訂正
分守建南道左布政使臣胡維霖　叅閱
知建陽縣事臣黃國琦　較釋

帝王部一

總序

昔雒出書九章聖人則之以爲世大法其初一曰五行一曰水二曰火三曰木四曰金五曰土帝王之起必承其王氣大古之世鴻荒朴畧不可得而詳焉庖犧氏之王天下也繼天之統爲百王先實承木德以

建大號三墳所紀允居其首蓋五精之運以相生爲德木生火火生土土生金金生水水生木乘時迭王以昭統緒故創業受命之主必推本乎曆數參考乎徵應稽其行次上承天統春秋之大居正貴其體元而建極也前志之論閏位謂其非次而不當也共工氏任智刑以御九域霸而不王雖承太昊之後而不齒五德之序神農氏以火承木故爲炎帝軒轅有土德之瑞故號黃帝少昊以金德王故號曰金天氏顓頊以水德王號曰高陽氏帝嚳以木德王號曰高辛氏帝堯以火德王號曰陶唐氏帝舜以土德王號曰有虞氏繇虞氏以上皆承運更起應期正位參列五辰之次而克當統紀至於正朔服色之改度戎祀朝會之所尚記籍斯逸罕得而述焉夏后氏受有虞之禪是謂金德正用建寅其色尚黑商湯代夏以水德王正用建丑其色尚白周武以木德王正用建子其色尚赤三代之際各居一統錯綜其數以通其變順三微之序極三才之致咸享祚長久蓋得夫天曆之正也三季之衰秦兼天下獨推五勝不當正統漢祖以斷蛇之符上繫成周是爲火德起自沛中旗幟皆赤至文帝時魯人公孫臣推終始之傳謂漢承秦當

用土德土德之應黃龍當見宜改正朔服色尚黃時丞相張蒼引河決金隄以爲漢當水德以十月爲正其色外黑內赤遂罷公孫臣之議明年黃龍見成紀乃用土行改曆服色而賈誼亦以爲然孝武正曆以正月爲歲首色尚黃數用五蓋以秦爲水德據漢土而克之從所不勝遂順黃德劉向父子以爲帝出乎震故庖犧氏始受木德以母傳子終而復始自農軒歷唐虞三代漢得火行上合天統當時雖建厥議未克遵行世祖中興乃用其說魏氏始基有黃星之應又太史丞許芝言戊寅黃龍見此受命之符最著明

者也又易運期讖有黃氣授與人出之言又太微中黃帝坐嘗明赤帝坐嘗不見以爲黃家興而赤家衰亡之漸又熒惑失色十有餘年蘇林董巴等又言魏之氏族出自顓頊與舜同祖舜以土德承堯之火今魏亦以土德承漢之火於行運合於堯舜授受之次旣而受漢禪改元黃初議更正朔易服色殊徽號同律度量以乘土行以夏數爲得天即用夏正而服色尚黃然尚循漢正朔弗之改也明帝在東宮著論以爲五帝三王雖同氣共祖祖不相襲正朔自宜改變以明受命之運即位久之從高堂隆之議乃推三統

之次以魏得地統遂用建丑之月爲正月服色尚青犧牲用白戎事乘黑首白馬建大赤之旂朝會建大白之旂齊王嗣位以夏正得天改用建寅爲正月晉武泰始二年有司舉唐堯舜禹不易祚改制至於湯武始推行數今晉繼三皇舜禹之迹應天受禪宜用前代正朔服色如虞遵唐故事而史臣之記晉爲金行服色尚赤後魏道武天興初始詔有司議定行次有司曰國家繼黃帝之後宜爲土德有土畜之端及黃星之符遂從土德服色尚黃數用五犧牲用白行夏之正孝文太和中下詔以丘澤初制配尚宜定五德相襲論有異嘗帝令百辟集議高閭以爲漢用火德徵斬蛇之符上繼於周棄秦之暴越惡承善不以世次爲正自時厥後乃以爲嘗魏承漢火生土故魏爲土德晉承魏土生金故晉爲金德趙承晉金生水故趙爲水德燕承趙水生木故燕爲木德秦承燕木生火故秦爲火德今魏宜承秦爲土德李彪崔光等以爲宜紹晉金德不當次於僭僞建議各殊稱年不定旣而穆亮等大臣共議宜上承晉世定爲水德孝文下詔特從其說後周革命有赤雀之祥群臣奏議請更正朔定爲木行以承水德服色尚烏隋文受禪

次用火德以有赤光之瑞車服旌旗悉皆尚赤而帝服戎服悉皆以黃唐氏承統盛德在土至開元中有請改爲金德者終報罷之天寶中令諸衛緋色幡改爲赤黃色以應土德朱梁建國如秦之暴雖宅中夏不當正位同光續服再承絕緒晉承唐後是爲金德漢氏承晉實當水行周祖即位之初有司定爲木德自伏羲氏以木王終始之傳循環五周至於皇朝以炎靈受命赤精應讖乘火德而王混一區夏宅土中而臨萬國得天統之正序矣凡帝王部一百二十八門

帝系

夫結繩之初朴略茫昧莫獲而詳書契之後辨姓授氏可得而記太昊之前譜牒蓋闕帝鴻之後世緒具存司馬遷著之史記以存系表明乎受天命膺帝期者蓋以祖宗實有茂德所以後世承乎發祥若乃后稷播植周室於是隆興唐堯文思漢緒繇其增盛蓋瓜瓞之相屬故蘿圖而有融魏晉以還方冊可考罔不緬藉先烈誕啓丕圖若乃累積之懿傳繼之盛蓋繇德有厚薄源有淺深憑舊烈者蕃衍無世資者衰替今並考舊史披帝籙詳究初終率用論次俾有條

而不紊庶百世而可知矣

太昊庖犧氏風姓母曰華胥作網罟以畋漁取犧牲故天下號曰庖犧氏（一云取犧牲以充庖廚故曰庖犧氏是爲犧皇後世音謬謂之伏犧或謂之宓犧）一號皇雄氏繼天而王故曰帝太昊庖犧氏没女媧氏立爲女皇（一云女帝）亦風姓承庖犧制度女媧氏没次有大庭氏柏皇氏中央氏栗陸氏驪連氏赫胥氏尊盧氏渾沌氏昊英氏有巢氏朱襄氏葛天氏陰康氏無懷氏凡十五世皆襲庖犧之號

炎帝神農氏姜姓母曰任巳有蟜氏女爲少典妃生帝以火承木故爲炎帝（一云南方生夏）教民耕農故天下號曰神農氏（一云農皇或云帝炎）本起烈山氏或稱之一號魁隗氏納奔水氏女曰聽談生帝臨魁次帝承次帝明次帝直次帝釐次帝哀次帝榆罔自炎帝至榆罔凡八世

黃帝軒轅氏少典之子（有熊國君少典之子）姓公孫（一云姬姓）母曰附寶居軒轅之丘因以爲名（一云有軒冕之服故天下號曰軒轅氏）有土德之瑞故號黃帝一號帝鴻氏（亦曰歸藏氏）在位百年年百一十歲（或云壽三百歲）

少昊金天氏黃帝之子黃帝娶西陵之女是爲嫘祖（一作組）爲正妃生二子其一曰玄囂是爲青陽降居江

水卽少昊也邑于窮桑以登帝位故謂之窮桑帝以金承土故天下號曰金天氏（金主西方秋故曰少昊）在位百年（一云八十四年）

顓頊高陽氏姬姓黃帝之孫昌意之子昌意娶蜀山氏女曰昌僕（謂之女樞）生帝以水承金天下號曰高陽氏在位七十八年年九十八歲

帝嚳高辛氏姬姓黃帝之曾孫父曰蟜極蟜極父曰玄囂帝於顓頊爲族子（其母不見）以水承木天下號曰高辛氏在位七十五年年五百歲（一云生十五而佐顓頊三十登帝位）

帝堯陶唐氏伊祁姓帝嚳之子帝嚳娶陳鋒氏生放

勛娵訾氏生摯一云帝嚳納四妃有台氏女曰姜嫄生后稷次有娀氏女曰簡狄生契次
陳鋒氏女曰慶都生放勛次娵訾氏女生摯摯於兄弟最長卽位封放勛
爲唐侯摯在位一年而放勛立是爲堯帝以火承木
天下號曰陶唐氏在位九十八年年百一十八歲
帝舜有虞氏姚姓父曰瞽叟瞽叟父曰橋牛橋牛父
曰句望句望父曰敬康敬康父曰窮蟬窮蟬父曰帝
顓頊顓頊父曰昌意以至舜七世矣自窮蟬以至帝
舜皆微爲庶人堯禪舜以天下以土承火天下號曰
有虞氏始舜生三十徵庸言其始見試用三十在位歷試二年攝政
二十八年五十載陟方乃死方道也舜卽位五十年升道南方巡狩死於蒼梧之野而

葬焉年百一十二歲通服堯喪三年也一云舜年二十以孝聞年三十堯舉之年五十攝
行天子事年六十一代堯踐帝位三十九年年百歲
禹夏后氏姒姓父曰鯀鯀之父曰帝顓頊顓頊之父
曰昌意昌意之父曰黃帝禹者黃帝之玄孫而帝顓
頊之孫也禹之曾大父昌意及父鯀皆不得在帝位
爲人臣舜禪禹以天下以金承土天下號曰夏后氏
禹年八十六攝行天子事五年年九十餘舜喪明年
卽眞年百歲禹娶塗山氏之女生啓在位九年啓生
太康在位二十九年太康弟仲康在位十三年仲康
生相一名相安在位二十八年相遺腹子母有仍氏之女

生少康在位二十一年少康生宁一作杼又作季杼或曰松曼在
位十七年宁生槐一作芬一作魁或曰祖武在位二十六年槐生
芒一云荒和或曰帝荒在位十八年芒生泄一云泄宗在位十六年
泄生不降或曰江戊在位五十九年不降弟扃一作扃又作炳或曰
高陽在位二十一年扃生廑一作厪或曰厪江在位二十年不
降生孔甲在位三十一年孔甲生皐一名皐苗在位十一
年皐生發一名后敬或曰發惠在位十一年發生履癸是爲桀
謚法賊人多殺曰桀在位五十三年爲湯所滅禹自戊戌歲建國盡巳酉十五
代十七王通羿浞四百三十二年
殷湯子姓其先契母曰簡狄有娀氏之女有娀在不周之北

爲帝嚳次妃三人行浴見玄鳥墮其卵簡狄取吞之
因孕生契契長而佐禹治水有功帝舜乃命契曰百
姓不親五品不遜汝爲司徒敬敷五教在寬封於商
商今在雒商是也賜姓子氏祖以玄鳥生子也契興於唐虞大禹之
際功業著於百姓百姓以平契生昭明昭明生相土
相土就契封於商一云閼伯居商丘相土因之相土生昌若一云景若昌若生曹
圉一云根圉曹圉生冥冥爲司空勤其官事死於水中殷人郊之冥生振振生
微微生報丁報丁生報乙報乙生報丙報丙生主壬
主壬生主癸主癸之妃曰扶都生天乙以乙日主是爲成
湯自契至湯十四世湯踐天子位十三年年百歲太

子太丁未立而卒於是廼立太丁之弟外丙在位三年外丙弟仲壬在位四年仲壬兄太丁之子太甲在位十四年年百歲太甲生沃丁在位三十年一云二十九年沃丁生太庚在位二十五年太庚生小甲一云弟在位十七年一云三十年小甲弟雍巳在位十二年雍巳弟太戊在位一十五年大戊生仲丁在位十一年一云十二年仲丁弟外壬在位十五年外壬弟河亶甲在位九年河亶甲生祖乙在位十九年祖乙生祖辛在位十六年祖辛弟沃甲一云開甲在位二十五年沃甲兄祖辛之子祖丁在位三十二年祖丁弟沃甲之子南庚在位

二十九年祖丁之子陽甲在位有七年陽甲弟盤庚在位二十八年盤庚弟小辛在位二十一年小辛弟小乙在位二十年一云二十一年小乙生武丁在伍五十九年年百歲武丁生祖庚在位七年祖庚弟祖甲在位三十三年祖甲生廪辛一云馮辛在位六年廪辛弟庚丁在位二十一年庚丁生武乙在位四年武乙生太丁一名文丁在位三年太丁生帝乙在位三十七年帝乙生受辛天下謂之紂謚法殘義損善曰紂在位三十二年湯自乙未歲建國盡戊寅了孫十七代三十王共六百四十五年

周文王姬姓其先后稷名棄其母有邰氏女曰姜嫄

姜姓嫄字或曰謚號姜嫄爲帝嚳元妃姜嫄出野見巨人跡心欣然說欲踐之踐之而身動如孕者居期而生子以爲不祥棄之隘巷馬牛過者皆辟不踐徙置之林中適會山林多人遷之而棄渠中冰上飛鳥以其翼覆薦之姜嫄以爲神遂收養之初欲棄之因名曰棄棄爲兒時屹如巨人之志其游戲好種樹麻菽麥及爲成人遂好耕農相地之宜宜穀者稼穡焉民皆法則之帝堯聞之舉棄爲農師天下得其利有功帝舜曰棄黎民始饑一云祖饑祖始也爾后稷播時百穀封棄於邰今釐鄉在扶風號曰后稷別姓姬氏后稷之興在陶唐虞夏

之際皆有令德后稷生不窋不窋末年夏后氏政衰去稷不務而不窋以失其官而奔戎狄不窋生鞠鞠生公劉公劉雖在戎狄之間復修后稷之業務耕種行地宜自漆沮渡渭取財用行者有資居者有畜積民賴其慶百姓懷之多徙而保歸焉周道之興自此始故詩人歌樂思其德公劉卒慶節立國於豳新平漆縣之東北有豳亭慶節生皇僕皇僕生姜弗姜弗生毀隃一作體喻毀隃生公非公非生高圉高圉能率稷者也周人報之高圉生亞圉亞圉生公叔祖類公叔祖類生古公亶父復修后稷公劉之業積德行義國人皆戴之獯鬻戎狄攻之

欲得財物與之已復攻之欲得地與民民皆怒欲戰古公曰有民立君將以利之今戎狄所爲攻戰以吾地與民民之在我與其在彼何異民欲以我故戰殺人父子而君之予不忍爲乃與私屬遂去豳渡漆沮水在杜陽岐山杜陽縣在扶風踰梁山止於岐下山在扶風美陽西北其南有周原始改國日周豳人舉國扶老携弱盡復歸古公於岐下及他旁國聞古公仁亦多歸之於是古公乃貶戎狄之俗而營築城郭室屋而邑別居之分別而爲邑落也作五官有司天子之五官曰司徒司馬司空司士司寇典司五衆此殷時制也民皆歌樂之頌其德古公有長子曰泰伯次曰虞仲太姜生少子季

歷季歷娶太任太姜有邰氏之女太任摯任氏之中女皆賢婦人生昌有聖瑞古公曰我當有興者其在昌乎長子泰伯虞仲知古公欲立季歷以傳昌二人乃亡如荆蠻文身斷髮當在水中故斷其髮文其身以象龍子故不見傷害以讓季歷季歷立是爲公季公季脩古公遺道篤於行義諸侯順之公季卒子昌立是爲西伯西伯曰文王遵后稷公劉之業則古公公季之法始自岐下徙都豐詩人道西伯蓋受命之年稱王而斷虞芮之訟虞在河東太陽縣芮在馮翊臨晉縣在位五十年太子發立是爲武王在位七年武王生成王在位三十七年成王生康王在位二十六年康王生昭王在位五十一年昭王生穆王在位五十五年年百四歲穆王生恭王在位十二年恭王生懿王在位二十五年恭王弟孝王在位十五年懿王太子夷王在位十六年夷王生厲王在位三十七年厲王生宣王在位四十六年宣王生幽王在位十一年幽王生平王在位五十一年平王生太子洩父蚤死立其子是爲桓王在位二十三年桓王生莊王在位十五年莊王生釐王在位五年釐王生惠王在位二十五年惠王生襄王在位二十三年襄王生頃王在位六年頃王生匡王在位六年匡王弟定王在位二十一

年定王生簡王在位十四年簡王生靈王在位二十七年靈王生景王在位二十五年景王生悼王在位一年悼王弟敬王在位四十四年敬王生元王在位七年元王生貞定王在位二十八年貞定王生哀王在位九十日哀王弟思王在位百五十日思王弟考王一云考哲王在位十五年考王生威烈王在位二十四年威烈王生安王一作元安又作原安在位二十六年安王生烈王一作夷烈在位七年烈王弟顯王一作顯聖在位四十八年顯王生慎靚王一作順靖在位六年慎靚王生赧王在位五十年周自武王巳卯歲建國至赧王三十一代三十七王共八百六十七年

漢高祖沛豐邑中陽里人姓劉氏母媼（史失其姓）其先劉累學擾龍事孔甲范氏其後也晉大夫范宣子曰祖自虞以上爲陶唐氏在夏爲御龍氏（卽劉累也）在商爲豕韋氏（國名在東郡白馬縣東南）在周爲唐杜氏（二國名唐太原晉陽縣杜京兆杜縣）晉主夏盟爲范氏范氏爲晉士師（言晉爲霸王范氏爲晉卿）魯文公世奔秦後歸於晉其處者爲劉氏劉向云戰國時劉氏自秦奔於魏秦滅魏遷大梁都於豐故周氏說雍齒曰豐故梁地也高祖本系出自唐帝降及於周在秦作劉涉魏而東遂爲豐公豐公蓋太上皇父其遷日淺墳墓在豐鮮焉及高祖卽位置祠祀官則有

秦晉梁荆之筮世祠天地綴之以祀（綴言不絕也）高祖初封漢王五年平項籍卽皇帝位在位通爲王十二年年六十二太子立是爲惠帝帝呂后之子在位七年高祖中子文帝立母曰薄太后在位二十三年年四十七太子立是爲景帝母曰竇皇后在位十六年年四十八中子武帝立母曰王美人在位五十四年年六十九少子昭帝立母曰趙婕妤在位十三年年二十六無子立武帝孫昌邑王賀父曰昌邑哀王髆在位二十七日立武帝衛太子之孫史皇孫之子是爲宣帝母曰王翁須在位二十五年年四十三太子立

是爲元帝母曰恭哀許皇后在位十六年年四十三太子立是爲成帝母曰王皇后在位二十六年年四十六無子立元帝庶孫定陶恭王子是爲哀帝母曰丁姬在位六年年二十六無子立元帝庶孫中山孝王子是爲平帝母曰衛姬在位五年年四十無子王莽立宣帝玄孫孺子卽位始生二歲孺子父題祖勳皆爲廣戚侯曾祖楚孝王囂宣帝子也在位四年爲王莽所滅莽死平陵方望復立孺子爲帝數月遇害年二十二（漢自高祖乙未歲建國至孺子己巳凡十代十五帝二百一十一年）後漢光武南陽蔡陽縣人（南陽郡今鄧州縣也蔡陽縣故城在隨州棗陽縣西

南）高祖九世之孫也出自景帝生長沙定王發（長沙縣今潭州縣）發生春陵節侯買（春陵鄉名本屬零陵元帝特徙南陽仍號春陵故城今在隨州棗陽縣東）買生鬱林太守外外生鉅鹿都尉回（鉅鹿郡在邢州縣也都尉本郡尉秦官也掌佐守典武職秩比二千石景帝更名都尉）回生南頓令欽（南頓縣屬汝南郡故城在今陳州頓城縣西）欽生光武母曰樊重之女王莽末與更始舉義兵興復長安更始爲赤眉所破光武卽皇帝位平赤眉在位三十三年年六十二太子立是爲明帝母曰陰皇后在位十八年年四十八太子立是爲章帝母曰賈貴人在位十三年年三十一第四子立是爲和帝母曰梁貴人在位十

七年年三十二少子立是爲殤帝母曰鄧皇后立百七十日年二歲章帝孫淸河孝王子立是爲安帝母曰左姬在位一十九年年三十二章帝孫濟北王子北鄉侯立二百七十日安帝廢太子濟陰王立是爲順帝母曰李氏在位十九年年三十太子立是爲冲帝母曰虞貴人在位一年年三歲章帝玄孫千乘貞王曾孫樂安夷王孫渤海孝王子立是爲質帝母曰陳夫人在位一年年九歲章帝曾孫河間孝王孫蠡吾侯子立是爲桓帝母曰匽氏在位二十一年年三十六章帝玄孫河間孝王曾孫解瀆亭侯孫立是爲

靈帝母曰董夫人在位二十二年年三十四子弘農王立在位百三十八日王弟陳留王立是爲獻帝母曰王美人在位三十一年年四十禪於魏魏文帝封爲山陽公明帝靑龍二年薨年五十四（後漢自光武乙酉歲至獻帝庚子凡八代十四帝共一百九十六年）

魏太祖姓曹氏漢相參之後其先出於黃帝當高陽世陸終之子曰安是爲曹姓周武王克殷存先世之後封曹俠於邾春秋之世與於盟會逮至戰國爲楚所滅子孫分流或家於沛漢祖之起曹參以功封平陽侯世襲爵土絕而復紹桓帝世曹騰爲中常侍大長秋封費亭侯養子嵩嗣官至太尉莫能審其生出本末（一云嵩夏侯氏之子惇之叔父太祖於惇爲從父兄弟）嵩生太祖仕漢爲丞相封魏王建安二十五年薨年六十六太子嗣丞相位魏王其年受漢禪是爲文帝母曰卞皇后在位七年年四十太子立是爲明帝母曰文昭甄皇后在位十四年年三十六無子養子齊王爲太子（宮省事祕莫有知其所繇來者）在位十五年爲司馬景王所廢年二十三文帝孫東海定王子高貴鄉公立在位七年年二十太祖孫燕王宇子常道鄉公立在位七年年二十禪於晉武帝封爲陳留王薨年五十六（魏自文帝庚子歲至陳留王乙酉歲凡四代五帝四十六年）

晉宣帝河內溫縣孝敬里人姓司馬氏其先出自帝高陽之子重黎爲夏官祝融歷唐虞夏商世序其職及周以夏官爲司馬其後程伯休父周宣王時以世官克平徐方錫以官族因而爲氏楚漢閒司馬卬爲趙將與諸侯伐秦秦亡立爲殷王都河內漢以其地爲郡子孫遂家焉自卬八世生征西將軍鈞字叔平鈞生豫州太守量字公度量生潁川太守雋字元異雋生京兆尹防字建公帝卽防之第二子也仕魏爲太傅都督中外諸軍錄尚書事加相國封安平郡公

固讓嘉平三年薨年七十三追謚宣帝世子以撫軍大將軍輔政母曰宣穆張皇后明年遷大將軍加侍中都督中外諸軍事錄尚書事累加相國固辭正元二年薨年四十八追謚景帝母弟繼爲大將軍加侍中都督中外諸軍錄尚書事輔政累加相國封晉王咸熙二年薨年五十五追謚文帝世子嗣相國晉王位母曰文明皇后其年受魏禪是爲武帝在位二十六年年五十五太子立是爲惠帝母曰武元楊皇后在位十六年年四十八皇太弟武帝第二十五子立是爲懷帝母曰王太妃在位七年年三十武帝孫吳

孝王晏子出繼秦王立是爲愍帝在位五年年十八爲劉聰所害宣帝曾孫瑯琊恭王覲之子立爲晉王明年即皇帝位是爲東晉元帝母曰夏侯太妃在位五年年四十七太子立是爲明帝母曰豫章郡君荀氏在位三年年二十七太子立是爲成帝母曰明穆庾皇后在位十七年年二十二母弟瑯琊王立是爲康帝在位二年年二十三太子立是爲穆帝母曰康獻褚皇后在位十七年年十九成帝長子瑯琊王立是爲哀帝母曰章太妃在位四年年二十五母弟瑯琊王立在位六年大司馬桓溫廢爲海西縣公大元十一年薨年四十五元帝少子瑯琊王立是爲簡文帝母曰簡文宣鄭太后在位二年年五十三太子立是爲孝武帝母曰孝武李太后在位二十四年年三十五太子立是爲安帝母曰安德陳太后在位二十二年年三十七母弟大司馬瑯琊王立是爲恭帝在位二年禪於宋其年遇害年三十六（晉自武帝乙酉歲至恭帝庚申凡七世十五帝一百五十六年）

後魏道武姓拓跋氏其先出自黃帝黃帝有子二十五人或內列諸華或外分一服昌意少子受封北土國有大鮮卑山因以爲號其後世爲君長統幽都之

北廣漠之野畜牧遷徙射獵爲業淳樸爲俗簡易爲化不爲文字刻木紀契而已世事遠近人相傳授如史官之紀錄焉黃帝以土德王北俗謂土爲拓謂后爲跋故以爲氏其裔始均入仕堯世逐女魃於弱水之北民賴其勤帝舜嘉之命爲田祖爰歷三代以及秦漢獯鬻獫狁山戎匈奴之屬累代殘暴作害中州而始均之裔不交南夏是以載籍無聞焉積六十七世至成皇帝毛立聰明武略遠近所推統國三十六大姓九十九威振北方莫不率服其後有節帝貸莊帝觀明帝樓安帝越宣帝推寅於是南遷大澤方千

餘里厥土昏冥沮洳又有景帝利元帝俟和帝肆定帝機僖帝蓋威帝儈獻帝鄰時有神人言於國曰此土荒遐未足以建都邑宜復徙居獻帝年時衰老乃以位授子聖武帝詰汾獻帝命令南移山谷高深九難八阻於是欲止有神獸其形似馬其聲類牛先行導引歷年乃出始居匈奴之故地其遷徙策畧多出宣獻二帝故時人並號曰推寅蓋俗云鑽研之義初聖武帝嘗率數萬騎田於山澤欻見輜軿自天而下旣至見美婦人侍衛甚盛帝異而問之對曰我天女也受命相偶遂同寢宿旦請還曰明年周時復會此

處言終而別去如風雨及期帝至先所田處果復相見天女以所生男授帝曰此君之子也善養視之子孫相承當世爲帝王語訖而去子即始祖神元力微也故時人諺云詰汾皇帝無婦家力微皇帝無舅家神元生而英叡元年歲在庚子先是西部內侵國民離散依於沒鹿廻部大人竇賓始祖有雄傑之度時人莫測後與賓攻西部賓軍敗失馬步走始祖使人以所乘駿馬給之賓歸令其部內求與馬之人當加重賞始祖隱而不言久之賓乃知大驚將分國之半以奉始祖始祖不受乃進其愛女賓猶忍報恩故問所欲始祖請率所部北居長川賓乃敬從積十數歲德威大洽諸舊部民咸來歸服二十九年賓臨終戒其二子使謹奉始祖其子不從乃陰謀爲逆始祖召殺之盡并其衆諸部大人悉皆款服控弦上馬二十餘萬三十九年遷於定襄之盛樂四月祭天諸部君長皆來助祭唯白部大人觀望不至於是徵而戮之遠近肅然莫不震懾始祖乃告諸大人曰我歷觀前世匈奴蹋頓之徒苟貪財利抄掠邊民雖有所得而其死傷不足相補更招寇讎百姓塗炭非長計也於是與魏相親神元饗國五十八年年百四歲子章帝

悉鹿立諸部離叛國內紛擾饗國九年弟平帝綽立雄武有謀略威德復舉饗國七年神元孫（太子追謚文帝沙漠汗之子）惠帝弗立聰哲大度爲諸父兄所重政崇寬簡百姓懷服饗國一年神元子昭帝祿官立分國爲三部帝自以一部居東在上谷北濡源之西東接宇文部以文帝之長子桓帝猗㐌統一部居代郡之參合陂北以桓帝弟穆帝猗盧統一部居定襄之盛樂故城自始祖以來與晉和好百姓乂安財畜富實控弦騎士四十餘萬昭帝統部十三年穆帝天資英特勇畧過人遂總攝三部爲一統三年白部大人叛入西

河鐵木劉虎舉衆於鴈門應之攻晉新興鴈門三郡并州刺史劉琨來乞師帝使弟子平文皇帝率騎二萬助琨擊之大破白部次攻劉虎屠其營落虎收其餘燼西走渡河竄居朔方晉懷帝進帝大單于封代公帝以封邑去國懸遠民不相接乃從琨求句注陘北之地琨自以託附聞之大喜乃徙馬邑陰館樓煩繁畤崞五縣之民於陘南更立城邑盡獻其地東接代郡西連西河朔方方數百里帝乃徙十萬家以充之八年晉愍帝爲代王置官屬食代恒山二郡帝饗國九年子晉根立月餘而薨晉根子始生桓帝后立

之其冬晉根子又薨思帝子平文帝鬱律立姿質雄壯甚有威畧元年歲在丁丑二年劉虎據朔方來侵西部帝逆擊大破之虎單騎迸走其從弟路孤率部落内附帝以女妻之西兼烏孫故地東吞勿吉以西控弦上馬將有百萬饗國五年桓帝中子惠帝賀傉立以五年爲元年政事太后臨朝四年帝始臨朝以諸部人情未悉欵順乃築城於東木很山徙都之饗國五年弟煬帝紇那立五年出居於宇文部賀蘭及諸部大人共立平文帝長子翳槐是爲烈帝三年石虎遣將李穆率騎五千納烈帝於大寧國人六千餘

落叛煬帝煬帝出居於慕容部烈帝復位以三年爲後元年城新盛樂城在城東南十里是年平文帝次子昭成帝什翼犍立帝生而奇偉寬仁大度喜怒不形于色身長八尺隆準龍顏立髮委地卧則乳垂至席烈帝顧命使弟孤自詣鄴奉迎即位於繁畤之北時年十九稱建國元年二年春始置百官分掌衆職三年春移都於雲中之盛樂宮饗國二十九年爲苻堅所破國衆離散堅使劉庫仁劉衛辰攝國事七年堅敗于淮南慕容文等殺庫仁庫仁弟眷攝國事九年庫仁子顯殺眷而代之明年昭成嫡孫即位於牛

川建元登國凡九年又改皇始凡二年又改天興是年即皇帝位改國號魏遷都平城是爲道武皇帝父曰獻明皇帝母曰獻明賀皇后并追尊成帝已下及后號謚道武在位十四年年三十九長子相國大將軍齊王立是爲明元帝母曰劉貴人在位十五年年三十二長子太平王監國是爲大武帝母曰密杜皇后在位二十九年年四十五嫡孫立是爲文成帝父曰景穆皇帝母曰宮閭皇后在位十四年年二十六太子立是爲獻文帝母曰李貴人在位六年傳國於太子是爲孝文帝年二十二孝文母曰李夫人在位

二十九年改國姓曰元氏年三十三太子立是爲宣
武帝母曰高夫人在位十六年年三十三太子立是
爲孝明帝母曰胡充華在位十三年年十九孝文曾
孫京兆王愉孫洮王寶暉子劉立爲幼帝在位六十
日爲爾朱榮所害獻文孫彭城王勰第三子立是爲
孝莊帝母曰李妃在位三年年二十四爲爾朱兆所
害爾朱世隆立太武玄孫長平王曄在位六十日廢之
又立獻文之孫廣陵王羽之子是爲前廢帝母曰王
氏在位一年年二十五爲高歡所害立章武王融第
三子是爲後廢帝母曰程氏在位二年年二十遜位

於孝文之孫廣平王懷第三子是爲出帝母曰李氏
遷都長安爲宇文泰所酖在位五年年二十五泰立
孝文孫京兆王愉之子是爲西魏文帝母曰楊氏在
位十七年年四十五長子立是爲廢帝母曰乙弗后
在位三年弟立是爲恭帝在位三年禪於後周後魏自丙
申歲道武建國至恭帝丙子歲凡七代十八帝共一百六十一年
後周太祖文帝姓宇文氏代郡武川人也其先出自
炎帝神農氏爲黃帝所滅子孫遁居朔野有葛烏菟
者雄武多算略鮮卑慕之奉以爲主遂總十二部落
世爲大人其後普廻因狩得玉璽三紐有文曰皇帝

璽普廻異之以爲天授其俗謂天曰宇因號宇文國
并以爲氏焉普廻子莫那自陰山南徙始居遼西是
曰獻侯爲魏舅生之國九世至侯豆歸爲慕容晃所
滅其子陵仕燕拜駙馬都尉封玄菟公魏道武將攻
中山陵從慕容寶禦之寶敗率甲騎五百歸魏拜都
牧主賜爵安定侯天興初徙豪傑於大都陵隨例遷
武川焉陵生系系生韜並以武畧稱韜生肱任俠有
氣幹正光末沃野鎮人破六汗拔陵作亂遠近多應
之其僞署王衛可孤徒黨最盛肱乃糾合鄉里斬可
孤其衆乃散後避地中山遂陷於鮮于脩禮脩禮令

肱還統其部衆後爲定州軍所破没於陣武成初追
尊曰德皇帝太祖德皇帝之子仕西魏爲太師大冢
宰大將軍封安定公恭帝三年薨世子嗣大將軍位
其年受魏禪即天王位是爲孝閔帝追尊太祖爲文王
武成初追尊文皇帝孝閔母曰文皇后在位二百七
十日爲宇文護所廢太祖長子大將軍寧都郡公立
是爲明帝母曰姚夫人即天王位四年年二十七太
祖第四子大將軍魯國公立是爲武帝母曰叱奴太
后即皇帝位十八年年三十六太子立是爲宣帝母
曰李太后在位二年傳位于太子是爲靜帝宣帝自

稱太上皇年二十二靜帝母曰朱皇后在位二年禪于隋（後周自閔帝丁丑歲建國至靜帝辛丑凡三代五帝二十五年）

隋高祖文帝姓楊氏弘農華陰人漢太尉震八代孫鉉仕燕爲北平太守鉉生元壽後魏代爲武川鎮司馬子孫因家焉元壽生太原太守惠嘏惠嘏生平原太守烈烈生寧遠將軍禎禎生大司空隋國公忠從周太祖起義關西賜姓普六茹氏開皇初追謚武元皇帝忠生高祖受周禪卽皇帝位復姓楊氏母曰呂皇后在位二十四年年六十四太子立是爲煬帝母曰獨孤皇后在位十四年唐高祖立帝之孫元德太

子昭之子是爲恭帝母曰韋妃在位二年禪于唐封爲酅國公明年薨年十五（隋自高帝己酉建國至恭帝戊寅凡三代三帝三十八年）

唐高祖神堯帝姓李氏隴西狄道人其先出自顓頊顓頊生大業大業生女華女華生咎繇其子孫綿歷虞夏代爲理官遂爲理氏殷末有理徵者直道不容獲罪於紂子利貞逃難於伊侯之墟食李實得全又改理爲李氏周時有李氏虔者生子曰重耳字伯陽周柱下史道家稱老君秦將李信卽其後也信曾孫廣爲漢將前軍自此後代爲牧守廣十六葉孫李暠是爲凉武昭王薨子歆嗣位爲沮渠蒙遜所滅歆子重耳奔於江南仕宋爲汝南郡守復歸於魏拜弘農太守贈豫州刺史生熙起家金門鎮將後以良家子鎮於武川都督軍戎百姓之務終於位因遂家焉生天錫仕魏爲幢主大統時追贈司空公生太祖景皇帝虎少倜儻有大志好讀書而不存章句尤善射輕財重義雅尚名節深爲太保賀拔岳所重元顥之入雒也從岳擊平之以功封晉壽縣開國子食邑三百戶拜寧朔將軍屯騎校尉復與岳破万俟醜奴留鎮隴西累遷東雍州刺史尋轉衛將軍賀拔岳旣鎮隴

右以太祖爲左相大都督委以內外軍事岳尋爲侯莫陳悅所害太祖哭之甚慟陰懷復讐之志時岳兄勝在荆州太祖星夜赴告勸勝入關收岳之衆勝不能從俄而周文帝起兵圖悅太祖聞之自荆州還至閿鄉爲高歡將所獲送詣雒陽魏武帝將收關右見太祖甚喜拜爲衛將軍賜以金帛鎮關中同與周文帝平侯莫陳悅遇高歡入雒太祖帥師迎魏武帝於潼關以功拜驍騎將軍加儀同三司遇靈州刺史曹泥擁兵作亂太祖率兵擊之時有破野頭賊屯聚塞下太祖遣使諭之皆來降服遂徵其衆并力攻泥四

旬而赴靈州平會阿至羅部落別道斷其歸路太祖親率驍銳襲擊大破之悉虜其衆進封長安縣侯食邑五百戶太祖不受讓於兄子康生周文帝許之後從文帝破高歡於沙苑斬級居多有賊帥梁企定據河州作亂太祖以本官兼尚書左僕射爲隴右行臺總兵以擊之部將烏軍長命潛與企定相連陰圖不軌太祖斬之以令三軍賊聞而大懼不敢戰遁走河北太祖將濟師於河企定率衆降獲男女數萬口以實三輔進位開府儀同三司餘如故南岐州兵楊盆生馬僧等聚衆反與梁漢中相影響太祖以還師便

道擊之軍大散遣人諭以禍福盆生遣使僞降太祖察知其懷詐因令軍曰賊既降可休士放馬以俟還期遣其使反盆生大喜遂不爲備放兵於外營求糧食太祖因而趨之天將曉圍城已合外兵不得還城中大擾因令壯士排闥而入無敢動者軍令嚴肅秋毫不犯於是安輯其衆留別人鎮守俘盆生以歸周文帝嘉歎之遣使勞問尋授岐州刺史遇莫折後熾寇秦州太祖又討之軍臨賊境後熾懼而降歸收其精卒數千人會丁母憂哀毁過禮及葬特給轀輬車太祖因廬於墓側負土成墳優詔起令視事嘗與周

文帝閱武於北山下時有人爲豹所噬無敢救者太祖不暇持杖趨往捉豹殺之周文帝大悅曰公之名虎信不虛也後徙封趙郡公歷渭秦二州刺史復擊叛胡平之徙封隴西公進拜太尉遷右軍大都督柱國大將軍少師周受魏禪錄佐命功居第一追封唐國公生世祖元皇帝昞世祖性至孝沉浮有識量少爲周文帝所禮在位十七年封汝陽縣伯食邑五百戶尋拜撫軍大將軍大都督通直散騎常侍俄轉車騎大將軍襲封隴西公遷驃騎大將軍開府儀同三司侍中周受禪襲封唐國公拜御中正大夫歷鄜州

刺史安州總管爲政簡靜甚獲當時之譽尋遷柱國大將軍贈少保同華等八州刺史高祖卽元皇帝之世子母曰元貞皇后七歲襲封唐國公義寧二年受隋禪卽皇帝位在位九年傳位於皇太子是爲太宗年七十太宗母曰竇皇后在位二十三年年五十七太子立是爲高宗母曰文德長孫皇后在位三十四年年五十六太子立三十六日母武太后廢爲廬陵王立次子相王六年又降爲皇嗣賜姓武氏太后遂革命稱周凡十五年復以廬陵王爲太子尋卽皇帝位是爲中宗在位六年年五十五太子立是爲少帝

母韋庶人臨朝凡十七日相王第三子臨淄王隆基平韋氏亂奉相王卽皇帝位是爲睿宗在位三年年五十九太子立是爲玄宗母日昭成竇皇后在位四十四年傳位於太子是爲肅宗玄宗稱太上皇年七十八肅宗母日元獻楊皇后在位七年年五十二太子立是爲代宗母日章敬吳皇后在位十七年年五十四太子立是爲德宗母日睿貞沈太后在位二十六年年六十四太子立是爲順宗母日昭德王皇后在位百八十日傳位于太子是爲憲宗順宗稱太上皇年四十六憲宗母日莊憲王太后在位十五年年四

十三太子立是爲穆宗母日懿安郭太皇后在位四年年三十太子立是爲敬宗母日恭僖王太皇在位二年年十八弟穆宗第二子江王立是爲文宗母日貞獻蕭皇后在位十四年年三十二弟穆宗第五子穎王立是爲武宗母日宣懿韋皇后在位四年年三十二憲宗第十三子皇太叔立是爲宣宗母日孝明鄭皇后在位十三年年五十太子立是爲懿宗母日元昭晁太后在位十四年年四十一太子立是爲僖宗母日惠安王皇后在位十五年年二十七母弟立是爲昭宗在位十六年年三十八第九子輝王立是爲哀帝母日積善何太后在位四年禪于梁梁封爲濟陰王明年薨年十七（唐自高祖戊寅歲建國至哀帝丁卯凡五代二十帝通武后華命共二百九十年）

後唐太祖武帝本姓朱耶氏其先隴右金城人也始祖拔野唐貞觀中爲墨離軍使從太宗討高麗薛延陁有功爲金方道副都護因家於瓜州太宗平薛延陁諸部於安西北庭置都護以屬之分同羅僕骨之人置沙陁都督府葢北庭有磧曰沙陁故因以爲名爲永徽中以拔野爲都督其後子孫五世相承曾祖盡忠貞元中繼爲沙陁府都督既而爲吐蕃所陷乃

舉其族七千帳徙於甘州盡忠尋率部衆三萬東奔俄而吐蕃追兵大至盡忠戰没祖執宜卽盡忠之長子也收合餘衆至於靈州德宗命爲陰山府都督元和初入爲金吾將軍遷蔚州刺史代北行營招撫使莊宗卽位追謚爲昭烈皇帝廟號懿祖烈考國昌本名赤心仕唐朔州刺史咸通中討龐勛有功入爲金吾上將軍賜姓李氏名國昌仍係鄭王一房出爲振武節度使尋爲吐蕃所襲退保於神武川及武皇鎭太原表爲代北軍節度使中和三年薨莊宗卽位追謚爲文皇帝廟號獻祖太祖卽獻祖之第三子也母

曰秦氏仕唐爲河東節度使累封晉王天祐四年唐哀帝已禪于梁改元開平而太祖猶稱天祐至五年薨年五十三長子嗣晉王位是爲莊宗同光初追謚爲武皇帝廟號太祖莊宗母曰貞簡曹皇后天祐二十年卽皇帝位於鄴都其年平梁在位四年年四十三蕃漢馬步總管李嗣源爲三軍所立百寮勸進是爲明宗明宗北代人生於應州之金城縣世事太祖及其賜姓也遂編入屬籍四代祖聿贈麟州刺史天成初追尊爲孝恭皇帝廟號惠祖曾祖敖贈朔州刺史追尊爲孝質皇帝廟號毅祖祖琰贈蔚州刺史追

尊爲孝靖皇帝廟號烈祖考霓贈汾州刺史追尊爲孝成皇帝初孝成事獻祖爲愛將獻祖之失振武爲吐渾所攻部下離散孝成獨奮忠義解蔚州之圍明宗卽孝成之元子母曰劉氏追尊孝成懿皇后在位八年年六十七第三子宋王立是爲愍帝母曰昭懿皇后在位百五十日出奔於衞州太后令降爲鄂王薨年二十一明宗養子潞王立是爲末帝姓王氏鎮州人母曰宣憲魏皇后在位三年年五十三晉高祖入雒自焚（後唐自莊宗癸未歲建國至末帝丙申凡三代四主十四年）

晉高祖姓石氏北京晉陽人也本衞大夫碏之後至漢奮自河內徙家長安與子慶等德位俱盛時號萬石君漢衰關輔亂子孫流徙西裔有居甘州者四代祖璟以唐元和中與沙陀軍都督朱耶氏靈武入附憲宗嘉之隸爲河東陰山府較以邊功累官至朔州刺史天福二年追尊孝安皇帝廟號靖祖三代祖郴早薨贈右散騎常侍追尊孝簡皇帝廟號肅祖祖昱任振武防禦使贈尚書右僕射追尊孝平皇帝廟號睿祖考紹雍蕃字曰臬捩鷄善騎射有經遠大略始從後唐太祖平定巢賊及事莊宗拒梁人戰上黨栢仁討薊門劉守光有功功與周德威相亞德威鎮薊

莊宗承制授平州刺史行事多抗於德威德威憚其名嘗以禮下之俄改洺州刺史薨於任贈太傅追尊孝元皇帝廟號憲祖高祖卽憲祖第二子也母曰何氏追謚孝元懿皇后高祖事後唐尚明宗女永寧公主爲河東節度使兼中書令封趙國公清泰三年契丹酋長耶律氏至太原冊立爲大晉皇帝是年入雒在位七年年五十一從子齊王立是爲少帝父曰敬儒爲莊宗騎將早薨母曰安太妃在位五年爲耶律氏所陷（晉自唐祖丙申歲建國至少帝丙午凡二代二主十一年）

漢高祖姓劉氏其先本沙陁部人也四代祖湍追尊

爲明元皇帝廟號文祖曾祖昻贈太保追尊爲恭僖
皇帝廟號德祖祖僎贈太傅追尊爲昭獻皇帝廟號
翼祖考琠事後唐武皇爲列較贈太師追尊爲章聖
皇帝廟號顯祖高祖卽顯祖之子母曰安氏追謚章
懿皇后高祖仕晉爲河東節度使太尉兼中書令封
北平王開運四年正月晉少主爲耶律氏所陷二月
高祖卽皇帝位于太原稱天福十二年五月至東京
在位二年年五十四第二子周王立是爲隱帝母曰
李太后在位三年禪於周（漢自高祖丁未歲建國至庚戌凡二代二主共四年）
周太祖姓郭氏邢州堯山人或云本常氏子幼隨母

適郭氏故冒其姓高祖璟廣順初追尊爲睿和皇帝
廟號信祖曾祖諶贈太保追尊爲明憲皇帝廟號僖
祖祖蘊贈太傅追尊爲翼順皇帝廟號義祖考簡贈
太師追尊爲章肅皇帝廟號慶祖初唐咸通中代北
徐方用兵伐叛信祖僖祖從戎師捷戰以勇敢知名
義祖事後唐武皇爲帳中親信乾寧中從征澤潞邢
洺累授河内馬步軍都虞候武皇平安敬思再定邢
洺移授邢之軍職因卜居堯山縣武皇經啓霸圖覬
兵大鹵劉仁恭陸梁燕薊窺伺中原梁氏蠶食兩河
爭戈不息慶祖爲武皇内牙愛將專掌親軍指麾所
行無不景從攻城野戰勇爵崇高天復中武皇兵出
居庸山北尅捷以慶祖爲順州刺史太祖卽慶祖之
子母曰王氏追謚章德皇后太祖仕漢爲樞密使兼
侍中乾祐四年受漢禪在位四年年五十一養子開
封尹晉王立是爲世宗本姓柴氏蓋太祖聖穆皇后
之姪在位六年年三十九子梁王立是爲恭帝在位
一年禪於大宋（周自太祖辛亥歲建國至恭帝庚申凡三代三主共十年）

冊府元龜

冊府元龜

巡按福建監察御史臣李嗣京　訂正
知長樂縣事臣夏允彝叅閲
知建陽縣事臣黃國琦較釋

帝王部二

誕聖

夫帝王之生必有休應豈非天命所屬歷數斯在聳生靈之耳目爲天飛之兆朕者乎故神祇幽贊靈物保護寘符夢感昭啓聖跡紛綸雜沓觸類而長諒不可誣悉矣歷代而下質文斯變緣情之禮隨時而作

亦以極臣子之誠顯邦家之慶紀乃誕日崇乎美名錶是陳宴享之禮洽魚藻之歡設桑門之饌脩福田之事公卿士庶爲節物以相遺諸侯牧守奉貢琛而來覲斯亦一時之盛觀百王之所不易者矣

伏羲氏母曰華胥燧人之世有大人之迹出雷澤華胥履之生帝於成紀

神農氏母曰女登爲少典妃遊華陽有神人身龍首感女登於常陽而生帝

黃帝母曰附寶見大電光繞北斗樞星炤郊野感附寶而孕二十月而生帝於壽丘

少昊母曰女節黃帝時有大星如虹下流華渚女節夢接感而生帝

顓頊母曰女樞少昊之末瑤光之星貫月如虹感女樞於幽房之宮生帝於若水

高辛不見其母生而神靈自言其名曰夋

堯母曰慶都觀于三河嘗有龍隨之既而陰風四合赤龍感之孕十四月而生帝於丹陵

舜母曰握登見大虹意感而生帝於姚墟

夏禹母曰脩巳山行見流星貫昴夢接意感又吞神珠背剖而生禹於石一云胷坼而生

啓母曰塗山氏初禹治洪水通轘轅山化爲熊謂塗山氏曰欲餉聞鼓聲乃來禹跳石誤中鼓塗山氏往見禹方作熊而去至嵩高山下化爲石方生啓禹曰歸我子石破北方而啓生

湯母曰扶都見白氣貫月意感以乙日生湯故號天乙

周文王母曰太任夢長人感巳瀆于豕牢而生文王

漢高祖以秦昭王五十一年生於豐臣欽若等曰自此以下有年無月及無年月者史闕初母媪嘗息大澤之陂夢與神遇時雷電晦冥父太公往視則見交龍於上巳而有娠遂產高

祖（一云母名含始遊于雒池有玉雞銜赤珠刻曰玉英吞此者王含始取而吞之）
惠帝以秦始皇三十七年生於豐
文帝以漢王四年生初帝母薄姬高祖召欲幸之對曰昨暮夢龍據妾胸高祖曰是貴徵也吾爲汝成之遂幸有身歲中生帝於河南
景帝以孝惠七年生於代宮
武帝以孝景前元年生於長安初帝母王夫人內太子宮（臣欽若等曰太子即景帝也）太子幸愛之生三女一男男方娠夢日入其懷以告太子太子曰是貴徵也遂生武帝

昭帝以太始三年生於鉤弋宮母曰趙倢伃（二字或從女）本以有奇異幸（謂望氣者言有奇女天子氣）生帝亦奇異（十四月乃生）
宣帝以征和二年生於太子宮
元帝以元平元年生於長安尚冠里
成帝以甘露三年生於甲觀畫堂（甲觀甲乙丙之次也畫堂畫以爲飾）
哀帝以河平四年生於定陶
平帝以元延四年生於中山
孺子以元始四年生於廣戚
後漢光武以建平元年十二月甲子夜生於濟陽縣舍有赤光炤室中
明帝以建武四年五月甲申生於常山元氏
章帝以中元二年生於雒陽
和帝以建初四年生於雒陽
殤帝以元興元年秋生於雒陽
安帝以永元六年生於清河邸
順帝以元初元年生於雒陽
冲帝以漢安二年生於雒陽
質帝以永和三年生於渤海
桓帝以陽嘉元年生於蠡吾
靈帝以永壽三年生於河間饒陽解瀆亭

弘農王以熹平二年八月丙寅生於雒陽宮
獻帝以光和四年三月癸巳生於雒陽宮帝母王美人初妊娠畏何后服藥欲除之而胎安不動數夢負日而行
魏文帝以後漢中平四年冬生於譙時有雲氣青色而圜如車蓋當其上終日望氣者以爲至貴之證非人臣之氣
高貴鄉公以正始三年九月二十五日生其日天氣晴朗堂上黃雲炤耀久之乃散
晉元帝以咸寧二年生雒陽有神光之異一室盡明

所藉藁如始刈

後魏道武母賀氏因遷徙遊於雲澤寢夢日出室內寤而見光自牖屬天欻然有感以建國三十四年七月七日生帝於叅合陂北其夜復有光明

明元以登國七年生於雲中宮

太武以天賜五年生於東宮

文成以太平真君元年六月生於東宮

獻文以興光元年七月生於陰山之北

孝文以皇興元年八月戊申生於平城宮神光炤室天地氤氲和氣充塞

宣武母高夫人初夢爲日所逐避於牀下日化爲龍繞已數匝寤而驚遂有娠以太和七年閏四月生帝於平城宮

孝明以永平三年三月丙戌生於宣化殿之東北有光炤於庭中

後周太祖母王氏初孕五月夢抱子昇天不至而止寤以告德皇帝(太祖父也)帝喜曰雖不至天貴亦極矣及太祖生有黑氣如蓋下覆其身

孝閔帝以西魏大統八年生於同州

明帝以永熙三年生於統萬城

武帝以大統九年生於同州有神光炤室

宣帝以武成元年生於同州

靜帝以建德二年六月生於東宮

隋高祖以西魏大統七年六月癸丑夜生於馮翊般若寺紫氣充庭

唐高祖以後周天和元年十一月丁酉生於長安是日紫氣充庭神光炤室

太宗以隋開皇十八年十二月戊午生於武功之別館時有二龍戲於館門之外三日而去

高宗以貞觀二年六月生於東宮之麗正殿

中宗以顯慶元年十一月乙丑生於長安

睿宗以龍朔二年六月巳未生於長安

玄宗以垂拱元年八月五日生於東都

開元十七年八月癸亥以降誕之日大置酒張樂宴百寮於花蕚樓下終宴尚書左丞相源乾曜右丞相張說率文武百官等上表曰臣聞聖人出則日月記其初王澤浹則風俗傳其後故少昊著流虹之感商湯本玄鳥之命孟夏有佛生之供仲春修道祖之籙追始樂原其義一也伏惟開元神武皇帝陛下二氣合神九龍浴聖清明總於玉露爽朗冠於金天月惟

仲秋日在端午嘗星不見之夜祥光炤室之期羣臣
相賀曰誕聖之辰也焉可不以爲嘉節乎比夫曲水
禊亭重陽射圃五日絲線七夕粉筵豈同年而語也
臣等不勝大願請以八月五日爲千秋節（臣欽若等曰誕聖節名始於此）著之甲令布於天下咸令宴樂休假三日羣臣
以是日獻甘露醇酎上萬歲壽酒（臣欽若等曰上壽自此始）王公
戚里進金鏡綬帶士庶以絲結承露囊更相遺問村
社作壽酒宴樂名爲賽白帝報田神上明玄天光啓
大聖下彰皇化垂裕無窮異域占風同見美俗帝手
詔報曰凡是節日或以天氣推移或因人事表記八

月五日當朕生辰感先聖之慶靈荷皇天之眷命卿
等請爲令節上獻嘉名勝地良游清秋高興百穀方
熟萬寶以成自我作古舉無越禮朝野同歡是爲美
事依卿來請宜付所司

十八年六月禮部奏請千秋節休假三日及村閭社
會並就千秋節先賽白帝報田祖然後坐飲從之

八月丁亥御花萼樓以千秋節百官獻賀賜四品已
上金鏡珠囊縑綵賜五品以下束帛有差上賦八韻
詩又製秋景詩（臣欽若等曰自此巳後或遺年不書皆史氏闕文）

二十三年八月五日千秋節御花萼樓宴羣臣御製
千秋節詩序時小旱是日大澍雨百官等咸上表賀

二十四年八月五日千秋節帝御廣達樓宴羣臣奏
九部樂内出舞人繩伎頒賜有差下制曰自古風俗
所傳歲時相樂亦合因事大小在人朕生於仲秋厥
日惟五遂爲嘉節感慶誠深今屬時和氣清年穀漸
熟中外無事朝野乂安不因此時何云燕喜卿等即
宜坐飲相與盡歡又召京兆父老等宴之宣勅曰今
兹節日穀稼有成頃年以來不及今歲百姓既足朕
實多歡故於此時與父老同宴自朝及野福慶同之
並宜坐食食訖樂飲兼賜少物宴訖領取

天寶七載七月文武百官刑部尚書兼京兆尹蕭炅
等及宗子咸上表請改千秋節爲天長節從之

肅宗以景雲二年九月三日乙亥生於東宮之別殿
祥光炤室至德元年七月即位二年九月戊寅以降
誕日王公已下咸有進獻帝以行在不受（臣欽若等曰時安祿山盜據兩京故曰行在）

乾元元年八月甲辰上皇降誕日於金明樓宴百官
賜綵五百疋二年九月丙寅帝降誕日宴百官於宣
政殿前賜絹三千疋

上元二年九月天成地平節（臣欽若等曰史不書置節年月）於三殿

置道場

代宗以開元十四年十月十三日生於東都上陽宮之別殿肅宗幸汝州之溫陽有望氣者云宮中有天子氣玄宗即日還宮是夜帝降誕寶應元年四月即位十月宰臣等上言今月十三日皇帝降誕日望准天長節休假三日帝以山陵未畢不許宰臣又上言休假一日從之

永泰二年十月降誕日諸道節度使進獻珍玩衣服名馬二十餘萬計以陳上壽自是歲以爲常

大曆二年十月降誕日宰臣及常參官率錢修齋度

僧尼道士凡數百人

三年十月降誕日諸道節度使上壽各獻衣服名馬及綾絹凡百餘萬

四年十月降誕日百僚於章敬寺修齋行香陳樂大會

六年十月降誕日脩衆僧齋于資聖寺百僚行香諸道使各獻方物上壽

八年十月降誕日於資聖寺修一千僧齋度僧尼凡二百餘人

九年十月降誕日百僚分寺觀行香頒賜茶藥

德宗以天寶元年四月癸巳生長安東宮別殿大曆十四年五月即位貞元六年四月乙酉帝降誕日京師諸司百官多於佛寺齋會

十二年四月庚辰帝降誕之日近歲嘗以其日會沙門道士于麟德殿講論帝每謂三教與儒教所歸不殊但內外跡用有異爾是日兼召儒官給事中徐岱兵部郎中趙需禮部郎中許孟容四門博士韋渠牟與沙門談延道士萬參成等數十人迭昇講坐論三教初如矛戟森然相向後類江河同歸於海帝大悅頒賜有差是歲昭義節度使王虔休上表曰臣聞於師夫君子爲能知樂是故審音以知聲審

樂以知政則治道備矣清明廣大終始周旋與天地同其和與四時合其序豈止於鐘鼓管磬云乎哉伏見開元天長節著于甲令每于是日海宇懽娛稱萬壽之無疆樂一人之有慶故追堯接舜邁禹踰湯自周已後不能議矣今陛下降誕之辰未有惟新之典無乃臣子之分或有所闕愚臣不揆頑昧敢思祖述之私歌竊忻忘寢與食久矣適遇有知音者與臣論其章樂探微致與窮理盡情臣乃追造繼天誕聖樂一曲大抵八宮爲調表五音之奉君也以土爲德知五運之居中也凡二十五篇法二十四氣而足成一歲也每篇一十六拍象八元八愷登庸於朝也冀與雲門咸池永傳於律呂空桑絲竹合薦於宮縣不聞澀滯之聲長作中和之樂可使九方之人頓忘於肉味四夷之俗皆審於薰風與唐惟休終古盡善臣不勝懇款屛營之至謹昧死陳獻以聞其所造曲譜謹同封進先時有太常樂人劉玠流落至潞州虔休因令造誕聖樂起於此也

順宗以上元二年正月十二日生

憲宗以大曆十三年二月十四日生永貞元年八月即位十二月太常奏太上皇正月十二日降誕皇帝二月十四日降誕並請休假一日詔可

元和七年二月降誕日宰臣舉舊制例進衣一副李吉甫獨進馬二匹賜通天犀帶一條金石凌一合

九年二月降誕日御麟德殿垂簾命沙門道士三百五十人齋會于殿内食畢較論于高座脯而罷頒賜有差

穆宗以貞元十一年七月六日生於大明宮之別殿元和十五年正月即位閏正月辛亥太常禮院奏准

玄宗降誕爲千秋節

肅宗降誕爲天成地平節並假一日自後累聖降誕雖不別置節名其休假獻餽如舊今皇帝七月六日降誕准故事合休假上禮從之

七月乙巳詔曰昔者聖王之法以孝理天下也廣愛敬之心推于四海盡奉養之志示于兆人然後自誠之化有情思感朕以眇身祗荷鴻業皇太后就安長樂朝夕承顏慈訓所加慶感兼極伏以今月六日是載誕之辰奉迎皇太后宮中上壽朕既獲申歡慰亦欲公卿大夫同之宜以今月六日平明於光順門集百寮及外命婦進名賀皇太后朕御光順門内殿與百寮相見永爲常式又詔御麟德殿觀僧道講論頒賜有差先是尚書左丞韋綬以東朝舊恩多所陳奏請降誕日詔百官詣光順門先賀皇太后然後上皇帝壽書之史冊光示萬古帝忻然納焉其後竟以降誕受賀禮無所據罷之

長慶元年七月庚子降誕日百僚於紫宸殿稱賀畢詣昭德門外命婦詣光順門並進門奉賀皇太后去年降誕稱賀百寮與命婦並集於光順門群情以爲非便故改其儀

二年七月甲午降誕日宰臣率百寮入閤奉賀訖又詣光順門進名賀皇太后

敬宗以元和四年六月九日生長慶四年正月即位四月庚辰朔中書門下奏皇帝六月九日降誕伏准故事休假一日從之其日帝御三殿命浮圖道士講論内官及翰林學士諸軍士駙馬皆從既罷賞賜有差

寶曆元年六月敕降誕日文武百寮於紫宸殿稱賀及詣光順門奉賀皇太后自今已後宜停國朝本無降誕日賀儀蓋長慶初尚書左丞韋綬率情上疏行

此禮至是方罷

二年六月降誕日御三殿命兵部侍郎丁公著太常少卿陸亘前隨州刺史李繁與浮圖道士講論內官翰林學士及諸軍使公主駙馬皆從既罷賞賜有差

文宗以元和四年十月十日生太和元年十月降誕日召祕書監白居易等與僧惟應道士趙常盈於麟德殿講論賜錦綵有差

二年十月壬戌以降誕日召吏部侍郎楊嗣復吏部郎中崔戎等赴麟德殿講論賜錦綵銀器有差

四年十月辛亥降誕日命道士僧徒講論于麟德殿

是月鹽鐵使王涯進降誕綾羅錦綵等共一萬四千八百匹銀器一百事判度支王起進綾絹夾纈雜綵等共一萬四千三百匹御衣一副鏡一面諸方鎮稱是

五年十月甲戌降誕日命沙門道士講論于麟德殿

七年八月中書門下奏臣聞帝王有必著之符神靈無虛應之兆所以電繞樞極氣感虹流玄鳥祚商赤光啓漢考驗今古章焯圖書伏惟皇帝陛下馭三統之元膺千年之運當誕聖之日爲河清之祥玄律應期乾宫以之定位開冬戒節水德表其靈長道若合符事光載籍臣等伏見前史稱漢宣之德則曰修武帝故事並以漢之隆平莫如武帝後之爲理無及孝宣舉此二主以爲極盛今陛下功濟天下道覆寰中威統百靈宰御群品脩祖宗之德莫如貞觀開元且太宗幸慶善之宫卽降誕之所賦詩賜宴播爲樂章玄宗降聖之辰爲千秋之節王公上壽士庶交歡流于管絃書之甲令此時張說宋璟屢獻章二臣之心必無違禮國史所載昭然可徵近者廣集緇黃多爲法會誠有資於景福且未叶於舊儀夫四時成歲百穀成實必在首冬用成神化今臣等不勝大願請

以十月十日爲慶成節著在令式以示四方是日陛下於宫中奉迎太皇太后與昆弟諸王盛陳宴樂群臣詣延英門奉觴上千萬歲壽天下州府置宴一日積嘉祚於元命慶延洪於昌期上表中興之耿光次復開元之盛典臣等無任慺慺懇款之至制曰省表具知朕以誕生之日延集緇黃式遵嘗儀用弘二教卿等啓心輔德叶志納忠稽貞觀開元之舊章述慶善千秋之令範爰崇誕日請號慶成顧予寡昧懼忝彝典今以同歡心於萬國申盛禮於兩宫深嘉誠勤是用依允十月甲午延英對宰臣因謂曰降誕設齋

起自近代朕緣相承已久未可便革雖置齋會唯對源中等暫入殿（臣欽若等曰源中姓王爲翰林學士）至僧道講論時畫不臨聽宰臣等奏曰伏以誕聖之辰普天同慶陛下只合侍皇太后與諸王盛陳宴樂以奉慈顔齋會誠資景福且非中國教化伏自開元十七年張說宋璟請以降誕爲千秋節事頗得宜今若修祖宗故事至是日奉迎兩宮太后歡宴實爲盛美帝浮然之

八年九月勅慶成節宜令百寮詣延英上壽仍令太常寺具儀注聞奏仍准上巳重陽例於曲江錫宴

九年十月慶成節詔宰臣及文武百官慶成節赴延

英殿庭奉觴稱賀禮畢錫宴於曲江亭

開成元年十月慶成節宴于延英殿太常進雲韶樂宰臣及翰林學士赴宴又錫百寮宴於曲江

二年九月詔曰慶成節朕之生辰天下錫宴庶同歡泰不欲屠宰用表好生非是信尚空門將希無妄之福恐中外臣庶不論朕懷廣置齋筵大集僧衆非獨凋耗物力兼恐致惑生靈自今宴會蔬食任陳脯醢永爲常例咸使聞知又詔慶成節宜令京兆府准上巳重陽於曲江宴會文武百寮奉觴宜權停又詔慶成節假宜依上元日休假三日十月降誕日帝幸十六宅與諸王宴樂是日賜宴百寮于曲江

三年十月慶成節命中人以酒脯并仙部樂錫中書門下及文武百寮宴於曲江亭

四年十月慶成節宴中書門下及文武百寮於曲江亭命中人以酒脯及仙韶樂宣錫之

武宗以元和九年六月十一日生開成五年正月即位五月中書奏請以六月十一日帝載誕日爲慶陽節從之

會昌元年五月辛未勅慶陽節百官率醵外別賜錢三百貫文以素食合宴仍委京兆府量事陳設不用

追集坊市歌舞

宣宗以元和五年六月二十二日生會昌六年三月即位號壽昌節

懿宗以太和七年十一月十四日生大中十三年八月即位號延慶節

僖宗以咸通三年五月八日生於東内十四年七月即位號應天節

昭宗以咸通八年三月二十二日生於長安東内文德元年三月即位龍紀元年三月帝載誕之日宰臣等表爲嘉會節從之群臣上表賀曰臣聞聖人受命

天必降其殊靈王者應生國必蒙其介祉故華渚有流虹之異玄樞呈大電之祥而皆近感神明遠符乾象叶千年而啓運契六合以居尊伏惟皇帝陛下德邁方圖道融三五因社鳴而正位逢井聚以樂推膺彼昌朞弘斯丕構今者發生司律曆數在躬值清明馭氣之時當仁壽悅隨之始固可年同鶴算歲比山呼永符垂拱之風長保後天之慶

哀帝以景福元年九月三日生天祐元年八月即位其是月中書門下奏皇帝九月三日降誕伏以電曜繞樞軒頊乃降天之日光粹熠室明元實命代之辰

爰自我朝乃崇令節著爲故事抑播前文伏惟皇帝陛下九五飛龍四三應運國稱利見天表殊休當誕聖之時感眞人以衛室居在籓之際賓羽客以獻符是以克紹丕圖光膺寶祚敢循故典爰定美文臣等商量以降誕日爲乾和節易日乾健也蓋乾以自強不息和則衆彙皆同遠徵易文實諧聖德請依令式休假獻賀從之詔文武百寮諸軍諸使諸道進奉官准故事於寺觀設齋不得宰殺只許酒果脯醢

後唐莊宗以光啓元年十月癸亥生於晉陽宮在妊時太后嘗夢神人黑衣擁扇夾侍左右載誕之辰紫氣出於牕戶同光元年十月壬辰萬壽節百官齋會於開封府

二年十月丁亥萬壽節宴群臣於長春殿

三年十月辛巳萬壽節宴長春殿賜百官分物

明宗以咸通八年九月生於代北之金鳳城

天成元年六月中書奏九月九日皇帝降誕之辰舊例特置節名以其日爲應聖節休假三日仍令京都天下設樂以申祝壽從之

九月九日應聖節百寮於敬愛寺設僧齋召緇黃衆於中興殿論難經義

二年九月九日應聖節四方諸侯並有進獻丁巳百官奉爲應聖節於敬愛寺行香設齋宣教坊伎宴樂之宰臣樞密使以下咸進壽酒各賜錦衣召兩街僧道於中興殿講論

三年九月九日應聖節召兩街僧道談經於崇元殿宰相進壽酒百官行香修齋於相國寺宣教坊樂及左右廂百戲以宴樂之又僧道虛受等賜紫衣師號共六十人

四年九月九日應聖節百官於敬愛寺齋設賜宰臣錦袍香囊手帕酒樂帝御廣壽殿近臣獻壽各頒錦

袍復御中興殿聽僧道講論

長興元年九月九日應聖節百官於敬愛寺齋設帝御廣壽殿聽僧道講論

二年九月九日應聖節帝御中興殿觀僧道講論賜物有差

閔帝以天祐十一年十一月二十八日庚申生於晉陽舊第

末帝以光啓元年正月二十三日巳卯生於平山

清泰元年九月壬申宰臣李愚等奏臣覽國史開元十七年宰臣張說源乾曜奏改朔體元固聖主之能

事良辰嘉會亦俗化之大端蓋周人有合宴之儀漢代有賜酺之律所以歌詠皇德啓廸人情至若泛菊高臺遂號重陽之節流杯曲水永爲上巳之游在昔偶行於今不改豈足比君臨四海運應千年畫璿圖而敬授民時秉玉燭而節宜和氣身爲律度德合乾坤仰惟樞電之祥最是寰區之樂願從人欲特創節名封函䝉示於允俞自此永編於令式舊章斯在列聖嘗行將有擬倫預憖慮淺伏惟皇帝陛下動遵典法克叶祖宗方今玉鏡高懸璿樞廣運告成功於朝社正大禮於宮闈是以舞干率服於三苗班瑞雍熙於萬國臣等以獻歲元正之月是猗蘭降聖之辰梅花映雪於上林椒酒迎春於祕殿江邊野老願鑾輅之時巡陌上遊童醉堯樽而獻祝謂於是月特舉節名副與人共樂之言致率土交歡之義臣等謹案玄宗皇帝以八月五日載誕張說等請以其日爲千秋節臣等不揆庸暗輒體憲章請以來年正月降聖日爲千春節從之

二年正月乙巳中書門下奏遇千春節凡刑獄公事奏覆候次月施行今後請重繫者即俟次月輕繫者即誕聖節前奏覆决遣從之戊戌於佛寺供僧張樂

甲子宴群臣於長春殿

晉高祖以唐景福元年二月二十八日生於太原汾陽里時有白氣充庭

天福元年十二月宰臣馮道等奏曰臣聞惟睿作聖千年乃契於貞期大德日生萬國咸思於令節將詮懿號仰慶休辰傾心未出於嘗名近意有塵於嘉會伏惟皇帝陛下應天順人握圖御寓拯寰瀛於否極俾動植以泰來允符鳴社之祥方顯繞樞之瑞而況斗柄正卯律吹仲春當帝王出震之方是天地同和之月斯辰誕聖衆靈咸歸顧前代而罕同在舊章而

空舉垂諸不朽簡編既溢於徽猷必也正名稱謂須符於景貺伏願以來年二月二十八日爲天和節庶夫觴稱萬壽稍申將順之心節配四時永洽好生之德從之

二年二月辛亥天和節帝御長春殿召左右街僧錄威儀入内談經

十月兩浙錢元瓘進天和節大排方龍座金腰帶一御衣十二事

三年二月乙巳天和節岳牧玉帛皆至是日宴近臣於廣政殿召僧道講論各賜有差

四年二月庚子以天和節宴群臣於廣政殿賜物有差臣欽若等曰五年事史臣不書

六年二月戊午天和節宴群臣於廣政殿賜道釋紫衣師號并寺額

十月福州進天和節銀一千兩

七年二月壬子天和節帝御武德殿宰臣率文武百官上壽如儀退就佛寺行香宴樂而罷其年詔天下郡縣不得以天和節禁屠宰輒滯刑獄

少帝以天祐十一年六月二十七日生於太原汾陽里天福七年六月卽位八年六月宰臣馮道以誕辰率文武百官上表曰臣等聞大電繞樞昔后繼犧農之運五星聚井眞人啓文景之基昌圖允洽於千年嘉號空光於載誕不有稱述曷顯休明伏惟皇帝陛下玉律調元金華啓旦上帝錫九齡之夢遒人聞下武之詩德協無爲民知有慶當大雨時行之日乃嘗星不見之辰將歡寓縣之心竊效華封之祝臣等不勝大願望以六月二十七日爲啓聖節著于甲令告彼萬方使地角天涯望南山而祝壽九州四海仰北極以傾心誠乖致主之功輒敢稱君之美從之

漢高祖以唐乾寧二年二月四日生於太原以晉開

運四年卽位於太原宮復稱天福十二年是年八月文武百寮上表請以二月四日降誕日爲聖壽節從之

隱帝以唐長興二年三月九日生於鄴都之舊第乾祐元年十二月辛卯百寮上表曰色變長瀾肇皇靈之寶構光流華渚開聖緒於瑤圖莫不慶洽同文光昭大象刻玉波淤於鳳紀鳴金飈振於洪猷所以顯氣凝空編爲令典神光燭夜允叶昌期皇帝陛下守位以仁繼明以德化敷有感慶洽無疆當九龍洽聖之辰是五緯聯光之夕凡常地載共視天長皇帝三

月九日誕聖請以其日爲嘉慶節休假三日群臣宴
樂上壽從之
二年三月壬子嘉慶節群臣詣佛寺齋設祝壽
三年三月丙子嘉慶節御廣政殿文武百寮上壽酒
初舉樂將相大臣獻金寶鞍馬爲壽禮畢群臣入相
國寺齋設賜教坊樂
周太祖以唐天祐甲子歲七月二十八日庚寅之夕
生於堯山之舊宅載誕之夕赤光炤室初有聲如爐
炭之裂星火四迸母王氏懼戒使者曰勿外言
廣順元年六月甲午宰臣率百官上表曰恭以少昊

乘乾曳祥虹於華渚軒轅出震流瑞電於樞星所以
玉牒表天地之禎金策纂皇王之異仰惟聖德允叶
昌期伏惟聖帝陛下德輝三五道煥古今開階成周
室之昌啓運得堯基之典豈可使方濁澄明之狀未
顯洪名圖清燦爛之文不章懿號臣等傾誠紫禁都
慶丹丘願隆百代之基冀正萬年之祚臣等請以七
月二十八日皇帝降聖日爲永壽節群臣上壽內外
宴樂從之
七月戊子永壽節帝御廣政殿百寮進酒上壽班退
賜衣服分物有差群臣赴相國寺齋設

二年四月癸丑勅永壽節每年諸道節度防禦團練
等使刺史奏薦僧尼道士紫衣師號等今後見任節
度使帶使相僧尼道士紫衣師號可共奏三人見任
節度使不帶使相共二人見任防禦團練刺史等秖
奏一人在朝文武臣寮及前任官今後更不得奏薦
七月丙辰勅內外文武臣寮遇永壽節辰皆於寺觀
起置道場便爲齋供訪聞皆是率醵不唯牽費兼且
勞煩念忠節以可嘉在誠抱而增愧所宜滅損以便
公私今後中書門下與文武百寮共設一齋樞密使
與內諸司使副使等共設一齋侍衞親軍馬步都指

揮使已下共設一齋其餘前任官員及諸司職掌竝
不得更請開置道場及設齋
壬午永壽節群臣詣廣政殿上壽畢赴相國寺齋設
宰臣學士內諸司使前任節度使防禦團練等士侍
御諸軍都將刺史等賜衣各一襲
三年七月京城居民晁緒等言以永壽節各於門首
齋燃燈三晝夜從之乙巳永壽節太祖御永福殿群
臣上壽賜將相大臣禁軍大將等衣有差群臣赴僧
寺齋會
世宗以唐天祐十八年九月二十四日丙午生於邢

臺之别墅

顯德元年七月壬辰文武百寮上表曰伏以壽丘降跡爰符出震之期里社應祥式契乘乾之運頊觀舊史抑有彝章幸當載誕之辰仰奉延洪之稱伏惟皇帝陛下道超九聖祚啓千齡紹文武之耿光比成康之迪哲自登天寶益顯聖功運龍韜而親御戎車仗金鉞而立平賊壘破幽并之妖孽救澤潞之生靈觀兵而直抵晉陽奮武而遠臨代北元兇假息雜虜摧鋒還京闕而契人心謁園陵而伸孝道飲至纔踰於旬日覃恩已被於八方四塞關山漸息煙塵之警萬

邦臣妾咸登仁壽之鄉今則候屬澄河時當降聖是甲觀懸弧之日乃銅律禦戸之時鰈水鶼林望堯雲而獻祝桓圭穀璧趨禹會以駿奔臣等叨遇休明俱塵禄位荷君父巍巍之德伸臣子僂僂之誠祇率典謨尊奉宸極臣等不勝大願謹以九月二十四日降誕日奉上節名爲天清節所冀金相玉振貞寶曆以彌新地久天長煥青編而不朽從之

九月乙未天清節帝御廣政殿宰臣率文武百寮上壽如儀頒賚有差

二年九月己丑天清節帝御廣政殿文武百寮上壽

三年九月癸丑天清節賜文武臣寮衣有差宰臣率百官詣廣政殿上壽如儀

四年九月丁未天清節百辟上壽如儀賜内外臣寮衣有差

五年九月壬子天清節賜文武臣寮衣有差既而詣廣德殿上壽江南進奉使商崇義代李景捧壽觴以獻既罷百官詣相國寺修齋

恭帝以廣順三年八月四日生於澶州之府第顯德六年即位其年文武臣寮上表請以八月四日爲天壽節從之

册府元龜

巡按福建監察御史臣李嗣京　訂正

知　閩　縣　事　臣　曹　冉臣叅閱

知　建　陽　縣　事　臣　黄國琦較釋

帝王部　三

名諱

周官小史掌王之名諱名諱之起繇周道也上古帝王敦尚質樸名號雖建制度未備故堯舜則有放勛重華之名而禹湯又去唐虞之文從高陽之質以名爲號先儒之說或以爲名或以爲字或以爲謚而尚

書所紀即皆褒德之稱蓋傳述之異也自漢巳來所記詳矣至若貴易諱而難知避五行之勝伏亦皆有旨焉

黄帝名曰軒轅蓋受國於有熊居軒轅之丘因以爲名又以爲號又云作軒冕之服故謂之軒轅

少昊名摯字青陽

顓頊高陽

帝嚳高辛　高陽高辛皆所興之地名顓頊與嚳皆以字爲號上古質故也

帝摯

帝堯名放勳

帝舜名重華

夏禹名文命

帝啓

帝太康

帝仲康

帝相

帝少康

帝宁　一作杼

帝槐

帝芒

帝泄

帝不降

帝扃

帝廑

帝孔甲

帝皐

帝發

帝履癸是爲桀

殷湯名履字天乙

帝外丙

帝仲壬
帝太甲
帝沃丁
帝太庚
帝小甲
帝雍巳
帝太戊
帝仲丁
帝外壬
帝河亶甲

帝祖乙
帝祖辛
帝沃甲
帝祖丁
帝南庚
帝陽甲
帝盤庚
帝小辛
帝小乙
帝武丁

帝祖庚
帝祖甲一作帝甲
帝廩辛
帝庚丁
帝武乙
帝太丁
帝乙
帝辛是爲紂
周文王昌
武王發

成王誦
康王釗
昭王瑕
穆王滿
恭王緊扈一作伊扈
懿王囏一作糦
孝王辟方一單名方
夷王燮
厲王胡
宣王靜

幽王宮涅
平王宜臼
桓王林
莊王佗
釐王胡齊
惠王閬
襄王鄭
頃王壬臣
匡王班
定王瑜

簡王夷
靈王泄心
景王貴
悼王猛
敬王丐
元王仁一曰赤元王
定王介一日具定王
哀王去病
思王叔
考王嵬

威烈王午
安王驕
烈王喜
顯王扁
慎靚王定
赧王延
漢高祖皇帝諱邦字季邦之字曰國臣下所避以相代也
惠帝諱盈之字曰滿
文帝諱恒之字曰常

景帝諱啓之字曰開
武帝諱徹之字曰通
昌邑王諱賀臣欽若等曰史氏不載其諱字
昭帝諱弗之字曰不帝初爲皇太子名弗陵後但名弗以二名難諱也
宣帝諱詢字次卿詢之字曰謀帝初名病已蓋以夙遭屯難而多病故名之欲其速差也元康二年詔曰聞古天子之名難知而易諱也今百姓多上書觸諱以犯罪者朕甚憐之其更諱詢諸觸諱在令前者赦之

元帝諱奭之字曰盛
成帝諱驁之字曰俊帝初生于太子宮爲世嫡皇孫
宣帝愛之字曰太孫
哀帝諱欣之字曰喜
平帝諱衎之字曰樂帝初名箕子元始二年詔曰皇
帝二名通於器物（箕用器也故云通于器物）今更名合於古制使
太師光奉太牢告祠高廟
後漢光武皇帝諱秀字文叔秀之字曰茂初光武生
濟陽縣舍是歲縣界有嘉禾生一莖九穗因名曰秀
明帝諱莊之字曰嚴

章帝諱炟（丁達切）之字曰著
和帝諱肇之字曰始
殤帝諱隆之字曰盛改河内隆慮爲林慮
安帝諱佑之字曰福
順帝諱保之字曰守
冲帝諱炳之字曰明
質帝諱纘之字曰繼
桓帝諱志之字曰意
靈帝諱宏之字曰大
獻帝諱協字伯和協之字曰合（靈帝以帝似己故名之）

魏文帝諱丕字子桓
明帝諱叡字元仲
齊王諱芳字蘭卿
高貴鄉公諱髦字彥士
陳留王諱奐字景明初爲甞道鄉公名璜甘露五年
五月己丑高貴鄉公卒皇太后立之詔曰古者人君
之爲名字難犯而易諱今甞道鄉公諱字甚難避其
令朝臣博議改易列奏遂改之
晉武帝諱炎字安世
惠帝諱衷字正度

懷帝諱熾字豐美
愍帝諱鄴字彥旗建興元年即位改建鄴爲建康改
鄴爲臨漳
元帝諱睿字景文
明帝諱紹字道畿
成帝諱衍字世根
康帝諱岳字世同
穆帝諱聃字彭子
哀帝諱丕字千齡
簡文帝諱昱字道萬

孝武帝諱曜字昌明
安帝諱德宗字德宗
恭帝諱德文字德文
後魏道武帝諱珪
明元帝諱嗣
太武帝諱燾
文成帝諱濬
獻文帝諱弘
孝文帝諱宏
宣武帝諱恪

孝明帝諱詡
孝莊帝諱子攸
前廢帝亦曰節閔諱恭字修業
後廢帝諱朗字仲哲
孝武帝亦曰出帝諱循字孝則
西魏文帝諱寶炬
廢帝諱欽
恭帝諱廓
後周愍帝諱覺字陀羅尼
明帝諱毓小名統萬突太祖長子太祖臨夏州生帝統萬城因以名焉
武帝諱邕字禰羅突
宣帝諱贇
靜帝諱闡初名衍
隋高祖諱堅小名那羅延
煬帝諱廣一名英小字阿麼長壽元年立爲皇太子改廣川縣爲長河縣
恭帝諱侑
唐高祖諱淵
太宗諱世民幼時有相者云未年二十當濟世安民

高祖以爲神陰採濟世安民之義遂以名焉武德九年立爲皇太子令曰依禮二名義不偏諱尼父達聖非無前指近代以來曲爲節制兩字兼避廢闕已多率意而行有違經誥今宜依據禮典務從簡約仰效先哲垂法將來其官號人名及公私文籍有世及民兩字不連讀者竝不須避至高宗即位乃改民部爲戶部以避之
高宗諱治即位初有司請改治書侍御史爲御史中丞諸州治中爲司馬治禮郎爲奉禮郎帝以貞觀時不廢先帝二字不許有司奏曰先帝二名禮不偏諱

上旣單名臣子不敢指斥從之

顯慶五年正月壬寅詔曰孔宣設教正名爲首戴聖貽範嫌名不諱比見鈔寫古典至於朕名或缺其點畫或隨便改換恐六籍雅言會意多爽九流通義指事全違誠非立書之本意自今以後繕寫舊典文字竝宜使成不須隨義改易

中宗諱顯儀鳳二年十月封英王改名哲聖曆元年冊爲皇太子復名顯神龍元年正月卽位改顯政殿爲昭慶殿顯德殿爲章德殿顯聖侯廟爲昭聖侯廟

睿宗諱旦初名旭輪總章二年封冀王單名輪永淳

三年始改名旦

玄宗諱隆基先天二年正月詔改隆州爲閬州自餘州縣等名有與皇帝名同者便令所司改定至寶曆元年正月太常寺禮院上言玄宗廟諱准故事祧遷後不當更諱制可之

肅宗諱亨初名嗣昇開元十五年改名浚二十三年改名璵二十八年改名紹有獻書者言宋太子名劭惡其聲類天寶三載又改名亨

代宗諱豫初名俶乾元元年十月立爲皇太子因降誕日豫州奏百姓李氏有嘉禾生及是冊禮肅宗詔改名豫寶應元年卽位改豫州爲蔡州泗州宿豫縣改爲宿遷縣兗州方與縣改爲魚臺縣洪州豫章縣改爲鍾陵縣豫寧縣改爲武寧縣古州樂豫縣改爲樂山縣

德宗諱适大曆十四年卽位改括州爲處州括蒼縣爲麗水縣

順宗諱誦憲宗元和二年八月刑部奏改律卷第八爲鬭競律咸通十二年分司侍御史李豁進狀曰臣准西臺牒及金部稱奉六月二十七日勑內園院郝景全事奏狀內訟字音與廟諱同奉勑罰臣一季俸者右臣官位至卑得蒙罰俸屈與不屈不合有以事至分明別鬭理體若便隱默恐負聖時顧陛下寬其罪戾使得盡言臣前奏狀稱准勑因事告

事旁訟他人是咸通十一年十月十三日勑語臣狀中具有准勑字非臣自撰辭句臣謹按禮不諱嫌名又按職制律諸犯廟諱嫌名不坐注云謂若禹與雨䟽云謂聲同而字異注䟽重復至易分曉伏惟睿文英武明德至仁大聖廣孝皇帝陛下明過帝堯孝踰大舜豈自發制勑而不避諱哉故是審量禮律以爲無妨耳卽引陛下勑文而言不敢擅有移改不謂內園使有此論奏也臣之罰俸實爲小屈然今者非敢訴此罰俸也實以從來制勑及百官表奏曾有避嫌名例而因臣致罰卽舊章自此有援引勑格者亦須委曲廻避便成訛弊臣今已罰俸不合上聞臣聞趙充國爲將不嫌伐一時事以爲漢家後法魏徵爲相不存形迹以致貞觀太平臣雖未及將相忝爲陛下持憲之臣豈可以論俸爲嫌而使國家勑命有誤也且順宗廟諱萬國儀刑誠不可同於小事願陛下留意察納別下明勑使自後章奏遵禮律處分則天下幸甚勑旨免所罰

憲宗諱純初名淳貞元二十一年冊爲皇太子始更

之永貞元年卽位改桂州純化縣爲慕化縣蒙州純
義縣爲正義縣又改淳州爲睦州還淳縣爲淸溪縣
橫州淳風縣爲從化縣淳于姓改爲于以音與帝同
名故也古者不諱嫌名禹與雨丘與蓲臨文不諱文
王名昌武王名發周詩曰克昌厥後又曰一之日觱
發魯莊公名同春秋日同盟于幽襄公名午書曰陳
侯午卒之類是也古今時變故廣避焉
穆宗諱真宗同于初名宥元和七年立爲皇太子始更之
十五年卽位改嘗岳爲鎭岳嘗州爲鎭州定州嘗陽
縣爲曲陽縣嘗王房子孫爲泜王房

敬宗諱湛
文宗諱昂初名涵卽位更之
武宗諱炎初名瀍會昌六年三月制曰王者炤臨萬
寓名豈尚于難知敬順五行理宜避于勝伏徵諸前
史義實炳然昔炎漢之興維傍去水所都名號循乃
避之况我國家祚昌土德豈可以王氣勝于君名所
以憲宗繼明之初貴以捨水必有冥數協于禎祥漢
宣帝柔服北夷弘其祖業功德之盛侔於周宣御曆
十年乃從美稱朕遠追大漢之事近稟聖祖之謀爰
擇嘉名式遵令典庶承天意永保鴻休宜改名爲炎
仍令所司擇日分命宰臣告天地宗廟其舊名中外
奏章不得更有廻避告報遐邇咸遂聞知
宣宗諱忱初名怡卽位更之
懿宗諱漼初名溫大中十三年八月立爲皇太子始
更之
僖宗諱儇初封晉王名儼咸通十四年七月立爲皇
太子乃更之
昭宗諱敏初名傑龍紀元年十一月辛亥將有事於
圜丘始更之
哀帝諱柷初封輝王名祚天祐元年八月立爲皇太

子監國乃更之卽位先是太嘗寺有止鼓兩字樂器
上字犯御名中書門下奏臣等謹按故事漢室以牝
山改郡蓋爲文皇國朝以復姓稱子實緣憲祖或易
建康之縣或更昭穆之音皆因踐祚之初合舉避行
之典按爾雅釋樂篇敔謂之止敔謂之籈今者陛下
肇承丕祚始値遷都凡厥惟新式叶正始竊詳爾雅
肇亦訓始臣等商量望改爲肇從之
後唐莊宗諱存勗
明宗諱亶初名嗣源天成元年六月勅曰古者酌禮
以制名懼廢於物難犯而易避貴便於時况徵彼二

名抑有前例以太宗文皇帝自登寶位不改舊稱時
卽臣有世南官有民部靡聞曲避止禁連呼朕猥以
眇躬託于人上止遵聖範非敢自尊應文書內所有
二字但不連稱不得迴避如是臣下之名不欲與君
親同字者任自改更務從私便庶體朕懷
二年正月制曰王者祇敬宗祧統臨寰宇必順體元
之典特新制義之文朕以眇躬獲承丕構襲三百年
之休運繼二十聖之耿光馭朽納隍夕惕之心罔息
法天師古日躋之道惟勤今則載戢干戈混同書軌
荷玄穹之睠佑契兆庶之樂推簡玉泥金非敢期於

薄德耕田鑿井誠有慕於前王將陳享謁之儀卽備
郊丘之禮宜更稱謂永耀簡編今改爲亶凡在中外
宐體朕懷宣記百寮稱賀兼差官告郊廟社稷淸泰二年五月中書門下奏准天成元年正月十六日勅本朝列聖及四廟諱近日中外表疏偏旁文字皆闕點畫凡當出諱止避正呼儻迴避於偏旁則虧闕於文字宐從朴素庶便公私凡廟諱但迴避正文其偏旁文字不在減少點畫今定州節度使楊檀檀州金壇縣等名酌情制義竝請改之其表章文案偏旁字闕點畫凡臣寮名涉偏旁亦請改之詔曰偏旁文字音韻懸殊止避正呼不宐全改楊檀宐賜名光遠其餘依奏
愍帝諱從厚小字菩薩奴
末帝諱從珂淸泰二年中書言御名上一字與諸王
相連太宗玄宗故事人臣諸王合避相聯字單名從
之
晉高祖諱敬瑭少帝天福七年勅應殿名及州縣名
職名等有與高祖諱犯者悉改之明堂爲宣德殿唐
州爲泌州思唐州爲思化州密州附唐縣爲膠西縣
蔚州興唐縣爲靈山縣博州堂邑爲河濱高唐爲齊
城定州唐縣爲博陵莫州唐興爲安州眞定府行唐
爲永昌堂陽爲蒲澤彭州唐化爲彭山蜀州唐興爲
鄉城道州延唐爲延喜福州福唐爲南臺壽州盛唐
爲來化鄂州唐年爲臨江杭州錢唐爲錢江唐山爲

橫山台州唐興爲台興隨州唐城爲漢東代州唐林
爲廣武漢州金堂爲漢城合州石鏡爲仙覽復州竟
陵爲景陵中書政事堂爲廳堂後官諸房頭爲錄事
餘竝爲主事所有諸邑人姓名犯者竝改又改陝府
甘棠驛爲通津驛
少帝諱重貴
漢高祖本名知遠卽位初前邠州節度使折從遠改
名從阮
乾祐元年勅曰朕祇膺景命肇啓鴻圖適當建號之
初宐舉正名之典夫名以制義義以出禮禮以體政

政以養民載考格言抑有彝訓顧性寡昧敢忘率循但君父之名貴於易避臣子之敬難以斥尊苟觸類以妨言必迂文而害理況宗廟方建禋祀匪遙祝嘏將期於正辭稱謂所宜於稽古爰從改革庶叶典章凡百臣寮當體朕意今改名暠故茲札示想宜知悉

少帝諱承祐

周太祖諱威廣順元年正月即位相州張彥成澶州李洪義侍衛步軍指揮使曹英前陳州刺史馬令琮慶州刺史郭彥欽皆以名下一字與御名同改爲成義英琮欽

二月涇州節度使史康懿言臣名下一字與御名同改之

三月詔鄧州軍額改爲武勝軍靈武屬郡宜改爲環州避御名也

八月環州刺史雷彥洪以名下一字犯御名改之

十二月御史臺奏唐景雲三年改左右屯衛大將軍爲威衛又唐高宗名治其時改治書御史爲御史中丞諸州治中爲司馬蓋臣子上書合避名也請諸衛中舊是屯衛者復舊名從之

世宗諱榮

尾

册府元龜

巡按福建監察御史臣李嗣京　訂正
知甌寧縣事臣孫以敬叅閱
知建陽縣事臣黄國琦較釋

帝王部　四

運歷

昔鄒子述五代之官紀蓋有倫矣稽之於易本其世數乃知庖犧之王正得天統共工繼起位非其序少昊之衰九黎亂德顓頊始復建重黎之官以司天地其後三苗干紀二官咸廢堯命羲和以纂其業授時

定歲眾功允治旣而授舜曰天之曆數在爾躬舜亦以命禹三代之際牲服殊典漢紹周世議論累葉訖於中興始定厥制魏晉而下南北迭起而天祿永終實在中夏至或徵諸儒之説集盈庭之言數引異轍訟褻相戾及夫循五德終始之傳叶三統因革之義須正朔立制度咸推歷而更王居正而惟敘者矣

太昊帝庖犧氏繼天而王爲百王先首德始於木故爲太昊帝

炎帝神農氏繼庖犧氏以火承木故爲炎帝

黄帝軒轅氏繼神農氏火生土故爲土德

少昊氏黄帝之子青陽也是其子孫名摯立土生金故爲金德天下號曰金天氏

顓頊高陽氏繼少昊氏金生水故爲水德天下號曰高陽氏

帝嚳高辛氏青陽玄囂之孫也繼高陽氏水生木故爲木德

帝堯陶唐氏封於唐蓋高辛氏衰天下歸之木生火故爲火德

帝舜有虞氏堯禪以天下（禪曰禪讓字也）火生土故爲土德

伯禹夏后氏虞舜禪以天下土生金故爲金德故夏

后氏尚黑（以建寅之月爲正物生黑色）戎事乘驪（戎兵也馬黑色曰驪爾雅曰騋牝驪牡玄）牲用玄（玄黑類也）

湯伐桀踐天子位乃改正朔服色尚白朝會以晝金生水故爲水德天下號曰商後曰殷（初契封商湯居殷而受命故二號）故殷人尚白（以建丑之月爲正物萌白色）戎事乘翰（翰白馬也）牲用白

周武王伐紂踐天子位水生木故爲木德號曰周室故周人尚赤（以建子之月爲正物萌色赤）戎事乘騵（騵騮馬白腹）牲用騂（騂赤類）

烈王二年周太史儋見秦獻公曰始周與秦國合合

而別别五百載復合周孝王封伯翳之後爲侯伯與周别五百載至昭王時西周君臣自歸受罪獻其邑三十六城合也謂從秦仲至孝公強大顯王致霸與之親合也合十七歲
而霸王者出焉從此後十七年而秦昭王立武王昭王皆霸至始皇而王天下
漢高祖起沛旗幟皆赤繇所殺蛇白帝子所殺者赤
帝子故也既代秦繼周木生火故爲火德
文帝時魯人公孫臣上書曰始秦得水及漢受之推
終始傳則漢當土德土德之應黄龍見宜改正朔服
色上黄時丞相張蒼好律曆以爲漢乃水德是時河
決金隄其符也年始冬十月色外黑内赤十月陰氣在外故外黑陽氣尚伏在地故内赤也或曰十月百草外黑内赤也與德相應公孫臣言非

是罷之明年黄龍見成紀天水之縣也文帝召公孫臣拜
爲博士與諸生申明土德草改歷服色事自漢興之
初庶事草創唯一叔孫生略定朝廷之儀若乃正朔
服色郊望之事數世猶未章焉至於孝文始以夏郊
而張蒼據水德公孫臣賈誼更以爲土德卒不能明
武帝太初元年五月正曆以正月爲歲首色尚黄數
用五倪寛司馬遷等猶從臣誼之言公孫臣賈誼服色數
度遂順黄德彼以五德之傳從所不勝五帝相承代嘗以金木水火相勝之法苦火滅金便以火代金秦在水德故謂漢據土而克之劉
向父子以爲帝出于震故庖犧氏始受木德其後以
母傳子終則復始自神農黄帝下歷唐虞三代而漢
得火焉故高祖始起神母夜號著赤帝之符旗章遂
赤自得天統矣向父子雖有此議時不施行至光武乃用火德耳
後漢光武建武二年正月始正火德色尚赤漢初土德色尚黄至此始明火德旗幟尚赤服色於是乃正
魏文帝以漢延康元年十一月受禪給事中博士蘇
林董巴上表曰魏之氏族出自顓頊與舜同祖舜以
土德承堯之火今魏亦以土德承漢之火於行運合
於堯舜授受之次遂改延康元年爲黄初元年議改
正朔易服色殊徽號承土行十二月幸雒陽以夏數

得天故即用夏正而服色尚黄又詔以漢火行也火
忌水故雒去水而加隹魏於行次爲土土水之壯也
水得土而乃流土得水而柔故除隹加水變雒爲洛
明帝景初元年春正月壬辰山茌縣言黄龍見於是
有司奏以爲魏得地統宜以建丑之月爲正三月定
曆改年爲孟夏四月初文皇帝即位以受禪於漢因循漢正朔弗改帝在東宫著論以爲五帝三王禮不相襲正朔自宜改變以明受命之運及即位優游者久之史官復著言宜改乃詔三公特進九卿中郎將大夫博士議郎千石六百石博議議者或不同帝據古典甲子詔曰夫太極運三辰五星於上元氣轉三統五行於下登降周旋終則又始故仲尼作春秋三微之月每月稱王以明三正迭相爲首今推三統之次魏得地統當以建丑之月爲正月考之洪範厥義章矣其改青龍五年三月爲景

初元年四月服色尚黃犧牲用白戎事乘黑首白馬建太赤之旂朝會建大白之旂改太和曆曰景初曆其春夏秋冬孟仲季月雖與正歲不同至於郊祀迎氣礿祀蒸嘗巡狩蒐田分至啓閉班宣時令中氣早晚敬授民事皆以正歲斗建爲曆數之序初高堂隆以爲改正朔易服色殊徵號異器械自古帝王所以神明其政變民耳目故三春稱王明三統也於是數演舊章奏而改焉帝從其議改青龍五年春三月爲景初元年孟夏四月服色尚黃犧牲用白從地正也

齊王芳以景初三年卽位十二月詔曰烈祖皇帝以正月棄背天下臣子永惟忌日之哀其復用夏正雖違先帝通三統之義斯亦禮制所繇變改也又夏正

於數爲得天正其以建寅之月爲正始元年正月以建丑月爲後十二月

晉武帝以太始元年卽位二年九月群公奏唐堯舜禹不以易祚改制至於湯武各推行數宣尼答爲邦之問則曰行夏之時輅冕之制通爲百代之言蓋期於從政濟治不繫於行運也今大晉繼三皇之蹤踵舜禹之迹應天從民受禪有魏宜一用前代正朔服色皆如有虞遵唐故事於義爲弘奏可史臣曰晉爲金行服色尚赤考之天道其違甚矣

元帝以丁丑歲稱晉王置宗廟使郭璞筮之云享二百年自丁丑至禪代之歲年在庚申爲一百四歲然丁丑始係西晉庚申終入宋年所餘惟一百有二歲耳璞蓋以百二之期促故婉而倒之爲二百也習鑿齒臨終上疏曰臣每謂皇晉宜越魏繼漢不應以魏後爲三恪而身微官卑無繇上達懷抱愚情三十餘年今沈淪重疾性命難保遂長懷此當與之朽爛區區之情切所悼惜謹力疾著論一篇寫上如左願陛下考尋古義求經常之表超然遠覽不以臣微賤廢言其所論曰或問魏武帝功蓋中夏文帝受禪於漢而吾子謂漢終有晉豈實理乎且魏之見廢晉道亦病晉之臣子寧可以同此言哉答曰此乃所以尊晉也但絕節赴曲非常所悲見殊心異雖奇莫察請爲子言焉昔漢氏失御九州殘隔三國乘間鼎峙數世干戈日尋流血百載雖各有偏平而其實亂也宣皇帝勢逼當年力制魏氏屢屈從時遂羈戎役晦明掩耀龍潛下位俛首重足鞠躬屏息道有不容之難躬蹈屢霜之險可謂危矣魏武旣亡大難獲免始南擒孟達

東蕩海隅西抑勁蜀旋撫諸夏摧吳人入侵之鋒掃曹爽見忌之黨植靈根以跨中嶽樹群才以翼子弟命世之志旣恢非常之業亦固景文繼之靈武冠世剋伐貳違以定厥庸席卷梁益奄征西極功格皇天勳侔古烈豐規顯祚故以灼如也至於武皇遂并彊吳混一宇宙乂清四海同軌二漢除三國之大害靜漢末之交爭開九域之蒙晦定千載之盛功者皆司馬氏也而推魏繼漢以晉承魏比義唐虞自託純臣豈不惜哉今若以魏有代王之德則其道不足有靜亂之功則孫劉鼎立道不足則不可謂制當年當年不制於魏則魏未曾爲天下之王王道不足於曹則曹未始爲一日之王矣昔共工霸有九州秦政奄平區夏鞭撻華戎專總六合猶不見序於帝王淪沒於戰國何況暫制數州之人威行境內而已便可推爲一代者乎苟以晉嘗事魏懼傷皇德拘惜禪名謂不可割則惑之甚者也何者隗囂據隴公孫帝蜀蜀隴之人雖服其役取之大義於彼何有且吳楚爭號周室未亡子文延陵不見貶絕宣皇帝官魏逼於性命舉非擇木何虧德美禪代之義不同堯舜較實定名必彰於後人各有心事胡可掩定空虛之魏以屈於

已執若伏羲而以貶魏哉夫命世之人正情遇物假之際會必兼義勇宣皇祖考立功于漢世篤爾勞思報亦浮魏武超越志在傾王德不素積義險冰薄宣帝與之情將何重雖形屈當年意申百世降心全已情慨於下非道服北面有純臣之節畢命曹氏忘濟世之功者也夫成業者係於所爲不係所藉立功者言其所濟不言所起是故漢高稟命於懷王劉氏乘斃於亡秦超二僞以遠嗣不論近而計功考五德於帝典不疑道於力政季無承楚之號漢有繼周之業取之既美而已德亦重故也凡天下事有可借喻於古以曉於今定之往昔而足爲來證者當陽秋之時吳楚二國皆僭號之王也若使楚莊推鄢郢以尊有德闔閭舉三江以奉命世命世之君有德之主或藉之以應天或撫之而光宅彼必自係於周室不推吳楚以爲代明矣況積勳累功靜亂寧衆數之所錄衆之所與不資於燕噲之授不賴於因藉之力長轡廟堂吳蜀兩斃運奇二紀而平定天下服魏武之所不能臣蕩累葉之所不能除者哉自漢末鼎沸五六十年吳魏犯順而強蜀人伏正而弱三家不能相一萬姓曠而無主夫有定天下之大功爲天下之所推孰

如見推於闇人受尊於微弱配天而爲帝方駕於三代豈比俛首於曹氏側足於不正即情而恒實取之而無慙何與詭事而託僞開亂於將來者乎是故故舊之恩可封魏後三恪之數不空見列以晉承漢功實顯然正名當事情體亦厭又何爲虛尊不正之魏而虧我道于大通哉昔周人詠祖宗之德追述翦商之功仲尼明大孝之道高稱配天之義然后稷勤於所職聿來未以翦商異於司馬氏仕乎曹族三宗之寓於魏世矣且夫魏自君之道不正則三祖臣魏之義未畫義未畫故假塗以運高略道不正故君臣之節有殊然則弘道不以輔魏而無逆取之嫌高拱不勞汗馬而有靜亂之功者蓋勳足以王四海義可以登天位雖我德慙於有周而彼道異於殷商故也今子不疑共工之不得列於帝王不嫌漢之係周而不係秦何至於一魏猶疑滯而不化哉夫欲尊其君而不知推之於堯舜之道欲重其國而反曆之於不勝之地豈君子之高義若猶未悟請於是止矣

後魏道興元年十二月詔百司議定行次尚書崔玄伯等奏從土德服色尚黃數用五祖辰臘犧牲用白五郊立氣宣贊時令敬授民時行夏之正時有司奏國家繼黃帝之後宜爲土德故神獸如牛牛土畜又黃色顯曜其符也於是始從土德天興中李先之子密問於先日子今爲魏臣將復事他主也先告日未也國家政化長遠不可卒窮自始皇至齊受禪實五百餘載矣

孝文太和十四年八月詔曰丘澤初制配尚宜定五德相襲分敘有嘗然異同之論著於往漢未詳之說疑在今史群官百辟可議其所應必令合衷以成萬代之式中書監高閭議以爲帝王之祚百代可知運代相承書傳可稽雖祚命有長短德政有優劣至於受終嚴祖殷薦上帝其致一也故敢述其前載舉其

大略臣聞居尊據極允應明命者莫不以中原爲正統神州爲帝宅苟位當名全化迹流洽則不專以世數爲予奪善惡爲是非故堯舜禪揖一身異尚魏晉相代紀運少殊桀紂至虐不廢承曆之敘厲惠至昏不闕周晉之祿計五德之論始自劉向一時之議三家致別故張蒼以漢爲水德賈誼公孫臣以爲土德劉向以爲火德以爲水德者正以當有水溢之應則不推運代相承之數也以爲土德者則以亡秦繼曆相即爲次不推逆順之異也以爲火德者懸證赤帝斬蛇之符弃秦之暴越惡承善不以世次爲正也故

以周爲火德自兹厥後乃以爲嘗魏承漢火生土故
魏爲土德晉承魏土生金故晉爲金德趙承晉金生
水故趙爲水德燕承趙水生木故燕爲木德秦承燕
木生火故秦爲火德秦之未滅皇魏未尅神州秦氏
旣亡大魏稱制玄朔故平文之廟始稱太祖以明受
命之證如周在岐之陽若繼晉則晉亡已久若并秦
則中原有寄推此而言承秦之理事爲明驗故以魏
承秦魏爲土德又五緯表驗黄星曜彩考氏定實合
德軒轅承土祖木事爲著矣又秦趙及燕雖非明聖
各正號赤縣統有中土郊天祀地肆類咸秩明刑制

禮不失舊章奄岱踰河境被淮漢非若蹔擬邊方僭
擬之屬遠如孫權劉備近若劉裕道成事繫蠻夷非
關中夏伏惟聖朝德配天地道被四海承乾統曆功
侔百王光格同於唐虞享祚流於周漢正位中境奄
有萬方今若并棄三家遠承晉氏則蔑中原正次之
實存之無損於此而有成於彼廢之無益於今而有
傷於事臣愚以爲宜色尚黄定爲土德又前代之君
明賢之史皆因其可褒褒之可貶貶之今議者偏據
可絶之義而不録可全之理所論事大垂之萬葉宜
并集中祕群儒人人别議擇其所長於理爲悉祕書
丞臣李彪著作郎崔光等議以爲尚書閭議繼近秦
氏臣職掌國籍頗覽前書惜此正次慨彼非緒輒仰
推帝始遠尋百王魏雖建國君民兆朕振古祖黄制
朔綿迹有因成此帝業神元爲首案神元晉武往來
和好至於桓穆雜京破亡二帝志摧聰勒思存晉氏
每助劉琨申威并冀是以晉室銜扶救之仁越石深
代王之請平文太祖抗衡苻石終平燕氏大造中區
是則司馬祚終於郟鄏而元氏受命于雲代蓋自周
之滅及漢正號幾六十年著符尚赤後雖張賈殊議
暫疑而卒從火德以繼周氏排虐嬴以比共工蔑暴

項而同吳廣近蠲謬僞遠即神正若此之明也寧使
白虵徒斬雕雲空結哉自有晉傾淪暨登國肇號亦
幾六十餘載物色旗幟率多取黑是又自然合應玄
同漢始且秦并天下革創法度漢仍其制少所變易
猶仰推五運竟踵隆姬而況劉石苻燕世業促褊網
紀弗立魏接其弊自有彝典豈可易漢之承木捨晉
而爲土耶夫皇統崇極承運至重必當推協天緒考
審王次不雜以僭竊參之強狡神元旣晉武同世桓
穆與懷愍接時晉室之淪平文治太廟號太祖抑亦
有懸紹晉金德孰曰不可而欲次兹僞僭豈非惑乎

臣所以僂僂惜之惟垂察納詔令群官議之十五年正月侍中司空長樂王穆亮侍中尚書左僕射平原王陸叡侍中吏部尚書中山王王元孫侍中尚書駙馬都尉南平王馮誕散騎常侍都曹尚書新泰侯游明根散騎常侍南部令鄧侍祖祕書中散李愷尚書左丞郭祚右丞霸城子衞慶中書侍郎封琳中書郎泰昌子崔挺中書侍郎賈元壽等言臣等受勑共議中書監高閭祕書丞李彪等二人所議皇魏行次尚書高閭以石承晉爲水德以燕承石爲木德以秦承燕爲火德大魏次秦爲土德皆以地據中夏以爲得統

之徵皇魏建號事接秦末晉旣滅亡天命在我故因中原有寄卽而承之彪等據神元皇帝與晉武竝時桓穆二帝仍修舊好始自平文逮于太祖抗衡秦趙終平慕容晉祚終於秦方大魏興于雲朔據漢弃秦承周之義以皇魏承晉爲水德二家之論大略如此臣等謹共參論伏惟皇魏世王玄朔下迄魏晉趙秦二燕雖地據中華德祚微淺竝獲推敘于理未愜又國家積德修長道光萬載彪等職主東觀詳究圖史所據之理其志難奪今欲從彪等所議宜承晉爲水德詔曰越近承遠情所未安然考次推時頗亦難繼朝賢所議豈朕能有違奪便可依爲水德祖甲辰臘

後周閔帝元年春正月辛丑卽天王位是日魏槐里獻赤雀百官奏議云帝王之興必更正朔明受之於天革民視聽也逮于尼父稽諸陰陽云行夏之時後王所不易今魏曆告終周室受命以木乘水實當行錄正用夏時式遵聖道惟文王誕玄氣之祥有黑水之讖服色烏制曰可

隋高祖受禪召崔仲方與高熲議正朔服色事仲方曰晉爲金行後魏爲水周爲木皇家以火承木得天之統又聖躬載誕之初有赤光之瑞車服旗牲竝宜

用赤又勸帝除六官請依漢魏之舊帝皆從之開府盧賁奏改周代旗幟更爲嘉名其青龍騶虞朱雀玄武千秋萬歲之旗皆賁所創也

開皇元年六月癸未詔以初受天命赤雀降祥五德相生赤爲火色其郊及社廟依服色之議而朝會之服旗幟犧牲各令尚赤戎服以黃七月乙卯帝始服黃百僚畢賀

唐玄宗開元中有上書請以皇家爲金德者中書令蕭嵩奏請集百僚詳議侍中裴光庭以國家符命久著史策若有改易恐貽後學之誚密奏請依舊爲定

乃下詔停百僚集議之事臣欽若等言唐初事闕天寶九載七月詔曰三王繼統質文旣不相襲五德承時服色遵於所尚至於旗常改制辟諭異宜所以表軍國之容合聲名之度事之大者安可因循而已焉國家膺推紐之期纂黃中之曆憲章垂範運旣屬於維新旗幟同色義必在於革故頃者俯納群議式明統緒故得天人致和風雨時若豈朕躬非德克廣曆圖實累聖鴻休允膺景運稽古之大旣有昭明文物所資理宜詳正其諸衛應隊仗所用緋色幡等並改爲赤黃色庶克遵於通變諒有叶於從宜其諸節度使幷管內

軍使等亦宜准此

九月處士崔昌上封事以國家合承周漢其周隋不合爲二王後請廢詔下尚書省集公卿議昌頁獨見之明群議不屈會集賢院學士衛包抗表陳論上心遂定乃求殷周漢後爲三恪廢韓介酅等公以昌爲左贊善大夫包爲虞部員外

十載五月諸衛幡旗色始改爲赤黃

十二載五月巳酉復以魏周隋依舊爲恪及二王後其本封韓介酅等公如故初崔昌上封事推五行之運以皇家土德合承漢行自魏晉至隋皆非正統是閏位書奏詔公卿議是非相半時上方希古慕道得昌疏甚與意愜宰相林甫亦以昌意爲是會集賢院學士衛包抗疏奏曰昨夜雲開四星聚於尾宿又都堂會議之際陰霧四塞絡言之後晴空萬里此蓋天意明國家承漢之象也上以爲然遂行之及是楊國忠根本林甫之短乃奏云周漢遠不當爲二王後衛包助邪獨與林甫計議大紊彝倫上疑之下包獄案鞫遂貶爲夜郎郡夜郎尉崔昌爲玉山郡烏雷尉並員外置

代宗永泰中歸崇敬爲膳部郎中時有術士巨彭祖

上疏云大唐土德千年合符請每四季郊祀天地詔禮官儒者議之崇敬議曰案舊禮立春之日迎春於東郊祭青帝立夏之日迎夏於南郊祭赤帝先立春十八日迎黃靈於中地祀黃帝秋冬各如其方黃帝於五行爲土王在四季生於火故火用事之末而祭之三季則否漢魏周隋共行此禮國家土德乘時亦以每歲六月土王之日祀黃帝於南郊以后土配所謂合禮今彭祖請用四季祠祀多憑緯候之文且據陰陽之說事涉不經恐難行用

周太祖廣順元年司天上言歷代帝王以五運相承

前朝紹承水德今國家建號周朝合以木德代水准
經法國以歲暮爲臘今曆日所行合以今年十二月
二十二日丁未爲臘從之臣欽若等曰晉承後唐漢承晉本文不載承土之德
據周稱木德卽是漢爲水晉爲金以繼唐土德也

冊府元龜

冊府元龜　帝王部　運歷　卷之四　十五

冊府元龜

巡按福建監察御史臣李嗣京訂正
新建縣舉人臣戴國士參閲
知建陽縣事臣黃國琦較釋

帝王部五

創業

易曰雲雷屯君子以經綸孟子曰天下溺援之以道其創業之謂乎神農以前爲而不有功成不居故無得而稱焉炎帝下衰諸侯放恣蚩尤貪暴害於有衆黃帝修德治兵順天行罰諸侯百姓咸所欣戴遂應

土德之運而有天下非夫聰明睿智神武而不殺者其孰能與於此商周開基其義益顯湯誥曰有夏昏德民墜塗炭天乃錫王勇知表正萬邦泰誓曰予有臣三千惟一心商罪貫盈天命誅之故云爲淵敺魚者獺也爲叢敺爵者鸇也爲湯武敺民者桀與紂也漢魏以降豪傑並馳莫不英謀沈斷雄圖遠馭乘時以建義任能以協力撥亂反正與民休息天人合符乃膺大寶有以知天造草昧王業之艱難也

黃帝初受國於有熊氏軒轅之丘因以爲名軒轅之時神農氏世衰易稱庖犧氏沒神農氏作是爲炎帝教民耕農故號曰神農諸侯相侵伐暴虐百姓而神農氏弗能征於是軒轅乃習用干戈以征不享諸侯咸來賓從而蚩尤最爲暴莫能伐蚩尤古天子孔子三朝記曰蚩尤庶人之貪者炎帝欲侵諸侯諸侯咸歸軒轅軒轅乃修德振兵治五氣五行之氣蓺五種蓺樹也詩云蓺之荏菽周禮曰穀宜五種鄭玄曰五種黍稷菽麥稻也撫萬民度四方度四方而安撫之教熊羆貔貅貙虎以與炎帝戰於阪泉之野阪泉地名也在上谷三戰然後得其志蚩尤作亂不用帝命於是黃帝乃徵師諸侯與蚩尤戰於涿鹿之野涿鹿山名在涿郡又曰在上谷遂禽殺蚩尤皇覽曰蚩尤冢在東平郡壽張縣闞鄉城中高七丈民常十月祀之有赤氣出如疋絳帛名爲蚩尤旗肩髀冢在山陽郡鉅野縣重聚大小與闞冢等傳言黃帝與蚩尤戰于

涿鹿之野黃帝殺之身體異處故別葬之而諸侯咸尊軒轅爲天子代神農氏是爲黃帝天下有不順者黃帝從而征之平者去之披山通道披他本一作陂字蓋當爲詖詖者旁其邊之謂也披語成合今世然古今不必同也未嘗寧居東至于海登丸山丸作凡在瑯邪朱虛縣及岱宗西至於空峒山名在隴右登鷄頭南至于江登熊湘南伐至于召陵登熊山湘山在長沙益陽縣北逐葷粥匈奴傳曰唐虞以上有山戎獫狁葷粥居於北蠻合符釜山而邑于涿鹿之阿遷徙往來無常處以師兵爲營衛

帝舜年二十以孝聞三十而堯問可用者四嶽咸薦舜曰可於是堯乃以二女妻舜以觀其內使九男與

[illegible]以觀其外舜居嬀汭內行彌謹堯二女不敢以貴驕事舜親戚甚有婦道堯九男皆益篤一年而所居成聚二年成邑三年成都堯乃試舜五典百官皆治昔高陽氏有才子八人（蒼舒隤敳檮戭大臨尨降庭堅仲容叔達）世得其利謂之八凱（凱和也）高辛氏有才子八人（伯奮仲堪叔獻季仲伯虎仲熊叔豹季貍）世謂之八元（元善也）此十六族者世濟其美不隕其名至於堯堯未能舉舜舉八凱使主后土（君治九土之宜）以揆百事莫不時序舉八元使布五教於四方父義母慈兄友弟恭子孝內平外成昔帝鴻氏有不才子（帝鴻黃帝也不才子其苗裔讙兜也）掩義隱賊好行凶慝天下謂之

渾沌少皞氏（金天氏也）有不才子毀信惡忠崇飾惡言天下謂之窮奇（謂共工氏也其行窮而好奇）顓頊氏有不才子不可教訓不知話言天下謂之檮杌（檮杌頑凶無儔匹之貌謂鯀也）此三族世憂之至于堯堯未能去縉雲氏（姜姓炎帝之苗裔也）有不才子貪於飲食冒于貨賄天下謂之饕餮天下惡之比之四凶舜賓于四門乃流四凶之族遷于四裔（四裔之地去王城四千里）以禦魑魅（魑魅人面獸身四足好惑人山林異氣所生以爲人害）於是四門辟言毋凶人也舜入於大麓烈風雷雨不迷堯乃知舜之足授天下使舜攝行天子政巡狩堯三年喪畢讓堯子丹朱而天下歸舜遂踐天子位

夏禹初爲司空與益后稷奉帝堯命命諸侯百姓與人徒以傅土（傅作敷土也）行山表木定高山大川（定其差秩祀禮所視也名山大川五嶽四瀆之屬）禹傷先人父鯀功之不成受誅（鯀治水九年而功弗成舜殛之）乃勞身焦思居外十三年過家門不敢入陸行乘車水行乘船泥行乘橇（橇或作蕝形如箕擿行泥上）山行乘檋（一作橋謂以鐵如錐頭長半寸施之履下以上山不蹉跌也）左準繩右規矩（左右言當用也）載四時（所行不違四時之宜也）以開九州通九道陂九澤度九山令益予衆庶稻可種卑濕命后稷予衆庶難得之食食少調有餘相給以均諸侯禹乃行相地宜所有以貢及山川之便利東漸於海西被于流

沙朔南暨（朔北方也）聲教訖於四海于是帝錫禹玄圭以告成功於天下天下於是太平始舜薦禹於天爲嗣舜三年喪畢禹辭辟舜之子商均于陽城（今潁川陽城是）天下諸侯皆去商均而朝禹禹遂即天子位

殷湯初爲夏方伯得專征伐葛伯不祀湯始伐之（孟子曰湯居亳與葛伯爲鄰地里志曰今梁國寧陵之葛鄉）湯曰予有言人視水見形視民知治不伊尹曰明哉言能聽道乃進君國子民爲善者皆在王官勉哉勉哉湯曰汝不能敬命予大罰殛之無有攸赦作湯征當是時夏桀爲虐政淫荒而諸侯昆吾氏爲亂湯乃興師率諸侯伊尹從湯

湯自把鉞以伐昆吾遂伐桀湯曰格汝衆庶來女悉聽朕言匪台小子（台我也）敢行舉亂有夏多罪予惟聞女衆言夏氏有罪予畏上帝不敢不正（不敢不正桀之罪而誅之）今夏多罪天命殛之今女有衆女曰我君不恤我衆舍我嗇事而割政（奪民農功而爲割剝之政）女其曰有罪其奈何夏王率止衆力率奪夏國（桀之君臣相率遏止衆力使不得事農相率割剝夏之邑居）有衆率怠不和（衆民相率怠惰不和同）曰是日何時喪予與女皆亡（尚書大傳曰桀云天之有日猶吾之有民日有亡哉日亡吾亦亡矣）夏德若茲今朕必往爾尚及予一人致天之罰予其大理女（尚書理字作賚賚賜也）女毋不信朕不食言女不從誓言予則

孥戮女無有攸赦以告令師作湯誓於是湯曰吾甚武號曰武王（詩曰武王載旆有虔秉鉞毛萇曰武王湯也）桀敗於有娀之墟桀犇於鳴條夏師敗績湯遂伐三㚇俘厥寶玉（三㚇國名桀走保之今定陶地俘取也）義伯仲伯作典寶（二臣作典寶一篇言國之嘗寶也）湯既勝夏欲遷其社不可（欲變置社稷而後世無及句龍者故不可而止）作夏社（言夏社不可遷之義）伊尹報（一云伊尹報政）於是諸侯畢服湯乃踐天子位平定海内

周文王爲西伯崇侯虎譖於紂紂乃囚西伯於羑里閎夭之徒患之乃求有莘氏美女驪戎之文馬有熊九駟他奇怪物因商嬖臣費仲而獻之紂紂大悅曰此一物足以釋西伯況其多乎乃赦西伯賜之弓矢斧鉞使得征伐西伯乃獻雒西之地以請去炮烙之刑紂許之西伯陰行善諸侯皆來決平於是虞芮之人（地理志虞在河東太陽縣芮在馮翊臨晉縣）有獄不能決乃如周入界耕者皆讓畔民俗皆讓長虞芮之人未見西伯皆慙相謂曰吾所爭周人所恥何往爲祇取辱耳遂還俱讓而去諸侯聞之曰西伯乃受命之君明年伐犬戎（山海經曰有人人面獸身名曰犬戎）明年伐密須（密須氏姞姓之國安定陰密縣是）明年敗耆國（一作邧）殷之祖伊聞之懼以告帝紂紂曰不有天命乎是何能爲明年伐邘（邘城在野王縣西北音于）明年伐

崇侯虎而作豐（豐在京北鄠縣東有靈臺去長安南數十里）自岐山而徙都豐時文王之道被于南國美化行乎江漢之域無思犯禮求而不可得也（紂時淫風徧于天下維江漢之域先受文王之教化）故有漢廣之詩言德廣及也文王之化行乎汝墳之國婦人能閔其君子猶勉之以正也（言此婦人被文王之化厚事其君子）故有汝墳之詩言其道化行也衰亂之俗微貞信之教興彊暴之男不能侵陵貞女（衰亂之俗微貞信之教興者此殷之末世周之盛德當文王與紂之時）故有行露之詩周南之國化文王之政在位皆節儉正直德如羔羊（羔羊之化在位卿大夫競相從化皆如羔羊）故有羔羊之詩召南之國被文王之化男女得以

及時故有摽有梅之詩天下大亂彊暴相陵遂成淫風被文王之化雖當亂世猶惡其無禮故有野有死麕之詩鵲巢之化行人倫旣正朝廷旣治天下純被文王之化則庶類蕃殖蒐田以時仁如騶虞則王道成也故有騶虞之詩文王之用師率殷之叛國以事紂養是闇昧之君以佐其惡是周道大興而天下大歸往矣故酌之詩曰於鑠王師遵養時晦時純熙矣是用大介（鑠美遵率養取晦昧也介助也）太子發立是爲武王武王卽位太公望爲師周公旦爲輔召公畢公之徒左右王師脩文王緒業九年武王上祭于畢（畢文王墓地名也）東

觀兵至于盟津（譙周云史記武王十一年東觀兵十二年尅紂）爲文王木主載以車中車武王自稱太子發言奉文王以伐不敢自專乃告司馬司徒司空諸節（諸節謂諸受符節有司也）齊栗信哉予無知以先祖有德臣小子受先功（一云予小子受先公功）畢立賞罰以定其功遂興師師尚父號曰總爾衆庶與爾舟楫後至者斬武王渡河中流白魚躍入于王舟中（魚者介鱗之物兵象也白者殷家之正色言殷之兵衆與周之象也）武王俯取以祭旣渡有火自上復于下至于王屋流爲烏其色赤其聲魄（王屋王所居屋流行也魄然安定意也書說云烏有孝名武王率父大業故烏瑞臻赤者周之正色也）是時諸侯不期而會盟津者八百諸侯皆曰紂可伐矣武王曰女未知天命未可也乃還師歸居二年聞紂昏亂暴虐滋甚殺王子比干囚箕子太師庇少師強抱其樂器而犇周於是武王徧告諸侯曰殷有重罪不可以不畢伐（一作滅）乃遵文王遂率戎車三百乘虎賁三千人（虎賁勇士稱也若虎賁言其勇也）甲士四萬五千人以東伐紂十一年十二月戊午師畢渡盟津諸侯咸會曰孳孳無怠武王乃作太誓告于衆庶今殷王紂乃用其婦人之言自絕于天毀壞其三正（動逆天地人也）離逷其王父母弟（王父母弟祖父母之族必言母弟舉親者言之也）乃斷棄其先祖之樂乃爲淫聲用變亂正聲怡悅婦人故

今予發維共行天罰勉哉夫子（夫子丈夫之稱）不可再不可三二月（一作正此建丑之月殷之正月周之二月也）甲子昧爽（昧冥爽明早旦也）武王朝至於商郊牧野乃誓（癸亥夜陳甲子朝誓之）武王左杖黃鉞右秉白旄（鉞以黃金飾斧左手杖鉞示無事於誅右手把旄示有事於教令）以麾曰遠矣西土之人嗟我有國冢君（冢大也）司徒司馬司空亞旅師氏（亞次旅衆大夫也其位次卿師氏大夫官以兵守門）千夫長百夫長（師率卒率）及庸蜀羌髳微纑彭濮人（八國皆蠻夷戎狄羌在西蜀叜微在巴蜀纑彭在西北庸濮在江漢之南纑一作盧）稱爾戈（稱舉也）比爾干立爾矛予其誓王曰古人有言牝雞無晨牝雞之晨惟家之索（索盡也婦人知外事雌代雄鳴則家盡也）今殷王紂維婦人言是用

自棄其先祖肆祀不答（肆祭名答報也）昬棄其家國遺其王父母弟不用乃維四方之多罪逋逃是崇是長是信是使（言紂棄其賢臣而尊長逃亡罪人信用之也）俾暴虐于百姓以姦宄于商國今予發維共行天之罰今日之事不過六步七步乃止齊焉（今日戰士不過六步七步乃止相齊言當旋進一心也）夫子勗哉不過于四伐五伐六伐七伐乃止齊焉（伐謂擊刺也少則四五多則六七以爲例也）勉哉夫子尚桓桓如虎如羆如豺如離（此訓與螭同）于商郊不禦克奔以役西土（禦彊禦謂彊暴也克殺也不得暴殺紂師之奔走者當以爲周之役也）勉哉夫子爾所不勉其於爾躬有戮誓已諸侯兵會者車三千乘陳師牧野帝紂聞

武王來亦發兵七十萬人距武王武王使師尚父與百夫致師（周禮環人掌致師鄭玄曰致師者致其必戰之志也古者將戰先陳勇力之士犯敵焉春秋傳曰楚許伯御樂伯攝叔爲右以致晉師許伯曰吾聞致師者御靡旌摩壘而還樂伯曰吾聞致師者左射以菆代御執轡御下兩馬掉鞅而還攝叔曰吾聞致師者右入壘折馘執俘而還皆行其所聞而後）以大卒馳帝紂師（帝一作商）紂師雖衆皆無戰之心心欲武王亟入紂師皆倒兵以戰以開武王武王馳之紂兵皆潰畔紂紂走反入登于鹿臺之上蒙衣其珠玉自燔于火而死武王持大白旗以麾諸侯諸侯畢拜武王武王乃揖諸侯諸侯畢從武王至商國商國百姓咸待於郊於是武王使群臣告語商百姓曰上天降休商人皆再拜稽首武王亦答拜入至紂死所武王自射之三發而後下車以輕劍擊之以黃鉞斬紂頭縣太白之旗已而致紂之嬖妾二女二女皆經自殺武王又射三發擊以劍斬以玄鉞（司馬法曰夏執玄鉞宋均曰玄鉞用鐵不磨礪）縣其頭小白之旗武王已乃出復軍其明日除道修社及商紂宮及期百夫荷罕旗以先（蔡邕獨斷曰前驅有九旒雲罕東京賦曰雲罕九旒薛綜曰旒旗名）武王弟叔振鐸奉陳常車周公旦把大鉞畢公把小鉞以夾武王散宜生太顛閎夭皆執劍以衛武王旣入立于社南大卒之左右畢從毛叔鄭奉明水（周禮曰司烜氏以鑒取水於月鄭玄曰鑒鏡屬也取月之

水欲得陰陽之潔氣陳明水以爲玄酒）衛康叔封布茲（茲者藉席之名諸侯病曰負茲）召公奭贊采師尚父牽牲尹佚筴祝曰殷之末孫季紂殄廢先王明德侮蔑神祇不祀昬暴商邑百姓其章顯聞于天皇上帝於是武王再拜稽首曰膺大命革殷受天明命武王又再拜稽首乃出封商紂子祿父殷之餘民武王爲殷初定未集乃使其弟管叔鮮蔡叔度相祿父治殷已而命召公釋箕子之囚命畢公釋百姓之四表商容之閭命南宮括散鹿臺之財發鉅橋之粟以賑貧弱萌隸命南宮括史佚展九鼎保玉（保玉作寶）命閎夭封比干之墓命宗祝享祠于軍乃

罷兵西歸行狩記事作武成武功成也封諸侯班賜宗彝
作分殷之器物
漢高祖初爲泗上亭長爲縣送徒驪山秦始皇葬驪山故郡國送
徒士往作徒多道亡自度比至皆亡之到豐西澤中夜皆
解縱所送徒縱放也曰公等皆去吾亦從此逝矣逝往也
徒中壯士願從者十餘人秦二世元年秋七月陳涉
起蘄音機縣名屬沛國至陳自立爲楚王郡縣多殺長吏以
應涉九月沛令欲以沛應之掾主吏蕭何曹參參爲掾何
爲主吏曰君爲秦吏今欲背之沛子弟恐不聽願君召
諸亡在外者可得數百人因以劫衆劫謂威脅之衆不敢

不聽乃令樊噲召高祖高祖之衆已數百人矣於是
樊噲從高祖來沛令後悔恐其有變乃閉城城守音狩
守其城也欲誅蕭曹蕭曹恐踰城保高祖保安也就高祖以自安高
祖乃書帛射城上與沛父老曰天下同苦秦久矣今
父老雖爲沛令守諸侯並起今屠沛屠謂破取城邑誅殺其人如屠
六畜然沛令共誅令擇可立立之以應諸侯即室家完
不然父子俱屠無爲父老乃帥子弟共殺沛令開城
門迎高祖欲以爲沛令高祖曰天下方擾諸侯並起
今置將不善一敗塗地謂肝腦塗地也吾非敢自愛恐能薄
能才也本獸名能行鹿足堅中強力故人有才者皆爲能也不能完父兄子弟此

大事願更擇可者蕭曹皆文吏自愛恐事不就後秦
種族其家謂誅及種族也盡讓高祖諸父老皆曰平生所聞
劉季奇怪當貴卜筮之莫如劉季最吉高祖數讓衆
莫肯爲高祖乃立爲沛公祠黃帝祭蚩尤於沛廷而
釁鼓釁血祭也凡殺牲以血祭者皆爲釁於是少年豪吏如蕭曹樊噲
等皆爲收沛子弟得三千人是月項梁與兄子羽起
吳田儋與從弟榮橫起齊自立爲齊王韓廣自立爲
燕王魏咎自立爲魏王二世二年十月十月秦正月也沛公
攻胡陵屬山陽方與音房預亦山陽還守豐秦泗州監平將
兵圍豐泗州今沛郡秦時御史監郡平其名也三日出與戰破之令雍

齒守豐十一月沛公引兵之薛秦泗州守壯兵敗於
薛秦時郡置守尉監此泗州有監有守壯其名也走至戚屬東海沛公左司馬
得殺之得司馬名也沛公還軍亢父亢音抗父音甫屬任城至方與
十二月雍齒反爲魏守豐魏人周市略地豐沛雍齒不欲屬沛公故爲魏守
沛公攻之不克正月東陽甯君秦嘉甯君秦嘉二人甯姓時號爲君
立景駒爲楚王在畱畱縣名沛公往從之道得張良遂
與俱見景駒請兵以攻豐時章邯從陳別將從謂進計也
司馬尼將兵北定楚地尼古夷字章邯司馬也屠相至碭相縣名碭
郡名東陽甯君沛公引兵西與戰蕭西蕭縣之西不利還收
兵聚畱二月攻碭三日拔之收碭兵得六千人與故

合九千人三月攻下邑拔之（下邑縣名）還擊豐不下四月項梁擊殺景駒秦嘉止薛沛公往見之項梁益沛公卒五千五大夫將十人（五大夫第九爵名）沛公還引兵攻豐拔之雍齒奔魏六月沛公如薛（如往也）與項梁共立楚懷王孫心爲楚懷王（六國爲秦所并楚最無罪故求其後立之以祖謚爲號順民望也）沛公攻亢父章邯圍田榮於東阿沛公與項梁共救田榮大破章邯東阿田榮歸沛公項羽追北（北敗也）至城陽攻屠其城軍濮陽東復與章邯戰又破之章邯復振（振起也振迅而起）守濮陽環水沛公項羽去攻定陶八月田榮立田儋子市爲齊王定陶未下沛公與項

羽西略地至雍丘與秦軍戰大破之斬三川守李繇還攻外黃外黃未下章邯擊項梁九月沛公項羽方攻陳留聞梁死士卒恐乃與將軍呂臣引兵而東徙懷王自盱台都彭城（台音怡）呂臣軍彭城東項羽軍彭城西沛公軍碭後九月（即閏九月）懷王并呂臣項羽軍自將之以沛公爲碭郡長封武安侯將碭郡兵初懷王與諸將約先入定關中者王之當是時秦兵彊常乘勝逐北諸將莫利先入關（不以入關爲利言畏秦也）獨羽怨秦破項梁奮勢願與沛公西入關懷王諸老將皆曰項羽爲人慓悍禍賊（慓疾悍勇好爲禍害而殘賊也）嘗攻襄城襄城無噍

類（噍音碓笑反言無有活而噍食者也）所過無不殘滅且楚數進取前陳王項梁皆敗（陳王陳涉也）不如更遣長者扶義而西（扶助也亦作杖）告諭秦父兄秦父兄苦其主久矣今誠得長者往毋侵暴宜可下項羽不可遣獨沛公素寬大長者卒不許羽而遣沛公西收陳王項梁散卒乃道碭至陽城與杠里（二縣名杠音江）攻秦軍壁破其二軍三年十月沛公攻破東郡尉於武成（尉郡都尉也本謂之郡尉至景帝時改曰都尉）十二月沛公引兵至栗（沛郡縣）遇剛武侯（應劭注云楚懷王將剛侯陳武又云魏將柴武也孟康皆非之顏師古云史失其名姓唯識爵號臣欽若等曰剛武未詳官爵名氏）奪其軍四千人并之與魏將皇欣武蒲軍合攻秦軍破

之二月沛公從碭北攻昌邑遇彭越越助攻昌邑未下三月攻開封未拔西與秦將楊熊會戰白馬（縣名屬東郡）又戰曲遇東（曲音丘羽反遇音顒地名）大破之楊熊走之滎陽二世使使斬之以徇四月南攻潁川屠之因張良遂略韓地時趙別將司馬卬（卬音五剛反）方欲渡河入關沛公乃北攻平陰絕河津南戰雒陽東軍不利從轘轅至陽城攻軍中馬騎六月與南陽太守齮戰犨東（犨縣名也齮音乂犨音昌繇反）破之略南陽郡南陽守走保城守宛沛公用其舍人陳恢言受齮降封爲殷侯引兵西無不下者至丹水高武侯鰓襄侯王陵降還攻朝陽遇番

君別將梅鋗（番音婆鋗音呼玄反）與偕攻析酈（二縣名析今內鄉酈故菊潭）皆降所過毋得鹵掠秦民喜遣魏人甯昌使秦八月沛公攻武關趙高殺二世使人來約分王關中沛公不許又擊破秦嶢關軍漢元年十月（張倉傳云高祖以十月至霸上故因秦以十月爲歲首）沛公至霸上秦王子嬰素車白馬係頸以組封皇帝璽符節降軹道旁（軹道亭名）諸將或言誅秦王沛公曰始懷王遣我固以能寬容且人已服降殺之不祥乃以屬吏遂西入咸陽欲止宮休舍樊噲張良諫乃封秦重寶財物府庫還軍霸上蕭何盡收秦丞相府圖籍文書十一月召諸縣豪傑曰父老苦秦

苛法久矣誹謗者族偶語者棄市（偶對也）吾與諸侯約先入關中者王之吾當王關中與父老約法三章耳殺人者死傷人及盜抵罪餘悉除去秦法吏民皆按堵如故凡吾所以來爲父兄除害非有所侵暴毋恐且吾所以軍霸上待諸侯至而定要束耳乃使人與秦吏行至縣鄉邑告諭之秦民大喜爭持牛羊酒食獻享軍士沛公讓曰倉粟多不欲費民民又益喜惟恐沛公不爲秦王或說沛公曰秦富十倍天下地形彊今聞章邯降項羽羽號曰雍王王關中即來沛公恐不得有此可急使守函谷關毋內諸侯軍稍徵關中兵以自益距之沛公然其計從之十二月項羽果率諸侯兵欲西入關關門閉聞沛公已定關中羽大怒使黥布等攻破函谷關遂至戲下亞夫范增說羽曰沛公居山東時貪財好色今聞其入關珍物無所取婦女無所幸此其志不小吾使人望其氣皆爲龍成五色此天子氣急擊之勿失於是饗士旦日合戰沛公用項伯張良謀來謝得免項羽使報懷王懷王曰如約（謂令沛公王關中）項羽怨陽尊懷王爲義帝自立爲西楚霸王更立沛公爲漢王王巴蜀漢中漢王怨羽之背約欲攻之丞相蕭何諫乃止夏四月諸侯罷

戲下各就國羽使卒三萬人從漢王楚子諸侯人之慕從者數萬人從杜南入蝕中（蝕音力入漢中川谷名）張良辭歸韓漢王遂至褒中因說漢王燒絕棧道以備諸侯盜兵且示項羽無東意漢王既至南鄭諸將及士卒皆歌謳思東歸多道亡還者韓信爲治粟都尉亦亡去蕭何追還之因薦於漢王曰必欲爭天下非信無可與計事者於是漢王齋戒設壇場拜信爲大將軍問以計策信對曰項羽背約而王君王於南鄭是遷也吏卒皆山東之人日夜企而望歸及其鋒而用之可以有大功天下已定民皆自寧不可復用不如決

策東向因陳羽可圖三秦易弁之計漢王大悅遂聽信策部署諸將留蕭何收巴蜀租給軍糧食五月漢王引兵從故道出襲雍雍王邯迎擊漢陳倉雍兵敗還走戰好畤又大敗走廢丘漢王遂定雍地東如咸陽引兵圍雍王廢丘而遣諸將略地項羽聞漢王幷關中而齊梁畔之羽大怒乃以故吳令鄭昌爲韓王距漢令蕭公角擊彭越越敗角兵時張良徇韓地遺羽書曰漢欲得關中如約卽止不敢復東羽以故無西意而北擊齊九月漢王遣將軍薛歐王吸出武關因王陵兵從南陽迎太公呂后於沛羽聞之發兵距

之陽夏不得前二年十月項羽使九江王布殺義帝於郴十一月漢王還都雒陽使諸將畧地二月癸未令民除秦社稷立漢社稷三月爲義帝發喪袒而大哭發使告諸侯擊楚之殺義帝者四月田榮弟橫收得數萬人立榮子廣爲齊王羽雖聞漢東旣擊齊欲遂破之而後擊漢漢王以故得刼五諸侯兵恒山河南魏韓殷也東伐楚到外黃彭越將三萬人歸漢漢王拜越爲魏相令定梁地漢王遂入彭城收其貨賂美人日置酒高會羽乃從蕭晨擊漢軍而東至彭城日中大破漢軍早擊之至日中大破漢軍皆走追之穀泗水二水皆在沛郡彭城地漢軍皆南走山走趣也楚又追擊至靈壁東睢水上睢音雖漢軍卻爲楚所擠擠排也又音子奚反多殺漢卒十餘萬皆入睢水睢水爲之不流殺人多塡於水中漢王乃與數十騎遁去太公呂后間求漢王間行而求之反遇楚軍楚軍與歸羽嘗置軍中呂后兄周呂侯將兵居下邑漢王從之稍收士卒軍碭蕭何發關中老弱未傅者詣軍傅著也音附言著於名籍給公家徭役也韓信亦收兵與漢王會漢兵復大振與楚戰滎陽南京索間破之築甬道屬河以取敖倉粟魏王豹謁歸視親疾至則絕河津反爲楚六月漢王還櫟陽八月如滎陽以韓信爲左丞相與曹參

灌嬰俱擊魏九月信等虜魏王豹定魏地信使人請兵三萬願以北舉燕趙東擊齊南絕楚糧道漢王與之三年十二月黥布歸漢漢王俱收兵至成皋項羽數侵奪甬道漢軍乏食四月漢王請和割滎陽以西爲漢羽欲聽之歷陽侯范增曰漢易與耳今不取後必悔之羽乃急圍滎陽漢王患之用陳平計以黃金四萬斤間疏楚君臣項羽果疑范增增大怒而去五月漢將軍紀信詐爲漢王出降以誑楚軍故得出滎陽至成皋自成皋入關收軍復軍成皋八月臨河南鄉軍小脩武欲復戰郎中鄭忠說止漢王高壘深塹

勿戰漢王聽其計使盧綰劉賈將卒二萬人騎數百渡白馬津入楚地佐彭越燒楚積聚(所畜軍糧芻豪之屬)復擊破楚軍燕郭西(燕縣名古南燕國)攻下睢陽外黃十七城四年十月漢王項羽相與臨廣武之間而語羽欲與漢王獨身挑戰漢王數羽(數責其罪也)曰吾始與羽俱受命懷王曰先定關中者王之羽負約王我於蜀漢罪一也羽矯殺卿子冠軍自尊罪二也(卿子時人相褒尊之意猶言公子也時宋義爲上將軍故言冠軍矯詐也)羽當以救趙還報而擅刼諸侯兵入關罪三也懷王約入秦無暴掠羽燒秦宮室掘始皇帝冢收私其財罪四也又彊殺秦降王子嬰罪五

也詐坑秦子弟新安二十萬王其將(章邯等爲王也)罪六也皆王諸將善地而徙逐故主令臣下爭畔罪七也出逐義帝彭城自都之奪韓王地并王梁楚多自與罪八也使人陰殺義帝江中罪九也夫爲人臣而殺其主殺其已降爲政不平主約不信天下所不容大逆無道罪十也吾以義兵從諸侯誅殘虐使刑餘罪人擊公(言輕賤也)何苦乃與公挑戰羽大怒伏弩射中漢王漢王因馳入成臯羽爲高俎置太公其上(高俎几之上也俎者所以薦肉示欲亨之故置俎上)告漢曰今不急下吾亨太公漢王曰吾與若俱北面受命懷王約爲兄弟吾翁即汝翁(翁謂父也)必欲亨迺翁幸分我一杯羹(迺亦汝也古者以杯盛羹今之側杯有兩耳者是也)羽怒欲殺之項伯曰天下事未可知且爲天下者不顧家雖殺之無益但益怨耳羽從之十一月漢王西入關至櫟陽留四日復入廣武八月項羽食盡韓信又進兵擊楚漢使侯公說羽乃與漢約中分天下割洪溝以西爲漢(洪溝在滎陽東南二十里)以東爲楚九月歸太公呂后羽解而東歸五年十月漢王追項王至陽夏南上軍與齊王韓信魏相國越期會擊楚十一月劉賈入楚地圍壽春十二月圍羽垓下羽夜聞漢軍四面皆楚歌知盡得楚地羽與數百騎走以是兵大

敗灌嬰追斬羽東城楚悉定獨魯不下漢王引天下兵欲屠之爲其守節禮義之國乃持羽頭示其父兄魯乃降詔曰兵不得休八年萬民與苦甚(與讀曰預言相干與也)今天下事畢其赦天下殊死已下

魏太祖初爲典軍校尉後漢中平六年董卓旣廢弘農王而立獻帝京都大亂表太祖爲驍騎將軍欲與計事太祖乃變易姓名間行東歸卓歸遂殺太后及弘農王太祖至陳留散家財合義兵將以誅卓冬十二月始起兵己吾(己吾縣名屬陳留郡世語曰陳留孝廉衛茲以家財資太祖始起兵有衆五千人)初平元年正月後將軍袁術冀州牧韓馥豫

州刺史孔伷兗州刺史劉岱河內太守王康渤海太守袁紹陳留太守張邈東郡太守橋瑁山陽太守袁遺濟北相鮑信俱同時起兵衆各數萬討董卓紹問太祖曰若事不輯則方面何所可據公曰足下意以爲何如紹曰吾南據河北阻燕代兼戎狄之衆南向以爭天下庶可以濟乎公曰吾任天下之智力以道御之無所不可推紹爲盟主於是太祖行奮武將軍二月卓聞兵起乃徙天子都長安卓留屯雒陽遂焚宮室是時紹屯河內邈岱瑁遺屯酸棗術屯南陽伷屯潁川馥屯鄴卓兵彊紹等莫敢先進太祖曰舉義

兵以誅暴亂大衆已合諸君何疑向使董卓聞山東兵起倚王室之重據二周之險東向以臨天下雖以無道行之猶足爲患今焚燒宮室劫遷天子海內震動不知所歸此天亡之時也一戰而天下定矣不可失也遂引兵西將據成皋邈遣將衛茲分兵隨太祖到滎陽汴水遇卓將徐榮與戰不利士卒傷死甚多太祖爲流矢所中所乘馬被創從弟洪以馬與太祖得夜遁去榮見太祖所將兵少力戰盡日謂酸棗未易攻也亦引兵還太祖到酸棗諸軍兵十餘萬日置酒高會不圖進取太祖責讓之因爲謀曰諸軍聽吾

計使渤海引河內之衆臨孟津酸棗諸將守成皋據敖倉塞轘轅大谷全制其險使袁將軍率南陽之軍（臣欽若等曰袁將軍紹也）軍丹析入武關以震三輔皆高壘深壁勿與戰益爲疑兵示天下形勢以順誅逆可立定也今兵以義動持疑而不進失天下之望竊爲諸君恥之邈等不能用太祖兵少乃與夏侯惇等詣揚州募兵刺史陳溫丹陽太守周昕與兵四千餘人還到龍亢士卒多叛至銍建平復收兵得千餘人進屯河內劉岱與橋瑁相惡岱殺瑁以王肱領東郡太守袁紹與韓馥謀立幽州牧劉虞爲帝太祖拒之二年七月

黑山賊于毒白繞眭固等（眭音申隨反）十餘萬衆略魏郡東郡王肱不能禦太祖引兵入東郡擊白繞於濮陽破之袁紹因表太祖爲東郡太守三年春擊眭固又大破之青州黃巾衆百萬入兗州殺任城相鄭遂轉入東平劉岱與戰爲賊所殺鮑信與州吏萬潛等至東郡迎太祖領兗州牧遂進兵擊黃巾於壽張東破之追至濟北乞降冬受降卒三十餘萬男女百餘萬口收其精銳者號爲青州兵四年春太祖軍鄄城袁術與紹有隙荊州牧劉表斷術糧道術引兵入陳留屯封丘使將劉祥屯長垣太祖擊祥術救之與戰大

破之興平元年夏使荀彧程昱守鄄城太祖征陶謙拔五城遂略地至東海會張邈與陳宮叛迎呂布郡縣皆應布攻鄄城不能下西屯濮陽太祖圍之濮陽大姓田氏爲反間太祖得入城燒其東門示無反意及戰軍敗布騎得太祖而不知是問曰曹操何在太祖曰乘黃馬走者是也布騎乃釋太祖而追黃馬者門火猶盛太祖突火而出復進軍攻之與布相守百餘日九月太祖還鄄城布到乘氏爲其縣人李進所破二年春太祖襲定陶濟陰太守吳資保南城未拔會布至又擊破之建安元年七月楊奉韓暹以天子

還雒陽太祖遂至雒陽衛京都天子假太祖節鉞錄尚書事雒陽殘破董昭等勸太祖都許九月車駕出轘轅而東以太祖爲大將軍封武平侯二年九月袁術侵陳太祖東征破之術走渡淮三年九月東征呂布屠彭城獲其相侯諧進至下邳布自將騎逆擊大破之追至城下用荀攸郭嘉計決泗沂水以灌城月餘布將宋憲等執陳宮舉城降生擒布宮皆殺之四年春張楊將楊醜殺楊眭固又殺醜以其衆屬袁紹屯射犬（射犬地名）太祖進軍臨河因使楊故長史薛洪河內太守繆尚留守自將兵北迎袁紹太祖遂濟河圍射犬洪尚率衆降五年十月破袁紹於官渡乃上言曰大將軍鄴侯袁紹前與冀州牧韓馥立故大司馬劉虞刻作金璽遣故任長畢瑜詣虞爲説命錄之數又紹與臣書曰可都鄄城當有所立擅鑄金銀印孝廉計吏皆往詣紹從弟濟陰太守敘與紹書云今海內衰敗天意實在我家神應有徵當在尊兄南兄臣下欲使即位南兄言以年則北兄長以位則北兄重便欲送璽會曹操斷道紹宗族累世受國重恩而凶逆無道乃至如此輒勒兵馬與戰官渡乘聖朝之威得斬紹大將淳于瓊等紹衆大潰棄軍渡河遂收其

輜重圖書珍寶虜其衆六年九月南征劉備備聞太祖自行走奔劉表七年五月袁紹死小子尚代九月太祖征之連戰尚敗八年三月攻其郭大破之尚夜遁九年四月尚將沮鵠守邯鄲（沮音菹）太祖擊拔之十年正月攻袁譚平冀州四月黑山賊張燕率其衆十餘萬降十一年正月征高幹平壺關十二年七月引軍出盧龍塞外使張遼爲先鋒虜衆大潰斬蹋頓及名王已下胡漢降者二十餘萬口十三年七月征劉表表卒其子琮代屯襄陽九月太祖到新野琮遂降十七年正月天子命太祖贊拜不名入朝不趨劒履

上殿十八年五月天子使御史大夫郗慮持節策命爲魏公七月始建魏社稷宗廟二十一年五月進爵爲王二十五年正月文帝即位追尊武皇帝廟號太祖

文帝太祖太子後漢建安十六年爲五官中郎將副丞相二十二年爲魏太子二十五年嗣位爲丞相魏王改元延康元年五月馮翊山賊鄭甘王照率衆降六月辛亥治兵于東郊庚午遂南征七月孫權遣使奉獻蜀將孟達率衆降武都氐王楊僕率種人內附居漢陽郡十一月遂受漢禪

册府元龜

冊府元龜

巡按福建監察御史臣李嗣京　訂正
分守建南道左布政使臣胡維霖　參閱
知建陽縣事臣黃國琦較釋

帝王部六

創業第二

晉宣帝司馬氏後漢京兆尹防之子臣欽若等曰自防以下事迹具帝王帝系門建安中魏太祖爲漢丞相辟文學掾轉東曹屬又轉爲主簿從討張魯又從征孫權破之魏國建遷太子中庶子文帝即王位以帝爲丞相長史封河

津亭侯及魏受漢禪以帝爲尚書黃初二年遷侍中尚書右僕射文帝疾篤帝與曹眞等竝受顧命輔政明帝即位改封舞陽侯孫權圍江夏遣其將諸葛瑾張霸幷攻襄陽帝督諸軍討權走之進擊敗瑾斬霸幷首級千餘遷驃騎將軍太和元年蜀降將孟達領新城太守連吳固蜀潛圖中國帝發書喩之達猶豫不決帝潛軍進討倍道兼行八日到其城下八道攻之旬有六日達甥鄧賢將李輔等開門出降遂斬達首傳京師四年加大將軍大都督假黃鉞與曹眞伐蜀帝自西城斫山開道水陸竝進泝沔而上至于朐䏰朐音蠢䏰音如允反地名拔其新豐縣軍次丹口遇雨班師五年蜀將諸葛亮寇天水乃使帝西屯長安都督雍梁二州諸軍事統車騎將軍張郃後將軍費曜征蜀進次漢陽與亮相遇亮退追至祁山亮屯鹵城據南北二山斷水爲重圍帝攻拔其圍亮宵遁追擊破之俘斬萬計青龍二年亮又率衆十餘萬出斜谷壘于郿之渭水南原天子遣征蜀護軍秦朗督步騎二萬受帝節度帝與亮會于積石臨原而戰亮不得進還于五丈原帝遣奇兵犄亮之後斬五百餘級獲生口千餘降者六百人會亮死其部將楊儀魏延爭權儀斬

延幷其衆帝欲乘隙而進有詔不許三年遷太尉蜀將馬岱入寇帝遣將軍牛金擊走之景初二年率胡遵等步騎四萬伐公孫文懿于遼東與賊營相逼會霖潦大水平地數尺三軍恐欲移營帝令軍中敢有言徙者斬都督令史張靜犯令斬之軍中乃定尋戰而克之明帝末與大將軍曹爽並受遺詔輔少主齊王即帝位遷帝侍中持節都督中外諸軍錄尚書事與大將軍曹爽各統兵三千人共執朝政爽欲使尚書奏事先繇巳乃言於天子徙帝爲大司馬朝議以爲前後大司馬累薨於位乃加太傅入殿不趨贊拜

不名劒履上殿正始二年吳人入冦帝督諸軍南征車駕送出津陽門帝以南方暑濕不宜持久使輕騎挑之然不敢動於是休戰士簡精鋭募先登申號令示必攻之勢吳軍夜遁走追至三洲口斬獲萬餘人收其舟船軍資而還天子遣侍中嘗侍勞軍于宛嘉平元年正月天子謁高陵爽兄弟皆從是日太白襲月帝乃奏永寧太后廢爽兄弟有司劾黃門張當幷發爽與何晏等反事乃收爽兄弟及其黨誅之二月天子以帝爲丞相三年八月薨長子師次子昭繼爲大將軍輔政晉國建追尊宣王武帝受禪追尊號曰

宣皇帝景帝宣帝長子魏景初中拜散騎嘗侍累遷中護軍宣帝之誅曹爽也深謀祕策與帝潛畫初帝陰養死士三千散在人間至是一朝而集衆莫知其所出事平以功封長平鄉侯加衞將軍及宣帝薨議者咸云伊尹既卒伊陟嗣事天子命帝以撫軍大將軍輔政嘉平四年遷大將軍加侍中持節都督中外諸軍錄尚書事命百官舉賢良明少長䘏窮獨理廢滯四海傾注朝野肅然或有請改易制度者帝曰不識不知順帝之則詩人之美也三祖典制所宜遵奉自非軍事不得妄有改革五年五月吳太傅諸葛恪圍新城帝使鎮東將軍毋丘儉揚州刺史文欽等距破之正元元年正月天子與中書令李豐后父光祿大夫張緝黃門監蘇鑠永寧署令樂敦冗從僕射劉賓賢等謀以太常夏侯玄代帝輔政帝密知之使舍人王羡以車迎豐豐見迫隨羡而至帝數之豐知禍及因肆惡言帝怒遣勇士以刀鐶築殺之逮捕玄緝等皆夷三族三月乃諷天子廢皇后張氏天子以玄緝之誅深不自安而帝亦慮難作潛謀廢立乃密諷永寧太后下令廢天子爲齊王遣使迎高貴鄉公於元城立之公以帝爲相國增邑至四萬戶帝固辭相

國二年正月毋丘儉文欽舉兵作亂矯太后令移檄郡國爲壇盟於西門之外各遣子四人質於吳以請救二月儉欽帥衆六萬渡淮而西帝會公卿謀征討計朝議多謂可遣諸將擊之太嘗王肅及尚書傅嘏中書侍郎鍾會勸帝自行帝統中軍步騎十餘萬以征之倍道兼行召三方兵大會于陳許之郊斬儉傳首京師欽遂奔吳淮南平閏月帝疾篤使弟昭摠統諸軍晉國既建追尊景王武帝受禪上尊號曰景皇帝文帝景帝母弟帝魏景初三年封新城侯正始初爲雒陽典農中郎將轉散騎嘗侍大將軍曹爽伐蜀

以帝爲征蜀將軍副夏侯玄出駱谷次于興平勸玄旋軍以爲後圖還拜議郎蜀將姜維寇隴右征西將軍郭淮自長安距之以帝爲安西將軍持節屯關中爲諸軍節度淮攻維别將句安於趣久而不决帝乃進據長城南趣駱谷以疑之維懼退保南鄭安軍絶援率衆來降轉安東將軍持節鎮許昌及大軍討王陵帝督淮北諸軍事帥師會于項假金印紫綬蜀將姜維又寇隴右揚聲欲攻狄道以帝行征西將軍次長安維燒營而去會新平羌胡叛帝擊破之遂耀兵靈州北虜震讋叛者悉降高貴鄉公立以參定策進

封高都侯毌丘儉文欽之亂大軍東征帝兼中領軍留鎮維陽及景帝疾篤帝自京都省疾拜衛將軍景帝薨天子命帝鎮許昌尚書傅嘏帥六軍還京師帝用嘏及鍾會策自帥軍而還至維陽進位大將軍加侍中都督中外諸軍録尚書事輔政劒履上殿帝固辭不受甘露元年正月加大都督六月進封高都公地方七百里加之九錫又固辭不受二年五月鎮東大將軍諸葛誕殺揚州刺史樂綝以淮南作亂遣子靚爲質於吳以請救七月帝奉天子及皇太后東征徵兵青徐荆豫分取關中遊軍皆會淮北師次於項又進軍丘頭吳使文欽等將三萬人救誕三年正月誕欽等出攻長圍諸軍逆擊走之初誕欽内不相恊會欽計事與忤誕手刄殺欽欽子鴦攻誕不克帝使諸將攻而拔之斬誕夷三族四月歸京師天子命改丘頭曰武丘以旌武功五月進封晉公加九錫進位相國帝九讓乃止景元元年四月天子以帝三世宰輔政非巳出情不能安又慮廢辱將臨軒召百僚而行放黜五月戊子夜使冗從僕射李昭等發甲於凌雲臺召侍中王沉散騎常侍王業尚書王經出懷中黄素詔示之戒嚴俟旦沉業等馳告於帝帝召護軍

賈充爲之備天子知事泄帥左右攻相府稱有所討太子舍人成濟抽戈犯蹕帝斬濟夷其三族與公卿議立常道鄉公爲帝四年天子乃申前命以太原等十郡封帝爲晉公加九錫遣征西將軍鄧艾伐蜀於是徵四方之兵十八萬使艾自狄道攻姜維於沓中雍州刺史諸葛緒自祁山軍於武街絶維歸路鎮西將軍鍾會帥前將軍李輔征蜀護軍胡烈等自駱谷襲漢中艾帥萬餘人自陰平踰絶險至江油破蜀將諸葛瞻於綿竹進軍雒縣遂降劉禪又命晉公以相國摠百揆於是上節傳去侍中大都督録尚書之號

咸熈元年三月進爵爲王增封幷前二十郡二年八
月甍謚曰文王武帝受禪追尊號曰文皇帝
武帝文帝長子仕魏累遷中護軍封新昌鄉侯晉國
建立爲世子拜撫國大將軍開府副相國咸熈二年
五月爲晉王太子八月嗣相國晉王位下令寬刑宥
罪撫衆息役十一月初置四護軍以統城外諸軍十
二月遂受魏禪
後魏道武皇帝拓拔氏昭成皇帝嫡孫臣欽若等曰昭成以上事起立悉具帝王帝系門始六歲居昭成喪爲秦苻堅使劉庫仁
劉衛辰分攝國事南部大人長孫嵩盡將故民南依

庫仁帝轉幸獨孤部其後七年十月苻堅敗於淮南
是月庫仁爲慕容文等所殺以其弟眷攝國部九年
庫仁子顯殺眷而代之乃將謀逆臣欽若等曰將謀逆謂將殺道武
商人王覇知之履帝足於衆中帝乃馳還是時故大
人梁蓋盆子六眷爲顯謀主盡知其計密使部人穆
崇馳告帝乃陰結舊臣長孫提元他等幸賀蘭部顯
使人求帝不及明年正月戊申帝卽代王位于牛川
建元登國元年復以長孫嵩爲南部大人以叔孫普
雒爲北部大人班敘勲勞各有差二月幸定襄之盛
樂息衆課農三月劉顯臣欽若等曰劉顯卽劉庫仁之子是也自善無
南走馬邑其族奴真率部來降四月改稱魏王五月
車駕東幸陵石護佛侯部帥侯辰乙弗部帥代題叛
走諸將請追之帝曰侯辰等世修職役雖有小愆宜
且忍之當今草刱人情未一愚近者固應趦趄不足
追也七月己酉車駕還盛樂代題復以部落來降旬
有數日亡奔劉顯帝使其孫倍斤代領部落是月劉
顯弟肺泥率騎掠奴真部落既而率以來降初帝叔
父窟咄爲苻堅徙于長安因隨慕容永以爲新興太
守八月劉顯遣弟亢泥迎窟咄以近隨之來遏南境
於是諸部騷動人心顧望帝左右于桓等與諸部人

謀爲逆以應之事泄誅造謀五人餘悉不問帝慮內
難乃北踰陰山幸賀蘭部阻山爲固遣行人安同長
孫賀使于慕容垂以徵師垂遣使朝貢幷令其子賀
驎率步騎以隨同等十月賀驎軍未至而寇巳前逼
於是北部大人叔孫普雒等十三人及諸烏丸亡奔
衛辰帝自弩山遷幸牛川屯于延水南出代谷會賀
驎於高栁大破窟咄窟咄奔衛辰衛辰殺之帝悉收
其衆十二月慕容垂遣使朝貢奉帝西單于印綬封
上谷王帝不納是歲慕容垂僭稱皇帝於中山自號大燕苻丕死苻登自立於隴東姚萇稱皇帝於長安自號大秦慕容沖爲部下所殺慕容永僭立也二年六月征劉顯於

焉邑南追至彌皐大破之顯南奔慕容永盡收其部落三年五月北征庫莫奚陸月大破之獲其四部雜畜十餘萬七月庚申庫莫部帥鳩集遺散夜犯行宮帝縱騎撲討盡殺之十二月西征至女水討解如部大破之四年正月襲高車諸部落二月至女水討叱突鄰部皆大破之五年三月西征次鹿津海襲高車袁紇部四月幸意辛山討賀蘭紇突鄰紇奚諸部落皆大破之九月討吐奴部於囊典河十月討高車豆陳部於狼山亦皆破之六年二月遣九原公儀陳留公虔等（臣欽若等曰儀虔二公皆宗室）西討黜弗部破之七月衛辰

遣子直力鞮出稒陽塞侵及黑城九月襲五原屠之十月北征蠕蠕追及之於大磧南林山下大破之十一月直力鞮寇南部帝討之大破其軍於鐵岐山自五原金津南度河次其所居悅跋城衛辰父子奔遁擒斬之自河以南諸部悉平八年三月西征侯呂隣部四月至若水大破之八月南征薛于部帥太悉佛於三城會其先出擊曹覆帝乘虛屠其城獲其子女珍寶徙其民而還皇始元年七月左司馬許謙上書勸進尊號帝始建天子旌旗初建臺省置百官封公侯將軍刺史太守尚書郎已下悉用文人天興元年六月丙子詔有司議定國號羣臣曰昔周秦以前世居所生之土有國有家及王天下即承爲號自漢以來罷侯置守時無世繼其應運而起者皆不繇尺土之資今國家萬世相承啓基雲代臣等以爲若取長遠應以代爲號詔曰昔朕遠祖揔御幽都控制遐國雖踐王位未定九州逮于朕躬處百代之季天下分裂諸華乏主民俗雖殊撫之在德故躬率六軍掃平中土凶逆蕩除遐邇率服宜仍先號以爲魏焉布告天下咸知朕意閏十一月左丞相驃騎大將軍魏王儀及諸王公卿士等上表勸進即皇帝位帝三讓乃

許之

後周太祖文帝宇文氏德皇帝之子（德皇帝事跡並具帝王帝系門）後魏明帝孝昌二年燕州亂太祖始以統軍從爾朱榮征之先是北海王顥奔梁梁人立爲魏主令率兵入雒魏孝莊帝出居河內以避之榮遣賀拔岳討顥仍迎孝莊帝太祖與岳有舊乃以別將從岳及孝莊帝反正以功封寧都子邑三百戶遷鎮遠將軍步兵校尉万俟醜奴作亂關右孝莊帝遣爾朱天光及岳等討之太祖遂從岳入關先鋒破僞行臺尉遲菩薩等及平醜奴定隴右太祖功居多遷征西將軍金紫

光祿大夫增邑三百戶加直閤將軍普泰二年爾朱天光東拒齊神武留弟顯壽鎮長安秦州刺史侯莫陳悅爲天光所召將軍衆東下賀拔岳知天光必敗欲留悅共圖顯壽而計無所出太祖謂岳曰今天光未有二心若以此事告之恐其驚懼然悅雖爲主將不能制物若先說其衆必人有留心進失爾朱之期退恐人情變動乘此說悅事無不遂岳大喜卽令太祖入悅軍說之悅遂不行乃相率襲長安令太祖輕騎爲前鋒策顯壽怯懦聞諸軍將至必當東走恐其遠遁乃倍道兼行顯壽果已東走追至華山擒之太

昌元年關西大行臺賀拔岳以太祖爲左丞領岳府司馬加散騎常侍事無巨細皆委決焉齊神武旣破爾朱遂專朝政太祖請往觀之旣至并州齊神武問岳軍事太祖占對雄辯齊神武以爲非常人欲留之太祖詭陳忠款乃得反命遂星夜就道齊神武果遣追之至關不及太祖還謂岳曰高歡非人臣也逆謀所以未發者憚公兄弟耳然凡欲立大功正社稷未有不因地勢總英雄而能克成者也侯莫陳悅本實庸材遭逢際會遂叨任委旣無憂國之心亦不爲高歡所忌但爲之備圖之不難今費也投控弦之騎不下一萬夏州刺史解拔彌俄定勝兵之士三千餘人及靈州刺史曹泥竝恃其僻遠常懷異望河西流民紇豆陵伊利等戶口富實未奉朝命今若移軍近隴扼其要害示之以威懷之以德卽收其士馬以實吾軍西輯氐羌北撫沙塞還軍長安匡輔魏室此桓文舉也岳大悅復遣太祖詣闕請事密陳其狀魏帝深納之加太祖武衛將軍還令報岳遂引軍西次平涼謀於其衆曰夏州鄰接寇賊須加綏撫安得良刺史以鎮之衆皆曰宇文左丞卽其人也岳曰左丞吾之左右手也如何可去沉吟累日乃從衆議於是表太

祖爲使持節衛將軍夏州刺史太祖至州伊利望風款附而曹泥猶通使於齊神武魏永熙三年春正月岳欲討曹泥遣都督趙貴至夏州與太祖計事太祖曰曹泥孤城阻遠未足爲憂侯莫陳悅怙衆密邇貪而無信必將爲患願早圖之岳不聽遂與悅俱討泥二月至于河曲岳果爲悅所害其士衆散還平涼唯大都督趙貴率部曲收岳屍還營三軍未有所屬諸將以都督寇雒年最長相與推雒以總兵事雒素無雄略威令不行乃謂諸將曰雒智能本闕不宜統御近者迫於群議權相攝領今請避位更擇賢才於是

趙貴言於衆曰元帥忠公盡節暴於朝野勳業未就奄罹凶酷豈唯國喪良宰固亦衆無所依必欲糺合同盟復讐雪恥須擇賢者揔統諸軍舉非其人則大事難集雖欲立忠建義其可得乎竊觀宇文夏州英姿不世雄謨冠時遠邇歸心士卒用命加以法令齊肅賞罰嚴明真足恃也今若告喪必來赴難因而奉之則大事集矣諸將皆稱善乃命赫連馳至夏州告太祖曰侯莫陳悅不顧盟誓棄恩背德賊害忠良群情憤惋控告無所公昔居管轄恩信著聞今無小無大咸願推奉衆之思公引日成歲願勿稽留以慰衆

望也太祖將赴之夏州吏民咸泣請曰聞悅今在永雒去平涼不遠若已有賀拔公之衆則圖之實難願且停留以觀其變太祖曰悅既害元帥自應乘勢直據平涼而反趦趄屯兵永雒吾知其無能為也且難得易失者時也不俟終日者機也今不早赴將恐衆心自離都督彌姐元進規欲應悅密圖太祖事發斬之太祖乃發輕騎馳赴平涼時齊神武遣長史侯景招引岳衆太祖至安定遇之謂景曰賀拔公雖死宇文泰尚存卿何為也景失色對曰我猶箭耳隨人所射安能自裁景於此即還太祖至平涼哭岳甚慟將士且悲且喜曰宇文公至無所憂矣于時魏孝武帝將圖高歡聞岳被害遣武衛將軍元毗宣旨慰勞追岳軍還雒陽毗到平涼會諸將已推太祖侯莫陳悅亦被勑追還悅既附高歡不肯應召太祖謂諸將曰侯莫陳悅枉害忠良復不應詔命此國之大賊豈可容之乃命諸軍戒嚴將以討悅及元毗還太祖表於魏帝曰臣前以故關西大都督臣岳竭誠奉國橫罹非命三軍喪氣朝野痛惜都督寇雒等啣寃茹慽志雪讐恥以臣昔同幕府苦賜要結臣便以今月十四日輕來赴軍當發之時已有別表既為衆情所逼權

掌兵事詔召岳軍人入京此乃為國良策但高歡之衆已至河東侯莫陳悅猶在永雒在此軍士多是關西之人皆戀鄉邑不願東下今逼以上命悉令赴闕悅躡其後歡邀其前首尾受敵其勢危矣臣殞身王事誠所甘心恐敗國殄人所損更大乞少停緩更思後圖徐事誘導漸就東引太祖志在討悅而未測朝旨且兵未集假此為詞因與元毗及諸將刑牲盟誓同奬王室魏帝詔太祖曰賀拔岳既殞士衆未有所歸卿可為大都督即相統領知欲漸就東下良不可言今亦徵侯莫陳悅士馬入京若其不來朕當親自

致罰宜體此意不過淹留太祖表曰侯莫陳悅違天
逆理酷害良臣自以專戮罪重不恭詔命阻兵永雄
強梁秦隴臣以大宥既班恐抑私憾頻問悅及都督
可朱渾元等歸闕早晚而悅並維縶使人不敢反報
觀其指趣勢必別圖臣正爲此未敢自拔兼順衆情
乞少停緩太祖乃與悅書責之曰頃者正光之末天
下沸騰塵飛河朔霧塞荆沔故將軍賀拔公攘袂勃
起志寧寓縣援戈南指拯皇靈於已墜擁旌西邁濟
百姓於淪胥西顧無憂繄公是賴勳伐茂隆遂征關
右此乃行路所知不藉一二談也君實名微行薄本

無遠量故將軍行遷喬之志篤秉征之理乃申啓朝
廷薦君爲隴右行臺朝議以君功名闕然未之許也
遂頻煩請謁至於再三天子難違上將便於聽許是
亦遐邇共知不復煩之翰墨縱使木石爲心猶當知
感況在生靈安能無愧加以王室多故高氏專權主
上虛心寄隆晉鄭君復與故將軍同受密旨屢結盟
約期於畢力共戡時難而貌恭心狠妬勝嫉賢口血
未乾匕首已發協黨固賊共危本朝孤恩負誓有靦
面目豈不上畏於天下慙於地吾以弱才猥當藩牧
蒙朝廷拔擢之恩故荷將軍國士之遇聞問之日魂

守驚馳便陳啓天朝甓來奔赴衆情所推遂當戎重
比有勑旨召吾還闕亦有別詔命君入朝雖操行無
聞而年齒已宿今日進退唯君是視君若督率所部
自山隴東邁吾亦總勒師徒北道還闕共追廉藺之
迹同慕寇賈之風如其首鼠兩端不時奉詔專戮違
旨國有當刑枕戈坐甲指日相見幸圖利害無貽噬
臍悅既知太祖謀已詐爲詔書與秦州刺史万俟普
撥令與悅爲黨援普撥疑之封詔以呈太祖太祖表
之曰臣自奉詔總平涼之師責重憂深不遑啓處訓
兵秣馬唯思竭力前以人戀本土侯莫陳悅窺𥨊進

退量度且宜任此今若召悅授以境內官臣列旆東
轅匪朝伊夕朝廷若以悅堪爲邊扞乞處以瓜涼一
藩不然則終致猜虞於事無益初原州刺史史歸爲
岳所親任河曲之變反爲悅守悅遣其黨王伯和成
次安將兵二千人助歸鎮原州太祖遣都督侯莫陳
崇率輕騎一千襲歸擒之幷獲次安伯和等送於平
涼太祖表崇行原州事万俟普撥又遣其將北干保
雒領二千騎來從軍三月太祖進軍至原州衆軍悉
集諭以討悅之意士卒莫不懷憤太祖乃表曰臣聞
誓死酬恩覆宗報主人倫所急赴蹈如歸自大都督

臣岳歿後臣頻奉詔還闕秣馬戒途志不俟旦直以督將已下咸稱賀拔公視我如子今讐恥未報亦何面目以處世間若得一雪宽酷萬歿無恨且悅外附强臣内違朝旨臣今上思逐惡之志下遂節士之心冀仗天威爲國除害小違大順實在兹辰克定之後伏待斧鉞四月引兵上隴留兄子導爲都督鎭原州太祖軍令嚴肅秋毫無犯百姓大悅識者知其有成軍出木峽關大雨雪平地二尺太祖知悅怯而多猜乃倍道兼行出其不意悅果疑其左右有異志者左右亦不自安衆遂離貳聞大軍且至退保畧陽留一

萬餘人據守永雒太祖至永雒命圍之城降太祖即率輕騎數百趨畧陽以臨悅軍悅大懼乃召其部將議之皆曰此鋒不可當勸悅退保上邽以避之時南秦州刺史李弼亦在悅軍乃間道遣使請爲内應其夜悅出軍中自驚潰將卒或相率來降太祖縱兵奮擊大破之虜獲萬餘人馬八千匹悅與其子弟及麾下數十騎遁走太祖曰悅本與曹泥應接不過走向靈州乃令原州都督導邀其前都督賀拔頴等追其後導至牽屯山追及悅斬之太祖入上邽悅府庫財物山積皆以賞士卒毫釐無所取左右竊一銀鏤甕

以歸太祖知而罪之即剖賜將士衆大悅時高歡已有異志故魏帝深仗太祖乃徵二千騎鎭東雍州助爲聲援仍令太祖引軍而東太祖遣大都督梁禦率騎步五千鎭河渭合口爲圖河東之計遂入雍州魏帝進太祖侍中驃騎大將軍開府儀同三司關西大都督畧陽縣公尋尚書授僕射關西大行臺時魏帝方圖齊神武太祖乃傳檄方鎭曰盖陰陽遞用盛衰相襲苟當百六無問三五皇家創曆陶鑄蒼生保安四海仁育萬物運距季末屯沴屢起隴冀騷動燕河狼顧雖靈命重起蕩定有期而乘釁之徒因生羽翼

賊臣高歡器識庸下出自輿皁罕聞禮義直以一介鷹犬効力戎行靦冒恩私遂階榮寵不能竭誠盡節專挾姦回乃勸爾朱榮行兹篡逆及榮以專政伏誅世隆以凶黨外叛歡苦相敦勉令取京師又勸吐萬兒復與弑雹暫立建明以令天下假推普泰欲竊威權並歸廢斥俱見酷害於是稱兵河北假討爾朱復通表奏云取讒賊既行廢黜遂將篡弑以人望未改恐鼎鑊交及乃求宗室權允人心天方與魏必將有主翊戴聖明誠非歡力而歡阻兵安忍自以爲功廣布腹心跨州連郡端揆禁闈莫非親黨皆行貪虐窫

竄生人而舊將名臣正人直士横生瘡痏動掛網羅故武衛將軍伊琳清貞剛毅禁旅攸屬直閤將軍鮮于康仁忠亮驍傑爪牙斯在歡收而戮之曾無聞奏司空高乾是其黨與每相影響謀危社稷但以姦志未從恐先洩漏乃密白朝廷使殺高乾方哭對其弟稱天子横戮孫騰任祥歡之心膂並使入居樞近伺國間隙知歡逆謀將發相繼逃歸歡益加撫待亦無臣自然歡入雒之始本有姦謀令親人蔡儁作牧河濟厚相恩贍以爲東道主人故關西大都督清水公賀拔岳勲德隆重興亡攸寄歡好亂樂禍深相忌毒

乃與侯莫陳悅陰圖陷害幕府巳受律專征便卽討戮歡知狀巳露稍懷旅拒遂遣蔡儁拒伐令竇泰佐之又遣侯景等云向白馬輔世珍等徑趣石濟高隆之疋婁昭等屯據壺關韓軌之徒擁衆蒲坂於是上書天子數論得失訾毀乘輿威侮朝廷藉此微庸與兹大寳谿壑可盈禍心不測或言徑赴荆楚開疆於外或言分詣伊雒取彼讒人或言欲來入關與幕府決戰今聖明御運天下清夷百寮師師四隩來曁人盡忠良誰爲傾側而歡威福自巳生是亂階緝構南箕指鹿爲馬包藏凶逆伺我神器是而可忍孰不可恐幕府折衝宇宙親當受脤銳師百萬彀騎千群裹糧坐甲唯敵是俟義之所在糜軀匪悋況頻有詔書班告天下稱歡逆亂徵兵致伐今便分命將帥應機進討或趣其要害或襲其窟宅電繞蛇擊霧合星羅而歡違負天地毒被人鬼乘此掃蕩易同俯拾歡若渡河稍逼宗廟則分命諸將直取并州幕府躬自東轅電赴伊雒若固其巢穴未敢發動亦命群帥百道俱前轘裂賊臣以謝天下其州鎮郡縣率土黎人或州鄉冠冕或勲庸世濟並宜捨逆歸順立効軍門封賞之科巳有別格凡百君子可不勉歟七月魏帝從

雒陽率輕騎入關太祖備儀衛奉迎謁見東陽驛乃奉命都長安披草萊立朝廷軍國之政咸取太祖决焉仍加授大將軍雍州刺史兼尚書令進封郡公尚馮翊長公主拜駙馬都尉閏十二月魏孝武帝大漸太祖與群公定策尊立南陽王寳炬爲嗣是爲文帝大統元年進都督中外諸軍錄尚書事封安定郡王太祖固讓改封郡公三年正月東魏冦龍門屯軍蒲坂造三道浮橋度河又遣其將竇泰趣潼關太祖縱兵擊破之盡俘其衆斬泰首高歡撤橋而遁是年八月丁丑太祖率李弼獨孤信梁禦趙貴于謹若干惠

怡峰劉亮王德侯莫陳崇李遠達奚武等十二將至潼關太祖乃誓於師曰與爾有衆奉天威誅暴亂惟爾衆士整爾甲兵戒爾戎事無貪財以輕敵無暴民以作威用命則有賞不用命則有戮爾衆士其勉之于謹徇地至盤豆降東魏將高叔禮及戍卒一千戊子至弘農于時連雨太祖乃率諸軍冒雨攻之庚戌城潰斬陝州刺史李徽伯虜其戰士八千擒將高千竝送長安於是宜陽邵郡皆來歸附十月壬辰破高歡於沙苑斬六千餘級降者二萬餘人歡夜遁追至河上復大克獲前後虜其卒七萬留其甲士二萬餘

悉縱歸收其輜重兵甲獻俘長安還軍渭南於是所徵諸州兵始至乃於戰所令當時兵士人種柳一株以旌武功魏帝進太祖柱國大將軍四年七月東魏遣其將侯景庫狄干高敖曹韓軌可朱渾元莫多婁貸文等圍獨孤信於雒州八月庚寅太祖至穀城莫多婁貸文可朱渾元來逆臨陣斬貸文元單騎遁免悉虜其衆遂進軍瀍東景等北據河橋南屬邙山爲陣與諸軍合戰斬高敖曹及其儀同李猛西兗州刺史宋顯等虜其甲士萬五千赴河死者萬數六年春侯景出三鵶將侵荆州太祖遣開府李弼獨孤信各

率騎五千出武關景乃退還夏茹度河至夏州太祖召諸軍屯沙苑以備之八年冬高歡侵汾絳圍王壁九年春度河據邙山十二年春侯景侵襄州九月高歡圍王壁太祖皆破走之十三年正月歡卒子澄嗣與侯景有隙景舉河南十六州東附七月景叛歸于梁十四年正月進授太祖太師十五年六月梁竟陵郡守孫暠舉郡來附時侯景圍建業司州刺史柳仲禮帥兵赴援及景克建業仲禮還司州率衆來寇暠以郡叛十一月太祖遣開府楊忠率兵與行臺僕射長孫儉討之攻克隨郡忠進圍仲禮長史馬岫於安

陸十六年正月擒仲禮悉擄其衆馬岫以城降十七年三月魏文帝終太子嗣位太祖以冢宰揔百揆十月太祖遣大將王雄出子午伐上津魏興大將軍達奚武出散關伐南鄭明年去年號稱元年是年春王熊平上津魏興以其地置東梁州夏四月達奚武圍南鄭月餘梁州刺史宜農侯蕭循以州降武執循還長安二年三月遣大將軍魏安公尉遲迥率衆伐梁武陵王蕭紀於蜀夏四月太祖勒銳騎三萬西踰隴度金城河至姑臧吐谷渾震懼遣使獻其方物五月蕭紀潼州刺史楊乾運以州降引迥軍向成都七月

太祖自姑臧至于長安八月充成都劒南平三年春魏帝有怨言太祖與公卿定議廢帝尊立齊王廓是爲恭帝元年七月梁元帝遣使請舊圖以定疆界又連結於齊言辭悖慢太祖曰古人有言天之所棄誰能興之其蕭繹之謂乎十月壬戌遣柱國于謹中山公護大將軍楊忠韋孝寬等步騎五萬討之十一月癸未師濟於漢中山公護與楊忠率銳騎先屯其城下據江津以備其逸丙申謹至江陵列營圍守辛亥進攻城其日克之擒梁元帝殺之幷虜其百官及士民以歸沒爲奴婢者十萬餘其免者二百餘家立蕭

詧爲主居江陵爲魏附庸三年正月行周禮建六官以太祖爲太師九月太祖有疾十月乙亥大漸殂于雲陽宮十二月閔帝受魏禪追尊爲文王廟曰太祖武成元年追尊爲文皇帝

閔帝太祖第三子魏恭帝三年三月命爲安定公世子四月拜大將軍十月嗣位大冢宰十二月魏帝以岐陽之地封帝爲周公遂受魏禪

冊府元龜

巡按福建監察御史臣李嗣京　訂正

知長樂縣事臣夏允彝參閱

知建陽縣事臣黃國琦較釋

帝王部七

創業第三

隋高祖文帝楊氏武元皇帝之子臣欽若等曰武元以上事迹具帝王帝系門初仕後周爲大將軍襲爵隋國公周武帝聘高祖長女爲皇太子妃齊王憲言於周帝曰普六茹堅相貌非常臣每見之不覺自失恐非人下請早除之

帝曰此止可爲將耳建德中率水軍三萬破齊師於河橋明年從武帝平齊進位柱國與宇文憲破齊任城王高湝於冀州除定州總管轉亳州總管宣帝卽位以后父徵拜上柱國大司馬大象二年五月出爲揚州總管將發暴有足疾不果行周宣帝晏駕時靜帝幼冲未能親理政事內史上大夫鄭譯御正下大夫劉昉以高祖皇后之父衆望所歸遂矯詔引高祖入總朝政都督內外諸軍事周氏諸王在藩者高祖恐其生變稱趙王招將嫁女於突厥爲詞以徵之丁未發喪庚戌周帝拜高祖假黃鉞左丞相百官總巳而聽焉以正陽宮爲相府以鄭譯爲長史劉昉爲司馬具置寮佐宣帝時刑政苛酷羣心惶駭莫有生意至是高祖大崇惠政法令清簡躬履節儉天下悅之六月趙王招陳王純越王盛代王達滕王逌竝至于長安是月雍州牧畢王賢及陳趙等五王以天下之望歸於高祖因謀作亂高祖執賢斬之寢趙王等之罪因詔五王劍履上殿入朝不趨用安其心相州總管尉遲迥自以重臣宿將志不能平遂舉兵東下趙魏之士從者若流旬日之間衆至十餘萬又宇文胄以滎州石懸以建州席毗以沛郡毗弟叉羅以兗州

皆應於迥迥遣子質于陳以請援高祖命上柱國鄖國公韋孝寬討破之傳首闕下餘黨悉平初迥之亂也鄖州總管司馬消難據州響應淮南州縣多同之命襄州總管王誼討之消難奔陳荊郢羣蠻乘釁作亂命亳州總管賀若誼討平之先是上柱國王謙爲益州總管旣見幼主在位政繇高祖遂起巴蜀之衆以興復爲辭高祖方以東夏山南爲事未遑致討謙進兵屯劍閣陷始州至是乃命行軍元帥上柱國梁睿討平之傳首闕下巴蜀阻險人好爲亂於是更開平道毀劍閣之路立銘垂誡焉是月誅趙王招越王

盛九月周帝詔授高祖大丞相罷左右丞相之官十月誅陳王純十一月誅代王達滕王逌十二月進爵爲王靜帝大定元年二月壬子加九錫遂受周禪開皇元年三月庚子詔曰自古帝王受終革代建侯錫爵多與運遷朕膺籙受圖君臨海内載懷沿革事有不同然則前帝後王俱在兼美立功立事爵賞仍行苟利於時其致一揆何謂物我之異無計今古之殊其前代品爵悉可依舊

唐高祖神堯皇帝李氏太祖景皇帝之子臣欽若等曰景帝以上事迹具帝王帝系門襲封唐國公大業中爲衛尉少卿遼東

之役高祖於懷遠鎮督運糧知楊玄縱兄弟迯還密表聞奏煬帝始知玄感起逆乃班師於是慰勞高祖諭以親親之意元弘嗣先在弘化留守卽斛斯政親戚乃遣高祖馳執弘嗣代爲留守關右十三郡兵皆受徵發高祖御衆寛簡結納英豪歷居中外皆樹恩德繇是四海之士多歸心焉于時絳郡賊柴保昌等有衆八萬煬帝令戶部尚書樊子盖擊之子盖深溝高壘不敢决戰有來歸首者不問多少必坑之繇是莫敢降賊徒日盛屯軍在外連年不能尅煬帝令高祖代總其衆高祖與賊頻戰每挫其鋒有來者引置左右推赤心待之人人自安願効死力其餘賊黨相謂曰我輩本無逆心徒以政令嚴苛懼死爲盜耳前後首者爲子盖所殺窮無所歸今唐公與人無隔疎遠意坦如也我輩知不死矣遂相率歸首前後至者數萬餘人賊散走他郡時突厥犯塞煬帝令高祖與馬邑太守王仁恭率衆備邊會虜冦馬邑仁恭以衆寡不敵有懼色高祖謂之曰今主上遐遠孤城絶援若不死戰難以圖全於是親選精騎二千出爲遊軍居處飲食隨逐水草一同於突厥見虜候騎但馳騁畋獵示若輕之及與虜相遇則犄角置陣選善射者

爲别隊持滿以待之虜莫能測不敢决戰因縱奇兵擊走之獲其特勤所乘駿馬斬首千餘級煬帝復以高祖爲太原留守遣武賁郎將王威虎牙郎將高君雅二人爲副會高陽賊帥歷山飛等衆號十萬來冦太原將軍慕容羅睺潘長文俱爲所敗賊鋒益盛高祖率步騎六千以擊之相遇於同過水上賊陣彌亘十餘里埃塵漲天戰士大懼莫不股慄高祖神色自若令王威率大衆居前所有旌旗鼓角及輜重悉配之高祖與麾下數百騎居後賊望威軍爲高祖盡鋭來戰威不能支軍遂敗高祖以騎翼擊之爲賊所掩

重圍數匝於是身先力戰會太宗來救因復收兵擊之賊遂大敗虜男女數萬口未幾突厥寇馬邑高祖遣高君雅拒之君雅頗憂罪譴高祖亦懼煬帝節度隋師不捷時太宗從在軍中知隋祚將亡潛圖爲義舉欲以安天下因進白曰大人何憂之甚也當今主上無道百姓愁怨城門之外皆已爲賊獨守小節必旦暮死亡若起義兵實當民欲人人之願此天授之機可因轉禍以就功業既天與不取憂之何益高祖大驚深拒之太宗趨而出明日復進說曰此爲萬全之策以救族滅之事今王綱弛紊盜賊徧天下大人

受命討捕其可盡乎賊既不盡自當獲罪且又世傳李氏姓應圖籙李金才位望隆貴一朝族滅大人就能平賊卽有功當不賞以此求活可恃乎高祖意少解曰我日夜思量汝言大有理破家滅身亦繇汝化家爲國亦繇汝繇是定計遇煬帝遣使者馳拘高祖送詣江都高祖素被猜忌及是大懼謂太宗曰事急矣計將安出太宗又進策高祖然之方令太宗舉兵以自濟會有詔釋高祖繇是止旣而馬邑人劉武周殺刺史王仁恭舉兵反攻破汾陽宮百姓饑饉江都阻絶於是太宗復固請曰大人受委鎮守而賊徒日

熾竊思既離宮闕不能捍禦若不早舉大計卽身陷禍機悔無所及高祖從之因集將帥而謂之曰武周僭號天子在遠賊據汾陽宮我輩不能制自當族滅矣將如之何王威與高君雅及諸僚吏咸請集兵高祖欲觀威等之意乃曰朝廷出師皆禀詔勅未有閫外敢事之者今賊據離宮自稱尊號近在數百里間江都懸隔道路艱阻若待奏報還期未測夫以薪救火豈有撲滅者哉今進退維谷復將何計威等咸曰公地居賢戚務盡丹誠國家之利唯在平賊逸逡巡聽奏豈及事機高祖曰善乃命太宗與晉陽令劉文靜

及門下客長孫順德劉弘基等各募兵旬日之間衆且一萬文靜頓於興國寺順德頓於阿育王寺威及君雅等見兵大集相與疑懼請高祖祈雨於晉祠將爲不利高祖知其謀部勒麾下陰爲之備五月甲子旦高祖與威及君雅等同坐視事太宗嚴兵在外以備非常遣劉文靜與高陽府司馬劉政會入告變云二人謀反陰引突厥將襲太原高祖佯驚曰豈有是耶徐以文書示之曰人告公反宜受勘當郎於座上執之丙寅突厥數萬騎來寇城下高祖令開門偃旗幟虜不測所爲引兵掠城外而去高祖令軍中曰人

言王威勾賊此其効矣於是斬威君雅以謝太原百姓乃遣劉文静連和於突厥六月巳卯裴寂殷開山等請稱義兵准伊尹放太甲霍光廢昌邑故事尊煬帝爲太上皇立代王以安隋室傳檄諸郡以彰義舉高祖可之甲辰命太宗將兵徇西河郡下之癸巳建大將軍府以裴寂爲長史劉文静爲司馬具設官屬始置三軍分爲左右以公子建成爲隴西公左領大都督左三軍悉隷焉命太宗爲燉煌公右領大都督右三軍悉隷焉開倉庫以賑窮乏遠近響應七月壬子以公子元吉爲姑臧公太原留守高祖以兵西圖

關中精甲三萬高祖伏白旗誓衆於太原之野引師即路甲寅遣將張綸徇稽胡下離石龍泉文城三郡丙辰師次霍邑隋虎牙郎將宋老生陳兵拒險義師不得進屯軍於賈胡堡會霖雨積旬餽運不給高祖患之忽有白衣老父詣軍門請見曰予霍山神遣語大唐皇帝若向霍山邑當東南傍山取路八日雨止我當助爾破之高祖初哂之遣人東南視地界有微道高祖笑曰此神不欺趙襄子豈當負吾邪時有訛言云突厥將襲太原又軍糧盡高祖命旋師太宗切諫乃止八月巳卯雨果霽高祖大悦以太牢祭霍山

辛巳引師從傍山道趨霍邑去城十餘里有陣雲起軍北東西竟天高祖謂裴寂曰雲色如此必當有慶又謂諸將曰老生若嬰城自守當即攻之主客勢懸卒難致力其計若何太宗進曰老生勇而無謀請以輕兵挑之必出戰則成擒矣高祖從之太宗以數騎指其城下舉鞭指麾若將圍城者老生果怒開城門出太宗馳白高祖曰事諧矣高祖因謂隴西公建成曰汝看兩陣將交引左軍直趨東門命太宗引右軍直趨南門以斷其歸路老生之軍背城而陣高祖以中軍與建成合陣於城東太宗及柴紹陣於城南老

生麾兵疾進先薄高祖而建成墜馬老生乘之中軍與左軍却太宗自南原望見塵起知義師退率二百騎馳下峻坂殺一賊遂横斷其軍出陣後表裏齊譟響若摧山隋師大潰各捨仗而走懸門發老生不得入城乃棄馬投塹甲士斬之致其首於麾下流血數里僵屍相枕四面乘勝進薄其城時無攻具士卒緣稍而上一時攀堞無敢當者遂平霍邑撫其餘衆而用之丙戌下臨汾郡時臨汾郡通守陳叔達堅守不下高祖謂厨人曰吾明日下城然後朝膳辛卯引兵攻城自旦及辰而破高祖乃食癸巳次龍門縣突厥

始畢可汗遣康稍利率兵五百人馬二千匹以會於軍所九月巳亥營於孤窟去河東六十里先是春夏旱麥不熟穀米踊貴人相食及義師起澍雨應時至是大熟禾稼蒲野義兵資之無所匱乏論者以爲天贊時津梁爲其所斷關中向義者頗以爲阻於是水濱居人競進船不謀而至者前後數百里乃置水軍焉壬寅馮翊賊帥孫華土門賊帥白玄度率其衆來降高祖命華及王長諧等引兵先渡因戒之曰屈突通去此五十餘里不敢與我爭鋒其人守法懼罪必當伺便襲卿可宜爲之備通果遣虎牙郎將辛顯和

率精兵數千夜襲長諧義軍不利隋人逐北華將走太宗以遊騎掩其後顯和敗績僅以身免悉虜其衆丙辰馮翊太守蕭造以郡來降戊午高祖率衆攻屈突通於河東士卒登城南面者巳千餘人高祖在東原望之而不見會雨暴至鳴角止軍緜是不尅或勸遂攻之高祖曰屈突通習兵而無勇若決戰非其所長嬰城難以必勝此自守虜耳不足爲虞遂守軍營於河渚文武將吏勸領大尉加置僚佐高祖從之華陰令李孝常以永豐倉歸義以少牢祀河率大軍而濟甲子舍於長春宮三秦士庶至者有萬數高祖禮之並過所望人人喜悅更相謂曰眞吾主也丙寅遣隴西公建成司馬劉文靜屯永豐倉以拒潼關太宗以前軍數萬人自渭北徇三輔所至皆下高祖第三女柴氏從父弟神道舉義於司竹至是以兵來會鄠賊帥丘師利李仲文盩厔賊帥何潘仁向善志宜君賊帥劉旻等各率衆數千來降丁卯以師渡渭川暑定鄠杜至於盩厔庚午高祖觀永豐倉笑謂官屬曰吾千里遠來志在此耳既爲我有復何憂哉於是開倉大賑窮乏壬申過馮翊舊宅饗五廟乙亥命太宗率兵自渭汭屯阿城隴西公建成自新豐趨上灞是

日延安上郡雕陰郡並遣使來降丙子高祖率大軍自下邽西上經煬帝行宮園苑悉罷之宮女放還親屬十月辛巳高祖至長樂宮時京師留守衛文昇陰世師挾代王以拒義師高祖屯兵春明門有衆二十餘萬遣使至城下諭以興復之意再三皆不報將吏固請圍城辛卯太宗帥師入鄠頓于城西乃命隴西公建成入頓城東分朱雀大街別營圍之甲辰諸將又請攻城高祖不許將吏進諫曰大軍西入本欲鎮撫關中輔翼隋室光崇帝業陰世師等違拒義師誑惑城内若不盡銳取城誅君側之賊何以息於流謗

高祖乃從之遂下令曰七廟及代王隋室公族竝不得犯有違者罪及三族十一月丙辰軍頭雷紹先登守陴者分散京師平先命主符郎宋公弼收隋圖籍戊午以右衛將軍陰世師多黷貨京兆郡丞滑儀性苛酷有害於政竝斬之以謝關中連坐者十餘人癸亥率百僚備法駕尊代王爲天子大赦改元義寧元年十一月甲子高祖自長樂宫入京師至朝堂望闕而拜天子以高祖爲丞相錄尚書事假黃鉞進封唐王以武德殿爲相府萬幾悉委焉高祖每日於虔化門視事乙丑榆林靈武五原平涼安定五郡遣使來

降十二月癸未天子詔以隴西公建成爲唐國長子進封太宗爲秦國公元吉爲齊國公高祖遣趙郡公李孝恭徇山南所至皆下乙未平凉太守張隆以其衆來降丁酉扶風太守竇璡阿池太守蕭瑀竝以郡來降癸卯右翊衛長史宋遵貴以陝縣太原倉來降甲辰遣使者詹俊李袞等徇巴蜀竝下之二年正月丁未天子詔高祖劒履上殿入朝不趨贊拜不名加前後羽葆鼓吹幷依舊事辟仕癸丑遣楊義弘徇靈武戊午上錐淅楊二郡及浮雲賊帥蕭岳周洮等竝遣使來降癸亥論功行賞其登京城第一勳授光祿大夫開國郡公物一千段雖第一勳而身死者亦准此其官廻授於子弟宅奴婢仍竝量給第二勳人各授三輔物二百段第三勳人從朝散加戊辰以長子建成爲撫軍大將軍左元帥摠兵十餘萬以徇東都二月丁丑遣功曹參軍裴清率兵襲河陽己卯遣太常卿鄭元璹定樊鄧使者馬元規徇荆襄甲午出米七萬斛以賑貧人清河賊帥竇建德稱長樂王三月己酉以齊國公元吉爲鎮北將軍太原道行軍元帥乙卯徙太宗爲趙國公戊辰詔唐王備九錫之禮五月乙巳朔詔唐王冕有十二旒建天子旌旗出警入

蹕乘金根車駕六馬備五時副車置旄頭雲罕樂舞八佾設鍾簴宫懸王后王子王女爵命之號一遵舊典五月遂受隋禪

後唐太祖武皇帝獻祖第三子（獻祖以上事具帝王帝系門）少爲雲中守捉使唐僖宗乾符三年段文楚爲代北水陸發運雲州防禦使時歲薦饑文楚稍削軍食諸軍咸怨帝部下爭訴以軍食不克邊較程懷素王行審蓋寓李存璋薛鐵山康君立等卽擁帝入雲州衆且萬人營於鬬雞臺城中執文楚出以應於外諸將列狀以聞請授帝旌鉞朝廷不允徵諸道兵以討之五年

黄巢渡江其勢滋蔓天子乃悟其事以帝爲大同軍節度使簡較工部尚書是歲獻祖以振武軍節度使出師討黨項會吐渾赫連鐸乘虛陷振武舉族爲吐渾所虜帝至定邊軍迎獻祖歸雲州雲州守將拒關不納帝掠蔚朔之地得三千人屯神武川之新城赫連鐸晝夜攻圍帝昆弟三人四面應賊俄而獻祖自蔚州引軍至吐渾退走自是軍勢復振天子以赫連鐸爲大同軍節度使進軍以討六年春又以昭義節度使李鈞充北面招討使將上黨太原之師過石嶺關屯於代州與幽州李可舉會赫連鐸同攻蔚州獻

祖以一軍禦之帝以一軍南抵遮虜城以拒李鈞鈞中流矢而卒廣明元年春天子復命元帥李涿率兵數萬屯代州獻祖戰不利乃率其族奔於韃靼部是歲十一月黄巢寇潼關天子令河東監將陳思景爲代北起軍使收兵破賊十二月黄巢犯長安僖宗幸蜀思景與李友金發沙陀諸部五千騎南赴京師友金卽帝之族父也中和元年二月友金軍至絳州將渡河刺史瞿積謂陳景思曰巢賊方盛不如且還代北徐圖利害四月友金軍鴈門瞿積至代州半月之間募兵三萬營於崞縣之西其軍皆北邊五部之衆

不閑軍法瞿積友金不能制友金謂景思曰舉大衆成大事當威明素著則可以服人今軍雖數萬苟無善帥進亦無功吾兄李司徒父子去歲於國家獲罪今寄北郡雄武之畧爲衆所推若驃騎悉奏召還代北之人一麾響應則妖賊可平也景思然之促奏行在天子乃以帝爲鴈門節度使仍令以本軍討賊友金發五百騎賫詔召帝於達靼帝卽率達靼諸部趨鴈門五月整兵二萬南嚮京師太原鄭從讜以兵守石嶺關帝乃引軍出他道至太原城會大雨班師於鴈門二年十月帝率忻代蔚朔達靼之軍三萬五千

騎赴難於京師十二月至河中三年正月諸道都統王鐸承制授帝東北面行營都統帝令弟克修領前鋒五百騎渡河視賊黄巢遣將米重威賫重賂及僞詔以奉帝帝納其賂以給諸將燔其僞詔以兵自夏陽濟河二月營於乾坑店黄巢大將尚讓林言王璠趙璋等引軍十五萬屯於梁田坡翌日大軍合戰自午及晡巢賊大敗是夜賊衆遁據華州帝進軍圍之巢弟黄鄴黄揆固守三月尚讓引大軍赴援帝率兵萬餘逆戰於零口巢軍大敗帝進軍滑橋翌日黄揆棄華州而遁四月黄巢燔長安收其餘衆東走藍田

關帝進收京師七月天子授帝金紫光祿大夫簡較左僕射河東節度使時年二十有八十一月平潞州表其弟克修爲昭義軍節度使潞帥孟方立退保於邢州十二月許帥田從異汴帥朱溫徐帥時溥陳州剌史趙犨各遣使來告以巢蔡合從兇鋒尚熾請帝共力討賊四年四月帝帥蕃漢之師萬五千合徐汴之師破尚讓於太康斬獲萬計進攻賊於西華賊將黄鄴棄營而遁帝引軍營於中牟大破賊於王滿渡巢賊大至濟汴而北帝渡汴遇賊將渡而南半濟擊之大敗殘衆保於胙縣寃句大軍躡之黄巢乃攜妻

子兄弟千餘人東走帝追賊至於曹州還至汴汴帥朱溫館於上源驛夜將圖之帝縋城而出事具帝王部神助門光啓二年三月幽州李可舉鎭州王景崇連兵寇定州節度使王處存求援於帝帝遣大將康君立安老老薛可敬啜率兵赴之五月鎭人攻無極帝親領兵救之鎭人退保新城武皇攻之斬首萬餘級獲馬千疋王處存亦敗燕軍於易州十一月河中王重榮遣使來乞師且言邠州朱玫鳳翔府李符將加兵於巳初帝與汴人搆怨前後八表請削奪汴帥官爵自以本軍進討天子累遣内臣楊復恭宣旨令且全大體

帝不時奉詔天子頗任汴帥時觀軍容使田令孜昔側擅權惡王重榮與帝膠固將離其勢乃移重榮於定州重榮告於帝帝上章言李符朱玫挾邪忌正黨庇朱溫臣已點簡蕃漢軍五萬取來年渡河先斬朱玫李符然後平盪朱溫天子覽表遣使譬喻百端軺傳相望旣而朱玫引邠鳳之師攻河中王重榮出師拒戰朱玫於沙苑對壘月餘十二月帝引軍渡河與朱玫決戰玫大敗收軍夜遁入於京師時京城大駭天子幸鳳翔帝退軍於河中二年正月僖宗南幸興元朱玫於鳳翔立嗣襄王熅爲帝以僞詔賜帝帝燔

之械其使馳檄諸方鎭遣使奉表於行在九月遣昭義節度李克修討孟方立於邢州大敗方立之衆於焦岡斬首數千級以大將安金俊爲邢州剌史以撫其降人十月進攻邢州邢人出戰又敗之三年六月河中節度使王重榮爲部將嘗行儒所殺帝表重榮兄重盈爲帥文德元年二月僖宗自興元還京三月昭宗卽位以帝爲開府儀同三司簡較太師兼侍中隴西郡王十月邢州孟方立遣奚忠信將兵三萬寇遼州帝大破之斬首萬級大順元年遣李存孝攻邢州孟遷以邢洺磁三州降執汴將王虔裕三百人以

獻帝徙孟遷於太原以安金俊爲邢洺團練使三月帝攻雲州拔其東城赫連鐸求援於燕燕帥李康威將兵三萬以赴之戰於城下燕軍大敗康威與雲州赫連鐸及汴帥協謀連上表請加兵於帝六月天子削奪帝官爵以宰相張濬爲招討使以京兆尹孫揆爲副華州韓建爲行營都虞候以汴帥爲河東東面招討使李康威河東北面招討使赫連鐸爲副汴將朱友裕將兵屯晉絳時汴軍已據潞州又遣大將李讜等率軍數萬悉攻澤州帝遣李存孝自潞州將三千騎以援之汴將鄧李筠以一軍犯陣存孝進擊擒

其都將十數人獲馬千餘匹是夜李讜收軍而退大軍掩擊至馬牢關斬首萬餘級追襲至懷州而還存孝復引軍攻潞州九月汴將葛從周棄潞州而遁帝以康君立爲潞州節度使十月張濬之師入晉州游軍至汾隰帝遣薛鐵山李承嗣將騎三千出陰地關營於洪洞遣李存孝將兵五千營於趙城華州韓建以壯士三百人宵犯存孝之營存孝追擊直壓晉州西門張濬之師出戰爲存孝所敗自是閉壁不出存孝引軍攻絳州十二月晉州刺史張行恭棄城而奔韓建張濬繇含山路遁去二年正月帝上章申理其

畧曰臣今身無官爵名是罪人不敢歸陛下藩方且欲於河中寄寓進退行止伏候聖裁天子尋就加守中書令是月魏博爲汴將葛從周所寇節度使羅弘信遣使來求援帝出師以赴之三月邢州節度使安知建叛奔青州天子以知建爲神武統軍自棣州泝河歸朝鄆州朱瑄邀斬於河上傳首晉陽以李存孝爲邢州節度使四月帝大舉兵討赫連鐸於雲州七月平之邢州節度使李存孝以鎮州王鎔託附汴人謀亂河朔北連燕寇請乘雲代之捷平定燕趙帝然之八月大蒐於晉陽遂南巡澤潞畧地懷孟河陽趙

兗裕望風送欵請脩鄰好九月蒐於邢州十月李存孝董前軍攻臨城鎮人五萬營於臨城西北龍尾岡帝令李存審存質以步軍攻之鎮人大敗殺獲萬計拔臨城進攻元氏幽州李康威以步騎五萬營於鄗邑以援鎮州帝分兵大掠旋軍邢州景福元年正月鎮州王鎔恃燕人之援率兵十餘萬攻邢州之堯山帝遣李存信李嗣勲李存審將兵援之大破燕趙之衆斬首三萬收其軍實三月帝進軍渡滹沱攻欒城下鼓城槀城八月赫連鐸誘幽州李康威之衆八萬寇天成軍遂攻雲州營於州北連亘數里帝潛軍入

於雲州詰旦出騎軍以擊斬獲數萬李康威燒營而遁乾寧元年十二月帝攻嬀州壬子燕兵復合入居庸關拒戰帝命精騎以疲之令步將李存審繇他道擊之自午至晡燕軍復敗李儔携其族棄城而遁將之滄州隨行輜車臧獲妓妾甚衆滄帥盧彥威利其貨以兵攻儔於景城殺之盡虜其衆丙辰進軍幽州其守城大將請降帝令李存審與劉文恭入城撫勞三年六月表三帥之罪復移檄三鎮三鎮大懼是月次絳州刺史王瑤登陴拒命帝攻之旬日而拔斬瑤於軍門誅其黨千餘人七月次河中王珂迎謁於路

同州節度使王行約棄城奔京師右軍指揮使李繼鵬茂貞假子也刼天子幸鳳翔左軍指揮使王行實行瑜弟也刼天子幸邠州又行瑜茂貞聲言自來迎駕天子遂幸南山駐蹕於莎城帝遣判官王瓌奉表奔問天子遣使賜詔令與王珂討邠鳳時帝方攻華州俄聞李茂貞領兵三萬至盩厔王行瑜領兵至興平欲往石門迎駕乃觧華州之圍進營渭橋天子遣延王戒及丹王允賫詔促兵直抵邠鳳八月帝進營渭北遣史儼將三千騎往石門扈駕遣李存信李存審會鄜延之兵攻行瑜之梨園寨天子削奪行瑜官爵以帝爲天下兵馬都招討天子還宮加帝守太師中書令邠寧四面行營都統時王行瑜弟兄固守梨園寨帝攻之甚急又表李罕之爲副都統十月李存信於梨園寨北遇賊軍斬首千餘級自是賊閉壁不出帝令李罕之晝夜急攻賊軍乏食拔營而去李存信與罕之等先伏軍於阨路俟賊軍至縱軍擊之殺戮萬計是日收梨園等三寨生擒行瑜之子知進并毋丘氏大將李元福等二百人送赴闕庭十一月收龍泉寨時行瑜以精甲五千守之李茂貞出兵來援爲李罕之所敗邠賊遂棄龍泉寨而去行瑜復入邠

州大軍進逼其城行瑜棄城而遁帝收其城封府庫遂以捷聞旣而慶州奏王行瑜將家屬五百人到州界爲部下所殺傳首闕下帝旣平行瑜還軍渭北十二月天子賜號忠貞平難功臣進封晉王加實封二百戶帝復上表請討李茂貞天子不允遂班師光化元年正月鳳翔李茂貞華州韓建皆致書於帝乞脩和好同奬王室兼乞助丁匠脩緝秦宮帝許之四月汴將葛從周寇邢洺磁等州旬日之內三州連陷二年三月從周自土門陷承天軍又陷遼州三年十月遣李嗣昭率步騎三萬攻懷州下之天復元年正月

汴將張存敬攻陷晉絳二州三月汴師自大梁至河
中王珂出迎天子以汴帥兼鎭河中帝自是不復能
援京師霸業中否天祐三年九月遣周德威李嗣昭
合燕軍三萬以攻澤潞十二月潞州節度使丁會開
門迎降四年四月哀帝禪位於汴帥五月梁祖遣其
將康懷英率兵十萬圍潞州築壘環城帝遣周德威
將兵赴援梁祖以懷英無功乃以李思安代之是歲
西川王建遣吏至勸帝各王一方俟破賊之後訪唐
朝宗室以嗣帝位然後各歸藩守帝不從以書報之曰竊念本
朝屯否巨業淪胥攀禹駕以長違撫形弓而自咎默
默終古悠悠蒼生遘此厲階永爲痛毒視横流而莫

救徒誓楫以興言別捧函題過垂獎論省覽周既駭
愓異嘗淚下霑衿倍欝申胥之素汗流浹背如聞蔣
濟之言僕經事兩朝受恩三代位叨將相籍係宗枝
賜鈇鉞以專征徵包茅而問罪鼙兵接戰二十餘年
竟未能斬新莽之頭顱斷蚩尤之肩髀以至廟朝顛
覆豺虎縱横且受任分憂叨榮冒寵龜玉毀櫝誰之
咎歟僃閲指陳不勝慚恧然則君臣無常位陵谷有
變遷或箠塞長河泥封函谷時移事改理有萬殊卽
如周末虎爭魏初鼎據孫權父子不顯授於漢恩劉
僃君臣自微興於涿郡得之不謀於家世失之無損
於功名適當逐鹿之秋可斬華蟲之服唯僕累朝席
寵奕世輸忠忝佩訓詞粗存家法善博奕者唯先守
道治蹊田者不可奪牛誓於此生靡敢失節仰憑廟
勝蚤殄冦讐如其事與願違則共臧洪遊於地下亦
無恨矣唯公社稷元勳華嵩降祉鐘九州之上地負
一代之宏才合於此時自求多福所承良訊非僕深
心天下其謂我何有國非吾
節也悽悽孤懇此不盡陳同光初莊宗卽位追尊
號曰武皇帝廟曰太祖

冊府元龜

巡按福建監察御史臣李嗣京　訂正

知閩縣事臣曹冉臣參閱

知建陽縣事臣黃國琦較釋

帝王部八

創業第四

後唐莊宗太祖長子年十一從太祖討王行瑜因令獻捷昭宗一見駭之除隰州刺史尋改汾晉二郡皆遥領之天祐五年正月太祖厭世帝嗣晉王位四月召周德威軍歸晉陽汴人既見班師知其國禍以爲

潞州必取無復再舉遂停斥堠梁祖亦自澤州歸雒帝知其不備率親軍直抵夾寨破之梁軍大敗招討使康懷英得百餘騎出天井關事具帝王部謀畧門帝乃班師晋陽九月邠岐蜀三鎮復大舉攻長安帝遣李嗣昭周德威將兵三萬攻晉州以應之三鎮攻長安梁祖懼自雒率親軍屯於陝州令其將尹皓將兵赴援平陽周德威與尹皓之師戰於神山北梁人大敗六年七月邠岐劉知俊遣使來告將大舉討靈夏兼收平關輔請出兵晋絳以張犄角八月帝御軍南征令周德威李存審丁會統大軍出陰北關攻晉州刺史邊繼威登陴拒守梁祖令其將楊師厚領兵赴援屯於絳州我軍攻城悉小較甚諫募兵寡不敵而退我爲地道壞城二十餘步城中血戰拒守夜復乘城汴軍至蒙坑周德威逆戰敗之斬首二百級師厚退保絳州七年七月茂貞知俊及邠州楊崇本各遣使來告言靈武韓遜夏州將李仁福朋附梁孽屢犯邊陲請出師協力以討時岐人言劉知俊三敗汴軍於寧州韓遜危蹙岐隴之師大舉決定取河西帝命振武節度使周德威將兵萬人西渡河以應會劉知俊爲岐人所構乃自退九月周德威軍旋晉陽十一月梁祖

欲兼幷鎮定遣親軍三千入于深冀鎮州王鎔懼求援於帝帝遣周德威率軍屯於趙州梁軍王景仁等營於柏鄉帝遂親征八年正月周德威史建瑭帥三千騎致師於柏鄉設伏於村塢間遣三百騎直壓賊營賊軍怒悉其軍結陣而來德威與之轉戰至於鄗南賊陣橫亘六七里時我軍未成列李存璋引諸軍旋陣於野河之上賊五百人薄我爭橋鎮定步軍偏師與之血戰賊敗而復整周德威李嗣源李存璋等大破之斬首二萬級餘賊棄深冀而遁德威與史建瑭前軍徇地邢洺先馳檄諭邢洺魏博衛滑諸郡縣

日王室遘屯七廟被凌夷之酷昊天不弔萬民罹塗炭之災必有英主奮庸忠臣伏順斬長鯨而清四海廓妖祲以泰三靈予位忝維城仍當分閫念兹顛覆詎可宴安故仗桓文輔合之規問羿浞兇狂之罪逆溫碭山傭隸巢孽餘兇當僖宗奔播之初我太祖掃平之際束身泥首請命牙門包藏姦詐之心惟示婦人之態我太祖俯憐窮鳥曲爲開懷特發表章請帥梁汴纔出萑蒲之澤便居茅社之尊殊不感恩遽行猜恐我國家祚隆周漢迹盛伊唐二十聖之鎡基三百年之文物外則五侯九伯內則百辟千官或代襲

簪纓或門傳忠孝皆遭陷害永抱沉冤且鎭定兩藩國家巨鎭與安民而保族咸屈節以稱藩逆溫惟伏陰謀專行不義欲全吞噬先據屬州趙州特發使車來求援助予情惟盪寇義切親仁躬率賦輿赴兹盟約賊將王景仁將兵十萬屯據栢鄉遂驅三鎭之師授以七擒之畧鵝鸛纔列梟獍大奔易如走坂之丸勢若燎原之火殭屍仆地流血成川組甲雕戈皆授草莽謀夫猛將盡作俘囚羣夫既快於天誅大憝須懸於鬼錄今則選蒐兵甲簡練車徒乘勝長驅翦除元惡凡爾魏博邢洺之衆感恩懷義之人乃祖乃孫爲聖唐赤子豈狥虎狼之黨遂忘覆載之恩盖以封豕長蛇憑陵薦食無方逃難遂被脅從空嘗膽以銜冤竟無門而雪憤既聞告捷想所慰懷今義旅徂征止于招撫昔耿純焚廬而向順蕭何舉族以從軍皆審料興亡能圖富貴殊勲茂業翼子貽孫轉禍見機決在今日如能詣轅門而効順開城堡以迎降長吏則改補官資百姓則優加賞賜所經註誤更不推窮三鎭諸軍已申嚴令不得焚燒廬舍剽掠馬牛但仰所在生靈各安耕織予恭行天伐罪止元兇已外歸民一切不問凡爾士衆咸諒予懷於是帝親御軍邢

帥王檀懼請師于雒梁遣其將徐仁溥將兵五百夜入邢州助檀固守帝令張承業李存璋以三鎭步卒攻邢州遣周德威史建瑭將三千騎長驅澶魏帝與李嗣源率親軍繼進王師所至壺漿塞路郡邑長吏村閭文學咸扣馬言曰久罹喪亂獲見義師帝躬自臨問勞之軍法甚嚴秋毫無所犯但討其拒命者時汴軍自王景仁敗後殺戮大半其餘漏刃亡散皆青徐兗鄆諸道之軍各歸本鎭梁祖遣楊師厚於河陽招聚亡敗之衆旬餘方得萬人二月帝自雒磁相三郡次于洹水謀報汴滑之軍據黎陽周德威進至臨

河巳未魏帥羅周翰出兵五千塞石灰窖口周德威以騎三千掩擊追入觀音門帝舍於狄公祠東西列營十數羅周翰閉壁自固我軍攻西南北隅城幾陷朱温遣杜廷隱將兵五百送李振爲魏博副使夜入鄴城是時朱温出兵萬餘將渡赴援聞王師至棄舟而退鄆州步騎二千自黎陽來歸梁祖自汴歸維陽周德威自臨清徇地貝郡夏津高唐攻博州下東望朝城攻澶州僞刺史張可臻棄城而遁進擊黎陽下臨河淇門逼衛州掠新鄉共城是月梁祖在潞聞我師將攻河陽率親軍屯白司馬坡令楊師厚戒嚴八

月幽州劉守光僭稱大燕皇帝十二月帝遣周德威劉光濬李嗣源及諸將率蕃漢之兵討之九年正月燕將王行方等以部下四百人來奔二月梁祖率舉河南之衆以援守光三月周德威遣李存暉攻尾橋關四月李嗣源攻瀛州皆下之五月德威大破燕軍於羊頭岡斬首五千餘級自涿州進軍于幽州城下六月梁祖爲其子友珪所弑八月友珪遣其將韓勍康懷英牛存節率兵五萬急攻河中朱友謙遣使求援帝令李存審率師救之十月帝自澤潞赴河中遇梁將康懷英於平陽破之斬首千餘級追至白徑嶺

友謙會帝於猗氏梁軍解圍而去十年正月德威攻順州二月攻安遠軍皆下之三月攻盧臺及古北口五月壬寅朔劉光濬逼營州刺史楊靖以城降得李知諲馬步兵四百因令五院將李益權典州事六月帝遣監軍張承業至幽州是月收下莫州九月守光率衆夜出遂陷順州十月入檀州德威自涿州將兵躡之守光循山而南德威追及大敗之守光復之諲城十一月帝親征幽州十二月執僞燕王劉守光幷其父仁恭班師晉陽次行唐鎮州節度使王鎔迎謁於道路鎔啓曰燕王劉太師須爲隣國諜之不臧患

生膝下今既伏罪履新之會僕欲挹其風儀可乎帝促命主者破械引守光仁恭至與鎔答拜同宴久之十一年正月至自幽州是日於汾亭令軍士數百組練係仁恭守光號呼而入與其黨李小喜鄭臧斐皆伏法是月鎮州王鎔定州王處直再遣使奉書推冊帝爲尚書令帝可之乃撰日受冊開霸府建行臺如武德故事帝以燕薊初平將軍南伐七月帥師自黄沙嶺東下會周德威王鎔於趙州大軍進至洺州徇地而還十二年三月梁主朱友貞分魏博六州爲兩道以賀德倫爲魏博節度使張筠爲澶相節度使魏

人不從乃歸於帝帝命馬步副摠管李存審自鎮州帥前軍先進屯臨清五月帝帥親軍會之德倫遣從事於司空陳密旨言軍士張彥爲亂軍之首迫德倫上章請却復六州大王鎮撫魏人宜誅首惡及帝進軍次於永濟張彥選銀槍効節軍五百人皆勇悍者持矛仗戟自衛而來帝登驛樓數其罪而斬之六月入府城撫勞軍士賀德倫上符印請帝兼領魏鎮帝承制授德倫大同軍節度使是月帝遣騎軍五百襲德州拔其城七月攻梁澶州下之八月復爲梁將賀瓌所陷十三年三月攻梁衛州降之進攻磁州四月

攻洺州並皆拔之相州節度使張筠遣人納款師旋於魏州五月還晉陽八月大閱師徒進攻邢州令降將張溫率汴軍五百於城下招降之邢州平九月帝還晉陽梁滄州節度使戴思遠棄城遁舊將毛璋入其城復命明宗帥師招撫之毛璋以城降以李存審爲節度使是月貝州降河朔悉平十四年十二月黃河氷合帝觀兵河上汴人據楊劉城緣河數十里間列柵相望我軍急攻皆平之進至楊劉城中登堞者甲士三千帝率善射者萬餘環城馳射步兵持斧斬其鹿角以葭葦埋塹帝率先負葭葦以厲士衆四面

鼓譟拔戟乘城其衆因潰騎軍掩擊自辰及酉斬獲千計徇地至鄆濮而還閱兵於魏州時幽州盧龍軍節度使蕃漢馬步摠管周德威帥幽薊步騎之師三萬橫海軍節度使蕃漢馬步副摠管李存審帥滄景步騎之師萬人成德軍節度使王鎔遣其將王德明帥鎮冀步騎之師三萬昭義軍節度使李嗣昭帥澤潞步騎萬人安國軍節度使李嗣源帥邢洺步騎之師萬人義武軍節度使王處直使其將帥易定之步騎萬人麟勝雲蔚新武等州諸部落奚契丹室韋吐谷渾等馬萬匹總河東魏博十鎮之師閱於魏州部

陣嚴肅精甲耀日師旅之盛近代未之有也梁將賀瓌王彥章帥兵屯於濮州北行臺里結壘相持百有餘日十五年六月帝與梁軍戰於楊劉大破之拔其四寨十二月帝令軍中老幼悉歸魏州塞井夷竈起軍赴汴攻濮陽拔之李存審城德勝夾河置禦捍之備十六年四月梁將賀瓌攻德勝南城圍塹既周又以蒙衝戰艦斷其津渡百道齊攻帝陣於北岸親從將王健選勇卒三百人斬其竹纜繇是得渡梁軍棄城逃遁帝命騎軍追襲至於濮陽十二月帝軍於河南御鐵騎千餘突入梁陣諸軍繼進左右斬擊梁軍

大奔獲馬三千餘匹俘斬萬級十八年八月鎮州王
鎔爲其將張文禮所殺帝援鎮州行營偏將符習成
德軍兵馬留後以所統鎮兵進討又遣閻寶史建
瑭將兵以益之文禮聞王師至憂悸病疽而卒子處
球代其任十九年九月鎮州平鎮人請帝兼領因以
符習領天平軍節度使同光元年二月諸藩鎮相繼
上牋勸進四月遂卽帝位
晉高祖憲祖第二子（憲祖以上事具帝王帝系門）後唐明宗初爲
代州刺史妻以愛女領親騎左射軍天祐十三年梁
將劉鄩率兵攻鄴城莊宗至自莘陵未陣爲鄩所掩

截帝領十餘騎橫槊深入收部伍而旋莊宗壯之十
四年鄩兵陣莘之西北明宗從莊宗酣戰久之而塵
埃四合帝與明宗俱陷陣中帝挺身躍劍反覆轉鬬
行數十里遂敗鄩於故元城之東十五年梁將賀瓌
設伏無石山明宗爲瓌所迫帝爲後殿破賊五百餘
騎按轡而還十二月莊宗大蒐兵胡柳陂下衆號十
萬總管周德威將左軍雜以燕人前鋒不利德威死
之莊宗率步衆五千固守高陵以避敵之鋭氣明宗
獨完右廣伏於土山之下顧謂帝曰梁人首獲其利
旌旗甚整何計可以挫之帝曰臘候如此出手墮指
彼多步衆易進難退莫若啜糒飲水徐而困之且超
乘徒行其勢不等一擊而破期在必勝明宗曰是吾
心也會日暮梁軍列於平野不下五六萬人爲一方
陣麾遊騎迫我帝曰敵將遁矣乃請明宗令士整冑
寬而羅之命左射軍三百人鳴矢馳轉漸東其勢以
數千騎合之敵人迨夜旌旗皆靡而一角先潰三面
踵之其牙若火爆之聲橫屍積甲不可勝計繇是梁
人勢削進營德勝渡矣十八年十月從明宗戰梁人
於德勝渡敗梁將戴思遠殺二萬餘人十九年戰胡
蘆套唐軍稍却帝覩其敵鋭拔劍闢道肩護明宗而

退人望之無敢襲者二十年從明宗觀梁人之楊村
寨部曲皆不擐甲俄而敵出不意以兵掩明宗亦將
及背帝挾戟而進一擊而凶酋落馬者數輩明宗遂
解其難是歲莊宗卽位於鄴改元同光遣明宗越河
懸軍深入以取鄆鄆人殆不知覺帝以五十騎從明
宗涉濟笑東門而入俄而鄆兵拒我帝中亦翼明宗
而羅於通衢嶷然不動會後騎繼至遂拔中城以據
之汶陽遂定俄而平汴莊宗朝官未顯者以帝不好
矜伐故也唯明宗心知之四年三月明宗討趙在禮
于鄴會諸軍有變叩馬請明宗帝河北明宗受霍彥

威勸將自訴於天子遂紿諸諸軍諸軍亦恐事之不果而散者甚衆明宗所全者惟眚山一軍西次魏縣帝密籌於明宗曰猶豫者兵家大忌必若求訴宜決其行某願率三百騎先趨汴水以探虎穴如遂其志請大軍速進夷門者天下之要害也據之可以自雪安有上將與三軍言變他日有平手乎危在頃刻不宜恬然明宗至相州遂分驍騎三百付之遣帝錄黎陽濟河自汴水西門而入因據其城使人促明宗明宗趨白馬渡繼焉及明宗犒師於郡莊宗親統師至城之西北五里登高歎曰吾不濟矣錄是莊宗從兵

遂大潰來歸明宗明宗尋遣帝率兵爲前鋒趨汜水關收撫亂兵俄而莊宗爲親將郭從謙流矢所中是月明帝入雒嘉帝功自摠晉府署陝州兵馬留後明宗即位改元天成五月以帝爲保義軍節度陝虢等州觀察處置等使賜竭忠建策興復功臣將莊宗皇子魏王繼岌降西蜀王衍督軍而還軍亂於雍繼岌自害朝廷又遣帝慰撫諸軍示以恩旨自陝至雒秋毫無有犯者二月兼六軍諸衛副使十月明宗幸汴以帝爲御營使始次滎水汴帥朱守殷叛命命帝董親軍倍道星行信宿及浚城一鼓而登之守殷自屠其家賊中遂定詔以帝充宣武軍節度汴曹等州觀察處置侍衛親軍馬步軍都指揮使兼六軍諸衛副使三年四月加同中書門下平章事與唐尹鄴都留守天雄軍節度管內觀察處置等使長興元年九月東川董璋悖命有制削奪官爵命帝爲東川行營都招討使二年春以川路險艱糧運不繼帝懼人情有變請以急詔徵還朝廷然之四月復兼六軍諸衛副使六月改河陽節度使十一月以契丹犯雲中加侍中充河東節度使兼大同振武彰國威塞等軍蕃漢馬步總管三年十月契丹引吐渾寇厥犯塞秦王從

榮奏宜早命大將與范延光俱言帝可用帝素不欲其軍之副即奏曰臣願北行明宗曰卿爲吾行事無不濟即宣旨施行及受詔不落六軍副使帝却遷延辭避閔帝即位加中書令移鎮嘗山末帝清泰元年五月復除河中節度使蕃漢馬步總管二年夏帝屯軍于忻州朝廷遣使送夏衣傳詔撫諭後軍人遽呼萬歲者數四帝懼斬挾馬都將李暉三十餘人以徇三年五月移鎮暉州帝心疑之召寮佐謂曰孤再受太原之日主上面宣云與卿北門一生無議除改今忽降命豈以去年忻州亂兵見迫過相猜乎又今年

以千春節請公主入覲當辭時謂公主曰爾歸心甚急欲與石郎反邪此疑訝之狀固且明矣今國家用后族委邪臣沉湎荒惑萬機停擁令張昭逐延浩於鄴以延浩后之愛弟不加其罪是失刑也副樞密使劉延朗黷貨賂抑功勳侯伯爲之長歎是失賞也二者皆去不亡何時吾自應順中少主出奔之日覩人情大去不能扶危持顛憤憤於方寸者三年矣此際我無異志朝廷自啓禍機不可頽然死於道路况太原險固之地積粟稍多若且寛我我當奉之必若加兵我當內告隣方北搆强虜興亡之數皎皎在天今

欲發表稱病以伺其意諸公以爲如何判官趙瑩懼形於色但唯唯桑維翰與漢高祖贊成其事乃不奉詔末帝削奪帝爵遣晉州節度使張敬達圍帝晉陽末帝既有詔促令攻取敬達長城連柵勇者盡其力工者迺其思日夜窮土木之力時督事者毎有所搆則暴風大雨平地水深數尺而城栅摧墮竟不能合其圍帝求援契丹俄遣人復書諾之約以中秋赴義六月北面招討指揮使安重榮以戍卒部曲數千人入城七月代州屯將安元信背刺史張朗率軍與西北面先鋒指揮使安審信引五百騎俱至八月懷州彰聖軍軍使張萬廸等各千餘騎來歸是月張敬達攻圍甚急帝親與矢石人心雖固廩食漸困九月辛丑契丹大酋長耶律氏率衆自鴈門而南旌騎不絶五十餘里與南軍騎將高行周符彦卿等合戰時張敬達楊光遠列陣西山之下士未及伍而行周彦卿爲伏兵所斷捨軍而退敬達等歩兵大敗死者萬人是夜帝出城北門與耶律相見因論父子之義明日帝與契丹圍敬達營寨南軍不復出矣是月末帝率親軍三萬出次河橋遣樞密使趙延壽分衆二萬爲北面招討使又詔魏博節度使范延光統本軍二萬

人屯遼州十月幽州節度使趙鈞領所部萬餘人自上黨吳兒谷合延壽兵屯團栢谷與敬達寨相去百里彌月不能相通十一月戊壬築臺於晉陽城南册帝爲大晉皇帝改元天福閏十一月甲子唐將楊光遠殺敬達以諸軍來降甲戌帝至昭義受趙德鈞趙延壽降己卯至河陽北節度使萇從簡降辛巳末帝自焚帝遂入雒都

漢高祖顯祖之子初仕後唐明宗列於麾下晉高祖爲梁軍所襲馬甲連革斷帝輟騎授之取斷革者自跨徐殿其後晉高祖感而壯之明宗踐祚晉高祖爲

北京留守以帝前有讓援之力奏移麾下署爲都較
應順初閔帝出奔與晉高祖會於衛州謀欲害之帝
率衆盡殺閔帝左右遂免於難末帝清泰元年晉高
祖復鎮河東三年夏移鎮汶陽帝勸其舉義贊成密
計晉高祖以帝爲北京馬步軍都指揮使及契丹以
全軍赴難大破張敬達之衆於晉陽城下有降軍千
餘人帝盡殺之天福元年晉國建授侍衛馬軍都指
揮使權點簡隨駕六軍諸衛使尋改陝州節度使充
侍衛馬步軍都虞候二年八月改許州節度使三年
十月授侍衛馬步軍都指揮使十一年移宋州節度

使十二月加同平章事五年三月改鄴都留守六年
七月授河東節度使朝廷以常山安重榮狂悖漸露
招致退渾白承福等在五臺山北以招契丹爲名晉
高祖患之召漢高祖賜宴密戒曰北門吾豐沛之故
宅也今内有兇豎勾引近塞部落與朝廷生事吾今
將幸鄴州以并州爲巨屏遍揣大臣非公不可作鎮
當與李德琉交致宜勉是行副倚屬也十月退渾白
承福與部族來歸始晉高祖以前月有詔委帝招誘
退渾節度使白承福等遲疑未決因使人謂之曰契
丹強盛方與同盟聖上已曾割隸公合自守部落安
重榮將圖不軌朝夕敗亡天下之人已共棄矣況朝
廷明有告諭便可速來無待臨以兵威南北無向差
之毫釐悔無及矣承福等懼遂歸命焉帝優以繒帛
米糒奏於河東安置而重榮北遣記室廬陶傳檄遠
近以退渾達靼契苾同起爲名至是無一人赴者大
摧其勢皆帝之謀也七年正月加侍中八年三月加
中書令開運元年正月契丹南下虜主以大軍直抵
澶州遣蕃將偉王率兵入鴈門少帝以帝爲幽州道
行營招討使大破偉王於忻口三月封太原王七月
兼北面行營都統二年四月封北平王三年五月加

守太尉九月契丹犯塞帝親率牙兵至朔州南陽武
谷大破之四年正月虜王入東京諸侯皆附焉帝亦
遣使送款給云有疾知邪律氏恃勝傲下使漢兵饑
寒縱蕃騎暴横蹂踐鄭滑曹濮百姓爲之一空必華
戎相厭主客生變可坐而圖也繼發副使白文珂奉
以織繒名馬密偵所爲邪律氏亦以帝觀望不動生
猜貳焉卽以虜通事高唐英領安陽耿崇美領上黨
僞侍中崔廷勳赴河橋且欲扼太原之衝也帝繇是
偃戢旗鼓但示弱而已左右或勸帝曰契丹敗漢法
而人心已搖可議進取之計帝曰夫兵法有急擊而

破敵緩守而成功者隨時消息不可失也今北虜降我軍十萬入擄京邑內未有變其可輕議者哉且犬羊之性貪而好利利飽必去是其嘗也况氷雪已消虜畏其熱蓄銳待時理將未晚時潞府連帥張從恩遣使謀於帝曰某以勢迫懷雖欲詣虜帳去之與任一稟明公帝遣回使答曰我以一隅之地敢抗天下之大乎君其行之當繼往矣從恩以爲誠而帝并言多此類也少帝北遷二月河東行軍司馬張彥威與文武將吏等以中原無主帝威望日隆羣情所屬三上牋勸進是月辛未於太原宮受册卽皇帝位帝謂

羣臣曰帝王稱謂孤已迫於羣情而遜避無所其國號正朔未恐遽改篠是降制以少帝開運四年改稱晉天福十二年遣都督史弘肇率兵討代州平之是月權晉州兵馬留後張晏洪權陝西留後趙暉權潞州留後王守恩竝上表歸順二月權延州留後高允權丹州都指揮使高彥珣竝以城歸命是月虜主還本國四月辛於鎮州之欒城五月丙申帝發河東取陰地關路幸東京僞汴州節度使蕭翰迎郇國公李從益知南朝軍國事戊申帝至絳州刺史李從朗以郡降六月丙辰至雒兩京文武官寮自新安槭次奉迎詔賜從益死甲子遂至東京

周太祖慶祖之子年十八事後唐潞州留後李繼韜爲牙兵莊宗平繼韜配從爲直天成中晉高祖領副侍衛以帝長于書計召置麾下令掌軍籍漢高祖累鎮藩閫皆從之及鎮幷州尤深待遇出入帷幄受腹心之寄開運末契丹犯闕晉帝北遷帝與蘇逢吉等勸漢祖建號以副人望及卽位以帝爲樞密副使乾祐元年正月隱帝嗣位拜樞密使會李守貞擄河中朝廷遣白文珂嘗思等討之七月西河師徒大集未暴進取制加帝同平章事卽遣西征以安慰撫招爲

名詔西面諸軍竝取帝節度八月二十日師至河中命白文珂營於河西帝營於河東不數日周設長塹復築長連城以迫之二年五月十七日攻城自是晝夜攻之七月十三日帝三呰將士奪羅城二十一日城陷守貞自焚而死又於城中搜索出守貞男崇玉崇緒崇英緇哥女喜哥延哥僞宰相靖峰孫愿樞密使劉芮國師僧總倫司天監王廷秀博士焦文傑僞滑州節度使張球澤州刺史劉仁祐忻州刺史安在欽秀州刺史張延朗等二十五人泰王邛及四門旗龍鳳日月等旗傘扇玉鉞等差弓箭庫使劉延珪露

布以聞詔曰李守貞頃在前朝驟承委遇迨事先帝復委藩垣効淺功微寵深位大而狡性難制小器易盈蔑義虧忠窮凶極逆江海不能流其惡㽜鑊不足快其誅卿憤激於心義形於色覩茲妖孽志在剪除動息之間必思於經畧寢食之際無忘于寇讎撫士愛人分甘共苦躬臨矢石親冒梯衝揮戈而蛇豕就誅破竹而金湯失險氛霾既息宗社再安非我元臣莫隆景運朕之倚愛何止寢興言念辛勤無忘嘉愧九月加侍中十月契丹入寇帝受詔率師赴北邊謂諸屯戍壯士曰自虜王喪敗今纔四年幽州所屯其

數無幾然而屢犯吾境屢傷吾民非彼驍雄蓋禦備之失者有三主將無謀城池不固備預無素禦捍闕供其敗一也主將輕佻妄謀躁進不顧利害輕用士民希覬功名以邀爵賞其敗二也貪他羊馬互市往來姦利之人兩爲間諜軍謀國事泄之於敵其敗三也予昨者繕城池增堡障儲守備之用料將較之才蓋欲自茲庶無敗事所在鎮戍當用吾言凡虜小寇則進追大侵則保壁不得與蕃人交市不得輕戰邀功民豐麥登時黍禾熟日早令收獲俾入城池偵邏警廵爲民外扞亦州牧戍將之職也虜雖衰破遠在沙場倏忽往來難爲陣敵縱得一夫一騎不足爲功但自保邊斯爲上策況百年之虜未易卒除使國富刑清兵多馬衆彼則占風不暇款塞爭先予非畏胡服之有時耳自是邊上鎮戍專切戒嚴虜縱侵騷於民無損帝既至邢州而虜已退三年二月班師三月制授鄴都留守樞密使如故十一月十四日澶州節度使李洪義遣副使陳光穗至鄴報京師有變羣小害楊邠史弘肇等又言后弟李鄴等遣腹心齎密詔至澶州令洪義殺侍衛步軍指揮使王殷洪義恐事不濟乃以密詔示殷殷與洪義即遣光穗馳報于帝

光穗既至以洪義意密啓于帝俄頃供奉官孟鄴馳驛來亦詔護聖左廂都指揮使郭崇等害王峻及帝仍命以首級馳獻太祖卽集三軍將較諭之曰予從微至著披肝露膽置立漢家宗社先皇登遐親受顧託與楊史諸公彈壓經謀忘寢輿食一旦無罪盡巳誅夷予獨何生黽勉居世死歸地下無愧先帝爾三軍斷予首報天子各圖功業自此長辭郭崇帥所管將較士卒伏於帝前言曰崇等從公征行備嘗艱苦星行露宿畧無寧息侍衛令公忘身爲國不避怨謗護息邦家無名誅族遣誰致力崇等思擒此事必非

聖旨卽是李業等奸權誣罔矯發假如此輩使握權柄國得安乎必須披論以判忠邪何事信單車之使輙欲自棄使千載被惡名乎崇等願從公入朝面自洗雪盪除鼠輩以廓帝圖辭未絶郭崇遽領騎軍先往澶州㮑帝翌日爲衆所迫不獲已遵路明日行次遇内養鸗脱者隱帝之小豎也來覘太祖訊之對曰見召前開封尹侯益鄜州節度使張彦超客省使閻晉卿鄭州防禦使吳虔裕令將兵守澶州帝謂鸗脱曰詔郭崇殺我崇而不忍害我言爲我論列兵士廻戈我力不能制爾以此聞奏帝因寘奏狀於鸗脱衣

領奏曰昨爲兵士擁至河上言京中誅史弘肇等盡非聖意請陛下密詔内班擒縛李業等送至澶州詔論兵士臣卽刦歸鄴中一則雪將相之深寃一則安陛下之家國隱帝覽奏疑不能決復召李業輩示之於是盡害帝及王峻等親屬帝欲往澶州候鸗脱至闕伺其詔命兵士肆言我輩家屬在汴未知存亡此不可往遂燒民廬舍皷譟不可遏王殷率步騎從履氷而渡十六日趨滑臺節度使宋延渥迎謁于路十七日以滑之府庫縑緡賞諸軍大閱步騎於州城南帝誓軍曰朝令使侯令公等率大軍將至彼既成列

不肯徒然我思道理必欲交鋒便匪朝天之意如其束手何制逆我之師欲全爾等功名不如奉行前詔我以一死謝天子實無所恨諸將徬徨啓曰國家負公公不負國所以萬人奮命如復私讎侯益之徒安能爲患保爲公擒之十八日大軍自滑而南十九日過封丘時隱帝又令左神武統軍袁義前鄧州節度使劉重進繼率禁軍來拒望塵退走與侯益等軍屯赤岡是夜俱退二十日兩軍相遇於劉子陂隱帝結營於七里店道西二十一日復陣於劉子陂帝令諸軍曰比除君側之惡無得犯蹕按軍不動者久之無

何慕容彦超揮戈奮擊步騎雲委李筠郭崇乃率兵禦之慕容彦超馬倒幾欲成擒而侯益張彦超袁義劉重進皆倒戈而來二十二日旦隱帝自砦乘馬將還宮而前鋒已及乃西南以避之事迫而郭允明遂行弑逆辰巳時諸軍畢入京城晩太祖將入宮門待罪進名朝太后以軍未整戢且歸舊第二十四日率羣臣起居於明德門外奏曰昨者左右熒惑輿駕蒼皇歸闕師徒未免驚動帝王出令其位難虛軍國事多早宜册立嗣君以係人望伏請太后行教令指揮太后令曰北京留守崇許州節度使信高祖皇帝之

愛弟也徐州節度使贇開封尹勳皆高祖之裔子也俱列盤維皆分屏翰已委文武百寮六軍將校議擇賢明以承大統二十六日帝率羣臣班於明德門外起居太后獻議請以劉贇入承正統太后下令宜備法駕迎贇於徐州即皇帝位即遣太師馮道備儀注往奉迎二十七日帝率羣臣班於明德門外拜章以新君未知軍國之事一日萬機不可暫廢請太后權臨朝聽政二十九日鎮定言契丹入寇三道而來太后令帝赴北面軍前爲都統帥相度進取新君未至其軍國公事委王峻已下商量施行其兵馬軍事委

王殷勾當巡簡十二月甲午朔帝北征十九日六軍履氷渡河次澶州驛舍二十日早步兵前進帝於庭中省其裝發忽聞驛外闐譟聲如雷霆俄而士卒不緣門戶登墻越屋雲屯山積來迫帝曰天子請侍中自作劉家社稷盡矣縱然立得亦無好事却報讎於將校也亂軍得黃袍扶抱帝加袍於背不肯解帝紿之曰爾等解去我無所避也二十日帝上太后牋論列澶州三軍逼脅之事不獲已班師又言臣事先帝過承君父之恩及奉嗣君願竭腹心之効豈期禍難事與願違方擇當壁之賢又爽大橫之兆未言膝下何慰慈顏望太后以宗子待微臣臣敢不奉宗廟如本朝事太后爲慈母悃款之至祈戀增深太后令曰侍中功烈崇高德聲昭著剪除禍亂安定乾坤謳詠有歸曆數攸屬所以羣情推戴億兆同歡老身未終殘年屬茲多難唯以衰朽託於始終載省來牋如母見待感佩深意涕泗橫流其諸誠懷難盡宣述是日王峻以所立新君在宋州恐聞澶州軍變之事部下爲亂令郭崇率騎七百急赴之二十三日帝至韋城二十五日至七里店東西歩騎陳列是日百寮上章勸進御營於臯門村二十六日太后以帝爲監國中

外庶事並聽監國處分四年正月丁卯漢太后令奉符寶授監國即皇帝位是日太祖自臯門歸大內御崇元殿即位制以大周爲號改乾祐四年爲廣順元年

冊府元龜

冊府元龜

巡按福建監察御史臣李嗣京訂正
知甌寧縣事臣孫以敬叅閱
知建陽縣事臣黄國琦較釋

帝王部九

繼統第一

易曰大人以繼明炤于四方孟軻亦云君子創業垂統爲可繼也仲尼删詩定書斷自唐虞以下故軒轅之前無所論次然學者多稱少昊乃黄帝之子逮乎堯舜皆其裔也則知黄帝之澤及後世淵源深遠然

自帝嚳已往五材迭勝事畢纂緒此固不論及夏后氏之興櫛風沐雨乘四載拯横流烏獸咸若烝民粒食功無間然子啓賢明用克永世商有祝網之仁誅暴之義元元欣戴亦惟舊矣雖太甲之顛仆典刑而流風善政浸于遺俗有賢臣援而正之終能篤紹基緒姬周之興爪瓞成頌炎漢之慶大横叶兆自爾明聖代興光昭前烈七世之廟固可以觀德者矣

夏后啓禹之子禹東巡守至于會稽而終以天下授益禹崩三年之喪畢益讓帝禹之子啓而避居箕山之陽（陽字一作陰避音壁）禹子啓賢天下屬意焉禹雖授益益之佐禹日淺天下未洽故諸侯皆去益而朝啓曰吾君帝禹之子也於是啓遂卽天子之位是爲夏后

帝太康啓子

帝仲康太康弟

帝相仲康子

帝少康相子

帝宁少康弟（一云杼）

帝槐宁子

帝芒槐子

帝泄芒子

帝不降泄子

帝扃不降弟

帝廑扃子

帝孔甲不降子

帝皐孔甲子

帝發皐子

帝履癸發子是爲桀

殷帝外丙湯之子湯太子太丁未立而卒乃立太丁之弟是爲外丙

帝仲壬外丙之弟

帝太甲太丁之子成湯適長孫成湯既沒太甲元年史記稱湯沒太子太丁之子外丙即位三年立其弟仲壬與書差互伊尹作伊訓曰惟元祀十有二月乙丑伊尹祠于先王此湯終踰月太甲即位奠殯而告奉嗣王祗見厥祖居位主喪侯甸羣后咸在在位次百官總己以聽於冢宰伊尹制百官以三公攝冢宰

帝沃丁太甲子

帝太庚沃丁弟

帝小甲太庚子一云弟

帝雍己小甲弟

帝太戊雍己弟爲殷中宗

帝仲丁太戊子

帝外壬仲丁弟

帝河亶甲外壬弟

帝祖乙河亶甲子

帝祖辛祖乙子

帝沃甲祖辛弟

帝祖丁沃甲兄祖辛之子

帝南庚祖丁弟沃甲之子

帝陽甲祖丁子陽甲之時殷衰自仲丁以來廢適而更立諸弟子弟子或爭相代立比九世亂於是諸侯莫朝

帝盤庚陽甲弟自河北五遷至河南治亳號曰殷行湯之政百姓繇寧殷道復興諸侯來朝

帝小辛盤庚弟

帝小乙小辛弟

帝武丁小乙子爲殷高宗

帝祖庚武丁子

帝祖甲祖庚弟

帝廩辛祖甲子

帝庚丁廩辛弟

帝武乙庚丁子

帝太丁武丁子

帝乙太丁子

帝受辛帝乙少子兄微子啓母賤不得嗣辛母正后遂爲嗣辛立爲帝天下謂之紂

周成王武王太子太子代立是爲成王王少周初定天下周公恐諸侯叛乃攝行政當國七年成王長周公反政北面就羣臣之位羣臣賦敬之周頌篇名以進戒嗣王

康王成王太子成王顧命懼太子之不任乃命召公

畢公率諸侯以相太子而立之成王既沒二公率諸
侯以太子見於先王廟申告以文王武王之所以爲
王業之不易務在節儉毋多欲以篤信臨之作顧命
太子立是爲康王遂誥諸侯作康王之誥既受顧命羣臣陳戒
遂報誥之因事曰遂曰王出在應門之內出皐門立應門內之中庭南面太保
率西方諸侯入應門左畢公率東方諸侯入應門右
二公爲二伯各率其所掌諸侯隨其方爲位皆北面皆布乘黃朱賓稱奉圭兼
幣曰一二臣衛敢執壤奠賓諸侯也舉奉圭兼幣之辭言一二見非一也爲藩
衛故曰臣衛來朝而遇國喪遂因見新王敢執壤地所出而奠贄也皆再拜稽首王義
嗣德答拜諸侯拜送幣而首至地盡禮也康王以義繼先人明德答其拜受其幣太保

曁芮伯咸進相揖皆再拜稽首冢宰與司徒皆共羣臣諸侯竝進陳戒不
言諸侯以內見外曰敢敬告天子皇天改大邦殷之命上天改大
國殷之王命謂誅紂也惟周文武誕受羑若克恤西土言文武大受天
命而順之能憂我西土之民本其所起惟新陟王畢協賞罰戡定厥功
用敷遺後人休惟周家新升王位當盡協和天下賞罰能定其功以遺後人今王
敬之哉敬天道務崇先人之美張皇六師無壞我高祖寡命言當
張大六師之衆無壞我高祖寡有之教命王若曰庶邦侯甸男衛順其戒而告之
不言羣臣以外見內惟予一人釗報誥報其戒昔君文武丕平富
不務咎言先君文武道大政化平美不務咎惡底至齊信用昭明于天
下至行至中信之道因顯明于天下言聖德洽則亦有熊羆之士不二心

之臣保乂王家言文武既聖則亦有勇猛如熊羆之士忠一不二心之臣共安治王家
用端命於上帝皇天用訓厥道付畀四方君聖臣良受端直之
命于上天天用順其道付與四方之國王天下乃命建侯樹屏在我後之人
言文武乃施政令立諸侯樹以爲藩屏傳王業在我後之人謂子孫今予一二伯父尚
胥暨顧綏爾先公之臣服于先王天子稱同姓諸侯曰伯父言今我一
二伯父庶幾相與顧念文武之道安汝先公之臣服于先王雖爾身在外乃心罔
不在王室言雖汝身在外土爲諸侯汝心當當忠篤無不在王室熊羆之士勵朝臣此督諸侯
也用奉恤厥若無遺鞠子羞當各用心奉憂其所行順道無自荒怠遺我稚
子之羞辱稚子康王自謂也羣公皆既聽命相揖趨出已聽誥命趨出罷退
諸侯歸國朝臣就次王釋冕反喪服脫去黼冕反服喪服居倚廬

昭王康王子
穆王昭王子昭王南巡守不返卒于江上乃立子蒲
是謂穆王
恭王穆王子
懿王恭王子
孝王恭王子
夷王懿王太子孝王終諸侯立之
厲王夷王子
宣王厲王太子厲王卽位三十年好利以榮夷公爲
卿士用事召穆公虎諫不聽國人相與畔襲厲王王

出奔於彘太子靜匿召公之家國人圍之召公乃以其子代王太子召公周公二相行政十四年厲王死於彘太子靜長於召公家二相竝立之

幽王宣王子

平王幽王子幽王爲犬戎所殺於是諸侯乃即申侯而共立故幽王太子宜臼是爲平王以奉周祀

桓王平王孫平王太子泄父蚤死立其子林是爲桓王

莊王桓王子

釐王莊王子

惠王釐王子

襄王惠王子

頃王襄王子

班王頃王子

定王班王弟

簡王定王子

靈王簡王子

景王靈王子

悼王景王子

敬王景王子景王十八年后太子聖而早卒二十年景王愛子朝欲立之會崩子丐之黨與爭立國人立長子猛爲王子朝攻殺猛爲悼王晉人攻子朝而立丐是爲敬王 敬王猛母弟

元王敬王子

定王元王子 一曰貞定王

哀王定王子

思王哀王弟哀王立三月思王弒哀王而自立

考王思王弟思王立五月考王弒思王而自立

威烈王考王子

安王威烈王子

烈王安王子

顯王烈王弟

慎靚王顯王子

赧王慎靚王子

漢惠帝高祖太子高祖十二年四月自太子即位

文帝高祖中子惠帝娶魯元公主女爲皇后帝無子取後宮美人子名之以爲太子惠帝晏駕太子立爲皇帝年幼呂后臨朝四年幽之永巷立長山王弘爲皇帝八年太后崩諸呂謀爲亂丞相陳平太尉周勃朱虛侯章既誅諸呂諸大臣相與陰謀以爲少帝及

三弟爲王此皆非孝惠子復共誅之使人迎代王代王乃遣太后弟薄昭見勃勃等具言所以迎立王者昭還報曰信矣乃令宋昌驂乘 乘車之法尊者居左御者居中又有一人處車中右以備傾側是以戎事則稱車右其餘則曰驂乘驂者三也蓋取諸三人爲名義耳 張武等六人乘詣長安至高陵止而使宋昌先之長安觀變昌至渭橋 在長安北三里 丞相已下皆迎昌還報代王乃進至渭橋羣臣拜謁稱臣代王下拜太尉勃進曰願請間 間容也猶今言中間也請容暇之頃當有所陳不欲於衆顯論也 宋昌曰所言公公言之所言私王者無私太尉勃乃跪上天子璽代王謝曰至邸而議之既入代邸羣臣從至上議願

代王卽天子位代王曰奉高帝宗廟重事也寡人不佞 不佞不材也 不足以稱 稱副也音尺孕切 願楚王計宜者 楚王名交高帝弟也 寡人弗敢羣臣皆伏固請代王西鄉讓者三南鄉讓者再 讓羣臣也鄉讀曰嚮 丞相平等皆曰臣伏計之大王奉高祖宗廟社稷計不敢忽願大王幸聽臣等臣謹奉天子璽符再拜上代王曰宗室將相王列侯以爲其宜寡人寡人不敢辭遂卽天子位羣臣以次侍使太僕夏侯嬰東牟侯興居先清宮 舊典天子行幸所至必遣靜室令先按行清靜殿中以虞非常 奉天子法駕迎代邸 法駕者侍中驂乘奉車郎御屬車三十六乘 皇帝卽日夕入未央宮夜拜宋昌爲衛將軍領南北軍張武爲郎中令行殿中 行謂案行也 還坐前殿大赦天下

景帝文帝太子後七年六月丁未卽皇帝位

武帝景帝中子後三年正月甲子自太子卽皇帝位

昭帝武帝少子後元二年二月立爲太子年八歲大司馬大將軍霍光等受遺詔輔少主政事一決於光初征和二年衛太子爲江充所敗 衛太子卽戾太子也其母衛氏 而燕王旦廣陵王胥皆多過失是時武帝年老帝母寵姬鉤弋趙婕妤武帝心欲以爲嗣命大臣輔之察羣臣惟光任大責重可屬社稷廼使黃門畫者畫周公

負成王朝諸侯以賜光至是武帝游五柞宮病篤光涕泣問曰如有不諱誰當嗣者武帝曰君未諭前畫意耶立少子君行周公之事光頓首讓曰臣不如金日磾日磾亦曰臣外國人不如光武帝以光爲大司馬大將軍日磾爲車騎將軍及太僕上官桀爲左將軍搜粟都尉桑弘羊爲御史大夫皆拜卧内牀下明日武帝晏駕遂卽帝位元鳳四年正月丁亥帝加元服見于廟 元服謂加冠也禮曰令月吉辰加爾元服元首也

宣帝武帝曾孫衛太子孫也生數月遭巫蠱事坐收繫郡邸獄 謂諸郡邸置獄也巫蠱獄收繫者衆故寄在郡邸獄 因大赦廷尉監

邴吉載送祖母史良娣家後有詔掖庭養視上屬籍
宗正元平元年四月昭帝晏駕無嗣大將軍霍光請
皇后徵昌邑王賀六月丙寅王受皇帝璽綬尊皇后
曰皇太后癸巳光奏王賀淫亂請廢之會丞相以下
議定所立廣陵王已前不用及燕剌王反誅其子不
在議中近親唯有衛太子孫號皇曾孫在民間咸稱
述焉光遂復與丞相張敞等上奏曰禮曰人道親親
故尊祖尊祖故敬宗太宗亡嗣擇支子孫賢者爲嗣
孝武皇帝曾孫病已武帝時有詔掖庭養視至今年
十八師受詩論語孝經躬行節儉慈仁愛人可以嗣

孝昭皇帝後奉承祖宗廟子萬姓臣昧死以聞皇太
后詔曰可光遣宗正劉德至曾孫家尚冠禮洗沐賜
御衣太僕以軨獵車迎曾孫就齋宗正寺入未央宮
見皇太后封爲陽武侯已而光奉上皇帝璽綬謁于
高廟

元帝宣帝太子黃龍元年十二月癸巳卽皇帝位

成帝元帝太子宣帝時爲世嫡皇孫宣帝愛之竟寧
元年六月己未自太子卽皇帝位

哀帝元帝庶孫定陶恭王子年十七徵爲皇太子綏
和二年四月丙午卽皇帝位

平帝元帝庶孫中山孝王子元壽二年六月哀帝晏
駕大司馬董賢自殺太皇太后詔新都侯王莽爲大
司馬領尚書事七月遣車騎將軍王舜大鴻臚左咸
使持節迎中山王九月辛酉中山王卽皇帝位年九
歲在位五年爲莽所酖莽立宣帝元孫子嬰爲皇帝
年二歲嬰立三年爲莽所廢

後漢明帝光武第四子（光武事具帝王中興門）中元二年二月
戊戌自皇太子卽位

章帝明帝第五子永平十八年八月壬子自皇太子
卽皇帝位

和帝章帝第四子章和二年二月壬辰自皇太子卽
皇帝位

殤帝和帝少子元興元年十二月辛未夜卽皇帝位
時誕育百餘日

安帝清河王慶之子初封長安侯延平元年慶始就
國鄧太后特詔留帝清河邸八月殤帝晏駕太后與
兄車騎將軍鄧騭定策禁中其夜使騭持節以王青
蓋車迎帝齋於殿中皇太后御崇德殿百官皆吉服
羣臣陪位引拜帝爲長安侯皇太后詔曰先帝聖德
淑茂早棄天下朕奉皇帝夙夜瞻仰日月星辰冀望

成就豈意率然顛沛天年不遂悲痛斷心朕惟平原
王素被痼疾念宗廟之重思繼嗣之統唯長安侯祜
質性忠孝小心翼翼能通詩論篤學樂古仁惠愛下
年巳十三有成人之志親德係後者莫宜于祜禮昆
弟之子猶巳子春秋之義爲人後者爲之子不以父
命辭王父命其以祜爲孝和帝嗣奉承祖宗案禮儀
奏又作策命曰惟延平元年秋七月癸丑皇太后曰
咨長安侯祜孝和皇帝懿德巍巍光於四海大行皇
帝不永天年朕惟侯孝章帝世嫡皇孫謙恭慈順在
孺而勤宜奉郊廟統承大業今以侯嗣孝和皇帝後

其審君漢國允執其中一人有慶兆民賴之皇帝其
勉之哉讀冊畢太尉奉上璽綬卽皇帝位年十三太
后猶臨朝永初三年正月庚子皇帝加元服
北鄉侯章帝孫濟北惠王壽之子安帝延光四年二
月太后兄大鴻臚閻顯爲車騎將軍定策禁中立之
乙酉卽皇帝位
順帝安帝之子母李氏爲閻皇后所害永寧元年立
爲皇太子延光三年安帝乳母王聖大長秋江京中
嘗侍樊豐譖太子乳母王男廚監邴吉殺之太子數
爲歎息王聖等懼有後禍遂與豐京共構陷太子太

子坐廢爲濟陰王明年三月安帝晏駕北鄉侯立濟
陰王以廢出不得上殿親臨梓宮悲號不食內外羣
僚莫不哀之及北鄉侯薨車騎將軍閻顯及江京與
中嘗侍劉安陳達等白太后秘不發喪而更徵立諸
侯國王子乃閉宮屯兵自守十一月丁巳京師及郡
國十六地震是夜中黃門孫程等十九人共斬江京
劉安陳達等迎濟陰王於德陽殿西鐘下卽皇帝位
年十一近臣尚書以下從輦到南宮登雲臺召百官
尚書令劉光等奏言孝安皇帝聖德明茂早棄天下
陛下正統當奉宗廟而姦臣交構遂令陛下龍潛藩

國羣僚遠近莫不失望天命有嘗北鄉不永漢德盛
明福祚孔彰近臣建策左右扶翼內外同心稽合神
明陛下踐祚奉遵鴻緒爲郊廟主承續祖宗無窮之
烈上當天心下厭民望而卽位倉卒典章多缺請條
案禮儀分別具奏制曰可乃召公卿百僚使虎賁林
士屯南北諸門閻顯兄弟聞帝立率兵入北宮尚書
郭鎮與交鋒刃遂斬顯弟衛尉景戊午遣使者入省
奪得璽綬乃幸嘉德殿遣侍御史持節收閻顯及其
弟城門校尉耀執金吾晏並下獄誅
冲帝順帝之子建康元年八月庚午自皇太子卽皇

帝位年二歲

質帝章帝玄孫渤海王鴻之子永嘉元年正月沖帝晏駕太尉李固以清河王蒜年長有德欲立之謂大將軍梁冀曰今當立帝宜擇長年高明有德任親政事者願將軍審詳大計察周霍之立文宣戒鄧閻之利幼弱冀不從乃立帝年八歲

桓帝章帝曾孫蠡吾侯翼之子襲爵爲侯本初元年梁太后徵帝到夏門亭將妻以女弟會質帝晏駕太后遂與兄大將軍冀定策禁中閏月庚寅使冀持節以王青蓋車迎帝入南宮丁丑封建平侯其日卽皇

帝位年十五初李固議立嗣因引司徒胡廣司空趙戒先與冀書曰天下不幸乃遭大憂皇太后聖德當朝統攝萬機明將軍體位忠孝憂存社稷而頻年之間國祚三絕今當立帝天下重器誠知太后垂心將軍勞慮詳擇其人務存聖明然愚情眷眷竊獨有懷遠尋先世廢立舊儀近見國家踐祚前事未嘗不諮訪公卿廣求羣議令上應天星下合衆望且永初以來政事多謬地震宮廟彗星竟天誠是將軍用情之日傳曰以天下與人易爲天下得人難昔昌邑之立昏亂日滋霍光憂愧發憤悔之折骨自非博陸忠勇延年奮發大漢之祀幾將傾矣至憂至懼可不熟慮悠悠萬事唯此爲大國之興衰在此一舉冀得書乃召三公中二千石列侯大議所立固廣戒及大鴻臚杜喬皆以爲清河王蒜明德著聞又屬最尊親宜立爲嗣先是蠡吾侯志當取冀妹時在京師冀欲立之衆論既異憤憤不得志而未有以相奪中常侍曹騰等聞而夜往說冀曰將軍累世有椒房之親秉攝萬機賓客縱橫多有過差清河王嚴明若果立則將軍受禍不久矣不若立蠡吾侯富貴可長保也冀然其言明日重會公卿冀意氣恟恟而言辭激切自胡廣

趙戒以下莫不懾憚之皆曰惟大將軍命而固獨與杜喬堅守本議冀厲聲曰罷會固意既不從猶望衆心可立復議以書勸冀冀愈激乃說太后先策免固竟立蠡吾侯是爲桓帝

靈帝章帝孫解瀆亭侯萇之子襲侯爵永康元年十二月桓帝晏駕無子皇太后與父城門校尉竇武定策禁中使守光祿大夫劉儵持節將左右羽林至河間奉迎明年正月己亥帝到夏門亭竇武持節以王青蓋車迎入殿中庚子卽皇帝位年十二改元建寧元年四年春正月甲子帝加元服

弘農王辨靈帝子中平六年四月戊午即皇帝位初靈帝何皇后生皇子辨王貴人生皇子協（即獻帝也）羣臣請帝立太子帝以辨輕佻無威儀不可爲人主然皇后有寵兄進又居重權故久不決至是帝疾篤屬協於上軍校尉蹇碩碩既受遺詔且素輕忌於進兄弟及帝崩碩時在内欲先誅進而立協及進從外入碩司馬潘隱與進有舊迎而目之進驚馳從儳道歸營引兵入屯北郡邸因稱疾不入碩謀不行皇子辨乃即位年十七八月爲董卓所廢

獻帝靈帝中子中平六年九月甲戌司空董卓廢弘

農王立帝年九歲興平元年正月甲子帝加元服

魏明帝文帝太子黄初二年爲齊公三年爲平原王以其母誅故未建爲嗣七年五月文帝疾篤乃立爲皇太子丁巳即皇帝位

齊王明帝養子初帝無子養王及秦王詔宫省事秘莫有知其所繇來者青龍二年封爲齊王景初三年正月丁亥朔帝病甚乃立爲皇太子是日即皇帝位大赦秋七月始親臨聽公卿奏事正始四年正月帝加元服

高貴鄉公文帝孫東海定王霖之子正始五年封郯縣高貴鄉公嘉平五年九月齊王廢公卿議迎立公十月己丑公至于玄武館羣臣奏請舍前殿公以先帝舊處避正西廂羣臣又請以法駕迎公不聽庚寅公入于雒陽羣臣迎拜西掖門南宫下輿將答拜儐者請曰儀不拜公曰吾人臣也遂答拜至止車門下輿左右曰舊乘輿入公曰吾被皇太后徵未知所爲遂歩至太極東堂見于太后其日即皇帝位於太極前殿百寮陪位者欣欣焉

陳留王武帝孫燕王宇之子甘露三年封安次縣常道鄉公五年五月高貴鄉公爲成濟所弑公卿議迎

立公六月甲寅入于雒陽見皇太后是日即皇帝位於太極前殿

冊府元龜

巡按福建監察御史臣李嗣京　訂正

新建縣舉人臣戴國士參閱

知建陽縣事臣黃國琦較釋

帝王部十

繼統第二

晉惠帝武帝第二子泰始三年立爲皇太子時年九歲太熙元年四月己酉卽皇帝位

懷帝武帝第二十五子惠帝永興元年十二月丁亥立爲皇太弟光熙元年十一月庚午惠帝晏駕羊皇

后以爲太弟於嫂不得爲太后催清河王覃入巳至尚書閣侍中華混等悉召太弟癸酉卽皇帝位

愍帝武帝孫吳孝王晏之子出繼伯父柬襲封爲秦王永嘉二年拜散騎常侍撫軍將軍及雒陽傾覆避難於滎陽密縣與舅荀藩荀組相遇自密南趨許潁豫州刺史閻鼎與前撫軍長史王毗司徒長史劉疇中書郎李昕及荀組等同謀奉帝歸于長安而疇等中塗復叛鼎追殺之藩組僅而獲免鼎遂挾帝乘牛車自宛趨武關頻遇山賊士卒亡散次于藍田鼎告雍州刺史賈疋疋遽遣州兵迎衛達於長安又使輔國將軍梁綜取守之時有王龜出灞水神馬鳴城南焉六年九月辛巳奉秦王爲皇太子登壇告類建宗廟社稷大赦明年四月丙午奉懷帝凶問舉哀成禮壬辰卽皇帝位大赦改元建興

明帝元帝長子太興元年立爲皇太子永昌元年閏十一月庚寅卽皇帝位

成帝明帝長子太寧三年戊辰立爲皇太子閏八月己丑卽皇帝位

康帝成帝母弟咸和元年封吳王二年徙封琅琊王咸康五年遷侍中司徒八年六月庚寅成帝不豫詔

以琅琊王爲嗣甲午卽皇帝位

穆帝康帝子建元二年九月丙申立爲皇太子己亥太子卽皇帝位時年二歲皇太后攝政升平元年帝加元服正月告于太廟始親萬機皇太后居崇德宮

哀帝成帝長子咸康八年封爲琅琊王永和三年除驃騎將軍五年五月丁巳穆帝晏駕皇太后令曰帝奄不救厥疾繼嗣未建琅琊王丕中興正統明德懋親昔在咸康屬當儲貳以年在幼沖未堪國難故顯宗高讓今義望情地莫與爲比其以王奉大統於是百官備法駕迎于琅琊第庚申卽皇帝位十月詔曰

顯宗成皇帝顧命以時事多艱弘高世之風樹德博重以隆社稷而國故不已康穆早世嗣祚不融朕以寡德復承先緒感惟永慕悲痛兼摧夫昭穆之義固宜本之天屬繼體承基古今常道宜上嗣顯宗以修本統帝於穆帝爲從父昆弟穆帝舅褚歆有表中書答表朝廷無其義詔下議尚書僕射江虨等四人云閔僖兄弟也爲父子則帝應爲穆帝嗣衞軍王衍等二十五人云成帝不私親愛越授天倫康帝受顯宗社稷之重已移所授纂承之序宜繼康皇尚書謝奉等六人云繼體之正宜本天屬考之人情宜繼顯宗

時多異議尚書左丞孔嚴與丹陽尹庾龢議曰順本居正親親不可奪宜繼成皇帝諸儒咸以嚴議爲長竟從之

海西公哀帝之母弟也咸康八年封爲東海王升平五年改封瑯琊王隆和初轉侍中驃騎大將軍開府儀同三司興寧三年二月丙申哀帝晏駕無嗣丁酉皇太后詔曰帝遂不救厥疾艱禍仍臻遺緒泯然哀慟切心瑯琊王奕明德茂親屬當儲嗣宜奉祖宗纂承天統便速正大禮以寧人神於是百官奉迎於瑯琊第是日即皇帝位

簡文帝元帝之少子永昌元年封瑯琊王咸和元年徙封會稽王太和元年海西公廢皇太后詔曰丞相錄尚書會稽王體自中宗明德邵令英秀玄虛神棲事外以具瞻允塞故阿衡三世道化宣流人望攸歸爲日已久宜從天人之心以統皇極主者明依舊典以時施行於是大司馬桓溫率百官進太極前殿具乘輿法駕奉迎帝於會稽邸於朝堂變服着平巾幘单衣東向拜受璽綬咸安元年冬十一月己酉即皇帝位桓溫出次中堂分兵屯衞

孝武帝簡文第三子興寧三年七月封會稽王咸安

二年七月己未立爲皇太子是日即皇帝位皇太后臨朝太元元年正月壬寅朔帝加元服見于太廟皇太后歸政甲辰大赦改元丙午帝始臨朝

安帝孝武長子太元十二年八月辛巳立爲皇太子二十一年九月庚申孝武晏駕辛巳太子即皇帝位大赦癸亥以司徒會稽王道子爲太傅攝政

恭帝安帝母弟初封瑯琊王爲大司馬義熙十四年十二月相國宋公劉裕矯稱安帝遺詔曰惟我有晉誕膺明命業隆九有光宅四海朕以不德屬當多艱幸賴宰輔拯厥傾覆仍恃保佑克黜禍亂遂冕旒宸

極混一六合方憑阿衡惟新洪業而遘疾大漸將遂弗興仰惟靈命親賢是荷咨爾大司馬瑯琊王體自先皇明德光懋屬惟儲貳衆望攸集其君臨晋邦奉係宗祀允執其中燮和天下闡揚末誥無廢我高祖之景命是日卽帝位

後魏太宗明元帝道武長子（道武事具帝王創業門）初封齊王母劉貴人賜死帝日夜號泣道武怒之帝懼乃遊行逃于外天賜六年十月清河王紹作逆帝入誅紹壬辰卽皇帝位

世祖太武帝明元長子泰常七年封泰平王監國八

年十月壬申卽皇帝位

高宗文成帝太武之孫恭宗景穆帝長子太武愛之嘗置左右號世嫡皇孫正平二年十月戊申卽皇帝位於永安前殿

顯祖獻文帝文成長子太安二年二月立爲皇太子和平六年五月甲辰卽皇帝位

高祖孝文帝獻文太子初獻文雅薄時務嘗有遺世之心欲禪位於叔父京兆王子推任城王雲太尉源賀固諫之東陽公丕等進言曰皇太子雖聖德夙彰然實冲幼陛下富於春秋始覽機政普天景仰率土係心欲隆獨善不以萬物爲心其若宗廟何其若億兆何日儲宫正統受終文祖群公相之有何不可皇興五年八月冊命太子曰昔堯舜之禪天下也皆縣其子不肖若丹朱商均能負荷者豈捜揚仄陋而授之哉爾雖幼冲有君人之表必能恢隆王道以濟兆民今使太保建安王陸馥太尉源賀持節奉皇帝璽綬致位於爾躬其踐昇帝位克廣洪業以光祖宗之休烈使朕優游履道頤神養性可不善歟丁未詔曰朕纂承洪業運屬太平淮岱率從四海清晏是以希心玄古志存澹泊躬覽萬務則損頤神之和一日或

曠政有淹滯之失但子有天下歸尊於父父有天下傳之于子今稽協靈運考會群心爰授儲宫踐昇大位朕方優游恭已棲心浩然社稷乂安克廣其業不亦善乎百官有司其祇奉嗣子以答天休宣布宇内咸使聞悉於是群公奏曰昔三皇之世澹泊無事故稱皇是以漢高祖既稱皇帝尊其父爲太上皇明不統天下今皇帝幼冲萬機大政猶宜陛下揔之謹上尊號太上皇帝乃從之己酉太上皇帝徙御崇光宫采椽不斲土階而已國之大事咸以聞是月丙午太子卽皇帝位於太華前殿

世宗宣帝孝文第二子太和二十三年四月丁巳自皇太子卽皇帝位于魯陽先是三月庚子孝文疾甚車駕北次穀塘原甲辰詔賜皇后馮氏死詔司徒彭城王勰徵太子於魯陽踐祚詔以侍中護軍將軍北海王詳爲司空公鎭南將軍王肅爲尚書令鎭南大將軍廣陽王嘉爲尚書左僕射尚書宋弁爲吏部尚書與侍中太尉公僖尚書右僕射任城王等六人輔政顧命宰輔曰粤太尉司空尚書令左右僕射吏部尚書惟我太祖丕丕之業與四象齊茂累聖重明屬鴻曆於寡昧兢兢業業思纂乃聖之遺跡遷都嵩極

定鼎河瀍庶蕩甌吳復理萬國以仰光七廟俯濟蒼生天奪其年不果乃志公卿其善毗繼子隆我魏室不亦善歟可不勉之帝卽位居諒闇委政宰輔景明二年正月始親政引見群臣於太極前殿告以覽政之意

肅宗孝明帝宣武第二子延昌元年十月乙亥立爲皇太子四年正月丁巳夜卽皇帝位

敬宗孝莊帝彭城王勰之第三子孝昌二年封長樂王武泰元年二月孝明晏駕大都督爾朱榮以兵向京師四月戊戌立爲皇帝

前廢帝(謚曰節閔)廣陵惠王羽之子正始中襲爵正光中元乂擅權帝託以瘖病及莊帝晏駕爾朱世隆等上表勸進王答曰自量眇身是以執讓然王公勤至不可拒違今敬承所陳唯愧弗堪負荷耳太尉公爾朱度津奉璽綬袞冕之服及就輅車百官侍衛入自建春雲龍門昇太極前殿群臣拜賀禮畢遂登閶闔門改元肆赦

後廢帝章武王融第二子初建明二年爲渤海太守及齊獻武王高歡起義兵將誅暴逆乃推戴之十月壬寅卽皇帝位於信都城西昇壇焚燎大赦稱中興

元年

西魏武帝(亦曰出帝)孝文帝孫廣平武穆懷王第三子普泰元年加侍中尚書右僕射中興二年四月後廢帝自以疎遠未允四海之心請遜大位大丞相渤海王高歡與百僚會議僉謂高祖不可無後乃共奉王戊子卽皇帝位於東郭之外

文帝孝文帝孫京兆王愉之子永熙二年閏十二月帝自南陽王爲周太祖所立

廢帝文帝長子太統元年正月立爲皇太子十七年三月太子卽皇帝位

恭帝文帝第四子大統十四年封爲齊王廢帝三年
正月爲周太祖所立三年禪於周
後周世宗明帝太祖長子初封寧都郡公爲岐州刺
史孝閔帝元年九月晉公護廢立遣使迎帝於岐州
九月癸亥至京師止于舊邸甲子群臣上表勸進備
法駕奉迎帝固讓群臣固請是日卽天王位乙丑朝
群臣於延壽殿
武成元年正月巳酉太師晉公護上表歸政帝始親
覽萬機軍旅之事護猶揔焉
高祖武帝太祖第四子明帝卽位初爲蒲州刺史武

成元年入爲大司空二年四月明帝遺詔傳位帝固
讓百官勸進乃從之壬寅卽皇帝位
宣帝高祖長子建德元年立爲皇太子宣政元年六
月丁酉高祖晏駕戊戌太子卽皇帝位
靜帝宣帝長子大象元年正月封魯王是月立爲皇
太子二月宣帝詔曰有聖大寶實惟重罷玄天表命
人事與能幽顯同謀確乎不易域中之大寶懸定於
杳冥天下爲公蓋不避於內舉我大周感蒼昊之精
受河雒之錫武功文德光格區宇創業垂統永惟無
窮朕以寡薄祇承洪緒上賴先朝得一之迹下藉群
后不貳之心職貢與雲雨俱通憲章共光華並旦圓
首方足咸登仁壽興隆國本用弘天曆皇太子地居
上嗣正統所歸遠惟積德之休允叶無疆之祚帝王
之量未肅而成天祿之期不謀已至朕今傳位於衍
乃睠四海深合謳歌之望俾予一人高蹈風塵之表
萬方兆庶知朕意焉
隋煬帝高帝第二子（高帝事迹具帝王創業門）開皇八年立爲皇
太子仁壽四年七月卽皇帝位於仁壽宮
恭帝元德太子之子大業三年封陳王又徙爲代王
十三年十月唐高祖義兵入長安尊煬帝爲太上皇

帝奉帝纂業壬戌卽皇帝位於大興殿尋禪於唐
唐太宗文皇帝高祖第二子（高祖事迹具帝王創業門）武德元年
封秦王九年六月癸亥立爲太子軍機兵仗倉糧凡
厥庶政事無大小悉委皇太子斷決然後聞奏是月
壬申高祖手詔司空裴寂等曰朕當加尊號爲太上
皇有司擇日宜速聞奏八月癸亥高祖詔曰乾道統
天文明於是馭曆大寶曰位宸極所以居尊在昔勛
華不昌厥緒揖遜之禮旁求歷試三代以降天下爲
家繼體承基裔嗣相襲故能孝饗宗廟卜世長遠貽
慶後昆克隆鼎祚朕膺期受命握圖闡極大極橫流

載寧區夏然而昧旦丕顯日昃坐朝馭朽兢懷履氷在念憂勤庶政九載于茲今英華已竭耄期勤倦久懷物表高蹈風雲釋累遺塵有同脫屣深求閒逸用保休和皇太子世民久叶祥符夙彰奇表天縱神武智韞機深自雲雷締構覇業伊始義旗之舉首創成規京邑克平莫非其力乃皇極已建天步猶艱內發謀猷外淸氛祲英圖冠世妙算窮神伐暴除凶無思不服薛舉負西戎之衆武周引北狄之兵禍起蜂飛假名竊號元戎所指折首傾巢王世充藉府庫之資憑山河之固信臣精卒系閒守險建德因之同惡相

濟金鼓纔震一縱兩擒師不踰時戎衣大定夷劉闥於趙魏覆徐朗於譙兖功格穹蒼德孚宇宙雄才宏畧振古莫儔造我大唐繁其是賴旣而居中作相任隆列辟百揆時總三階以平地屬元良實惟固本萬邦咸正兆庶樂推晷律呈象休徵允集華夏載佇謳頌知歸今傳皇帝位於世民所司備禮以時册授公卿百官四方岳牧及長吏下至士民宜悉祇奉以稱朕意夫政惟通變禮貴從宜利在因民義存適要條章法度不便於時者隨時改易勿有疑滯昔漢祖撥亂身定大功群臣推奉光宅帝位而事父資敬五日

一朝備禮尊崇號稱太上朕方游心恬淡安神玄默無爲拱揖憲章往古稱謂之儀一准漢代庶宗社之固申錫無疆天祿之期永安勿替布告天下咸使知聞太宗冲讓不敢奉詔翌日朝于西宮面奏請曰堯舜雖有至德有禪授之事然親覽庶政竝經百年陛下以至聖之德撫有四海始將十載臣望陛下遵堯舜之道以百姓爲心高祖曰吾思此事已熟懷之已久故欲怡神以養生不欲矯情以從物惟恐性不能盡歡娛身不能恣逸樂目不能觀五色耳不能聽五音口不能極膏腴鼻不能嗅芬馥今傳授得所業泰

身安此是怡神以養生會吾之宿志若乃飾仁義務知能勞神以施號令疲形以行賞罰此是矯情以從物非吾心之所取也夫善治外者不傷性善治內者不累身吾方以道攝生養性故脫屣於汝豈可嬰吾以負重哉太宗稽首固請高祖曰夫爲人子務自勞身致其親於安樂吾老矣傳汝以萬機若不從是非孝也太宗弗敢辭於是遣兼太尉司空魏國公裴寂賜策曰夫天生蒸民樹以司牧三靈輔德百姓與能粤自夏殷傳業裔祚軌物長世率繇茲道朕祇膺靈命肇開寶曆聲教所覃無思不服然而萬機塡委九

區輻湊明發不寐考極覲書聽政勞神經謀損慮深思關曠釋茲重負咨爾聰明神武德實天生君人之量爰備夙夜王業初基雷雲伊始英謀獨斷祕策潛深及擴定關隴澄清河雒北通玄塞東靜青丘宏圖遐舉元功克茂氛霧廓清鯨鯢斯盡澤霑方外聲暢無垠總統機衡百工以乂敷弘德化四門允穆謳歌所屬宇內宅心象緯告徵靈命斯在朕是用上稽蒼旻俯順黔黎推而弗居永垂顯號致皇帝位於爾躬今命司空上柱國魏國公寂尚書左僕射上柱國宋國公瑀齎綬爾其纂承洪緒對揚休命式隆寶祚以

康四海太宗固讓詔不許之甲子太宗即位于東宮顯德殿遣兼太尉司空裴寂柴燎告天於南郊曰皇帝臣某敢以玄牡昭告皇皇后帝太上皇厭居宸極凝情姑射倦此萬機釋茲重負人神不可以乏主天序不可以無統曆數有歸猥當寡薄神器有奉用集大命懼忝帝位固辭弗克遂膺大禮臨馭兆民敬簡元日告類上帝即皇帝位惟神歆祐萬邦永綏天極

貞觀三年四月高祖以弘義宮有山林勝地乃徙居焉改名大安宮詔曰書云知人則哲惟帝難之易曰通其變使民不倦故太伯端委周室以隆東海就國漢基方永立權致治不其然乎朕世襲緇衣家傳禹業佐魏及周勤勞王室有隋御曆地居戚里嘗以補天在慮納揆爲心大業道喪皇極如燬傾維折柱天下分離塗炭納隍黔黎殆盡顧茲九有鋒鏑縱橫靜念持扶計無所出世民幼懷大度性合天道韞經緯之奇文包湯武之弘略深謀秘策沃朕攸淵之心壯思雄圖起朕收焚之志因其感激許以經綸糾合義師投袂而起車次於平陽之郊劒及於孟津之會元戎所指氷消霧捲曾未浹旬廓清京邑定非常之業建不世之功三古以來未之聞也朱旗西指則仁杲

喪元白羽東臨則世充泥首摧武周如拉朽收建德若拾遺至若黑闥通誅圓朗小醜三捷七擒不可勝計一人之力冠今超古暴之遐邇豈待昌言往以建成嫡長冀其養德日就不謂匿怨友于忌能毀善讒言屢發殆至鑠金賴天啓朕心宗社降福密悟凶邪指麾殲殄朕娓受浸潤深念元功乃敬授帝圖先天傳政懼其溢滿驕上未稱三靈之心縱慾肆情不恤萬方之重朕故仍居紫極處之肅成察其復禮觀其齊政露往霜來四載於茲矣比聞思我王度克難克艱昧旦丕顯去奢去泰朝夕視膳蒸蒸之性日嚴旻

景憂民翼翼之情日愼南越稽首北狄欵關四海晏然五兵偃戢招君韋之衆只用尺書屠師都之城無虧寸刃公卿輯睦遠邇乂安金鼓絶於疆埸心鏡懸於億兆盡善盡美吾無間然匪天祐之孰能至此令月吉辰風調雨順朕俯觀人事仰鑒穹旻當養性別宮使其正位居極宜令有司具禮務在周備朕得脫屣高蹈擬迹於軒轅授曆傳璽爰屬於啓誦大寶既固卜年惟永付託有所何樂如之百辟卿士等或晉陽從我同披荆棘或秦邸故吏早預腹心竝以德舉言揚進忠顯孝保乂社稷天平地成唯當帶礪山河

與國休戚可悉心輔弼無黨無偏罔或廢墜替爾丕績善事元首稱朕意焉太宗奉表陳讓曰臣聞至敬無文至誠不飾地居臣子不以小忠撓志情兼家國不以細行嬰心臣蒙獎厲擢居天策戰必以死實深懸於黎庶奮不顧命願無忝於宗祉規摹指麾皆禀聖算人心神誘遂得成功安敢貪天自稱已力前以聖人大寶濫鍾愚懦臣謂肅成理務禮通監撫日愼一日不敢推辭今奉玆詔更垂奬予以四海乂安褰裳紫極歸尊軒轅天下幸甚令臣自當啓誦不覺厚顔頊者陰陽尚愆嘉穀未稔政治有虧刑典不措恐

耿身多罪以及萬方伏願天慈仍安太極待民知堯力王燭順序綱開湯祝金科削編然後降輦西宮於事非晚付臣宣室亦敢當仁臣志在忘私冒陳丹欵高祖手詔曰君之於臣尚須探察父之審子豈可同嘗汝夙懷忠孝吾愛汝亦過於諸子況立功德具如前詔所恨吾受讒言幾至投杼上玄降福神罷安寧此乃宗廟有靈非獨吾之幸也比察汝布政聽汝德音洋洋盈耳副吾所望昔齊有粃政而致小白晉有艱難而獲重耳今天下慶賴在汝一人頃者寒暑不調水旱乖節止是吾之與汝安處未得其位乃致承

乾所居非少陽之體吾今往西宮方思萬代之福汝何勞撝抑頻此言請且深思大道永保社稷善始令終無或懈怠奉行吾詔勿以小讓爲懷至公之言彼宮此室勢何殊也異姓賢者尚欲權之今汝已克負荷應玆當璧極慰吾意宜絶嘗辭也太宗不敢忤意乃止乙亥太上皇居於大安宮太宗親侍轝輦百僚陪從置酒高會極歡而罷甲午太宗正位於太極殿

高宗天皇大帝太宗第九子貞觀五年封晉王十七年立爲皇太子二十三年春太宗不豫詔太子於金液門聽政四月從幸翠微宮五月己巳太宗晏駕庚

午發自翠微宮至京六月甲戌太子卽皇帝位
中宗孝和皇帝高宗第七子母曰天后武氏二歲封周王儀鳳二年徙封英王永隆元年立爲皇太子弘道元年十二月太子卽位天后臨朝明年正月甲申朔改元嗣聖元年二月戊午天后廢帝爲廬陵郡王五月遷於均州尋徙居房陵聖曆元年召赴上都皇嗣卽睿宗也讓位于帝遂立爲皇太子神龍元年正月甲戌天后傳位於太子乙亥卽皇帝位於通天宮之端扆殿
睿宗大聖眞皇帝中宗母弟龍朔二年封殷王乾封

元年改豫王摠章二年徙冀王上元三年改相王嗣聖元年皇太后武氏廢中宗爲廬陵王文明元年二月立爲皇帝太后臨朝天授元年降爲皇嗣聖曆元年讓位於中宗復降爲相王景龍四年六月少帝卽位年十六韋庶人專政庚子帝第三子臨淄王隆基率朝邑縣尉劉幽求長上折衝麻嗣宗內苑摠監鍾紹京等討捕韋氏幷其黨與誅之辛丑奉少主御安福門樓大赦天下癸卯王公卿士咸以王室多故義擇長君以帝衆望所歸固請卽尊位是日少帝讓于叔父甲辰帝自兩儀殿出於太極殿少帝於殿東隅次幕內西面帝於梓宮側東向太平公主曰少帝欲以此位讓叔父合否幽求跪曰少帝仁孝追蹤舜禹大王恩慈倍過之矣今家國事重有此推讓誠爲至公也是日少帝制曰自古帝王必有符命兄弟相及存諸典禮朕以孤藐遺家多難顧兹蒙識不曉政途茫茫四海將何所屬累聖丕業若墜於地王室多故義擇長君思與群公推崇明聖叔父相王高宗之子昔以天下讓于先帝孝友寬簡彰信兆人神龍之初已有明旨將立太弟以爲嗣君因王懇辭未行冊命所以東宮曠位于今歷年綴衣在扆禍變倉卒後被

稱制討立冲人欽奉前懷願遵理命上申平昔之文仰復祖宗之烈起今日請叔父相王卽皇帝位朕退守舊藩歸于外邸凡百卿士敬承朕意贊我天人之休期光我有唐之洪業帝固讓有制不許是日卽皇帝位大赦天下於是降少帝爲溫王丙午帝縞服於太極東廊引群公卿士謂曰朕與蒼生有幸且得社稷安寧自大行晏駕韋氏篡逆元惡大憝並從誅翦嗣皇年幼未曉政途推讓朕躬事非獲已今與卿等相見不勝悲感甲戌命溫王重茂於內宅安厝明年正月以溫王重茂爲襄王食邑集等州實封二千戶

於集州安置

册府元龜

册府元龜帝王部繼統二　卷之十　十九

册府元龜

巡按福建監察御史臣李嗣京　訂正

分守建南道左布政使臣胡維霖　參閱

知建陽縣事臣黄國琦　較釋

帝王部十一

繼統部三

唐玄宗至道大聖大明孝皇帝睿宗第三子垂拱三年封楚王長壽二年改封臨淄郡王景龍四年六月庚子平韋庶人甲辰少帝讓睿宗爲皇帝丙午立爲皇太子延和元年七月壬辰睿宗傳位於皇太子制

曰朕聞宇宙者至公之器不獲已而臨之帝王者因時之運非有待而居之蓋在於拯俗濟人功成名遂而已朕以寡昧虔奉鴻休本殊王季之賢早違延陵之節昔在聖曆已讓皇嗣之尊爰洎神龍終辭太弟之授屬國步不夷時難主幼大業有綴旒之懼寶位深墜地之憂議追公卿遂登皇極日愼一日以至於今俗化漸行將成宿願昔禹以命啟匪私其親神器之重允歸公授皇太子隆基有大功於天地定阽危於社稷温文既習聖敬克躋委之監撫已移年歲時政益明庶官惟序朕之知子庶不負時曆數在躬宜陟元后可令即皇帝位有司擇日册授朕方比迹洪古希風太皇王公百寮宜識朕意先是彗星從西方經軒轅入太微至于大角數日乃滅睿宗以爲革舊布新之政又太子仁愛日聞故順天傳位乃謂太平公主曰昔中宗之朝悖逆驕縱擅權後靡天變屢臻我當時極諫請擇賢子立之以應災異中宗不悦我憂惶數日不食豈在彼能諫於已不行是日將軍麗承宗左拾遺韓朝宗諫曰自頃國家多難賴陛下聖德保存社稷綏撫四方今日忽有此讓臣等不知所出皇太子雖聖明且應養德春宮依前監撫未

宜即位睿宗不聽皇太子自東宮馳入請見自投於地叩頭曰臣以微功非次見擢偏守儲貳日夜兢惶不知陛下何以傳位於臣睿宗曰往以韋氏弑逆社稷殆危汝以弱年夷凶靜亂安我宗廟爾之力也今天意人事汝合當之太子固辭睿宗曰不有此讓何以禳災汝若行孝豈宜於柩前即位邪於是太子流涕而出丙申皇太子讓表曰神器者天下之大寶受與者帝王之大節臣義兼隱犯誠深愛敬凡所上陳理無苟免國家盛德創物垂範雖時始百年而運經厄會陛下振清廟之微光蕩攙搶之氛懸紹膺永命

導揚洪休千載一期實仰玄造便欲抗心太素獨善
鴻元登平之俗未躋於下武卜代之期耻虧於一簣
伏願霈然易慮俯順群心則區宇永寧人神胥悅若
命在必遂誠無所感必將殞越爲期竄伏無地書奏
不許皇太子累讓肅宗答曰汝爲孝友須遵朕命用
陟元后無宜固辭汝爲季俗多虞淳風未洽欲朕迴
慮兼理萬機昔舜之禪禹猶躬行巡狩況朕授汝豈
忘家國其軍國大務及授三品已上并重刑獄當兼
省之八月庚子册太子爲皇帝受册悲涕左右莫不
感動又奉册肅宗爲太上皇命皇帝聽朝於武德殿

上皇稱朕有命稱誥皇帝稱予有命稱制勑五日一
受朝於太極殿先天二年七月乙丑尚書左僕射竇
懷貞等與太平公主同謀將議廢立期以羽林兵作
亂帝密知之因以中旨告岐王範薛王業兵部尚書
郭元振等定計誅之丙寅太上皇誥曰大寶之尊諒
非爲己神器之重必在與能自昔興王率繇茲道我
國家運光五聖業盛百齡大賚洽於人心淳風偃於
區外而道不嘗泰時更小屯朕以菲薄屬茲多難仰
讓王之宿志順公議於群情丕業既康天保斯定皇
帝神武攸縱睿哲克躋安宗社於綴旒拯生人於在

溺用遵內禪令摠朕師夙夜在勤政刑益理昨者姦
臣搆釁潛發禁闈兇黨布於蕭墻飛變聞於帷扆朕
慮深倉卒受命討除皇帝遂與岐王範薛王業等勵
茲孝心率彼義勇戮鯨鯢於闕下掃欃槍於天路元
惡大憝罔不伏誅人神用康功業彌廣信可摠璇衡
之大政守國家之鴻緒能事備矣朕又何憂自今已
後軍國政刑一事已上宜並取皇帝處分其岐王範
薛王業宜各加實封一千戶朕方閑居大庭緬懷汾
水無爲養志以遂素心凡百卿士以洎黎庶宜體朕
懷各盡誠節布告遐邇咸使知聞帝伏地流涕再拜

受誥癸酉勑曰王公文武百官等逼者事出不虞凶
邪搆逆賴天地叶德宗社降靈應時誅翦朝野寧謐
慶慰之至與卿等同懷太上皇志尚無爲指茲俗務
軍國庶政委成朕躬祇奉聖謨膺斯負重顧惟菲薄
何以克堪若臨大川罔知攸濟與王公卿士百辟庶
寮戮力同心輔相休命各盡誠節共洽維新
肅宗文明武德大聖大宣孝皇帝玄宗第三子先天
元年封陝王開元十五年改封忠王二十六年立爲
皇太子天寶十五載六月安祿山犯長安玄宗幸蜀
將發馬嵬百姓數百人遮道攀附玄宗遲留久之乃

令皇太子後殿宣慰百姓因請皇太子留曰願得戮力以從卻收長安今者主上殿下皆入蜀川則宗社誰主萬姓何歸殿下不納臣言臣等皆死於此矣宦者高力士馳以告玄宗玄宗曰是天啓也乃命後軍及飛龍廏馬與東宮內人等留太子因宣口勑謂將士曰太子仁孝可奉宗廟汝等善輔導之又語太子曰汝好去百姓屬望愼勿違之莫以吾爲意又西戎北狄吾昔厚之今聞難必得其用汝勉之哉皇太子旣至靈武群臣稱馬嵬傳言之命勸進以七月甲子卽位改元爲至德元年道路險澀表疏未達八月丁

亥北使至蜀具陳群臣懇請太子辭避之旨玄宗乃下詔曰元子亨睿哲聰明恪愼克孝才備文武量吞海嶽付之神器不曰宜然今宗社未安國家多難宜令卽皇帝位朕稱太上皇且天下兵權宜制在中夏朕據巴蜀應卒則難其四海軍權先取皇帝處分然後奏朕知待克復上京朕將凝神靜慮偃息大庭也是月命宰相韋見素崔渙房琯持節齎玉册赴靈武宣傳位之命親語見素等曰皇帝自幼聰明與諸子有異朕豈不知大限往十三載冬已有傳位之意屬水旱年饑左右勸朕且俟豐歲二載便屬祿山搆逆方隅震擾未遂此心昨者馬嵬亦潛有處分今皇帝受命慰朕之心如釋負擔勞卿等去以輔佐之多難興王自古皆有卿等乃心在王室以宗社爲念早定中原朕之望也九月丙子見素等至順化郡奉册書及傳國寶帝不敢受二年十月平西京車駕發鳳翔還京丁卯入長安道俗士女百姓萬衆出國門二十里路傍不斷持幡花鼓車歌舞音樂望車趨拜抃躍蹈舞呼萬歲歡叫聲振原野長老皆悲喜涕泣曰不圖今日復見我聖君帝亦感惻而勞徠之闕內夾路縛棚巒幕青翠相連亘於子城帝自朱雀門入居大

明宮十二月玄宗至自蜀都甲子玄宗御宣政殿册儀容衞陳九賓于庭授傳國璽於殿上帝於殿下涕泣拜受入幕次百寮稱賀蹈舞呼萬歲

代宗肅宗長子也開元二十八年封爲廣平郡王肅宗卽位改封楚王徙代王乾元元年四月立爲皇太子元年建巳月（是歲去年號以十二辰冠月）肅宗寢疾時皇后張氏有寵無子慮宮車晏駕失權勢結少子越王係密搆異謀將圖廢立乙丑皇后矯詔召太子會宦官程元振知之潛發於李輔國輔國久掌禁兵素與皇后嫌隙又聞元振言有自得色乃與元振定策伏兵於

凌霄門權太子請不赴召以兵翼太子入飛龍廐俟變而動旣夜輔國元振乃勒兵會于三殿收捕越王係及同謀中宮朱光輝馬英俊等百餘人禁錮之逼皇后幽於别殿丁卯肅宗崩元振等始迎太子於九仙門見群臣行監國之禮翌日宣制太子擗踊盡哀群臣勸進太子益哀號群臣又陳顧命大旨祖宗洪業未宜以情自私巳巳卽皇帝位于兩儀殿初有司陳御座于殿之中間帝號泣遜不敢當哀感左右有司乃徙坐于殿之左个然後從之百辟卿士洎南北軍仗衛萬餘人咸呼萬歲左僕射攝太尉裴冕升殿

跪上誠曰我國家奄有四海惟天下君伏惟皇帝陛下敬之以揚累聖之丕烈群臣再拜呼萬歲庚午群臣等上表請聽政帝不答以侍中苗晉卿攝冢宰於太極殿鐘樓之東張幄視事百官以聽辛未晉卿固辭上言曰伏奉今月二十一日恩勑令臣攝冢宰臣以昔者天子居喪之時百官聽于冢宰蓋君幼小御極事殷理衆然沿革不一今古異宜而周武漢文合於通變垂範作則可舉而行又事或墨縗時遇金革豈哀非衛恤而義在於斯且百善之至無以加於孝也其有容槩心絶指景悼生此匹夫守節之常情殊非王者嗣續之大計昨二十日陛下卽位是承先帝遺顧之言亦前代不易之典則知所略不爲害所存是適權防微滅端所利者大陛下因此純至天地明察伏以報劬勞之恩申罔極之思終身之痛豈計朝夕以一日之內萬務在中須達宸聰始成國政今百寮萬姓及僧道耆壽相顧聚言以臣老且無能愚豈測聖况久無居攝臣不敢奉詔特乞陛下遵遺命三日而聽政衆情不勝懇願伏望割痛抑哀爲天下幸又不答宰臣及文武百官表三上從之

德宗代宗長子肅宗元年建丑月封奉節郡王代宗

卽位徙封魯王又封雍王廣德二年立爲皇太子大曆十四年五月癸亥帝卽位於太極前殿

順宗德宗長子大曆十四年封宣王建中元年立爲皇太子貞元二十一年正月丙申太子卽位于太極殿冊曰維貞元二十一年歲次乙酉正月辛未朔二十三日癸巳皇帝若曰於戲天下之大寶惟重器祖宗之業允爲元良咨爾皇太子誦睿哲溫恭寬仁慈惠文武之道禀自生知孝友之誠發於天性自膺上嗣祇德春闈恪愼於厥躬祗勤于大訓必能誕敷至化安勸庶邦朕寢疾彌留弗興弗瘳是用命爾繼統

俾紹前烈宜陟元后永綏兆人其令中書侍郎同平章事高郢奉册即皇帝位爾惟奉若天道以康四海懋建皇極以熙庶工無忝我高祖太宗之休命初帝自二十年九月得風疾因不能言使四面出求醫藥海内皆聞知德宗憂慼形于顔色數自臨視二十一年正月朔含元殿受朝賀還至别殿諸王親戚進賀獨皇太子疾不能朝德宗爲之涕泣悲傷嘆息因感疾恍惚益甚二十餘日中外不通不知兩宫安否朝臣感懼莫知所爲雖翰林内臣亦無知者二十三日帝知内外憂疑紫衣麻鞋不俟正冠出九仙門召見

諸軍使京師稍安二十四日宣遺詔帝縗服見百寮二十六日即位軍士尚疑皆企足引頸瞻視旣而曰眞太子也喜且泣内外遂安以簡較司空平章事杜佑攝冢宰

憲宗順宗長子貞元四年封廣陵郡王二十一年順宗即位立爲皇太子七月乙未詔權令皇太子勾當軍國政事八月庚子詔曰惟皇天佑命烈祖誕受方國九聖儲祉萬邦咸休肆予一人獲纘丕業嚴恭守位不遑暇逸而天祐弗降疾恙弗瘳將何以奉宗廟之靈展禋祀之禮疇咨庶尹對越上玄内媿于朕心上畏乎天命夙夜祇慄深惟永圖一日萬機不可以久曠天工人代不可以久違皇太子純睿哲温文寬和慈惠孝友之德仁愛之誠通乎神明格于上下是用推皇王至公之道遵父子傳歸之制付之重器以撫兆人必能宣祖宗之重光荷天地之休命奉若成憲撫綏四方宜令皇太子即皇帝位朕稱太上皇居興慶宫制勅稱誥所司擇日行册禮辛丑太上皇居興慶宫誥宜以九日册皇帝于宣政殿改貞元二十一年爲永貞元年八月乙巳帝即位于宣政殿册曰維永貞元年歲次乙酉八月丁酉朔九日乙巳太上

皇若曰咨爾皇太子純惟皇上帝降休于我家用集大命克綏厥猷惟后祇率大典茲惟艱哉朕承累聖休德膺守邦之重不蒙天祐降疾在躬上不能昭事郊丘祗見烈祖下不能臨視庶政保綏兆人是用命爾當位嗣統宜陟元后代予憂勤今遣使簡較司徒平章事杜佑副使門下侍郎平章事杜黄裳持節册命於戲爾有光大之德敷於萬邦爾有仁孝之誠刑于九族慈和寛簡克享天心玄符不可以固違明命不可以不畏爾惟察納忠直子惠困窮咨于朕言愼乃儉德臨庶官以敬哀庶獄以情允執其中無忝爾

祖宗之丕訓

穆宗憲宗子貞元末封建安郡王元和元年進封遂王七年冊爲皇太子十五年正月辛丑皇太子卽位以司徒兼中書令韓弘攝冢宰壬寅移仗西宮發哀于太極前殿命攝太尉告天地社稷太清宮太廟以太子少保嚴綬充大明宮留守閏正月丙午宣顧命冊曰於戲上天降鑒保乂于我國家十聖丕承光宅四海鴻休大業以逮予一人嚴恭祇畏懼弗克荷賴宗社垂慶生靈乂安今朕寢疾彌留弗興弗寤神器所付屬之元良咨爾皇太子某孝友聰明溫文睿哲

自壬七迴日新厥德必能纘序朕志綏靖萬邦是用命爾陟于元后宜令中書侍郎同平章事令狐楚奉冊卽皇帝位懋建皇極無忝我祖宗之休烈是日中書門下率群臣再上表請聽政許之壬子始御延英殿對宰臣及次對官奏事如常儀

敬宗穆宗長子長慶二年十二月立爲皇太子四年正月癸酉卽帝位時年十六以門下侍郎平章事李逢吉攝冢宰其日移仗西宮發哀于太極殿分命攝太尉告天地社稷太清宮太廟丙子帝卽位于太極殿東序冊曰維長慶四年歲次甲辰正月辛亥朔二十六日丙子皇帝若曰惟天輔唐德我祖宗克荅天意邁德勤道紹休大業於一人嗣守四海秖事天地愛育萬物罔或怠惰于茲五年今寢疾彌留不興不寤獲以重器付之元良咨爾皇太子湛列祖儲愛自天生德孝友慈惠溫良肅恭必能緝寧邦家輝光緒業是用命爾陟于元后宜令中書侍郎平章事牛僧孺奉冊卽皇帝位爾有孝敬之志可以奉宗廟爾有廣厚之量可以奉神祇和惠可以撫萬邦仁愛可以親九族任賢尚德遠佞去邪爾惟欽承無忝我祖宗之休烈於是中書侍郎平章事牛僧孺讀冊進冊門

下侍郎平章事李逢吉宣制進寶太常少卿馮宿導引乘輿刑部尚書段文昌率百寮奉誠辭

文宗敬宗弟初封江王寶曆二年十二月辛丑敬宗夜獵還宮遇中官劉克明之逆壬寅樞密使王守澄以兵衛迎江王入宮癸卯敎曰大行皇帝聰斷英明臨下以法方將致理以一區夏而妖兇搆禍嬌宣遺言不詢群臣專斷神器恃近而迫衆倚兵而取威謂天地可欺神明可罔旣而姦謀發洩兇黨彰聞寡人義重君臣毒甚手足拊膺號慟誓清兇徒果有義烈副此誠志遂以宰相定議乃親率左右神策護軍中

尉心腹近臣及諸職事官幷左右神策六軍使兼諸軍使及飛龍將士等捜摘伏匿大擒諸妖或血刃當辜或赴井自斃其劉克明田務澄蘇佐明王嘉憲石定寬等二十八人並正刑書罔有漏逸歡呼震地忭快聞天此皆宗社威靈文武協力翦盪兇慝克有成筭豈伊菲薄敢貪天功想于群公多士中外藩嶽皆累朝勳績先聖寵任致茲剛憤哀慶當同大行皇帝正柩于太極殿前率依光陵故事有司條上務盡誠信其冢宰司空平章事裴度當攝立功將士節級各有優賞布告遐邇咸使聞知宣訖宰臣裴度竇易直

率百寮於紫宸外廊上謁江王王以素服見度等再拜慰賀訖退又率百寮上勸進表三甲辰江王於少陽院對六軍使段嶷左右神策軍使何少哲等一十六人命移仗西内以太子太保趙宗儒爲大明宮留後乙巳帝御宣政殿卽位諸衞各勒兵屯諸門黃麾大仗陳於殿庭押册寶自西階下文武群官入就位侍中板奏請中外嚴辨帝出自序門服具服遠遊冠絳紗袍執笏就中間南向位立定册使宣云伏奉太皇太后令江王卽皇帝位禮儀使奉請再拜舉册官奉册就皇帝前攝中書令司空兼門下侍郎平章事裴度進讀曰維寶曆二年歲次庚午十二月甲午朔十二日乙巳太皇太后若曰大行皇帝睿哲英能對天明命方夏底緝夷蠻貢庭宜荷九廟之靈永饗億年之祿豈虞姦妖竊發矯專神器蠱惑中外扇誘群萌駭動神人釁深梟獍咨爾江王昻聰哲孕粹清明斂和智筭機閑謀玄電發躬率義勇太清兇徒且膺當璧之符爰攄枕戈之憤旣殲巨害當饗豐福是用命爾陟于元后宜令司空平章事裴度奉册卽皇帝位承惟高祖太宗之前定隋亂玄宗之寢漬利澤憲宗之堅板蕩艱勤險阻勗乃負荷小心以事上帝

恭儉以勤邦家懋于令聞持久如始敬之哉讀册稱賀帝受策以授左右侍中進寶帝受寶以授左右又奏請改服衮冕卽御座受萬方朝賀殿中監進鎭珪内高品承旨索扇開帝正衮冕負扆南面侍中就升御座之右西南立符寶置於御座前群官在位者皆再拜攝太尉兵部尚書段文昌進當香案前跪奏曰我國家奄宅萬方光被四表大行皇帝丕承祖業嗣唐配天伏惟皇帝陛下敬之哉百寮皆再拜攝侍中門下侍郎平章事竇易直承旨臨階西向稱有制在位者皆再拜宣云顧以薄德嗣守鴻業祗奉詔命感

懼良孫在位者皆再拜侍中奏禮畢帝降座御輦還宮

武宗皇帝穆宗第五子文宗之弟也初封穎王本名瀍初文宗追悔莊恪太子殂不盡道乃以敬宗子陳王成美爲皇太子開成四年冬十月宣制未遑册禮五年正月二日文宗暴疾宰相李珏知樞密劉弘季奉密旨以皇太子監國兩軍中尉仇士良魚弘志矯詔迎穎王於十六宅曰朕自嬰疾疢有加無瘳懼不能躬總萬機日釐庶政稽于古訓謀及大臣用建親賢以貳神器親弟穎王瀍昔在藩邸與朕嘗同師訓

動成儀矩性禀寬仁俾奉昌圖必諧人欲可立爲皇太弟一應軍國政事便令權勾當百辟卿士中外庶臣宜竭乃心輔成予志陳王成美先立爲皇太子以其年尚冲幼未漸師資比日重難不行册命廻踐朱邸式叶至公可復封陳王是夜士良統兵士於十六宅迎太弟赴少陽院百官謁見於東宮思賢殿四日宣詔皇太弟宜即皇帝位宰相楊嗣復攝冢宰十四日受册於正殿時年二十

宣宗皇帝憲宗第十三子長慶元年三月封光王名怡會昌六年三月十一日詔立爲皇太叔權勾當軍國政事翌日即皇帝位時年三十七帝外寬和而內朗嚴寡言視瞻特異會昌朝愈事韜晦羣居游處未嘗有言文宗武宗幸十六宅宴集强誘其言以爲戲劇謂之光叔武宗氣豪尤不爲禮及監國之日哀毀滿容接待群僚決斷庶務人方見其隱德焉

懿宗皇帝宣宗長子會昌六年十月封鄆王本名溫大中十三年八月七日詔立爲皇太子監國十三日即皇帝位時年二十七

僖宗皇帝懿宗第五子初封普王咸通十四年七月十八日制曰朕守大器之重居兆人之上日愼一日如履如臨旰昃勞懷寢興思理涉道猶淺德化未孚而攝養乖方寒暑成癘實有慮於闕政且無暇于怡

神竟未少瘳日加寢劇萬務繁總須有主張考思舊章謀於卿士思闡鴻業式建皇儲第五男普王儼改名儇孝恭溫敬寬和博厚日新令德天假英姿言皆中規動必蹈禮俾崇邦本允叶人心宜立爲皇太子權勾當軍國政事咨爾中外卿士洎于腹心之臣敬保裔子輔成予志各竭乃心以安黎元告布中外知朕意焉二十日皇帝即位時年十二左軍中尉劉行深右軍中尉韓文約居中執軍政

昭宗皇帝懿宗第七子咸通十三年四月封壽王乾符四年授開府儀同三司幽州大都督幽州盧龍等

軍節度押奚契丹管内觀察處置等使帝於僖宗母
弟也尤相親睦自艱難播越常隨侍左右握兵中要
皆奇而愛之文德元年二月僖宗暴不豫時初復宮
闈人心傾矚遽聞袱疾軍民駭愕及大漸之夕未知
所立群臣以吉王最賢又在壽王之上將立之唯軍
容使楊復恭請以壽王監國三月六日宣詔立爲皇
太弟八日即位時年二十二
哀宗皇帝昭宗第九子乾寧四年二月封輝王天復
三年二月拜開府儀同三司充諸道兵馬元帥天佑
元年八月十三日蔣玄暉矯宣昭宗詔即皇帝位時

年十三
後唐明宗太祖養子莊宗朝爲蕃漢馬步軍揔管兼
中書令同光四年二月趙在禮盜據魏州莊宗遣元
行欽將兵攻之不利河南尹張全義密奏請委帝將
兵赴鄴時趙太據邢州王景戡據滄州皆自稱留後
軍鎮多叛三月六日帝至鄴都西南隅御水之南在
禮登水樓謝罪帝謂之曰謀之不臧一至於是吾來
招撫尚可保明當與將士善謀勿貽族滅又出牲餼
勞師帝皆領慰之令蒐閱期以九日攻城八日帝移
營渡河觀音門外分命諸旦進攻是夜從馬直軍吏
有張破敗者號令共殺都將縱火焚營讙譟雷駭五
鼓亂軍徒黨逼帝營言已共諸軍商量且與城中合
勢擊退諸道之師欲主上帝河南令公帝河北且與
軍民爲主幸延昝漏矣帝泣而諭之亂兵乃抽戈露
刃環帝左右呼曰令公欲何之不帝河北則爲他人
所有安重誨霍彦威躡帝足請詭從之亂兵逼帝入
鄴都懸橋已發皆扶帝越河帝既入在禮引將較奉
迎泣謝是日饗士於行宮而始謀亂者城内拒關不
内攣隊流散無所歸向帝登南樓望見謂在禮曰卿
等欲建大計非兵不能集事此輩可不令流散卿等

城守吾自於城外招撫之在禮不敢留帝紿群兇得
出夜宿魏縣部下不滿百人又無兵仗時霍彦威所
將鎮州兵五千人營西北隅一軍獨不亂聞帝得出
又本藩使長也其將較相率歸帝繇是牙軍稍集詰
朝帝登城掩泣曰邦家患難一至於此予旣失勢時
事可知來日歸藩上章徐圖再舉濟之與否非吾所
知也重誨彦威對曰公言非便也國家付公閫外之
事不幸師徒逗撓爲賊驚奔元行欽狂妄小人彼在
城南未聞戰聲無故棄甲如朝天之日信其奏陳何
所不至若歸藩聽命便是强據邀君正墮讒慝之口

也正當星行歸闕面叩玉階讒閒沮謀庶全功業無
便於此者也帝曰善十一月離魏縣之相州時國家
小馬在鉅鹿放牧遣就牧所驅壯馬二千匹至始得
成軍時元行欽退保衛州果以飛語上奏帝上章申
理莊宗遣帝愛子從璟及內官白從訓宣詔諭帝從
璟至衛州爲行欽所械帝奏章不達又以行欽在衛
州乃自白高渡河是月二十六日至汴州時莊宗親
軍至滎澤遣龍驤都尉姚彥溫爲前鋒是日彥溫率
八百騎歸帝且曰京師危迫主上爲行欽所惑事勢
已離難與共事帝曰卿且不忠言何悖也即奪其師

乃令部下曰主上不亮吾心遂令軍情至此所宜但
赴京師命石敬瑭前軍入汜水而房知溫杜晏求自
北面繼至四月丁亥帝入罌子谷聞蕭墻釁作莊宗
晏駕慟哭不自勝謂諸將曰吾比星行赴難君父如
此吾安所歸詰旦朱守殷遣人馳報言京城大亂兩
日以來燔剽不息願令公速至京師救難三日帝幸
至德宮分命諸將止焚剽百官縗衣旅見帝謝之歛
袵歔欷時皇太子繼岌征蜀未還皇弟存霸已下皆
領麾鉞內難前歸鎮帝詔朱守殷曰公善巡徼以待
魏王淑妃德妃在宮供膳尤宜豐備吾奉大行梓宮

幸山陵畢社稷有奉則伏鉞歸藩爲國家當北面之
事是日宰相豆盧革率百寮拜牋勸進帝不從又三
牋勸行監國之儀以安宗社霍彥威孔循等請改國
號不行土德正朔豆盧革不能決安重誨具奏上顧
謂藩邸近侍曰若何改國號爲正朔左右奏曰先帝
以錫氏宗屬爲唐雪冤繼爲昭宗皇帝後國號曰唐
今僞朝舊人不欲殿下稱唐請更名號耳帝因嗚噎
泣下曰異乎予所聞也予年十三事獻祖文皇帝以
予宗屬愛幸不異所生事武皇帝垂三十年何艱險
之不嘗排難解紛櫛風沐雨冒刃血戰體無完膚闘

土開基以至今日即武帝功業予功業也先帝天下
予天下也兄亡弟紹於義何嫌同宗異號出何典禮
人之多僻可見其心曆之衰隆吾當自受蒭言無所
取也彥威等言唐之運曆已衰不如自創新號故上
言衰隆自受執政召廷臣議依違不能決吏部尚書
李琪曰殿下以宗室勳賢立大功於三世一昨雨泣
赴難安定廟朝撫事因心不失舊物若一旦別移統
制先朝便是路人煢煢梓宮何所歸往不惟殿下失
追感舊君之義吾輩何安况以前事宗室言之則漢
昭帝無後霍光徵劉賀宣帝典喪事是也以本朝言

之則孝和元玄眞文宗武宗皆以兄弟出繼典喪事卽位如儲后之儀遵行此禮斷自不疑遂卽帝位

閔帝明宗第三子初封宋王出鎭鄴官長興四年八月明宗不豫十一月二十一日秦王從榮謀逆伏誅明宗徵宋王令宣徽使孟漢瓊馳驛召帝于鄴二十九日至自鄴十二月癸卯卽皇帝位

末帝明宗養子天成初除河東節度使二年加同平章事長興二年授京兆尹西京留守三年移鳳翔節度使四年五月封潞王閔帝卽位加侍中應順元年二月移鎭太原是時不降制書惟以宣授帝聞之召

賓佐將吏謀之皆曰主上年幼未親庶事軍國大政悉委朱弘昭等王必無保全之理判官馬裔孫曰君命召不俟駕行焉諸君凶言熒惑聞聽非令圖也乃罷是夕召行軍副使謀令判官李專美草檄書乞援於諸道藩侯請助兵糧欲問君側之罪閔帝命王思同率兵攻鳳翔三月十五日大集城下十六日帝登城垂泣告諭於外曰我年未二十從先帝征伐出生入死金瘡滿身樹立社稷軍士從我登陣者多矣今朝廷信任賊臣殘害骨肉且我有何罪因慟哭聞者哀之時羽林都指揮使楊思權謂衆曰大相公吾主也遂引軍自西門入嚴衛都指揮使尹暉亦引軍自東門入外軍悉潰十七日索居民家財以賞軍士是日建大將旗鼓整衆而東二十日次長安副留守劉遂雍以城降二十三日次靈口駕下軍執王思同來降是日誅之二十四日次華州收節度使樂彥稠繫獄二十五日次閿鄉王仲皐父子迎謁命誅之二十六日次靈寶河中節度使安彥威來降待罪宥之是日陝州節度使康思立奉迎二十七日次陝州二十八日閔帝招討使康義誠前軍棄甲結隊纍纍而至二十九日義誠至泥首請罪帝上太后牋取進止三

十日太后傳令至幷內司迎奉是夜閔帝出奔四月壬申帝至蔣橋文武百官立班奉迎敎旨以未拜梓宮未可相見是日入謁太后太妃伏梓宮慟哭宰臣馮道等上牋勸進癸酉太后下令以帝爲監國甲戌又下令曰先皇帝櫛風沐雨平定華夷嗣洪業於艱難致蒼生於富庶八年臨御萬彙舒蘇歸牛休馬方期於偃戢宵衣旰食久積於憂勞竟至倦勤俄悲厭代爰自鄂王嗣位姦臣弄權作福作災不誠不信離間我骨肉猜忌我親賢不自制書擅移藩邸而又遽興戈甲大撓軍民遂致鄂王輕棄宗祧不克負荷洪

基大寶危若綴旒須立長君以紹丕構皇長子潞王從珂日躋孝敬天縱聰明有神武之英姿有寬仁之偉量先朝經綸草昧靡靜寰區辛勤有百戰之勞竭盡贊一平之運臣誠子道冠古越今而又克已化民推心撫事率土之謳歌有屬上玄之眷命攸臨一日萬機不可以暫曠九州四海不可以無歸況因山有期同軌斯至永言嗣守屬在元良宜即皇帝位是日暴雨乙亥帝赴西宮告眞遂即帝位

晉少帝高祖從子天福元年爲北京留守二年授開封尹三年封鄭王俄加同平章事六年高祖幸鄴十

二月以帝爲廣晉尹封齊王七年六月即皇帝位

漢隱帝高祖第二子天福十二年高祖踐祚以帝爲左衛將軍簡較司徒尋爲大內都簡較太保乾佑元年二月辛巳授帝特進簡較太尉同平章事封周王宣制畢有頃召文武百寮赴萬歲殿宣制即皇帝位

周世宗太祖養子廣順元年太祖踐祚授澶州節度使簡較太保二年加同平章事三年三月除開封尹晉王顯德元年正月加侍中判內外兵馬事是月丙申宣制即皇帝位

恭帝世宗之子顯德六年六月癸未制授左衛上將軍封梁王甲午宣制即皇帝位

册府元龜

巡按福建監察御史臣李嗣京　訂正
知長樂縣事臣夏允彝叅閲
知建陽縣事臣黄國琦較釋

帝王部十二

中興　告功

中興

夫帝運之興業厚者其緒遠聖德所被澤廣者其民懷雖復嗣世闇衰秉政相繼而厥歴遐裔膂其餘烈兆庶欣戴復主厥祀故夏氏微弱少康起於庖正周

道中絶宣王專其北伐漢光識眞人之讖晉元應渡江之謠雖靈命之有歸亦衆誠之攸贊非夫推亡攻昧勞來安集牢籠如天地慈育如父母其孰能抑揚前軌恢續舊服者哉

夏少康帝相子也帝相立后羿自鉏遷于窮石因夏民以代夏政恃其射也羿善射不修民事而淫于原獸淫放原野棄武羅伯因熊髠龍圉四子皆羿之賢臣而用寒浞寒國北海平壽縣東有寒亭伯明其君名寒浞伯明之讒子弟也伯明后寒棄之夷羿收之夷氏信而使之以爲已相浞行媚于內內宮人而施賂于外愚弄其民欺罔之而虞羿于田樂之以游田樹之詐慝以取其國家樹立也外內咸服信浞詐羿猶不悛悛改也將歸自田羿獵還家衆殺而烹之以食其子食羿子其子不忍食諸死于窮門殺之于國門靡奔有鬲氏靡夏遺臣事羿者有鬲國名今平原鬲縣浞因羿室就其妃妾生澆及豷恃其讒慝詐僞而不德于民使澆用師滅斟灌及斟尋氏二國夏同姓諸侯仲康之子后相所依樂安壽光縣東南有灌亭北海平壽縣東南有斟亭處澆于過處豷于戈過戈皆國名東萊掖縣北有過鄉戈在宋鄭之間靡自有鬲氏收二國之燼燼遺民以滅浞而立少康少康夏后相之子少康滅澆于過后杼滅豷于戈后杼少康子有窮繇是遂亡失人故也又伍員諫吳王曰昔有過澆殺斟灌以

伐斟尋澆寒浞子封於過者二斟夏同姓諸侯襄四年傳曰澆用師滅斟灌滅夏后相夏后相啓孫也后相失國依于二斟復爲澆所滅后緡方娠逃出自竇后緡相妻娠懷身也歸于有仍后緡有仍氏女生少康焉爲仍牧正牧官之長惎澆能戒之惎毒也戒備也澆使椒求之椒澆臣逃奔有虞爲之庖正以除其害虞舜後諸侯也梁國有虞縣庖正掌膳羞之官賴此以得除巳害虞思於是妻之以二姚思有虞君也虞思自以二女妻少康姚虞姓有田一成有衆一旅方十里爲成五百人爲旅能布其德而兆其謀兆始以收夏衆撫其官職襄四年傳曰靡自有鬲氏收二國之燼以滅浞而立少康使女艾諜澆女艾少康臣諜候也使季杼誘豷豷澆弟也季杼少康子后杼也遂滅過戈復禹之績過澆國戈豷國祀夏配天不失舊物

周宣王靜厲王子也初爲太子時厲王爲國人所襲出奔於彘彘晉地漢爲彘縣屬河東太子靜匿召公之家國人聞之乃圍之召公曰昔吾驟諫王王不從以及此難也今殺王太子王其以我爲讎而懟怒乎夫事君者險而不讎在危險之中怨而不怒況事王乎乃以其子代王太子太子竟得脫召公周公二相行政號曰共和共和十四年厲王死于彘太子靜長於召公家二相乃共立之爲王是爲宣王宣王卽位二相輔脩政法文武成康之遺風諸侯復宗周又云宣王承厲王衰亂之敝萬民離散不安其居而能勞來還定安集之至

于矜寡無不得其所故詩人作鴻鴈之篇以美之又云宣王任賢使能周室中興故尹吉甫作烝民之篇

後漢光武王莽末南陽荒饑因賣穀於宛宛人李通等以圖讖說光武光武初不敢當然獨念兄伯升素結賓客必舉大事且王莽敗亡已兆天下方亂遂與定謀於是乃市兵弩與李通從弟軼等起於宛時年二十八遂將賓客還舂陵時光武兄伯升已會衆起兵初諸家子弟恐懼皆亡逃自匿曰伯升殺我及見光武絳衣大冠輿服志曰大冠謂武官冠東觀記曰上時絳衣大冠將軍服也皆驚曰謹厚者乃復爲之乃稍自安伯升於是招新市平林兵新市縣屬江夏郡故城在今郢州富水縣東北平林地名今在隨州隨縣東北與其帥王鳳陳牧西擊長聚聚居也小於鄉曰聚光武初騎牛殺新野尉乃得馬尉秦官秩四百石至二百石也進屠唐子鄉多所誅殺曰屠唐子鄉有唐子山在今唐州湘陽縣西南又殺湖陽尉湖陽屬南陽郡今唐州縣也軍中分財不均衆恚恨欲反攻諸劉光武斂宗人所得物悉以與之衆乃悅進拔棘陽與王莽前隊大夫甄阜屬正梁丘賜戰於小長安續漢書曰淯陽縣有小長安聚故城在今鄧州南陽縣南漢軍大敗更始元年正月甲子朔漢軍復與甄阜梁丘賜戰於沘水西大破之斬阜賜沘水在今唐州沘陽縣南盧江灊縣亦有此水與此有別也伯升又破王莽納言將軍嚴尤秩宗將

軍陳茂于淯陽淯陽縣屬南郡故城在今鄧州南陽縣在淯水之南進圍宛城二月辛巳立劉聖公爲天子以伯升爲大司徒光武爲太常偏將軍三月光武與諸將徇昆陽定陵郾皆下之狥畧也昆陽定陵郾皆縣名並屬潁川郡多得牛馬財物穀數十萬斛轉以饋宛王莽聞阜賜死漢帝立大懼遣大司徒王尋大司空王邑將兵百萬其甲士四十二萬人五月到潁川復與嚴尤陳茂合光武將數千兵徼王莽兵于陽關聚聚名也酈道元水經注曰潁水東南經陽關聚聚夾潁水相對在今雒州陽翟縣西北諸將見尋邑兵盛反走馳入昆陽皆惶怖憂念妻孥孥子也欲散歸諸城光武議曰今兵穀既少而外

寇强大幷力衆之功庶可立如欲分散勢無俱全且宛城未拔謂伯升圖之未拔也不能相救昆陽郡破一日之間諸部亦滅矣今不同心膽共擧功名反欲守妻子財物邪諸將怒曰劉將軍何敢如是光武笑而起會候騎還言大兵且至城北軍陳數百里不見其後諸將遽相謂曰更請劉將軍計之光武復爲圖畫成敗諸將憂迫皆曰諾時城中唯有八九千人光武乃使成國上公王鳳廷尉大將軍王常留守夜自與驃騎大將軍宗佻五威將軍李軼等十三騎王莽置五威將軍其衣服依五方之色以威天下李軼初起循假以爲號出城南門於外收兵時莽軍到

城下者且十萬光武幾不得出旣至郾定陵悉發諸營兵而諸將貪惜財貨欲分留守之光武曰今若破敵珍寶萬倍大功可成如爲所敗首領無餘何財物之有衆乃從嚴尤說王邑曰昆陽城小而堅今假號者在宛亟進大兵亟急也彼必奔走宛敗昆陽自服邑曰吾昔以虎牙將軍圍翟義坐不生得以見責讓翟義方進少子爲東郡太守王莽居攝義心惡之乃立東平王雲子信爲天子義自號天柱大將軍以誅莽莽乃使孫建王尋將兵擊義破之義亡自殺故坐不生得今將百萬之衆遇城而不能下何謂邪遏或爲過遂圍之數十重列營百數雲車十餘丈雲車即樓車稱雲言其高也升之以望敵猶墨子云公輸般爲雲梯之械瞰臨城中俯視曰瞰旗幟蔽野廣雅曰幟幡也埃塵連天鉦鼓之聲聞數百里或爲地道衝輣撞城衝撞車也詩曰臨衝閑閑輣樓車也積弩亂發矢下如雨城中負戶而汲王鳳等乞降不許尋邑自以爲功在漏刻意氣甚逸夜有流星墜營中晝有雲如壞山當營而隕不及地尺而散吏士皆厭伏續漢志曰雲如壞山謂營頭之星也古曰營頭之所墜其下覆軍殺將血流千里六月己卯光武遂與營部俱進自將步騎千餘前去大軍四五里而陳尋邑亦遣兵數千合戰光武自斬首數千級秦法斬首一賜爵一級故因謂斬首爲級諸部喜曰劉將軍平生見小敵怯今見大敵勇甚可怪也且復居前請助將軍光武復

進尋邑兵卻諸部共乘之斬首數百千級連勝遂前時伯升拔宛已三日而光武尚未知乃僞使持書報城中云宛下兵到而陽墮其書尋邑得之不喜諸將旣經累捷膽氣益壯無不一當百光武乃與敢死者三千人從城西水上衝其中堅死謂果敢而死者凡軍中事軍將最尊居中以堅銳自輔故曰中堅也尋邑陳亂乘銳敗之殺王尋城中亦鼓譟而出中外合勢震呼動天地莽兵大潰走者相騰踐奔殪百餘里間殪仆也會大雷風屋瓦皆飛雨下如注滍川盛溢滍水出南陽魯陽縣西堯山東南經昆陽城北東而入虎豹皆股戰士卒爭赴溺死者以萬數水爲不流王邑嚴尤

陳茂輕騎乘死人渡水逃去盡獲其軍實輜重車甲珍寶不可勝筭舉之連月不盡或燔燒其餘光武因復徇下潁陽會伯升爲更始所害更始拜光武爲破虜大將軍封武信侯九月三輔豪傑共誅王莽傳首詣宛更始將北都雒陽以光武行司隸校尉使前整修宮府於是置僚屬作文移從事司察一如舊章時三輔吏士東迎更始見諸將過皆冠幘漢官儀曰幘者古之卑賤不冠者之所服也服婦人衣諸于繡擁諸于大掖衣也如婦人之袿衣擁亦作襬今之半臂也莫不笑之或有畏而走者續漢志曰時知者見之以爲服之不衷身之灾也乃奔入邊郡避之是服妖也其後更始遂爲赤眉所殺及見司隸僚屬皆

歡喜不自勝老吏或垂涕曰不圖今日復見漢官威儀由是識者皆屬心焉及更始至雒陽乃遣光武以破虜將軍行大司馬事十月持節北渡河鎮慰州郡所到郡縣輒見二千石長吏三老官屬下至佐吏考察黜陟如州牧行部事輒平遣囚徒除王莽苛政復漢官名吏人喜悅爭持牛酒迎勞進至邯鄲二年正月光武以王郎新盛乃北徇薊王郎移檄購光武十萬戶而故廣陽王子劉接起兵薊中以應郎城內擾亂轉相驚恐言邯鄲使者方到二千石以下皆出迎於是光武趣駕南轅晨夜不敢入城邑舍食道傍至饒陽縣官屬皆乏食光武乃自稱邯鄲使者入傳舍傳吏方進食從者饑爭奪之傳吏疑其僞乃椎鼓數十通紿言邯鄲將軍至官屬皆失色光武升車欲馳既而懼不免徐還坐曰請邯鄲將軍入久乃駕去傳中人遙語門者閉之門長曰天下詎可知而閉長者乎遂得南出晨夜兼行蒙犯霜雪天時寒面皆破裂至滹沱河無船適遇氷合得過既入信都因發旁縣得四千人先擊堂陽貰縣皆降之王莽和戎卒正邳彤亦舉郡降又昌城人劉植宋子人耿純各率宗親子弟據其縣邑以奉光武於是北降下曲陽衆稍合

樂附者至有數萬人復北擊中山拔盧奴所過發倉命兵移檄邊部共擊邯鄲郡縣還復響應南擊新市眞定元氏房子皆下之因入趙界時王郎大將李育屯柏人漢兵不知而進前部偏將朱浮鄧禹爲育所敗亡失輜重光武在後聞之收浮禹散卒與育戰於郭門大破之盡得其所獲育還保城攻之不下於是引兵拔廣阿會上谷太守耿況漁陽太守彭寵各遣其將吳漢寇恂等將突騎來助擊王郎更始亦遣尚書僕射謝躬討郎光武因大饗士卒遂東圍鉅鹿王郎守將王饒堅守月餘不下郎遣將倪宏劉奉率數

脅人救鉅鹿光武逆戰于南欒（縣名屬鉅鹿郡左傳齊國夏伐晉取欒即其地也其後南徙故加南俗謂之倫聲之轉也）斬首數千級四月進圍邯鄲連破之五月拔其城更始遣侍御史持節立光武爲蕭王悉罷兵詣行在所光武辭以河北未平不就徵自是始貳於更始是時長安政亂四方背叛梁王劉永擅命睢陽公孫述稱王巴蜀李憲自立爲淮南王秦豐自號楚黎王張步起瑯琊董憲起東海延岑起漢中田戎起夷陵並置將帥侵略郡縣又別號諸賊銅馬大彤高湖重連鐵脛大槍尤來上江青犢五校檀鄉五幡五樓富平獲索等各領部曲衆合數百萬

人所在寇掠光武將擊之先遣吳漢北發十部兵幽州牧苗曾不從漢遂斬曾而發其衆秋光武擊銅馬于鄡（縣名屬鉅鹿郡故城在今冀州鹿城縣東）吳漢將突騎來會青陽賊數挑戰光武堅營自守有出鹵掠者輒擊取之絶其糧道月餘日賊食盡夜遁去追至館陶大破之赤眉別帥與大槍青犢十餘萬衆在射犬光武進擊大破之衆皆散走使吳漢岑彭襲殺謝躬于鄴青犢赤眉賊入函谷關攻更始光武乃遣鄧禹率六裨將引兵而西以乘更始赤眉之亂時更始使大司馬朱鮪舞陰王李軼等屯雒陽光武亦令馮異守孟津以拒之

建武元年春正月平陵人方望立前孺子劉嬰爲天子更始遣丞相李松擊斬之光武北擊尤來大槍五幡於元氏追至右北平連破之又戰于順水北乘勝輕進反爲所敗賊追急短兵接（短兵刀劍也）光武自投高岍遇突騎王豐下馬授光武撫其肩而上顧笑謂耿弇曰幾爲虜嗤弇頻射却賊得免士卒死者數千人散兵歸保范陽軍中不見光武或云已殁諸將不知所爲吳漢曰卿曹努力王兄子在南陽何憂無主衆恐懼數日乃定賊雖戰勝而素懾大威客主不相知夜遂引去大軍復進至安次與戰破之斬首三千餘

級入漁陽乃遣吳漢率耿弇陳俊馬武等十二將軍追戰於潞東及平谷大破滅之朱鮪追討難將軍蘇茂攻温馮異寇恂與戰大破之斬其將賈彊於是諸將議上尊號光武驚曰何將軍出是言可斬也乃引軍還薊及行至鄗（縣名今趙州高邑縣也）彊華自關中奉赤伏符至（續漢書曰彊華潁川人）群臣因復奏曰受命之符人應爲大萬里合信不議同情周之白魚曷足比焉今上無天子海内淆亂符瑞之應昭然著聞宜答天神以塞群望光武於是命有司設壇場於鄗南千秋亭五成陌六月己未即皇帝位燔燎告天禋于六宗望於群

神其祝文曰皇天上帝后土神祇𥈭顧降命屬秀黎元爲民父母秀不敢當群下百僚不謀同辭咸曰王莽篡弑竊位秀發憤興義兵破王尋王邑百萬衆於昆陽誅王郎銅馬赤眉青犢賊平定天下海内蒙恩上當天心下爲元元所歸讖記曰劉秀發兵捕不道卯金脩德爲天子秀猶固辭至于再至于三群下僉曰皇天大命不可稽留敢不敬承於是改元爲建武

晉元帝宣帝曾孫累加安東將軍都督揚州諸軍事永嘉初用王導計始鎮建鄴加鎮東大將軍及懷帝蒙塵於平陽司空荀藩等移檄天下推帝爲盟主江

州刺史華軼不從使豫章内史周廣前江州刺史衛展討擒之愍帝即位加左丞相歲餘進位丞相大都督中外諸軍事遣諸將分定江東斬叛者孫弼於宣城平杜弢於湘州承制赦荆揚及西都不守帝出師露次躬擐甲胄移檄四方徵天下之兵尅日進討明年二月辛巳平東將軍宋哲至宣愍帝詔曰遭運屯否皇綱不振朕以寡德奉承洪緒不能祈天永命紹隆中興至使凶胡敢帥犬羊逼迫京華朕今幽塞窮城憂慮萬端恐一旦無託卿指諮丞相具宣朕意使攝萬機時據舊都脩復陵廟以雪大耻三月帝素服出次舉哀三日西陽王羕及群僚參佐州正牧守等上尊號帝不許羕等以死固請至于再三帝慨然流涕曰孤罪人也惟有蹈節死義以雪天下之耻庶贖鈇鉞之誅吾本琅琊王諸賢見逼不已乃呼私奴命駕將反國群臣乃不敢逼請依魏晉故事爲晉王許之辛卯即王位改元建武元年諸參軍拜奉車都尉掾屬駙馬都尉辟掾屬百餘人時人謂之百六掾乃備百官立宗廟社稷于建康二年三月癸丑愍帝訃至帝斬縗居廬丙辰百僚上尊號令曰孤以不德當厄運之極臣節未立營救未舉夙夜所以忘寢食也

今宗廟廢絶億兆無係群臣庶尹咸勉之以大政亦何以辭輒敬從百執是日即皇帝位改元大興大赦天下四年春鮮卑末波奉皇帝信璽庚戌告於太廟乃受之

告功

夫王者之師所以征不庭而遏亂略震皇靈而昭文德者焉當其戎狄憑陵侵軼邊境蛇豕跋扈背違文告則恭行天討弔彼民患及夫戡難而振旅也乃命有司擇吉日布六師備凱樂獻于九廟陳于大社上以修薦告之典下以行飲至之禮歸功於祖考讓德

于穹昊以至行過之地下詔而錫嘉名受降之壤刊石以載丕績皆所以示休烈於兆庶揚天聲於華夷俾赫赫之盛播于風雅故頌曰維天之命於穆不已此周人以太平告文王也信乎盛德之事哉

周武王克商之明日除道脩社及商紂宫及期百夫荷罕旗以先驅（九旒雲罕皆旗名）武王弟叔振鐸奉陳常車周公旦把大鉞畢公把小鉞以夾武王散宜生太顛閎夭皆執劍以衛武王王既入立于社南大卒左右畢從毛叔鄭奉明水（司烜氏以鑑取明水於月以爲玄酒）衛康叔封布玆（玆者藉席之名諸侯病曰負玆）召公奭贊采師尚父牽牲尹佚筴

祝曰殷之末孫季紂殄廢先王明德侮蔑神祇不祀昏暴商邑百姓其章顯聞于天皇上帝於是武王再拜稽首曰膺更大命革殷受天明命武王又再拜稽首乃出

漢武帝元鼎六年冬將幸緱（上侯反）氏至左邑桐鄉聞南越呂嘉破以爲聞喜縣春至汲新中鄉得呂嘉始爲獲嘉縣

元帝建昭四年正月以誅郅支單于告祠郊廟赦天下群臣上壽置酒以其圖書示後宫貴人（討郅支之圖書也）

後漢光武建武三年閏正月赤眉君臣面縛奉高皇帝璽綬詔曰群盜縱横賊害元元盆子竊尊號亂惑天下朕奮兵討擊應時崩解十餘萬衆束手降伏先帝璽綬歸之王府斯皆祖宗之靈士人之力朕曷足以饗斯哉其擇吉日祀高廟

和帝永元元年六月車騎將軍竇憲大破匈奴閏七月詔曰匈奴背叛爲害久遠賴祖宗之靈師克有捷醜虜破碎遂掃厥庭（庭謂單于所嘗居也）役不再籍（猶言籍不再舉）萬里清蕩非朕小子眇身所能克堪有司其案舊典告類薦功以彰休烈

魏太祖建安二十一年二月平張魯還鄴有司以太

牢告至策勳于廟

高貴鄉公甘露三年二月大將軍司馬文王陷壽春城斬諸葛誕三月詔曰古先克敵收其屍以爲京觀所以懲昏逆而彰武功也漢孝武元鼎中改桐鄉爲聞喜新鄉爲獲嘉以著南越之亡大將軍親總六戎營據丘頭內夷群凶外殄寇虜功濟兆民聲振四海克敵之地宜有令名其改丘頭爲武丘以武平亂後世不忘亦京觀二邑之義也

後魏太武正平元年三月至自南伐飲至策勳告于宗廟

孝文延興二年三月太上皇至自北討飲至策勳告于宗廟

太和十九年五月至自南伐齊告于太廟

二十三年正月帝伐齊至自鄴告于廟社行飲至策勳之禮

後周武帝建德六年四月平齊自鄴還京列齊王於前其王公等並從車輦旗幟及品物以次陳於其後大駕布六軍備凱樂獻俘於太廟京邑觀者稱萬歲

隋高祖開皇九年四月晉王平陳還帝幸驪山親勞之三軍凱入獻俘於太廟

唐高祖武德元年十一月秦王平薛仁杲凱旋獻俘於太廟

四年六月秦王平王世充竇建德凱旋親被黃金甲陳鐵馬萬餘騎甲士十三萬人前後部鼓吹俘二僞王及隋神器輦輅獻于太廟帝大悅行飲至禮以享焉

太宗貞觀四年二月大同道行軍副總管張寶相生擒頡利可汗獻於京師帝以頡利可汗告於太廟

十九年六月帝親征高麗次安市城高麗別將高延壽等帥兵十五萬以拒王師大總管李世勣率兵奮擊帝自高峰引軍臨之殺獲不可勝紀延壽等以其衆降因名所幸爲駐蹕山刻石紀功焉

二十年三月至自遼東獻俘授馘備法駕具凱旋之禮蠻夷君長及京邑士女夾道陳設觀者塡噎咸稱萬歲

八月帝幸靈州又幸漢故甘泉宮詔曰朕勞形育物盡敬承天蠢動不安櫛風而罔倦荒隅未靜救焚而靡息獨運方寸貫徹上玄凝想冕旒化行戎狄是知惟天爲大合其德者弗違謂地蓋厚體其仁者光被故能彌綸八極輿蓋兩儀上帝福謙斯其効矣彼匈

奴者與開闢以俱生奄有龍庭共上皇而並列僭稱驕子分天街于紫宸仰應旄頭抗大禮于皇極流殃構禍連年壓境射鵰馳騎亟飲灞川如矢騰氛頻驚渭汭貽先皇之動色俾黎庶之塗原社稷爲虞軫情何已自朕御天下二紀于茲曩者聊命偏師遂擒頡利今茲始弘廟略已滅延陁雖則鑾駕出征未踰郊甸前驅所鞬纔掩塞垣長策風行已振金微之表揚威電發遠讋沙場之外遂使鴈山之北無復單于龍燭之南大開封域其契苾車必俟斤及鐵勒諸姓迴紇胡祿俟利發等總統百餘萬戶散出北濱遠遣使

人委身內屬請同編列並爲州郡引領翹足暴十日而行油雲延首求哀沉九泉而請營魄朕當暫幸靈州親撫歸附弘茲肆赦加以施生頒惠天隅曜威靈朔收其瀚海盡入提封解其辮髮並垂冠帶混元以降殊未前聞無疆之業永貽來裔古人所不能致今既吞之前王所不能屈今咸滅之斯實書契所未有古今之壯觀豈朕一人獨能宣力蓋餘上靈儲祉錫以太康宗廟威靈成茲克定卽備禮告於清廟仍以大慶頒示普天俾與黎元同茲有賴

二十二年五月右衞率長史王玄策俘帝那伏王阿

羅那順以詣闕太宗大悅謂群臣曰夫人耳目玩於聲色口鼻耽於臭味此乃敗德之源若波羅門不劫掠我使人豈致俘虜耶緬尋惟昔中山以貪寶取斃蜀侯以金牛致滅莫不繇之乃詔所司以一太牢虔告宗廟

閏十二月崑山道摠管阿史那社爾破龜茲執其王訶利布失畢及其相那利以歸明年正月辛亥獻于社稷壬子獻于紫微殿

高宗永徽元年九月庚子右驍衞郎將高侃執車鼻可汗至京師癸卯獻于社廟又獻于昭陵甲寅獻于武德殿

顯慶三年十一月伊麗道行軍副總管蕭嗣業擒阿史那賀魯至京師甲午獻于昭陵丙申告于太社初賀魯等俘虜將至帝謂侍臣曰賀魯蒙先朝恩禮割二千餘帳令其統轄背恩忘義自取滅亡今欲先獻俘于昭陵可乎許敬宗對曰古者出師凱旋則飲至策勳于廟若諸侯以王命討不庭亦獻俘馘于天子近代軍將征伐克捷亦用斯禮未聞獻于陵所也伏以園寢嚴敬義同清廟陛下孝思所發在禮無違亦可行也

總章元年十月司空李勣破高麗虜高藏男建男產等以歸京師帝令領高藏等俘四便道獻于昭陵仍備軍容奏凱歌入京城獻于太廟十二月帝親祠南郊以高麗平昭告上帝

玄宗開元二十年三月信安王禕及幽州長史趙含章大破叛奚及契丹於幽州之北勑曰誅有罪討不庭去其蟊螣登于仁壽固以俯安庶類仰叶靈心頃以兩蕃背恩爰命龔伐精意虔告順天行誅干旄所指不戰而潰山谷遺類盡爲俘馘疾如震霆動若神助豈非昊穹垂福陵廟降靈故得萬旅安全一隅澄

晏永惟昭感之著先洽顧懷之福虔奉明靈載洊寅畏宜令所司擇日發使告享諸陵廟又命王浚親統奚契丹俘虜告廟

二十二年六月幽州節度副大使張守珪大破林胡遣使獻捷勅曰邊境爲患莫甚於林胡朝廷是虞幾煩於將帥而車徒屢出芻粟載勞使燕趙黎萌畧無寧歲而山戎種落嘗爲匪人近者輒變梟聲敢爲獸搏幽州節度副大使張守珪等秉閒電發表裏齊攻積年逋誅一朝翦滅則東北之祲便以廓清河朔之人頓寬征伐此皆上憑九廟之略下伏群帥之功今

旣凱旋敢不以獻宜擇日告九廟所司准式

二十八年八月幽州節度使奏破奚契丹勅曰蕞爾狂胡尚有餘孽近令討襲應時摧敗豈朕菲德能茂厥功此繇宗廟之靈所以然也宜擇日告廟

天寶五載正月巳巳獻隴右所獲吐蕃突厥俘于太清宮庚午獻于太廟

肅宗至德二年九月元帥廣平王收西京甲辰捷書至行在百僚稱賀卽日告捷於蜀太上皇遣宰相裴冕入京告郊廟社稷

上元元年十月元帥廣平王奏收懷州城生擒七千餘衆是月獻俘於太廟

二年二月河南逆賊劉展反斬僞署大將軍汲子澄楊子英等九人並傳首至京告于太廟梟諸街市

代宗寶應二年四月命有司饗太廟兼告獻逆賊史朝義首

大曆二年正月華州逆賊周智光平梟首于皇城之南街以示衆命有司具儀奏告太清宮及太廟七陵

德宗貞元元年八月河中平傳李懷光首至告于太廟

憲宗元和元年八月西川節度使高崇文平蜀成都

十月戊子詔左右神策兵領逆賊劉闢等自臨皐驛至闕下帝御興安樓命中使降樓詰其反狀闢曰臣不敢反五院子弟爲惡臣不能制帝又令詰之曰朕遣中使送旌節告身何不受闢引罪無辭命獻太清宮太廟太社卽日並戮于子城之西南隅

十二年十月淮西平十一月丙戌朔帝御興安門文武百官分序街之左右六軍備衛逆賊吳元濟見于樓下命獻于太廟太社畢徇東西市乃斬于子城西南隅

十四年二月魏博節度使田弘正遣使獻逆賊李師

道之首命左右軍兵衛之先獻于太廟郊社帝御興
安門百寮於樓下列位稱賀
穆宗長慶元年四月河北諸道平中書門下奏伏以
太宗平突厥高宗平高麗皆告陵廟蓋以高祖嘗畜
憤於北虜太宗亦銳氣於東夷武功未終俟聖繼至
亦旣平盪所宜啓告伏以鎮冀一道弔罰再加幽薊
八州兵戎數起陛下仁聖臨御皆使自効忠誠不勞
干戈盡復區宇祖宗宿憤霧廓煙消兵力所致功實
相萬豈必獻俘函首方告清廟詩曰維天之命太平
告文王也考之經典義亦相符望下禮官撰儀擇日

薦告太廟以彰陛下纘服之業上慰聖靈從之五月
巳酉告于太廟
二年八月汴州平逆賊李岕梟首及其男四人至京
師分命攝太尉三人告社稷太廟太清宮詔曰汴州
逆賊李岕竊據城池坐邀符節率其兇黨敢拒王師
今旣梟首於闕下宜令所司准式其男道源道樞道
倫道安等叛逆之子固不可原理須正刑宜集衆處
斬以左右神策兵各三百人防押卽日行刑於京城
之西市
武宗會昌四年八月辛巳朔平澤潞劉稹傳首京師
帝御興安門獻于宗廟社稷百官樓前稱賀
僖宗中和四年六月徐州節度使時溥進表行在獻
黃巢首級帝獻賊首於行廟受百僚賀
昭宗龍紀元年二月汴州行軍司馬李璠檻送蔡賊
秦宗權幷妻趙以獻帝御延喜門受俘百寮稱賀以
之徇市告廟社宗權斬於獨柳趙笞死
乾寧元年十一月慶州奏邠州節度使王行瑜將家
族五百人到州界爲部下所殺傳首闕下帝御延喜
樓獻行瑜首于太廟初行瑜弟行約行實謀挾帝入
邠州事覺討之至是傳首到闕

後唐莊宗初爲晉王天祐十一年正月平幽薊還以
劉守光告南宮七廟是日與其黨李小喜鄭藏斐皆
伏法
同光四年二月有司奏僞蜀主王衍到闕日准禮差
官告太微宮太廟太稷武成王廟從之
明宗天成四年二月王晏球平定州王都獻俘馘帝
御咸安樓受之刑部侍郎張文寶奏曰逆賊王都首
級請付所司大理卿蕭希甫受之以出獻于郊社畢
於街市號令王都男四人弟一人禿餒父子二人並
磔於開封橋文武百官稱賀于樓前

周太祖廣順二年五月以平定兗州梟夷逆黨差官告社稷郊廟

冊府元龜

冊府元龜　帝王部　告功　卷之十二　二十三

冊府元龜

巡按福建監察御史臣李嗣京訂正

知閩縣事臣曹門臣叅閲

知　陽縣事臣黄國奇較釋

帝王部十三

都邑

周禮曰惟王建國辨方正位體國經野以爲民極春秋傳曰有宗廟先君之主曰都巢穴已徙棟宇未備顧民遷徙不嘗厥居伏羲而下可得而紀或基乎始興就爲之制或測景地中用安九𢈔或相其形勝以

從便利故王畿千里法日月之經天府四塞保河山之固提封萬井旁流百川内則闕庭神麗宮室翬飛倣太紫之圖方順陰陽而開闔于以嚮明布政懸法示人訪道栖神登降有序錄是景靈翔集佳氣鬱葱善哉鄭侯之言天子以四海爲家非令壯麗無以重威者也乃至通門十二經涂九軌順流爲沼造舟爲梁厥初經營咸存軌制詩不云乎京邑翼翼四方是則于以見化民成俗里仁處義維桑維梓雞犬相聞熙熙之衆咸躋壽域者矣且夫端拱清穆王者之大德樂生懷土庶物之嘗情故商民屢遷民用胥怨自耿至亳弗堪其勞班固所以賦兩都者蓋明安土重遷之深旨也

伏羲氏居太昊之墟 今陳州是

神農氏初都陳後徙于魯

黄帝受國號有熊居軒轅之丘 在窮山之際西射之南 邑于涿鹿之阿遷徙往來無嘗處以師兵爲營衛 又曰上谷涿鹿黄帝所都

少昊邑于窮桑 在魯城北 後徙曲阜 今魯城中

顓頊都帝丘 今東都濮陽是

帝嚳高辛氏都亳 今河南偃師是

堯爲唐侯都中山後徙河東平陽 在平河之陽

舜都蒲坂或言平陽或言潘 潘上谷也 或言居漢中郡西城西北嬀墟

夏禹初受封陽翟 今許州縣 後都平陽或在安邑或在晋陽

殷始祖契與於唐虞大禹之際功業著于百姓其孫相土封于商 今上洛商邑 自契至湯八遷始居南亳 梁國谷熟即梁都也 從先王居 契父帝嚳都亳湯自商丘遷焉故曰從先王居

太甲嘗居鄣 今相州縣

仲丁遷囂 太戊子去亳囂音敖地名 作仲丁 陳遷都之義

亶甲居相仲丁弟相地名在河北作河亶甲
祖乙圮于耿亶甲子乙自相遷於耿河水所毀曰圮作祖乙仲丁河亶甲祖乙三篇皆亡書
盤庚時殷巳都河北盤庚渡河南復居成湯之故居
乃五遷無定處民咨胥怨胥相也民不欲徙乃咨嗟憂愁相與怨上作盤
庚三篇
武乙立殷復去亳徙河北
紂都河内朝歌
周始祖后稷堯時封於邰音台地名在扶風子不窋失其官
而犇戎狄之間至不窋孫公劉之子慶節始歸於豳

新平漆縣之東北有豳縣後十世古公亶父避狄人之攻遂去豳
渡漆沮踰梁山止於岐山山在扶風美陽西北其南有周原邑於周地故始改國曰周幽人隨之古公乃營築城郭室屋而邑別居之
文王自岐山徙都豐一曰文王居陳徙都豐又曰美陽中水鄉文王所居作靈
臺靈囿靈沼神之精明者曰靈四方而高者曰臺言文王化行似神之精明故以名焉
武王遷鎬長安豐亭有鎬池詩曰考卜維王宅是鎬京維龜正之武王成之既伐商
至于周自夜不寐周公旦卽王所曰曷為不寐王曰
告女維天不饗殷自發未生於今六十年麋鹿在牧
又云夷羊在牧夷羊怪物也蜚鴻滿野天不享殷乃今有成維天
建殷其登名民三百六十夫不顯亦不賓滅一云不顧夫亦
不賓夫滅又一云不顧亦不恤也以至今我未定天保何暇寐王曰
定天保依天室悉求夫惡貶從殷王受日夜勞來定
我西土我惟顯服及德方明自雒汭延于殷汭居易
毋固其有夏之居夏居河南初在陽城後居陽翟我南望三塗北望
嶽鄙顧詹有河周書度邑曰武王問太公曰吾將因有夏之居也南望過于三塗北詹望于清河粤詹雒伊毋遠天室營周居于雒邑而後去
成王使召公相宅作召誥召公以成王新卽政因相宅以作誥曰惟二
月既望周公攝政七年二月十五日日月相望因紀之越六日乙未王朝步
自周則至于豐於巳後望六月二十一日成王朝行從鎬京則至于豐以遷都之事告文王廟告文王則告武王可知以祖見考惟太保先周公相宅太保召公也召公於

周公前相視雒居周公後往越若來三月惟丙午朏越三日戊申
太保朝至于雒卜宅朏明也月三日明生之名於順來三月丙午朏于朏三日三月五日召公早朝至于雒邑相上所居厥既得卜則經營其巳得吉卜則經營規度城廓郊廟朝市之位越三日庚戌太保乃以庶殷攻位于雒汭越
五日甲寅位成于戊申三日庚戌以衆殷之民治都邑之位於雒水北今河南城也於庚戌以五日所治之位皆成言衆殷本其所繇來若翼日乙卯周公朝至于雒周公順位成之明日而朝至于雒汭則達觀于新邑營周公通達觀新邑所營言周徧
越三日丁巳用牲于郊牛二于乙卯三日用牲告立郊位於天以后稷配故二牛后稷貶于天有羊豕不見可知越翼日戊午乃社于新邑牛一羊
一豕一告以社稷之位用太牢共工氏子曰勾龍能平水土祀以為社用祖后稷能殖百穀祀以

爲稷社稷共牢初周公營成周使來告卜作雒誥曰周公拜手稽首曰予惟乙卯朝至于雒師致政在冬本其春來至雒衆說始卜定都之意我卜河朔黎水我乃卜澗水東瀍水西惟雒食我使人卜河北黎水不吉又卜澗瀍之間南近雒吉河南也卜必先墨畫龜然後灼之兆順食墨我又卜瀍水東亦惟雒食伻來以圖及獻卜今雒陽也將定下都遷殷頑民故并卜之遣使以所卜地圖及獻所卜吉兆來告成王王拜手稽首曰公不敢不敬天之休來相宅其作周匹休成王尊敬周公答其拜手稽首而受其言述而美之言公不敢不敬天之美來相宅其作周以配天之美公既定宅伻來來視予卜休嘗吉我二人共貞言公前以定宅遣使來來視我以所卜之美嘗居之吉我與公共正其美公其以予萬億年敬天之休

宣王嗣位國富人殷於是築宮廟群寢既成而釁之歌斯干之詩以落之

平王都河南郡南故郟鄏地先是武王遷九鼎周公致太平營以爲都是爲王城至平王居之或稱周伐紂居雒邑綜其實不然武王營之成王使召公卜居九鼎焉而周復都豐鄗至犬戎敗幽王周乃東徙于雒邑春秋時謂之王城方七百二十丈郛方七十里南望雒水北當陝山去今雒陽城四十里

漢高祖二年都櫟陽

五年十二月既平項羽二月甲午漢王即皇帝位于汜水之陽乃西都雒陽五月兵皆罷歸家六月戍卒劉敬敬本姓婁賜姓劉說曰陛下都雒陽豈欲與周室比隆哉帝曰然敬曰陛下取天下與周異周之先自后稷堯封之邰積德絫善十餘世絫古纍字公劉避桀居豳太王以狄伐故去豳杖馬箠去居岐箠馬策也杖謂柱之也云杖馬箠者以示無所攜持也國人爭歸之及文王爲西伯斷虞芮訟二國爭田化文王之德而自和也始受命呂望伯夷自海濱來歸之武王伐紂不期而會孟津上者八百諸侯遂滅殷成王即位周公之屬傅相焉廼營成周都雒以爲此天下中中音竹仲反諸侯四方納貢職道里均矣有德則易以王無德則易以亡凡居此者欲令務以德致人不欲阻險令後世驕奢以虐民也及周之衰分而爲二謂東

周君西周君天下莫朝周周不能制非德薄形勢弱也今陛下起豐沛收卒三千人以之徑往卷蜀漢定三秦與項籍戰滎陽大戰七十小戰四十使天下之民肝腦塗地父子暴骸中野不可勝數哭泣之聲不絶傷夷者未起而欲比隆成康之時臣竊以爲不侔矣且夫秦地被山帶河四塞以爲固卒然有急百萬之衆可具因秦之固資甚美膏腴之地此所謂天府陛下入關而都之山東雖亂秦故地可全而有也與人鬭不搤其亢拊其背未能全勝亢喉嚨也搤與扼同謂捉持之也今陛下入關而都案秦之故此亦搤天下之亢而拊其背

也帝以問羣臣羣臣皆山東人爭言周數百年秦二世則亡不如都周東有成皋西有殽黽殽山也黽地名皆河鄉雒其固亦足恃鄉讀曰嚮張良曰雒陽雖有此固其中小不過數百里地薄四面受敵此非用武之國夫關中左殽函右隴蜀沃野千里南有巴蜀之饒北有胡苑之利阻三面而固守獨以一面東制諸侯諸侯安定河渭漕輓天下西給京師輓音晚諸侯有變順流而下足以委輸此所謂金城千里天府之國劉敬說是也於是即日車駕西都長安後九月徙諸侯於關中治長樂宮

七年二月高帝自將擊韓王信還至長安蕭何治未央宮立東闕北闕前殿武庫太倉帝見其壯麗甚怒謂何曰天下匈匈勞苦數歲成敗未可知是何治宮室過度也何曰天下方未定固可因以就宮室且夫天子以四海爲家非令壯麗亡以重威且亡令後世有以加也亡音無帝說遂自櫟陽徙都長安

惠帝元年正月城長安長安城方六十三里經緯令長十五里十二城門九百七十三頃城中皆屬長安今長安北黑壤城中土其赤如火其堅如石父老所傳盡鑿龍首山爲城

二年起黃山宮

三年春發長安六百里內男女十四萬六千人城長安三十日罷

六月發諸侯王列侯徒隸二萬人城長安

五年正月復發長安六百里內男女十四萬五千人城長安三十日罷九月長安城成

六年六月起長安西市修敖倉

武帝建元三年春作便門橋去長安四十四里在長安西北茂陵東便門即平門也又起集靈宮于華陰起蘭池宮于右扶風渭城

元狩三年秋發謫吏穿昆明池以舊吏弄法故謫使穿更發有貲者爲吏也西南夷昆明國有滇池方三百里漢使求身毒國而爲昆明所閉今欲伐之故作昆明池象之以習水戰在長安西南周迴四十里食貨志又載時越欲與漢用船戰伐遂乃大脩昆明池也謫吏吏有罪者罰

而役之滇音顚

元鼎元年春起柏梁臺或曰用柏頭梁作臺也三輔舊事云以香栢爲之今書皆作柏字

元封二年夏作甘泉通天臺長安飛廉館飛廉神禽能致風氣也飛廉身似鹿頭如雀有角而蛇尾文如豹文通天臺者言此臺高上通于天也漢官儀云高三十丈望見長安城

太初元年二月起建章宮越匠名勇謂帝曰越國有火災即復大起宮室以壓勝之故帝作建章宮在未央宮西今長安故城西俗所呼文身樓者即建章宮之闕也

四月秋起明光宮三輔黃圖云在城中

宣帝神爵三年春起樂游苑三輔黃圖云杜陵西北又關中記云帝立廟於

曲池之北號樂游按其處則今之所呼樂游廟者是也其餘基尚可識焉蓋本爲苑後因立廟樂音來各反

元帝時翼奉以宮室苑囿奢泰難供以故民困國虛亡累年之蓄所繇來久不改其本難以正末乃上疏曰臣聞昔者盤庚改邑以興殷道聖人美之竊聞漢德隆盛在於孝文皇帝躬行節儉外省繇役其時未有甘泉建章及上林中諸離宮館也未央宮又無高門武臺麒麟鳳凰白虎玉堂金華之殿獨有前殿曲臺漸臺宣室溫室承明耳孝文欲作一臺度用百金度計也大各反重民之財廢而不爲其積土基至今猶存今在

新豐縣南驪山頂上也又下遺詔不起山墳故其時天下太和百姓洽足德流後嗣如令處於當今因此制度必不能成功名天道有常王道亡常亡常者所以應有常也必有非常之主然後能立非常之功臣願陛下徙都於成周左據成皋右阻黽池前鄉嵩高後介大河建滎陽扶河東南北千里以爲關而入敖倉地方百里者八九足以自娛東厭諸侯之權西遠羌胡之難厭抑也一葉反遠于萬反陛下恭己無爲案成周之居兼盤庚之德萬歲之後長爲高宗漢家郊兆寢廟祭祀之禮多不應古臣奉誠難亶居而改作亶居猶虛居也欲徙都乃可更制度也亶讀曰但但居謂依舊都也故願陛下遷都正本衆制皆定亡復繕治宮館不急之費歲可餘一年之蓄臣聞三代之祖積德以王然皆不過數百年而絕周至成王有上賢之材因文武之業以周召爲輔有司各敬其事在位莫非其人所用皆賢材也天下甫二世耳甫始也然周公猶作詩書深戒成王以恐失天下書則曰王毋若殷王紂周書亡逸篇也其書曰周公曰嗚呼毋若殷王紂之迷亂酗于酒德哉是也其詩則曰殷之未喪師克配上帝宜監于殷駿命不易詩大雅文王之詩也師衆也駿大也言殷家自帝乙以上未喪天下之時皆能配天而行至紂荒怠自取敗滅今宜以殷王賢愚爲鏡知天之大命甚難也今漢初取天下起於豐沛以兵征伐

德化未洽後世奢侈國家之費當數代之用非直費財又乃費士孝武之世暴骨四夷不可勝數有天下雖未久至於陛下八世九主矣呂后爲主不得爲世故八世九主矣雖有成王之明然無周召之佐今東方連年饑饉加之以疾疫百姓菜色或至相食人專食菜故肌膚青黃爲菜色也地比震動天氣溷濁日光侵奪比頻也溷汙也下頓反繇此言之執國政者豈不可以懷怵惕而戒萬分之一乎故臣願陛下因天變而徙都所謂與天下更始者也天道終而復始窮則反本故能延長而亡窮也今漢道未終陛下本而始之於以永世延祚不亦優乎如因丙子

之孟夏順太陽以東行如今因丙子之四月也太陽是時在甲戌當轉在乙亥丙
子左旋之也到後七年之明歲必有五年餘之蓄然後大
行考室之禮凡宮新成殺牲以釁祭致其日祀之神謂之考室考成其禮也詩小雅斯干之
詩曰秩秩斯干宣王考室也故奉引之雖周之隆盛亡以加此唯陛下
留神詳察萬世之策書奏天子異其意答曰問奉今
園廟有七云東徙狀何如奉對曰昔成王徙雒盤庚
遷殷其所避就皆陛下所明知也非有聖明不能一
變天下之道臣奉愚戇狂惑唯陛下裁赦帝不從
平帝元始元年六月罷明光宮及三輔馳道
後漢光武建武元年六月即位于鄗今趙州鄗邑縣十月車

駕入雒陽幸南宮却非殿遂定都焉雒陽城有十二
門其正南一門曰平風門平風門爲官門不置候置屯司馬秩千石北宮
屬衛尉其餘上西門雍門廣陽津門小苑門開陽門
耗門中東門上東門穀門夏門凡十一門雒陽二十四街街一
亭十二城門門一亭也
十四年正月起南宮前殿
十九年脩西京宮室
明帝永平五年自長安迎取飛廉幷銅馬置上西門
外名平樂館
章帝建初中杜陵人杜篤以關中表裡山河先帝舊
京不宜改營雒邑乃上奏論都賦欲令車駕遷還長
安耆老聞者皆動懷土之心莫不眷然佇立西望徐
州刺史王景以宮廟已立恐人情疑惑會時有神雀
諸瑞乃作金人論頌雒邑之美天人之符帝乃止
順帝陽嘉元年起西苑脩飾宮殿
桓帝延熹二年七月初造顯陽苑後又餙芳林而考
濯龍之宮薛綜注東京賦云濯龍殿名芳林謂兩旁樹木蘭也考成也既成而祭之左傳曰考
仲子之宮
靈帝光和三年作畢圭靈昆苑畢圭有苑二東畢圭苑周一千五百步中
有魚梁臺西畢圭觀周三千三百步並在雒陽宣平門外也

五年起四百尺觀於阿亭道
中平二年造萬金堂於西園
獻帝初平元年二月丁亥遷都長安董卓驅徙京師
百姓悉西入關自留屯畢圭苑三月乙巳車駕入長
安幸未央宮己酉卓焚雒陽宮廟及人家初卓欲遷
都長安召公卿以下議曰高祖都關中十有一世光
武宮雒陽於今亦十世矣案石包讖宜徙都長安以
應天人之意百官無敢言者司徒楊彪曰移都改制
天下大事故盤庚五遷殷民胥怨殷王盤庚遷都于殷殷人相與怨恨
也初湯遷亳仲丁遷囂河亶甲居相祖乙居耿幷盤庚五也昔關中遭王莽變亂

宮室焚燒民庶塗炭百不一在光武受命更都雒邑今天下無虞虞度也言無可度之事也書曰四方無虞百姓樂安明公建立聖主光隆漢祚無故捐宗廟棄園陵恐百姓驚動必有糜沸之亂如糜粥之事也詩曰如沸如羹石包讖謠妖邪之書豈可信用卓曰關中肥饒故秦得幷吞六國且隴右材木自出致之甚易又杜陵南山下有武帝故瓦陶竈數千所幷功營之可使一朝而辦百姓何足與議若有前卻我有大兵驅之可令詣滄海言不敢避險難也彪曰天下動之至易安之甚難惟明公慮焉卓作色曰公欲沮國計邪沮止也太尉黃琬曰此國之大事楊公

之言得無可思卓不答司空荀爽見卓意壯恐害彪等因從容言曰相國豈樂此邪山東兵起非一日可禁故當遷以圖之此秦漢之勢也卓意少解爽私謂彪曰諸君堅爭不止禍必有歸故吾不爲也議罷卓使司隸較尉宣播以災異奏免琬彪等

建安元年七月帝還雒陽假丞相曹公節鉞錄尚書事雒陽殘破董昭等勸曹公都許九月車駕轘轅而東以曹公爲大將軍封武平侯自帝西遷朝廷日亂至是宗廟社稷制度始立孔融爲少府帝初都許融以爲宜畧依舊制度王畿正司隸所部爲千里之封乃引公卿上書言其義

魏太祖以漢獻帝建安十八年五月封爲魏公九月作金虎臺鑿渠引漳水入白溝以通河初建安十五年太祖爲丞相作銅雀臺于鄴

文帝黃初元年十一月既受漢禪十二月初營雒陽宮戊午幸雒陽是時帝居北宮以建始殿朝羣臣門曰承明陳思王詩曰謁帝承明廬是也

二年築凌雲臺

三年穿靈芝池

五年穿天淵池

七年築九華臺

明帝太和六年九月治許昌宮起景福承光殿時長安雒陽許昌譙鄴謂之五都

青龍三年大治雒陽宮起昭陽太極殿築總章觀秋八月丁巳命有司復築崇華殿改名九龍殿

景初元年銅鑄巨人二號翁仲置之司馬門外

晉武帝泰始元年十二月受魏禪都雒陽

惠帝永興元年六月新作三城門

元帝建武元年三月即晉王位乃備百官立宗廟社稷于建康今昇州是

成帝咸和五年九月造新宮始繕苑城

七年十二月庚戌帝遷于新宮
咸康二年十月新作朱雀浮桁橋
孝武太元三年二月作新宮帝移居會稽王邸
七月帝入新宮先是謝安輔政宮室毀壞安欲繕之尚書令王彪之等以外寇爲諫安不從竟獨決之宮室用成皆仰模玄象合體辰極而無勞怨
十七年八月新作東宮
二十年正月造清暑殿
四月新作永安宮
後魏道武登國元年正月戊申帝即代王位郊天建元大會於牛川

天興元年正月帝至鄴巡登臺榭徧覽宮城將有定都之意乃至行臺以龍驤將軍日南公和跋爲尚書與左丞賈彝率郎吏及兵五千人鎮鄴
七月遷都平城始營宮室建宗廟立社稷
八月詔有司正封畿制郊甸端經術標道里平五權較五量定五度
十月起天文殿
二年春二月以所獲高車衆起鹿苑南因臺北拒長城東包白登屬之西山廣輪數十里鑿渠引武川水注之苑中疏爲三溝分流宮城內外又穿鴻鴈池
秋七月起天華殿
八月增啓京師十二門作西武庫
十二月天華殿成
三年三月穿城南渠通於城內作東西魚池
七月起中天殿及雲母堂金華堂
四年五月起紫極殿玄武樓凉風觀石池鹿苑臺
六年十月起西昭陽殿
天賜元年十月改築西宮
三年六月發八部五百里內男丁築灅南宮灅音壘水名在鴈門門闕高十丈餘引溝穿池廣苑囿規立外城方二

十里分置市里經塗洞達三十日罷
四年七月築北宮垣三旬而罷
明元永興五年二月穿魚池于北苑
神瑞元年二月起豐宮于平城東北
泰常元年十一月起蓬臺于北苑
二年七月作白臺于城南
三年十月築宮于西苑
四年三月築宮于蓬臺北
九月築宮于白登山
五年四月起灅南宮

十一月詔驍騎將軍延普城乾城
六年發京師六千人築苑起自舊苑東包白登周廻四十餘里
七年九月築平城外廓周廻三十里
八年十月廣西宮起外垣墻周廻二十里
太武始光二年三月營故東宮爲萬壽宮起永安安樂二殿臨望觀九華堂
神䴥四年七月行幸河西起承華宮
延和元年七月築東宮
太平眞君元年發長安人五千浚昆明池

十一年二月大修宮室皇太子居于北宮
文成興安二年二月乙丑發京師五千人穿天淵池
太安四年起太華殿
獻文皇興五年八月傳位于太子帝稱太上皇帝徙御崇光宮採椽不斲土階而已初帝于苑內立殿勑中秘群官製名儀曹郎公孫徽奏曰臣聞至尊至貴莫崇於帝王天人挹損莫大于謙光伏惟陛下躬唐虞之德存道順神道逸物外宮居之名當協徽旨臣愚以爲宜曰崇光奏可
孝文延興三年正月改崇光宮爲寧光宮
承明元年十月起七寶承安行殿
太和元年正月起太和安昌二殿詔曰昔軒皇誕御垂棟宇之構爰歷三代興宮觀之式然茅茨土階昭德于上代增臺廣厦崇威于中葉艮繇文質異宜華朴殊禮故也是以周成繼業營明堂于東都漢祖聿興建未央于咸鎬蓋所以尊嚴皇威崇重帝德豈好奢惡儉苟弊民力者哉國家皇運統天協纂乾曆銳意四方靡遑建制宮室之度頗爲未允太祖初基雖粗有經式自茲厥後復多營改至于三元慶饗萬國充庭觀光之使具瞻有闕朕以寡德猥承洪緒時屬

休期事鍾昌運宜遵遠度式茲宮宇指訓規模事昭于平日明堂太廟已成于昔年又因往歲之豐資藉民情之安逸將以今春營改正殿違犯時令行之惕然但朔土多寒事殊南夏自非裁度經春興役徂暑則廣制重基莫繇克就成功立事非委賢莫可改制規模非任能莫濟尚書李冲器懷淵博經度明遠可領將作大匠司空長樂宮穆亮可與大匠共監興繕其去故崇新之宜修復太極之制朕當別加指授七月二殿成起朱明思賢門
九月庚子起永樂遊觀殿於北苑穿神淵池

三年正月巛古坤字德六合殿成二月乾象六合殿成
六月起文石室靈泉殿于方山
四年正月乾象四合殿成
九月思義殿及東明觀成
七年十月皇信堂成
九年七月起新作諸門
十二年九月起宣文堂經武殿
十六年二月帝移御永樂宮壞太華殿經始太極殿
十一月依古六寢權制三室以安昌殿爲內寢皇信
堂爲中寢四合殿爲外寢

十七年三月改作後宮
八月車駕南伐發代都侍中李沖諫以不可帝乃諭
群臣曰今者興動不小動而無成何以傳之後代苟
欲班師無以垂之千載朕仰惟遠祖世居幽漠違衆
南遷以饗無窮之美豈其無心輕遺陵壤今之君子
寧獨有懷當縣天工人代王業須成故也若不南征
卽當移都於此光宅中土亦其時矣公等以爲何如
議之所決不得旋踵欲遷者左不欲者右安定王休
等相率如右前南安王禎進曰夫愚者闇於成事智
者見於未萌行至德者不議於俗成大功者不謀於
衆非常之人乃能建非常之事廓神都以延王業度
土中以制帝京周公啟之於前陛下行之於後固其
宜也且天下至重莫若皇居人之所貴寧如遺體請
上安聖躬下慰民望光宅中原輟彼南伐此臣等願
言蒼生幸甚群臣咸唱萬歲帝初謀南遷恐衆心戀
舊乃示爲大舉因以脅定群情外名南伐其實遷也
舊人懷土多所不願內憚南征無敢言者於是定都
雒陽尚書李沖言於孝文曰陛下方脩周公之制定
鼎成周然營建六寢不可遊駕待就興造城邪難以
馬上營起願暫還北都令臣下營造功成事訖然後

備文物之章和玉鑾之響時巡南徙軌儀土中帝曰
朕將巡省方嶽至鄴少停春始便還未宜歸北
十月戊寅幸金墉城詔徵司空穆亮與尚書李沖將
作大匠董爾經始雒京乙未設壇于滑臺城東告行
廟以遷都之意起滑臺宮癸卯幸鄴城乙巳詔安定
王休率從官迎家于大京車駕送于漳水初帝之南
伐也起宮殿于鄴西十有一月癸亥宮成
十八年二月甲辰詔天下諭以遷都之意壬辰帝臨
太極殿諭在代群臣以遷移之略先是孝文外示南
討意在謀遷齋于明堂左个詔太常卿王諶親令龜

易筮南伐之事其兆遇革帝曰此是湯武革命順人之卦也群臣莫敢言任城王澄進曰易言革者更也將欲應天順人革君臣之命湯武得之爲吉陛下帝有天下重光累葉今日卜征乃可伐叛不得云革命此非君人之卦未可全爲吉也帝厲聲曰此象云大人虎變何言不吉也澄曰陛下龍興旣久豈可方同虎變帝勃然作色曰社稷我社稷任城而欲沮衆也澄曰社稷誠知陛下之社稷然臣是社稷之臣子豫參顧問敢盡愚衷帝旣銳意必行聞澄此對久之乃解曰各言其志亦復何傷車駕還宮乃召澄未及升

陛遙謂曰向者之革卦今更欲論之明堂之忿懼衆人競言沮我大計故厲色怖文武耳想解朕意也乃獨謂澄曰今日之行誠知不易但國家興自北土徙居平城雖富有四海文軌未一此間用武之地非可文治其欲移風易俗信爲甚難崤函帝宅河雒千里因茲大舉光宅中原任城意以爲何如澄曰伊雒中區天下所據陛下總統華夏諧平荒服蒼生聞之此應當大慶帝曰北人戀本忽聞將移能不驚擾也澄曰此旣非常之事當非常人所知唯須決之聖懷此輩亦何能爲也帝曰任城便我之子房加撫軍大將軍太子少保又兼尚書左僕射及駕幸雒陽定遷都之策詔曰遷移之旨必須訪衆當遣任城馳驛向北問彼百司論擇可否近日論革今眞所謂革也王其勉之旣至代聞遷都詔莫不驚駭澄援引今古徐以曉之衆乃信伏遂南馳還報會車駕於滑臺帝大悅曰若非任城朕事業不得就也

十九年八月金墉宮成

九月車駕幸金墉宮

九月庚午六宮及文武盡遷雒陽初帝詔東陽公丕等以移都之事使各陳其志燕州刺史穆羆進曰移

都事如成臣愚見謂爲未可曰卿便言不可之理羆曰北有獫狁之寇南有荊揚未賓西有吐谷渾之阻東有高句麗之難四方未平九區未定以此推之謂爲不可征伐之舉要須戎馬如其無馬事不可剋帝曰卿言無馬此理粗可馬常出北方廄在此置卿何慮無馬今代在恒山之北爲九州之外以是之故遷于中原羆曰臣聞黃帝都涿鹿以此言之古之聖王不必悉居中原帝曰黃帝以天下未定居于涿鹿旣定之後亦遷于河南尚書于杲曰臣誠不識古事如聞百姓之言先皇建都于此無故欲移以爲不可中

原之地數有纂奪自建邑平城以來與天地並固日月齊明臣雖管見膚淺性不昭達終不以代朔之地而擬伊雒之美但以安土重遷物之嘗性一旦南移懼不樂乞丕曰陛下去歲御大軍討蕭氏至雒遣任城王澄宣旨勑臣等議都於雒初奉恩旨心情皇越凡欲遷移當訊之卜筮審定吉否然後乃可帝謂丕曰往在鄴中司徒公誕咸陽王禧尚書李冲等皆欲請龜占移雒吉凶之事朕時謂誕等曰周召卜宅伊雒乃識至兆今無若斯之人卜亦無益然卜者所以決疑此既不疑何須卜也昔軒轅請卜兆龜燋然卜

者訪諸賢哲軒轅乃問天老天老謂爲善遂從其言終致昌吉然則至人之量未能審其歸夹朕既以四海爲家或南或北遲速無嘗南移之民朕自多積倉儲不令窮乏丕曰臣仰奉慈詔不勝喜舞帝又詔群官曰卿等或以朕無爲移徙也昔平文皇帝棄背昭成營居盛樂道武應天遷居平城朕幸屬勝殘之運故移宅中原肇成皇宇前懷州刺史青龍臣欽若等曰姓纂無姓青龍氏疑是姓名前秦州刺史呂受恩等仍守愚固帝皆撫而答之辭屈而退唯給事黃門侍郎兼大鴻臚卿李韶對曰雒陽九鼎舊所七百攸基地則土中實均朝貢惟王建國莫尚於此帝稱善

宣武景明二年九月發畿内夫五萬人築京師三百二十三坊四旬而罷初廣陽王嘉孝文時爲司州牧表請於京四面築坊三百二十各周一千二百步乞發三正復丁以充茲役臣欽若等曰三正謂京邑每坊置里正三人也雖有暫勞姦盜永止詔從之至是而成

三年十一月詔曰京雒兵蕪歲踰十紀先皇定鼎舊都惟新魏曆翦除榛荒剏茲雲搆鴻功茂績規模長遠今廣壯重建宮極斯崇便當以來月中旬蠲吉徙御仰尋遺意追感交衷既禮盛周宣斯干之制事漢

高祖壯麗之儀可依典故備茲考吉以稱遐邇人臣之望

永平二年九月詔定諸門闥名

四年五月遷代京銅龍置天淵池西

孝明帝熙平初任城王澄奏都城府寺猶未周悉今軍旅初寧無宜發衆請取諸職人及司州郡犯十杖以上百鞭以下收贖之物絹一疋輸磚二百以漸脩造帝從之太傅清河王懌表奏其事遂寢不行

後廢帝中興元年十月即位于信都城

二年二月丁丑車駕幸鄴乙酉詔文武官家屬自信

都赴鄴城

出帝永熙元年四月即位于雒城東廓之外自東陽雲龍門御太極前殿

三年七月高歡兵至帝從雒陽輕騎入關都長安宇文泰披草萊立朝廷

後周閔帝旣受魏禪都長安

武帝武成二年十二月改作路門應門

保定三年八月改作路寢

天和二年三月改武遊苑爲道苑

宣政元年三月于蒲州置宮廢同州及長春二宮

宣帝大象元年正月行幸雒陽詔曰河雒之地世稱朝市上則於天陰陽所會下紀於地職貢路均聖人以萬物阜安廼建王國時經五代世歷千紀規模宏遠邑居壯麗自魏氏失馭城闕爲墟君子有戀舊之風小人深懷土之思我太祖受命豐鎬葺宇崤函蕩定四方有懷光宅高祖神功聖略混一區宇往巡東夏省方觀俗布政此宮遂移氣序朕以眇身祗承寶祚庶幾聿修之志敢忘燕翼之心昨一駐蹕金墉備嘗遊覽百王制度基址尚存今若因脩爲功易立宜命邦事修復舊都奢儉取文質之間功役依子來之義北瞻河內咫尺非遙前詔經營今宜停罷於是發東山諸州兵增一月功爲四十五日役起雒陽宮常役四萬人以迄于晏駕幷移相州六府於雒陽稱東京六府

二年二月行幸同州宮爲大成宮

靜帝即位停雒陽宮作

隋高祖文帝開皇元年旣受周禪都長安

二年六月詔曰朕祗奉上玄君臨萬國屬生人之敝處前代之宮常以爲作之者勞居之者逸改創之事心未遑也而王公大臣陳謀獻策咸云羲農以降至

于姬劉有當代而屢遷無革命而不徙曹馬之後時見因循乃末代之晏安非往聖之宏義此城從漢以來彫殘日久屢爲戰場舊經喪亂今之宮室事近權宜又非謀筮從龜瞻星揆日不足建皇王之邑合大衆所聚論變通之數稽幽顯之符同心固請詞情深切然則京師百官之府四海歸嚮非朕一人之所獨有苟利於物其可違乎且殷之五遷恐人多死是則以吉凶之土制長短之命謀新去故如農望秋雖則劬勞其久安宅今區宇寧一陰陽順序安安以遷勿懷有怨龍首山川秀麗卉物滋阜卜食相土宜建都

邑定興之基永固無窮之業在斯公私府宅規模遠近營搆須隨事條奏仍詔左僕射高熲將作大匠劉龍鉅鹿郡公賀婁子幹太府少卿高龍乂等創造新都初帝嫌臺城制度迮小宮内多鬼妖夜與高熲蘇威二人定議遷都通直散騎常侍庾季才旦而奏曰臣仰觀玄象俯察圖記龜兆允襲必有遷都且堯都平陽舜都冀土是知帝王居止世代不同而漢營此城經今八百歲水皆鹹鹵不甚宜人願陛下協天人之心爲遷徙之計帝愕然謂熲等曰是何神也朕自今已後信有天道矣是時太師李穆上表曰帝王所

居隨時興廢天道人事理有存焉始自三皇暨夫兩漢有一世而屢遷無革命而不徙曹馬同雒水之陽魏周共長安之内此之四代蓋聞之矣曹則三家鼎立馬則四海爭分有魏及周甫得平定事乃不暇非曰師古往者周運側窮禍生華裔廟堂冠帶屢覩姦回士有包藏人稀往石四海萬國皆縱豺狼不叛不侵百城罕一伏惟陛下應期誕聖秉籙受圖始晦君人之德俯從將相之重内翦群凶崇朝大定外誅巨猾不日肅清變大亂之民成太平之俗百靈符命兆庶謳歌幽顯樂推日月填委久屆箕潁之志始順内外之請自受命神宗弘道設教陶冶與陰陽合德覆育共天地齊旨萬物開闢之初八表光華之旦視聽以華風俗且移至若帝室天居未議經刱非所謂發明大造光贊惟新自漢以來爲喪亂之地爰從近代累葉所都未嘗謀龜問筮瞻星定鼎何以副聖上之規表大隋之德竊以神州之廣福地之多將爲皇家興廟建寢上玄之意當則有之伏願遠順天人取決卜筮時改都邑光宅區夏任子來之民番無窮之業應神宮於辰極順和氣於天壤治康物阜永隆長世臣日薄桑榆位高軒冕經邦論道自顧缺然丹赤所

懷無容嘿嘿帝曰天道聰明已有徵應太師民望復抗此請是則可矣遂發詔施行

七月癸未詔新置都處墳墓令悉遷葬設祭仍詔人工無主者官發殯葬

十二月名新都曰大興城

三年二月丙辰雨常服入新都

是月詔營仁壽宮

十八年十一月詔自京師至仁壽宮置行宮十有二所

煬帝以仁壽四年七月即位十一月幸雒陽詔曰乾

道變化陰陽所以消息沿創不同生靈所以順叙若使天時不施變化何以成四時人事不易政教何以釐萬姓易不云乎通其變使民不倦變則通通則久有德則可久有功則可大朕又聞之安安而能遷民用丕變是故姬邑兩周如武王之意殷人五徙安成湯之業若不因民順天功業見乎變愛民治國者可不謂與然雒邑自古之都王畿之內天地之所合陰陽之所和控以三河固以四塞水陸通貢賦等故漢祖曰吾行天下多矣唯見雒陽自古皇王何嘗不留意所不都者蓋有繇焉或以九州未一或以困於府

庫作雒之制所以未暇也我有隋之始便欲創茲日復一日粤暨于今永懷先旨興言感哽朕肅膺寶曆纂臨萬邦遵而不失思奉先志今者漢王諒悖道毒被山東遂使州縣或淪非所此繇關河懸遠兵不赴急加以并州移戶復在河南周遷殷民意在於此況復南服遐遠東夏殷大因機順動今也其時群司百辟僉諧厥議但成周墟瘠弗堪胥宇今可於伊雒營建東京便即設官分職以為民極也夫宮室之制本以便宜上棟下宇足避風露高臺廣廈豈曰適形故傳云儉德之恭侈惡之大宣尼有云與其奢也寧儉豈謂瑤臺瓊室方為宮殿者乎土階采椽而非帝王者乎是知非以天下奉一人乃以一人主天下也民惟邦本本固邦寧百姓不足君孰與足今所營構務從節儉無令雕牆峻宇復起於當今欲使卑宮菲食將貽于後世有司明為條格稱朕意焉乃詔尚書令楊素納言楊達將作大匠宇文愷營建東京徙豫州郭下居民以實之又徙天下富商大賈數萬家於東京

大業元年建東都於阜澗營頭行宮苑囿連接北至新安南及飛山西至澠池周圍數百里課天下諸州

各貢草木花果奇禽異獸於其間

二年正月東京成

三年八月次太原詔營晉陽宮

五年正月改東京為東都

二月己未帝御崇德殿之西院愀然不怡顧謂左右曰此先帝之所居實用增感情所未安宜於此院之西別營一殿

九年三月丁丑發丁男十萬城大興

冊府元龜

巡按福建監察御史臣李嗣京訂正
知甌寧縣事臣孫以敬參閱
知建陽縣事臣黃國琦較釋

帝王部十四

都邑第二

唐高祖武德元年五月受隋禪都長安改隋大興殿爲太極殿昭陽門爲順天門離宮别館游䜿之所並廢

十月以武功舊宅爲武功宮

四年十二月使行臺僕射屈突通焚乾元殿應天門紫微觀以其太奢

五年七月營弘義宮初秦王居宮中承乾殿高祖以秦王有克定天下功特降殊禮別建此宮以居之

六年四月幸龍潛舊宅改爲通義宮

十二月以奉義監爲龍躍宮帝龍潛時莊舍也又以武功宅爲慶善宮

七年五月置仁智宮於宜州宜君縣今防州縣

八年四月營太和宮於終南山

九年六月改東宮弘禮嘉福等門爲光宣門

太宗貞觀三年四月太皇上以弘義宮有山林勝景乃徙居之改爲太安宮六年監察御史馬周上疏曰臣伏見太安宮在城之西其墻宇門闕之制方之紫極尚爲卑小臣伏以皇太子之宅猶處城中太安宮至尊所居更在城外雖太上皇游心道素志存清儉陛下重違慈旨愛惜人力而蕃夷朝見及四方觀者有不足瞻仰焉臣願營築雉堞脩起門樓務從高敞以稱萬方之望則大孝昭乎天下矣

八年十月營永安宮改名大明宮以備太上皇清暑公卿百寮爭以私財助役

十一年正月新作飛山宮

七年廢明德宮及飛山宮之玄圃以給遭水之家

十四年八月營襄城宮初帝將幸雒陽遣將作大匠

閻立德行可清暑之地以建離宮於汝州西山前臨汝水傍通廣城澤以置宮焉役工一百九十餘萬雖費稱是

十五年三月幸襄城宮及至暑熱又多毒虺帝大怒免立德官而罷其宮分賜百姓

二十年七月辛亥宴五品已上於飛霜殿其殿在玄武門北因地形高敞層閣三城軒欄相注又引水爲潔渌池樹白楊槐柳與陰相接以滌炎暑焉

十月司空房玄齡及將作大匠閻立德大營北闕制顯道門觀並成

二十一年復置翠微宮籠山爲苑自初裁至於設殿九日而能功因改名翠微宮正門北開謂之雲霞門視朝殿名翠微殿其寢殿名含風殿并爲皇太子搆別宮去臺連延里餘正門西開名金華門內殿名喜安殿七月建玉華宮於方州宜君縣之鳳凰谷帝手詔曰朕聞上代無爲簷茅而砌土中季華用檻玉而臺瓊爍濕之致雖同奢儉之情則異朕承皇王之緒執造化之綱包萬類於心端圖八紘於目際夷夏一軌區宇大同雖則德有劣於難名道方參於至義若乃制服垂裳之后服牛羈馬之君弦弧剡矢之奇運

車浮舟之智濟時爲美功亦大焉至若浩浩九齡炎炎七載融山坼地滔天襄陵生人之艱勞亦極矣彼數德者功莫高乎吞狄此兩灾者勞又甚乎裁宮今雖菲食卑宮有慙於曩哲安人濟難不忝於前賢然而人皆輕見重聞貴耳賤目德雖微也以其古而爲大功雖巨也以其今而成小不亦謬哉每流鑑于前經嘗披懷而自勗思所以收驕閑逸卷慾除華而頃年巳來憂勞煩結暨至茲歲風疾彌時嗟乎濟世之威患攢躬而靡制廻天之力痛沈巳而難移重以景爍流金風湯溽暑遭廻几度旭暮增勞俯仰嵩廊寢興添弊唯與廓景延凉蕩茲虛假近因群下之志循營翠微本絕丹青之工纔假林泉之勢峰居臨乎敗堞山逕險乎焦原雖一巳之可娛念百僚之有倦所以載懷爽塏爰制玉華故遵意於朴厚本無情於壯麗尺版尺築皆悉折庸寸作寸功故非虛役猶恐遐邇乖聽方輿然咨非其樂勞人而竭力好峻宇而雕墻但以養性全生不獨在私在巳怡神祈壽良以爲國爲人比者屢有征行非無疲頓前歲問罪遼左去秋巡幸靈州皆以翦害除凶懷柔服叛豈欲矜轍跡騁盤遊而巳哉今復土木頻興營繕屢動永言思此

浮念人勞一則以爲慙一則以爲愧何則匈奴爲患自古弊之十月防秋人血丹於水脈千里轉戰漢骨皓於塞垣當此之疲人不堪命尚興未央之役猶起甘泉之功今則飛幰穹廬取爲郡縣天山瀚海分爲苑池去既往之長勞成將來之永逸譬廻一年之後創此新宮想志士哲人不以爲言也布告黎庶明此意焉宮既成正門謂之南風門殿覆瓦餘皆葺之以茅帝以意在清凉務從儉約匠人以爲層嵓峻谷玄覽遐長於是疏泉抗殿包山通苑皇太子所居南風門之東正門謂之嘉禮門殿名暉和殿其官曹寺署

並皆創立徵事營造庶物亦擾市取供而折番和僱之費以巨億計矣及帝遊幸勑奉御王孝積於顯道門内起紫微殿十三間文甍重基高敞宏壯帝見之甚悅

高宗永徽二年九月改九成宫爲萬年宫廢玉華殿以爲佛寺苑内及諸曹司舊是百姓田宅者並還本主

三年四月將作大匠閻立德造新殿成務御之日謂侍臣曰朕性不宜熱所司頻奏請造此殿既作之後深懼人勞今既暑熱朕居屋下尚有流汗匠人暴露

事亦可愍所以不令精妙意者只避炎暑耳長孫無忌曰聖心每以恤人爲念天德如此臣等不勝幸甚

五年三月幸萬年宫帝謂太尉長孫無忌曰此宫非直凉冷宜人且去京不遠朕離此十年屋宇無多損壞昨者不易一椽一瓦便已可安不知公等得安堵未曾司廨署周足未乃親制萬年宫銘并序七百餘字群臣請刊石建于永光門詔從之

十月修築京師羅城和僱雍州四萬一千人三十日功畢九門仍各施觀明德門一觀至五門

顯慶元年勑司農少卿田仁汪因事東都舊殿餘址修乾元殿高一百二十尺東西三百四十五尺南北一百七十六尺

六月改東宫弘教殿爲崇教殿

二年十二月以雒陽宫爲東都雒州官吏員品如雍州廢雒陽宫摠監改青城宫爲東都苑北面監明德宫爲東都苑南面監雒陽宫農圃監爲東都苑東面監食貨監爲東都苑西面監雒州北市置官員准東西市隸太府寺

五年五月修雒水水波堰又於東都苑内造八關宫尋改爲合璧宫

九月改東明門爲賓耀門西明門爲宣耀門時嘗機爲司農少卿受詔簡較東都營田園苑之事帝謂之日兩都是朕東西二宅也今之宫館隋代所造歲序既淹漸將頹毀欲有修造又費財力如何機奏日臣任司農向以十年前後省費今見貯錢三十萬貫若以供葺理可不勞而就也帝大悅詔機兼統將作少府二司使漸營之於是機始造宿羽高山等宫并發雒水之中橋自立德之西街徙於長夏之通衢遂廢利涉橋公私以爲便及機遷職帝登雒水高岸有臨眺之美詔機於其所營上陽宫宫成務御之

龍朔二年六月帝染風痺以宮內湫濕乃脩舊大明宮改名蓬萊宮北據高原南望爽塏是年置正門曰丹鳳正殿曰含元含元殿之後曰宣政宣政左右有中書門下二省弘文史二館

三年二月税雍同岐豳華寧鄜坊涇虢絳晉蒲慶等州率口錢修蓬萊宮又減京官一月俸助修蓬萊宮

四月移仗就蓬萊宮是月始御紫宸殿聽政百寮奉賀新言成也初遣司稼少卿梁孝仁監造悉於庭院列白楊樹右驍衛大將軍契苾何力入宮中縱觀孝仁指白楊曰此木易長不過二三年宮中可得蔭映何力不答但誦古詩白楊多悲風蕭蕭愁殺人意謂此是冢墓木也孝仁遽令拔去之更植梧桐謂人曰禮失求之於野固不虛也

麟德二年二月東都造乾元殿成所司奏乾元殿成其應天門先亦焚之及是亦造成爲則天門神龍元年三月十一日避元天后號改爲應天門唐隆元年七月避中宗號改爲神龍門開元初又爲應天門

乾封二年二月改萬年宮依舊爲九成宮

咸亨元年三月改蓬萊宮爲含元宮長安元年十一月又改爲大明宮十二月又改爲大明殿神龍元年二月復改爲含元殿

儀鳳三年正月詔藍田縣新作涼宮宜名萬全宮

四年五月造紫桂宮於澠池縣西永淳元年四月改芳桂宮是年帝入雒乃移御雒北陰殿尚書左僕射劉仁軌謂侍御史狄仁傑曰古之陂池臺榭皆在深宮重城之內不欲外人見之恐傷百姓之心也韋弘機之作列岸脩廊在於堙堞之外萬方朝謁無不覩之此豈致君堯舜之意哉弘機聞之曰天下有道百司各奉職輔弼之臣則思獻替之事府藏之臣行詔守官而已吾不敢越分也

永淳元年七月造奉天宮於嵩山之南仍置嵩陽縣

中宗神龍三年八月改玄武樓爲制勝樓

睿宗景雲元年十月以大內爲太極宮

玄宗開元二年七月宋王成器等累上表請以興慶舊里宅爲宮乃下制曰朕昔與弟兄聯居藩邸虔奉聖訓遂膺昌期嘗思鄂社之遊頗有芒碭之氣王等

固陳符瑞取則不遠擬備巡幸推而勿居雖府在京師亦同於譙沛式遵故事宜依今請遂以興慶里舊邸爲興慶宮初帝在藩邸與宋王等同居于興慶里時人號曰五王子宅至景隆末宅內有龍池涌出望氣者云有天子氣中宗數行其地命泛舟以馳象踏氣以厭之至是爲宮焉後於西南置樓西面題曰花蕚相輝之樓南面題曰勤政務本之樓至二十五年帝戒諸王曰奉先帝宮室不敢有加時時補葺已愧於勞人矣雖興慶創制乃朝廷百辟卿士以吾舊邸因欲修建不免群卿考室之詞是卽庶民子來之請亦所以表休徵之地新作南樓本欲察甿俗採風謠以防壅塞是亦古闢四門達四聰之意時有作樂宴慰不徒然也今因大哥讓朱邸以成花蕚相輝之美歷觀自古聖帝明王有所興作欲以助教化也吾所興者式崇敦睦漸漬薄俗令其人信厚耳興慶宮在東內之南自東內達南內有夾城複道徑通北門達南內人主往東兩宮莫

知之宮之西南隅有花萼相輝勤政務本之樓禁苑
在皇城之北苑東西二十七里南北三十三里東至
滻水西連故長安城南連京城北枕渭水苑內離宮
亭以二十四所漢長安故城南東西十三里亦隷入
苑中苑置四面監
總監以掌種植
五年七月改明堂爲乾元殿詔曰古之操皇綱執大
象者何嘗不上稽天道下順人極或變通以隨時爰
損益以成務且衢室創制度堂以𨔶因之以禮神是
光孝德用之以布政蓋稱視朔先王所以厚人倫感
天地者少陽有位上帝斯歆此則神貴於不黷禮殷
於至敬今之明堂俯臨宮掖比之嚴祀有異肅恭苟
非憲章將何軌物䌓是禮官博士公卿大夫廣參群

議欽若前古宜存路寢之式用罷辟雍之號可改爲
乾元殿每臨御宜依正殿禮
十一月幷州置北都詔曰經邦創制建國設險必因
時順人紘物立極我國家以神武聖德應天受命龍
躍晉水鳳翔太原建萬代之模爲億兆之主猶成湯
之居亳有周之興岐朕以眇身纂承昌運守祖宗之
大寶恢中興之洪業叶時卜守經始此都事本因心
情兼惟舊近者嘉祥薦至休瑞屢臻此皆宗祐降靈
神祇潛暨登伊菲德獨享厥休昔堯理唐郊式建丹
陵之地漢居雒邑更表南陽之都今王業正興宮觀
猶在列于編郡情所未安非所以恢大聖之鴻規屢
孝思之誠敬其幷州宜置北都改州爲太原府刺史
爲尹司馬爲少尹太原晉陽爲赤縣諸縣爲畿縣官
吏品第視京雒兩府是年置温泉宮於驪山
十三年六月廢都西市
十六年正月始移仗於興慶宮聽政
十九年六月詔曰京雒兩都是惟帝宅街衢坊市固
須修整比聞取土穿掘因作穢汚阬塹四方遠近何
以瞻矚頃雖處分仍或有違宜令所司申明前勑更
不得於街巷穿坑及取土其舊溝渠令當界乘閑整

頓疏決墻宇橋道亦當界漸修不得廣有勞役
二十四年四月改造天津橋合爲一橋
六月廣花萼樓築夾城芙蓉園
十二月毁東市東北角道政坊西北角以廣花萼樓
前
二十六年正月修望春宮
十月兩京路行宮各造殿宇及屋千間
二十七年九月於明堂舊址造乾元殿
十月毁東都明堂之上層改下層爲乾元殿
二十八年正月兩京路及城中苑內種果樹

天寶元年十月造長生殿名爲集靈臺以祀神
二年十二月東京應天門改爲乾元門
六載十月改溫泉宮爲華清宮
十二月發馮翊華陰等郡丁夫築會昌羅城於溫陽置百司
七載十二月玄元皇帝降于朝元閣改爲降聖閣
八載四月華清宮作觀風樓
五月以開遠門外作振旅亭
十載四月興慶宮作交泰殿
十二載十月城興慶宮役京師及三輔人凡一萬三

千人並以時估酬錢
肅宗至德二年十二月詔曰頃以上皇在蜀朕亦居岐蜀郡宜改爲南京鳳翔改爲西京西京爲中京蜀郡改爲成都府鳳翔府尹巳下官寮並同三京名號
三年正月改丹鳳樓門安化門爲達禮門以祿山國讎惡聞其姓京城及坊門名有安字悉改之
上元元年九月詔荊州大都督府宜改爲江陵府仍爲南都江陵縣爲赤縣諸縣爲畿縣長史爲尹司馬爲少尹餘官屬名位並同京兆府及京畿赤縣並依舊
二年九月詔曰唐虞之代肇有九州王者所都文無興制其京兆府河南府太原府三京之號宜停其鳳翔先爲西京亦宜准此
元年建卯月詔曰五都之號其來自久宜以京兆府爲上都河南府爲東都鳳翔府爲西都江陵府爲南都太原府爲北都
代宗廣德元年九月禁城內六街種植
二年二月又詔禁之初諸軍諸使以時艱歲儉奏耕京城六街之地以供芻或謂非宜乃罷之
永泰元年二月出內人一千人品官六百人赴東京

守衛
十一月河南等道都統黃門侍郎平章事王縉上言請減諸道軍資錢四十萬貫脩東都宮內殿宇從之
二年正月京兆尹黎幹大發夫役種城內六街樹是歲不許京城內坊市侵街築牆造舍舊者並毀之
德宗貞元三年作玄英門及觀於大明宮北垣
四年二月築延喜門北複道屬於永春門復脩延喜門觀
三月自武德東門築垣約左藏庫之北屬宮城東垣於是武庫因而廢焉其器械隸於軍器伏

五年正月戶部侍郎班宏修玄武樓
八年正月新作玄武門及廡會踘場
十二年八月增修望仙樓及廣夾城及十六王宅時
京城街衢中樹缺縣吏多栽榆樹以其省便會吳湊
爲京兆尹每歲唯令植槐樹成列
十三年三月於麟德殿前新造亭子成名曰會慶亭
五月引龍首渠水自通化門入至太清宮前
七月幸魚藻池池先深一丈淘加四尺
八月詔曰昆明池俯近都城古之舊制蒲魚所產實
利於人宜令京兆尹韓皐充使即勾當修堰漲池

十一月韓皐奏准勅漲昆明池修石炭賀蘭兩堰并
造土堰開淘渠都用錢七千四百三十貫文
十九年二月修含元殿
憲宗元和二年六月左神策軍新築夾城別開門曰
玄化造樓曰晨輝
三年十月勑脩南内殿十三間墻舍共一千六百間
及勤政樓明光樓
六年五月毀興安門南竹亭
八年五月河南尹許孟容進東都圖
九年六月置禮賓院於長興里北
十二年四月命右神策軍護軍中尉第五守進以衆
二千築夾城自雲韶門芳林門西至脩德里以通于
興福寺又置新市于芳林門南
閏五月作蓬萊池周廊四百間
十三年二月詔六軍使創修麟德殿之右廊又浚龍
首池起承暉殿雕飾綺煥徙置佛寺之花木以充焉
十四年正月徙置仗内教坊於延政里
三月詔左右軍各以官徒二千人修勤政樓
穆宗以元和十五年正月卽位二月詔於西上閤門
西廊右畔便門以通宰臣自閤中赴延英路

七月新作永安殿及寶慶殿及修日華門通乾門并
朝堂廊舍
八月發神策六軍三千人浚魚藻池
十月發右神策軍兵各千人於門下省東少陽院前
築墻
長慶元年五月禁中造百尺樓時帑藏未實内外多
事土木之功屢興物議喧然以爲不可
敬宗寶曆元年七月乙亥度支進宣進鏡銅三千餘
斤黃金銀薄搃十萬番充修清思院新殿及陽德殿
圖障

二年正月甲戌左右神策六軍威遠皇城左右金吾共差二萬人入内穿池修殿

是月勅東都已來舊行宫宜令度支郎官一人領都料匠緣路簡計及雒城宫闕與東都留守商議計料分析聞奏

五月神策軍於苑内古長安城中修漢未央宫

文宗太和元年四月詔毀昇陽殿東放鴨亭望仙門側看樓十間並敬宗所造也

八月癸卯詔毀如京倉舍以其地歸門下寶曆末好廣苑囿門下省馬廐因通入禁中至是還之

二年八月勅修安福樓及南殿院屋宇一百八十八間又脩兩儀殿及甘露殿共一百七十二間

九月集賢院奏請創造昭慶門裏西墻至集賢院門南廊舍三十九間許之

九年二月勅都城勝賞之地唯有曲江承平已前亭館接連近年廢毀思俾葺修已令所司芟除栽植其諸司如有力及要創置亭館者給與閑地任其營造

十月右軍辯仗使田金操請准勅拆銀臺門起修三門樓詔左軍官健二千人塡龍首池以爲鞠場又詔左右軍官健各一千五百人赴曲江修建紫雲樓

九月帝幸右銀臺門觀門樓興工之作發左右神策軍一千五百人修淘曲江是日左右軍奏修曲江樓畢各進圖一軸是月内出新造紫雲樓彩霞亭額左軍中尉仇士良以鼓吹迎於銀臺門時帝好詩每吟杜甫曲江行云江頭宫殿鏁千門細柳新蒲爲誰綠乃知天寶已前曲江四面皆有行宫臺殿思復昇平故事故爲樓殿以臨之

武宗會昌元年三月勅造靈符應聖院

五年正月造仙臺

六月修望仙樓及廊舍共五百三十九間

宣宗大中元年二月勅修百福殿院八十間

七月勅親親樓號雍和殿别造屋宇廊舍七百間

二年正月勅脩右銀臺門樓屋宇及南面城墻至叡武樓

五年詔脩明儀樓

昭宗光化元年正月車駕在華州詔以韓建脩京師宫闕是月李茂貞與諸道相次進表助營宫苑詔遣建自華至京經度宫室開搆橋道九月自華還京

天祐元年正月梁王朱全忠遣將寇彥卿請車駕遷都雒陽閏四月至東都

哀帝天祐二年五月詔改雒都諸門與西京門同者

延喜門改宣仁門重明門改興教門長樂門改光政門光範門改應天門乾化門改乾元門宣政門改敷政門宣政殿改貞觀殿日華門改左延福門月華門改右延福門萬壽門改萬春門積慶門改興善門含章門改膺福門含清門改延義門金鑾門改千秋門延和門改章善門保寧殿改文思殿詔曰法駕遷都之日雒京再建之初慮懷土有類於新豐惟更門以合於舊制今則妖星旣出於雍分高閎難倣於秦餘宜復別門之名以壯卜年之永是用分疆畫野寔顯驗於否臧東雒西京靡玄參於制度其京都見在門

同西京門名並宜改復雒京舊門名蓋避妖星之變也

十月勑雒城坊曲內舊有朝臣及諸司宅舍經亂荒榛張全義葺理以來皆以耕墾旣供軍賦卽係公田或恐妄有披論認爲世業須煩按驗遂啓幸門其都內坊曲及畿內已耕殖田土諸色人並不得論認如要田業一任買置凡論認者不在給還之限如有本主元自差人勾當不在此限如荒田無主卽許識認付河南府

閏十二月皇城使奏伏以皇城之內咫尺禁闈晨夜巡警固須清肅伏乞准勑條漏鼓聲絕後禁斷人行今據巽人百姓更點動後尚恣夜行特乞聖慈再下六軍止絕從之

後唐莊宗同光元年四月卽位於魏州是月升魏州爲東京改元城縣曰興唐貴鄉縣曰唐晉都督府曰興唐府以太原爲西京鎭州爲北都

十二月壬申勑汴州僞庭所立殿宇諸門並去牌額復本名其宣武軍額置於咸安門所在宮苑卽充行宮應有不合安鴟吻處並可去之

二年正月丁未勑朝元殿比是明堂殿僞梁改爲朝

元殿今復舊名其崇勳殿宜改爲中興殿應順門改爲永曜門太平門改爲萬春門通政門改爲廣政門鳳鳴門改爲韶和門萬春門改爲中興門解卸殿改爲端明殿

八月勑三川輿壤四海名區爲帝王光宅之都乃符瑞薦臻之地周朝始建卜年遂啓於延洪漢室中興卽土是圖於遠大咸茲建極至我本朝壯麗可觀浩穰爲最千門萬戶實爲富庶之鄉棲廡連甍宛有升平之俗而自僞梁僭逆諸夏憑陵尋干戈而雹用蒸黎恣塗炭而毒流草木依憑兎苑嘯聚梟巢遂令輦

轂之間鞠興蕪沒之歎朕自削平大憝纂嗣丕圖重興卜偉之都永啓朝宗之會將資久遠須議葺脩務令壯觀於九重實在駢羅於萬戶京城應有空閒地任諸色人請射蓋造藩方侯伯內外臣寮於京邑之中無安居之所亦可請射各自修營其空閒有主之地仍限半年本主須自修蓋如過限不見屋宇亦許他人占射貴在成功不得虛占是月辛巳詔曰朕剗盪妖氛收復京輦三靈胥悅萬國駿奔凡在炤臨畢同欣戴或出司土宅入覲朝廷若無列第於神州何表愛君之誠節諸道節度觀察防禦團練刺史等並

宜令雒京修宅一區既表皇居之壯麗復佳清雒之浩穰因我后之化家覩羣居之戀闕

壬午西都奏重修華清宮温湯屋宇

三年三月詳定院奏近幷魏州爲東京簡諸道州縣須先定兩府始可各定官品未審依故事京兆河南爲兩府太原興唐爲次府天復以興王之地別有進止勅不唯府額各定於等差兼亦都名須正於升降將爲經久之制宜遵固本之文本朝故事雍州爲西京京兆府雒州爲東都河南府是謂京都兩府幷州舊爲北都太原府在兩府之次近以中興大業以魏州爲東京興唐府權爲東京爲雒京竊以雒京歷代帝王之都四方朝貢所便爰自漢魏迄于隋唐方建都城是比宸極宜依舊以雒京爲東都魏州改爲鄴都興唐府與北京太原府並爲次府豈獨設官分職命秩免惑於有司抑亦畫界分疆取則無違於故事

四月壬寅武德使上言重修嘉慶殿請丹漆金碧以營之帝曰此殿爲火所廢不可不修但務宏壯何煩華侈尋改爲廣壽殿

六月壬戌勑河南府開承通厚載二門應京城內空閒地如本主有力卽速令蓋造若不脩營卽許諸色

人請射起屋其月左諫議大夫崔憓上言曰臣伏見雒都頃當制葺之初荒凉至甚纔通行逕徧是荊榛此際集人開耕便許爲主或農或圃逾三十年近歲居人漸多里巷頗隘須增屋室宜正街坊都邑之制度旣成華夏之觀瞻益壯因循未改汚濁增浮竊惟舊制宮苑之側不許停穢惡之物今以菜園相接宗廟祠宇公府民家穢氣薰蒸甚非蠲潔請議條制俾令四方則之

八月左補闕楊途奏明君舉事須合前規竊見京城之內尚有南州北州縱市井不可移改城池卽宜毀

廢復見都城舊墻多巳摧塌不可使浩穰神京旁通綠野徘徊壁壘俯近皇居無或因循甞宜脩葺初光啓末張全義爲河南尹爲蔡賊所攻乃於南市一方之地築壘自固後更於市南又築嘉善坊爲南城天復修都之際元未毁撤逾所奏頗適事宜

九月中書奏右補闕楊途先奏毁廢京内南北城臣簡到同光二年八月二十七日河南尹張全義奏臣自僖宗朝叨掌委寄節制雒京臨涖之初須置城壘臣乃取南市曹界分兼展一兩坊地修築兩城以立府衙廨署今區宇一平理合毁廢其城濠如一時平

治即計功不少百姓忙時難爲差使今欲且平女墻及擁門餘候農隙別取進止者奉勅京都之内古無郡城本朝多事以來諸侯握兵自保張全義土功斯毁李罕之塞地猶存時旣朗清故宜除剗若時差夫役又恐擾人宜令河南府先分擘出舊日街巷其城壕許人占射平塡便任蓋造屋宇其城基内舊有巷道處便爲巷道不得因循妄有侵占仍請限一月如無力平剗許有力人戶占射平塡

庚申新作興教門樓

明宗長興元年正月宗正少卿李延祚奏請止絶車牛不於天津橋來往

二年六月戊辰應京城六街及諸閈坊先許人修建屋室如聞侵地太多乃至不通車駕今後蓋造外須通車馬或有越衆牽蓋並須畫時毁拆并果園池亭外餘種蒔菜園空閑田地如本自辦即限三月内蓋造須畢如自不辦並許人收買勅旨伊雒之都皇王所宅乃夷夏歸心之地非農桑取利之田當亂離而曾是荒凉及開泰而兢爲脩葺從來閒寂多巳駢闐永安天邑之居宜廣神州之制宜令御史臺兩街使河南府專切依次第擘畫曉示衆多勿容侵越或有

利便亦可臨時詳度奏聞其月河南府奏准勅京城坊市人戶菜園許人收買切慮本主占佃年多以營蔬爲業固多貧窶豈辦蓋造恐資有力轉傷貧民勑旨都邑之間殷繁是貴欲九重之轉盛在百堵以齊興作事斷自於不疑出令必歸於畫一比據巡司申奏爲有亂射土田遂設規程令還價直只要增修舍屋添益閭閻貴使華夏共觀壯麗朝廷以邦本興隆之計務使駢闐府司以圜圃價例之間恐傷貧下備詳敷奏須議允俞其在京諸坊若是有力人戶及形勢職掌曹司等已有居第外於別處及連宅置得菜

園令園子王把或典賃與人者並准前勅價例出賣不得輒有違越如實是貧窮不濟人戶置得園圃年多手自灌園身自賣菜以供衣食者則與等第特添價直仍買者不得廣置地位各量事力須議修營並要酌中庶無踰越

三年二月庚午脩平頭門樓畢名乾通之門

四月戊午中書奏奉勅重定三京諸道州府地望次第者據十道圖舊制以王者所都之地爲上本朝都長安遂以關內道爲上今宗廟宮闕見都雒陽請以河南道爲上關內道第二河東道第三餘依舊制又

本朝都長安以京兆府爲上今都雒陽請以河南府爲上其五府按十道圖以關內道爲上遂以鳳翔府爲首河中成都江陵興元爲次中興初升魏博爲興唐府鎭州爲眞定府皆是創業興王之地不與諸府雷同今望以興唐眞定二府升在五府之上合爲七府餘依舊制

七月汴州李從曮奏當州舊司天臺有銅渾儀并板閣并在露地損爛欲毁拆勅旨復令繕理不得輒毁

四年六月詔宮西新園宜名永芳園其間新殿宜名和慶殿

啓帝應順元年閏正月甲寅集賢院上言以赦書修創凌煙閣詔問閣高下等級其凌煙閣都長安時在西內三清殿側畫像皆北向閣有中隔隔內北面寫功高宰輔南面寫功高諸侯王隔外面次第圖畫功臣題贊自西京版蕩四十餘年舊日主掌官吏及畫像工人淪喪集賢院所屬寫眞官畫眞官人數不少都雒後廢職今將特起閣請先定佐命功臣人數請下翰林院預令寫眞本及下將作差人與畫工序閒架修建院內先有寫眞官沈居隱畫眞官王武瓊二人相次淪亡無人應用詔集賢御書院復置寫眞官

畫眞官各一員餘依所奏

晉高祖天福二年正月丙寅改中興殿中興門爲天福殿天福門五月丙辰御史中丞張昭遠奏汴州在梁室朱氏稱制之年有京都之號及唐莊宗平河南復廢爲宣武軍至明宗行幸之時掌事者因緣脩葺衙城遂挂梁室時宮殿門牌額當時識者或竊非之一昨車駕省方暫居梁苑臣觀衙城內齋閣牌額一如明宗行幸之時無都號而有殿名恐非典據臣竊尋秦漢已來寰海之內鑾輿所至多立宮名近代隋室於揚州立江都宮太原立汾陽宮岐州立仁壽宮

唐朝於太原立晉陽宮同州立長春宮岐州立九成宮宮中殿閣皆題署牌額以類皇居臣伏准故事請於汴州衙城門權挂一宮門牌額則其餘齋閤並可以取便爲名庶使天下式瞻稍爲宜稱者勅旨行闕宜以大寧宮爲名其餘候續勅處分

七月改玄德殿爲廣政殿玄德門爲廣政門

十一月改雒京潛龍宅爲廣德宮北京潛龍宅爲興義宮

三年十月丙辰詔曰爲國之規在於敏政建都之法務要利民歷攷前經朗然通論顧惟京德獲啓丕基

當數朝戰伐之餘是兆庶傷殘之後車徒旣廣粢廩咸虛經年之輓粟飛芻繼日而勞民動衆常煩漕運不給供須今汴州水陸要衝山河形勢乃萬庾千廂之地是四通八達之郊爰自按巡益觀宜便俾升都邑以利兵民汴州宜升爲東京置開封府仍升開封浚儀兩縣爲赤縣餘升爲畿縣應舊制開封府時所管屬縣並可仍舊割屬收管亦升爲畿縣其雒京改爲西京其雍京改爲晉昌軍丁亥詔改太寧宮門爲明德門又改京城諸門名額南門尉氏門以薰風爲名西二門鄭門梁門以金義乾明爲名北二門酸棗封丘門以玄化宣陽爲名東二門曹門宋門以迎春仁和爲名

四年二月辛卯改東京玉華殿爲永福殿三月巳卯改明德殿爲滋德殿宮城南門同名故也

五年九月戊子改東京上源驛爲都亭驛

六年八月壬子勅改鄴都皇城南門應天門爲乾明門大名館爲都亭驛

七年閏三月勅改宣明門爲朱鳳武德殿爲視政文思殿爲崇德晝堂爲太清寢殿爲乾福其門悉從殿名皇城南門改爲乾明北爲玄德東爲萬春西爲千

秋

四月乙丑勅改鄴都羅城及大城諸門羅城南博門爲廣運門觀音門爲金明門檻槽門爲清景門寇氏門爲永芳門朝城門爲景風門大城南門爲昭明門觀德門爲廣義門北河門爲靖安門魏縣門爲膺福門尉氏門爲迎春門朝臣門爲興仁門上斗門爲延清門下斗門爲通遠門

漢高祖以天福十二年二月即位於太原宮以太原爲北京五月車駕至東京（即汴州也）

周太祖廣順元年六月以唐都長安時京城等門北

定今東京諸門薰風等爲京城門明德門爲皇城門啓運等爲宮城門昇龍等爲宮門崇元等爲殿門

二年正月詔開封府脩補京師羅郭率府界丁夫五萬五千板築旬日罷以積年不脩不可通過兼淘抒舊壕免雨水壞民廬舍故也

三年六月維京武行德言五鳳樓西面朶樓北塼座落一丈三尺

十月勅入厚載門内向東横街東北屋宇宜令弘文館史館集賢等三館於此分擘廨署

世宗顯德元年七月西京留守武行德率其部民萬

數完維陽羅城先是車駕自太原廻行德覲於河陽帝以維表城隍頹缺有日矣因面諭行德令葺之繇是徵丁夫數千而加板築焉

二年四月詔曰惟王建國實曰京師度地居民固有前則東京華夷臻湊水陸會通時向隆平日增繁盛而都城因舊制度未恢諸衛軍營或多窄陋百司公署無處興修加以坊市之中邸店有限工商外至億兆無窮僦賃之資增添不定貧闕之戸供辦實艱而又屋宇交連街衢湫隘入夏有暑濕之苦居常多煙火之憂將便公私須廣都邑宜令所司於京城四面別築羅城先立標幟候將來冬末春初農務閒時卽量差近甸人夫漸次脩築春作纔動便令放散如或土功未畢則迤邐次年脩築所冀寬容辦集今後凡有營葬及興置宅竈并草市並須去標幟七里外其標幟内候官中擘畫定街巷軍營倉場諸司公廨院務了卽任百姓營造

三年六月癸亥詔曰輦轂之下謂之浩穰萬國駿奔四方繁會此地比爲籓翰近建京都人物諠闐閭巷隘陋雨雪則有泥濘之患風旱則多火燭之憂每遇炎蒸易生疫疾近者開廣都邑展引街坊雖然暫勞

久成大利朕昨自淮上廻及京師周覽康衢更思通濟千門萬戸庶諧安逸之心盛暑隆冬倍減寒溫之苦其京城内街道濶五十步者許兩邊人戸各於五步内取便種樹掘井脩蓋凉棚其三十步以下至二十五步者各與三步其次有差

五年五月賜東京新城諸門名額在寅日寅賓門在辰日延春門在巳日朱明門在午日景風門在未日畏景門在申日迎秋門在戌日肅政門在亥日玄德門在子日長景門在丑日愛景門改大內東偏舊寶天門爲通苑門又以京城東新修驛爲懷信驛以待

江南貢使焉

恭帝顯德六年十二月改萬歲殿爲紫宸殿

册府元龜

册府元龜 帝王部 都邑二 卷之十四 二十九

冊府元龜

巡按福建監察御史臣李嗣京　訂正

新建縣舉人臣戴國士叅閱

知建陽縣事臣黃國琦較釋

帝王部十五

年號

傳曰履端於始序則不愆自三代之際五行更王雖三統循環迭舉歲首至于紀年摽曆未聞他制逮漢之文景始有前後之稱施及孝武肇創建元之號厥後或章述德美昭著祥異或弭災厭勝計功稱伐或

一號而不易或一歲而屢改其有矯時遵古但紀歲曆者亦不遠而復斯乃前王因時立制後代沿襲而不可易者也

漢文帝卽位十七年改元後元年 新垣平候日再暈以為吉祥故改元以來延年之祚也盡七年

景帝前元年 盡七年

中元年 盡六年

後元年 盡三年

武帝卽位建元元年 盡五年

元光元年 以長星見故為元光盡六年

元朔元年 朔始也言更為初始也盡六年

元狩元年 獲白麟因改元曰元狩 有司言元宜以天瑞不宜以一二數 得祥瑞以明年 一元曰建 建元元年是 二元以長星曰光 以有長星之光故曰元光元年 今郊得一角獸曰狩云 盡六年

元鼎元年 得寶鼎故因是改元盡六年

元封元年 始封泰山故改元盡六年

太初元年 初用夏正以正月為歲首故改元為太初盡四年

天漢元年 時頻年苦旱故改元為天漢以祈甘雨大雅有雲漢之詩周大夫仍叔所作也以美宣王遇旱災修德勤政而能致雨故依以為年號盡四年

太始元年 言盪滌天下與民更始故以冠元盡四年

征和元年 言征伐四夷而天下和平也盡四年

後元年 盡二年

昭帝始元元年 盡六年

元鳳元年 三年中鳳凰比下東海海西樂鄉於是以冠元焉盡六年

元平元年 盡六年

宣帝本始元年 盡四年

地節元年 以先者地震山崩水出於是改年曰地節欲令地得其節盡四年

元康元年 盡四年

神爵元年帝幸河東祠后土有神爵集改元 盡四年

三鳳元年 先者鳳凰五至因以改元盡四年

甘露元年盡四年

黃龍元年漢儀注云此年二月黃龍見廣漢郡故改元盡六年

元帝初元元年盡五年

永光元年盡五年

建昭元年盡五年

竟寧元年呼韓邪單于願保塞邊竟得以安寧故以名元盡其年

成帝建始元年盡四年

河平元年三月詔曰河决東郡流漂二州兖州豫州之地校尉王延世隄塞輒平其改元爲河平賜天下吏民爵各有差盡四年五月

陽朔元年六月以山陽火生石中改元言陽氣之始盡四年

鴻嘉元年盡四年

永始元年盡四年

元延元年盡四年

綏和元年盡二年

哀帝建平元年盡四年

元壽元年盡二年

平帝元始元年盡五年

孺子嬰居攝元年王莽鴆平帝立之年二歲盡三年爲莽所篡

後漢光武建武元年六月巳未即皇帝位于鄗大赦改元盡三十二年三月

中元元年二月柴望岱宗登封泰山禪于梁父四月改元盡二年

明帝永平元年盡十八年

章帝建初元年盡八年

元和元年盡三年

章和元年七月詔曰朕聞明君之德啓廸鴻化緝熙康乂光炤六幽緝熙光明也六幽謂六合幽隱之處訖惟人面靡不率俾仁風翔于海表威霆行乎鬼區鬼區即鬼方然後敬恭明祀膺五福之慶獲來儀之貺朕以不德受祖宗弘烈乃者鳳凰仍集麒麟並臻甘露宵降嘉穀滋生芝草之類歲月不絶朕夙夜祗畏上天無以彰于先世

今改元和四年爲章和元年盡二年

和帝永元元年盡十六年

元興元年四月庚午大赦改元盡四年

殤帝延平元年盡其年

安帝永初元年盡七年

元初元年正月甲子改元盡六年

永寧元年四月丙寅立皇太子改元盡其年

建光元年盡其年

延光元年二月丙午大赦改元盡四年

順帝永建元年 延光四年十一月中黃門孫程等十九人斬江京等迎立帝自濟陰王卽皇帝位明年正月改元盡六年

陽嘉元年 三月庚寅帝臨辟雍饗射大赦改元盡四年

永和元年 正月己巳宗祀明堂登靈臺大赦改元盡六年

漢安元年 正月癸巳宗祀明堂大赦改元盡二年

建康元年 四月辛巳立皇太子大赦改元盡其年

冲帝永嘉元年 建康元年八月庚午自皇太子卽位明年正月改元盡其年

質帝本初元年 永嘉元年正月丁巳封建平侯其月卽皇帝位明年正月改元盡其年

桓帝建和元年 本初元年閏六月庚寅自蠡吾侯卽皇帝位明年正月改元盡三年

和平元年 正月甲子大赦改元盡其年

元嘉元年 正月癸酉大赦改元盡二年

永興元年 五月丙申大赦改元盡二年

永壽元年 正月戊申大赦改元盡三年

延熹元年 正月庚戌大赦天下改元盡九年

永康元年 六月庚申大赦改元盡其年

靈帝建寧元年 永康二年正月自解犢亭侯卽皇帝位改元盡四年

熹平元年 五月己巳大赦改元盡六年

光和元年 盡六年

中平元年 是年破黃巾賊十二月改元盡六年

弘農王光熹元年 中平六年四月卽位改元盡其年七月

昭寧元年 八月改元盡其年

獻帝永漢元年 昭寧元年九月卽位改元是年十二月詔除光熹昭寧永漢三號還復中平六年

初平元年 盡四年

興平元年 正月辛酉大赦改元盡二年

建安元年 正月癸酉郊祀上帝於安邑大赦改元盡二十四年

延康元年 三月改元盡其年十月禪於魏按甲子世祖建武元年乙酉歲中興盡庚子合一百九十六年

魏文帝黃初元年十一月庚午帝自魏王登壇卽阼百官陪位事訖降壇視燎成禮而反改延康爲黃初

盡七年

明帝太和元年 盡六年

青龍元年 正月甲申青龍見郟之摩陂井中二月丁酉幸摩陂觀龍於是改元盡五年

景初元年 正月壬辰山茌縣言黃龍見於是有司奏以爲魏得地統宜以建丑之月爲正三月定曆改年爲孟夏四月初文皇帝卽位以受禪于漢因循漢正朔弗改帝在東宮著論以爲五帝三王雖同氣共祖禮不相襲正朔自宜改變以明受命之運及卽位優游者久之史官復著言宜改乃詔三公特進九卿中郎將大夫博士議郎千石六百石博議議者或不同帝據古典甲子詔曰夫太極運三辰五星於上元氣轉三統五行於下登降周旋終則又始故仲尼作春秋於三微之月每月稱王以明三正迭相爲首今推三統之次魏得地統當以建丑之月爲正月考之群議厥義章矣其改青龍五年三月爲景初元年四月盡三年

齊王以景初三年正月丁亥卽位十二月詔曰烈祖明皇帝以正月棄背天下臣子永惟忌日之哀其復用夏正雖違先帝通三統之義斯亦禮制所繇變改也又夏正於數爲得天正其以建寅之月爲正始元年正月以建丑月爲後十二月盡九年

嘉平元年四月乙丑改元盡五年九月

高貴鄉公正元元年嘉平五年十月司馬昭廢齊王迎立卽皇帝位是月改元盡三年五月

甘露元年五月鄴及上谷並言甘露降下八月丙申改元盡五年五月

陳留王景元元年甘露五年五月己丑司馬昭使成濟弒高貴鄉公六月甲寅自安次縣嘗道鄉公卽位大赦改元盡五年

咸熙元年盡二年十二月禪于晉按甲子魏自庚子歲建國至乙酉合四十六年

晉武帝泰始元年十二月丙寅設壇於南郊帝升壇受禪禮畢卽雒陽宮幸太極前殿大赦改元盡十年

咸寧元年正月戊午朔大赦改元盡五年

太康元年二月平吳大赦改元盡十年

太熙元年正月辛酉朔改元盡其年三月

惠帝永熙元年太熙元年四月自太子卽位大赦改元盡其年

永平元年春正月乙酉朔臨朝不設樂詔曰朕夙遭不造淹恤在疚賴祖宗遺靈宰輔忠賢得以眇身託于群后之上昧於大道不明於訓戰戰兢兢夕惕若厲乃者哀迷之際三事股肱惟社稷之重率遵翼室之典猶欲長奉先皇之制是以有永熙之號然日月踰邁已涉新年開元易紀禮之舊章其改永熙二年爲永平元年盡其年二月

元康元年永平元年二月誅太傅楊駿大赦改元盡九年

永康元年正月癸亥朔大赦改元盡其年

永寧元年四月乘輿反正大赦改元盡二年十一月

太安元年十二月大赦改元盡二年

永興元年正月大赦改元永安七月大赦改元建武十一月大赦改元復爲永安十二月大赦改元永興盡二年

光熙元年六月辛未大赦改元盡其年

懷帝永嘉元年光熙元年十一月自太弟卽位明年正月癸丑朔大赦改元盡七年正月

愍帝建興元年永嘉七年正月懷帝爲劉聰所弒四月壬申卽位大赦改元盡五年

元帝建武元年三月辛卯卽晉王位大赦改元盡其年

太興元年三月癸丑卽皇帝位大赦改元盡四年

永昌元年正月己卯大赦改元盡其年

明帝太寧元年盡三年

成帝咸和元年二月丁亥大赦改元盡九年

咸康元年正月庚午朔帝加元服大赦改元盡八年

康帝建元元年 盡二年

穆帝永和元年 正月甲戌朔皇太后設白紗帷於太極殿抱帝臨軒改元盡十二年

升平元年 正月壬戌朔帝加元服大赦改元盡五年

哀帝隆和元年 正月壬子大赦改元盡其年

興寧元年 二月己亥大赦改元盡三年

廢帝太和元年 盡六年

簡文帝咸安元年 十一月己酉即皇帝位乙卯改元盡二年

孝武帝寧康元年 正月己丑朔改元盡三年

太元元年 正月壬寅朔帝加元服大赦改元盡二十一年

安帝隆安元年 正月己亥朔帝加元服改元盡五年

元興元年 正月庚午朔大赦改元盡二年

義熙元年 正月帝在江陵大赦改元二年反正盡十四年

恭帝元熙元年 正月壬辰朔改元盡二年九月禪于宋

後魏道武登國元年 正月戊申即代王位郊天建元大赦於牛川四月改稱魏王盡十年

皇始元年 七月左司馬許謙上書勸進尊號始建天子旌旗出入警蹕於是改元盡一年

天興元年 十二月己丑臨天文殿司徒進璽綬百官咸稱賀大赦改元盡六年

天賜元年 盡六年十月

明元帝永興元年 十月即位大赦改元盡五年

神瑞元年 正月辛酉以祥瑞頻集大赦改元盡二年

泰常元年 四月大赦改元盡八年

太武帝始光元年 泰常八年十月自泰平王監國即位盡四年

神䴥元年 二月改元盡四年先是定州獻白鹿又見于樂陵因以改元立皇太子

延和元年 正月丙午謁於太廟大赦改元盡三年

太延元年 正月甲申大赦改元盡五年

太平眞君元年 六月丁丑皇孫生大赦改元盡十一年

正平元年 六月壬戌改元盡二年

文成帝興安元年 正平二年十月戊申即位大赦改元盡二年

興光元年 七月庚子皇子生辛丑大赦改元盡其年

太安元年 六月壬戌曲赦京城改元盡五年

和平元年 正月甲子朔大赦改元盡六年

獻文帝天安元年 和平六年五月甲辰即位踰年改元盡其年

皇興元年 八月戊申皇子生大赦改元盡五年八月

孝文帝延興元年 皇興五年八月丙午即位大赦改元盡五年

承明元年 六月辛未上皇終壬申大赦改元盡其年

太和元年正月乙酉詔曰朕夙承寶業懼不堪荷而天貺具臻地瑞並應風和氣婉天人交協豈朕冲昧所能致哉實賴神祇七廟降福之助今三正告初祇感交切宜因陽始令協典章其改今號爲太和元年 盡二十三年

宣武帝景明元年太和二十三年四月自皇太子卽帝位明年正月大赦改元盡四年

正始元年二月丙寅大赦改元盡四年

永平元年八月丁卯大赦改元盡四年

延昌元年四月乙酉大赦改元盡四年

孝明帝熙平元年延昌四年正月丁巳卽位踰年改元盡二年

神龜元年二月巳酉詔以神龜表瑞大赦改元盡五年

正光元年七月辛卯帝加元服大赦改元盡五年

孝昌元年六月癸未大赦改元盡三年

武泰元年正月丙寅大赦改元盡其年二月

孝莊帝永安元年二年卽位改建義元年九月乙亥以平葛榮大赦天下改爲永安元

年盡三年

長廣王建明元年永安二年十月自太原太守行幷州刺史爲爾朱世隆等推立改元盡二年二月禪于前廢帝

前廢帝節閔亦謂之普泰元年建明二年二月巳巳卽位改元盡其年

後廢帝中興元年建明二年十月卽皇帝位於信都昪壇焚燎大赦稱中興元年盡二年四月遜位于出帝

西魏武帝出帝亦謂之永熙元年中興二年四月戊子卽位大赦改元太昌元年十二月丁亥大赦天下改太昌爲永興又以太宗年號尋改元永熙盡三年

文帝大統元年永熙三年閏十二月自南陽王爲宇文泰所推立明年改元盡十七年

廢帝元年大統十七年三月自皇太子卽位明年去年號稱元年盡三年正月爲宇文泰所廢

恭帝元年廢帝三年正月自齊王爲宇文泰所立盡三年十二月庚子禪位于周

後周閔帝元年正月辛丑卽天王位稱元年盡二年

明帝元年閔帝元年九月自岐州刺史寧都郡公卽天王稱元年盡二年

武成元年八月巳亥改天王稱皇帝追尊文王爲帝大赦改元盡二年自武成以前不立年號

武帝保定元年正月戊申詔曰寒暑亟周奄及徂歲改元命始國之典章朕承寶圖宜遵故實可改武成三年爲保定元年帝自武成二年四月卽位踰年改元盡六年

天和元年正月癸未大赦改元盡六月

宣政元年三月壬辰改元盡其年初改宣政梁王蕭巋離合其字爲宇文亡日其年六月終

宣帝大成元年宣政元年六月卽位正月朔受朝於露門大赦改元盡其月

大象元年二月傳位太子大赦改元盡二年初改大象梁王蕭巋又離合其字曰太子冢明年而終

靜帝大定元年正月壬午詔曰朕以不天夙遭殛罰光陰遄速遽及此辰窮慕纏綿言增號絶踰祀華號憲章前典可改大象三年爲大定元年盡其年二月遜位于隋

隋高祖以後周大定元年二月甲子自相國受禪卽位改元開皇元年盡二十年

仁壽元年正月乙酉朔大赦改元盡四年

建德元年三月誅大冢宰宇文護大赦改元盡六年

煬帝大業元年以仁壽四年七月卽位明年正月改元盡十三年初改大業識者惡之曰

於宇離合爲大苦未也尋而天下喪亂率土遭塗炭之酷焉

恭帝義寧元年　大業十三年十一月壬戌自代王爲唐公所立大赦改元盡二年五月禪于唐

唐高祖武德元年五月甲子即皇帝位於太極殿大赦天下改隋義寧二年爲武德元年　盡九年

太宗以武德九年八月即位明年正月乙酉詔曰朕遐觀方冊歷選前聖大道既隱至公斯革莫不思槲風聲用隆龜鼎太皇膺籙受圖功成治定鄙聖人之餘事顧天下而窅然永言俗累高居物表爰以大寶俯授微躬自肅奉神器亟移灰律三正在旦萬國來

庭長世之術既弘惟新之命方始體元居正今則其時可改武德十年爲貞觀元年　盡二十二年

高宗以貞觀二十三年五月即位明年正月辛丑詔曰比者恭膺寶位乃叶天時繼奉休命必因正朔太宗文皇帝龔行天罰寧一區夏宏功無外盛烈難名攀望徽猷哀盈園寢朕以寡德守茲神器仰憑堂構俯暢生靈酌彼彝倫道兼文武方今孟陬獻歲嘗儀佇歷三元首事萬國來庭宜遵經國之典以叶陽秋之義可改貞觀二十四年爲永徽元年　盡六年

顯慶元年　正月辛未立代王弘爲皇太子壬申大赦改元盡六年二月

龍朔元年　二月乙未朔以百濟初平又益縣等五州皆言龍見於是改元盡三年

麟德元年　正月以絳州麟見於介山含元殿前銀臺閣內並視麟跡改元盡二年

乾封元年　正月戊辰朔有事於泰山壬辰御朝覲壇受賀大赦改元盡三年二月

總章元年　三月明堂成大赦改元盡三年三月

咸亨元年　三月京師旱大赦改元盡五年七月

上元元年　八月追尊高祖太宗大赦改元盡三年十月

儀鳳元年　十一月陳州上言鳳凰見於苑丘縣大赦改元盡四年六月三年四月戊申以旱大赦天下改來年正月一日爲通乾元年二月又詔停明年通乾之號以反語不善故也

調露元年　六月大赦改元盡二年七月

永隆元年　八月乙丑立英王哲爲太子大赦改元盡二年九月

開燿元年　十月乙丑曲赦定襄軍改元盡二年正月

永淳元年　二月癸未以皇太子誕皇孫滿月大赦改元盡二年十一月

弘道元年　十二月丁巳大赦改元盡其月

中宗以弘道元年十二月甲子自皇太子即位明年正月改元嗣聖　是年二月則天皇后廢帝爲廬陵王立豫王旦大赦改元文明元年其年九月甲寅大赦改元光宅元年二年正月丁未朔以徐敬業平大赦改元垂拱元年五年正月乙卯朔饗祀明堂大赦改爲永昌元年二月十一月庚辰朔日南至饗明堂大赦改爲載初元年用周正朔以十一月爲正月十二月爲臘月正月爲一月十月爲年終其年九月壬午則天革命稱周廢豫王爲皇嗣賜姓武大赦改爲天授元年三年四月丙申大赦改爲如意元年九月庚子大赦改爲長壽元年三年五月則天僭號越古金輪聖神皇帝大赦改元爲延載元年二年正月辛巳朔則天僭加號慈氏大赦改爲證聖

元年是年九月甲寅則天加號天冊大赦改爲天冊萬歲元年二年三月重造明堂成號爲通天宮大赦改爲萬歲通天元年二年九月大享天宮大赦改爲神功元年二年正月壬戌大赦改爲聖曆元年三年五月癸丑大赦改爲久視元年二年正月丁丑以成州有佛跡見改爲大足元年其年十月則天幸長安大赦改爲長安元年盡四年

神龍元年正月壬午朔大赦改元是月甲戌則天歸政於中宗盡三年八月

景龍元年九月庚申御太極殿受神龍皇帝尊號大赦改元盡四年五月

溫王唐隆元年六月即位大赦改元韋庶人臨朝盡其月遜位于睿宗

睿宗景雲元年十月冊玄宗爲皇子是日有景雲之瑞改元盡二年

太極元年正月戊子幸滻東親籍田己丑大赦改元盡其年四月

延和元年五月戊寅有事于北郊辛巳大赦改元盡其年四月

玄宗先天元年八月自皇太子受太上皇傳位大赦改元盡三年十一月

開元元年十一月上尊號爲開元神武皇帝十二月庚寅大赦改元盡二十九年

天寶元年正月丁未朔御勤政樓受朝賀大赦改元三年改年爲載盡十五載

肅宗以天寶十五載七月甲子即位於靈武改元至德盡二年

乾元元年正月乙巳帝於興慶殿奉太上皇尊號曰太上至道大聖皇帝禮畢大赦改元盡三年四月

上元元年閏四月己卯御鳴鳳門大赦改元盡其年八月

元年九月壬寅制曰欽若昊天定時成歲春秋五始義在體元推以紀年更無潤色至于漢武飾以浮華非前王之茂典豈永代而爲則三代受命正朔皆殊宗周之王實得天統陽生元氣之本律首黃鍾之尊制度可存叶用斯在自今已後朕號唯稱皇帝其年但號元年去上元之號其以今年十一月爲歲首便數建丑建寅每月以所建爲數盡其年三月

寶應元年四月詔曰上天降寶獻自楚州神明生曆數之符合璧定妖災之氣總集瑞氣祇承鴻休因以體元叶乎五紀其元年改爲寶應元年建巳月爲四月依舊以正月一日爲歲首受茲福應佇以升平是月

太子即位

代宗以寶應元年四月即位二年七月壬寅群臣上尊號壬子大赦改元爲廣德盡二年

永泰元年正月癸巳朔御含元殿受朝賀下制改元盡二年十月

大曆元年十一月甲子日長至御含元殿大赦改元盡十四年

德宗以大曆十四年五月即位明年正月丁卯朔御含元殿受朝賀下詔改爲建中盡四年

興元元年正月癸酉朔御含元殿受朝賀大赦改元盡一年

貞元元年正月丁酉朔御含元殿受朝賀大赦改元盡二十一年七月

順宗以貞元二十一年正月即位八月庚子傳位於

皇太子大赦改元永貞盡其年
憲宗以永貞元年八月卽位明年正月改元元和元
年盡十五年
穆宗以元和十五年正月丙午卽位明年正月辛丑
郊祀禮畢大赦改元爲長慶盡四年
敬宗以長慶四年正月癸酉卽位明年正月辛亥親
祀昊天上帝禮畢大赦改元寶曆盡二年
文宗以寶曆二年十二月乙巳卽位明年二月乙巳
御丹鳳樓大赦改元太和盡十年
開成元年正月辛丑朔帝嘗服御宣政殿受賀遂大赦改元盡五年

武宗以開成五年正月卽位明年正月庚戌郊廟禮
畢大赦改元會昌盡六年
宣宗以會昌六年十月卽位明年正月戊申郊廟禮
畢大赦改元大中盡十三年
懿宗以大中十三年八月十三日卽位明年十一月
丁未郊廟禮畢大赦改元咸通盡十四年
僖宗以咸通十四年七月二十日卽位明年十一月
庚寅郊廟禮畢大赦改元乾符盡七年
廣明元年正月帝御宣政殿改元盡二年六月
中和元年七月帝至蜀改廣明二年爲中和元年讖者以去年改元廣明咸謂廣在唐腳之下

而有日月非其稱也故至是改曰中和塞浮讖焉盡五年二月
光啓元年三月丁卯車駕至京師巳巳御宣政殿大赦改元識者曰啓字戶戴戈亂未息也盡
四年正月
文德元年二月戊子御承天門大赦改元盡其年
昭宗以文德元年三月八日卽位明年正月御武德
殿受朝賀宣制大赦改元龍紀盡其年
大順元年正月戊子朔御武德殿受朝賀宰臣百官上徽號禮畢大赦改元盡二年
景福元年正月丙午朔御武德殿受朝賀大赦改元盡二年
乾寧元年正月乙丑朔御武德殿受朝賀大赦改元盡五年四月
光化元年正月巳巳朔以立后改元盡四年二月

天復元年三月甲戌有事於宗廟是日御長樂門大赦改元盡四年
天祐元年閏四月謁太廟禮畢御光政門大赦改元
哀帝以天祐元年八月卽位不改元盡四年三月
後唐莊宗以天祐二十年四月巳巳卽位唐自天祐四年禪于
梁至是十八年帝在太原只稱天祐改同光二年盡四年
明宗以同光四年四月卽位改元天成盡四年
長興元年二月乙卯祀圜丘禮畢大赦改元盡四年
閔帝以長興四年十二月卽位明年正月戊寅御明
堂殿大赦改元應順盡其年
末帝以應順元年四月卽位改元清泰盡三年

晋高祖以清泰三年十一月即位改元天福盡七年

少帝以天福七年六月十三日即位九年七月辛未朔御崇元殿大赦改元開運盡三年是日宣赦未畢會大雨雹忽遽而罷都下震死者數百人明德門內震落石龍之首識者以爲石乃國姓盡不祥之甚

漢高祖以開運四年二月即位于晋陽謂群僚曰帝王稱謂孤已迫於群情而遜避無所其國號正朔未忍遽改緜是降制以少帝開運四年敘天福十二年行事蓋以心奉前朝執至義也盡其年

乾祐元年正月乙卯大赦改元盡其年

隱帝諱承祐以乾祐元年二月即位初高祖欲改年

號中書門下進擬乾和二字高祖改爲乾祐至是與帝名相符帝亦不改盡三年

周太祖以乾祐四年正月即位改元廣順盡四年

顯德元年春正月乙未祀圓丘禮畢御明德殿大赦改元

世宗以顯德元年正月丙申即位不改元

恭帝以顯德六年六月甲午即位不改元盡其年

冊府元龜

册府元龜

巡按福建監察御史臣李嗣京　訂正
分守建南道左布政使臣胡維霖　叅閲
知建陽縣事臣黄國琦較釋

帝王部十六

尊號一

古者盛德之君若九皇五帝皆典籍之所述也夏商而下降號稱王秦并天下始兼三五而建號然後尊極之名著矣歷代而下遵而不易時或因革理非沿襲運事增華其流彌盛乃至傾臣子之將順頌君上

之徽美守闕上書備物典策所以極光大之稱流景鑠之懿也若乃欽明文思溫恭允塞堯舜之德垂於緗素至於濬哲之后據天下之圖受三靈之命億兆欣戴戎夷歆附功崇德鉅仁深澤廣繇是從人之欲順帝之則擁神休而尊明號亦何讓焉

漢高祖初爲漢王五年十二月旣平項羽（時以十月爲歲首）正月諸侯上疏曰楚王韓信淮南王英布梁王彭越故衡山王吳芮（漢元年項羽立芮爲衡山王後又奪之地謂之番君是以曰故）趙王張敖燕王臧荼昧死再拜言（秦以爲人臣上書當言昧犯死罪而言漢遂遵）之大王陛下（王者有執兵於階陛之側群臣與至尊言不敢指斥故呼在陛者告之因卑以達尊也）先時秦爲亡道天下誅之大王先得秦王定關中於天下功最多存亡安危救敗繼絶以安萬民功盛德厚又加惠於諸侯王有功者使得立社稷地分已定而位號比儗亡上下之分（言大王與臣等并稱王是爲比類相儗無尊卑之差別也分音扶問切）大王功德之著於後世不宜（言位號不殊則功德之著明者不宜於後世也）昧死再拜上皇帝尊號漢王曰寡人聞帝者賢者有也（言賢德之人乃可有帝號）虛言亡實之名非所取也今諸侯王皆推高寡人將何以處之哉諸侯王皆曰大王起於細微滅亂秦威動海內又以辟陋之地（辟讀曰僻）自漢中行威德誅不義立有功平定海內功

臣皆受地食邑非私之也大王德施四海諸侯王不足以道之居帝位實宜願大王以幸天下（幸者吉而免凶可慶幸也故人福喜之事皆稱爲幸而死謂之不幸）漢王曰諸侯王幸以爲便於天下之民則可矣於是諸侯王及太尉長安侯臣綰等三百人（綰盧綰也）與傅士稷嗣君叔孫通（稷嗣邑名）謹擇良日二月甲午上尊號漢王即皇帝位于汜水之陽（汜音汎在濟陰界取其汜愛弘大而潤下也）

哀帝太初元年號曰陳聖劉太平皇帝（陳尊也言得神道聖者劉也陳舜後王莽陳之後謬語以明莽當篡立而不知）

後魏顯祖獻文帝旣禪位太子於是群公奏曰在昔

三王之世澹泊無事故稱皇是以漢高祖旣稱皇帝尊其父爲太上皇明不統天下今皇帝幼冲萬機大政猶宜陛下總之謹上尊號太上皇帝乃從之國之大事咸以聞

後周閔帝旣受魏禪卽天王位至明帝三年八月改天王稱皇帝建元武成元年時崔猷爲御史中大夫以爲世有澆淳故帝王因以沿革今天子稱王不足以威天下請遵秦漢稱皇帝建年號朝議從之

宣帝大象元年自稱天元皇帝所居稱天臺

唐高宗上元元年八月皇帝稱天皇皇后稱天后以

避先帝先后之稱

中宗神龍元年十一月文武百官上皇帝尊號曰應天皇帝三年八月王公以下表上尊號曰應天神龍皇帝九月庚子御太極殿受冊

玄宗先天二年十一月群臣上表請加尊號爲開元神武皇帝曰臣聞玄化不宰是有強名聖德彰聞必崇大號伏惟陛下首出千古體元獨斷掃氛祲於軒宮闡文明於宸極皇綱絶而復正神器危而重安聖達神祇功齊天地若無尊號臣下何稱易曰陰陽不測之謂神傳曰保大定功之謂武陛下斷大事於衆易見成形於未兆故一著呈祥千里傳慶斯所謂不測也興王業於多難安生靈於反側故百神奉職四夷納貢斯可謂定功也故臣等敢上尊號曰開元神武皇帝伏惟從之手詔荅曰朕觀上古人主唯稱帝王一字秦漢以來乃兼皇帝朕以薄德嗣守寶位乾乾惕厲懼不克勝豈自崇飾以招譴咎雖追公卿之請終負平生之心所請加號甚無謂也群臣宗子及僧道耆艾等數百人又抗表三上乃從之戊子遂行冊禮加尊號爲開元神武皇帝

開元二十七年二月文武百官及僧道耆耋上表請

以聖文二字加尊號凡八表然後許之

天寶元年正月甲寅陳王府參軍田同秀上言玄元皇帝降見于丹鳳門之通衢告錫靈符尹喜故宅遣使發得之二月附玄元皇帝廟百僚加尊號爲開元天寶聖文神武皇帝

七載五月壬申文武百僚以休祥累見上表請加尊號曰應道表再上固違不從甲戌又上表曰臣聞道之應也萬姓叶心德之至也百靈表貺是以帝王從天以受休命臣子奉主以薦尊名下戴上爲至忠上納下爲大順伏惟陛下垂衣而端拱司契而乘時御

辯而氣和提象而物覩臣等上稽儀極下考前訓旁求史氏明徵道書皆可以配至極之崇高建大號之美稱陛下宗師懸解狹五帝之嘗道恬愉自得陋三王之仁義同符帝典振古莫儔靈寶經曰大寶君者大洞之尊神玉皇之正氣陛下經高上之至理復帝先之淳源九炁生真二合成德殊休應道巳契靈文景命揚符宿彰仙籙則知聖祖以大道授陛下久矣當以應道荅之苟人望洽而固違則群情抑而不副是以公卿宗子懇誠於內緇黄艾耋瀝款於外宜蒙納許以昭介福伏惟陛下承上玄乃顧之意順普天

翊戴之情伏以端午良辰萬壽來應昌圖與兩儀配永寶運與三景俱長欽若鴻名克彰厚慶聿陳大禮式茂元和臣等謹竭愚誠昌死請加尊號期於成遂以叶衆心帝手詔報曰禎祥者所以合天人鴻名者所以彰德業今封章繼至誠請甚勤敬膺神休允荅人望宜依來請巳卯有司告獻太清宮太廟庚辰告昊天上帝皇地祇太社太稷壬午公卿百辟奉冊上尊號曰開元天寶聖文神武應道皇帝御興慶殿受冊

八載六月太白山人李渾上言有神人言金星洞内有玉版石記聖皇福壽之符命御史中丞王鉷入仙遊谷求而獲之以獻帝御勤政樓受焉於是王公卿士道俗又請加尊號表三上不從乃詔曰朕欲使人述日用道遠親譽願行其心永守冲約未允來請宜識此懷丙辰文武百官禮部尚書崔翹等又上表曰臣聞上玄成命錫禎符以應期聖皇乘時受神册於興運是以啓殊祥於景福崇大號於至公伏惟陛下纘重玄之耿光嗣五聖之丕緒大德侔於天地至化貫於陰陽感玄道之尊運百辟之議三月闕下累陳洪名陛下猶以固讓爲心不以至公爲意臣等請以

符瑞重叙明之日者五星如連珠兩曜如合璧卿雲蔚霄露凝天之貺也瑶英産於金祀玄記開於玉洞神光見真誥傳地之祥也固知天地以鴻休報陛下陛下以至德通乾元允宜合符克配徽號伏奉乙卯詔書曰志存要妙理却虛名臣又聞之天不讓高地不辭大五帝法之而成象三王參之而比德先天地者道也聖祖巳著於強名合天地者聖也陛下允膺於明稱式彰妙用豈日虛名况禎祥感通旣著於彼靈應參會又符於此是以封章再獻而雲日重光徽號三陳而煙霄降澤天人交感影響必臻若然者陛

下安得闕三才之大端抑萬姓之勤願違祖宗之聦
命曠天地之符文臣等固陋猶知不可况眞宗示慶
祕簡呈文乘王氣於玉行擁神休於寶運伏願光臨
大寶允荅洪休嘗垂覆載之仁永保延長之曆天下
幸甚帝手詔從之閏月丙寅親謁太清宮上聖祖玄
元皇帝爲大道玄元及高祖太宗高宗中宗睿宗皇
帝並加大聖丁卯群臣奉上尊號曰開元天地大寶
聖文神武應道皇帝御含元殿受冊
十二載十二月庚寅文武百官憲部尚書張均等上
表請上尊號加孝德及改應爲證曰開元天地大寶

聖文神武孝德證道皇帝凡三上表乃許之
十三載二月甲戌御興慶殿受冊
肅宗至德二年十二月壬申右僕射裴冕與百僚上
言曰頃者逆寇亂常悖違天紀六位回薄三光失序
上皇南廵以避狄群臣東没而面僞當此時也勇者
不及奮智者不及謀則高祖太宗之業將墜於地矣
上皇知聖嗣在昌人望大啓乃付陛下以天地之事
將復高祖太宗之業告成功於天伏惟陛下至孝恭
順格於天地不敢以剪逆夷難之務爲上皇憂遂乃
赫然龍驤雷動朔野以一旅之衆康天下之迍躬堯
之聰明廣聽天下率禹之勤儉以先兆人孝通德茂
裕于三極故蠻夷君長來庭于要荒之外五玉寶龜
納錫于旌門之内其行如雲其植如山莫不裂背致
命開懷飲鏃死而後已實乃卄心是以猰狗噬脛而
遇毒奔鯨觸綸而皆斃大風一鼓而沴氣廓清斯實
再造生人之極也陛下以上皇未至延俟鑾輿清宮
待幸守而不失今上皇戾止昭德報功廣聖人崇本
之義徵王者未舉之禮百神奉職親受寶符過堯邁
舜以慶天下以陛下有光上皇之德經天下之文定
禍亂之武窮不測之聖通神明之孝故命陛下曰光

天文武大聖孝感皇帝皆象德景行自然之符陛下
尚執謙冲遷延若未當者今群臣咸服睿謀肅將天
下猶各有茅土銘勳景鍾陛下盛德大業終古獨立
不速即徽號以蔚皇圖臣恐天地神祇勤勞卻止臣
謹與太常禮官等僉擇請以來歲正月五日上尊號
伏惟陛下膺天地之誠恭上皇之命遂群臣之請滿
百靈之心延光無窮天下幸甚詔曰朕以眇躬敬承
明命兩遭狂胡擾亂宗社不寧禀上皇至聖之謀當
伕鉞秉旌之任大師一振殘孽無遺上皇厭彼代紛
棄茲人事萬邦之重俾付朕躬傳授寶符乃加徽號

朕再三固讓實增黽勉恭膺典册感慶良深覽卿等來章倍加祗懼依卿等所請三年正月戊寅太上皇御宣政殿授帝傳國寶符及受命寶符册帝尊號曰光天文武大聖孝感皇帝上言曰陛下顧天位之累已推以付臣臣又畏天命以固辭期不奉詔未蒙詔許以辱四海而今加之徽號錫以洪名既受寶符又傳神器是重臣以不德私臣以殊寵豈天地之容乎神人之望乎臣聞禮有嘗尊器不可假名無虛立義然後行頃以寇逆憑陵京闕失守撫軍監國事在一時正位居中尊無二上至於光天之業允文允武聖

繇天作孝以感通臣何有焉此皆陛下之能事也曲成之惠在慈愛而愈深至公之道將詢謀而未叶伏望寢以嚴命俯遂勤誠臣之下情不勝至願太上皇誥曰昊穹垂裕宗社發祥爾往在譽年素彰岐嶷泊乎問寢日增孝敬吾久勤庶務嘗奉至真特好清虛尋將付託爾以華戎銳士掃定神州功乃格天德惟邁古是用受茲國寶加以大號典章斯集喜慰盈懷實謂道映前王何必志在讓禮克光丕業以副至公卽斷來表帝再讓不允又以大聖二字非所當之言日帝王者天所命也稱號者人所奉也惟有德克濟

大寶惟至聖以享鴻休於是乎人神形容其美行歌咏之不足或爲之名焉伏惟陛下乾坤覆載河海潤澤道達生靈惠懷蠻貊尊九廟以崇孝謁五陵以奉先禮二郊以嚴禋祠九宫以致敬刻石北京以揚祖烈泥金東嶽以告成功自三五以還歷選列辟聰明文武齊聖廣淵丕懿純嘏孰與比議卓哉煌煌眞聖人之表也夫天地至大不能定愆伏之序日月運行不能正薄蝕之變自狂孽間釁俶擾天紀與時消息爲人請命舞干羽而氛祲永清垂衣裳而社廟無改納萬姓於仁壽之域朝百神於清穆之上窅然姑射

之山思訪襄城之野斯又臣言之不及稽古所未聞義軒唐虞何足以云今方推而不居爲而不有付臣以宗廟重器錫臣以后王徽章何以克堪辭不獲命臣自奉明誥夙夜於邑以爲名不可假尊不可踰敬承嚴旨得爲孝乎至於所託者深所荷者大不敢悉拒以違天衷而大聖二字得之不易求諸故實布在冊書伏望陛下顧茲當仁期以制義今王公侯伯卿士兆人詢謀僉同稽首闕下臣敢因衆人之議成小子之志上尊號於陛下曰太上至道聖皇天帝卽命有司擇日奉行冊禮其錫臣帝號大聖二字伏顧許

停如臣言可以簡當所希採納如臣誠不足動天伏
當待罪將以明授受之道辨上下之分不勝臣子下
情懇願之極伏惟陛下俯垂允許以副四海之望表
上不允又表曰陛下以宗社再安天下交泰付臣以
神器授臣以寶符加臣以寵章錫臣以徽號君親之
義惠下之道已彰臣子之心奉上之禮未足臣所以
與王公卿士百辟兆人思垂裕後昆乃悉數前美仰
陛下之行者衆星之拱北辰俛陛下之澤者百川之
赴東海繇是累上尊號敢冐宸威陛下以無爲之心
不宰萬物抑而未允至於再三群情顒顒罔知所措

一昨辛卯賜誥命曰頻覽章表懇至難違爾實命惟
新洪名允集用加大聖之字克副昊天之心若成命
無渝萬國同歡於翊戴儻固辭不已吾亦未膺乎典
冊今不許撝謙令斷來表進迫嚴旨何以克堪退荷
殊私無任隕越小子伏受命矣伏惟陛下允臣所請
則自下上上日月之光昭從上下下雨露之恩廣臣
已詢諸龜筮備其禮物請以來月乙巳奉上冊禮聖
恩招納即日付外施行不勝懇願之至誥曰汝孝以
奉親明以御宇上從君父之命下順黎元之欲旣弘
茂實爰副崇名千古攸高百王是式循環章奏喜慰
可知乎志每集虛心嘗遺炤方契眞宗之旨豈云稱
號之榮汝就養無違歸尊有裕載獻從龜之吉復當
乙巳之辰已備典章當依來請是月乙巳於興慶殿
冊太上皇尊號曰太上至道聖皇天帝
乾元元年十二月乙未公卿道俗上表請加號曰乾
元三表乃許之二年正月朔帝御含元殿受朝賀便
冊尊號曰乾元大聖光天文武孝感皇帝
上元二年九月壬寅詔曰朕獲守丕業若履春氷敢
忘謙冲日益招損欲垂範而自我亦去華而就實其
乾元大聖光天文武孝感等尊崇之稱何德以當之

自今已後朕號唯稱皇帝
代宗寶應二年四月辛巳宰臣及文武百僚郭子儀
等上尊號表曰臣聞功莫大於締搆乾坤孝莫先於
纘承社稷伏惟皇帝陛下繼述冠於周武中興邁於
漢光曩者巨逆慢天中原失序生人罹厥角之禍皇
運甚綴旒之危陛下親討元兇指麾戎旅尊先帝於
靈武返上皇於巴蜀以一旅而掃定二京不再周而
克宰九廟是陛下締搆之功也及乎先帝厭代姦臣
窺國懷躡足之變搆無將之端陛下睕將成之禍胎
挫已就之凶計申大義而誅呂全至公而嗣文日月

餙而重明寀宇傾而再定陛下纉承之孝也臣伏以古先帝王繼體踐祚者年踰則改元創業垂統者功成則上號陛下頃以先帝梓宮象設猶在橋山石室亐劍未藏固遠體天之典將申宰戚之義孝思之至又何加焉今二聖靈輀永安陵寢萬方黎庶悉夢華胥聖人之哀榮畢矣帝王之功業成矣宜其大崇徽號允群臣顒然之望惟新正朔覃四海莫大之澤伏願降明詔下有司許臣等徵三代之故事考百王之通典改元立號革故鼎新懸之無窮倬映千古臣子儀等與群臣萬姓不勝懇請大願之至手詔答曰朕

嗣守洪名欽承丕構克清多難奄甸四方聖靈在天玄德敷佑南面恭巳朕何有焉巨猾剗平非予之武言念海內生人至艱兵鋒猶虞暴骨未掩日旰忘食宵分孜懷遽稱成功良謂虛美玄宮甫畢豈宜郎及改元寶位至尊何以更言加號宰臣之任職在輔弼勸進之詞深所不取表三上乃許之六月丙申上表獻議曰陛下昔在藩邸及登儲闈聰明徇齊齊肅端冕遇闕則下入廟必趨及乎著代成人繼明踐阼聖姿天縱神化日新學冠九流觀書過於乙夜文高五始逸興麗於秋風此則陛下明昭之文德也頃者凶羯亂常彝倫失序陛下親總戎旅誅討元凶掩慶緒於雒陽斬朝義於河朔罷三司而復其位職人懷莫大之恩收兩京而不問脅從國賀非常之澤洎先帝大漸凶臣伺舋陛下釋服郎戎提戈清難九重蕩懸王室危於綴旒百姓不知天下安於山岳此則陛下定難之武功也若夫心游繫象之表理絕名言之外聖斷洮遠同陰陽之不測睿謨鉤深與鬼神而爭奧休氣潛盈草木化爲禎祥淳風遠覃蠻夷效其獻貢加以明並日月德參乾坤風雨應時自有雍熙之兆魚鱉咸若更登仁壽之期此則陛下莫大之至聖也

至於色養盡心愼終追遠問安內侍豈一日而忘朝視膳宰夫知再飫而方退及乎三聖遷代九域侵瘠至性自天哀容觸地門外之理權依易月之期從心之喪實履終天之痛財傾象設力竭山陵莫不德通於神明哀感於天地故得役徒百數之衆皆曰子來送終三十餘日曾無塗潦此則陛下感通之至孝也若乃神告聖運天呈寶符陛下登極之辰泗水見其五璧天兵戡虜之日黃河清於千里神烏白雀之祥塡林溢囿卿雲甘露之瑞歲至月書此皆靈貺昭告休期之大應也且夫允恭濬哲有軒轅戰伐之功焉

德合乾坤有伏羲尊聖之業焉降天休呈地實有夏
禹玄珪之感焉經天緯地之謂文立極中興之謂武
變化無方之謂聖精誠上通之謂孝降天和騰地氣
生無期出有爲之謂寶文以昭之武以定之聖以成
之孝以通之寶以應之夫然後可以充天地之洪名
崇帝王之大號故臣等犯冐萬死奉上寶應元聖文
武孝皇帝尊號伏願陛下祇膺景命對越神祇應天
理人光膺大典臣等謹當撰吉日脩禮容設九賓觀
群后昭告烈祖清廟展黄琮之儀有事昊穹圜丘陳
蒼璧之禮臣子儀等與群臣萬姓不勝大慶謹上尊

號以聞詔下有司七月壬寅御宣政殿受群臣上尊
號冊曰寶應元聖文武孝皇帝
德宗建中元年正月丁卯朔改元群臣上尊號曰聖
神文武皇帝
興元元年正月朔車駕在奉天詔曰乃者公卿百寮
用加虚美以聖神文武之號被蒙闇寡昧之躬固辭
不獲俯遂群議昨因內省良所瞿然體陰陽不測之
謂神與天地合德之謂聖豈伊淺劣所敢當文者所
以成化武者所以定亂朕自君臨于今六載化之不
被亂是用興豈可苟徇群情猥當徽號重予不德益
用懷慙自今以後中外所上書奏不得更言聖神文
武之號
貞元五年十月百僚累上表請復徽號詔曰三省來
章爾用兢惕載崇大號何以當之前者示懷益非沖
讓尚勞敦請豈所宜然卿等傳達古今列於朝右思
弘猷替共致太和豈以虚名重予不德再三循復增
悪于懷想悉深衷勿更陳請
六年九月戊午百僚及道士僧等詣闕抗表請上貞
元聖神文武皇帝尊號手詔不許十月巳亥再詣闕
抗表猶不許因謂侍臣曰今年春夏亢旱粟麥不登

朕精誠祈禱獲降甘雨既致豐穰告謝郊廟朕儻受
徽號以禋享是有爲爲之更勿煩請也
順宗永貞元年八月禪位于憲宗十二月辛酉宰臣
文武百僚等請上太上皇及皇帝尊號表曰臣聞帝
堯之禪虞舜也業歸于異代漢祖之尊太上也禮循
乎虚名未有履尊極而捨萬乘之榮奉晨昏而傳七
廟之重斯則堯圖非遠漢道未全倬然冠洪名而超
古昔者孰若今之盛也伏惟皇帝陛下誕受聖姿欽
膺寶曆自天生德與神合契近者太上皇恭默在疚
禪授未行萬國注心思堯言以致理群生屬望渴聖

人之利見陛下忠感於天地孝達於神明成堯舜之
內禪固邦家之景命功莫盛於配天孝莫大於寧親
讓莫高於傳聖故太上皇釋天下之負所以成其讓
陛下受宗祧之寄所以保其功惟文王爲無憂惟武
王爲善繼夏祀永固周命惟新巍巍蕩蕩固無德而
稱矣又聞皇帝之道必體於至公稱號所加不私於
爲巳將體元以立政必紀年以垂號伏願肇茲獻歲
允極鴻名發揮玄功昭示景化則太上皇之德可表
於徽册陛下之孝克施於寰海然後父父子子君君
臣臣仰東海者知聖化之深瞻南山者頌聖人之壽

臣等不勝大願請上太上尊號曰應乾聖壽太上皇
請上陛下尊號曰文武大聖孝德皇帝因三正之慶
會鼓萬國之歡心奉寶册以薦鴻徽率群臣而朝上
日然後退自問寢列茲充庭先陳教孝之儀方受慶
君之禮斯實邦家之耿光也古今之絕典也雖朝賀
有次巳禀於綸言而徽號所尊益勤於俞詔兆人懇
願罔不顒然憲宗詔答曰高祖太宗接千載之統垂
無疆之休太上皇承九聖之烈傳莫大之慶嗣德纘
業允文允武弘帝堯之欽明宗玄元之清淨付朕天
下願神保和至道光於唐虞至仁合於天地卿等虔
述休德祇獻鴻名循省再三允符朕志朕獲守寶位
丕承睿訓雖嚴恭寅畏不敢怠遑而淳未洽於群生
理未臻於皇極遽言徽號何以當之雖嘉乃誠難遂
來請其上獻太上皇尊號宜依所奏凡百卿士當體
至懷明年正月丙寅朔太上皇居興慶宮受朝賀皇
帝率百僚奉上尊號曰應乾聖壽太上皇帝

册府元龜

册府元龜

巡按福建監察御史臣李嗣京 訂正

知長樂縣事臣夏允彝叅閲

知建陽縣事臣黄國琦較釋

帝王部 十七

尊號第二

憲宗元和元年十二月甲戌宰臣及百僚表請上尊號曰文武聖德皇帝不許

三年正月癸巳御宣政殿受徽號曰睿聖文武皇帝王欽若等曰本史闕群臣所請之文

十四年五月丙申中書門下率百僚上表請加尊號曰臣聞惟帝之尊不言而理惟天爲大無得而名所以舉鴻徽昇大號者尊乾坤之心也伏惟睿聖文武皇帝陛下躡樞御柄氣母躋神總三靈以紀元宅萬國以鏞化霽日出海雄光照天煙霞變舒草樹動色夫纂大寶者重光之德崇張帝圖者屬統之功盛十聖儲祉貞明下土一天鏡開引耀幽蟄此臣所以稽衆心而窺景鑠者也臣聞孝於其父則導善因心忠於其君則望美終日蓋性本於内義激於中將曲成以無違期取實而不苟所以然也陛下粤臨宸極十有五年道本至公誠深馭朽有盡下之意無自我之規以喜怒之氣調陰陽之德比類百則有帝堯之聰明周旋一心秉神禹之恭儉鉏是朔陲之宄以謀勝庸蜀之虜以刑誅徐夷之固以德歸吴寇之強以氣臧茂昭以二郡至弘正以全部來幽鎮無轂滄景交代至若從史執縛宗奭明刑語於大朝斯爲細事項自淮淝稔禍海岱膺妖歷五聖而不翼稽四紀而負恃陛下英威電斷睿略風行决必取於天心示不疑於輿聽此忠賢所以盡力猛毅所以捐軀一舉而元濟受擒再動而師道傳首地維自正天下一家六十

餘年不聞此事野老擊壤仁風扇和巍巍成功蕩蕩區域遠可以比崇於唐虞軒頊近可以丕顯於高祖太宗且玄宗自先天三年至天寶十三年四十年間六上徽號今陛下發揮玄祉燀赫洪猷摅積憤於祖宗雋千齡於天地飾文武之氣象納廣大於昊穹澤及隱微仁霑動植圓方不足稱其遠辰象不足契其明瑞舞神魚祥升鳴鳳若不駿尊大號仰陟崇名豈非臣下之恧與臣等是以夕惕夙夜翕肩累息上探元命下採群情不勝懇戴誠願之至謹上尊號曰元和順天應道聖文神武皇帝以崇莫大之業以配無

爲之功伏惟陛下奉順人靈俯從公議鑒深誠於億
兆顧景貺於神祇顒顒四海孰不蹈躍帝答詔不許
表四上從之七月巳丑御宣政殿群臣册上尊號
穆宗長慶元年四月辛卯中書門下及文武百僚請
上尊號表曰臣聞上帝至尊也其名有九所以顯高
明之位西方大聖也其號有十所以旌神化之功王
者提寶運而光宅握瑶圖而首出必建徽號以稱鴻
猷斯乃臣子之誠有所法則天之所與不可辭讓伏
惟皇帝陛下欽明御曆神武纂戎挺上聖之姿撫中
興之運鼓雷霆而清八極懸日月而炤九圖粤若祇

事郊廟敬養長樂大孝也省刑責巳偃革息兵大澤
也慶雲見甘露降羽毛呈瑞草木發祥天符也億兆
歡心而太和蠻夷蹶角而威服人瑞也祖宗未賓之
地帝王不收之畦皆勿耀天威獨運聖筭未嘗血一
刃勞一夫文軌罔不同梯鶩罔不化則軒有阪泉之
戰堯有丹浦之征求之往籍彼宜慙色陛下有格天
之大勳動天之大德徽烈巳冠於前古而稱號猶抑
於當今凡在朝野敢不知罪臣等不勝大願伏乞迴
天眷啓宸衷擇吉日崇徽號塞人祇慊慊之望合夷
夏顒顒之誠制答曰朕以菲德初承大寶嚴恭夙夜

脩巳暗人燭理未明舉政多闕雖展郊禋之禮或稱
瑞應之符而俗尚凋訛人未康乂所患德之不立豈
患名之不尊至於北狄求和西戎卽叙南越投戈而
率化西戎繼踵而來王不俟七旬之朝自銷積紀之
弊此皆宗社垂裕公卿贊謀之力也朕何有焉遽議
徽名深懼未稱卿等志思將順誠切致君宜體至懐
勿徇虛美表四上從之七月壬子御宣政殿受册文
武孝德皇帝尊號
敬宗寶曆元年四月丙寅宰臣等抗疏請上尊號不
許自此累獻四表詔方從之癸巳御宣政殿受册文

武大聖廣孝皇帝尊號
文宗太和六年正月辛亥中書門下及文武百官請
上尊號詔答不許甲寅再上表曰伏以昭闡大猷崇
建明號爰自列聖實從人心或不踰於一二年或至
于再三册伏惟陛下握乾符而執左契掃氛祲而廓
夷途躋清俗平世更於七足以光寶祚暢洪徽追成
規崇典禮而況百靈效祉庶績其凝祝告玄穹孝光
長樂慶澤躋天而接地仁風輝古而映今休禎見于
星雲嘉瑞洽于翕草英轂騰軼於八表和氣旁達於
九圍而乃尚執勞謙未允誠望凡在臣庶實所章惶

夫無爲而理者不在於去名稱在於遂萬物之宜曲而成之者也恭黙思道者不在於變典冊在於天下爲公居而不有者也故曰惟天爲大惟堯則之又曰聖人無常心以百姓之心爲心然則王者舉措有法弛張隨時伏望答上帝乃眷之懷副下人傾心之望略撝謙之小節奉祖宗之舊儀臣等不勝大願謹上尊號曰太和文武至德皇帝伏乞俯遵成式俯順群心命有司擇吉日光膺盛禮允答天人天下幸甚詔曰朕以否德纂承㢛圖業業乾乾懼不克荷是用法天地無私之道以成化象日月無私之炤以燭幽慕

唐堯虞舜之爲君繼貞觀開元之致理朕以夕惕宵興不遑暇逸冀將紹復聖哲保綏華夷至於洪名允不輕議尚未審度豈可屬心卿等台鉉重臣翼宣元化宜勠朕志臻于緝熙今陰雪傷和尚資寬宥乃以文武至德加于朕躬省覽奏章難從虛美宜斷來表深諒予懷庚申表三上詔答不許

七年十二月甲午中書門下請上尊號表曰臣聞自古帝王之有天下也必建崇名立徽號號者功之表名者德之光所以配天立極傳於億祀表功明德示於四方伏惟皇帝陛下運啓中興業隆大寶懋道德而施教法陰陽以爲心雖日昃忘勞之規御朽興念之戒身衣弋綈之儉乙夜觀書之勤斯皆前代之令猷而哲王之懿範有一於此則爲聖明陛下總而行之孜孜不倦而又抑退浮薄崇奬貞廉必齊素厚之風每尚儒學之本端静邁於時俗孝愛浹於人倫掃滄景之妖兇定羌蠻之儆擾去華尚朴先自六宮端本澄源行乎四海近者旱暵偶數時雨稍愆陛下切納隍之憂深在予之責德音纔發靈貺已隨變沴銷災有如影響熒惑受制以軌道壽星叶紀以揚光品彙昭蘇風雨時若玄功之化覆載同和成貸之仁肖

翹皆遂干戈戢戢華夏以清自三代已還仁明聰聖未有如今日之盛者也而自龍飛代邸將及十年聖德咸通洪名久曠何以彰祖宗之盛烈副億兆之懇誠臣又聞行過乎恭自非中道名以出信斯蓋格言使尊稱抑而未揚大典闕而不舉天地之符未答神祇之望莫申臣等不勝大願謹上尊號曰太和文武仁聖皇帝伏惟誕膺丕典永峻鴻猷葵藿纖誠庶傾心於迴照犬馬微志獲蹈舞於康衢無任悃款屏營之至前後凡四上表詔答不許宰臣以帝臨御八年請加徽號適有五坊中人薛季稜自同華迴因奏關

輔村閭百姓彫弊帝歎曰近甸今歲小稔人尚如此况江淮水潦之後流離疾苦未有弭災援溺之術焉可虛飾鴻名以自尊大乎因以逼天帶賞季稜辭是宰臣不敢復請

開成二年二月自朔至晦方岳之臣請上尊號者二十二道或至再請者皆詔報不許

武宗會昌二年四月乙丑朔司空兼門下侍郎平章事李德裕等上章請加尊號曰仁聖文武至神大孝皇帝戊寅御宣政殿受册

五年正月己酉朔太尉兼門下侍郎平章事李德裕

及文武百官太常卿孫簡等六千二百二人等奉玉册玉寶上尊號曰仁聖文武章天成功神德明道大孝皇帝初徽號内無道字有中旨令加之中書奏曰伏以軒居崆峒堯期姑射未有不心遊至道而能功濟生靈暨漢之文景尊奉黄老理致刑措時稱太康開元中玄宗經始清宫崇追玄祖闡繹道要遂臻治平六合晏然四十餘年今者陛下蹈軒后之靈蹤遵開元之故事進道不貴於拱璧潛心已得於玄珠聖壽必過於殷宗景化方躋於漢武臣等所上徽號義雖盡美意有未周今謹上尊號爲仁聖文武章天成功神德明道大孝皇帝所貴冠皇王之高號盡臣子之至誠伏希聖慈容鑒丹懇

宣宗大中二年正月壬戌宰臣率文武百僚上徽號曰聖敬文思和武光孝皇帝御宣政殿受册

懿宗咸通三年正月庚午左僕射門下侍郎平章事杜悰率百寮上徽號曰睿文明聖孝德皇帝

十二年正月戊申宰臣路巖率文武百寮上徽號曰睿文英武明德大聖廣孝皇帝御含元殿受册

僖宗乾符二年正月己丑宰臣崔彦昭率文武百僚上尊號曰聖神聰睿仁哲明孝皇帝御正殿受册

光啓元年五月宰臣蕭遘率文武百寮上徽號曰至德光烈孝皇帝御宣政殿受册大赦

昭宗大順元年正月御武德殿受朝賀宰臣百官上徽號曰聖文睿德光武弘孝皇帝大赦改元

長興元年三月庚辰宰臣馮道率百僚拜表請上尊號曰聖明神武文德恭孝皇帝表曰先以中外同詞華夷叶慶敬尊往制特上徽名天聽未回王言疊降過持謙柄尚拘群情將永顯於洪休須再陳於丹懇伏惟皇帝陛下中興纘祀下武應期務實去華還淳返朴有開善必行之聖有無幽不燭之明以神武戡

定四方以文德懷柔八極惟恭與孝繼祖承祧臣等考尋帝載奉揚休烈請上尊號曰聖明文武恭孝皇帝約就望而臆譚堯德叙聲身而首賛禹謨此際陛下以郊禋未展於泰壇帝饗未修於清廟易水之殘妖未殄江陵之闔境未寧堅遣丹赤之誠更待和平之日今則乾坤大定書軌混同北暨幽陵南窮丹徼東踰滄海西越流沙率梯航者願布腹心侯干羽者巳陶聲教圓丘報本顯陳燔燎之儀宗佑告虔親奉雲部之薦而况萬邦胥悅百穀順成天垂上瑞之文人樂繇庚之化鶏竿作觧風紀維新野喧擊壤之歌

兵入囊弓之詠人祇訢合日月重光明哉康哉美矣盛矣臣等生逢景運仰纘丕圖是將億兆之心虔貢再三之請與茂實永光於圖史徽猷式冠於古今上契天心下從人欲凡厥臣庶恭俟允俞詔曰朕顧惟凉德獲紹丕基賴心膂之訏謨繄股肱之寅亮懼難負荷嘗屬齋莊唯誠荒寧敢自蒲假卿等謨猷迭著翼亮彌勤遽以鴻名將加眇質雖驗忠貞之懇誠非謙慎之懷往年繼上封章累增宣達近者告虔宗廟展禮郊丘皆輔弼之盡心亦纘承之常道繼頻推北虜烽燧尤存雖稍静南方車書未混至於年穀豐稔皆繇台輔燮調豈予冲人當斯盛美爾宜明予畏相體朕師臣勉務弼諧無忘禪救堯舜禹湯之大道足可敷陳聖明神武之虛名無煩往復諒兹深意即斷來表章三上從之

四年六月丙午宰臣馮道文武百僚拜章請上徽號內加廣道法天四字曰臣等聞乾文上布嘗居莫大之尊坤體下凝克闡無疆之道以是發生悠久亭育運行人識玄功遂配高明之號世祥陰德爰標博厚之名皆彰得一之靈盡合通三之稱帝王繼統古今同符皇風愈至於洽平群願並虔於將順伏惟聖明

神武文德恭孝皇帝陛下乾坤正氣日月並明千年膺出震之期萬乘發承祧之日寬仁大度映惇史於前王儉德淳風契徽猷於太古而自創平多難纂紹洪基覩兆庶以如傷致八紘之丕變蠻夷率服稼穡豐登普天揚溢美之聲當宁固撝謙之旨夙堅衆志久抑鴻名洎展禮祖宗告虔天地乃從人而降命褒奉冊以陳誠紀述聖謨但務屬詞之實申明拜典方諧得理之宜郊祀以來日新其化四年益理九土咸寧惡黨挺妖仗天威而悉殄遠藩效順感帝德以皆來塞外休兵域中無事保深根而固蔕延地久以天

長臣等輙據群情覆徵故事合增加於徽稱免漏略於宸猷伏以道爲廣大之宗天布生成之惠仰惟一德宜摠二名臣等伏請於尊號内加廣道法天四字庶得彰明典禮若傾翊戴之心輝焕簡編永表雍熙之運詔荅曰朕猥以眇躬虔承丕搆統臨區宇綿歷星霜九有所賓萬務思治鑒往代興廢之本禀前王嗣守之規馭朽索以兢懷攬宵衣而惕慮顧惟寡昧罔敢怠荒而猶帝道未臻皇猷罕著至於五兵銷偃九穀豐穰内藉調爕之功外假勳賢之力豈兹凉德擅彼徽名今則漸與小康將凝大化諒繄台輔俾契

混同何乃遽貢鴻辭爰加溢美乍披來奏深匪素懷致君不在於斯文尊主寧勞於懿號未若磬舟楫濟川之業竭股肱宣力之誠使化被八荒澤及四海武功文德感叶於休期君賢臣忠永標於良史今兹來請具驗乃心徒切歎嘉必難依允所上尊號宜不允表三上從之

八月丁未帝齋宿於明堂殿之寢室戊申被衮冕法服御明堂殿百僚朝服班于位攝太尉馮道進玉册攝中書令劉昫讀册戊申宣赦畢帝移御揚臨殿檻親慰勞百姓先是積陰旬月是日景物廓清帝甚悦謂范延光等曰予之不德兩增徽號卿輩輔相之效也

晉高祖天福三年十月戊寅北朝命使以寶册上帝徽號曰英武明義皇帝左右金吾六軍儀仗兵部法物太常鼓吹殿中省傘扇者等並出城迎引至崇元殿前陳列帝受徽號畢御殿受百官賀

周太祖廣順三年十月甲子南郊大禮使中書令弘文館學士齊國公馮道率文武百僚諸道節度使内外將較官吏耆老僧道等上表曰粤以惟帝事天惟臣奉主就陽展禮一人虔報本之心揆德弘猷萬國

切歸尊之願載揚明號思稱洪休瞻旒冕以獻言望昊穹而乔允臣等頓首臣聞德所以誕敷四海名所以馳裕萬邦苟黼藻之頌不傳則就望之容何著故質文迭用賓實相符禮有嘗尊臣子合遵於舊典功無與讓君親當協於至公伏望皇帝陛下清明在躬純德受命弘要道於天下暢貞風於域中通達無方淵源不測此所謂聖以合道也外宣百度上法三光銅渾昭乾健之規玉燭朗陽舒之景無幽不燭有感皆通此所謂明以燭遠也至如用姬公之典以御十倫敬孔子之祠以興四教覩書乙夜徇鐸孟春遂服

殊鄉王道無偏而蕩蕩親平判壘天綱不漏而恢恢
廬帳以是魂銷并土以之奪息此所謂文以興教武
以宅功也又若煦嫗萬物昭蘇九圍協天載以無聲
恢帝猷而有截遙如東海固比南山此所謂仁以阜
成德以順正者也皇帝陛下聖廣造化明均照臨同
文班黼黻之章當武蓄雷霆之勢仁兼孝以並率德
與道而相權總集衆方光揚茂實臣等不勝大願謹
上尊號曰聖明文武仁德皇帝恭惟雍熙之代開泰
之朝君臣崇相正之規天地無不交之象書曰一人
有慶當皇極之盛隆詩曰萬國作孚在鴻名之遠建

臣等幸逢景運獲事朝廷表端位而列群司各承豐
澤章至尊而歸盛德敢怠前規瀝懇傾輸望恩俞允
詔報曰眇覿前王德之盛者或弦弧剡矢去天下之
暴或手胼足胝服四載之勤德普施於民而民不知
其力蓋爲而不有建之若偷巍巍聖功曾無稱號苟
異於是孰不近名朕歷數在躬艱難承統莫識三皇
之道徒知萬乘之尊至於翼翼小心孜孜庶政推誠
待物損己益人上帝佑予于茲三祀日慎一日無德
可稱夫五禮交脩四時不忒振頹綱於會府致函夏
之小康斯乃公輔庶臣舉職之明効也七德訓戎四
鄙不聳執干戈而衛社撫封域以安民此又勳臣將
校爲時而宣力也至若蟲螟消殄風雨不愆歲被豐
登民躋富壽茲乃乾坤育物宗社貽休敢貪天功以
爲己力而公卿叶議中外同詞詣闕拜章增予美號
雖爲臣之義將順則然諒愛君之心殊不在此朕顧
寡薄非所宜當即斷來章無至固執所請宜不允表
三上從之

冊府元龜

巡按福建監察御史臣李嗣京　訂正

知閩縣事臣曹𠷎臣叅閱

知建陽縣事臣黃國琦較釋

帝王部十八

帝德

自古王者受命以有德而後昌也書稱皇天無親惟德是輔易曰日新之謂盛德若夫創業之后天下樂推守文之主人心欣戴何哉蓋聖人以順動則悅隨暨設教則咸服者也昔三皇無爲而化五帝垂拱而

治巍巍蕩蕩無得而稱顒顒卬卬恭己而化三代而下百王以還雖教成之蹟不同而君民之德可舉莫不合天地之大齊日月之明秉正萬邦輝映千古是知貴爲萬乘富有四海在乎以百姓心爲心萬物利爲利無私之道不宰爲功加之雖休勿休日愼一日者得以垂無疆之美也

黃帝軒轅氏生而神靈弱而能言幼而徇齊年踰十五則聰明心慮無不徇通矣長而敦敏成而聰明既爲天子置左右太監監於萬國萬國和而神鬼山川封禪以爲多焉

顓頊高陽氏靜淵以有謀疏通而知事養財以任地載時以象天依鬼神以制義治氣以教化潔誠以祭祀北至于幽陵南至于交阯西至于流沙流沙在張掖延居縣東至于蟠木東海中有山焉名曰度索上有大桃樹屈蟠三千里動靜之物大小之神日月所炤莫不砥屬砥平也四遠皆平而來服屬

帝嚳高辛氏生而神靈自言其名普施利物不私其身聰以知遠明以察微順天之義知民之急仁而威惠而信脩身而天下服取地之財而節用之撫教萬民而利誨之歷日月而迎送之明鬼神而敬事之其色郁郁其德嶷嶷其動也時其服也士帝嚳漑執中而偏天下古既字作水傍偏字一作扁日月所炤風雨所至莫不

服從

帝堯陶唐氏其仁如天其知如神就之如日望之如雲富而不驕貴而不舒將遜于位讓于虞舜曰若稽古帝堯曰放勳欽明文思安安允恭克讓光被四表格于上下克明俊德以親九族九族既睦平章百姓百姓昭明協和萬邦黎民於變時雍舜曰稽於衆舍己從人不虐無告不廢困窮惟帝時克帝謂堯也舜因嘉言無所伏遂稱堯德以成其義考衆從人矜孤憫窮凡人所輕聖人所重益曰都帝德廣運乃聖乃神乃武乃文益因舜言又美堯也廣謂所覆者大運謂所及者遠聖無所不通神妙無方文經天地武定禍亂皇天眷命奄有四海爲天下君眷視

巷同也言堯有此德故爲天所命所以勉舜也）禹曰帝光天之下至於海隅蒼生（光天之下至於海隅蒼蒼然生草木言所及廣遠）孔子曰大哉堯之爲君也惟天爲大惟堯則之蕩蕩乎民無能名焉巍巍乎其有成功

帝舜虞氏年二十以孝聞三十而堯問可用者四嶽咸薦虞舜堯曰可於是堯乃以二女妻舜以觀其內使九男與處以觀其外舜居嬀汭內行彌謹堯二女不敢以貴驕事舜親戚甚有婦道堯九男皆益篤舜耕歷山歷山之人皆讓畔漁雷澤雷澤之人皆讓居陶河濱器皆不苦窳（病也）一年而所居成聚二年成邑

三年成都堯將使嗣位歷試諸艱作舜典曰若稽古帝舜（亦言其順考古道而行之）曰重華協于帝（華謂文德言其光大重合於堯俱聖明）濬哲文明溫恭允塞（濬深哲智也舜有文明溫恭之德信允塞上下）玄德升聞乃命以位孔子曰無爲而治者其舜也與又曰舜其大知也與舜好問而好察邇言隱惡而揚善執其兩端用其中於民其斯以爲舜乎（兩端過與不及也用其中於民賢不肖皆能行之其德如此乃號爲舜舜之言充也）又曰後世雖有作者虞舜弗可及也已矣君天下生無私死不厚其子子民如父母有憯怛之愛有忠利之教親而尊安而敬威而愛富而有禮惠而能散其君子尊仁畏義耻費輕實忠而不犯義而順文而靜寬而有辨（不厚其子言既不傳位又無以豊饒諸侯位也耻費不爲辭費出空言也實謂貨財也辨別也猶寬而栗也）甫刑曰德威惟畏德明惟明非虞帝其孰能如是乎（德所威則人皆畏之言服罪也德所明則人皆寵之言得人也）

夏禹爲人敏給克勤其德不違其仁可親其言可信聲爲律身爲度（以身爲法度）稱以出（出一作土）亹亹穆穆爲綱爲紀帝堯使禹爲司空勞身焦思居外十二年過家門不入薄衣食致孝於鬼神卑宮室致費於溝洫（方里爲井井間爲溝十里爲城城有溝洫溝廣深四尺洫八尺也）作大禹謨曰若稽古大禹曰文命敷于四海祗承于帝（言其外布文德教命內則敬承堯舜）

又禹立三年百姓以仁遂焉豈必盡仁（言百姓効禹爲仁非本能仁也遂猶達也）禹治水敷土其德能大中國（作大夏之樂）殷湯出見野張網四面乃去其三面（事其帝王仁慈門）諸侯聞之曰湯德至矣及禽獸湯舉伊尹任以國政既踐天子位伊尹作咸有一德湯郎位奉天無私故詩曰帝命不違至於湯齊湯降不遲聖敬日躋昭假遲遲上帝是祗帝命式於九圍仲虺之誥曰惟王不邇聲色不殖貨利（邇近也不近聲樂言清簡不近女色言貞固殖生也不生資財貨利言不貪也既有聖德兼有此行）德懋懋官功懋懋賞用人惟已改過不吝（懋勉也勉於德者則勉之以官勉之於功者則勉之以賞用人之言若自已出有過則改無所吝惜所以

能成王業克寬克仁彰信兆民言寬仁之德明信於天下佑賢輔德顯忠遂良賢則助之德則輔之忠則顯之良則遂之明王之道又伊訓曰惟我商王布昭聖武代虐以寬兆民允懷言布明武德以寬政代桀之虐政兆民以此皆信懷我商王之德又曰肇脩人紀從諫弗咈先民時若居上克明爲下克忠與人不求備撿身若不及以至于有萬邦微子之命曰乃祖成湯克齊聖廣淵言汝祖成湯能齊德聖達廣大深遠澤流後世皇天眷佑誕受厥命皇天眷顧湯佑助之大受其命爲天子撫民以寬除其邪虐撫民以寬政放桀邪虐湯之德功加于時德垂後裔言立功於當時德澤垂及後世又曰湯以寬治民而除其邪其德能護天下故作大護之樂

周文王在母不憂體不變故不憂在傳弗勤處師弗煩事父不怒父謂王季既爲西伯遵后稷公劉之業則古公王季之法篤仁敬老慈少禮下賢者日中不暇食以待士士以此多歸之虞芮之人有獄不能決乃如周入界耕皆讓畔民俗皆讓長事具帝王創業門諸侯聞之曰西伯蓋受命之君云西伯蓋受命之年稱王

武王伐紂以除其害其德能成武功故作大武之樂

漢高祖寬仁愛人意豁如也嘗有大度不事家人生産作業不脩文學而性明達好謀能聽既卽位自監門戍卒見之如舊

惠帝内脩親親外禮宰相優寵齊悼趙隱恩敬篤矣聞叔孫通之諫則瞿然諫複道乘衣冠道也納曹相國之對而心說對循高帝制度可謂寬仁之主

文帝卽位二十三年宫室苑囿車騎服御無所增益吳王詐病不朝賜以几杖張武等受賂金錢覺更加賞賜以媿其心專務以德化民是以海内殷富興於禮義斷獄數百幾致刑措措置也幾近也言天下死罪人不過數百也十三年詔曰祕祝之官移過於下朕甚弗取其除之

元帝寬弘盡下出於恭儉號令温雅有古之風烈

成帝爲太子時寬博謹慎初居桂宫桂宫在城中近北宫非太子宫

元帝嘗急召太子出龍樓門門樓下有銅龍若白鶴飛廉之爲名也不敢絶馳道馳道天子所行道也今之中道絶横度也西至直城門黄圖西出南頭第二門也得絶乃度還入作室門元帝遲之問其故以狀對元帝大悦乃著令令太子得絶馳道及卽位修容儀升車正立不内顧不疾言不親指不内顧謂儼然端嚴不回視不疾言者爲輕肆也不親指爲惑下也臨朝淵嘿尊嚴若神可謂穆穆天子之容者矣

後漢光武以天下既定思念欲完功臣爵土不令以吏職爲過故皆以列侯就第帝雖制御功臣而每能回容宥其小失回曲也曲法以容也遠方貢珍甘必先徧賜列

係而大官無餘有功輒增邑賞不任以吏職故皆保其福祿終無誅譴者帝明慎政體總攬權綱量時度力舉無過事官房無私愛左右無偏恩建武中幸章陵觀田廬置酒作樂賞賜時宗室諸母因酣悅相與語曰文叔（帝之字也）少時謹信與人不款曲唯直柔耳今乃能如此帝聞之大笑曰吾理天下亦欲以柔道行之

明帝善刑理法令分明日晏坐朝幽枉必達內外無倖曲之私在上無矜大之色斷獄得情號居前代十二（十斷其二言少刑也）故後之言治者莫不先建武永平之政

章帝平徭簡賦而人賴其慶又體之以忠恕文之以禮樂故乃藩輔克諧群后德讓謂之長者不亦宜乎（魏文帝稱章帝長者）

魏明帝口吃少言而沉毅好斷初諸公受遺輔導帝皆以方任處之政自已出而優禮大臣開容善直雖犯言極諫無所摧戮其君人之量如此之偉也

晉武帝宇量弘厚造次於仁恕容納讜正未嘗失色於人明達善謀能斷大事故得撫寧萬國綏靜四方

明帝爲太子性至孝有文武才略欽賢愛客雅好文辭當時名臣自王導庾亮溫嶠桓彝阮放等咸見親待嘗論聖人眞假之意導等不能屈又習武藝善撫將士于是東朝濟濟遠近屬心焉及即位聰明有機斷尤精物理于時兵凶歲飢死疫過半虛弊旣甚事極艱虞屬王敦挾震主之威將移神器帝崎嶇遵養以弱制強潛謀獨斷廓清大祲改授荆湘等四州以分上流之勢撥亂反正強本弱枝雖享國日淺而規模宏遠矣

簡文帝幼而岐嶷爲元帝所愛郭璞見而謂人曰興晉祚者必此人也及長淸虛寡欲尤善玄言

孝武帝幼稱聰悟即位時年十歲至晡不臨左右進

諫答曰哀至則哭何常之有謝安嘗歎以爲精理不減先帝旣威權已出雅有人主之量

恭帝爲瑯邪王輔政安帝旣不慧帝每侍左右消息溫涼寢食之節以恭謹聞時人稱焉

後魏道武幼遭艱難備嘗險阻具知民之情僞及在位躬行仁厚協和民庶旣定中原患前代刑網峻密乃命三公郎王德除其法之酷切於民者約定科令大崇簡易是時天下民久苦兵亂畏法樂安帝知其若此乃鎮之以玄默罰必從輕兆庶欣戴焉

元明道武長子明叡寬毅非禮不動道武甚奇之

太武聰明大度意豁如也
獻文聰叡機悟幼而有濟民神武之規
孝文惇睦九族禮敬俱深雖於大臣持法不縱然性寬慈每垂矜捨聽覽政事莫不從善如流哀矜百姓嘗思所以濟益天地五郊宗廟二分之禮嘗必躬親不以寒暑爲倦每言凡爲人君患於不均不能推誠遇物苟能推誠胡越之人亦可親如兄弟嘗從容謂史官曰直書時事無諱國惡人君威福自已史復不書將何所懼南北征巡有司奏請治道帝曰粗脩橋梁通輿馬便止不須去草剗令平也凡所脩造不得

已而爲之不爲不急之事損民力也巡幸淮南如在內地軍事須伐民樹者必留絹以酬其直稻粱無所傷踐太和十七年南伐太尉丕奏請以官人從詔曰臨戎不語內事宜停來請帝愛奇好士情如飢渴待納朝賢隨才輕重嘗寄以布素之意脩然玄邁不以世務嬰心曾幸華林園因觀故景陽山侍郎郭祚曰山以仁靜水以智流願陛下脩之帝曰魏明以奢失於前朕何爲襲之於後祚曰高山仰止帝曰豈非景行之謂
後周太祖性好朴素不尚虚餙嘗以反風俗復古始爲心知人善任使從諫如流崇尚儒術明達政事恩信被物
明帝寬明仁厚敦睦九族有君人之量
武帝初爲大司空甚爲明帝所親愛朝廷大事多共參議性沉深有遠識非因顧問終不輙言明帝每歎曰夫人不言言必有中及即位勞謙接下自強不息征伐之處躬在行陣性又果決能斷大事伐齊將戰有司請換馬帝曰朕獨乘良馬欲何所之故能得士卒死力
隋高祖初入太學深沉嚴重雖至親昵不敢狎侮外

質木而內明敏有大畧初得政之始群情不附諸子幼弱內有六王之謀外致三方之亂握強兵居重鎮者皆周之舊臣帝推以赤心各展其用不踰朞月克定三邊未及十年平一四海
唐高祖七歲襲爵唐國公倜儻不羈豁達大度至性剛直無所嬌餙志略宏遠寬仁容衆凡所與遊集無貴賤皆得其懽心及義兵起群盜大俠爭來歸附焉謁見必與同坐或延之卧內握手造膝恩如朋友賞賜金帛無所愛悋凡有委任推以赤心皆許便宜從事未嘗限以文法繇是銜命畢力向義者如流及即

位見舊愛故人特執撝降有自遠至者皆爲之加禮貴臣嘗引升御榻辭意欵昵言必稱名初軍國多務奏請填委臨朝處分剖决如流每發其姦伏皆出人之意表然唯舉大綱不存苛細嘗從容謂侍臣曰隋煬帝時遣左右覘察得失朝臣戰懼咸不自安君臣一體豈當如是

太宗始自襁褓視瞻舉措有異於常尤爲高祖穆太后之所鍾愛每將隨從不離左右踐祚之始霜旱爲災粟價騰起突厥侵抄州縣騷然帝布德衆中申威遐外旬月之間九區宇謐至於進賢任能厲精爲政

求士若不及從諫如轉圜分遣旌旄撫臨戎狄未幾單于面縛葱西肉袒榜徵儒學興復制度禮樂畢備風教興行下無滯才上無粃政商旅野次無復盜賊外戶不閉囹圄嘗空制御王妃公主之家及大姓豪猾之伍歛手屏跡無敢侵犯亦古昔未之有也嘗謂侍臣曰今天下無事四夷賓服唯須守此成功以養百姓又指殿而言曰安百姓者如造此舍經始斯畢安可改移若易一榱增一瓦人足競踐良工揮墨搯其梁棟所壞益多亦猶百姓旣安因而撫養若慕奇功變法制不當其德必致勞擾又嘗狩于驪山帝登山頂見圍斷絶顧謂從官曰此山險絶馬路不通攀緣危澗人亦勞止若依軍令闕圍有罪朕爲萬姓主不可登高就下察人之過乃廻馬避之又嘗謂侍臣曰傳云己所不欲勿施於人朕今每事辭己誠能自節豈獨百姓不欲而必順其情但四夷不欲亦能從其意耳又嘗征遼將發定州詔以宮女十人從司徒長孫無忌表請陛下躬自度遼天下無符及神璽悉從官女減少將委官人天下觀之以爲陛下輕神器帝曰度遼者十餘萬人皆離家室朕將十人猶慙太多夫自厚其身必勞百姓十人以主璽符足可不任

官人朕心已在言前無煩公重請右衛將軍陳萬福違法取驛麩數石不欲加罪賜麩以媿其心帝威容甚肅百寮進見皆失其措帝知其若此每見人奏事必假借顏色使得盡言嘗謂公卿曰朕見煬帝多忌朝臣不語非謂待下者也朕欲上和下睦君臣一體遂語百寮日午事隙各歸第所有情好任其往來虛懷傳納不欲見人之短又謂群臣曰朕比許上封事者欲知國家臧否政教得失而無識人因此兼言公等僁過朕皆棄而不覽想不以懷疑

玄宗生而聰明睿哲及長寬仁孝友識度弘遠英武

果斷不拘小節
肅宗始五歲聰明秀異及長英睿有謀畧仁愛孝友得之天性有撿制規矩臨事立斷應若雷霆
代宗天縱聖德仁孝友悌至性過人聰明神武寛而能斷碩量洪深喜愠不形于色自幼好學樂善強記及長博通經籍尤精易象而温恭簡敬動必繇禮及即位取則二儀推誠萬方含弘光大寛而能斷聖德在人而不有神功格天而不言可謂中興之主
德宗貞元中嘗謂宰臣曰先師有云居上不寛吾何以觀而今以後朕務行寛大之令百寮有才能而行

有不周者當棄瑕錄用無求備於一人
順宗爲太子時於父子間慈孝交結無嫌每以天下爲憂德宗在位稍久不假宰相權而左右得因緣用事外則裴延齡李齊運韋渠牟等以姦佞相次進用延齡尤狡險判度支刻剝聚歛以自爲功天下皆怨怒帝每進見候顔色輙言其不可及陸贄張滂李充等以毁譖朝臣悚懼諫議大夫陽城等伏閤極論德宗怒甚將加城等罪外無敢救者帝獨開解之城等賴以免德宗卒不相延齡渠牟者帝之力也貞元中中官多詐稱官市肆奪人物百姓怨苦帝嘗以爲言德宗雖不能悉聽用而心益賢重太子未嘗假借內官顔色居東宮二十餘年天下陰受其賜
憲宗即位初昇平公主進女口十五人帝曰太上皇不受獻朕何敢違其還郭氏京師士庶聞之者皆喜且相賀想望太平焉元和末光祿卿楊元卿奏曰淮西平甚有寳貨及犀帶臣知之往取必得帝曰朕本討賊爲人除害今賊平人安則我求得矣寳貨犀帶非所求也後勿此言
穆宗寛仁大度天資博厚喜愠不形於外元和末帝在東宮時侍讀諫議大夫韋綬奏帝學書至依字輙

去其傍人字臣問之故答曰君父每以此字可天下之奏臣子豈合書之憲宗深嘉嘆焉
文宗初封江王在藩邸温恭沖默好學不倦
宣宗每對臣寮肅然拱揖鮮有輕易之言大臣或獻章疏即焼香盥手受而覽之當時以大中之政有貞觀之風焉
昭宗攻書好文尤重儒術神氣雄俊有會昌之遺風以先朝威武不振國命寖微而尊禮大臣詳延道術意在恢張舊業號令天下即位之始中外稱之
後唐莊宗便騎射膽畧絶人其心豁如也採錄善言

聽納客物爲晉王時躬親庶務每與賓寮參議以恤
物爲心視民如傷孜孜不倦嘗有疑獄法司以狀具
聞帝猶慮獄吏榜笞誣枉覆訊曰非獄吏榜笞乎非
勢門排陷乎黠囚或誣讕帝以具獄按格令條其罪
以示之囚旣俛首伏罪帝愍然謂之曰非吾殺爾爾
當自殺每出於路遇飢寒無告者必駐馬臨問解衣
衣之推食食之其山林群盜邑里酋豪皆革心從化
各務生產屏出貪吏杜塞幸門登任循良振拔沉滯
不逾朞月民俗丕變市無強買路不拾遺閭里之間
無復犬吠之警流傭畢復頌聲聞於道路三農稔熟

上下翕然
明宗初爲太祖親騎雄武獨斷謙和下士每有戰功
未嘗自伐居嘗唯治兵仗持廉處靜晏如也太祖嘗
試之召於泉府命恣其所取帝唯持束帛數緡而出
晉高祖性沉澹寡言笑讀兵法重李牧周亞夫之所
行事初爲太原尹未嘗有絲竹滋味而輙自燕樂每
公退必召幕客論民間稼穡及刑政得失幕客嘗俸
皆曰但使人輦青白銅錢給之嘗俸之外優以品食
但日在公宫不許遊適士人亦傾心自効無所倦焉
周太祖性聰明凡軍志政經深窮肯綮人皆服其敏

無以過之
世宗幼而英悟以嚴重自處與賓客言必低殼柔氣
商確古今及論攻戰之事則縱辯高譚詞理鋒起故
時人多之及即位與侍臣論及賞罰之道帝曰但依
王道行之朕固不因怒加罪因喜賞人也

册府元龜

冊府元龜

巡按福建監察御史臣李嗣京　訂正

知甌寧縣事臣孫以敬　叅閱

知建陽縣事臣黃國琦　較釋

帝王部　十九

功業

春秋述七德之武周官著九伐之法蓋夫有天下者未嘗不繇嚴師律廣行威罰以成乎善志而式遏大業者焉三代之後賢王踵武丕承基緒以御諸夏或乃獷俗弗率叛擾邊鄙敵國拒命毒痡齊民以至巨

猾倡狂連群而爲盜兇黨跋扈逆理而自安繇是申命將帥恭行討伐式遏亂略震耀皇靈用能興衰撥亂宣威昭德推亡兼弱闢壤地以益國綏懷荒服遠通驛侯而置吏邉壢增保障之固文軌致混同之盛至若躬聖哲之表參締搆之謀履艱危之運著戡定之績豈止謀成帷幄授律之允臧蓋亦身先士衆大勳之克集者也

周宣王能興衰撥亂命召穆公虎平淮夷其詩曰徐方既同天子之功

漢武帝元鼎五年四月南越王相呂嘉反殺漢使者及其王王太后遣伏波將軍路博德出桂陽下湟水樓船將軍楊僕出豫章下湞水歸義越侯嚴爲戈船將軍出零陵下灕水嚴故越人降爲歸義侯越人于水中負人船又有蛟龍之害故置戈于船下因以爲名甲爲下瀨將軍下蒼梧甲越人歸漢者伍子胥書有下瀨船皆將罪人江淮以南樓船十萬人越馳義侯遺亦越人別將巴蜀罪人發夜郎兵下牂牁江咸會番禺六年十一月平之事具征討門以其地爲儋耳珠崖南海蒼梧鬱林合浦交阯九眞日南九郡初馳義侯因犍爲發南夷兵且蘭君恐遠行旁國虜其老弱恐發兵與漢行後其國空虛而旁國來寇鈔取其老弱也乃與其衆反殺使者及犍爲太守漢

乃發巴蜀罪人當擊南越者八校尉擊之會八校尉不下中郎將郭昌衞廣引兵還行誅隔滇道者且蘭言因軍行而便誅之斬首數萬遂平南夷爲牂柯郡夜郎侯始倚南越南越已滅還誅反者謂軍還而誅且蘭夜郎遂入朝邛筰冉駹皆震恐請臣置吏以邛都爲越嶲郡筰都爲沈黎郡冉駹爲文山郡廣漢西白馬爲武都郡是年秋東越王餘善反攻殺漢將吏遣橫海將軍韓說中尉王溫舒出會稽樓船將軍楊僕出豫章擊之明年冬東越殺王餘善降詔曰東越險阻反覆爲後世患遷其民於江淮間

晉武帝咸寧五年十一月大舉伐吳遣鎮軍將軍瑯琊王伷出涂中安東將軍王渾出江西建威將軍王戎出武昌平南將軍胡奮出夏口鎮南大將軍杜預出江陵龍驤將軍王濬廣武將軍唐彬率巴蜀之卒浮江而下東西二十餘萬以太尉賈充爲大都督行冠軍將軍楊濟爲副總統大軍太康元年三月孫皓降收其圖籍尅州四郡四十三縣三百一十三

後魏太武始光四年五月討僞夏赫連昌于長安六月甲辰昌將麾下數百騎西南走奔上邽乙巳入城虜昌群弟及其諸母姊妹妻妾宮人萬數府庫珍寶

車旗器物不可勝計神䴥元年二月監軍侍御史安頡擒昌歸京師

後周武帝建德六年正月平北齊合州五十五郡一百六十二縣三百八十五户三百三十萬二千五百二十八口二千萬六千八百八十六於河陽幽青南兗豫徐北朔定並置總管府相并二總管各置官及六府官

隋文帝開皇八年三月詔大舉伐陳十月命行臺尚書令晉王廣出六合秦王俊出襄陽清河公楊素出信州荆州刺史劉仁恩出江州宜陽公王世積出蘄春新義公韓擒虎出廬江襄邑公賀若弼出吳州落叢公燕榮出東海合總管卒兵五十一萬八千皆受晉王節度東接滄海西拒巴蜀旌旗舟楫横亘數千里九年正月陳國平獲州三十郡一百縣四百

唐太宗初爲唐國公子隋末群盜蜂起陰有濟時之志遂降節下士推財養客無貴賤咸能得其歡心至于群盜大俠皆願效死及從高祖於太原與晉陽令劉文静善文静坐李密親繫獄帝乃就禁所與之言陰圖舉義于時百姓避賊多入郡城城中勝兵者殆將數萬人文静爲令歲久知其豪傑又長孫順德劉

弘基等避遼東之役皆隱匿從帝遊客甚衆於是寄布腹心陰設籌策部置悉定即舉兵恐驚高祖欲以情告又慮不聽沉吟者久之未能決後因屏人白狀高祖大驚曰何意敢發此言汝留勿出吾將執汝告官因命紙筆即欲表太宗徐復言曰見天時人事如此所以敢言必欲執告不敢辭死高祖乃言曰吾鍾愛於汝汝亦自知豈能告汝愼勿出口且去明日可更來太宗旦日復見辭情懇至高祖不得已遂許以備王威等故猶豫未發會高祖被拘帝流涕言於高祖曰奉國事家惟忠與孝今國亂主昏盡忠何益破

家絶祀非孝所宜事急矣便須早建大計功若有成當威加天下不成猶可山頭望廷尉豈宜大亂之時受執於單使而坐見夷滅乎高祖悅而從之兵臨發會事釋而止帝又說高祖曰晉陽者唐之舊國天之命我乆矣今順天舉事誰謂不成且天與不取反受其咎臨機不斷禍必從之會劉武周作亂於是決策誅王威高君雅首舉義師奉高祖爲大將皆太宗之謀也尋率兵畧地進擊西河郡初至城下諭之不從因縱飛梯士卒爭上司法書佐朱智諲爲內應遂克之獲郡丞高德儒數之曰卿見野鳥謬稱是鸞以諂

時主指鹿爲馬以致亡秦卿之類也義兵之舉正欲誅佞人耳於是斬之餘皆慰撫盡復其業百姓大悅更相賀曰所謂以義安天下此眞吾君也自今之後其見太平乎師旋拜右領軍大都督三軍皆隷焉封燉煌郡公及義兵謀將西上隋將宋老生頓兵霍邑屈突通鎭河東議者憚之帝笑曰天實棄隋人孰能輔商周之不敵其來尚矣老生之輩當如我何億兆離心適足爲吾擒耳及師次賈胡堡會霖雨糧盡高祖僉謀於衆將返太原帝進諫曰本興大義以救蒼生嘗不顧身以安百姓當須先據咸陽號令天下今

遇小敵便卽班師將恐義從之徒一朝解體還守太原一城之地此爲賊耳何以自全高祖不納促令發引帝遽將復諫會暝高祖已寢帝不得入夜漸乆遂於外號泣聲聞於內有命引入問其故對曰今者兵以義動進戰則尅退還則散兵散於前敵乘其後死亡須臾而至是以悲耳高祖乃悟曰兵馬已去如何帝曰初遣兵之使世民並執於侄外矣所領右軍嚴而未發左軍雖去猶應不遠今請自追之高祖笑曰吾成敗在汝知復何言任汝也帝親與公子建成分路追兵時方中夜帝馳入深谷遂失道下馬步上乆

而得路及兵廻高祖乃令帝自爲武候將輕騎夜發前行及次河東關中豪傑爭來附義帝請進師入關取永豐倉以賑窮乏收群盜以圖京師高祖皆曰善帝以前軍濟河先定渭北畧地於三輔自同華豳雍吏人及賊盜爭赴軍門請自效者相繼不絶扶携老幼滿於麾下千里之間軍糧日至收納英俊以備僚列遠近聞者咸自託焉師次於涇陽勝兵九萬胡賊劉鷂子擁兵而至未卽歸款太宗親率精騎襲擊破之遂并其衆因趣司竹李仲文何潘仁向善志等歸附之衆頓阿城獲兵十三萬長安父老齎牛酒詣旌

門者不可勝紀並勞而遣之一無所受軍令嚴肅秋毫無所犯先是避盜入南山者襁負皆出軍中有列肆如都邑焉初帝之趣司竹也留劉弘基殷開山屯長安故城隋人出爭利縱兵擊却自是之後京師留守衛文昇陰帥精兵十萬閉門城守不敢拒戰帝進屯金城坊及大軍圍京城自朱雀門及倉城並帝所部連營以圍之京師平隋恭帝義寧二年以帝為光祿大夫唐國內史封秦國公會薛舉以勁兵十餘萬至渭濱扶風危急太守竇璡請救帝率兵擊之大破其衆追斬萬餘級略地于隴坻尋為右元帥總兵十

萬徇東都軍屯西苑營於三王陵自三月至於四月而旋時京師新定李密何強且事觀兵未遑決戰迺於熊穀二州置重鎮而還平定王世充之基始於此矣武德元年九月薛舉寇涇州帝發兵以擊之屯於高墌城深溝高壘相持六十餘日會舉死其子仁杲嗣立并羌胡之衆尚十餘萬兵鋒甚銳數求戰帝按甲以待之賊糧盡中頗攜貳其將翟長孫梁胡郎率所部相繼來降帝知仁杲心腹內離頗謂諸將曰可戰矣因令行軍總管梁實營於淺水原以誘之賊大將宗羅睺自恃驍悍求戰不得氣憤者久之及是盡銳來攻梁實冀逞其志實固險不出以挫其鋒營中無水人馬不飲數日羅睺攻之愈急帝度賊已疲復謂諸將曰彼氣將衰吾當取之必矣申令諸軍遲明合戰復令將軍龐玉陣於淺水原南出賊之右以先餌之羅睺併軍共戰玉軍幾敗既而帝親御大軍奄自原北出其不意羅睺望見復回師相拒我師表裏齊奮呼聲動天羅睺氣奪於是大潰斬首數千級投澗谷而死者不可勝計帝因率左右二十餘騎追奔直趣折墌以乘之仁杲列陣城下帝據涇水以臨賊賊徒氣沮無敢進戰其驍將渾幹等數人臨陣來降

請還取馬帝縱遣之於是各乘良馬須臾並至仁杲大懼嬰城自守帝具知賊中虛實將領大軍繼至四面合圍因縱辨士諭以禍福城中震駭計無所出詣朝仁杲率其將士開門請降師還拜太尉陝東道行臺尚書令鎮長春宮關東兵馬並受節度宋金剛之陷澮州也兵鋒甚銳高祖以王行本尚據蒲州呂崇茂反於夏縣晉澮二州相繼陷沒關中震駭乃遣中書侍郎唐儉馳下手勅曰賊勢如此難與爭鋒宜棄河東之地謹守關西而已帝表曰太原王業所基國之根本河東殷實京邑所資若舉而棄之臣竊憤恨

頗假精兵三萬必望風平殄武周克復汾晋高祖大悅於是悉發關中兵以益之三年十二月帝趍龍門關履氷而渡進屯柏壁於時大亂之後未有倉儲自河以東人情騷擾各入城壁莫有固志軍資糧食徵税無所帝乃出教示其禍福令之所及爭來歸款自近至遠投附日多然後漸收其糧以濟軍事諸將咸悅遂養兵秣馬與賊相持唯令偏裨乘間抄掠大軍堅守不戰由是賊徒日蹙於後賊將尋相尉遲敬德潛引精騎援王行本於蒲州帝親率步騎三千從間道夜趍安邑邀擊大破之追奔數十里尋相等僅以

身免悉虜其衆三年四月金剛糧絶而遁帝逐之於介州金剛列陣南北七里以抗官軍帝遣総管李勣程皎金秦叔寶當其北翟長孫秦武通當其南親御中軍以臨之諸軍戰小却爲賊所乘帝精騎三千直趣金剛賊衆大潰斬首三千餘級追奔數十里至張難堡有浩州行軍總管樊伯通張德政先據此堡望見帝輕騎而來初未識帝帝免冑曰我也堡人讙譟既而涕泣曰不圖今日生謁大王死無恨矣時金剛脫身北遁尉遲敬德退保介州帝進軍逼之敬德與尋相王赤龍等率衆八千人來降武周大懼奔於突

厥大軍進至并州僞僕射楊休念以城降悉復舊地突厥遣步利設及骨咄禄勤來會於是大饗將士高祖遣蕭瑀就軍拜益州道行臺尚書令五月帝發并州仍以旋師平夏縣歸而獻捷高祖大悅郎奉詔以陝東道行臺總率諸將擊王世充於雒邑七月發京師自關東州府鎮兵馬咸受節度師次穀州王世充以精兵三萬來拒戰帝率輕騎挑之相遇於磁澗既衆寡不敵加以溪谷路險被圍數重進退阻絶衆咸大懼帝引弓馳射皆應弦而倒獲其大將燕頎賊乃退帝徐還犯冑埃塵見者不能識軍中自相拒抗帝

免冑以示衆方得入營旦日陳兵穀水之上步騎五萬帝舉麾誓衆曰隋室無道毒被蒼生我國家受命於天寧濟億兆王世充敢抗大邦數行侵暴枉殺良善恣其滛酗國家爲百姓除害事不獲巳各宜整爾軍容脩爾器械立勲立效躬行天討敢有犯命者斬無赦於是自穀州營於磁澗遣黄君漢夜從河中下舟師廻襲雒城克之因置兵爲守以斷河橋王世充遣僞太子玄應率諸驍將盡鋭攻擊而拔尉張乂等七十餘人戮力拒之會帝發兵來援賊衆乃退世充北路既斷自河以南城堡並相次歸降九月又移

營屯於孝水分命諸軍進屯北芒連營以逼之帝以五百騎先觀戰地卒遇世充將萬餘人帝進擊其騎破之又衝步卒出其陣後以大羽箭射之死者相繼賊皆披靡亦會衆軍繼進合擊遂破之斬首三千餘級獲其大將軍陳智略世充僅以身免僞管州總管楊慶遣其兵曹劉敏行閒行乞降請兵應接帝遣總管李勣等率步騎數百自陽城迎之時僞太子玄應先將兵在滎汴之間聞勣兵至遽來邀戰勣擊却之乃夜令郭恪與僞滎州刺史魏陸書喻令歸國陸許諾陰從東都城內送其父母出赴大軍以自取信玄

應遣僞大將軍張志就陸徵兵陸詐病不出召志入遂擒之卽以城降陸仍遣志詐爲玄書停其東道兵馬令張慈寶且還汴州又密執刺史王要漢令圖慈寶傳首大軍玄應旣見諸州相率歸國繇是大懼奔還東都李勣乃得安慰東夏於是僞蔚州總管時德叡伏州刺史王孝矩袁州刺史楊承先封州刺史郭神會行軍總管武賈等并首尾來降世充東道糧運自是而絶於是分遣總管史萬寶據龍門劉德威自太行圍河內王君廓屯雒口將趣成臯僞驍將單雄信裴孝達等與總管王君廓相持於雒口帝親率騎

五千以援之次轘轅雄信聞而退走君廓追敗之世充以兵二萬攻我孝水堡帝率騎擊之斬首數百級于時出師日久士卒思歸總管李安遠劉弘基李壽等皆勸班師帝曰今者與兵正欲一勞永逸東道諸州望風歸附雒陽孤城何能久支功在垂成勢同沃雪何乃棄之而去非計之善者乃令諸軍曰世充未破師必不還更有請班師者斬衆心乃定帝與世充書諭以禍福不答羅志信取其千金堡帝令屈突通守之世充自來攻帝以兵赴援表裏奮擊世充大敗俘斬六千餘人幾獲世充僞鄭州司兵沈悅以武牢

請降將軍王君廓夜應之自水門入擒其僞荆王行本遂取而守之會竇建德以兵十萬來救帝破之於滎陽建德築壘于板渚帝屯虎牢堅壁不與戰相持三十餘日五月有自賊中來者云建德伺官軍芻盡必牧馬於河北因襲武牢帝聞之遂北濟河南臨廣武察敵形勢觀兵而還因留馬以誘之是日晚至武牢詰朝建德果悉衆而西陳兵于汜水世充將郭士衡陳于淇南周亘數里鼓譟建德遣兵涉汜水帝令總管王君廓以少兵擊之待河北馬渡方欲與戰建德列陣自辰至午兵士飢倦人皆坐列又爭飲水帝

乃令宇文士及將三百騎經賊陣之西馳而南上誡之曰賊若不動爾宜引歸如其覺動宜引東出士及纔過賊衆果動逡廵欲退帝曰可以擊也親率輕騎追而誘之衆軍繼至建德廻師而陣未及整列帝先登以擊之所向皆靡俄而衆軍合戰囂塵四起帝率史大柰程皦金秦叔寶宇文歆等纏旛而入出其陣後張我旗幟賊顧見之衆乃大潰追奔三十里斬首三千餘級虜其衆五萬餘人擒建德于陣介夫致之高祖聞而大悦手詔曰聞獲建德竟如汝所料畫策者雖吾平定者汝也吾聞黄河千年一清乃當今日

汝功一也隋氏分離崤函隔絶兩雄合勢一朝清蕩汝功二也兵既克捷更無死傷無媿爲臣不憂其父汝功三也吾今開懷抱養蒼生盡其天年心無外慮汝功四也既而帝從河南路還大營經世充壘縣及偃師故城爭來投于是將建德至東都城下以示世充充聽其言而泣於是素服率其屬二千餘人詣軍門請罪帝接之以禮世充俯伏流汗帝謂之曰卿常以童子見處今見童子何恭之過乎世充頓首謝罪於是部分諸軍先入東都布兵守捉軍令齊肅莫敢有犯明晨入據宫城令蕭瑀竇軌等封府庫一無所取令記室房玄齡先入中書門下收隋圖籍詔誥已爲世充除削一無所獲其城中文武與世充原同謀惡者誅之枉見囚禁者釋之非罪誅戮者祭之葬之官人百姓皆荷再生之恩矣師還群臣以帝功絶常倫請加殊號高祖以帝爲天策上將位在王公上領司徒陝東道大行臺尚書令增邑二萬户通前三萬户賜金輅一乘衮冕之服玉璧一雙黄金六十斤前後二部鼓吹及九部之樂班劍四十人未幾竇建德舊將劉黒闥擧兵於湘州帝總戎東討五年正月進軍肥鄉相持兩月黒闥率步騎二萬南渡雒水結陣

而至帝遣輕騎當之賊皆殊死戰於是親率精騎擊賊馬軍破之因乘勝蹂其步卒自午及昏戰數合賊大潰斬首萬餘級溺水死者數千人黒闥與二百餘騎北走悉虜其衆時徐圓朗阻兵徐兗帝進師圖之會奉詔馳傳入朝因令巢剌王元吉以師濟河太宗至京師論攻取之勢高祖大悦復令馳詣黎陽與大軍會遂趣濟陰平圓朗十城獻震淮泗脅杜伏威令其入朝河濟江淮盡定遂班師六年突厥寇馬邑帝北伐至并州突厥以馬邑歸國遣使和親置屯田於并州而還七年幸仁智宫時寧州總管楊文幹擧兵

作亂寧州人杜鳳詣官告變帝率衆討之師未至而兇徒震懾文幹爲其麾下所殺于時突厥數爲邊寇人或說高祖曰突厥頻寇關中者徒以府藏子女之在京師故也若焚燒長安而不都則胡寇自止高祖惑之遣中書侍郎宇文士及踰南山以至樊鄧行可居之地將徙都焉隱太子巢剌王及裴寂並贊成此計帝諫曰獫狁孔熾作患中華自古有之非獨今也周漢並罹其難未聞遷徙都邑今陛下聖明總一天下思皇多士帶甲百萬霍去病漢廷之將帥耳猶且志滅匈奴臣忝備藩維尚使胡塵不息遂令陛下議

欲遷都此臣之責也幸乞聽臣一申微效取彼頡利以謝中州不數年間必係單于之頸何有遽遷都邑快犬羊一旦之情貽後人萬代之耻高祖大笑曰吾家千里信不虛也於是遂止是年秋突厥二可汗舉國入寇道自原州連營南上帝受詔北討巢剌王元吉隸焉初關中霖雨至是大水運糧阻絶士卒疲於征役甲仗不能堅利而突厥大逼舉朝危懼高祖獨恃帝委以捍禦旣而器械不足以當敵城池不足以據守帝頗患之諸將憂見於色及勒兵北上與虜遇於豳州帝部分兵馬候機當戰頡利突利率萬餘騎

奄至城西乘高而陣將士懾懼三軍大駭帝謂元吉曰吾旣出討固敵是求今胡騎憑陵須與一鬬豈宜安坐示之以怯吾當自率精銳以張國威爾可同行也元吉大懼對曰突厥兵勢若此之強輕脫取敗決無出理太宗曰汝不敢去宜傍觀得失吾當往爲汝出奇乃親率百騎馳詣虜陣告之曰國家與可汗誓不相負何爲背約深入吾地我秦王也故來一決可汗若自來我當與可汗兩人獨戰若欲兵馬總來我唯百騎相禦耳頡利弗之測笑而不對帝又令前騎告突利曰往與我盟急難相救爾今將兵來何無香

火之情也亦宜早出一决勝負突利不對太宗又將前渡溝水頡利見帝輕出及聞香火之言乃陰猜突利因遣使曰王不須渡我無惡意更欲共王自斷當耳於是斂軍稍自引却此後連雨更甚帝乃召諸將謂之曰虜控弦鳴鏑弓馬是憑今久雨彌時弧矢俱敝突厥人衆如鳥鍛翮我屋宿火食槍槊犀利料我之逸揣敵所勞此而不乘夫復何待今欲先令勁兵亂其陣乃率突騎驅其後虜俗進不相救自此以北澗谷深長將有一道魚貫以虔因而追之彼數十萬騎坑穽中物耳追至黃河縱不盡擒必當十獲八九

此暁兵者所解諸君勿疑於是師夜出月雨而進醜徒震駭因縱反間於突利突利悅歸心焉遂不欲戰其叔姪內離頡利欲戰不可因而請和帝許之結盟而去九年高祖以帝立爲皇太子遂郎位貞觀一十三年二月辛酉太宗克平沙漠以爲州府其都督刺史俟利發等競遣使來詣每元正朝賀則數百千人尋常馳使道路不絕老幼不憚遐遠悉手持方貢是月引見諸蕃使人太宗謂群臣曰漢武窮兵朔漠垂三十餘載中國空虛所獲無幾比於今時故無等級朕之功業大小竹帛豈能盡載中書侍郎崔仁師曰

古者書史所載多爲虛詞豈如今日事皆實錄聖道之大故無得而稱豈縑素所能盡太宗曰吾知勞逸不同者有二鐵勒解辮歸國去危就安邊夷無事豈不逸樂而窮髮之地盡爲齊人古昔以來書史不載今日起居記朕功業亦謂勤勞

高宗乾封元年十一月命司空英國公李勣爲遼東道行軍大總管率禆將郭待封等以征高麗二年二月勣度遼遂引兵於新城西南據山築柵且守城中窘迫數有降者自此所向克捷高藏及男建遣太元兄男產將首領九十八人持白幡出降請便入朝勣以禮延接男建猶閉門固守總章元年九月勣又移營於平壤城男建頻遣兵出戰皆大敗男建下捉兵總管僧信誠密遣人詣軍門許開城門爲內應經五日信誠果開門勣縱兵入登城皷譟燒城門樓四面火起男建窘急自刺不死十一月拔平壤城虜高藏男建等十二月至京師獻俘於含元宮詔以高藏政不繇已授司平太常伯男產先降授司宰少卿男建配流黔州男生以鄉導有功授右衛大將軍封卞國公特進如故高麗國舊分爲五部有城百七十六户六十九萬七千乃分其地置都督府九州四十二縣

一百又置安東都護府以統之擢其酋渠有功者授都督刺史及縣令與華人參理百姓仍遣左武衛將軍薛仁貴總兵鎮之

冊府元龜

巡按福建監察御史臣李嗣京訂正
新建縣舉人臣戴國士叅閱
知建陽縣事臣黃國琦較釋

帝王部　二十

功業第二

唐玄宗初封臨淄王出爲潞州别駕中宗景龍四年來朝六月温王即位改爲唐隆元年韋后臨朝稱制韋温宗楚客武延秀紀處訥趙履温韋播高嵩韋擢韋捷韋靜能韋涉韋建楊均王哲等潛謀作亂將害

相王及少帝持韋氏妖讖以革命爲意扇惑姦邪欲令勸進臺閣要司門關中禁及左右屯兵皆布韋氏子弟帝謂所親曰諸吕之難復起今日宗社之危實若綴旒不早圖之必貽後悔因遇前同州朝邑縣尉劉幽求與語甚相得會兵部侍郎崔日用又寶昌寺僧普潤客詣潘邸廣申籌略其意遂決時京師有王崇曄者爲尚衣奉御倜儻任俠輕財縱酒長安少年皆從之游帝乃來求與相見遂遇利仁府折衝麻嗣宗押萬騎果毅葛福順總監鍾紹京言及家國深相款結時帝侍相王在藩邸韋温宗楚客附會安樂公主將圖剪覆設兵潛備内外阻絶幽求與嗣宗崇曄廣布腹心盡策于外令東明觀道士馮處澄微服詣潘邸通意是月庚子帝遂因處澄微行以出與幽求等皆會于鍾紹京私第紹京臨事而變欲閉關不出其妻許氏謂紹京曰事緣國家應有神理况同謀素定縱不行豈免禍乎宜備臣禮從王之命紹京乃出再拜趍謁帝執紹京手而坐遂與幽求紹京麻嗣宗太平公主第二子薛崇暕尚衣奉御王崇曄太平公主府典籤王師虔押萬騎果毅葛福順李仙鳧道士馮處澄僧普潤前商州司馬崔諤之山人劉承祖等

建策誅之或曰先啓相王帝曰拯社稷之危赴君父之急若事成福歸於宗社不成身死於忠孝安可先請憂怖大人乎遂以其日申時率幽求等先至苑中詣總監鍾紹京廨宇紹京率丁匠二百餘人以從候夜出苑南門時羽林將士等皆次於玄武門外乃遣葛福順李仙鳧領萬騎先攻玄武門福順抜劒前驅直入羽林營内斬將軍韋濬韋播及高嵩梟其首以徇羽林軍士相率來應無有拒者時軒轅星落于紫微中王師虔及僧普潤皆素曉玄象遂啓帝曰大王今日應天順人誅鋤兇慝上象如此亦何憂也遂令

福順領左萬騎攻玄德門仙鳧領右萬騎攻白獸門皆殺其守將斬關而入初帝號令諸將曰如斬關得入並會于凌煙閣前即大譟寡人勒兵于玄武門候譟聲當入其夜三更福順仙鳧等俱會于凌煙閣前果大譟帝于是率總監兵及羽林兵等齊進於兩儀殿前時梓宫在太極殿殿前有諸衛飛騎萬騎宿衛聞譟聲皆被甲應之皇后韋氏惶惑走入飛騎營中有一飛騎知帝舉兵遂斬首以送時昭容上官氏聞帝至執蠟燭與宫人等來迎安樂公主時於宫中方照鏡畫眉爲亂兵斬首以獻於是分兵討捕宫中素

與韋氏連結及用事親信者并諸韋在宫中諸門守衛者悉斬之比曉内外皆定乃馳謁相王謝不先啓請罪相王撫帝泣曰宗社禍難繇汝安之汝不行吾必及禍大功旣集深契吾心焉用謝也辛丑温王乃下制曰天未悔禍王室多難大行皇帝升遐之際事起倉卒朕以冲眇嗣守丕圖銜恤問故遂窮兇黨逆賊馬秦客等潛通宫禁敢行鴆毒而宗楚客紀處訥武延秀趙履温韋播高嵩韋捷韋静能韋建楊均王哲等遂扇太后干朕家事凡有處分政繇韋氏楚客又妄説妖言務欲勸進連結中外將危宗社又頃者王慶之李愌張嘉福前鱗遊縣令杜無二越州長史宋之問潛行表狀請立武承嗣爲皇太子則天皇后斬慶之一人之問以附託三思獲免今之問李愌又託楚客晉卿與將作少將李守質日夜潛圖令延秀起事朕之微眇危若綴旒安國相王鎮國太平公主朕之親叔親姑同憂共戚楚客韋温等又附會安樂公主安欲剪除相王第三子臨淄郡王隆基家國情深君親義切乃與太平公主第二子薛崇暕及總監鍾紹京前同州朝邑縣尉劉幽求利仁府折衝麻嗣宗太平公主府典籤王師虔尚衣奉御王崇曄東明

觀道士馮處澄寶昌寺僧普潤前商州司馬崔諤之山人劉承祖等僉扶人望考以時宜叶契建謀重安李氏兵戈不動氛祲廓清瞬息之間還自屠滅朕以山陵未畢變故相仍情緒荒迷益深摧憒士庶等代承景化累荷國恩今得宗社又安人祗交泰當同玆感悦各効忠貞如更朋黨比周輙生異議朕當加嚴憲必所不容即宜宣示令知朕意遂拜帝爲殿中監進封平王兼知内外閑廄簡較隴右郡牧大使仍押左右廂萬騎賜物一千段是月温王遜位于叔父相王是爲睿宗以帝爲太子先天元年八月遂即位

肅宗初爲皇太子天寶十五載六月安祿山陷潼關玄宗幸蜀發馬嵬於是百姓緇黃耆耇號泣於路捧御馬而言曰逆胡亂常凌逼城闕遂令鑾輿遷幸臣祖父生于中華請率子弟從皇太子爲國討賊東收長安遂留帝在後撫慰百姓遣壽王瑁及高力士遂內人衣物等帝初不忍辭上皇涕泣不任帝第三子建寧王及飛龍騎李輔國攏帝馬請帝任乃勸帝曰逆羯入城天下潰亂若殿下從主上赴巴蜀而賊等追蹤燒絕棧路則二京宗廟拱手而付狂賊欲招天下義勇之士而收復長安豈可得乎不有居者誰守

社稷望殿下絕兒女之愛成天下之大計帝遂留令廣平王馳以奏玄宗遂依衆請兼言傳位帝讓而不受賊帥追至渭便橋以斷渭水初漲又無舟楫帝於水濱號令百姓願從者三千餘人因而涉渡南遇潼關散卒誤以爲賊與之戰士多傷敗乃收其餘復濟渭而北帝過渭之後左右唯廣平王及六軍將士二千人自奉天北上夕次永壽縣老幼悲喜遮道獻牛酒至新平郡通夜奔馳三百餘里從者器械亡失過半所存之衆不過一旅遂止於郡是月帝至平涼郡遂大閱監牧得馬數千萬牛羊十萬餘頭又召募得五百餘人數日間未知所適朔方留後度支副使杜鴻漸奉牒具陳兵馬招集之勢并錄軍資器械倉儲庫物之數令判官李涵至平涼謁見帝帝大悅又會河西行軍司馬新授御史大夫裴冕詔赴朝廷自河西亦具陳事勢勸帝之朔方帝然之七月辛酉至靈武於是裴冕杜鴻漸等勸進者五甲子帝即皇帝位於靈州郡城南樓改元至德元年以廣平王爲天下兵馬元帥二年九月廣平王收西京十月帝還長安

代宗初封廣平王天寶末玄宗幸蜀帝侍肅宗北巡時賊陷京城所在多虞帝蒙犯荊榛晝夜不離肅宗

左右及玄宗遜位稱太上皇肅宗即皇帝位遂以帝爲天下兵馬元帥帝以國步未康不敢更辭乃建幕府以吏部侍郎蘇震諫議大夫暢璀（七罪反）等爲副使判官諸道節度郭子儀李光弼王思禮等咸受節制時朝廷草創兵無一旅肅宗布恩信收集師徒自靈州建大號移幸涇寧及岐數月間兵號十萬至德二年九月丁亥帝受命東討統朔方安西迴紇南蠻大食之衆二十萬鼓行而前將行百寮拜送于朝堂帝答拜既出當闕不乘馬步出木馬門而後登車觀者美之帝既撫軍志清寇難見迴紇王子葉護約爲兄

弟遇之甚厚葉護大喜壬寅大會于京城之西南香積寺之北連亘三十里營伍嚴整啣枚無聲以安西北庭行營節度使李嗣業爲前軍朔方河西隴右行營節度使郭子儀爲中軍關內行營節度使王思禮爲後軍戈鋋聲譟震山耀野賊將安守忠李歸仁悉以前軍來逼我師殆亂前軍節度使李嗣業謂子儀曰今日之事若不以身啖寇饑決戰取勝三軍之士無孑遺矣言訖乃仗長刀立陣前解衣袒而大呼手殺數十人陣容方駐繇是前軍之士皆執長刀如墻而進所向摧靡先是賊伏一軍於營東候動則發偵

者知之以告帝親率迴紇銳卒剪其伏軍遂躡大營背與嗣業合勢表裏夾攻自辰及酉斬首六萬餘級賊軍大潰塡溝澗而死者十七八長安城中賊黨震慄喧譁之聲終夜不止賊黨張通儒爲賊居守聞忠等大敗遂與麾下并賊僞官萬餘人宵遁西京平遲明帝乃整軍容入城城內百姓僧道老幼遮道歡呼咸曰不圖今日復見國家舊儀帝所至宣恩慰撫城內纖毫無犯乃命後軍王思禮屯兵于苑以淸宮禁親率大軍而東時逆賊安慶緒盡出精銳十餘萬使其黨嚴莊張通儒合軍保陝州帝與副元帥郭子儀大將李嗣業王思禮等率迴紇南蠻大食等會戰于陝西賊軍大敗生擒斬馘十餘萬通儒等遁走慶緒聞之竊與其黨自苑北門夜遁奔于河朔東京平帝入東京陳兵于天津橋宣恩勞徠士庶歡躍聲震四遠河南河東諸州爲賊所陷者皆歸順十月肅宗還京師發使奉迎玄宗至自蜀郡居興慶宮百司文物三宮容衛悉復舊儀皆帝之功也

德宗初封奉節郡王代宗寶應元年五月以胡寇史朝義尚據東都議出師東征帝爲天下兵馬元帥十月領河南朔方諸節度迴紇兵馬赴陝僕固懷恩與

迴紇左殺爲先鋒魚朝恩郭英乂爲後殿自澠池入李抱玉自河陽入副元帥李光弼自陳留入帝留陝州與朝義戰于邙山之下逆賊敗績走渡河斬首萬六千生擒四千六百降三萬二千人器械不可勝數朝義走投汴州僞將張獻誠拒之乃渡河北投幽州二年正月賊爲范陽節度使李懷仙於莫州生擒之迯款來降梟首至闕下代宗以帝大勳特拜尚書令元帥如故郭子儀李光弼等二十四人並賜鐵券圖形凌煙閣

憲宗元和中諸軍進討淄青李師道擒之斬其首迯

于魏愽軍國家自天寶末安祿山首亂兩河至寶應元年王師平史朝義其將薛嵩李懷仙田承嗣李寶臣等先受僞命分領州郡凡數十時朝廷厭兵遂各因其舊任眞授焉及侯希逸爲軍人逐出正巳又據有齊魯之地旣而迺相膠固聯結姻好職貢不入法令不加率以爲常仍皆置其子爲副大使身死繼立則以三軍之請聞亦有爲其大將所殺而自立者自艱難以後迄于貞元朝廷多務優容每聞其擅襲因卽而授之以故六十餘年兩河號爲反側之俗元和初始則誅楊惠琳劉闢李錡三年來于頔五年擒盧

從史張茂昭獻所管易定二州擧族歸闕七年田弘正定魏愽相衛澶貝六州十二年斬吳元濟平蔡申光三州是年斬李師道平鄆曹濮淄青齊登萊兗海沂密凡十二州程權歸朝得滄景王承宗束削地納德棣弘鎭汴宋亳潁四州二十餘年是歲入朝乞留京師以贖前過於是河南河北合三十一州復爲王土焉

宣宗大中三年正月丙辰涇原節度使康季榮奏吐蕃宰相論恐熱以秦原安樂三州及石門等七關之兵民歸國六月康季榮又奏收復原州城及石門驛藏木峽制勝六盤石峽等六關頒寧張君緒奏今月十三日收復蕭關勑於蕭關置武州改安樂州爲威州七月三州七關軍人百姓皆河隴遺黎數千人見于闕下帝御延喜門撫慰令其解辮賜之冠帶于時康衢觀者傾都咸稱萬歲共賜絹一十五萬疋八月鳳翔節度使李玭奏復秦州八月制曰昔皇王之有國也何嘗不文以守成武以集事參諸二柄歸乎大寧朕猥荷丕圖思弘景業憂勤戒懼四載于茲每念河湟土疆綿亘遐闊天寶末犬戎乘我多難無力禦姦遂縱腥羶不遠京邑事更十葉時近百年進士試

能每不竭其長策朝廷下議皆亦聽其誓詞盡以不生邊事爲永圖且守舊地爲明理荏苒于是收復無繇今者天地儲祥祖宗垂祐左衽輸款邊壘連降剛耻建功所謀必克實賴樞衡妙筭將帥雄威副玄宗不爭之文絕漢武遠征之悔醜虜頓空于內地斥堠全據於新封莫大之休指期而就嗚呼七關要害三州膏腴候館之殘址可尋唐人之遺風盡在追懷往事良使興嗟夫取不在廣貴保其金湯得必有時詎計于遲速今則便務修築不進干戈必使足食足兵有備無患載洽亭育之道永致生靈之安可改蕭關

爲武州安樂州爲威州仍令殖三州七關之地以廣
鹽鹵之利贍濟邊人三鎮將士共賜帛一十五萬匹
委度支別據等第指揮五年七月土蕃沙州刺史張
義潮遣兄義潭以瓜沙伊肅等十一州戶口來獻自
河隴陷蕃百餘年至是悉復隴右故地十二月沙州
置歸義軍以張義潮爲瓜沙伊等州節度使
後唐莊宗同光元年四月卽位于魏州閏月平梁鄆
州梁末帝聞鄆陷大恐七月丁未帝御軍泝河而南
戊午遣騎將李紹貽亘抵梁壘梁軍益恐八月還鄴
十月壬申帝御大軍自楊劉濟河甲戌攻中都擒梁

將王彥章等將吏二百餘人斬馘二萬奪馬千匹丁
丑次曹州郡將出降己卯遲明前軍至汴城明宗令
左右捉生攻封丘門梁開封尹王瓚請以城降俄而
帝與大將繼至瓚迎帝自梁門入梁末帝已爲其將
皇甫鏻所弑函首以獻二年九月大舉伐蜀以衞王
繼岌爲西川四面行營都統以樞密使郭崇韜爲招
討使十月丙辰蜀王王衍降自興師出洛至定蜀城
計七十五日走丸之勢前代所無檢蜀之府藏得步
騎兵一十三萬兵仗七百萬糧二百五十三萬錢一
百九十三萬貫金銀共二十二萬珠玉犀象二萬錦
綾羅五十萬得節度軍額十州六十四縣二百四十
九
明宗初在太祖左右大順中吐渾黠戛斯侵代北陷
遮虜軍執我軍使劉胡子時遣大將李存信拒戰不
利太祖讓存信曰非蕃部難敵乃公之巽懦也吾擇
帳下豪俊副公戰必捷矣遂命帝副存信軍再戰果
捷存信時爲河東蕃漢步騎大將四征討伐畧無虛
歲嘗命帝左右其軍
唐昭宗乾寧三年四月魏府節度使羅弘信背盟襲
破李存信於華縣帝奮命殿戰信宿至洛州諸軍稍

集太祖怒存信奪其兵符賞帝殿戰之功乃以帝所
屬五百騎號曰橫衝都侍於帳下天復中梁太祖遣
氏叔琮將兵五萬營於同渦是時諸道之師畢萃於
太原郡縣多陷於梁晉陽城外營壘相望太祖命帝
與李嗣昭分兵四出突入諸營梁軍繇是引退率偏
師追襲復諸郡邑都府復完天祐五年五月莊宗將
兵救潞州之圍帝入夾城大破梁軍卽日觧圍其功
居最七年十二月鎭冀節度使王鎔爲梁軍所擊嘗
於栢鄉遣使來求援帝時掌內衙親軍從莊宗赴援
東出贊皇次於趙州命帝與史建瑭徑趨栢鄉嘗寇

獲賊士詰兵數曰精兵七萬堅取鎮州周德威以賊勢雄盛憂之與監軍使張承業謀退舍莊宗從其謀退保鄗邑八年正月二日命帝與周德威將三千騎致師於栢鄉設伏於村塢間帝率百騎亘壓賊營韓勍怒悉其軍結陣而來帝與之轉戰所向靡不克捷以功授代州刺史十年莊宗遣周德威伐幽州帝分兵略定山後八軍與劉守光愛將元行欽戰於廣邉軍凡八陣帝控弦發矢七中行欽遂降之十三年二月莊宗與梁將劉鄩大戰於故元城北帝以三千騎環之皷譟奮擊內外合勢鄩軍殆盡帝徇地磁洺四

月梁相州守將張筠遁走乃以帝爲相州刺史尋除邢州節度使十四年四月契丹阿保機率衆三十萬攻幽州周德威間使告急莊宗命帝與李存審閻保率軍赴援帝爲前鋒距幽州両舍虜騎當谷口而陣帝與末帝舞撾奮擊萬衆披靡挾其酋帥而還虜衆大敗勢如席卷委棄鎧仗羊馬殆不勝紀是日觧圍十八年十月從莊宗大破梁將戴思遠於戚城斬首二萬級加同平章事充蕃漢馬步副總管二十年代李存審爲滄州節度使同光元年四月莊宗即位加侍中閏月命帝率步騎五千人星馳襲梁鄆州下之授天平軍節度使九月梁將王彦章以步騎萬人廹鄆州自中都進渡汶河帝出騎逆賊至遞坊鎮遇彦章都較任釗等數千騎因與之戰生獲任釗田章二百餘人十月癸酉莊宗親御六師至鄆州是夜命帝以騎軍爲前鋒大將繼進詰朝遇賊軍一戰敗之追至中都俄而大圍合城無所備賊潰圍而出擊之大破生擒大將王彦章及監軍張漢傑趙廷隱等時梁將段凝率大軍屯於澶淵帝言於莊宗曰奇兵貴速今破是賊段凝輩必未傳聞縱走人告彼信否之間更須三日假使察吾所向便發救軍亘路且阻决河

須縣滑州濟渡數萬之衆舟檝亦難卒辦此去汴程途咫尺前無山險方陣横行晝夜兼程信宿即至段凝未起河壖友貞爲吾俘矣徑取汴州上計也請陛下御軍徐進臣願以千騎前驅莊宗嘉之帝即時騎軍前進乙亥莊宗發中都己卯遅明帝先至汴州令左右捉生都攻封丘門城中震駭倒戈請罪開封尹王瓚開門迎降汴州平

周世宗顯德二年四月詔鳳翔節度使王景攻收秦鳳二州六月以曹州節度使韓通充西南面行營都虞候九月僞秦州觀察判官趙玭以城降十月成州

歸順十一月收復鳳州初晉末契丹犯闕秦州節度使何建以秦城階三州入蜀蜀人又收鳳州至是秦鳳人户怨蜀苛政相次詣闕乞舉兵收復舊地因而平之四年二月幸淮南督諸軍收壽州三月乙丑大陳師旅臨浮橋濟淮抵壽州之北庚寅帝躬擐甲冑擁兵攻破紫金山砦擒獲甚衆壽州劉仁贍奉表請降壽州平四月還京十月復幸淮南十二月泗州濠州並以城歸順是月江南李景遣兵驅虜揚州士庶渡江焚其州郭而去五年正月命將攻海州楚州並拔之天長軍使以城歸順三月丙申李景遣其臣僞

兵部侍郎陳覺奉表來上且乞畫江爲界江北平凡得州十四縣六十户二十二萬六千五百七十四以江南內附頒詔於天下六年三月帝幸乾寧軍大治舟師以備北伐四月丁酉帝御龍舟率內六軍鳴鼓棹順流而北自關之西河路漸隘水不能勝舟帝捨舟入于瓦橋關僞莫州刺史劉信上表歸順五月乙巳朔侍衛軍使李重進已下諸將相帥師而至是日僞瀛州刺史高彦暉上表歸順關南平凡得州五縣十七户一萬八千三百六十一是行也王師數萬不發一矢而虜界城邑皆迎刃而下

冊府元龜

巡按福建監察御史臣李嗣京　訂正
分守建南道左布政使臣胡維霖　叅閱
知建陽縣事臣黃國琦較釋

帝王部　二十一

徵應

自古受命而王者莫不有徵應焉歲起攝提肇生天皇書契而下益章章矣故曰黃河清而聖人生里社鳴而聖人出羣龍見而聖人用生旣異禀則文王之在母不憂出旣殊感則漢高以斬蛇自負用旣響合

則光武應白水之讖而中興矣傳曰天降時雨山川出雲嗜欲將至有開必先易曰雲從龍風從虎聖人作而萬物覩上自日月星辰下及昆蟲草木以時符祉者何可勝道哉是知天人合契靈祇幽贊運之斯啓感而遂通乘時建事大勳以集蓋帝者之典未有不休徵先兆以表眷命之符者也

帝堯初爲唐侯嘗夢攀天而上之

帝舜耕於歷山夢眉長與髮等

夏禹初爲司空觀於河有長人白面魚身出曰吾河精也呼禹曰文命治滛授禹河圖言治水之事乃退入于淵

周文王父季歷之十年飛龍盈於殷之牧野此蓋聖人在下位將起之符也及爲西伯作邑于豐文王之妃曰大姒夢商庭生棘太子發植梓樹於闕間化爲松柏柞棫以告文王文王幣告羣臣與發並拜吉夢季秋之甲子赤雀啣書及豐止于昌戶昌拜稽首授之其文要曰姬昌蒼帝子亡殷者紂

武王伐紂度孟津中流白魚躍入王舟王俯取魚長三尺目下有赤文成字言紂可伐王寫以吉字魚文消燔魚以告天有火自天止于王屋流爲赤烏烏啣

穀焉穀者紀后稷之德火者燔魚以告天天火流下應以吉也遂東伐紂勝於牧野兵不血刃而天下歸之

漢高祖初從王媪武負貰酒時飲醉臥武負王媪見其上嘗有恠高祖每酤留飲讎數倍及見恠歲竟此兩家嘗折券棄責後高祖以亭長爲縣送徒驪山徒多道亡自度比至皆亡之到豐西澤中亭止飲夜皆解縱所送徒曰公等皆去吾亦從此逝矣徒中壯士願從者十餘人高祖被酒夜逕澤中令一人行前行前者還報曰前有大蛇當徑願還高祖醉曰壯士行

何畏乃前拔劍斬蛇蛇分爲兩道開行數里醉因卧後人來至蛇所有一老嫗夜哭人問嫗何哭嫗曰人殺吾子人曰嫗子何爲見殺嫗曰吾子白帝子也化爲蛇當道今者赤帝子斬之故哭人乃以嫗爲不誠欲苦之嫗因忽不見後人至高祖覺告高祖高祖乃心獨喜自負諸從者日益畏之高祖隱於芒碭山澤間呂后與人俱求嘗得之高祖恠問呂后后曰季所居上嘗有雲氣故從往嘗得季高祖又喜沛中子弟或聞之多欲附者高祖既入咸陽范增令人望其氣皆爲龍成五色此天子氣故勸項籍急擊之勿失沛

公用項伯張良謀來謝得免高祖既爲漢王二年項籍擊漢睢水上大破漢軍多殺士卒睢水爲之不流圍漢王三帀大風從西北起折木發屋揚沙石晝晦楚軍大亂而漢王得與數十騎遁去陳餘襲破常山王耳耳敗走曰漢王與我有故而項王彊立我我欲之楚甘公曰（善說星者甘氏也齊人）漢王之入關五星聚東井東井者秦分也先至必王楚雖彊後必屬漢耳遂走漢（又漢書載漢元年十月五星聚晋東井以歷推之從歲星也此高皇帝受命之符故客謂張耳曰東井秦地漢王入秦五星從歲星聚當以義取天下秦王子嬰降漢王於軹道漢王以屬吏寶器婦女亡所取幷封公門還軍次于霸上以候諸侯與秦民約法三章民亡不歸心者可謂能行義矣天之所予也五年遂定天下即帝位此明歲星之聚東井爲秦地明效也）

文帝初爲代王會丞相大尉共誅諸呂使行迎代王代王報太后計猶豫未定卜之兆得大橫（龜曰兆筮曰卦卜以荆灼龜文正橫也）占曰大橫庚庚余爲天王夏啓以光（庚庚橫貌其繇文也占謂其繇也先是五帝官天下老則禪賢至夏啓始傳嗣能光先君之業文帝亦襲父迹言似故也繇音文勑切本作籒書也謂讀卜辭）代王曰寡人故已爲王又何王乎卜人曰所謂天王者乃天子也

昭帝武帝少子也母曰趙倢伃本以有奇異得幸（謂望氣者言有奇女子氣及召見手指拳上自披之即時伸）及生帝亦奇異（十四月乃生）

宣帝武帝曾孫在襁褓坐戾太子繫郡邸獄望氣者

言長安獄中有天子氣帝遣使者分條中都官獄繫者輕重皆殺之內謁者令郭穰夜至郡邸獄丙吉拒閉使者不得入曾孫賴吉得以全幼時居數有光耀每買餅所從家輒大讎（與售同）亦以是恠初昭帝元鳳三年正月泰山萊蕪山南匈匈有數千人聲民視之有大石自立高丈五尺大四十八圍入地深八尺三石爲足石立後有白烏數千下集其旁昌邑有枯社木卧復生又上林苑中大柳樹斷枯卧地亦自立生有蟲食樹葉成文字曰公孫病已立時眭孟推春秋之意以爲石柳皆陰類下民之象泰山者岱宗之嶽

王者易姓告代之處今大石自立僵柳復起非人力所爲此當有從匹夫爲天子者枯社木復生故廢之家復生明公孫氏當復興者也孟意亦不知所在卽說曰先師董仲舒有言雖有繼體守文之君不害聖人之受命漢家堯後有傳國之運漢帝宜誰差天下求索賢人（誰問差擇也問擇天下賢人）禪以帝位（禪古禪字）而退自封百里如殷周二王後以承順天命孟使友人內官長賜上此書（內官署名百官表云內官長丞初屬少府中屬主爵後屬宗正賜者其長之名也）時昭帝幼大將軍霍光秉政惡之下其書廷尉奏眭孟妄設妖言惑衆大逆不道皆伏誅後五年孝宣帝

興於民閒卽位徵孟子爲郎（宣帝初名病已）

後漢光武皇考南頓君欽初爲濟陽令以建平元年十二月甲子夜生光武於縣舍有赤光炤室中欽異焉使卜者王長占之長辟左右曰此兆吉不可言是歲縣界有嘉禾生一莖九穗因名光武曰秀明年方士有夏賀良者上言哀帝云漢家歷運中衰當再受命於是改號爲泰初元年稱陳聖劉太平皇帝以厭勝之及王莽篡位忌惡劉氏以錢文有金刀故改爲貨泉或以貨泉字文爲白水眞人後望氣者蘇伯阿爲王莽使至南陽遙望見舂陵郭唶曰氣佳哉鬱鬱葱葱然及始起兵還舂陵遠望舍南火光赫然屬天有頃不見道士西門君惠李守等亦云劉秀當爲天子更始立光武爲大司馬徇河北以王郎新盛乃北徇薊晨夜兼行蒙犯霜雪天時寒面皆破裂至滹沱河無船適遇氷合得過未畢數車而陷（又王霸傳曰光武徇薊王郎起兵光武卽南馳至下曲陽傳聞王郎兵在後從者恐及至滹沱河候吏還白河水流澌無船不可濟官屬大懼光武令王霸往視之霸恐驚衆欲且前阻水還卽詭曰氷堅可渡官屬皆喜光武笑曰候吏果妄語也遂前北至河河氷亦合乃令霸護渡未畢數騎而氷解光武謂霸曰安吾衆得濟免者卿之力也霸謝曰此明公至德神靈之祐雖武王白魚之應無以加此光武謂官屬曰王霸權以濟事殆天瑞也）惶惑不知所之有白衣老父在道旁指曰努力信都

郡爲長安守此去八十里光武卽馳赴之信都太守任光開門出迎光武安帝自在邸第數有神光炤室又有赤蛇盤於牀第之間

獻帝母王美人姙娠畏何后服藥欲除之胎安不動又數夢負日而行

魏太祖之爲魏王也先是熹平五年黃龍見譙光祿大夫橋玄問太史令單颺此何祥也颺曰其國後當有王者興不及五十年亦當復見天事當象此其應也內黃殷登默而記之至四十五年太祖爲魏王登尚在文帝初爲魏王延康元年三月黃龍見譙登聞

之曰單颺之言其驗茲乎魏書曰王召見登謂之曰昔成封聞楚丘之孫而敬事季友鄧晨信少公之言而自納光武登以篤老服膺占術記識天道豈有是乎賜登穀一百斛遣歸家四月饒安縣言白雉見賜饒安田租勃海郡百戶牛酒大酺三日太常以太牢祠宗廟八月石邑縣言鳳凰集又郡國十三言鳳凰見二十七言白虎見是年麒麟十見郡國

晉武帝初爲中撫軍魏咸熙元年六月鎮西將軍衛瓘至於成都得璧玉印各一枚文似成信字魏人宣示百官藏于相國府賈充聞之曰吾聞譙周之言先帝諱備其訓具也後主諱禪其訓授也如言劉已具矣當授與人也今中撫軍名炎而漢年極於炎興瑞

出成都而藏之于相國府此殆天意矣是歲拜充爲梓潼太守明年八月嗣相國晉王位是月長人見於襄武長三丈告縣人王始曰今當太平初張掖郡刪丹縣金山玄川溢涌寶石負圖狀象靈龜廣一丈六尺長一丈七尺一寸圍五丈八寸立于川西有石馬七其一仙人騎之其一覊絆其五有形而不善成有玉匣關蓋於其前上有玉字玉玦二璜一麒麟在東鳳鳥在南白虎在西犧牛在北馬自中布列四面色皆蒼白其南有五字曰上上三天王又曰述大金大討曹金但取之金立中大金馬一匹在中大吉開壽此馬甲寅述水凡中字六金字十又有若八卦及列宿孛彗之象焉搜神記曰初漢元成之世先識之士有言曰魏年有和當有開石於西三千餘里擊五馬文曰大討曹及魏之初興也張掖之柳谷有開石焉始見於建安形成於黃初文備於太和周圍七尋中高一仞蒼質素章龍馬麟鹿鳳凰仙人之象粲然咸著此一事者魏晉大興之符也至晉太始三年張掖太守焦勝上言以留郡本國圖較今石文文字多少不同謹具圖上按其文有五馬象其一有人平上幘執戟而乘之其一有若馬形而不成其字有金有合有中有大司馬有王有大吉有正又有開壽其一成行曰金當取之漢晉春秋曰氐池縣大柳谷口夜激波湧溢其声如雷曉而有蒼石立水中長一丈六尺高八尺白石畫文爲十三馬一牛一鳥八卦玉玦之象皆隆起其文曰大討曹適水中甲寅帝惡其討也使鑿去爲計以蒼石窒之宿昔而白石蕭焉至晉初其文愈明象皆煥徹如玉焉

懷帝初誕有嘉禾生於豫章之南昌先是望氣者云豫章有天子氣其後竟以豫章王爲皇太弟

元帝以晉王卽位始秦時望氣者云五百年後金陵有天子故始皇東遊以厭之改其地曰秣陵塹北山以絶其勢及孫權之稱號自謂當之孫盛以爲始皇逮於孫氏四百三十七載考其歷數猶爲未及帝之渡江也乃五百二十六年真人之應在於此矣初有玄石圖有牛繼馬故宣帝初忌牛氏遂爲二榼共一口以貯酒焉帝先飲佳者而以毒酒鴆其將牛金而恭王妃夏侯氏竟通小吏牛氏而生元帝咸寧初風

吹大社樹折社中有青氣占者以爲東莞有帝者之祥緣是徙封東莞王於瑯琊卽帝祖武王也及吳之亡王濬實先至建鄴而皓之降款遠歸璽於瑯琊天意人事又符中興之兆帝初鎮建業郭璞爲王導叅軍導令璞筮之遇咸之井璞曰東北郡縣有武名者當出鐸以著受命之符西南郡縣有陽名者井當沸其後晉陵武進縣人於田中得銅鐸五枚柄口皆有龍虎形又有將雛諸雀集其前皆驅去復還至於再三又有鴉三四頭高飛且鳴周廻東西晝夜不下如此者六七日豫章有大樟樹大三十五圍枯死積久

永嘉中忽更榮茂又歷陽縣中井沸經日乃止及帝爲晉王又使璞筮遇豫之睽璞曰會稽當出鐘以告成功上有勒銘應在人家井泥中得之繇辭所謂先王以作樂崇德殷薦之上帝者也及帝卽位大興初會稽郯縣人果於井中得一棧鐘長七寸二分口徑四寸半上有古文奇書十八字云會稽徽命餘字時人莫識之樸曰蓋王者之作必有靈符塞天人之心與神物合契然後可以言受命矣觀五鐸啟號於晉陵棧鐘告成於會稽瑞不失類出皆有方豈不偉哉若夫鐸發其響應徵其象器以數臻事以實應天人之際不可不察初武帝伐吳琅琊武王伷率衆出塗中而王渾逼歷陽王濬巳次近路孫皓欲降送天子璽授近越二將而遠送詰伷識者咸怍之吳之未亡也吳郡臨平湖一旦自開湖邊得石函中有小青石刻作皇帝字舊言臨平湖塞天下亂開則天下太平吳人以爲美祥俄而吳滅後帝興於江左

康帝初爲吳王成帝咸和六年五月曲阿有揶樹倒地六載是月忽復起生九年五月甲戌吳雄家有死楡樹是日因風雨起生與漢上林斷揶起生同象時雖改封琅邪而猶食吳郡爲邑是帝起體饗國之象

也曲阿先亦吳地象見吳皆天意也

孝武帝始四歲時哀帝興寧三年五月廬陵西昌縣修明家有死栗樹是日忽起生及得位垂統識者竊曰西昌修明之祥帝諱實應之矣（孝武諱曜字昌明）是與漢宣帝頗同象也

後魏道武初生于參合陂明年有楡生于埋胞之坎後遂成林帝旣爲代王登國六年十二月出獵親獲鹿一角召問群臣皆曰鹿當二角今是諸國將并之應也

天興元年遂卽皇帝位初聖武帝諱詰汾嘗率數萬

騎田於山澤欻見輜軿自天而下旣至見美婦人侍衞甚盛帝異而問之對曰我天女也受命相遇遂同寢宿旦請還曰明年同時復會此處言終而別去如風雨及期帝至先所田處果復相見天女以所生男授帝曰此君之子也善養待之子孫相承當世爲帝王語訖而去子卽始祖神元帝諱力微也故時人諺曰詰汾皇帝無婦家力微皇帝無舅家天興四年新興太守上言晉昌民賈相昔年二十二爲雁門郡吏入句注西陘見一老父謂相曰自今以後四十二年當有聖人出於北方時當太平子孫永長吾不及見

之言終而過相顧視之父老化爲石人相今七十下檢石人見存至帝破慕容寶之歲四十二年

後周太祖其先普迴因狩得玉璽三紐有文曰皇帝璽普迴異之以爲天授後太祖爲夏州刺史嘗從數騎於野忽聞簫鼓之音以問從人莫之聞也賀拔岳爲侯莫陳悅所殺太祖遂奄有其衆初岳嘗於河曲有軍吏獨行忽見一老翁鬚眉皓素謂之曰賀拔雖復據有此衆然無所成當有一宇文家從東北來後必大盛言訖不見此吏常與所親言之至是方驗

隋高祖初生有尼來自河東謂皇妣曰此兒所從來甚異不可俗間處之將高祖舍於別館躬自撫養皇妣常抱高祖忽見頭上角出徧體鱗起皇妣大駭墜高祖於地尼自外入見曰已驚我兒致令晚得天下至周武帝時定州城西門久閉不開齊文宣帝時或請開之以便行路帝不許曰當有聖人來啓之及隋高祖至而開焉莫不驚異

唐高祖初仕隋爲譙隴刺史善相者史良言於高祖曰公骨法非常必爲人主至於命也非所敢知久之史良復遇高祖乃大驚曰骨法如舊年壽之相頓異昔時勿忘鄙言願深自愛高祖心益自負及爲殿內

少監時尚食奉御郭弘道善相高祖善之弘道因言曰公天中伏犀下接於眉此非人臣之相宜深自愛高祖取弘道銀盃置之於地引弓射之謂弘道曰向言有驗當一發中之旣發應弦而中弘道曰願公事驗之日賜賞金盃高祖大悅後爲太原留守鎮并州時武士彠爲司鎧參軍事詣朝嘗於街內獨行聞空中有人言曰唐公是天子士彠尋聲不見有人乃以此白高祖并進兵書高祖悅之曰幸勿多言兵書禁物尚能將來深識好心當同富貴耳其夜士彠夢高祖乘馬上天旦以狀聞高祖大悅於是出入卧內委

以心腹大業十三年起義兵於太原五月甲子慶雲見甲戌有白烏飛入高祖之懷七年丙辰師次霍邑隋武牙郎將宋老生陳兵拒險義師不得進屯軍於賈胡堡會霖雨積旬餽運不給高祖患之忽有白衣老父詣軍門請見曰予霍山神遣語大唐皇帝若向霍邑當東南傍山取路八月雨止我當助爾破之高祖初洒之遣人東南視地果有微道高祖笑曰此神不欺趙襄子豈當負吾耶時有訛言云突厥將襲太原又軍糧且盡高祖命旋師太宗切諫乃止八月己卯雨果霽高祖大悅以太牢祭霍山庚寅次古堆去

絳郡二十餘里有紫雲如華蓋樓闕之形正臨高祖之上癸巳次龍門縣河水變清白狐見十一月丙辰入京師尊代王爲天子改元義寧元年高祖爲唐王義寧二年二月辛卯安邑白鹿見甲午河池言慶雲見三月丙辰高祖泛舟於後池有魚二躍入舟乙丑趙郡公孝恭獻神龜背上有文曰萬國付其代代樂武德六年七月車騎將軍劉山壽上書高祖龍潛時數往來雒交之莊舍踐二石靴迹見於石中至今猶在高祖令鑿之深寸餘其迹愈明乃止初隋大業中有謠云桃李子洪水繞揚山煬帝疑李氏有受命之符故誅李金故李密據雒口倉欲其應讖隋文時自長安故城東南移於唐興村置新都令西内承天門正當唐興村門今有大槐樹柯葉森鬱即村門樹也有司以行列不正將去之帝曰高祖嘗坐其下不可去也

太宗文皇帝以隋開皇十八年歲次戊午生於武功之別館初太宗在孕而語聲達於外后心異之將誕育后不之覺而太宗已生時有慶雲見瀰漫數里上屬於天二龍戲於門外水中經三日乃沖天而去見者驚焉大業十三年望氣者云龍門有天子氣連太原甚盛故煬帝置離宮數遊汾陽宮以厭之至是太宗稱述此事以白高祖既舉義師旦日太宗所居處有紫雲當其上俄變爲五色狀如飛龍武德八年拜

中書令嘗夜於嘉猷門側見一神人長數丈素衣冠呼太宗進而言曰我當令汝作天子太宗再拜忽因不見所居弘義宮中有一大池嘗作佳氣鬱然高數百尺太宗心獨異之至九年其氣轉盛上屬於天六月癸未克定内難立爲皇太子萬機巨細皆令取決初太宗爲秦王高祖制詩云聖德合天地五宿連珠見和風拂世民上下同歡宴帝於宮西造宅初成高祖送玉璽以至帝所搢紳先生相謂曰詩及玉璽蓋奉國之祥瑞者歟又有方士喬伏仁善言符命見建成元吉俱有爭心因謂所親曰秦王應天上錄當爲

元君此二人乃驅除耳果如其言郎隱海陵之未發也太史奏云太白入南斗秦王得天下其鋒不可當自非皇天眷顧何以臻此

高宗初爲晉王貞觀十七年太子承乾得罪廢爲庶人次當立者濮王太宗以晉王仁孝又以太原瑞石文云李治萬吉乃與長孫無忌房玄齡李勣褚遂良等定計立爲皇太子

睿宗初生於含凉殿則天乃於殿内造佛事有玉象焉及長遊觀其側玉象忽言爾後當爲天子

玄宗初爲臨淄郡王景龍三年出爲潞州别駕境有

黄龍白日上升天又視事之際吏咸見赤龍據案嘗出畋有紫雲在其上從者望而奇之四年來朝京師將行使術士韓禮筮有一蓍孑然獨立禮驚曰策立其瑞非常之事也貴不可言旣行所過之處大人迹見州人皆異之先是帝所居宅外有池水浸溢頃餘望氣者以爲龍氣是年四月中宗幸其第因遊其池結綵爲樓船令巨象踏之及平内難日寅時潞州閶空中語曰臨淄王誅韋庶人相王得天下吏驚走遽白于刺史以掾吏妄留繫旬日會制到乃捨之帝自至潞州日抱戴月重輪嘉禾合穗李樹連理等凡十有九瑞

開元二年六月左拾遺蔡孚獻龍池集王公卿士以下凡百二十篇請付太常寺其辭合音律者爲龍池樂章以歌聖德從之初帝在藩與宋王等居于興慶里時人謂爲五王子宅及景龍末宅内成池湧出泥灔清瑩流之不竭中有龜龍遊焉故羣臣歌之八年鄭州人元承徵上封事曰謹按魏典及北齊至後魏太平真君年中内學者奏言上黨有天子氣在壺關大王山于時太武南巡親幸上黨掘山封石將以厭之亦猶秦始皇東遊望氣者云五百年後金陵有天

子氣始皇乃改金陵爲秣陵塹北山以絕其勢孫權僭號吳人以爲當之孫盛晉陽秋云從始皇東遊之歲至孫權僭號之時中間四百三十七年數權末當應及晉元帝南渡始有五百二十六年以彼金行奄居四海金陵之瑞其在茲乎又按太武之後百有餘年高歡以内學之言復欲妄干符命因勒兵馬來在晉陽舍於壺關六旬而去更有上黨百姓從在晉陽因名上黨之坊實曰晉陽之地歎又居此僞以應之論其僭應則高歡不異於孫權語以虛攘則太武有同於嬴政暗于時運豈不惜哉臣等恭尋符命壺關

天子之氣正是陛下當爲玄穹上聽符命下鍾故使歷試潞州所以用當其應此天意也豈人事乎然而一幸潞州三移灰琯壺關之地歲時爲蒐狩之場大王之山朝夕郎豫遊之所始能龍潛上黨尋乃鳳舉咸寧內學之言果合符契又按内學所奏符應年月太平真君太平則叶今辰真君則更明陛下自唐至魏三百餘年觸類而推無不驗應伏願陛下上承天意下諭人心昭告寰瀛編列國史從之

肅宗初爲皇太子天寶十三載觀安禄山有悖逆之狀恐危宗廟遂精誠祈夢其夜夢故内侍普寂等二

人舁一紫案覆以黄帕自天而下直至帝前素版丹書文字甚多既寤所記者維四句曰厥不云乎其惟其時上天所保福禄不虧十五載六月玄宗幸蜀帝幸靈武次永壽縣雲氣見西北長數丈成橋閣之狀識者以爲天子氣自是紫雲擁帝所乘馬聚散不時至平涼都路傍遇一伏兔命左右索弓箭因謂左右曰吾若破賊射則中之不然則否一發而斃左右咸稱萬歲帝初發平原有雲彩見空白鶴前引出軍之後有黄龍自帝所憩屋騰空而去後於彭原郡受冊太上皇下誥曰間者日抱帶赤雀白狼之瑞接武薦臻此皆皇帝聖徵之符孝友之感也

憲宗自廣陵郡王冊爲皇太子時順宗即位已久而臣下未有親奏對者内外咸言王伾王叔文專行斷决日有異説又屬頻陰雨皆以爲羣小用事之應及將行冊禮之夕雨乃止至行事之時天景晴朗有慶雲見識者以爲天意有所歸

宣宗初封光王十餘歲時遇重疾沈惙忽有光耀燭身蹶然而興正身拱揖如對臣僚乳媪以疾聞穆宗往視之撫其手曰此吾家英物非心憊也賜以玉如意御馬金帶嘗夢乘龍升天言之於鄭太后乃曰此

不宜人知幸勿復言

懿宗初封鄆王嘗經重疾郭淑妃侍醫藥見黄龍出入臥内既間妃以異告帝曰慎勿復言又嘗大雪數尺而帝寢室之上獨無人皆異之大中末年京城小兒摺布蘸水向日張之謂之捩暈又宣宗曾製奏邊陲曲撰詞云海岳宴咸通至是帝以鄆王即位改元咸通書皆驗

昭宗即位前一日於宅所居之邸東垣有紫氣二條若成文字俄於氣生之處發其垣獲金龍子一枚諸王及左右咸共觀見及聽政須示百官

後唐武皇初爲太原節度使以昭宗景福二年十二月狩於近郊獲白兎有角長三寸

莊宗初嗣晉王時長秋巷田家有桃樹伐已經年舊坎仍在其仆木一朝屹然而起行數十步復於舊坎其家驚駭蒼黄散走議者以漢昭帝時上林仆木起立生枝蟲齧成文而宣帝興今木理成文仆而重起亦李氏中興之符也又天祐十七年幽州人於田中得金印文曰關中龜印李紹宏使人送於行臺議者曰關中列聖所都龜者卜年之物符璽傳授之罷湮落在田乃今復見蓋王者受命之符也十八年正月

魏州開元寺僧傳真獲傳國寶一送於行臺傳真之師於廣明中遇京師喪亂得之緘秘已四十年篆文古體人不識之唯以珍物秘藏非以爲國璽也興建初法物司收市寶玉傳真將鬻之玉人識而嘆曰國寶之一也何至於斯傳真且喜送於行臺帝出之以示諸將驗其文卽受命八字也光彩瑩曜希世罕工羣僚諸將奉觴稱賀帝曰天祚有德錫之神器顧予寡昧何敢當之止於緘藏俟其真人耳二十年正月丙子朔五臺山僧獻銅鼎二枚每容二斗言於山中石崖隤裂得之形器古異識者以爲中興之瑞按西漢哀平之間扶風王延年獲銅鼎二枚赤色有光後光武誅新莽中興漢室鼎者帝王重器以異爲瑞不必貢金九牧質重萬鈞以爲異也

明宗初在太宗左右嘗巡邊宿於鴈門逆旅逆旅媪方娠帝至媪傷不時具食腹中兒謂母曰大家至速宜具食聲聞於外媪異之遽起親奉爨敬事尤謹帝曰媪前倨後恭詰之曰公貴不可言也問其故具道娠子腹語事帝曰傻媼逕言懼于辱耳同光末自鄴廻趨白皐渡將濟以度船甚少帝方憂之忽有木栰數隻沿流而至卽用以濟師故無留滯焉

末帝初在太原嘗與晉高祖因擊毬同入趙襄子之廟見其塑像屹然起立帝私心自負及爲護國軍節度使一日夢明宗召至寢門與宋王各剃頭而退及寤以問賓吏皆無對者時雨池權鹽推官李專美在坐屏人謂帝曰將來嗣主必明公也帝心喜之又帝在岐陽日有前爲判獄吏何叟者失其名年踰七十暴卒於家見一人爲何曰陰府召君何隨之至一公宇甚宏敞有吏憑几戒何曰召汝無他事爲吾言於潞王來年三月當爲天子善自愛也及蘇寤告帝親要慮其妄誕不敢言月餘復卒陰官見而叱曰汝安得

違吾旨不逵其事何具陳爲左右所阻陰官曰且放汝還可速言之何退見廊廡下有簿書狼籍以問主者曰此朝代將改升降人爵之籍也及再蘇謁劉延朗審道其事帝屏人召何入問謂曰爾雖有憑吾無以信何曰某衰耄若此唯有一子請大王質之如無驗可殺之又張濛岐州之瞽者自言知術數不龜不蓍言是太白山神其神祠元魏時崔浩廟時事否泰人之休咎濛告於神即傳吉凶之言房暠泥於事神酷信之帝在岐陽暠引濛謁見聞帝語聲駭然曰非人臣也令暠詢其事即傳神語曰三珠併一珠驢馬

没人驅歲月甲庚午中興戊巳土暠請曰神言予不知也長興四年五月府廨諸門無故自動人頗駭異遣暠問濛濛見暠來未交言先問暠衙署小異勿怔不出三日有恩命其夜報至封潞王及帝被疑除鎮甚恐再三質濛初濛曰且爲備王保無患及王恩同兵將至又召濛謂之曰爾言無患今天下兵來萃我城下内無兵食外無援助得無患乎濛曰王有天下不能獨立朝廷兵來迎王也王若疑臣臣惟一子未及冠請王致之麾下以質臣心及帝入雒受太后冊日御明堂宰相讀冊文雒應順元年歲次甲午四月

庚午朔帝廻視房暠曰張濛神言甲庚事不亦異乎帝令暠共術士解三珠一珠事言三珠三帝也驢馬無人驅失主也又帝在岐時有人已死復生言帝必登大位二十三年好事者附其意言帝小字二十三又云潞字一足入雒時石璨人胡呆通會天文帝亦召問之曰王至貴不可言若有舉動宜以乙未年及舉兵又問曰今歲曆法名陰部首王者不宜建功立事王且挾今主俟來歲入朝則福祚永遠帝姓王氏真定房山人也邑南三里里墅名曰王子則所生之地地稱王子亦有符焉既即位以族兄爲令（訪名未獲）守

先舊廬植松櫝以爲墳園其側有古佛刹刹有石像忽搖動不已人駭而告令令趣之復爾時甚異焉

晉高祖初爲河東節度後唐末帝出師重圍晉陽帝遣心腹何福單騎求援北蕃蕃王自將諸部赴之不以繒帛不以珠金若響應聲謂福曰吾已兆於夢皆上帝命我非我意也時援兵未至唐將張敬達引軍逼城設柵柵將成忽有大風雨暴起柵無以立後築長連城城欲就又爲水潦所壞城竟不能合晉陽有北宮宮城之上有祠曰毗沙門天王帝曾焚修默而禱之經數日城西北闉正受敵處軍候報稱夜來有

一人長丈餘介金執殳行於城夊方不見帝心異之
又乎城有僧坊曰崇福坊之廡下西北隅有泥神神
之首忽一日有煙生其騰郁如曲突之狀坊僧奔赴
以爲人火所延及俯而視之無所有焉事尋達帝帝
召僧之臈高者問焉僧曰貧道見莊宗將得天下曾
有此煙觀其噴湧甚於當時可知矣自此日傍多有
五色雲氣如蓮芰之狀帝召占者視之謂曰此驗應
誰占者曰見處爲瑞更應何人又帝每詰旦使人慰
撫守陴者率以爲常忽一夕巳瞑城上有號令之聲
聲不絶者三帝使人問之將吏云從上傳來人皆知

其神助時城中忽有數處井泉暴溢不止及蕃軍大
至合執破唐師之衆如拉朽焉斯天運使然非人力
也先是朱梁改元之始卽天祐之四年也潞州行營
使李思安奏壺關縣庶穰鄉鄉人伐樹樹倒自分兩
片内有六字如左書云天十四載石進梁主藏於武
庫時遣詞臣李琪答詔嘉其瑞焉然莫詳其義至帝
卽位人以爲雖有國姓計其甲子則二十年有奇矣
議者曰天字取四字中兩畫加之於旁則丙字也四
字去中之兩畫加十字則申字也帝卽位之年乃丙
中也又易云晉者進也國號大晉皆符契焉又卽位

之前一年年在乙未鄴西有栅曰李固清淇合流在
其側栅有橋橋下大鼠與蛇鬭鬭及日之中蛇不勝
而死行人觀者數百識者志之後唐末帝果滅於申
少帝初爲金吾上將軍天福三年從高祖幸大名其
年天旱高祖遣祈雨白龍潭焚請未罷有白龍見於
潭心是日澍雨尺餘人甚異之
漢高祖初仕爲河東兵馬使嘗因事至代北遮虜軍
路側有唐衛公李靖祠遇戍卒乘酒以索戲繫其神
之頸卒尋致殞時戍長邑老玄陳祈禱以解之而了
無應驗帝乃爲祝曰公本朝名將精爽在天雖庸輩

褻瀆誠當其責而人既有請良可恕焉因焚香致拜
卒者俄蘇傳其神語曰此非大貴人救不可免也聞
者神其事後爲河東節度使天福十一年天下水太
原葭蘆茂盛寂上一葉如旗狀皆南指焉明年遂卽
帝位
隱帝始高祖鎭太原周太祖握蕃漢兵要嘗侍帳中
參決戎政時令少帝監符璽頗相戲狎曁從征鄴城
旦夕同侍一日詰旦語太祖曰我夜來夢爾爲驢負
我昇天既捨爾乘俄變爲龍捨我南去何祥也笑而
言曰公爲驢作少意智匆空見玩撫掌而罷爲左衛

大將軍高祖欲改年號中書進擬乾和二字高祖改爲乾祐與帝名相符乾祐帝名帝微有風痰每連唾不止目多閃掣卽位之始遽無恙

周太祖微時嘗晝寢有如小虺五色出入顴鼻之間柴后遽見愕然始奇特之傾資無惜后恐人騰口貽患每寢戒左右俾於屛蔽之所在太原時有神尼同姓見太祖謂李瓊曰我宗天上大仙當爲世界主瓊詰其故曰頂上有肉角也

後唐清泰末時所居官舍之鄰吳氏有青衣佳娘者爲山魈所魅鬼能人言而投瓦石隣伍恐悚無敢過

冊府元龜　帝王部　徵應　卷之二十一　二十五

吳氏之舍而性剛者強詰必瓦石交下太祖聞而過之言笑侮戲移時寂然如是者再太祖去鬼言如故或謂鬼曰爾旣神聖何者客來又何寂然鬼曰向來者大人也繇是軍中大異之及爲樞密使北征率師如澶淵旭旦日邊有紫氣來當太祖馬首之上高不及百尺從官視而異之至鄴都一夕在山亭院齋忽有黃氣起于前繚繞而上遠際于天太祖於黃氣中仰見星文紫微文昌燦然在目駭曰予在室中而見天象不其異乎密告知星者乃拜賀曰坐見天衢物不能隔至貴之祥也異日又於衙署中紫氣起於檣竿龍頭之上凡二日觀者異之及討李守貞於河中帝嘗於東砦大陳師旅鉦鼓錚鞞旗幟光耀守貞登陴下瞰氣色不懌獨言曰是何妖變後城中人言見太祖軍上有紫氣如樓閣華蓋之狀故也

冊府元龜

冊府元龜　帝王部　徵應　卷之二十一　二十六

冊府元龜

巡按福建監察御史臣李嗣京訂正

知長樂縣事臣夏允彝叅閱

知建陽縣事臣黃國琦較釋

帝王部　二十二

符瑞

傳曰麟鳳五靈王者之嘉瑞也夫德之休明天降茂祉則必百神幽贊庶物效靈故有非人力之所能致而自至焉者先民有言曰人主和德於上百姓和合於下則天下之和應矣故嘉禾與朱草生記曰天不

愛其道地不愛其寶蓋珍符之應以應有德故王者重之是以書載歸禾詩咏鳴鳳芝房寶鼎升於樂府神雀甘露標爲年紀皆所以發揚景貺光昭丕烈者也然而洪覆在上其道玄遠坤厚載物其德沉潛人靈歆乎至和昆蟲蒙乎利澤非布於備兆震乎珍物又安能發輝眷祐而覺悟黎蒸者哉

太昊伏羲氏受龍圖畫八卦有景龍之瑞

炎帝神農氏致大火之瑞嘉禾生醴泉出

黃帝軒轅氏有土德之瑞故號黃帝天下既定聖德光被羣瑞畢臻有屈軼之草生於庭佞人入朝則草指之是以佞人不敢進有景雲之瑞有赤方氣與青方氣相連赤方中有兩星青方中一星凡三星皆黃色以天晴明時見於攝提名曰景星（一云景星見形如半月可以夜作）黃帝黃服齋于中宮坐于玄扈雒水之上有鳳凰集於東園或巢於阿閣或鳴於庭其雄自歌其雌自舞麒麟在囿神鳥來儀有大螻如羊大螾如虹黃帝以土氣勝遂以土德王五十年七月庚申天霧三日三夜晝昏黃帝問天老力牧容成曰於公何如天老曰臣聞之國安其主好文則鳳凰居之國亂其主好武則鳳凰去之今鳳凰翔於東郊而樂之其鳴音中

夷則與天相副以是觀之天有嚴教以賜帝帝勿犯也乃召史卜之龜燋史曰臣不能占也其問之聖人帝曰已問天老力牧容成矣史北面再拜曰龜不違聖智故燋霧除游于雒水之上見大魚殺五牲以醮之天乃甚雨七日十夜魚流於海得圖書焉龍圖出河龜書出雒赤文篆字以授軒轅軒轅接萬神於明庭今寒門谷口是也又獲寶鼎帝南巡狩至於東濵澤獸出能言達萬物之情

少昊金天氏登帝位有鳳凰之瑞

帝嚳高辛氏代高陽氏王天下使鼓人拊鞞擊鐘鳳

凰鼓翼而舞

帝堯在位七十年景星出翼鳳凰在庭朱草生嘉禾秀甘露潤醴泉出日月如合璧五星如連珠厨中自生肉其薄如箑搖動則風生食物寒而不臭名曰箑脯又有草夾階而生月朔始生一莢月半而生十五莢十六日已後日落一莢及晦而盡月小則一莢焦而不落名曰蓂莢一曰歷莢

帝舜即位蓂莢生於階鳳凰巢於庭擊石拊石百獸率舞景星出房地出乘黄之馬西王母獻白環玉玦舜命禹平水土四海之内咸戴帝舜之功於是禹乃

興九韶之樂致異物鳳凰來翔天下明德自虞帝始

夏禹即天子之位雒出龜書六十五字是爲洪範此謂雒出書者也禹南廵狩濟江中流有二黄龍負舟舟人皆懼禹笑曰吾受命於天竭力以養人生寄也死命也奚懼龍哉龍於是曳尾而逝禹卑宮室盡力溝洫百谷用成龍女降

湯有神牽白狼啣鉤而入商朝金德將盛銀山自溢

周武王即位天下歸之周德既隆草木茂盛蒿堪爲室因名蒿宮

成王時周公旦攝政七年制禮作樂祥烏鳳凰見蓂莢生乃與成王觀於河雒沈璧禮畢王退俟至于日昧榮光並出黄河清慶雲至青龍臨壇啣玄甲之圖坐之而去禮于雒亦如之玄龜青龍蒼兕至于壇背甲刻書赤文成字周公援筆以世文寫之書成文消龜墮甲而去其言自周訖于秦漢盛衰之符麒麟遊苑鳳凰翔庭成王援琴而歌曰鳳凰翔兮於紫庭余何德兮以感靈賴先王兮恩澤深于胥樂兮民以寧

周公東征諸侯咸服宗周天降祉福唐叔得禾異畝同穎（一作穗穎即穗也）獻之成王成王命唐叔以餽周公於東土作餽禾周公既受命禾嘉天子之命作嘉禾（後魏

書靈徵志曰成王時治政太平黑狐見）

穆王征西戎得四白狼白鹿

漢文帝十五年春黄龍見於成紀又日中有王字

景帝時會稽人朱仲獻三寸四寸珠（明月珠王者不殺麟介之物則出）

武帝元狩元年十月郊雍獲一角獸若麃然（麃鹿屬也形似麞牛尾一角）有司曰陛下肅祇郊祀上帝報享錫一角獸蓋麟云於是以薦五畤畤加一牛以燎賜諸侯白金以符應合于天也

元鼎元年汾陰巫錦（錦巫名）爲民祠魏脽后土營旁（魏故

魏國也汾脽本魏地之境故云魏脽也營謂祠之兆域也見地如鉤狀掊視得鼎掊謂手把土也鼎大異於衆鼎文鏤無款識款刻也識記也怪之言吏吏告河東太守勝勝以聞天子使驗問巫得鼎無姦詐迺以禮祠迎鼎至甘泉從上行薦之以鼎從行甘泉將薦之天至中山宴溫有黃雲焉三輔謂日晴霽爲宴宴而溫乃有黃雲故爲異也中讀曰仲郎今雲陽之中山也下雲合茲中山亦同也有鹿過帝自射之因之以祭云至長安公卿大夫皆議尊寶鼎天子曰間者河溢歲數不登故巡祭后土祈爲百姓育穀今年豐楙未報鼎曷爲出哉楙美也稼穡美也未報者獲年豐而未賽也一曰雖祈穀而未獲年豐之報也張敞引此詔文云穀嗛失報嗛者少也有司皆言聞昔泰帝興神

鼎一泰帝者即太昊伏羲氏也一者一統天地萬物所繫象也黃帝作寶鼎三象天地人禹牧九牧之金九牧九州之牧也鑄九鼎象九州皆嘗鬺享上帝鬼神以享祀上帝也鬺享者一也鬺享鬺而祀也韓詩采蘋曰予以鬺之維錡及釜其空足曰鬲足中空不實者名之曰鬲也以象三德三德一曰正直二曰剛克三曰柔克事見周書洪範饗承天祐祐福也夏德衰鼎遷于殷殷德衰鼎遷于周周德衰鼎遷於秦秦德衰宋之社亡鼎迺淪晉而不見周頌曰自堂徂基自羊徂牛鼐鼎及鼒不吳不敖胡考之休周頌絲衣之詩基門塾之基鼎絕大者謂之鼐圜弇上謂之鼒吳讙譁也考壽也休美也言報祭祀者或升堂室或升門塾視牛羊之牲及舉大小之鼎告其致絜神降之福故獲壽考之美曰何壽之美者嘆之言也今鼎至甘泉以光潤龍變承休無疆合茲中山有黃白雲降言鼎至甘泉之後光潤變見若龍之神能幽明能小大乘此休福無窮竟也有黃白雲降與初至中山黃雲之瑞相合也蓋若獸之爲符言甘泉之雲又若獸形以爲符瑞也路弓乘矢集獲壇下路大也四矢曰乘又於壇下獲弓矢之應報祀大享惟受命而帝者心知其意而合德焉高祖受命知之宜見鼎於其廟也合德謂與天合德鼎宜視宗禰廟臧於帝庭以合明應視讀曰示宗謂先帝有德可尊者也禰父廟也帝庭甘泉天子之庭制曰可時又有芝草生甘露殿房中天子爲塞河興通天臺若有光云爲塞河及造通天臺而有神光之應欲赦天下也迺下詔甘泉房中生芝九莖赦天下毋令復作

元封二年六月詔曰甘泉宮内中產芝九莖連葉上帝博臨不異下房言天廣臨不以下房爲幽側而隔異之賜以此芝賜朕弘休其赦天下賜雲陽都百戶牛酒作芝房之歌

四年三月祠后土詔曰朕躬祭后土地祇見光集于靈臺一夜三燭燭謂炤也幸中都宮殿上見光其赦汾陰夏陽中都死罪以下

六年三月詔曰朕禮首山昆田出珍物化或爲黃金祭后土神光三燭其赦汾陰殊死以下

太初三年二月行幸東海獲赤鴈

後元元年二月詔曰朕郊見上帝巡守北邊見羣鶴

留止以不羅罔靡所獲獻（時春也非用罔羅時故無所獲也）薦于泰時光景並見其赦天下

昭帝始元元年二月黃鵠下建章宮太液池中（黃鵠大鳥舉千里者）公卿上壽

三年十月鳳凰集東海遣使者祠其處（三年中鳳凰北下東海海西樂鄉）

宣帝本始元年五月鳳凰集膠東千乘

二年六月尊孝武廟爲世宗告祠世宗廟日有白鶴集後庭以立世宗廟告祠孝昭寢有雁五色集殿前西阿築世宗廟神光興於殿旁有鳥如白鶴前赤後

青神光又興於房中如燭狀廣川國世宗廟殿上有鐘音房戶大開夜有光殿上盡明

四年五月鳳凰集北海安丘淳于（二縣皆屬北海）

地節二年四月鳳凰集魯羣鳥從之

元康元年三月以鳳凰集泰山陳留甘露降未央宮赦天下徒

四年三月神爵五彩以萬數集長樂未央北宮高寢甘泉泰畤殿中及上林苑

神爵元年三月幸河東祠后土有神爵集詔曰迺元康四年嘉谷玄稷降于郡國（玄稷黑粟也）神爵仍集金芝九莖產于函德殿銅池中（函德殿名也銅池承霤也以銅爲之）九真獻奇獸（駒形麟色牛角仁而愛人）南郡獲白虎威鳳爲寶朕之不明震于珍物飭躬齋精祈爲百姓東濟大河天氣清淨神魚舞河幸萬歲宮神爵翔集（汾陰有萬歲宮）其以五年爲神爵元年

二年正月乙丑鳳凰神爵甘露降集京師羣鳥從以萬數

四年二月詔曰迺者鳳凰甘露降集京師嘉瑞並見修興泰山五帝后土之祠祈爲百姓蒙祉福鸞鳳萬舉飛覽翺翔集止於旁齋戒之暮神光顯著薦鬯之

夕神光交錯或見于天或登于地或從四方來集于壇上帝嘉嚮海內承福其赦天下十月鳳凰十一集杜陵十二月鳳凰集上林

五鳳三年三月行幸河東祠后土詔曰朕飭躬齋戒郊上帝祠后土神光並見或興于谷燭燿齋宮十有餘刻甘露降神爵集鸞鳳又集長樂宮東闕中樹上（門外闕樹行馬之裏樹也）飛下止地文章五色留十餘刻吏民並觀其赦殊死以下

甘露元年四月黃龍見新豐

二年正月詔曰乃者鳳凰甘露降集黃龍登興醴泉

滂流枯槁榮茂神光並見咸受禎祥其赦天下
三年二月鳳凰集新蔡羣鳥四面行列皆向鳳凰立
以萬數
黃龍元年二月黃龍見廣漢郡
成帝鴻嘉元年冬黃龍見真定
永始二年二月龍見於東萊
四年正月行幸甘泉郊泰畤神光降集紫殿
元延四年三月甘露降京師
平帝元始元年正月越裳重譯獻白雉一黑雉二
後漢光武建武二年野谷旅生麻菽尤盛野蠶成繭

於山阜人收其利焉先是王莽末天下旱蝗黃金一斤易米一斛
十二年夏甘露降南行唐縣名屬常山郡六月黃龍見東阿今濟州縣
十三年九月南越獻白兎
十七年十月有五鳳凰見於潁川之郲縣郲今郲城縣也東觀記曰鳳高八尺五彩羣鳥並從行列蓋地數頃停一十七日
中元元年五月京師醴泉湧出飲之者痼疾皆愈惟
眇蹇者不瘳又有赤草生於水崖赤草朱草也朱草日生一葉至十五日以後日落一葉周而復始郡國頻上甘露羣臣奏言地祇靈應
而朱草萌生孝宣帝每有嘉瑞輒以改元神爵五鳳

甘露黃龍列為年紀蓋以感致神祇表彰德信是以
化致昇平稱為中興今天下清寧靈物仍降陛下情
存損挹推而不居豈可使祥符顯慶沒而無聞宜令
太史撰集以傳來世帝不納常自謙無德每郡國所
上輒抑而不宣故史官罕得記焉
明帝永平六年二月王雒山出寶鼎雒或作雄廬江太守
獻之四月甲子詔曰昔禹收九牧之金鑄鼎以象物
使人知神姦不逢惡氣夏禹之詩令遠方圖畫山川奇異之物使九州之牧貢金鑄鼎以象之令人知鬼神百物之形狀而備之故人入山林川澤魑魅魍魎莫能逢之惡氣謂魑魅之類
事見左傳遭德則興遷於商周周德既衰鼎乃淪亡史記日周

鼎亡入泗水中秦始皇過戎欲出周鼎於泗水使千人沒水求之不得祥瑞之降以應
有德方今政化多僻何以致茲易曰鼎象三公易日鼎拆足覆公餗豈公卿奉職得其理邪太常其以礿祭之日禮記日夏祭周以礿薄也夏物未成祭尚薄陳鼎於廟以備器用
十一年漅湖出黃金廬江太守以獻漅湖湖名今在廬州合肥縣東南
時麒麟白雉醴泉嘉禾所在出焉
十七年正月甘露降於甘陵是歲甘露仍降樹枝內
附芝草生殿前神雀五色翔集京師
章帝建初四年甘露降泉臨洮陽二縣二縣屬零陵郡
五年零陵獻芝草有八黃龍見於泉陵見零陵泉陵湘水中相與

麟其二大如馬有角六枚大如駒無角

七年十月幸槐里岐山得銅器形似酒鐏獻之又獲白鹿於臨平觀

元和二年二月丙辰東巡狩巳未鳳凰集肥城縣今屬太山郡辛未幸太山柴告岱宗有黃鵠三十從西南來經祠壇上東北過於宮屋翱翔升降五月詔曰乃者鳳凰黃龍鸞鳥比集兩郡或一郡再見及白烏神雀甘露屢臻祖宗舊事或班恩施其賜天下吏爵人三級

九月詔曰鳳凰黃龍所見亭部無出二年租賦鳳皇見肥城句窳亭槐樹上古今注曰黃龍見雒陽元延亭部

三年正月車駕北巡以太牢祠北嶽山見黃白氣有神魚躍出十數

章和元年七月詔曰乃者鳳凰仍集麒麟並臻甘露宵降嘉穀滋生芝草之類歲月不絕今改元和四年為章和元年自元和二年以來至章和元年凡三年麒麟五十一鳳凰百三十九黃龍四十四青龍白龍神鳥神馬白虎二十九白燕白兎赤烏三足烏白雀九尾狐木連理嘉禾華平朱草芝英白雉並見郡國

帝在位十三年郡國所上符瑞合於圖書者數百千所

和帝時前後符瑞八十一所自稱德薄皆抑而不宣

安帝元初三年正月東平陸兗州縣名上言木連理三月東平陸有瓜異處共生八瓜同蔕

延光元年八月九眞言黃龍見無功無功縣屬九眞郡

二年六月九眞言嘉禾生百五十六本七百六十八穗

三年二月濟南上言鳳凰集臺縣丞霍收舍樹臺縣屬濟南郡故城在濟州平陵縣北四月沛國言甘露降豐縣六月扶風言白鹿見雍七月馮翊言白鹿見甘露降潁陽銜潁川上言木連理白鹿麒麟見陽翟八月潁川上言麒麟一白虎二見陽翟九月濟南上言黃龍見濟南歷

城十月新豐上言鳳集西界亭十二月琅琊言黃龍見琅琊諸縣諸縣名

四年正月東郡言黃龍二麒麟一見濮陽

桓帝建和元年二月黃龍見沛國譙五月芝草生中黃藏府中黃藏府中藏幣帛金銀諸貨物也

二年四月嘉禾生大司農帑藏七月河東言木連理又有嘉瓜兩體共蔕

元嘉元年四月白烏見齊國十一月鳳凰見濟陰

二年八月濟陰言黃龍見句陽金城言黃龍見允街

永興元年二月張掖言白鹿見

二年四月光祿府吏舍夜壁下有青氣得玉鉤玦各一鉤長七寸三分玦周五寸四分身中皆雕鏤

永壽元年四月白鳥見齊國

延熹三年四月上郡言甘露降

九年四月濟陰東郡濟北平原河水清

永康元年八月魏郡言嘉禾生甘露降巴郡言黃龍見十一月西河言白兎見一云白雉

靈帝熹平五年沛國言黃龍見譙

光和四年二月郡國獻芝英草七月河南言鳳凰見新城羣鳥隨之

魏文帝黃初元年十一月受漢禪柴於繁陽有黃鳥銜丹書集於尚書臺於是改元爲黃初是月九尾狐見甄城又見譙郡國十九言白鹿及白麋見郡國三十七言甘露降郡國三言嘉禾生郡國十九言白雀見郡國十九言白鳩見郡國二言木連理朱草生文昌縣側郡國二言醴泉出神龜出於靈池鑊中生赤魚四月冬甘露降芳林園

明帝太和元年四月維邑初營文昭甄后廟掘地得玉璽方一寸九分其文曰天子羡思慈親明帝爲之改容以太牢告廟

景初元年正月茌縣言黃龍見

高貴鄉公甘露元年五月鄴及上谷並言甘露降於是改元

陳留王咸熙元年安彌福祿縣各言嘉禾生

二年二月朐䏰縣獲靈龜以獻四月南深澤縣言甘露降

晉武帝太和元年十二月鳳凰六青龍二麒麟各一見于郡國黃龍見維濵白龍二見太原郡木連理生遼東方域白虎見河南陽翟又見弘農陸渾

二年正月白虎見遼東樂浪又見天水西六月嘉禾

一莖十實生酒泉八月木連理生河南成皋是年鳳凰六青龍十黃龍九麒麟各一見于郡國

三年正月白龍二見于弘農四月張掖太守焦勝上言氐池縣大柳谷口見有玄石一所白晝成文實大晉之休祥圖之以獻詔以制幣告于太廟藏之天府

五年正月青龍二見滎陽二月白龍見於趙國五月鳳凰見於趙國七月白兎見北海即墨長獲以獻

六年四月白龍二見于東莞

七年六月東宮玄圃池芙蓉二花共蔕皇太子以獻

八年正月木連理生東平范陽五月白鳩二集太廟

南門議郎董胄獲以獻是月木連理生東平壽張十
月木連理生建寧白鹿見扶風雍州刺史嚴詢獲以
獻是月瀘水胡王彭護獻嘉禾
十年四月甘露降西河離石
咸寧元年正月木連理生汝陰南頓四月白麞見瑯
琊趙王倫獲以獻是月甘露降張掖白雉見安豐松
陽五月甘露降清河繹幕九月甘露降太原晉陽十
二月白雉白雀見梁國雎陽梁王彤獲以獻
二年四月木連理生清河五月甘露降玄菟郡治六
月木連理生燕國十月黃龍二見於漢嘉靈關白兎

二見河南陽翟陽翟令華衍獲以獻十一月白龍二
見於梁國
三年二月白虎見沛國七月白麞見魏郡是月木連
理生始平鄠十一月白雉見渤海饒安相阮溫獲以
獻
四年六月白兎見天水八月木連理生陳留長垣
五年二月白麟見於平原鬲縣六月甘露降巴郡南
充國七月白烏見坙南縣太守獲以獻九月麒麟見
河南陽城十一月青龍見京兆霸城是年木連理生
義陽又生樂安臨濟

太康元年正月木連理生涪陵永平三月白鹿見零
陵泉陵四月木連里生頓丘是月白麟見於頓丘五
月白鹿見天水西縣太守劉辛獲以獻又白烏見襄
城木連理二生濟陰乘氏沛國七月白鹿見零陵零
陵令蔣微獲以獻是月木連理生馮翊粟邑八月白
鹿見永昌南平又白龍三見于永昌九月白雉見中
山
二年正月木連理生滎陽密六月白雀二見河內太
守阮偘獲以獻是月白雀二見河南河南尹向雄獲
以獻七月白雉見太僕寺八月白兎見彭城十月白

兎見趙國平鄉趙王倫獲以獻是月木連理十三生
南安獂道
三年四月木連理生瑯琊閏四月白龍二見于濟南
歷城六月嘉瓜異體同蔕生河南雒陽輔國大將軍
王濬園是月木連里生廣陵海西八月白麞見梁國
梁相解隆獲以獻
四年正月木連理生馮翊臨晉蜀郡成都七月白虎
見建平十一月白兎見北地富平十二月嘉禾生扶
風雍是月白鳩見安定臨涇是月木連理生扶風
五年三月甘露降東宮七月嘉禾生豫章南昌九月

白麞見義陽
六年八月白龍見于京兆陰槃
七年三月木連理生河南新安四月甘露降京兆杜陵五月白麞見汲郡是月甘露降魏郡鄴六月木連理生南鄉范陽七月白雀見豫章
八年閏三月嘉禾生東夷校尉國四月木連理生盧陵東昌八月白雀見河南雒陽九月嘉禾生東萊掖是月木連理生東萊盧鄉十二月白兎見陳留酸棗關内侯成公忠獲以獻
九年九月木連理生陳留浚儀十二月青龍黄龍各

一見于魯國
十年五月白兎見京兆長安是月白雀見宣光北門華林園令孫邵獲以獻六月嘉麥生扶風郡一莖四穗是歲收三倍十月白鹿見犍爲十一月木連理生鄱陽鄡鄉是年白鳩見河南城
太熙元年二月木連理生河南梁
惠帝元康元年四月白烏見河南城皐縣令劉機獲以獻五月白烏見梁國睢陽是月木連理三生成都臨卭七月白燕二見酒泉福禄太守索靖以聞是月白烏見陳留獲以獻是月梁國内史任式上言武平界有柞櫟二樹合爲一體連九月白鹿見交阯武寧
四年五月甘露降樂陵郡十月白兎見鄱陽
七年三月成皐縣獄有龍升天
愍帝建興元年六月甘露降西平縣八月嘉禾生襄平縣一莖十穗
二年三月木連理生朱提是月木連理生益州雙栢六月木連理生襄平是月嘉禾生平州治三實同蔕九月麒麟見襄平刺史崔毖以聞十月大將軍劉琨掘地得玉璽使参軍郎碩奉之歸于京師
三年四月赤雀見平州府倉七月嘉禾生襄平異體

同蔕八月甘露降新昌縣十一月白雉見襄平
元帝建武元年三月丹陽江寧民虞由墾土得白麒麟璽一紐文曰長壽萬年四月尚書僕射刁協獻白雀五月白鹿見高山縣六月甘露降壽春閏六月木連理生高山縣八月木連理生汝陰十一月木連理生武昌是月木連理生汝陰太守以聞
大興元年正月麒麟見豫章七月木連理生武昌
三年正月白鹿二見豫章四月甘露降瑯琊費是月白鹿見晉陵延陵十一月木連理生零陵
永昌元年九月白鹿見江乘縣

二年正月赤烏見暨陽
明帝太寧二年正月巴郡言甘露降十一月白烏見
京都
三年三月白烏見吳郡海虞獲以獻群官畢賀
成帝咸和元年十月辛卯宣城春穀縣山岸崩獲石
鼎重二斤受斛餘
四年四月甘露降武昌郡閣前柳樹太守以聞五月
白鹿見零陵洮陽獲以獻七月長沙郡邏吏黃光於
南郡道遇白鹿驅之不去直來就光追尋光三百餘
步光遠抱取遣吏李堅奉獻

六年三月甘露降寧州城內北園桃榛樹刺史以聞
是年鎮西將軍庾亮獻嘉禾一莖十二實
七年四月甘露降京邑楊州刺史王導以聞
八年四月甘露降廬江襄安縣蔣胄家又降宣城宛
陵縣之須里五月麒麟騶虞見遼東白虎見新昌縣
是月木連理生昌黎
九年四月甘露降吳國錢塘縣石鄉康巷之柳樹五
月白鹿見吳國吳縣白鳥見吳國錢塘內史虞潭以
獻八月白鹿見長沙臨湘十二月甘露降建平陵又
降武平陵

咸康元年四月甘露降西堂桃樹
二年三月甘露降鬱林城內四月甘露降西堂又降
尚書都堂桃樹又降會稽永興山陰及吳興武昌七
月白鹿見豫章望蔡太守桓景獲以獻
三年三月木連理生平州世子府治故園中四月甘
露降殿後桃李樹五月甘露降義興縣陽羨里柞樹
東西十四步南北十五步
五年豫章南昌民掘地得銅鐘四枚太守褚裒以獻
七年四月甘露降彭城上絃第內衆官畢賀十二月
吳國內史王恬上言木連理生吳縣沙里

八年九月廬江春穀縣留珪夜見門內有光取得玉
鼎一枚外圍四寸豫州刺史以獻
穆帝永和元年二月春穀民得金券一枚長五寸狀
如鐵券明年桓溫平蜀三月廬江太守袁上言於春
穀城北見水岸邊有紫赤光取得金狀如印遣主簿
李邁表送是月甘露降廬江郡內桃李樹太守袁以
聞八月有白麞見吳國吳縣西界包山獲以獻
五年二月臨江太守藍田侯述言郡界木連理十一
月太常劉邵上崇平陵令王昂即日奉行陵內甘露
降于玄宮前殿十二月甘露降丹陽湖熟縣西界劉

敖墓松樹縣令王恬以聞衆官畢賀
八年十二月白麞見丹陽永世永世令徐該獲以獻
十二年九月白鹿見鄱陽太守王耆之獲以獻十一
月白麞見梁郡梁郡太守劉遂獲以獻
升平三年十二月北中郎將郗曇獻白兎
四年二月鳳凰將九雛見于豐城十一月鳳凰復見
豐城衆鳥隨之
五年二月南掖門有馬足陷地得銅鍾一枚四月鳳
凰見於沔北
海西公太和元年四月陽谷獻白兎

簡文帝咸安二年正月甘露降隨郡覇陽縣界桑木
沾凝十餘里中三月騶虞見豫章
孝武帝康寧三年六月江寧縣建興里僑民李康家
有樹異本連理
太元三年七月乙酉老人星見南方
十年七月丁巳老人星見
十一年四月瑯琊費有榆木異根連理相去四尺九
寸八月白烏集江州寺庭羣烏翔衛
十二年八月甘露降寧州界內刺史費統以聞
十四年六月寧州刺史費統上言所統晉寧之滇池
縣舊有河水週廻二百餘里有神馬二疋一白一黑
出於河中去岸百歩縣民董聰見之十一月白虎見
豫章郡
十五年三月白兎見淮南壽陽閏月甘露降永平陵
十六年三月白鹿見豫章望蔡獲以獻十一月甘露
降句陽縣是月白雀見南海增城縣民吳北屋
十七年二月甘露降南海番禺縣陽
十八年五月白鹿見江乘江乘令田熙之獲以獻十
月臨川東興令惠欣之言縣東南溪旁有白銀樹芳
靈樹李樹並連理

十九年正月華林園延賢堂西北李樹連理二月行
筆令劉啓期行温令趙邳並言白虎頻見
二十年九月白鹿見巴陵清水山荊州刺史殷仲堪
以獻
二十一年正月木連理生南康寧都縣社後五月白
烏見吳國獲以獻
安帝隆安二年十月新野言騶虞見
二年武陵臨沅獻安石榴一蔕六實十一月木連理
生汝陽太守垣苗以聞
五年十一月襄陽言騶虞見于新野白雀見宜都是

月白鹿見長沙白麞見荆州刺史桓玄以聞

元興元年正月木連理生泰山武陽

二年十月甘露降武昌王成基家竹

三年三月甘露降丹徒四月甘露降蘭臺六月白雀

見豫章新塗獲以獻

義煕元年南康雩都高山有金雞青黄色飛集巖間

二年四月無錫壽陽並獻白兎

七年五月白雉見豫章南昌

十二年六月左衞兵陳陽於東府前淮水中得玉璽

一枚

册府元龜

巡按福建監察御史臣李嗣京　訂正
知閩縣事臣曹㽘臣叅閱
知建陽縣事臣黃國琦較釋

帝王部　二十三

符瑞第二

後魏道武登國六年十二月帝獵親獲鹿一角召問羣臣皆曰鹿當二角今一角是諸國將并之應也

皇始元年十一月黃星又見（先是有大黃星出於昴畢之間）

天興二年七月并州獻白兎是月并州獻白雉是月

獲嘉禾於平城縣異莖同潁八月廣寧送嘉禾一莖十一穗平城南十里郊嘉禾一莖九穗告于宗廟

三年四月有木連理生于代郡天門關之路左五月東巡狩廣寧有白兎見于乘輿前獲之八月渤海脩縣東光縣木連理各一十二月豫州上言木連理生於河内之郡縣

四年正月并州獻白兎是月上黨郡獻白雉

三年正月渤海上言東光縣木連理是月渤海郡高城縣獻白雉三月渤海郡南皮縣獻白雉二六月頓丘郡獲白兎八月嘉禾生於渤海郡東光縣是月廣寧郡上言木連理十一月中山行唐縣獻白雉

四年正月新興郡獻白雉十二月又獻白雉二

五年白雉見於河内郡

七年九月温泉出于涿鹿人有風寒之疾入者多愈

八年五月鴈門獻白雀

太武始光三年五月雍州獻黑兎

四年六月甘露降于太學

神䴥元年二月定州獲白麚鹿白麛鹿又見于樂陵因以改元是月相州獻白雉是月甘露降于范陽郡九月章武郡獻白兎是月滄水郡獻白雀十月魏郡

獻白兎

三年二月上黨郡獻白雉四月甘露降于鄴六月甘露降於平城宮七月嘉禾生於魏郡安陽縣三本同潁

三年二月白鹿見於代郡倒刺山三月甘露降于鄴七月冀州獻白龜

四年二月渤海郡獻白兎九月滎陽郡上言木連理

五月甘露降於河西

延和二年三月樓煩南山木連理

三年三月樂安王範獲玉璽一文曰皇帝璽以獻九

月上谷郡上言木連理
太延元年二月魏郡上言木連理
四年十二月相州獻白鹿
五年二月遼西上言木連理
太平真君元年四月甘露降于平原郡
二年七月天有黃光洞照議者僉謂榮光也
七年二月青州獻白兎四月戊子毀鄴城五層佛圖於泥像中得玉璽二其文皆曰受命於天既壽永昌其一刻其旁曰魏所受漢傳國璽
八年五月鴈門郡獻白雀是月雍州送白鹿

文成興安二年六月營州送大龜
興光元年二月有雲五色所謂景雲太平之應也
太安二年七月甘露降於常山郡十月白鹿見于京師西苑
三年三月有白狼一見於太平郡議者古今瑞應多然白狼見於成湯之世故殷道用興太平嘉名也又先帝本封之國而白狼見焉無窮之徵也
和平二年七月甘露降于京師
三年四月河內人張超於懷樓新城北故佛圖處獲玉印以獻印方二寸其文曰富樂日昌永保無疆福祿日臻長壽萬年玉色光潤模制精巧百僚咸曰神明所授非人為也詔天下大酺三日十月雲中獲白兎
四年閏月鄴縣獲白兎三月冀州獻白雉
孝文延興元年十一月秘書令楊崇奏鍾律郎李生於京師見長生連理樹是月泗州秀容民獲麟以獻
十二月徐州竹邑戍士邢德於彭城南一百二十里得蓍一株四十九枝下掘得大龜獻之詔曰龜蓍與文相合所謂靈物也德可賜爵五等
二年正月青州獻白雉二月白雉見於扶風郡四月幽州獻白鵲

三年五月白雀見於代郡六月京師獲大龜
四年正月青州獻白雀九月白雀見中山
五年正月白雉見於上谷郡四月白兎見於代郡
承明元年六月秦州獻白鹿八月白鹿見於雲中是月齊州獻嘉禾是月上谷郡民獻玉印上有蛟龍文是月定冀二州俱獻白鵲九月京兆民獻青玉璧一雙文色炳煥是月并州上言木連理相去一丈二尺中有五枝相連十一月定州獻白鵲是月冀州獻白鳩
太和元年正月白鹿見於秦州青州二月秦州獻白

雉三月白雉見于秦州是月白鹿見於秦州是月武川鎮玉印青質素文其文曰太昌是月冀州上言木連理六月雍州周城縣獻白兎是月雍州獻玉印又長安鎮獻玉印一上有龜紐下有文字色甚鮮白有殊嘗玉十一月白雉見於安定郡

二年三月白鷺見於并州七月白烏見於凉州九月有鼎出於雒州浊雒水送於京師是月白烏見於京師十一月徐州獻白雉是月雒州獻白鵲是月徐州獻黑狐是月秦州獻五色狗十二月懷州獻白麞

三年正月統萬鎮獻白雉三月齊州獻五色狗其色

如畫是月吐京鎮獻黄兎是月泗州獻一角鹿是月白烏見於豫州五月獲白狐五月白麞見於豫州是月白雀見於豫州六月撫冥鎮獲白狐以獻七月定州鉅鹿民獻玉印二方七分上有文字九月齊州獻嘉禾是月白烏見於秦州十月徐州獻嘉禾一莖兩實

四年正月南豫州獻白雉是月南豫州獻白鹿

五年六月上邽鎮將上言於鎮城西二百五十里射獵於營南千水中遂得玉車釧三枚二青一赤制狀甚精八月嘗山獻嘉禾

六年三月豫州獻白雉

七年六月青州獻三足烏是月定州獻嘉禾

八年正月上谷郡惠化寺醴泉涌四月白鷺集于京師是月代郡獻白鷺六月徐州獻白兎是月徐州獲黑烏以獻是月齊州清河郡獻白雉

十年三月冀州獲九尾狐以獻

十一年十一月冀州獲九尾狐以獻

十三年正月司州河州各獻白狐狸是月清河武城縣獻白雀十一月榮陽獻三足烏

十四年六月懷州獻三足烏

十七年正月幽州獻白雉四月瀛州獻白雉五月冀州獻三足烏六月京師木連理是月兗州獻白烏

十八年十月河南上言肇縣木連理是月瀛州獻白兎

十九年六月司州平陽郡獲白烏以獻七月司州獲白鹿麑以獻

二十年二月兗州獻白雉六月司州獻白鹿是月豫州獻三足烏

二十一年七月汲郡獻黑兎是月京師獲白兎

二十三年正月華州獻白麞二月凉州獻赤烏六月

冀州獻三足烏七月瀛州獻白鳩八月榮陽郡獻白鳩九月荆州獻白鷺閏月正平郡獻白鷺十月并州上言百節連理生懸甕山濟州上言木連理十二月瀛州上言木連理是月司州獻白烏是月獲黑兎

宣武景明元年四月荆州獻白鹿五月徐州獻三足烏七月齊州獻嘉禾十一月河州獻白兎

二年正月瀛州上言平野縣木連理六月有雲五色見於申酉之間十二月南青州獻蒼烏

三年正月潁州郡上言木連理是月徐州獻白雉三月冀州獻白雉是月豫州獻三足烏是月平陽郡上

言襄陵縣木連理是月河州獻白狐三月濟州獻赤雀四月荆州上言南陽縣木連理是月潁州郡獻白兎六月榮陽郡獻白雀是月涇州獻白鸞是月徐州上言東海木連理七月濟州獻嘉禾是月魯陽獻烏芝是月涇州獻白鳩八月甘露降於青州新城縣是月河内郡獻白兎十月秦州上言南稻新興二縣木連理各一是月薄骨律鎮獻白雀

四年二月趙平郡上言鶉觚縣木連理三月齊郡上言臨淄縣木連理是月燉煌獻白雀四月汾州上言五城郡木連理五月京師獲白雀是月青州上言莒縣木連理是月獲赤雀於京師六月幽州獻四足烏是月嘗農盧氏縣木連理是月徐州上言梁郡下邑縣木連理是月嘗農郡獻白雀是月河内郡獻白兎七月京師獻白雀是月夏州獻黑兎八月嘉州獻嘉禾九月秦州上言當亭四縣界木連理各一

正始元年二月冀州獻三足烏三月河内郡獻黑兎四月魯陽郡獻白兎五月司州上言榮陽京縣木連理是月幽州獻三足烏是月相州獻三足烏六月京師西苑木連里是月定州獻三足烏七月河東郡上言聞嘉縣木連理八月濟州獻嘉禾是月河南郡上

言慈水濵木連理十月嘗農郡崤縣木連理是月京師獲白鳩又建興郡獻白鳩十二月凉州上言石城縣木連理

二年正月汾州上言平昌縣木連理二月司州上言崤縣木連理四月并州獻白鳩五月司州獻白烏是月泗州獻三足烏是月雍州獻蒼烏六月濟州獻嘉禾是月雍州獻蒼烏七月冀州獻白鳩二是月魯陽郡獻嘉禾是月薄骨律鎮獻白雀八月司州獻嘉禾是月東郡獻白兎九月後軍將軍爾朱新興獻一角獸是月司州上言潁川陽翟縣木連理是月河内郡

獻黑兎是月泗州獻白兎東郡獻白兎
三年三月濟州獻白雉是月豫州獻三足烏豫州又獻三足烏四月獲白雀於京師六月汾州上言衣安縣木連理是月京師木連理七月潁川陽翟縣上言木連理是月建德郡上言石城縣木連理是月薄骨律鎮獻白兎是月冀州獻嘉禾是月夏州獻白鳩九月泗州獻白兎是月潁州獻白烏十月河州獻白雀是月青州獻白雉十二月雍州獻白雀
四年二月豫州獻白雀四月河内郡獻白兎七月潁州獻白烏十一月秦州獻白雉

永平元年四月瀛州民獲玉印各以獻四月京師獲赤雀是月豫州獻三足烏是月潁川獻白烏是月濟州獻白兎是月有司上言潁川郡木連理五月河内獻黑兎六月雒州獻白鳩十月甘露降於青州益都縣是月樂安郡獲白兎
二年二月相州獻白兎四月河内郡獻白雉是月河内郡獻蒼烏是月司州上言甞農北陝縣木連理六月河南獻白雉十二月豫州獻白雉
三年七月京師獲白雀八月滎陽獻嘉禾十月白狐見於汲郡十一月夏州上言橫風山木連理
四年八月平州獻白鹿
延昌二年正月徐州上言建陵城木連理五月濟州獻白鹿八月平陽郡獻白烏
三年正月司州上言軹縣木連理六月冀州獻白烏七月豫州獻白兎是月河内郡獻白雀十一月秦州獻白雀
孝明以延昌四年正月卽位二月冀州獻白雉二月豫州獻三足烏是月京師獲白雉三月冀州上言信都縣木連理是月河南獻白兎四月兗州獻白狐五月滎陽獻白雀六月司州獻白鹿是月京師木連理

八月河南獻白兎是月秦州獻白雀是月青州獻白雀九月雍州上言鄠縣木連理是月河南獻白兎是月當州獻白雀是月雒陽獲白雀是月相州獻白狐十一月荆州獻白雀十二月幽州獻白雉閏月汾州獻白狐二是月岐州獻白雉
熙平元年正月光州上言曲城縣木連理是月定州獻白雀二月赤烏見泗州秀容郡是月相州獻白雉三月泗州獻白雉四月汲郡獻三足烏是月京師再獲白雀五月濟州獻白鹿六月冀州獻蒼烏七月宮中獲白雀是月京師獲白鷰十一月泗州獻一角獸

二年正月金出岐州横水縣赤粟谷三月徐州獻白鼉是月徐州獻白雉四月東郡獻三足烏是月豫州獻三足烏兖州又獻三足烏是月豫州獻白兎是月華州獻白雀五月司州獻白鹿是月東郡獻白兎六月相州獻白雀是月薄骨律鎮獻白雀是月京師獲白兎七月京師獲白雀八月薄骨律鎮獻白雀又京師獲白雀是月幽州獻嘉禾三本同穗九月汲郡獻白鳩十一月京師獲白雀是月鄯善鎮獻白兎是月京師木連理八月正平郡獻白兎九月正平郡又獻白兎是月徐州獻一角獸十月京師獲黑兎

三年二月凉州上言榆中縣木連理三月青州上言平昌郡木連理七月京師獲白雀

四年二月楊州上言汝陰縣木連理八月凉州上言顯美縣木連理

正光元年正月徐州獻白兎四月濟州獻三足烏是月濟州又獻三足烏五月冀州獻白兎是月并州上言上黨東山谷中木連理六月京師獲白雀十月幽州獻白烏十一月齊州上言濟南郡靈壽山木連理

二年三月南青州獻白狐二閏月東郡獻三足烏六月光州獻白雀是月濟州上言魏郡逢陵縣木連理七月朔州獻嘉禾

三年二月夏州獻白雉是月凉州上言榆中縣木連理三月青州上言平昌郡木連理

四月京師獲白雀五月徐州獻白兎二又冀州獻白兎一是月東郡獻三足烏潁州郡許昌縣獻三足烏泗州獻三足烏六月冀州獻三足烏是月滎陽郡獻白雀是月平陽郡獻白狐是月并州靜林寺僧在陽邑城西橡谷掘藥得玉璧五珪十玉印一玉柱一玉蓋一並以獻八月光州獻九尾狐是月泗州獻嘉禾一根生六穗是月濟州獻白雀是月光州獻白雀是月徐州上言龍亢戍東木連理九月白雀見舍人省

十月甘露降華林園栢樹

四年正月京師獲白鵲二月楊州上言汝陰縣木連理三月光州獻白雉五月平郡獻白狐六月瀛州獻三足烏是月京師獲白雀七月京師獲白雀八月凉州上言顯美縣木連理是月甘露降顯美縣

孝昌元年十月魏郡元城縣木連理

三年四月河南獲赤雀以獻

前廢帝普泰元年五月河内獻蒼烏

出帝太昌元年四月京師獲白雀六月日初出有大

黄氣成抱
後周閔帝元年正月辛丑卽天王位是日槐里獻赤雀二月秦州涇州各獻木連理五月槐里獻白鷰
明帝元年三月長安獻白雀六月長安獻白烏七月順陽獻三足烏羣臣上表稱慶詔曰夫天不愛瑤地稱表瑞莫不威鳳巢閣圖龍躍沼豈直日月珠連風雨玉燭是以鈞命決曰王者至孝則出元命苞曰人君至治所有虞舜蒸蒸降茲異祉周文翼翼翔此靈禽文考至德下覃遺仁爰被遠符千載降斯三足將使三方歸本九州翕定惟此大禮景福在民予安敢

攘宗廟之善弗宣大惠可大赦天下文武官並進二級
二年十月長安獻白兎
武成元年四月戊午武當郡獻赤烏秦州獻白馬朱鬣
武帝保定元年二月弘農上言九尾狐見五月晉公護獲玉斗以獻
二年四月南陽獻三足烏湖州上言見二白鹿從三角獸而行十二月益州獻赤烏
三年二月渭州獻三足烏三月益州獻三足烏九月蒲州獻嘉禾異畝同穎
五年郢州獲緑毛龜九月益州獻三足烏十一月岐州上言一角獸見
天和元年四月益州獻三足烏
二年三月巳卯皇太子於岐州獲二白鹿以獻六月襄州上言慶雲見七月辛丑梁州上言鳳凰集於楓樹群鳥列侍以萬數
五年七月鹽州獻白兎
建德元年九月扶風掘地得玉杯以獻
三年五月荊州獻白烏十月雍州獻蒼烏十二月利

州上言騶虞見
六年六月應州獻芝草八月甲子定州獻九尾狐皮肉消盡骨體猶具九月甲申絳州獻白雀
隋高祖開皇元年二月甲子卽位是月京師慶雲見三月高平獲赤雀太原獲蒼烏長安獲白雀各一宜仁門槐樹連理衆枝內附又盩厔縣連理樹植之宮庭
三年二月涇陽獲毛龜京師醴泉出
四年正月渝州獲獸似麋一角同蹄
十五年七月晉王廣獻毛龜

煬帝大業四年五月蜀郡獲三足烏張掖獲玄狐各
一

册府元龜

册府元龜 帝王部 符瑞二 卷之二十三 十五

冊府元龜

巡按福建監察御史臣李嗣京訂正
知甌寧縣事臣孫以敬叅閱
知建陽縣事臣黃國琦較釋

帝王部二十四

符瑞第三

唐高祖武德元年五月隴州獻嘉麥六月虞州獻嘉麥一莖六穗七月京師慶雲見八月永州獻嘉禾異畝同頴九月益州上言景雲見十一月藍田玉山南嶺有樹連理十二月驎州獻芝草一株紫莖黃蓋是

年新豐鸚鵡谷水清代傳云此水清天下平開黃之初暫清尋濁至是復清

二年正月寧州獻白雉壬子驎州獻白鹿二月涪州上言李樹連理閏二月沁州上言慶雲見又渝州言甘露降三月安昌縣言太行山聖人崖響云唐國興治萬年四月有獻李樹連理盤屈如龍六月澤州言騶虞見七月益州獻嘉禾一莖六穗九月合州言慶雲見又梓州言景雲見十月河州言慶雲見

三年二月鄯州言一角獸見鹿身五色牛尾馬蹄三月甘露降於華陰又甘露降於御史臺五月邠州獻瑞石有文曰天下萬年七月靈州言白龍見商州言白狼見鄯州言驎見

四年二月白狐見玄武門緜州言甘露降肅州獻嘉禾一莖五頴四月慶州言慶雲見六月方州言慶雲見益州獻芝草如人狀亳州上言老子廟枯樹生枝葉

五年正月代州言慶雲見豐州言騶虞見梁州言野蠶成繭百姓得而用之

六年西汾州言甘露降彌漫一十五里益州言慶雲見管州言驎見

七年陝州獲白石璽一紐章與傳國璽同仁州言騶虞見長安古城監渠水生藍色紅白而味甘狀如方印遼州獲玄兎萬年縣言甘露降九月丹州言河水清

八年四月赤雀巢於殿門宴五品以上上頌者十餘人極歡而罷連州言甘露降徧於城廓

九年正月西韓州獻芝草異莖同蓋二月蒲州言河水清四月甘露降於中華殿之桐樹凝泫如冰霰以示羣臣六月於納義門獲白雀一巳卯雅州涇陽縣生嘉禾異畝同頴是月益州獻白鹿陝州言白狼見

七月幽州慶雲見海州言鳳凰見於城上羣鳥數百隨之東北飛向蒼梧山徐州言慶雲見

太宗以武德九年八月即位是月丙午宋州言慶雲見辛未秦州景雲見嶲州言鳳凰見九月雒州赤雀見秦州言慶雲見乙未定州言景雲見莒州言鳳凰二見羣鳥隨之其聲若八音之奏辛酉利州言慶雲見壬戌林州獻積石隱起成文曰聖主某大吉子孫五千歲素質玄字篆隸相參西麟州言麟見十月沂州言騶虞見十二月鄭州言玄狐見

貞觀元年閏三月甘露降於長安縣五月豫州言白

狼見十月和州言鸞見

二年三月宜州言白狼見六月長安縣獻嘉禾戊戌郭州言白狼見九月甘州獻白馬朱鬣十月安州言騶虞見

三年四月甘露降於雍州五月癸亥龍見玉女泉乙丑幽州言麟見七月宜州言甘露降壬子申州言木連理十二月潞州獻嘉禾

四年三月赤雀見於萬年縣

五年二月嶲州慶雲見四月甘露降於萬年縣

六年四月楚州言騶虞見癸卯醴泉出丹霄殿之西命公卿以上示之因置酒於側賜帛各有差

七年二月醴泉湧出於緜州之香溪痼疾者飲之多愈

八年四月沂州言白鹿見

九年閏四月衡州言騶虞見五月萬年縣獲白雀戊申和州言棠樹連理十月黎州言鳳凰見十一月瀛州獻白狼十二月京師蒼烏見楊州獻白雀是月獲麟於德州

十年二月白鹿見於九成宮之冷泉谷三月襄州言騶虞見八月雒州言鳳凰見

十一年五月麟見京師之後苑九月醴泉出痼疾者服之皆愈

十二年六月滁州言野蠶成繭於山阜九月楚州野蠶成繭徧於山谷濠州廬州獻野繭十月隰州言青龍見管州獻玄狐

十三年正月濟州獻白鹿三月吉辰廄產白馬朱騣八月幽州獻嘉禾一莖九穗

十四年二月陝州言河水變清司空無忌等詣闕上表曰臣聞崑崙載極道玄液以周天積石流源委蒼波而括地俯作神州之紀仰膺上帝之宫水德靈長

斯其謂矣故能道符千載位長百川瑞馬開圖發榮
光於遠代應龍闢壤致宅土於遐年自此不追寂寥
難俟天之祚聖復在於茲伏惟皇帝陛下則哲承基
窮神闡化功繇寓外德耀瀛表文敎蔚乎三五至道
格乎地天是以禎凝藪澤慶溢風煙丹井輝奇青丘
表異嘉苗合穎入豐膳以鳴鐘天駟攝雲播頌聲於
綴兆西鶼南雉之貴日至月書連珠湧醴之徵雲飛
霧集宜其展事巖里仰告成功出豫介丘方騰茂實
猶且宵衣旰食若有追而不逮對越嘉祉乃固辭而
弗居遂使萬土韜華三神鉠望西皇佇詔申以德水

之祥東岳希封勗以清河之貺伏見陝州刺史房仁
裕狀稱所管界内二百餘里正月元日黃河載清謹
案易乾鑿度曰聖人受命河水清京房飛候曰河水
清天下太平繇是納渭含涇混流同潔凌門泐澤別
派俱清馬頰馳波詳觀若鏡龍門激箭回眺飛空拍
天之典奐然馮夷之都可見千尋朗徹俯映玄珠一
曲澄鮮遥觀紫貝盡河宗之奥秘洞水府之仙靈豈
非天鑑詳明不愛其道神心昭著在感斯通何幽顯
合符人祇交際理均形見若斯之效歟臣等沐道醉
心觀洋駭目披圖逖聽曠古無聞寔慶生涯親承旦
暮詔答曰嘉瑞爰降必資至德大河効祉寔爲希世
顧惟寡昧但增慙惕乃天地表祥宗社垂祐欲使四
海隆平八荒禔福王公卿士内外庶僚宜勉修正道
以副靈貺焉三月秦州言河清七月白龍見於富平
九月杭州言青龍見

十五年二月開州言白龍見三月肅州言所部川原
遍生芝草四月慶州言騶虞見冀州獻白狼五月癸
未廬山府獻白鹿乙酉安禮門御榻產芝草五莖六
月滁州言青龍見庚子商州言慶雲見七月洪州獻
玄珪滄州言青龍見丁亥靈州言景雲見八月嘉州

撫州各言慶雲見衡州言白鹿見九月滄州言龍見
十一月幽州言五色雲見

十六年正月宣州言慶雲見七月朔鄜州言白龍見
温州各言景雲見八月申州獻白雉九月金州言青
龍見十月滑州獻白狼十一月箕州言景雲見湖州
言慶雲見十二月宋州言青龍見

十七年三月杭州言木連理二十四株有植黎二木
合爲一體有雄雉飛集東宮顯德殿前太宗問羣臣
曰頃來頻有雉集是何祥也諫議大夫褚遂良曰昔
秦文時有童子化爲雉雌者鳴於陳倉雄者鳴於南

陽童子言曰得雄者王得雌者霸文公遂以爲寶雞
祠漢光武得雄遂起南陽而有四海陛下舊封秦王
故雄雌見於秦地旣古來將爲祥貺所以彰表明德
太宗曰立身之道不可無學遂良所對深爲可重五
月雍州獻三足烏己未湖州言甘露降潤州言慶雲
見華平出於玄武門之池懷州獻白狼湖州言慶雲
見閏六月柳州言慶雲見丹州獻白鹿七月鄜州言
景雲見辛卯常州言青龍見八月京州言昌松縣鴻
池谷有石青質白章爲文曰高皇海出多子李九王
八千太平天子李世民王千年太子李治書燕山人

士樂大國主尚汪謗獎文仁道千古天王五王六王
七王十王鳳毛才子七佛八菩薩及上果佛佛田天
子文武貞觀昌大聖延四方上下萬里忠者仙戈八
爲善
九月魏州言慶雲見皇太子寢室產紫芝二十四莖
並爲龍典鳳翥之形十一月并永滁州景雲見鄭州
河水清懷州河水清永州言慶雲見廊州獻白狐
十八年正月嘉州言青龍見台州言甘露降嶲州言
慶雲見四月豫州言白龍見五月鄆州獻白狼六月
辛亥鄭王府獻白狐瀛州言慶雲見七月會州言青

龍見朗州言青龍見壬午滁州言景雲見八月商宋
蘭鄧維五州言景雲見曹維二州言景雲見趙州獻
白鹿九月汝州言青龍見十月潞州言慶雲見山南
獻木連理交錯玲瓏有同羅目一丈之餘幷枝者二
十餘所十一月湖州言慶雲見
十九年二月岳州獻毛龜二滁州言騶虞見十月老
人星見十一月費州言慶雲見渠州言青龍見
二十年正月汝州言甘露降二月潮州言慶雲見戊
午許州獲白狼二月德州言景雲見鄆州言一角獸
見景戌冀州景雲見四月房州言赤雀見五月襄州

言慶雲見景申澤州言甘露降七月安州言白龍及
慶雲見穀州言景雲見八月老人星見九月澤州言
白鹿見十月亳州言甘露降十一月雍州言甘樹一
株有十八處連理李樹生芝英赤紫莖光色鮮麗陝
州言青石理成文曰李君王三字汾州言青龍白龍
見白龍吐物初在空中有光如火至地陷入二尺掘
之則玄金之形團斜廣高六七寸疊州言五色雲見
兗州言青龍見
二十一年四月兗州鸞見易州言慶雲見六月始州
言景雲見淄州言鳳凰見壬申亳宋二州各言慶雲

見白龍見於鄆州懷荆二州言景雲見辛酉趙州言慶雲見七月懷襄同鳳瀘宋亳蓬綏等州言慶雲見鄆州言白龍見八月綏州言慶雲見九月崖州言白龍見岷州言慶雲見老人星見開州言景雲見十月南代州騶虞見戊戌綏州言景雲見

二十二年正月玉華宫李樹連理隔澗合枝二月懷州河水清原州言景雲見六月洮州言白龍見循州言景雲見七月襄州言慶雲屢見定襄都督府言慶雲見八月昭州洪州言慶雲見九月晉州言慶雲見巴州沂州皆言慶雲見遂州涪水中獲古鼎受五石

三斛旁有銘刻取初風雨晦冥響若洪鐘十二月絳綿代潞五州並言慶雲見閏十二月朗州言慶雲見

二十二年三月代州言慶雲見四月壬申靈州言河水清

高宗永徽五年六月齊州言黃河清一十六里皎然澄徹是歲大稔雍州米斛至兩錢半粳米斗至十一文

顯慶元年二月岐州獻一角獸五月岐州五龍見於皇后泉

龍朔元年二月益綿等五州皆言龍見於是改元六月兗州青龍三十九見

三年十二月詔以絳州麟見于介山含元殿前琅臺閣内並覩麟跡改來年正月爲麟德元年在京及雍州諸縣見繫囚徙各降一等杖罪以下並免之

上元三年十一月陳州上言鳳凰見宛丘縣

睿宗唐隆元年六月甲辰即位大赦天下是日慶雲見于東方丙午楊州上言慶雲白雉見七月巳巳冊玄宗爲皇太子是日有景雲之慶改元爲景雲元年

景雲二年六月雍州上言兩岐麥八月以高祖舊宅有柿樹天授中巳經枯死至是重生因而大赦天下

十月寧州嘉禾異畝同穎江州上言神泉湧十二月光州上言李樹連理

三年正月有事於南郊是日佳氣四塞

太極元年五月戊寅睿宗有事於北郊是日東南有紫氣扶日上

延和元年六月凉州上言赤雀見

玄宗先天二年八月江州獻靈龜六眸腹下有玄文象卦文懷州上言有嘉禾四穗十月有事於太廟是日慶雲見

開元元年十二月有麟見於峽州遠安縣之鬼谷仙

洞

二年正月丙寅凉州獻朱騣尾白馬庚午原州獻肉角羊八月太子賓客薛謙光獻東都九鼎銘其豫州鼎銘武后所製文曰義農首出軒昊膺期唐虞繼踵湯禹乘時天下光宅域內雍熙上玄降祉方建隆基宰相姚崇盧懷愼等奏曰聖人啓運休兆必彰故化馬爲龍預流謠頌秀爲天子早著寘符臣等今見薛謙光所獻東都鼎銘大聖天后所製其文云上玄降祉方建隆基豫州處天地之中所以遠包四海銘文獨聖后所製固必先感二儀靈慶昭彰曠絶今古臣

等忝陪近侍喜萬嘗情請宣付史官幷頒示內外許之

七年閏七月虢州奏閿鄉縣桃林鄉醴泉湧出楊州奏楊子縣一角獸見八月老人星見其色黃明而大

八年正月甘露降五月德州奏平原縣麥一莖兩岐分秀八月老人星見十二月隰州慶雲見壁州甘露降齊州嘉禾生鄆州芝草生徐州獲白野鷄岐州獲白鷰進之

九年三月汝州奏魯山縣之堯山有白鵲見于許昌縣之唐祠掘地得古銅鐏上又隱起雙鯉篆書文曰宜子孫並請宣付史官從之五月絳州奏正平太守兩縣瑞麥七莖兩穗一莖四穗十月洪州慶雲見十一月蘄州奏蘭溪縣芝草生

十一年正月行幸北都紀功於太原府之南街有連理李樹連理並棠生于太原縣二月祠后土于汾陽之睢土太史奏榮光出河休氣四塞徘徊遶壇日揚其光有司奏脩壇掘地獲古銅鼎二其大者容一斗色皆青又獲古甎長九寸上有篆書千秋萬歲及長樂未央字又有赤兔見于壇側十一月癸酉日長至太史奏曰平明陰雲祁寒及其日出有雲迎日又有

祥風至須臾日出有黃白冠及日南有珥臣謹按黃帝占云冬至之日陰雲祁寒來歲大稔人安五穀豐熟又曰風不及地和緩而來謂之祥風王者德至於天則祥風起日冠且珥人主有嘉並太平之嘉應臣請宣付所司許之

十二年五月滁州慶雲見太原獻異馬駒其耳如筒左右各一十六肋肉尾無毛六月景申光州五色雲見乙巳河南府之告成縣王利文家瑞麥生穗分岐一莖三秀利文上表曰陛下往在藩邸扈從三陽在臣宅上休憇臣宅北坂之下陛下以爲毬場自夏徂

秋往來遊賞其地因感聖氣今有瑞麥生苗或六穗分榮或一莖數秀方圓縱横不離場邉自非至德潛通豈有瑞應若此詔賜利文絹三十疋遣之十月合州慶雲見閏十一月豫州言白麞見

十三年五月甲申瑞麥生于河南府之壽安縣勸農使宇文融上表稱賀甲午潞州白鹿見戊戌以親製西嶽碑示百寮有五色雲見於前巳亥代州茸露降九月兗州奏白雀見十月丁卯太史奏白雀見壬申萬年人王慶築垣掘地獲寶鼎五獻之四鼎皆有銘銘曰垂作尊鼎萬福無疆子孫永寶丁丑白鵲見於

行宮十一月丙戌封禪至泰山之下戊子有雄野雞飛入齋宮馴而不去乆之飛入仗衛忽不見邠王守禮等賀曰臣謹按舊典雌來者覇雄來者王又聖誕酉年雞主於酉斯蓋王道遐祚天命休禎請宣付史官以彰靈貺從之巳丑日南至上備法駕登山至齋室其夕陰霧慘烈勁風四起裂幕折柱寒氣切骨上露立祈請仰天自誓曰某身有過請即降罰萬人無福亦請某爲當罪應時風雨止天地清晏月氣和煦及升壇休氣四塞登歌奏樂有祥風自南而至絲竹之聲飄若天外及禪社首五色雲見日重輪及還山下之齋宮有慶雲隨馬祥風迸路（時中書令張說等蹈舞拜賀帝曰朕以薄德恭膺大寶雲物休洽皆是輔弼之力君臣相保勉副天心長如今日不敢矜怠說等又奏曰聖心誠懇昨夜齋居則息風反雨今朝封祀則天清日暖復有祥風助樂卿雲引燎靈迹盛事自古未聞陛下又思慎終如初長福萬姓天下幸甚）

十四年八月梓州言慶雲見通州言芝草生

九年晉州神山縣玄元皇帝廟根子樹兩枝連理合成一枝十月巳巳帝至自汝州之溫湯時有五色鸚鵡能言育于宮中帝令左右試牽御衣鳥輒瞋目叱咤岐王文學能延景因獻鸚鵡篇以贊其事帝以鳥及延景詩示百寮尚書左丞相張說上表賀曰伏見

天恩以靈異鸚鵡及能延景所述篇出示朝列臣按南海異物志有時樂鳥鳴皆曰天下太平有道則見臣驗其圖丹首紅臆朱冠緑翼與此鸚鵡無異而心聰性辨護主報恩故非常品凡僉實瑞經所謂樂鳥也延景雖識其事未正其名望編國史以彰聖瑞許之十二月丙午越州言李樹連理癸丑邢州申州各言慶雲見

十五年四月彭州言白兎見八月壬寅海州白麞見丁丑資州言慶雲見閏九月億歲殿生芝草一莖十月汝州言嘉禾生簡州言慶雲見

十六年三月京兆府三原縣浪井出七月慶雲見于仙州葉縣十一月日南至帝御含元殿受朝賀太史奏黃雲扶日請付有司從之

十七年五月庚寅有靈芝草產于太廟第九室殿柱甲寅有赤雀見于冀州一雄一雌六月有浪井出梓州十月睦州獻竹實

十八年四月辛酉壽州獻白雀甲午嘉州奏楠木生連理枝廣州獻紅鸚鵡五月辛丑徐州奏慶雲見甲辰陝州奏靈芝產六月甲申沁州奏月抱瑞彩揚光五色乙酉鄂州奏景雲見

十九年二月癸未皇太子鴻等奏曰昨正月二十七日伏見陛下於興慶宮親耕三百餘步既而青光紫氣覆地四月己卯楊州奏穭生稻二百一十頃再熟稻一千八百頃其粒與常稻無異壬辰河南府登封縣唐村李嗣谷當陽山南面石文舊有帝字新生上字識者以爲聖明之應河南尹孟溫禮奏賀六月癸未有浪井出於卭州之龍興觀之平地泛溢五色相煇浮彩彪炳壬申芝草生於京城之勝業寺一本七莖心黃外紫八月辛巳上降誕之日有黃雲三道於西方九月乙未冀州任丘縣孝悌鄉嘉禾生庚申婺州永康縣嘉禾生一莖五穗神羊產于京兆之興平縣

二十年三月有一角獸肉角當項白毛上捧識者以爲獬豸

二十一年二月衢州獲魚有銘獻之侍中裴光庭等奉賀六月庚子眉州獻寶鼎重七百斤無耳足有篆文數字時渝州刺史段懷本奏此鼎到陳州界之對溪驛雲霧暗合有白虹逼舁臣恐淪失不勝驚懼請至合州取陸路至京許之癸丑蓬州奏枯樹上生李枝結實絳州奏龍興觀池同心蓮一莖八月癸亥沂

州產紫芝三莖是夜五更二籌後南方景上老人星見其色黃白太史奏曰臣謹按春秋文曜鉤云王者安靜則老人星臨其國主壽昌萬人安常以秋分節候之南郊今應期而見請付所司從之

二十二年五月河州慶雲見八月幽州奏千秋節日有慶雲見於夷軍又軒轅皇帝廟中古井湧浪泛溢又安次縣百姓家產連理樹及大麥一本一十八莖穗秀兩岐十月尚書左丞相蕭嵩率百寮奏曰伏見所司奏今年祥瑞祥風起日抱戴嘉禾秀芝草生甘露降醴泉湧木連理瓜同蔕竹再生李成實鷓鴣玄

鶡蒸烏鸛鵃寶鼎魚銘錢刀鞾字等二十有一事臣
聞惟德感神惟祥祚聖有欲之而莫致或不召而自
彰蓋所謂天之輔人福之先見者也伏惟開元神武
皇帝陛下徇齊敦敏欽明光宅三靈以泰百度惟貞
故感應日聞珍符歲積蓋祥風者卿乎號令抱戴者
表以納忠嘉禾主於同文芝草明於敬老甘露洒神
靈之液醴泉發德澤之滋草木秀其地靈羽毛呈其
天瑞其餘山川異氣器用殊姿舉而必然不可勝紀
斯竝玄天幽贊黄靈合德非大聖不能降其祥非太
平不能當其應請宣付史官傳于後代上手詔報曰

虔奉宗社昭事天地幸蒙垂祐降此禎祥豈自厥中
以彰其外歸之于朕是用多慚宣付史官依卿所請
二十三年二月丁未緜州白鹿見巳酉安州慶雲見
五月丁卯藍州有浪井出及醴泉滂湧癸未晉州慶
雲見六月丙戌文州慶雲見壬子京兆富平縣瑞大
麥生一莖五穗華州下邽縣瑞大麥生一莖三穗京
畿採訪使御史中丞盧奐奏賀八月幽州長史張守
珪奏榆關内有蚄蝗蟲食田稼蔓延入平州界俄頃
有羣雀來食此蟲一日食盡平州稼穡無有傷者九
月乙丑楚州慶雲見十月沂州芝草生一莖九寸十

岐乙未京兆府奏盩厔縣嘉禾生戊申楊州奏獲毛
龜其色青庚戌朔州奏甘露降嘉禾生十一月楚州
陵州會州並言慶雲見沂州洺州皆奏芝草生十二
月龍池聖德頌石自鳴其音清遠有如鐘聲百官等
上表稱賀
二十四年三月獲瑞獸首耳形類虎尾長於身有豹
文能食虎七月辛巳沂州慶雲見瑞麥生壬午台州
鄆州並言慶雲見乙酉荆州萬州並言慶雲見八月
戊申常州有神龜見緑毛黄甲庚戌老人星見黄色
明靜而大太史奏曰臣謹按春秋文耀鉤王者安靜

則老人星見孫氏應瑞圖云王者承天則老人星見
臨其國又黄帝占云老人一名壽星色黄明大則主
壽昌天下多賢士伏惟陛下以千秋節日祀于星壇
而癸期將臨美應先至知曆數之方永嘉萬壽之昌
期請付史官以光典策許之
二十五年四月丁卯幽州慶雲見五月丁丑白鵲見
戊寅河清八月丁未千秋節宴羣臣於勤政樓下太
史奏曰今日卯時有祥雲出東方及其樂作非煙燭
於西北巳午之時日有抱戴伏以陛下聖曆方永福
履無疆洊臻嘉瑞之符載洽繞樞之日臣等不勝忭

躍請宣付史館許之十月庚申宰臣李林甫牛仙客祭南北郊有瑞氣縈壇祥風拂地太史奏今日陛下虔報豐稔昭祭神祇臣謹候天地清謐星辰明朗初祭則樽俎適陳祥風拂地既奠之後瑞氣縈壇其風則暢和緩之候其氣乃蓄龍鳳之色臣謹按王者德至於天則祥風起又堯沈璧於河休氣四塞伏惟陛下一德馭物而天祥薦祉盡皇王之靈貺濟蒼生於仁壽請宣付所司編入史册許之十一月青州奏日光五色十二月泗州奏日抱戴

二十七年七月己卯蒲州刺史韓朝宗奏新置靈貞

觀有慶雲見連理樹生壬午河西隴右節度使蕭炤討吐蕃大破之有慶雲見於陣前白兎舞於營中請編史册許之

二十八年陝州青州皆言慶雲見四月庚辰有慈烏巢于紫宸殿之拱侍中牛仙客中書令李林甫上表賀曰臣等伏因侍奉之際天恩令臣升殿覩此烏巢陛下孝弟之至通於神明仁慈所育豈獨黎庶故得上玄恊應靈烏呈瑞翱翔不離於廷際栖集必歸於軒檻或人俗所有但止於園林今聖感而來乃巢於殿拱依人無懼戀主愈馴傳考圖籍未之有也臣等幸忝樞近親睹休祥望頒示中外以彰靈感手詔報曰所聞不如所見故引卿等觀之頒示寰中俯依來請辛巳又有慈烏巢於宣政殿之拱仙客林甫又上表賀曰陛下孝友因心慈仁被物故得上帝儲祉靈烏發祥高棟重櫨共瞻爰止前軒內殿皆覩來巢覩之彌馴逼之不懼休祐重沓而交應徵求古今而未聞臣等何人屢覩嘉瑞望與前狀同宣中外克紀禎符手詔報曰兩殿巢禽其義一也但有慙德深謝仁慈須示四方隨卿所請

二十九年正月亳州刺史鄭愿奏玄元皇帝廟中之

井涌氣成雲五色相映三月甲申滑州刺史李邕獻馬一匹表云其馬肉鬃鱗臆嘶不類馬聲日三百里邕任淄青刺史日遇一老翁云聖主將得龍馬以應太平邕遂於青州馬會思家獲而獻之己丑亳州奏老君廟九井先涸自奉詔增修觀宇九泉皆湧及樹已枯復榮四月甲寅深州奏連理甘棠樹生于陸澤縣甲戌溫州奏日抱戴揚光五色五月戊午有白雀白烏見於原州之平原戊寅有慶雲見於亳州真源縣之玄元皇帝廟燕有白鵲翔于廟門樓六月甘露降於司農寺八月命有司於興唐觀設齋自內迎玄

元皇帝真容于觀宰臣已下百官悉行香有慶雲見
天寳元年正月戊申安西都護田仁晥於于闐東王
河獲瑞玉龜一晝以獻癸丑太史上言今旦卯時日
有紅碧黄氣數見及紫赤雲氣潤澤鮮明在日上謹
按瑞應圖名曰慶雲太平之應請編入史册許之六
月壬辰信都瑞麥生臨州郡人李嘉裔所居柱上芝
草生形類尊容屢陳光彩太守張景佚拔柱獻之乙
未隴右節度皇甫惟明奏龍支縣人庫狄孝義有馬
生龍駒經九旬有九日身有鱗而不生毛臣就簡視
時有慶雲五色遙覆馬上久而不散伏望宣付史官

以光實録從之雎陽郡嘉麥生一莖八十一穗八月
乙酉老人星見
二年三月南郡奏所部紫極宫有慶雲見
三載三月癸酉興慶宫合鍊院芝草生一本六莖丙
子武威郡上言番禾縣之天寳山有醴泉湧出嶺石
化爲瑞麪遠近貧乏者取以給食五月京兆尹奏所
部芝草生
四載八月戊子有班鹿産白鹿于苑中獻之請宜付
史舘上曰宫苑之内屢薦嘉祥今又縞質霜毛變林
虞之獸族殊姿馴性實雲駕之龍媒允謂休徵用爲
慰也所請者依癸巳京兆之新豐嘉禾生或九穗六
穗九月河南府登封縣嘉禾生一本十二穗
五載五月乙卯河東郡太守李知柔奏乘泉縣濇水
修功德處有白魚引舟五色雲起望宣付史舘從之
丙戌鄱陽郡上言甘露降於所部紫極宫之松樹椊
郡上言姑射山修功德處有慶雲捧日七月汝陰郡
上言有嘉麥生一莖兩岐
七載三月有玉芝生於大同殿之柱礎一本兩莖神
光炤於殿上命文武百寮入觀之
八載六月大同殿又産芝一莖

九載二月甲戌獻陵昭陵乾陵定陵橋陵等五陵栢
樹盡畨甘露壬寅華陰郡奏白鶴見於西嶽五福峯
甘露降大羅峯之醮壇白鹿見于大羅東南峰駕鶴
嶺衛叔卿之得仙處請付史舘從之
七載七月有鹿産白麛于閑廐之試馬殿八月癸丑
黔中郡紫極宫慶雲見甲寅上雒陽慶雲見丁巳丹
陽郡茅山鍊丹院生芝草一莖庚午蘄春郡之天長
觀聖容玉石蓮花座上生紫芝一本七莖九月壬午
夜太史奏壽星見於景上大明色黄十月乙丑御朝
元閣有慶雲見上賦詩羣臣畢和癸酉丹陽郡茅山

慶雲見白鶴羣飛十一月長至太史奏北方有黑雲氣四方俱有薄黃雲隹氣濃厚又有黄氣扶日十二月餘杭郡慶雲見化樓閣勢蕪有仙人形象乙卯彭城郡有慶雲見

十四載三月南道觀察使源涓奏江陵郡古紀城東有紫氣成雲中有一人衣白衣乘雲氣向上其時安南招討使康令謙及同行軍將等同見臣謹畫圖奉獻伏望宣示中外編諸史册從之四月劍南道獲白兎一獻之八月癸巳老人星見巳亥中書省五色雲見庚子樂安郡上言嘉禾及獲白鵲白雀壬寅京兆

府奏嘉禾生而獻之癸卯東平太守嗣吳王祇奏所部壽張順昌兩縣鹹榖檜生丙辰蜀郡奏慶雲九見十月盧江郡人王恭家有李樹連理結紫實癸酉幸華清宮有石產玉芝宰相楊國忠請宣付示朝廷編諸史册從之

十五載六月玄宗幸蜀七月壬戌至益昌郡濟州於吉伯渡有雙白魚夾御舟而躍識者謂之兩隻飛龍焉

册府元龜

巡按福建監察御史臣李嗣京　訂正

新建縣舉人臣戴國士叅閲

知建陽縣事臣黄國琦較釋

帝王部　二十五

符瑞第四

唐肅宗以天寶十五載七月卽位于靈武改元至德是年九月三日帝降誕之辰有慶雲屬天白鶴飛舞於上所居殿宇翱翔二十餘匝而去十一月辛未長安雲氣如衣冠僃具太史奏天下和平之象

二年七月朔方節度郭子儀奏寧朔縣界荒地廣十五里有黑禾穀出遍地毎日側近百姓掃盡經宿還生前後可得五六千石其禾圓實味甘美臣以爲天啓興王瑞先百穀故漢稱雨粟周頌來麰豈瑞禾自出家給人足蓋陛下富教安人務豐敦本光復社稷康濟黎元之應也臣不勝大慶八月乙未太史奏其日老人星見光潤明澤十二月癸亥帝受國璽太清宫晨有紫雲見從殿東南角稍至殿前

乾元元年四月甲寅帝親行享廟禮并祭昊天上帝禮畢有景雲見於日之南自卯及辰久而方散有頃朔方告破賊巳未懷州刺史王奇光奏河内縣王昇清種麥數畒皆一莖三穗丁卯太廟殿院北門内柱生芝草兩莖紫蓋七月庚寅朔方節度使郭子儀奏東京上陽西金華門外伏舍下見白鼠穴穿之得天子信寶一枚皆篆書背上雕刻青龍白虎朱雀玄武相盤以爲帝德廣運乾道降祥膺圖永昌坤維耀寶請宣示朝廷詔曰我國家卜代悠久歷數無疆明神降休靈貺斯格昌符兆發寶印呈祥皇帝之徽號旣彰天子之鴻名又信斯實累聖致感上玄垂裕豈朕薄德所敢當仁卿國之大臣獲斯嘉瑞光我盛禮何

慶如之

三年五月嵐州上言合河關黄河水四十里間清如井水經四日而變十一月景寅左金吾衛大將軍王晟奏明鳳門有慶雲自欄杆上起盤旋紛郁光彩明耀門官皆覩焉

上元二年七月甲辰延英殿御座生玉芝一莖三花御製玉靈芝詩三章八句八月戊辰夜老人星見其色黄明潤澤而大

元年建子月戊戌冬至有雲迎日日揚光司天監韓穎奏謹按春秋感精符南至有雲迎日年豐之象建

巳月壬子楚州刺史崔侁表獻定國寶玉十三枚一日玄黄符如笏長八寸上圓下方近圓有孔黄玉也二日玉雞毛文悉備白玉也三日穀璧白玉也徑可五六寸其文粟粒無雕鐫之迹四日西王母白環二枚白玉也徑六七寸六日如意寶珠形圓如雞卵光如皎月七日鞊鞨大如巨栗赤如櫻桃八日琅玕珠二枚長一寸六分十日玉玦形如玉環四分缺一十一日玉印大如半手斜長理如鹿形陷入印中以印物則鹿形著焉十二日皇后採桑鉤長五六寸細如筋屈其末似金又似銀十三日雷公石斧長四寸闊

二寸無孔細緻如青玉十三寶置于日中皆白氣連天侁表云楚州寺尼真如者恍惚上昇見天帝授以十三寶曰中國有災宜以第二寶鎮之中書門下表賀詔曰太寶禎符時膺昌運皇天不秘紫府降靈敷上帝之耿光悟神祇之有鑒荷斯戩穀弘濟艱難冀與兆人同登壽域朕虔奉上宗廟福予豈唯朕躬致此嘉瑞卿咸有一德寅奉休徵將使發揮克諧輔弼所請宜示中外編入史冊者依乙丑詔元年宜改爲寶應元年其楚州刺史并出寶縣官及進寶官量與進改隨進寶官典僚等各量與一子官宣示中外宜知朕意

代宗寶應元年四月巳巳即位其日有慶雲見初帝至飛龍廐座前有紫雲見雲中有三白鶴徊翔又有喜鵲鳴及將即位仗衛宿設夜分雲霧四合不辨咫尺既曉朝呼萬歲天地清朗非煙滿空黄氣抱日成以爲聖感甲戌潞州獲赤雀獻之五月商州上言慶雲見七月巳卯京兆府萬年縣獲三足烏獻之九月戊辰陝州上言黄河清是夜老人星見黄明潤澤司天少監瞿曇譔奏曰臣謹按春秋元命苞云老人星明則人主壽昌國多賢士常以秋分候於南郊所見

合秋分之氣當天地之中伏望編諸史冊宣示朝廷從之甲午太州至陝州黄河清二百餘里澄澈見底戊戌太州嘉禾生異畝同穎獻之出示百寮

廣德二年五月巳酉河南府上言河陽縣界黄河清踰月不變十一月鎮南副都護寧齡先言合浦縣海内珠池自天寶元年以來官吏無政珠逃不見二十年間闕於進奉今年二月十五日珠還舊浦臣按南越志云國步清合浦珠生此實國家寶瑞其地元勑封禁臣請採進許之

永泰元年七月甲寅有三白鹿一白兎見于禁苑觀

軍容使魚朝恩受命廵苑內屯田因獲之以獻朝恩上言請付史館編諸簡策手詔答曰白鹿白兎王者嘉瑞和平之應朕以寡德詎敢當焉卿及將士等務切軍儲克勤農畝上玄眷祐爰獲禎符所請付史館者依是月庚申京兆府上言鄠縣嘉禾生穗長一尺餘穗上粒生重疊如連珠八月戊子司天臺上言老人星見

二年六月丁未是夜月重輪八月己酉秋分老人星見於景上黃潤明大十一月乾陵赤兎見獲而獻之

大曆二年三月丁巳河中府獲玄狐獻之出示百寮

八月庚子夜老人星見其色黃明而大十月己卯右羽林軍獲白雀獻之乙酉有醴泉出於京兆府之櫟陽飲者多愈痼疾己亥潞州長子縣嘉禾生兩莖同穗十一月己巳長至司天奏曰日色清明祥風四起請付所司從之

三年正月晉州獲白雀獻之四月乾陵上仙觀三尊殿有兩雀銜柴及泥補葺殿之隙壞凡一十五處閏六月揚州上言和州歷陽縣有三烏同巢七月汴州獲白雀獻之閬州新井縣連理瓜生九月宣州獲白梟三獻之十月太原府上言五色雲見及嘉禾生

四年正月乙亥大雪平地盈尺百寮於宣政殿拜舞稱慶前年冬少雪故也三月潤州上元縣產芝草一莖四葉高七寸六月慶雲見於西郊

五年四月癸巳廣州越州並言慶雲見丁未台州言慶雲見五月己巳石州上言五色雲見

六年七月己丑華州言甘露降道州上言五色雲見八月戊辰楚州上言芝草產于淮陰縣是夜老人星見其色黃明而大丁丑白兎見于太極殿之內廊獲之出示百寮九月丁酉沂州上言慶雲見十一月潭州上言長沙縣棠唐里樹下有瓜生同蔕連心永州

上言湘源縣芝草生同根三莖合成一蓋十二月癸酉婺州上言嘉禾生一莖九穗一莖十二穗

七年五月甲申亳州獲白雀六月丁亥蔡州言慶雲見是歲大稔

八年四月壬申潞州上言玄宗十九瑞閣有白鶴來翔五月丁丑鳳翔府上言天興縣嘉禾生一莖二穗六月戊申梁州獲白雀二獻之庚辰廬州上言廬江縣紫芝草生一根兩莖一丈五尺又合肥縣棠梨樹上烏鵲同巢七月丙戌東都留守蔣渙上言太廟殿柱生芝草二莖太原府上言清源縣人韓景輝養冬

蠶成繭詔給復終身甲午蔡州獲白鵲一獻之婺州上言金華縣李樹連理乙未蓬萊池獲毛龜出示百寮戊戌內侍省獲白鼠一出示百寮壬寅神策軍上言金天門外水渠中獲緑毛元龜獻之八月壬戌太原獲白烏一白鵲一獻之庚寅亳州獲白鹿一白野雞一獻之滑州言靈昌縣連理瓜生及瑞麥一莖三穗九月丁丑京兆府上言梨樹及林檎樹竝連理戊寅桂州上言芝草生是夜老人星見辛巳華州上言嘉禾生十月丁未襄州言芝草生庚戌楊州上言芝草生丁卯鳳翔府獲白鼠獻之太原府上言嘉禾生

十一月鳳翔府上言天興縣禾生一莖三穗太原府上言壽陽縣嘉禾生兩莖同穗閏十一月丁未申州上言義陽縣芝草生乙丑衢州上言龍丘縣李樹上產芝草五莖成都府上言甘露降是月景子澤州上言嘉禾生是歲大有年

九年二月庚午鄭州上言李樹上生芝草一莖三月癸卯亳州上言芝草生京兆府獲白鵲一獻之四月庚戌汝州上言甘露降甲午隴州獲白鵲一獻之五月丁巳隴州獲白鵲獻之京兆府上言瑞麥生九莖同穎七月丁酉廬州獲白鼠二舒州獲白雀一並獻之九月戊申晉州上言神仙縣慶唐觀栢葉松身樹已枯再生十月己巳申州上言芝草生辛卯鳳翔府上言嘉禾生一莖兩穗十一月癸亥福州獲白鷺二獻之十二月戊寅寧州上言嘉禾生衡州上言李樹上芝草生莖連樹根丁亥婺州上言慶雲見

十年正月壬寅冀州上言嘉禾生五莖生合爲一莖乙巳處州上言李樹連理二月壬申江陵府上言芝草生壬午處州上言芝草生三月濠州上言芝草生鳳翔府獲白雀一獻之五月蜀州上言唐興縣李樹上芝草生三莖漢州上言李樹上芝草生一莖七月

癸酉絳州上言芝草生八月己酉夜老人星見九月乙卯太原府上言嘉禾生

十一年九月庚辰夜老人星見

十二年正月乙丑渭北行營所獲赤雀二獻之壬申嘗州上言甘露降潔白凝泫味同飴蜜五月甲子成都府人郭遠因樵爨獲瑞木一莖有文曰天下太平四字獻之以示百寮宰臣等奏賀曰頃者賊臣兇狡敢蔽聰明陛下以時發覺咸就誅放輿人更始在物維新浹辰之間果獲佳應至德之化光賁草木太平之時遂形文字伏望藏於秘閣宣付史館從之六月

癸未苑内獲白鼠一出示百僚九月戊午夜老人星見十月乙酉潭州上言慶雲見甲午陸州上言桐廬縣五色雲見十一月己酉蔡州上言汝陽縣芝草生紫莖黄蓋辛亥京兆府上言甘露降於城内靖恭坊之南街柳樹味如飴蜜十二月河中府上言臨晉縣嘉禾生四莖二穗

德宗建中四年五月滑州濮州黄河清

興元元年八月宋亳觀察使奏亳州貞元縣大空寺僧院李樹植來十四年長一丈八尺今春枝上忽聳高六尺周回似盖九尺餘又先天觀玄元皇帝太后

陵槐樹上有靈泉湧出六月忽有靈氣五色見於泉上

貞元元年十一月京兆府奏有人於長興坊得玉璽文曰天子信璽中書門下表賀請付所司制曰可

三年閏五月陝虢觀察使李泌獻瑞麥一莖五穗七月京兆府獻嘉禾異本同穗八月淄青節度使李納獻毛龜詔示百寮十二月同州沙苑監上言白鹿見

四年四月宗正寺獻毛龜七月右神策軍獻瑞瓜三蔓合爲一帶而生三瓜九月許州奏嘉禾芝草生

五年五月宋州奏大麥一莖九岐者約一百餘本

六年正月防州言櫪連理八月甲寅老人星見是月京兆府河南府並奏嘉禾異本同穎潮州上言芝草生連理李樹

七年四月壬寅廣州言甘露降乙卯汴州獻白烏五月許州獻白烏八月同州言祥雲見

九年五月辛卯左神策監州行營節度使胡堅右神策監州行營節度使張昌皆表奏初城監州鹵中獲懐土又置烽堡水路逈遠即時有兩廢鹽井悉生鹽事符聖德可謂天贊請宣付史館制曰可是月甲午鄜州言甘露降

十年五月連州言慶雲見

十一年二月同州獻五色鴈六月河陽華州並獻白烏八月潞州獻白鵲九月成都言甘露降十一月潭州進赤烏

十二年五月通州奏九樹甘露降六月京兆府進白鼠朗州進白烏七月丁酉東都留守進芝草甲辰滑州進白雀九月徐州奏嘉禾生十二月甲子左神策軍進白鵲丁亥許州進白麞

十三年八月汴州進嘉禾九月癸亥懐州進嘉禾甲子幽州奏甘露降十月右神策軍進白雀十二月癸

州奏廳前松樹甘露降

十四年正月蔡州進瑞麥四月婺州奏甘露降閏五月乙丑滑州奏黃河清戊辰沂州進白烏九月丁未朔中書門下奏賀峨嵋獲白鷴丁卯中書門下奏賀苑中獲白鹿

十五年正月潞州進白烏五月丁未延州進玄兎庚寅韓滭進白鼠七月鳳翔府鷄足山慶雲見

十八年五月眉州上言醴泉出八月徐州獻嘉禾白兎

二十一年七月陝州獻紫芝成都府獻嘉禾辛卯潞

州獻白雀

憲宗以永貞元年八月乙巳即位是月庚戌荆南獻毛龜二

元和二年正月詔以湖南所獻古鼎付有司初永州百姓唐履昌于路側掘得古鼎重一百一十二斤異之故上獻八月戊辰老人星見

七年十一月東川觀察使潘孟陽上言龍州武安川畬田中嘉禾生有麟食之復生麟之來一鹿引之群鹿隨焉光華不可正視使畫工就圖之并嘉禾一函以獻

九年八月中書門下奏夏綏銀節度使今月八日因取土修城于西北角近倉掘得釜大小共計二百五十四並容六斟已下五斟以上俱無破損如新罌物者伏以人天所資粒食爲本鑄釜之大火化是因今大軍方興此物自出則知何時藏瘞蓋神誘其衷今之彰呈豈天有所助聖作物感一何昭然望付史舘從之

穆宗長慶元年正月帝饗太廟禮畢出朱雀門中路日抱珥五色宰臣蕭俛等率兩省供奉官稱賀於馬前

三年四月同州言文宣王廟甘露降

文宗太和元年十一月河中觀察使薛平奏當管虞鄉縣王賢鄉有白虎入靈峯觀謹按孫氏瑞應圖白虎者義獸也名騶虞王者德至鳥獸澤洞幽冥則見謹畫圖進上勑付所司

三年十一月丁丑朔乙卯司天臺上言太陽當蝕不蝕宰臣率百官表賀

六年七月河陽東川並奏慶雲見八月廣州奏六月二日慶雲見

宣宗大中八年正月陝州黃河清

昭宗文德元年九月雲韶殿前穿井得甘泉以示百寮羣臣上表賀曰臣聞至德動天天乃垂甘露神功浹地地故出醴泉然猶兆自郊圻啓諸甸服未有因於政井得彼甘泉不離禁掖之中便是殿庭之側澄清若鏡汲引而罔絶羸缾香美如飴濟利而終期勿藥況銀床萬所玉甃千門味不可以和太羹美不足以調甘食若非皇帝陛下幽通井德明契天宫則何以華故從新致斯玄貺移醎變苦降此休禎臣等幸偶盛時叨塵寵禄思與堯年野老鑿以興歌願同漢水丈人汲而成藥

哀帝天祐元年九月朱全忠進白兎一隻中書門下表賀曰今日東頭承旨常郁至奉聖旨者質素光而應候容潔朗以協時既昭耀於明庭實昭彰於聖德臣等覽晉中興書徵祥說曰白兎者月精也抱朴子云兎壽千歲滿五百歲則色白顧野王云王者恩加耆考則白兎見協太陰之瑞實表坤慈應千歲之祥雅符乾德伏以皇帝陛下膺圖纂嗣壓紐騰休紹祖宗之丕基示孝慈於衆彙敦禮耆老委任勳賢所以致入孔之効靈應三秋而發皓來從月窟疊霜毳以蒙茸獻自梁庭粲氷毫而皎潔足以增輝瑞諜歸美皇猷聞天遠自於元勲拭目共觀於多士豈比魯傳趙郡獨歌如練之詞實同晉獲壽春又繼凝鉛之詠詔曰上天眷祐靈貺効珍道既協於坤慈祥乃彰於月窟雪霜是比皎晶可觀全忠道貫神明功高鼎鼐果因嘉瑞歸善天庭俾頒示於有司冀流光於不朽再三嘉歎注良深

二年八月河南府奏雒苑谷水屯百姓馬會穀地内有嘉禾合穗謹隨表進者詔曰多稼如雲已稱大稔異畝同穎益表殊祥張全義尹正邦畿從容廊廟動必垂於惠化静每著於爕調佐時之畧彌章阜俗之

風益顯爰昭玄貺可卜豐年訓農遐掩於衛文獻瑞迥同於唐叔載觀禎異尤切歎嘉仍付史館

後唐莊宗同光元年十二月亳州太清宫道士奏聖祖玄元皇帝殿前枯檜再生枝畫圖以進宣示百官其表云按瀨鄉記此樹枯來莫知年代自高祖神堯皇帝武德二年太上老君見於晉州羊角山語樵人吉善行云爲報唐天子吾是爾遠祖亳州曲仁里是吾降生之地有枯檜重榮唐祚永興高祖遂於羊角山置興唐觀其地改爲神仙縣封羊角山爲龍角既至亳州果有枯檜樹復生枝蓊鬱後因安禄山僭號

之時萎悴及禄山殄殲玄宗犂華歸奏枝葉復榮今
年十月中又於其上再生一枝約長二尺聳身直上
迴出麦虚葉容枝繁獨異衆木勑當聖祖舊殿生柿
檜新枝應皇家再造之期顯大國中興之運同上林
仆柳祥既協於漢宣比南頓嘉禾瑞更超於光武宣
標史冊以示寰瀛宜委本州太清宮副使常加檢察
蕪令功德使差道士一人往彼告謝仍付史館編録
三年正月西都留守張筠奏昭應縣華清宮道士張
冲虚狀四聖天尊院枯檜樹重生枝葉畫圖以進三
月唐州奏淮瀆廣閏王廟前有兩樹東西相去七尺

五寸其樹各出地亦七尺五寸兩樹相向連理五月
許州進納兩岐麥一科其月汴州進兩岐麥兗州奏
任城縣百姓大麥地内有兩岐三穗至四穗者八月
丙子夜平明壽星見十一月青州符習奏萊州卽墨
縣人鄉貢士李夢徵室内柱上生芝草兩岐畫圖而
進勑符習累居藩翰屢顯政能靜以臨人寬而得衆
撫裕已彰於惠愛輔時又致於休徵固得和氣潛蒸
靈芝遽産同九莖而表瑞比三秀以呈祥載閲奏陳
良深嘉歎
三年三月振武節度使雒京内外蕃漢馬步使朱守
殷奏臣脩雒陽月波堤至立德坊南古岸得玉璽一
面上進伏以皇帝陛下明德動天聖靈御宇遂使千
年之瑞出於九地之間煇煥簡編光華帝道臣竊觀
異瑞益表太平勑玉以呈祥印惟示信況坊名立德
地近雒陽當鳳曆之再新與龜書而叶瑞獲茲至寶
得自忠臣所宜載在簡編垂爲盛美可送中書門下
宣示百官宰相豆盧革等驗其篆文曰皇帝行寶四
字圓方八寸厚二寸皆細交龍光瑩精妙莫知湮墜
之由也謹按自秦漢以來天子之璽六文曰皇帝之
璽皇帝信璽皇帝行璽天子之璽天子信璽天子行

璽至玄宗時惡神器以璽爲名改名國寶漢末董卓
遷獻帝於長安燔燒雒陽宮袁術將孫堅攻卓收復
京城營于城南軍士見甄官井上有五色氣入懼不
敢汲堅令浚井得漢傳國璽文曰受命于天既壽永
昌方圓四寸細交五龍一角小缺王莽逼奪之時投
地稍損議者意張讓刼帝出奔掌璽者投之甄井也
自六璽之外有傳國璽卽謂此受命璽也起於秦相
李斯爲之傳於高皇帝卽漢末甄井所得卽乘輿六
寶之一也自隋末迄今喪亂弘多湮墜者耻而不言
好事者落然無記吁哉守殷又於積善坊役所得古

文錢四百五十六一十六文得一元寶四百四十文順大元寶守殷進納勑凡窺奇異盡繫休明所獲錢文式昭玄貺得一者佇歸於一統順天者式契于天心道煥一時事光千載殊休繼出信史必書宜付史館四月陝州柳溪樹連理五月陝州進白兎八月己卯司天奏老人星見十月癸亥司天奏老人星見其月密州諸城縣人徐覇送芝草兩莖嘉禾九穗刺史李紹岳畫圖以進

明宗天成元年十月巴州進嘉禾合穗并圖十一月密州獻芝草并圖宣示中書門下百寮稱賀

二年四月郢州進白鵲五月癸亥懷州進白雀乙丑滄州進白鵲六月巴州進兩岐麥其月兗州進三足烏華州上言鄭縣羅文鄉百姓李存家有兩岐麥畫圖進上八月丁酉青州進芝草其月壬寅平明前壽星見于丙上

三年九月閬州上言度支巡官陳知禮家生芝草兩本畫圖以進是月宰臣王建立進玉盃壹隻上有傳家國寶萬歲盃字水運都將段洪趙賓於臨河縣下得之

四年七月遂州夏魯奇進嘉禾一莖九穗勑旨三秀靈芝標仙籍而罔資世務九莖嘉穀按地諜而實表豐年既呈殊異之祥雅叶治平之運宜付史館編記

八月戊戌司天奏老人星見其色黃明

長興元年七月宿州進白兎以銀籠盛之八月丁未司天奏老人星見黃明潤大在井十一度時帝御便殿對宰臣因問曰司天奏老人星見卿等見否馮道曰老人壽星也毎歲秋分見爲常其色黃明則表聖壽臣等雖不見星出則定矣

三年十月萊州即墨縣人王友家生芝草一莖三枝其枝又分兩岐或三岐上漸闊成片而圓色紫其片

即爲葉葉莖一色其表白高尺餘青州節度使進之并圖上又出宮中舊獻芝草四株其色莖葉皆同而枝葉多少爲異耳

末帝清泰三年六月洛州獻野繭二十斤

晉高祖天福五年五月宋州貢瑞麥兩岐八月萊州芝草生

六年八月登州蓬萊縣民楊蔚家芝草生畫圖進之

七年四月甲寅朔避正殿不視朝司天前奏日蝕故也是月百官守司太陽不虧上表稱賀

少帝天福八年有白烏棲於作坊桐樹作坊使周務

勍上言令捕而進之
開武元年六月襄州獻白鵲
漢高天福十二年二月辛未即位於晉陽乙酉陽曲縣令崔握遣主簿呂光鄴進白兎壹隻帝覧而嘉之識者曰殷有白狼周有白魚唐有白雀皆爲瑞兄帝以乙卯降生而有此兆得不爲大慶乎四月星官奏有氣黄紫多龍鳳之狀坱莽盤旋不離城上識者曰天不能無雲而雨不能無氣而立今瑞氣如此劉氏其大昌盛乎
隱帝乾祐二年四月潁州獻紫兎白兎皆緘之於櫝

出示羣臣六月潁州獻白鹿
三年五月涇州衞南縣民王縮田麥兩岐凡十二莖二十四穗曹州乘氏縣民王豐麥一莖三穗
周太祖廣順二年四月徐州以兩岐麥二十本來獻
八月靈武獻嘉禾二銀盤
世宗顯德元年正月朔日後景色昏晦日月多暈及帝即位之日天氣晴朗中外肅然五月丁亥是夕月重輪是月辛卯世宗親征河東午後慶雲見於西南既晡風雲雨雹起于東北
五年二月登州貢芝草三枝十月登州刺史劉福進牟平縣晝到芝草圖一面十二月丁丑朔朗州上言醴陵縣玉仙觀山門中舊有田二萬餘頃久爲山石閉塞昨於七月十七日夜有暴雷霹開其路復通詔褒之
六年正月唐州民於野田中得玉璽玉紐本部遣使來上

冊府元龜

册府元龜

巡按福建監察御史臣李嗣京　訂正
分守建南道左布政使臣胡維霖　參閱
知建陽縣事臣黄國琦較釋

帝王部二十六

感應　神助

感應

書曰惟德動天又曰至誠感神是知爲善者降祥好謙者受福天人相與之際交感祈合如律之命呂雲之從龍未嘗斯須而不應也故古者賢聖之君莫不

通三統之要重萬靈之命思惟往古窮極至治兢兢業業罔敢暇逸德之盛也合於天地誠之至也通於幽明神以知來聰以知遠善行無迹有開必先則感而應之乃自然之理也乃若商湯桑林之禱大雨斯降漢武竹宫之祀神光屢燭宣帝建祖廟而白鶴集玄宗封泰山而勁風止策書所紀其流實繁斯皆清衷玄感靈貺昭答高明聽卑若嚮之應也董仲舒有言曰王者修五常之道故受天之祐而享鬼神之靈德施於方外延及群生也豈不韙歟

殷湯時大旱七年殷史卜曰當以人禱湯曰必以人禱吾請自當遂齋戒剪髮斷爪以己爲牲禱於桑林之社果大雨

漢文帝十六年四月以郊見渭陽五帝廟爟火舉而祠若光輝然屬天焉

武帝元鼎四年親祀后土東幸汾陰男子公孫滂洋等見汾旁有光如絳帝遂立后土祠於汾陰脽上

五年十一月始郊拜太一祠上有光是夜有美光及晝黄氣上屬天太史令談祠官寛舒臣欽若等曰談司馬談也寛舒姓闕等曰神靈之休祐福兆祥宜因此地光域立泰畤壇以明應明著美光及黄氣之祥帝嘗以正月上辛用事甘泉

圜丘使童男女七十人俱歌昏祠至明夜嘗有神光如流星止集於祠壇天子自竹宫而望拜以竹爲宫天子居中竹宫去壇三里百官侍祠者數百人皆肅然動心焉

元封元年正月親登崇高臣欽若等曰崇與嵩同御史乘屬在廟旁吏卒咸聞呼萬歲者三四月癸卯登封泰山其夜若有光晝有白雲起封中

二年夏有芝草生甘泉殿房中天子爲塞河興通天若有光云爲塞河及造通天臺而神光之應

四年三月祠后土詔曰朕躬祭后土地祇見光集於靈壇一夜三燭幸下都宫殿上見光其赦汾陰夏陽

中都死罪巳下
六年三月幸河東后土詔曰朕體首山昆田出珍物或化爲黃金（昆田者山之下田也武帝祠首山故神爲出珍物化爲金）祭后土神光三燭其赦汾陰殊死巳下
太初二年三月幸河東祠后土詔曰朕用事介山祭后土皆有光應（介山在河東皮氏縣東南其山周大十里高三十里）其赦汾陰安邑殊死巳下
太始三年二月幸琅邪禮日成山（祭日於成山也）登之罘浮大海山稱萬歲
四年四月幸不其（不其山名其音基因以爲縣在東萊）祠神人于交門

宮（神人蓬萊仙人之屬也瑯邪縣有交門宮武帝所造）若有鄉坐拜者（如有神人之景象嚮坐而拜也神坐見且黑且白且大且小鄉坐三拜鄉讀曰嚮）
宣帝本始二年六月尊孝武廟爲世宗告祠廟日有白鶴集後庭以立世宗廟告祠孝昭寢有鴈五色集殿前西阿築世宗廟神光興于殿旁有鳥如白鶴前赤後青神光又興于房中如燭狀廣川國世宗廟殿上有鐘音房戶大開夜有光殿上盡明迺下詔赦天下
神爵元年正月帝始幸甘泉郊見泰畤數有美祥三月幸河東祠后土有神爵集詔曰朕飭躬齊精祈爲百姓東濟大河天氣清淨神魚舞河幸萬歲宮神爵翔集其改元神爵
四年二月詔曰修興泰一五帝后土之祠祈爲百姓蒙祉福鸞鳳萬舉蜚覽翺翔集止于旁（萬舉猶言舉以萬數也蜚覽言飛翔覽觀也）齋戒之暮神光顯著薦鬯之夕神光交錯（鬯香酒所以祭神）或降於天或登於地或從四方來集于壇上帝嘉嚮海內承福其赦天下
五鳳三年三月行幸河東祠后土詔曰朕方躬齋戒郊上帝祠后土神光竝見或興于谷燭耀齋宮十有餘刻甘露降神爵集巳詔有司告祠上帝宗廟

後漢明帝永平三年夏旱而大起北宮僕射鍾離意詣闕免冠上疏曰伏見陛下以天時小旱憂念元元降避正殿躬自克責而比日密雲遂無大潤豈政有未得應天心者耶昔成湯遭旱以六事自責曰政不節耶使人疾耶宮室崇耶女謁盛耶苞苴行耶讒夫昌耶切見北宮大作人失農時此所謂宮室崇也自古非苦宮室小狹但患人不安寧宜且罷止以應天心臣意以匹夫之才無有所能久食重祿擢備近臣比受厚賜喜懼相并不勝愚戇狂營罪當萬死帝策報詔曰湯引六事咎在一人其冠屨勿謝比天降旱

密雲數會朕戚然慙懼思獲嘉應故分布禱請闕候風雲北祈明堂南設雩場今又勑大臣止作諸宮減省不急庶消災譴詔因謝公卿百寮遂應時澍雨（雨所以注萬物故曰澍雨）

和帝永元六年七月京師旱幸雒陽寺（寺官舍也）録囚徒舉寃獄收雒陽令下獄抵罪司隷軟尉河陽皆左降未及還宮而澍雨（皇太后紀云有囚實不殺人而被誣羸困輿見鄧太后察視覽之即收雒陽令下獄時帝幼太后臨朝）

魏明帝太和元年初營文昭皇后宗廟掘地得玉璽方一寸九分其文曰天子羨思慈親明帝爲之改容

以太牢告廟又嘗夢見后於是差次舅氏親疎高下敘用各有差賞賜累鉅萬

後魏明元泰常四年八月帝嘗於白登廟將薦熟有神異焉太廟博士許鍾上言曰臣聞聖人能享帝孝子能饗親伏惟陛下孝誠之至通於神明近嘗於太祖廟有車騎聲從北門入殷殷轞轞震動門闕執事者無不肅慄斯乃國祚永隆之兆宜告天下使咸知聖德之深遠

太武太延元年三月不雨六月使有司遍請群神數月大雨是日有婦人持一玉印至路縣候孫家賣之孫家得印竒之求訪婦人莫知所在其文曰旱役平寇天師日龍文紐書云此神中三字印也

文成興安二年正月遣有司詣華嶽廟立碑數十人在山上聞虚中若有聲音聲中稱萬歲云

和平五年四月帝以旱故減膳責躬是夜澍雨大降

孝文泰和元年五月乙酉車駕祈雨於武州山俄而澍雨大洽

二年五月京師旱辰祈星天日月五星於北苑親自禮焉減膳避正殿祭之夕澍雨大洽

三年五月丁巳帝祈雨於苑開陽門是日澍雨大洽

二十年七月戊寅帝以久旱咸秩羣神自癸未不食至於乙酉是夜澍雨大洽帝以久旱不雨輟膳三旦百寮詣闕引在中書省帝在崇虚樓遣舍人問曰朕知卿等至不獲相見卿何爲而來平南將軍王肅對曰伏惟陛下輟膳以經三旦羣臣焦怖不敢自寧臣聞堯水湯旱自然之數須聖人以濟世不繇聖人以致災是以國儲九年以禦九年之變臣又聞至於八月不雨然後君不舉膳昨四郊之外巳蒙滂澍惟京城之内微爲少澤蒸民未闕一飡陛下輟膳三日臣庶惶惶無復情地帝遣舍人答曰昔堯水湯旱賴聖

人以濟民朕雖居羣黎之上道謝前王今日之旱無以救恤應待立秋尅躬自咎但此月十日巳來炎熱焦酷人物同悴而連雲數日高風蕭條雖不食數朝猶自無感朕心未至所致也肅曰臣聞聖人與凡同者五常異者神明昔姑射之神不食五穀臣嘗謂矯今見陛下始知其驗且陛下自輟膳以來若天全無應臣亦謂上天無知陛下無感一昨之前外有滂澤此有密雲臣即謂上天有知陛下有感矣帝遣舍人荅曰昨内外貴戚咸云四郊有雨朕恐此輩皆勉爲之辭三復之慎必欲使信而有徵此當遣人往行若

果雨也便命大官欣然進膳豈可以近郊之内而慷慨要天乎若其無也朕之無感安用朕身以擾民庶朕志確然死而後巳是夜澍雨大洽

宣武景明四年旱命尚書鞠京師見囚務盡聽察帝又減膳撤懸俄而澍雨大洽

孝明帝神龜二年二月詔曰農要之月時澤弗應嘉穀未納三麥枯悴德之無感歎懼兼懐可勑内外依舊雩祈率從祀典察獄理寃掩骼埋胔冀瀛之境往罹寇暴野死者既多白骨橫道可遣專令收埋賑窮恤寡救疾存老准訪前式務令周備三月甲辰澍雨大洽

後周武帝保定三年五月甲子朔避正殿寢不受朝以旱故也甲戌乃雨

隋文帝開皇二年四月巳酉旱上親省囚徒其日大雨

唐高祖初爲唐王義寧二年三月不雨至四月乃命祈禱掩骼埋胔於是大雨

武德三年自夏不雨至於八月帝齋居稽顙四向拜遺治書侍御史孫伏伽告天地神曰某蒙聖明祐助得爲人主有何殃咎致使炕旱某若無罪使三日内雨某若有罪請殃某身無令兆民受茲饑饉應時大

雨

四年三月帝以旱親録囚徒俄而澍雨

太宗貞觀三年三月旱庚午大赦天下癸酉雨自是赦書所至卅雨便降兆庶以爲異焉

六月終南等數縣蝗帝至苑中見蝗掇數枚而祝之日民以穀爲命而汝食之是害於百姓有過在予一人爾其有靈但當食我無害百姓將吞之侍臣恐致生疾遽諫止太宗日所冀移災朕躬何疾之避遂吞之自是蝗不爲災

十二年正月帝朝於獻陵先是大雨雪及帝入陵院悲號哽咽百辟哀慟是時雪益甚寒風暴起有蒼雲出於山陵之上俄而流布天地晦冥至禮畢帝出自寢宮步過司馬北門泥行二百餘步於是風靜雪止雲氣歇滅天色開霽觀者竊議咸以爲孝感所致焉

五月甲寅帝以旱避正殿自去冬不雨至是令文武官五品以上各上封事極言得失勿有所隱減膳罷役分遣使人賑恤寡乏理囚徒申寃屈司空長孫無忌以旱遜位不許自是澍雨應時歲大稔

十七年六月大旱甲午避正殿減嘗膳丁未雨降百

寮奉賀請復嘗膳御正殿詔從之

二十三年三月自去冬亢旱至是始雨帝謂侍臣曰天生烝民樹之人君以牧養而移時不雨自天亢旱粟麥不成春田未闢朕憂其窘罄無忘於懷將廪給之故不令乏絶耳是日雨降

高宗永徽元年自夏不雨至七月詔在京諸司見禁囚宜並慮過所司精加勘當速即斷決尋而降雨

三年自去年九月不雨至於正月詔避正殿御東廂以聽政仍令尚食減膳至二月壬寅大雨雪乙巳復御兩儀殿南面視事

麟德元年五月丙寅以久旱遣使命禱名山大川避正殿御帳殿丹霄門外聽政凡三日而澍雨

乾封二年春正月丁丑以時旱避殿親録囚徒令所司減膳其日雨降

玄宗先天二年三月甲戌帝以旱親往龍首池祈禱有赤蛇自池而出雲霧四布應時澍雨

開元十三年十一月封禪帝登泰山至齋宮其夕陰雲慘冽勁風四起裂幕折柱寒氣切骨帝露立祈請仰天自誓曰某身有過請即降罰萬人無福亦請某爲當罪應時風止天地清晏日氣和煦及升壇休氣

四塞登高奏樂有祥風自南至絲竹之聲飄若天外及禪社首五色雲見日重輪

十四年六月丁未以久旱分命公卿祭山川己卯河北道及太原澤潞等州皆雨祭地嶽使李嵩上言曰臣至邢州雨降盈尺臣切問野老皆云往十二年春夏大旱六月下旬方始降雨其歲河朔大熟粟斗五錢今年得雨雖晚猶早於前歲百姓欣然咸有秋望臣受命之日祈雨嵩山玉幣未陳明靈已應實陛下至誠玄感先天不違

十七年十一月十六日朝于昭陵掌事者彷彿遥覩

太宗立神殿前及玄宗入寢宮闕室中有謦咳又於寢宮門外設奠以祭陪陵功臣將相蕭瑀房玄齡等數十人如聞其舞蹈之聲

十九年四月己丑侍中裴光庭中書令蕭嵩奏曰頃以春季夏初微愆時澤雖無溥潤尚未爲災臣等親承德音憂勤萬姓虔誠雲漢自結壇場有孚斯感不疾而速則有鶴鳥和鳴油雲杳起未崇朝而四瀆飛灑不終夕而萬里滂沱生靈以之相慶草樹緣而自樂臣等幸參近侍親奉殊祥蹈躍之誠實百常品望宣付史舘從之因詔曰政教不修則陰陽隔併精誠

有感則風雨順時頃自暮春爰涉初夏甘澤未降農務是憂所以親結壇場用伸祈禱豈神聰意達而應不逾時斯實上玄昭鑒之深亦是卿等燮理之効宜加勉勵以答靈心開府儀同三司尚書右丞相宋璟等奏曰近者日永南陸雲密西郊鬱彼炎氣暫愆時雨陛下順天布德憂人在念潔壇菲膳恤獄緩刑故得膏澤應期會旬而至夜良田望歲自公而及私覩其洒液九重雜梅香而共溢含京入水將麥氣而俱清臣等預睹休和叨承需沐手詔曰頃自春涉夏雨未流施勤恤之心切憂農務是用寬刑宥過減膳撤懸責己祈天躬親禱祠上玄垂鑒甘澤應時嘉夏種之不愆佇秋成之有望爰與群公卿士同荷休徵各勉其誠敬承天德

五月壬申京師旱帝親禱興慶池是夜大雨乙亥侍中裴光庭等曰昨二十五日伏見高力士奉宣勑旨親於興慶池投龍祈雨伏以何言者天卑聽以平施惟徵者聖玄感而降祥用能感孚響臻幽贊昭應聖德美利其至矣哉頃西郊徵愆南畝不害遠自河陝已聞沾洽近次咸秦頗未均被而聖情遷軫憂勞日昃降天步禱神池屑然肹響若有從助俯祈萬福之

祐仰叩三靈之心言發而旋雲朝隮神通而甘露降澍人欣華黍之盛物覩由庚之樂不疾之速書契所未聞至誠之感皇王所不載需休之慶曲成羣物況在臣等切倍常情望宣付史舘式彰昭感之美手詔報曰爰自今春時雨愆序切憂農務無忘寢興陝雒兩郊已聞流霔而咸京近縣尚未霑需惆禾黍以疚懷仰雲漢而翹首投龍致祭親禱靈池誓移咎於薄躬庶垂祐於黎獻神道昭著鑒此虔誠甘澤應期嘉生遂性亦是卿等同心燮理勠力謀猷上下咸和致茲休應豐年可望慶慰良深麟鳳飛翔未爲瑞也

七月甲戌以久旱帝親禱於興慶池翼日大雨丙子少府監馮紹正奏曰自夏以來時稍微旱𣆶令臣畫龍刻魚聖躬親用祈禱先天不違油雲欝興甘澤滂降百穀豐就萬物滋成臣忝有司實荷殊慶請宣付史舘以闡皇猷手詔報曰黍稷垂成實滋甘澤既屬久旱懷憂匪寧思拯黎元靡神不禱靈心昭鑒降此休徵覩垂穎之可觀佇大獲之爲慶編之青史良有愧焉

二十四年六月以久旱命河南尹李適之祭嶽瀆祈雨是日澍雨適之奏賀曰聖心纔啓靈貺潛通膏澤

並需罔不滂霈請宣付史舘仍於濟源縣虔脩賽禮手詔報曰道貴以誠神無不應豈朕之先意亦卿之用心川嶽効靈甘霖並洽請行賽禮深得事機宜宣付史舘用依來請

二十八年劍南節度使章仇兼瓊奏曰吐蕃以五月十八日安戎城斷其水路至二十一日城東湧出一泉將夜城南面又湧出一泉軍士飲之不竭侍中牛仙客中書令林甫上表賀曰此城往緣無備權屬吐蕃天威所臨復爲我有而犬戎自送其死且或䟫迷率彼兇徒輙敢違逼城中在昔惟水爲虞雖佇之則多而汲之路斷陛下每憂無物必期靈祐聖心有屬神道玄通遂使拆石流泉分巖瀉液動天地而昭應與造化而同功三軍所資一朝皆足既使無渴之之應益厲忠勇之心剪滅寇戎從此非遠傍稽典策博考禎休以欣以躍實倍嘗品請宣示百寮編諸冊簡帝手詔報曰城之還我乃復其初天意神心自當幽贊克濟軍旅湧出雙泉不假梅林有過疏勒編諸竹帛任卿意焉

天寶四載七月蜀郡上言道士鄧紫虛投龍設醮于江潭有大蛇長一丈自潭遊出文彩五色有異嘗蛇

其上有慶雲紛郁望編諸史冊從之

十四載三月丙戌勅頃緣少雨遍於致祭旋降甘澤實荷靈祇其先令中使祭者別有昭報京兆府比來應有祈請處并畿內名山靈跡並令府縣長官各申賽祭

肅宗乾元二年正月籍田禮畢還大明宮自前年旱冬又無雪禮畢降雪盈尺

代宗廣德二年二月丁亥親拜南郊初上將饗太廟齊之夕歲星爲太白同躔辟而不犯司天臺夏官正徐承嗣上言曰木爲仁君恩於養也金爲義德體其

政也今月四日臣伺候屬輕蒙隱映光跡皙明位揹
東西不盈南北勢凌密近切慮相干陛下展禮齋宮
陰騰又蔽星擬土錯不露其瑕及廟宿精誠天容若
鏡今太白避歲之審二尺有餘昔熒惑守心之明三
退無謬加以禋祀五帝敬告百神是憑法象呈休蒼
生致福偃兵歸馬不遠來期孝理行歌起于茲景事
殊古典應美前書望付史館兼示中外許之
永泰元年七月庚子以旱故禱諸神祠是日雨降盈
尺時京師米價騰貴斛至萬餘錢至是霈澤人心稍
安

德宗興元元年六月戊午帝發興元是日大雨將入
斜谷路嶮峭多在巖石之間議者以為行至谷中若
遇向之甚雨閣道壞絕進退何從咸切憂焉及入谷
之後天象霽朗曾無纖雲以至京師無風雨之虞衆
情欣欣皆謂聖德感通自天祐也
貞元六年四月以旱下詔免減稅戊午澍雨踰旬遠
近霑足
十三年四月自春以來時雨未降正陽之月可行雩
祀遂幸興慶宮龍潭為兆庶祈禱焉忽有白鸕鷀沉
浮水際羣類翼從其後左右侍衛者咸驚異之俄然

莫知所往方悟龍神之變化遂相率蹈舞稱慶至乙
丑果大雨遠近滂沱
憲宗以永貞元年八月乙巳即位於宣政殿受冊先
是順宗寢疾不能言王伾王叔文為學士居翰林通
於內官李忠言宣下詔令韋執誼為宰相奉而行之
天下危懼連月陰雨及定策雨遂止即位之日天氣
清明臣下繇是知天命之有歸矣
元和二年正月辛卯有事於南郊將及大禮陰氣凝
閉浹旬不開羣有司慮降雨雪以不克展禮為懼宰
臣議請改日帝曰郊廟重事吾齋戒有日豈以將有

雨雪而廢乎洎三大禮方享獻之際皆景物澄霽及
鑾輿就次則降微雪大駕將動則又止焉翼日御樓
宣赦纔畢陰雲復結瑞雪盈尺衆情懽悅咸以為聖
心昭感所致
八年二月辛未帝以久旱親祈雨於禁中是夜降霔
霑足
十年正月下制討吳元濟自去年無雨雪至是討元
濟詔下乃雨雪
文宗開成元年二月庚申帝幸龍首池觀內人賽雨
自春少雨帝孜孜憂勤徧禮羣望至是甘澤屢降中

外咸悅帝賦暮春喜雨詩百官咸有屬和
三年正月癸未以旱下詔放逋租及寬刑獄其日大
雨
四年六月戊辰以久旱分命群官徧祠祈禱帝自即
位每歲有微旱即虔誠祈禱至是久旱帝於紫宸殿
對宰臣憂形於色宰臣以星官所奏天時當爾乞無
過勞聖慮帝慄然改容曰朕爲天下主無德及人致
此災旱今又譴見于上若三日不雨當退歸南内更
選賢明以主天下宰臣嗚咽流涕各請罪乞免相位
是夜澍雨大洽

後唐莊宗同光元年四月即位於魏州時正月不雨
至是人心憂恐洎宣赦之夕降雨彌溥耒耜滿野上
下歡康稿苗復茂麥熟倍嘗
明宗初仕莊宗天祐十四年契丹圍周德威於幽州
帝與李存審帥師同討自易州北山而行詰旦微雨
諸將懼雨淋潦帝祝曰彼蒼垂祐國難終平敢希浹
旬旱得晴朗俄而開霽衆心咸悅
天成四年二月甲子車駕歸京宿於中牟縣百官詣
行宮起居各賜酒食上謂侍臣曰麥田稍旱朕以暗
禱祈乙丑屆鄭州雨三日百辟稱賀

長興元年二月甲寅赴南郊壇之齋宮是夜陰雲蔽
空至二鼓微雨帝詔問司天官擇日奏曰聖德動天
百靈斯會即應便止至三鼓雨止星象晴明瞻視如
晝咸以爲盛德感也
末帝清泰元年七月詔曰昨以稍愆時雨慮損嘉禾
朕親赴龍門遍申祈禱甘澤尋降豐稔可期宜令元
差禱雨官各赴祠宇昭賽
漢高祖天福六年初爲太原節度使赴任晉陽大旱
帝入境謂賓從及左右曰吾始衣繡還鄉甚有德色
今一境大旱五稼將枯豈非薄德寡祐而致是邪帝

乃際地設脯醴望山川而禱曰某本生此地濫鎮北
方朝廷差來不敢違旨在上者無德而禄甘速身殃
在下者以食爲天難加衆咎願興雲雨以救焦勞灑
泣致拜其日大雨帝既下車入謁興安王昌寧公廟
每致祈禱顯是境內大稔蓋精誠之所感也是歲天
下飛蝗東距於海西至隴右南極湖湘北越燕薊川
井廬舍無不填滿唯入太原山谷中者皆抱草木而
死時天下蝗亦相繼而死焉但五稼已傷而太原獨
豐人甚異焉
隱帝乾祐元年五月丙辰以久旱幸道宮佛寺禱雨

是日大澍

二年内出宋州所送蝗抱草死者以示羣臣乃命止捕馬差官祭之

周太祖以乾祐二年討李守貞太祖決欲進攻十七日於西砦抽郭崇葉仁魯及手下兵士與東砦軍進攻梯衝砲弩百道齊發俄而西北黑風揚沙晦暝梯衝搖蕩人不能開目太祖令禱河伯祠日吾奉辭伐罪以救黎元兇醜拒張勞兵攻伐神道禍淫合伸冥助風師無狀不祐王師明靈感通速宜止絶如無顯効祠其危乎莫訖而風止

冊府元龜 帝王部 神助 卷之二十六 十九

世宗初節制澶淵凡三載或水旱不時有禱于神祠未嘗不應時而驗顯德四年親征淮南降下壽州還京四月戊午到潁上縣是日大雨先時帝在下蔡日宰臣以時雨稍愆上奏帝曰賊壘已平班師在近雨當不日矣至是果如聖語

神助

夫大人斯興神明鑒德至誠多感惠迪多助肸蠁幽贊顛沛靡失斯自天之孚祐也故有宅心清明發秀岐嶷越在側微之際已彰保定之徵及乎扶義臨戎勞神焦思顧誕靈命率籲衆謀將拯橫流以遏亂畧緜是猛鷙効用靈祇告循冐矢石而如夷視水火而可蹈寒暑爲之易節風雷爲之借勢休應震動蠢類薦祉況乃吉慶先啓聖知獨悟懇激之切至人事之符合者哉

黃帝有聖德初百神朝而使之應龍攻蚩尤戰虎豹熊羆四獸之力以女妭止淫雨 史記云皇帝教熊羆貔貅貙虎以與炎帝戰於阪泉之野

虞舜初居於嬀汭其父瞽瞍嘗欲殺之使舜上塗廩瞽瞍從下縱火焚廩舜乃以兩笠自扞而下去得不死後瞽瞍又使舜穿井爲匿空旁出舜既入深瞽瞍

冊府元龜 帝王部 神助 卷之二十六 二十

與象共下土實井舜從匿空旁出去 舜以權謀自免亦大聖有神人之助也

夏禹初爲司空觀於河有長人白面魚身出曰吾河精也呼禹曰文命治淫授禹河圖言治水之事乃退入于淵

漢高祖初爲漢王二年四月與項羽大戰于彭城靈壁東圍漢王三匝大風從西北起折木發屋揚沙石晝晦 晦暗也 楚軍大亂而漢王得與數十騎遯去

八年冬帝東擊韓王信餘寇於東垣 眞定也 還過趙趙相貫高等陰謀欲殺帝帝欲宿心動問縣名何曰柏

人帝曰柏人者迫於人也去弗宿
宣帝初生數月遭巫蠱事收繫郡邸獄（郡邸獄治天下郡國上計者巫蠱獄繫收繫者衆故寄此獄）連歲不決後元二年望氣者言長安獄中有天子氣武帝遣使者分條中都官獄（中都官京師諸官府也）繫者輕重皆殺之內謁者令郭穰夜至郡邸獄廷尉監邴吉拒閉使者不納曰皇曾孫在他人亡辜死者猶不可況親曾孫乎相守至大明不得入穰還以聞因劾奏吉武帝亦悟曰天使之也因赦天下郡邸獄繫者獨賴吉得生
後漢光武初爲更始大司馬徇河北時王郎移檄購

光武光武趣駕南軒至饒陽晨夜兼行蒙犯霜雪天時寒面皆破裂至虖沱河候吏還曰河水流澌無船不可濟官屬大懼光武令王霸往視之霸恐驚衆欲且前阻水還卽詭曰冰堅可渡官屬皆喜光武笑曰候吏果妄語也遂前北至河河冰亦合乃令霸護渡（堅護度也）未畢數騎而冰解光武謂霸曰安吾衆得濟免者卿之力也霸謝曰此明公至德神靈之祐雖武王白魚之應無以加此（今文尚書曰武王度孟津白魚躍入王舟）光武謂官屬曰王霸權以濟事殆天瑞也進至幃城下乃惶惑不知所之有白衣老父在道旁指曰努力信都郡爲長安守去此八十里（信都郡今冀州也）光武卽馳赴之信都太守任光開門出迎
魏太祖之討張魯魯遣五官掾降帝衞橫山築陽平城以拒王師不得進魯走巴中軍糧盡太祖將還西曹掾東郡郭諶曰不可魯已降留使旣未及衞雖不同攜可攻縣軍深入以進必克退必不免太祖疑之夜有野麋數千突壞衞營軍大驚夜高祚等誤與衞衆遇祚等多鳴鼓角會衆衞懼以爲大軍見掩遂降
晉宣帝爲魏太傅勒兵從闕下趣武庫當曹爽門人逼車住爽妻劉怖出至聽事謂帳下守督曰公在外

今起兵如何督曰夫人勿憂乃上門樓引弩注箭欲發將孫謙在後牽止之曰天下事未可知如此者三帝遂得過去
文帝爲魏相國諸葛誕據壽春叛命築壘圍之初壽春每歲雨潦淮水溢嘗掩城邑故帝之築圍也誕笑曰是故不攻而自敗也及大軍之攻亢旱踰年城旣陷是日大雨壘皆毀
元帝爲左將軍從討成都王穎蕩陰之敗也叔父東安王繇以穎所害帝懼禍及將出奔其夜月正明而禁衞嚴警帝無繇得去甚窘迫有頃雲霧晦暝雷雨

暴至徼者皆弛因得潛出穎先令諸關無得出貴人帝既至河陽爲津吏所止從者宋典後來以鞭策馬而笑曰舍長官禁貴人汝亦被拘邪吏乃聽過至雒陽迎太妃俱歸國

後魏孝文五歲受禪文明馮太后以帝聰聖後或不利於馮氏將謀廢帝乃於寒月單衣閉室絶食三日帝亦無恙

唐高祖初爲唐公大業十三年起義師於太原七月師次霍邑隋武牙郎將宋老生陳兵拒險義師不進屯兵於賈胡堡會霖雨積旬饋運不給高祖患之忽

有白衣老父詣軍門請見曰吾霍山神遣語大唐皇帝若向霍邑當東南傍山取路八月雨止我當助爾破之高祖初哂之遣人東南視地果有微道高祖笑曰此神不欺趙襄子豈當負吾耶八月己卯雨果霽高祖大悦以太牢祭霍山

太宗初討宋金剛賊徒日盛嘗欲覘敵潛軍遠抄騎皆四散太宗與一甲士登丘而睡俄然賊兵四面雲合不知覺也會有蛇逐鼠觸甲士之面甲士驚起因見賊至遽白太宗而俱上馬馳百餘步爲賊所及發大羽箭射之殪其驍將賊騎乃退當時以爲異焉

貞觀十九年征遼五月丙子師次臨遼頓其夕遼水減二尺三軍慶悦咸以爲得天之助

玄宗始三歲封楚王時則天因御高樓抱之眺望誤墜於地左右失聲奔下扶擁帝怡然無虧損之狀則天甚奇之

肅宗母楊太后方娠時玄宗爲太平公主所忌密謂侍讀張説曰用事者不欲吾多息嗣恐禍及此婦人其如之何密令説懷去胎藥而入太子於曲室躬自煮藥醺然似寢夢神人覆鼎既寤如是者三太子異之告説説曰天命也無宜他慮及爲皇太子天寶十

四年安禄山反玄宗幸蜀留太子在後宣慰百姓賊師追至渭便橋已斷渭水初漲又無舟檝太子於水濱號令百姓願從者三千餘人因而涉渡而南遇潼關散卒誤以爲賊與之戰士多傷敗收其餘衆濟渭而北太子過渭之後渭水之漲隨馬跡而高丈餘追者盡溺衆心大喜以爲聖感帝行至豐寧南見大河天塹之固欲整軍北渡將詣豐寧忽大風飛沙礫數步之間不辨人馬緣是廻軍東趣靈武風沙頓止天地廓清

乾元三年正月甲申元帥奏於河陽陝東大破賊文

武百官奉表稱賀曰伏見元帥行營露布伏承官軍
大破逆賊二千餘衆兼燒浮橋柵壘等悉皆蕩盡陝
東大破兇徒斬及生擒甚衆又見中書門下牒河陽
橋頭因河陵衝突連艦偏斜昨一軍吏夜聞橋下鬧
見有神人云我是毗沙門天王爲國家正此橋柱及
平明橋忽正又勝州已北百姓數千人忽見兵馬極
衆與百姓索食其中有人云我是張韓公及王忠嗣
領此兵馬爲國討賊不日當太平百姓陳祭訖須臾
不見此皆聖德所感人神合符靈應昭然今古未有
者臣聞聖人者與天地合德日月齊明神祇告休山

川輸貺雖五兵暫阻而七德肇脩伏惟乾元大聖先
天文武孝感皇帝陛下眷德昭融文思光被道冲玄
漠德同淵明三靈貢珍百神効職頃者兇徒未殄侵
軼京師東郊不開尚稽大討幽明增憤動植未康固
得天祇護衆神兵敵陣喧聲夜發狀若搆於黿鼉靈
契昭然威德清於蚊蚋三軍盡覩百姓咸觀此實止
戈之先兆也及師出交懐一戈而羣兇塗地兵臨分
陝再戰而餘孽殄殲擒元惡而詰彼兇殘焚賊橋而
斷其歸路莫不覩兵勢以偏寘聞軍聲而畏威撲滅
之期於斯見矣此則天時人事斷在目前睿筭神功
致之度內皆經籍未載古今罕聞者也詔曰朕爲人
父母時屬艱虞東夏不康近郊多壘除妖撲燎戎馬
交馳父出夫行征徭未息蓬頭汗甲今已累年憂我
人斯寢興誠切達精誠於天地委長策於廟堂宗社
假靈王師克勝殘逆窮搏聚而相持造舟橫河樹柵
憑岸一鼓齊進應時殲蕩陝東連捷吉語驟來平賊
安人指期可待自古王者得神以興城梁不假於人
功士馬或稱於幽贊休徵斯在靈應不違凡百具寮
相同慶慰

敬宗寶曆元年正月乙卯命中使張宗肇持緋衣賜

長安縣主簿鄭翦翦時主役太清宮御院忽於院前
西序見一白衣老人云此下有井正直皇帝過路汝
速實之不然罪在不測翦惶遽領役人視之其處已
陷數尺發之則一古井宛然驚顧之際已失老人所
在翦遂告功德使以聞帝歸至宮宰臣及供奉官於
馬舞蹈稱賀時有詔命翰林學士韋處厚紀述以表
其異

後唐武皇初爲河東節度使追黄巢至于曹州班師
過汴汴帥朱溫迎勞於封禪寺請帝休於府第乃以
從官三百人及監軍使陳景思館於上原驛是夜張

樂陳宴席汴帥自佐饗出珍幣侑勸帝酒酣戲諸侍妓與汴帥握手叙破賊事以爲樂汴帥素忌帝乃與其將楊彥洪密謀竊發彥洪於巷陌連車樹柵以扼奔竄之路時從官者皆醉俄而伏兵竊發來攻傳舍武皇方大醉噪聲動地從官十餘人捍賊侍人郭景銖滅燭扶帝以茵幕裹之匿於床下以水洒面徐日汴帥謀害司空帝方張目而起引弓抗賊有頃煙火四合復大雨震電帝得從者薛鐵山賀回鶻等數人而去雨大如不辨人物隨電光登尉氏門縋城而出得還本營

明宗初爲邢州節度使從莊宗南伐次胡柳陂前軍周德威爲輜重所撓一軍不利莊宗以中軍戰勝兩軍勝負相半而左馳右趣皆無部伍或號曰晉王渡河而北矣日晡晚帝與末帝相失軍無所止河冰初解以無舟檝帝泣曰吾兒安在吾王安歸身世盡于斯矣是夜大寒雪深盈尺兵士凍死者衆河冰有復合處帝試踐行可渡不旋踵而冰觧繼行者陷矣是夜帝得渡宿先鋒砦翼日莊宗遣內官訪帝時已獲土山之捷矣軍聲復震

晉高祖後唐應順末自河東改鎮常山承詔詣闕會少帝失位與數百騎欲奔鄴夜與少帝相遇護嘉東遂俱入衛邸泊郵舍中時劉諱即漢高祖也從行是夜偵知少帝伏甲欲與從臣謀害晉高祖詐屏人對語方坐於亭廡劉諱密遣御史石敢袖鎚立於後伏甲者俄起左右驚擾敢素有勇力擁晉高祖入一室以巨木塞門敢力當其鋒尋死焉劉諱乃解所佩刀隔窓授晉高祖既出有數卒逐劉諱劉諱時無佩刀遇夜晦以在地葦炬未燃者奮而擊之人謂其短兵也遂敗走帝乃匿身長垣下隔垣聞人相告云石太尉已死矣即晉高祖也劉諱審其語則帝所親驍將李洪信也

劉諱因請而召之曰石太尉無恙給是坎垣求出其垣劃然頽落有神助焉劉諱乃與洪信合衆護晉高祖殺建謀者以少主授刺史王引贊晉高祖乃能脫難赴闕

漢高祖即位初自晉赴維次絳郡有司奏置頓厄口鎮帝曰地名稍惡安可宿之朕記此別有好路乃遣人導之果坦夷而至于聞喜縣有從騎褰馳踩厄口者多爭路墮於絶壑從臣嘆曰昔高皇帝避柏人之名其智若神我帝惡厄口而入聞喜何千載之暗合耶

周太祖初爲漢侍衛馬步軍都指揮使乾祐中圍李守貞于河中府攻城日大風帝祝於河神而風止及守貞將敗帝夢河神告曰勿攻擊七月下旬上帝滅其族果如其言及北征至澶州驛亂軍逼帥登城樓令王峻慰諭之曰河氷已解浮橋難立如何南濟衆亦憂之其夜西北風裂凝凍比晡旦津吏報氷堅可渡步騎踐氷而行堅如鐵石未午軍人渡絶衆謂之淩橋其日將夕津吏報曰氷橋泮矣

廣順二年五月親征慕容彥超于兗州是月十三日至城下賊尚拒守十七日晝寢夢內養德兒引道士

一人進書卷首云車駕來月二日還京其下文字絶多不能盡記既寤以夢示宰臣又四日而城拔六月二日離兗州是日大雨城下行營水深數尺其日晩至中都縣太祖笑謂侍臣曰今日若不離城下則當爲水潦所溺矣

世宗顯德元年三月親征河東大敗賊軍初兩軍之未整也風自東北起不便於王師及與賊軍相遇風勢斗迴人情相悅

册府元龜

冊府元龜
巡按福建監察御史臣李嗣京　訂正
知長樂縣事臣夏允彝　參閱
知建陽縣事臣黃國琦　較釋
帝王部二十七
孝德
夫德教加于百姓刑于四海者天子之孝也若乃總
制區宇尊居宸極至性內發玄化潛運率土之濱民
德歸厚矣其或在田處晦祇載之德巳隆膺期撫運
奉養之誠彌竭至於逮事靡及追懷罔極因心創鉅

時思永感哀動左右風化天下傳曰君子篤於親則
民興於仁蓋聖人之教不肅而成不嚴而治繇茲道
也
帝舜側微堯聞其聰明將使嗣位乃曰咨四岳朕在
位七十載汝能庸命巽朕位岳曰否德忝帝位曰明
明揚側陋師錫帝曰有鰥在下曰虞舜帝曰俞予聞
如何岳曰瞽子父頑母嚚象傲克諧以孝烝烝乂不
格姦帝曰我其試哉女于時觀厥刑于二女釐降二
女于媯汭嬪于虞帝曰欽哉其後益贊于禹曰帝初
于歷山往于田日號泣于旻天于父母負罪引慝祇
載見瞽瞍夔夔齋慄瞽瞍亦允若慝惡載事也夔夔慄懼之貌言舜負
罪引慝敬以事見于父悚懼齋莊父亦信順之言能
以至誠感頑父又按史記曰舜母死父瞽瞍更娶妻
而生象瞽瞍頑母嚚弟象傲嘗欲殺舜舜避逃及有
小過則受罪順事父及後母與弟象日以篤謹匪有
懈順適不失子道兄弟孝慈欲殺不可得年二十而
以孝聞三十而帝堯問可用者四嶽咸薦虞舜曰可
於是堯乃以二女妻舜以觀其內九男與處以觀其
外居媯汭內行彌謹堯二女不敢以貴驕事舜親戚
甚有婦之道堯九男皆益篤堯乃賜舜絺衣與琴爲
築倉廩予牛羊瞽瞍尚復欲殺之使舜上塗廩瞽瞍
從下縱火焚廩舜乃以兩笠自扞而下得不死後瞽
瞍又使舜穿井爲匿空旁出舜既入深瞽瞍與象共
下土實井舜從匿空旁出去瞽瞍象喜以舜爲必死
象曰本謀者象象與父母分於是日舜妻堯二女與
琴象取之牛羊倉廩予父母象乃止舜宮居鼓其琴
舜往見之象愕不懌曰我思君正鬱陶舜曰然爾其
庶矣舜復事瞽瞍與象彌謹年五十攝行天子事六
十一代堯踐帝位載天子旗往朝父瞽瞍夔夔唯謹

如子道封弟象爲諸侯又按孟子曰人少則慕父母
知好色則慕少艾有妻子則慕妻子仕則慕君不得
於君則熱中大孝終身慕父母五十而慕者予於大
舜見之矣熱中謂心熱恐懼又中庸篇載舜其大孝
也與德爲聖人尊爲天子富有四海之內宗廟饗之
子孫保之劉向新序載昔者舜自耕稼陶漁而躬孝
友父瞽瞍頑母嚚及弟象傲皆下愚不移舜盡孝道
以供養瞽瞍與象爲浚井塗廩之謀欲殺舜舜孝益
篤出田則號泣年五十猶嬰兒慕可謂至孝矣故耕
於歷山歷山之耕者讓畔陶于河濱而陶者器不若
宸漁於雷澤雷澤之漁者均分及立爲天子化蠻夷
率服北發渠搜南撫交趾莫不慕義麟鳳在郊故孔
子曰孝悌之至通于神
明光于四海舜之謂也
商高宗宅憂亮陰三祀陰默也居憂信默三年不言又按論語曰高宗諒陰三年
不言
周文王之爲世子朝於王季日三三皆日朝以其禮同雞初鳴

而衣服至於寢門外問内豎之御者曰今日安否何
如（内豎小臣之屬掌内外之通命者御如今小使直日矣）内豎曰安文王乃喜（莫久孝子當兢兢）及日中又至亦如之及莫夜又至亦如之（也）其有不安節則内豎以告文王文王色憂行不能
正履（節謂居處故事履蹈地也）王季復膳（飲食安也）然後亦復初（解憂）食
上必在視寒煖之節（在察也）食下問所膳（問所食者）命膳宰
曰末有原應曰諾然後退（末猶無也原再也勿有所再進爲其失飪臭味惡也退反其寢）
武王初爲太子文王有疾武王不脱冠帶而養（言常在側）
文王一飯亦一飯文王再飯亦再（欲知氣力箴藥所勝）旬有二

日乃間（間瘳也禮記中庸篇曰子曰武王周公其達孝矣乎夫孝者善繼人之志善述人之事者也）
漢高祖居長安太上皇思欲歸豐高祖乃更築城寺
市里如豐縣號曰新豐乃徙民以充實之
文帝居代時薄太后嘗病三年帝不交睫解衣湯藥
非口所嘗弗進
後漢明帝永平七年皇太后陰氏喪帝性孝愛追慕
無已十七年正月當謁原陵夜夢先帝太后如平生
歡既寤悲不能寐卽案曆明旦日吉遂率百官及故
客上陵其日降甘露於陵樹帝令百官采取以薦會
畢帝從席前伏御牀視太后鏡奩中物感動悲涕令
易脂澤裝具左右皆泣莫能仰視焉
章帝母賈貴人明帝爲太子以選入宫生帝而明德
馬太后無子明帝命太后養之謂曰人未必當生子
但患愛養不至耳后於是盡心撫育勞悴過於所生
章帝亦孝性淳篤恩性天至母子慈愛始終無纖介
之間建初三年帝饗士于南宫因從太后周行掖庭
池閣乃閲陰太后舊時器服愴然動容乃命留五時
衣各一襲及帝所御衣合五十篋餘悉分布諸王主
及子孫在京師者各有差特賜東平王蒼及瑯琊王

京書曰中大夫奉使親聞動靜喜之何已歲月騖過
山陵寖遠孤心悽愴如何如何間饗衞士於南宫因
閱視舊時衣物聞於師曰其物存其人亡不言哀而
哀自至信矣惟王孝友之德亦豈不然今送光烈皇
后假紒帛巾各一緻衣一篋可時奉瞻以慰凱風寒
泉之思又欲令後生子孫得見先后衣服之製今魯
國孔氏尚有仲尼車輿冠履明德盛者光靈遠也其
光武皇帝器服中元二年已賦諸國不敢復送
魏明帝追尊母文昭甄后初營宗廟掘地得玉璽方
一寸九分其文曰天子羡思慈親明帝爲之改容以

太牢告廟又嘗夢見后於是差次舅氏親疎高下敘用各有差

晉景帝居母宣穆張皇后喪以孝聞

武帝泰始二年八月詔曰此上旬先帝棄天下日也便已周年吾煢煢當復何時一得敘人子之情邪思慕煩毒欲詣陵瞻視以盡哀憤主者俱行備太牢安平王孚尚書令裴秀尚書僕射武陔等奏陛下至孝烝烝哀思罔極衰麻雖除哀毀蔬食有損神和秋節尚有餘暑謁建山陵悲感摧傷群下竊用竦息以為宜降抑聖情以慰萬國詔曰孤煢忽爾日月已周痛

慕摧感永無逮及欲奉瞻山陵以敘哀憤體氣自佳耳又已涼便當行不得如所奏也主者便具行備又詔曰漢文不使天下盡哀亦帝王至謙之志當見山陵何心而無服其禮以衰絰行秀等重奏曰臣聞上古喪期無數後世乃有年月之漸漢文帝隨時之義制為短喪傳之於後陛下社稷宗廟之重萬方億兆之故既從權制除衰麻群臣百姓吉服今者謁陵以敘哀慕若加衰絰進退無當不敢奉詔詔曰亦知不在此麻布耳然人子情思為欲令哀喪之物在身蓋近情也群臣自當按舊制秀等又奏曰臣聞聖人制作必從時宜故五帝殊樂三王異禮此古今所以不同質文所以迭用也陛下隨時之宜既降心克己俯就權制已除衰麻而行心喪之禮今復制服義無所依若君服而臣不服亦未之敢安也参議宜如前奏詔曰患情不能跂及耳衣服何在諸君勤勤之至豈苟相逵四年帝母文明王皇后喪合葬崇陽陵將還祔帝手疏后德行命史官為哀策初居文帝喪帝雖從漢魏之制既葬除服而深衣素冠降席撤膳哀敬如喪者有司奏改服進膳不許遂禮終而後復吉皇太后喪有司奏前代故事倚廬中施白縑帳蓐素牀布巽巾匄草鞋葦板輿細犢車皆施縑裹詔不聽但令

以布車而已其餘居喪之制亦如禮文有司又奏大行皇太后當以四月二十五日安厝故事虞著衰服既虞而除其內外官寮皆就朝晡臨位御除服訖各還所次除哀服詔曰夫三年之喪天下之達禮也受終身之愛而數年之服奈何葬而便即吉情所不忍也有司又奏世有險易道有汙隆所遇之時誠有繇然非禮也方今戎馬未散王事至殷更須聽斷以熈庶績昔周康王始登翊室猶戴冕臨朝降于漢魏既除葬釋諒闇之禮曰遠代而廢矣惟陛下割高宗之制從當時之宜敢固以請詔曰攬省奏事益增感劇夫三年之喪所以盡情致禮葬已便除情所不堪豈當然耳且今思存草土卒嘗以吉奪之乃所以重傷至心非見念也每代禮典質文皆不同此身何為限以近制使達喪闕然乎羣臣又固請帝流涕久之乃許文帝崇陽陵先開一日遣侍悴宮又遣將軍校尉當直尉中監各一人將殿中將軍以下及帝時左右嘗給使詣陵宿衛

明帝性至孝太寧元年二月葬元帝於建平陵帝徒

跣至陵所

康帝卽位咸康八年七月丙辰葬成帝於興平陵帝親奉奠於西陛旣發引徒行至閶闔門外素輿至于陵所

建元元年四月有司奏成帝山陵已一周請改素服御進膳如舊壬寅詔曰禮之降殺因時而寢興誠無嘗矣至於君親相準名教之重莫之改也權制之作蓋出近代雖曰適事實弊薄之始先王崇之後世猶怠而况因循又從輕降義弗可矣

簡文帝爲琅琊王年七歲鄭夫人甍帝號慕泣血固

請服重元帝哀而許之

孝武帝將以散騎常侍領著作郎吳隱之爲黄門郎以隱之貌類簡文帝乃止

後魏明元道武長子也初封齊王帝母劉貴人賜死道武告帝曰吾遠同漢武爲長久之計帝素純孝哀泣不能自勝道武怒之帝還宮哀亦不自止日夜號泣道武知而又召之帝欲入左右曰孝子事父小杖則受大杖避之今陛下怒盛入或不測陷帝於不義不如且出待怒解而進不晚也帝懼從之

大武明元長子帝生不逮母密太后及有識言則悲慟哀感傍人明元聞而喜及明元不豫衣不解帶

孝文幼有至性年四歲獻文曾患癰帝親吮膿五歲受禪悲泣不能自勝獻文問之帝曰代親之感內切於心獻文甚嘆異之及居祖母文明太皇太后喪勺飲不入口五日毀慕過禮五日不食中部曹楊椿進諫曰陛下至性孝過有虞居哀五朝水漿不御羣下惶灼莫知所言陛下荷祖宗之業臨萬國之重豈可同匹夫之至節以取僵仆且聖人之禮毀不滅性縱陛下欲自賢於萬代其若宗廟何帝感其言乃進粥已逾朞月毀瘠猶甚司空穆亮表曰王者居極至尊

至重父天母地懷柔百靈是以古先哲王制禮成務施政立治必順天而後動宣憲垂範必依典而後行用能四時不忒陰陽和暢若有過舉咎徵必集故大舜至慕事在納麓之前孔子至聖喪無過瘠之紀堯書稽古之美不録在服之痛禮備諸侯之喪而無天子之式雖有上達之言未見居喪之典然則位重者爲世以屈己居聖者達命以忘情伏惟陛下至德參二儀惠澤覃河海宣禮明刑動遵古式以至孝之痛服期年之喪練事既闋號慕如始統皇極之尊同衆庶之制廢越紼之大敬闕宗祀之舊軌誠蹶文明太

皇太后聖畧超古惠訓深至欲報之德昊天罔極比之前代戚爲過甚豈所謂順帝之則約躬隨衆者也陛下既爲天地所子又爲萬民父母子過哀父則爲慘悴父過戚子則爲憂傷近蒙接見咫尺旒冕聖容哀毁駭感群心書稱一人有慶兆民賴之一人過哀黎元焉繫群官所以顛殞震懼率土所以危惶悚慄百姓何仰而不憂嘉禾何由而播植願陛下上承金冊遺訓下稱億兆之心時襲輕服數御甞膳脩崇郊祠垂惠咸秩輿駕時動以釋憂煩慱採廣諮以尊性氣息無益之戀行利見之德則休徵可致嘉應必臻

冊府元龜　帝王部　孝德　卷之二十七　九

禮教必宣孝慈兼備普天蒙賴含生幸甚詔曰苟孝悌之至無所不通今飄風亢旱時雨不降寔繇誠慕未濃幽顯無感也所言過哀之咎諒爲未衷省啓以增悲愧及再周忌日哭於陵前絶膳二日哭不輟聲先是太后葬於永固陵中反虞於鑒玄殿詔曰遵旨從儉不申罔極之痛稱情允禮又損儉訓之德進退思惟信用摧感又山陵之節亦有成命內則方丈外裁掩坎脫於孝子之心有所不盡者室中可二丈墳不得過三十餘步今以山陵萬世所仰復廣爲六十步孤負遺旨益以痛絶其幽房大小棺槨質約不設明器至于素帳幔茵瓷瓦之物亦皆不置此則遵先志從冊令奉遺事而有從有違未達者或以致怪梓宮之裏玄堂之內聖靈所止是以一一奉遵仰昭儉德其餘外事有所不從以盡痛慕之情其宣示遠近著告羣司上明儉誨之德下彰違命之失及卒哭孝文服縗近臣從服三品以下外臣衰服者變服就練七品以下盡除即吉設祔祭於太后殿公卿以下始親公事帝毁瘠絶酒肉不御者三年初帝孝於太后乃於永固陵東北里餘營壽宮遂有終焉瞻望之志及遷雒陽乃自表瀍西以爲山園之所而方山虛宮

冊府元龜　帝王部　孝德　卷之二十七　十

號曰萬年堂云太和十六年九月辛未帝哭文明太后於陵左終日不絶聲幕越席爲次侍臣侍哭壬申帝以忌日哭於陵左哀至則哭侍哭如昨帝二日不御膳癸酉朝中夕三時哭拜於陵前夜宿鑒玄殿是夜撤次甲戌帝拜哭辭陵還永樂宮

前廢帝諱恭字脩業廣陵惠王羽之子少端謹有志度事祖母嫡母以孝聞

後周武帝建德三年三月帝居皇太后叱奴氏喪處倚廬朝夕共一溢米羣臣表請累旬乃止詔皇太子贇總釐庶政五月庚申葬文宣皇后於永固陵帝袒跣至陵所辛酉詔曰齊斬之情經籍彝訓近代沿革遂亡斯禮伏奉遺令既葬便除攀慕几筵情實未忍

三年之喪達於天子古今無易之道王者之所嘗行但時有未諧不得全制軍國務重須自聽朝縗麻之節苫廬之禮率遵前典以申罔極百寮以下宜依遺令公卿上表固請俯就權制過葬卽吉帝不許引古禮答之群臣乃止於是遂申三年之制五服內亦令依禮

隋高祖初仕後周爲大將軍遇皇妣寢疾三年晝夜不離左右代稱純孝開皇十七年九月謂侍臣曰禮主於敬皆當盡心黍稷非馨貴在祗肅廟廷設樂本以迎神齋祭之日觸目多感當此之際何可爲心在

路奏樂禮未爲允群公卿士宜更詳之遂下詔自今巳後享廟日不須備鼓吹殿廷勿設樂懸仁壽二年詔曰哀哀父母生我劬勞欲報之德昊天罔極但風樹不靜嚴敬莫追霜露既降感思空切六月十三日是朕生日宜令海內爲武元皇帝元明皇后斷屠

唐高祖武德八年七月群臣食於御前果有蒲桃侍中陳叔達執而不食帝問其故對曰臣母患口乾永不能治欲歸以遺母帝曰卿有母可遺乎遂流涕嗚咽久之乃止賜物百段帝性至孝初葬元貞太后時遇祁寒跣行二十餘里足皆流血毀頓之極哀感行路言及二親未嘗不流涕有得時珍及諸方異膳必先薦享而已方食

太宗貞觀二年八月帝以軍國無事每日視膳於西宮三年正月戊午帝有事於太廟至太穆皇后神主悲慟嗚咽伏地不能興侍衞者莫不歔欷先是帝在髫齓穆后於諸子之中獨所鍾愛自穆后寢疾朝夕侍側不解衣冠所進湯藥必先嘗之及丁穆皇后憂毀瘠三年杖而能起卽位後幸隴州經慶善宮歔欷謂侍臣曰此朕生處朕之胞見在宮裏慈顏緬邈無可復追生育之恩不知何以上報因舉聲號慟悲不

自勝在位者莫不嗚咽及還至宮享后於正寢後數歲下詔爲后建福佛寺於京師初起作之夜帝夢見后侍奉若平生既寤悲感流涕達旦因下詔爲后於寺盡京城僧尼設齋追福焉

四年六月高祖不豫帝廢朝視藥膳於大安宮如家人之禮辛卯有瘳百寮稱慶詔曰書不云乎一人有慶兆民賴之朕虔奉大安愛敬崇極日嚴之養祗懷斯在近日聖躬違豫寢膳有虧憂懼有懷不遑寧處博求醫術備盡翦療祈告明靈具陳懇篤上玄降福遂蒙昭祐應於康愈萬福咸宜慶幸之隆實兼家國

思班愷樂洽于卿士然而尚齒興孝德教所先饗餼
是加義超嘗等諸州都督刺史及文武官老人八十
以上并孝旌表門閭者並宜節級賜物以申饗宴應
使萬國之內同此歡心施於四海皆知朕意八年三
月高祖讌於兩儀殿顧長孫無忌曰當今蠻夷率服
古未嘗有無忌對日陛下以神武定天下付屬得人
萬國乂安四夷賓服臣實不勝幸甚謹上千秋萬歲
壽高祖大悅以酒賜帝帝奉觴上壽流涕而言日百
姓獲安四夷咸服皆奉遵聖旨豈臣之力也於是帝
與文德皇后亙進御膳并上服御衣物皆珍寳奇異

又上珍寶巾子皇后執櫛理鬢手自冠焉因言至尊
年高髮白都盡帝與皇后皆流涕蒸蒸就養一同家
人常禮高祖亦喜形於色群臣瞻奉莫不內懷感悅
十三年正月帝朝於獻陵至小次降輿號哭入闕門
西面再拜慟絕不能興禮畢改服入于寢躬親執饌
閱高祖及先后服御之物匍匐牀前悲慟左右侍御
者莫不歔欷會要又載初甲辰之夜大雨雪及帝入陵悲號哭咽百辟哀慟有蒼雲出於丘陵之上俄而流布天地晦冥禮畢帝出自寢宮步過司馬門泥行二百餘步於是風靜雪止天色開霽咸以爲孝感之所致焉
十四年五月丁酉帝追感高祖先后同忌此月不御
酒肉
十六年十二月令左監門中郎將齊士員將兵衞獻
陵帝召士員至望見而降殿自悲咽不已謂從官日
項屬歲陰道暮情深罔極所備新衣珍饌欲以正旦
奉薦園陵朕若親行便勞扈從三元告始家有吉凶
慶慰之禮咸重茲日朕不欲勞人乃自抑止因命江
夏王道宗代行所獻之物帝並跪授道宗焉
十七年七月癸巳司空房玄齡給事中許敬宗著作
佐郎敬播上所撰高祖并當朝實録各二十卷帝遣
諫議大夫褚遂良讀之於前始讀至帝初生祥瑞遂

感動流涕日朕於今日富有四海追思膝下不可復
休因悲不息命令收卷
二十年十二月癸未帝謂司徒長孫無忌等曰今日
吾之生日俗云生日可嘉樂於吾之情翻成感思君
臨天下富有四海而追求侍養永不可得仲由懷負
米之恨則吾情也因泣下數行群臣並皆掩淚
高宗爲晉王始年九歲居長孫皇后喪哀慕不能自
勝太宗嘗加慰撫繇是特深寵異貞觀十六年立爲
皇太子十九年太宗親征遼左命太子於定州監國
將發太子悲啼數日因奏請飛驛遞表起居又請遞

勑垂報並許之飛表奏事自茲始也每聞太宗親臨賊城不踰百步中宵不寐達旦銜涕因上表曰願收靁霆之威駐矢石之外惴惴愚誠敢以庖請及師旋太子從至并州時太宗患癰太子親吮之扶輦步從者數日既至京師太宗氣疾發動乃於北闕餌藥令太子總攝機務每日聽政於東宮罷朝復謁寢門視膳不離左右

二十三年從幸翠微宮太宗苦痢增劇太子侍疾旬日之間髮有變白者太宗泣曰吾聞古之孝者不過文王汝今數日不食晝夜不離吾側口嘗湯藥盛年

鬢則變白汝之孝敬過文王矣吾雖殞沒亦無所恨及太宗靈駕將引帝號叫自投於地扳轀車哽慟摧裂大軍悲哭不能自勝

永徽二年四月巳丑以將忌月令有司進素食太嘗停教終于五月自三年喪畢朔望未御正殿百寮上表請乞九月辛卯始御太極殿自此每五日一度太極殿視事十一月辛酉親祀南郊黄門侍郎宇文節奏言依儀明日朝群臣陳樂懸請奏九部樂帝曰被甲而舞者情不忍觀所司更不宜設言畢慘愴久之初太宗在藩樂工為秦王破陣樂舞以歌用兵之妙貞觀初以為武舞每讌享奏樂必陳之至是停於殿廷所作而所司依前習之三年正月丙子親祠太廟及布幣祼獻至太宗神座俯伏感慟悲不自勝侍衛者皆歔欷莫能仰視

六年春正月壬申朔親謁昭陵文武百寮及宗室子孫並陪位帝降輦易服行哭就位再拜擗踊禮畢又改服奉謁寢宮其崇聖宮妃嬪太長公主以下及越趙二國太妃等先於神位左右侍列如平生帝入寢哭踴絶於地進至東階西面再拜號慟久之乃進太牢之饌加珍饈具品引太尉無忌司空勣越王福曹

王明左屯衛大將軍陳知節並入執爵進俎帝至神座前拜哭奠饌閲先帝先后衣服拜辭訖行哭出寢北門乃御小輦還行宮

中宗為皇太子大定元年從則天幸京師時屬凝寒親捧天后足步從一里餘天后大悅下制褒美宣付史官二年正月欲躬侍則天皇后靈駕以赴山陵百官固諫乃止有司以則天皇后服滿三十六日請帝及百寮並從權制改服慘服帝不許竟服衰麻唯公卿以下聽服慘服帝自居諒闇令所司唯進倉米薄粥豆盧欽望以帝素有氣疾請少加一薑桂上表曰

臣聞孝子居喪朝一溢米暮一溢米食之無筭或粥或飯不能食粥者飯羮以菜可也又曰五十不致毁又曰喪有疾食肉飲酒加以薑桂又曰若不勝喪乃比於不慈不孝孝經曰毁不滅性此聖人之教也竊以兩溢之米欲滿大升或爲飯粥隨性所嗜羮以助食年至五十不合致毁素有疾又加酒肉食味不美調以薑桂此乃聖人制禮原父母之情不欲令孝子病毁不勝哀痛也自古聖人制禮如此殷勤大行則天遺制如此曁至今陛下三日視事聽覽萬機群臣性命仰陛下存活三聖基業待陛下興隆伏惟聖年

已登五十陛下緑在房州先患脚氣今在衰苦舊患更發又自今月二日已來唯令進倉米薄粥臣下驚恐不勝惶懼但倉米陳臭天下共知食即動氣奈何陛下以五十之年抱積久之患奉累聖之緒承遺制之托上事宗廟社稷下養赤子蒼生故食動病之倉米不遵遺令之教訓陛下縱自輕性命其奈七廟何其奈萬姓何臣等痛切之至謹述先聖制禮大行遺制伏乞少進美膳加以薑桂即望聖體稍和舊患漸損制不許

玄宗開元五年十二月已丑勑令在暹密又遇忌辰起今日後至來年正月上旬以來竝進蔬食所司准式此限内仍令都城禁屠殺

十七年十一月謁橋陵帝望陵涕泣哀感左右升奉先縣爲赤縣以所管萬三百戶供奉陵寢

肅宗至德二年十二月丙午玄宗自蜀至帝至望玄宮奉迎玄宗御宮南樓以俟之帝望樓辟易下馬趨進樓前再拜蹈舞稱賀玄宗下樓帝匍匐捧玄宗足涕泗嗚咽不能自勝扶玄宗升殿尚食每進一味帝皆嘗然後進飛龍御馬帝親選試然後進御玄宗上馬秉轡帝攏馬行數步玄宗止之而後退玄宗謂

左右曰吾享國以來未知貴也今見吾子爲天子乃知貴也左右皆呼萬歲帝嘗避馳道執鞭弭導引玄宗自開遠門至丹鳳門連栅夾道兵馬旗幟熠燿都邑耆老緇黄垂泣蹈舞皆曰不圖今日天下再安復覩二聖御人士女觀者萬億計繇丹鳳門入大明宮内外文武百寮先俟於含元殿前以班序立玄宗御殿扇開左相苗晉卿右僕射裴冕等奉賀蹈舞呼萬歲玄宗親慰百寮皆感咽帝累奏請辭位居東宮玄宗固不許又使高力士再三諭旨乃奉旨焉乾元元年四月戊辰帝進太上皇燒丹竈詔曰孝感之極通

於神明傳於前史跡罕彰灼今日之事不其效歟吾比年服藥物比爲金竈煮煉石英自經冦戎失其器用前日晚際思欲修營一昨早朝遽聞進奉有同符契若合神明此乃汝之因心測吾之本意豈惟此度前後非一則知惟睿作聖惟德動天再闢寰區重會父子付托之際古今未聞色養之勤書册不載寵庥嘉歎深慰于懷宜頒示天下宜付史館帝上表謝曰臣伏奉恩命以臣所進藥器深合天心伏蒙特垂褒美令頒示天下臣幸以非才叨膺寶曆聖慈曲眷每事憂兢至於孝養之宜臣子常禮先意承旨務達微誠

不期進奉之時偶合聖旨寧謂至誠能感事近前知以臣孝旣繇衷物自冥應特加獎飾許載縑緗在臣下情彌增愧悚詔曰王者域中之尊孝者天下之本稟而成務厚莫重焉而應物以和奉親以愛繇衷而擧有感必通若不動於神明豈能比於符契且匹夫之績尚銘於鼎彝況天子之孝不刋於縑緗故欲昭宣示於中外垂芳於來葉光我國典也十一月玄宗幸華清宮還帝至灞上迎候下馬趨進百餘步再拜舞蹈前抱玄宗足玄宗撫帝背帝又控轡行數十步有命乃止

上元元年七月殿中監李輔國矯詔自興慶宮移太上皇於大内帝更選擇後宮及上皇素所愛幸并妓樂百餘人令於西宮備灑掃又有詔令萬安咸宜二長主侍養上皇至於服御饌食窮以珍奇視膳問安加於常日異方進獻先到西宮國之大事咨之可否然帝從此怏怏成病常涕泣不樂每西宮朝見嗚咽不能自勝侍臣感動天下稱孝繇此常欲誅輔國會疾甚竟不行

憲宗元和二年春正月庚寅朝享於太廟初次諸室帝皆盡于誠敬至德宗順宗室流涕嗚咽若不自勝

侍臣及擧册官皆相顧感泣

穆宗長慶元年正月庚子享太廟至順宗憲宗二室歔欷流涕侍臣從官皆感動

文宗孝義天然太和中太皇太后居興慶宮寶曆太后居義安殿皇太后居大内（太后憲宗懿安郭后也寶曆太后穆宗恭禧王后皇太后穆宗貞獻蕭后也王后生敬宗蕭后生文宗）時號三宮三太后帝五日參拜四節獻賀皆繇複道至南内開成中正月望夜帝於咸泰殿陳銀燭奏仙部樂三宮太后俱集奉觴獻壽如家人禮諸親王公主駙馬戚屬皆侍宴凡膳饈珍果蠻夷奇貢獻郊廟之後奉三宮而後進御

帝嘗以宗廟祭器朽故不修丁寧言於宰臣因令郡縣有爲漆器處精造以進旣而江南諸道有以新祭器奏到有司遽將呈貢上斂容令陳於別殿具冠而閱之有頃歔欷而退

後唐莊宗初嗣晉王居喪過制毀瘠不自勝將吏不得謁見監軍使張承業排闥至廬所言曰大孝在不墜家業不同匹夫之孝且君父厭世嗣王未立竊慮兇猾不逞之徒有懷覬望又汴寇壓境利我凶哀苟或搖動則倍張賊勢訛言不息懼有變生請依顧命墨縗聽政然後經畧南征保家安親此爲大孝勿拘

常制以收遠圖於是聽斷大事乃平定趙魏雖萬事之殷在鄴城每一歲之内馳駕歸寧太后者數四士民服其仁孝同光二年正月甲寅帝在雒京太常奏定皇太后到闕儀皇帝合於銀臺門内奉迎敕頃以未平國耻須運戎機十年親統於驍雄千里久違於定省寧辭櫛沐嘗切晨昏今已翦蕩元兇宅居中土仰稟庭闈之訓復寧宇宙之心恨不得躬詣汾川舉迎法駕況皇太后遠涉山阻將及近畿朕何以端坐闕庭爲拘常禮雖云舊制未叶斯懷朕今親至懷州奉迎丙辰中書奏綠自二十三日後在散齋之内不合遠出敕旨到河陽奉迎庚申幸河陽奉迎皇太后悲泣久之太后素與劉太妃善分決之後思心鬱陶雖娛玩充庭常悒然不樂俄聞太妃違豫日令尚醫中使問訊結轍使言有瘳郎喜言加則不御飲膳自是終始無敢言加者旣而謂帝曰吾與太妃恩如伯仲彼經年抱病但見吾面差足慰心吾驟歸晉陽旬朔與太妃復來帝曰時方暑毒山路崎嶇無煩往復且可令存渥華迎侍太妃譬諫久之方止及凶問至太后慟哭累旬自是漸不豫帝朝夕嘗藥視膳后妃衣不解帶請禱山川竟不效帝居喪哀毀殆至滅性

皇族伏苫諫譬五日方食

閔帝卽位初御中興殿群臣列位馮道升階進酒帝曰比於此物無愛除賓友之會不近樽斝況在沉痛之中安事飲啖命徹之

周世宗初鎭鄆州太祖親征慕容彥超六月兗州平帝遣使奉表請車駕繇鄆濮路還京庶得一覲天顏太祖從之及太祖過澶淵帝迎謁於馬前悲咽流涕顯德元年帝親征河東迎故淑妃喪還太祖一后三妃及嵩陵梓櫬皆議陪祔帝以妃喪在賊境未及遷窆乃詔有司於嵩陵之側預營一塚以虛之俟賊平

即議褒事至是帝幸晉郊果成素志蓋孝感之所致也

册府元龜

册府元龜　帝王部　孝德　卷之二十七　二十三

冊府元龜
巡按福建監察御史臣李嗣京訂正
知閩縣事臣曹𡭊臣叅閱
知建陽縣事臣黃國琦較釋
帝王部二十八
奉先
傳曰愼終追遠民德歸厚矣孟子曰君子不以天下
儉其親故王者富有四海風化兆庶莫不推因心之
孝奉如在之靈敘昭穆而舉禘祫祖有功而宗有德
申嚴配於上帝飭廟貌於都邑脩奉陵寢追述徽烈

潔粢豐盛作樂陳舞順時序而薦享率諸侯以助祭
于以見滌濯靜嘉肅雍顯相烝烝之義馨乃明馨穰
穰之福降於肸蠁至于親行祭弔祇載神主緬懷里
社益樹枌榆斯又尊尊之至昭明策書者也
有虞氏禘黃帝而郊嚳祖顓項而宗堯禘郊祖廟謂祭禮以配食
也有虞以前尚德故配用有德者臣欽若等按史記舜名重華父曰瞽瞍瞽瞍父曰蟜牛蟜牛父曰句望
句望父曰敬康敬康父曰窮蟬窮蟬父曰帝顓項顓項父曰昌意昌意父曰黃帝自黃帝至舜凡九世也
夏后氏禘黃帝而郊鯀祖顓項而宗禹夏氏以下稍用其姓代之
臣欽若等按史記禹之父曰鯀鯀之父曰顓項殷人禘嚳而郊冥祖契而宗
湯臣欽若按史記帝嚳生契爲殷祖自契之至冥六世也冥爲司玄勤其管事死于水中殷人郊之
太甲脩德諸侯咸歸故稱太宗
太戊時殷復興諸侯歸之故稱中宗
祖庚時嘉武丁之以祥雉爲德立其廟爲高宗遂作
高宗肜日及訓武丁修政行德天下咸驩殷道復興
故商頌那祀高祖成湯也烈祖祀中宗也玄鳥殷武
祀高宗也長發大禘也
周文王之祭也事死者如事生思死者如不欲生忌
日必哀稱諱如見親祀之忠也如見親之所愛思死者如不欲生言思
親之深也
武王立追尊古公爲太王季歷爲王季九年上祭于

畢一作十一年畢文王墓也東觀兵至于孟津爲文王木主載以
車中軍武王自稱太子發言奉文王以伐不敢自專
也十一年王旣克殷一作十三年柴于上帝祈於社設奠
於牧室遂率天下諸侯執豆籩遂奔走追王太王亶
父王季歷文王昌不以卑臨尊也上治祖禰尊尊也
下治子孫親親也旁治昆弟合族以食序以昭穆別
之以禮義人道竭矣
成王卽位周公相王王道大洽制禮作樂禘嚳而郊
稷祖文王而宗武王郊祀后稷以配天宗祀文王於
明堂以配上帝四海之內各以其職來助祭故周頌

思文后稷配天也天作祀先王先公也清廟祀文王也我將祀文王於明堂也執兢祀武王也豐年秋冬報也有瞽始作樂而合乎祖也潛季冬薦魚春獻鮪也雝禘太祖也大雅生民尊祖也后稷生於姜嫄文武之功起於后稷故推以配天焉其詩曰后稷肇祀庶無罪悔以迄于今王既卽政以朝享之禮告于祖廟故周頌閔予小子嗣王朝於廟也烈文諸侯助祭也載見諸侯始見于武王廟也訪落嗣王謀於廟也王既在新邑烝祭歲文王騂牛一武王騂牛一王命作册逸祝册惟告周公其後王賓殺禋咸格王入

太室祼

漢高帝五年二月追尊先媪曰昭靈夫人十年八月令諸侯王皆立太上皇廟于國都

惠帝以高祖十二年五月卽位上高祖尊號曰高皇帝令郡國諸侯王立高祖廟是年帝爲東朝長樂宮及間往數蹕煩民作複道方築武庫南奉常叔孫通奏事因請問曰陛下何自築複道高帝寢衣冠月出游高廟子孫奈何乘宗廟道上行哉帝懼曰急壞之通曰人主無過舉今已作百姓皆知之矣願陛下爲原廟渭北衣冠月出游之益廣宗廟大孝之本帝乃詔有司立原廟帝嘗出游南宮叔孫通曰古者有春嘗果方今櫻桃熟可獻願陛下出因取櫻桃獻宗廟帝許之

文帝以高后八年閏九月卽位前元年十月辛亥見于高廟

景帝元年十月詔曰蓋聞古者祖有功宗有德制禮樂各有繇歌者所以發德也舞者所以明功也高廟酎奏武德文始五行之舞（武德高祖所作也文始舜舞也五行周舞也武德者其舞人執干戚文始舞執羽籥五行舞冠冕衣服法度也）孝惠廟酎奏文始五行之舞孝文皇帝臨天下通關梁不異遠方除誹謗去

肉刑賞賜長老收恤孤獨以遂群生減嗜欲不受獻罪人不孥不誅亡罪不私其利也除宮刑出美人重絶人之世也朕既不敏弗能勝識此皆上世之所不及而孝文皇帝親行之德厚侔天地利澤施四海靡不獲福明象乎日月而廟樂不稱朕甚懼焉其爲孝文皇帝廟爲昭德之舞以明休德然後祖宗之功德施於萬世永永無窮朕甚嘉之其與丞相列侯中二千石禮官具禮儀奏丞相臣嘉等奏曰（申屠嘉也）陛下永思孝道立昭德之舞以明孝文皇帝之盛德皆臣等愚所不及臣謹議曰功莫大於高皇德莫盛於孝文

皇帝高皇帝廟宜爲帝者太祖之廟孝文皇帝廟宜爲帝者太宗之廟天子宜世世獻祖宗之廟郡國諸侯宜各爲孝文皇帝立太宗之廟諸侯王列侯使者侍祠天子所獻祖宗之廟請布天下制曰可

武帝元封五年三月祀高祖于明堂以配上帝

太始四年三月壬午祀高祖于明堂以配上帝癸巳祀孝景皇帝于明堂

昭帝以後元二年二月卽位謁高廟七月尊趙婕伃爲皇太后起雲陵（婕妤先葬于雲陽以就雲陽爲起雲陵）

始元元年夏又爲太后起園廟雲陽陵

三年秋募民徙雲陵四年六月徙三輔富人雲陵賜錢戶十萬

元鳳四年正月丁亥帝加元服見于高廟

宣帝以元平元年七月卽位謁高廟

本始元年六月詔曰故皇太子在湖未有號謚（湖縣名太子死於湖因卽葬焉）歲時祠其議謚置園邑有司奏請禮爲人後者爲之子也故降其父母不得祭尊祖之義也陛下爲孝昭帝後承宗祖之祀制禮不踰閑謹行視孝昭帝所爲故皇太子起位在湖史良娣家在博望苑北親史皇孫位在廣明郭北謚法曰謚者行之迹也愚以爲親謚宜曰悼母曰悼后比諸侯王園置奉邑三百家故皇太子謚曰戾置奉邑二百家史良娣曰戾夫人置守冢三十家園置長丞周衞奉守如法以湖閺鄉邪里聚爲戾園長安白亭東爲戾后園廣明成鄉爲悼園皆改葬焉

二年六月庚午尊孝武廟爲世宗廟武帝廵狩所幸之郡國皆立廟焉初帝欲褒先帝詔丞相御史曰朕以眇身蒙遺德承聖業奉宗廟夙夜惟念孝武皇帝躬仁誼厲威武北征匈奴單于遠遁南平氐羌昆明甌駱兩越東定歲貉朝鮮廓地斥境立郡縣百蠻率

服款塞自至珍貢陳於宗廟協音律造樂歌薦上帝封太山立明堂改正朔易服色明開聖緒尊賢顯功興滅繼絕褒周後備天地之禮廣道術之路上天報既符瑞竝應寶鼎出白麟獲海効鉅魚神人竝見山稱萬歲功德茂盛不能盡宣而廟樂未稱朕甚悼焉其與列侯二千石博士議有司遂請尊孝武帝廟爲世祖廟奏盛德文始五行之舞天下世世獻納以明盛德武帝廵狩所幸郡國凡四十九皆立廟如高祖太宗焉

元康元年五月立皇考廟益奉明園戶爲奉明縣（廣明

縣也時有司復言禮父爲士子爲天子祭以天子悼國宜稱尊號曰皇考立廟因園爲寢以時薦享焉益奉明園民滿于六百家以爲奉明縣尊戾夫人曰戾后置園奉邑及益戾園各滿三百家又改葬衞后追謚曰思后置園邑三百家長丞周衞奉守焉

元帝以黃龍元年十二月癸巳即位謁高廟建昭五年六月庚申復戾園

七月庚子復太上皇寢園原廟（高祖已自有廟在長安城中惠帝更於渭北作廟謂之原廟）昭靈后武安王昭哀后衞思后園（昭靈后高祖母也武安王高祖兄也哀后高祖妹也衞后戾太子母也）

竟寧元年三月癸未復孝惠皇帝寢廟園孝文太后孝昭太后寢園初永光四年九月罷衞思后園及戾園十月罷祖宗廟在郡國者諸陵分屬三輔五年十二月毀太上皇孝惠皇帝寢廟園建昭元年冬罷孝文太后孝昭太后寢廟先是貢禹奏言古者天子七廟今孝惠孝景廟親盡宜毀及郡國廟不應古禮宜正定天子是其議未及施行而禹卒其後丞相韋玄成等議太上孝惠廟皆親盡宜毀奏可議者明年玄成復言孝文太后孝昭太后寢祠園宜如禮勿復修奏可後歲餘帝寢疾夢祖宗譴罷郡國廟帝少弟楚孝王亦夢焉至是帝疾連年遂盡復諸所罷寢廟園皆修祀如故（是年五月帝又毀太上皇孝惠孝景廟並太后廟）

成帝以竟寧元年六月即位謁高廟

河平元年九月復太上皇寢廟園是時博士平當上書臣聞孔子曰如有王者必世而後仁（世三十年）三十年之間道德和洽制禮興樂災害不成禍亂不作今聖漢受命而王繼體承業二百餘年孜孜不怠政令清矣然風俗未和陰陽未調災害數見意者大本有不立與何德化休徵不應之久也禍福不虛必有因而至者焉宜深迹其道而務修其本昔者帝堯南面而

治先克明峻德以親九族而化及萬國孝經曰天地之性人爲貴人之行莫大於孝孝莫大於嚴父嚴父莫大於配天則周公其人也夫孝子善述人之志周公既成文王之業而制禮作樂修嚴父配天之事知文王不欲以子臨父故推而序之上極於后稷以配天此聖人之德亡以加於孝也高皇帝聖德受命有天下尊太上皇猶周文武之追王太王王季也此漢之始祖後嗣所宜尊奉以廣盛德孝之至也書云王稽古建功立事可以永年傳於亡窮（太誓之辭）帝納其言故下詔復太上皇寢廟園

哀帝以綏和二年四月丙午卽位諸高廟尊定陶恭王爲恭皇建平二年四月詔曰漢家之制推親親以顯尊尊定陶恭皇之號不宜復稱定陶立恭皇廟于京師

六月庚申帝太后丁氏喪詔曰朕聞夫婦一體詩云穀則異室死則同穴（谷風之節）昔季武子成寢杜氏之殯在西階下請合葬而許之（事見禮記檀弓篇）附葬之禮自周興焉（孔子曰合葬非古自周公以來未之有改也）郁郁乎文哉吾從周孝子事亡如事存帝太后宜起陵恭皇之園遂葬定陶

平帝以元壽二年九月辛酉卽位謁高廟元始四年

正月郊祭高祖以配天宗祀孝文以配上帝夏尊孝宣廟爲中宗孝元廟爲高宗世世獻祭

五年正月祫祭明堂諸侯王二十八人列侯二十八人宗室子九百餘人徵助祭

後漢光武建武元年六月卽位八月癸丑祀高祖太宗世宗於懷宮

二年正月立高廟于雒陽四時祫祀高祖爲太祖文帝爲太宗武帝爲世宗如舊餘帝四時春以正月夏以四月秋以七月及臘一歲五祀（光武都雒陽只合爲一廟藏十一帝主于其中元帝次第八光武第九元帝爲祖廟後遵而不改）是年以皇祖皇考墓爲昌陵置陵令守視後改爲章陵因以春陵爲章陵縣

三年正月辛巳立親廟雒陽祀父南頓君以上至春陵節侯四廟二月巳未以赤眉降祠高廟受傳國璽

十月壬申立春陵祠園廟

五年七月丁丑幸沛祠高祖原廟詔修復西京園陵代廟者及皇考廟事下公卿博士議郎大司徒涉等議宜立平帝哀帝成帝元帝廟奉所代今親廟父直以上親入廟兄弟以下使有司祠宜爲南頓君立皇考廟祭上至春陵節侯群臣奉祠時議有異不著上

可涉等議詔曰以宗廟處所未定且祫祭高廟其成哀平且祠長安故高廟其南陽春陵歲時各且因故園廟祭祠原廟去太守治所遠者在所令長行太守事侍祠惟孝宣帝有功德其上尊號曰中宗於是雒陽高廟四時加祭孝宣孝元五帝共西廟成哀平三帝主四時祭於故高廟東廟京兆尹侍祠冠衣車服如太常祠陵廟之禮南頓君以上至節侯皆就園廟南頓君稱皇考廟鉅鹿都尉稱皇祖考廟鬱林太守稱皇曾祖考廟節侯稱皇高祖考廟在所郡縣侍祠

二十二年閏正月幸長安祠高廟遂有事十一陵

中元元年四月幸長安祀長陵十月甲申使司空告
祠高廟
六年四月丙子幸長安始謁高廟遂有事十一陵
十年正月修理長安高廟八月幸長安祠高祖遂有
事十一陵
十一年二月己酉幸南陽還幸長陵祠園陵
十五年四月戊申以太牢告祠宗廟
十七年十月甲申幸長陵修園廟祠又爲春陵宗室
起祠堂
十八年三月壬午祠高廟遂有事十一陵

十月庚辰幸宣城還祠章陵立考侯康侯廟北園陵
置嗇夫夫本郎官主知賦役多少平其差品園陵置之知祭祀徵求諸事詔零陵郡
奉祠節侯戴侯廟以四時及臘歲五祀焉置嗇夫佐
吏各一人
十九年正月庚子追尊孝宣皇帝曰中宗始祠昭帝
元帝於太廟成帝哀帝平帝於長安春陵節侯以下
四世於章陵時五官中郎將張純與太僕朱浮奏議
禮爲人子事太宗降其私親禮之設施不授之與自
得之異意當除今親廟四孝宣皇帝以孫後祖爲父
立廟於奉明曰皇考廟獨群臣侍祠願下有司議先
帝四廟當約非劉氏不王呂太后賊害三趙專王呂
氏賴社稷之靈祿產伏誅天命幾墜危朝更安呂太
后不宜配食高廟同祧至尊薄太后母德慈仁孝文
皇帝賢明臨國子孫賴福延祚至今其上薄太后尊
號曰高皇后配食地祇遷呂太后廟主于園四時上
祭
明帝卽位以光武皇帝撥亂中興更爲起廟上尊號
曰世祖廟蔡邕表志孝明立世祖廟以明再受命祖有功之義後嗣遵儉不復改立皆藏主其中聖明所制一王之法也自執事之吏下至學士莫能知其所以兩廟之意誠宜具錄本事建武乙未元和丙寅詔書下宗廟儀及齊令宜入郊祀志以爲典式以元帝於光武爲穆故

雖非宗不毀也後遂爲甞
永平元年正月帝率公卿以下朝於原陵如元會儀
二年正月辛未宗祀光武皇帝於明堂帝及公卿列
侯始服冠冕衣裳玉佩絢屨以行事漢官儀曰天子冠通天諸侯王冠遠遊三公諸侯冠進賢三梁卿大夫尚書二千石博士冠兩梁二千石以下至小吏冠一梁天子公卿特進諸侯祀天地明堂皆冠平冕天子十二旒三公九卿諸侯七其纓如其綬色玄衣纁裳周禮曰王祀昊天上帝則服大裘而冕祀五帝亦如之三禮圖曰冕以四十升以布漆爲之廣八寸長尺六寸前圓後方前下後高有俛伏之形故謂之冕欲人之位彌高而心彌下故以名焉董巴輿服志曰顯宗初服冕衣裳以祀天地衣裳以玄上纁下乘輿備文日月星辰十二章三公諸侯用山龍九章卿以下用華虫七章皆五色采乘輿刺繡公卿以下皆織成陳留襄邑獻之徐廣輿服注曰漢文帝案古禮備其服章天子郊

廟衣皂上絳下前三幅後四幅衣畫而裳繡禮記曰
古之君子必佩玉君子於玉比德焉天子佩白玉諸
侯佩玄玉大夫佩水蒼玉世子佩瑜玉周禮屨人掌
玉赤舄青絇鄭玄注曰赤舄爲冕服之舄也絇屨鼻
頭以青采飾之三禮圖曰屨
複下曰舄其色各隨裳色
十月甲子西廵狩幸長安祠高廟遂有事於十一陵
三年十月烝祭光武廟冬祭曰烝衆也冬物畢成可祭者衆初奏文始
五行武德之舞甲子車駕從皇太后幸章陵
十一年閏四月甲午南廵狩幸南陽祠章陵
十五年三月辛卯幸大梁至定陶祠定陶恭王陵
十七年正月當謁元陵夜夢先帝太后如平生歡既
寤悲不能寐卽案曆明旦日吉遂率百官及故客上

陵其日降甘露於陵樹帝令百官采取以薦會畢帝
從席前伏御牀視太后鏡奩中物感動悲泣令易脂
澤裝具左右皆泣莫能仰視焉是年公卿百官以帝
威德懷遠祥物顯應乃竝集朝堂奉觴上壽帝曰其
敬舉觴太常擇吉日策告宗廟
和帝以章和二年二月壬辰卽位三月辛酉有司上
奏孝章皇帝崇弘洪業德化普洽垂意黎民留念稼
穡文加殊俗武暢方表咸惟人而無思不服巍巍蕩
蕩莫與比隆周頌曰於穆清廟肅雍顯相請上尊廟
曰肅宗其進武德之舞制曰可

四月丙子謁高廟丁丑謁世祖廟
永元十年十一月癸卯祠高廟遂有事十一陵九年
追謚帝母梁貴人曰恭懷皇后貴人父竦爲章德竇
后所陷坐誅貴人娣姝以憂卒后養帝爲巳子及后
喪未及葬而梁貴人姊嫕上書陳貴人枉殁之狀太
尉張酺司徒劉方司空張奮上奏依光武黜呂太后
故事貶太后尊號不宜合葬先帝百官亦多上言者
帝手詔曰竇氏雖不尊法度而太后嘗自減損朕奉
事十年深惟大義禮臣子無貶尊上之文恩不忍離
義不忍虧案前世上官太后亦無降黜其勿復議於

是合葬敬陵帝以貴人酷殁斂葬禮闕乃改殯於承
光宮上尊謚曰恭懷皇后追服喪制百官縞素與姊
大貴人俱葬西陵義比敬園以竇后配食章帝恭懷
后別就陵寢祭之
十五年十月戊申幸章陵祠舊宅園廟
殤帝延平元年三月甲申尊孝和皇帝廟曰穆宗
安帝以延平元年八月癸丑卽位九月庚子謁高廟
辛丑謁光武廟
永初元年三月葬清河孝王王名慶安帝之父也贈龍旂虎賁
建光元年三月有司上言清河孝王至德淳懿載育

明聖承奉丕祚爲郊廟主漢興高皇帝尊父爲太上皇宣帝號父爲皇考序昭穆置園邑太宗之義舊章不忘宜上尊號曰孝德皇皇妣左氏曰孝德皇后祖妣宋貴人追謚曰敬德皇后乃告祠高廟使司徒持節與大鴻臚奉策書璽綬清河追上尊號又遣中常侍奉太牢祠典護禮儀侍中劉珍等及宗室列侯皆往會事尊陵曰甘陵廟曰昭廟置令丞設兵車周衛比章陵復以廣川益清河國（敬德後陵曰敬北陵）

延光三年二月丙子東巡狩丁丑告陳留太守祠南頓君光武皇帝於濟陽辛卯幸太山癸巳告祠二祖

六宗（二祖四宗前已解詁又孝元高宗孝章肅宗）四月乙丑還宮假於祖禰

十月行幸長安四月乙未祠高廟遂有事十一陵遣使者祠太上皇于萬年

四年三月庚申幸宛帝不豫令太將軍耿寶行太尉事祠章陵園廟告長沙零陵太守祠定王節侯鬱林府君（是月安帝晏駕初帝以讒害大臣廢太子及是無上宗之奏後自建武以來無毀者故遂嘗祭因以其陵號稱恭宗也）

順帝以延光四年十一月丁巳卽位壬申謁高廟癸酉謁光武廟

永建二年六月己酉追尊謚皇妣李氏爲恭愍皇后葬于恭北陵先是李氏爲閻太后鴆殺瘞在雒陽城北帝初不知莫敢以聞及太后葬左右白之帝感寤發哀親到瘞所更以禮殯之尊謚于策書金匱藏于世祖廟

三年七年丁酉茂陵園寢災帝縞素避正殿辛亥使太常王龔持節告祠茂陵

永和元年正月己巳宗祀明堂

二年十月行幸長安十一月丙午祠高廟丁未遂有事十一陵

漢安元年正月癸巳宗祀明堂

冲帝以建康元年八月卽位九月有司奏孝順皇帝弘秉聖哲龍興統業稽乾則古欽奉鴻烈寬裕晏晏宣恩以極躬自菲薄以崇玄默遺詔貽約顧念萬國衣無制新玩好不飾塋陵損狹不起寢廟遵履前制敬勑有司經曰愛敬盡於事親而德教加于百姓詩云敬愼威儀惟民之則臣請上尊號曰敬宗廟天子世世獻奉藏主袷祭進武德之舞如祖宗故事奏可

質帝以永嘉元年正月丁巳卽位甲申謁高廟乙酉謁光武廟

桓帝以本初元年閏六月庚寅以清河孝王孫即位七月辛巳謁高廟光武廟時梁太后攝政以冲質二帝皆不享壽用殤帝故事就陵寢祭凡祠廟命三公分祭之

九月戊戌追尊皇祖河間孝王曰孝穆皇夫人趙氏曰孝穆皇后廟曰清廟陵曰樂成陵皇考蠡吾侯曰孝崇皇廟曰烈廟陵曰博陵尊帝母匽氏爲博園貴人臣欽若等曰事具帝王尊親門皆置令丞使司徒持節奉策書璽綬祠以太牢

建和二年四月丙子封帝弟顧爲平原王奉孝崇皇祀

元嘉二年四月甲寅孝崇皇后匽氏喪以帝弟平原王后爲喪主斂以東園畫梓壽器玉匣飯含之具禮儀制度比恭懷皇后使司徒持節大長秋奉弔祠賻錢四十萬布四萬疋中謁者僕射典護喪事侍御史護大駕鹵薄詔安平王豹河間王建渤海王悝長社益陽二長公主與諸國侯三百里内者及中二千石二千石令長相皆會葬將作大匠復土繕廟合葬博陵

延熹元年六月丙戌分中山置博陵郡以奉孝崇皇園陵博陵城今在瀛州博野縣也後徙安平

二年十月行幸長安甲午祠高廟十一月庚子有事十一陵

靈帝建寧元年正月庚子即位二月辛酉上孝桓皇帝尊號廟曰威宗庚午謁高廟辛未謁世祖廟

閏二月甲午追尊皇祖淑爲孝元皇夫人夏氏爲孝元皇后陵曰敦陵廟曰靖廟皇考萇爲孝仁皇尊夫人董氏爲慎園貴人陵曰慎陵廟曰奐廟皆置令丞使司徒持節之河間奉策書璽綬祠以太牢嘗以歲時遣中嘗侍持節之河間奉祠是時京都四時所祭高廟五主世祖廟少帝七主三陵追尊后三陵凡牲用十八太牢殷祭之歲出祖廟主皆合于高廟如毀廟三太牢皆有副牲

故高廟三主親毀之後亦但殷祭之歲奉祠自建武以來關西諸陵以遠但四時牲帝每事長安謁諸陵乃太牢祠自雒陽諸陵至靈帝皆以晦望二十四氣伏臘及四時祠廟日上飯太官送用物園令食監典省其親陵所宮人隨鼓漏理被枕具盥水陳嚴具

獻帝興平元年加元服有司奏立長秋宮詔曰朕稟受不弘遭值禍亂未能紹先以光故典皇母前薨未卜宅兆禮章有闕中心如結三歲之慼蓋不言吉且須其後初帝母王美人爲何皇后所殺於是有詔乃奏追尊王美人爲靈懷皇后改葬文昭陵儀比敬恭二陵初平中相國董卓左中郎將蔡邕等以和帝已下功德無殊而有過者不應爲宗及餘非宗者追尊三后皆奏毀之四時所祭高廟一祖二宗及近帝四凡十一帝

終

册府元龜

巡按福建監察御史臣李嗣京訂正

知甌寧縣事臣孫以敬參閲

知建陽縣事臣黄國琦較釋

帝王部二十九

奉先第二

魏文帝黄初元年十一月庚午即位癸酉追尊皇祖太王曰太皇帝考武王曰武皇帝先是帝爲魏王漢獻帝命王追尊皇祖太尉曰太王（臣欽若等曰即曹嵩也爲漢太尉）太祖曰武王至是並追尊號

二年六月甲辰以京師宗廟未成帝親祀武皇帝于建始殿躬執饋奠如家人之禮（案禮將營宮室宗廟爲先庶人無廟故祭於寢帝者非禮甚矣）

四年五月辛酉有司奏造二廟立太皇帝廟大長秋特進侯（臣欽若等曰即曹騰也爲漢中常侍大長秋貴庭侯也）與高祖合祭親盡以次毀特立武皇帝廟四時享祭爲魏太祖萬載不毀也

明帝以黄初七年五月丁巳即位癸未追謚母甄夫人曰文昭皇后

太和元年正月丁未郊祀武皇帝以配天宗祀文皇帝於明堂以配上帝二月辛巳立文昭皇后寢廟於鄴初甄后賜死故不列廟帝即位有司請追謚曰文昭皇后使司空王朗持節奉策以太牢告祠于陵三公奏曰自古周人始祖后稷又特立廟以祀姜嫄今文昭皇后之于後嗣聖德至化豈有量哉夫以皇家世妃之尊而克讓允恭固推盛位神靈遷化而無寢廟以承享禮非所以報顯德昭孝敬也稽之古制宜依周禮先妣別立寢廟並奏可四月甲申初營宗廟

三年六月戊申追尊高祖大長秋曰高皇帝夫人吳氏曰高皇后並在鄴廟之所祠則文帝之高祖處士

曾祖高皇太帝共一廟考太祖武皇帝特一廟（臣欽若等曰處士明帝五代祖也）

十一月宗廟成使太常韓暨持節迎高皇帝太皇帝武帝文帝神主於鄴（處士以親盡遷主毀園也）十二月己丑至奉安神主于廟先是漢獻帝建安十八年太祖爲魏公始建魏宗廟于鄴自文帝受禪而雒陽宗廟未成黄初末韓暨爲太常奏請迎鄴四廟神主建立雒陽廟四時烝嘗親奉粢盛崇明正禮廢法淫祀多所糾正

四年以文昭甄皇后舊陵庳下使后父適孫虎賁中郎將像兼太尉持節詣鄴昭告后土十二月辛未改

葬朝陽陵

五年詔曰尊嚴祖考所以崇孝表行也追本敬始所以篤教流化也是以成湯文武實造商周書詩之義追尊稷契歌頌有娀姜嫄之事明聖德之源流受命所繇興也自我魏承天序既發迹於高皇太皇帝而功隆於武皇文皇帝至於高皇之父處士君潛修德讓行動神明斯乃乾坤所福饗先靈所從來也而精神幽遠號稱罔記非所謂崇孝重本也其令公卿以下會議號謚侍中劉曄議曰聖帝孝孫之欲褒崇先祖誠無量巳然親疎之數遠近之降蓋有禮紀所以

割斷私情克成公法爲萬世式也周王所以上祖后稷者以其佐唐有功名在祀典故也至於漢氏之初追謚之義不過其父上比周室則大魏發迹自高皇始下論漢氏則追謚之禮不及其祖此誠往代之成法當今之明義也陛下孝思中發情無巳巳然君舉必書所以愼於禮制也以爲追尊之義宜齊高皇而巳尚書衛臻與曄議同事遂施行六年四月甲子初進親祼于廟

景初元年六月丁未有司奏武皇帝撥亂反正爲魏太祖樂用武始之舞文皇帝應天受命爲魏高祖用咸熙之舞群公有司始更奏定七廟之制曰大魏三聖相承以成帝業武皇帝肇建洪基撥亂夷險爲魏太祖文皇帝繼天革命應期受禪爲魏高祖上集成大命清定華夏興制禮樂宜爲魏烈祖於太祖廟北爲二祧其左爲文帝廟號曰高祖昭祧其右擬明帝號曰烈祖穆祧三祖之廟萬世不毀其餘四廟親盡迭遷一如周后稷文武廟祧之禮

十月乙卯營雒陽宮委粟山爲圜丘以曹氏世系出自有虞氏今以始祖帝舜配號圜丘曰皇皇帝天方丘所祭曰皇皇后地以舜妃伊氏配天郊所祭曰皇

天之神以太祖武皇帝配地郊所祭曰皇地之祇以武宣皇后配宗祀皇考高祖文皇帝於明堂以配上帝

十二月壬子冬至始祀皇皇帝天于圜丘以始祖有虞帝舜配

齊王正始六年十一月祫祭太祖廟乙未有司奏文昭皇后立廟京都永傳享祀樂舞與祖同慶在鄴廟

嘉平元年正月甲午謁高平陵（在雒水南大石山去雒城九十里）

晉武帝泰始元年十二月丙寅受禪丁卯追尊皇祖宣王爲宣皇帝伯考景王爲景皇帝考文王爲文皇

帝宣王妃張氏爲宣穆皇后景王夫人羊氏爲景皇后初宣帝爲魏太傅晉國初建追尊曰景王文帝爲大將軍録尚書事封晉王謚曰文王至是皆追尊號

二年正月有司奏置七廟帝重其役詔宜權立一廟於是群臣議奏曰上古清廟一宫尊遠神祇逮至周室制爲七廟以辨宗祧聖旨深弘遠跡上世敦崇唐虞舍七廟之繁華尊一宫之遠旨昔舜承堯禪受終于文祖遂陟帝位蓋三十載月正元日又格于文祖遂陟帝位此則虞氏不改唐廟因仍舊宫可依有虞氏故事卽用魏廟奏可於是追祭征西將軍豫章府

君潁川府君京兆府君（臣欽若等按晉書征西將軍鈞生豫章太守量量生潁川太守雋雋生京兆尹防防生宣皇帝）與宣皇帝景皇帝文皇帝爲三昭三穆（時宣皇升太祖靈位所以六世與景帝爲七廟）二月丁丑郊祀宣皇帝以配天宗祀文皇帝於明堂以配上帝七月詔曰主者前奏就魏舊廟誠亦有準然于祇奉明主情猶未安更宜營造於是改創宗廟十一月己丑追尊景帝夫人夏侯氏爲景懷皇后（時任茂以爲夏侯初嬪之時未有王業帝不從）辛卯遷祖禰神主于太廟

四年七月己卯謁崇陽陵

六年因廟毁改修創群臣議奏曰古者七廟所自宜如禮又曰古雖七廟自近代以來皆廟七室於禮無廢於情爲敘亦隨時之宜也其便仍舊

七年四月帝將親祠車駕夕牲而儀注還不拜詔問其故博士奏歷代相承如此帝曰非致敬宗廟之禮也於是實拜而還遂以爲制夕牲必躬臨拜

十年改築太廟於宣陽門内窮極壯麗廟成帝用摯虞議率百官遷神主於新廟自征西以下車服尊從皆如帝者之儀

咸寧元年十二月丁亥追尊宣帝廟曰高祖景帝曰世宗文帝曰太祖二年六月癸丑薦荔枝于太廟

太康元年五月丁卯薦酃淥酒于太廟八年九月改營太廟（以正月廟殿陷）十年四月太廟成乙巳遷神主於新廟帝迎于道左遂祫祭（十二月庚寅太廟梁折）

惠帝以太熙元年四月卽位五月辛未葬武帝於峻陽陵廟曰世祖

懷帝以光熙元年十一月庚午卽位追尊所生太妃王氏爲皇太后

元帝建武元年三月辛卯卽位立宗廟于建康

太興二年正月丁卯崇陽陵毁帝素服哭三日使冠軍將軍梁堪守太常馬龜等修復山陵迎愍帝梓宫

于平陽不赴而退時劉曜作亂　五月癸丑太陽陵毀帝素服哭三日是歲有詔瑯琊恭王宜稱皇考賀循議云禮典之義子不敢以已爵加其父號帝從之

三年正月乙卯詔曰吾雖上繼世祖然於懷愍皇帝皆北面稱臣今祠太廟不親執觴酌而令有司行事於情理不安可依禮更處臣欽若等曰事具禮官奏議門

明帝太寧元年二月葬元帝於建平陵廟曰中宗

三月戊寅朔改元臨軒停饗宴之禮懸而不樂二年正月丁丑帝臨朝停饗宴之禮懸而不樂十二月壬子帝謁建平陵從大祥之禮

成帝以太寧三年閏八月己丑即位上明帝尊謚廟曰肅祖

咸康元年建安郡君荀氏薨詔曰朕少遭閔凶慈訓無量撫育之勤建安君之仁也一旦薨殂實思報復永惟平昔感痛哀摧其贈豫章郡君別立廟于京都初荀氏為元帝宮人有寵生明帝及瑯琊王裒及明帝即位封建安郡君別立第宅太寧元年迎還宮內供奉隆厚成帝立尊重同於太后故為之立廟

八年三月初以武悼夏皇后配饗武帝廟

康帝以咸康八年六月甲午即位七月丙辰葬成皇帝于興平陵廟號顯宗

建元元年正月朔晦成恭杜皇后周忌有司奏至尊年應改服詔曰喪親名教之重也權制出於近代耶於是素服如舊非漢魏之典也

穆帝永和七年九月峻陽陵毀甲辰帝素服臨于太極殿三日遣兼太常趙扶修復山陵

八年二月峻平崇陽二陵毀戊辰帝臨三日遣殿中都尉王惠如雒陽以衛五陵五陵謂宣帝高原陵平陵文帝崇陽陵武帝峻陽陵惠帝太陽陵也

九年正月丙寅皇太后與帝同拜建平陵八月遣太

尉河間王欽修復五陵十年正月己酉朔帝臨朝以五陵未復懸而不樂十二年十一月遣兼司空散騎常侍車灌龍驤將軍袁真等持節如雒陽修五陵

十二月庚戌以有事於五陵告于太廟帝及群臣皆服緦于太極殿臨三日

升平元年正月壬戌朔帝加元服告于太廟

哀帝以升平元年五月庚申即位七月戊午葬穆皇帝于永平陵廟號孝宗

興寧元年三月壬寅皇太妃周氏薨于瑯琊第癸卯帝奔喪詔司徒會稽王昱總內外重務

簡文帝咸安元年十二月辛卯初薦酃淥酒於太廟
孝武帝以咸安二年七月乙未即位九月甲寅追尊
皇妣會稽王妃曰順皇后
十月丁卯葬簡文皇帝于高平陵廟號太宗
大元元年正月壬寅帝加元服見于太廟甲子謁建
平等四陵
四年正月丙子謁建平等七陵謂元帝建平陵明帝武平陵成帝興平陵康帝崇平陵穆帝永平陵哀帝安平陵簡文帝高平陵
五年正月乙巳謁崇平陵
九年正月辛未謁建平等四陵七月戊戌遣兼司空

高密王純之修謁雒陽五陵
十年正月甲午謁諸陵
十六年正月庚申改築太廟九月癸未新廟成正室
十四間東西儲各一間合十六間棟高八丈四尺備
法駕遷神主于行廟征西至京兆四主及太孫各用
其位之儀服四主不從帝者儀是與太康異也諸王
既入廟設脯醢之奠及新廟成神主還室又設脯醢
之奠
十九年六月壬子追尊會稽王太妃鄭氏爲簡文宣
太后詔曰會稽太妃文母之德徽音有融誕載聖明

先延于晉先帝追尊聖善朝議不一道以疑屈朕述
尊先志嘗惕于心仰奉遺旨依陽秋二漢孝懷皇帝
故事上太妃尊號曰簡文宣太后初鄭氏爲元帝夫人生瑯琊悼王簡文帝末后稱建平國夫人咸和元年薨簡文帝時爲瑯琊王制服重有司以王出繼宜降所生國臣不能執奏免國相諸葛頭王上疏曰亡母生臨臣國没留國第臣雖出後亦無所厭則私情得敘敬后喪孝王已出繼亦還服重此則朋比臣所憲章也穆皇后不奪其志乃從瑯琊王爲會稽王追號后曰會稽太妃及簡文帝即位未及追尊臨喪封皇子道子爲瑯琊王領會稽國奉太妃祀
二十年二月作宣太后廟于太廟路西陵曰嘉平
安帝隆安三年三月己卯追尊所生陳夫人爲德皇
太后

義熙十二年十月丙寅姚泓將姚先以雒陽降己丑
遣兼司空高密王恢之修謁五陵
恭帝元熙元年正月壬辰朔改元以安帝山陵未㫪
不朝會
後魏道武天興元年十二月臨天文殿司徒進璽綬
追尊成帝已下及后號謚樂用皇始之舞以神元皇
帝爲始祖臣欽若等按後魏書黄帝以土德王比積六十七世至成帝成及節莊明安宣景元和定僖成獻凡十二帝獻帝生聖武聖武生神元平文皇帝爲太祖臣欽若等按後魏書神元至章平思昭凡三帝思帝生平文昭成皇帝爲高祖臣欽若等按後魏書平文至惠煬烈凡四帝昭成帝平皇文次子也事具帝王帝系門其追尊祖妣皆從帝謚焉考爲

獻明皇帝（臣欽若等曰獻明即昭成太子也）

二年正月甲子初祀上帝于南郊以始祖神元皇帝配

十月太廟成遷神元平文昭成獻明皇帝神主于太廟（歲五祭用二至二分臘牲用太牢常以宗正兼太尉率祭官行事）又立神元思帝平文昭成獻明五帝廟於宮中（歲四祭用正冬臘九月牲用馬牛各一帝親祭）又於雲中及盛樂神元舊都祀神元以下七帝（歲三祭正冬臘牲用馬牛各一祭官侍祀）四年三月帝親漁薦於寢廟

明元永興元年十月壬午即位追尊皇妣劉貴人爲宣穆皇后

二年九月甲寅葬宣武皇帝於盛樂金陵廟號太祖

三年四月謁金陵於盛樂

五年五月幸雲中七月乙巳登薄山觀宣武遊幸刻石頌德之處乃於其宇起石壇而薦享焉神瑞二年二月甲辰立太祖廟於白登之西（歲一祭具太牢帝親之無常月）又詔郡國於太祖巡幸行宮之所各立壇祭以太牢（歲一祭牧守侍祀）又立太祖別廟於宮中（歲四祭用馬牛羊各一）後二年又於白登西太祖舊遊之處立昭成獻明太祖廟以九月十月之交帝親祭（牲用馬牛羊）又於雲中盛樂金陵三所各立太祖廟（四時祭官侍祀）

泰常四年四月庚辰有事於東廟遠助祭者數百國

五年五月乙酉詔曰宣武皇帝體道得一天縱自然大行大名未盡盛美非所以光揚洪烈垂之無窮也今因啓緯圖始覩尊號天人之義煥然著明其改宣爲道更上尊謚曰道武皇帝以彰靈命之光啓聖德之玄同告祠郊廟宣于八表

太武以泰常八年十月壬申即位十二月追尊妣爲密皇太后庚子葬明元皇帝于雲中金陵廟號太宗

始光三年六月幸雲中舊宮謁陵廟

神䴥三年九月癸卯立密皇太后廟于鄴后杜氏生

帝而薨帝既立追尊號又立廟于鄴（置祀官太常博士齋郎三十餘人侍祀）歲五祭刺史四時薦祀以魏郡太后所生之邑復其調役後甘露降于廟庭

太延元年十一月行幸鄴祀密太后

文成興安元年十月戊申即位十一月壬寅追尊皇考景穆太子爲景穆皇帝廟號恭宗皇妣閭氏爲恭皇后（臣欽若等曰是年二月南安王僭立上太武尊謚廟號世宗）

大安元年正月辛酉奉世宗恭宗神主于太廟

獻文以和平六年五月甲辰即位六月丙寅上文成皇帝尊謚廟號高宗

天安元年三月辛丑奉高宗神主附于太廟

孝文承明元年六月辛未上太上皇帝尊謚曰獻文皇帝葬于雲中金陵廟號顯宗

七月甲辰追尊皇妣李貴人爲惠祖后

太和五年四月己亥行奉方山建永固石室於山上銘太皇太后終制于金册

六年十一月帝將親祀七廟詔有司依禮具儀於是羣臣議曰昔有虞親虔祖考來格殷宗躬謁介福遒降大魏七廟之祭依先朝舊事多不親謁今陛下孝誠發中將思親祀稽合古王禮之常典臣等謹按舊

章并採漢魏故事撰祭服冠屨牲牢之具罍洗簠簋俎豆之器百官助祭位次樂官節奏之引升降進退之法别集爲拜之儀制可於是帝乃親祭其後四時常祀皆親之

十二年五月壬寅增置彝器於太廟

十四年十月癸酉葬文明太皇太后馮氏於永固陵

甲戌車駕謁永固陵甲申再謁

十五年三月甲辰謁永固陵

四月乙丑謁永固陵己卯經始明堂改營太廟詔曰祖有功宗有德自非功德厚者不得擅祖宗之名居三祧之廟仰惟先朝舊事舛駁不同難以取准今將述尊先志具詳禮典宜制祖宗之號定將來之法烈祖有創基之功世祖有開拓之德宜爲祖宗百世不遷而遠祖平文之功未多於昭成然廟號爲太祖道武建業之勳未高於平文廟號爲烈祖比功較德以爲未允朕今奉遷道武太祖顯祖爲二祧餘者以次而遷

七月乙丑謁永固陵己卯詔議祖宗以道武爲太祖臣欽若等曰是年四月七月日辰俱有乙丑己卯案太和十二年閏九月十八年閏二月即是年閏在五月六月也

八月壬申詔郡國有時果可薦者送京師以供

廟饗乙巳親定禘祫之禮戊午又詔曰明堂太廟並祀祖宗配祭配享於斯備矣白登崞山鷄鳴山廟惟遣有司行事馮宣王誕先王后復因在官長安立廟宜異嘗等可勑雍州以時供祭十月庚寅謁永固陵

十一月丁卯以明堂太廟成遷七廟神主于新廟

十六年正月始以太祖配南郊始以孟月祭廟宗祀顯祖獻文皇帝於明堂以配上帝禮置載戊申詔曰夫四時享祀人子當道然祭薦之禮貴賤不同故有邑之君祭以首時無田之士薦以仲月況七廟之重而用中節者哉自須蒸嘗之禮頗違舊義今將迎遵往式以此孟月時祠於太廟但朝典初收衆務殷奏無遑齊潔遂及於今又援承神饗祖必須擇日今禮律未宜有司或不知此可勑太常令剋日以聞

九月甲寅朔大序昭穆於明堂祀文明太皇太后於玄室（帝親爲之詞云）

十月巳亥詔曰夫先王制禮所以經綸萬代貽法後昆至乃郊天享祖莫不配祭然而有節白登廟者有爲而興昭穆不次故太祖有三層之宇巳陵無方丈之室又甞用季秋躬駕展虔祀禮或有褻慢之失嘉樂頗涉野合之儀今授衣之旦享祭明堂立冬之始奉烝太廟若復致齋白登便爲一月再駕事成褻瀆廻詳二理謂宜省一白登之高未若九室之美幃次之華未如清廟之盛將欲廢彼東山之祀成此二享

之敬可勑有司但令内典神者攝行祭事獻明道武各有廟稱可具依舊式

十八年閏二月甲戌謁永固陵七月戊戌謁金陵八月庚午謁永固陵十月戊申親告太廟奉遷神主

十九年四月太和廟成五月遷文成皇后馮氏神主於太和廟

二十三年二月甲戌謁永固陵三月辛卯謁金陵

宣武以太和二十三年四月卽位上孝文皇帝尊謚葬于長陵廟號高祖

六月戊辰追尊皇妣高氏曰文昭皇后

十月丙戌帝謁長陵（遵遺詔孝文皇帝三夫人巳下悉免歸家）丁酉有事於太廟

景明元年正月壬寅謁長陵十月丁卯朔謁長陵

二年正月丙辰朔謁長陵

孝明以延昌四年正月丁卯卽位二月甲戌上宣武皇帝尊謚葬於景陵廟號世宗十二月丁卯帝與皇太后謁景陵

熙平二年七月巳巳車駕有事於太廟

幼主釗以武泰元年二月乙卯卽位三月甲申上孝明皇帝尊謚葬於定陵廟曰肅宗

孝莊永安二年三月甲午追尊皇考爲文穆皇帝（臣欽若等按後魏書文穆皇帝卽彭城王也）廟號肅祖皇妣李氏爲文穆皇后

四月癸未遷肅祖文穆皇帝及文穆皇后神主於太廟

前廢帝普泰元年二月巳巳卽位四月壬子有事于太廟

九月癸巳追尊皇考爲先帝皇妣王氏爲先太妃（臣欽若等按後魏書先帝卽廣陵惠王羽也）

後廢帝中興二年二月辛亥上孝莊皇帝謚曰武懷

皇帝孝武帝即位以武穆廟諱改謚孝莊皇帝廟號敬宗
孝武帝即出帝也永熙二年正月丁巳追尊皇考爲武穆
帝臣欽若等曰武穆帝即廣平武穆王懷也太妃馮氏爲武穆后妣李氏
爲皇太妃
西魏文帝以永熙三年閏十二月即位上孝武皇帝
尊謚殯于草堂佛寺大統元年三月戊申追尊皇考
爲文景皇帝臣欽若等按後魏書文景即京兆王也皇妣楊氏爲后二
年十一月追改始祖神元皇帝爲太祖道武爲烈祖
廢帝以大統十七年三月即位四月庚辰上文皇帝
追謚葬於永陵

後周閔帝元年正月辛丑即天王位臣欽若等日無年號追尊
皇考文公爲文王皇妣爲文后壬寅祠圜丘詔曰予
本自神農其於二丘宜作厥主始祖獻侯臣欽若等按後周書獻侯名莫那自陰山始居遼西啓土遼海肇有邦國其配南北郊文
考德符五運受天明命祖于明堂以配上帝廟爲太
廟乙巳祠於太廟辛酉又祠太廟
四月壬午謁成陵太祖陵也乙酉還宮丁亥祠太廟七月
辛亥享太廟
明帝以元年九月即皇帝位十一月庚子祠太廟十
二月庚午謁成陵癸酉還宮癸亥太廟成

武成元年八月己亥改天王稱皇帝追尊文王爲文
帝祖考爲德皇帝臣欽若等按後周書德皇帝諱耽太祖父也
武帝以武成二年四月即位上明皇帝尊謚葬于昭
陵廟
保定元年正月戊辰詔曰履端開物實資元后代終
成務諒惟宰棟故周文公以上聖之智翼彼姬周爰
作六典用光七百自此厥後代失其緒俾巍巍之化
歷千祀而莫傳郁郁之風終百王而永墜我太祖文
皇帝稟純和之氣挺天縱之英德配乾元功侔造化
故能捨末魏之弊風蹈隆周之叡典誕述百官厥用

允集所謂乾巡改而重構豈帝王洪範而已哉朕入
嗣大寶思揚休烈今可班斯禮於太祖廟庭己巳祠
太廟班太祖所述六官焉臣欽若等曰太祖依周禮六官置百官今班行之
七月己酉追封伯父顥爲邵國公第三伯父雒生爲
莒國公天和三年五月庚戌祠太廟十月癸亥祠太
廟
建德元年三月誅大冢宰宇文護四月庚寅追尊略
陽公爲孝閔帝詔曰愼始敬終有國彝典事亡如存
哲王通制義崇追遠禮貴尊親故略陽公至德純粹
天姿秀傑屬魏祚告終寶命將改謳歌允集曆數攸

歸上協蒼靈之慶下照后祗之錫而禍生肘腋釁起
蕭墻白獸噬騶蒼鷹集殿幽辱神器紘酷乘輿宛結
生民毒流寓縣今泊海澄清氣沴消蕩追尊之禮宜
崇徽號遣太師蜀國公迥（尉遲迥也）於南郊上謚曰孝閔
皇帝陵曰靜陵
二年正月乙卯祠太廟
四月巳亥祠太廟七月巳巳祠太廟
三年正月巳巳祠太廟
五年六月辛亥祠太廟
六年四月巳巳祠太廟

十月戊午改葬德皇帝於冀州帝服緦哭於太極殿
宣帝以宣政元年六月卽位上武皇帝尊謚葬於孝
陵廟曰高祖七月巳巳祠太廟
大象元年正月癸巳祠太廟四月巳巳祠太廟
二年正月癸巳祠太廟
靜帝以大象二年五月入居天臺（臣欽若等按後周書宣帝大象元年二月傳位於帝居正陽宮至是遂入居天臺）上宣皇帝尊謚葬于定陵
隋高祖開皇元年二月甲子受禪乙丑追尊皇考桓
王爲武元皇帝廟號太祖皇妣呂氏爲元明皇后遣
兼太保宇文善兼太尉李詢奉策詣同州告廟兼用
女巫同家人禮奉迎神主歸于京師犧牲尙赤祭用
日出改周氏左社右廟爲右社左廟未言始祖又無
受命之祧自高祖以下置四親廟同殿異室一曰皇
高祖太原府君廟二曰皇曾祖康王廟三曰皇祖獻
皇廟四曰皇考太祖武元皇帝廟擬祖遷于上而太
祖之廟不毀（臣欽若等案隋書太原太守惠瑕生平原太守烈烈生寧遠將軍禎禎生同州剌史桓公忠忠生高祖周末高祖爲隋國公詔贈烈爲太保康公禎爲太傅獻公及高祖爲隋王自康公而下並建王爵至是謚惠瑕立四廟焉）
四年正月巳巳有事於太廟
七年正月癸巳有事於太廟

十二年七月巳巳有事於太廟
十月壬午有事於太廟至太祖神主前帝流涕嗚咽
悲不自勝
十三年正月壬子親祀武帝
煬帝以仁壽四年七月卽位上文皇帝尊謚十月巳
卯葬于太陵廟號高祖
太業元年營建雒邑乃於東都固本里北起天經宮
以遊高祖衣冠四時致祭三年六月丁亥詔曰聿追
孝享德莫至焉崇慶寢廟禮之大者然則質文異代
損益殊時學滅坑焚經典散逸廟堂制度師說不同

所以世數多少莫能是正連室異宮亦無定準朕獲奉祖宗欽承景美永惟嚴配思降大典於是詢謀在位博訪儒術咸以爲高祖文皇帝受天明命奄有區夏拯羣黎於四海革彫弊於百王恤獄緩刑生靈皆遂其性輕徭薄賦比屋各安其業恢夷宇宙混同車書東漸西被無思不服南征北怨俱荷來蘇駕毳乘風歷代所弗至辨髮左袵聲教所罕及莫不厥角關塞頓顙闕庭譯靡絶時書無虛月韜戈偃武天下晏如嘉瑞休徵表裏禔福猗歟偉歟無得而名者也朕又聞之德厚者流光治辨者禮縟是以周之文武漢

之高光其典章特立謚號斯重豈非緣情稱述即崇顯之義乎高祖文皇帝宜別建廟宇以彰巍巍之德乃遵月祭用表蒸蒸之懷有司以時創造務合典制又名位既殊禮亦異等天子七廟事著前經諸侯二昭義有差降故其以多爲貴王者之禮今可依用貽厥後昆是年有司奏請准前議於東京建立宗廟帝謂秘書監柳䛒曰今始祖及二祧已具令後子孫處朕何所又下詔唯議別立高祖之廟屬有行役遂復停寢九年閏九月巳巳幸博陵庚午帝謂侍臣曰朕昔從先朝周旋於此年甫八歲日月不居倏經三紀追惟平昔不可復希言未卒流涕嗚咽侍衛者皆泣下沾襟

冊府元龜

冊府元龜

巡按福建監察御史臣李嗣京訂正

新建縣舉人臣戴國士參閱

知建陽縣事臣黄國琦較釋

帝王部三十

奉先第三

唐高祖以隋恭帝義寧元年封唐王二年三月已巳立四親廟武德元年五月甲子卽位六月已卯追尊皇高祖瀛州府君曰宣簡公皇曾祖司空曰懿王皇祖景王曰景皇帝廟曰太祖陵曰永康皇祖妣曰景烈皇后皇考元王曰元帝廟曰世祖陵曰興陵皇妣曰元眞皇后臣欽若等按唐史隋恭帝義寧元年十二月追贈高祖太祖唐襄公爲景王考唐仁公爲元王二年三月茲高祖立四親至是追尊爲元帝以上事見帝系門迎神主祔于太廟

六年四月已未幸故宅改名通義宮祭元皇帝於舊寢以貞元皇后配享高祖哽咽悲不自勝侍衞莫不歔欷

太宗貞觀三年正月戊午有事於太廟

九年五月上太上皇謚曰太武皇帝廟號高祖陵曰獻陵

七月甲寅增修太廟崇祔弘農府君及高祖神主幷舊四室爲六室臣欽若等按弘農府君太宗之六代祖名重耳仕後魏爲弘農太守是歲太守命有司詳議廟制八座等奏議依晉宋故事立親廟六從之

十二月庚戌詔曰昔周監二代崇文武之典禮漢紹三王尊高光之功烈斯固有國之彝訓不刊之令範高祖太武皇帝聰明神武獻聖徇齊應天順民撥亂反正德侔造化道濟區夏靖率土之沸騰拯黔首之塗炭一戎大定四海宅心制治定之禮作功成之樂天地交泰品物咸寧聲教遐洎休徵雜沓蠻夷戎狄之長輻湊藁街麟鳳龜龍之祥光映圖史然猶日慎一日推而弗居邁遂古之鴻名踰前王之至治朕以寡昧丕承景業緬惟永往攀慕終天思弘尊親之道庶展罔極之志竊惟太原之地肇基王迹事均豐沛義等宛譙理宜別建寢廟以彰聖德詳觀漢典抑有成規但先皇遺旨務存倹約虔奉訓誡無忘啓處宜令禮官與公卿等詳議以聞

十三年正月乙巳朔謁獻陵先日宿衞黄麾仗周衞陵寢至是質明七廟子孫及諸侯百僚蕃夷君長皆陪列于司馬門内帝至小次降輿號哭入闕門西面再拜慟絶不能興禮畢改服入于寢殿親執饌閱高

祖及先后服御之物匍匐床前悲慟左右侍御者莫
不歔欷
十六年四月辛亥制每薦新於太廟令太常卿及少
卿一人行事十二月令左監門中郎將齊士員將兵
衛獻陵乙酉帝召士員至望見而降殿自迎悲咽不
已謂從官曰頃屬歲陰道暮情深罔極所備新衣珍
饌欲以正旦奉薦園陵朕若親行便勞邑從三元告
始家有吉凶慶慰之禮咸重茲日朕不欲煩勞乃自
抑止因命江夏王道宗代行所獻之物並號授道宗
焉

十七年四月十一日帝親謁太廟謝承乾之過
高宗以貞觀二十三年六月卽位上文皇帝尊謚廟
號太宗陵曰昭陵八月庚子奉太宗神主祔于太廟
永徽元年五月吐火羅國獻大鳥高七尺帝以太宗
懷遠所致獻于昭陵仍刻像於陵之內
三年正月丙子親祠太廟及布幣祼獻至太宗俯覗
六年正月壬申朔親謁昭陵文武百寮及宗室子孫
並陪位帝降輦易服行哭就位再拜擗踊禮畢又改
服奉謁寢宮其崇聖宮妃嬪大長公主已下及越趙
二國太妃等先於神座左右侍列如平生帝入寢哭
踊絶於地進至東階西面再拜號慟久之乃進太牢
之饌如珍饈具品引太尉無忌司空勣越王福曹王
明左屯衛大將軍程知節並入執爵進俎帝至神座
前拜哭奠饌閱先帝先后衣服拜辭訖行哭出寢北
門乃御小輦還行宮五月辛未以高祖太武皇帝旣
開基業不可限以常禮忌日特宜廢務
顯慶元年十月幸鄭州次氾水以先帝於氾水擒竇
建德因平王充於是刻石立頌以紀功烈帝自爲頌
文
五年二月乙未帝以每年二月太常卿少卿分行二

陵事重人輕又不備鹵簿威儀有闕乃令三公行事
太常卿少卿爲副太常別造鹵簿事訖則納於本司
仍著於令
龍朔二年六月辛酉詔奉常寺每五月六月停教樂
以太宗文皇帝文德皇太后忌月故也
乾封元年六月戊午詔曰朕以寡德嗣守宗祧雖明
發載懷肅恭禋祀踐霜露而興感奉盥洗以增哀每
惟宗廟至敬虔誠祼享而二尊一奠情有未安思革
舊章用崇嚴配管子曰禮者因人之情緣禮而爲之
節也故三王五帝禮制不同損益隨時期於適便況

罔極之恩旣展于茲辰終身之慕情深於是日豈可以因循經禮乖違誠敬自今巳後宗廟薦享爵及簠簋登鉶各宜別奠其餘牢饌並依嘗典

咸亨四年令劉仁軌郝處俊修撰國史帝以許敬宗所紀多不實處俊曰先聖仁恩觸類皆是臣處俊往年宿衛之日被差腰轝供奉見有三衛誤拂御衣此人怕懼五情無主先聖謂之曰此間無御史我不爲汝作罪過不須怕懼帝謂處俊曰此亦須入史

五年八月壬辰追尊太祖武皇帝爲高祖神堯皇帝太宗文皇帝爲太宗文武聖皇帝太穆皇后爲太穆

神皇后文德皇后爲文德聖皇后皇帝稱天皇皇后稱天后以避先帝先后之稱

儀鳳二年五月壬戌詔尊宣皇帝陵爲建昌陵先皇帝陵爲延陵臣欽若等曰宣皇帝卽高宗六代祖也武德初進謚宣簡公先皇帝五代祖也武德初尊謚懿王至是俱尊爲帝

中宗以弘道元年十二月卽位上天皇太帝尊謚廟號高宗葬乾陵

神龍元年正月復位改享德廟依舊爲京太廟臣欽若等曰初武后革命改京太廟爲享德廟至是復焉五月壬午遷武氏七廟王于西京崇尊廟崇尊武氏太廟東都創置太廟

八月乙亥崇祔太祖景皇帝獻祖光皇帝代祖元皇帝高祖神堯皇帝太宗文武聖皇帝皇考高宗天皇大帝皇兄義宗孝敬皇帝於東都太廟禮畢卽日還宮

十二月上則天皇后謚曰則天大聖后

睿宗唐隆元年六月卽位七月庚辰追尊則天大聖皇后依舊爲天后

景雲元年十月復追尊天后爲大聖天后

十一月巳酉葬中宗孝和皇帝於定陵帝思中宗之德乃爲紀聖頌以揚其徽範命有司刻之於石初中

宗以皇兄義宗孝敬皇帝祔太廟第七室至是中書令姚元之等奏於東都別立義宗廟祔中宗孝和皇帝和思皇后趙氏神主于太廟

太極元年正月辛未朔有事於太廟

延和元年六月乙卯追尊大聖天后爲聖帝天后

玄宗先天元年八月卽位十月丁酉太上皇詔曰昔重華嗣德格于文祖高密陟后至于神宗蓋所以敬履端之元申孝享之道皇帝初嗣大寶允膺休命歆洽人靈慶溢宗祀虔躬祇祀典用展肅雍可以今月四日謁享太廟所司准式庚子帝謁太廟壬寅祔昭

成皇后肅明皇后神主于儀坤廟臣欽若等按唐書昭成皇后竇氏玄宗所生母也陵曰靖陵肅明皇后劉氏玄宗嫡母也陵曰惠陵

開元二年四月辛未詔曰園陵之地衣冠所遊凡厥有司罔不祇事禮存則先王是訓禮失則后代何觀欽若永圖敢忘舊典頃者别致鷹狗供奉山陵至於料度極多費損况昔誡禽荒既非尋嘗所用遠惟龍馭每以仁愛爲心彼耕象與耘鳥且增哀慕豈飛蒼而走黄更備畋獵有乖儀式無益崇嚴載懷虧紊良深悚惕諸陵所有供奉鷹狗等竝宜即停

四年七月己亥上太上皇尊謚曰大聖貞皇帝廟號

睿宗葬橋陵八月壬子勑宜於太廟西街西少府監空園內别造中宗廟依前隸入太廟署臣欽若等按唐志禮官議曰孝和皇帝有中興之功而無後嗣請因殷之陽甲漢之成帝出爲别廟從之肅明皇后神主於儀坤廟安置臣欽若等按唐志禮官議曰昭成皇后有大祀之德已配於睿宗肅明皇后無啓母之尊自應别廟從之乙巳勑中宗孝和皇帝合别立廟宜修理儀坤廟隸入太廟署不煩别署官屬

十一月丁亥徙中宗神主于西廟

五年正月癸卯太廟四室壞帝素服避正殿迎神主於太極殿輟朝五日視事於别殿己酉親享太極殿

十月丙子京師修太廟成戊寅祔神主于太廟

六年十一月辛卯至自東都丙申親謁太廟特有司撰儀注以祔祭之日車駕發宮中帝謂宰臣宋璟蘇頲曰祭必先齊必也據儀注祭之日發大明宫又以質明行事朕便侵星而發猶是移辰方到質明之禮其可及乎又朕不宿齋宮即安正殿情所不敢安於廟所設齋宮五日赴行宮宿齋六日質明行事庶合於禮璟等稱聖情深至請即奉行詔有司改定儀其日帝自齋宮步詣太廟入自東門就立位樂奏九成升自阼階行祼奠之禮至睿宗室俯伏嗚咽侍臣莫不流涕乃下制曰朕聞禮莫大於孝惟孝所以通神

明事莫大於祀惟祀所以謁宗廟顧此薄德獲承丕緒恭虔夙夜弗敢遑寧去歲爰命司空增崇太室尋以匠者功就賽人禮奉雖是効是則率繇典章而不躬不親曷盡誠敬粵自河雒旋于京師聿修齋祭致用蠲潔屬羣方駿奔庶位咸列祼奠式受咸懷載殷聖靈在天若享精意伊爾王公卿士下逮黎蒸道存念兹惠乃錫類

七年五月勑曰五月是齋舊有嘗式六月緣忌特令斷屠宜令所司進蔬食府縣提搦勿令屠宰

十年六月己巳增置京師太廟爲九室移孝和皇帝

神主以就正廟下詔曰朕聞王者乘時以設教因事以制禮沿革以從宜爲本取捨以適會爲先故損益之道有殊質文之用甚異且夫至德之謂孝所以通於神明大事之謂祭所以虔于宗廟國家握紀命曆重光累盛四方繇其繼明七代可以觀德朕嗣守丕業祗奉睿圖聿懷昭事罔不恤祀嘗覽古典爰詢廟制遠則殷周事異近則漢晉道殊雖禮文之不一固嚴敬之無二朕以爲立愛自親始教人睦立敬自長始教人順是知政以道存禮從時變特因宜以創制豈法古而限今況恩以降殺而疎廟以遷毀而廢雖

式瞻古訓禮則不違而永言孝思情所未足享嘗則止豈愛崇而禮備有禱而祭非德盛而流永其祧室宜列爲正室將使親而不盡遠而不祧廟以貌在宗由尊立俾四時式薦不間於毀主百代靡遷匪惟於始廟所謂變以合禮動而得中嚴配之典克崇肅雍之美茲在又兄弟繼及古有明文今中宗神主猶居別處詳求故實當守不安移就正廟用彰大典仍創置九室宜令所司擇日啓告移造

十一年正月行幸北都帝親製起義堂頌刻石紀功于太原府之南街五月乙丑遷祔中宗神主于太廟（一作四月丙辰）制曰崇建宗廟禮之大者聿追孝饗德莫至焉今宗以立尊親無遷序永惟嚴配致用蠲潔棟宇式崇禋奠斯愛顧茲薄德獲承禋祀不躬不親曷展誠敬宜用八月十九日祗見九室

是月戊申尊八代祖宣皇帝號懿祖始祔于太廟之九室

十七年十一月庚寅親享九廟辛卯發京師丙申謁橋陵帝望陵涕泣哀感左右奉先縣以所管萬三百戶供奉陵寢曲赦縣內大辟罪已下戊戌謁定陵己亥謁獻陵乙巳謁乾陵戊申還宮

二十一年正月乙巳遷肅明皇后神主於太廟祔睿宗室殿儀坤廟

二十五年七月己卯詔諸陵廟並隸宗正寺其官員悉以宗子爲之

二十七年二月己巳詔曰宗廟致敬必先於如在神人所依無取於非族深惟至理用切因心其應緣太廟五享於宗子及嗣郡王中揀擇有德望者令攝三公行事其異姓官吏不須令攝

二十八年七月壬寅尊宣皇帝陵爲建初陵先皇帝陵爲啓運陵仍置官員

天寶元年二月甲午親享太廟以加尊號故也

二年三月制曰凉武昭王朕十一代祖也積德右地炳靈中業奄有舊國兆先帝功敬追尊爲興聖皇帝其陵側左近仍竝禁樵牧春秋二時備致祭

八月制曰禋祀者所以展誠敬之心薦新者所以申霜露之思是知先王制禮蓋緣情而感時朕承丕業肅恭祀事至於諸節嘗修薦享自流火𢌿期商風改律載深追遠感物增懷且詩著授衣令存休澣在於臣子猶及恩私恭事園陵未標典式自今以後每至九月一日薦衣于陵寢貽範千載庶展孝思且仲夏

端午事無典實傳之淺俗遂乃移風况乎以孝道人因親設教感游衣於漢紀成獻報於禮文宣示庶寮令知朕意

六載正月丁亥親祠太廟以戊子祀圜丘故也

八載閏六月丙寅上高祖神堯皇帝尊謚曰高祖神堯大聖皇帝太穆皇后竇氏尊謚曰太穆順聖皇后太宗文武聖皇帝尊謚曰太宗文武大聖皇帝文德聖皇后長孫氏尊謚曰文德順聖皇后高宗天皇大帝尊謚曰高祖天皇大聖皇帝大聖則天皇后武氏尊謚曰則天順聖皇后中宗孝和皇帝尊謚曰中宗孝和大聖皇帝和思皇后趙氏尊謚曰和思順聖皇后睿宗大聖真皇帝尊謚曰睿宗玄真大聖皇帝昭成皇后竇氏尊謚曰昭成順聖皇后肅明皇后劉氏尊謚曰肅明順聖皇后以來月五日於太清宮聖祖前恭申冊禮宜令所司即詳定儀注聞奏丁卯詔曰禘祫之禮以存序位質文之變蓋取隨時國家系本仙家業承聖祖重熙累盛旣錫無疆之休合享登神思弘不易之典自今已後每禘祫於太清宮聖祖前設位序正上以明陟配之禮欽若玄穹下以盡虔恭之誠無違至道比來每緣禘祫時享則停事雖適於

從宜禮或虧於必備已後每緣禘祫其常享無廢又奉先追遠禮惟昭德崇福展敬義在因心自今已後獻祖宣皇帝宣莊皇后懿祖光皇帝光懿皇后忌日宜令京城寺觀一日設齋太祖景皇帝烈皇后代祖元皇帝元貞皇后忌日京城三日行道

九載十一月已丑制曰春秋致享用存昭敬祝史陳信必在正辭苟名位之或乖於上下而非便故經稱宗事易載顯若所以展祇肅明等威朕欽崇道本嗣守丕業每懷如在之誠敢忘奉先之旨禮或未達情實匪寧承前有事宗廟皆稱告享茲乃臨下之辭頗

虧尊上之義靜言斯稱殊未爲允自今已後每親告獻太清宮太微宮改爲朝獻有司行事爲薦獻親告享宗廟爲朝享有司行事爲薦享親巡陵爲朝拜有司行事爲拜陵應緣諸事告宗廟者改爲奏其郊天后土及祀祝云敢昭告于者並改爲敢昭薦于式崇寧禮庶表因心宜示中外令知朕意

十載正月癸巳朝享太廟以甲午有事於南郊故也

十一載三月丙午制今後每月朔望宜令薦食於太廟每室一牙盤乃五日一開室門灑掃

十三載二月癸酉親享太廟以兩漢諸帝廟號皆有

孝字帝王徽號莫大於孝是以上高祖神堯大聖皇帝謚曰高祖神堯大聖大光孝皇帝太宗文武大聖皇帝曰太宗文武大聖大廣孝皇帝高宗天皇大聖皇帝曰高宗天皇大聖大弘孝皇帝中宗大和大聖皇帝曰中宗大和大聖大昭孝皇帝睿宗玄真大聖皇帝曰睿宗玄真大聖大興孝皇帝是歲改獻昭乾定橋五陵署爲臺其署令改爲臺令加舊一階

肅宗至德二年十月丁卯入長安先是九廟爲賊所焚帝素服哭於廟三日入大明宮

十二月新作九廟神主於長安殿安置帝親告享流涕嗚咽感動左右初帝在彭原使人於鳳翔郡採栗木以作神主備之及是奉迎告享用之

乾元元年四月辛亥九廟神主自長安殿遷入太廟帝備法駕鹵薄警蹕王公百寮從甲寅帝親行享禮

代宗以寶應元年四月卽位上文明武德大聖大宣孝皇帝尊謚廟號肅宗陵曰建陵

五月庚寅進冊先妃吳氏爲皇太后

三年四月己丑祧獻祖懿祖二室遷太祖巳下七室祔玄宗二室五月辛亥以醴泉縣奉建陵昇固赤縣

廣德二年正月丙辰勑以來月七日饗太廟二月甲

戌親享太廟九室

大曆二年四月癸未詔有司陵廟禰祭幷三長齋月依舊薦酒肉

七年五月徙忻州七聖廟尊容置于太原之紫極宮

八年五月庚子是日太宗諱日命有司備四千僧齋於昭成寺十月己酉命有司大祫於廟是日冬享因展禮也

德宗以大曆十四年五月卽位八月庚申上睿文孝武皇帝尊謚廟號代宗葬元陵

十二月己酉祔代宗神主于太廟禮儀使顏眞卿奏

議祧元皇帝于西夾堂
建中元年正月庚午謁太廟以辛未有事于南郊也
三月丙寅禮儀使奏東都太廟闕木主請造詔下議
之初武后於東都立高祖太宗高宗三廟至中宗已後兩京太廟四時竝祭至德之亂木主多亡缺未附於是議者紛然而大旨有三日必存其廟遍立羣主時享之日以他官攝行二日建廟立主存而不祭若皇輿時巡則就享之三日存其廟座或東幸則飾齋車奉京師羣廟之主以從議皆不決而罷
二年二月復肅宗神座于寢宮先是寶應二年西戎
犯京師焚建陵之寢室至是始創復焉
十月癸卯祫饗太廟始奉獻祖神主出行祫禮初寶
應二年玄宗肅宗神主祔廟始遷獻祖懿祖神主於

西夾室是時禮儀使于休烈以國喪畢將行祫享以
太祖旣位當東面獻祖懿祖屬尊於太祖若同祫享
卽太祖不得居正位於是永閟二神主於西夾室至
是有司亦以國喪旣畢當行祫禮於是太常博士陳
京建議請准魏晉以來祫禮奉二主出同祫享與太
祖竝列昭穆而虛東向之位又云若以二祖同享謂
太祖失尊位卽請奉二祖神主於德明皇帝廟祫享
詔下尚書省雜議禮儀使顏眞卿請依蔡謨等議至
祫享之日奉獻祖神主居東面之位自懿祖太祖洎
諸祖宗尊左昭右穆之列時宰臣百寮竝同眞卿之
議奏留中不出將及祫享眞卿又奏請從蔡謨議爲
定從之
興元元年十二月甲午詔曰朕一經播遷久曠禮儀
不唯霜露之感實貽失墜之憂賴先澤在人上帝臨
我克平大難載復舊京方欲展禮郊丘請罪宗廟而
乃股肱卿士詢謀異同明孝敬之大端陳古今之正
義三省章表深體乃誠以義制心允從衆請予之不
德愧歎良深其來年告謝郊廟百寮請俟後期者可
之其元日御含元殿准式時李懷光李希烈竝叛逆
不賓京師將士賞賚未徧人情尚擾不安李晟自鎭

上表請權停郊廟之禮百寮議與晟協故有是詔
貞元五年八月詔天下諸上州竝宜國忌日准式行
香
九年六月癸亥詔定國忌日寺觀齋僧道人數有差
十一月甲寅朝享太廟前一日有勑至廟行禮不得
施褥至敬之所自合履地而行
十二年十月辛亥祫祭於太廟
十四年正月詔曰八陵宮寢臣欽若等曰自高祖至代宗凡八陵久要
修葺此緣日月非便未及興工宜令宗正寺與所司
卽計料依所擇日速修理初宗正寺奏諸陵宮寢屋

宇摧壞及要科斫松柏等勑詔陰陽人楊季炎擇日起修

三月詔曰八陵舊寢宮在山上置來多年曾經野火燒焚摧毀略盡其宮尋移在瑤臺寺側左今屬通年欲議修置緣供水稍遠百姓非常勞弊今欲於見住行宮處修造冀久遠便人又爲改移舊制恐所見未周宜令中書門下及百寮同商量可否聞奏丁丑令昭陵宜修舊宮先有五間殿依舊基創造寢殿五間餘舍屋准圖起造初正月中令有司修葺陵寢以昭陵舊宮先因火焚毀百官詳議而議者多云修舊宮

帝意欲遷移縣是以山下爲定於是遣右諫議大夫平章事崔損充脩八陵使及所司計料獻昭乾定泰五陵各造屋三百七十八間橋陵一百四十間元陵三十間唯建陵不復創造但修葺而已所緣陵寢中惟牀蓐一事已上並令創造帝親加閱視然後遣送赴陵所八月以修八陵畢慶朝一日羣臣於宣政殿前横行稱賀中尉第五守亮宣詔曰朕獲主宗祀以奉園陵歲月滋深是有崇飾今修奉既畢感慕增懷所賀知

十五年二月丁亥不視事以公卿等朝拜諸陵循親規制也初是月七日拜陵官發其日本不視事適會董晉卒廢朝至十六年二月公卿拜陵發日遂不視事迄今便因循行此禮時謂不經無據也 五月壬戌不視事以逼先帝忌故也

十六年二月辛未不視朝以拜陵公卿辭故也

十九年四月壬辰修德明興聖獻祖廟甲午詔曰奉遷獻祖懿祖神主太祖景皇帝正東向之位虔告之禮當在重臣宜令簡較司空平章事杜佑攝太尉告于太清宮門下侍郎平章事崔損太尉告太廟詔曰國之大事式在於明禋王者孝享莫重於殷祭所以尊祖而正昭穆也朕承列聖之休德荷上天之眷命

虔奉牲帛二十有五年永惟宗廟之位禘嘗之序夙夜祗慄不敢自專是用延訪公卿稽參典禮博考群議至於再三敬以令辰奉遷獻祖宣皇帝神主懿祖光皇帝神主祔於明德興聖皇帝廟太祖景皇帝正東向之位宜令有司備禮務極嚴重祗肅祀典載深感惕咨爾中外宜悉朕懷丙申奉遷獻祖懿祖神主祔於明德興聖廟文武三品已上官序位於廟廷宗子諸親咸陪列馬門下侍郎平章事崔損攝司徒從金輅至行廟升座畢奠用脯酒稱官跪奏安神退戊戌帝不視事宰臣及百官以祔廟禮畢蹈舞賀于宣

政殿前
德宗永貞元年九月丁卯上神武孝文皇帝尊謚廟號德宗葬崇陵十一月册謚德宗母沈氏曰睿貞皇后奉神主祔于代宗之室
元和元年七月上至德大安孝皇帝尊謚廟號順宗葬豐陵以奉先縣神泉鄉櫟陽縣大澤鄉美原縣義林鄉竝隷富平縣以奉豐陵
二年正月庚寅朝享于太廟礿次諸室帝皆盡于敬誠至德宗順宗室帝流涕嗚咽若不自勝侍臣及奉册讀册官皆相顧感泣

穆宗以元和十五年正月卽位五月上聖神章武孝皇帝尊謚廟曰憲宗葬景陵以美原縣龍原鄉櫟陽縣萬年鄉竝移隷奉先縣以奉陵寢七月欽州奏當州有玄宗皇帝真容在開元寺去城十里今請移於廓內龍興寺仍交換寺額制可之
長慶元年正月巳亥朔備法駕親薦獻于太清宮遂齋于太廟庚子享太廟至順宗憲宗二室上獻欷流涕侍臣從官皆感動禮畢復齋于郊壇行宮
敬宗以長慶四年正月卽位上睿聖文惠孝皇帝尊謚廟號穆宗葬光陵勑富平縣宜割豐水鄉華州下邽縣割翟公鄉同州澄城縣割撫道鄉白水縣割會賓鄉以奉陵寢
寶曆元年正月庚戌謁太廟以辛亥有事于南郊故也七月辛亥勑奉先一縣獨奉八陵供辦支持實爲繁併眷言物力須議優矜宜委京兆府減一半租幷雜色役等令諸縣均出
文宗以寶應二年十二月卽位上睿武昭愍孝皇帝廟號敬宗葬莊陵
太和元年四月禮儀使奏拆脩太廟西夾室遷移神五位得大卜署令狀擇用四月二十四日吉其日光

出室內先祧遷神主五位入幕殿便起首拆脩至五月五日畢功六日却移神主入室詔依
五月京兆府奏莊陵准穆宗陵例割鄰近縣鄉奉陵供應今高陵縣萬福鄉富陵縣從化鄉雲陽縣善化鄉涇陽縣甞樂鄉其界竝不隔越伏准穆宗陵例合割前件四鄉屬三原縣添奉陵寢從之
三年十一月癸巳謁太廟以甲午有事于南郊故也
五年五月戊戌朔辛丑宗正寺奏太廟第四室第六室破漏四月九日巳具聞奏訖有司不時興工至今稽滯勑太廟或要脩葺有司合星夜興工以涉稽滯

須有懲責將作監王堪宜罰兩月俸料度支判官罰
一月俸料宗正卿李銑奏報稍晚量罰一月俸帝遽
命中人令領工徒以禁中即日脩營材木脩葺左補
闕韋温上疏極諫疏奏帝甚嘉納繇是追止中人命
有司嚴加脩奉甲寅宗正等請脩獻陵乾陵定陵橋
陵泰陵建陵元陵崇陵豐陵景陵光陵莊陵惠陵昭
陵詔曰所脩陵寢事至嚴重簡計崇飾須得精實宜
令度支郎中盧商將作少監韋長同往諸陵子細簡
計具合修與不合處聞奏
八年正月丙寅修太廟以太常卿庾承宣攝太尉徧

告九室遷神主于便殿
五月甲寅詔曰忌辰修齋雖出近制斟酌損益貴於
得中況在不遷之宗允資異數之禮五月六日二十
六日兩忌設齋人數宜各加至二千人太穆文德皇
后忌日亦宜各加倍數其寺觀仍舊十二月八日忌
宜於五所寺觀共設四千人宜令所司准式己巳修
太廟畢以吏部尚書令狐楚攝太尉遍告神主却復
正殿
開成元年七月丙戌監察御史請修太廟祭器初帝
言於宰臣曰宗廟之事朕合自行千乘萬騎動資國
用每至有事之日被朕冠冕危坐待旦比聞有司發
饌不精酒醴酸濁卿當宣諭監察御史俾之臨祭勿
有不虔御史崔黯監察受宣遂有此奏
四年三月己卯帝御紫宸殿宰臣楊嗣復奏曰太廟
准禮三年一祫五年一禘今是禘祭時讓皇帝廟亦
合禘祭臣案讓帝本封寧王玄宗親兄玄宗既定內
難寧王能讓帝位玄宗感之贈以鴻名其復置廟享
獻禘祫與九廟同至上元二年杜鴻漸奏停時享而
禘祫存今玄宗肅宗神主已歸夾室讓皇帝猶禘祫
不闕於禮未安李珏曰宗廟事重比者臣不敢輕議

帝王至今禘祫實不當禮嗣復所論至當今請下禮
官議帝曰俞四月壬戌帝御紫宸殿問宰臣曰皇城
使上言太廟中有麞走出安有宗廟之中得此野獸
宰臣請宣示宗正寺使令巡簡帝曰可召宗正卿來
朕自戒勵之遂召宗正卿李踐方至帝曰宗廟至重
卿宜恪勤官業勿俾太廟有所壞褻勿拘陰陽不旋
修葺漢有昭陽未央尚猶崇飾潔況宗廟乎無長蒿
萊以藏野獸言訖泫然踐方叩頭請罪久之帝曰郎
位宗廟祀事未嘗不戒勵有司俾其嚴潔詩云祀事
孔明其此之謂乎　終

册府元龜

巡按福建監察御史臣李嗣京　訂正
分守建南道左布政使臣胡維霖　參閱
知建陽縣事臣黄國琦較釋

帝王部　三十一

奉先第四

唐武宗以開成五年正月即位上元聖昭獻皇帝尊謚廟號文宗葬章陵

二月制穆宗妃韋氏追謚宣懿皇太后帝之母也

三月勅復國忌行香以文宗開成三年十月曾廢故

也

會昌元年五月祔宣懿皇太后于太廟六日制曰朕近因載誕之日展承顏之慶皇太后謂朕曰天子之孝莫大於丕承人倫之義莫重於嗣續穆宗睿聖文惠孝皇帝厭代巳久星霜屢遷禰宮曠合食之禮惟帝深濡露之感宣懿皇太后長慶之際德冠後宮夙表沙麓之祥實茂河洲之範先朝恩禮之厚中壼莫偕况誕我聖君纘承昌運巳協華於先帝方延祚於後昆恩廣貽謀庶弘博愛爰遵舊典以慰孝思當以宣懿皇太后祔太廟穆宗睿聖文惠孝皇帝之室率是彝訓其敬承之祇奉慈旨載深感咽宜令宣示中外咸使聞知

五年十月中書奏云汜水武牢關是太宗擒王世充竇建德之地關城東峯有二聖塑像在一堂之内伏以山河如舊城壘猶存威靈皆畏于軒臺風雲疑還於豐沛誠宜百代嚴奉萬邦所瞻西漢故事祖宗嘗所行幸皆令郡國立廟今緣定覺寺例合毁拆望取寺中大殿材木於東峯改造一殿四面兼置宫監伏望號爲昭武廟以昭聖祖武功之盛望委孟懷節度使差幹事判官一人勾當修建然聖像頗巳故暗望

令李石于東都揀絶妙畫手就加嚴飾初興功日望令東都差分司郎官一人薦告畢日别差官展敬從之

六年二月太常禮院奏准勅東都太廟諸室神主都二十六都待修廟畢日具禮迎致于西夾室所遷神主月日及儀注等宜令所司詳定聞奏者擇用四月九日告制可

宣宗以會昌六年三月即位上至道昭肅孝皇帝尊謚廟號武宗葬端陵

四月東都留守李石奉脩奏太廟畢所司迎奉太徵

宮神主祔廟訖東都太廟者本武太后家廟神龍中中宗反正廢武氏廟主立太祖已下神主祔之安祿山陷雒陽以廟爲馬廐棄其神主而協律郎嚴郢收而藏之史思明再陷雒陽尋又散失賊平東京留守盧正已又募得之時廟已焚毁乃寄主於太微宮大曆十四年留守路嗣恭奏重修太廟以迎神主詔百官參議紛然不定禮儀使顏眞卿堅請歸祔不從會昌五年留守李石因太微宮正殿圮多請以廢弘敬寺爲太廟神主祔之又下百寮商量皆言准故事無兩都俱置宗廟之禮唯禮部侍郎陳商議云周之文

武有鎬雒二廟今兩都異廟可也然不宜置主于廟主宜依禮瘞于廟之北墉事下未行而帝即位因詔有司迎太微宮寓主祔廢寺之新廟而知禮者非之

懿宗以大中十三年八月即位上聖武獻文孝皇帝尊謚廟號宣宗葬貞陵

九月追尊母晁氏爲太后謚曰元昭

咸通元年十一月丁未有事于郊廟

十三年十二月制追謚宣宗爲元聖至明成武獻文睿智章仁神聰懿道大孝皇帝

僖宗以咸通十四年七月即位上睿文昭聖恭惠孝皇帝廟號懿宗葬簡陵

乾符元年十一月庚寅有事于郊廟

中和元年四月帝在成都府有司請享太祖已下十一室詔公卿議其儀太常卿崔厚議立行廟以玄宗幸蜀時道宮玄元殿之前架帷幕爲十一室又無神主題神主版位達禮者非之明年乃特造神主以祔行廟

光啓三年二月自興元還京以宮室未備權庭鳳翔禮院奏皇帝還宮先謁太廟今宗廟焚毁神主失墜請准禮例修奉制曰朕以涼德祗膺寶圖不能上承天休下正人紀兵革競興於寓縣車輿再越於藩垣

宗廟震驚烝嘗廢缺敬承典禮倍切哀摧宜付所司時奉脩太廟使宰臣鄭延昌奏京城除充大内及正衙外別無殿宇伏聞先有詔旨欲以少府監大廳權充從之

昭宗以文德元年三月即位上惠聖恭定孝皇帝尊謚廟號僖宗葬靖陵

四月庚午追謚聖母惠安太后王氏曰恭獻

十一月甲寅有事於郊廟

哀帝以天祐元年八月即位上聖穆景文孝皇帝尊謚廟號昭宗葬和陵

二年二月巳未昭宗皇帝神主祔太廟禮院奏昭宗廟樂曰咸寧之舞時左僕射裴贄等議遷廟合遷順宗一室從之

四月勑河南府緱氏縣令宜兼充和陵臺令仍升爲赤縣

十月丁未改題襄宗神主廟號是日輟朝百官奉慰臣欽若等曰時起居郎蘇楷駮昭宗謚號太常卿張廷範改謚曰莊靈恭閔孝皇帝廟號襄宗

後唐莊宗同光元年四月即位閏月追尊曾祖蔚州太保爲昭烈皇帝廟號懿祖夫人崔氏曰昭烈皇后陵曰永興追尊皇祖代州太保爲文皇帝夫人秦氏

曰文景皇后陵曰長寧追尊皇考河東軍節度使守太師中書令晉王爲武皇帝詔於晉陽剏中興宗廟以高祖神堯皇帝太宗文皇帝懿宗昭聖皇帝昭宗聖穆皇帝洎懿祖巳下三室爲七廟

十一月甲辰勑雒京太廟先爲朱温毁廢將幸雒陽宫告廟下尚書省會議重修本朝宗廟

二年正月丁巳所司奏懿祖昭烈皇帝八月十四日忌昭烈皇后十一月八日忌獻祖文皇帝十月十三日忌文景皇后九月六日忌太祖武皇帝正月二十日忌勑敬依典禮甲子西都留守張筠奏重修高祖太宗十聖宫殿戊辰饗太廟以皇子繼岌爲亞獻皇弟存紀爲終獻

二月丁亥遣宗正李紓朝拜和陵丁酉吏部奏十道圖内州縣名共三十七處犯獻祖廟諱勑改易之

三月中書門下奏北京三陵所宜尊奉竊尋故事宜建嘉名昭烈皇帝陵請以永興爲名文皇帝陵請以長寧爲名武皇帝陵請以建極爲名從之

八月以宗正少卿李瓚往曹州撿行哀帝陵寢三年正月丙申勑曰朕顧惟寡德獲嗣丕圖奉先之道嘗勤追往之誠靡怠爰自重興廟社載展郊禋旋蕩滌

于瑕疵復涵濡于慶澤蓋憂勞靜國曠墜承祧御朽若驚涉川爲懼繇是推移歲月鬱滯情懷恭念昭宗晏駕之辰少帝登遐之日咸罹虺毒遽殞龍髯委冠劒于仇讎託山陵于梟獍靜惟規制豈叶度程存愴結以彌深固寢興而增惕虔思改卜式慰允懷宜令所司別選園陵備禮遷葬貴雩幽明之故以申追慕之心凡百臣寮體朕哀感雖有是命以年儀財不足而止巳亥太常禮院奏三月合差官朝拜諸陵宜以十八日辛巳從之癸亥湖南馬殷奏管内州縣名有犯獻祖廟諱處道州延昌縣復舊名延唐縣彬州義

昌縣改爲義彰縣岳州昌江縣改爲平江縣所司鑄
換新印賜之
三月丙申寒食節車駕在鄴都帝與皇后出近郊遥
享代州親廟
十月上皇太后謚曰貞簡皇太后名陵曰坤陵
十一月庚寅朔幸壽安號慟於坤陵
明宗天成元年四月卽位七月上莊宗尊謚曰光聖
神閔孝皇帝
八月甲午癈朝以莊宗神主祔太廟禮也
十一月庚寅宗正少卿李蕘奏恭陵所其山園之內

被民戶起舍屋居止臺觀皆被侵耕柏城松逕樵採
殆盡乞下本縣與寺司重定完本園林地畝從之
二年二月庚戌勑河南府新安縣宜升爲次赤以雍
陵在焉
十二月丙午追尊四代祖麟州僕射諱聿謚曰孝恭
皇帝廟號惠祖衞國夫人博陵崔氏謚曰孝恭昭皇
后三代祖朔州司空諱敖謚曰孝質皇帝廟號毅祖
趙國夫人張氏謚曰孝質順皇后皇祖蔚州司徒琰
謚曰孝靖皇帝廟號烈祖皇祖妣秦國夫人何氏謚
曰孝靖穆皇后皇考汾州太師諱霓謚曰孝成皇帝
廟號德祖皇妣宋國夫人劉氏謚曰孝成懿皇后以
應州舊宅爲廟先是中書門下又奏伏以兩漢以諸侯王入繼帝統則必易名上謚廣孝
稱皇載於諸王故事孝德皇孝仁皇孝元皇是也伏
乞聖慈俯從人願許取皇而薦號兼上謚以尊名改
置園陵仍增兵衞遂詔太常禮院定其儀制太常博
士王丕等引漢桓帝入嗣尊其祖河間孝王曰孝穆
皇帝蠡吾侯曰孝宗皇帝爲例請付太常卿定謚刑
部侍郎權判太常卿馬縞復議曰伏准兩漢故事以
諸侯王宗室入承帝統亦必追尊父祖修樹園陵西
漢宣帝東漢光武孝享之道故事具存自安帝入嗣
遂有皇太后令別崇謚法追曰某皇所謂孝德孝穆
之類是也前代惟孫皓自烏程侯繼嗣追父和爲文
皇帝事出非常不堪垂訓今據禮院狀漢安帝巳下
若據本紀又不見有帝字伏以謚法德象天地曰帝
伏緣禮院以曾奏聞准將兩漢故事便述尊名請詔
百官集議時右僕射李琪議曰伏覩歷代巳來宗廟
成制繼襲無異沿革武脉馬縞所奏禮有案據乞下
制命令馬縞虔依典冊以述尊名時明宗意欲兼加

帝字乃下詔曰朕聞開國承家得以制禮作樂故三
皇不相襲五帝不相沿隨代創規于理無爽矧或情
關祖禰事係烝嘗且追謚追尊稱皇與帝既有減增
之字合陳褒貶之辭大約二名俱爲尊稱若三皇之
代故不可加帝五帝之代亦不可言皇爰自秦朝使
兼其號至若玄元皇帝事隔千祀宗追一原猶顯冊
于鴻名豈須尊於漢典况朕居九五之位爲億兆之
尊不可總二名于眇躬惜一字于先代苟隨執議何
表孝誠可委宰臣與百官詳定集兩班于中書逐班
各陳所見准李琪等請于祖禰二室先加帝宰臣合
衆議奏曰恭以朝廷之重宗廟爲先事係承祧義符
致美且聖朝追尊之日即引漢氏舊儀在漢氏封崇
之時復依何代故事理關凝滯未曰聖謨道合變通
方爲民則且王者功成治定制禮作樂正朔服色尚
有改更尊祖奉先何妨沿革若應州必立別廟即地
遠上都今據開元中追尊皐陶爲德明皇帝涼武昭
皇爲興聖皇帝皆立廟於京都臣等商量所議追尊
四聖望依御札並加皇帝之號兼請于各京立廟勑
宣依應州舊宅
立廟餘依所奏

三年八月祠部舉新廟諱有與人姓同者請改之勑
凡有姓犯廟諱者以本望爲姓
閏八月辛亥勑准兵部郎中蕭愿奏大忌齋僧道各
一百人列聖忌辰齋僧道五十人
十月戊申帝服衮冕御崇元殿臨軒命禮部尚書韓
彦惲工部侍郎任贊往應州奉册四廟陵樂奏仗衛
如式
四年正月太常奏應州四廟陵號惠祖曰遂陵毅祖
曰衍陵烈祖曰奕陵德祖曰慶陵忌日行香如太廟
諸室

八月戊申帝服衮御文明殿追册昭宣光烈孝皇帝
禮畢使兵部尚書盧質押册出應天門登車鹵簿鼓
吹前道入都亭驛翌日登赴曹州甲子曹州祔饗昭
宣光烈孝皇帝禮畢文武百官詣西上閤門進名奉
慰
十月癸酉勑昭宣光烈孝皇帝會居實位久抱幽冤
近始追崇方安寢廟宜昇縣邑以奉園陵宜升曹州
濟陰縣爲次赤以本縣令兼陵令
長興二年四月禘饗于太廟
三年七月宗正寺奏今年經大雨太廟正殿疎漏門
樓墊陷宮墻及神門外仗舍並皆缺漏請下所司修
補司天以墓年不宜興造請隨缺壞處量事增修從
之
閔帝應順元年二月山陵使上言太行山陵四月二
十七日掩玄宮以御札皇帝親奉靈駕至園陵有司
量事供備臣等伏見累朝故事人君無親送葬之儀
蓋承繼事大非薄於送終累奏不從
末帝清泰元年四月即位上明宗尊謚曰聖德和武
欽孝皇帝
十一月戊戌中書門下奏太常撰定冬至朝會儀詔

曰初成園陵彌軫孝思遠履節辰尤增顧復所奏各
伏宜停是月中書門下奏二十六日明宗忌群臣奉
慰行香固有常禮恭以陛下初遇忌辰合存降殺仰
惟追感難抑孝思固于茲時不同常歲臣等商量請
于忌辰前後各一日不坐從之
二年正月戊申宗正寺言北京永興長寧建極三陵
應州遂衍奕三陵曹州溫陵例下本州府長官朝拜
雍坤和徽四陵朝廷從之乙丑遣太常少卿蕭愿宗
正卿李郁朝拜徽陵右庶子韋華雍陵宗正少卿李
知新殿中丞李延昭和陵太子中允劉賀太子中舍

李均坤陵
二月巳丑宰臣盧文紀等上章曰臣聞聖列九皇必稟嚴慈之訓貴爲萬乘彌懷顧復之思所謂生我劬勞昊天罔極故漢昭帝承祧御曆奉尊謚于雲陽魏文帝繼體守文思外家于甄館則追崇母后祔享廟庭愛親之道克隆敬本之文斯洽臣等嘗覽國史見玄宗大聖孝明皇帝母昭成皇太后竇氏作嬪初奉于相王歷位纔終于藩邸及至上皇傳國聖子臨朝則追尊配享于閟宮儷極攸先于冢后臣又見代宗睿文孝武皇帝母章敬太后吴氏入宮纔侍于忠王

短世難登于命婦及實祚爰歸于聖嗣追尊將祔于陵園則群臣歷懇于封函嚴配請崇于徽號舊章斯在闕禮未伸臣等叨備鼎司合伸茂典伏惟聖母魯國太夫人夢梓興周望雲佐漢亶河洲之懿範契沙麓之休祥三母俱賢周武最承于天統四妃有子唐侯光啓于帝圖仰惟當宁之懷彌軫寒泉之思伏望配陵祔廟法地則天君親實殺于義方恩禮宜歸于聖善母以子貴乃春秋之格言孝以尊親固禮經之明義久虛時薦慮損皇猷俾秦官載顯于玉符魏寢永光于金册則華夷大願臣子遑寧臣等謹案謚法聖善周聞曰宣施而不私曰宣博聞多能曰憲聖善周達曰憲謹上尊謚曰宣憲皇太后請依昭成章敬二太后故事擇日備禮册命故事禮合配陵祔廟臣等再詳儀注備有典彝伏恐朝廷且務于便安司局貴期于辦集酌于故事更司簡詳臣等伏聞先太后舊陵未祔于先朝則都下難崇于別廟既追尊謚合創閟宮臣等謹案漢故事園寢不在王畿者或在陵所便立寢祠禮文雖異于國朝事理可循于權道臣等商量太后上尊謚後權立祠廟以伸告獻配祔之禮請俟他年詔曰朕猥將眇質獲嗣丕圖暑往寒來

知昊天之罔極憂深思遠唯縮地以無容卿等學究源流文苞體要以致財成之美復陳孝理之規援引古今鋪陳茂實導朕以愛親之禮勉朕以追遠之文取則昭成明徵章敬仍加美謚益見忠誠至於權立閟宮頗亦叶於時變劬勞莫報長懸陟屺之心聖善斯崇且慰循陔之念謹依典禮哀慕增深

六月乙丑太常卿李懌定宣憲太后陵號請以順爲名

三年五月太常奏于河南府東權立宣憲皇后寢宮從之

六月御敷政殿遣工部尚書崔居儉奉宣憲皇太后寶册于寢宮時陵園在河東適會兵興故權于京城修奉寢宮上謚焉

九月戊申帝親行太原太常博士段顒白宰臣曰帝未嘗謁陵今河陽路當徽陵前安得經蹤不行禮乎是日午時至陵園于仗舍前陳謁陵禮

晉高祖天福二年正月壬戌中書奏皇帝到京未立宗廟者夫以受命握圖既啓無疆之祚宗文祖武宜遵有國之規伏惟皇帝陛下曆數在躬艱難創業拯黔黎之塗炭廓宇宙之氛霾寰區既定于一戎基構

方開於萬祀恭惟宗廟須切追崇將示肅恭豈宜稽緩臣等商量望令所司速具制度典禮以聞尊始敬先既光于太后徽章茂典永顯于洪猷從之

五月太常卿梁文矩奏奉勑旨定四廟謚號廟號陵號者伏以四代祖朔州使君府君自天所祐應時而生肇啓靈源始基鴻業謹案謚法寬容平和曰安臨事屢斷撫俗多方有明達之能無屈撓之事豈不謂之寬容平和乎又靖者柔德敎衆之義也又義者行義不失者也請備神主追尊謚曰孝安皇帝廟號靖祖陵號義陵三代祖右省常侍府君動靜有常夙夜匪懈憂人若已視民如傷謹案謚法一德不懈曰簡富且不驕貴而好禮有典有則無怠無荒豈不謂一德不懈乎又肅者剛德克就之義惠者寬裕不苛者也請備神主追尊謚曰孝簡皇帝廟號肅祖陵號惠陵皇祖振武僕射府君淳德不雜素風自高得安邊靜塞之機有阜俗濟民之術謹案謚法執事有制曰平積善積德允武允文動不爲身行唯濟物豈不謂執事有制乎又翼者思慮深遠之義又康者安樂撫民者也請備神主追尊謚曰孝平皇帝廟號翼祖陵號康陵皇考洛州太傅府君天資睿德神贊洸機臨

戎則有敵必摧撫恤則無民不悅謹案謚法主善行德曰元盡善盡美乃神乃聖功煥龍圖慶流鳳扆豈不謂主善行德乎又憲者博聞多能之義昭者明德有功者也請備神主追尊謚曰孝元皇帝廟號憲祖陵號昭陵勑所定翼祖宜改爲睿祖昭陵改爲昌陵餘並敬依又太常少卿裴坦奏奉勑定四廟皇后追尊謚議者伏惟四代祖妣秦氏積行芝蘭含貞閨壼徽猷令問厥彰內則之賢懿靜柔明綽有禮聞之節諒非餘慶何啓昌期謹案謚法宜慈惠和曰元請追尊謚曰孝安元皇后伏惟三代祖妣安定太君安氏

門稱盛族代謂良家修德行而義冠稽天藴柔明而
風昭齊體若非淑惠寧協休徽謹案謚法曰貴賢尙
義曰恭請追尊謚曰孝簡恭皇后伏惟皇祖妣高平
縣太君米氏令惠生知賢才天稟四德早聞於親戚
一齊仍著于閨庭淑問甞彰貞柔自固謹案謚法嚮
惠德義曰獻請追尊謚曰孝平獻皇后皇妣南陽郡
太夫人何氏族惟華貴德乃寬冲禮諧義聽之文詩
協和鳴之詠履大跡而鍾慶祔神龍而克祥固有靈
符來弘景祚謹案謚法溫柔聖善曰懿請追尊謚曰
孝元懿皇后勑敬與禮

七月壬申帝御崇元殿備禮命使冊四廟于雒京以
四代祖朔州府君爲孝安皇帝廟號靖祖以高祖妣
秦氏爲孝安元皇后以曾祖右省甞侍府君爲孝簡
皇帝廟號肅祖以曾祖妣安定郡太君安氏爲孝簡
恭皇后以太王父振武僕射府君爲孝平皇帝廟號
睿祖以皇祖妣高平縣太君米氏爲孝平獻皇后以
皇考雒州太傅府君爲孝元皇帝廟號憲祖皇妣南
陽郡太夫人何氏爲孝元懿皇后
三年二月辛丑中書奏禮經云禮不諱嫌名二名不
偏諱注云嫌名謂音相近若禹與雨丘與區也二名
不偏諱謂孔子之母名徵在言在不稱徵言徵不稱
在此古禮也唐太宗二名竝諱玄宗二名亦同人姓
與國諱音聲相近是嫌名者亦改姓氏與古禮有異
廟諱平聲字即不諱餘三聲諱側聲不諱平聲字所
諱字王文及偏旁闕點畫望依令式施行勑朝廷之
制今古相沿道在人弘禮非天降況以方開曆數虔
奉祖宗雖喻孔子之文未爽周公之訓冀崇孝行永
載簡編取爲二名及嫌名事宜依唐禮施行乃付所
司五月丁巳勑應諸州縣名犯廟諱等相南管內賨
與縣本州名犯肅祖孝簡皇帝廟諱宜改爲敦州州

管縣名與州名同改爲敦化縣義縣上一字亦與本
州名同改爲敦和縣武岡縣本州名與憲祖孝元皇
帝廟諱上一字音同宜改爲敏州州管陽縣上一字
與州名同改爲敏政縣嶺南晉興縣本州名與孝元
皇帝廟諱下一字音同改爲鍼州建州管武縣上一
字亦與憲祖孝皇帝廟諱上一字音同改爲昭武縣
其已前州府縣上中下仍准舊制爲定
五年二月乙巳御史中丞竇貞固奏國忌日宰臣跪
爐焚香僧人表讚孝思迷祖先違世之事而文武百
辟儼然列坐竊惟禮非天降酌在人情今古通規君

親至敬對佛像行香之日實帝王不樂之辰豈有聽
烈祖之舊勳悉安所生聞明君之至德曾不暫輿考
經雖謂其相承度禮潛𡖖其有失欲請跪爐仍舊餘
依嘗位立班詔可其言仍令行香之後飯僧百人永
爲定制
少帝以天福七年六月卽位上高祖尊謚曰聖文章
武孝皇帝十月中書奏太常禮院狀申高祖十二月
二十日祔饗于太廟禮畢合定逐年四季郊壇配坐
准禮例逐年勘造祠祭畫日及編附令式伏請奏聞
宣下者靖祖孝安皇帝配冬至祀昊天上帝夏至祭

皇地祇肅祖孝簡皇帝配上辛祀昊天上帝孟冬祭
神州地祇睿祖孝平皇帝配孟夏雩祀昊天上帝憲
祖孝元皇帝配秋季大饗祀昊天上帝以前天福二
年七月勑配座伏緣高祖祔廟請憲祖配孟冬祭神
州地祇高祖配季秋大饗祀昊天上帝從之
八年二月以寒食節帝幸南莊遥奠顯陵焚御衣衣
者紙錢至暮還宮
開運二年正月宗正卿石光贊上言園陵宗廟請依
古義時節薦新從之
漢高祖初卽位追尊太祖高皇帝世祖光武皇帝爲
不祧廟以親廟高祖司徒府君諱上謚曰明元皇帝
廟號文祖高祖母隴西郡夫人李氏謚曰明貞皇后
曾祖太保府君諱上謚曰恭僖皇帝廟號德祖曾祖
母號國太夫人楊氏謚曰恭惠皇后烈祖太傅府君
諱上謚曰昭獻皇帝廟號翼祖烈祖母曾國太夫人
李氏謚曰昭穆皇后烈考太師府君諱上謚曰章聖
皇帝廟號顯祖烈妣吳國太夫人安氏謚曰章懿皇
后
乾祐元年正月吏部奏鄧州臨湍縣下一字犯文祖
明元皇帝廟諱勑改爲臨瀨縣仍付所司

隱帝以乾祐元年二月卽位上高祖尊謚曰睿文聖
武昭肅孝皇帝
十二月奉六廟神主于雒陽命宰臣蘇禹珪使副太
府卿劉皞册焉
二年兵部員外郎盧環上言恭以高祖皇帝驅除戎
虜救解倒懸德被生民功高邃古請依西漢祖宗故
事于三京陝府許宋等州舊邸立別廟塑像以時禋
祀以表遺愛從之
周太祖廣順元年二月癸丑寒食節帝出玄化門至
蒲池設御幄遥拜諸陵用家人之禮也

五月辛未太常卿邊蔚上追尊四廟謚議皇高祖諱
璟請上尊謚曰睿和皇帝廟號信祖陵曰溫陵皇高
祖妣夫人張氏請上尊謚曰睿恭皇后皇曾祖太保
諱諶請上尊謚曰明憲皇帝廟號僖祖陵曰齊陵皇
曾祖妣鄭國夫人申氏請上尊謚曰明孝皇后皇祖
太傅諱蘊請上尊謚曰翼順皇帝廟號義祖陵曰節
陵皇祖妣陳國夫人韓氏請上尊謚曰翼敬皇后聖
考太師諱簡請上尊謚曰章肅皇帝廟號慶祖陵曰
欽陵聖妣燕國夫人王氏請上尊謚曰章德皇后又
內出忌辰信祖四月七日睿恭皇后十月二十七日

僖祖十二月七日明孝皇后正月十二日義祖五月
元日翼敬皇后十一月十四日共三祖忌辰皇帝不
視事宰臣百官赴佛寺行香慶祖九月十四日章德
皇后三月十八日忌辰皇帝不視事一日宰臣百官
西上閤門進名奉慰後赴佛寺行香勑敬依典禮
七月癸酉太廟冊禮使馮道等至西京廟每室讀寶
冊行祔饗之禮從西第一室信祖睿和皇帝睿恭皇
后張氏祔饗第二僖祖明憲皇帝明孝皇后申氏祔
饗第三義祖翼順皇帝翼敬皇后韓氏祔饗第四慶
祖章肅皇帝章德皇后王氏祔饗宰臣百官進名奉
慰辛酉帝被衮冕御崇元殿授四廟四室寶冊于使
中書令馮道等是日侍中進冊中書令進寶太祖降
階授之于使悽然感慟
八月庚子賜冊太廟使及行事官綵帛銀器有差
二年三月丁巳寒食節太祖幸城南園申遙奠之敬
用家人之禮也
十二月南郊大禮使中書令馮道自西京奉太廟神
主至群臣班于西御園之東帝郊迎望輿再拜有司
相禮廟主就行廟幄親行奠饗禮畢帝移蹕太廟門
俟神輿至再拜百官陪位皆再拜官闈令奉神主于

四室帝設奠行祔饗禮畢還宮
三年七月太常上言祭禮宗廟之祀三年一祫以孟
冬五年一禘以孟夏恭惟追尊四廟經今三年准禮
合改十月孟冬薦享爲祫從之是月命兵部侍郎邊
歸讜朝拜漢睿陵潁陵
世宗顯德元年正月卽位三月上太祖尊謚曰聖神
恭肅文武孝皇帝
六月親征河東廻至新鄭縣丙寅親拜嵩陵望陵號
慟至陵偏伏悲泣哀感左右拜跪祭奠而退賜奉陵
將吏及近郊人戶帛有差

五年四月遷五廟神主入于新廟先是以舊太廟在天街之側患其囂塵所及故改創今廟制度宏壯不日而成時帝征淮南車駕在行權東京留守王朴率留司百官奉迎神主以安于室

六月禘於太廟

恭帝以顯德六年六月卽位八月上世宗尊謚曰睿武孝文皇帝

册府元龜

冊府元龜

巡按福建監察御史臣李嗣京　訂正
知長樂縣事臣夏允彝叅閱
知建陽縣事臣黃國琦較釋

帝王部　三十二

崇祭祀

書曰先王顧諟天之明命以承上下神祇洪範八政三曰祀禮大宗伯之職曰以吉禮事邦國之鬼神祇故祭天曰燔柴祭地曰瘞埋祭山曰庪縣祭川曰浮沉祭星曰布祭風曰磔是類是禡師祭也旣伯旣禱

馬祭也除惡之祭爲祓會福之祭曰禬告事求福曰禱道上之祭爲祖潔意以享爲禋以類祭神爲禷祭司命爲祕祭豕先爲禮月祭爲祽禱雨爲雩禱明爲禜是以聖王爲之典禮民之精爽不貳齊肅聰明者神或降之乃有神明之官各司其序不相亂也民神異業恭而不黷所以神降之嘉生民以物序災禍不至所求不匱歷代人君罔不徧走群望咸秩無文故神農播種始諸飲食致恭鬼神顓頊亦潔誠以祭祀其後成湯至于帝乙罔不明德恤祀所以陰陽和而萬物遂也詩云以享以祀以介景福又云俾爾彌爾性百神爾主矣故祭之言察也察者至也言人事至于鬼神也是知神不可慢祭不可黷蓋享於至誠者耳豈犧牲玉帛云乎哉

共工氏霸九州其子曰句龍能平水土死爲社祠

烈山氏王天下其子曰柱能殖百穀死爲稷祠伊耆氏始爲蜡（伊耆氏古天子號）

舜在璿璣玉衡以齊七政肆類於上帝禋於六宗望於山川徧於群神（史記徧作辯）

湯伐桀欲䙴夏社不可作夏社（應劭曰遭天旱七年明德以薦而旱不止故遷社以棄代爲稷欲遷句龍德莫能繼故作夏社說不可䙴之義䙴古遷字）迺䙴烈山子

柱而以周棄代爲稷祠周文王巡守而祀四嶽河海作般之詩

成王立周公相王道大洽制禮作樂天子曰明堂辟雍諸侯曰泮宮郊祀后稷以配天宗祀文王於明堂以配上帝四海之內各以其職來助祭天下名山大川懷柔百神咸秩無文五嶽視三公四瀆視諸侯而諸侯祭其疆內名山大川大夫祭門戶井竈中霤五祀士庶人祖考而已各有典禮而淫祭有禁是時巡守告祭柴望作時邁之詩春夏祈穀于上帝作噫嘻之詩郊祭祀天地作昊天有成命之詩

漢高祖初起禱豐枌榆社徇沛爲沛公則祀蚩尤釁鼓旗（漢書本紀載高祖立爲沛公祠黃帝祭蚩尤于沛庭而釁鼓）遂以十月至霸上立爲漢王

二年東擊項籍而還入關問故秦時上帝祀何帝也對曰四帝有白青黃赤帝之祠高祖曰吾聞天有五帝而四何也莫知其說於是高祖曰吾知之矣迺待我而具五也迺立黑帝祠名曰北畤有司進祠上不親往悉召故秦祀官復置太祝大宰如其故儀禮因令縣爲公社（公社官社）下詔曰吾甚重祀而敬祭今上帝之祭及山川諸神當祠者各以其禮時祠如故（後四歲天

下巳定詔御史令豐治枌榆社常以春時以羊彘祀之時令祝立蚩尤之祠於長安置祠祀官女巫其梁巫祠天地天社天水房中堂上之屬晉巫祠五帝東君雲中君巫社巫祠族人炊之屬秦巫祠社主巫保族纍之屬荊巫祠堂下巫先司命施糜之屬九天巫祠九天皆以歲時祠宮中其河巫祠河于臨晉而南山巫祠南山秦中者二世皇帝也各有時日其後二歲或言曰周興而邑立后稷之祠至今血食天下又制詔御史其天下立靈星祠常以歲時祠以牛）

十年春有司請令縣常以春二月及臘祠稷以羊彘民里社各自裁以祠制曰可（高帝以來名山大川在諸侯諸侯祝各自奉祠天子官不領及文帝時齊淮南國廢令太祝盡以歲時致禮如故）

文帝十三年以歲比登詔有司增雍五畤路車各一乘駕被具（駕車被馬之文節皆具也）西畤畦畤寓車各一乘寓馬四匹駕被具河湫漢水王加二及諸祀皆廣壇場珪幣俎豆以差加之

十四年詔曰朕獲執犧牲珪幣以事上帝宗廟十四年于今歷日彌長以不敏不明而久撫臨天下朕甚自媿其廣增諸祀壇場珪幣昔先王遠施不求其報望祀不祈其福右賢左戚先民後己至明之極也今吾聞祀官祝釐（音僖福也）皆歸福于朕躬不爲百姓朕甚媿之夫以朕之不德而專鄉獨美其福百姓不與（音預）焉是重（直用切）吾不德也其令祠官致敬無有所祈

十五年黃龍見成紀詔曰有異物之神見于成紀毋

害于民歲以有年朕幾（幾讀曰冀）郊祀上帝諸神禮官議毋諱以朕勞（無諱以成其勞自言不以爲勞也）有司皆曰古者天子夏親郊祀上帝於郊故曰郊於是夏四月文帝始幸雍郊見五畤祠衣皆上赤赦天下修名山大川嘗祀而絕者有司以歲時置禮（先是趙人新垣平以望氣見上言長安東北有神氣成五采若人冠冕焉或曰東北神明之舍西方神明之墓也天瑞下宜立祠上帝以合符應於是作渭陽五帝廟同于帝一殿面五門各如其帝色祠所用及儀亦如雍五畤明年夏四月文帝親拜霸渭之會以郊見渭陽五帝廟臨渭其北穿蒲池溝水權火舉祠若光煇然屬天焉於是貴平至上大夫賜累千金而使博士諸生刺六經中作王制謀議巡狩封禪事文帝出長門若見五人道北遂因其直立五帝壇祠以五牢）

孝景帝即位十六年官祠各以歲時如故
武帝建元元年五月詔曰河海潤千里其令祠官修
山川之祠爲歲事曲加禮
元光二年十月行幸雍祠五畤郊祀志云後常三歲一郊見
元狩元年十月行幸雍祠五畤獲白麟
二年十月行幸雍祠五畤
元鼎四年十月行幸雍祠五畤
十一月甲子立后土祠于汾陰脽上
五年十月行幸雍祠五畤
十一月辛巳朔旦冬至立泰畤于甘泉天子親郊見

朝日夕月詔曰朕以眇身託于王侯之上德未能綏
民民或饑寒故巡祭后土以祈豐年冀州脽壤迺顯
文鼎獲薦於廟渥洼水出馬朕其御焉戰戰兢兢懼
不克任思昭天地內惟自新詩云四牡翼翼㠯征不
服親省邊陲用事所極望見泰一修天文襢襢古禪字辛
卯夜若景光十有二明易曰先甲三日後甲三日朕
甚念年歲未咸登飭躬齊戒丁酉拜況于郊況賜也
元封元年正月詔曰朕用事華山至于中嶽獲駮麃
見夏后啓母石啓生而母化爲石在嵩高山下翼日親登嵩高御史
乘屬在廟天子出御史除二人爲乘曹護車駕吏卒咸聞呼萬歲者三
祭禮罔不答其令祠禁無伐其草木㠯山下戶三百
爲之奉邑名曰崇高獨給祠復亡所與
二年十月行幸雍祠五畤春幸緱氏遂至東萊夏四
月還祠泰山四月行幸雍祠五畤幸河東
三月祠后土詔曰朕躬祭后土地祇見光集于靈壇
一夜三燭幸中都宮殿上見光其赦汾陰夏陽中都
死罪㠯下賜三縣及楊氏皆無出今年租賦
五年冬南巡狩至于盛唐遂北至琅邪竝海所過禮
祠其名山大川增封太山還幸甘泉郊泰畤
六年三月行幸河東祠后土

天漢元年正月行幸甘泉郊泰畤
三月行幸河東祠后土
太始三年三月幸琅邪禮日成山登之罘浮大海山
呼萬歲
四年三月行幸太山祠明堂
四月幸不其不其山名祠神人於交門宮若有鄉坐拜者
漢注云神竝見且白且黑且大且小鄉坐三拜鄉讀曰嚮坐音才臥反作交門之歌
後元元年正月幸甘泉郊泰畤帝即位凡敬鬼神之祠漢興已六十餘歲
矣天下乂安縉紳之屬皆望天子封禪改正度也而
上鄉儒術招賢良趙綰王臧等以文學爲公卿欲議
古立明堂城南以朝諸侯草巡狩封禪改歷服色事
未就竇太后不好儒術使人微伺趙綰等姦利事案

絺臧自殺諸所興爲皆廢六年竇太后終其明年徵文學之士明年上初至雍郊見五畤後常三歲一郊見亳人謬忌奏祠泰一方曰天神貴者泰一泰一佐曰五帝古者天子以春秋祭泰一東南郊日一太牢七日爲壇開八通之鬼道於是天子令太祝立其祠長安城東南郊常奉祀如忌方其後人上書言古者天子三年一用太牢祠三一天一地一泰一天子許之令太祝領祠之於忌泰一壇上如其方後人復有言古天子常以春解祠祠黃帝用一梟破鏡冥羊用羊祠馬行用一青牡馬泰一皋山山君用牛武夷君用乾魚陰陽使者以一牛令祠官領之如其方而祠泰一於忌泰一壇旁元狩二年天子郊雍詔曰今上帝朕親郊而后土無祀則禮不合答也有司與太史令談祠官寬舒議天地牛角繭栗今陛下親祠后土后土宜於澤中圜丘爲五壇壇一黃犢牢具已祠盡瘞而從祠衣上黃於是天子東幸汾陰汾陰男子公孫滂洋等見汾旁有光如絳上遂立后土祠於汾陰脽上如寬舒等議上親望拜如上帝禮後郊雍至隴西登崆峒幸甘泉令祠官寬舒等具泰一祠壇于亳忌泰一壇三陔五帝壇環居其下各如其方黃帝西

南除八通鬼道泰一所用如雍一時物而加醴棗脯之屬殺一牲犛牛以爲俎豆牢具而五帝獨有俎豆進其下四方地爲腏食羣神從者及北斗云已祠胙餘皆燎之其牛色白白鹿居其中彘在鹿中水而酒之祭日以牛祭月以羊彘特泰一祝宰則衣紫及繡五帝各如其色日夕赤月白十一月辛巳朔旦冬至昒爽天子始郊郊泰一朝朝日夕月則揖而見泰一如雍郊禮其贊饗曰天始以寶鼎神策授皇帝朔而又朔終而復始皇帝敬拜見焉而衣上黃其祠列火滿壇壇旁亨炊具有司云祠上有光公卿言皇帝始郊見泰一雲陽有司奉瑄玉加牲薦饗是夜有美光及晝黃氣上屬天太史令談祠官寬舒等曰神靈之休祐福兆祥宜因此地光域立泰畤壇以明應令太祝領秋及臘閒祠三歲天子一郊見太初一年有司言雍五畤無牢熟具芬芳不備乃令祠官進畤犢牢具已食所勝而以木寓馬代駒云及諸名山川用駒者悉以木寓馬代獨行過親祠迺用駒它禮如故武帝諸所興如亳忌泰一及冥羊馬行赤星五牀寬舒之祠官以歲時致禮凡六祠皆太祝領之至如八神人謬忌凡它山名祠行過則祠去則罷牛土所興祠各自主其人終終則已祠官不主它祠皆如故甘泉泰一汾陰后土三年親郊祠而泰山五年一修封武帝凡五修封

宣帝神爵元年正月行幸甘泉郊泰畤

三月行幸河東祠后土帝即位霍光輔政上共己正南面非宗廟之祀不出至十二年乃下詔曰蓋聞天子尊事天地修祀山川古今通禮也閒者上帝之祠闕而不親十有餘年朕甚懼焉然朕親飭躬齊戒親奉祀爲百姓蒙嘉氣獲豐年焉明年正月上始幸甘泉郊見泰畤數有靈祥修武帝故事盛車服敬齊祀之禮頗作詩歌後制詔太常夫江海百川之大者也今闕焉無祀其令祠官以禮爲歲事以四時祠江海雒水祈爲天下豐年焉自是五嶽四瀆皆有常禮祀東嶽泰山於博中嶽泰室于嵩高南嶽灊山於灊西嶽華山於華陰北嶽常山於上曲陽河於臨晉江於江都淮於平氏濟於臨邑界中皆使者持節侍祠唯泰山與河歲五祠江水四餘皆一禱而三祠云時南郡獲白虎獻其皮牙爪上爲

立祠又以方士言爲隨侯劍寶玉璧周康寶鼎立四祠於未央宮中又祠太室山於即墨三戶山於下密祠天封苑火井於鴻門又立歲星辰星大白熒惑南斗祠於長安旁又祠三山八神於曲城蓬萊山石社鼓於臨朐之罘山於腄成山於不夜萊山於黃城山祠曰萊山祠又祠四時於琅邪蚩尤于壽良京師近縣鄠則旁谷五牀山日月五帝仙人玉女祠雲陽有徑路神祠祭休屠王也又立五龍山仙人祠黃帝天神帝原水凡四祠於膚施

五鳳元年正月行幸甘泉郊泰畤昭帝即位富於春秋未嘗巡祭至此始復行

二年三月行幸雍祠五畤

三年三月行幸河東祠后土

甘露元年正月行幸甘泉郊泰畤

三年正月行幸甘泉郊泰畤

黃龍元年正月行幸甘泉郊泰畤

孝元初元二年正月行幸甘泉郊泰畤

四年正月行幸甘泉郊泰畤

三月行幸河東祠后土

永光元年正月行幸甘泉郊泰畤帝即位遵舊儀間歲正月一幸甘泉郊泰畤又東至河南祠后土西至雍祠五畤凡五奉泰畤后土之祠亦施恩澤時所過毋出田租賜百戶牛酒或賜爵赦罪人

成帝建始元年十二月作長安南北郊罷甘泉汾陰

二年正月罷雍五畤辛巳上始郊祀長安南郊詔曰

迺者徙泰畤后土于南郊北郊朕親飭躬郊祀上帝皇天報應神光並見三輔長無共張繇役之勞共音居庸切張音竹亮切赦奉郊縣長安長陵天郊在長安南地郊在長安城北長陵界中二縣有奉郊之勤故一切並赦之及中都官耐罪中都官京師諸官府減天下賦錢筭四十

三月辛丑始祀后土於北郊

永始二年十一月行幸雍祠五畤

三年三月行幸雍祠五畤十一月皇太后詔有司復甘泉泰畤汾陽后土雍五畤陳倉陳寶祠

四年正月行幸甘泉祠泰畤

三月幸河東祠后土

元延二年正月行幸甘泉郊泰畤

四年正月行幸甘泉郊泰畤

三月行幸河東祠后土

綏和元年三月行幸雍祠五畤

二年三月行幸河東祠后土帝即位丞相衡御史大夫譚等奏甘泉泰畤河東后土祠可徙置長安及議罷不應禮神祠事具掌禮部奏議門明年衡譚坐事免官爵衆庶多言不當變動祭祀者又初罷甘泉泰畤作南郊日大風壞甘泉竹宮折拔畤中樹木十圍以上百餘天子異之以問劉向對曰家人尚不欲絕種祠況於國之神寶舊畤且甘泉汾陰及雍五畤始立皆有神祇感應然後營之非苟而已也武宣之世奉此三神禮敬敕備神光尤著祖宗神祇舊位誠未易動及陳寶祠自秦文

公至今七百餘歲矣漢興世世常來光色赤黃長四五丈直祠而息音聲砰隱野雞皆雊每見雍太祝寺以大牢遣候者乘傳馳詣行在所以爲福祥高祖時五來文帝二十六來武帝七十五來宣帝二十五來初元元年以來亦二十來此陽氣舊祠也及漢宗廟之禮不得擅議皆祖宗之君與賢臣所共定古今異制經無明文至尊至重難以議說正也前始納貢禹之議後人相因多不動搖易大傳曰誣神者殃及三世恐其咎不獨止禹等上意恨之後上以無繼嗣故令皇太后詔有司曰蓋聞王者承事天地交接泰一尊莫著於祭祀孝武皇帝大聖通明始建上下之祀營泰畤於甘泉定后土於汾陰而神祇安之饗國長久子孫蕃滋累世遵業福流於今今皇帝寬仁孝順奉循聖緒靡有大愆而久無繼嗣思其舊職殆在徙南北郊違先祖之制改神祇舊位失天地之心以防繼嗣之福春秋六十未見皇孫食不甘味寢不安席朕甚悼焉春秋大復古善順祀其復甘泉泰畤汾陰后土如故及雍五畤陳寶祠在陳倉者天子復親郊祀如前又復長安雍及郡國祠著明者且半後成都侯王商爲大司馬衛將軍輔政杜鄴說商曰東隣殺

牛不如西隣之禴祭言祭天之道貴以誠質大得民
心也行禴祀豐猶不蒙祐德修薦薄吉必大來古者
壇場有常處燎禋有常用贊見有常禮犧牲玉帛雖
備而財不匱車輿匠役雖動而用不勞是故每舉其
禮助者歡說大路所歷黎元不知今甘泉河東天地
郊祀咸失方位違陰陽之宜及雍五祀皆曠遠奉遵
之役休而復起繕治供張無解已時皇天著象殆可
畧知前上甘泉先驅失道禮月之夕奉引復迷祠后
土還臨河當渡疾風起波船不可御又雍大雨壞平
陽宮垣廼三月甲子雷電災林光宮門祥瑞未著咎
徵仍臻近三郡所奏皆有變故不答不饗何以堪此
詩曰率繇舊章先王法度文王以之郊神于祀子孫
千億宜如異時公卿之議復還
長安南北郊後皇太后詔復之

哀帝即位寢疾盡復前世所嘗興諸神祠官凡七百餘所一歲三萬七千祠

平帝元始四年正月郊祀高祖以配天宗祀孝文以配上帝時王莽奏請議正五帝兆并立官稷事具帝王禮部奏議門

後漢光武建武元年六月己未即位于鄗爲壇營於鄗之陽祭告天地采用元始中郊祭故事八月壬子祭社稷

二年正月壬子立大社大稷于雒陽在宗廟之右方壇無屋有墻門而已二月八日及臘一歲三祠皆太牢具使有司祠又立郊兆于城南七里

中元二年正月辛未初立北郊祠后土

明帝永平二年正月辛未初祀五帝於明堂光武帝配

終

冊府元龜

巡按福建監察御史臣李嗣京　訂正
知長樂縣事臣夏允彝參閱
知建陽縣事臣黄國琦較釋

帝王部三十二

崇祭祀

章帝元和二年二月甲寅詔曰今山川百神應典禮者尚未咸秩其議增修群祀以祈豐年是月冬巡狩辛未柴祭天地群神如故事壬申宗祀五帝於孝武所作汶上明堂以光武帝配如雒陽明堂祀

四月還京都爲靈臺十二門作詩各以其月祀而祭之

三年二月戊辰幸中山遣使者祀北嶽出長城史記蒙恬爲秦築長城西自臨洮東至海

二月乙卯進幸趙庚辰祠房山於靈壽靈壽縣名屬常山郡房山今在鎮州房山縣西北俗名王母山上有王母祠

安帝元初六年三月庚辰始立六宗祀於雒城時尚書歐陽說謂六宗者在天地四方之中爲上下四方之宗禮比太社也

延光三年二月辛卯幸太山柴告岱宗太山王者告代之處爲五嶽之宗故曰岱宗燔柴以告天

壬辰宗祀五帝于汶上明堂

靈帝熹平五年四月復崇高名爲嵩高前書武帝祠中嶽改嵩高爲崇高東觀漢紀曰使中郎將堂谿典請雨因上言改之名爲嵩高山

獻帝建安元年七月甲子至雒陽丁丑郊祀上帝

八年十月己巳公卿初迎冬於北郊斯祭久廢故曰初總章始復備八佾袁宏記云迎氣北郊始用八佾舞列也舞者之行列往因亂廢今始備之總章樂官名古之安代樂

魏文帝黄初元年十一月庚午郎阼於繁陽燎祭天地五嶽四瀆

二年正月郊祭天地明堂甲戌較獵於元陵乙亥朝

日于東郊是年六月庚子初祀五嶽四瀆咸秩群祀瘞沉珪璧

四年七月乙未大軍當出使太常以特牛一告祠于郊

六年八月帝以舟師入淮九月遣使者沉璧于淮

明帝太和元年正月郊祀武帝以配天宗祀文皇於明堂以配上帝

二月丁亥朝日于東郊

八月己丑夕月于西郊

四年八月辛巳行東巡遣使者以特牛祠中嶽魏書曰行

（過繁昌使執金吾臧霸行太尉事以特牛祀受禪壇）

景初元年十月乙卯始營雒陽南委粟山爲圜丘詔曰昔漢氏之初承秦滅學之後採摭殘缺以備郊祀自甘泉后土雍宮五時神祇兆位多不經見並以興廢無常一彼一此四百餘年廢無禘禮古代之所更立者遂有闕焉曹氏世系出自有虞氏今祀圜丘以始祖帝舜配號圜丘曰皇皇帝天方丘所祭曰皇皇后地以舜配伊氏配天郊所祭曰皇天之神以太祖武皇帝配地郊所祭曰皇地之祇以宣武皇后配宗祀皇考高祖文皇帝於明堂以配上帝

十二月壬子冬至始祀皇皇帝天于圜丘以始祖有虞帝舜配自正始以後終魏世不復郊祀

陳留王咸熙元年正月幸長安使者以璧幣祀華山

晉武帝泰始二年正月詔曰有司前奏郊祀權用魏禮朕不慮改作之難令便爲永制衆議紛紜遂不時定不得以時供饗神祇配以祖考日夕難企貶食妾安其便郊祀時群臣又議五帝郎天地王氣時異故殊其號雖名有五其實一神明堂南郊當除五帝之坐五郊改五精之號皆同稱昊天上帝各設一座而已地郊又除先後配祀帝悉從之

二月丁丑郊祀宣皇帝以配天宗祀文皇帝於明堂以配上帝

十一月有司議奏古者丘郊不異宜并圜丘方丘於南北郊更修立壇兆其二至之祀合於二郊帝又從之一如宣帝所用王肅議也是月庚寅冬至帝親祀圜丘於南郊自是後圜丘方澤不別立

太康二年正月有司奏春分依舊請車駕祀朝日寒溫未適可不親出詔曰禮儀宜有常若如所奏與故太尉所撰不同復爲無定制也間者方難未平故每從所奏今戎事弭息惟此爲大（按詔帝復爲親祀也）

三年正月帝親郊祀皇太子悉侍祠

九年三月壬辰初并二社爲一（前漢但置官社而無官稷并置官稷後復故漢至魏但太社有稷而官社無稷故常二社一稷也晉初仍魏無所增損至太康九年建宗廟而社祀壇與廟俱從乃詔曰社實一神其無二社之祀）

十年六月庚子復置二社

十月詔曰孝經郊祀后稷以配天宗祀文王於明堂以配上帝而周官云祀天旅上帝又曰祀地旅四望望非地則明上帝不得爲天也往者衆議除明堂五帝位考之禮文不正且詩序曰文武之功起于后稷故推以配天焉宣帝以神武創業既已配天復以先

帝配天於義亦所不安其復明堂及南郊五帝位

惠帝元康六年禖壇石中破爲二詔更鐫石令如舊置高禖壇上埋破石入地一丈

元帝大興二年春始議立郊祀儀尚書令刁協國子祭酒杜夷議宜須旋都雒邑乃脩之司徒荀組據漢獻帝都許郡便立郊自宜於此脩奉驃騎王導僕射荀崧山太常華嘗中書侍郎庾亮皆同組議事遂施行立南郊於巳地其制度皆太常賀循所定多依漢及晉初之儀三月辛卯帝親郊饗配之禮一依武帝始郊故事是時尚未立北壇地祇衆神共在天郊

明帝大寧三年七月詔曰郊祀天地帝王之重事自中興以來惟南郊未曾北郊四時五郊之禮都不復設五嶽四瀆名山大川載在祀典應望秩者悉廢而

未舉主者其依舊詳處

成帝咸和八年正月追述明帝前旨於覆州山南立北郊天郊則五帝之佐日月五星二十八宿文昌北斗三台司命軒轅后土天一太一太微鉤陳北極雨師雷電司空風伯老人凡六十二神也地郊則五嶽四望四瀆五湖五帝之佐沂山嶽山白山霍山醫無閭山蔣山松江會稽山錢塘江先農凡四十四神也江南諸小山蓋江左所立猶如漢西京關中小水皆有祭秩也是日辛未祀北郊始以宣穆張皇后配地魏氏配地事皆非晉舊也

康帝建元元年正月辛未南郊辛巳北郊帝皆親奉

後魏道武登國元年卽代王位于牛川西向設祭告天禮成

天興元年七月遷都平城始立社稷并立壇兆告祭天地

二年正月甲子初祠上帝於南郊以始祖神元皇帝配爲壇通四陛爲壝埒三重天位在其南面神元西面五精帝在壇內壝內四帝各于其方一帝在未日月五星二十八宿天一太一北極司中司命司祿司民在中壝內各因其方其餘從食者各一千餘神餟在外壝內藉用藁秸玉用四珪幣用束帛牲用黝犢器用陶匏上帝神元用犢各一五方帝共用犢一日月等共用牛一祭畢燎牲體在于壇南巳地從陽之義其瘞地壇兆制同南郊明年正月辛酉郊天癸亥瘞地於北郊以神元竇皇后配五嶽名山在中壝內四瀆大川于外壝內后土神元后牲共用玄牲一玉兩珪幣用束帛五嶽等用牛一祭畢瘞牲體在于壇之北亥地從陰也其後冬至祭上帝于圜丘夏至祭地于方澤用牲幣之屬與二郊同冬十月置大社大稷帝社于宗廟之右爲方壇四陛祀以二月八月用戊皆太牢句龍配社周棄配稷皆有司侍立祖神嘗以正月上未設藉于端門內祭牲用羊豕犬各

一宮中立星神一歲一祭常以十二月用馬鹿各一牛豕各二雞一太祖初有兩彗星見劉后使占者占之曰祈之則當掃定天下后從之故立其祀又立神位二歲一祭常以十月用牛一雞二又立王神四歲二祭常以八月十月各用羊一又晉獻明以上所立天神四十所歲一祭亦以八月十月神尊者以馬次以牛小以羊皆女巫行事

三年正月癸亥有事於北郊

二月丁亥詔有司祀日于東郊用騂牛秋分祭月于西郊用白羊一

天賜二年四月復祀天于西郊爲方壇一置木主七于上東爲二陛無等周垣四門門各依其方色名爲牲白犢黃駒白羊各一祭之日帝御大駕百官及賓國諸侯大夫畢從至郊所帝立青門內近南壇西內朝臣皆位于帝壇北外朝臣及大夫咸位于青門之外后率六宮從黑門

入列于青門內近西北面廩犧令掌牲陳于壇前女巫執鼓立于陛之東西面選帝之十族子弟七人執酒在巫南西面北上女巫升壇搖鼓帝拜后肅拜百官內外盡拜祀訖復拜拜訖乃殺牲七執酒七人西向以酒灑天神士復拜如此者禮畢而返自是之後歲一祭

明元永興三年三月帝禱于武周車輪二山初清河王紹有寵于道武性凶悍帝每以義責之弗從帝懼其變乃於山上祈福於天地神祇及即位壇兆後因以爲常祀歲一祭牲用牛皆帝親祀之無常月明年立道武廟于白登山歲一祭其牲太牢帝親祀之亦無常月兼祀皇天上帝以山神配旱則禱之多有效是歲又加置天地日月之神及諸小神二十八所於宮內歲二祭各用羊一又別置天神等二十三於道武廟左右其神大者以馬小者以羊

泰常三年爲五精帝兆於四郊遠近依行數各爲方壝四陛埒壝三重通四門以太皞等及諸佐隨配侑

祭黃帝常以立秋前十八日餘四帝各以四立之日牲各用牛一有司主之又六宗靈星風伯雨師司民司祿先農之壇皆有別兆祭有常日牲用少牢立春之日遣有司迎春于東郊祭用酒脯棗栗無牲幣又立五嶽四瀆廟于桑乾水陰春秋遣有司祭有特牲及幣四瀆唯以牲牢准古望秩云其餘山川及海若諸神在州郡者合三百二十四所每歲十月遣祀官詣州鎮遍祀有水旱災厲則牧守各隨其界內而祈禱其祭皆用牲王畿內諸山川皆列祀次祭若有水旱則禱之

四年八月辛未幸代至鴈門關望祀嘗嶽

八年正月南巡恒嶽祀以太牢

四月幸雒陽遣使以太牢祀嵩高華嶽還登太行

五月至自雒陽諸所過山川群神祀之

太武神䴥二年四月以小駕祭天神禮畢帝遂親戎大捷而還歸格於祖禰遍告群神

大延元年立廟于恒嶽華嶽嵩嶽上各置侍祀九十人歲時祈禱其水旱春秋泮涸遣官率刺史祭以牲牢有玉幣魏之先居幽都也鑿石爲祖宗之廟於烏雒侯國西北自後南遷其地隔遠眞君中烏雒侯國遣使朝獻云石廟如故民常祈請有神驗焉其歲遣中書侍郎李敞詣石堂告祭天地以皇祖

先妣配祀日天子諱謹遣敞等用駿足一元大武敢昭告于皇天之靈自啓闢之初祐我皇祖于彼田土歷載億年聿來南遷惟祖惟父光宅中原克剪凶醜極定四邊冲人纂業德聲弗彰豈謂幽遐稽首來王具知舊廟弗毀弗亡攸攸之懷希仰餘光王業之興起自皇祖綿綿瓜瓞時惟多祐敢以丕功配享於天子子孫孫福祿永延敞等既祭斬樺木立之以宜牲醴而還後所立樺木長成林其民益神奉之咸謂魏國感靈祇之應也石室南距岱宗可四千餘里明年六月司徒崔浩奏議所祀多不經案祀典所宜祀凡五十七所餘復重及小神請皆罷之奏可

十二月遣使者以太牢祀北嶽

太平眞君十二年十一月帝南征過嘗山祀以太牢浮河濟祀以少牢過岱宗祀以太牢遂臨登瓜步而還

文成興光元年正月遣有司詣華嶽修廟立碑數十
人在山上聞虛中若音聲聲中稱萬歲云和平元年
正月帝東巡幸遼西望祀醫無閭山遂緣西南幸冀
州北至中山過恒嶽禮其神而返
二年二月帝南巡過石門遣使者用玉璧牲牢禮恒
嶽
四月旱下詔郡州於其界內神無大小悉灑掃薦以
酒脯年登之後各隨本秩祭以牲牢至是羣祀先廢
者皆復之
獻文皇興二年二月以青徐既平遣中書令兼太常

冊府元龜　帝王部　崇祭祀　卷之三十二下　二十

高允奉玉幣祀於東嶽
孝文太和十年四月甲子帝初以法服御輦祀於西
郊
十二年閏九月甲子帝觀築圓丘於南郊
十三年正月辛亥有事於圓丘於是初備大駕五月
庚戌有事於方澤
十五年八月議肆類上帝禋於六宗之禮帝親臨決
十二月壬辰遷社於內城之西己酉帝迎春于東郊
十六年二月甲午初朝日于東郊遂爲常
三月乙亥帝初迎氣南郊自此爲常
八月庚寅帝初夕月於西郊遂以爲常
十八年二月乙丑行幸河陰規建方澤之所
十九年正月己亥南征濟淮命太常致祭己未行幸
瑕丘遣使以太牢祀岱嶽
十一月行幸委粟山議定圓丘甲申有事于圓丘
二十年五月丙戌立方澤於河陰丁亥有事于方澤
宣武景明二年十一月壬寅改築圓丘於伊水之陽
乙卯仍有事焉
孝明正光三年十一月乙巳有事於圓丘
五年正月辛丑有事於南郊

冊府元龜　帝王部　崇祭祀　卷之三十二下　廿一

出帝太昌元年十一月丁酉日南至有事於圓丘
西魏文帝大統二年正月辛亥祀南郊改以神元皇
帝配
四年正月辛酉拜天於清暉室終帝世遂爲常

冊府元龜

巡按福建監察御史臣李嗣京 訂正
知閩縣事臣曹𠕇臣叅閲
知建陽縣事臣黃國琦較釋

帝王部 三十三

崇祭祀第二

後周閔帝元年正月辛丑即天王位柴燎告天壬寅祠圓丘詔曰予本自神農其於二丘宜作厥主始祖獻侯啓土遼海肇有中國其配南郊文考德符五運受天明命祖於明堂以配上帝廟爲太祖癸卯祠方丘甲辰祠太宰辛亥祠南郊二月癸酉朝日于東郊戊寅祠太社

八月戊辰祠太社

明帝元年十月乙酉祠圓丘丙辰祠方丘甲午祠太社

十一月丁未祠圓丘

武帝保定元年正月庚戌祠圓丘壬子祠方丘甲寅祠感帝於南郊乙卯祠太社

二月甲午朝日於東郊

太和元年三月丙午祠南郊

二年三月初立郊丘壇壝制度

三年正月辛丑祠南郊

建德二年正月辛丑祠南郊

六年五月巳丑祠方丘

宣帝宣政元年六月即位七月丙午祠圓丘戊申祠方丘

八月丙寅夕月于西郊

隋高祖開皇元年二月甲子即位設壇於南郊天使柴燎告天丙寅詔修社廟

三年四月癸巳親雩

五月辛酉有事於方澤

八月戊子有事於大社

四年正月辛未有事於南郊

七年二月丁巳朝日於東郊

十年十一月辛丑有事於南郊

十二年十一月辛亥有事於南郊

十四年閏十月詔東鎭沂山南鎭會稽山北鎭醫無閭山冀州鎭霍山並就山立祠東海於會稽縣界南海於南海鎭南並近海立祠及四瀆吳山並取側近巫一人主知灑掃並命多時松柏其霍山雩祠日遣

使就焉甲戌年正月詔北鎮於冀州龍山立祠東鎮晉州霍山鎮若修造並准西鎮吳山造神像

十五年正月東巡狩次齊州丙寅旅玉符山

三月己未至自東巡狩望祭五嶽海瀆

六月辛丑詔名山大川未在祀典者悉祭之

十八年十一月癸未有事於南郊

仁壽元年十一月己丑有事於南郊

煬帝大業元年孟春祀感帝孟冬祀神州改以高祖文帝配其餘並用舊禮

四年八月辛酉親祀恒嶽河北道郡守畢集

十一年十一月乙巳有事於南郊

唐高祖武德元年五月甲子即位遣兼太尉禮部尚書蕭造于南郊

二年十月幸華陰甲子親祀華山

三年四月親祠華山

四年十一月甲子有事於南郊

七年六月幸仁智宮以少牢祭宮所山川

九年正月丙子詔曰厚地載物社主其祭嘉穀養民稷惟元祀列聖垂範昔王通訓建邦正位莫此爲先爰暨都邑建于州里率土之濱咸極莊敬所以勸農務本修始報功敦序教義整密風俗末代澆浮祀典虧替時逢喪亂仁惠弛薄壇壝闕昭備之禮鄉閭無紀合之訓朕握圖受曆菲食卑宮奉珪璧以尊嚴潔粢盛而禋燎尚想躬稼厲精治本永言享祀宜存儉紀是以吉日惟戊親祀大社率從百僚以祈九穀今旣南畝俶載東作方興州縣致祀宜盡祗肅四方之民咸勤殖藝隨其性類命爲宗社京邑庶士臺省群官里閈相從共尊社法以時供祀各申祈報兼存宴醑之義用洽鄉黨之歡且立節文明爲典制進退俯仰登降折旋明加誨厲遞相勸獎齊之以禮有恥且格布告天下即宜遵用戊寅親祀稷

太宗以武德九年八月甲子即位遣兼太尉司空裴寂柴燎告天於南郊

貞觀五年十一月丙子帝有事於南郊

十四年十一月甲子朔旦冬至親祠南郊

十七年十月甲寅詔曰朕聞上靈之應疾於影響茂祉之興積於年代朕嗣膺寶曆君臨區宇憑宗社之介福賴文武之同心時無風塵之警野有京坻之積厚地降祉貞石表祥瑩翠色而流光發素質而成字前紀厥初之德次陳卜年之永後述儲貳之美並名字昭然楷則相次曠代之所未聞故老之所未覩猥

以寡德虔奉成命緬惟往載良增兢惕自天之佑豈惟一人無疆之福方覃九土自非大報奉壇稽首上帝則靡申奉天之志寧副臨下之心今年冬至有事南郊所司率繇舊典十一月巳卯有事於南郊太宗升壇皇太子從奠於時累日陰雪是旦猶雲霧晦冥及太宗升壇煙氛四散風景清朗文物昭映禮畢祝官讀謝天瑞文曰嗣天子臣諱敢昭告于昊天上帝諱纂承鴻基君臨宇縣夙興旰食無忘於政道導德齊禮良愧于前聖爰有成命表瑞貞石文字昭然曆數惟永既旌高廟之業又錫眇身之祚逮于皇太子

某亦降禎符竝具紀姓氏兼列名字仰瞻雲漢寔銘大造俯惟寡薄彌增寅懼敢因大禮重薦玉帛上謝明靈之貺以申祗慄之誠皇太子某亦恭至泰壇虔拜於蒼昊庶憑眷祐之德永膺無疆之休（初十六年太宗遺刻受命玄玉璽白玉爲螭首其文云皇天景命有德者昌竝神筆隸書然後鐫勒是日侍中負之以從）十九年征遼三月丁丑幸定州經北嶽帝自爲文祭之

高宗永徽三年三月甲子詔升先蠶爲中祀

乾封二年十二月甲午詔曰夫受命承天崇至敬於明祀膺圖纂籙昭大敬於嚴配是以薦鮪鱨於清廟集振鷺於西雍宣雅頌於太師明肅恭於祖考用能紀配天之盛業嗣積德之鴻基永播英聲長爲稱首自周景道喪秦室政乖禮樂淪亡典經殘滅遂使漢朝博士空說六宗之文晉代鴻儒爭陳七祀之議或同昊天于五帝或分感帝于五行自此以降遞相祖述異論紛紛是非莫定朕以寡薄嗣膺丕緒肅承禋祀明發載懷虔奉宗祧寤寐興感每惟宗廟之重尊配之儀思革舊章以申誠敬禮曰化人之道莫急於禮禮有五經莫重於祭祭者非物自外至也自內生於心也是以惟賢者乃能盡祭之義況祖功宗德道

冠百王盡聖窮神義高千古自今巳後祭圜丘方丘明堂感帝神州等祖高祖太武皇帝太宗文皇帝崇配仍總祭昊天上帝及五天帝於明堂庶因心致敬獲展虔誠宗祀配天永光鴻烈

上元三年二月詔以今冬有事於嵩嶽命所司修撰儀注務從典故閏三月詔以吐蕃犯塞停嵩嶽封禪之禮

永淳二年春正月甲午朔車駕發東都庚子至奉天宮遣使祭嵩嶽及少室箕山具茨等山西王母啓母廟中宗神龍元年五月改先農爲帝社壇西帝稷壇

禮同大社大稷壇不備方色所以異於大社也

九月壬午親祀昊天上帝皇地祇于明堂高祖天皇大帝配

景龍三年十一月乙丑親祀南郊

十二月甲午幸新豐温湯境内有自古帝王陵致祭

睿宗太極元年正月辛巳有事於南郊

五月戊寅有事於北郊

玄宗先天二年八月癸丑封華嶽神爲金天王

開元四年二月甲子命有司以少牢致祭驪山仍禁樵採時大旱應禱而雨報之也

五年正月命右散騎常侍褚無量攝黄門監致祭于帝堯祠吏部尚書兼黄門監宋璟致祭于帝舜祠紫微侍郎同紫微黄門平章事蘇頲致祭于夏禹祠各令當州刺史上佐爲亞獻終獻

十二月戊寅詔曰國之大事在祀神之所歆惟敬潔誠而齊精意以享則可臻介福致休祥深慮有司未副厥旨所緣宗廟社稷嶽瀆等祭宜令禮官博士斟酌古今務加虔肅合於典禮仰詳定奏聞

八年三月勑頃歲未登水旱不節今春事方起農桑是憂祈於上玄福茲下土式展郊禋之禮以申誠請之心宜令左常侍元行冲攝侍中祠南郊太常長官分祭華嶽温湯

十年十二月壬寅將北巡詔曰王者承事天地以爲王郊亨奉尊以通神蓋燔柴大壇定天位也瘞埋大圻就陰位也將以昭報靈祇克崇嚴配爰迨秦漢稽諸祀典立甘泉於雍畤祠后土於汾陰遺廟巋然靈光可燭朕觀風唐晉秩望山川肅恭明神思致禋敬爲人求福以輔升平合此神符應於嘉德宜以來年正月北巡狩行幸至汾陰以二月祠后土所司准式

先是脽上有后土祠嘗爲婦人素像則天時移河西梁山神素就祠中配焉至是有司送梁山神像於祠

外之別室内出錦繡衣服以上后土之神乃更加裝飾焉又於祠堂院外設壇如皇地祇之制及所司起作獲寶鼎三枚以獻

脽上

十一年正月行幸北都二月壬子祠后土於汾陰之

四月庚申勑曰河東冀方其鎮惟霍神爲天吏山有嶽靈在昔皇業初興肇崇嘉祉今者省方旋軫重覩休徵同受三神之貺獨忘百邑之禮其霍山宜崇飾祠廟秩視諸侯蠲山下十户以爲灑掃晋州刺史春秋致祠

九月癸未制曰帝王承天必崇告類之典文武尊祖

是遵嚴訓之義所以克荷成命昭升前烈蓋王者之子道乃聖人之神教朕以寡昧猥承丕緒獲主祭祀一紀于茲輔相之宜下不足以被物馨香之德上不足以動天故歲咸不登刑且未恤內省爲媿大禮猶鬱星昇驟遷夙夜祗懼今四夷內附諸侯率職群生和洽百物阜蕃猶恐教或未孚求之皇極誠有不逮觀於國風故親巡河東祈穀脽上神歆有答歲物以奠此皆先聖無疆之休上玄啓祐之貺冀因報謁式展誠敬宜以迎日之至允備郊天之禮所司詳擇舊典以聞十一月戊寅親祠南郊

十二年十一月庚午幸東都勅有司所經名山大川自古帝王陵忠臣烈士墓精意致祭以酒脯時菓用代牲牢丙寅至華州命刺史徐知仁與信安王禕勒石於華嶽祠南之通衢帝親製其文

十三年十一月壬辰詔封太山神爲齊天王禮秩加三公一等宜令所管崇飾祠廟去山十里禁樵採

十六年六月丁亥詔曰爰自首春有愆時雨朕憂勤黎獻精禱靈祇遂蒙九玄垂福百神效祉膏澤頻降嘉生繁育睠彼山川能興雲雨報功享德祀典存焉諸州所管名山大川宜令當處長官設祭務盡誠敬以昭典禮庚寅詔曰宗社垂祐陰陽順成甘澤應時庶物繁育祇奉靈慶寅畏載深宜令中書門下肅事昭報仍令所司擇日奏聞

十八年正月丁巳親迎氣於東郊禮畢詔其海內五嶽四瀆及諸鎮名山大川及靈跡各令郡縣逐處設祭

八月丁酉詔曰祭主於敬神歆惟德黍稷非馨蘋藻可薦宣尼闡訓以仁愛爲先句龍業官以生植爲本普天率土崇德報功饗祀惟殷封剗滋廣非所以全惠養之道叶靈祇之心其春秋二祀及釋奠天下諸

州府縣等並停牲牢唯用酒脯務在修潔足展誠敬自今已後以爲常式

十九年四月壬辰兩京及天下諸州各置太公廟一所制曰乾坤沖用陰陽所以運行帝王大業文武所以垂範故四序在乎平分五材資於並用式稽乾坤之意載明文武之道永言舊章斯典未洽自我而始爰備闕文昔羲皇立弧矢之象黃帝有甲兵之事將以定禍亂濟生靈分二柄而齊設配兩儀而共久至若用之以仁義行之以禮樂龍豹卷舒而莫測星辰應變而無方詭其尸之則齊太公之道也故宣尼大

聖立文以化成尚父惟師伐武而弘訓齊魯之道列親賢之教興鬱爲政源崇我王業遂使金石之奏永播於辟龍之庭蒸嘗之享不行於非熊之室文武並設斯不然矣豈王風云季禮没於前修將帥是尊慶彰於今日式崇大典垂裕後昆宜令兩京及天下諸州各置太公尚父廟一所以張良配享春秋二時取仲月上戊日祭諸州賓貢武舉人准明經進士行鄉飲酒禮每出師命將辭訖發日便就廟引辭仍簡取自古爲將功業顯著康濟生人者十人准十哲例預享

甲辰命有司祭五嶽四瀆以尚書省諸曹郎分往諸州祭焉

二十年四月戊申命有司擇日就祭五嶽四瀆

十一月庚申祀后土於脽上命有司陳禮帝質明而享是日大赦制五嶽四瀆名山大川各令致祭務盡誠潔

二十二年四月詔曰春秋祈報郡縣常禮比不用牲豈云血祭陰祀貴臭神何以歆自今已後州縣祭社特牛宜依常式

六月詔曰春來多雨歲事有妨朕自誠祈靈祇降福以時開霽迄用登成永惟休徵敢忘昭報宜令所司擇日享九廟仍令高品官祭五嶽四瀆其天下名山大川各令所在長官致祭務盡誠潔用申精意

二十三年正月乙亥藉田祀先農禮畢詔五嶽四瀆名山大川並令所在長官以禮致祭己卯勑曰自今已後有大祭宜令丞相特進少保少傅尚書賓客御史大夫攝行事

二十四年七月庚子有上封事者言月令云八月日月會于壽星居列宿之長五者土之數以生爲大臣竊以壽者聖人之長也土者皇家之德也陛下首出

壽星之次旅於土德之數示五運開元之期萬壽無疆之應伏請兩京各改一殿以萬壽爲名至千秋節會百僚於此殿如受元之禮每至八月社日配壽星祠至於大社壇享之詔曰德莫大於生成福莫先於壽考苟有所主得無祀之今有上事者言仲秋日月會於壽星以爲朕生於是月欲以配社而祭於義不倫且壽星角亢也既爲列宿之長復有福壽之名豈惟朕躬獨享其應天下萬姓寧不是懷蓋秦時已有壽星祠亦云舊矣宜令所司特置壽星壇常以千秋節日修其祀典申勑壽星壇宜祭老人星及角亢七

宿著之嘗式

二十五年十月戊申勑曰時和年豐神所福也精意備物祭之義也朕每爲蒼生嘗祈稔歲徵誠有感丕應乃彰今宗社降靈神祇効祉三時不害百穀用成遂使京坻遍于天下和平之氣旣無遠而不通禋祀之典亦有期而必報宜令兵部尚書兼中書令晉國公李林甫工部尚書同中書門下三品幽國公牛仙客即分祭郊廟社稷尚書左丞相裴耀卿祭中嶽禮部尚書杜暹祭東嶽御史大夫李適之祭西嶽太子賓客王丘祭北嶽國子祭酒張說祭南嶽其四瀆四

海四鎮及諸名山靈跡等各委所繇州長官祭仍令所司即擇日開奏務修蠲潔之禮以致精明之德冀申誠懇如朕意焉

二十六年正月丁丑親迎氣於東郊祀青帝

天寶元年正月丁未改元制曰前王重典在乎祭祀況屬惟新事宜昭告五嶽四瀆名山大川諸靈跡及自古帝王忠臣義士並令所繇州縣致祭

是月甲寅得靈符于尹喜臺西百官請崇徽號壬申詔曰神仙所緘造化同固爰初有待經韞積而多時潛應改元若符契之相合景福修介祗畏良深而羣官宗室抗疏於外元良諸子屢請於中逮夫緇黃兼彼耆老以至懇誠不已前後相仍願加天寶之名用益開元之號顧惟菲薄曷以當之然則玄貺在乎欽承人心難以稱拒順天從衆義叶至公敬依所請實用多愧斯蓋上玄厚載爰自百神孚佑效靈通於睿祖幽贊惟新之曆克彰永代之祥宜遵祀典式陳昭報可以來月十五日祔玄元皇帝廟十八日享太廟二十日有事於南郊宜令中書門下與禮官等即詳定禮儀具錄聞奏應緣行事及餉較官等各委有司不須別差人執當其北郊宜差公卿擇日祭五嶽四

瀆及名山大川各令所在長官備禮陳祭務申誠敬副朕意焉

二月丙戌詔曰凡所祭享必在躬親朕不親祭禮將有闕其皇地祇宜就南郊乾坤合祭

三月丙申合祭天地於南郊

十月戊寅詔曰社爲九土之尊稷乃五穀之長春祈秋報祀典是尊而天下郡邑所置社稷等如聞祭事或不備禮苟崇敬有虧豈靈祇所降欲望和氣豐年焉可致也朕永惟典故務在潔誠俾官吏盡心庶蒼生蒙福自今已後應祭官等庶事宜倍加精潔以副

朕意其社壇側近仍禁樵牧至如百姓私社宜與官
社同日致祭
十二月乙亥詔曰歲之豐儉雖繫於當數天之感應
實在於精誠頃者按以陰陽求諸推步至於今歲不
合有年朕所以齋心妙門懇其玄德靈徵不遠丕應
乃彰果獲西成頗爲善熟蓋至道儲祉惠於烝人亦
羣神叶贊錫以昭報詩不云乎無德不報宜令光祿
卿嗣鄭王希言祭東嶽太子詹事嗣許王瓘祭中嶽
太常卿韋縚祭北嶽所司即擇日錄奏其四瀆及諸
名山大川或遠近不同各委所繇郡長官便擇吉日

致祭務崇豐潔以稱朕懷
三載三月戊寅幷社稷五星爲大祀詔曰祭之爲典
以陳至敬名或不正是相奪倫况社稷孚祐百代蒙
其福日月炤臨五星叶其紀兆庶允殖下土式瞻旣
超言象之外須極尊嚴之禮列爲中祀頗紊大猷自
今已後社稷及日月五星竝升爲大祀仍以四時致
祭諸星升爲中祀庶昭報之誠格于上下欽崇之稱
合于典則
四月丙辰遣使分祀嶽瀆詔曰務農勸穡雖用天道
人和歲稔實賴休徵頃者春夏之交稍愆時雨收穫
之際復屬秋霖慮害農功每祈孚佑遂得百神降福
羣望效靈旣不爲災仍多善熟幽贊之德普洽於生
人昭報之儀式遵於祀典宜令太子詹事嗣許王瓘
祭東嶽光祿卿嗣鄭王希言祭中嶽宗正卿濮陽郡
王徹祭西嶽少府監李知柔祭南嶽衛尉卿嗣吳王
祗祭淮瀆光祿少卿彭果祭河瀆所司擇日錄奏其
名山大川有路近處亦合便祭僻遠處委所繇長官
備禮致祭務陳蠲潔以達精誠
十一月癸亥勑曰王者父事天母事地所以昭孝敬
之道通神祇之德朕虔奉明命備稽大猷實在緣情

不惟相襲伏以昊天上帝義在尊嚴恭惟祀典每用
冬至旣於是日有事於圓丘更受朝賀實深兢惕自
今已後冬至宜取以次日受朝仍永爲常式壬申勑
曰敬惟明神普存於祀典咸秩羣望式重於邦畿頃
者分命使臣致誠嶽瀆山川便近亦已有處分其關
輔之內屢有陳祈王者所都禮亦異數應關內名山
大川各委所繇郡長官稍優於常禮致祭於京兆府
界宜委蕭炤同與少尹分祭倍崇精潔以副誠祈
十二月癸巳制曰惟神之主必恭禋祀率先之訓義
在躬親朕欽若昊穹子育黎庶思通明靈之德以洽

和平之理是修闕典咸秩無文如在之誠久陳於郊廟懐柔之至亦徧於山川況九宮所主百神之貴上分天極下統坤維陰騭生靈功深亭育故式昭新典肇建明祠將以爲人載祈孚佑宜叶元辰之吉用申大祭之禮可以今月立春朕親祀九宮壇仍令中書門下與禮官等郎詳定儀注奏聞癸丑親祠九宮貴神於東郊時有術士蘇嘉慶上言請於京城東朝日壇東置九宮貴神壇三城成三赤四階其上依位置九壇壇尺五寸東南曰招搖正東曰軒轅東北曰太陰正南曰天一中央曰天符正北曰太一西南曰攝提正西曰咸池西北曰青龍五爲中戴九履一左三右七二四爲上六八爲下符於遁甲四孟月祭尊爲九宮貴神禮次昊天上帝而在太清宮太廟之上用牲牢璧幣類於天地神祇帝親祀之如有

司行事郎宰相爲之

四載勑風伯雨師竝依升入中祀乃令諸郡各置一壇因春秋祭社之日同申享祀至九月勑諸郡風伯壇置在社壇之東雨師壇之西各稍北三十步其壇卑小於社壇其祭官准祭社例取太守以下充

五載正月乙亥詔曰五方定位嶽鎭總其靈萬物阜成雲雨施其潤上帝攸叙寰區是仰且岱宗西華先已封崇其中嶽等三方典禮所尊未齊名秩永言光被用叶靈心其中嶽神宜封爲中天王南嶽神爲司天王北嶽神爲安天王應須告祭仍令所司擇日聞奏

四月乙亥詔曰皇天之典聿循於百代郊祭之儀允屬於三靈聖人旣因時以制宜王者亦緣情以革禮朕丕承寶運肅遵明禋曷嘗不克己齋心虔恭夙夜猶慮舊章或闕誠敬未孚有一於此良深祗畏且尊莫大於天地祭莫大於祖宗嚴配昭升豈宜異類今烝嘗之獻既著於嘗式南北之郊未展於時享粢盛且略對越何申自今已後每在四時孟月先擇吉日祭上帝其以皇地祇合祭以次日祭九宮壇皆令宰臣行禮奠祭務從蠲潔稱朕意焉祭神如在傳諸古

訓以多爲貴著自禮經牲幣之儀蓋昔賢之尚質甘旨之品亦孝子之盡誠旣切因心方資變禮其已後享太廟宜料外每室加嘗食一牙盤仍令所司務盡豐潔發生振蟄雷爲其始畫卦陳象威物效靈氣實本於陰陽功乃施於動植令雨師風伯久列嘗祠唯此震雷未登羣望其已後每祀雨師宜以雷神同祭朕承宗廟之福爲人神之主事有未暢義在得中庶寅畏之誠上達於郊廟祈禳之典載收于闕遺凡在有司各揚所職倍宜恭肅以叶靈心

十二月辛酉詔曰孝享宗廟所以達思誠也格於神

祇所以崇嚴敬也則祈穀上帝春祀先王永惟因心敢忘如在朕承累聖之丕業應上玄之福佑聿脩柴瘞虔奉蒸嘗嘗慮備物未豐馨香莫達頃以詳諸舊典創以新儀清廟陳牲加特於嘗饌昊天冬祭重增以時享庶平馨齊敬之勤叶殷薦之義況履茲霜露載感惟深瞻彼郊壇有懷昭事念禮歸通變諒期乎達誠敎在率先必貴乎親奠宜以來載正月朕親謁太廟便於南郊合祭仍令中書門下即與禮官詳定儀注擇日奏聞與言拜獻先深祇感凡百有司各供爾職

六載正月戊子親祀南郊遂祀皇地祇詔曰四瀆五嶽雖差秩序興雲播潤蓋同利物崇號所及錫命宜均其五嶽既巳封王四瀆當升公位並從加等以答靈心其河瀆宜封靈源公濟瀆封清源公江瀆封廣源公淮瀆封長源公仍令所司擇日差使告祭并五嶽及名山大川並令所在長官致祭又諸州武舉人上省先謁太公廟拜將帥及行師尅捷亦宜告獻

七載五月壬午帝加尊號詔五嶽四瀆名山大川各令本郡長官致祭

八載六月詔曰九州之鎮實著禮經三代之典必崇望秩事既屬於報功義有符於錫命其九州鎮山除入諸嶽外宜並封公仍各置祠守者量更增修儲慶發祥當申昭報宜令所在長官各陳祭禮名山大川亦量事致祭

九月命宗正卿褒郡信王璆祭西嶽太僕少卿兼單于安北副太都護張齊丘祭北海蜀郡長史鮮于仲通祭江瀆太子詹事李旭祭北嶽尚書右丞李通遷祭河瀆詔曰朕肅恭明祀祈福上玄冀敷佑於黎蒸將昭報於靈應頃蠻夷欵附萬里廓清稼穡豐穰羣方樂業豈惟菲德以致元和實賴神休永綏景貺思

崇望秩用展虔誠宜令宗正卿褒信郡王璆等即分往五嶽四瀆及四海致祭所經道次者名山大川亦便致祭務令精意以稱朕懷

九載四月詔曰五材並用時表上靈八水分流實稱善利京師輿壤秦甸王畿灞滻通於涇渭澇潏匯於澧滈蓄洩雷雨滋育稼穡雖惠澤巳及於蒸民而虔誠猶闕於祀典聿崇精享庶達明神其涇渭灞滻等分水宜令禮儀使左庶子韋述取今月二十九日一時備禮致祭務陳蠲潔稱朕意焉

十載正月甲子有事於南郊合祭天地大赦天下制

曰禮者所以訓導人俗昭事明祇有因增修以會其本况國之大典在於精禋必資備禮以章遵奉自今巳後攝祭南郊薦獻太清宮薦享太廟其太尉行事前一日於致齊所具羽儀鹵薄公服引入朕親受祝板乃赴清齋以展誠敬夫子孝奉親極敬惟愛殁有思感霜露之感逾深祭以吉蠲蒸嘗之數如在且廟者貌也取象存焉是禮繇於情因心則感太廟宜置内官以備嚴奉仍於廟外造一院安置庶申罔極之思無忘事生之禮嶽瀆山川蘊靈毓粹雲雨之澤利及生人春秋之義存乎祀典況正其運序式遵咸秩

其五嶽四瀆及諸鎮山宜令專使分往致祭其名山大川及諸靈跡先有祠廟者各令郡長官逐便致祭

是月丁未封東海爲廣德王南海爲廣利王西海爲廣潤王北海爲廣澤王

二月巳亥分遣嗣吳王祗祭東嶽齊天王嗣魯王宇祭南嶽司天王秘書監崔秀祭中嶽中天王國子祭酒班景倩祭西嶽金天王宗正少卿李成裕祭北嶽安天王衛尉少卿李澣祭江瀆廣源公京兆少尹韋嘗祭河瀆靈源公太子左諭德柳偡祭淮瀆長源公河南少尹豆盧回祭濟瀆清源公嗣道王鍊祭沂山東安公江東道採訪使吳郡太守趙居貞祭會稽山永興公大理少卿李禎祭吳嶽山成德公潁王府長史甘守默祭霍山應靈公范陽郡司馬畢悦祭醫巫閭山廣寧公並取三月十七日庚子一時致祭申命太子中允李隨祭東海儀王府長史張九章祭南海太子中允柳奕祭西海太子洗馬李隨禜祭北海加王位且行册禮也

四月辛巳制曰王者臨馭萬國莫不尊奉五嶽至於迎氣致祭必在辨方正位朕丕承眷命肅事嚴禮庶有合於乾坤用永垂於典實加以厚德載物莫先於

土推誠導氣必叶於時在曆數之有徵諒國家之所感含弘廣大利用豐功隨王雖布於四方歸本且闕於中位朕式明統緒用答元符爰創新儀再修墜典頃者每祀黃帝乃就南郊義實有乖禮亦非便稽諸體式理固不然宜於皇城内西南就坤地改置黃帝壇朕當親祠以昭誠敬仍令中書門下與禮官更審叅詳奏聞

十一月壬午詔曰禮神以玉者蓋取其精潔表心溫潤合德爲器有象正辭乃信以達馨香其在珪璧瑱來禮神六器及宗廟奠玉自馮紹正奏後有司並用

瑉禮所謂君子貴玉而賤瑉不可用也朕精禋郊壇嚴敬宗廟奉惟新之祚庇太平之人則人力普存備物以享安可以瑉代玉惜費事神況國家之祈福有萬方之助祭闕典必修無文咸秩豈於天地宗廟奠玉有虧自今已後乾坤六器宗廟奠玉並用眞玉諸祀用瑉如以玉難得大者寧小其制度以取其眞

十二載二月制五嶽四瀆及名山大川并靈迹之處各委郡縣長官致祭其祠宇頹毀者量事修葺

十四載八月辛卯制曰書云咸秩群望詩曰懷柔百神永惟明徵豈忘昭報今秋稼穡頗勝常年實賴靈

祇福臻稔歲其五嶽四瀆所在山川及得道昇仙靈跡之處宜委郡縣長官至秋後各令醮祭務崇嚴潔式展誠享

是月癸未詔曰朕永念蒸人祈穀上帝而陰陽式序風雨不愆今獲稼穡阜成允賴神明幽贊也頃者虔心精享已申昭告其五嶽四瀆及天下諸郡山川近令秋後展祭收穫既就農畝事隙報功咸秩抑惟其時宜令所在郡縣長官即擇良辰以崇明祀

册府元龜

巡按福建監察御史臣李嗣京　訂正
知甌寧縣事臣孫以敬叅閲
知建陽縣事臣黄國琦較釋

帝王部三十四

崇祭祀第三

唐肅宗至德二年二月帝在鳳翔改汧陽郡吴山爲西嶽增秩以祈靈助

乾元元年六月巳酉初置太一神壇於南郊圓丘東命中書侍郎同中書門下平章事王璵攝祭

二年正月丁丑親祀九宮貴神宿齋於壇所

上元元年閏四月巳卯御明鳳門大赦改元詔曰自古明王聖帝名山大川並委州縣長吏擇日致祭又詔曰定禍亂者必先於武德拯生靈者諒在於師貞周武創業克寧區夏惟師尚父實佐興王况德有可師義當禁暴稽諸古昔爰崇典禮其太公望可追封爲武成王有司依文宣王置廟仍委中書門下擇古今名將如文宣置亞聖及十哲等享祭之典一同文宣

元年建子月詔曰皇王符瑞應協於靈祇典禮廢興式存於禋告蓋重成命以崇祇肅朕獲嗣鴻猷敢忘虔敬頃以三代正朔所尚不同百王徽號無聞異稱顧茲薄德思創常規爰因行慶之日將務惟新之典而建元立制册命曆符受於天地祖宗申於百辟卿士今既循諸古法讓彼虚名革故之宜已宣於臣下昭報之旨未展於郊廟因時備禮擇日陳誠克明恭巳之心庶降庇人之福至誠斯感其在茲乎宜取今月二十八日朝獻太清宮二十九日享太廟元獻廟來月一日祭圓丘及太一壇是月巳酉皇帝謁太清宮庚戌享太廟元獻廟建丑月辛亥朔拜南郊祭太

一壇禮畢還宫

代宗寶應二年五月丁卯改封北嶽爲寧天王

廣德二年二月乙亥親拜南郊祀昊天上帝於圜丘

戊子詔五嶽四瀆名山大川宜令所管致祭

三月丙午勑曰三代之初皆有神降監其德也天寶啓之恭惟王業之初師及霍邑堅城未下大將阻兵連雨積旬糧儲不給有白衣老父忽詣軍門稱霍山之神謁大唐皇帝云東南取路八日雨止助帝破敵盡如其言巖巖霍山九州之鎮興雲致雨功已洽於生人親道輔德力更宜於王室朕纘承大寶膺受鴻

休肹蠁之間誠明可接永言幽贊茲謂有孚惟天命
神據我斯意宜令禮儀使判官司封員外郎薛頎郎
往霍山致祭正詞以薦稱朕意焉
永泰元年正月癸巳改元制曰書稱咸秩詩美懷柔
仰惟衆靈念茲多祐其五嶽四瀆名山大川宜令所
管牧宰精神致祭
大曆元年十一月甲子日長至御含元殿大赦改元
制曰五嶽四瀆名山大川祀典攸存神理昭著宜以
禮致祭
五年四月丙午命太常寺復置先農馬祖壇依常式

享祭
六月詔曰五嶽四瀆名山大川神明所居風雨是主
宜委中書門下分使致祭以達精誠
十一月庚寅日長至命有司祀昊天上帝於南郊
七年十一月辛卯日長至命有司祀昊天上帝於南
郊不視朝
八年十一月辛丑日長至不視朝命有司祀昊天上
帝於南郊
十一年十一月丙辰日長至命有司祀昊天上帝于
南郊不受朝賀

十二年八月增修北郊壇齋宮二十五間
十三年十一月丁卯日長至命有司祀昊天上帝于
南郊不視朝
德宗建中二年五月有司奏定張良穰苴孫武吳起
樂毅白起韓信諸葛亮李靖李勣配武成王廟先是開元十九年始於兩京置齊太公廟以張良配乾元中追封齊太公爲武成王令選歷代名將從祀然未之行祠宇日荒至是宰相盧杞京兆尹盧讜以盧者齊之裔乃鳩其裔孫若盧崔丁呂之族合錢以崇飾之請擇自古名將如孔門十哲皆配享詔下史官乃定穰苴等至是始奏定焉
三年閏正月甲戌令百寮謁武成王廟
貞元元年正月丁酉改元制天下名山大川委長吏

致祭
十一月癸卯日南至帝親祀昊天上帝於圜丘
二年四月壬午太常寺奉祭風伯雨師祝版准開元
禮凡有司攝事祝版應御署者進署訖皆北面再拜
其風伯雨師本是小祀竝有司行事天寶三載始升
諸星爲中祀亦無皇帝親祀風伯雨師之命有司自
是常與不同攝祭其祝版准中祠例合進署其再拜
案禮無文詔曰風雨等師升爲中祀有烈祖成命況
在風雨事切蒼生今雖無文朕當屈巳再拜以申子
育萬姓之意

是月詔太常少卿裴郁等十人各就方鎮祭嶽鎮海瀆等

三年閏五月徙風師壇于滻水東

四年五月初復御署祭嶽鎮海瀆祝版准開元禮每歲祭嶽瀆祝版咸御署而遣之自上元元年權亭中祀巳下縣是因循不署及是太常卿董晉舉奏之帝方崇祀典乃復舊制

六年二月甲申復祀元中司命司人司錄及靈星

五月以風師武成王等樂章付所司施行之

六月己酉復祭五龍壇初開元中每歲以二月祭之

有司行事著於新禮自上元中罷中小祀其祭遂廢及是宰臣請復之帝始以是日親祭焉

十一月庚午日南至帝親祀昊天上帝於南郊

九年十一月癸未帝朝獻太清宮畢事宿齋於太廟行宮甲申朝于太廟畢事齋於南郊行宮己酉日南至帝郊祀初帝以是歲有年蠻夷朝貢思親告郊廟於祀事尤重慎及將散齋謂宰臣曰在祀散齋歸正寢攝心奉祀不可聞外事其常務勿奏乃齋於別殿及命皇太子諸王行祭者皆受誓一月命妃媵離於別所故事祈壇宮廟內壇及殿庭帝步武所皆設黃道褥壇十一位又施赤黃褥將有事皆命徹之又故事設御史版立于郊廟咸藉以褥及是帝虔禋拜首於地有司奉祠者莫不傷厲

順宗以貞元二十一年正月即位四月冊皇太子詔五嶽四瀆名山大川委所在長吏量加祭祀

憲宗元和二年正月辛卯有事於南郊詔天下名山大川及古聖帝明王忠臣烈士各令以禮致祭

四年十月庚寅冊皇太子詔五嶽四瀆名山大川委所在長吏量加祭祀

七年十月庚戌制冊皇太子五嶽四瀆名山大川委所在長吏量加祭祀

穆宗長慶元年正月辛丑親祀昊天上帝於圓丘

七月壬子受冊尊號禮畢詔五嶽四瀆名山大川并自古忠臣烈士各令所在以禮致祭

敬宗寶曆元年正月辛亥親祀昊天上帝於南郊

文宗太和元年六月乙卯詔曰依令有司約禮禱祀宗廟徧祈山川務盡莊誠以副予志

三年六月太常寺奏北郊祀皇地祇壇先闕齋宮請准祠例置一所可之

十一月甲午親祀昊天上帝於南郊

八年二月庚寅以疾瘳大赦詔曰百靈所佑獲遂痊和虔奉神休敢忘昭報其五嶽四瀆天下名山大川各委所在長吏致祭仍加豐潔以副精誠

九年二月丁丑詔曰王者受天地之明命續祖宗之

鴻業所以祇服大事致誠嚴禋盡其孝敬之心崇其郊祀之禮必在匪懈不忒粢盛豐潔古今丕訓無易於此朕嗣位十載恭臨萬邦務三時以厚生睦九族以脩教每厲薄德泛茲小康中宵内愧懼不克稱寔天地之聰佑祖宗之威靈思欲罄其精誠奉以昭報豈非懷之敢望寔如在而齋心如聞近歲有司因循將事不恪牲牷無滌具之别籩豆乏靜嘉之容鼎俎雖陳薦羞多闕祠官或怠於齊肅胥吏有至於喧呶虧禮瀆神莫斯爲甚永言重事用懼深衷起今已後太廟郊社齋郎先事前一日委監察御史子細點簡

如有替代非正身者當時禁身推問聞奏當重科懲旣責躬親須議優奬其齋郎委中書門下商量量與減選應緣祠祭官下至齋郎及太常樂人吏等致齋日有博奕飲酒喧呼爭競者亦委御史臺糺察聞奏其牲牢准禮循行之際合視肥瘠之宜近日相承臨時取辦旣乖誠敬頗失舊章委太僕寺准禮令處分如無本色牛羊速具聞奏至於酒醴醯醢籩簋膳羞各委本司准禮令切加提舉凡在廟壖所宜肅敬縱云隙地豈廢脩崇如有耕墾藝植者亦委御史臺糺察聞奏攝事公卿雖約官品將朕誠敬必在得人委尚書省差定之時稍加愼選其祭器禮物中如有欠闕及濫惡須愼補改張者委太常宗正光祿太僕寺少府監諸司速具條疏聞奏仍委中書門下即與疎理處分於戲禮崇明祀神享至誠上下苟無其違心虔恭必冀於備物繇是怵惕興感齊莊致詞咨爾庶工各揚厥職式遵禮典稱朕意焉

是年六月封鷄翁山爲侯先是翁造爲興元節度使初往漢中遇大雨平地水尺餘若不可進禱鷄翁山疾風驅雲即時清霽及是帝憶聞其事會造爲御史大夫人見得詳言當時靈貺明日下詔封之

開成二年四月辛酉詔曰每聞京師舊說以爲終南山興雲即必有雨若當晴霽雖密雲他至竟不霑需况茲山北面闕庭日當恩顧修其望祀寵數宜及今聞都無祠宇巖谷湫却在命祀終南山未備禮秩湫爲山屬捨大崇細深所謂闕於興雲致雨之祀宜令中書門下且差官設奠宣告恩禮便令擇立廟處所廻日以聞然命有司即時建立

八月乙未長安縣令杜儲奏准詔置終南山祠宇畢

巳酉册南山爲廣惠公

武宗會昌元年正月辛亥有事於南郊

十二月勑取來年春依天寶三年祀九宮貴神
五年正月辛亥有事於南郊
宣宗大中七年正月有事於南郊
懿宗咸通元年十一月丁未有事於南郊
四年正月庚午有事於南郊
僖宗乾符元年十一月庚寅有事於南郊
昭宗龍紀元年十一月甲寅有事於南郊
哀宗天祐二年六月湖南馬殷奏岳州洞庭青草二湖之側有古祠四所先以荒圮臣復修廟宇畢乞賜名額者勑旨黃陵二妃祠曰懿節洞庭君祠曰利涉

侯青草祠曰安流侯三閭大夫祠先以澧朗觀察使雷滿奏已封昭靈侯宜依天祐元年九月二十九日勑處分
九月中書門下奏伏自遷都已來武成王廟並未置立今請改為武明王（避朱全忠父諱）其廟請於街西選地建立其餘修置及配享十哲七十二弟子並請准故事者從之
後唐莊宗初為晉王天祐八年與梁軍戰於栢鄉因禡牙祀之日南望栢人當漢祖擒奸之地北臨鄗邑有蕭王告類之亭一則成創業之功一則纂中興之緒于遠提師旅將盪妖氛假二帝之威靈救萬邦之塗炭俯詳形勝用視郊原陣雲不散於長空殺氣正衝於殘孽逆溫背惠奸我同盟非厚載之所容在典刑而無赦將期勦戮以慰烝人諒我忠勤幸資神助
同光元年四月即位制曰山林川澤祀典神祇各隨處差官崇修祭饗
十月德音應有百神祠宇不得有虧時祭
十一月辛丑勑天下州縣所有神祠本處差官告祭
二年二月己巳朔有事於南郊
七月己酉幸龍門下雷山賽二人神北俗禡牙宜社

之禮也
明宗天成元年八月司天奏前月二十八日夜四鼓西北雷雲暴作秋事方興宜分命祠禱從之
二年十月甲申勑少府監聶延祚等以大駕巡幸告祭神祠
四年七月壬辰制朕自嗣守丕圖勤修庶政于茲四稔罔怠萬機上實賴於祖宗下必資於卿士畢躬克儉景行前王側席求賢追蹤往哲日慎一日雖休勿休幸致風雨不愆干戈載戢九穗之禾應瑞足表豐年兩階之舞咸賓無虧曠代敢萌矜伐漸喜隆平然

而圓丘之禮未陳清廟之詩未著夙宵增懼寤寐興懷何以助天之高而報地之厚也且天覆予爲子民戴予爲君苟帝道未臻則人倫焉正必須燔柴瘞玉嚴六宗虞典之禮非敢刻石泥金竊萬歲嵩高之美凡在遐邇當體至懷朕取來年二月十一日有事於南郊

八月丁酉大理正路鯱奏竊見春秋釋奠於文宣王廟而武成廟久曠時祭國之二柄文武之宗請復嘗祀從之

九月戊辰祠部員外郎呂朋龜奏五龍祠九宮壇天

地三官置醮之禮久廢請依典故脩之

十二月中書奏今後宰臣致齋內不押班不知印不赴內殿起居或遇國忌行事已受誓戒並不赴行香并不奏刑殺公事

長興元年二月乙卯親祀昊天上帝於圓丘

十二月己酉命有司祭司寒神於氷井

二年七月福建王延均上言當道神廟七所乞封王號敕無諸史傳有名並封爲閩越富義王共餘任自于境內祭享是月敕天下州府應有神祠破損者仰取公使錢添修

三年十二月庚戌敕祠祀祭器牲帛務從精潔齊宮壇墠所司並簡舉崇飾之

愍帝應順元年閏正月詔曰朕猥以冲人獲膺大寶賴神祇之贊助顯天地之休禎夷夏駿奔式符於瞻命聲教綿遠虔荷於炳靈德薄承祧憂深馭朽克奉治平之道諒繇冥助之功集是殊祥敢不寅畏賴陰陽之行運致時雨以應期稼穡順成得歲功而叶望咸臻上瑞普泰兆民並令三京諸道州府界內名山大川祠廟有益於民者以時精虔祭祀稱朕意焉

末帝清泰元年五月壬申詔曰吳嶽成德公非遇享

期克申幽贊並加王號以表神功可進封靈應王其祠享官屬仍舊同五嶽擇日冊命初帝在鳳翔將有沉闕之釁遣房暠祠之有應至是欲加封爵下有司簡討奏曰天寶十載正月封吳山爲成德公與沂山會稽醫無閭同制封公至德二年十二月改吳山爲嶽祠享官屬視五嶽今國家以靈應告祥並示殊等故有是命（至二年四月庚午授冊于少府監烏昭達往吳山祠封靈應王）

是月丙子詔諸州神祠有破壞者委所在給省錢補緝

十一月詔杭州護國廟改封崇德王城隍神改封順

義保寧王銅官廟改封福善通靈王湖州城隍神封阜俗安成王越州城隍神封興德保闉王從兩浙節度使錢元瓘奏也

二年三月庚申詔曰祠祭國家重事功在精虔若不提撕漸成疎慢今後監祭使每祭親視酒饌幣玉不得令餜料失於蠲潔如有所聞罪在監祭使其壇廟墻屋勿令疎漏本司常簡舉修葺以聞

四月戊辰考功員外郎李愼義上言今春以來稍愆雨澤陛下念稼穡之重深宵旰之憂倍軫聖心徧走羣望盈尺則告瑞於元朔如膏則潤洽於暮春可卜

豐穰動皆響應請天下凡祠宇有益於人者下本處嘗令修飾冀集洪休從之

晉高祖天福二年三月詔巡幸汴州中書奏車駕經過河南府河陽鄭州汴州管界所有名山大川帝王陵廟名臣等去路十里內者伏請下本州府各排比祇候車駕過日以酒脯醢祭告從之

五月湖南馬希範奏青草等四廟各乞進封勑青草廟安流侯宜進封廣利公洞庭廟利涉侯進封靈濟公磊石廟昭靈侯進封威顯公黃陵二妃廟舊封懿節廟改封昭烈廟

八月詔曰負國者天地不容爲逆者人神共怒永惟躬饗實有感通昨出師之時將帥虔禱頗聞陰祐成此戰功唐衞國公宜封靈顯王其餘鄭州幷汜水管內神祠宜令長吏差官點簡如有隳損處便委量事修葺貴申嚴飾以合陰功五嶽承天四瀆紀地自正當陽之位未伸望秩之儀宜令差官徧往告祭兼下逐州府量事修崇所有近廟山林仍宜禁斷樵牧

十月丙戌命使祠五嶽四瀆

六年正月戊寅詔曰全晉輿區興王重鎮唐叔之英靈未泯臺駘之古廟猶存朕頃在弁門長承陰助永

言正直宜用封崇唐叔虞宜封興安王臺駘宜封昌寧公又詔曰嶽鎮司方海瀆紀地載諸祀典咸福蒸民將保豐穰宜申虔敬俾加崇飾以奉神明其嶽鎮海瀆廟宇等宜令各修葺仍禁樵蘇

七年二月勑唐州湖陽縣蓼山神祠宜賜名爲蓼山顯聖之神仍下本州修葺廟宇（元襄州安從進作逆舉軍北來東京故坊使充南面先鋒都監陳思讓進軍南行與從進相遇接蓼山列陣俗以蓼與了字同音遂傳爲不祥遂祈戰勝奏立廟額從進旣敗行營都部署高行周以狀奏聞因有是勑）

少帝以天福七年六月卽位十月封襄州利市廟爲順正王

十一月勑天地宗廟社稷及諸祠祭等訪聞自前所司承寛多不精潔宜令三司豫支一年諸司合請祠祭禮料物色等於太廟置庫仍差宗正丞石載仁專主掌監察御史宋彥昇監庫兼差供奉官陳審璘往雒京於太廟内穩便處擘畫修庫屋五間候奉修畢催促所支禮料物色監送到庫交付宋彥昇石載仁並同點撿入庫交付訖供奉官陳審璘齎交領文狀歸闕每有祠祭諸司各請禮料至時委監庫御史宋彥昇宗正丞石載仁旋給付逐司其太祠中祠兼令監察使點撿饌造一一須得精潔如或更致慢易本

司當準格律科罪其祭服祭器未有者脩製已有者更仰雅飾

漢隱帝乾祐三年八月以蒙州城隍神爲靈感王從湖南請也時海賊攻州城州人禱於神城得不陷故有是請希廣又言永州有杏將軍祠郡人水旱祈禱有應乞賜封崇勑宜賜太保

周太祖廣順元年正月卽位制曰國之大事在祠爲先苟不潔蠲深爲瀆慢如聞自前祠祭牢饌頗虧肅敬今後委監察御史嚴加覺察必須豐潔庶達精誠稍或不恭國有常典

二年五月親征兖州遣樞密院直學士陳觀祭堯廟翰林學士竇儀祭東嶽廟

三年三月西京留司太子少師楊凝式言諸祠祀之所並無齋宮遣前染院使周重興監造與留司計會具料度事件以聞其太廟郊社要補葺處仍便撿計

十月戊申内出御札曰王者應運開基子民育物罔不承天事地尊祖敬宗燔柴於泰壇用昭乾德瘞玉於方澤以答坤靈朕受命上玄宅心下土時已歷於三載漸至小康禮未展於二儀深虧大典夙宵愧畏不敢遑寧宜叶蓍龜式陳籩豆庶展吉蠲之禮用傾

昭事之誠朕以來年正月一日於東京有事於南郊宜令所司各備儀注務從省約無致勞煩凡有供需並用官物府縣不得因便差配諸道州府不得以進奉南郊爲名輒有率斂庶俾嚴靜以奉郊禋中外臣僚當體予意

顯德元年正月丙子朔太祖親祀圜丘

世宗以顯德元年正月丙申卽位八月丁未以風雨時若遣官分祭羣祠

二年七月丙子帝謂侍臣曰朕聞國之大事在祀與戎近代以來急於戎事祭祀之禮幾如墜地且牲牢

之具簠簋之數蓋王誠信誠信不至神何享焉今後
室令所司各舉其職務在豐潔
八月乙丑詔曰今後諸處祠祭應有牲牢香幣饌料
供具等仰委本司官吏躬親簡較務在精至行事儀
式依禮經大祠祭合用樂者仍須祀前教習凡關祀
事室令太常博士及監察御史用心點撿稍或因循
必行朝典先是以太常禮院上言郊壇宗廟禮物多
闕故有是命
四年二月庚午詔有司添修祭器法物等先是帝以
郊廟祭器皆繇所司相承製造年代寖遠式樣訛舛

乃令國子博士聶崇義撿閱禮書模畫其樣以聞至
是故有是命

冊府元龜

巡按福建監察御史臣李嗣京　訂正
新建縣舉人臣戴國士參閱
知建陽縣事臣黃國琦較釋

帝王部 三十五

封禪

禮曰昔先王因天事天因地事地因名山升中于天書曰天子五載一巡狩歲二月東巡狩至於岱宗柴望此封禪之大略也昔齊桓公欲封禪管仲曰古者封泰山禪梁甫七十二家皆受命然後得封禪是知

王者受昊天之命居大寶之位順考古道建用皇極仁及乎行葦澤浸乎昆蟲太平之風於是乎在若乃建顯號施尊名揚英聲騰茂實以祈景福以告成功則必申命有司發揮大典刻石紀績與黃帝比揲策告祥配天無極故兒寬謂之帝王之盛節相如亦曰天下之壯觀可不謂然乎

無懷氏封泰山禪云云（無懷古之王者在伏羲前云云在梁父東山名也又曰云云山在蒙陰縣故城東北下有）

虙羲封泰山禪云云（虙讀曰伏）

神農氏封泰山禪云云

炎帝封泰山禪云云（炎帝神農後）

黃帝封泰山禪亭亭（地理志鉅人有亭亭山）

顓頊封泰山禪云云

帝嚳封泰山禪云云

堯帝封泰山禪云云

舜封泰山禪云云

禹封泰山禪會稽

湯封泰山禪云云

周成王封泰山禪於社首（在鉅平南十二里）

漢武帝議欲放古巡狩封禪之事（放依也音甫往切）諸儒對

者五十餘人未能有所定先是司馬相如病死有遺書頌功德言符瑞足以封泰山上奇其書（又司馬相如傳載相如既病免家居茂陵天子曰司馬相如病甚可往從悉取其書若後之矣所忠往而相如已死家無遺書問其妻對曰長卿未嘗有書也時時著書人又求去長卿未死時爲一卷書曰有使來求書奏之其遺札書言封禪事所忠奏焉天子異之）以問左內史兒寬寬對曰陛下躬發聖德統楫羣元（統系也楫聚也輯揖與集三字並同虞書曰揖五瑞是也其字從木）宗祀天地薦禮百神精神所鄉徵兆必報天地並應符瑞昭明其封泰山禪梁父昭姓考瑞帝王之盛節也然享薦之義不著于經（封禪之享薦也以非常禮故經無其文）以爲封禪告成合祛於天地神祇（祛開散合閉也開閉于天也也）祇戒精專

以接神明總百官之職各稱事宜而爲之節文（稱副也）唯聖王所繇制定其當（當猶中也）非羣臣之所能列今將舉大事優游數月（言不決也）使羣臣得人自盡終莫能成（所言不同各有執見也）唯天子建中和之極兼總條貫金聲而玉振之（言振揚德音如金玉之聲也）以順成天慶垂萬世之基帝然之乃自制儀采儒術以文焉既成將用事拜寬爲御史大夫初議封禪曰古者先振兵釋旅然後封禪迺遂北巡朔方勒兵十餘萬騎還祭黃帝冢橋山釋兵涼如（地名）帝曰吾聞黃帝不死有冢何也或對曰黃帝已仙上天羣臣葬其衣冠既至甘泉爲且用事泰

山先類祠泰一（且猶將也類祠謂以事類而祭之）自得寶鼎上與公卿諸生議封禪封禪用希曠絶莫知其儀體而羣儒采封禪尚書周官王制之望祀射牛事（天子有事宗廟必自射牲示親殺也事見國語）齊人丁公年九十餘曰封禪者古不死之名也秦始皇不得上封陛下必欲上稍上（稍漸也）即無風雨遂上封矣上於是迺令諸儒習射牛草封禪儀數年至且行天子既聞公孫卿及方士之言黃帝以上封禪皆致怪物與神通欲放黃帝（放依也音甫往反）以接神人蓬萊高世比德于九皇（上古有人皇者九人）而頗采儒術以文之羣儒已不能辨明封禪事又拘于詩書古文

而不敢騁帝爲封祠器視（視讀曰示）羣儒羣儒或曰不與古同徐偃又曰太常諸生行禮不如魯善（徐偃博士姓名）周霸屬圖封事（屬會也會諸儒圖封事周霸人姓名也）於是帝黜偃霸而盡罷諸儒弗用以元鼎六年五月東幸緱氏禮登中嶽太室從官在山上聞若有言萬歲云問上上不言問下下不言迺令祠官加增太室祠禁毋伐其山木以山下戶凡三百封崈高爲之奉邑（崈古崇字以崇奉嵩之山故謂之崈高奉邑也）詔曰朕用事華山至於中嶽獲駮鹿見夏后啓母石翌日親登崈高御史乘屬在廟傍（天子出御史除二人乘爲曹護車駕）吏卒咸聞呼萬歲者三登禮罔不答其令祠

官加增太室祠禁無伐其草木以山下戶三百爲之奉邑名曰崈高獨給祠復亡所與夏四月癸卯帝因東上泰山（言昜上也泰山從南面直上步道三十里車道百里）泰山草木未生迺令人上石立之泰山顛（從山下轉右而上也）帝遂東巡海上行禮祠八神帝還至奉高帝念諸儒及方士言封禪人殊不經難施行（人人殊異文不合經故難以施行）天子至梁父禮祠地主至乙卯令侍中儒者皮弁縉紳射牛行事封泰山下東方如郊祀泰一之禮封廣丈二尺高九尺其下則有玉牒書書秘禮畢天子獨與侍中奉車子侯（子侯霍去病子也）上泰山亦有封其事皆禁明日下陰道

丙辰禪泰山下阯東北肅然山如祭后土禮天子皆親拜見衣上黃而盡用樂焉江淮閒一茅三脊爲藉五色土益雜封縱遠方奇獸飛禽及白雉諸物頗以加祠兕牛象犀之屬不用皆至泰山然後去封禪祠其夜若有光晝有白雲出封中雲出于所封之中天子從封禪還坐明堂羣臣更上壽更互也詔曰朕以眇身承至尊兢兢焉惟德菲薄不明於禮樂故用事八神遭天地况施著見景象肩胥同然如有聞震於怪物欲止不敢遂登封泰山至於梁父然後升壇肅然自新嘉與士大夫更始其以十月爲元封元年行所巡至博奉

高蛇丘歷梁父城民田租逋賦貸已除逋賦未出賦者逋貸官以物貸之而未還也加年七十已上孤寡帛人二疋四縣無出今年筭自博至梁父凡五縣今云四縣奉高素以供禪非筭限賜天下民爵一級女子百戶牛酒又曰古者天子五載一巡狩用事泰山諸侯有朝宿地其令諸侯各治其邸泰山下

二年帝伐朝鮮夏旱公孫卿曰黃帝時封則旱乾封三年三歲不雨暴所封之土令乾也上廼下詔天旱意乾封乎言適則致天旱欲乾我所封乎其令天下尊祠靈星焉秋作明堂於泰山下

五年春還至泰山增封甲子祠高祖於明堂以配上帝因朝諸侯王列侯受郡國計若今之計帳初封泰山東北阯古時有明堂處處險不敞言其阻帝欲治明堂奉高旁未曉其制度濟南人公玉帶公玉姓帶名也呂氏春秋齊有公玉丹此蓋其舊族而說者讀公玉爲宿非也單姓玉者後漢司徒玉况自音宿耳上黃帝時明堂圖明堂中有一殿四面無壁以茅蓋通水水圜宮垣爲複道上有樓從西南入複讀曰復名曰昆侖天子從之入以拜祀上帝焉於是帝令奉高作明堂汶上如帶圖汶水名也出琅邪朱虛作所上明堂于汶水之上也帶圖公玉帶所上明堂圖及是歲脩封則祠泰一五帝於明堂上坐合高帝祠坐對之漢是時未以高祖配天言對武帝以來乃配之祀后土於下房以二十太牢

天子從昆侖道入始拜明堂如郊禮畢尞堂下而上尞古燎字又上泰山自有秘祠其顛而泰山下祠五帝各如其方黃帝并赤帝所與赤帝同處有司侍祠焉山上舉火下悉應之

太初元年十月行幸泰山十一月甲子朔旦冬至祀上帝于明堂十二月禮高里山名在泰山下

三年正月行東巡海上四月還脩封泰山禮石閭石閭在泰山下阯南方方士言仙人閭

天漢三年三月行幸泰山脩封祀明堂因受計

太始四年三月行幸泰山壬午祀高祖於明堂以配

上帝因受計癸未祀孝景皇帝於明堂甲申脩封丙戌禮石閭

征和四年幸泰山脩封庚寅祀于明堂癸巳禮石閭

先是武帝每脩封其贊饗日天增授皇帝泰元神策周而復始皇帝敬拜泰一（自此已上贊祀者辭）又東至海上考入海及方士求神者莫驗焉益遣幾遇之（益多也幾讀曰冀）後又親禪高里祠后土臨渤海將以奉祀蓬萊之屬幾致殊庭焉（殊庭蓬萊中仙人庭也幾讀曰冀）復東巡海上考神仙之屬未有驗者方士有言黄帝時爲五城十二樓（昆侖玄圃五城十二樓仙人之所嘗居）以候神人於執期（地名也）名曰迎年

（迎年若云其年）帝許之如方名曰明年（言明其得延年也）帝親禮祠上犢黄馬公玉帶曰黄帝時雖封泰山然風后封鉅岐伯令黄帝封東泰山（風后封鉅岐伯皆黄帝臣也東泰山在瑯琊朱虛界中有小泰山是）禪凡山（凡山在朱虛縣）合符然後不死天子旣令設祠具至東泰山卑小不稱其聲乃令祠官禮之而不封焉其後令帶奉祠候神物復還泰山脩五年之禮如前而加禪祠石閭石閭者在泰山下阯南方（下基之南面）方士言僊人閭也故帝親禪焉其後復至泰山脩封還過祭恒山自封泰山後十三歲而周遍於五嶽四瀆矣後復至泰山脩封甘泉泰一汾陰后土三年親郊祀而泰山五年一封脩武帝凡五脩封

後漢光武建武三十年二月羣臣上言即位三十年宜封禪泰山詔曰即位三十年百姓怨氣滿腹吾誰欺欺天乎曾謂泰山不如林放何事汙七十二代之編錄桓公欲封管仲非之若郡縣遠遣吏上壽盛稱虛美必髡兼令屯田從此羣臣不敢言三月帝幸魯過泰山告太守以帝過故承詔祭山及梁父時虎賁中郎將梁松等議記曰齊將有事泰山先有事配林蓋諸侯之禮也河嶽視公侯王者祭焉宜無即事之漸不祭配林

三十二年正月帝齋夜讀河圖會昌符曰赤劉之九會命岱宗不愼克用何益於承誠善用之姦僞不萌感此文乃詔松等復案索河雒讖文言九世封禪事者松等奏乃許焉初孝武帝欲求神仙以秩方者言黄帝繇禪封而後僊於是欲封禪封禪不嘗時人莫知元封元年帝以方士言作封禪器以示羣儒多言不合古於是罷諸儒不用三月帝東上泰山乃上石立之泰山顚遂東巡海上求仙人無所見而還四月封泰山恐所施用非是乃秘其事帝許梁松等奏求元封時封禪故事議封禪所施用有司奏當用方石

再累置壇中背方五尺厚一尺用玉牒書藏方石牒厚五寸長尺三寸廣五寸有玉簡又用石簡十枚列於石傍東西各三南北各二皆長三尺廣一尺厚七寸簡中刻三處深處四寸方五寸有蓋簡用金縷五周以水銀和金以爲泥玉璽一枚方二寸二分一枚方五寸方石四角又有距石皆再累枚長一丈厚一尺廣二尺皆在圓壇上其下用距石十八枚皆高二尺厚一尺廣二尺如小碑環壇立之去壇三步距石下皆有石跗入地入地四尺又用石碑高九尺廣三尺五寸厚尺二寸立壇丙地去壇三丈以上刻書帝

以用石功難又欲及二月封故詔松欲因故封石空簡更加封而已松上疏爭之以爲登封之禮告功皇天垂後無窮以爲萬民也承天之敬尤宜章明奉圖書之瑞尤宜顯著今因舊封竄寄玉牒故石下恐非重命之義受命中興宜當特異以明天意遂使太山郡及魯趣石工宜取完清石無必五色時以印工不能刻玉牒欲用丹漆書之會求得能刻玉者遂書書秘刻方石中命容玉牒二月帝至奉高遣侍御史與蘭臺令史將工先上山刻石文曰維建武三十有二年二月皇帝東巡狩至於岱宗柴望秩於山川班於

群神遂覲東后從臣太尉憙行司徒事特進高密侯禹等漢賓二王之後在位孔子之後褒成侯序在東後蕃王十二咸來助祭河圖赤符曰劉秀發兵捕不道四夷雲集龍鬬野四七之際火爲主河圖會昌符曰赤帝九世巡省得中治平則封誠合帝道孔鉅則天文靈出地祇瑞興帝劉之九會命岱宗誠善用之姦僞不萌赤漢得與九世會昌巡岱皆當天地扶九崇經之常漢大興之道在九世之王封于泰山刻石著紀禪于梁父退省考五河圖合古篇曰帝劉之秀九名之世帝行德封刻政河圖提劉予曰九世之帝

方明聖持衡拒九州平天下予雒書甄曜度曰赤三德昌九世會脩符合帝祭勉刻封孝經鈎命決曰予誰行赤劉用帝三建孝九會脩專茲竭行封岱清河雒命后經讖所傳昔在帝堯聰明密微讓與舜庶後裔握機王莽以舅后之家三司鼎足冢宰之權勢依託周公霍光輔幼歸政之義遂以篡叛僭號自立宗廟隳壞社稷喪亡不得血食十有八年楊徐青三州首亂兵革横行延及荆州豪桀并兼百里屯聚往往僭號北狄作寇千里無烟無雞鳴犬吠之聲皇天睠顧皇帝以匹庶受命中興年二十八載興兵起是以

中文誅討十有餘年罪人斯得黎庶得居爾田安爾宅書同文車同軌人同倫舟輿所通人迹所至靡不貢職建明堂立辟雍起靈臺設庠序同律度量衡修五禮五玉三帛二生一死贄吏各修職復于舊典在位三十有二年年六十二乾乾日昃不敢荒寧涉危歷險親巡黎元恭肅神祗惠恤耆老理庶遵古聽允明恕皇帝惟慎河圖雒書正文是月辛卯柴登封泰山甲午禪于梁陰以承靈瑞以為兆民永兹一事垂于後昆百寮從臣郡守師尹咸蒙祉福永永無極秦相李斯燔詩書樂崩禮壞建武元年以前文書散亡

舊典不具不能明經文以章句細微相況八十一卷明者為驗又其十卷皆不昭晳子貢去告朔之餼羊子曰賜也爾愛其羊我愛其禮後有聖人正失誤刻石記二十一日辛卯晨燎祭天於太平山下南方羣臣皆從用樂如南郊諸王王者後二公孔子後褒成君皆助祭位事畢將升封或曰太山雖已從食於柴祭今親升告功宜有禮祭於是使謁者以一特牲於常祠太山處告祠太山如親耕貙劉先祠先農先虞故事至食時御輦升山日中後到山上更衣早晡時即位于壇北面羣臣以次陳後西上畢位上壇尚書令奉玉牒簡皇帝以一寸二分璽親封之訖太常命人發壇上石尚書令藏玉牒以復石覆訖尚書令以五寸印封石簡事畢皇帝再拜羣臣稱萬歲命人立所刻石碑乃復道下二十五日甲午禪祭地於梁陰以高后配山川羣神從如元始中北郊故事四月己卯大赦天下以建武三十二年為中元元年復博奉高廉勿出元年租芻藁以吉日刻玉牒書函藏金匱璽印封之乙酉使太尉行事以特告至高廟太尉奉匱以告高廟藏于廟室西壁石室高祖室之下又趙熹傳熹為太尉上言宜封禪正三王之禮中元元年從封太山又張純傳純為司徒奏帝宜封禪曰自古

受命而帝治世之隆必有封禪以告成功焉樂動聲儀曰以雅治人風成於頌有周之盛成康之間郊配封禪皆可見也書曰歲二月東巡狩至于岱宗則封禪之義也臣伏見陛下受中興之命平海內之亂修復祖宗撫存萬姓天下曠然咸蒙更生恩德雲行惠澤雨施黎元安命夷狄慕義詩云受天之祜四方來賀今攝提之歲蒼龍甲寅德在東宮宜及嘉時遵唐帝之典繼孝武之業以二月東巡狩封于岱宗明中興勸功勳復宗統報天神禪梁父祠地祗傳祚子孫萬世之基也中元元年正月丁卯帝乃東巡岱宗以純視御史大夫從并上元封舊儀及刻石文

章帝元和二年二月辛未幸泰山柴告岱宗有黃鵠三十從西南來經祠壇上東北過于宮屋翺翔升降進奉高壬申從祀五帝於汶上明堂癸酉告祀二祖四宗二祖謂高祖世祖四宗謂文帝為太宗武帝為世宗宣帝為中宗明帝為顯宗大赦天

下詣犯罪不當得赦亦皆除之復博奉高嬴毋出今年田租芻藁丁鴻以少府從帝奏曰臣聞古之帝王統治天下五載巡狩至于岱宗柴祭于天望秩于山川協時月正日角斗斛權衡使人不爭陛下尊履蒸蒸奉承業祀五帝於明堂配以光武二祖四宗咸有告祀瞻望太山嘉澤降澍柴祭之日白氣上升與燎煙合黃鵠羣翔所謂神人以和答饗之休符也帝善焉

安帝延光三年二月辛卯幸太山柴告岱宗（太山王者告代之處爲五嶽之宗故曰岱宗燔柴以告天）

魏明帝黃初中護軍蔣濟曰夫帝王大禮巡狩爲先昭祖揚禰封禪爲首是以自古革命受符未有不蹈梁父登太山刊無竟之名紀天人之際者也故司馬相如謂有文已來七十二君或順所繇於前謹遺教於後太史公曰主上有聖明而不宣布有司之過也然則元功懿德不刊梁山之石無以顯帝王之功示兆庶不朽之觀也語曰當君而歎堯舜之美譬猶人子對厥親而譽他人之父今大魏承百王之弊亂拯流遁之艱危接千載之衰緒繼百代之廢業自武文至于聖躬所以參成天地之道綱維人神之化上天報應嘉瑞顯祥以比在古無所取喻至於歷世迄今未廢大禮雖志在掃盡殘盜蕩滌餘穢未遑斯事若爾三苗倔強於江海大舜當廢東巡之儀徐夷跳梁於淮泗周成當止岱嶽之禮且去歲破吳虜於江漢今茲屠蜀賊於隴右其震蕩內潰在不復淹無累于封禪之事也此議久廢非倉卒所定宜下公卿廣撰其禮卜年考時昭告上帝以副天下之望臣待罪軍旅不勝大願冒死以聞詔曰聞蔣濟斯言使吾汗出流足自開闢以來封禪者七十餘君耳故太史公曰雖有受命之君而功有不洽是以中間廣遠者千有

餘年近者數百載其儀闕不可得記吾何德之修敢庶茲乎濟豈謂世無管仲以吾有桓公登太山之志乎吾不欺天也濟之所言華則榮矣非助我者也公卿侍中尚書常侍省之而已勿有所議亦不須答詔也天子雖拒濟議而實使高堂隆草封禪之儀以天下未一不欲便行大禮會隆卒不復行

晉武帝平吳混一區宇太康元年九月庚寅尚書令衛瓘尚書左僕射山濤右僕射魏舒尚書劉寔司空張華等奏曰臣聞肇自生靈則有后辟年載之數莫之能紀立德濟世揮揚仁風以登封泰山者七十有

四家其謚號可知者十有四焉沉淪寂寞曾無遺聲者不可勝記大晉之德始自重黎實佐顓頊至於夏商世序天地其在於周不失其緒金德將升世濟明聖外平蜀漢海內歸心武功之盛實踰文德至于陛下受命踐祚弘建大業羣生仰流惟獨江湖沅湘之表凶桀負阻歷代不賓神謀獨斷命將出討兵威暫加數旬蕩定羈其鯨鯢赦其罪逆雲覆雨施八方來同聲教所被達於四極雖黃軒之征大禹遠畧周之奕世何以尙今若夫玄石素文底號前載象以數表言以事告雖古河圖雒書之徵不是過也宜宣六典

禮中嶽封泰山禪梁父發德號明至尊享天休篤黎庶勤千載之表播流後之聲俾百世之下莫不興起斯帝王之盛業天人之至望也詔曰今逋寇雖殄外則障塞有警內則百姓未康此盛德之事所未議也瓘等又奏曰今東漸于海西被于流沙大漠之陰日南北戶莫不通屬茫茫禹迹今實過之天人之道已同巍巍之功已著宜修禮地祇登封泰山致誠上帝以答神人之願也乞如前奏詔曰今陰陽未和政刑未當百姓未得其所豈可以勒功告成邪詔不許瓘等又奏曰臣聞處帝王之位者必有歷運之基天命之應濟兆庶之功者必有聖德之容告成之典無不可誣有不敢讓自古道也而明詔謙冲屢辭其禮雖聖德攸在推而未居夫三公職典天地實掌人物國之大事取義於此故漢氏封禪非是官也不在其事臣等前奏蓋陳祖考之功天命又應陛下之德合同四海述古考今宜修此禮至於克定歲月須五府上議然後奏聞詔曰雖蕩清江表皆臨事者之勞何足以告成方望羣后思隆大化以寧區夏百姓獲乂與之休息斯朕日夜之望無所復下諸府矣瓘等又奏臣聞唐虞三代濟世弘功之君莫不仰承天休俯協

人志登介丘履梁父未有辭焉者蓋不可讓也今陛下勳高百王德無與二茂績宏規巍巍之業固非臣等所能究論而聖旨勞謙屢自抑損時至弗應推美不居闕皇代之上儀塞靈祇之凝望使大晉之典謨不同風於三五臣等誠不敢奉詔請如前奏施行詔曰方當共思弘道以康庶績且俟他年無復紛紜也王公有司又奏自古聖明光宅四海封禪名山著於史籍作者七十四君矣舜禹之有天下也巡狩四嶽躬行其道易著觀俗省方禮有升中於天詩頌陟其高山皆載在方策文王爲西伯以服事殷周公以魯

藩列於諸侯或享於岐山或有事太山徒以聖德猶得爲其事自是以來功薄而僭其儀者不可勝數號謚不泯以至於今況高祖宣皇帝肇開王業海外有截世宗景皇帝濟以大功輯寧區夏太祖文皇帝受命造晉盪定蜀漢陛下應期龍興混一六合澤被羣生威震無外昔漢氏失統吳蜀鼎峙兵興以來近將百年地險俗殊人望絶塞今不羈之寇二代而平非聰明神武先天弗違孰能巍巍其成功若玆者歟臣等幸以千載得遭運會親服大化目覩太平至公至美誰與爲讓宜祖述先明憲章古昔勒功岱嶽登封

告成弘禮樂之制正三雍之典揚名萬世以顯祖宗是以不勝大願敢昧死以聞請告太常具禮儀帝復詔曰所議誠列代之盛事也然方今未可以爾便報絶之

隋文帝開皇九年平陳朝野物議咸願登封秋七月丙午詔曰豈可命一將軍除一小國遐邇注意便謂太平以薄德而封名山用虛言而干上帝非朕攸聞而今以後言及封禪宜禁絶又定州刺史豆盧通等上表請封禪帝不許又兗州刺史薛胄以天下太平登封告禪帝王盛烈遂遣博士登太山觀古跡撰封禪圖及儀上之高祖謙讓不許

十四年羣臣請封禪高祖不納晉王廣又率百官抗表固請帝命有司草儀注於是牛弘辛彦之許善心姚察虞世基等創定其禮奏之帝逡巡其事曰此事體大朕何德以堪之但當東狩因拜岱山耳

十五年春行幸兗州遂次岱嶽爲壇如南郊又壝外爲柴壇飾神廟展宮懸於庭爲埋埳二於南門外陳樂設位於青帝壇如南郊帝服衮冕乘金輅備法駕而行禮畢遂詣青帝壇而祭

唐太宗貞觀五年正月朝集使趙郡王孝恭等僉議

以爲天下一統四夷來同詣闕上表請封禪帝手詔曰省表具懷自有隋失道四海橫流百王之弊於斯爲甚朕提劍鞠旅首啓戎行扶翼興運克成鴻業遂荷慈睠恭承大寶每日昃思治弗敢康寧兢兢夕惕用忘興寢履薄馭朽不足爲喻賴三靈顯命百辟同心海外無塵遠夷慕義但流遁永久凋殘未復田疇多曠倉廩猶虛家給人足尚懷多愧豈可遽追前代取譏虛美所望恂恂濟濟叶力盡誠輔其不逮致之王道如得雅頌形於金石菽粟同於水火反朴還淳當如來議

十二月己亥朝集使利州都督武士彠等詣朝堂又上表請封禪帝曰隋末分離羣兒競逐我提三尺劒數年之間正一四海是朕武功所定也突厥強梁世爲紛更今乃襲我衣冠爲我臣吏殊方異類輻輳鴻臚是朕文教所來也突厥破滅君臣爲俘安養之情同於赤子是朕仁愛之道也林邑貢能言鳥新羅獻女樂憫其離本皆令反國是朕敦本也酬功錄効必依賞格懲惡罰罪必據刑書割親愛捨嫌隙以弘至公之道是朕崇信也非朕苟自矜伐欲明聖人之教不徒然也比年穀稼頻登疾疢不作誠宜展禮名山

以謝天地但以喪亂之後民物凋殘憚於勞費所未遑也

六年公卿百寮以天下太平四夷賓服詣闕請封禪者首尾相屬帝不許嘗從容而言曰朕本諸公子也始望不及此屬天下喪亂遂有救焚拯溺之志義師入關之始羣凶鼎沸當此之時但得三分天下亦爲足矣朕以不武內稟太上皇之謀外假士大夫之力數年之間六合大定升中告禪信亦其時然朕往者蒙犯霜露遂嬰氣疾但恐登封之後彌增誠懼有乖營衞非所以益朕也少欲自怡用安年壽公卿等勿復爲言

十一年帝將有事於封禪國子博士劉伯莊睦州刺史徐令言等皆上封禪事互設疑惑言新禮簡畧事有未周於是勅四方名儒博物之士及顏師古朱子奢等參議得失者數十家遞相駁難紛紜不決於是左僕射房玄齡特進魏徵中書令楊師道愼採衆議以爲永式議昊天上帝壇其畧曰將封先祭義在告神固當爲壇下阯豫申齊潔贊饗已畢然後登封既表重愼之深兼示行事有漸今請祭於太山下設壇以祀上帝以太祖景皇帝配饗壇長一十二丈高一

丈二尺又議製玉牒曰金玉重寶質性貞堅宗祀郊禋皆充器幣登嫌華靡寔貴精確況乎三神壯觀萬代鴻名禮極殷崇事資藻飾玉牒玉簡式韞靈琦傳之無窮永存不朽今請玉牒長一尺三寸廣厚各五寸玉簡厚二寸長短闊狹一如玉牒其印齒請隨璽大小仍纏以金繩五周又議玉策曰封禪禮祭嚴配作主皆奠玉策肅奉慶成今玉策四枚各長一尺三寸五分每策五簡俱以金編其一奠上帝一奠太祖座一奠方地祇一奠高祖座又議金匱曰祭配之策盛以金匱歸格藝祖藏之朝堂今請長短令容玉策

高廣各六寸形如今之表函纏以金繩封以金泥印以受命璽又議方石璽累藏玉牒止用石函亦循盛書筴筒所以或呼石筴今請方石三枚以爲再累其十枚石簡刻石石四邊而立之纏以金繩封以石泥印以受命璽又議太山上圜壇曰四出開道壇場通議南面入升於事爲允今請介丘山圜壇廣五丈高九尺用五色土加之四面各設一陛御位在壇南升自南陛而就上封玉牒又議圜壇上土封曰凡言封者皆是積土之名利建分封亦班土立號謂之封禪厥義可知今請於圜壇之上安置方石璽緘旣畢加

土築以爲封高一丈二尺而廣二丈以五色土益封玉牒書藏於其內祀禪之所土封制亦同此議玉璽曰謹詳前載方石緘封玉檢金泥必賫印以爲秘固今請依令用受命璽以封石簡其玉簡旣與石簡大小不同請更造璽一枚方一寸二分文同受命以封玉牒石檢私制依漢建武時故事又議立碑曰勒石紀號垂裔後昆美盛德之形容闡后王之休烈其義遠矣陛下聲暢九垓威橫八極靈祗不愛其寶兆庶無得而稱但當贊述希夷以攄臣下之志其登封及禪并肆覲之壇並請刻頌立碑顯揚功業又議設告

至壇曰既至山下禮行告至柴於東方上帝望秩遍禮羣神今請其壇方八丈一尺高三尺陛仍四出其禪方壇及自餘儀式請從今禮仍請柴望秩同時行事又議廢石闕及大小距石曰距石之設意取牢固本資實用豈云彫飾今既積土厚封足與天長地久其小距圜壇石闕廻建事非經誥無益禮儀煩而非要請從減省以十五年奏從此議餘皆罷之遂附制于今禮永垂於後焉

十四年十月甲戌趙王元景等表請封禪帝冲讓不許至於再三壬辰詔曰夫功成道合古今以爲隆平

登封降禪聖賢謂之大典是以出震則天之后華夏變商之君繼韶夏而施尊名崇號謚而廣符瑞顏遲遲焉羣臣區區誠爲此也原夫大始云構生靈厥萌黎庶布乎穹壤皇王司其右契遐哉上古以迄於茲歷選休徵未有如今日之盛也所以敢罄窺管無懼觸鱗瀝膽披肝言亦備矣援天引聖辭亦殫矣幸蒙亭育之澤降以聽覽之恩大賚雖敷循申後命未便渙汗方事逡巡懷生之徒不遑寧處伏乞皇帝陛下則天成務應物爲心協三才之會昌乃霈然而動色遂萬姓之延首俯凝旒而改容雖復龍圖告徵龜書

襲吉尙諮諏於四嶽建明謨於兆人欲使六合之中
沃心通於朝野八紘之內下問浹於華戎凡在人靈
疇無抃躍今茲百辟咸集九有攸同竝執玉以來庭
俱式歌而且舞遠則重譯僉議近則端笏叅謀欣覩
增天之高願逢加地之厚絕域忘生而越險華髮忍
死而爭趨中外之心克諧愚智之情允睦掌故事者
草登封而待期執羈靮者儼車徒而俟命庶官率職
三事夙興遠邇昌言明靈幽贊莫不傾視俯聽希陪
肆覲之禮效祉呈祥欽承告成之慶山稱萬歲企和
鑾而發奇雲浮五彩佇華蓋而交蔭兩儀之情轉迫

萬國之望愈深臣又聞之屈已從衆至人所以稱仁
絲言顯發哲王以之敷信昨奉明詔許以試之實降
皇情俯同人欲寬仁之利斯博示信之道玄弘即日
庶尹馳心咸奉章而守闕列藩翹足各伏地以祈恩
所冀天慈深加昭察制可羣僚之奏尅以發軫之期
頒示普天申明絕典使夫一時之士欣獨高於萬代
八荒之酋荷周露於再造則臣等死日猶生之年不
任誠懇之至謹與連率方牧等奉表詣闕固請以聞
於是下詔曰自古明王君臨區宇功濟天下道被生
民內外無虞年穀豐稔莫不歸功上玄致禮厚地騰
茂實於六合飛英聲於百代今公卿在列屢屬虛心
嶽牧具僚固陳僉願理在難奪敬依來請顧循諸已
仍懷慙德

十五年三月庚辰肅州言所部川原遍生芝草先是
百僚及雍州父老詣朝堂上表請封禪四月辛卯朔
下詔曰肇有烝庶樹之司牧載籍所紀風烈猶存至
於道洽品物功成宇縣天眷彰於符瑞人事表於隆
平莫不增封岱宗廣禪梁甫榮鏡六合對越三神前
聖所以垂其尊名後王所以仰其休烈蓋繇此也自
火德既衰三光分裂金行失御九鼎沉淪諸華競逐

彝倫大壞雖周室削平趙魏隋氏混一文軌而金革
之事未戢於封疆雅頌之音弗聞于朝廷遂使至敬
闕如淳風莫反齊郊絕類帝之禮日觀缺升中之儀
其已久矣朕丕膺景命嗣守洪基承大亂之餘當率
土之責負扆興惕納隍在慮上憑宗社之靈下資士
庶之力草昧伊始援干戈以靖亂區夏旣平引禮樂
以緯俗尉候無警甾畬有年比屋咸保其歡含氣不
違其性殊方異域盡地界而來庭應圖合牒殫天符
而表瑞緬懷前載詳求諸已豈伊寡德能致此乎固
乃上玄所叶贊也而羣公卿士百辟庶僚固陳人祇

之意請遵封禪之典推而不居至於數四文武之情
彌切內外之議日聞誠請頻繁淹歷年載朕繼跡百
王因心萬物上奉蒼昊義在薦功下撫黎元方祈厚
福旣迫茲理敢不祗從猥以眇身齊美上代永言夙
志凜乎增惕可以來年二月有事泰山所司宜與公
卿并諸儒士及朝臣有學業者詳定其儀博考聖賢
之旨以允古今之中務盡誠敬稱朕意焉於是詔太
常卿韋挺爲簡較封禪大使禮部侍郎令狐德棻副
焉朝廷參議其儀異端競起秘書少監顏師古乃奏
稱臣撰定封禪之禮書在十一年春于時諸儒參詳

以爲適中詔公卿定其可否多從師古之禮六月己
酉有星孛于太微宮犯郎位辛亥朝散大夫行起居
郎褚遂良進曰陛下撥亂反正功超前烈告成升嶽
天下幸甚而行至雒陽彗星輒見此或有所未允合
者也且漢武優柔數年始行岱禮臣愚伏願詳擇丙
辰詔曰自古皇王受天之命建顯號於封禪揚洪名
於竹帛者莫不功濟夷夏道叶人祇然後登泰山之
高刊梁甫之石未有七德靡記九部寂寥而欲齊聲
於聖哲垂美於篆籀者也朕承宗廟之重當區宇之
責寅畏三靈憂勤萬姓雖戡翦禍亂克定遐荒而至

教猶鬱刑典未厝勝殘之化未洽於率土和平之風
多慙於往烈是以覽經籍而自失想壇場而增懼亟
寢縉紳之奏屢拒公卿之請逡巡大典荏苒歷載近
者文武百僚州縣庶尹頻繁抗表殷勤固陳咸以爲
兩儀交泰四夷賓服禮讓興行年穀豐稔蒼昊呈符
於上靈符不可以久替黎獻協心於下衆欲不可以
固拒朕迫茲羣議敢不敬從欲薦功上玄大報后土
升中之儀已具省方之期有日今太史奏有彗星出
於西方朕撫躬自省深以戰慄良繇功業之被六合
猶有未著德化之覃八表尚多所闕遂使神祇垂祐

警戒昭然朕畏天之威寢典靡措且曠代盛典禮數
非一行途之間勞費不少冬夏凋弊多未克復將送
儀仗轉運糧儲雖存節省之義終煩黎庶之力非唯
上虧天意亦恐下失人心解而更張抑有故實前以
來年二月有事太山宜停庶夙夜自脩遂其罪己之
志勤恤匪懈申其納隍之情儻蒙靈祇迴眷宗社介
福朝廷同於大道風俗歸於朴素告成之美更思其
宜仍命所司泰山有前代帝王因封禪立碑及石函
檢之類往遭離亂被賊毀發並脩立瘞藏之
二十年十一月司徒長孫無忌與百官及方嶽等上

表請封禪不許司徒長孫無忌與百僚又請封禪詔曰朕念遠役初寧頗須休息深知所請甚合機宜即事省方恐生勞擾俟百姓閑逸可徐議之十二月己丑司徒長孫無忌等又詣順天門抗表請封禪曰臣聞陰陽不測陶冶生靈之謂神道德玄通仁育黎元之謂聖聖也者自天之攸縱也神也者代天之理物也是以惟天稱辟靈心作其會昌惟辟奉天至誠表其封禪升中之道抑斯之謂歟繇是先王急焉當仁不讓景中必羨時至則行務在告於成功故無俟於終日伏見綸旨辭遠役之初寧緩此嘉期詎俟人之

逸豫豈容前歌扳拒戢武之後辭勞拓境開疆太平之秋有勸誠如睿慮未昭百姓之心假此空言實乖千里之應臣等伏膺麟閣縱觀太始之初沉研鳥文歷選橧巢之上悠悠栗陸未辨犧牲森森大庭孰知罇俎袞衣爲飾尚報太帝之功茹毛充薦輕展介丘之禮西敘窮乎積石東漸迫乎滄江化未覃於九夷貢有闕於三脊猶且範圍天地斡運義舒揚翠旌於奉高撫朱絃於岱嶽迓百神而賓上帝契三靈而謁大壇玉牘靈文飛英華於萬古金繩秘檢騰清輝於八埏是知紀號垂名崇高莫加於肆類推功輯瑞廣厚莫大於登封若乃靈貺所集人謀允洽雖固執於撝謙諒無得而辭也伏惟皇帝陛下研精探賾神無不炤唯幾所鑒洞出象帝之初先天成則超貫混元之際繇是大明揚彩麗離軒以再中景宿騰輝藻璇題以霄映奔山車而疊軫促日馭之鳴鑾躍澤馬而相趨徵天駟之徐軔烟川清野蓄洩於奕奕之阿薰風警途扇蕩於云云之嶠其冥兆也如彼其顯應也若斯而陛下因事逡巡方稽大典使尊名顯號韜光於琰碑絶異殊尤沮絢於瓊簡孰謂畏天之命順人之欲者歟率土傁傁深所未喻臣又聞之游海若者

馮夷之宮爲陋登太山者魯侯之邦蓋小是知絳霄不極九垓網絡於胸中赤縣無涯四海括囊於度內何者升山巢睫竊比所以懸殊朝菌靈椿長短自然相度也若夫大樂云替封禘盜鍾大禮既湮長鯨裂冕酌撫石於無體均天之響鬱輿採掃地於無形禋宗之道逾劭則女希慙其創制軒后歸其正名矣至若比屋見誅農夫化爲京觀稟噍無類芻牧窮於樂鍔重輿粒食頌栖畝之餘糧首建騣騶詠徙行之秉乘則農皇貶於推轂羲氏退以扶輪矣既而凝旒闡化中外禔福負扆勝殘飛沉遂性亭育偉於宇宙孰

望體於雲日荷其德以難名用其功而無謝故乃邈
高辛之順義孚顓頊之疏通矣加以刑清政肅委金
科而罔施毀犴空囹設畫衣而莫犯通關梁於夏服
共苑囿於黎蒸擊壤而謡傳清音於戎狄耕田而食
建可封於卑隸外戶設而不扃神獸馴而靡觸故以
光融伊帝景煥虞庭至於卑宮菲膳孝享通於鬼神
大路越席致敬極於嚴配黃屋建三辰之旂垂範裕
於千祀玄冕垂九旒之藻設法懸於萬代小正調其
玉燭應祥冥而不虧中天朗其金鏡輿眞明而同晷
則文命以是伏膺玄王於茲負笈矣洎乎蕭商除害

夷項墾災豶冀野而復皇猷誅嚀華而清帝道提倚
天之長劍拯塗炭於遊魂揮駐日之雕戈暢懷生於
仁壽則駿文武之仍代呑高光之累葉矣詮彼數君
時間一善能兼之者實歸仁聖若乃提封海外總一
寰中日域窮芳華之津月竁跨濛汜之表顒顒面內
並爲冠帶之倫飄飄駕風總萃王庭之會賣北荒之
明月朸天府以摘光筐南州之火毛鷟旗亭而吐曜
龍伯釣鼇之旅咸編列於武臣鳳洲君子之渠各委
質於文吏斯乃書契之所未覩超古先而絕類矣竊
惟域中三大義均一體感通速乎影響彌綸切乎爻
際是知德逾厚者貺逾深功尤高者祥尤著當今皐
窮儲祉浹天紘以宅心后土錫符總坤維而服化繇
是百官累息萬國聳神僉發叩閽之請佇副上靈之
望伏願時紆睿綏遠振天聲徵鴻儒聘鯢齒考逸義
緝遺編摭泰爕之逸文採魯壁之餘蠹酌雲經而定
議憲河圖而繕儀然後玉路乘春金鑣肅景五牛翻
其折羽六龍輝其鏤錫鼓豐隆而警翠微振列缺而
清綠野疑笳發岫合萬歲於山言飛蓋登巒錯五松
於林秀登圜壇而接武降曜魄而齊尊俾夫一代衣
冠寘其名於冊府四方夷狄鑿其窾於靈宮則普天

欣賴懷生再造朝聞夕死抃若登仙臣等深荷玉成
不勝至願重竭愚瞽昧死以聞詔曰朕遐觀哲王煥
在方冊功旣成矣咸禮備以升中道旣行焉必奉符
而告禪所以發揮天命昭報上靈其有建顯號以創
鴻徽施尊名而騰茂烈者莫不揚輝於鏤玉絢景於
塗金昭昭然麗三辰而並運滔滔焉播四冥而極深
朕誠寡德良涔景慕曩者氓俗凋弊國步甫安勉致
隆平日不暇給而槐卿守闕請繼美於云亭嶽牧叩
閽祈匯武於梁岱自惟菲薄至道未凝抗禮皐穹實
懷疑懼緬尋幼齒運鍾交喪忘其家以徇天下委其

體以濟寰中剗戴先皇削平諸夏出於萬死首導五横之源不顧一生光錫兆人之命越自鑪炭獲返甦魂拔於鬼錄並登仁壽竊惟天地之大德存於施生朕以徑寸之懷小心襲於造育降期體泰諒武繇茲不然者何能致於此也遂得池隍象浦苑囿龍沙置一候於鶉林同六爻於鰥水實賚天貺貴以咸亨登朕徽庸而能及此今茲列辟卿士鴻生碩德各述靈徵累陳丹款既迫羣議當事敬從乃詔有司廣召緇紳先生議方石圜壇之制草封禪射牛之禮脩造羽儀輦輅並送之雒陽宮

二十一年正月丁酉詔曰朕聞天高地大首播黎方媧皇燧人肇恭玄籙是知施生爲德處崇高而不言亭毒攸資委欽明以司契洎乎三正迭建五運相遷休烈存乎典墳至道流乎雅頌其有仰齊七政俯會百神祭靈眷於祥符報玄功於昭告莫不馨情梁岱繼踵云亭對越兩儀盡先聖之能事揚絲三統垂曩哲之尊名懸鏡天衢罔不繇於此也自中陽絶紐堙白水於窮流宮孽紹興阻黄星於天塹永嘉東播化金馬以爲牛道武南徂飛蒼鵝以登祚周吞嶽裔遞三葉而巢傾隋幷舜後及二帝而舟覆莫不以凶易亂以暴代昏各肆巨壑之心規享上靈之佑却行求進其可得乎繇是寂寥千祀無懐之風不嗣泯棄七緯子長之言殆絶遂使成山日觀久闕升中之儀汶上明堂疇聞類帝之義顧瞻禮樂深有可嗟朕幼踐危機愍斯窮運上同負翼下靡息肩負荷休徵投旗鞠旅肅恭儲祉吟雲躍鱗順朱鳥以行誅騫丹鳳而遐舉射九烏而懸日月區品物以煦陽和練五石以造乾坤濟權角以全脅壽於是尊奉先帝凝旒於廟堂躬履兵鋒憂勤於熒輔既而仰遏咸命俯順樂推越自唐侯言膺下武深惟憂責之重自勗若厲之懐

遂致靈貺無涯翦毛頭而降錫遊魂剗祚盡窮髮以開疆東苑蟠桃西池昧谷咸覃正朔並充和氣較凝禎於往代窮今古而罕聞考光渟於前皇馨綵緗而莫覩登朕耿身勤勞所逮諒繇高明垂鑒祚此隆平今茲三事大夫百僚庶尹各述天人之意請躡封禪之蹤顧惟寡薄推而不有杜絶羣言至于數四中外之情尤切企佇之望逾深朕又詳思荷財成於穹昊自古賢哲並歸功於大帝追斯至理弗獲固辭展禮上玄實增慙懼可以貞觀二十有二載仲春之月式遵故實有事於太山諸內外具條嶽牧卿士既相敦

喻將事告成各罄乃心無虧政道恪居職務以協時邕所司宜與縉紳先生載筆圓冠之士詳求通典裁其折中深加嚴敬稱朕意焉乃令天下諸州明揚仄陋其有學藝優洽文蔚翰林政術甄明才膺國器者並宜總集太山庶令作賦擲金不韞天庭之掞被褐懷玉無溺屠釣之間務得英奇當加不次也遣太常卿楊師道爲簡較封禪大使戶部侍郎盧承慶爲副後改令禮部尚書江夏郡王道宗爲大使司空梁國公房玄齡等議云梁甫社首二山並是古昔禪祭之所去十五年議奏請禪梁甫今更奉詔詳議梁甫去

泰山七十里又在東南至於行事未爲穩便社首去泰山五里是周家禪處臣等參詳請禪社首有詔依奏餘並依十五年議八月壬戌詔曰朕聞探玄賾者先實而後賓體至公者本仁而末禮名歸於已往哲存而弗務德利於人前聖徇而爲急是用範圍天地權輕重以會時宜取則陰陽適通變以從衆欲緜古之封禪無奪事機所謂奉天成賚務隙朕仰窺前志歷選哲王無懷有巢緬逾繩契之末龜文鳳紀越在俎豆之先扣寂寞以傳疑故可略而言也至如三元立統百物正名步驟之軌非遙損益之源可挹雖堯心廣運局疆域於流沙禹跡遐宣限隄封於碣石猶且先引郎欽文展玉帛之儀首創賓門方備云亭之典告成之義罔弗繇茲況朕奄有方輿圖域該於千古仰承靈貺降福超於百王巨海所環莫非臣妾長河攸括並入封疆日者夷夏同文禎符狎至謂可鳴鑾日觀勒牒仙閭許以來春親行告禪而今延陁一姓流竄西陲控弦萬計初歸正朔新就縶維又以公卿庶僚各陳誠請遂有翠微之役非無板築之勞旣而山谷阻深朝宗有礙重披丹懇請建玉華且復頻有興造恐致勞煩兼聞河北數州頗傷淹潦朕爲人

父母思濟黎元順動升中理無兼遂其介丘之禮宜且權停其玉華宮制度務從非薄更令卑陋庶免風雨稱朕意焉

冊府元龜

巡按福建監察御史臣李嗣京　訂正

分守建南道左布政使臣胡維霖　叅閱

知建陽縣事臣黄國琦較釋

帝王部三十六

封禪第二

唐高祖卽位後公卿數請封禪龍朔一年十月癸丑詔宜以四年正月有事於泰山所司詳求故實務從折衷仍以來年二月幸東都

十二年戊申詔曰海東二蕃久愆職貢近者命帥薄

伐軍務事殷緣河州縣勞於征役比雖多有蠲免庶事優矜萬邦俱會恐致煩擾勞逸二途理無兼遂介丘大禮及幸都並宜且停

麟德元年七月丁未朔詔宜以三年正月式遵故實有事於岱宗所司詳求茂典以從折衷其諸州都督刺史以二年十二月便集嶽下諸王十月集東都緣邊州府襟要之處不在集限天下諸州明揚才彦或銷聲幽藪或藏器下僚並隨嶽牧舉送

九月乙丑詔曰來年行幸岱宗州縣不得浪有煩擾其水淺可涉不可繕造橋梁所行之處亦勿開道路諸州及寺觀并百姓不得輒獻食

二年十月丁卯帝發東都赴東嶽從駕文武兵士及儀仗法物相繼數百里列營置幕彌亘郊原突厥于闐波斯天竺國罽賓烏萇崑崙倭國及新羅百濟高麗等諸蕃酋長各率其屬扈從穹廬氈帳及牛羊駝馬塡候道路是時頻歲豐稔斗米至五錢豆麥不列于市議者以爲古來帝王封禪未有若斯之盛者也

十二月丙午至齊州停十日丙辰發靈巖頓至於太嶽之下庚申帝御行宮牙帳以朝羣臣

乾封元年正月戊辰朔有事於泰山親祠昊天上帝

於封祀之壇己巳帝登於泰山封王牒於介丘庚午降禪於社首山皇后爲亞獻越國太妃燕氏爲終獻

先是李勣許敬宗等議封禪儀注請以高祖太宗二座俱配昊天上帝表曰臣聞殷薦上帝事有明文祖宗並列抑惟通執雖三五以降損益不同漢魏以還沿革殊致至於帝郊嚴配之儀尊祖敬宗之典固以因心弘範緣情作則孝思聖敬迥冠往初茂實宏規遂高終古伏惟高祖太祖皇帝改物創業撥亂反正受終明三統之曆執兢隆七百之基御極垂衣稱物平施陸山靜稽天之浸授首撲燎原之災玄功暢於

六虛聖績覃於四海巍巍蕩蕩無得而稱太宗文皇帝鑿乾展度括地提衡翦脩蛇於洞庭戮蚩尤於中冀戩召雨進風之孽決斷鼇鍊石之勤微禹之功用軫宣尼之歎日文之德貫符姬旦之時叡智神武含弘光大深居高視懷日月以照臨剛健柔明體乾坤之博厚求賢勞於宵夢拜善急於朝飡總宇宙以彌綸運陰陽而陶鑄變澆僞於華胥之俗還淳朴於大庭之辰九譯同文八荒順軌人神以合祥瑞畢臻巢鳳下窺遊麟易擾山車澤馬遠服瑤池之駕醴泉甘露近充上壽之尊優遊垂拱制禮作樂遠鏡百王獨

爲稱首再造區夏重安宸極昊天成命二帝受之升降節文不宜差別而肅恭禋祀綏兆分位升中告禪天地別饗乖嚴父配天之文失尊親加隆之數今歸功中樂請以二帝並配竊以太穆皇后造舟備禮爰定厥祥處人倫之經居風化之始追蹤文母播美周嫄文德皇后俔天作合會沙表慶功侔十亂化被二南兩聖既已配封則二后應須配禪申宸思淳深之極弘聖朝敬愛之旨自我作古聞之往策周制所定夫何足云斯乃振揚休烈昭宣懿範請存乎不刊永貽來葉詔從之又皇后武氏上表曰伏以封禪舊儀

祭皇地祇以太后昭配皆以公卿行事以妾愚誠恐未周備何則乾坤定位剛柔之義已殊經禮載陳中外之儀斯別豈有推尊先后而以宰臣參祭詳求至理有紊徽章妾望以展禮之日總率六宮內外命婦親臨奠獻以申如在之敬詔許之壬申御朝覲壇受朝賀大赦癸酉帝謂群官曰升中大禮不行來數千載近代帝王雖稱封禪其間事有不同或爲求仙克禪或以巡遊望拜皆非尊崇祖業近在隋朝喪亂最甚老小填溝壑少壯染兵鋒高祖發自晉陽撥亂反正先朝躬擐甲冑贊成大業掃除氛祲廓清區宇遂

得四海宅心萬方仰德朕丕承寶曆十有七年終日孜孜夙夜無怠屬國家無事天下太平華夷乂安遠近輯睦所以躬親展禮褒贊先勳情在歸功固非爲已遂得上應天心下允人望今大禮既畢深以爲慰公等休戚是同故應共有此慶欲與公等飲讌盡歡各宜在外更衣即求相見仍勅所司撤幄帳施王床三品已上升壇四品已下縱列坐壇下從酒設樂羣臣及諸嶽牧競來上壽起舞日晏方止戊寅詔兗州置寺觀各三所觀以紫雲仙鶴萬歲爲稱寺以封巒非烟重輪爲名丙戌發自泰山改號封祀壇爲舞鶴

臺介丘壇爲萬歲臺降禪壇爲景雲臺以祀日各有靈鶴及山呼萬歲之瑞故也

上元三年二月詔以今冬有事於嵩嶽令所司草儀注務從典故閏二月詔以吐蕃犯塞停封嶽

調露元年七月詔以今年冬至有事嵩嶽宜令禮官學士等詳定儀注

十月庚申詔以突厥背誕其冬至於嵩山封禪宜權停

永淳二年七月庚申詔以今年十月有事於嵩嶽宜令禮官學士等審定儀注務展誠敬仍令天下嶽牧

及京官五品以上各舉所知有孝行儒學文武之士於是詔禮官議射牛之事太常博士裴守真奏議曰據周禮及國語郊祀天地天子自射其牲漢武唯封泰山令侍中儒者射牛行事至於餘祀亦無射牲之文但親舂射牲雖是古禮久從廢省不可復行據封禪祀禮日未明十五刻宰人以鑾刀割牲質明而行事比鑾駕至祠所牢牲總畢天皇唯奠玉酌獻而已若今祀前一日射牲事即傷早祀日方始射牲事又傷晚若依漢武故事即非親射之儀事貴隨時不可行用神功破陣樂及功臣慶善樂二舞每奏上皆立對守真又議曰竊惟二舞肇興謳吟攸屬贊九功之茂烈叶萬國之歡心義均韶夏用兼賓祭皆祖宗聖德而子孫享之詳覽傳記未有皇王立觀之禮况升中大事華夷畢集九服仰垂拱之容百蠻懷率舞之慶陶甄化育莫匪神功豈於樂舞別申嚴禁臣等詳擬奏二舞時天皇不合起立詔並從之尋以帝不豫改用來年正月行封禪之禮十月癸亥車駕奉天宮

十一月丙戌詔曰朕聞仁者德之本叶亭育之至途禮者道之末乃帝王之餘事歷選往初詳觀曩躅惻隱以孚其化變通以會其神朕以虛薄祇膺寶位旰

食宵衣懼忝於宗社如傷若厲佇濟於黎元毎以皇基肇闢範圍覆載遺惠所覃昭格區宇虔荷靈命嘗慮下虧鴻業過刊群嶽不足上報玄功已升聞於日觀思款謁於天臺志在告成諒非爲己屬今茲豐稔方有事於嵩丘崇累聖之丕續祈兆人之嘉佑頃者分使出巡存問風俗河南河北尚有十餘州旱澇加以朔方寇盜時或侵邊關內流離未能復業一物失所獨甚納隍數郡不寧豈宜備禮前欲以來年正月封中嶽者宜停高宗自東封之後天后盛勸行中嶽之禮頻下詔皆屬年飢又蕃寇邊而輟於嵩山之下營奉高宮以爲有事之漸

玄宗開元十二年閏十二月辛酉文武百官吏部尚書裴漼等上請封東嶽曰臣聞道協乾坤聖人之玄德功存禮樂王者之能事故旁徵前載博考鴻名躬曆數之期遇天人之應莫不發號施令升中合符澤浸黎元以茂聲實者矣伏惟開元神武皇帝陛下握符提象出震乘圖英威邁於百王至德加於四海梯航接武畢盡戎夷之獻耕鑿終歡不知堯舜之力惡除氛沴增日月之光輝慶襲休榮雜烟雲之氣色靈物紹至休祥沓委江茅將鄗黍均芳雙觡與一莖齊烈固可以稽典訓設壇場悉符瑞之美答神祇之貺

謙而不發雖在於聖心理則難辭孰違於天意臣幸遵昌運謬齒周行咸申就日之誠願覩封巒之慶無任勤懇之至謹於朝堂奉表陳情以聞帝手詔報曰自中朝有故國步艱難天祚我唐大命集於聖真皇帝朕承奉丕業十有餘年德未加於百姓化未覃於四海將何以擬洪烈於先帝報成功於上玄至若堯舜禹湯之茂躅軒后周文之懿範非朕之能逮也其有日月之瑞風雲之祥則宗廟社稷之餘慶也天平地成人和歲稔則羣公卿士之任職也撫躬內省朕何有焉難違兆庶之情未議封崇之禮甲子侍中臣乾曜中書令臣說等奏臣聞自古受天命居大寶者必登崇高之丘行封禪之事所以展誠敬報神祇三五迄今未之闕也是以高宗因武文之業登岱亭之禮方册所記虞夏同風聖移三朝年經五紀封崇之典缺而未脩山川望幸屬在今日陛下靖多難尊先朝天所啓也承大統臨萬邦天所命也焉可不陟東岱禪云亭報上玄之靈恩紹高宗之洪烈則天地之意宗廟之心將何以克厭哉且陛下即位以來十有四載創九廟禮三郊大舜之孝敬也敦九族友弟兄文王之慈惠也卑宮室非飲食夏禹之恭儉也道稽

古德日新帝堯之文思也憐黔首惠蒼生成湯之深仁也化玄漠風太和軒皇之至理也至如日月星辰山河草木羽毛鱗介窮祥極瑞蓋以薦至而爲嘗衆多而不錄正以天平地成人和歲稔可以報於神明矣鴻生碩儒上章奏而請封禪者前後千百聖情撝挹天鑒未回臣等仰考神心傍採衆望封巒展禮時不可抑陛下縱不欲以成功告天豈不可以天休報德臣等昧死上請以聞帝手詔報曰夫登封之禮告禪之儀蓋聖人之能事明王之盛業也朕以眇身託王公之上夙夜祇懼恐不克勝幸賴羣公以保宗祧

至於休徵符瑞皆先帝遺慶朕何賴焉豈可以禮百神覲羣后備岱亭之禮展封祀之儀者哉雖誠請是違而宿心未暇臣乾曜說等又上言曰臣等考天人之際稽億兆之情以為治定功成登封告禪鴻名盛則屬在聖明陛下讓德冲深未允羣議神祇缺望臣等懼焉且今四海和平百蠻率職莫不含道德之甘實咀仁義之馨香是以上帝聿懷名山望幸珍符薦至年穀屢登開闢以來未之有也臣聞自古受命而封禪者七十二君安有殊風絕業足以方今也然猶躡梁父登泰山飛英聲騰茂實而陛下功德之美符

瑞之富固以孕虞夏含殷周矣有何退讓逡巡於大禮哉夫昭報天地至敬也嚴配祖宗大孝也厚福蒼生博惠也恭崇紀號丕業也陛下安可以闕哉况天地之符彰矣祖考之靈著矣蒼生之望勤矣禮樂之文備矣陛下安可以辭哉故臣等願因神祇之叶贊順華夏之懇誠早稽舊章特垂新詔庶幾仲夏乘農之隙以展巡狩肆覲之儀則天下幸甚臣等昧死重請以聞帝又詔報曰夫治定然後制禮功成然後作樂朕承奉宗廟恐不克勝未能使四海乂安此禮未定也未能使百蠻效職此功未成也焉可以揚景化告成功雖欲答於神祇終候安於兆庶再省誠懇惻休良深乾曜說等又再上言曰臣聞聖人者與天地合德故珍符休命不可得而辭鴻名盛典不可得而讓陛下功格上天澤流厚載三五之盛莫能比崇登封告成理叶幽贊故符瑞畢臻天意也書軌大同人事也菽粟屢登和平也刑罰不用至理也今陛下稽天意以固辭違人事以久讓是和平而不崇昭報至理而闕薦祖宗億兆之情猶知不可况上帝臨炤神宗顧諟其可止乎願納王公卿士列嶽縉紳之望迴命有司速定大典臣等不勝懇切敢昧死再拜上請

以聞時儒生墨客獻賦頌者數百計帝不得已而從之丁卯下詔曰自古受命而王者曷嘗不封泰山禪梁父答厚德告成功三代之前率繇斯義自魏晉已降迄至周隋帝典闕而大道隱王綱弛而舊章缺千載寂寥封崇莫嗣物極而復天祚我唐武文二后應圖受籙洎于高宗重光累盛承至理登介丘懷百神震六合紹殷周之統接虞夏之風中宗弘懿鑠之休睿宗穆粹清之道巍巍蕩蕩無得而稱者也朕昔戡多難稟略先朝虔奉慈旨嗣膺丕業是用創九廟以申孝敬禮二郊以展嚴禋寶菽粟於水火捐珠玉於

山谷兢兢業業非敢追美前王日愼一日實以奉遵遺訓至於廵狩大典封禪鴻名顧惟寡薄未遑時邁十四載於茲矣今百谷有年五材無眚刑罰不用禮義興行和氣氤氳淳風淡泊蠻夷戎狄殊方異類重譯而至者日月於闕庭奇獸神禽甘露醴泉窮祥極瑞者朝夕於林籞王公卿士罄廼誠於中鴻生碩儒獻其書於外莫不以神祇合契億兆同心斯皆烈祖聖考垂裕餘慶故朕得荷皇天之景祐賴祖廟之介福敢以眇身而顓其讓是以敬承群議弘此大猷以光我高祖之丕圖以紹我太宗之鴻業永言陟配祇

感載深可以開元十三年十一月十日式遵故實有事泰山所司與公卿諸儒詳擇典禮預爲備具勿廣勞人務存節約以稱朕意所緣封禪儀注兵馬陪集並皆條奏布告遐邇

十三年四月乙丑撫州三脊茅生有上封者言曰昔齊桓公九合諸侯一正天下將欲封禪問於夷吾夷吾對曰江淮間三脊茅生用以縮酒乃可封禪其時無茅桓公大慙而罷自歷千古今始一生昔宣王南征責楚包茅不入王祭不供則是其地其茅今高一尺至上八月長足方堪縮酒特望聖恩至時令采用祭太山并掘根於苑内植之時宰臣巳遣使於岳州採沅江茅乃奏曰管夷吾爲桓公是諸侯不合封禪故稱茅以拒之及伐楚之日尊周室行霸道及責楚云包茅不入王祭不供若以茅爲瑞是不知經義臣等歷任荆楚博訪貢茅沅江最勝臣巳牒岳州取訖今稱撫州有茅請移根入苑且務不踰汶橋不過江移根苑中信是虛語望勑撫州且進六束與沅江相比用之帝曰可癸酉詔朝集使各奉所部孝悌文武集於泰山之下

八月巳未以封禪之故語中書令張說右散騎常侍

徐堅太常卿韋縚秘書少監康子元國子博士侯行果等與禮官於集賢書院刊撰儀注張說謂徐堅韋縚等曰乾封舊儀禪社首享皇地祇以先後配饗王者父天神而母地祇雖當今皇母位亦當往帝之母也子配母饗亦有何嫌而以皇后配地祇非古之制也天鑒孔明福善如響乾封之禮文德皇后配皇地祇天后爲亞獻越國太妃爲終獻宮闈接神有乖舊典上玄不祐遂有天授易姓之事宗社中圮公族誅夷皆由此也景龍之季有事圜丘韋氏爲亞獻皆有婦人升壇執籩豆渫黷穹蒼享祀不潔未及踰年國

有內難亞獻皆受其咎平座齋郎及女人執祭者多亦天卒今主上尊天敬神事須革正斯禮請以睿宗大聖貞皇帝配皇地祇侑神作主及定儀奏聞帝從之張說徐堅康子元等又建議曰臣等謹按明慶年禮部尚書許敬宗因脩禮奏改燔柴在於祭前狀稱祭祀之禮必先降神周人尚臭祭天則燔柴者臣等按禮迎神之義樂六變而天神降八變而地祇出九變則人鬼可得而禮矣則降神以樂周禮正文非謂燔柴以降神也按尚臭之義不爲燔之先後假如周人尚臭祭天則燔柴則殷人尚聲何聲可燔先迎神

乎又按明慶中無忌等奏晉氏之前猶遵古禮周魏以降妄爲損益者今按郭璞晉南郊賦及注爾雅祭後方燔又按宋志所論亦祭後方燔又按南齊北齊及梁郊祀亦飲福酒訖燔又按後周及隋郊祀亦先祭後燔據此周遵後燔晉不先燔無忌之言事乃相乖又按周禮大宗伯職以玉作六器以禮天地四方注云禮謂始告神時薦於神座也又文云以蒼璧禮天以黃琮禮地皆有牲幣各放其器之色又禮器云有以少爲貴者祭天特牲是知蒼璧之與蒼牲俱合奠之神座理即不惑又云四圭有邸以祀天旅上帝

即明祀昊天上帝之時以旅五方天地明矣其青圭赤璋白琥玄璜以立春立夏立秋立冬日各於其方迎氣所用自分別矣今按明慶所改新禮以蒼璧與蒼牲幣俱用先燔蒼璧既已燔矣所以遂加四圭有邸奠之神座蒼牲既燔矣所以更加騂牲充其實俎混昊天於五帝同用四圭失特牲之明文加爲二犢深乖禮意事乃無憑考功員外郎趙冬曦太學博士侯行果又曰先焚者本以降神行之已久中書令張說又執奏曰徐堅等所議燔柴前後議有不同據祭意及貞觀明慶已後即先燔若欲正失禮求祭意請

從貞觀禮如且因循不改請從明慶禮凡祭者本以敬爲主心至則通於天地達於神祇既有先燔後燔自可斷於聖意聖意所至則同於神燔之先後臣等不敢裁定帝令依後燔及先奠牲璧之議是後太常卿寧王憲奏請諸郊壇時祭並依此先奠璧而後燔柴瘞埋帝從之時又以四門助教施敬本駁奏舊封禪禮八條其略曰舊禮侍中跪取匜沃盥非禮也夫盥手洗爵人君 將致潔而尊神故小臣爲之今侍中大臣也而沃盥於人君太祝小臣也反卻祝於天神是按天神以小臣奉人君以大臣故非禮按周禮

太宗伯曰鬱人下士二人課事則沃盥此職也漢承秦制則無鬱人之職故使近臣爲之魏晉至今因而不改然則漢禮侍中行之則可矣今以侍中爲之則非也漢侍中其始也微高帝時籍孺爲之惠帝時閎孺爲之留侯子辟彊年十五爲之至後漢樓堅以議郎拜侍中邵闓自侍中遷步兵校尉其秩千石少府卿之官屬也少府卿秩中二千石丞秩千石侍中與少府丞班同魏代蘇則爲之舊侍中親省起居故謂之執獸子吉茂見則嘲之曰仕進不止執獸子是言其爲褻臣也今侍中名則古官人非昔任掌同變理

寄實鹽梅非復漢魏執獸子之班異乎周禮鬱人之職行舟不息墜劍方遥驗刻而求可謂謬矣夫祝以傳命通主人之意以薦於神明非賤職也故兩君相見則卿爲上儐況天人之際其肅恭之禮以兩君爲喻不亦大哉今太宰太祝下士也非所以重命而尊神之義也然則漢太祝是禮矣何者按周禮太宗伯曰太祝下大夫二人上士四人掌六祝之祠太宗伯爲上卿今禮部尚書太常卿比也小宗伯中大夫今侍郎少卿比也太祝下大夫今郎中太常丞比也上士四人今員外郎太常博士比也故可以處天人之際致尊極之祠矣又漢太祝令秩六百石與太常博士同班梁太祝令與南臺御史同班今太祝下士之卑而居古下大夫之職斯又刻舟之論不殊於前矣又曰舊禮謁者引太尉升壇亞獻非禮也謁者已賤升壇已重是徵名用之欲合於古而不知爽於古而變於今也按漢官儀尚書御史臺官屬有謁者僕射一人秩六百石銅印青綬謁者三十五人以郎中滿歲稱給事未滿歲稱權謁者又按漢百官公卿表光祿勳官屬有郎中員秩比二千石有謁者掌兵贊受事員七十人秩比六百石則古之謁者秩異等今謁

者班微以之從事可謂疎矣又曰舊禮尚書令奉玉牒今無其官請以中書令從事又按漢武帝時張安世爲尚書令遊宴後官以宦者一人出入帝命改爲中書謁者令至成帝罷宦者用士人魏黃初改秘書署中書監令舊尚書拜掌制誥既置中書官而制誥樞密皆掌焉則自魏以來中書是漢朝尚書之職今尚書令奉玉牒是用漢禮其官既闕故以中書令主之議奏玄宗令張說徐堅召敬本與之對議詳定說等奏曰敬本所議其中四條先已改定有不同者望臨時量事改攝制從之癸亥以東封鹵簿人少召外

州音聲人助之隨駕警衛十月己未勅曰自古明皇仁及萬物今助天孳育方欲告成其緣祭祀及在路供頓犧牲餼牢禮不可闕除此外天下諸州並令斷屠及漁獵採捕駕廻至京任依嘗式辛酉帝發東都巡狩庚午至濮州河南百五里內父老皆獻牛酒還其牛各賜帛一疋遣之丁丑白鵲見于行宮

十一月丙戌至泰山之下去山趾五里丁亥帝衮冕服於行宮致齋戊子敕曰封祀告成爲萬姓祈福必資清潔以副朕心其行事官及齋郎應致齋者宜令御史行齋切勿咨踈息有雄野鷄飛入齋宮馴而不

去久之飛入仗衛忽不見邠王守禮等賀曰臣謹按舊典雌來者伯雄來者王又聖誕酉年鷄主於酉斯蓋王道遐被天命休禎臣請宣付史官以彰靈貺從之己丑日南至帝備法駕登山旌旗天仗雲屯百餘里環衛於嶽之下列千廬於嵒谷文武百僚二王後孔子後諸方朝集使及蕃夷君長咸從事日有詔應行從群臣並留於谷口帝獨於宰臣及升壇行事之官登于嶽上齋宮之所初帝以靈山清潔不欲諠繁將令初獻於山上壇行事亞獻於山下壇行事召禮官學士賀知章等入講儀注因問之知章等奏曰昊天上帝君位五方精帝臣位帝號雖同而君臣異位陛下享君位於山上群臣禮臣位於山下誠足垂範來葉爲變禮之大者也然禮成於三初獻亞終合於一處帝曰朕正欲如是故問卿耳於是勅三獻於山上行事其五方帝及諸臣座於山下壇行事帝因問玉牒之文前代帝王何故秘之知章對曰玉牒本是通於明神之意前代帝王所求各異或禱年筭或思神仙其事微密是故外人莫知之帝曰朕今此行皆爲蒼生祈福更無私請宜將玉牒出示百僚使知朕意其詞曰有唐嗣天子臣某敢昭告于昊天上帝天

啓李氏運興土德高祖太宗受命立極高宗升中六合殷盛中宗紹復繼體不定上帝眷祐錫臣忠武底綏內難推戴聖父恭承大寳十有三年敬若天意四海晏然封祀岱宗謝成于天子孫百祿蒼生受福庚寅祀昊天上帝于山上高祖神堯皇帝配享帝冕裘升壇奉珪璧奠獻以邠王守禮亞獻寧王憲終獻命有司享五帝百神於山下壇禮畢帝乃飲福酒中書令張說進稱賜皇帝太一神策周而復始永綏兆人帝拜稽首山上作圓臺四階謂之封祀壇臺上有方石再累謂之石礒王牒王册刻玉塡金爲字各盛以

玉匱緘以金繩封以金泥皇帝以受命寶印之納玉
匱二於礦中金泥礦際以天下同文之印封之然後
焚柴燎祭群臣稱萬歲傳呼從山頂至於山下振動
天地於是整鑾輅還山下之齋宮有慶雲隨馬祥風
繞輅中書令張說等蹈舞拜賀帝曰朕以薄德恭膺
太寶雲物休祐皆是卿等輔弼之力君臣相保勉副
天心長如今日不敢怠矜說等又奏曰聖心誠懇昨
夜致齋則息風收雨今朝封祀則天清日暖復有祥
風助樂卿雲引燎靈迹盛事自古未聞陛下又思愼
終如初長福萬姓天下幸甚辛卯祀皇地祇於社首

之泰圻壇睿宗大聖眞皇帝配享藏玉策於石礦如
封祀壇之儀初帝登山至齋宮其夕陰雲慘冽勁風
四起裂幕折柱寒氣切骨帝露立祈請仰天自誓曰
某身有過請即降罰萬人無福亦請某爲當罪應時
風止天地清晏日氣和煦及升壇休氣四塞登歌奏
樂有祥風自南而至絲竹之聲飄若天外及禪社首
五色雲現見日重輪壬辰帝御朝覲壇之帳殿朝群
臣大赦天下詔曰朕躬陟天門宿齋日觀時屬嚴冬
雪後初夜風寒朕因露立祈懇誓欲代人當咎俯仰
之際頓息霜飇奠獻之晨變同韶景誠荷上天垂祐
亦賴靈山吐祥詩云無德不報宜封泰山神爲天齊
王禮秩加三公一等宜令所管崇飾祠廟去十里禁
其樵採給近山二十戶以奉祠神天下賜酺七月帝
製紀泰山銘親禮勒於山頂之右壁其詞曰朕宅位
十有四載顧惟不德懵于至道任夫難任安夫難安
玆朕未知獲戾于上下心之浩盪若涉于大川賴上
帝垂休先后儲慶宰衡庶尹交修皇極四海會同伍
典敷暢歲云嘉熟人用大和百辟僉謀唱余封禪謂
孝莫大於嚴父謂禮莫尊於告天天符既至人望既
積固請不已固辭不獲肆余與夫二三臣稽虞典繹

漢制張皇六師震疊九寓旌旗有列士馬無譁肅肅
邕邕翼翼溶溶以至於岱宗順也爾雅曰泰山爲東
嶽周官曰兖州之鎮山實惟天帝之孫群靈之府其
方處萬物之始故稱岱焉其位居五嶽之伯故稱宗
焉自昔王者受命易姓於是乎啓天地薦成功序圖
錄紀氏號朕統承先王茲率厥典實欲報玄天之眷
命爲蒼生之祈福豈敢高視千古自比九皇哉故設
壇場答休命則亦與百執事尚綏兆人將多于前功
而毖彼後患一夫不獲萬方其罪余一心有終上天
其知我朕惟實行三德曰慈儉謙慈者覆無疆之言

險者崇將來之訓自滿者人損自謙者天益如是則軌迹易循基搆易守磨石壁刻金字與後之人聽詞而見心觀末而知本銘曰維天生民立君以理維君受命奉天爲子代去不留人來無已德涼者滅道高斯起赫赫高祖明明太宗爰革隋政奄有萬邦罄天張宇盡地開封武稱有截文表時邕高祖稽古德施周溥茫茫九夷削平一鼓禮備封禪功齊舜禹巖巖岱宗衎我神主中宗紹運舊邦惟新恭己南面氤氳化淳告成之禮留諸後人緬餘小子重基五聖匪功伐高匪德矜盛欽若祀典丕承永命至誠動天福我

萬姓古封泰山七十二君或禪亭亭或禪云云其迹不見其名可聞祇遹文祖光昭舊勳方士虛誕儒書不足秩后求仙巫神撿玉秦災風雨漢汚編録德未合天或承之辱道在觀政名非從欲銘之絶巖播告群牧於是中書令張說撰封祀壇頌侍中源乾曜撰社首壇頌禮部尚書蘇頲撰覲朝壇頌以紀聖德是日以侍中源乾曜爲尚書左丞相兼侍中中書令張說爲尚書右丞相兼中書令盖以宰相之任佐于王化勤成岱宗特有寵也

二十三年九月丁卯文武百官尚書左丞相蕭嵩等累表請封嵩華二嶽表曰臣聞封巒之運王者告成當休明而闕典乃臣子之深過伏惟開元神武皇帝陛下受命繼天應期光宅垂慶雲而覆露暢和氣以生成物荷深仁時惟天道文明之化洽矣務清之風被矣淳源既泳福應咸臻盈於天壤昭於方策蓋非愚下所能頌美且天之在上日監在兹嘉大聖之神功降元符以表德恭伸昭報祇事升中古昔大猷孰先兹道臣等覩休徵以上請陛下崇謙讓以固辭事恐勞人抑其勤願德音所逮自古未聞昔虞巡四嶽周在一歲書稱其美不以爲煩寧彼華嵩皆列近甸

復兹豐稔又倍他年歲熟則餘糧地近則易給況費務甚寡咸有司存儲峙無多豈煩黎庶吏當首路以望屬車陛下往封泰山不秘玉牒巖禋上帝本爲蒼生今其如何而闕斯禮伏願發揮盛事差擇元辰先撿玉於嵩山次泥金於華嶽天休既答人望見從上下交歡生靈幸甚臣等昧死敢此竭誠理在至公祈於俯遂無任悃款之至謹詣朝堂陳請以聞帝固讓不從手詔報曰升中于天帝王盛禮蓋謂臻兹淳化告厥成功今兆庶雖安尚竭豐年之慶邊疆則靜猶有戍更之勞況自愧於隆周敢追跡於大舜頃年追

於萬方之請難違多士之心東封泰山於今暢厲豈可更議嵩華自貽慙恧雖藉公卿共康庶政永惟菲薄何以克堪朕意必誠宜斷來表也

二十八年九月巳丑郊王守禮率宗子左丞相裴耀卿率百官僧道父老皆於朝堂抗表以時和年豐請封嵩華二山帝抑而不許

天寶九載正月文武百寮禮部尚書崔翹等累上表請封西嶽刻石紀榮號帝固拒不許翹等又奉表懇請曰自今月辛亥至於癸丑累表誠祈請紀榮號聖心冀默冲讓再三臣等伏讀綸言退增祇慄敢重瀝

愚懇期諸必遂臣聞聖人之言與春秋而同信上天之宰將影響而合符昭報不可以久稽成命不可以固拒今靈山警蹕望王鑾之升中儒林展儀思金匱之盛禮發祥儲祉喻以封山人事天時不可失也伏惟開元天地大寶聖文神武應道皇帝陛下祖武宗文重熙累洽霈風化而祇礪在動植而昭蘇外戶不扃餘糧栖畝其神功至道廣瑞殊祥前表縷陳安敢浮說夫修德以俟命勸功以告成將欲竭款神祇雍熙帝載未爲過越也伏惟覽公卿之議考封禪之禮陟華嶽於翠微轉鈎陳於雲路泥金於菌萏之上刻

王於明星之前使三五六經復再聞於唐典七十二姓不獨紀於夷吾敷景福以浸黎元錫大慶而後天地蒼生之望也朝廷之幸也無任誠懇悃欵之至謹詣朝堂奉表陳請以聞帝手詔不許曰輕脩大典所不願爲時或傳中旨請紀榮號何如空云請封西嶽

乙卯群臣又奉表請封西嶽曰臣翹等伏稽古訓上聞省方展義君人之大典登封告成王者之丕業是以古先哲后道洽則封所以答神祇之功增兆庶之福無私於已故行之者不思必順於天故言之者難

奪敢昧萬責竭誠終請伏惟開元天地大寶聖文神武應道皇帝陛下紹文武之丕烈合君臣於昌運均雨露和陰陽西海無波而靜默群生自樂而仁壽繇是德懷蠻貊澤洎昆蟲宗廟祀典罔不祇肅要荒殊俗亦莫不庭自皇王巳來載籍所記未有混區宇鼐禎祥地平天成德茂道洽若今日之盛者與固可告太平之功展封崇之禮故臣與王公侯伯黎老緇黃累陳白奏備竭丹懇豈謂聖恩猶阻皇鑒未迴伏奉癸丑詔書曰輕脩大典所不願爲臣等戰慄匪遑寧處實以陛下功成道洽理實升中且夫龜龍咸格天

意也夷夏大同人事也時和年豐太平也無爲清淨至理也允應大典豈謂輕脩乎奉若靈命安可不爲乎臣等敢冒宸極重明其義竊以西嶽華山實鎮京國皇虞之所循省靈仙之所依憑固可封也況金方正位合陛下本命之符白帝臨壇告陛下長生之籙發祥作聖抑有明徵又可封也昔周成王以蓂桐爲戲唐叔因是而定封蓋人君之言動有成憲斯事至細猶不忽也況陛下眷言封祀宿著神明道已洽於升平事未符於宛奭豈可抑至公於私讓棄誠信於神明乎固不可得而辭也日者封章累奉嘉應必臻

一獻而甘雨流再陳而瑞雪降則知人天之意影響合符若然者陛下安得稽天命以固辭違人事以久讓太平不告其若休祥何至理不答其若神祇何伏願仰答天心允祇靈既上以揚祖宗之盛烈下以副億兆之懇誠克崇上報永光大典臣等幸甚宗子又上表曰臣徹等伏見禎祥委積河海澄清長瞻北極之尊屢獻西封之疏誠懇不達天鑒未從徘徊闕庭隕越無地陛下再造區寓肇康生人與天合符與道合契故得靈芝表瑞玉板呈文九穀歲衍於京坻百蠻盡習其冠帶能事備於典策盛德光於祖宗升中

告成是屬今日惟夫太華高冠群山當其少陰鎮此西土自有虞巡狩歷祀三千貞觀以還罕能肆覲陛下雖加進寵號增崇廟宇而大禮未施精意空潔又陛下頃歲建碑日當勤報德之願未暇封崇之禮萬姓瞻予言可復也臣以爲天地之主豈徒言哉神祇候望故已久矣伏願俯順百辟兆人之請明徵刻石銘山之記暫遷萬乘降被三峯奠珪璧於中壇奏笙鏞於上帝使普天蒙福重賜無疆頻冒宸嚴並期必遂無任懇切屏營之至謹詣朝堂奉表陳請以聞凡三上表上乃許之丁巳詔曰以今載十一月有事華

山中書門下及禮官詳儀注奏聞務從省便是載三月西嶽祠廟災時關中久旱詔曰自春以來頗愆時雨登封告禪情所未遑所封西嶽宜停

冊府元龜

巡按福建監察御史臣李嗣京訂正
知長樂縣事臣夏允彝叅閲
知建陽縣事臣黄國琦較釋

帝王部三十七

頌德

詩有六義其一曰頌所以議盛德之形容以其成功告於神明者也若乃駿命允集聖政光被武功震耀遠夷率服孝德昭著風俗歸厚乃至典禮修舉珍符沓委王澤漸漬畤文載郁繇是群臣歸美頌聲並作

或端委穆清壽觴斯薦或奏御公車英詞煥發摛華奮藻引商流羽是光帝德以播國風粲然可觀於斯爲盛至有述上世之懿烈揚無窮之休問固足以播之莞籥昭示來裔皆所以揄揚褒贊極臣子竭忠稱君之分也

舜作歌曰勑天之命惟時惟幾因庶士允諧之政故作歌以戒安不忘危敕政也奉正天命以臨民惟在順時惟在愼微乃歌曰股肱喜哉元首起哉百工熙哉元首君也股肱之臣嘉樂盡忠君之治功乃起百官之事業乃廣皐陶拜手稽首颺言曰念哉大言曰颺咏歌以戒帝率作興事愼乃憲欽哉憲法也天子率臣下爲起治之事當愼汝法度敬其職屢省乃成欽哉屢數也當數顧省汝成功敬忠以善無懈怠乃賡載歌曰元首明哉股肱良哉庶事康哉賡續載成也帝歌歸美股肱義足故續歌先君後臣衆力乃安以成其義

成湯放桀于南巢惟有慙德湯放桀武功成故以爲號南巢地名有慙德慙德不及古曰予恐來世以台爲口實恐來世論道我放天子常不去口仲虺曰惟王不邇聲色不殖貨利邇近也不近聲樂言清簡不近女色言貞因殖生也不生資貨財利言不貪也旣有聖德兼有此行德懋懋官功懋懋賞用人惟巳改過不吝勉於德者則勉之以官勉於功者則勉之以賞用人之言若自巳出有過則改無所吝所以能成王業克寬克仁彰信兆民言湯寬仁之德明信于天下乃葛伯仇餉初征自葛東征西夷怨南征北狄怨葛伯遊行見農民之餉于田者殺其人奪其餉故謂之仇餉仇怨也湯爲是以不祀之罪伐之從此遂征

無道西夷北狄舉遠以言則近者著矣曰奚獨後予怨者辭也攸徂之民室家相慶曰徯予后后來其蘇湯所往之民皆喜曰待我君來其可蘇息民之戴商厥惟舊哉史謂初征自葛始佑賢輔德顯忠遂良賢則輔之德則助之忠則顯之良則進之明王之道兼弱攻昧取亂侮亡弱則兼之闇則攻之亂則取之有亡形則侮之言正義推亡固存邦乃其昌有亡道則推而亡之有存道則輔而固之王者如此國乃昌盛德日新萬邦惟懷志自滿九族乃離日新不怠自滿志盈溢王懋昭大德建中于民以義制事以禮制心垂裕後昆欲王自勉明大德建大中之道于民率義奉禮垂優足之道于後予聞曰能自得師者王求賢聖而事之謂人莫巳若者亡自多足人莫之益亡之道好問則裕自用則小問則有得所以足不問專固所以小

嗚呼愼厥終惟其始靡不有初鮮克有終故戒愼終如其始殖有禮覆昏暴有禮者封殖之昏暴者覆亡之欽崇天道永保天命王者如此王事則敬天安命之道

周公居攝五年之末以文王受命不卒而終時天下太平故承其意而告之作惟天之命之詩成王時唐叔得禾異畝同穎獻諸天子王命唐叔歸周公于東作歸禾已得唐叔之禾遂陳成王歸禾之命而推美成王善則稱君周公既得命禾旅天子之命作嘉禾天下和同政之善者故周公作書以嘉禾名篇告天下

宣王時仍叔爲大夫作雲漢之詩以美宣王宣王承厲王之烈內有撥亂之志遇烖而懼側身脩行欲銷

去之天下喜於王化復行百姓見憂故作是詩尹吉甫爲王卿士作崧高美宣王也天下復平能建國親諸侯褒賞申伯焉尹官氏申國申伯宣王之舅也以賢人爲王之卿士佐王有功王以正禮遣申伯之國有車馬之賜餞于郿也又作蒸民美宣王任賢使能周室中興焉賢能謂樊侯仲山甫也其詩曰王命仲山甫式是百辟纘戎祖考王躬是保又作韓奕美宣王能錫命諸侯梁山于韓國之山最高大爲國之鎭所望祀焉故美大其貌奕奕然謂之韓奕也梁山今在馮翊夏陽西北韓姬姓之國也後爲晉所滅故大夫韓氏以爲邑名焉其詩曰王錫韓侯其追其貊奄受北國因以爲伯又作江漢美宣王能興衰撥亂命召公平淮夷也召穆公虎也淮夷東國在淮浦而夷行召公受命伐而服之召穆公爲王卿士作嘗武之詩美宣王有嘗德以習武事因以爲戒

漢武東封泰山還登明堂御史大夫倪寬上壽曰臣聞三代改制屬象相因政敎之法象相因屬屬連也間者聖統廢絕聖統聖人之道業謂禮文也陛下發憤合指天地祖立明堂辟雍祖始也宗祀泰一宗尊也六律五聲六律謂黃鍾大蔟姑洗蕤賓夷則無射也五聲宮商角徵羽也幽贊聖意幽深也贊明也神樂四合各有方象四方色及五神祭祀聲樂各有等以承嘉祀爲萬世則則法也天下幸甚將建太元本瑞登告岱宗發祉闓門以候景至癸亥宗祀日宣重光上元甲子肅邕永享太平之世日抱重光謂日

有重日也將甫始之辭辭也太元太初曆也本瑞謂白麟至鼎之屬也以候景冬至之景也上元甲子太初元年甲子朔旦冬至也宗尊也肅敬也雍和也既敬且和則長爲天所享也光輝充塞天文粲然塞滿也粲然明貌見象日昭報降符應言天顯示景象日月昭明也降下符應以報德化臣寬奉觴再拜上千萬歲壽制曰敬舉君之觴

終軍爲給事中從武帝幸雍祠五畤獲白麟一角而五蹄時每一足有五蹄也又有奇木其枝傍出輒復合於木上帝異此二物博謀群臣訪其微意也軍對曰臣聞詩頌君德樂舞后功異經而同指明盛德之所隆也南越竄屏葭葦與鳥魚群葭蘆也或長則曰葦正朔不及其俗有司

臨境而東甌內附閩王伏辜南越賴救北胡隨畜薦
居薦屢也隨畜牧屢易故居不安往也左傳戎狄薦貪獸行虎狼心上古未
能攝大將軍秉鉞單于犇幕驃騎抗旌昆邪右衽抗舉
也右衽從中國化也是澤南洽而威北暢也洽專也暢達也若罰不阿
近舉不遺遠設官俟賢縣賞待功能者進以保祿罷
者退而勞力謂不堪職任者也勞力歸農畝也刑於宇內矣刑法也言威法
於宇內也日刑見之覆衆美而不足懷聖明而不專言自謙也建
三宮之文質章厥職之所宜三宮明堂辟雍靈臺也言於三宮班政教有文
質也封禪之君無聞焉前世封禪之君不聞若斯之美也夫天命初定
萬事草創謂創始受命之君也及臻六合同風九州共貫必待

明聖潤色祖業傳於無窮潤色謂光飾也故周至成王然後
制定休徵之應見休美也徵証也陛下盛日月之光垂聖思
於勒成專神明之敬奉燔瘞於郊宮燔祭天地瘞祭地也祭天則燒
之祭地則薶之郊居謂泰畤及后土也歆享之精交神積和之氣塞明
塞合也明者明靈亦謂神也而異獸來獲宜矣昔武王中流未濟
白魚入舟俯取以燎群公咸曰休哉謂伐紂時今郊祀未
見於神祇而獲獸以饋以饋謂充祭俎也此天之所以示饗
而上通之符合也宜因昭時令日改定告元改元年以告神
祇也昭明也令善也苴白茅於江淮發嘉號於營丘以應緝熙
苴作席也江淮職貢三脊茅爲藉也嘉號封禪也太山在齊分野故曰營丘也或曰登封太山以名姓號

非苞苴之苴也使著事者有紀焉謂史官紀記也蓋六鷁退飛逆也
六鷁退飛象諸畔逆宋襄公伯道退也白魚登舟順也謂武王伐紂而魚入王舟象征
而必獲日順也故夫明闇之徵上亂飛鳥下動淵魚亂變也各
以類推今野獸并角明同本也并合也獸皆兩角今此獨一故云并也
衆枝內附示無外也若此之應殆將有辮編髮削左
衽襲冠帶要衣裳而蒙化者焉要衣裳謂着中國之衣裳也斯拱
而竢之耳對奏上甚異之繇是改元爲元狩後數月
越地及匈奴名王有率衆來降者時皆以軍言爲中
吾丘壽王爲光祿大夫汾陰得寶鼎武帝嘉之薦宗
廟藏於甘泉宮群臣皆上壽賀曰陛下得周鼎壽王

獨曰非周鼎帝聞之召而問之曰今朕得周鼎群臣
皆以爲然壽王獨以爲非何也有說則可無說則死
壽王對曰臣安敢無說臣聞周德始乎后稷長於公
劉大於太王公劉后稷曾孫也太王文王之祖則古公亶父也成於文武顯
於周公德澤上昭天下漏泉昭明也漏言潤澤下沾如屋之漏無所
不通上天報應鼎爲周出故名曰周鼎今漢自高祖
繼周亦昭德顯行施恩布惠六合和同至於陛下恢
廓祖業功德愈盛天瑞並至禎祥畢見昔秦始皇親
出鼎於彭城而不能得天祚有德而寶鼎自出此天
之所以與漢迺漢寶非周寶也上曰善群臣皆稱萬

歲賜壽王金十斤

宣帝時天下和平四夷賓服神爵五鳳之間屢蒙瑞應而益州刺史王褒欲宣風化於衆庶聞王褒有俊才請與相見使褒作中和樂職宣布詩（中和者言政治和平也樂職者言百官各得其職也宣布者風化所洽無所不被）選好事者令依鹿鳴之聲習而歌之時氾鄉侯何武爲童子選在歌中久之武等學長安歌太學下轉而上聞宣帝召見武等觀之皆賜帛謂曰此盛德之事吾何足以當之褒既爲刺史作頌（即上中和樂職宣布詩也以美盛德故謂之頌）又作其傳（解釋頌歌之義及作者之意）益州刺史因奏褒有軼材廼徵褒既至召爲

聖主得賢臣頌

後漢明帝永平十七年公卿百官以帝威德懷遠祥物顯應乃並集朝堂奉觴上壽制曰天生神物以應王者遠人慕化實繇有德朕以虛薄何以享斯唯高祖光武聖德所被不敢有辭其敬舉觴太嘗擇吉日策告宗廟

章帝建初三年正月己酉宗祀明堂時郎中傅毅追美孝明皇帝功德最盛而廟頌未立乃依清廟作顯宗頌十篇奏之元和中始脩古禮巡狩方岳崔駰上四巡頌以稱漢德辭甚典美時丁鴻以少府從上奏曰臣聞古之帝王統治天下五載巡狩至于岱宗柴祭於天望秩山川協時月正日角斗斛權衡使人不爭陛下尊履蒸蒸奉承弘業祀五帝於明堂配以光武二祖四宗咸有告祀瞻望泰山嘉澤降澍柴祭之日白雲上升與燎煙合黃鵠群翔所謂神人以和答饗之休符也帝善焉

魏太祖以孫權稱臣遺諸大理王朗朗答曰孫權前牋自說躬討虜以補前愆後疏稱臣以明無二牙獸屈膝言鳥告歡明珠南金遠珍必至情見乎辭效著乎功三江五湖爲沼于魏西吳東越化爲國民鄢郢

既拔荆門自開席卷巴蜀形勢已成重休累慶雜沓相隨承旨之日撫掌擊節情之畜者辭不能宣

晉武帝時摯虞爲聞喜令時天子留心正道又吳寇新平天下乂安虞上太康頌以美晉德潘岳辟太尉府舉文章秀才武帝躬耕籍田岳作賦以美其事

元帝初王廙爲琅邪王司馬王敦啓爲荆州刺史及帝即位廙奏中興賦上疏曰臣託備肺腑幼蒙洪潤受自齠齔至於弱冠陛下之所撫育恩侔於兄弟義同於交友思欲攀龍鱗附鳳翼者有年矣是以昔忝濮陽棄官遠跡扶侍老母攜將細弱越長江歸陛下

者誠以道之所存願託餘蔭故也天誘其願遇陛下中興當大明之盛而守局遐外不得奉瞻大禮聞問之日悲喜交集昔司馬相如不得觀封禪之事慷慨發憤况臣情則骨肉服膺聖化哉又臣昔嘗侍坐於先后說陛下誕育之日光明映室白毫生於額之左相者謂王當有四海又臣以壬申歲見用爲鄱陽內史七月四星聚於牽牛又臣郡有枯樟更生及臣後還京都陛下見白兎命臣作賦時琅邪又獻甘露陛下命臣嘗之又驃騎將軍道向臣說晉陵有金𤨏之瑞郭璞云必致中興璞之爻筮雖京房管輅不過也

明天之曆數在陛下矣臣少好文學志在史籍而飄放遐外嘗與禁冦爲對臣犬馬之年四十三矣未能上報天地而嬰負憂彰恐先朝露塡溝壑令微情不得上達謹竭其頑獻中興賦一篇雖未足以宣揚盛美亦是詩人嗟歎詠歌之義也

成帝咸康八年九月廬江春穀縣留珪夜見門內有光取得玉鼎一枚圍四寸豫州刺史路永以聞著作郎曹毗上玉鼎頌

孝武帝時袁宏爲東陽太守以漢時傅毅作顯宗頌辭甚典雅乃作頌九章頌簡文之德上於帝

後魏道武既破賀納遂命群臣登勿居山遊宴終日從官及諸部大人請聚石爲峯以紀功德命張袞爲文

獻文時高允爲中書令從帝北伐大捷而還至武川鎭上北伐頌帝覽而善之

高閭爲昭武將軍時獻文傳位從御崇光宮閭上表頌孝文時閭爲中書監太和三年冬至帝及文明太后大饗群官帝親舞於太后前群臣皆舞帝乃歌仍率群臣再拜上壽閭進曰臣聞大夫行孝義合一家諸侯行孝聲著一國天子行孝德被四海今陛下聖

性自天敦行孝道稱願上壽靈應無差臣等不勝慶踊謹上千萬歲壽帝大悅賜羣臣帛人三十疋

宣武永平中甄楷上孝文頌十三篇優詔報之

高聰爲散騎常侍黃門侍郎宣武幸鄴還於河內懷界帝親射矢一里五十餘步侍中高顯等奏伏見親御弧矢臨高設弋鳴弦動羽馳鏃所逮三百五十餘步臣等伏惟陛下聖武自天神藝夙茂巧會騶虞之節妙盡矍圃之義威稜攸疊龍光稱氣才猛所振勍憝斯心足以肅截九區赫服八宇矣盛事奇迹必宜表述請勒銘射宮永彰聖意詔曰此乃弓弧小藝何

足以示後葉喉唇近侍苟以爲然亦豈容有異便可如請遂勒銘於射所廳爲之詞

隋高祖時突厥葉護可汗以帝所賜旗鼓西征娶婆遂生擒娶婆既而上書請娶婆僥生之命上下其議左僕射高熲進曰骨肉相殘教之蠹也存養以示寬大帝曰善熲因奉觴進曰自軒轅以來獯鬻多爲邊患今遠窮北海皆爲臣妾此之盛事振古未聞臣敢再拜上壽

唐高祖武德八年四月赤雀巢於殿門宴五品已上上頌者十餘人極歡而罷

七月高祖從容謂侍中陳叔達曰自古帝王統一四海者凡有幾人對曰五帝三王已前年代浸遠近古已來有秦始皇之與兩漢下洎晉武耳高祖曰朕幸得繼前哲於朕良多叔達又對曰隋末亂離蒼生塗地若不逢陛下救其淪溺黎庶殆爲魚矣此蓋天授非人力所致帝大悅

九年四月給事中歐陽詢奏上帝德論帝覽之稱善

太宗貞觀三年正月親祭先農躬御耒耜籍于千畝之甸初晉氏南遷後魏來自雲朔中原分裂又雜以獯戎代歷周隋此禮久廢而今始行之觀者莫不躍駭於是秘書郎岑文本獻籍田頌以美之臣欽若等曰按後魏後周並耕籍田與此所載有異

六年閏八月秘書少監虞世南上聖德論帝手詔答曰卿所論太美但朕德甚寡恐有識者窺卿爲後人所笑卿引古昔無爲而治朕未敢擬倫比之近代乍踰之耳卿覩朕之始未見朕之終宜付秘書若朕能慎終如初則可爲也如違此道不用後代笑卿焉

十四年二月陜州言河水變清司空長孫無忌等詣闕上表曰臣聞崑崙藏極道玄液以周天積石疏源委滄波而括地循作神州之紀仰膺上帝之宮水德

靈長斯其謂矣故能道符千載位長百川瑞馬開圖發榮光於遠代應龍闢壤致宅土於遐年自此不追寂寥難俟天之祚聖後在於茲伏惟皇帝陛下則哲承基窮神闡化功緜寓外德耀瀛表文教蔚乎三五至道格乎天地是以禎凝藪澤慶溢風煙丹井輝奇青丘表異嘉苗合穎入豊膳以鳴鍾天駟騰雲播頌聲於綴兆西鶼南雉之費日至月書連珠湧醴之徵雲霏霧集宜其展事巖里仰告成功出豫介丘方騰茂實猶且宵衣旰食若有追而不逮對越嘉祉乃固辭而弗居遂使萬玉韜華三神缺望西星佇紹申以

德水之祥東岳希封昜以清河之貺陜州刺史房仁裕狀稱所界内二百餘里正月元日黄河載清謹按易乾鑿度曰聖人受命河水清京房飛候曰河水清天下太平繇是納渭合涇混流同潔変門幼澤别泒俱清馬頰馳波詳觀若鏡龍門激箭廻眺飛空滔天之曲煥然氷夷之都可見千尋朗澈俯映玄珠一曲澄鮮遥觀紫貝盡河宗之奥秘洞水府之仙靈豈非天鑒詳明不愛其道神心昭著在感斯通何幽顯合符人祇交際理均形契若斯之効歟臣等沐道醉心觀祥駭目按圖迷聽曠古無聞實慶生涯親承旦暮

詔答曰嘉瑞爰降必資至德大河効祉是爲希世顧惟寡昧但增慙惕乃天地表祥宗社垂祐欲使四海隆平八荒禔福王公卿士内外庶僚宜勉脩正道以副靈貺焉是月帝幸國學觀釋奠命祭酒孔穎達講孝經既畢穎達上釋奠頌帝手詔褒美

十五年十月太宗問特進魏徵曰朕爲人主仰止前烈至于積德累仁豐功厚利此四者帝王以爲稱首朕皆庶幾自勉人苦不能自見不知於朕之身何等爲優徵曰德仁功利陛下兼而有之然則内平禍亂外除戎狄是陛下之功安堵黎元各有生業是陛下之利繇此言之功利居多

十六年七月太宗謂侍臣曰朕數召公等欲問愆闕庶幾善道以救不逮耳今嘗達夜不寐思爲政術非惟憂勤萬姓亦欲貽法後昆司空長孫無忌奏稱古來撥亂人主載籍斯存天造草昧之辰爰始經綸之日何嘗不思闡帝道祇奉王度及即位之後漸滲驕盈詩云鮮克有終此非空說陛下君臨四海將二十載視事之後每留群臣陛下爲解威嚴貸以顔色唯欲其論國家善惡用康政化哀愍黎元聖情專切豈臣等獨蒙恩澤四海蒼生誰不幸甚

二十一年二月詔皇太子之國學釋奠賜學官胄子帛各有差仍擢其高業右庶子許敬宗上四言詩以美其事

二十二年四月磧外蕃人爭牧馬土界帝親臨斷決然後咸服黄門侍郎褚遂良進曰昔虞芮爭田去此三百里陛下聖德廣運無遠不臻磧外諸夷來斷境域振古以來所未聞也

玄宗開元二年六月左拾遺蔡孚獻龍池集王公卿士以上凡百三十篇請付太常寺其詞合音律者爲龍池樂章以歌聖德從之初帝在藩與宋王等居于

興慶里時人謂爲五王子宅及景龍末宅內神池涌出洗灔清瑩流之不竭中有龜龍遊焉故群臣歌之

八年城門郎獨孤晏奏曰伏見聖上於別殿安置太宗高宗睿宗聖容每日侵早具服朝謁昔者周公宗祀文王於明堂以配上帝蓋有國之嘗祀聖上朝夕肅恭是過周公遠矣又聞禁中寧王憲申王撝內朝宴會聖上宮中自拜跪如家人之禮岐王範薛王業恩錫特殊友愛邕睦海內稱之昔堯九族既睦平章百姓是過帝堯遠矣聖上近造一小院東西南北各三十餘步寢殿卑狹階高尺三寸房廊階不過四五

寸無青墀所坐氊褥非破不易是過於夏禹遠矣聖上嘗得絹四十餘萬疋謂侍臣等曰此物擬充男女嫁娶左藏庫物是百官諸邊將士物豈得漫用節約且過漢文遠矣聖上至德光厚躬勞庶政憂人飢寒昔齊桓雨雪御裘憂勞凍餒但恤寒耳今聖上憂冬寒夏熱是過之遠矣請宣付史官從之

十三年十一月封東嶽禮畢於是中書令張說撰封祀壇頌侍中源乾曜撰社首壇頌禮部尚書蘇頲撰朝覲壇頌以紀聖德

十九年八月幽州執叛奚壽斤來獻宰臣裴光庭等奏曰伏以深仁燭幽遠被無外至德感物殊茲有苗頃者奚壽斤放命不恭執訊來獻而陛下設誠不疑推致赤心歸于陬落徵負而至置之左右射御不違自非睿宗至誠被物何以驟改驕節卒爲忠臣變鴟梟於鸞鳳登反側於仁壽求諸前古竹帛所不載稽諸近事耳目所未聞臣等豫覩休異輒敢書于史册帝曰奚壽斤往因脅從遂同逆命俘虜而至罪則難容收其悔過之心免其殊死之責推誠待物果獲忠臣此皆卿等輔翊之所致豈朕薄德之能感書之簡冊以示將來當斯美名良用慙惕

二十三年二月巳亥以奚契丹既平宰臣裴耀卿張九齡李林甫等奏賀曰奚及契丹尤近邊鄙侵軼是慮式遏成勞臣庶嘗情欲其防禦所謂長策無出此者陛下獨斷宸襟高奪群議以爲頓兵塞下轉粟邊軍曠日持久役無寧歲若不因利乘便一舉遂平使遷善者自新爲惡者就戮其勢不久永息我人且命大兵臨之凶徒必潰不出此歲當並成擒臣等初奉聖謀高深未測及聞凱捷晷候不差遠蕃遺類莫不稽顙緑邊戍卒咸返耕稼卧鼓熄烽誠自此始斯皆陛下睿謀先定神筭非嘗覩變早於未萌必取豫於

無象臣伏以成功不宰君人所以爲重有美不宣臣子所以成罪臣雖蒙瞽安敢無言既豫聞始謀又幸見成事豈可使天功虛往日用不知竹帛相傳復紀何事請宜付史館垂示將來仍許將吏等刊石立頌以紀功德帝手詔報曰事有難易因圖可卜小蕃背誕惡貫已盈人神棄之指期可滅今之尅定偶會風心記以史官銘之樂石煩矜功伐不願爲之卿等苦論載用多愧使桓山之頌復在茲乎

八月癸巳千秋節命諸學士及僧道講論三教同異中書令張九齡上言曰臣聞好尚之論事蹟於偏方

至極之宗理歸於一貫非夫上聖孰探要旨伏惟陛下道契無爲思談玄妙考六經之同異筌二教之幽賾將以降炤群疑敷化率土屛浮詞於玉殿緝精義於金門一變儒風再揚道要凡百士庶罔不知歸臣等幸侍軒墀親承至訓抃躍之極實倍嘗情望宜付史館帝手詔報曰畧舉三教求之精義會三歸一初分漸頓理皆共貫使自求之卿等論議廟堂化源何遠事關風教任付史官

天寶元年五月濮陽郡王徹及嗣王宗子等奏曰臣等伏以龍池肇慶寶祚攸章聖德動天禎符薦至臣等憤浮家國志願光揚去開元二十二年於東京朝堂上表請建龍池聖德頌曲蒙天睠俯遂微誠其時脩營已就刻勒所爲頌文未備叙事多遺述聖談天萬不舉一既乖士庶之望莫展宗臣之心尋請改脩冀昭聖德斐然雖竭於愚思翰墨未絶於琬琰今屬靈符降祉景命維新天寶之號再加郊廟之儀式展誠合書其實録光闡徽猷緝集前文以存不朽特望天恩更許編録則聖德鴻業紀而無遺聖美形容於茲允備無任勤懇之至謹奉表陳請以聞帝手詔報曰夫頌者美盛德之形容每省朕躬曷稱奇紀歲月

斯積符瑞屢臻欲備叙之復茲誠請實賴人事不遺神明允來意也

八月突厥阿布思與其黨屬來降中書門下奏曰臣等伏以匈奴患邊其來日久頃雖朝廷示信約爲父子之國然而戎狄無親嘗蓄豺狼之志陛下聖謀廣運睿畧玄通至道昭感神明叶贊不勞一卒不煩一兵使其種落自相携貳今葉護敗亡殞身漢北妻子縲緤爲俘闕下巢傾席卷瓦解雲散萬里無事三邉遂空曠古不賓盡爲臣僕普天所履皆入封疆諒繇負德背恩自速天亡之禍固亦休兵偃革用彰海晏

之期實有無方之神寧惟不戰之勝求諸載籍所未嘗聞臣等幸遇昌期欣逢大慶望宣付史官從之

十二月西河大破吐蕃中書門下表賀曰臣等自今月以來累見隴右奏大破吐蕃大嶺青海等軍捷書前至日因奏事陛下謂臣等曰吐蕃背恩神人共棄豈惟隴右頻勝三數日間河西當有大捷今日王倕果奏大破吐蕃魚海及遊奕等軍擒生斬級并虜獲羊馬不可勝計竊覩前後克捷皆是特稟聖謀密練驍雄深討兇寇以寡擊衆所向無前天心與睿德合符士卒與神兵叶契九重制勝動必有成萬里知來

見於未兆一月三捷千古未聞品物同歡何況臣等伏望宣示朝野編于史冊詔曰坐運奇謀誠難與戰河西捷書相繼謂之伐叛可豫圖之所請者依

九載靈州都督兼御史中丞張齊丘上言請於新築北大都護府建聖德碑頌許之

十載九月中書門下奏曰臣等今日因奏事承德音聞江南為橘江北為枳蓋以地氣有殊物性因變朕近宮内種柑子樹數株今秋以來結實一百五顆乃與江南及蜀道所進無別亦可謂稍異者伏以自天所育者不能改有常之性曠古所無者乃可為非常之感是知聖人御物以元氣布和大道乘時則殊方叶致且橘柚所植南北異名實造化之有功匪陰陽之所革陛下玄風眞紀六合一家雨露所均混天區而齊被草木有性憑地氣而潛通故茲江外之珍果為禁中之花實綠蔕含霜芳流綺殿金衣爛日色麗彤庭豈比夫擢木移根候風而實若榴傳種因石為名理匪自於人謀事寔關於神化圖牒未有耳目攸新臣等忝侍軒墀恭聞殊應喜慶交集倍萬常情仍望宣示朝廷光諸史冊帝手詔報曰枳橘之性惟任土不遷陰陽之和實在能感致且寒谷吹律猶氣變

燕郊則中樞化源故物備京邑今黃柑數株丹實盈條裛露迎風香逾江劒金光珠澤秀溢林庭豈斯果之足珍喜元和之必應故合天道信何遠焉所賀已知仍依來請

十二月庚申勅安國寺以所撰先皇聖德頌刻石（其石背上宜題親王嗣郡王及中書門下兩品五品以上供奉官御史中丞左右丞侍郎諸司文武官員三品以上兼節度使及蕃酋大首領等名品准諸頌碑制名記）

肅宗至正二年十二月玄宗自蜀至帝奉迎於望賢宮左相苗晉卿中書侍郎同平章事崔圓表言伏見工部侍郎李遵及殿中監李輔國言皇帝於望賢宮

奉迎上皇望樓趨馳捧足嗚咽問安既退侍膳皆親
及出宮之時親選龍媒侍從歸闕孝敬之至慱感人
神四海歸心恩深錫類群臣何幸得覩盛美陛下武
功冠於千古孝德踰於百王昔夏之有窮少康復其
業漢之新莽光武纘其緒雖復崇名茂積輝映當時
而皆曠日持久動十數載致使宗社郡邑盪復無遺
未有如陛下神武奮發睿謀獨斷曾不再稔掃清群
兇奉迎聖皇不失舊物蒸蒸翼翼榮輝匡宇考之傳
記振古未聞天地人神孰不慶幸臣請編諸史冊傳
之不朽詔曰荷社稷之靈賴上皇之感藹除寇盜克

復京都浹辰之間大勲允集掃清宮闕奉迎鑾輿昨
自望賢宮得申拜慶重歡侍省深戴君父之恩承順
尊嚴固宜臣子之禮卿等評議致理翼贊成功方告
史臣有慙薄德乙卯殿中監李輔國奉表上曰臣聞
古今大寶皇王受命成功創業皆始艱難繇是足高
光武之功漢圖斯永滅澆豷之患夏嗣以興豈比孝
以感通德以成化光膺聖曆協契天時開闢已來未
有如陛下者也頃巨猾闖釁中夏不康陛下赫然發
憤奉命專征曾不踰旬兩京尅復掃清宮闕奉迎鑾
輿警蹕鳴笳舊儀逾盛行軍便幕故事無闕陛下整
法駕擁群臣遠自望賢拜迎路次引旌旆而祥風不
散拂鑾輿而瑞雪時飄承順天顏無違就養君父之
禮億兆同歡猶乃不自爲功至崇謙德過周文侍膳
之典邁漢高獻壽之儀虔奉至尊敬恭受命伏惟陛
下以孝理天下也如彼以德化天下也又如此盛德
大業其至矣哉臣幸忝締構職在禁戎得覩盛明無
任忭躍伏請編諸史冊以示將來詔曰朕恭承明命
親總兵戎掃攙搶之妖拯生靈之患宗社所祐何往
不尅雖兆自於艱難而終盛於丕業昨日星順動鑾
輿迴京仰戴君父之恩重歡侍省之慶拜迎之日得

展孝誠特荷恩慈多慙薄德遂得祥風引旆瑞雪灑
途宮闕生光感應昭著卿爲朕心膂夙夜忠勤所請
宜付史館宜依
代宗大曆三年夏四月戊申乾陵上仙觀天尊殿有
雙鵲啣柴及泥補葺殿之隙壞凡一十五處宰臣等
上表賀曰臣聞孝至於天則祥發陵邑德被於物則
化及鳥獸伏惟陛下因心廣教弘道極和時因霜露
之思流行雲雨之澤故前聖垂裕歆於明誠皇天報
貺賜以嘉應異鵲來感翔集可窺跡比人謀事歸神
化伏望宣示中外編諸史冊帝手詔答曰聖祖仙都

高宗閫寢希夷清淨之所肅穆哀敬之地二鵲翔集以月繫時常蚼墍茨用補缺壞顯政禮之多闕而先靈之幽助祗奉貺祐感切良深卿等道備梓材任當構廈覩茲符應庶洽康寧寔賴嘉謨翊予不逮所請編諸史冊者依

七年十月帝畋于禁苑一發連二兔遣使出示宰臣仍賜之宰臣等拜舞稱慶抗表請付史官以紀鴻獻手詔不許癸丑宰臣等又上言曰聞王者有日官動而必書事無虛美用成善終之義觀乎召舉之明體合忠直輔宣法教斯良史之任也帝者盛美紀于一

時闕登雅頌彰示家國斯君子之罪也昔漢武有獲蛟之歌魏祖有南皮之事皆盛其殊能叙列前載玄宗開元中蒐於岐陽親御弧矢陳九軍之禮有百中之捷煥耀圖史布昭詠歌今陛下以豐歲皆秋農郊始隙因依時令習用戎事遊涉靈囿經于上蘭以一發之神連三窟之狡弦匪再控騎無角逐進異前禽之失舉明不合之圍事過舊聞妙歸天縱足以重威四夷高視千古恩賜之後榮慶中朝公卿庶尹動色相賀暨於簡牘允叶禮經若聖情冲深過於謙讓則史臣曠職後代無稱凡在庶位罔知所出伏願特廻聖慈俯遂誠情手詔答曰帝王之制禮有三驅弧矢之威財成理道朕方欲清靜流化無爲執俗射御之藝闕而不書卿等要據禮經博求良典舉聖祖岐陽之狩徵漢皇郊廟之歌再陳表章頻志簡冊式遵彝訓宜依所請

敬宗寶曆元年九月成德軍節度使王廷湊上言請於管内立皇帝聖德碑二年四月丙寅内出皇帝聖德碑本以賜廷湊

武宗會昌中幽州節度使張仲武討殺廻鶻烏介可汗至會昌末表請薊北立紀聖功銘帝詔遣宰臣李

德裕爲之

後唐明宗天成二年十二月延宰臣於玄德殿馮道奏曰先皇帝末年不撫軍民惑於聲樂遂致人怨幾墜丕構陛下自膺人望軍民惠愛藩后入覲情同魚水時歲頻稔亦淳化所致也更願居安思危保守今日帝然之

四年九月戊寅上御中興殿顧謂宰臣曰時事近日如何馮道奏曰臣省事以來無歲不聞戰伐蓋政令不一王綱弛紊伏自陛下纂隆五載服之以武威懷之以文德任賢不二去邪不疑天下歸心人知恥格

近歲以來可謂無事
長興元年正月癸未上御中興殿謂宰臣曰近雖降春澤如何馮道奏曰今歲春初已見三白相次又降雨澤人情大洽蓋陛下聖德感通之應也臣聞天子事天臣下事君臣下若不供其職則刑法及之天子不守其道則災沴降之今陛下敬天事地憂勞百姓則歲有豐登
二年十二月己卯帝御中興殿宰臣馮道奏曰臘日陛下方憂雪是夜便降立春日又降雨澤皆得其節也自陛下臨御于今六載家給人足而又放鷹鷂之

類咸令遂性所謂仁及鳥獸也苟非聖德其孰能臻此
三年三月癸巳帝御中興殿顧謂馮道曰春雨太多乎道對曰春澤稍多是豐年之兆契丹孔熾自近朝以來中國多事未暇制服向者王都背叛連結邊戎陛下命將得人俾匹馬不回使其畏懼而修朝貢則知皇威所振邁于前古也
周世宗顯德四年五月癸卯翰林學士兵部侍郎知詔誥陶穀進紫芝白兎頌曰陛下嗣位之元年歲次甲寅薄伐太原與六月之師定王業也虎賁振旅兵度孟津汜水獻紫芝三莖曄曄分化惹度關之氣越三載歲在丙辰親征淮夷破十萬之衆宣武功也戎輅旋軫途次商唐潁州獻白兎一頭皎皎妙質凝炤社之光謹案瑞應圖曰王者恩霑行葦則紫芝秀五行傳曰國君德及昆蟲則白兎馴上安息之暇有時臨獮覩禎祥而修德善馴擾之遂性三者昭萬物肇生之數白者叶太素返朴之義芝爲瑞也左盤右屈而自然成形兎之異也或白或蒼亦不嘗其色豈可使曠代嘉瑞來者無聞今聖君儉德罷露臺至仁祀疎羅重林衛不時之禁則草木茂矣崇宗廟礿祭之

禮則禽魚樂矣若然則朱草蓂莢將擢秀於庭際丹鳳麒麟豈空遊於郊藪下臣不佞再拜作頌頌曰美哉靈草邈矣明視慶上帝之所臨昭王者之嘉瑞考其祥稽其事芝爲草也豈奪朱而妙靈兎乃獸焉取守黑而爲異徵其薦瑞之日俱在廻鸞之次酌物情順天意吾君當垂衣而治

册府元龜

巡按福建監察御史臣李嗣京　訂正
知閩縣事臣曹㽘臣叅閲
知建陽縣事臣黃國琦較釋

帝王部三十八

尊親　尊師　尊乳保

尊親

仲尼曰故雖天子必有尊也孟軻亦曰孝子之至莫大乎尊親夫自家刑國父天母地正位凝命總治綱紀巍乎在上風以化下鞠育之重經義攸著于以樹

崇名殊𡽱號異宮室之制申朝覲之禮增餙服用嚴備官屬晨夕奉養罄竭恭愛德教彌遠兆庶是賴書稱一人有慶者無善於此矣

虞舜踐帝位載天子旗往朝父瞽瞍

漢高帝六年三月帝歸櫟陽五日一朝太公太公家令說太公曰天無二日土無二王皇帝雖子人主也太公雖父人臣也奈何令人主拜人臣如此則威重不行後帝朝太公擁篲（爲恭也如公卒待帝也）迎門郤行（郤退而行也）帝大驚下扶太公太公曰帝人主奈何以我亂天下法於是帝心善家令言（已心因得尊崇父號非善其令父敬也）賜黃金五百斤五月丙午詔曰人之至親莫親於父子故父有天下傳國於子子有天下尊歸於父此人道之極也前日天下大亂兵革並起萬民苦殃朕親被堅執銳（被堅謂甲胄也執銳謂利兵也）自帥士卒犯危難平暴亂立諸侯偃兵息民天下大安此皆太公之教訓也諸王通侯將軍群卿大夫已尊朕爲皇帝而太公未有號今上尊太公曰太上皇（太上極尊之稱也皇君也天子之父故號曰皇不預治國故不言帝臣欽若等曰太上皇號始於此）

惠帝高祖十二年五月丙寅即位尊母呂皇后曰皇太后

文帝初封代王十七年高后崩大臣議立後疾外家呂氏彊暴皆稱薄氏仁善故迎立代王爲皇帝尊母薄太后爲皇太后

景帝即位尊母竇太后爲皇太后

武帝即位尊竇太后曰太皇太后母王皇后爲皇太后（臣欽若等曰漢因秦之稱號帝母稱皇太后祖母稱太皇太后）

昌邑王即位尊昭帝皇后上官氏爲皇太后

宣帝即位尊皇太后曰太皇太后（上官后也）皇母曰皇太后（即成王皇后母養元帝者也）

成帝即位尊皇太后曰太皇太后母王皇后曰皇太

后

哀帝即位尊皇太后曰太皇太后成帝趙后曰皇太后又皇太后下詔尊定陶恭王爲恭皇哀帝因是曰春秋母以子貴尊傅太后爲恭皇太后丁姬爲恭皇后各置左右詹事食邑如長信宮

建平二年夏四月詔曰漢家之制推親親以顯尊尊天子之至親當極尊號定陶恭皇之號不宜復稱定陶尊恭皇太后曰帝太太后稱永信宮恭皇后曰帝太后稱中安宮成帝母太皇太后本稱長信宮成帝趙后爲皇太后並四太后各置少太僕秩皆中二千石

平帝中山孝王子也元壽二年即位元始元年六月使少府左將軍豐豐甄豐也賜帝母中山孝王姬衛氏璽書拜爲中山孝王后孺子嬰立尊平帝王皇后爲皇太后

後漢明帝即位尊母陰皇后爲太后

章帝即位尊明帝馬皇后爲皇太后及太后喪乃策書加所生母賈貴人王赤綬諸侯王赤綬也安車一駟永巷宮人二百永巷宮中署名也後改爲掖庭永巷宮人即宮婢也御府雜帛二萬疋大司農黃金千斤錢二千萬

和帝即位尊章帝竇皇后爲皇太后

殤帝即位尊和帝鄧皇后爲皇太后

安帝清河王慶子也母曰左姬建元元年追尊父慶爲孝德皇尊孝德皇元妃耿氏爲甘陵大貴人甘陵孝德皇之陵也

桓帝即位尊母匽氏爲孝崇博園貴人帝追尊父蠡吾侯翼曰孝崇皇置園廟曰博園和平元年梁太后葬就博陵尊貴人爲孝崇皇后遣司徒持節奉策授璽綬齎乘輿器服物備法物宮曰永樂置太僕少府已下皆如長樂宮故事漢官儀帝祖母稱長信宮帝母稱長樂宮故有長信少府長樂少府及職吏皆宦者爲之又置虎賁羽林衛

士起宮室分鉅鹿九縣爲后湯沐邑

靈帝母曰孝仁董皇后后河間人也爲解瀆侯萇夫人生帝帝即位即尊萇爲孝仁皇陵曰愼陵以后爲愼園貴人及竇氏誅帝使中常侍迎貴人兄寵到京師上尊號曰孝仁皇后居南宮嘉德殿宮稱永樂

景平四年以冲帝母虞大家爲憲陵貴人質帝母陳夫人爲渤海孝王妃先是梁冀秉政虞氏抑而不登但稱大家而已陳夫人亦以梁氏故榮寵不及焉時小黃門趙祐議郎畢整上言春秋之義母以子貴隆漢盛典尊崇母氏凡在外戚莫不加寵今冲帝母虞

大家質帝母陳夫人皆誕生聖皇而未有稱號夫臣子雖賤尚有追贈之典況二母見在不蒙崇顯之次無以述尊先世垂示後嗣也帝感其心乃拜爲

魏文帝初即王位尊母卞氏爲王太后及踐阼尊后曰皇太后稱永壽宮

明帝即位尊卞太后曰太皇太后郭皇后曰皇太后稱永安宮

齊王嗣位尊明元郭皇后曰皇太后稱永寧宮

陳留王燕王旦之子景元元年十一月燕王上表賀冬至稱臣詔曰古之王者或有所不臣王將宜依此

義表不稱臣乎又當爲報天後太宗者降其私親況所繼者重邪若便同之臣妾亦情所未安其皆依禮典陛下稽得期運撫臨萬國紹太宗之重隆三祖之基伏惟燕王體尊戚屬正位藩服躬秉虔肅率蹈恭德以先萬國其于正典闡濟太順所不得制聖朝誠宜崇以非常之制命以不臣之禮臣等平議以爲燕王表章可聽如舊式中詔所施或存好問凖之義顯則宴覲之族也可少順聖敬嘉崇義稱示不敢斥宜曰皇帝敬問太王侍御至於制書國之正典朝廷所以辨章公制宜昭軌儀於天下者也宜循法故曰制詔燕王凡詔命制書奏事上書諸稱燕王者可皆上平其非宗廟助祭之事皆不得稱王名奏事上書文書及吏民皆不得觸王諱以彰殊禮加于群后上遵王典尊祖之制俯順聖敬烝烝之心二者不忒禮實宜之普告施行

晉武帝以魏咸熙二年即位尊母太妃王氏曰皇太后宮曰崇化初置宮卿重選其職以太常諸葛緒爲衛尉太僕劉源爲太僕宗正曹楷爲少府

泰始二年以景皇帝夫人羊氏居弘訓宮號弘訓太后

惠帝太熙元年四月即位尊武皇帝皇后楊氏曰皇太后

明帝母荀氏元帝宮人及帝即位封建安君別立第宅太寧元年帝迎還臺內供奉隆厚及成帝立尊重同於太后

哀帝即位尊康帝皇后褚氏曰皇太后居崇德宮

哀帝即位詔有司議母貴人周氏位號太尉桓溫議宜稱夫人尚書僕射江虨議應曰太夫人詔崇爲皇太妃儀服與太后同又詔朝臣不爲太妃敬合禮典不太嘗江逌議位號不極不應盡敬

簡文帝即位尊褚太后曰崇德太后

孝文帝即位尊母李氏爲淑妃太元三年進爲貴人九年又進爲夫人十二年加爲皇太妃儀服一同太后十九年尊爲皇太后稱崇訓宮

安帝隆安元年二月尊皇太后李氏爲太皇太后

後魏獻文即位尊文成皇后馮氏爲皇太后

孝文帝即位尊馮太后曰太皇太后

孝明帝即位尊宣武皇后高氏爲皇太后又尊所生母胡氏爲皇太妃後又尊爲太后

後周武帝即位尊母叱奴氏爲皇太后又尊愍帝后

冊府元龜　帝王部　尊親　卷之三十八　七

元氏爲孝愍皇后先是愍帝被廢后出俗爲尼至是尊焉

宣帝即位尊愍帝阿史那皇后爲天元上皇太后又尊所生母李氏爲天元聖皇太后

靜帝受禪尊天元皇太后爲天元上皇太后天皇太后李氏曰天元聖皇太后又立宣帝天元皇湯氏爲天元太皇后又尊所生母天元后朱氏爲天元太后天后皇后元氏爲天后太皇后天元皇后陳氏爲天元太皇后

唐中宗神龍元年正月即位上天后尊號爲則天大聖

六月以時屬炎暑恐則天皇后勞于臨御遂罷十日一外朝更以朔望爲嘗儀

玄宗開元四年正月戊寅朔帝御正殿受朝賀禮畢親朝太上皇於西宮

肅宗時太上皇居興慶宮每日問安寢門聖皇亦時至大明宮問皇帝及太上皇移於內地更選後宮爲聖皇所愛者百餘人赴西宮備灑掃又令萬安咸宜二長公主入侍養服御饌食窮以珍奇加于當日皇帝問安如舊

冊府元龜　帝王部　尊親　卷之三十八　八

憲宗永貞二年春正月庚子朔帝率百寮於興慶宮奉冊上太皇尊號事在尊號門

元和元年三月乙丑中書門下上表請尊太上皇后王氏爲皇太后詔依

穆宗以元和十五年正月即位帝母憲宗貴妃郭氏是年閏月乙卯詔曰朕光膺寶曆正位宸居太行皇帝貴妃尊冠六宮母臨萬國謹上尊號曰皇太后

敬宗寶曆二年十二月戊申始聽政尊皇太后曰太皇太后聖母王氏爲皇太后

文宗即位尊聖母蕭氏爲皇太后

太和元年五月壬戌朔帝赴興慶宮起居太皇太后宗正卿李銳率諸宗屬詣右銀臺門進名起居丙寅帝赴興慶宮上壽內外端午進獻如當歲

四年四月以有司貢新瓜獻赴興慶宮奉太皇太后及皇太后并分賜十宅諸王巳下初有司以帝命送諸宮時歲饒味雖太后之尊一槩以賜爲名帝始即位嘗因內園進櫻桃將以賜三宮太后帝曰焉可以爲賜因援筆易其文薄曰奉太后自是以爲常

十一月巳亥日南至帝繇複道謁太皇太后寶曆太后于興慶宮

五年正月庚子朔以陰雨連旬罷元會之禮帝複道朝賀太皇太后于興慶宮

六年正月乙未朔以久雪廢元會帝赴興慶宮起居太皇太后義安太后

宣宗即位尊母鄭氏爲皇太后

僖宗即位尊聖母王氏爲皇太后

哀帝二年五月有司修皇太后宮畢中書奏皇太后慈惠臨人寬仁馭物景叶俔天之兆克彰誕聖之符今輪奐新宮規模舊典崇訓既徵於信史積善宜顯於昌期太后宮請以積善爲名從之

後唐莊宗即位尊母曹氏曰皇太后又册武皇夫人劉氏爲太妃同光中詔曰皇太后母儀天下子視群生當別建宮闈顯標名號爰因稱謂益表尊嚴宜以長壽宮爲名

三年正月甲午朔皇太后生辰帝御嘉慶殿召諸王家宴極歡而罷

閔帝即位尊明宗皇后曹氏曰皇太后又册王氏爲皇太妃

晉少帝嗣位册高祖皇后李氏爲皇太后尊母王氏爲皇太妃

漢隱帝即位尊高祖皇后李氏爲皇太后

尊師

周禮師氏以媺詔王傳曰詔於天子無北面又曰當其爲師則弗臣然則尊賢貴德承師問道屈萬乘之重明五學之義上以達經國之要下以得化人之本是知尊師重傳則法度存雖曰聖人必繇學也嚴恭之道於是在焉若乃尊其爵位委以樞要厚師臣之遇執弟子之禮或不名以示恩或乞言以敦教生則優其奉祿歿則賞其渥澤至於幸第以存問變服以臨弔皆所以成主善之美繇諮德之旨誠帝者之懿

範也故曰雖天子必有尊也斯之謂歟

神農師悉諸悉姓諸名

黄帝師大撓大撓作甲子者一云學乎太眞

顓頊師伯夷父一云學乎太眞

帝嚳師伯招一云學乎赤松子

帝堯師子州支父一云學乎尹壽

帝舜師許由一云學乎務成跗

夏禹師大成摯一云學乎西王國

商湯師小臣即伊尹一云學乎威子伯

高宗學先王之道於甘盤甘盤賢臣有道德者

周文王既爲西伯師呂尙東海上人蓋嘗窮困年去矣以漁釣于西伯事具宰輔佐命門西伯與語大說曰自吾先君太公曰當有聖適周以興子眞是邪吾太公望子久矣故號之曰太公望立爲師一云學乎錫疇子斯

武王欲修文王業東伐以觀諸侯集師行師尙父太公望也師之尙之父之故曰師尙父亦男子之美號者也及踐阼詔師尙父而問焉曰昔黄帝顓頊之道存乎意亦忽不可得見與師尙父曰在丹書王欲聞之則齊矣王齊三日端冕師尙父亦端冕奉書而入負屛而立王下堂南面而立師尙父曰先王之道不北面王行西折而南東面而立師尙父西面道書之言

成王以周公爲太師公薨成王葬於畢不敢臣周公故使近文王之墓

漢昭帝時光祿大夫給事中蔡義以韓詩進授帝數歲拜爲少府遷御史大夫代楊敞爲丞相封陽平侯義爲丞相年八十餘短小無鬚眉貌似老嫗行步俛僂即俯字也常兩吏扶夾乃能行時大將軍霍光秉政議者或言光置宰相不選賢苟用可顓制者顓與專同光聞之謂侍中丞右及官屬曰以爲人主師當爲宰相何

謂云云云云衆語謂有不選賢之言也此語不可使天下聞也又韋賢爲博士給事中以詩進授帝稍遷光祿大夫詹事至大鴻臚宣帝即位以先帝師甚見尊重

元帝爲太子時孔霸以太中大夫以選授皇太子經遷詹事高密相是時諸侯王相在郡守上帝即位徵霸以師賜爵關内侯食邑八百戸號褒成君爲帝師教令成就故曰褒成君給事中加賜黄金二百斤第一區徙名數于長安及薨帝素服臨弔者再至賜東園秘器錢帛策贈以列侯禮謚曰烈君

初元中制詔御史曰國之將興尊師而重傅故前將

軍望之蕭姓傅朕八年道以經術厥功茂焉其賜望之爵關內侯食邑六百戶給事中朝朔望坐次將軍

周堪初爲太子少傅及帝即位堪爲光祿大夫與蕭望之並領尚書事

歐陽地餘初爲元帝太子中庶子授經後爲博士論石渠及帝即位侍中貴幸至少府

成帝爲太子時張禹鄭寬中皆授經於帝及即位以師賜爵關內侯寬中食邑八百戶禹六百戶拜爲諸史光祿大夫秩中二千石給事中領尚書事建始中鄭寬中卒谷永上疏曰臣聞聖王尊師傅襃

賢儁顯有功生則致其爵死則異其禮謚者周公薨以變禮而當天心周公死成王欲葬之於成周天方雷雨以風盡偃大木斯拔國大恐王乃葬周公于畢示不敢臣也事見尚書大傳而與古文書不同公叔文子卒衛侯加以美謚著爲後法公叔文子衛大夫公叔發也文子卒其子請謚於君君曰昔日衛國凶饑夫子爲粥與國之餓者不亦惠乎衛國有難夫子以其死衛寡人不亦貞乎夫子聽衛國之政脩其班制以與四鄰交衛國社稷不辱不亦文乎謂夫子貞惠文子近事大司空朱邑右扶風尹翁歸德茂天年孝宣皇帝愍冊厚賜賛命之臣靡不激揚賛佐也關內侯鄭寬中有顏子之美質包商偃之文學論語云文學子游子夏商子夏名偃子游名嚴然總五經之妙論立師傅之顯位入則鄉唐虞之閎道王法納乎聖德閎大也言陳聖王之法聞于天子出則參冢宰之重職功烈施乎政事退食自公私門不開退食自公召衛羔羊詩之辭書貶退所食之祿務從至公之道也散賜九族田畝不益德配周召中合羔羊未德登司徒有家臣司徒掌禮教之臣言寬中學行堪爲之也家臣若今諸公國官及輔佐也卒然早死尤可悼痛臣愚以爲宜加其葬禮賜之令謚令善也以章尊師襃賢顯公之德鴻嘉中張禹老病乞骸骨帝加優再三廼聽許賜安車駟馬黃金百斤罷就第以列侯朝朔望位特進見禮如丞相置從事史五人益封四百戶天子數加賞賜前後數千萬禹雖家居以特進爲天子師國家每有大政必與

定議大將軍王根害禹寵數毀惡之惡謂言其過惡天子愈益敬厚禹每病輒以起居聞謂其食飲寢臥之增損車駕自臨問之帝親拜禹牀下

平帝年幼選署師友大司徒孔光以明經高行爲孔氏師京兆尹金欽以家世忠孝爲金氏友

後漢明帝爲太子時桓榮以少傅授太子經學及即位尊榮以師禮甚爲親重拜二子爲郎榮年踰八十自以衰老數上書乞身輒加賞賜乘輿嘗幸太常府令榮坐東面設几杖會百官驃騎將軍東平王蒼以下及榮門生數百人天子親自執業每言輒曰太師

在是既罷悉以大官供具賜大常家其恩禮若此
永平二年三雍初成拜榮爲五更每大射養老禮畢帝輒引榮及弟子升堂執經自爲辨說乃封榮爲關內侯食邑五千戶榮每疾病輒遣使者存問大官大醫相望於道及篤上疏謝恩讓還爵土帝幸其家問起居入街下車擁經而前撫榮垂涕賜以牀茵帷帳刀劒衣被良久乃去自是諸侯將軍大夫問疾者不敢復乘車到門皆拜牀下榮卒帝親自變服臨喪送葬賜冢塋于首山之陽除兄子二人補四百石其講生八人補二百石其餘門徒多至公卿

五年以侍中右中郎將包咸爲大鴻臚咸建武中以郎中入授皇太子論語又爲其章句拜諫議大夫帝即位每進見賜以几杖入朝不趨贊事不名經傳有疑輒遣小黄門就舍即問帝以咸有師傅恩而素清苦常特賞賜珍玩束帛奉祿增於卿咸皆散與諸生之貧者病篤帝親輦駕臨視

章帝爲太子時張酺侍講及即位出爲東郡太守元和二年東巡狩幸東郡引酺及門生并郡縣掾史並會庭中帝先備弟子之義使酺講尚書一篇然後修君臣之禮賞賜殊特莫不沾洽

魏高貴鄉公幸大學命大常王祥爲三老祥南面几杖以師道自居天子北面乞言祥陳明王聖帝君臣政化之要以訓之聞者莫不砥礪

晉明帝即位以東宮時師傅猶宜盡敬乃下詔曰朕以不德夙遭閔凶猥以眇身託于王公之上哀煢在疚靡所諮仰憂懷惴惴如臨于谷孔子有云故雖天子必有尊也朕將祗奉先師之禮以諮有德大宰西陽王（名羕）秩尊望重在貴思降丞相武昌公（王敦）司空即丘子（王導）體道高邈勳德兼備先帝執友朕之師傅太常安陽侯訓保朕躬忠肅篤誠夫崇親尊賢先帝所

重朕見四君及書疏儀體一如東宮故事

後魏明帝在藩邸時梁越以上大夫授諸皇子經書及即阼以師傅之恩賜爵祝阿侯

大武爲監國時盧醜以篤學博聞授經後以師傅舊恩賜爵濟陰公

宣武爲太子時孫惠蔚侍講東宮及即位之後仍在左右敷訓經典延昌二年追賞侍講之勞封棗彊縣開國男食邑三百戶

後周武帝少嘗受業於盧光及即位以光爲陝州總管府州長史卒贈賻有加嘗典贈太子少保

唐玄宗爲太子時褚無量以國子祭酒侍讀及即位加右散騎常侍與秘書監兼昭文館學士馬懷素同爲侍讀每次閤門則令乘肩輿以進上居別館以路遠則命宮中乘馬或親自送迎以申師資之禮開元六年懷素卒帝爲之舉哀廢朝一日贈潤州刺史物三百段米粟二百石喪事所需並官給八年褚無量卒帝震悼久之謂宰相宋璟蘇頲等曰無量碩儒且有德業朕早所師習每用尊崇三史九經前言往行有可以裨益時政規正朕躬未嘗不造膝切論所聞其屬纊之時難以脩書爲儀永念其逝實軫予懷庶

事宜皆優厚

德宗居春宮張涉爲侍讀及即位之夕召涉入宮庶政小大皆咨之恩禮甚崇多所弘益

尊乳保

禮曰國君世子生三日卜士之妻大夫之妾使食之又曰擇於諸母與可者必求其寬裕慈惠溫良恭敬謹而寡言者次爲保母皆居子室蓋所以資保阿之力育端聖之體如渭城淮陽厥功茂焉厚賞其子錫之公田亦無爽古三年勞賜之意也降及東漢其禮益厚元魏之世至有僭母后之號濫陵寢之名者亦已甚乎故當以義斷恩以禮制事而取厥中焉

漢武帝少時東武侯母嘗養帝帝後號之曰大乳母率一月再朝朝奏暮入有詔使幸臣馬游卿以帛五十疋賜乳母又奉飲飱養乳母乳母上書曰某所有公田願得假倩之帝曰乳母欲得之乎以賜乳母乳母所言未嘗不聽有詔得令乳母乘車行馳道中當此之時公卿大臣皆敬重乳母乳母家子孫奴從者橫暴長安當道掣頓人車馬奪人衣服聞於中不忍寘之法有司請徙乳母家室處之於邊奏可即入見辭去時有所幸倡郭舍人疾言罵之曰咄老女子何不疾行陛下已壯矣寧尚須汝乳而活邪帝悲下乃

下詔止無徙乳母

宣帝生數日以武帝曾孫坐衛太子事繫郡邸獄故廷尉監丙吉知太子無事實重哀曾孫無辜擇謹厚女徒令保養曾孫置閒燥處（閒寬爭也燥高敞也）吉治巫蠱事連歲不決曾孫病幾不全者數焉吉數敕保養乳母加致醫藥視遇甚有恩惠及帝即位吉絕口不道前恩地節三年掖庭宮婢則（則婢名也史失其姓）令民夫上書自陳有阿保之功（謂未爲宮婢時有舊夫在民間）辭引吉吉謂則曰汝嘗坐養皇曾孫不謹督笞汝安得有功（督謂視察之）獨渭

城胡組淮陽郭徵卿有恩耳分別奏組等供養勞苦
伏詔吉求組徵卿巳死有子孫皆受厚賞詔免則爲
庶人賜錢十萬
後漢安帝封乳母王聖爲野王君聖因保養之勤緣恩放恣女伯榮出
入宮掖傳通姦釁司徒震上疏曰臣聞聖以得賢爲
本禮以去穢爲務是以唐虞俊乂在官四凶流放天
下咸服以致雍熙方今九德未敘嬖倖充庭阿母王
聖出自賤微得遭千載奉養聖躬雖有推燥居濕之
勤前後賞惠報過勞苦而無厭之心不知紀極外交
屬託擾亂天下損辱清朝玷於日月書戒牝雞晨鳴
詩刺哲婦喪國昔鄭莊公從母氏之欲恣驕弟之情
幾至危國然後加討春秋貶之以爲失教夫女子小
人近之喜遠之怨實爲難養易曰無攸遂在中饋吉
婦人不得與知政事也宜速出阿母令居外舍斷絕
伯榮莫使往來令恩德兩隆上下俱美惟陛下絕婉
孌之私割不忍之心留神萬機戒愼拜爵減省獻御

損節徵發令野無鴂鳴之歎朝無小明之悔大東不
興於今勞止不怨於下追蹤往古比德哲王豈不休
哉奏入帝以示阿母等內倖
皆懷忿恚餘具宰輔諫諍門
順帝封乳母宋娥爲山陽君邑五千戶初帝自太子
廢爲濟陰王娥與黃門孫程等共議立帝帝後以
娥前有謀遂封之
靈帝封乳母趙嬈爲平氏君其後蔡邕上疏曰前者乳母趙嬈貴重天下生
則貲藏侔於天府死則丘墓踰於園陵
兩子受封兄弟典郡疏具諫臣直諫門
晉元帝中興乳母阿蘇有乳保之功賜號保聖君
成帝以乳保母周氏有阿保之勞欲假其名號內外
皆奉詔侍中顧和獨上疏以爲周氏保佑聖躬不遺
其勳第舍供給擬於戚屬恩澤所加已爲過隆若假
名號記籍未見明此惟漢靈帝以乳母趙嬈爲平氏
君此末代之私恩非先代之令典若君舉必書將軌
物垂則書而不法後嗣何觀帝從之
後魏太武始光二年尊保母竇氏曰保太后延和元
年尊爲皇太后初竇氏以夫家坐事與二女俱入宮
操行純備進退以禮明元命爲帝保母性仁慈帝感
其恩訓奉養不異所生既尊爲皇太后又封其弟偏
頭爲遼東王竇氏訓整內外甚有稱聲性恬素寡欲
喜怒不形於色好揚人之善隱人之過帝征涼州蠕

蠕吳提入寇太后命諸將擊走之太平眞君元年詔
太保盧魯元監護喪事天下大臨三日謚曰惠葬崞
山從后意也初后嘗登崞山顧謂左右曰吾母養帝
躬敬神而愛人若死而不滅必不可爲賤鬼然於先
朝本無位次不可違禮以從園陵此山之上可以終
託故葬焉別立后寢廟於崞山建碑頌德
文成帝初立尊保母常氏爲保太后興安二年三月
尊爲皇太后常氏本遼西人因事入宮乳帝有劬勞
保護之功累尊爲皇太后其兄英字世華自肥如令
超爲散騎常侍鎭軍大將軍賜爵遼西公弟喜拜鎭

東大將軍祠曹尚書帶方公三妹皆封縣君妹夫王賭爲平州刺史遼東公追贈英祖父符監扶風大守該爲征西將軍遼西蘭陵公父渤海太守澄爲侍中征東大將軍太宰遼西獻王英母許氏爲傅陵郡君遣兼太常盧度世持節改葬獻王於遼西樹碑立廟置守冢百家大安初英爲侍中征東大將軍太宰進爵爲王喜左光祿大夫改封燕郡從兄泰爲安東將軍朝鮮侯訢子伯夫散騎常侍選部尚書子員金部尚書喜子振太子庶子三年英領大師評尚書事內都大官代寳泰等州刺史五年詔以太后母宋氏爲

遼西王妃和平元年喜爲雒州刺史初英事宋不能謹而賭奉宋甚至就食於和龍無車牛宋疲不進賭負宋於笈至是宋於英等薄不如賭之篤謂太后曰何不王賭而黜英太后曰英爲長兄門戶主也家內小小不順何足追計賭雖盡力故是他姓奈何居英上本州郡公亦足報耳大安中英爲平州刺史訢爲幽州刺史伯夫進爵范陽公英濁貨徙燉煌諸常自與公及至是皆以親疏受爵賜田宅時爲隆盛後伯夫爲雒州刺史以贓汙欺妄徵斬於京師和平葬於廣寧磨笄山俗謂之鷄鳴山太后遺意也謚曰昭天下大臨三日依惠太后故事別立寢廟置守陵二百家樹碑頌德

唐中宗神龍元年封乳母于氏爲平恩郡夫人

玄宗先天二年五月太上皇誥曰皇帝乳母蔣氏莫氏等行籍柔良心惟靜順禋禖祗事夙効於勤勞并邑分封宜申於寵命蔣氏可封吳國夫人莫氏可封燕國夫人是歲九月詔曰燕國夫人竇氏慈惠和順掌執禮經女憲母師獨高柔則朕在孩幼躬勞乳養遂惟恩義寧忘夙昔聽既往而莫追見如存而永慕撫渭城之事未足爲言視南陽之書益增其感俾錫

朝寵微申朕懷俸料祿課等一准職事三品給

代宗大曆八年六月勅曰古者緣情立禮著慈母之制蓋聖人示德無不報之禮而漢宣帝亦追祿掖庭郡邸嘗有阿保之勤以功深淺並授封賞記于前典歷代是之故妳婆元氏朕在襁褓受其撫育推乾就濕慈愛特深可謂仁人厚惠茂德者矣可贈潁川郡太夫人

憲宗元和五年十月贈保母盧氏爲燕國夫人

哀帝天祐二年九月勅妳婆楊氏可封昭儀妳婆王氏可封郡夫人第二妳婆王氏先昭宗皇帝封郡夫

人今准楊氏例改封中書門下奏曰伏以㚷婆楊氏等保持夙宵善養劬勞且隆恩澤以報勤劬竊以事體參詳合陳管見臣聞周制宮職夫人只列三人漢氏後宮之號十有四位元帝時置昭儀位視丞秩比諸侯王至於列妾繼稱夫人亦無裂土割郡之號以乳母郭徵卿胡維者保養宣帝之功後予孫只受厚賞而無封爵之號且帝外祖母封博平君非乳母之例後漢順帝封阿母宋氏為山陽君則致漢陽地震安帝時封乳母王聖為野王君亦致地震京師其時中正上言亦以封爵過當乃貽厥咎非叶高祖山河之約至晉室中興乳母阿蘇有保元帝之功賜號保帝聖君既非爵邑又彰其功爰擇美名在理甚當至高齊陸令宣以乾阿㚷授封郡君尋亂制度中宗神龍元年封乳母于氏為平恩郡夫人景龍四年封尚食高氏為脩國夫人封爵之失始自于此後睿宗下詔封玄宗乳母莫氏為夫人竊以中宗朝政歸韋氏睿宗朝駕馭軒轅當時無復紀綱歷載竊為訛弊伏以陛下重興寶運再闢丕圖奉高祖太宗之舊行往代前賢故事克臻至道以顯中興庶彙提綱衆務畢舉今者進封保母為郡夫人再

至加恩須至封國夫人竊以婦人無爵從夫之爵以賞功勳則命爵又四方多事方注意公卿以勳勞昭著者室家爵邑自郡夫人今則宣授乳母為郡夫人加恩必及列土朝廷大柄以爵祿為主命爵不定其等差則天下之人無以為貴以為貴功則封比礪山榮室則爵同乳母臣等竊意有室家者實恥之況四海九州之內有功勞安社稷勳賢得不對室家慙於所命之爵其所封乳母楊氏王氏臣等參詳望賜釐華雖居濕推燥畢彰保養之勤但胙土分茅且異疏封之例況昭儀內侍燕寢位列宮嬪夫人則亞列妃嬙供奉左右竊按儀禮乳母緦以其名母方有緦服今則不可以嬪御之號增榮於阿保援于禮文有乖事體宜加眷佑當樹鴻私永示規程以服寰宇臣等商量㚷婆楊氏望賜號安聖君㚷婆王氏望賜號福聖君第二㚷婆王氏望賜號薦聖君從之

周太祖廣順二年九月癸未制敦敘九族紀綏六親生者錫其寵臨沒者優其追贈哲王茂典歷代芳規故南陽郡韓氏婉淑居貞賢明垂範奉嬪率禮與家道於仁孝之基諸母推恩撫朕躬於幼沖之歲朝露溘先而奚速慶雲華陰以彌高宜洽明恩追崇大國式是載揚之美寧攄欲報之情庶俾後昆永覃清懿噫嘻貞魄享此儀章可追封楚國太夫人太祖孩幼而孤楚國撫視敎道有恩故有是命

冊府元龜

巡按福建監察御史臣李嗣京　訂正
知甌寧縣事臣孫以敬　条閱
知建陽縣事臣黄國琦　較釋

帝王部　三十九

睦親

傳曰君子篤於親則民興於仁葢先王因親以教愛
自家邦而達天下也高辛而上書紀靡詳若夫唐堯
親族虞帝大孝夏禹拜敘敘之言商書垂立愛之訓
周家忠厚內睦九族二帝三代以來何莫繇斯也巳

厥後令王率循茲道乃有賜高年之典隆閨門之禮
慰撫恩念發於至誠卹乏振滯形於軫惻逮於弛甸
人之戾續宗正之籍錄其孤息歸其削壤親親之恩
斯爲至矣其帝者之盛德歟
唐堯克明峻德以親九族能明俊德之士任用之以睦高祖玄孫之親九
族既睦平章百姓既已也百姓百官言化九族而平和章明
周成王燕兄弟召公作棠棣之書而歌以親之其詩
曰棠棣之華鄂不韡韡承華者曰鄂鄂是得華之光明則韡韡然盛喻弟之敬事
兄兄以恭覆弟恩義之顯亦韡韡然也　又燕宗室同姓諸侯作湛露之
詩曰湛湛露斯在彼豐草厭厭夜飲在宗載考湛湛露盛
貌豐草喻同姓諸侯也夜飲之禮在宗室同姓諸侯則成之
漢文帝四年五月復諸劉有屬籍家無所與賜諸侯
王子邑各二千戶
武帝初即位方好藝文以淮南王安屬爲諸父安于武帝服屬爲從父叔父
辨博善爲文辭甚尊重之每宴見談說得
失及方技賦頌昏暮然後罷元朔二年賜几杖不朝
泚陽王子福爲海常侯坐法失爵武帝平閩粵封福
爲繚嫈侯從軍無功以宗室故侯
衡山王賜淮南王安之弟也安謀反賜當坐收有司
請逮捕衡山王帝曰諸侯各以其國爲本不當相坐

建元三年諸侯王來朝帝初即位大臣多寃鼂錯之
策皆以諸侯連城數十泰强欲稍侵削數奏暴其過
惡諸侯王自以骨肉至親先帝所以廣封連城犬牙
相錯者爲磐石宗也今或無罪爲臣下所侵辱有司
吹毛求疵笞服其臣使證其君多自以侵寃至是天
子置酒中山王勝聞樂聲而泣因言群臣黨議朋友
相爲使夫宗室擯卻骨肉氷釋於是帝乃厚諸侯之
禮省有司所奏諸侯事加親親之恩焉
元光元年四月復七國宗室前絶屬者
昭帝後元二年二月即位七月賜長公主及宗室昆

弟各有差

始元二年以宗室毋在位者舉茂才劉辟疆劉長樂皆爲光祿大夫辟疆守長樂衛尉長樂宮之衛尉也

宣帝地節元年六月詔曰蓋聞堯親九族以和萬國朕蒙遺德奉承聖業惟念宗室屬未盡而以罪絶若有賢材改行勸善其復屬使得自親

甘露三年烏孫楚主解憂上言年老思土願得歸骸骨葬漢地天子閔而迎之公主與烏孫男女三人俱來至京師公主年且七十賜以公第田宅奴婢奉養甚厚朝見儀比公主後二歲卒三孫因留守墳墓解憂

楚王戊之孫也

成帝即位以淮陽王欽屬爲叔父敬寵之異於它國王上書自陳舅張博時事頗爲石顯等所侵因爲博家屬徙者求還丞相御史復劾欽前與博相遺私書指意非諸侯所宜蒙恩勿治事在赦前不悔過而復稱引自以爲直失藩臣禮不敬上加恩許王還徙者

建始二年秋罷太子博望苑武帝爲衛太子作此苑令受賓客也以賜宗室朝請者

平帝元始元年詔宗室爲吏舉廉佐史補四百石古宗室爲吏者皆令舉廉各從本族而依廉吏遷之爲佐史若例補四百石

後漢光武建武二年十二月詔曰惟宗室列侯爲王莽所廢先靈無所依歸朕甚愍之其並復故國若侯身已殁屬所上其子孫見名尚書封拜屬所謂侯子孫所屬之郡縣也録其見名上于尚書封拜之

十三年二月詔宗室及絶國封侯者一百七十三人

明帝時廣陵王荆有罪自殺帝封荆子元壽爲廣陵侯服王璽綬食荆故國六縣又封元壽弟三人爲鄉侯明年帝東巡狩徵元壽兄弟會東平宮班賜御服器物又取皇子輿馬悉以與之

濟南王康在國不循法度交通賓客其後人上書告

康招來州郡姦猾漁陽顏忠劉子彦等又多遣其繒帛案圖書謀議不軌事下考有司舉奏之帝以親親故不忍窮竟其事但削祝阿隰陰東朝陽安德平西昌五縣建初八年章帝復還所削地

永平四年四月楚王英有罪自殺帝制詔英母許太后曰國家始聞楚事幸其不然既知審實懷用悼灼庶欲宥全王身令卒天年而王不念顧太后竟不自免此天命也無可奈何太后其保養幼弱勉飲食諸許願王富貴人情也已詔有司出其有謀者令安田宅許太后璽復遣光祿大夫持節弔祠留護喪事賻

錢五百萬又遣謁者備王官屬迎英喪改葬彭城加
王赤綬羽蓋華藻如嗣王儀追爵謚曰楚厲侯帝幸
彭城見英夫人及六子厚加贈賜

章帝建初三年帝饗衛士於南宮因從皇太后周行
掖庭池閣乃閲陰太后舊時器服愴然動容乃留五
時衣各一襲（五時衣謂春青夏朱季夏黄秋白冬黑也衣單複具曰襲）及嘗所御
衣合五十篋餘悉分布諸王及子孫在京師者各有
差時賜東平憲王蒼及瑯琊王京書曰中大夫奉使
親聞動靜嘉之何巳歲月驚過山陵浸遠孤心悽愴
如何如何間饗衛士於南宮因閲視舊時衣服聞於

師曰其物存其人亡不言哀而哀自至信矣惟王孝
友之德亦豈不然合送光烈皇后假紒帛各一（周禮追師
掌王后之首服爲副副編鄭玄云副婦人首服三輔謂之假紒續漢書帛字作皂）及衣一篋
可時奉瞻以慰凱風寒泉之思（詩國風曰凱風美孝子也凱風自南吹彼
棘心棘心夭夭母氏劬勞爰有寒泉在浚之下有子七人母氏勞苦寒泉在今濮州濮陽縣）又欲
令後生子孫得見先后衣服之製今魯國孔氏尚有
仲尼車輿冠屨明德盛者光靈遠也（孔子廟在魯曲阜城中年緝之
從征記曰魯人藏孔子所乘車於廟中是顏路所請者也獻帝時廟遇火燒之冠屨鮮見鍾離意傳）其
光武皇帝器服中元二年巳賦諸國故不復送并遺
苑馬一匹血從前髆上小孔中出嘗聞武帝歌天馬
霑赤汗今親見其然也（前書天馬歌曰太一況天馬下沾赤汗沫流赭）須及
虜尚屯將帥在外憂念遑遑未有閒寧願王寶精神
加供養若言至戒望之如渴六年蒼上疏求朝明年
正月帝許之特賜裝錢千五百萬其餘諸王各千萬
帝以蒼冒涉寒露遣謁者賜貂裘及大官食物珍果
使大鴻臚竇固持節郊迎帝乃親自循行邸豫設帷
牀其錢帛器物無不充備下詔曰禮伯父歸寧乃國
詩云叔父建爾元子敬之至也昔蕭相國加以不名
優忠賢也況兼親尊者乎其濟南東平中山西王贊
皆勿名蒼既至升殿及拜天子親答之七年大鴻臚

奏遣諸王歸國帝特留東平王蒼賜以秘書列僊圖
道術秘方至八月飲酎畢有司復奏遣蒼乃許之手
詔曰骨肉天性誠不以遠近爲親疎然數見顏色情
重昔時念王久勞思得還休欲署大鴻臚奏不忍下
筆顧受小黄門中心戀戀惻焉不能言於是車駕祖
送流涕而訣復賜乘輿服珍寶輿馬錢布以億萬計

和帝永光十五年幸章陵祠舊宅會宗室於舊廬勞
賜作樂

元興元年宗室以罪絕者悉復屬籍

安帝元初大年任城國相行弘奏王安輕易貪吝請

廢之帝不恐以一歲租五分之一贖罪
順帝陽嘉元年詔宗室絶屬籍者一切復籍質帝即位還王侯所削戶邑
靈帝熹平二年愍王寵嗣陳王國相師遷追奏前相魏愔與寵共祭天神希幸非冀罪至不道有司奏遣使者案驗是時新誅渤海王悝帝不恐復加法詔檻車傳送愔遷詣北寺詔獄使中常侍王酺與尚書令侍御史雜考愔辭與王共祭黃老君求長生福而已無他冀幸酺等奏愔職在匡正而所爲不端遷誣告其王罔以不道皆誅死有詔赦寵不案

中平三年黄巾賊起甘陵王忠爲國人所執既而釋之帝以親親故詔復國
魏太祖時族子真字子丹少孤帝哀之收養與諸子同使與文帝共止
明帝太和五年八月詔曰古者諸侯朝聘所以敦睦親親協和萬國也先帝著令不欲使諸王在京都者謂幼主在位母后攝政防微以漸關諸盛衰也朕惟不見諸王十有二載悠悠之懷能不興思其令諸王及宗室公侯各將適子一人朝後有少主母后在宮者自如先帝令申明著于令

景初中詔曰陳思王植雖有過失既克己慎行以補前闕且自少至終篇籍不離于手誠難能也其收黄初中諸奏植罪狀公卿已下議尚書中書秘書三府大鴻臚者皆削除之撰録植前後所著賦詩銘雜論凡百餘篇副藏内外
晉明帝即位西陽郡王羕放縱兵士刼鈔所司奏免羕官詔不問
恭帝時有庾戌制不得藏戶彭城王玄匿五戶桓溫表玄犯禁收付廷尉既而宥之
後魏道武即位泰明王翰子儀以事賜死儀子纂五

歲帝命養於宮中恩與諸皇子同時襲衛王儀坐事死道武欲敦宗親之義詔引諸王子弟令入宴常山王素等三十餘人咸謂與衛王相坐疑懼皆出逃遁將奔蠕蠕唯陳留王崇獨至帝見之甚悦厚加禮賜遂寵敬之素等於是亦安
明元永興四年十一月内賜宗室近屬南陽王良已下至於緦麻之親布帛各有差
太武嘗顧樂安王範之長子良曰兄弟之子猶子也親撫養之長而壯勇多知嘗參國大計
獻文時崇舊齒拜華山王鷙曾孫襄陽侯乞斤外都

大官甚優重

孝文太和十一年五月詔復七廟子孫及外戚緦麻服已上賦役無所與

十七年三月壬戌宴四廟子孫於文宣堂帝親與之齒行家人之禮又嘗宴王公侍臣於清徽堂命黃門郎崔光郭祚通直郎邢巒崔林等賦詩言志燭至公卿辭退李沖再拜上千萬歲壽帝曰卿向以燭至故辭復獻千萬之壽朕報卿以南山之詩帝曰燭至辭退庶姓之禮在宗載考宗族之義卿等且還朕與諸王宗室欲成此夜飲又云孝文詔延四廟之子下逮玄孫之胄申宗宴于皇信堂不

以爵秩爲列悉序昭穆爲次用家人之禮

汝陰王天賜景穆之子坐貪殘削除官爵卒帝素服哭於思政觀贈本爵葬從王禮

南安王楨出爲相州刺史帝餞楨於華林都亭詔曰從祖南安既之藩任將曠違千里豫懷惆戀然今者之集雖曰分岐實爲曲宴並可賦詩申意射者可以觀德不能賦詩者可聽射也當使武士彎弓文人下筆孝文送楨於階下流涕而別楨坐事削除毋劉太妃薨孝文親幸臨慰及葬贈布帛綵五百段

齊郡王簡文成第四子帝嘗與簡俱朝元明太后於皇信堂簡居帝之右行家人禮遷太保孝文仁孝以諸父零落存者唯簡每見立以待之俟坐致敬問起居停簡拜伏文帝將議革變舊風大臣有難色又每引劉芳郭祚等密與規模共論時政國戚謂遂疏己怏怏有不平之色乃令陸凱私喻之曰至尊但欲廣知前事直當問其古式耳終無親彼而相疏也國戚舊人之意乃稍改遷雖改官制服飾禁絕舊言東陽公丕皆所不願帝亦不逼之但誘示大理令其不生同異至於衣冕已行朱服列位而丕猶常服列在坐隅晚乃稍加葉帶而不能脩飾容儀帝以丕年衰體

重亦不強責及罷降非道武子孫及異姓王者強駁於公爵而利享封邑亦不減

獻子文雍爲高陽王帝時幸雍第皆盡家人之禮

北海王詳獻文之子領司徒侍郎錄尚書事嘗別住華林之西隅與都亭宫路密邇相接亦通後門帝每潛幸其所肆飲終日其寵如此又詳拜受因其私慶請帝帝頻幸南第御其後堂與高太妃相見呼爲阿母伏而上酒禮若家人臨出高每拜送舉觴祝言願官家千萬年壽歲歲一至妾母子舍也

孝平熹明二年戊戌八月宴道武已來宗室年十五

以上於顯陽殿用家人之禮

又詔曰皇魏開基道邁周漢禪建二都德盛百祀雖帝祚蕃衍親賢並茂而猶沉屈素里曲褐衡門非所謂廣命戚族翼屏王室者也今可依世近遠敘之列位

正光中詔曰周德崇厚蔡仲享國漢道仁恕淮南畢王皆所以申恩赦戚躡蹤舊釁義彰曩策詠流前史頃者咸陽京兆王自貽禍敗事縣間或猶有可矜兩門諸子並可聽附屬籍中山王熙弟略以熙舉兵略遂奔梁梁用爲宣城太守俄而徐州刺史元法僧據

城南叛州內士庶皆爲法僧擁逼梁武乃以略爲大都督令詣彭城接誘初附略至屯於河南爲安樂王監所略唯數十騎入城梁蕭遣其豫章王綜鎮徐州徵略與法僧同還略雖在江南自以家禍晨夜哭泣與法僧言未嘗一笑梁復除略衡州刺史未行會綜以城歸國綜長史江革司馬祖暅將士五千人悉見擒虜孝明勑有司悉遣革等還南因以徵略梁乃備禮遣之略之將還也梁爲置酒餞別賜金銀百斤梁之百官悉送別江上遣其右衛徐確率百餘人送至京師孝明詔光祿大夫刁雙境首勞問又勑徐州賜布帛各千疋除略侍中義陽王食邑一千戶還達石人驛亭詔宗室親黨內外百官先相識聽迎之近郊賜帛三千疋宅一區其司馬始賓除給事中領直後栗光法本縣令刁昌東平太守刁雙西兗州刺史其略所至一餐一粟之處無不霑賞尋改封東平王

孝昌二年閏十一月詔曰頃舊京淪覆中原喪亂宗室子女籍在七廟之內爲雜戶濫門所拘辱者悉聽離絕

陸昕之尚獻文女常山公主無男以昕之從兄道第四子彰爲後彰妻即咸陽王禧女禧誅養彰城王弟

莊帝親之略同諸姊

西魏文帝大統七年十二月御憑雲觀引見諸王敘家人之禮手詔爲宗誡十條以賜之

後周太祖姊建安長公主賀蘭祥年十一而孤居喪合禮長於舅氏特爲帝所愛

邵惠公顥第二子導之子廣曾侍食高祖所食瓜持以奉進高祖悅之

隋高祖時河間王弘字辟惡帝從祖弟也父元孫死齊爲周所并弘始入關與帝相得帝哀之爲買田宅

唐高祖於宗親彌見敦睦每迎拜揖如家人之禮焉

武德七年四月丙午宴王公親屬於文明殿高祖見長平王太妃以尊屬從家人禮降階再拜酒小閣從坐翠華殿帝賦詩王公遞上壽賜帛各有差

太宗貞觀十五年五月丁未幸濟比公李瑊第敦親親也

十七年二月辛巳朔帝謂侍臣曰前代皇王莫不疎弟愛子唯漢明帝曾賜諸王不令子多於弟良史書之垂美後葉我罔極之恩情鍾諸弟於是內外諸王同有班賜

五月辛酉改葬元昌及祐以國公之禮元昌毋妻子

並宥給其田宅（元昌高祖第七子也初封漢王坐太子承乾事死焉祐太宗第五子初封齊王亦以反死）

十八年三月甲午幸同安大長公主第帝以主春秋高嘗有風疾故親加省視賜絹五百疋侍主疾者賜絹有差

膠東公道彥淮安王神通之子丁父憂廬於墓側容貌柴毀帝聞而加歎令侍中王珪就加開喻

河間王孝恭貞觀中為襄州行臺左僕射人或告其謀反者徵還京師為憲司所告赦拜左金紫光祿大夫

高宗以貞觀二十二年五月即位諸王及舊在藩者並加真封蒲一千戶賜物三千段中馬十匹

彭王元則薨高宗為之舉哀贈司徒荊州都督柩車至京帝復罷朝命百官及諸親就第展哀及發引帝登望春宮望之而哭

中宗神龍六年二月詔皇室子孫諸王妃主駙馬等自垂拱已來非命者皆不預宜令州縣尋求處所以牲牢致祭仍追復官爵備禮改葬其王并令陪葬昭獻二陵有嗣者即令承襲無嗣者聽取近親為後

三月制曰君臣朝序貴賤之禮斯殊兄弟天倫先後

之儀亦異聖哲之制率繇斯道朕臨茲寶極信在崇高負扆當陽雖受宗枝之敬退朝私謁仍用家人之禮近代以來罕遵軌度王及公主曲致私情姑叔之尊拜於子侄違法背禮情用惻然自今已後宜從華弊安國相王及太平公主更不得輒拜衛王重俊兄弟及嘗寧公主弟姨妹等先告宗屬知朕意焉（先是諸王及公主皆以親為貴天子之子諸臣叔見者必先拜告致啓事帝志欲敦敘親族故下制以華斯俗）

睿宗唐隆元年七月制曰皇后公主既尊且親有遷幽之義無戮辱之典倉卒之時亂兵所及致不以禮深用憮然宜矜罪戾且慰泉壤韋氏可一品禮葬悖

逆庶人可三品禮葬所司准式譙王重福以反逆誅睿宗詔曰集州刺史譙王重福幼則兇頑長而險詖幸託體於先聖嘗通交於巨逆不臣不子自絕於天有國有家莫容於代往者頗不含忍令幽縶自太行晏駕韋氏臨朝將肆屠滅尤加防衛洎天有成命集于朕躬未懷猶子之情庶叶先親之義所以開置寮屬往膺刺舉冀其悛改以怙恩榮而詿誤有徒狂彼未息便即私出均州詐乘驛騎至於都下遂逞其謀先犯屯兵次燒左掖計窮力屈投河而斃雖人所共棄邦有常刑我非不慈爾自招咎且聞其故有惻於

懷昔劉長既殁楚英遂殞以禮收葬抑惟舊章宜法申恩宜仍舊寵可以二品禮葬

玄宗先天二年二月詔曰朕奉天明命虔受睿圖而皇室子弟未能稱職堂侄餘慶承煦紹宗行淹祚洛爾從弟璡志謙等不能謹身奉法而乃輕侮國章擯斥邊隅未爲塞責朕憫其愚昧屈法申恩並追赴京令於國子監安置讀書如悔過自新克復先訓所司條奏當議其官皇宗親更有左貶嶺南邊遠州非惡逆緣坐等色中亦宜准此其有見任別駕年齒尚幼未堪理百姓者宜委中書門下及新興郡王晉李斯訓等簡擇追赴京其祿俸一事已上並本州委勾當每季付送入京分付其餘慶等本州祿亦准此宗親中有才行灼然爲衆推揖者按察使具以名聞朕當擢以不次自今後有犯贓私違禮經者准法科處刑茲無捨庶敦睦之情必聞於九族自家刑國允洽於群心宜各勉勵以識朕意

開元六年十一月丙申玄宗親謁太廟下詔七廟元皇帝已上三祖枝孫恐有失官序者宜各五品京官皇妣諸家有子孫今在選敍者量加甄擇

十一年太原祀后土畢大赦天下皇親中有文武才

用堪任使者委宗正具名薦以當有獎擢

十四年勅曰停繼國王禮合停廢以朕近屬特宜並封郡王乃降封再從兄將作大匠嗣江王禕等爲郡王褕爲廣漢郡王再從叔太子員外率更令嗣密王徹爲濮陽郡王再從兄太子員外家令嗣越王琚爲中山郡王

十五年七月戊戌幸寧王憲之第憲誕辰也

二十五年五月辛丑命有司選宗子有才者宗正薦四從叔前奉天令知正四從叔前祁縣令志遠五從弟雒陽尉遇六從弟酸棗丞良五從弟武進尉雎五

從姪鄭縣尉贍五從姪前宋州參軍承嗣皆受臺省
官及法官京縣官詔曰至公之用本無偏黨唯善所
在豈隔親疎四從叔知謐等咸有才名見推公族秉
惟清之操兼致遠之資朕每慮同盟不勤于德嘗懸
右職以勸其徒先委宗卿精爲内舉量能考行歷在
踰時名數則多升聞蓋寡光膺是選諒在得人固可
擢以清要遷于臺閣將觀志于七子異籍名於八人
宜各悉行佇聞成績書不云乎九族既睦平章百姓
與孫内而理外必自近而及遠凡今懿戚可不愼歟
達道慢嘗義無私於王法脩身効節恩豈薄於他人

期於率先勵我風俗深宜自勉以副明言
七月帝追念故惠宣太子瑗深憫之乃下制曰兄弟
之子於近屬而特深恩禮之情在諸孤而更切故惠
宜太子男樂安郡王瑗能自砥礪克脩名撿績承先
績休有令聞宜受賜於千室俾傳芳於萬葉可食實
封一千戶
天寶三載八月祠九宮禮畢制皇親五等已上及九
廟子孫諸親三等已上未出身與出身其前茲者選
目稍優與處分見任更賜勳兩轉
肅宗至德二年十二月詔持盈尊師及儀王巳下各
賜物五百疋長公主各與一子官嗣王及郡縣主各
與一子六品官皇親五等巳下及九廟子孫及親等
人見任者並與改轉
三年正月大赦詔皇五等巳下親及九廟子孫有材
學政理委宗正寺揀擇聞薦
代宗廣德元年十月吐蕃盜入長安邠王守禮之孫
廣武王承宏竊尊號及京城平鑾輿自陝州還京師
十二月丙申放廣武王承宏于華州一切不問
德宗以大曆十四年即位詔叔祖潁王巳下叔彭王
巳下弟蜀王巳下大長公主長公主公主各與一子

京官郡縣主嗣王郡王各與一子出身
建中元年十一月自巳卯至庚辰出嫁岳陽信寧宜
芳順朗陵安陽襄陵德清南華元城新鄉等縣主初
開元中置禮會院於崇仁里自兵興以來廢而不脩
公郡縣主不時降嫁殆三十年至有華髮猶非者雖
處内館而不獲覲見帝初即位特謁太廟始與郡縣
主相見尊者展其敬幼者申其愛歔欷涕泣感動左
右至是皆以時降嫁禮物資送無大小必經聖心戚
族老幼無不悲感
貞元元年十一月癸卯日南至上祀昊天上帝于圜

丘禮畢詔大長公主各與一子七品官嗣王郡主縣主各與一子出身應陪位皇親三品已上賜爵一級四品五品一階六品已下及當選散官等簡選日優與處分

五年十二月詔郡縣主聟有正員官停者郡主每季給錢七十千縣主每季給五十千郡縣主聟已亡歿者亦准支給先是其主聟與官罷者頗不自給帝務於敦睦有是命

六年六月以鄀國大長公主薨其子端州流人蕭位等五人並召還

八年正月壬午詔在京宗室每年三節宜准百官例宴會若大選集賜錢三百千非大選集錢三減一宗室任當參官者同之

順宗初即位赦制曰大長公主嗣王等各與一子官及出身有差

憲宗元和二年春正月南郊赦宗子中有才用者委中書門下量才敘用

敬宗長慶四年正月即位三月壬子大赦其六宅十宅諸王女宜令每年於選人中擇端良者降嫁

寶曆二年二月乙卯襄陽公主自西内有勑於歸里第以其男等有請從之（公主光以罪囚于禁中故也）

文宗以寶曆二年十月乙巳即位丁巳以絳王薨帝不視朝三日詔曰叔父絳王爲逆賊等援立竊窺大位既無討賊之意遂使忠義銜冤及王師擒妖義旅問罪前驅勇氣以致殲殂伏以太皇后慈仁思以慰解宜令有司量事收葬申恩討賊刑禮之中示于四方以明朕意

太和元年赦詔太后第二等已上親大行皇帝皇太后第一等親委中書門下量才敘用九廟子孫陪位者各加兩階仍據始封每王後與一人出身委宗正

卿簡尋圖譜取一房最深翳者充數具名開奏

四年六月勑越王貞實陷非辜載在國史子孫久廢獎録所宜宜付宗正寺尋勘譜諜如是後嗣具狀聞奏至是宗正奏閱實貞諸孫勑付宗正寺收入屬籍仍賜陪位出身

七月賜十六宅諸王綾絹二萬疋以内庫充開成元年八月詔朕因暇日嘗幸戚藩引見諸王爰加錫宴而故信王孫林行列之間皤然白首問其年齒則七十而有七詢其昭穆則玄宗之雲孫朕俯思開元之時威明之禮大體承訓迨於朕躬惕然動懷當食興

歎况尊祖之義立愛自親尚齒之文繇家刑國觀其威儀甚整視聽不衰載懷愍矜所宜敬異永惟烈祖之德用錫孝孫之慶旌其祚裔特舉徽章遽申開府之秩寵以分茅之貴俾從異等式是殊恩可之信王仍賜開府儀同三司初玄孫自藩邸與寧王憲等友睦既即位升右都督刺史京師立第宅通賓客及在位之久待諸王益至天寶末惟永王一人出入大門自是累朝子孫雖白首不入宮禁帝率思敦叙之義因是有命

十二月帝於禁中會讌諸王因命講讀劉仲武每雙日入內對諸王仍令尚食供食

二年夏五月壬申帝幸十六宅召教坊樂人五人與諸王宴樂

九月丙戌封故絳王長女爲江華縣主故涇王第三女爲長壽縣主帝敦睦情深自近年公主縣主出降者相繼

十月戊戌詔曰書載堯典首陳睦族詩歌周德寔美維城朕嗣統百王憲章二代義雖本於敘族道無愧於尊賢式遵舊章爰舉成命嘉王運循王遹恭王通等孝敬恭恪敏裕齊莊播蘭茝之清芬炳珪玉之符采易䖍祇獻詩掩楚元古人素風造次於是師氏典訓周旋以之固可以超金紫之貴階升台鉉之崇秩策勳詔爵以寵分茅並可金紫光祿大夫檢校司空賜光在國仍依百官例給料錢物檢校吏部尚書安王溶檢校兵部尚書頴王諱武宗皇帝宜並從百官例賜料錢

三年正月金華縣主臨邑縣主因參賀入內上言家貧帝愍之各賜錢一百貫絲絹一百疋

四月甲午幸十六宅賜諸王宴須賜有差

四年春丁卯夜於咸泰殿觀燈作樂三宮太后及諸公主並赴宴

六月甲寅故越王貞玄孫女道士玄貞進狀曾祖名

珍是越王第六男先天年得罪流配嶺南祖父皆亡歿嶺外雖累蒙洗雪未還京師去開成三年十二月內嶺南節度使盧均出俸錢接借哀妾三代旅櫬暴露各在一方特與發遣歸就大塋合祔今護四喪巳到長安旅店權下未委故越王墳所在伏乞天恩允妾所奏許歸大塋妾年巳六十三孤露家貧更無所依詔曰越王事迹國史著明枉陷非辜壽以洗雪其子珍他事配流數代漂零不還京國玄貞弱女孝節卓然啓護四喪綿歷萬里况是近族必可加恩行路猶或嗟稱朝廷固須䘏助委宗正寺京兆府與訪越

王墳墓報知如不是陪陵任祔塋下葬其葬事仍令京兆府接借必使備禮葬畢玄貞如願住京城便配宜觀安置

庚申帝幸十六宅安王潁王院宴樂賜錢各五千貫絹二千疋銀器二十事帝與安王潁王兄弟也故大宴特異

後唐莊宗同光二年二月南郊赦曰宗子維城本枝百代禮既行於配祖情敢忘於睦親應本朝皇親近爲因緣僞梁之適遐遠並仰所在搜訪如非謬妄即具奏聞到京委宗正寺大勘不虛並與量材敘錄

三年三月丁酉帝宴皇親於復宮之山亭皇子弟如家人之禮內弟子作樂

明宗同光四年四月即位時河中軍較王舜賢奏節度使李存審今月三日棄城出奔不知所在敕曰寡人允副群情方監國事外安黎庶內睦家親庶諸敦叙之規未保隆平之運一昨京師變起禍難薦臻於戚屬之門不測驚奔之所慮因藏竄濫被傷夷言念于茲自然流涕宜令下河南府及諸道應諸王眷屬等昨因變起出奔所至即時津送如不幸物故者即量事收瘞以聞

長興元年七月壬午勅先朝諸王頃因同光末年宮門變起諸王多奔北京公路爲部下所害宜於北京留守尋訪之所各依品秩禮葬訖奏聞

閔帝應順元年正月陝州康思立言河中節度使洋王從璋在任日用內省絹未塡帝以昆仲不之報

晉高祖從父弟贇少而無頼棄其家私竄久流落於民間及帝鎮太原訪求始獲之署爲牙較

冊府元龜

巡按福建監察御史臣李嗣京　訂正

新建縣舉人臣戴國士叅閱

知建陽縣事臣黃國琦較釋

帝王部四十

文學　好文

文學

書稱堯之德曰文思舜之德曰文明禹之德曰文命而咸以稽古著於典謨之首是知王者嚮明而治經緯天地臨炤百官未有不尚於文德者也故河圖雒

書聖作而明述殷肱元首君唱而臣和商周而下簡策具存或受學甘盤或觀書乙夜采薇之詠發於文王黃竹之歌成於穆蒲過沛宮而擊筑橫汾水而興辭是皆帝王之文也易曰觀乎人文以化成天下禮曰君子如欲化民成俗其必繇學乎若乃聽斷之餘清閒之宴留神文雅煥乎成章汎濫典籍取鑑古義以茲爲務者固有益於政治誠聖哲之用心其或攻乎異端溺於小巧肆情閨闥流蕩淫靡者亦足以爲戒也

伏羲氏仰觀象於天俯觀法於地觀鳥獸之文與地之宜近取諸身遠取諸物於是始畫八卦以通神明之德以類萬物之情

虞舜作歌曰勑天之命惟時惟幾乃歌曰股肱喜哉元首起哉百工熙哉

殷湯作盤銘曰苟日新日日新又日新

周文王重易六爻作上下篇

漢高帝十二年過沛留置酒沛宮悉召故人父老子弟佐酒發沛中兒得百二十人教之歌上擊筑自歌曰大風起兮雲飛揚威加海內兮歸故鄉安得猛士兮守四方令兒皆和習之藝文志載帝歌詩二篇

武帝元狩元年十月行幸雍祠五畤獲白麟作白麟之歌

元鼎四年六月得寶鼎后土祠旁秋馬生渥洼水中作寶鼎天馬之歌元鼎五年得鼎汾陰作歌元封二年芝生甘泉齊房作芝房之歌二年至瓠子臨決河命從臣將軍臣下皆負薪塞河堤作瓠子之歌五年冬南巡狩至於盛唐自尋陽浮江親射蛟江中獲之舳艫千里薄樅音千松反陽而出作盛唐樅陽之歌大初四年貳師將軍廣利斬大宛王首獲汗血馬來作西極天馬來歌太始三年二月行幸東海獲赤鴈作朱

爲之歌四年四月幸不其祠神人于交門宮若有鄉
坐拜者作交門之歌又自造賦一篇
後漢明帝制五家要說章句令桓郁較定於宣明殿
華嶠書曰帝自制五行章句此言五家即謂五行之
家也
魏武帝剏造大業文武並施御軍三十餘年手不捨
書晝則講武策夜則思經傳登高必賦及造新詩被
之管絃皆成樂章作氣出唱詞精列詞度關山詞薤
露詞蒿里詞對酒詞陌上桑詞短歌行秋胡行苦寒
行塘上行善哉行步出夏門行又特好兵法抄集諸家兵法名曰接要又

注孫武十三篇皆傳於世
文帝年八歲能屬文有逸才遂愽貫古今經傳諸子
百家之書初爲魏公太子時聞鍾繇有玉玦欲得之
而難啓使臨菑侯轉因人說之繇即送之與繇書曰
夫玉以比德君子見美詩人晉之垂棘魯之璵璠宋
之結緑楚之和璞價越萬金貴重都城有稱疇昔流
聲將來是以垂棘出晉虞虢雙禽和璧入秦相如抗
節竊見玉書稱美玉白若截肪黑譬純漆赤擬鷄冠
黃侔蒸栗側聞斯語未覩其狀雖德非君子義無詩
人高山景行私所仰慕然四寶邈焉以遠秦漢未聞
有良匹是以求之曠年未遇厥真私願不果饑渴未
副近見南陽宗惠叔稱君侯昔有美玦聞之驚喜笑
與抃俱當自白書恐傳言未審是以令舍弟子建因
荀仲茂轉言鄙旨乃不忽遺厚見周稱鄴騎既到寶
玦初至捧跪發匣爛然滿目猥以蒙鄙之姿得觀希
世之寶不煩一介之使不損連城之價既有秦昭章
臺之觀而無藺生詭奪之詐嘉貺益腆敢不欽承後
繇爲相國以五熟釜鼎範因太子鑄之釜成太子與
繇書曰昔有黃之三鼎周之九鼎咸以一體使調一
味豈若斯釜五味時芳蓋鼎之烹飪以享上帝以養

聖賢昭德祈福莫斯之美故非大人莫之能造故非
斯器莫宜盛德今之嘉釜有逾茲美夫周之尸臣宋
之考父衛之孔悝晉之魏顆彼四臣者並以功德勒
名鍾鼎今執事寅亮大魏以隆聖化堂堂之德於斯
爲盛誠太常之所宜銘彝器之所宜勒故作斯銘勒
之釜口庶可贊揚洪美垂之不朽銘曰於赫有魏作
漢藩輔厥相惟鍾實幹心膂靖恭夙夜匪遑安處百
寮師師楷茲度矩又常與元城令吳質書曰季重無
恙途路雖局官守有限願言之懷良不可任足下所
治僻左書問致簡益用增勞每念昔日南皮之遊誠

不可忘既妙思六經逍遥百氏弾棊間設終以傳奕高談娛心哀箏順耳馳騖北場旅食南舘浮甘瓜於清泉沉朱李於寒水皦日既殁繼以朗月同乘並載以遊後園輿輪徐動賓從無聲清風夜起悲笳微吟樂往哀來悽然傷懷余顧而言茲樂難常足下之徒咸以爲然今果分别各在一方元瑜長逝化爲異物每以念至何時可言方今蕤賓紀辰景風扇物天氣和暖衆果具繁時駕而游北遵河曲從者鳴笳以啓路文學託乘於後車節同時異物是人非我勞如何今遣騎到鄴故使枉道相過行矣自愛二十三年太

子又與質書曰歲月易得别來行復四年三年不見東山猶歎其遠況乃過之思何可及雖書疏往反未足解其勞結昔年疾疫親故多罹其災徐陳應劉一時俱逝痛何可言邪昔日游處行則連輿止則接席何嘗須臾相失每至觴酌流行絲竹並奏酒酣耳熱仰而賦詩當此之時忽然不自知樂也謂百年已分長共相保何圖數年之間零落略盡言之傷心頃撰其遺文都爲一集觀其姓名已爲鬼録追思昔游當在心目而此諸子化爲糞壤可復道哉觀古今文人類不護細行鮮以名節自立而偉長獨懷文抱質恬淡寡欲有箕山之志可謂彬彬君子矣著中論二十餘篇成一家之業辭義典雅足傳於後此子爲不朽矣德璉嘗斐然有述作意才學足以著書美志不遂良可痛惜間歷觀諸子之文對之抆淚既痛逝者行自念也孔璋章表殊健微爲繁富公幹有逸氣但未遒耳至其五言詩妙絶當時元瑜書記翩翩致足樂也仲宣獨自善於辭賦惜其體弱不足起其文至於所善古人無以遠過也昔伯牙絶絃于鍾期仲尼覆醢於子路愍知音之難遇傷門人之莫逮也諸子但爲未及古人亦自一時之儁也今之存者已不逮矣

後生可畏來者難誣恐吾與足下不及見也行年已長大所懷萬端時有所慮至乃通夕不瞑何時復類昔日以成老翁但未白頭耳光武言年已三十在軍十年所更非一吾德雖不及年與之齊以犬羊之質服虎豹之文無衆星之明假日月之光動見瞻仰何時易邪恐永不復得爲昔日游也少壯眞當努力年一過往何可攀援古人思秉燭夜游良有以也頃何以自娛頗復有所造述不東望於邑裁書叙心丕安末疫癘大起時人雕傷太子感歎與所素敬者大理王朗書曰生有七尺之形死爲一棺之土唯立德揚

名可以不朽其次莫如著篇籍疫癘數起士人雕傷余獨何人能全其壽故論撰所著典論詩賦葢百餘篇又使諸儒撰集經傳隨類相從凡千餘篇號曰皇覽黃初六年帝行幸廣陵故城臨江觀兵於馬上爲詩帝天資文藻下筆成章博聞廣識才藝兼該帝自敘曰余唯喜彈棊略盡其妙少爲之賦上雅好詩書文籍雖在軍旅手不釋卷每每定省從容常言人少好學則思專長則善忘長大而能勤學者唯吾與袁伯業耳余是以少誦詩論及長而備歷五經四部史漢諸子百家之言靡不畢覽嘗嘉漢文帝之爲君寬

仁玄默務欲以德化民有賢聖之風時文學諸儒或以爲孝文雖賢其於聰明通達國體不如賈誼帝繇是著太宗論曰昔有苗不賓重華舞以干戚尉佗稱帝孝文撫以恩德吳王不朝錫之几杖以撫其意而天下賴安乃弘三章之教愷悌之化欲使曩時累息之民得闊步高談無危懼之心若賈誼之才敏籌畫國政特賢臣之器管晏之姿豈若孝文大人之量哉三年之中以孫權不復班太宗論於天下示不願征伐也他日又從容言曰顧我亦有所不取於漢文帝者三殺薄昭幸鄧通慎夫人衣不曳地集上書囊爲帳帷以爲漢文儉而無法舅后之家但當養育以恩而不當假借以權旣觸罪法又不得不害矣其欲秉持中道以爲帝王儀表者如是明帝大和四年詔太傅三公以帝典論刻石立於廟門之外魏初人疑無火浣布文帝以爲火性酷烈無含生之氣著之典論明其不然之事絶智者之聽及明帝立詔三公曰先帝昔著典論不朽之格言其刊石於廟門之外及大學與石經並以永示來世景初三年西域使至而獻火浣布焉於是刊滅此論天下笑之帝又作陌上桑詞燕歌行善哉行折楊柳行煌煌京雒行明帝作苦寒行善哉行步出夏門行櫂歌行

高貴鄉公嘗與中護軍司馬望侍中王沈散騎常侍

裴秀黃門侍郎鍾會等講宴於東堂并屬文論名秀爲儒林丈人沈爲文籍先生望會亦各有名號帝性急請召欲速秀在內職到得及時以望在外特給追鋒車虎賁卒五人每有集會望輒奔馳而至

甘露元年二月宴群臣於太極東堂與侍中荀顗尚書崔贊袁亮鍾毓給事中中書令虞松等並講述禮典遂言帝王優劣之差帝慕夏少康因問顗等曰有夏旣衰后相殆滅少康收集夏衆復禹之績高祖拔起隴畝驅帥豪儁芟夷秦項包舉寓內斯二主可謂殊才異畧命世大賢者也考其功德誰宜爲先顗等

對曰夫天下重器王者天授聖德應期然後能受命
創業至於階緣前緒興復舊績造之與因難易不同
少康功德雖美猶爲中興之君與世祖同流可也至
如高祖臣等以爲優帝曰自古帝王功德言行互有
高下未必創業者皆優紹繼者咸劣也湯武高祖雖
俱受命聖賢之分所覺懸殊少康殷宗中興之美夏
啓周成守文之盛論德較實方諸漢祖吾見其優未
見其劣顧所遇之時殊所名之功異耳少康生於滅
亡之後降爲諸侯之隸崎嶇逃難僅以身免能布其
德而兆其謀卒滅過戈（過戈二國名）克復禹績祀夏配天

不失舊物非至德弘仁豈濟斯勳漢祖因土摧之勢
仗一時之權專任智力以成功業行事動靜多違聖
撿爲人子則數危其親爲人君則囚繫賢相爲人父
則不能衛子身殁之後社稷幾傾若與少康易時而
處或未能復大禹之績也推此言之宜高夏康而下
漢祖矣諸卿且論詳之翌日講業旣畢顗亮等議曰
三代建國列土而治當其衰弊無土崩之勢可懷以
德難以力逮至戰國强弱相兼去道德而任智力
故秦之弊可以力爭少康布德仁者之英也高祖以
力智者之雋也仁智不同二帝殊矣詩書述殷中宗
高宗皆列大雅少康功美過於二宗其爲大雅明矣
少康爲優宜如詔旨贊毓松等議曰少康雖積德累
仁然上承大禹遺澤餘慶內有虞仍之援外有靡艾
之助寒浞讒慝不德于民澆豷無親外內棄之以此
有國蓋有所因至於漢祖起自布衣率烏合之衆以
成帝者之業論德則少康優課功則高祖多語資則
少康易較時則高祖難帝曰諸卿論少康因資高祖
創造誠有之矣然未知三代之世任德濟勳如彼之
難秦項之際任力成功如此之易且太上立德其次
立功漢祖功高未若少康盛德之茂也且夫仁者必

有勇誅暴必用武少康武烈之威豈必降於漢祖哉
但夏書淪亡舊文殘缺故勳美闕而罔載唯有伍員
粗述大略其言復禹之績不失舊物祖述聖業舊章
不行自非大雅兼才孰能與於此向令墳典具存行
事詳備亦豈有異同之論哉於是群臣咸悅服中書
令松進曰少康之事去世久遠其文昧如是以自古
及今議論之士莫有言者德美隱而不宣陛下旣垂
心遠鑒考詳古昔又發德音贊明少康之美始顯於
千載之上宜錄以成篇永垂於後帝曰吾學不悖所
聞淺狹懼於所論未獲其宜縱有可采億則屢中又

不足貴無乃致笑後賢章吾闇昧乎於是侍郎鍾會退而論次四月丙辰帝幸太學問諸儒曰聖人幽贊神明仰觀俯察始作八卦後聖重之爲六十四立爻以極數凡斯大義罔有不備而夏有連山殷有歸藏周日周易易之書其故何也易博士淳于俊對曰庖犧因燧皇之圖而制八卦神農演之爲六十四黄帝堯舜通其變三代隨時質文各繇其事故易者變易也名曰連山似山出内氣連天地也歸藏者萬物莫不歸藏於其中也帝又曰若使庖犧因燧皇而作易孔子何以不云燧人氏沒庖犧氏作乎俊不能答帝

又問曰孔子作彖象鄭玄作注雖聖賢不同其所釋經義一也今彖象不與經文相連而注連之何也俊對曰鄭玄合彖象於經者欲使學者尋省易了也帝曰若鄭玄合之於學誠便則孔子何爲不合以了學者乎俊對曰孔子恐其與文王相亂是以不合此聖人以不合爲謙帝曰若聖人以不合爲謙則鄭玄何獨不謙耶俊對曰古義弘深聖問奧遠非臣所能詳盡帝又問曰繫辭云黄帝堯舜垂衣裳而天下治此庖犧神農之世爲無衣裳但聖人化天下何殊異爾耶俊對曰三皇之時人寡而禽獸衆故取其羽皮而天下用足及至黄帝人衆而禽獸寡是以作爲衣裳以濟時變也帝又問乾爲天而復爲金爲玉爲老馬與細物並耶俊對曰聖人取象或遠或近近取諸物遠則天地講易畢復命講尚書帝問曰鄭玄云稽古同天言堯同於天也王肅云堯順考古道而行之二義不同何者爲是博士庾峻對曰先儒所執各有乖異臣不足以定之然洪範稱三人占從二人之言賈馬及肅皆以爲順考古道以洪範言之肅義爲長帝曰仲尼言唯天爲大唯堯則之堯之大美在乎則天順考古道非其至也今發篇開義以明聖德而舍其

大更稱其細豈作者之意耶峻對曰臣奉遵師說未喻大義至於折中裁之聖思次及四嶽舉鯀帝又問曰夫大人者與天地合其德與日月合其明思無不周明無不照今王肅云堯意不能明鯀是以試用如此聖人之明有所未盡耶峻對曰雖聖人之弘猶有所未盡故禹曰知人則哲惟帝難之然卒能改授聖賢緝熙庶績上所以成聖也帝曰有始有卒其惟聖人若不能始何以爲聖其言惟帝難之然卒能改授蓋謂知人聖人所難非不盡之言也經云知人則哲能官人若堯疑鯀試之九年官人失敘何得謂之聖

哲峻對曰臣竊觀經傳聖人行事不能無失是以堯失之四凶周公失之二叔仲尼失之宰予帝曰堯之任鯀九載無成汨陳五行民用昏墊至於仲尼失之宰予言行之間輕重不同也至於周公管蔡之事亦尚書所載皆博士所當通也峻對曰此皆先賢所疑非臣寡見所能究論次及有鯀在下曰虞舜帝問曰當堯之時洪水爲害四凶在朝宜速登賢聖濟斯民之時也舜年在既立聖德光明而久不進用何也峻對曰堯咨嗟求賢欲遜巳位嶽曰否德忝帝位堯復使嶽揚舉側陋然後薦舜薦舜之本實繇於堯此蓋

聖人欲盡衆心也帝曰堯既聞舜而不登用又時忠臣亦不進達乃使嶽揚側陋而後薦舉非急於用聖恤民之謂也峻對曰非臣愚見所能逮及於是復命講禮記帝問曰太上立德其次務報施爲治何繇而教化各異皆脩何政而能致於立德施而不報乎博士馬炤對曰太上立德謂三皇五帝之世以德化民其次報施謂三王之世以禮爲治也帝曰二者致化薄厚不同將主有優劣邪時使之然乎炤對曰誠繇時有樸文故化有薄厚也

四年正月黃龍二見寧陵縣界井中是時龍仍見咸以爲吉祥帝曰龍者君德也上不在天下不在田而數屈於井非嘉瑞也仍作潛龍之詩以自諷司馬文王見而惡之

晉懷帝即位於東堂聽政至於宴會輒與群臣論衆務考經籍黃門侍郎傅宣歎曰今日復見武帝之世矣

穆帝永和十二年二月辛丑帝講孝經

孝武寧康三年九月親講孝經

後魏明元帝禮愛儒生好覽史傳以劉向所撰新序說苑於經典正義多有所闕乃撰新集三十篇採諸

經古史該洽古義兼資文武焉

孝文帝雅好讀書手不釋卷五經之義覽之便講學不師授探其奧旨史傳百家無不該涉善談莊老尤精釋義富有才藻好爲文章詩賦銘頌在輿而作有大文筆馬上口授及其成也不改一字自太和十年巳後詔冊皆帝之文也自餘文章百有餘篇帝遷雒路繇朝歌見比干墓愴然悼懷爲文以弔之通直常侍劉芳爲注解表上之詔曰覽卿注殊爲富博但文非屆宋理甊張賈既有雅致便可付之集書帝嘗宴王公侍臣於清徽堂黃門郎崔光郭祚通直郎邢巒

崔林等賦詩言志燭至公卿辭退李沖再拜上千萬歲壽帝曰卿何以燭至故辭復獻千萬之壽朕報卿以南山之詩又親講喪服於清徽堂從容謂群臣曰彥和季豫等彭城王勰字彥和北海王詳字季豫年在蒙稚早登纓紱失過庭之訓并未習禮每欲令我一解喪服自審義解浮疎抑而不許頃因酒坐脫爾言從故屈朝彥遂親傳說將臨講坐慚戰交情御史中尉李彪對曰自古及今未有天子講禮陛下聖叡淵明事超百代臣得親承音旨千載一時

後周明帝幼而好學博覽群書善屬文辭彩溫麗所

著文章十卷

武帝天和二年八月帝御大德殿集百寮及沙門道士等親講禮記

建德二年十二月集群官及沙門道士等帝升高座辨釋三教先後以儒敎爲先道敎爲次佛敎爲後

隋文帝開皇五年勑内史令李德林撰録作相府文翰勒成五卷謂之霸朝雜集

煬帝初爲晉王善屬文及爲皇太子數有詩書遺牛弘弘亦有答及嗣位之後嘗賜弘詩其同被賜詩者至於文詞讚揚無如弘美

唐太宗貞觀初著金鏡述以示侍臣六年閏八月巳巳至慶善宮宴三品巳上於渭之濱帝甚歡賦五言詩

十一年十月辛丑幸集翠池宴五品巳上帝曰公等酒既酣各宜賦一事帝賦尚書特進魏徵賦西漢其卒章曰終藉叔孫禮方知皇帝尊帝曰魏徵每言必約我以禮此語極好特宜記録

十二年三月著作郎鄧隆上表請編録御製詩集不許帝初以功定海内櫛風沐雨不暇於諸書者久矣暨于嗣業進引忠良銳情思政朝夕孜孜求之若不

及數年之後道致隆平天下晏如四夷賓服遂於聽覽之暇留情文史敘事言懷時有搆屬天才俊麗典記玄遠博該冊府文過擊王故隆請編次焉其志不果

四月虞世南卒帝悼之未幾帝爲詩一篇追思往古興亡之道既而嘆曰鍾子期死伯牙破琴朕之此篇將何所示因令起居郎褚遂良詣其靈帳讀而焚之

十四年三月丁丑帝幸國子學親觀釋奠祭酒孔穎達講孝經帝問穎達曰夫子門人曾閔俱稱大孝而今獨爲曾說不爲閔說何耶答曰曾孝能全獨爲曾

能達也制旨駮之曰朕聞家語云曾晳使曾參鋤瓜而誤斷其本晳怒援大杖以擊其背應手仆地絶而復蘇孔子聞之告門人曰參來勿內既而曾子請焉孔子曰舜之事父母也使之嘗在側欲殺之乃不得小箠則受大杖則走今參於父委身以待暴怒陷父於不義不孝莫大焉繇斯而言孰愈於閔子騫也顏達不能對帝又謂侍臣曰諸儒各生異意皆非聖人論孝之本旨也孝者善事父母自家刑國忠於其君戰陳勇朋友信揚名顯親此之謂孝其在經典而論者多離其文迥出事外以此爲敎勞而非法何謂孝

之道邪

十七年太子太師魏徵卒帝爲製碑文并御書石刻畢停於將作北門公卿士庶競以模寫車馬塡噎日有數千時人號其碑爲二絶文與書也

十九年將征遼二月次河陽詔殷少師比干贈太師自爲文祭之次鄴經魏太祖墓自爲祭文三月幸定州經北岳自爲祭文四月行軍總管姜確督兵攻蓋至城中流矢而卒帝甚哀悼爲五言詩以悼之

十月班師次漢武臺餘基三城傍有祠堂塋域帝顧問侍臣對曰此是燕齊之士爲漢武求仙之處其地俯臨大海長瀾接天岸多峻石奇怪之狀帝製文刻於石

十二月定州御步輦而行帝攬筆於輦中賦詩

二十年正月幸晉祠樹碑製文親書之於石

九月鐵勒諸部俟斤頡利發等遣使相繼而至靈州者數千人咸請云願得天至尊爲奴等作可汗子孫常爲天至尊作奴死無所恨於是北荒悉平帝爲五言詩以序其事公卿咸以此詩義兼懲勸可以垂誡將來請勒石於靈州從之

二十一年八月骨利幹國遣使朝貢延陀之敗也詔

遣雲麾將軍康野密往慰撫焉其俟斤大悅遣使隨野密入朝獻馬百匹有十四匹尤駿帝奇之各爲製名號爲十驥其一曰騰霜白其二曰皎雪驄其三曰凝露驄其四曰懸光驄其五曰決波騟其六曰飛霞驃其七曰發電赤其八曰流金騧其九曰翔麟紫其十曰奔虹赤帝乃爲文以序其事厚待其使

二十二年正月帝撰帝範十二篇賜皇太子顧謂王公曰飭躬闢政之道備在其中一旦不諱更無所言矣是日幸温湯御製温湯碑以示群臣曰疇昔詞人巳有此作朕又爲之可得而比邪王公咸曰天文雜

與起象繫之表前代瑣瑣小詞豈得輙相比況乃神筆自書勒于溫井之側侍坐王公咸聽於碑陰咨紀姓名官位三月帝以胡塵無警朔漠來王乃制戎狄賓服之文又制玉華宮山銘紀示群臣詔令學士並作又蕭瑀拜特進參預政事帝謂房玄齡曰蕭瑀不可以厚利誘之不可以刑戮懼之眞社稷臣也乃降神筆賜詩曰疾風知勁草板蕩識誠臣帝又追思王業艱難佐命之力又作威鳳賦以賜司空長孫無忌帝少屬亂離久居兵陣及正位已後遂博覽群書總其宏綱殆於萬卷適文麗藻一時冠絶學王羲之書

窮盡體致物論以爲帝數年之內經史屬綴宮商自口起居郎傾耳揮翰百而不紀一焉

高宗爲太子時貞觀二十二年二月引庶子少詹事司議舍人等入閤乃從容而言曰文章詞賦平生所愛然未之爲也今日風景殊佳當與公等賦詩言志於是援筆以制序翌日太宗以皇太子詩序示王公曰朕觀太子此文及筆迹進於嘗日司徒長孫無忌對曰皇太子禀承天訓文章筆札擧藝日新是歲太子制玉華宮山銘又獻玉華宮賦

永徽五年五月制萬年宮銘刻石於永光門外仍令中書門下及文武三品已上并學士自書名位碑陰而刻之

顯慶二年六月帝製元首前星維城股肱等誠以示侍臣禮部尚書弘文館學士許敬宗等表請班示天下帝謙不許敬宗又上表請總名爲天訓并請注解許之及注畢敬宗爲之序

十月幸鄭州次汜水帝以先帝於汜水擒竇建德因平王世充於是刻石立頌以紀功自爲頌文

五年三月幸并州童子寺賦詩而還

十二月較獵於長社之安樂川召侍臣及藩臣夜讌

帝賦詩以紀講習之事

龍朔元年冬十月狩於南山製東狩詩以示群臣

麟德二年封禪十一月丁酉至平陰頓是日降雪帝賦詩皇后和

咸亨四年十一月帝自製樂章有上元二儀三才四時五行六律七政八風九宮十洲得一慶雲之曲以示群臣令太常行之

儀鳳二年七月宴百寮及諸親於九成宮之咸亨殿酒酣帝賦詩作栢梁體皇太子霍王元軌相王輪群臣相次繼作

中宗神龍三年八月乙未親送朔方軍總管韓國公張仁亶於通化門外帝製序賦詩

十月與子幸兵部尚書韋嗣立莊封嗣立爲逍遥公帝親製序賦詩

睿宗好學工草隸尤愛文字訓詁之書

玄宗開元八年親製春雪詩春臺望一章二十八句起居舍人蔡孚奏曰伏見所製氣雄詞美德音相屬鄙炎漢之奢侈徇有唐之儉陋知作勞而居逸念中人之家產用心如此天下斯安臣職在司言請宣示百寮及編國史手詔答曰朕以聽政之餘因時遊矚

覩古人之制度懷先王之卑非邪遊所覽宜書其事雖文詞非麗亦不忘於言卿職在史官君舉必記將以朕之素意頒示庶寮循諷表章益深祗勉

十年親注孝經頒於天下

十一年行幸北都親製起義堂頌刻石紀功於太原府之南街

十二年十一月幸東都至華州命刺史徐知仁與信安王禕勒石于華嶽祠南之通衢帝親製其文及親禮信安王禕上言曰臣伏見御製西嶽碑文來從上玄光炤下土群臣捧戴遊聖難名臣聞天作高山氣雄茲嶽壓洪河而傑起凌蒼昊而孤標近當國門用固京邑自巨靈開拓往帝巡遊精意嘗聞頌聲則未非勝賞難就蓋詞翰無能不遇非常之君孰覩非常之事陛下知其若此金聲而玉振之乃發揮睿詞幽贊神化廣大極天地光明融日月至理洞清微至功含造化合而成體散而成章巍乎煥乎不可得而稱也又復親迂彩筆寫在香牋隨手生姿入神變態勢如飛動妙絶古今諒得之自然豈因之外物對揚天休臣子之嘗也美而無術過莫大焉請以御製碑文頒示四海使伊昔之后自愧不才率土之臣咸知所

謂則雖死之日猶生之年從之

十三年封東嶽禮畢帝製紀泰山銘親札勒於山頂之石壁

十四年十月幸汝州至溫湯之行宮時屬雨雪帝親賦雨雪詩以示群臣

十一月幸寧王憲宅與諸王宴探韻賦詩即日還宮

十五年五月端午宴群臣于武成殿各賜衣一副自賦詩

六月朔方節度使兵部尚書蕭嵩赴朔方軍命有司於定鼎門外供帳置酒以送之帝賦詩以光寵之

十二月幸溫泉宮登驪山石甕寺賦詩俾群臣和焉
二十一年十二月二十一日祀后土於脽上帝自爲文禮畢令所司刊石於祀所
二十五年八月甲子帝制訓誡六篇以示諸王其旨蓋明君臣父子之義齊祭稼穡之事也忠王璵等上表請宣付史官及示百寮許之宰臣李林甫等奏曰臣等伏以聖謨垂訓輝映千古須示朝廷未及天下兼望宣布中外手詔諭曰周公聖人攝行王政誡伯禽曰無以魯國驕人朕方聖雖慙豈忘誡子聊示廷訓何足以宣布中外耶

天寶二年五月以重注孝經頒天下詔曰化人成俗率繇於德本移忠教敬實在於孝經朕思暢微言以理天下先爲注釋尋亦頒行猶恐至賾難明群疑未盡近更探討因而筆削兼爲敘述以究源流將發明於大順庶開悟於來學宜付所司頒示中外
四載帝讀洪範至無偏無頗而聲不和韻因改頗爲陂下詔曰典謨既作雖曰不刊文字或訛豈必相襲朕臨政之暇乙夜觀書匪徒閱於微言實欲暢於精理每讀洪範至無偏無頗遵王之誼三復斯文竝皆協韻唯頗一字實則不倫又周易泰卦中無平不陂釋文云陂字亦有頗音陂之與頗訓詁無別爲陂則文亦會意爲頗則聲不成文應有煨燼之餘編簡墜缺傳授之際差舛相沿原始要終雖有刊革朕雖先覺兼訪諸儒僉以爲然終非獨斷其尚書洪範無偏無頗字宜改爲陂庶使先儒之義去彼膏肓後學之徒正其魚魯仍宣于國學
五載詔曰道爲理本孝實天經將闡教以化人必深究於微旨朕欽承聖訓覃思玄宗頃改道德經載字爲哉仍隸屬上句及乎議定衆以爲然遂錯綜真詮因成注解又孝經舊疏雖粗發明幽晦探賾無遺猶

未能備令敷暢以廣闕文且妙本逾玄微言久絶或怡然獨得或參以諸家庶弘聖哲之規用叶君親之義仍令集賢院具寫送付所司頒示中外
八載九月皇太子生日帝製仁孝詩六章札於步障以賜太子令中官高力士以示朝臣宰相李林甫陳希烈等奏曰伏見陛下因太子生日撰仁孝詩障子并書臣等伏以宸章煥發睿札凝暉懸日月而齊光自雲霄而下濟驚心靡據動色相歡太子稟自生知備承聖訓冲姿有裕令望夙彰陛下示以義方形於翰墨爰於誕育之日易以仁孝之經上揚祖宗之美

倣考天人之際錫賴所弘教義斯遠足可發揮前古垂範將來凡在衣冠之流咸知父子之道豈比周稱嗣續造齒胄於上庠漢寵元良但招賢於望苑王化之本實此知歸人倫所資罔不繇教臣等瑣陋謬典樞衡特奉鴻私幸覩殊貺捧天書而竊抃仰聖澤以無寧無任悅豫之至望寫六章頒示中外兼編諸簡策傳之不朽手詔報曰詩者志之所之也將以道達情性宣揚教義耳朕承五聖之業受萬民之寄主鬯叶於神心元良貞於國本美其踐履仁孝恭脩友睦深慰於懷不覺形之諷詠今請具寫六章頒示中外

兼編諸簡策以傳不朽亦欲自家刑國以訓人倫宜依來請

十載十月御朝元閣有慶雲見帝賦詩群臣畢和

十四載三月御勤政樓宴群臣帝賦詩敎栢梁體群臣畢和

肅宗屬詞典麗經史百家莫不該覽目所一見嘗如諷習

上元二年七月甲辰延英殿御座生玉芝一莖三花御製玉靈芝詩三章八句是歲李光弼出統河南諸軍帝於內殿宴送御製詩以寵之群臣畢和

德宗貞元元年河東節度馬燧還太原製宸扆台衡二銘并序

四年三月甲寅宴百僚於麟德殿設九部樂及內出舞馬帝製序及詩以賜群臣於是給御筆仍命屬和

九月癸丑百僚宴於曲江詔曰今日重陽卿等遊賞朕遥想歡洽欣慰良多情發於衷因製詩序今賜卿等一本仍令中書門下簡定文士三五十人應制同用清字明日內於延英門進其文武百寮及文士欲和者聽翌日百僚畢和帝考其詩以劉太眞李紓四人爲上等鮑防于頎四人爲次等張濛劉滋等二十

二人爲平等李晟馬燧李泌三人宰相不加考第

六年三月庚子百僚宴於曲江亭帝賦詩以賜之

七年七月帝幸章敬寺賦詩序皇太子在侍進和兼題于壁百僚畢和以班列爲其後京兆尹薛珏請皇太子書帝詩序刻石而塡之以金

九年正月庚辰朔帝御含元殿受朝賀禮畢帝賦退朝觀軍伏歸營詩以示宰臣等

十年九月十日以重陽日宴賜百僚追賞初九日以雨罷宴及是方會宴帝賦詩以賜百官

十一年九月癸卯賜中書門下及兩省供奉官宴于

曲江帝作詩賜百僚百僚畢和辛亥退朝召百僚詣延英令中使宣喻曰昨九日聊示所懷文非工也卿等屬和雅麗深所加之
十二年以政聽之餘深思理本廼著刑政箴
十三年九月重陽節賜宰臣及兩省供奉官宴于曲江賜中書門下及百僚詩
十四年二月帝製中春麟德殿會百僚觀新樂詩仍令皇太子書以示百僚
十七年二月朔賜群臣宴于曲江帝命中使薛盈珍賜詩九月重陽節賜群臣宴于曲江命中使劉希昂

宣慰帝賜詩
十八年九月重陽節御製豐年多慶九月示懷詩以賜群臣
憲宗元和四年九月帝以天下無事留意典墳每覽前代興亡得失之事皆三復其言又讀貞觀開元實録見太宗撰金鏡書及帝範上下篇玄宗撰開元訓誡思繼前躅遂採尙書春秋後傳史記班范漢書三國志晉書晏子春秋新序說苑等書君臣行事可爲龜鏡者集成十四篇一曰君臣道合二曰辨邪正三曰戒權幸四曰戒微行五曰任賢臣六曰納忠諫七曰愼征伐八曰愼刑法九曰去奢泰十曰崇節儉十一曰奬忠直十二曰脩德政十三曰諫畋獵十四曰録勳賢分爲上下卷帝自製其目曰前代君臣事跡至是以其書寫於屛風列之御座之右復遣中使程文幹以書屛六扇至中書宣示宰臣李藩裴垍曰朕近撰此屛風甞所觀覽故令賫將示卿藩等上表稱賀
文宗卽位每對宰臣等未嘗不深言經學李石因奏施士丐春秋堪讀上曰朕嘗覽之穿鑿之學徒爲異同耳學者如鑿井然得美水則已何必辛苦傍求然

後爲有得也
太和二年五月帝纂集尙書中君臣事跡命工圖寫於太液亭朝夕觀覽
九年五月乙巳朔以御集春秋左氏列國經傳三十卷宣付史館
開成元年三月庚申帝幸龍首池觀内人賽雨賦暮春喜雨詩云風雲喜際會雷雨遂流滋薦幣虛陳禮動天實精思漸浸九夏節復在三春時霡霂垂朱闕飄飄入緑墀郊坰飫霑足黍稷有豐期百辟同憂樂萬方佇雍熙宰臣文武百官咸有屬和

三年帝夏日與學士聯句帝曰人皆苦炎熱我愛夏日長柳公權曰薰風自南來殿閣生微凉

宣宗雅好儒術或宰臣出鎮即賦詩以贈之詞皆清麗

昭宗天復三年三月壬寅御延喜樓餞送朱全忠還汴帝自爲詩以送之

好文

易曰觀乎天文以察時變觀乎人文以化成天下此言觀乎天文可以察變觀乎人文可以化成也王者奉若天時順乃人理來同區宇班政函夏風教所資

文學爲始故聖明之世寤寐以求聽賦誦之聲覽騈麗之作則欣聞想見恨不同時延鴻筆之士闢詞林之館則諷上化下賡唱迭和蓋以潤色皇猷助成盛業故引諭之音不絶乎耳開悟之說有益於心時既隆平物亦咸若垂衣裳而舞干戚其漸於斯乎

漢武帝世蜀人楊得意爲狗監（主天子田獵犬也）侍帝帝讀子虛賦而善之曰朕獨不得與此人同時哉得意曰臣邑人司馬相如自言爲此賦帝驚乃召相如相如曰有是然此乃諸侯之事未足觀請爲天子遊獵之賦帝令尚書給筆札書奏天子以爲郎後相如既病免家居茂陵天子曰司馬相如病甚可往從悉取其書若後之矣（若汝也言汝今去已在他人後也）所忠往（使者姓名也）而相如已死家無遺書問其妻對曰長卿未嘗有書也時時著書人又取去長卿未死時爲一卷書曰有使來求書奏之其遺札書言封禪事（書于札而留之故云遺札）所忠往焉天子異之嚴助爲會稽太守入奉計最因留侍中有奇異輒使爲文（謂非常之文）乃作賦誦數十篇

宣帝徵能爲楚辭九江被公（被者人之姓也）召見誦讀益召高才劉向張子僑華龍柳褒等待詔金馬門（華音戶化反）神爵五鳳之間天下殷富數有嘉應帝頗作歌詩欲

興協律之事令王褒與張子僑等並待詔數從褒等放獵（放放衆大獵也一曰遊放及田獵）所幸宮館輒爲歌頌第其高下以差賜帛議者多以爲淫靡不急帝曰不有博奕者乎爲之猶賢乎已（此論語載孔子之詞言博奕雖依道藝無事爲之猶賢也奕今之圍棊也）辭賦大者與古詩同義小者辯麗可喜（喜好也音許吏反）辟如女工有綺縠音樂有鄭衛今世俗猶皆以虞說耳目（虞與娛同義）辭賦比之尚有仁義風諭（風音諷）鳥獸草木多聞之觀賢於倡優博奕遠矣帝又循武帝故事招選名儒俊材置左右劉更生以通達能屬文辭與王褒張子僑等並進對（子僑官至光祿大夫進對謂進見而對詔命也僑字

或作喬或作橋皆音巨驕反獻賦頌凡數十篇元帝爲太子時喜王褒所爲甘泉及洞簫頌喜音許吏切令後宫貴人左右皆誦讀之

後漢光武初隗囂爲西州大將軍囂賓客掾史多文學生每所上事當世士大夫皆諷誦之故帝有所辭答尤加意焉

班彪爲竇融從事及融徵還京師帝問曰所上章奏誰與參之融對曰皆從事班彪所爲帝雅聞彪才因召入見

明帝時賈逵明左氏傳國語爲之解詁五十一篇永

平中上疏獻之帝重其書寫藏秘館時有神雀集宫殿官府冠羽有五采色帝異之以問臨邑侯劉復復不能對薦逵博物多識帝乃召見逵問之對曰昔武王終父之業鸑鷟在岐宣帝威懷戎狄神雀仍集此胡降之徵也帝敕蘭臺給筆札使作神雀頌拜爲郎與班固並較秘書應對左右

章帝雅好文章班固愈得幸數入讀書禁中或連日繼夜每行巡狩輒獻上賦頌朝廷有大議使難問公卿辨於前賞賜恩寵甚渥東平王蒼襃詔誥中傳封上蒼自建武以來章奏及所作書記賦頌七言別字歌詩並集覽焉後巡狩方嶽崔駰上四巡頌以稱漢德帝雅好文章自見駰頌後帝嗟歎之謂侍中竇憲曰卿寧知崔駰乎對曰班固數爲臣說之然未見也帝曰公愛班固而忽崔駰此葉公之好龍也試請見之時楊終坐事徙北地帝東巡狩鳳凰黃龍並集終贊頌嘉瑞上述祖宗鴻業凡十五章奏上詔貰還故鄉

魏文帝深好孔融文辭每歎曰楊班儔也募天下有上融文章者輒賞以金帛

明帝青龍四年置崇文觀徵善屬文者以充之

高貴鄉公甘露二年五月辛未幸辟雍會命羣臣賦詩侍中和逌尚書陳騫等作詩稽留有司奏免官詔曰吾以暗昧愛好文雅廣延詩賦以知得失乃爾紛紜良用反仄其原逌等主者宜勑自今已後羣臣皆當玩習古義脩明經典稱朕意焉又引侍中王沈及裴秀數於東堂講讌屬文號沈爲文籍先生秀爲儒林丈人

晉武帝雅好典籍王珣殷仲堪徐邈王恭郗恢等並以才學文章見昵於帝

後魏孝文太和十九年車駕幸兖州召刺史崔挺赴

行在所及見引喻瓊厚文問挺治邊之畧因及文章帝甚悅謂挺曰別卿已來倏焉二載吾所綴文巳成一集今日擁旄者悉皆如此吾何憂哉

高聰爲輔國將軍與賊交戰望風退敗徙平州爲民行届瀛州刺史王質獲白兔將獻託聰爲表帝見表顧謂王肅曰在下郡得復有此才而令朕不知也肅曰比高聰北徙此文或有所製帝悟曰必應然也何應更有此輩

後周明帝時宇文神舉爲中侍上士帝方留意翰林而神舉雅好篇章帝每有遊幸神舉甞得侍從又庾

信自梁歸國帝旣雅好文學信特蒙恩禮至於趙滕諸王周旋欵至有若布衣之交群公碑誌多相請託唯王褒與信頗相埒自餘文人莫有逮者褒與庾信才名最高特加親待帝每遊宴命褒等賦詩談論甞在左右

隋煬帝初爲晉王時柳䛒爲諮議參軍帝好文雅招引才學之士諸葛潁虞世南王胄朱瑒等百餘人以充學士而䛒爲之冠帝以師友處之每有文什必令其潤色然後示人

庾自直大業初爲著作佐郎自直解屬文於五言詩尤善性恭愼不妄交遊特爲帝所愛帝有篇章必示自直令其詆訶自直所難帝輒改之至於再三俟稱善然後方出其見親禮如此

唐太宗時虞世南爲秘書監太宗重其博物每機務之暇引之談論共觀經史唐國獻獅子詔世南爲之賦命編之東觀

德宗貞元四年九月癸丑賜百僚宴于曲江詔曰今日重賜卿等遊賞朕遥想歡洽欣慰良多情發於衷因製詩序今賜卿等一本仍令中書門下簡定文士三五十人應制同用淸字明日御於延英門進其文

武百僚及文士欲和者聽翌日百僚畢和帝考其詩以劉太眞李紓四人爲上等鮑防于頎四人爲次等張濛劉滋等二十二人爲平等李晟馬燧李泌三人宰相不加考第

文宗開成元年二月癸未宰臣奏事于紫宸殿帝曰從來文格非佳昨試進士題目是朕自出所見詩賦似勝去年宰臣李石曰陛下改詩賦格調以正頹俗高鍇亦能厲精取士仰副聖旨帝曰四方表奏不典實而尚浮巧者宜罰掌書記石曰古人因事爲文今人以文害事懲弊抑末實在盛時帝曰但効古爲文

自然體尚高遠時又詔兵部尚書王起進文場秀句一卷九月勅秘書省及集賢院應欠書四萬五千二百六十一卷配諸道繕寫十一月又詔兵部尚書王起進國朝已來能詩人名字馮定爲太常少卿統樂立於廷帝以端凝若植問其姓名翰林學士李珏奏定之名帝喜問曰豈非能爲古章句者邪遂召升階帝自吟定送客西江詩吟罷益喜因錫以禁中瑞錦仍令大錄所著古體詩以獻尋遷諫議大夫

宣宗詔新貢舉會於殿柱帝自題曰鄉貢進士

周世宗時扈載初爲監察御史嘗遊相國寺僧院睹

其庭竹蒨色可愛乃抒碧鮮賦留題於其院帝聞之命黃門就其院錄之以進俄拜兵部員外郎知制誥

册府元龜

巡按福建監察御史臣李嗣京　訂正

分守建南道左布政使臣胡維霖　參閱

知建陽縣事臣黄國琦　較釋

帝王部　四十一

寛恕

皐陶稱舜之德曰御衆以寛孔子謂一言而終身行者其恕乎況乃宅四海之富居兆民之上固宜恢含垢之度廓包荒之量垂旒塞纊靡極其聰明天覆地容用示於廣大然後一眚者不掩其實小過者無累

其善訢弛者得盡其能悻直者咸竭其慮勲著有以自保反側以之獲安詿誤者惟新任簡者常宥百揆時敘萬邦咸懷君人之德於斯爲盛矣

漢高祖初范陽人蒯通嘗説齊王韓信欲令背漢信不聽通乃陽狂爲巫天下旣定信後以罪廢爲淮陰侯謀反被誅臨死嘆曰悔不用蒯通之言死於女子之手高帝曰是齊辯士蒯通乃詔齊召蒯通通至帝欲烹之曰若教韓信反何也若汝也通曰狗各吠非其主當彼時臣獨知齊王韓信非知陛下也且秦失其鹿以鹿喻帝位天下共逐之高材者先得天下匈匈爭欲爲陛下所爲顧力不能顧念也可殫誅邪殫盡也帝迺赦之

吳王濞怨望稱疾不朝使來輒繫責治之吳王恐所謀滋甚後及使人爲秋請律春曰朝秋曰請如古諸侯朝聘也濞不自行使人代爲致請禮文帝復責問吳使者使者曰察見淵中魚不祥言天子竊見下之私則不祥也今吳王始詐疾及覺見責急愈益閉恐上誅之計乃無聊唯帝與更始言赦其巳往之事於是天子皆赦吳使者歸之而賜吳王几杖老不朝吳得釋其謀亦益解

武帝遣貳師將軍李廣利伐宛軍行非乏食戰死不

甚多而將吏貪不愛卒侵牟之以此物故者衆侵牟言如牟賊之食苗也物故謂死也天子爲萬里征伐不録其過迺須賞焉

後漢光武建武四年率諸將圖秦豐於黎丘璽書招豐豐出惡言不肯降朱祐盡力攻之明年城中窮困豐肉袒降祐檻車傳豐雒陽斬之大司馬吳漢劾奏祐廢詔受降違將帥之任帝不加罪

尹敏爲郎中辟大司空府較圖讖敏因其闕文增之曰君無口爲漢輔帝見而怪之召敏問其故對曰臣見前人增損國書敢不自量竊冀萬一帝深非之竟

不加罪而亦以此沉滯

章帝時孔僖崔駰同遊太學習春秋因讀吳王夫差事僖廢書歎曰若是所謂畫虎不成反類狗者駰曰然昔孝武皇帝始爲天子秊十八崇信聖道師則先王五六秊間號勝文景及後恣己忘其前之爲善僖曰書傳若此多矣鄰房生梁郁攙和之曰攙謂不與之言而傍對也禮記曰無攙言如此武帝亦是狗邪僖駰默然不對郁怒恨之陰上書告駰僖誹謗先帝刺譏當世事下有司駰詣吏受訊僖以吏捕方至恐誅乃上書自訟曰臣之愚意以爲凡言誹謗者謂實無此事而虛加誣之

也至如孝武皇帝政之美惡顯在漢史坦如日月是爲直說書傳實事非虛謗也夫帝者爲善則天下之善咸歸焉其爲不善則天下之惡亦萃焉斯皆有以致之故不可以誅於人也且陛下即位以來政教未過而德澤有加言政教未有過失也天下所具也臣等獨何譏刺哉假使所非實是則固應悛改儻其不當亦宜含容而何罪焉陛下不推原大數深自爲計徒肆私忿以快其意臣等受戮死即死耳顧天下之人必回視易慮以此事闚陛下心自今以後苟見不可之事終莫敢言者矣臣之所以不愛其死猶敢極言者誠爲陛下深惜此大業陛下若不自惜則臣何賴焉齊桓公親揚其先君之惡以唱管仲魯莊公束縛管仲以與齊桓公親迎於郊而與之坐問焉曰昔吾先君襄公築臺以爲高爲田狩畢弋不聽國政卑聖侮士而惟女是崇九妃六嬪陳妾數百食必梁肉衣必文繡戎士凍餒是以國家不日引不月長恐宗廟不掃除社稷不血食敢問爲此若何管仲曰昔者聖人之理天下定人之居成人之事而愼用其六柄焉四人者勿使雜處則其言怨其事易也然後群臣得盡其心今陛下乃欲以十世之武帝遠諱實事豈不與桓公異哉臣恐有司卒然見構銜恨蒙枉不得自敘使後世論者擅以陛下有所方比寧可復使子孫追掩之乎謹詣闕伏待重誅帝始亦無罪僖等意及書奏立詔勿問拜僖蘭臺令史

和帝時周榮初辟司徒袁安府安舉奏竇氏事皆榮所具草後爲穎州太守坐法當下獄帝思榮忠節左轉其令

順帝時雷義爲尚書侍郎有同時郎坐事當居刑作義默自表取其罪以此論司寇同臺郎覺之委位自上乞贖義罪帝詔皆除刑

楊倫爲大將軍梁商長史諫諍不合出補常山王傅病不之官詔書勑司隸催促發遣倫乃居河內朝歌以病自上曰有留死一尺無北行一寸刎頸不易九裂不恨裂死也楚詞曰雖九死其猶未悔也匹夫所執强於三軍固敢

有辭帝乃下詔曰倫出幽升高（詩曰出於幽谷遷於喬木）寵以藩
傳稽留王命擅止道路託疾自從苟肆狷志（狷狂狷也音絹）
遂徵詣廷尉有詔原罪
靈帝時范冉（冉或作丹）辟司空府是時西羌反叛黃巾作
難制諸府掾屬不得妄有去就冉首自劾退帝詔書
特原不理罪
獻帝初平四年春正月甲寅朔日有食之時未晡八
刻太史令王立奏曰日晷過度無變也朝臣皆賀帝
令候焉未晡一刻而食賈詡奏曰立司候不明疑誤
上下請付理官帝曰天道玄遠事驗難明欲歸咎史

臣益重朕之不德也
魏明帝太和二年幸長安及還雒是時謠言云國有
大故從駕群臣迎立雍丘王植京師自卞太后群公
盡懼及帝還皆私察顏色卞太后悲喜欲推始言者
帝曰天下皆言將何所推
晉武帝泰始初司隸較尉李憙上言故立進令劉友
前尚書山濤中山王睦故尚書僕射武陵各占官三
更稻田請免濤睦等官陵已亡請黜謚詔曰法者天
下取正不避親貴然後行耳吾豈將枉縱其間哉然
案此事皆是友所作侵剝百姓以繆惑朝士姦吏乃
敢作此其考竟友以懲邪佞濤等不貳其過者皆勿
有所問易稱言王臣謇謇匪躬之故今憙亢志在公
當官而行可謂邦之司直者矣光武有云貴戚且斂
手以避二鮑豈其然乎其申勑群寮各慎所司寬宥
之恩不可數遇也憙爲二代司隸朝野稱之又武帝
嘗因南郊禮畢喟然問司隸較尉劉毅曰卿以朕方
漢何帝也對曰可方桓靈帝曰吾德雖不及古人猶
克己爲政又平吳會混一天下方之桓靈其已甚乎
對曰桓靈賣官錢入官庫陛下賣官錢入私門以此
言之殆不如也帝大笑曰桓靈之世不聞此言今有

直臣故不同也
何劭爲中庶子與其兄遵等受故鬲令袁毅貨雖經
赦宥皆禁止事下廷尉詔曰太保與毅有累世之交
遵等所取差薄一皆置之太保劭父曾也
裴秀爲尚書令安遠護軍郝詡與故人書云與尚書
令裴秀相知望其爲益有司奏免秀官武帝詔曰不
能使人之不加諸我古人所難交關之事詡之罪耳
豈尚書令能防乎其勿有所問司隸較尉李憙復上
言騎都尉劉尚爲尚書令裴秀占官稻田求禁止秀
詔又以秀幹翼朝政有勳績於王室不可以小疵掩

大德使推正尚罪而解秀禁止焉

王宏爲汲郡太守在郡有殊績武帝下詔稱之俄遷衛尉河南尹大司農無復能名更爲苛碎坐桎梏罪人以泥墨塗面置深坑中餓不與食又擅縱五歲刑以下二十一人爲有司所劾帝以宏累有政績聽以贖論

元帝初阮孚辟太傅府遷騎兵屬避亂渡江帝以孚爲安東叅軍蓬髮飲酒不以王務嬰心時帝旣用申韓以救世而孚之徒未能棄也雖然不以事任處之轉丞相從事中郎終日酣縱嘗爲有司所按帝每優

容之瑯琊王裒爲車騎將軍鎭廣陵高選綱佐以孚爲長史帝謂曰卿旣綂軍府郊壘多事宜節飲也孚答曰陛下不以臣不才委之以戎旅之重臣僶俛從事不敢有言者竊以今王莅鎭威風赫然皇澤遐被賊寇斂迹氛祲旣澄日月自朗臣亦何可爝火不息正應端拱嘯詠以樂天年耳遷黄門侍郎散騎常侍嘗以金貂換酒復爲所司彈劾帝宥之

周訪叅鎭東軍事時有與訪同姓名者罪當死吏誤收訪訪奮擊收者數十人皆散走而自歸於帝帝不之罪

康帝時阮裕在東山徵散騎常侍領國子祭酒俄而復以爲金紫光祿大夫領瑯邪王師經年敦逼並無所就御史中丞周閔奏裕及謝安違詔累載並應有罪禁一終身詔書貰之

後魏道武攻中山未克六軍乏粮民多匿穀問群臣以取要方畧御史中丞崔逞曰取椹可以助粮故飛鴞食椹而改音詩稱其事帝雖銜其侮慢然兵旣須食乃聽以椹當租逞又曰可使軍人及時自取過時則落盡帝怒曰内賊未平兵人安可解甲仗入林野而收椹乎是何言歟以中山未拔故不加罪

太武時古弼爲安西將軍及議征凉州與尚書李順咸言凉州乏水草不宜行師帝不從旣克姑臧微嫌之以其有將畧故弗之責也

孝文性寬慈進食者曾以熱羹傷帝手又曾於食中得虫穢之物並笑而恕之

延興三年六月詔曰往年縣召民秀二人問守宰治狀善惡具聞將加賞罰而賞者未幾罪者衆多肆法傷生情所未忍今特垂寬恕之恩申以解網之惠諸爲民所列者特原其罪盡行貸之

穆羆丁公崇之後世爲虎牢鎭將頻以不法致罪孝

文以其勳德之胄議而赦之

房伯玉初爲河間太守坐弟叔玉南奔徙於北邊後亦叛入齊爲南陽太守孝文尅宛伯玉面縛而降孝文引見伯玉幷其叅佐二百人詔伯玉曰朕承天馭宇方欲一清寰域卿蕞爾小戍敢拒六師卿之愆罪理在不赦伯玉對曰臣旣小人備荷驅使緣百口在南致拒皇畧罪合萬死孝文曰凡立忠抱節皆應有所至若奉逆君守迷節古人所不爲卿何得事逆賊蕭鸞自貽伊譴伯玉對曰臣愚癡晚悟罪合萬斬今遭陛下乞生命孝文曰凡人唯有兩途知機獲福背

機受禍勞我王師彌歷歲月如此爲降何人有罪且朕前遣舍人公孫延景城西共卿語曰天無二日土無二王卿答曰在此不在彼天道悠遠變化無方卿寧知今日在此不在彼乎伯玉乞命而已更無所言從弟思安爲樂陵太守頻爲伯玉泣請故特宥之

高道悅爲治書侍御史時孝文南征徵兵閱集雒陽道悅以使者侍御主文中散元志等稽違期會奏舉其罪時道悅兄觀爲列兵郎中而奏道悅有黨兄之負孝文詔責然以事經恩宥遂寢而不論

劉昶孝文時除都督吳越楚彭城諸軍事義陽拒守不克昶乃班師太和十九年帝在彭城昶至入見昶曰臣奉勑專征克殄兇醜徒勞士馬久淹歲時有損威靈伏聽斧鉞帝曰朕之此行本無攻守之意正欲伐罪弔民宣威布德二事旣暢不失本圖朕亦無克而還豈但卿也

宣武時李澤爲東都守以贓徵還帝使武士提以入澤抗言曰將軍今日猶自禮賢耶帝笑而捨之

孝莊時溫子昇爲南主客郎中脩起居注曾一日不直上黨王天穆時錄尚書事將加捶撻昇遂逃遁天穆甚怒奏人代之帝曰當世才子不過數人豈能爲此

便相放黜乃寢其奏

北齊神武時李義深初爲魏龍驤將軍義旗初歸帝於信都以爲大行臺郎中中興初除平南將軍鴻臚少卿義深見爾朱兆兵盛遂叛帝奔兆兆平帝恕其罪以爲大丞相府記室參軍

後周太祖以耿豪爲驃騎大將軍開府儀同三司豪性凶悍言多不遜帝惜其驍勇每優容之

隋文帝開皇六年雒陽男子高德上書請帝以爲太上皇傳位皇太孫帝曰朕承命撫育蒼生日旰孜孜猶恐不逮豈學近代帝王事不師古傳位於子自求

逸樂者哉
賀若弼坐怨望除名爲民歲餘復其爵位帝亦忌之不復任使然每宴賜遇之甚厚開皇十九年帝幸仁壽宮讌王公詔弼爲五言詩詞意憤怨帝覽而容之
虞慶則使突厥還會帝幸晉王第置酒會群臣高熲等帝因曰高熲平江南虞慶則降突厥可謂茂功矣楊素曰皆繇至尊威德所被慶則曰楊素前出兵武牢硤石若非至尊威德亦無克理遂與互相長短御史欲彈之帝曰今日計功爲樂宜不須劾
蕭摩訶子世略在江南作亂摩訶當從坐帝曰世略

年未二十亦何能爲以其名將之子爲人所逼耳因赦摩訶
王仁恭爲驃騎將軍典蜀王軍事及蜀王以罪廢官屬多罹其患高祖以仁恭素質直置而不問
唐太宗嘗辟人從兩騎幸故未央宮遇一衛士佩刀不去車駕至惶懼待罪太宗謂之曰仗司之失非汝之罪今若付法當死者便數人我所不忍因赦之而去
李靖破突厥送隋蕭后於京師初有降胡言中國人有潛通書啓於蕭后者至是中書舍人楊文權請鞫之帝曰往國家未定匈奴侵擾愚民寡識或當思念今天下寧一反側自安既往之愆不須問也
韋挺授銀青光祿大夫行黃門侍郎攝魏王泰府事時泰有寵廢人承乾多罪失太宗微有廢立之意中書侍郎杜正倫以漏洩禁中語徙邊挺時亦預其事太宗謂之曰朕已罪正倫不忍更置卿於法尋拜太常卿承乾之廢也挺又以交搆聞太宗竟寢其事待之如初十九年爲御史大夫從李勣擊破蓋牟城詔挺統兵鎮守挺素無威略不堪其憂乃貽書於道術人公當置辭怨望會當以他罪自殺於其囊中得挺

所與當書太宗召挺問之對多不以實太宗尤責讓之仍以宿經驅策不忍加誅授朝散大夫守象州刺史
江夏王道宗從征遼築土山攻安市城土山壞道宗失於部署爲賊所據歸罪果毅傅伏愛斬之道宗跪行詣旗下請罪太宗曰漢武殺王恢不如秦穆赦孟明土山之失具非其罪捨而不問
賈敦頤爲洺州司馬有罪當下獄太宗欲宥之御史再三執劾太宗曰爲國者先教化而後刑罰億兆之人豈能無過吾去其太甚者耳若有奏劾即陷酷刑

孝子猶不可從厥父而況道義合能久事其君乎竟赦之

高宗永徽五年雍州叅軍薛景宣以脩築京師羅郭城功畢上封事言漢惠帝城長安後尋即殂落今者營築必有災咎又楊正道有隋之孽流竄比蕃蹻突俻歸化便即詐死今日猶存有人隱藏猶未彰露帝大驚遂令推究正道死日既知景宣詐妄左僕射于志寧等以其言涉不順請誅之帝曰景宣因上封得罪恐塞忠言之路特令免之

乾封中帝謂司戎少常伯楊武曰卿在司戎授官多

非其才何也武曰臣妻剛悍此其所囑不敢違阻帝加其不隱笑而遣之

中宗神龍元年正月即位麟臺監張易之等先以潛圖逆亂伏誅詔有與易之往復書疏並焚之用安反側百寮莫不稱慶

玄宗開元六年十月癸亥貝州人張希嶠上表不經詔曰比每晝至側景夜至分宵期聞政要用忘寢食但能會理不責其文貝州張希嶠上表及詞義鄙淺有同諧弄據其不遵理度固合與罪恐後來正直其謂我何故特矜愚不寘於法且令河南府示語遞還本貫

十二年七月黔中道招討使內侍楊思勗討平溪州賊帝謂賊帥覃行章等曰汝破傷州縣殘害吏人據汝罪名合寘刑法我好生惡殺特捨汝命可授汝商州洵水府別將往欽哉

肅宗至德二年九月元帥廣平王將收西京王當閫不乘馬步出木馬門而後乘馬管崇嗣爲王都虞候先王上馬御史大夫顏眞卿進狀奏彈之帝曰朕兒每欲出朕一二教示之其何敢失禮崇嗣老將患脚朕欲優容乃自曉諭之狀還眞卿

乾元元年六月戊午詔曰朕聞古先哲王愼罰以邮人命脅從罔理罪疑從輕成湯有解網之仁光武有焚書之令蓋惠彼至理受其刑章是以法不濫加刑所以措也間者時遭寇逆忠在干戈衣冠之流逼迫者衆事不獲已情稍輕焉頃者委在三司窮其五聽議重者累中刑典稍輕者猶被勾留況時久淹延人皆窘乏衣食且猶不給家屬又悉乖離艱難之憂無甚於此豈朕泣辜宥罪作人父母之意耶況恩澤頻加科條遞減原其事狀稍近平人豈可尚議遷貶竆其反側萬方有責罪實在予一物失所憂將誰屬永

言憫念用惻於懷而兩京官應被賊逼授僞官三司所推問未了者一切放免其賊中守本官至冬方選曾受驅馳旣寬刑典免其貶降並至來冬放選合得官時仍委所司量事輕重注擬其已貶官者續有處分

上元二年正月詔安祿山僞署三司有名應在流貶者原情議罪負國誠深朕已捨其殊死竄於荒徼罔當與衆共棄長爲匪人然皆邦家舊臣嘗掛纓冕使其終沒裔土永懸慙䰟孰若貸以殊私俾令効節亦准例處分兼委中書門下量輕重類例奏取處分

代宗大曆八年閏十一月渤海質子盜脩袞龍擒之詞云慕中華文物帝矜而捨之

十年二月乙巳昭義軍節度留後薛蕚以失守至自相州見於銀臺門之內殿河陽三城使常休明至自河陽素服待罪並特詔釋放

德宗貞元初韓遊瓌爲邠寧節度其子欽緒與李廣弘謀逆事發履斬遊瓌以其子大逆表乞代免且自詣闕謝帝固止之寄任如初遊瓌又械繫欽緒二子送京師請從坐帝亦捨之及遊瓌來朝以其子欽緒謀逆素服待罪朝堂帝釋之勞遇如初

憲宗元和六年正月丙申朔御含元殿受朝賀攝太尉張茂昭宰臣于頔李藩並行事失儀詔釋罪

十二年十月乙卯淮西平甲申詔其淮西諸州鎮官吏將健雖被脅汙皆非本心除同惡巨蠹者一切不問

穆宗以元和十五年正月即位七月鹽州送到先刼烏白洲鹽女子拓拔三娘弁婢二人召入内親詰之赦罪送本州

敬宗卽位召嶺南節度使孔戣爲吏部侍郎長慶中或告戣在南海時家人受賂帝不之責改右散騎常

侍

文宗太和元年三月贊善大夫李方現與惡徒燕昵爲其所歐詔以事經恩蕩釋之而不問其父保義軍節度使寰知之表請削奪方現官階仍乞追赴晉州杖之並不許

開成四年五月諫議大夫韋力仁仗內奏曰臣伏見軍家捉錢事侵府縣軍司與府縣各有區別今富商大賈隸軍司著一紫衫府縣莫制當陛下至聖至明之時固不宜有此禁軍是陛下衛士警夜巡晝以備不虞不合攪擾百姓以干法理伏乞陛下戒勅統帥

令各歸其分則人情獲安天下幸甚帝問宰臣等奏曰凡語事須當力仁所言乃欲生事帝曰蓋論名分耳李琪曰軍家所出榜是自捉軍人百姓即府縣自捉此無乖名分帝曰當廷論此亦似近名然諫官論事不合怪之

後唐莊宗入汴齊州刺史孟璆上章請死詔原之璆初事帝爲騎將天祐十三年帝與劉鄩等對壘璆領七百騎奔梁至是來請罪帝報之曰爾當吾慂引七百騎投賊何面目相視璆惶恐請死帝恕之未幾移貝州刺史

明宗天成三年五月有軍人於軍器庫內盜銀鎗一條帝捨其罪侍臣以盜庫器於宮內其罪難恕帝竟釋放

長興二年五月泗水縣令李雲獻時務策天下民多除田土徵租稅其餘不計是何物色並請配定稅錢勑旨益國利民方爲良策越嘗生事則亂彝章李雲粗讀儒書曾居假官所進條件旣廣徵引仍繁而於職略之間荒唐頗甚且鄉閭之內苦樂不無則可沿古制而檢繩度物宜而均濟豈得請行峻法大撓群情詳暴斂之品題無稍通之氣味況五兵乍息兆庶小康忽有此陳未測何意便合勘窮疏率申舉科條尚緣言路方開政刑務恤特從寬宥俾自省循九月丙戌太傅致仕王建立不繇詔旨二日至京而通事不敢引對留於閤門久之自至後樓朝見帝以故將不之罪

是月庚戌獻時務人前澤州録事參軍韓滔所司面試策問一件無詞以對勑旨以納言路廣進策人多别出試題蓋防假手韓滔獨壞衆例輒出巳懷敢以閑詞有違明勑而又情惟自衒事匪合宜朝堂干祿之時尚猶倔強州縣親人之處可認作爲便合舉違

勑之科加不恭之罪緣當誕月刑法務寬宜賜一選

末帝清泰元年楊凝式爲兵部侍郎帝按兵於懷覃凝式在扈從之列頗以心恙喧譁於軍砦帝以其才名優容之詔遣歸雒

二年三月太常丞史在德上疏言事其略曰朝廷任人率多濫進稱武士者不閑計策雖披堅執銳戰則棄甲窮則背軍稱文士者鮮有藝能多無士行問策謀則杜口作文字則倩人所請虛設具員枉耗國力逢陛下維新之運是明文革弊之秋臣請應內外所管軍人凡勝衣甲者請宣下本部本將試考武藝

短長權謀深淺居下位有將才者便拔爲大將居上位無將畧者移之下軍其東班臣寮請内出策題下中書令宰臣面試如下位有大才者便拔居大位處大位無大才者卽移之下僚其疏大約如此盧文紀等見其奏不悦班行亦多憤悱故諫官劉濤楊昭儉等上疏請出在德疏辨可否宣行中書覆奏亦駁其錯誤帝召學士馬裔孫謂曰史在德語太凶其實難容朕初臨天下須開言路若朝士以言獲罪誰敢言者爾代朕作詔勿加在德之罪詔曰左補闕劉濤等奏太常丞史在德所上章疏中書門下駁奏未奉宣

諭乞將施行分明黜陟朕嘗覽貞觀故事見太宗之理以貞觀升平之運太宗明聖之君野無遺才朝無闕政盡善盡美無得而名而陝縣丞皇甫德參輙上封章恣行訕謗人臣無禮罪不容誅賴文貞彌縫恕德參之狂瞽徵奏太宗曰陛下思聞得失只可恣其所陳若所言不中亦何損於國家朕每思之誠要言也遂得下情上達德盛業隆太宗之道彌光文貞之節斯著朕惟寡昧獲奉宗祧業業兢兢懼不克荷思欲率循古道採拔時材懷忠抱直之人虛心渴見便佞詭隨之説杜耳惡聞史在德近所貢陳誠無避忌中書以文字紕繆比類借差改易人名觸犯廟諱請歸憲法以示戒懲蓋以中書旣委參詳合盡事理朕纘承前緒誘勸將來多言數窮惟聖祖之所戒千慮一得與愚者之可從因覽文貞之言遂寬在德之罪爰令停寢不遣宣行劉濤等官列諫垣宜陳讜議請定短長之理以行黜陟之文昔魏徵則請賞德參今濤等請黜在德事同言異何相遠哉將議允俞恐虧開納方今朝廷粗理俊乂畢臻留一在德不足爲多去一在德不足爲少苟可懲勸朕何愛焉但緣情在傾輸理難黜責濤等數奏朕亦優容宜體含洪勉思

竭盡凡百在位悉聽朕言

晉高祖天福四年秋七月御史奏太子賓客韓惲國子祭酒唐汭左丞崔棁吏部侍郎盧導左司郎中趙上交左贊善大夫李專美太常博士祝格左龍武將軍李藏左衛將軍李崇本入閤後至衙班失儀帝以人之小過不用情不撓法雖曰失恭恕而已矣遂不令罰俸

少帝天福七年襄州行營都部署高行周奏收下逆賊城其安從進并骨肉並自焚擒到從進男弘贊斬之差人監送襄州行軍司馬安友規到闕釋罪賜服

帝靴笏

周太祖初親族及王俊家並爲劉銖所害帝入京城銖夫婦裸露以席自蔽平旦執之下獄帝遣人讓銖曰與公同事先帝寧無故人之分吾家屬屠戮公雖奉君命加之酷毒一何忍哉今亦有妻兒家屬公還惜否銖但稱死罪時群臣方集帝言曰前青州劉侍中墜馬傷甚昨夜又軍士凌逼殆有微生據法屠人家族罪不容誅然冤報往還循環不息今欲奏太后止罪其身原其家屬何如群臣稱善及奏從之廣順初太祖念嘗同奉漢室乃詔賜銖妻陝州莊宅一區

世宗顯德元年三月親征河東四月戊申命河陽節度使劉詞押步騎三千赴維州皆樊愛能何徽之部兵也上以旣誅其主將不欲加罪於衆乃遣詞押領分屯於維州

二年尚書吏部貢院進新及第進士李覃等一十六人所賦詩賦文論策文詔曰國家設貢舉之司求英俊之士務詢文行方中科名比聞近年已來多有濫進或以年老而得第或因媒勢以出身今歲所放舉人試令看驗果見紕繆須至去留其李覃何曮楊徽之趙鄰幾等四人宜放及第李震等一十二人藝學未精並宜勾落且令苦學以俟再來禮部侍郎劉溫叟失於選士頗屬因循據其過尤合行譴謫尚示寬恕特與矜容劉溫叟放罪

冊府元龜

巡按福建監察御史臣李嗣京訂正
知長樂縣事臣夏允彝叅閱
知建陽縣事臣黃國琦較釋

帝王部四十二

仁慈

儒有百行仁爲之宗道有三寶慈居其首君人者本之以成帝德行之以宅天下天下之民愛而戴之何莫繇斯之道也若乃蜡氏除骴列於秋官詩人行葦系於大雅禁方春之剗殺則澤被含靈戒不時之薙

伐則恩加植物至於寘臧獲乎生齒還幽閉於所親釋俘虜之窮困購隮没之良口若是數者時而行之則萬物由庚而況於下民乎四夷慕義而況於中國乎書曰好生之德洽於民心又曰民罔甞懷懷於有仁其此之謂歟

商湯出見野張網四面祝曰自天下四方皆入吾網湯曰嘻盡之矣乃去其三面祝曰欲左左欲右右不用命乃入吾網諸侯聞之曰湯德至矣及於禽獸

周文王作靈臺掘地得死人骸文王曰更葬之吏曰此無主也文王曰有天下者天下之主今我非其主耶遂令吏以衣冠葬之天下聞之曰文王賢矣澤及枯骨又況人乎

漢高祖五年五月詔民以饑餓自賣爲人奴婢者皆免爲庶人

文帝十二年二月出孝惠皇帝後宮美人令得嫁

宣帝元康三年六月詔曰前年夏神爵集雍今春五色鳥以萬數飛過屬縣翺翔而舞欲集未下其令三輔毋得以春摘巢探卵彈射飛鳥具爲令

成帝永始四年六月出杜陵諸未嘗御者歸家

後漢光武建武二年五月詔曰民有嫁妻賣子欲歸

父母者恣聽之敢拘執論如律

六年十一月詔王莽時吏人没入爲奴婢不應舊法者皆免爲庶人

七年五月詔吏人遭饑亂及爲青徐賊所略（不以道取爲略）爲奴婢下妻欲去留者恣聽之敢拘制不還以賣人法從事（言從賣人之事以結其罪）

十二年三月詔隴蜀民被略爲奴婢自訟者及獄官未報一切免爲庶民

十一月大司馬吳漢平公孫述放兵大掠成都焚述宮室帝聞之怒以譴漢又讓漢副將劉尚曰城降三

日吏人從服孩兒老母口以萬數一旦放兵縱火間
之可爲酸鼻尚宗室子孫嘗更吏職何忍行此仰視
天俯視地觀放麑兒啜羔羹二者孰仁韓子曰孟孫獵得麑使秦西巴持之其母隨而呼秦西巴不忍而與其母戰國策曰樂羊爲魏將而攻中山其子在中山中山君烹其子而遺之羹樂羊啜之盡一盃而拔攻中山
十三年十二月詔益州民自八年以來被略爲奴婢
者皆一切免爲庶民或依託爲人下妻欲去者恣聽
之敢拘留者比青徐二州以略人法從事
十四年十二月從事詔益凉二州奴婢自八年以來
自訟在所官一切免爲庶民賣者無還值

章帝元和二年正月詔曰令云人有產子者復勿筭
三歲令諸懷姙者賜胎養穀人三斛復其夫勿筭著
爲令
三年二月勑侍御史司空曰方春所過無得有所伐
殺車可以引避引避之騑馬可輟解輟解之夾轅者爲服馬服馬外爲騑馬
詩云敦彼行葦牛羊勿踐履敦敦然道旁之葦牧羊牛者無使踐履折傷之況於人乎
禮人君伐一草木不時謂之不孝孔子曰伐一樹殺一獸不以其時非孝也
俗知順人莫知順天其明稱朕意
安帝元初二年二月遣中謁者收葬京師客死無家
屬及棺槨朽敗者皆爲設祭其有家屬尤貧無以葬
者賜錢人五千
質帝本初元年二月庚辰詔曰九江廣陵二郡數離
寇害殘夷最甚謂此年張嬰寇廣陵華孟寇九江也生者失其質業死
者暴屍原野昔之爲政一物不得其所若已爲之況
我元元嬰此困毒方春戒節賑濟乏尼掩骼埋胔之
時骨枯曰骼肉腐曰胔其調比郡見穀出廪窮弱收葬枯骸務
加理卹以稱朕意
魏太祖漢建安中陳宮爲呂布守下邳布敗太祖會
宮問宮欲活老母及女不宮對曰宮聞孝治天下者
不絶人之親仁施四海者不乏人之祀老母在公不

在宮也宮死太祖召養其母終其身嫁其女
齊王景初二年卽位詔官奴婢六十已上免爲良人
正始七年秋詔曰屬到市觀見所斥賣官奴婢年皆
七十或癃疾殘病所謂天民之窮者也且官以力竭
而復鬻之進退無謂其悉遣爲良民若有不能自存
者郡縣賑給之
晉武帝太康七年十二月出後宮才人妓女以下二
百七十人歸於家帝又嘗幸王濟宅濟供饌甚豐悉
貯流離器中蒸豘甚美帝問其故答曰以人乳蒸之
帝色甚不平食未畢而去

元帝太興四年五月詔曰昔漢二祖及魏武皆免良人武帝時凉州覆敗諸爲奴婢亦皆復籍此累代成規也免中州良人遭難爲楊州諸郡僮客者以備征役
孝武太元十四年正月詔淮南所獲俘虜付諸作部者一皆散遣男女相配匹賜百日廩其役爲軍賞者悉贖出之以襄陽淮南饒沃地各立一縣以居之
後魏明元永興三年二月詔曰衣食足知榮辱夫人饑寒切已唯恐朝夕不濟所急温飽而已何暇及仁義之事乎王教之多違蓋繇於此也非夫耕婦織內外相成何以家給人足矣其簡宮人非所當御及執

作技巧自輸悉出以配鰥民
太武太延元年正月癸未出道武明元宮人令得嫁
文成和平四年八月畋於河西詔曰朕順時田獵而從官殺獲過度既殫禽獸乖不合圍之義其勑從官及典圍將軍自今已後不聽濫殺其畋獵皮肉別自頒賚是月詔曰前以民遭饑寒不自存濟有賣鬻男女者盡仰還其家或因緣勢力或私行請託共相通容不時撿較令良家子息仍爲奴婢今仰精究不聽取贖有犯加罪若仍不撿還聽其父兄上訴以掠人論

獻文皇興二年十二月詔曰頃張永迷擾敢拒王威暴骨原隰殘廢不少死生寃痛朕甚愍焉天下民一也可敕郡縣永軍殘廢之士聽還江南路骸草莽者收葬之
孝文延興三年九月詔曰自今京師及天下之囚罪未分判在獄致死無近親者公給衣衾棺櫝埋葬之不得暴露
太和二年二月行幸代之湯泉所過問民疾苦以宮人賜貧無妻者
三年二月帝及皇太后幸代郡温泉問日民疾苦貧

者以宮女妻之詔宮人年老及疾病者免之
四年九月詔曰隆冬雪降諸在徽纆及轉輸在都或有凍餒朕甚愍焉可遣侍臣詣廷尉獄及有囚之所周巡省察饑寒者給與衣食桎梏者代以輕鏁
五年二月大赦天下免宮人年老者還其所親四月甲寅詔曰時雨不霑春苗萎悴諸有骸骨之處皆敕埋藏勿令露見
六年三月庚辰行幸虎圈詔曰虎狠猛暴食肉殘生取捕之日每多傷害既無所益損費良多從今勿復捕

九年八月詔數州災水饑饉薦臻致有賣鬻男女者天之所譴在於一人而百姓無辜横羅艱毒朕用殷憂夕惕忘食與寢今自太和六年已來買定冀幽相四州饑民良口者盡還所親雖聘爲妻妾遇之非理情不樂者聽離之

十三年九月免宫人以賜北鎮人貧鰥無妻者

十八年十二月南伐齊詔壽陽鍾離馬頭之師所獲男女之口皆放還南

十九年八月幸西宫路見壞冢露棺駐輦殣之

宣武景明三年二月詔曰自比陽旱積時農民廢殖

寤言增愧在予良多申下州郡有骸骨暴露者悉可埋瘞

正始三年五月詔曰掩骼埋胔古之令典順辰脩令朝之恒式今時澤未降春稼已旱或有孤老篤癃無人養救因以致命暴骸溝塹者雒陽部尉依法棺埋

永平二年十二月詔禁屠殺含孕以爲永制

孝明熙平元年五月詔放華林野獸於山澤

出帝太昌元年五月庚戌詔曰頃因年饑百姓流徙或身倚溝渠或命懸道路皆見棄草土取厭鳥鳶言念及此有驚夜寢掩骼之禮誠所庶幾行殣之義冀亦可免其諸有露屍者令所在埋瘞可宣告天下

後周明帝二年二月詔曰王者之幸世莫不同四海以遠近爲父母而子之一物失所若納於隍賊之境土本同大化徃因時難致阻東西遂使疆埸之間交相抄掠入賊者悉可哀傷自元年以來有被掠入賊者悉可放免

武帝保定五年六月詔曰江陵人六十五已上爲官奴婢者俱已令放免其公私奴婢有年至七十以外者所在官司宜贖爲庶人

建德元年十月詔江陵所獲俘虜充官口者悉免爲

民

六年十一月詔永熙三年七月以來去年十月以前東土之民被抄掠在化内爲奴婢及被抄平江陵之日良人没爲奴婢者並免放所在附籍一同民伍若舊主人猶須共居聽留爲部曲及客女

靜帝大象二年詔南定北光衡巴四州民爲宇文亮抑爲奴婢者並免其爲民復其本業

唐高祖武德二年二月詔曰釋典微妙淨業始於慈悲道教冲虚至德去其殘殺四時之禁無伐麛卵三驅之化不取前禽蓋欲敦崇仁惠蕃衍庶物立政經

邦咸率茲道朕祇膺靈命撫遂群生言念亭育無忘鑒寐殷帝去網庶踵前脩齊王捨牛實符本志自今以後每年正月五月九月及每月丁齋日並不得行刑所在公私宜斷屠殺

三年四月詔曰有隋失馭戎亂弘多民物凋殘俗化踰侈耽嗜之族競逐旨甘屠宰之家恣行劉殺芻豢之畜靡供肴核之資胎夭之群莫遂蕃滋之性傷財墮業職此之繇數斂穿窬因茲未息禮曰君無故不殺牛大夫無故不殺羊士無故不殺犬豕庶人無故不食珍非惟務在仁愛蓋亦示之儉約方域未寧尤須節制凋弊之後宜先蕃育豈得恣彼貪暴殘殄庶類之生苟循目前不爲經久之慮導民之理有未足乎其關內諸州宜斷屠殺庶六畜滋多而民庶殷贍詳思厥衷更爲條式

六月詔曰自隋室不綱政刑荒廢戎役煩重師旅薦興元元無辜墮於塗炭轉死溝壑暴骨中原宗黨淪亡邑居散逸墳隴靡託營魂無歸朕受命君臨爲民父母率土之內情均亭毒一物失宜寤興軫慮念茲道殣義先弔恤雖復久已須下普遣葬埋猶恐吏不存心收葬未盡宜令州縣官司所在巡行掩骼埋胔必令周悉使鄣亭之次無復遊魂窀穸之下各安所厝姬文惠化恩及枯骸庶踵於前此爲非類

太宗以武德九年八月甲子即位是月癸酉詔曰爰始正家刑於四海王者內職取象天官上備列位之序下供掃除之役肇自古昔具有節文末代奢淫搜求無度朕嗣膺寶曆撫育黔黎克己厲精庶幾至理顧省宮掖其數實多恐茲幽閉久離親族一時減省各從罷散歸其戚屬任從婚娶自是後宮及掖庭前後所出三千餘人又在內鷹狗雞等並委五坊使量留餘並解放

九月遣殿中監盧寬將軍趙綽送突厥還蕃頡利獻馬三千匹羊萬口帝不受詔頡利所掠中國戶口者令歸之

貞觀二年四月詔曰隋運將盡群凶鼎沸干戈不息饑饉相仍流血成川暴骸滿野朕往因軍旅周覽川原每所臨視用傷心慮自祇膺寶命義切哀矜雖道謝姬文而情深掩骼諸有骸骨暴露者宜令所在官司收斂埋瘞稱朕意焉

九月丁未謂侍臣曰婦人幽閉深宮情實可愍隋氏末年求採無已至於離宮別館非幸御之所多聚宮

人皆竭人財力朕所不取且洒掃之餘更何所用令將出之任求伉儷非獨以惜費亦人各遂其性於是令尚書右丞戴胄給事中杜正倫等於掖庭宮西門簡出之

三年四月詔婦人正月以來生男賜粟一石

四年九月詔曰突厥種落往逢災屬病疫饑饉殞喪者多暴骸中野前後相屬幽魂靡託酸鼻無所永言矜悼有懷隱惻宜令所司於大業長城以南分道巡行但有骸骨之所酒脯致祭速爲埋瘞務令周悉以稱朕意焉

十月制決罪人不得鞭背初帝以暇日遍覽群書因讀明堂孔穴云人五臟之係咸附背脊針灸失所皆有損害乃廢書而嘆曰令律決笞者皆云髀背分受乃有邂逅致死之義捶人之背理則宜然夫箠五刑之最輕者也死又生之至重者也豈容犯最輕之刑而或鞭笞致死自古帝王懸來未悟不亦悲夫即日遽頒此制

五年二月詔曰甲兵之設事不獲已義在止戈期於去殺季葉馳競恃力肆威鋒刃之下恣情剪馘血流漂杵方稱快意屍若亂麻自以爲武露骸封土多崇京觀徒見安忍之心未弘掩骼之禮靜言念此憫嘆良深但是諸州有京觀處無問新舊宜悉剗削加土爲墳掩蔽枯朽勿令暴露仍以酒脯致祭奠焉

五月有司言贖得男女八萬口初隋末大亂中國人多沒於北夷至是突厥來降帝遣使以金帛贖購之

七月甲辰遣廣州都督府司馬長孫師往收瘞隋日戰亡骸骨毀高麗所立京觀

八月遣使於高麗收隋戰亡骸骨設祭而葬之

十年十一月帝謂侍臣曰朕自征伐以來所乘戎馬陷軍破陣濟朕於難者刊石爲鐫真形置之左右以

申帷蓋之義初帝有駿馬名颯露紫霜每臨陣多乘之騰躍摧鋒所向皆捷嘗討王充於隋盎馬坊酣戰移景此馬爲流矢所中騰上古堤右庫直立行恭拔箭而後馬死至是追念不已刻石立其像焉

十五年三月如襄城宮登子邏坂見暍者僵於路駐命左右取藥飲之乃蘇

十七年三月帝觀漁于西宮見魚躍焉問其故漁者曰此當乳也於是中網而止

十八年二月幸壺口村落偪側問其受田丁三十畝遂夜分而寢憂其不給詔雍州錄尤少田者給復移

之寛鄉

四月辛亥幸九成宮巳未行次顯仁宮太宗手詔皇太子曰吾昨見麞鹿懷孕者多縱有空身其子甚小母亡而子存者未之有也吾與汝雖復不射無仁心之人得便終無放理昆蟲無知須推巳以及也推巳之孝於父母以及此類則天下有識者懷之推巳之惡死以及蟲豸含生之者何有不賴所以明日不行

十九年五月征遼次遼澤下詔曰日者隋師渡遼時非天贊從軍士卒骸骨相望遍于原野良可哀歎掩骼之義抑惟先典其令並收瘞之

十月班師詔初攻遼東城其中抗拒王師應沒爲奴婢一萬四千口並遣先集幽州將分賞戰士帝念其父母妻子一朝分散情甚哀之因命有司平准其直以布及錢贖爲編戶焉其衆歡叫之聲三日不息及至幽州夷俘並列於城東拜道稱謝舞躍嬋地宛轉塵埃從行者愍之爲灑淚初帝之渡遼也莫離支遣加尸城七百人戍蓋牟城李勣盡虜之其人並隨軍請自効帝謂之曰非不欲爾之力爾家在加尸爾爲吾戰彼將爲戮矣破一家之妻子求一人之力用吾不忍也戊戌帝悉令廩食而放還戚曰高麗小人不知所以報天子德也

二十一年六月詔曰隋末喪亂邊疆多被抄掠今鐵勒歸朝化如聞中國之人先陷在蕃内者流滯南望企踵思歸朕聞之惕然深用惻隱宜遣使往燕然等州知見在沒落人數與都督相計將物往贖遠給程粮送還桑梓其室韋烏羅護靺鞨等三部被延陁抄失家口者亦令爲其贖取

高宗顯慶元年正月甲午詔曰爲國之道必崇簡惠正家之義允歸儉約故知興替之本得失之基爰自六宮刑於四海既而西都之后累葉驕奢東漢之君

相繼淫侈魏庭晋室採擇無厭水運倉積選納逾廣節文既廢怨曠滋深糜費極多流弊忘反朕以寡薄嗣奉瑶圖臨馭八紘亭育萬類向隅之念每切於憂兢納隍之心實勞於夙夜率繇成訓仰遵先旨卽位之初備加寛貸年老宫人巳令放出椒掖之内人数猶多久離親族之歡長供掃除之役永年幽閉良深矜憫又去年霖雨頗傷苗稼在於州縣非無乏少資給後庭有妨國用宜申兹大造更量放出宫人可令官司料簡具録名帳所司依狀散下歸其戚屬若無近親任求配偶所在官府存心安置勿使輕薄之徒

輒行期誘空有竊資之弊便無偕老之託務加存恤
令遂所懐
龍朔元年十月狩於陸渾縣較獵於非山帝身射禽
獸獲鹿及雉兎數十令代宮厨應烹之羊盡放令長
生焉
咸亨四年正月詔咸亨初百姓遺棄男女有收養及
驅使者聽量酬衣食之直放還本家閏五月禁作簺
捕魚營圈取獸
中宗景龍二年十二月幸濮故未央宮舊基引從臣
賜宴有群鹿經於御前羽林騎士獲之以獻帝皆命

放之
睿宗唐隆元年六月制宮人比來取在京百姓子女
入宮者令放出
玄宗先天元年十二月詔曰犬以守禦鷄以司晨有
用於人不同當畜好生之德徧宜令及自今並不得
屠殺
二年三月太上皇詔今年斷食鷄子雖寒食百姓亦
不得進六月禁殺牛馬驢等犯者科違詔罪不得以
官當廕贖公私賤隸犯者決六十然後科罪
開元二年十月詔曰乞力徐等天迷神怒背義忘恩
憫其下人制在凶帥積骸暴露潤草塗原言念於玆
豈忘惻隱其吐蕃戰死人等宜令所在州縣速與瘗
埋俾有申於弔拯庶無隔於華裔
三年二月北庭都護郭虔瓘破吐蕃及突厥默啜以
其俘來獻帝謂俘曰爾等背恩作逆罪不容誅念
爾等無知特宜釋放
五年七月隴右節度郭知運大破吐蕃獻俘於闕下
帝悉免而撫之分配諸州爲編戶親語之曰吐蕃俘
囚等是爾蕃部於我國家送款降婚分之疆界我不
爾詐爾無我虞近年爾忽從兇偕不守誠信犯我群

牧侵我州軍旣籍防閑故有經畧臨陣所虜准例應
誅我情在好生今爲爾屈法並捨爾等性命作諸州
編戶卽宜聽有司處分
十一月丙辰詔曰自古見其生不食其肉資其力必
報其功馬牛驢皆能任重致遠濟人使用先有處分
不令宰殺如聞比來尚未全斷群牧之内此弊尤多
自今以後非祠祭所須更不得進獻牛馬驢肉其王
公已下及天下諸州諸軍宴設及監牧皆不得輒有
殺害仍令州縣及監牧使諸軍長官切加禁斷兼委
御史隨事糾彈

十二年四月隴石節度使王君㚟破吐蕃來獻戎捷帝謂吐蕃俘囚等曰凡事俘囚法當處死我好生惡殺覆育萬方汝等雖是外蕃物類亦同中國今捨汝性命以申含養令向鴻臚待後處分

十月將封泰山詔曰自古明王仁及萬物今助天孳育方欲告成其緣祀祭及在路供頓犧牲餼牽禮不可闕除此之外天下諸州金令斷屠及漁獵採捕駕廻至京都依嘗式

二十一年正月制曰獻歲之吉迎氣方始教順天時無違月令所縣長吏可舉舊章諸有藏伏孕育之物

蠢動生植之類慎無殺伐致令夭傷

天寶元年正月改元詔曰禁傷麛卵以遂生成自今已後每年春天下宜禁弋獵採捕

五載正月詔曰永言亭育仁慈爲本況乎春令義叶發生其天下弋獵採捕宜明舉舊章嚴加禁斷宜布中外令知朕意

六載正月詔曰今屬陽和布氣蠢物懷生在於含養必期遂生如聞榮陽僕射陂陳留郡蓬池等採捕極多傷害甚廣因循旣久深謂不然自今已後特宜禁斷各委所繇長官嚴加捉搦輒有違犯者白身決六十仍罰重役官人具名錄奏當刜處分其僕射陂仍改爲廣仁陂蓬池改爲福源池庶弘大道之仁以廣中孚之化又詔曰祭祀之典犧牲所備將有達于虔誠蓋不資於廣殺況牛之爲畜人實有賴旣功施播種亦力被車輿自此餘牲尤可矜憫況前聖有作難爲盡廢明神克享亦在深仁自今以後每大祭祀應用騂犢宜令所司量減其數仍永爲嘗式

十四載正月詔曰陽和布氣庶類滋長助天育物須順發生宜令諸府郡至春末已後無得弋獵採捕嚴加禁斷必資杜絶

肅宗至德三年正月詔曰國有五典幽閉爲重刑有六宮明章内理所以敎之陰禮詔之御服至於衡紞紘綖之美織紝綿纊之事任適於用則有司存焉頃年已來仍遣冤盜違其情性則謫見天象恣其供億則糜費國儲非以達冤煩振繫滯之義也宜放内人三千人各任其嫁其年老及疾患如無近親收養散配諸寺安置待有去處一任東西仍各與一房資財以充糧用并委府縣官句當勿使侵凌以成朕無爲之化也

代宗寶應元年十二月戊辰詔曰凡在生靈合登仁

壽自逆數阻多致傷殘或冤盜爲災斃於鋒鏑或歲時不稔道殣相望枯骨轉屍多未埋瘞朕爲人父母良深惻惻將何以示掩骼之禮昭葬骨之仁永念前修豈忘古訓其京城內外應有舊骸骨宜令京兆府即句當收拾埋瘞仍令中使與所繇計會致祭

大曆四年十一月禁畿內弋獵

九年三月丙午禁京畿內採捕漁獵自三月至於五月永爲常式

德宗以大曆十四年五月即位以文單國累獻馴象凡四十有二皆豢于禁中有善舞者以備元會庭實

至是悉令放於荆山之陽及鷹隼豹貀鬬雞獵犬皆放之又出宮人數百人

閏五月辛巳詔曰邕府歲貢奴婢使其離父母之鄉絕骨肉之戀非仁也罷之

七月商州歲貢䅨膠罷之

貞元六年十一月詔曰吐蕃比爲信約自失通和邊鎮之間事資備禦因其犯境累獻俘囚旣切懷歸之心後加幽縶之苦永言覆育豈間華戎應所獲吐蕃生口見在者一切放歸本國仍僉差人送至界首量事資遣使得自全

順宗以貞元二十一年正月即位二月癸丑釋掖庭沒官婦人朱泚妻徐氏等甲子大赦制後宮細人子弟音聲等人並宜放歸親族又諸軍先擒吐蕃生口配在諸處者宜資給放還本國

三月出後宮三百人及教坊女伎六百人聽其親戚迎於九仙門百姓聚觀讙呼大叫

四月丁卯命艾容州所進毒藥可以殺人者

憲宗元和元年正月福建道送到吐蕃生口七十人詔給遞乘放歸其國

八年六月辛丑命出宮人二百車許人得娶以爲妻

以水害誡陰盈故也

十年九月詔澤潞及鳳翔天藏軍每進雞子旣傷物性又勞人力宜停進

十二月詔出宮人七十三人分置京城寺觀有家者歸之

十一年禁以新羅爲生口令近界州府長吏切加提舉以其國宿衛王子金長廉狀陳故有是命

穆宗以元和十五年正月即位御丹鳳樓大赦詔掖庭籍沒罪人妻女等宜並放歸親族

七月詔許逆賊李師道妻魏氏爲尼住法雲寺

八月帝御丹鳳樓大赦詔諸軍先擒吐蕃配在諸處者並放歸國願住者亦聽

九月江南西道奏配到吐蕃一百六人准赦條流七十四人願歸本縣餘並請住詔給衣遞乘發遣其諸道願歸者准此處分

長慶元年七月十六日大赦制李師道吳元濟自絕於天並從誅滅念其祖父嘗事先朝墳墓所在並不得令人擅有毀廢

二年十二月丁亥朔詔五坊鷹隼及備打獵狐兎等悉放之

敬宗長慶四年正月即位二月詔先在掖庭宮人家口並配內園年深宮人等並放出外任其所適又詔老宮人及殘疾不堪使役並有父母羸老疾病者並委所司選擇放出

三月赦其諸軍先擒獲吐蕃生口配流諸處者宜委本道資給放還本國

寶曆元年正月赦先擒獲吐蕃生口配流諸處者委本道資給放還邊土仍不得更受投降人並擒捉人生口

四月涇原節度使楊元卿奏當管平涼鎮守得投降吐蕃劉師奴詔委元卿准近赦送還本國

二年二月鳳翔節度使進到落蕃回鶻四人勑旨令付鴻臚寺待有還蕃使即放歸國

文宗以寶曆三年即位十二月詔其在內宮女三千許嫁

太和元年四月出宮女一百人中人押送權於兩街等觀安置

二年五月辛丑詔度支每年旨額年支配進蚺蛇膽四兩桂州一兩賀州二兩泉州一兩宜於數內量停三兩餘一兩每年轉次送納帝因對侍講學士許康

佐語及取蚺蛇膽知生割其腹而後得之帝爲惻然因命停減

三年四月出宮人一百人任從所適

四年四月詔曰春夏之交稼穡方茂永念東作其勤如傷況時屬陽和命禁麛卵所以保滋懷生仁遂物性如聞京畿之內及闗輔近地或有豪家如務弋獵放縱鷹犬頗傷田苗宜令長吏切加禁察有敢違令者捕繫以聞

八年二月詔比者滄寇干紀稽諸數年諸道興師並獻戎捷時方討叛難議釋縲免死戎邊已有恩貸今

滄州一道久被朝章念其懷土之心必有向隅之歎俾之遂性用洽親恩其諸道所送滄州將健配流及邊鎮營田役使者並委本官如有巳赴軍職及自有生業不願去者亦任便住又詔曰蘇州大水饑歉之後編戶男女多爲諸道富家並虛契質錢父母得錢數百米數㪷而巳今江南雖豐稔而凋殘未復委淮南浙江東西等道如蘇湖等州百姓願贖男女者官爲詳理不得計衣食及虛契徵索如父母巳歿任親收贖如父母無資而自安於富家不厭爲賤者亦聽

開成元年三月詔曰比聞兩河之閒頻年旱災貧人

得富家數百錢數㪷粟即以男女爲之僕妾委所在長吏察訪聽其父母骨肉以所得婚購之勿得以虛契爲理

二年二月甲子出內音聲人四十八人放歸家

三月壬辰詔部陽御辰生氣方盛思全物類以順天時內外五坊凡有籠養鷹鷂及雞鴨鳥雀狐兔等悉宜放之起今月一日至五月十三日禁京城及畿內採捕禽獸羅網水蟲以遂生成永爲定制委臺府及本司切加禁止

三年六月辛亥遣中人監宮人四百八十人送兩街寺觀安置令其親族識認還之壬子又出宮人劉奴等七十五人還其親族

七月新羅王金祐徵遣其所遺淄青節度使奴婢帝矜以遠人詔令却歸本國

武宗會昌六年二月制新攻黨項事不獲巳其婦人並幼小未任持兵仗者交兵日不得濫有殺傷

哀帝天祐二年四月詔應有暴露骸骨委所在長吏指揮以上供錢收拾埋瘞

後唐莊宗同光元年四月制曰夫掩骼著在前經敬神垂於古典告布諸道州縣所在應有暴露骸骨並

勒逐處埋瘞

二年二月詔曰自兵屯郊境事迫機宜互有侵漁交相虜掠旣變良而爲賤實感脅以勢臨人或啣寃朕寧無慮可各下諸處應有百姓婦女俘虜他處爲婢妾者願歸即並不得占留一任骨肉識認其丈夫曾被刺面者仰勒所在村保如委不是食糧人數便勒本州府各與憑據放還營生

明宗天成元年四月即位以莊宗時六宮內人數千洎蕭墻之變率多流散及帝自關東赴葬居至德宮稱制宣徽使處按簿引進猶千餘人時宮使選數百

人皆少年端麗者進御帝曰何事須此宮使奏曰宮中內職各有典掌故事不可闕帝因詔老宮人謂曰入宮幾時對曰曾事乾符帝詰悉故事帝曰宮闈典故非耆艾者曷記所進少年定非前輩因戲謂老宮人曰非惟爾識事故且與予顏狀同耳是日勑少年宮人並令還其家無家可歸者任從所適西川所送者亦令罷歸宮中所識但其舊宮人而已

五月辛酉華州節度使史敬鎔奏准宣放西川宮人各歸骨肉

二年四月右諫議大夫梁文矩奏上年平蜀以來軍

人將到西川人口甚多骨肉阻隔恐傷和氣請許收認帝仁慈素深因文矩之奏河南北舊因兵火虜隔者再令條理並從識認

三年六月詔內園鹿七頭令放於深山

閏八月勑古之治民者勸賞而畏刑恤民而不倦賞以春夏刑以秋冬是以將賞爲之加膳此以知其賞勸世將刑爲之不舉此以知其刑懲世唯賞以春夏刑以秋冬見聖哲之用心合天地而行事今朕以切於禁暴樂在勸能其或秋後有功不可待冰泮而行賞春時有罪不可俟霜降而加刑漸向太平方行古道况賞不僭典則立功者轉多刑不濫施則犯法者漸少其在京或遇行極法日宜不舉樂於減常膳諸州使遇行極法日亦禁聲樂

四年八月癸卯考功員外郎郭正封奏中興平定之初自數十年離亂編民或爲兵士所掠沒爲奴婢者旣無特勑釐革無復從良遂令骨肉流離有傷王化勑旨曉諭天下諸軍所掠生口有主識認並勒放歸

長興二年四月丙申前濮州録事參軍崔琮獻時務諸道獄囚恐不依法考掠或不勝致斃翻以病聞請置病囚院兼加醫藥中書覆云有罪當刑仰天無限

無病致斃沒地有冤燃死灰而必在致仁照覆盆而須資異鑒書著欽哉之旨禮標側怛之文固彰善於泣辜更推恩於扇暍所請致病囚院望依仍委隨處長吏專切經心或有病囚當時差醫人診候治療後據所犯輕重決斷如敢固違致病負屈身亡本屬官吏並加嚴斷兼每及夏至五日一度差人洗刷枷匣

九月辛亥詔五坊見在鷹隼之類並可就山林解放今後不許進獻

三年五月癸未勑春夏之交長育是務眷彼含靈之類方資亭育之功先有條流解放彈鷹隼自此凡羅

網射止金諸弋獵之具比至冬初金止宜絶如有違犯
仰隨處官吏便科違詔之罪起今後每年至于二月
初便依此勑曉示中外益循舊制重布新規宣諭萬
邦永爲嘗式

四年七月乙未帝於廣壽殿對廻鶻使都叔李未等
二十二人進白鶻一聯勑禮賓使解縶放之山林

八月帝受尊號畢制曰諸道凡無主丘墓自兵革以
來經發掘者宜令觀察使刺史差人量事掩瘞

末帝淸泰元年九月庚戌詔曰朱弘昭馮道孟漢瓊
康義誠王思同樂彦稠等朕志切行仁情惟念舊雖

顚覆自貽其伊戚而愍傷猶軫於予懷宜降特恩許
其歸葬其親屬骨肉及元隨職員並放逐便所在不
得恐動

晉高祖天福元年十一月卽位赦曰恩推掩骼義顯
燭幽允諧遠邇之心冀叶陰陽之序應自舉義已來
或有因事抵法之人及九月十四日後殺戮賊寇所
在暴露骸骨未有骨肉收認無主者委逐處長吏指
揮埋瘞

二年四月丁亥制當罪卽決式明常典旣往可閔宜
示深仁魏淸泰中臣寮內有從珂誅戮者並許收瘞

五月巳卯勑大社內先收掌唐朝罪人首級等王業
肇興德音屢降念玆旣往屬我維新宜弘掩骼之仁
以廣燭幽之德其太社內應收掌唐朝罪人首級並
許骨肉或親舊寮屬收葬其喪葬儀注聊備飾終不
得過制仍付所司

八月詔兵興以來邊疆多事或因虜掠或偶滯留歲
序遷移家鄉迢遞宜令收贖俾遂歸還應自梁朝後
唐以來前後奉使及北京沿邊管界虜掠往向北人
口宜令官給錢物差使齎持任彼一一收贖放歸本
家是月大理正韓保裔上言其畧云伏請天下狴牢

特須惻憫抱沉痾者宜加藥餌無骨肉者勿使饑寒
庶裨解網之仁用補泣辜之德者勑方枉狴牢又縈
疾疹在典刑之自別顧醫藥以何妨實可施行足彰
仁憫宜下刑部大理寺御史臺及三京諸道州府或
有繫囚染患者並令逐處醫博士及軍醫看候於公
廨錢內量支藥價或事輕者仍許人看候所有罪犯
令據杖責仍候瘞損日科決

三年正月詔命供奉官張殷祚往魏博管內收藏暴
露骸骨

八月勑魏府城下自去歲屯軍巳來管界墳墓多經

斵掘雖已曾差使勾當收掩今更遣太僕卿邢德昭
祭奠其科例宜令度支給付
十月戊戌赦曰仁及枯骨澤漏重泉眷哲后之芳蹤
乃有國之令典魏府管內軍兵已來墳墓所毁無主
者委逐處官吏指揮隨事脩整祭奠仍仰官中給支
四年七月甲子勑符彥饒張繼祚婁英尹暉等皆受
國恩悉虧臣節孽非天作感實自貽尋正典刑屢遷
歲月宜示燭幽之道用推掩骼之仁宜令近親任便
收瘞
五年七月乙丑福建鄭元弼以下三百五十人放還

故土
六年四月丙申詔顯義指揮使劉康部下兵百人放
還淮海郎安州所俘也
少帝開運三年二月詔自冬徂春稍愆雨雪掩骼埋
胔必契陰靈將召純和宜藏暴露宜令所在長吏依
此掩藏仍付所司
周太祖廣順元年正月勑舍幽育明哲后法之而致
理掩骼埋胔賢王著之爲令猷今寶祚惟新璿璣在
御踵姬周之至德體虞舜之深仁屬三靈改卜之秋
當五兵銷偃之際或墳塋無主幽穸毁發於斂數或
戰陣亡身遺骸暴露於原野旅魂無託言念堪嘆應
天下州府管界內有墳墓被開發者無人爲主本界
官吏量與掩閉勿令漏露或戰場郊野有暴骸露骨
亦仰收拾埋瘞以聞
四月沿淮州鎮上年淮南饑民過來糴物從前通商
未敢止絕詔曰淮南雖是殊邦未遑中國近聞歉食
深所軫懷天災流行分野代有苟或閉糴是豈愛人
彼之生靈與此何異宜申惻隱用濟饑粮宜令沿淮
州縣渡口鎮舖不得止淮南人糴易是時淮甸累年
災旱流民度淮就食者萬計不令止糴其後淮南立

倉糴我粟畜之商賈利其善價以舟車幹運太祖聞
之許其負擔以供養者禁止輦運又詔唐莊宗明宗
晉高祖三處陵寢各有守陵宮人竝放逐便如願在
陵所者依舊供給
世宗顯德元年三月親征河東四月放太原投來義
軍百姓餘人歸本所
三年四月勑節文應諸道所禁罪人無家人供奉喫
食者每日逐人給官米三升
四年正月降下壽州赦曰自用兵以來被虜却骨肉
者不計遠近竝許本家識認官中給物收贖所在不

得藏占
四月放懷恩軍士歸蜀是軍當秦鳳之役爲王師所
俘帝捨之給以衣廪賜號懷恩軍至是軫其懷土之
意故放之

冊府元龜帝王部仁慈　卷之四十二　三十一

冊府元龜

巡按福建監察御史臣李嗣京　訂正

知閩縣事臣曹舅臣叅閱

知建陽縣事臣黄國琦較釋

帝王部四十三

度量　多能

度量

高明博載天地之所以爲大也寬仁豁達帝王之所以爲量也中古已還典策斯畧暨炎漢而下肇起潛晦天資大度靡事生業倜儻無撓放蕩不羈蓄非常之謀淵乎叵測奮撥亂之志慨然興歎駕馭豪傑恢廓靈府不凝滯於居處不耽悦於玩好開視向背之際鎮寧危懼之時故令反側者自安觀聽者效順巍乎英槩諒非矯飾及夫仗義撫運正位域中然猶罔念舊惡洞絶猜忌優容狂瞽弗形喜愠至於屈法恕物推信柔遠拱默致治心逸日休斯聖人範圍之理得矣

冊府元龜　帝王部　度量　卷之四十三　一

漢高祖寬仁愛人意豁如也嘗有大度不事家人生産作業嘗繇咸陽縱觀秦皇帝喟然太息曰嗟乎大丈夫當如此矣帝初爲泗水亭長沛令呂公有重客蕭何爲主吏（主吏功曹）主進（進者會禮之財）令諸大夫曰進不滿千錢坐之堂下（令號令也）帝素易諸吏（易言輕也）乃紿爲謁曰賀錢萬（紿欺也）實不持一錢謁入呂公大驚起迎之門引入坐上坐（上坐尊處也）蕭何曰劉季固多大言少成事帝因狎侮諸客遂坐上坐無所詘（詘撓也）及爲沛公項羽願與高祖西入關懷王諸老將皆曰項羽爲人慓悍禍賊（慓疾也悍勇也禍賊者好爲禍害而殘賊也）不可遣獨沛公素寬大長者卒不許羽而遣沛公

十二年十二月帝擊黥布爲流矢所中行道疾甚呂后迎良醫醫入見帝問醫曰疾可治於是帝嫚駡之

冊府元龜　帝王部　度量　卷之四十三　二

曰吾以布衣提三尺劒取天下此非天命乎命在天雖扁鵲何益遂不使治疾賜黄金五十斤罷之

文帝時吳王詐病不朝賜以几杖群臣袁盎等諫説雖切嘗假借納用焉張武等受賂金錢覺更加賞賜以媿其心

後漢光武初爲蕭王圍邯鄲攻其城誅王郎收文書得吏人與郎交關謗毁者數千章帝不省會諸將軍燒之曰令反側子自安

漢寇恂爲潁川太守執金吾賈復在汝南部將殺人於潁川恂捕殺之復以爲恥後過潁川欲殺恂恂以

狀聞帝乃徵恂恂至引見時復先在坐欲起相避帝曰天下未定兩虎安得私鬬今日朕分之分猶解也於是竝坐極歡遂共車同出結友而去

馬援爲隗囂奉書至雒陽引見於宣德殿帝迎笑謂援曰卿遨遊二帝閒今見卿使人大慙援頓首辭謝因曰當今之世非獨君擇臣也臣亦擇君矣臣與公孫述同縣少相善臣前至蜀述陛戟而後進臣臣今遠來陛下何知非刺客姦人簡易若是帝復笑曰卿非刺客顧說客耳援曰天下反覆盜名字者不可勝數今見陛下恢廓大度同符高祖乃知帝王自有眞

也帝甚壯之援從南幸黎丘轉至東海及還以爲待詔使大中大夫來歙持節送援西歸隴右

魏太祖少機警有權數而任俠放蕩不治行業初爲兗州牧以東平畢諶諶爲別駕張邈之叛也邈刼諶母弟妻子太祖謝遣之曰卿老母在彼或去諶頓首無二心太祖爲之流涕旣出遂亡歸及呂布破諶生得衆爲諶懼太祖曰夫人孝於其親矣豈不忠於君乎吾所求也以爲魯相又呂布襲劉備取下邳備來奔程昱說太祖曰觀備有雄才而甚得衆心終不爲人下不如早圖之太祖曰方今收英雄時也殺一人而失天下之心不可又蜀關羽爲太祖所擒太祖察羽無久留之意使張遼問羽羽曰吾受劉將軍厚恩誓以共死不可背之吾終不留遼欲白太祖恐太祖之殺羽不白非事君之道乃嘆曰公君父也羽兄弟耳遂白之太祖曰事君不忘其本天下義士也度何時能去遼曰羽受公恩必立報公而後去也及羽殺顏良太祖知其必去重加賞賜羽盡封其所賜拜書告辭而奔先主於袁紹軍左右欲追之太祖曰彼各爲其主勿追也

明帝口吃少言而沉毅好斷優禮大臣開容善直雖

犯顏諫無所摧戮其人君之量如此之偉也

晉景帝沉毅多大畧宣帝之誅曹爽深謀秘策與帝潛畫文帝弗之知也將發夕乃告之旣而使人覘之帝寢如常而文帝不能安席晨會兵司馬門鎭靜內外置陣甚整宣帝曰此子竟可也

武帝寬惠仁厚沉深有度量初高陽許允旣爲文帝所殺允子奇爲太常丞帝將有事於太廟朝議以奇受害之門不欲接近左右請出爲長史帝乃追述允夙望稱奇之才擢爲祠部郎時論稱其夷曠因南郊禮畢喟然問司隸校尉劉毅曰卿以朕方漢何帝也

對曰桓靈帝曰吾雖德不及古人猶克己爲政又平吳會混一天下方之桓靈其已甚乎對曰桓靈賣官錢入官庫陛下賣官錢入私門以此言之殆不如也帝大笑曰桓靈之世不聞此言今有直臣故不同也

簡文帝少有風儀善容止留心典籍不以居處爲意凝塵滿席湛如也嘗與桓溫及武陵王晞同載遊板橋溫處令鳴鼓吹角車馳卒奔欲觀其所爲晞大恐求下車帝安然無懼色溫繇此憚服

後魏宣武幼有大度喜怒不形於色雅性儉素孝文欲觀諸子志向乃大陳寶物任其所取京兆王愉等

皆競取珍玩帝唯取骨如意而已孝文大奇之及廢人恂失德孝文謂彭城王勰曰吾固知此兒有非常志相今果然矣

後周太祖少有大度不事家人生業輕財好施以交結賢士大夫爲務及爲魏丞相能駕馭英豪一見之者咸思用命

隋高祖性嚴重有大畧初仕後周宣帝時以后父爲大前疑宣帝有四姬并皇后諸家爭寵數相毀譖宣帝每忿怒謂楊后曰必族滅爾家因召高祖命左右曰若色動即殺之高祖既至容色自若乃止

開皇中寧州刺史元諧以潛龍之舊嘗豫大宴於百寮諧進曰陛下威德遠被臣請以突厥可汗爲候正陳叔寶爲令史帝曰朕平陳國以伐罪弔民非欲誇誕非威天下公之所奏殊非朕心突厥不知山川何能警候叔寶昏醉寧堪駈使諧默然而退

唐高祖倜儻不羈豁達大度率性剛直無所矯飾志畧宏遠寬仁容衆凡所與遊集無貴賤皆得其歡心及義兵起群盜大俠爭來歸附焉

太宗自髫齓多大志臨機果斷不拘小節舉動非常故非時人所能測也初爲唐國公子見隋政日亂即

有四海之志武寧末息隱海陵之黨同謀帝者數百人事寧之後帝抽居爪牙近侍心術豁然不有疑阻及即位會州督王長諧坐納賂爲憲司所劾帝不之罪因賜所賂之物以愧其心

貞觀三年帝親録囚徒有劉恭者項有朕文自云當王天下坐是被拘帝見之曰項有朕文何預於物若天將興之非朕能害若無天命縱朕何爲乃釋之

十九年帝征遼候騎獲莫離支覘使高竹離反接以至軍門帝召見解縛謂曰何顏色瘦沮若斯人之甚耶對曰偷路間行不食數日矣帝命飯之謂曰爾王

使爾爲諜宜速反命寄語莫離支須中軍消息可遣人徑至吾所間行辛苦亦何以爲帝哀竹離徒跣賜屬以遣之

高宗咸亨二年七月東州道總管高侃破高麗餘衆於安干城侃奏稱有高麗僧言中外災異誅之帝謂郝處俊日朕聞爲君上者以天下之目而視以天下之耳而聽蓋欲廣聞見也且天降災異所以警悟人君其變苟實言之者何罪其事必虛聞之者足以自戒舜立謗木良有以也欲箝天下之口其可得乎此不足以加罪特令赦之

後唐高祖初爲大同軍節度使以罪奔達靼居數日會黃巢自江淮北度椎牛釃酒其酋首酒酣喻之日予父子爲賊臣讒間報國無繇今聞黃巢北犯江淮必爲中原之患一日天子赦宥詔徵兵僕與公等南向而定天下是予心也人生世間光景幾何曷能終老沙堆中哉公等勉之達靼知無留意皆釋然無間

莊宗膽畧絶人其心豁如也初與梁對壘于河上梁將陸思鐸以善射日預其戰嘗於箭笴之上自鏤其姓名一日射中帝之馬鞍帝抜箭視之覩思鐸姓名因而記之及帝平梁思鐸以例來降帝出箭以視之思鐸伏地待罪慰而釋之尋授武龍右廂都指揮使加簡較太保

明宗初在太祖左右居嘗唯治兵仗不喜專事生產家財屢空處之晏如也太祖知其廉欲試其誠召於泉府命恣意取之嘗所取不過束帛數緡而已

末帝嘗與房知溫失意於杯盤間以白刃相恐及即位知溫憂甚帝乃封列土以寧之知溫徑赴雒陽申其宿過且感新恩帝開懷以厚禮慰而遣之

多能

夫王者秉淳粹之氣挺明哲之資究造化之端爲生

民之表宜乎習尚臻於玄玅動作究於精微也至若聽覽之餘穆清之際必務遊息以暢襟靈故有寓情於筆札屬意於管絃取樂於棊奕適意於射御以至翫和扁之書披京管之術或群臣宴衎下表乎同歡或便坐清閑内資乎玄覽足以彰攸縱之智見狗齊之才垂之方册是爲能事故可以戒逸豫而節嗜好刑風俗而滌心志者焉

漢元帝多才藝善史書（周宣王大史史籀所作大篆）鼓琴瑟吹洞簫（簫之無底也）自度曲被歌聲（自隱度作新曲因持新曲以爲歌詩聲也被聲能播樂也）分刌節度（刌切也謂能分切句段爲之節制也）窮極幼妙（讀日要妙）帝又

好音樂善琴笙嘗置鞞鼓殿下鼓本騎士之鼓天子自臨軒檻噴銅丸以擿鼓聲中嚴鼓之節莊嚴之鼓節也後宮及左右習知音者莫能焉

魏太祖才力絶人及造作宮室繕治器械無不爲之法則皆盡其意漢世安平崔瑗瑗子實弘農張芝芝弟昶並善草書而太祖亞之桓譚蔡邕善音樂馮翊山子道王九眞郭凱等善圍棊太祖皆與埒能又好養性法又解方藥招引方術之士廬江左慈譙郡華佗甘陵甘始陽城郗儉無不畢至

文帝善騎射好擊劒才藝兼該嘗自敘曰余年五歲

上以世方擾亂教余學射六歲而知射又教余騎馬八歲而能騎射矣以時之多故每征余嘗從建安初上南征荆州至宛張繡降旬日而反亡兄孝廉子脩從兄安民遇害時余年十歲乘馬得脫夫文武之道各隨時而用生於中平之季長於戎旅之間是以少好弓馬於今不衰逐禽輙十里馳射百步日多體健心每不厭建安十年始定冀州濊貊貢良弓燕代獻名馬時歲之暮春勾芒司節和風扇物弓燥手柔草淺獸肥與族弟子丹獵於鄴西終日手獲麞鹿九雉兎三十後軍南征次曲蠡尚書令荀彧奉使犒軍見余談論之末彧言聞君善左右射此實難能余言執事未覩夫項發口從俯馬蹄而仰月支也彧喜笑曰乃爾余曰埒有常徑的有常所雖每發輙中非至妙也若馳平原赴豐草要狡獸截輕禽使弓不虛彎所中必洞斯則妙矣時軍祭酒張京在坐顧彧拊手曰善余又學擊劒閱師多矣四方之法各異唯京師爲善桓靈之間有虎賁王越善斯術稱於京師河南史阿言昔與越游俱得其法余從阿學之精熟嘗與平虜將軍劉勳奮威將軍鄧展等共飲宿聞展善有手臂曉五兵又稱其能空手入白刃余與論劒良久謂

言將軍法非也余顧好之又得善術因求與余對旍酒酣耳熱方食芊蔗便以爲杖下殿數交三中其臂左右大笑展意不平更爲之余言吾法急屬難僞相中面故齊臂耳展言願復一交余知其欲突以取交中也因僞深進展果尋前余却脚鄛正截其顙坐中驚視余還坐笑曰昔陽慶使淳於意去其故方更授以秘術今余亦願鄧將軍捐棄故伎更受要道也一坐盡歡夫事不可自謂已長余少曉持複自謂無對俗名雙戟爲坐鐵室鑲楯爲閉木戶後從陳國袁敏學以單攻複每爲若神對家不知所出先日若逢敏

於彼路直決耳余於他戲弄之事少所喜唯彈棊畧盡其巧少爲之賦昔京師先工有馬合鄉侯東方安世張公子嘗恨不得與彼數子者對上雅好詩書文集雖在軍旅手不釋卷每每定省從容嘗言人少好學則思專長則善忘長大而能勤學者唯吾與袁伯業耳余是以少誦詩論及長而備立五經四部史漢諸子百家之言靡不畢覽一云帝善彈棊能用手巾角時有一書生又能低頭以所冠著葛巾撇棊角

隋高祖潛龍時頗好音樂嘗倚琵琶作歌二首名曰地厚天高託言夫妻之義因即取之爲房內曲命婦

人竝登歌上壽竝用之

唐太宗貞觀十四年四月自爲草書屏風以示群臣筆力遒勁爲一時之絶先是人間有王羲之書悉購之書府凡眞行二百九十紙裝爲七十卷草書二千紙裝成八十卷每聽覽餘閑時取臨翫焉嘗問朝臣曰書學小道初非急務時或留心猶勝棄日凡謂藝業未有學而不得者也病在心力懈怠不能專精耳朕少時爲公子未遭陣敵義旗之始及平寇亂每執金鼓必自指揮習觀其陣即知强弱嘗取吾弱對其强取吾强對其弱敵犯吾弱追奔不過數百十步吾擊其弱必突過其陣自背而反擊之無不大潰多用此而制勝思得其理深也今吾臨古人之書殊不學其形勢唯在求其骨力而形勢自生耳然吾之所爲皆先作意是以果能成也帝性愛書初置弘文館選貴臣子有性識者以爲學生內出法書命之令學又令人間善書者亦徵入館內是十數年間海內從風而靡工書者甚衆焉

十八年二月詔三品以上賜宴於玄武門帝旣工隸書又好飛白於王衛之間別更立意遂觸類增長精好絶倫每有新奇群臣無不下拜啓請是日太宗操

筆作飛白書群臣乘酒就太宗手中相競散騎常侍劉洎登御床引手然後得之其不得者咸稱洎登床罪當死請引付法帝笑而言曰昔日婕妤辭輦今見常侍登床五月帝爲飛白書鸞鳳蟠龍等字筆勢驚絶謂司徒長孫無忌吏部尚書楊師道曰明旦五日舊俗必用衣服翫物相賀朕今各賀君飛白扇二枚庶動清風以增德義

玄宗好學善騎射洞曉音律及陰陽象緯推步

德宗貞元四年八月御書章敬寺額備鼓吹弁神策馬騎以迎帝御通化門觀之

順宗聰睿善隸書在東宮時德宗爲詩及他文賜大臣者率皆令帝書之

敬宗性聰睿有斷凡百工之藝皆不習而自能

後唐莊宗洞曉音律武皇帝令歌舞於前十三習春秋手自繕寫畧通大義

册府元龜帝王部多能　卷之四十三　十三

冊府元龜

巡按福建監察御史臣李嗣京　訂正
知甌寧縣事臣孫以敬叅閱
知建陽縣事臣黃國琦較釋

帝王部四十四

奇表　神武

奇表

域中四大王居其一洪範五事貌爲其首是知清明在躬而志氣如神和順積中而英華發外自古繼天而王出震應期莫不體備純元器含異稟實有聖德

煥乎英表乘天地之正故其儀可象叅日月之明故其威可畏若夫本狥齊之性挺岐嶷之姿標五行之端冠群龍之首宜乎包神靈之蘊協符瑞之紀魁奇粹穆夐出世表孟子曰形色天性也惟聖人然後可以踐形誠哉是言

太昊宓犧氏蛇身人首日角衙連珠（日角角有骨表象日所出眉上日衙衙中有骨表表象連珠也）

炎帝神農氏人身牛首

黃帝軒轅氏龍顏（一云黃帝竜顏是謂紺起神明詢知炤臨四海）

顓頊高陽氏首戴干併幹止法月參（併重也重脅以爲表水精主月參代主斬刈也一云顓頊戴干是謂皇甫德美周聞天下家足）

帝嚳高辛氏生而騈齒（一云帝嚳騈齒是謂倶骨德塞無間姦靡繇出）

帝堯眉八釆鬚髮長七尺二寸面鋭上豐下足履翼宿身長十尺（一云堯眉八釆是謂通過正身刑典遠近咸化）

帝舜目重瞳子龍顏大口黑子身長六尺一寸（一云舜目重瞳子是謂重明作事可法出言成章）

夏禹虎鼻大口兩耳參鏤首戴鉤（鉤鈐也）胷有玉斗足文履巳長九尺九寸（一云九尺二寸又云禹耳參漏是謂大通興利除害决河疏江）

商湯豐下鋭上晳而有髯勾身而揚聲身長九尺臂有四肘（一云湯臂三肘是謂柳翼攘去不義黜首繁息）

周文王龍顏虎眉身長十尺胷有四乳

武王騈齒望羊

靈王生而有髭

漢高祖爲人隆準而龍顏（顔額顙也準鼻也）美鬚髯（在頤曰須在頰曰髯）左股有七十二黑子

昭帝始冠長八尺二寸

宣帝身足下有毛（遍身及足下皆有毛）

元帝額上有壯髮（壯髮當額前長侵下而生）

後漢光武身長七尺三寸美須眉大口隆準日角

明帝容貌壯麗生而豐下鋭上項赤色有似於堯

章帝動容進止聖表有異

魏明帝天姿秀出立髮垂地

晉宣帝有狼顧之相魏武帝欲驗之乃召使前行令反顧面正向後而身不動

景帝雅有風彩

武帝初拜撫軍大將軍副貳相國而文帝欲以帝弟攸爲嗣何曾等固爭曰中撫軍聰明神武乃超世之才髮委地手過膝此非人臣之相也繇是遂定

元帝白毫生於日角之左隆準龍顏目有精曜顧眄煒如也

明帝黃鬚貌類外家帝母荀氏燕代人也

簡文帝美風姿舉止端詳

後魏道武帝目有光曜廣顙大耳衆咸異之

太武帝明元長子也天賜五年生於東宮體貌瓌異道武奇而悅之曰成吾業者必自此子也

文成帝風格異常

孝文帝生而潔白有異姿襁褓岐嶷長而淵裕仁孝綽然有君人之表獻文尤愛異之

孝莊帝風神秀異姿貌甚美

後周太祖身長八尺方顙廣額美鬚髯髮長委地垂手過膝背有黑子宛轉若龍之形面有紫光人望而敬畏之

隋高祖爲人龍頷額有五柱入頂目光外射有文在手曰王長上短下沉深嚴重年十六遷驃騎周太祖見而嘆曰此兒風骨不似世間人齊王憲嘗言於周武曰普六茹堅臣欽若等曰普六茹周所賜姓堅諱也相貌臣每見之不覺自失後員外散騎侍郎王劭言帝有龍顏戴干之表指示群臣帝大悅賜物數百段開皇三年陳遣嘗侍周墳通直散騎嘗侍袁彥來聘陳主知帝之貌異代人使彥畫像持出

煬帝爲晉王時高宗密令善相者來和遍視諸子和曰晉王眉上雙骨隆起貴不可言

唐高祖體有三乳左腋下有紫誌如龍郭弘道初仕隋爲上食奉御時高祖爲殿內少監深善之弘道善相因言曰天中伏犀下接於眉此非人臣之相願深自愛

太宗年四歲時忽有書生自言善相詣高祖曰公是貴人有大貴子因目太宗曰龍鳳之姿天日之表也公之貴以此而後必繇之而創功業年將二十必能濟世安民矣高祖聞其言甚懼及書生辭出使人捕

欲殺之以滅其口而不知所在太宗既降薛仁杲高祖賦平大悅於時李密初附乃令密馳傳迎太宗於豳州密見太宗天姿神武軍威嚴肅驚慄數服莫敢仰視私謂殷開山曰眞英主也不如此何以定禍亂乎

玄宗儀軌偉麗有非常之表

肅宗爲忠王時領河北道元帥玄宗令文武百寮於光順門相見左丞相燕國公張說退謂學士孫逖韋述曰嘗見太宗寫眞圖忠王英姿秀發奇表非常實類聖祖乃社稷之福也

宣宗外晦内朗視瞻特異

懿宗姿貌瓌傑有異於人

後唐莊宗爲嬰兒體貌奇特年十一從太祖討王行瑜因令入覲獻捷唐昭宗一見駭異之曰兒有奇表乃撫其背曰此兒將來之國幀勿忘忠孝於予家

愍帝貌類明宗後爲河南尹判六軍諸衛事時年十四形氣豐厚

末帝長七尺餘方頤大顙材貌雄偉以驍果稱明宗甚愛之在藩時雒陽市人王安者世稱其善相嘗竊覩帝曰形如毗沙門天王非常人也帝知之竊喜清泰二年魏府進天王字甲冑千二百副乃選諸軍之魁偉者被以天王甲俾居宿衛

漢高祖面紫色目睛白多而有光彩識者覩之咸曰非人臣相也

周太祖形神魁壯趣向奇崛頂上有肉角

神武

惟天可畏必以雷霆奮其威惟衆有作必以神武服其衆詩稱布昭聖武易著弧矢之利若乃仗順行罰躬秉武節禁暴以取亂決勝於勍敵矢石之間神色自若扶義而行兼資智勇臨變出擊不暇冠帶霜戈月羽雲揚風起首爲節度人思効命於以戡時難清國步震疊九寓烜赫殊俗姦雄弭心豺狠奪魄猛氣發於奇表群目識其眞主至於馳馬彎弓應弦斃獸

又聖藝之殊絶者也

商湯伐桀作湯誓於是湯曰吾甚武號曰武王商頌曰武王載旆有虔秉鉞如火烈烈莫我敢曷曷害也言建旆興師出伐又固持其鉞其威勢如猛火之炎熾誰敢禦害我也

周武王伐紂左伏黃鉞右秉白旄以大卒馳商紂師紂師皆倒兵以戰以闢武王武王馳之紂兵皆散畔一著戎衣而天下大定

宣王征徐國奮揚其威武而震雷其聲勃怒其色前其虎臣之將闞然如虎之怒陣也其兵於淮水大防

之上以臨敵就執其衆之降服者故嘗武之詩曰王奮厥武如震如怒進厥虎臣闞如虓虎鋪敦淮濆仍執醜虜（進前也敦當作屯醜衆也）

漢高祖嘗從容與韓信言諸將能各有差帝問曰如我能將幾何信曰陛下不過能將十萬帝曰如公何如曰臣多多益辦耳帝笑曰多多益辦何爲爲我擒信曰陛下不能將兵而善將將此乃信之爲陛下擒也且陛下所謂天授非人力也

武帝元狩元年十月詔曰南越東甌誠伏其辜西蠻北夷頗未輯睦朕將巡邊垂擇兵振旅躬秉武節置

十二部將軍親帥師焉行自雲陽北歷上郡西河五原出長城北登單于臺至朔方臨北河勒兵十八萬騎旌旗徑千餘里威震匈奴遣使者告單于曰南越王頭已縣於漢北闕矣單于能戰天子自將待邊不能亟來臣服何但亡匿幕北寒苦之地爲匈奴讐焉還祠黃帝於橋山迺歸甘泉時使郭吉風告單于旣至匈奴匈奴主客問所使（主客主接諸客者也問以何事而來）郭吉卑禮好言曰吾見單于而口言單于見吉吉曰南越王頭已縣於漢北闕下今單于卽能前與漢戰天子自將兵待邊卽不能亟南面而臣於漢（亟急也）何但（但空也）遠走亡匿於幕北寒苦無水草之地爲語卒單于大怒立斬主客見者而留郭吉不歸遷辱之北海上而單于終不肯爲寇於漢邊

後漢光武初循河北進軍邯鄲時率鄧禹等擊王朗大破之帝過禹營勞勉吏卒威嚴甚厲衆皆竊言劉公眞天人也後赤眉君臣劉盆子及樊崇等降帝大陳兵馬臨雒水令赤眉君臣列而觀之謂盆子曰自知當死否對曰罪當應死猶幸上憐赦之耳帝笑曰兒大黠宗室無蚩者也（蚩癡也）又謂崇曰得無悔降乎朕今遣卿歸營勒兵鳴鼓相攻决其勝負不欲强相服

也徐宣等（臣欽若等曰徐宣盆子丞相也）叩頭曰臣等出長安東都門君臣計議歸命聖德今日得降猶去虎口歸慈母誠懽誠喜無所恨也

魏太祖才力絶人手射飛鳥躬禽猛獸嘗於南皮一日獲雉六十三頭其行軍用師大較依孫吳之法而因事設奇譎敵制勝變化如神自作兵書十餘萬言諸將征伐皆以新書從事臨事又手爲節度從令者克捷違教者負敗與虜對陣意思安閑如不欲戰然及至决機乘勝氣勢盈溢故每戰必克軍無幸勝嘗征馬超韓遂遂請與帝相見帝與會語賊將見帝悉

於馬上拜秦明觀者前後重沓帝笑謂賊曰爾欲觀曹公耶亦猶人也非有四目兩口但多智耳胡前後大觀又列鐵騎五千爲十重陣精光耀日賊益震驚

晉宣帝爲太尉景初二年遼東太守公孫淵反帝帥步騎四萬討之淵聞魏師之出也請救於孫權亦出兵遥爲之聲援遺淵書曰司馬公善用兵變化若神所向無前深爲弟憂之

後魏太武臨敵嘗與士卒同在矢石間左右死傷者相繼而帝神色自若是以人思効命所向無前命將出師指授節度從命者無不制勝違令者率多敗失

文成和平中幸信都至靈丘南有山高四百餘丈乃詔群官仰射山峰無能踰者帝彎弧發矢出山三十餘丈過山南二百二十步遂刻石勒銘又嘗幸西苑親射虎三頭

孝文善射有膂力年十餘歲能以指彈碎羊髆骨及射禽獸莫不隨志而斃之

宣武景明中幸鄴帝親射遠及一里五十步群臣勒銘於射所後於河内懷縣界親射矢一里五十餘步侍中高顯等奏伏見親御弧矢臨原弋遠弦動羽馳鏃所逮三百五十餘步臣等伏惟陛下聖武自天神藝夙茂巧會騶虞之節妙盡矍圃之儀威稜攸曁戱兕儛氣才猛所振勍悪弭心足以肅截九區赫服八字矣盛事奇迹必宜表述請銘射宮永彰聖藝詔曰此乃弓弧小藝何足以示後葉而帷扆近侍苟以爲然亦豈容有異便可如請遂勒銘於射所

後周太祖每諸將出征授以方略無不制勝

唐高祖初爲山西河東道撫慰大使行至太平關遇賊數千人時所將兵少左右皆懼高祖謂之曰此烏合之賊易與耳因率精騎一十人出擊之所向皆靡衆情始定并力奮逐大破之後至龍門縣有賊母端

兒衆數千人奄至城下時諸軍無備爲賊所乘高祖親率十餘騎横出擊之所射應弦而倒賊大潰遂北數十里伏屍相繼於道時高祖射七十發明日斬首築爲京觀於屍上盡得所射箭其妙如此

太宗初從高祖破突厥於馬邑帝手射殺特勒一人繇是賊退高祖拒歷山飛也深入賊軍重圍數匝帝望見之將輕騎突圍而進弓矢亂發殪數千人旣拔短兵所向必潰救高祖於萬衆之中時騎兵已散高祖氣憤將戰帝苦諫乃止適會步兵至帝奮擊大破之及舉義師西上遲明至霍邑城下恐宋老生不出

戰遂大言激怒之及兵至高祖曰兵疲未食恐不可戰且欲停營帝曰機不可失當破趙會食豈得下營先食乎高祖乃與公子建成當東面令帝當南面部分纔定老生出兵交戰左軍遂敗帝與軍頭段志玄躍馬先登深入賊陣敵人矢下如雨帝爲流矢所中收而復戰衝突出其陣後憤氣彌厲手殺數十人二刀盡缺血流入袖灑而復戰老生遂大敗

武德三年討王世充於雒邑帝選精鋭千餘騎爲奇兵皆皂衣玄甲分爲左右隊建大旗令騎將秦叔寶程齩金尉遲敬德翟長孫等分統之每臨冦帝躬被

玄甲先鋒率之候機而進所向摧殄嘗以少擊衆賊徒氣懾四年二月又進屯青城宮壘未立王世充率衆二萬自方諸門於故馬坊憑垣塹之險臨穀水以禦大軍諸將甚懼帝以精騎陳於北芒親登魏宣武陵以望賊陣謂左右曰賊勢迫矣悉衆而出利在一戰今日破之其後不能出矣乃令屈突通率步兵而進曰兵交卽放煙吾當率馬軍南下兵纔接帝以騎衝之挺身先進與通表裏合勢賊衆殊死戰散而復合者數焉帝所乘之馬中箭而斃易馬又戰地既險隘賊多牌矟騎戰稍難帝親自射之莫不人牌俱徹

應弦而倒自辰及午賊衆始退縱兵乘之追于城塹俘斬七千人於是進營城下布長圍以逼之及竇建德舊將劉黑闥舉兵反於相州帝總戎東討每令游騎擊挫之闥嘗於肥鄉列陣帝親率左右擊之有一突厥勇壯絶人直衝帝刃將接帝以天策上將大箭射之中心洞背應弦而斃遂傳此箭於北蕃突厥見而驚嘆又嘗輕騎近山遇三騎皆賊中之驍勇有名者舉搶而進左右請避之帝不從待其將至連發三矢相次皆斃敵人懾氣焉

武德九年八月帝卽位是月癸未突厥遣其腹心執

失思力入朝爲覘自張形勢云可汗總兵百萬今已至矣乃請反命帝誚之曰我與突厥面自和親汝則背之我無所愧又義軍入京之初爾父子竝親從我賜爾玉帛前後極多何輒將兵入我畿縣爾雖突厥亦須頗有人心何得全忘大恩自誇强盛我當先戮爾矣思力懼而請命蕭瑀封德彞等請禮遣之帝曰不然今若放還當謂我懼遂禁思力於門下省於時兵馬大集遣瑀德彞分出慰勞帝出自玄武門與侍中高士廉中書令房玄齡將軍周範馳六騎幸渭水之上與可汗隔津而語責以負約其首帥大驚皆下

馬羅拜俄而衆軍繼至精甲曜日連旗蔽野頡利見
軍容大盛又知思力就拘相顧色動繇是大懼太宗
獨與頡利臨水交言麾諸軍却而陣焉蕭瑀又以輕
敵固諫於馬前帝曰吾已籌之非卿所知也突厥所
以掃其境內直入渭濱蓋以我國家初有內難朕又
新登九五將謂不敢拒之朕若閉門虜必大掠強弱
之勢在今一策朕故獨出以示輕之又耀軍容使知
必戰事出不意乖其本圖虜入既深理當自懼與戰
則必克與和則必固制服匈奴自茲始矣公等宜記
之是日頡利請和詔許焉瑀等方歎曰非可測也車

駕即日還宮

貞觀十四年四月帝謂朝臣曰朕少時爲公子未遭
陣敵義旗之始乃平寇亂每執金鼓必自指揮習觀
其陣即知強弱當取吾弱對其強取吾強對其弱敵
犯吾弱奔命不踰百數十步吾擊其弱必突過其陣
自背而反擊之無不大潰多用此而制勝思得其理
深也

十九年二月行幸次武德將飛騎歷北山行遇猛虎
引弓射之應弦而殪又在雒陽苑射猛虎民部尚書
唐儉見群豕突出林中帝引弓四發殪四豕有一雄
彘突及馬鐙儉投馬搏之帝拔劍斷豕頭笑曰天策
長史不見一將擊賊耶何懼之甚對曰漢高以馬上
得之不以馬上治之陛下以神武定四方豈復逞雄
心於一獸帝納之因爲罷獵

六月帝征遼東駕次安市城進兵攻之高麗北部耨
薩高延壽南部耨薩高惠眞率高麗靺鞨之衆十五
萬來援安市城帝自將步騎四千潛鼓角偃旌幟趨
賊營北峰之上令諸軍聞鼓角聲而進賊衆大懼帝
入自山下引軍臨之賊因大潰斬首萬餘級延壽等
率其餘寇依山自保於是命長孫無忌李勣等引兵

圍之撤東川梁以斷其歸路帝按轡徐行觀賊營壘
謂侍臣曰高麗傾國而來所擊一麾而敗天祐我也
因下馬再拜以謝天延壽惠眞等十五萬六千八百
人請降

肅宗初爲忠王嘗於諸王及廢太子射於苑中矢三
發連中的觀者咸以爲神

後唐武皇始言喜軍中語齠齔善騎射與儕類馳騁
嬉戲必出其右年十三見雙鳧翔於空射之連中衆
皆神伏又嘗於達靼部人角勝達靼指雙鵰於空曰
公能一發中否武皇即彎弓發矢連貫雙鵰邊人拜

伏年十五從獻祖討龐勛摧鋒陷陣出諸軍之右軍中目爲飛虎子及爲河東節度使與汴軍戰於洹水之上帝長子鐵林指揮使落落既戰馬踣帝馳騎以救之其馬亦踣汴之追兵將及帝背射一發而斃乃退

莊宗初爲晉王嘗勞軍於魏縣因率百姓輕騎循河而上將覘梁軍時陰晦未霽劉鄩率羣賊五千伏於河曲叢木間伺帝已過羣賊大譟圍帝數十重戈稍如林帝以百騎馳突其間左右奮擊賊稍皆萃於帝帝躍馬大呼而乘之梁軍俾易四處斬十餘級决圍

而出會援軍至梁軍遂退帝顧軍士曰幾爲寇嗤軍士咸曰大王神武應天英才間世故非戚孽敢犯軍塵今日之事適令賊見大王之威畧耳又嘗與梁軍對壘於濮州北王彥章夜率精甲五千餘衆伏堤塢之下帝嘗覘兵於塢上俄以十餘騎輕行登塢梁軍竊發圍帝數十重我後騎繼至攻於圍外帝於圍中躍馬斬擊觸鋒冐刃决圍而出合外騎接戰俄而李存審至賊遂退走斬首數百級時嘗鋭於接戰每馳出營嘗身先士卒存審叩馬上諫請無輕行帝伺存審有間卽策馬而出顧近臣曰老子妨吾戲其英才如是王鎔王處直亦遣使致書請帝不躬御士卒曰天下元元繫於王本朝中興繫於王王無自輕言甚切至帝笑謂其使者曰漢高祖馬上得天下身百餘戰然後成帝功子不敢希慕前人安能局促於床簣以肥其軀耶及進軍胡柳陂梁軍亦至帝親率軍出視諸軍從之梁軍已成陣橫亘數十里帝亦以橫陣抗之時帝與李存審總河東魏博之衆居其中周德威以幽薊之衆當其西鎮定之師當其東梁將賀瓌王彥章居中軍兩軍接戰帝以銀槍軍突入梁軍陣中斬擊十餘里賀瓌王彥章皆單騎而走周太祖嘗謂侍臣曰

朕五六歲時每聞莊宗破夾寨與梁太祖爭天下自是十五年終滅梁朝中興唐室夾河戰陣朕預其間若神武英豪近古無此人主

明宗初在太祖左右凡出畧遊佃視飛鳥命帝射之控弦必中景福初黑山戍將王弁謀叛據神武武皇命李存信誘而襲之弁嬰城固守士乘城多爲所傷軍衆沮撓帝率其屬登梯奮擊士衆退者瞋目叱之夷傷復起人百其勇弁勢危蹙遲明遁走帝單騎追禽獻於軍門太祖尤所嘉奬

晉高祖初事後唐明宗領親騎左射軍莊宗以天祐十二年後有河北之地開霸府於鄴梁祖遣上將劉

鄩以兵五萬營於莘

十三年二月鄩引兵突至清平薄我城下莊宗至自甘陵兵未陳多爲鄩所掩截帝領十餘騎橫槊深入東西馳突無敢當者竟收部伍而旋莊宗壯之拊其背曰將門出將言不謬耶因賜以器帛復親爲唱蘇唱蘇者當時以爲異恩繇是知名

漢高祖素有大志所至輒觀山川形勢心畫都邑營壘之宜同輩異之明宗嘗與梁人對柵澶州德勝口晉高祖以懿戚領親兵一日與帝俱行爲敵人所襲晉高祖馬甲糞擔連革忽斷帝素勇捷輟騎以授取

斷革者綴以自跨徐殿其後追者謂其有伏乃得解晉高祖壯而感之有明宗腹心王繼弘見之以事聞明宗明宗深加賞異謂晉高祖曰此可任之及明宗即位晉高祖復領其軍帝又事焉天成中晉高祖自六軍諸衛副使出爲北京留守以帝有權畧加畤昔護援之力奏移麾下署爲牙門都較

周太祖廣順三年正月幸城南園臨水亭見雙鳧爭藻戲於池面引弓射之一發而疊貫從事官懽呼拜賀世宗朝命翰林繪工寫之縑素詔學士陶穀爲之讚

世宗顯德元年三月親征河東時侍衛馬軍都指揮使樊愛能何徽之失律也騎軍數千馳突南走控弦露刃刼掠輜重衆庶大擾驚走不可勝數帝遣近臣及親軍宣諭止遏莫有從命者散卒兇勃傾害使臣皆迤相揚言契丹大至官軍大敗余衆已解甲矣至暮知官軍克捷散卒稍稍而回亦有達曙而不至者是日危急之勢頃刻莫保賴帝英武果敢親破寇敵不然則社稷亦綴旒矣

六年帝幸滄州入瓦橋關五月侍衛使李重進已下諸將相次帥師而至僞瀛州刺史高彥暉上表歸順

關南平凡得州五縣十七戶一萬八千三百六十一是行也王師數萬不亡一矢而虜界城邑皆迎刃而下

冊府元龜

冊府元龜

巡按福建監察御史臣李嗣京訂正
新建縣舉人臣戴國士參閱
知建陽縣事臣黃國琦較釋

帝王部 四十五

謀畧　權畧

謀畧

夫王者龍興大人虎變莫不乘期運而起膺命曆之數繇是三神眷命百姓與能然後履至尊而制六合發大號而奉帝統者焉若乃經綸草昧之際艱難開

創之始維御群品驅攘醜類决機帷幄之內矢謀俄頃之間密不容髮迅如發矢斯固奇畧獨運宏謨絕出制勝以無失闘智而邁倫者哉若乃端委南面總制萬機舉無失策識參宸表開物成務而卒以戡濟繇中制外而臻乎底定斯皆禀英睿之姿包遠大之度而能揚茂烈於當世飛淑聲於無窮者也

漢高祖十年九月代相國陳豨反帝曰豨甞爲吾使甚有信代地吾所急故封豨爲列侯以相國守代今乃與王黄等刼掠代地吏民非有罪也能去豨黄來歸者皆舍之帝自東至邯鄲帝喜曰豨不南據邯鄲北沮漳水吾知其亡能爲矣趙相周昌奏常山二十五城亡其二十城請誅守尉帝曰守尉反乎對曰不帝曰是力不足亡罪上令周昌選趙壯士可將者白見四人帝嫚罵曰豎子能爲將乎四人慚伏地帝封各千戶以爲將左右諫曰從入蜀漢伐楚賞未徧行今封此何功帝曰非汝所知陳豨反趙代地皆豨有吾以羽檄徵天下兵未有至者今計獨邯鄲中兵耳吾何愛四千戶不以慰趙子弟皆曰善又聞豨將皆故賈人帝曰吾知與之矣乃多以金購豨將豨將多降

後漢光武爲更始大司馬徇河北先是更始遣尚書令謝躬率六將軍攻王郎不能下會光武至共定邯鄲而躬裨將虜掠不相承禀光武深忌之雖俱在邯鄲遂分城而處然每有以慰安之躬勤於職事光武甞稱曰謝尚書真吏也故不自疑躬旣而率其兵數萬還屯於鄴時光武南擊青犢謂躬曰我追賊於射犬必破之尤來在山陽者勢必當驚走若以君威力擊此散虜必成禽也躬曰善及青犢破而尤來果北走隆慮山躬乃留大將軍劉慶魏郡太守陳康守鄴自率諸將軍擊之窮寇死戰其鋒不可當躬遂大敗

死者數千人光武因躬在外乃使吳漢與岑彭襲其城漢先令辯士說陳康康然之於是康收劉慶及躬妻子開門納漢等及躬從隆慮歸鄴不知康已反之乃與數百騎輕入城漢伏兵收之手擊殺躬其衆悉降續漢書曰時岑彭已在城中將躬詣傳舍馳白漢漢至躬在彭前伏漢日何故與兒語遂殺之

更始遣李軼朱鮪等守雒陽光武乃以馮異爲孟津將軍拒朱鮪異乃遺李軼書深達意通書之後更不與異爭鋒異見其信効具以奏聞光武故宣露軼書令朱鮪知之鮪怒遂使人刺殺軼繇是城中乖離多有降者

建武十六年郡國大姓及兵長群盜處處並起攻劫所在害殺長吏郡縣追討到則解散去後屯結青徐幽冀四州尤甚遣使者下郡國聽群盜自相糾擿五人共斬一人者除其罪吏雖逗留廻避故縱者皆勿問聽以禽討爲効其牧守令長坐界內盜賊而不收捕者又以畏愞捐城委守者皆不以爲負但取獲賊多少爲殿最唯蔽匿者乃罪之於是更相追捕賊並解散徙其魁帥於它郡賦田受廪使安生業自是牛馬放牧邑門不閉

魏太祖初爲曹公西征馬超韓遂韓遂請與公相見公與遂父同歲孝廉又與遂同時儕輩於是交馬語移時不及軍事但說京都舊故拊手歡笑既罷超等問遂公何言遂曰無所言也超等疑之他日公又與遂書多所點竄如遂改定者超等愈疑遂公乃與克日會戰先以輕兵挑之戰良久乃縱虎騎夾擊大破之斬成宜李堪等遂超等走凉州楊秋奔安定關中平諸將或問公曰初賊守潼關渭北道缺不從河東擊馮翊而反守潼關引日而後北渡何也公曰賊守潼關如吾入河東賊必引守諸津則西河未可渡吾故盛兵向潼關賊悉衆南守西河之備虛故二將得

擅取西河然後引軍北渡賊不能與吾爭西河者以有二將之軍也連車樹柵爲甬道而南既爲不可勝且以示弱渡渭爲堅壘虜至不出所以驕之也故賊不爲營壘而求割地吾順言許之所以從其意使自安而不爲備因畜士卒之力一旦擊之所謂疾雷不及掩耳兵之變化固非一道也

晉武帝初爲魏武主簿從討張魯言於魏武曰劉備以詐力虜劉璋蜀人未附而遠爭江陵此機不可失也今若曜威漢中益州震動進兵臨之勢必瓦解因此之勢易爲功力聖人不能爲時亦不失時矣魏武

日人苦無足既得隴右復欲得蜀言竟不從魏國既建還軍司馬言於魏武曰昔箕子陳謀以食爲首今天下不耕者蓋二十余萬非經國遠籌也雖戎甲未卷自宜且耕且守魏武納之於是務農積穀國用豐贍時蜀將關羽圍曹仁於樊于禁等七軍皆没而仁圍甚急是時漢帝都許昌魏武以爲近賊欲徙河北帝諫曰禁等爲水所没非戰之失於國家大計未有所損而便遷都示敵以弱又淮沔之人大不安矣孫權劉備外親内疎羽之得意權所不願也可諭權令犄其後則樊圍自解魏武從之吳大帝果遣將吕蒙

西襲公安拔之羽遂爲蒙所獲魏武以荆州遺黎及屯田在潁川者逼近南寇皆欲徙之帝曰荆楚輕脱易動難安關羽新破諸爲惡者藏竄觀望今徙其善者既傷其意將令去者不敢復還從之其後諸亡者悉復業及文帝即位轉丞相長史吳大帝帥兵西過朝議以樊襄陽無穀不可以禦寇時曹仁鎮襄陽請召仁還宛帝曰孫權新破關羽此其欲自結之時也必不敢爲患襄陽水陸之衝禦寇要害不可棄也言竟不從仁遂焚棄二城吳大帝果不爲寇魏文悔之太和元年新城太守孟達連吳固蜀潛圖中國蜀相諸葛亮慮其爲患達與魏興太守申儀有隙亮欲促其事仍遣郭模詐降過儀因漏泄其謀達聞其謀漏泄將舉兵帝恐達速發以書諭之曰將軍昔棄劉備託身國家國家委將軍以疆場之任任將軍以圖蜀之事可謂心貫白日蜀人愚智莫不切齒於將軍諸葛亮欲相破惟苦無路耳模之所言非小事也亮豈輕之而令宣露此殆易知耳達得書大喜猶與不決帝乃潛軍進討平之又曰儀久在魏興專威疆場輙承制刻印多所假授達既誅有自疑心時諸郡守以帝新克捷奉禮求賀皆聽之帝使人諷儀儀至問承

制狀執之歸於京師又徙孟達餘衆七千餘家於幽州蜀將姚靜鄭大等帥其屬七千余人來降時邊郡新附多無戶名魏朝欲加隱實屬帝朝於京師天子訪之於帝帝對曰賊以密網束下故下棄之宜弘以大綱則自然安樂又問二虜宜討何者爲先對曰吳以中國不習水戰故敢散居東關凡攻敵必扼其喉而揕其心夏口東關賊之心喉若爲陸軍以向皖城引權東下爲水戰軍向夏口乘其虛而擊之此神兵從天而墮破之必矣天子並然之五年諸葛亮寇天水天子使帝西屯長安車騎將軍張郃勸帝分軍任

雍郿爲後鎮帝曰料前軍獨能當之者將軍言是也若不能當而分爲前後此楚之三軍所以爲黥布禽也遂軍隃麋亮聞大軍且至乃自帥衆將芟上邽之麥諸將皆懼帝曰亮慮多决少必安營自固然後芟麥吾得二日兼行足矣於是卷兵晨夜赴之亮望塵而遁帝曰吾倍道疲勞此曉兵者之所貪也亮不敢據渭水此易與耳進次漢陽與亮相遇帝列陣以待之使將牛車輕騎餌之兵才接而亮退追至祁山亮屯鹵城據南北二山斷水爲重圍帝攻拔其圍亮宵遁追擊破之俘斬萬計天子使使者勞軍增封邑青

龍二年亮又帥衆十餘萬出斜谷壘於郿之渭水南原天子憂之遣征蜀護軍秦朗步騎二萬受帝節度諸軍欲往渭北以待之帝曰百姓積聚多在渭南此必爭之地也遂引軍而濟背水爲壘因謂諸將曰亮若勇者當出武功依山而東若西上五丈原則諸軍無事矣亮果上原將北渡渭帝遣將軍周當屯陽遂以餌之數日亮不動帝曰亮欲爭原而不向陽遂此意可知也遣將軍胡遵雍州刺史郭淮共備陽遂與亮會於積石臨原而陣亮不得進還於五丈原會有長星墜亮之營帝知其必敗遣奇兵掎亮之後斬五百餘級獲生口千餘降者六百餘人景初二年遼東太守公孫文懿反以太尉帥步騎四萬次於遼水文懿果遣步騎數萬阻遼遂堅壁而守南北六十七里以距帝帝盛兵多張旗幟出其南賊盡銳赴之乃泛舟潛濟以出其北與賊營相逼沉舟焚梁旁遼水作長圍棄賊而向襄平諸將言曰不攻賊而作圍非所以示衆也帝曰賊堅營高壘欲以老吾兵也攻之正入其計此王邑所以恥過昆陽也古人曰敵雖高壘不得不與我戰者攻其所必救也賊大衆在此則巢窟虚矣我則直指襄平必人懷内懼懼而求戰破之

必矣遂整陣而過賊見兵出其後果邀之帝謂諸將日所以不攻其營正欲致此不可失也乃縱兵逆擊大破之三戰皆捷賊保襄平進軍圍之會霖潦大水平地數尺三軍恐欲移營帝令軍中敢有言移者斬都督令史張靜犯令斬之軍中乃定賊恃水樵牧自若諸將欲取之皆不聽司馬陳珪曰昔攻上庸八部並進晝夜不息故能一旬之半拔堅城斬孟達今者遠來而更安緩愚竊惑之帝曰孟達衆少而食支一年將士四倍於達而糧不淹月以一月圖一年安可不速以四擊一正令半解猶當爲之是以不計死傷

與根蔬也今賊衆我寡賊饑我飽水雨乃爾功力不設雖當捉之亦何所爲自發京師不憂賊攻但恐賊走今賊根垂盡而圍落未合掠其牛馬枚其樵採此故驅之走也夫兵者詭道善用事變賊憑衆恃雨故雖饑困未肯束首當示無能以安之取小利以驚之非計也朝廷聞師遇雨咸請召還天子日司馬公臨危制變計日禽之矣正始七年吳寇柤中夷夏萬餘家避寇北渡沔帝以沔南近賊若百姓奔還必復致寇宜權留之曹爽曰今不能脩守沔南而留百姓非長策也帝日不然凡物致之安地則安危地則危故

兵書日成敗形也安危勢也形勢御衆之要不可不審設今賊以三萬人斷沔水三萬人與沔南諸軍相持萬人陸梁柤中將何以救之爽不從卒令還南賊果襲破柤中所失萬計

景帝爲大將軍魏嘉平末吳太傅諸葛恪圍新城朝議慮其分兵以寇淮泗欲戍諸水口帝日諸葛恪新得政於吳欲徼一時之利并兵合肥以冀萬一不暇復爲青徐患也且水口非一多戍則用兵衆少戍則不足以禦寇恪果并力合肥卒如所度帝於是使鎮東將軍毋丘儉楊州刺史文欽等距之儉欽請戰帝日恪卷甲深入投兵死地其鋒未易當且新城小而固攻之未可拔遂命諸將高壘以弊之相持數月恪攻城力屈死傷大半帝乃敕欽督銳卒趣合榆要其歸路儉帥諸將以爲後繼恪懼而遁欽逆擊大破之斬首萬餘級正元二年楊州刺史文欽舉兵向闕帝將帥師征之欽屯項城進軍將攻鄧艾帝潛銜枚徑造樂嘉與欽相遇欽子鴦年十八勇冠三軍謂欽日及其未定請登城鼓譟擊之可破也既謀而行三譟而欽不能應鴦退相與引而東帝謂諸將日欽走矣令發銳軍以追之諸將皆日欽舊將鴦少而銳引軍內

入未有失利必不走也帝日一鼓作氣再而衰三而竭鴦三鼓欽不應其勢已屈不走何待欽將遁鴦日不先折其勢不得去也乃與驍騎十餘摧鋒陷陣所向皆披靡遂引去魏文帝甘露二年以大將軍討諸葛誕於淮南命合圍分遣羸疾就穀淮北廩軍士大豆人三升文欽聞之果喜帝愈羸形以示之多縱反間揚言吳救方至誕等益寬恣食俄而城中乏糧石苞王基並請攻之帝日誕之謀逆非一朝一夕也聚糧完守外結吳人自謂足據淮南欽既同惡相濟必不便走今若急攻損游軍之力外寇卒至表裏受敵

此危道也今三叛相聚於孤域之中天其或者將使同戮吾當以長策縻之但堅守三面若賊陸道而來軍糧必少吾以游兵輕騎絕其轉輸可不戰而破外賊外賊破欽等必成擒矣後竟如其言景元四年爲大將軍輔魏政將伐蜀乃謀於衆曰自定壽春已來息役六年治兵繕甲以擬二虜畧計取吳作戰船通水道當用千餘萬功此十萬人百數十日事也又南土下濕必生疾疫今宜先取蜀三年之後因巴蜀順流之勢水陸並進此滅虞定虢吞韓并魏之勢也計蜀戰士九萬居守成都及備他境不下四萬然則餘

衆不過五萬今絆姜維於沓中使不得東顧直指駱谷出其空虛之地以襲漢中彼若嬰城守備兵勢必散首尾離絕舉大衆以屠城散銳卒以畧野劍閣不暇守險關頭不能自存以劉禪之闇而邊城外破士女內震其亡可知也征西將軍鄧艾以爲未有釁屢陳異議帝患之使主簿師纂爲艾司馬以喻之艾乃奉命於是徵四方之兵十八萬使鄧艾自狄道攻姜維於沓中雍州刺史諸葛緒自祁山軍於武街絕姜維歸路鎮將軍鍾會等又自駱谷襲漢中遂平蜀

元帝時建威將軍周玘自以爲不得調內懷怨望與王恢陰謀誅諸執政推玘及戴若思與諸南士共奉帝以經緯世事謀泄帝聞而秘之召玘爲鎮東司馬未到復改授建武將軍南郡太守玘既南行至蕪湖又下令曰玘奕世忠烈義誠顯著孤所欽嘉今以爲軍諮祭酒將軍如故進爵爲公祿秩僚屬一同開國之例玘忿於廻易又知其謀泄遂憂憤發背而卒

明帝聰明有機斷尤精物理屬王敦挾震主之威將移神器帝崎嶇遵養以弱制強潛謀獨斷廓淸大祲改授荊湘等四州以分上流之勢撥亂反正強本弱枝雖享國日淺而規模宏遠矣

後魏道武初爲代王左長史張袞從帝征蠕蠕遁走追之五六百里諸部帥因袞言於帝曰今日追賊糧盡不宜深入請速還軍太祖令袞問諸部帥若殺副馬足三日食不皆言足也帝乃倍道追之及於廣漠赤地南床山下大破之旣而帝問袞卿曹外人知我前問三日糧意乎對曰皆莫知也帝曰此易知耳蠕蠕奔走數日畜產之餘至水必留計其道程三日足及輕騎卒至出其不意彼必驚散其勢然矣衆以帝言出告部帥咸曰聖策長遠非愚近所及也又嘗遣賀狄干結婚於姚萇會萇死興立因留狄干與弟平率

衆寇平陽道武討平之擒其將狄伯支吏唐小方天賜中部北新侯安同送與唐小方於長安後蠕蠕社崘與興和親送馬八千匹始濟河赫連屈子忿與興國交好乃叛與邀留社崘馬乃遣使請以駿馬千匹贖伯支而還狄干還道武意在離間二寇於是許之

明元初即位時晉將劉裕伐姚泓帝遣侍中長孫嵩知山東諸軍詣平原緣河北岸又勑簡精兵爲戰備若裕西過者便率精銳南出彭沛如不時過但引軍隨之彼至崤陝間必與姚泓相持一死一傷衆力疲弊比及秋月徐乃乘之則裕可不戰而遁於是叔孫

建等尋河趣雒遂入關嵩與建等自成皐南濟晉諸屯戍皆望塵奔潰裕克長安嵩乃班師

孝文時僕射李冲自鄴還京汎舟洪池乃從容謂冲曰朕欲從此通渠於雒南伐之日何容不從此入雒從雒入河從河入汴從汴入淸以至於淮下船而戰猶出戶而鬬此乃軍國之大計今溝渠若須二萬人已下六十日有成者宜以漸脩之冲對曰若爾便是士無遠涉之勞戰有兼人之力

唐太宗在隋末煬帝爲突厥所圍郡縣皆發兵赴援時帝年未弱冠召募從軍隸屯衛將軍雲定興師將發帝勸之多齎旗鼓設疑兵以威突厥定興不納帝謂之曰始畢掃其境內敢圍天子本疑國家倉卒無援忽見旗鼓之盛必謂救兵雲集今者進師可前後相次令數十里間連亘不絶晝則旛旗相續夜則鉦鼓相應以張形勢賊必見懼望塵而退此計之上也不然者則爲所輕悉軍來戰公必不能支矣定興從焉將次崞縣突厥候騎馳告始畢曰兵大至矣遂解圍而退果如所籌

武德元年十一月帝平薛仁杲於折墌城俘其精兵萬餘人男女五萬口旣而諸將奉賀因問曰始大王

野戰破賊其王尚保堅城王無攻具輕騎騰逐不待步兵徑薄城下咸疑不尅而竟下之何也帝曰此以權道迫之使其計不暇發以克敵也羅睺恃往前之勝兼後養銳日久見吾不出意在相輕今喜吾出悉兵來戰吾雖破之傷殺蓋少苦不急躡還走投城仁杲收而撫之則便未可得矣且其兵衆皆隴西人一敗被追不及回顧散歸隴外則折墌自虛我軍隨而追之所以懼而降也此乃成算諸君盡不見乎諸將謝曰實爲聖畧乃非凡人所能及也

二年十一月討宋金剛于安邑諸將咸請將帝自金

剛懸軍千里深入吾地精兵驍將皆在於此劉武周自據太原專倚金剛以爲捍蔽金剛雖衆內實空虛虜掠爲資意在速戰我堅營畜銳以挫其鋒分兵汾隰衝其心腹彼糧盡計窮自當遁走當待此機未宜速戰於是遣劉弘基張綸進逼西河而晋滄城堡並來歸附賊轉輸路絕其衆遂餒三年四月金剛果遁帝追之及尋相於呂州身先士卒奮擊大破之乘勝逐北一日一夜行二百餘里轉戰數十合士卒疲弊至高壁嶺總管劉弘基執馬而諫曰大王功劾於此足矣亦宜思自安之計方今草創敵可盡乎且餱糧

已竭士卒疲頓更欲何之願且停營待兵糧咸集而後決戰帝曰功者難成易敗機者難遇易失金剛走到介州衆心已沮我及其未定當乘勢擊之此破竹之義也如更遲留賊必生計此失機之道吾家國之事當竭忠盡力豈顧身之安危乎遂策馬而去諸軍乃進莫敢以饑乏爲辭

四年討王世充於東都會竇建德以兵十萬來援王世充至於酸棗帝議將拒之蕭瑀屈突通封彝及諸將等進諫曰腹背受敵恐非萬全請班師且據谷州以觀勝負帝不許曰世充糧盡內外離心我當不勞攻擊坐收其弊耳建德新破海公將驕卒惰今我進據武牢扼其襟要若賊恃勝冒險爭鋒吾當破之必矣賊若不戰旬月之間世充自潰彼敗我振足以臨之一行而定在於斯舉若不速進入武牢諸城新附必不能守二賊幷力將如之何通又請解圍就險以候其變帝又不許於是留瑀通輔巢剌王元吉以圍王充親領步騎三千五百人趣武牢當時日出軍歷北芒渡河陽而去世充登城因見莫之測也竟不敢出四月帝至武牢建德自滎陽西上帝以數百騎出武牢東二十余里以挑之往往設伏比至賊營纔回

騎而已謂左右曰賊見我而旋是其上計乘險追我是其下策賊初見騎少疑爲斥候帝謂曰我秦王也因引弓射之斃其一將賊以五六千騎並援槍而至從者皆失色帝謂之曰爾但前去我自殿後於是按轡徐行賊至徐引射之斃一賊賊懼而止止而復來如此再三每來必斃賊乃不敢復逼帝且還伏兵相次而發合擊破之獲其大將殷秋石瓚斬首數百級

九年初卽位突厥遣其腹心執失思力入朝爲覘自張形勢云二可汗總兵百萬今已至矣帝曰我與突厥面自和親汝則背之輒將兵入我畿縣自誇强盛

我當先戮爾矣思力懼而請命蕭瑀封德彝請禮遣之帝曰今若放還當謂我懼縶思力於門下省帝出自玄武門與侍中高士廉中書令房玄齡將軍周範馳六騎隔渭水與可汗語責以負約俄而衆軍繼至精甲曜日連騎蔽野頡利見軍容大盛又知思力就拘繇是大懼是日頡利請和詔許焉蕭瑀進曰初頡利之未和也謀臣猛將多請戰而陛下不納臣以爲疑旣而虜自退其策安在帝曰我觀頡利之兵雖衆不整君臣之計唯財利是視可汗獨在水西達官皆來謁我我捽而縛之因擊其衆勢同拉朽然我已令無

忌李靖設伏於幽州虜若奔還伏邀其前大軍躡其後覆之如反掌然我即位日淺安靜爲務一與虜戰必有死傷不能忘懷也又凶虜一敗或當懼而脩德結怨於我爲患非細我今卷甲韜戈啗以玉帛彼旣得所欲固知其退頑虜驕恣必自是始將欲取之必固與之此之謂也

貞觀十九年征遼旣渡遼水撤橋梁以堅士卒之志領數百騎至遼東賊下見士卒負擔以塡塹者帝欲與之同勞若分尤重者親於馬上持之從官悚動爭齎以送城下及班師渡遼水至渤錯水八十里閒塗澤餘潦車馬不通詔長孫無忌楊師道率文武官辤及征兵萬人剪草塡道而進水深之處以車爲梁道太宗憂梁道不成自鞘柴馬上詣無忌等以助役

睿宗景雲元年八月帝以萬騎十餘人自恃平韋氏功肆行凌暴士庶多苦之並授以外官又停以戶奴爲萬騎更增置飛騎隷於左右羽林衛京師大悅

文宗開成三年十月易定軍亂不納新除節度使李仲遷請立故節度使張璠之子元益爲留後宰臣欲議征討帝曰易定兩州地狹人貧軍資半在度支急之卽無所不爲緩之則必生變卿不須更言第令謹

守封境曾不逾月軍中果有異議但以不便李仲遷爲辭帝亦屈法從人遂罷仲遷而以元益爲代州刺史果至不戮一人以定一方乃神武不殺之功也

後唐莊宗初爲晉王天祐四年四月召周德威軍歸晉陽汴人旣見班師知其國禍以爲潞州必取援軍無復再舉遂停斥候梁祖亦自澤州歸雒帝知其不備籌之曰賊師寢謀唯憚先帝今聞我新有家禍必謂不能興師又以我少年嗣位未習戎事幸聞變故必有驕怠之心若簡練甲兵倍道兼行出其不意以吾憤激之衆擊彼驕惰之師拉朽摧枯未方其易解

圍定霸在此一役甲子軍發自太原巳巳王師潞州
北黄碾下營五月辛未朔晨霧晦冥帝率親軍伏三
垂岡下詰旦天復昏霧進軍直抵夾城明宗時總帳
下親軍攻東北隅李存璋王霸率丁夫燒寨斸夾城
爲二道周德威李存審各分道進攻軍士鼓譟三道
齊進明宗壞夾城東北隅率先掩賊不意我師遽至
賊黨大恐南向而奔投戈委甲噎塞行路俘斬萬級
獲賊將副招討使前鋒都指揮使符道招洎大將三
百人夾城中芻粟百萬僞招討使康懷貞得百余騎
出天井關梁祖聞其敗也大懼旣而歎曰生子當如

是李氏爲不亡矣吾家諸子豚犬耳
十三年二月與梁將劉鄩相拒於澶州帝知劉鄩將
速戰乃聲言歸晉陽誘動其兵帝令副總管李存審
守營嚴駕如西行之備實勞軍於貝州劉鄩覘知謂
帝已歸晉陽乃令楊延直自澶州率兵萬人會我城
下延直夜半至於南門城中選士五百持短兵竊出
乘其無備突入其中譟聲動地梁軍自亂踰垣赴壍
爭相蹈藉遲明鄩軍自莘至於城東與延直殘衆合
劉鄩軍之起也李存審率兵踵其後時命明宗典親
軍自魏州出戰俄而帝自貝州至與明宗當其前劉
鄩卒見帝軍懼形於色曰乃晉王邪引軍漸却帝追
之至於故元城西李存審大軍已成列矣我師前後
爲方陣賊於其間爲圓陣賊四面受敵初一合擒賊
騎軍數百再合劉鄩引騎軍突西南而走我騎軍追
擊之賊步兵合戰短兵旣接我軍鼓譟圍之數重埃
塵漲天明宗馳鐵騎千餘突入其間賊四向披靡相
轥如積我師四面斬擊棄甲之聲聞數千里追討敗
衆皆匿於村園茂樹登者旣衆其枝殆折皆命下樹
遁去騎軍追及河上十萬爲群赴水而死時賊步軍
七萬殲亡殆盡旣定魏州梁將劉鄩據洹水而軍魏

人上言曰張源德擅據我貝州源德比是吾人事急
必來歸我貝州若下北面無虞可以東出兵師徇地
滄海先收郡縣控扼河津不出半年瀕海以西皆爲
吾土矣帝曰吾策則不然貝州魏之邊郡壁壘完堅
張源德託附劉鄩勢難卒解昨投來者說巳又添軍
必若攻之未見其可德州是橫海支郡西接貝州張
源德每用軍機又與滄帥共爲首尾昨偵德州無備
可以輕騎取之我若在彼駐軍二賊自然勢解滄州
門外是我戰場待二豎各保孤城然後乃圍進擊於
是遣騎軍五百晝夜兼行襲之群將不意我師至踰

垣而遁遂攻其城以遼州守捉將馬通爲刺史
明宗初爲邢州節度使天祐十四年四月契丹阿保機率衆二十萬攻幽州周德威間使告急莊宗召諸將議進趨之計諸將咸言虜勢不能持久野無所掠食盡自還然後踵而擊之可也帝奏曰德威盡忠於國家孤城被攻危亡在卽不宜更待虜衰願假臣突騎五千爲前鋒以援之莊宗曰公言是也卽命帝與李存審閻寶率軍赴援帝爲前鋒會軍於易州步騎七萬三將謀進存審曰契丹合戰唯使騎軍弓良矢勁其鋒難敵我師合戰唯使步兵若於平原廣野之

中卒遇其衆彼若以騎軍十萬馳突我師欲戰不能退則被逐則我屬無遺類矣帝曰彼賊騎以馬上爲生不須營壘我今步騎之行須有次舍禦備輜重資粮一宿不裹則士有饑色若平原之中卒遇賊軍被掠輜重資粮　則我不戰而自亡矣不如銜枚束甲尋澗谷而直行抵幽州與德威合勢如賊警覺據險枝梧此計之上也
長興三年二月雲州上言契丹遣使來求果子帝曰虜中雖闕此物亦彼非實然亦當面偵諜宜阻其求但報云遣使入朝當有處分
周太祖乾祐中爲樞密使漢隱帝以河中李守貞叛命詔帝自往用兵帝既奉命與白文珂常思劉詞約以八月二十二日文珂自同州常思自潼關帝自分陝三道並進將臨賊城揚旗伐鼓聲殷天地步騎躡躍賊觀之失色白文珂是日奪得關城立河西砦常思立城南砦帝立城東砦初徵發諸州夫二萬餘分地起長連城諸將啓曰守貞窮寇安能持久不勞塹地築以守之帝曰軍法備不虞兵勢有盈竭蜂蠆有毒而況賊乎退謂白文珂劉詞曰二公老於軍中不

言可知守貞自慙反覆嘗謀背叛畏懼先帝不敢鴟張謂我輩勃興太原事功未著而有輕我之志又聞身到河中便圖自固散金以結豪傑厚利以誘雀蒲山林群兇豬突豨勇安得不爲吾患加以城圍百倍十圍五攻若驅卒徒赴湯火則所傷多矣若長墉巨塹飛走無門俟其倉廩家財散盡不唯烏合之衆父子安能相保此時梯衝逼脅書檄招呼違禍脫身不呼自至所言兵勢盈竭此之是也當分地配夫速立垣池以謀持久後思吾言必如此料
世宗顯德三年親征淮南幸水砦行至淝橋帝自取

石一塊於馬上持之至砦以供飛礮文武從臣過橋者皆齎一石四年十一月幸淮上親領兵破賊砦一所殺淮賊數百人砦在濠州東北十八里灘上其灘廣袤數里淮水浸而圍之乃濠上之咽喉也先是賊據其地泊舟檝以自固恃其四面水深謂我師必不能濟帝之將行也悉索行在橐駝以從臣寮咸不諭其旨及至命甲士數百人跨橐駝以濟帝又續領騎軍相繼而渡一鼓而盡殪之虜其戰艦而廻

五年正月帝在淮上詔發楚州管內丁壯於城西北開老鸛河是帝將以齊雲船數百艘自淮入江楚

州城北舊有北城堰度其舟大難於過堰故開此河以通其路先期令近臣往按地計功廻奏云地形不便又計功甚多帝勿聽因枉駕以視之親授規畫大減丁夫之數旬日而成不愆於素繇是我之戰艦自淮達江無留滯矣二月帝在淮南甲寅僞天長軍使易贇令男延壽齎表以其城來降天長縣當九驛之路城小而固南人以其地為雄州帝之破楚州也獲其僞守將張彥卿男光祐捨而不誅因令光祐齎璽書以諭贇贇知楚州既下故降

權畧

易曰見幾而作不俟終日又曰動靜屈伸唯變所適蓋執物之理則不適事之機守事之當則不達物之變故聖人德以經其逸權以濟其危神化無方奇謀間出蒙險難而無咎安反側而不疑故能駕馭英豪撥平禍亂使強敵不能以計測姦臣不得以智闚然則取之以權守之以正帝王之道皇皇而有中矣

漢高祖初為漢王三年正月九江王黥布間行與隨何俱歸漢至漢王方踞牀洗（洗濯足也）而召布入見布大怒悔來欲自殺出就舍帳御飲食從官如漢王居布又大喜過望

六月項羽圍成皐漢王跳（跳走也）獨與滕公從張耳軍脩武至宿傳舍晨自稱漢使馳入壁張耳韓信未起即其臥奪其印符（就其臥處）麾召諸將易置之信耳起乃知獨漢王來大驚漢王奪兩人軍即令張耳信守趙地拜信為相國發趙兵未發者擊齊（謂趙人未嘗見發者）

四年正月與項羽臨廣武之間數羽十罪羽大怒伏弩射中漢王漢王傷胷乃捫足曰虜中吾指漢王病創臥張良彊請漢王起行勞軍以安士卒毋令楚乘勝漢王出行軍疾甚因馳入成皐

二月立韓信為齊王時信平齊使人言漢王曰齊夸

詐多變反覆之國南邊楚邊近也不爲假王以鎭之其
勢不定今權輕不足以安之臣請自立爲假王當是
時楚方急圍漢王於滎陽使者至發書發信使者所齎書也漢
王大怒罵曰吾困於此旦暮望而來佐我乃欲自立
爲王張良陳平伏後躡漢王足因附耳語曰漢方不
利寧能禁信之自王乎不如因立善遇之使自爲守
不然變生漢王亦寤因復罵曰大丈夫定諸侯卽爲
眞王耳何以假爲乃遣張良操印立信爲齊王操持也
徵其兵使擊楚
五年十二月項羽既死漢王還至定陶馳入齊王信

壁奪其軍徙封信齊王
六年十月楚王信謀反帝問左右左右爭欲擊之用
陳平計乃僞遊雲夢在南郡之華容十二月會諸侯於陳楚
王信迎謁因執之正月高祖已大封功臣其餘日夜
爭功而不決未得行封帝居雒陽南宮從複道望見
諸將往往耦語以問張良良曰陛下與此屬共取天
下今已爲天子而所封皆故人所愛所誅皆平生仇
怨今軍吏計功以天下爲不足用徧封言有功者多而土地少
而恐以過失及誅故相聚謀反耳帝曰爲之柰何良
曰取上素所不快言有舊嫌者也計群臣所共知最甚者一
人先封以示群臣三月帝置酒封雍齒爲什方侯屬廣
漢而急趣丞相御史定功行封群臣罷酒皆喜曰雍
齒且侯我屬無患矣
十年九月代相國陳豨反帝親征之至邯鄲令周昌
選趙壯士可令將者白見四人帝嫚罵曰豎子能爲
將乎四人慙皆伏地帝各封千戶爲將左右諫曰從
入蜀漢伐楚賞未徧行今封此何功帝曰非汝所知
陳豨反趙代地皆豨有吾以羽檄徵天下兵未有至
者檄者以木簡爲書長尺二寸用徵召也其有急事則加之鳥羽插之示疾速也今計唯獨
邯鄲中兵耳吾何愛四千戶不以慰趙子弟皆曰善

哀帝卽位太后詔王莽就第避帝外家帝初優莽不
聽莽上書固乞骸骨而退帝乃下詔曰曲陽侯根前
在位建社稷策侍中大僕安陽侯舜往時護太子家
導朕忠誠專壹有舊恩新都侯莽憂勞國家執義堅
固庶幾與爲治太后詔休就第朕甚閔焉其益封根
二千戶舜五百戶莽三百五十戶以爲特進朝朔望
又進涇陽侯立京師帝少而聞知王氏驕盛心不能
善以初立故優之
後漢光武初爲蕭王將北徇時更始遣李軼朱鮪等
守雒陽乃以馮異爲孟津將軍拒朱鮪異乃遣李軼

書軼浮達意通書之後更不與異爭鋒異見其信効具以奏聞光武故宜露軼書令朱鮪知之鮪怒遂使人刺殺軼繇是城中乖離多有降者
魏太祖嘗討賊廩穀不足私謂主者曰如何主者曰可以小斛以足之太祖曰善後軍中言太祖欺衆太祖謂主者曰特當借君死以厭衆不然事不解乃斬之取首題徇曰行小斛盜官穀斬之軍門又嘗出軍行經麥中令士卒無敗麥犯者死騎士皆下馬持麥以相付於是太祖馬騰入麥中勑主簿議罪主簿對以春秋之義罰不加於尊太祖曰制法而自犯之何

以帥下然孤爲軍帥不可自殺請自刑因援劍割髻以置地
晉宣帝爲魏太傅與大將軍曹爽有隙稱疾不與政事爽謂帝疾篤遂有無君之心與黃門張當密謀圖危社稷期有日矣帝亦潛爲之備爽之徒屬亦頗疑帝會河南尹李勝將莅荊州來候帝詐疾篤使兩婢侍持衣衣落指口言渴婢進粥皆流出霑胷勝曰衆情謂明公舊風發動何意尊體乃爾帝使聲氣纔屬説年老枕疾死在旦夕君當居幷州幷州近胡善爲之備恐不復相見以子師昭兄弟爲託勝曰當還忝本州非幷州帝乃錯亂其辭曰君方到幷州勝復曰當忝荊州帝曰年老意荒不解君言今還爲本州盛德壯烈好建功勳勝退告爽曰司馬公尸居餘氣形神已離不足慮矣他日又言曰太傅不可復濟令人愴然故爽等不復設備
景帝爲魏相國楊州刺史文欽與其子鴦舉兵作亂帝以大將軍征之帝目有瘤疾使醫割之鴦之來攻也驚而目出懼六軍之恐蒙之以被痛甚齧被敗而左右莫知焉
元帝時周玘行建威將軍自以爲不得調內懷怨望

與王恢陰謀誅諸執政推玘及戴若思與諸南士共奉帝以經緯世事謀泄帝聞而秘之召玘爲鎮東司馬未到復改授建武將軍南郡太守玘既南行至蕪湖又下令曰玘奕世忠烈義誠顯著孤所欽嘉今以爲軍諮祭酒將軍如故進爵爲公祿秩僚屬一同開國之例玘忿於廻易又知其謀泄遂憂憤發背而卒
明帝太寧二年王敦舉兵內向帝密知之乃乘巴滇駿馬微行至湖陰察營壘還敦覺於是使五騎物色追帝帝亦馳去馬有遺糞輒以水灌之見逆旅賣食嫗以七寶鞭與之曰後有騎來可以此示也俄而追

者至問媪曰去已遠矣因以鞭示之五騎傳玩稽留遂久又見馬糞冷以爲信遠而止不追帝僅而獲免

後魏孝明武泰初薛曇尚爲奉朝請時爾朱榮擅疆弁伺朝廷欲揣其情除曇尚員外常侍使於榮託以慰喻密以觀之

後周太祖初爲夏州刺史侯莫陳悦阻兵隴右太祖志在平之乃令墨曹參軍薛憓僞作魏帝勑書與費也頭令將兵助太祖討悦憓依舊勑模寫僞代舍人主書等署與眞無異太祖謂費也頭巳曾得魏帝書及見此勑不以爲疑遂遣步騎一千受太祖節度

武帝沈毅有智謀初以晋公護專權常自晦迹人莫測其淺深及誅護之後始親萬機克巳厲精聽覽不怠

唐太宗貞觀二十一年寢疾時李勣爲太子詹事帝謂太子曰汝於李勣無恩我今將責出之我死後汝當授以僕射卽荷汝恩必致其死力乃出爲壘州都督高宗卽位其日召拜雒州刺史加開府儀同三司令中書門下參掌機密尋冊拜尚書右僕射

德宗建中三年北平王馬燧討田悦於山東時歲旱京師括率人心甚擾鳳翔留鎭幽州兵多離散入西山爲盜殿中丞李雲端與其黨袁封畢超侯李誠信等與燧子鴻臚少卿暢善因飲食聚會言時事將危暢乃遣家人溫靖與父書具陳利害可班師還鎭燧怒執靖具奏其狀令兄炫執暢請罪帝以燧方討賊不竟其事誅雲端等十二人勑炫就第杖暢三十帝於是罷括率之令

四年幸奉天時度支汴東兩稅使包佶所總錢帛八百萬貫爲淮南觀察使陳少遊所奪包於彈丸中置表以少遊脅取財帛事會少遊使繼至帝問曰少遊收包佶財幣有之乎對曰臣發揚州後非所知也帝

曰少遊國之守臣或防他盜供費軍旅收亦何傷時方隅阻絕國命未振遠近聞之大驚咸以聖情達於變通明見萬里

後唐太祖爲晋王天復元年六月以汴寇方盛難以兵伏佯降心以緩其謀乃遣牙將張特持帛馬書檄以諭之陳當時利害請復舊好

明宗天成末王都據定州叛契丹王遺原知感等九人將騎三萬援都嘉山之戰爲王晏球符彥卿高行周追擊敗之至幽州界並爲趙德鈞所擒獻於京師諸將請誅之帝曰此八九人胡之驍將也彼以死報

主蕃中絕望也不如留之以愢其情必紓邊患長興
中乃賜姓名易蕃號

冊府元龜帝王部　卷之四十五　三十一
權畧

冊府元龜

冊府元龜

廵按福建監察御史臣李嗣京　訂正
分守建南道左布政使臣胡維霖　參閱
知建陽縣事臣黄國琦較釋

帝王部　四十六

智識

易曰知周乎萬物而道濟天下故不過若乃知幾其神惟睿作聖旣明且哲顯仁藏用非聖人孰能與於此哉三王之前尚矣自漢而下膺運曆而履尊極者乃有挺非常之姿藴維新之識表章乎文理究達乎

情僞慮於未兆見於未萌明治體之要通時用之變防微杜漸以息乎厲階探賾索隱以叅乎繫表用能總御羣品嘉靖多方窒姦慝之源塞妖妄之逕克貞王度以熈衆志其或佐處明兩事彰先見淵識獨運嘉言罔伏垂之綈緗良可述也

後漢光武初起義兵見李軼謟事更始貴將謂朱鮪等帝深疑之常以戒兄伯升曰此人不可復信後更始收劉稷將誅之伯升固爭李軼朱鮪因勸更始幷執伯升卽日害之光武鑒前事之違存嬌枉之志不以功臣任職雖寇鄧之高勳耿賈之鴻烈分土不過大縣數四所加特進朝請而已帝知天下疲耗思樂息肩自隴蜀平後非儆急未嘗復言軍旅皇太子嘗問攻戰之事帝曰昔衛靈公問陳孔子不對此非爾所及

明帝十歲能通春秋光武奇之十二爲東海公天下墾田多不以實又戶口年紀互有增減詔下州郡簡覆其事而刺史太守多不均平或優饒豪右侵刻羸弱百姓嗟怨遮道號呼時諸部各遣使奏事光武見陳留吏牘上有書視之云潁川弘農可問河南南陽不可問因詰吏由趣吏不肯服抵言於長壽街上得之抵欺也光武怒帝在幄後言曰吏受郡勑當欲以墾

田相方耳光武曰卽如此何故言河南南陽不可問對曰河南帝城多近臣南陽帝鄉多近親田宅踰制不可爲準光武令虎賁將詰問吏吏乃實首服如帝對於是遣謁者考實具知姦狀建武二十七年北單于遣使詣武威求和親光武召公卿廷議不決時帝爲太子言曰南單于親附北虜懼于見伐故傾耳而聽爭欲歸義耳今未能出兵而反交通北虜臣恐南單于將有二心北虜降者且不復來矣光武然之告武威太守勿受其使

魏太祖以安定太守毋丘興將之官戒之曰羌胡欲

與中國通自當遣人來慎勿遣人往善人難得必將教羌胡妄有所請求因欲以自利不從便爲失異俗意從之則無益事輿至遣校尉范陵至羌中陵果教羌使自請爲屬國都尉帝曰吾預知當爾非聖也但更事多耳

文帝初爲太子任城王彰之討烏丸力戰而勝北方悉平及軍還時太祖在長安召彰詣行在所彰自代過鄴太子謂彰曰卿新有功今西上宜無自伐應對當若不足者彰到如太子言歸功諸將太祖喜持彰鬚曰黃鬚兒大奇也

明帝好學多識特留意於法理自卽位之後褒禮大臣料簡功能眞僞不得相貿務絕浮華譖毁之端行師動衆論决大事謀臣將相咸服帝之大畧性又强識雖左右小臣官簿性行名跡所履及其父兄子弟一經耳目終不遺忘

晉宣帝爲魏太傅輔政尚書鄧颺李勝等欲令曹爽建立功名勸使伐蜀帝止不可爽果無功而還

文帝爲魏相國欲遣鍾會伐蜀西曹屬邵悌求見曰今遣鍾會率十餘萬衆伐蜀愚謂會單身無重任不若使餘人行帝笑曰我寧當復不知此耶蜀爲天下作患使民不得安息我今伐之如指掌耳而衆人皆言蜀不可伐夫人心豫怯則智勇並竭而强使之適爲敵禽耳惟鍾會與人意同今遣會伐蜀必可滅蜀滅蜀之後就如卿所慮當何所能一辦耶凡敗軍之將不可以語勇亡國之大夫不可與圖存心膽已破故也若蜀破遺民震恐不足與圖事中國將士各自思歸不肯與同也若作惡秖自滅族耳卿不須憂此愼莫使人聞也及會白鄧艾不軌帝將西悌復曰鍾會所統五六倍於鄧艾但可勑會取艾不足自行帝曰卿忘前時所言耶而更云可不須行乎雖爾此言

不可宣也我要自當以信意待人但人不當負我我豈可先人生心哉近日賈護軍問我言頗疑鍾會不我答言如今遣卿行寧可復疑卿耶賈亦無以易我語也我到長安則自了矣軍至長安會果已死咸如所策

明帝幼而聰哲爲元帝所寵異年數歲嘗坐置膝前屬長安使來因問帝曰汝謂日與長安孰遠對曰長安近不聞人從日邊來居然可知也元帝異之明日宴群僚又問之對曰日近元帝失色曰何以異間者之言乎對曰舉目則見日不見長安繇是益奇之

後魏太武時群臣白帝更峻京邑城隍以從周易設險之義又陳蕭何壯麗之說帝曰古人有言在德不在險屈丐蒸土築城而朕滅之豈在城也今天下未安平方須人力土功之事朕所未暇蕭何之對非雅言也

孝文南伐以李冲兼左僕射留守雒陽車駕還都引見冲等謂之曰本所以多置官者慮有令僕闇弱百事稽壅若明則聽斷獨專聰則權勢大并今朕雖不得爲聰明又不爲劣闇卿等不爲大賢亦不爲大惡且可一兩年許少置官司又嘗謂太子太傅穆亮曰

徐州表給歸化人稟王者民之父母誠宜許之但今荆揚不賓書軌未一方欲親御六師問罪江介計萬戶投化歲食百萬若聽其給也則蓄儲虛竭雖得戶千萬猶未成一同且欲隨貧賑恤卿意何如亮對曰所存遠大實如聖旨

隋高祖潛龍時嘗與宇文慶言謂曰天元實無積德其相貌壽亦不長加以法令繁苛耽恣聲色以吾觀之殆將不久又諸藩微弱各令就國曾無深根固本之計羽翮既翦何能及遠尉遲迥貴戚早著聲望國家有釁必爲亂階然智量庸淺子弟輕佻貪而不慧終致亡滅司馬消難反覆之虜亦非池內之物變在俄頃但輕薄無謀未能爲害不過自竄江南耳庸蜀險隘易生難阻王謙愚蠢素無籌略但爲人所誤不足爲虞未幾帝言皆驗

開皇初益州總管梁睿上平陳之策帝善之下詔曰公英風震動妙筭縱橫消蕩江南宛然可見循環三復但以欣然公既上才若總戎律一舉大定固在不疑但朕初臨天下政道未洽恐先窮武事未爲盡善昔公孫述隗囂漢之賊也光武與其通和稱爲皇帝尉佗之於高祖初猶不臣孫皓之答晉文書尚云白

或尋款服或即滅亡王者體大義存遵養雖陳國來朝未盡藩節如公大略誠須責罪尚欲且緩其誅宜知此意淮海未滅必興師旅若命水龍終當相屈想以身許國無足致辭睿乃止焉

唐太宗貞觀元年謂侍臣曰周武王平紂之亂以有天下秦始皇乘周之衰遂吞六國何祚運長短若此之懸也左僕射蕭瑀進曰紂爲無道天下苦之故八百諸侯不期而會周室雖微六國無罪秦氏專任智力蠶食諸侯平定雖同人情則異帝曰不然周旣剋殷務弘仁義秦旣得志專任詐力非但取之有異抑

亦守之不同取或可以逆守不可以不順祚之修短意在茲乎瑀拜手曰實如聖旨非愚臣之所及也又嘗謂侍臣曰神仙事本虛妄空有其名秦始皇非分愛好遂爲方士所詐乃遣童男女數千人隨其入海求仙藥方士避秦苛虐因留不歸始皇猶悔側踟躕以待之還至沙丘而死漢武帝爲求仙乃將女嫁道術人事既無驗便行誅戮據此二事神仙不須妄求也

二年太常少卿祖孝孫奏新樂太宗曰禮樂之作蓋聖人緣物設教以爲樽節治之隆替豈繇於此御史

大夫杜淹對曰前代興亡實繇於樂陳將亡也爲玉樹後庭花齊將亡也而爲伴侶之曲行路聞之莫不悲泣所謂亡國之音以是觀之蓋樂之繇也帝曰不然夫音聲能感人自然之道也故懽者聞之則悅憂者聽之則悲悲悅之情在於人心非繇樂也將亡之政其民必苦然心之所感故聞之則悲耳何有樂聲哀怨能使悅者悲乎今玉樹伴侶之曲其聲俱存朕當爲公奏之知公必不悲矣尚書右丞相魏徵進曰古人稱禮云禮云玉帛云乎哉樂云樂云鍾鼓云乎哉樂在人和不繇音調帝然之

四年帝臨朝問房玄齡蕭瑀曰隋文帝何如主也對曰克己復禮勤勞思政每一坐朝或至日側五品以上引坐論事宿衞之人傳餐而食雖非性體仁明亦是勵精之主也帝曰公得其一未知其二此人性至察而心不明夫心暗則照有不通至察則多疑於物又欺孤兒寡婦以得天下常疑羣臣内懷不服不肯信任百司每事皆自決斷雖則勞神苦形未能盡合於理朝臣既知上意亦復不敢直言宰臣以下承受而已朕意則不然以天下之廣海内之重千端萬緒須合變通皆委百司爲國思審關繇宰輔安穩奏聞

豈得以百司萬機獨斷一人之慮也因令諸司曰若詔勑頒下有未穩者必須執奏不得順旨即便施行務盡臣下之心也

十年謂羣臣曰自古帝王上合天心以致太平者皆股肱之力也朕比開不諱之門直言之路者庶知冤屈欲聞規諫比來以奏封事者盈於篋笥多許人細事殊無可採朕歷選前王但有君疑於臣則下情不能上達欲求盡忠極慮何可得哉而無識之人務行讒毀交亂君臣殊非益國自今以後宜棄私爲公小事不須聞奏有上封者朕當以讒人罪之

十七年太常丞鄧素使高麗還請於懷遠鎮加戍兵以逼高麗帝謂之曰遠方不至則修文德以來之未聞一二百戍卒能威絶域者也仁義忠信不理於內兵甲士卒遠勞於外有國之深忌朕所不取也是歲林邑王遣使云爲扶南所攻乞師救援帝曰山有猛獸藜藿爲之不採爾爲鄰國扶南安敢侵逼此是爾懼自來將無事矣俄有使至果如帝言

十八年九月帝謂侍臣曰夫人心與貌不相副者多矣或有發言方正而心行邪曲或辭色柔和而志存忠鯁或貌類尫懦而勇堪制敵或果復私讎而怯於

公戰或外若至公而内多姦詭或跡雜埃滓而實懷清白或質性劣弱而妄言入死或口未及言而身能踐難心跡睽謬安可勝紀夫玄天高遠四時有常即日月運行筭之不踰度此所謂天遠而必信人近而難知也

十二月李思摩部落衆十萬勝兵者四萬人叛思摩渡河請居內地詔許之處於勝夏二州之間羣臣或以帝方東征河南去京不遠今近處强胡非計之得請帝鎮雒陽無東征帝曰夫爲人君者當從德義而無猜疑比屋可封化堯之德也比屋可誅化紂之惡也昔成湯周武化桀紂之遺氓各從其化無不遷善孔子云有教無類豈徒言哉昔隋煬帝無道百姓嗟怨玄感作亂非夷狄者也但君無疑貳夷狄可以効忠君多猜嫌股肱必至携禍朕雖不敏頗識機宜昔隋氏伐遼徵發百姓人皆斷手壞足亡命山野朕今征行取其情愿募十得百募百得千不預從軍者懽聲盈路所謂創事而不違朕但憂念蒼生心常不懈雖居河南賙貧贍弱想其懷恩入於骨髓又延陁嗜欲且同今不近走延陁而遠來歸朕其情易見因謂黄門侍郎褚遂良曰爾知起居宜記之我保十五年

中突厥無事矣

高宗初爲晉王受孝經於著作郎蕭德言太宗問曰此書中何言爲善對曰夫孝始於事親中於事君終於立身君子之事上進思盡忠退思補過將順其美匡救其惡太宗大悅曰行此足以事父兄爲臣子矣及爲皇太子時有告遂州都督彭王元則之罪太宗召元則功曹而問之功曹爲之隱太宗怒而杖之於前退朝問太子曰人君大柄賞罰是也今箠功曹何如太子對曰草野之人天子召問惶恐失度即箠之臣以爲太急又問然則彭王若何對曰陛下之弟情

所友愛願付所司詳鞫斷之未晚也太宗稱善自是太宗坐朝嘗令太子侍立百司奏事畢留中書門下三品平章事太宗因爲太子陳說孝道論及政事或時有決罰令太子評其可否商榷辯論深達政要羣臣莫不歎服

顯慶二年道王友王玄策奏言臣從西域使迴將長年婆羅門至此問其合藥之法報臣必成恩旨令若放還恐失方術之士玄策退帝謂侍臣曰玄策昨進對言古人欲招天下賢哲先市駿骨固請留此婆羅門朕觀其狼戾猾急恐竟無益口云合藥成欲服時

須斷食三日服藥令吐後還斷食服藥遣三利令人極瘦困然後與藥即換肌肉始得長生遍觀史籍定無長生之理昔者秦皇漢武慕神仙求採藥物勞役天下秦皇五十之餘即死漢武末年乃至國用糜費功力不足賴其早覺昔非下制責躬息兵止役始得安靜年踰七十僅免滅亡審念此等必知無成若有其實長生之人即今何在司空李勣對曰此婆羅門未曾經試來或容不可諳悉前已驗其無成所以放去今復更來頭鬚自白衰老漸及豈得仙之狀耶玄策詭詐何處即有所解昨見其重來羣情已甚驚惟陛下知無所用令更放去臣等不勝喜躍

睿宗爲皇太子有進三足鳥者天后以爲周室嘉應太子曰鳥前足僞也天后不悅須臾而一足墮地果如其言

玄宗初封楚王天授二年開府置官屬始年七歲因朔望朝見車騎嚴整金吾將軍武懿宗見而忌之遂擠排騎從帝呵之曰吾家朝堂於汝何事敢迫吾騎從則天聞而特加嘆異

肅宗爲皇太子時天寶十三載安祿山自范陽入朝太子覩其兇姿有悖逆之狀言之於玄宗玄宗易之

不納德宗即位有司言宣政內廊壞請修繕太卜云孟冬爲魁罡不利穿築請卜他月帝曰春秋之義啟塞從時何魁罡之有卒命修之

憲宗六七歲時爲皇孫德宗抱置膝上戲曰汝是何人乃在我懷中皇孫對曰此祗是第三天子德宗驚喜繇是重之乃爲皇太子宰臣韋執誼幸順宗寢疾與王叔文等竊弄權柄懼太子怒已用事乃以台州刺史陸質爲給事中皇太子侍讀令質入侍而潛伺太子意因用解之及質發言太子果怒曰陛下令先生與寡人講學何得言他質惶懼而出

元和十二年光祿少卿楊元卿祈聞得蔡州請見帝曰淮西甚有寶貨及犀帶臣知往取必得帝曰朕本討賊爲人除害今賊平人安則我求得矣寶貨犀帶非所求也命勿言

文宗太和九年十二月庚辰御紫宸殿宰臣李石奏曰請准令月三日詔命起居舍人執筆記言記事帝問宰臣曰坊市人得漸安未石對曰亦已漸安然近日苦寒涖盖緣刑殺至此陰沴又罪人索聯枝黨未已伏乞聖恩特賜寬宥鄭覃曰所坐周親已有處分訖若不寬解即恐連累至多石又奏曰昨聞鄭注到

鳳翔招召兵士至多所投募者皆被殺戮竊恐邊上乘此生事伏乞降詔書安諭帝曰政貴寬恕固宜加此罪石等曰過惡揚善古聖所重帝曰朱叔夜人言有贓須早令御史鞫問如無過即與洗雪無令虚受贓汚之名又曰宰相之務在選賢任用石奏曰臣與鄭覃俱爲輔弼罄竭肝膽豈敢不盡但以人各有求苟遂所欲則美譽至稍不如意則謗議生覃曰事有百司請各有委任帝曰各須求才仍委百司宰相豈可一一自領愼不得懼百司有權覃曰臣常聞李林甫忌前奸權帝曰林甫姦臣也豈足論石曰比者選才先試以吏事文武兼才者或主邊兵或管錢穀苟有能事然後入用近日皆以資序躡是進用乏人帝曰國朝近來取士與向前頗異覃曰臣聞南朝多用文華所以不理今請以才堪即用不必文詞借如中書舍人草制詔每人只要三數句語粗説其人豈必全序官資歷任帝曰凡進士及第有方鎮奏請判官者第一任未經作州縣官莫依但第一任曾作州縣官即第二任依奏覃曰此科多輕薄不必盡用帝曰輕薄敦重色色皆有亦未必全在此科況此科已二百年亦不可遽改覃曰亦乞不崇樹石曰人家兄弟

十數人或三五人但稍可知惠者即業文學若州縣有一文學人在其中雖地至偏遠必少差事陛下若盡命選授州縣官即請減選帝曰令加至四十人三年即選與州縣官得資即任諸處奏充判官卿便處置奏來帝曰朕十年孜孜求理迄今竟未見太平如何覃曰究其根源盖以黎人困弊臣聞百姓富則國富國富在藏之於野欲天下理莫若恤蒼生石曰鄭覃志在恤蒼生若得術亦應不難根本事在朝廷事事節用務去冗食祇如司農寺木炭價每年約支八萬貫有司無以堤防奸吏因緣所支不啻一倍以臣

所見且去簿書奸盜然後百司理百司理即天下理君綱在綱則百事整帝曰我每思貞觀開元之時覩今日之事即往往憤氣填膺覃曰陛下頻言及此臣等不勝慶忭臣與石等漸期條理以副聖心石曰求理之道在乎自上而下至於禁中衣服裝飾外皆倣倣以為時尚陛下躬儉節用風俗已移長裾大袂日漸減少若更令戚屬絶其侈靡不慮下不從教帝曰但左街副使張元昌便用金唾盂何奢侈之甚耶因李訓事已漸緝矣覃對曰如張元昌事宜付有司戒約此輩則人自惕懼帝曰此事亦難家至戶曉戒勑但

要自以儉約化之朕嘗聞前時內庫有兩領錦襖子其上飾以金烏一領玄宗皇帝幸溫湯時着一領與楊貴妃着當時貴重如此如今奢靡豈復貴之料今富家亦應往往而有石曰毛玠為吏部尚書性本清儉時人尚不敢鮮衣美食況萬乘之留情故可便為一時之法帝曰周孔文武之業後猶陵遲亦可歎也石又言曲江亭比奉詔令百司修造今將興功更俟進止帝曰且止石曰開元之時亭臺至盛今將倣之未知可否帝曰在開元之際天下太平過有興役已是當時末事況今無當時之太平而倣當時之末事豈為宜哉石又曰請於舊亭子兩邊令京兆府量造小屋餘停罷回充修舘驛并昨所被誅戮數家家具器用並請勒度支送舘驛充用宰臣退帝命起居郎鄭朗等適所紀錄者將來一覽鄭朗對曰臣執筆所紀便目為史臣聞自古帝王不合觀史帝曰故事何在朗曰臣不敢遠徵故實嘗聞太宗皇帝欲親覽國史用知得失諫議大夫朱子奢上表曰史官所述義歸盡善若至曾玄已後或非上智中主庸君飾非護短見極陳善惡恐致史官何地逃刑又聞褚遂良對曰今之起居古之左右史以記人君言行善惡必書

庶幾不為非法不聞帝王躬自觀史帝又謂朗曰適來所紀且是直書未有否臧一見無爽朗乃進所紀帝略覽曰卿宜門外重寫錄進來其日晚內出詔宣示群臣曰適來鄭朗等奏朝來所紀之事擬不進本人君良史善惡必書或有平生之閑話不關理道之體要垂諸將來實為取愧異日臨朝庶幾稍改何妨一見得戒醜言

開成二年嘗謂宰臣鄭覃李固言李石等曰濟濟多士文王以寧德宗皇帝時班行多闕豈乏才乎石曰十室之邑必有忠信安有大國無人蓋貞元中進士

路塞所以有才之人或託迹非所此乃不進人才之故也固言曰求才之道有人保任便宜奬用後不稱職卽罷黜帝曰宰相薦人莫計踈密朕聞竇易直作相未嘗論用親情若巳非相才自須引退若是公舉何避親嫌人鮮全才但用所長耳

三年七月甲子以尉衞卿王彥威爲忠武節度右金吾大將軍史孝章爲邠州節度丁卯帝於紫宸殿問宰臣曰昨除兩鎮如何夷行曰但出自聖心卽好楊嗣復曰若出自聖心卽人心皆愜如不當不可但自聖心帝曰誠如此吾固無私夷行曰自三數奸臣竊

權陛下不可倒持太阿權假何人帝曰夷行言倒持太阿亦不可但當與不當不在倒持太阿嗣復曰齊桓用管仲豈謂倒持太阿帝曰然

四年閏正月謂宰臣曰明經會義否宰臣曰明經只念經疏不會經義帝曰只念經疏何異鸚鵡能言

四月帝於紫宸殿謂宰臣曰杜悰判度支邊上更無欠闕足見長才嗣復李珏因稱其美請除戶部尚書以酬之夷行曰臣謂一切恩權合歸君上陛下自看可否李珏曰太宗任宰臣天下事皆得平章謂之平章政事代天理物上下不相疑阻以此能致太平若除一官皆須決於君上卽焉用彼相昔隋文帝一切自用心力臣下發言卽疑凡臣下用之卽是宰相不用卽是庶寮豈可自保夷行曰小官卽可大官須陛下自處置帝曰卿言總似未當夷行曰自古敗亂未嘗不因恩權在下嗣復曰夷行必以臣等未合膺委任不然何自爲宰相不知宰相之職珏曰陛下嘗語臣云竇易直勸我每宰相進擬五人留三人兩人勾一人渠只合勸我擇宰相不合勸我疑宰相帝曰易直此言甚鄙帝曰韋處厚作相三日薦六節度使亦可大惟珏曰處厚身爲宰相信佛求功德殊昧本

後唐莊宗初從太祖起義雲中部下皆北邊勁卒及破賊迎鑾功居第一繇是稍優寵士卒因多不法或陵侮官吏豪奪士民白晝剽攘酒博喧競太祖緩於禁制獨帝不平之從容白曰隄防所以止水禮法所以禁人未有壞隄防而止橫流廢禮法而禁兇暴雖堯舜禹湯之明聖捨此則無繇致理竊見將吏驕縱軍士兇豪不唯蠹耗於生靈終慮爲國之後患古人防微杜漸何況事巳顯然不可不禁太祖依違之及安塞不利之後時事多難克熖日熾氏叔琮屢傾郡邑康懷貞頻犯郊圻隣援攜離土疆侵削城門之外

鞠爲戰場太祖憂形於色寢膳不怡嘗宴居帝侍側因啟曰夫盛衰有常理禍福繫神道家世二代盡忠王室勢窮力屈無所愧心物不極則不返惡不極則不亡今朱氏攻逼乘輿窺伺神器陷害良善誣誑神祇以臣觀之殆其極矣大人當遵養時晦以待其衰何事輕爲沮喪大祖釋然因奉觴作樂而罷

晉高祖初爲鎮州節度使九門縣有人鬻地與異居兄議價不定乃移於他人他人須兄立券兄抑之因訴於令令以兄弟俱不義送帝帝曰人之不義繇牧長新至教化所未能及吾甚愧焉若以至理言之兄

利良田弟求善價順之爲是阻之則非其兄不義之甚也宜重笞焉市田則以高價者取之上下服其明

漢高祖晉天福八年鎮太原奏以太原往例每年差人押送蔚蓟往北朝今年伏候勑旨晉少帝有詔罷之高祖曰此土產嘗物廢而不行必啟戎心以生怨也又十一年八月朝廷以前遣李守貞皇甫遇張彥澤再援粮入易定彥澤與契丹騎衆相逢遂行四十里獲酋領諸里相公首級帝有表入賀因謂寮佐曰兵者兇器戰者危事朝勝夕負何常之有今嘗定內地也朝廷不能分置屯田課民種植候秋早穫清野以待何須多備兵幕招冦引敵馳鬭是戎人所長堅守乃爲我之利伺隙待變平之非晚今半歲之中命將兩出蹶爲虜騎所誘自取其困何謀之不審耶吾恐得其小捷而有後衂諸君其志之

天福十一年十一月朝廷遣杜重威與諸將攻瀛莫二州以詔諭帝帝謂幕客及左右曰主上富有春秋左右乏正人重威以國親方擅兵柄輕爲表請有此無名之役契丹自陽城不利畜謀俟便踰一期矣今國家邊上深溝高壘守猶不足得有侵越乎且瀛莫獲之無以保殘之是爲冦立敵招怨在此行也朝廷

以我先帝舊臣特都統虛名而已曾不以大事利害一相謀之社稷至重良有憂也始少帝八年在澶淵爲契丹所迫命帝爲北面招討使第一詔會兵鎮州第二詔會兵邢臺時以鴈門有虜黨南下張脅牽之勢故帝親率兵拒焉由是兩路將行皆後期不能赴朝廷以爲持疑逗留稽勤王之意少帝曾謂近侍曰太原全不爲朕必貯異志有處分便可速爲之識者以爲言之非祥故後雖有委託之命而無臨制之權帝亦知少帝不爲我用嘗鎮靜自守無復敢進一言以箴朝廷之闕十一月杜重威入瀛洲界下東城遜

西以契丹大至故也十二月十日重威以王師降契丹真定東垣渡耶律氏率雜虜漢軍而南先遣我降將張彥澤以二千騎馳渡白馬津入汴據之帝聞而大駭分兵守境以備侵軼之患

十二年十二月即位初殿直韓訓進呈造到攻城木鳳斧钁帝聞之謂左右曰衆心成城衆散則城無所保矣斯何用焉

周世宗嘗謂侍臣曰近代君臣多不能保其終始何也侍臣奏曰蓋爲臣者不得事君之道或恃寵以矜功或縱欲以敗度故雖得其位旋失其身帝曰此繇

其君也儻君能駕御保惜不寘於顛危之地則臣下必能保守其富貴自然君臣保其終始也羣臣大稱美之

冊府元龜

巡按福建監察御史臣李嗣京　訂正

知長樂縣事臣夏允彝　參閱

知建陽縣事臣黄國琦　較釋

帝王部四十七

友愛　慈愛

友愛

夫孝悌本於仁愛恭順之謂因心而友親族以睦皆王者之德也肇自有庳垂爲休範爾後或異其禮遇篤之情好優賜予之數惻睽違之念形惟疾之憂軫

孔懷之痛矜其過失撫其孤藐莫不發於深衷表於至性成和協之美致懷寧之福風行化馳民德歸厚者矣

舜父母使舜浚井出從而掩之（舜浚井入而即出瞽瞍不知已出從而蓋其井以爲死矣）象曰謨蓋都君咸我績（象舜弟也謨謀也都於也君舜也象言謀於君而殺者皆我也欲與父母分其有故引其功）牛羊父母倉廩父母干戈朕琴朕弤朕（丁禮切弤弓堯賜舜弤弓）二嫂治朕棲（二嫂娥皇女英也棲牀也）象往入舜宮舜在牀琴象曰鬱陶思君爾忸怩（象見舜在牀鼓琴愕然反辭曰我鬱陶思君故來爾忸怩慙也）舜曰惟兹臣庶女其于予治（兹此也象素憎舜不至其宮也故舜見來而喜曰惟念此臣庶汝助我治）象至不仁封之有庳封之有庳富貴之也

周文王燕兄弟作棠棣之詩曰棠棣之華鄂不韡韡（承華者曰鄂鄂是得華之光明則韡韡然盛喻弟以敬事兄兄以榮覆弟恩義之顯亦韡韡然）

漢惠帝二年齊王肥入朝（齊王帝庶兄高祖長子）與齊王飲太后前置齊王上坐如家人禮（以兄弟齒列不從君臣之禮故曰家人也坐音材臥切）太后怒乃令人酌兩巵鴆酒置前（鴆鳥赤身黑目食蝮蝎野葛以其羽畫酒中飲之立死）令齊王爲壽齊王起帝亦起欲俱爲壽太后恐自起反（反音翻）巵齊王怪之因不敢飲陽醉去

景帝三年梁王武入朝（梁王帝母弟）時帝未置太子與孝

王宴飲從容言曰千秋萬歲後傳於王王辭謝雖知非至言然心内喜太后亦然（明年漢立太子遂止）七年十月梁王入朝帝使使持節乘輿駟迎梁王於闕下（天子副車駕四馬）既朝上疏因留以太后故入則侍帝同輦出則同車遊獵上林中梁之侍中郎謁者著引籍出入天子殿門（著音竹畧切）與漢官官亡異

武帝姊修成君帝母王皇后微時所爲金王孫生女俗在民間蓋諱之也（言隨流俗而在閭巷未顯貴）韓嫣（嫣音偃）白之帝曰何爲不蚤言乃車駕自往迎之其家在長陵小市直至其門使左右入求之家人驚恐女逃匿扶將

出拜帝下車立曰大姊何藏之深也載至長樂宮與俱謁太后太后垂涕女亦悲泣帝奉酒前爲壽錢千萬奴婢三百人公田百頃甲第以賜姊太后謝曰爲帝費因賜湯沐邑號脩成君男女各一人女嫁諸侯男號脩成子仲

成帝河平初定陶王康來定陶王帝庶弟太后與帝承先帝意遇王甚厚賞賜十倍於它王不以往事爲纖介往事謂元帝時欲以代太子也言無纖芥之嫌王之來朝也天子留不遣歸國帝謂王曰我未有子人命不諱謂人命無常不可諱也一朝有它且不復相見爾長留待我矣後王薨綏和中徵王

子欣爲皇太子欣哀帝也

後漢光武兄伯升爲更始所害光武不敢顯其悲戚每獨居輒不御酒肉枕席有涕泣處馮異獨叩頭寬譬哀情光武止之曰卿勿妄言

明帝永平五年琅邪王京就國京帝母弟七年帝悉以光烈皇后遺金寶財物賜京

十一年東平王蒼與諸王朝京師月餘還國帝臨送歸宮悽然懷思乃遣使手詔國中傅曰辭別之後獨坐不樂因就車歸伏軾而感瞻望永懷實勞我心誦及采菽以增歎息

十五年帝案地圖將封皇子悉半諸國馬后見而言曰諸子食數縣於制不已儉乎帝曰我子豈宜與先帝子等乎歲給二千萬足矣先是帝庶弟楚王英以大逆自殺後是歲帝幸彭城見許太后及英妻子於內殿悲泣感動左右

章帝建初三年有司奏遣陳王羨與鉅鹿王恭樂成王黨俱就國三王皆帝弟帝性篤愛不忍與諸王乖離遂皆留京師明年案輿地圖令諸國戶口皆等租入歲各八千萬一云樂成王黨明帝之子與帝同年尤相友愛

和帝即位遵章帝故事兄弟皆留京師恩寵篤密有

司請遣諸王歸藩不忍許至安帝初乃就國

永元十五年有司以日食陰盛奏遣諸王侯就國詔曰甲子之異責繇一人諸王幼稚早離顧復弱冠相育嘗有蓼莪凱風之哀選懦之恩知非國典且復須留至冬從祠章陵詔假諸王羽林騎各四十人

魏文帝庶弟趙王幹一名良本陳妾子既生三歲而陳亡太祖令王夫人養之良年五歲而太祖疾困遺令語太子言此兒三歲亡母五歲失父以累汝也帝繇是親待隆於諸弟良年小嘗呼帝爲阿翁帝謂良曰我汝兄帝又愍其如是每爲涕泣

明帝時燕王宇字彭祖武帝子帝少與宇同止嘗愛異之及即位寵賜與諸王殊

晉武帝弟樂平王延祚字大思少有篤疾不任封爵太康初詔曰弟祚早孤無識情所哀愍幼得篤疾日冀其差今遂廢痼無復後望意甚傷之其封爲樂平王使有名號以慰吾心

後魏文成弟長樂王處文聰辯夙成年十四薨帝悼傷之自小斂至葬嘗親臨哀慟陪葬金陵

孝文篤於兄弟以咸陽王禧次長禮遇優隆然亦知其性貪吝加切戒後以禧長兼太尉公因幸其第謂

司空穆亮僕射李冲曰既有天地又有君臣太尉位居台鉉在冢宰之上三槐九棘不可久空元弟禧雖在事不長而戚連皇極且長兼太尉以和飪鼎朕常恐君有空授之名臣貽彼已之刺今幸其宅徙居二賓良以爲愧又幸廣陵王羽第與諸弟言曰朕昨親受人訟始知廣陵之明了咸陽王禧對曰臣年爲廣陵兄明爲廣陵弟帝曰我爲汝兄汝爲羽昆汝復何恨又曰叔翻(羽字)沉痾綿綴遂有危歲我每爲深憂恐其不振今得痊愈晚成婚媾且喜其吉慶故命駕耳

宣武留愛諸弟京兆王愉等嘗出入宮掖晨昏寢處若家人焉帝每日華林戲射衣衫騎從往來無間

唐太宗貞觀十年三月諸王歸藩帝流涕而謂之曰友于之情凡人所重朕於兄弟情豈不欲同遊處展親愛耶但以天下事重方成分别不能不悲耳兒子尚或可求兄弟更不可得也遂嗚咽不能止

鄧王元亨帝之弟也初拜散騎嘗侍出藩帝以其幼小甚思念之中路賜以金盞遣使者爲之設宴以慰其羈思之心

高宗永徽二年襄城長公主薨于嘗州(公主太宗長女適州刺史蕭說)將陪葬昭陵塗次故城之西帝登城見柩車而哭

仍令黃門侍郎宇文節塗中弔諸子焉

咸亨二年城陽公主薨于房州(公主帝同出適房州刺史薛)於顯福門舉哀哭之甚慟五日不視事仍遣中使及宮人往房州視其喪事給靈轝還京

玄宗兄弟聖曆初出閣列第於東都積善坊五人分院同居號五王子宅大定元年從幸西京賜宅於隆慶坊亦號五王子宅先天初玄宗爲大被長枕宋王成器等昆季每與同寢太平公主奏之太上皇誥曰昆季恩深歡娛共被汝爲留愛天倫其睦斯乃萬方有慶九族延休言念仁慈固多忻慰開元初以興慶

是龍潛舊邸因以爲宫帝王宅於勝業坊東南角
賜宅申王撝岐王範於安興坊東南角賜宅薛王業
於勝業坊西北角賜宅邸第相望於宫側帝於興慶
宫西南置樓西南題曰花萼相輝之樓南面題曰勤
政務本之樓帝時登樓聞諸王音樂之聲咸召昇樓
同榻宴謔或便幸其第賜金錢帛厚其勸賞諸王每
日於側門朝見歸宅之後即奏樂縱飲擊毬鬬雞或
近郊從禽或别野追賞不絶於歲月遊踐之所中使
相望以爲天下友悌近世無比帝既篤於昆季雖有
纔邪交搆其間然友愛如初憲尤謹慎未曾干議時

政及與人交結帝尤以此信重之嘗與憲及岐王範
書曰昔魏文帝詩云西山一何高高處殊無極上有
兩仙童不飲亦不食賜我一藥丸光輝有五色服藥
四五日身體生羽翼朕每思服藥而生羽翼何如骨
肉兄弟天生之羽翼乎陳思有超代之才堪佐經國
之務絶其朝謁卒令憂死魏祚未終遭司馬宣王之
奪豈神丸之効也虞舜至聖捨象傲之愆以親九族
九族既睦平章百姓此爲帝王之軌則于今數千歲
天下歸善焉朕未嘗不廢寢忘食欽之者也頃因餘
暇妙選仙經得此神方古老云服之必驗今分此藥
願與兄弟等同保長齡永無限極

開元八年岐王範接待文士劉廷琦張諤等會駙馬
都尉裴虚已坐與範遊讌兼私挾讖諱之書配徙嶺
外廷琦諤皆坐累貶官然帝未嘗問範恩情如初謂
左右曰我兄弟友愛天生必無異意祇是趨競之輩
强相託附耳我終不以纖芥之故責及兄弟也

是年薛王業疾帝親爲祈禱及愈車駕幸其第置酒
讌樂更爲初生之歡帝賦詩曰昔見漳濱臥言將人
事違今逢誕慶日猶謂學仙歸棠棣花重滿鴒原鳥
再飛其恩意如此

十三年帝嘗不豫薛王業妃弟内直郎韋賓與殿
中監皇甫恂私議休咎事發帝令杖殺韋賓左遷皇
甫恂爲錦州刺史妃惶懼降服待罪業亦不敢入謁
帝遽令召之業至階下逡廵請罪帝降階就執其手
曰吾有若心猜兄弟者天地神明所共咎罰遂歡讌
乆之仍慰諭妃令復其位

十四年岐王範薨帝哭之甚慟輟朝三日爲之追福
手寫老子經徹膳累旬百僚上表勸諭然後復常

二十四年正月辛丑幸故薛王宅以三年之制將終
追悼

二十八年寧王憲疾帝令中使送醫藥及珍膳相望於路僧崇一療稍瘳帝大悅特賜崇一緋袍魚袋以賞異之時申王等皆先薨唯憲獨在帝尤加恩貸每年至憲生日必幸其宅移時宴樂居常無日不賜憲酒及異饌等尚食總監及四方有所進獻皆分賜之憲嘗奏請年終錄付史官每年數百紙

二十九年寧王憲薨帝聞之號泣哀不自勝左右皆掩涕追謚曰讓皇帝憲長子汝南郡王璡上表懇辭盛陳先意謙退不敢當帝號手制不許內出御衣一副遣中官高力士齎手書寘于靈坐之前其書曰諱

白一代兄弟一朝存沒家人之禮是用申情與言感恩悲涕交集大哥孝友近古莫儔當號五王同開邸第遠自童幼洎乎成人長則同遊樂則同業事均形影無不相隨頃以國步艱危義資克定先帝御極日月照臨大哥嫡長合當儲貳以功見讓爰在薄躬既嗣守紫宸萬機事總聽政之暇得展於懷十數年間棣華彫落謂之手足唯有大哥今復淪亡恥然無對以茲感慕何恨如之然以厥初生人孰不殂謝所貴光昭德行以示崇高立德立名斯爲不朽大哥事跡身沒讓存故冊曰讓皇帝神之昭格當茲寵榮況庭訓傳家璡等申讓善述先志實有遺風成其美也恭惟緒言悅焉如在寄之翰墨悲不自勝

肅宗庶弟永王璘數歲失母（母曰郭順儀）帝鞠養顧憐之至德一年於江寧擅舉兵戰敗奔南陽至大庾嶺爲洪州皇甫侁所誅使人潛害璘妻女等使人送至蜀郡帝聞之傷悼久之而迫以大義竟不能加侁罪帝亦愛弟之故隱而不言潛謂人曰皇甫侁生得吾弟何不送歸蜀郡而擅殺之自此不復見用矣

晉高祖弟曹州防禦使暉卒中書奏天子爲五服之內親本服周者三朝哭而止帝俯而從之輟視朝三

日

慈愛

爲人父者慈而已矣既慈而愛既愛而親非獨情之所鍾抑亦教之所繇生也是以左傳之述謂之六順戴記所紀冠乎六義若乃引而進之以至於猶子順而下之以及於諸孫皆天屬之至親人情之所篤而況履尊極之位居億兆之首自家以刑國繇上而化下夫如是則天性之愛人倫之義足以敦於禮儀者矣

漢文帝少子梁懷王揖好詩書帝愛之異於他子

宣帝子淮南憲王欽壯大好經書法律聰達有才帝

甚愛之數嗟歎憲王曰眞我子也時元帝爲太子生成帝於甲觀畫堂爲世嫡皇孫帝愛之字曰太孫嘗置左右

元帝選許嘉女以配太子初入太子家帝令中嘗侍黃門親近者侍送還白太子懽說狀（說讀曰悅）帝喜謂左右酌酒賀我左右皆稱萬歲

後漢光武建武十一年徙太原王章爲齊王章帝兄伯升之子少孤帝感伯升功業不就撫育恩愛甚篤以其少貴欲令親吏事故使試守平陰令（試守者稱職滿歲爲平眞陰縣屬河南郡又云在平津南故曰平陰文帝改爲河陰故城在今雒陽東北濟州平陰縣東北五里亦有平陰縣故城）後遷梁郡太守

册府元龜　帝王部　慈愛　卷之四十七　十一

魏太祖子鄧哀王沖字蒼舒少聰察岐嶷太子數對羣臣稱述有欲傳後意年十三疾病嘗親爲請命及亡哀甚文帝寬喻帝帝曰此我之不幸而汝曹之幸也言則流涕爲聘甄氏亡女與合葬之又帝孫叡（卽明帝也）生數歲而有岐嶷之姿帝異之曰我基於爾三世矣每朝會同於侍中近臣並列帷幄

晉武帝時泰獻王東沉敏有識量帝嘗幸宣武場以二十六軍兵簿令東料較之東一省便擿脫謬帝異之於諸子中尤見寵愛

元帝子琅邪悼王煥帝特所鍾愛初封顯義侯及煥疾篤爲之徹膳乃下詔封爲琅邪王俄而薨帝悼念無已將葬以煥旣封列國加以成人之禮

後魏明帝子樂平王丕少有才幹爲世所稱帝以丕長愛其氣度特優異之

太武太平眞君元年六月景穆（卽文子也）生文成於東宮文成少聰達帝愛之嘗置左右號世嫡皇孫又高允與崔浩述成國記後以經授太子及浩誅太子救允於帝以直免死太子之薨也允久不進見後帝召允昇階歔欷悲不能止太武流淚命允使出左右莫知

册府元龜　帝王部　慈愛　卷之四十七　十二

相謂曰高允無言悲泣令至尊哀傷何帝聞之召而謂曰汝不知高允悲乎左右曰臣等見允無言而泣陛下爲之悲傷是以竊言耳帝曰崔浩誅時允亦應死東宮苦諫是以得免今無東宮允見朕因悲耳

宣武帝卽位後頻喪皇子胡充華之生孝明帝自以長嗣深加愼護爲擇乳保皆取良家宜子者養於別宮皇后及充華皆莫得而撫視焉

隋高祖第二子卽煬帝初爲晉王美姿儀少敏慧高祖及后於諸子中特所鍾愛

秦王俊高祖第三子開皇中薨於秦邸帝哭之日晉

王前送一鹿我令作脯擬賜秦王今亡可置靈坐之前心已許之不可虧信

唐太宗貞觀中高宗爲晉王以文德皇后最小子后終後累年帝憐之不令出閤至是立爲太子十七年十一月甲辰誕皇孫太子宴宮寮於弘教殿帝幸東宮自殿北門而入太子自投階下舞蹈稱萬歲帝謂功臣曰頃來生業稍可非乏酒食而唐突公等宴會者朕因觀之慶故就公爲樂耳咸稱萬歲酒酣帝起舞羣臣竝舞樂極而罷賜物各有差

魏王泰太宗第四子也太宗以泰愛文學特令別置

文館學士嘗幸泰延康坊宅曲赦雍州及長安獄大辟罪以下竝原之免延康里百姓無出今年租賦曲賜泰府官僚及同里老人各有差時承乾爲太子泰每月所給料物又踰於太子後以承乾足疾遂有奪嫡計承乾廢泰仍降封東萊王又封順陽王居均州貞觀十八年二月帝手持泰表以謂近臣曰泰文詞美麗豈非才士我心中念泰卿等所知但爲社稷之計斷割恩寵遣其居外者亦是兩相安全

玄宗開元五年夏悼王一薨一生而美秀帝鍾愛無比名之爲一孩孺而薨帝追封謚時車駕在東都塋於城南龍門東帝欲宮中舉目見之

代宗華陽公主帝愛女也母曰貴妃獨孤氏公主幼聰慧過人善候帝旨動容發言必隨喜愠帝之所貴則因而美之帝之所惡則因以全之由是帝特所鍾愛

大曆元年三月庚寅許華陽公主出於禁外歷過東市及資聖寺遣高品官人及高品內侍六軍將等以從城內觀者如堵以公主有疾縱令遊觀特寵之也及薨哀悼過深宰臣等以修短嘗理因中官吳承倩付奏以諷導帝爲之節哀祈有疾帝命宗師道訓名

日瓊華真人及疾亟帝親自臨視屬纊之際嚙傷帝手指其愛念如此至五月辛丑帝以公主之哀未聽朝宰臣等抗疏言曰伏以華陽公主輟朝又當夏至節假臣等趨事向隅旬時惶駭失圖瞻跼若歲仰惟公主夙成神悟仁眷特鍾嘗禱必親已承減膳幽明遽間倍殄慈衷臣等微誠無由感達伏惟陛下守累聖之公器御羣生之重畜東百戰之艱患撫四海之傷殘虜候爲虞戎師近警一言萬務裁成聖心得失謬於毫釐安危存於晷刻伏慮顧懷猶切神志未和衆情之所以不寧臣子之所宜兢悸伏願抑周喪之

私痛均品物於至公下慰黔黎上安宗社天下幸甚

帝始親朝政

德宗唐安公主帝長女也母昭德皇后公主性聰敏孝敬帝所鍾愛初詔韋宥尚焉未克禮會而遇行幸興元元年幸梁洋車駕至成公主薨帝痛甚令有司厚其葬禮

邕王謜皇太子之子德宗愛念命之爲子次爲第七授開府儀同三司遥領節度使竟未出閤貞元十五年九月薨

憲宗元和二年十二月普寧公主出降于頔之子季

友公主帝長女也特所鍾愛其禮甚盛

文宗太和二年六月巳卯以晉王薨廢朝三日王名普敬宗長子也郭妃生時年五歲帝撫念所至踰於皇子

後唐明宗長子即末帝也初與樞密使安重誨在常山因杯盤失歡末帝以拳擊重誨腦中其𢌿走而獲免末帝旦謝重誨重誨終銜之及末帝鎮蒲中知其出入不時重誨因矯宣中旨令屯將楊彥温遇出郭則閉門勿納後末帝遊舜廟迴爲彥温所拒末帝知重誨構之馳還雒陽以求自雪重誨繼奏請行重典帝曰朕爲小將蔽時家徒衣食不足賴此兒荷石炭收馬糞存養以至身逹今貴爲天子而不能庇一兒卿欲行朝典朕未曉其意卿可速退朕自令居閑便了遂詔歸私邸末帝尚懼重誨多方危陷但日諷佛書陰禱而已明年重誨出鎮河中帝召見泣而謂之曰如重誨意爾安得更相見耶乃以末帝爲左衛大將軍

冊府元龜卷之四十七終

冊府元龜

巡按福建監察御史臣李嗣京　訂正

知閩縣事臣曹𦙶臣參閱

知建陽縣事臣黃國琦較釋

帝王部四十八

謙德　從人欲

謙德

老子稱夫唯不居是以不去帝王代天地之工臨億兆之上鑒昭齊於三光長育同乎四時謙恭成德振矜不萌巍巍之功蕩蕩之化民何得而稱焉故抑其

頌述自云德薄然後丕猷益茂聖烈益隆焉

後漢光武建武七年四月詔上書者不得言聖

中元元年京師醴泉湧出飲之者痼疾皆愈惟眇蹇者不瘳又有赤草生於水崖郡國頻上甘露羣臣奏言地祇靈應而朱草萌生孝宣帝每有嘉瑞輒以改元神爵五鳳甘露黃龍列爲年紀蓋以感致神祇表彰德信是以化致昇平稱爲中興今天下清寧靈物仍降陛下情存損挹推而不居豈可使祥符顯慶沒而無聞宜令太史撰集以傳來世帝不納嘗自謙無德每郡國所上輒抑而不當故史官罕得記焉

明帝永平六年四月詔曰先帝詔書禁人上事言聖而閒者章奏頗多浮詞自今若有過稱虛譽尚書皆宜抑而不省示不爲諂子嗤也

十五年案地圖將封皇子悉半諸國馬后見而言曰諸子食數縣於制不已儉乎帝曰我子豈宜與先帝子等乎歲給二千萬足矣

章帝建初七年十月岐山得銅器形如酒罇獻之又獲白鹿帝曰上無明天子下無賢方伯人之無良相怨一方斯器亦曷爲來哉

和帝元興元年自竇憲誅後帝躬親萬機每災異輒

延問公卿極言得失前後符瑞八十一所自稱德薄皆抑而不宣

魏武令曰孤始舉孝廉年少自以本非巖穴知名之士恐爲海內人之所見嗤思欲爲一郡守好作政教以建立名譽使世士明知之故在濟南始除殘去穢平心選舉違迕諸常侍以爲強豪所忿恐致家禍故以病還去官之後年紀尚少顧視同歲中年有五十未名爲老內自圖之從此却去二十年待天下清乃與同歲中始舉者等耳故以四時歸鄉里於譙東五十里築精舍欲秋夏讀書冬春射獵求低下之地欲

以泥水自蔽絶賓客往來之望然不得如意後徵爲都尉遷典軍校尉意遂更欲爲國家討賊立功欲望封侯作征西將軍然後題墓道言漢故征西將軍曹侯之墓此其志也而遭値董卓之難興舉義兵是時合兵能多得耳然常自損不欲多之所以然者兵多意盛與強敵爭儻更爲禍始故汴水之戰數千後還到揚州更募亦復不過三千人此其本志有限也後領兖州破降黃巾三十萬衆又袁術僭號於九江下皆稱臣名門曰建號門衣被皆爲天子之制兩婦預爭爲皇后志計已定人有勸術使遂即帝位露布天

冊府元龜　帝王部　謙德　卷之四十八　三

下答言曹公尚在未可也後孤討禽其四將獲其人衆遂使術窮亡解沮發病而死及至袁紹據河北兵強勢盛孤自度勢實不敵之但計投死爲國以義滅身足垂於後幸而破紹梟其二子又劉表自以爲宗室包藏奸心乍前乍却以觀世事據有荆州孤復定之遂平天下身爲宰相人臣之貴已極意望已過矣今孤言此若爲自大欲人言盡故無諱耳設使國家無有孤不知幾人稱帝幾人稱王或者人見孤強盛又性不信天命之事恐私心相評言有不遜之志妄相忖度每用耿耿齊桓晉文所以垂稱至今日者以

其兵勢廣大猶能奉事周室也論語云三分天下有其二以服事殷周之德其可謂至德矣夫能以大事小也昔樂毅走趙趙王欲與之圖燕樂毅伏而垂泣對曰臣事昭王猶事大王臣若獲戾放在他國沒世然後已不忍謀趙之徒隷况燕後嗣乎胡亥之殺蒙恬也恬曰自吾先人及至子孫積信於秦三世矣今臣將兵三十餘萬其勢足以背叛然自知必死而守義者不敢辱先人之教以忘先王也孤每讀此二人書未嘗不愴然流涕也孤祖父以至孤身皆當親重之任可謂見信者矣孤及子植兄弟過於三世矣孤

冊府元龜　帝王部　謙德　卷之四十八　四

非徒對諸君說此也常以語妻妾皆令深知此意孤謂之言顧我萬年之後汝曹皆當出嫁欲令傳道我心使人皆知之孤此言肝鬲之要也所以勤勤懇懇叙心腹者見周公有金縢之書以自明恐人不信之故然欲孤便爾委捐所典兵衆以還執事歸就武平侯國實不可也何者誠恐已離兵爲人所禍也既爲子孫計又已敗則國家傾危是以不得慕虛名而處實禍此所以不得爲也前朝恩封三子爲侯固辭不受今更欲受之非欲復以爲榮欲以爲外援爲萬安計孤聞介推之避晉封申胥之逃楚賞未嘗不捨書

而歎有以自省也奉國威靈仗鉞征伐推弱以克强處小而禽大意之所圖動無違事心之所慮何向不濟遂蕩平天下不辱主命可謂天助漢室非人力也然封蕪四縣食戶三萬何德堪之江湖未靜不可讓位至於邑土可得而辭今上還陽夏栢苦三縣戶二萬但食武平萬戶且以分損謗議少減孤之責也

晉宣帝以武功初封舞陽昆陽郾及臨潁四縣邑萬戶子弟十一人皆爲列侯帝勲德日盛而謙恭愈甚以大嘗嘗林鄉邑舊齒見之每拜嘗戒子弟曰盛滿者道家之所忌四時猶有推移吾何德以堪之損之

又損之庶可以免乎

後魏孝文時北海王詳行中領軍留守後朝於行宫帝引見之詳慶平沔北帝曰朕以畿南未清神麾暫動沔北數城並皆柔服此乃是將士之効非朕之功詳對曰陛下德邁唐虞功微周漢自南之風於是乎始又帝有事於方澤質明羣臣問起居帝曰昨日方澤殊自大暑遇天雲蔭密行人差得無弊咸陽王禧對曰陛下德感天地故靈物凝彩雖復雨師灑道風伯清塵豈過於此帝曰伊洛南面之中此乃天地氤氳陰陽風雨之所交會自然之應非寡德所能致此

前廢帝普泰元年四月有龍跡自宣陽門西出復入城羣臣入賀帝曰國將興聽於民將亡聽於神但當君臣上下克己爲治未足恃此爲慶

後周武帝建德六年八月鄭州獻九尾狐皮肉銷盡骨體猶具帝曰瑞應之來必昭有德若使五品時叙四海和平家識孝慈人知禮讓乃能致此今無其時恐非實錄乃命焚之

唐高祖初即位言自稱名與貴臣每同榻而坐納言劉文靜進諫曰昔晉元帝初立嘗與朝臣共坐王導奏曰太陽俯同萬物欲使蒼生將何仰照今至尊自

卑屈羣下何以自安諸臣入朝皆升御坐乘乾坤之定位誠願陛下改之帝曰昔漢光武與嚴子陵同卧乃至加足於帝腹諸公並舊齒名賢平生親友今雖應天受命而宿昔之志何可忘之連榻同餐適盡歡愛公宜勿爲謙也

太宗貞觀六年秘書少監虞世南上聖德論手詔答曰卿所論太高但朕甚寡薄恐有識者窺卿爲後人所笑卿引古昔無爲而治朕未敢擬倫比之近代乍踰之耳卿覩朕之始未見朕之終宜付秘書若朕能愼終如初則可爲也如違此道不用後代笑卿焉

十二年著作郎鄧隆上表請編錄御製詩集太宗冲讓不許

玄宗開元十三年潞州獻瑞應圖帝謂宰臣曰朕往在潞州但靖恭所職不記此事今既因請編錄卿與取藩邸舊寮問其實事然後脩圖

肅宗初爲皇太子將行冊命有司進儀注有中嚴外辦之禮及所御衣服有降紗衣帝以逼尊極辭不敢受公卿議太師蕭嵩左丞相裴耀卿奏此乃舊儀古今通用皇太子因心謙讓不欲混同請改外辦爲外備其中嚴停絳紗衣請爲朱明服詔可其議東宮舊

合乘輅至殿門帝自宮步至

代宗爲廣平王天寶末爲天下兵馬元帥至德二載九月丁亥受命東討統朔方安西回紇南蠻大食之衆二十萬鼓行而前將行百寮拜送於朝堂帝答拜既出當闕不乘馬步出木馬門而後登車觀者美之

憲宗元和十四年宰臣裴度紀述淮西初用兵及東平就誅聖謨玄筭憂勤始終後因賜宴跪獻于帝請內印出付使臣編錄帝覽而言曰此事果行似出于朕懷非所欲也遂抑而不允

周太祖初踐祚志懷謙挹藩岳老臣多不稱名與鄆州高行周詔即呼齊王行周上章陳讓

世宗顯德二年九月甲子賜宰臣樞密使侍衞諸將以下食於萬歲殿帝因曰兩日以來至甚寒沍朕於宮闈之中食珍美之膳但以無功及民何以仰答大貺雖躬親庶政日覽萬機亦恐無以勝任當須手執耒耜與民同力不然親當矢石爲人除害稍可安心耳又曰朕不爲賜卿等食因事與言實自責也

三年十二月己卯帝謂侍臣曰昨觀有司進呈取定本年正旦御殿衣冠鎮圭覽之不覺驚懼且恩信未及於天下德澤未洽於兆民何以堪此盛事宰臣奏

曰陛下兢慎如此何慮恩德不及於遠人哉

從人欲

夫同欲盡濟古典之格言惟惠之懷人心之必至是以惟辟作福守位以仁勤恤以宣其詞曲成以濟其務浹醲化於綿宇洽太和於元氣使夫廣運之德酌而不竭含生之類各得其所則知以人爲心蓋帝王之盛德也至若一夫不獲有商所以啓其甚小物不遺宗周所以隆其祚以阿衡師保之助宜股肱佐佑之力足以永固鴻業垂光無窮況夫司牧當陽神機獨運流玄澤之腴潤漸羣靈之骨髓覆幬之施有不

可形容者焉書曰人之所欲天必從之盖愛民甚矣

漢高帝六年將封張良帝自擇齊三萬戶良曰始臣起下邳與上會留此天以臣授陛下陛下用臣計幸而得中臣願封留足矣乃封良爲留侯

武帝征和三年故城父令公孫勇與客胡倩等謀反(倩千見切)倩詐稱光祿大夫從車騎數十言使督盜賊止陳留傳舍太守謁見欲收取之淮陽太守田廣明覺知發兵皆捕斬焉而公孫勇衣繡衣乘駟馬車至圉圉使小史怪之亦知其非是守尉魏不害與廄嗇夫江德尉父蘇昌共收捕之上封不害爲當塗侯德轑

陽侯(轑音遼)昌蒲侯四人俱拜於前小史竊言武帝問言何對曰爲侯者得東歸不帝曰汝欲不貴矣(言汝意欲歸不吾今貴汝謂賜之爵也)汝鄉名爲何對曰名遺鄉帝曰用遺汝矣(遺弋季功)於是賜小史爵關內侯食遺鄉六百戶

後漢光武建武六年令諸侯就國高陽侯耿純上書自陳前在東郡案誅涿郡太守朱英親屬今國屬涿誠不自安制書報曰侯前奉公行法朱英文吏曉知義理何時當以公事相是非然受堯舜之罰者不能愛已也更擇國土令侯無介然之憂乃更封純爲東光侯

章帝時琅琊王京國中有城陽景王祠吏人奉祠神數下言宮中多不便利京上書願徙宮開陽以華蓋南武陽厚丘贛榆五縣易東海之開陽臨沂帝許之

和帝永元十二年西域都護班超自以久在絶域年老思歸上疏曰臣聞太公封齊五世葬周狐死首丘代馬依風夫周齊同在中土千里之間况於遠處絶域小臣能無依風首丘之思哉蠻夷之俗畏壯侮老臣超犬馬齒殲常恐年衰奄忽僵仆孤魂棄捐昔蘇武留匈奴中尚十九年今臣幸得奉節帶金銀(金銀謂印也金印紫綬銀印青綬也)護西域如自以壽終屯部誠無所恨然

恐後世或名臣爲没西域臣不敢望到酒泉郡但願生入玉門關臣老病衰困冒死瞽言謹遣子勇隨獻物入塞及臣生在令勇目見中土而超妹同郡曹壽妻昭亦上書請超曰妾同産兄西域都護定遠侯超幸得以微功特蒙重賞爵列通侯位二千石天恩殊絶誠非小臣所當被蒙超之始出志捐軀命冀立微功以自陳效會陳陸之變道路隔絶超以一身轉側絶域曉譬諸國因其兵衆每有攻戰輒爲先登身被金夷不避死亡賴蒙陛下神靈且得延命沙漠至今積三十年骨肉生離不復相識所與相隨時人士衆

皆已物故超年最長今且七十衰老被病頭髮無黑兩手不仁（不仁猶不遂也）耳目不聰明扶杖乃能行雖欲竭盡其力以報塞天恩迫於歲暮犬馬齒索蠻夷之性悖逆侮老而超旦暮入地久不見代恐開姦宄之源生逆亂之心而卿大夫咸懷一切莫肯遠慮如有卒暴超之氣力不能從心便爲上損國家累世之功下棄忠臣竭力之用誠可痛也故超萬里歸誠自陳苦急延頸踰望三年於今未蒙省録妾竊聞古者十五受兵六十還之亦有休息不任職也緣陛下以至孝理天下得萬國之歡心不遺小國之臣況超得備侯

伯之位故敢觸死爲超求哀匃超餘年一得生還復見闕庭使國家無勞遠之慮西域無倉卒之憂超得長蒙文王葬骨之恩子方哀老之惠（田子方魏文侯之師也見君之老馬棄之曰少盡其力老而棄之非仁也於是收而養之）詩云民亦勞止汔可小康惠此中國以綏四方超有書與妾生訣恐不復相見妾誠傷超以壯年竭忠孝於沙漠疲老則便捐死於曠野誠可哀憐如不蒙救護超後有一旦之變冀幸超家得蒙趙母衛姬先請之貸妾愚戇不知大義觸犯忌諱書奏帝感其言乃徵超還

馬防扶風人明德皇后兄弟也初封潁陽侯後徙封翟鄉侯以江南下濕上書乞歸本郡和帝聽之

魏武帝族子曹眞爲大將軍少與宗人曹遵鄉人朱讚竝事帝遵讚早亡眞愍之乞分爲食邑封遵讚子詔曰大司馬有叔向撫孤之仁篤晏平久要之分君子成人之美聽分眞邑賜遵讚子爵關內侯各百戶

晉惠帝時太傅楊駿輔政備禮聘劉殷殷以母老固辭駿於是表之優詔遂其高志聽終色養勑所在供其衣食蠲其徭賦賜帛二百疋穀五百斛

明帝時王舒爲荆州刺史其子允之隨在西府及舒授會稽內史欲令允之仕舒請曰臣子尚少不樂早

宦帝許隨舒之會稽

康帝初顧和爲尚書僕射以母老固辭詔勑特諭暮出朝還其優遇如此

簡文帝時郗愔有高名爲太常固讓不拜深抱冲退樂補遠郡從之出爲輔國將軍會稽內史

孝武帝時桓秘以免官退居墓所放志田園好遊山水後起爲散騎常侍凡三表自陳詔曰秘受遇先朝是以延之而頻有讓表以栖尚告誠兼有疾疢是用增歎可順其所執

後魏孝明時田隨興爲平原太守隨興情貪邊官不

願內地改授弋陽汝南二郡太守
後周宣帝時上洛豐陽人泉企世襲本縣令企年十二鄉人皇平陳合等三百餘人詣州請企爲縣令州申上時吏部尚書郭祚以企年少未堪宰民請別選遣終此一限令企代之宣帝詔曰企向成立且爲本鄉所樂何爲捨此世襲更求一限遂依所請
隋文帝時杜臺卿以患聾不堪吏職請修國史帝許之除著作郎
煬帝時楊約拜浙陽太守其兄子玄感時爲禮部尚書與約恩義甚篤旣愴分離形於顏色帝謂之曰公

此憂悴得非爲叔耶玄感再拜流涕曰誠如聖旨帝思約廢立之功繇是徵入朝
唐太宗貞觀八年以所擒頡利館於太僕廩食之頡利性不好屋下嘗於庭中施穹廬而居焉鬱鬱不得志與其家人相對悲歌而泣太宗見其羸憊授虢州刺史以彼土多麞而縱其畋獵庶不失物性頡利辭不願往繇是拜大將軍賜以田宅及卒詔其國人塟之從其俗禮焚屍於灞水之東
于伯億仕隋爲左翊衛歸朝爲朝散大夫每掌巡徼精勤不倦及歲在懸車乃抗表云臣雖年合致仕而筋力尚强猶堪驅策太宗嘉其任率聽復舊位
薛頤爲太史令頤清靜每厭人間囂滓因帝與語乃自陳其情願於昭陵側搆一茅宇以終餘生太宗嘉而從之因度爲道士拜中大夫爲置紫府觀於九峻之下申其高尚焉
張柬之神龍初爲中書令監修國史罷知政事其年秋表請歸襄州養疾許之仍特授襄州刺史其子著作郎漪亦令從父往將行中宗親賦詩祖道又令羣公餞送於定鼎門外
玄宗開元六年河南參軍鄭銑虢州朱陽縣丞郭仙

舟投匭獻詩勅曰觀其文理是崇道法至於時用不切事情宜各從所好並罷官度爲道士
二十三年中天竺國僧善之無畏三藏以年老請還本國許之
二十七年以廣州刺史持節嶺南經略使宋鼎爲潞州都督府長史鼎以兄當臨慶州喪逝上表陳情乞移理他州特詔許焉
德宗建中初姜公輔爲拾遺翰林學士以侍母家貧求爲京兆府戶曹參軍從之學士如故
憲宗時白居易爲拾遺翰林學士當改官帝謂崔羣

日居易官卑俸薄拘於資地不能超等其官可以自便居易因奏曰臣聞姜公輔爲内職求爲京兆府判司爲奉親也臣有老母家貧養薄乞如公輔於是除京兆府戸曹參軍學士如故

元和七年六月癸丑以給事中劉伯芻爲虢州刺史以疾求出故也

敬宗時薛放爲禮部尚書兼集賢殿學士閨門之内尤推孝睦孤孀百口苦俸薄因召對懇求外任其特以節制無闕乃授以江南西道觀察使

宣宗太中十年三月宰相崔慎繇爲劍南西川節度

副大使翌日帝微行至新豐栁栢見一布衣抱膝而歎帝以昇平稍久京師豐稔僅比開元之時上下無愁苦之音因惟而問曰子何不足以至於斯布衣曰我本邛人觀光至此有巢南之想又爲槖裝所迫今聞崔相國出鎮西川欲預其行無雙縑以遺其掌事者故有此歎帝曰子可明旦相伺於此當奉其闕及旦勑慎繇將歸劍門路人見者莫不感涕其愛人也如此

後唐莊宗同光元年十月勑邇聞京百官俸錢至薄骨肉數多支贍不充朝夕難遣僞庭時刻削嚴急不敢披陳今既混同是行優䘏下御史臺在班行有欲求外職或要分司各許中書門下投狀奏聞

明宗長興二年八月太傅致仕王建立太子少保致仕朱漢賓上章求歸鄉里勑曰凡爲食祿無不盡忠旣以縣車永期樂道若妨養性豈是優賢况非繫滯之名宜遂逍遥之便宜依應内外致仕官自此凡要出入不在拘束之限

李贇華爲滑州節度使長興四年七月壬辰明宗御廣壽殿顧謂贇華曰卿離鎮累月往來申報勞擾民吏宜早歸鎮贇華曰臣本武夫不樂内職願留宿衞

京師帝曰卿旣厭藩方則從所欲其元支俸料依舊全給鎮守不可闕帥吾別命鎮將可乎贇華拜抃稱謝曰臣之願也

晉高祖天福二年以沂州刺史李繼忠爲单州刺史帝以繼忠勳舊之後數月之中連改三郡從其欲也

六年八月前平盧軍節度行軍司馬顏衎爲駕部郎中充鹽鐵判官時衎在外地堂帖追令赴朝衎以母氏耄年無人侍奉狀聞中書奏有勅只守本官

周太祖廣順元年三月丁卯西頭供奉官咸師範奏弟師朗先爲亳州蒙城鎮將因懷驚疑遁過淮外臣

與東頭供奉官師睿二人時在定州監押兵士及在雍州攻城各拘職任隱帝勑書安撫臣月死上訴緣祖父墳墓莊田點簡入官至今屬營田戶部歲時骨肉祭拜無所臣叨爲人子孝道難忘遂於生前便虧祀饗敕下本州其咸師範物業竝宣賜

二年考城縣民乞開縣城南門東門從之先是修縣城閉塞之縣民以南臨宋亳北接曹澶商賈往來以此便之

三年四月滄州言控鶴官佽超補當州捉生都頭先是太祖東征巡案賊壘慕容彥超設虎落以護城帝

宣諭諸州廂軍內果敢之士拔去鹿角者佽超仗一大斧伐鹿角而徑登賊城爲守陴者傷三指而下帝奬其勇健解其甲鎧唯衣一犢鼻賜以錦袍超謝訖携斧又登賊壘芟夷懸撞之類而旋帝擢之在控鶴官之列間日思其驍果宣問願陳力之所超曰父嘗任滄州捉生都頭苟得之平生畢矣故與是職

九月以前青州節度副使王沼爲邢州副使沼故鎮師王武俊之家父鋌趙州刺史沼事莊宗累爲諸司使出爲行軍副使罷平盧副使年七十餘求歸鄉里或言沼貧悴者乃召還京何福進以僕馬遣之再授副戎而思鄉之情不復已也

顯德元年正月青州節度使常思言被病請罷鎮歸京尋醫從之

冊府元龜卷之四十八終

冊府元龜

巡按福建監察御史臣李嗣京　訂正
知甌寧縣事臣孫以敬　參閱
知建陽縣事臣黃國琦　較釋

帝王部　四十九

崇儒術

周官太宰之職以九兩繫邦國之民其一曰儒蓋六藝之謂也而太史公以爲列君臣父子之禮序夫婦長幼之別雖百家不能易故歷代致治之後何莫繇斯道也已乃有朝舍干戈暮習俎豆誠知夫天下之

重非可馬上而治文武之道布在方策有條不紊可舉而行至於變風易俗之端長世宇毗之術菀懷來遠之畧邁德興仁之旨鮮不出於是矣繇是立庠塾設學較褒先儒以闡化尊經典以立訓咸用詮次存諸軌範

孔子

漢高祖十二年十一月行自淮南還過魯以太牢祀

文帝時天下亡治書者獨聞齊有伏生臣欽若等曰伏生名勝故秦博士治尚書年九十餘老不可至迺詔太常使人受之太常遣晁錯受尚書伏生所還因上書稱說稱書法而說其義詔以爲太子舍人

武帝元朔五年六月詔曰蓋聞導民以禮風之以樂今禮壞樂崩朕甚閔焉故詳延天下方聞之士咸薦諸朝詳息也方道也聞博聞也言悉引有道博聞之士而進於朝也其令禮官勸學講議洽聞舉遺興禮以爲天下先太常議與博士弟子崇鄉黨之化以厲賢材焉時御史大夫倪寬有俊才初見帝語經學帝說之曰吾始以尚書爲樸學弗好及聞寬說可觀乃從寬問一篇擢爲中大夫其後詔求爲韓詩者徵蔡義待詔久不進見義上疏曰臣山東草莽之人行能無所比容貌不及衆然而不棄

人倫者竊以聞道於先師自託於經術也願賜清閒之燕燕安息也得盡精思於前帝召見義說詩甚說之擢爲光祿大夫給事中

宣帝卽位聞衞太子好穀梁春秋以問丞相韋賢長信少府夏侯勝及侍中樂陵侯史高皆魯人也言穀梁子本魯學公羊氏迺齊學也宜興穀梁時蔡千秋爲郎召見與公羊家竝說帝善穀梁說擢千秋爲諫大夫給事中後有過左遷平陵令復求能爲穀梁者莫及千秋帝愍其學且絕迺以千秋爲郎中戶將戶將官名選郎十人從受又梁丘賀從京房受易帝聞京房

爲易名求其門人得賀賀時爲都司空令坐事論免爲庶人待詔黃門數入說教侍中（爲諸侍中說經爲教授）以召賀賀入說帝善之（說於天子之前）以賀爲郎中修武帝故事講六藝羣書博士盡奇異之

甘露三年詔諸儒講五經同異太子太傅蕭望之等平奏其議帝親稱制臨决焉乃立梁丘易大小夏侯尚書穀梁春秋博士

元帝卽位徵高密相孔霸爲師霸上書求奉孔子祭禮帝下詔曰其令師褒成君關内侯霸以所食邑八百戶祀孔子焉故霸還長安子福名數於魯奉孔子

祀（名數戶籍也）帝好儒術文辭頗改宣帝之政言事者多進見人人自以爲得帝意

初元五年詔博士弟子每置員以廣學者帝少而好儒及卽位徵用儒生委之以政貢薛韋衡（貢禹薛宣韋賢匡衡）迭爲宰相

成帝河平三年八月光祿大夫劉向校中秘書謁者陳農使使求遺書於天下（言令陳農爲使而使之求遺書）先是班伯少受詩於師丹大將軍王鳳薦伯宜勸學召見宴昵殿（親戚宴飲會同之殿）容貌甚麗誦說有法拜爲中常侍帝方鄉學鄭寬中張禹朝夕入說尚書論語於金華殿（金華殿在未央宮）詔伯受焉旣通大義又講異同於許商遷奉車都尉數年金華之業續出

平帝元始元年封孔子後孔均爲褒成侯奉其祀追謚孔子爲褒成宣尼公

後漢光武建武五年七月幸沛十月還幸魯使大司空祠孔子是月初起太學（在洛陽城故開陽門外去官八里講堂長十丈廣三丈）帝幸太學賜博士弟子各有差

十四年四月封孔子後志爲褒成侯（平帝封孔均爲褒成侯志均子）

十九年立皇太子選求明經乃擢桓榮弟子豫章何湯爲虎賁中郎將以尚書授太子帝從容問湯本師

爲誰湯對曰事沛國桓榮帝卽召榮令說尚書甚善之拜爲議郎賜錢十萬入使授太子每朝會輒令榮於公卿前敷奏經書帝稱善曰得生幾晚會歐陽博士缺因拜榮爲博士車駕幸太學會諸博士論難於前桓榮被服儒衣溫恭有蘊藉（蘊藉由言寬博有餘也）辨明經義每以禮讓相猒不以辭長勝人儒者莫之及（猒服也）特加賞賜又詔諸生雅吹擊磬盡日乃罷（吹管奏雅頌也）

明帝永平二年三月詔郡國縣道行鄉飲酒于學校皆祠先聖先師周公孔子牲以太牢孟冬亦如之

九年四月開立學校置五經師（自皇太子諸王侯及功臣子弟莫不受經）

又爲外戚樊氏郭氏馬氏諸子弟立學官四姓小侯以非列侯故曰小侯
十年九江人鮑駿上書言丁鴻經學至行帝甚賢之詔徵鴻至即召見說文侯之命篇賜御衣及授廩食公車與博士同禮

十五年帝東巡過魯幸孔子宅祠仲尼及七十二弟子親御講堂命皇太子諸王說經帝自制五經要說章句令桓郁較定於宣明殿一云帝自制五行章句此言五家即謂五行之家也其後帝親於辟雍自講所制五行章句已復令郁說一篇帝謂郁曰我爲孔子卿爲子夏起予者商也又問郁曰子幾人能傳學郁曰臣子皆未能傳學孤

兄子一人學方起帝曰努力教之有起者即白之

章帝建初四年十一月詔曰蓋三代導人教學爲本漢承暴秦褒顯儒術建立五經爲置博士其後學士精進雖曰承師亦別名家孝宣帝以爲去聖久遠學不厭博故遂立大小夏侯尚書後又立京氏易至建武中復置顏氏嚴氏春秋大小戴博士皆所以扶進後學尊廣道藝也中元元年詔書五經章句煩多義欲減省至永平元年長水較尉樊修奏言先帝大業當以時施行欲使諸儒共正經義令學者得以自助孔子曰學之不講是吾憂也又曰博學而篤志切問而近思仁在其中矣於戲其勉之哉於是下太常將大夫博士議郎郎官及諸生儒會白虎觀講議五經同異使五官中郎將魏應承制問侍中淳于恭奏帝親稱制臨決如孝宣甘露石渠故事作白虎議奏先是建初元年較書郎楊終上言宣帝博徵羣儒論定五經於石渠閣方今天下少事學者得成其業而章句之徒破壞大體宜如石渠故事永爲後世則於是詔諸儒於白虎觀論考同異焉

八年十二月詔曰五經剖判去聖彌遠章句遺辭乖

疑難正恐先師微言將遂廢絕非所以重稽古求道眞也其令羣儒選高才生受學左氏穀梁春秋古文尚書毛詩以扶微學廣異義焉

元和元年帝巡狩之趙特引見趙相魯丕難問經傳厚加賞賜

二年三月帝東巡狩還過魯幸闕里以大牢祀孔子及七十二人作六代之樂大會孔氏男子二十以上者三人命儒者講論蘭臺令史孔僖因自陳謝帝曰今日之會寧於卿宗有光榮乎對曰臣聞明君聖主莫不尊師貴道今陛下親屈萬乘辱臨敝里此乃崇

禮先師增輝聖德至於光榮非所敢承帝大笑曰非聖者子孫焉有斯言乎遂拜僖郎中賜褒成侯絹及孔氏男子錢帛詔僖從還京師使較書東觀

和帝永元十三年正月丁丑帝幸東觀覧書林閲篇籍愽選術藝之士以克其官

安帝延光二年詔選三署郎及吏人能通古文尚書毛詩穀梁春秋一人

三年三月幸泰山祀孔子及七十二弟子於闕里自魯相令丞尉及孔氏親屬婦女諸生悉會賜褒成侯以下帛各有差遂還京師幸太學

順帝永建六年九月繕起大學

靈帝熹平四年三月詔諸儒正五經文字刻石立於太學門外

六年十月帝親臨辟雍

光和元年二月始置鴻都門學生（鴻都門名也於內置學詩辭賦及工書鳥篆者相課試至千人焉）

二年六月詔公卿舉能通尚書毛詩左氏穀梁春秋各一人悉除議郎

魏太祖爲漢丞相以建安八年秋七月令曰喪亂巳來十有五年後生者不見仁義禮讓之風吾甚傷之令郡國各脩文學縣滿五百戸置較書選其鄉之俊造而教學之庶幾先王之道不廢而有以益於天下

旣爲魏王以建安二十二年五月作泮宮

文帝黄初二年正月詔曰昔仲尼資大聖之才懷帝王之器當衰周之末無受命之運在魯衛之朝教化乎洙泗之上悽悽焉遑遑焉欲屈巳以存道貶身以救世于時王公終莫能用之乃退考五代之禮脩素王之事因魯史而制春秋就太師而正雅頌俾千載之後莫不宗其文以述作仰其聖以成謀玆可謂命世之大聖億載之師表者也遭天下大亂百祀墮壞

舊居之廟毁而不脩褒成之後絶而莫繼闕里不聞講頌之聲四時不覩蒸嘗之位斯豈所謂崇禮報功盛德百世必祀者哉其以議郎孔羡爲宗聖侯邑百戸奉孔子祀令魯郡修起舊廟置百戸吏卒以守衛之又於其外廣爲室屋以居學者

明帝大和二年六月詔曰尊儒貴學王教之本也自頃儒官或非其人將何以宣明聖道其高選博士才任侍中常侍者申勑郡國貢士以經學爲先

景初中帝以高堂隆蘇林秦靜等老恐無能傳業者乃詔曰昔先聖旣没而其遺言餘教著於六藝六藝

之文禮又爲悉弗可斯須離者也末俗背本所繇來久故閔子譏原憲之不學荀卿醜秦世之坑儒儒學旣廢則風化曷繇興哉方今宿生巨儒並各年高教訓之道孰爲其繼昔伏生將老漢文帝嗣以晁錯穀梁寡疇宣帝承以十郎（臣欽若等曰選郎十人從受）其科郎吏高才解經義者三十人從光祿勳隆散騎常侍翰林傳士靜分受四經三禮主者具爲設課試之法夏侯勝昔有言士病經不明經術苟明其取青紫如俯拾地芥耳今學者有能究極經道則爵祿榮寵不期而至可不勉哉數年隆等皆卒學者遂廢

齊王正始二年二月初通論語使太常以太牢祭孔子於辟雍以顏淵配

五年五月講尚書經通使太常以太牢祠孔子於辟雍以顏淵配賜太傅大將軍及侍講者各有差

六年詔故司空王朗所作易傳令學者得以課試

七年十二月講禮記通使太常以太牢祀孔子於辟雍以顏淵配

晋武帝泰始三年十一月改宗聖侯孔震爲奉聖亭侯又詔太學及魯國四時備三牲以祀孔子

咸寧二年五月立國子學

元帝建武元年十一月立太學

明帝太寧三年詔給奉聖亭侯孔震四時祀孔子祭宜如泰始故事

成帝咸康元年二月講詩通釋奠如故事

三年正月辛卯立太學

穆帝升平元年三月帝講孝經通親釋奠于中堂

孝武帝寧康三年七月帝講孝經通釋奠如故事時以學在水南懸遠有司定議依升平元年於中堂權立行太學于時無復國子生有司奏應須復二學生百二十人太學生取見人六十國子生權銓大臣子

孫六十人事訖罷奏可釋奠禮畢會百官六品以上

十二月帝釋奠于中堂祠孔子以顏回配時學較陵遲謝石上疏請興復國學以訓胄子班下州郡普脩鄉校疏奏帝納焉

大元十年二月立國學又增置太學生百人

十一年八月封孔靖之爲奉聖亭侯奉宣尼祀

後魏道武天興四年二月丁亥命樂師入太學習舞釋菜于先聖先師

大武始光三年二月起太學於城東祀孔子以顏淵配

太平眞君十一年南伐至鄒山使使者以太牢祀孔子

獻文皇興二年以青徐平詔中書令高允兼太常至兖州以太牢祭孔子廟帝謂允曰此簡德而行勿有辭也

孝文延興二年二月詔曰尼父稟達聖之姿體生知之量窮理盡性道光四海頃者淮徐未賓廟隔非所致令祠典寢頓禮章殄滅遂使女巫妖覡淫進非禮殺生鼓舞倡優媟狎豈所以尊神明敬聖道者也自今以後有祭孔子廟制用酒脯而已不聽婦女雜合

以祈非望之福犯者以違制論其公家有事自如常禮犧牲粢盛務盡豐潔臨事致敬令肅如也司牧之官明糾不法使禁令必行

三年四月詔以孔子二十八世孫魯郡孔乘爲崇聖大夫給十戶以供灑掃

太和十三年七月立孔子廟於京師

十六年二月丁未改謚宣尼曰文聖尼父告謚孔子廟（一云二月癸丑帝臨宣文堂引儀尚書劉昶鴻臚卿游明根行儀曹事李韶授策孔子崇文王之謚於是昶等就廟行事旣而帝親拜祭於廟）

四月甲寅幸皇宗學親問博士經義

十七年九月壬申幸太學觀石經

十九年四月幸魯城親祠孔子廟詔拜孔氏子二人爲官又詔選諸孔宗子一人封崇聖侯邑一百戶以奉孔子之祀又詔兖州爲孔子起園寢修飾墳壠更建碑銘褒揚聖德

六月詔求天下遺書秘閣所無有裨益時用者加以優賞

宣武正始元年十一月詔曰古之哲王剏業垂統安民立化莫不崇建膠序開訓國胄宣昭三禮崇明四術使道暢羣邦風流萬宇自皇基始搆光宅中區軍

國務殷未遑經建靖言思之有慙古烈可敕有司依漢魏舊章營繕國學

四年四月詔曰高祖德格兩儀明竝日月播文教以懷遠人調禮學以旌儁造徙縣中區光宅東邑總霜露之所均一姬卜於洛汭戎繕兼興未遑儒教朕纂承鴻緒君臨寶曆思模聖規述遵先志今天平地寧方隅無事可敕有司準倣前式置國子立大學樹小學於四門

永平三年六月詔重求遺書於天下

延昌元年四月詔曰遷京嵩縣年將二紀虎闈闃唱

演之音四門絶講誦之業博士端然虛祿歲祀貴遊之胄歎同子衿靖言念之有兼愧慨可嚴勅有司國子學孟冬使成大學四門年暮容令成就

孝明正光元年正月詔曰建國緯民立教爲本尊師崇道茲典自昔來歲仲陽節和氣潤釋奠孔顏乃其時也有司可豫繕國學圖飾聖賢置官簡牲擇吉備禮

二年二月癸亥幸國子學講孝經令車騎大將軍領國子祭酒崔光執經南面百僚陪列（又云孝明行講學之禮於國子寺司徒崔光執經敎常景與董紹張澈馬元興王延業鄭伯猷等俱爲録義）

三月庚午幸國子學祠孔子以顏淵配

出帝永熙三年二月丙子親釋奠禮先師詔延公卿學官於顯陽殿敕祭酒劉廞講孝經黃門李郁講禮記中書舍人盧景宣解大戴禮夏小正篇時廣招儒學引令預聽國子博士李同軌經義素優辨析兼美而不得執經深爲慨恨

後周明帝雅愛文史立麟趾學在朝有藝業者不限貴賤皆預聽焉（乃至蕭撝王褒等卑鄙之徒同爲學士大宗伯于翼言於帝曰蕭撝梁之宗子王褒梁之公卿今與趨走同儕恐非尚賢貴爵之義帝然之詔翼定其班次於是有等差矣）

武帝天和元年七月詔諸胄子入學但束脩於師不勞釋奠釋奠者學成之祭自今即爲嘗式

二年七月立露門學置生七十二人（時辛公義爲太學生帝召入露門學令受道義每月集御前令與大儒講論數被嗟異時輩慕之）

宣帝大象元年詔徙鄴城石經於雒陽

二年二月丁巳幸露門學行釋奠之禮

三月詔曰盛德之後是稱不絶功施於民義昭祀典孔子德惟藏往道實生知以大聖之才屬千古之運載引儒業式敘彝倫至如幽贊天人之理裁成禮樂之務故以作範百王垂風萬乘朕欽承寶曆服膺教義眷言洙泗懷道滋深而褒成啓號雖彰故實旌崇

聖績猶有闕如可追封爲鄒國公邑數准舊并立後承襲別於京師置廟時以祭享

隋高祖開皇二年十一月賜國子生經明者束帛

三年二月詔購求遺書於天下

四月詔天下勸學行禮時潞州刺史柳昂見天下無事上表請勸學行禮帝覽而善之因下詔曰建國重道莫先於學尊主庇民莫善於禮自魏氏不競周齊抗衡分四海之民鬬二邦之力遞爲强弱多歷年所務權詐而薄儒雅重干戈而輕俎豆民不見德唯爭是聞朝野以機巧爲師文吏用深刻爲法風澆俗散

化之然也雖復建立庠序兼啓黌塾業非時貴道亦不行其間服膺儒術蓋有之焉彼衆我寡未能移俗然其維持名教奬飾彝倫微相弘益賴斯而已王者承天休咎隨化有禮則祥瑞必降無禮則妖孽興起人禀五常性靈不一有禮則陰陽合德無禮則禽獸其心治國立身非禮不可朕受命於天裁成萬物去華夷之亂求風化之宜戒奢崇儉率先百辟輕徭薄賦貸以寬和而積習生常未能懲革閭閻士庶吉凶之禮動悉乖方不依制度執憲之職似塞耳而無聞莅民之官猶蔽目而不察宣揚朝化其若是乎古人

之學且耕且養今者民丁非役之日農畝時候之餘若敦以學業勸以經術自可家慕大道人希至德豈止知禮節識廉恥父慈子孝兄恭弟順者乎始自京師爰及州郡宜祇朕意勸學行禮自是天下州縣皆置博士習禮焉

仁壽元年六月詔曰儒學之道訓教生人識父子君臣之義知尊卑長幼之序升之於朝任之以職故能贊理時務弘益風範朕撫臨天下思弘德教延集學徒崇建庠序開仕進之路佇賢儁之人而國學胄子垂將千數州縣諸生咸亦不少徒有名錄空度歲時未有德爲代範才任國用良繇設學之理多而未精今宜簡省明加奬勵於是國子學唯留學生七十人大學四門及州縣學並廢

煬帝大業元年閏七月詔曰君民建國教學爲先移風易俗必自茲始而言絶義乖多歷年代進德修業其道寖微漢採坑儒之餘不絶如線晉承板蕩之運掃地將盡自時厥後軍國多虞雖復黌宇時建示同愛禮函丈或陳亦爲虚器遂使紆青拖紫非以學優制錦操刀類多墻面上陵下替綱維靡立雅缺道消實繇於是朕纂承洪緒思弘大訓將欲尊師重道用

闡厥繇講信修睦敦奬名教今宇宙平一文軌攸同十步之内必有芳草四海之中豈無奇秀諸在家及見入學者若有篤志好古耽悦典墳學行優敏堪膺時務所在採訪具以名聞即當隨其器能擢以不次若研精經術未願進仕者可依其藝業深淺門蔭高卑雖未升朝並量准給祿庶夫恂恂善誘不日成器濟濟盈朝何遠之有其國子等學亦宜申明舊制教習生徒具爲課試之法以盡砥礪之道

四年十月詔曰先師尼父聖德在躬誕發天縱之姿憲章文武之道命世應期蘊茲素業而頹山之歎忽

踰於千祀盛德之美不存於百代永惟懿範宜有優崇可立孔子後爲紹聖侯有司求其苗裔錄以申上

册府元龜　帝王部　崇儒術　卷之四十九　十七

册府元龜

冊府元龜

巡按福建監察御史臣李嗣京　訂正
新建縣舉人臣戴國士叅閲
知建陽縣事臣黄國琦較釋

帝王部　五十

崇儒術第二

唐高祖武德二年詔曰盛德必祀義存方策達人命世流慶後昆建國君臨弘風闡教崇賢章善莫尚於兹自八卦初陳九疇攸叙徽章既華節文不備爰始姬旦主翊周邦創設禮經大明典憲啟生人之耳目

窮法度之本原化起二南業隆八百豐功茂德獨冠終古暨乎王道既衰頌聲不作諸侯力爭禮樂陵遲粵若宣尼天姿叡哲經邁齊魯之際揖讓洙泗之間綜理遺文弘宣舊制四科之教歷代不刊三千之徒風流無歇惟兹二聖道著生民宗祀不修孰明褒尚朕君臨區宇興化崇儒永言先達情深紹嗣宜令有司於國子學立周公孔子廟各一所四時致祭仍博求其後具以名聞計考所宜當加爵土

七年二月詔曰六經茂典百王仰則四學崇教千載垂範是以西膠東序春頌夏弦悦禮敦詩本仁祖義建邦立極咸必繇之自叔世澆訛雅道淪缺懸歷歲紀儒風莫扇隋季以來喪亂兹甚聦言篇籍皆爲煨燼周孔之教闕而不脩庠塾之義泯焉將墜非所以闡揚徽烈敦尚風範訓民調俗垂裕後昆朕受命膺期握圖馭宇思弘至道冀宣德化永言墳索深存講習所以捃摭遺逸招集散亡諸生胄子特加獎勸而凋弊之餘湮替日久學徒尚少經術未隆子衿之歎無忘興寢方今函夏既清干戈漸戢縉紳之業此則可興宜下四方諸州有明一經已上未被升擢者本屬舉送具以名聞有司試策加階叙用其吏民子弟

有識性開敏志希學藝亦具名狀申送入京量其差品竝即配學明設考課各使厲精琢玉成器庶其非遠州縣及鄉各令置學官寮牧宰或不存意普更須下早遣立俻夫安上治民莫善於禮出忠入孝自家刑國揖讓俯仰登降折旋皆有節文咸資端肅末業踈惰隨時將廢凡厥生民各宜免厲又釋奠之禮致敬先師鼓篋之義以明遜志比多闕略更宜詳備仲春釋奠朕將親覽所司具爲條式以時宣下是月丁巳帝幸國子學親臨釋奠引道士沙門有學業者與博士雜相駁難久之乃罷因下詔曰自古爲政莫不

以學則仁義禮智信五者具備故能爲利博深朕今欲敦本息末崇尚儒宗開後生之耳目行先王之典訓而三教雖異善歸一揆沙門事佛靈宇相望朝賢宗儒辟雍頓廢公王以下寧得不慙朕今親覽仍徵集四方胄子冀日就月將竝得成業禮讓既行風教漸改使期門介士比屋可封橫經庠序皆遵雅俗諸公王子弟竝皆率先自相勸勵賜學官胄子及五品以上各有差

太宗貞觀十年封孔子裔孫德倫爲褒聖侯

十二年二月丁丑幸國子學親觀釋奠國子祭酒以

下官及學生高弟精勤者加級賜帛各有差

二十一年二月詔曰左丘明卜子夏公羊高穀梁赤伏勝高堂生戴聖毛萇孔安國劉向鄭衆杜子春馬融盧植鄭康成服子慎何休王肅王輔嗣杜元凱范甯等二十有一人竝用其書垂於國胄既行其道理合崇褒自今有事於大學可竝配享尼父廟堂

高宗永徽元年六月詔曰昔勳華肇政仁義居先殷周創基教學成本朕嗣立鴻基栽成丕緒如臨於海罔知攸濟思得學徒用康庶績而頃歲所敦先諸聖教青襟方領未達至懷唯欲思轃固以加班想高堂以授秩（臣欽若等曰轃固轃生也高堂高堂隆也）斯文寥落去之彌遠深加發慮稱朕意焉儒官員缺即宜補授其館博士助教節級賜物三館學士有業科高第景行淳良者所司簡試具以名聞

乾封元年正月帝東封次曲阜縣追贈孔子爲太師其廟宇制度卑陋宜加脩造仍以少牢致祭

總章元年三月詔曰皇太子弘近因釋菜齒胄上庠祗事先師馳心近侍仰崇山而景行眷曩哲以勤懷顯顏曾之特高揚仁義之雙美請申褒贈載甄芳烈朕加其進德冀以思齊訓誘之方莫斯爲尚顏回可

贈太子少保

咸亨元年五月詔曰諸州縣孔子廟堂及學館有破壞并先來未造者遂使生徒無肄業之所先師闕奠祭之儀久致飄零深非敬本宜令所司速事營造

中宗神龍元年五月制以鄒魯之邑百戶爲太師隆道公（則天封孔子爲隆道公）宣尼采邑收其租稅用供薦享又授裔孫褒聖侯崇基朝散大夫仍許子孫以相傳襲

景龍三年六月以經籍多殘缺令京官有學行者分行天下搜括圖籍

睿宗景雲元年七月制曰朕克纘丕業肇膺景命憲

章旹典欽若前王永言政途庶幾沿華循恐學較多闕賢俊罕登庠序者風化之本人倫之先宜令州縣勸導令知禮讓

太極元年正月制孔宣公祠廟令本州修餙取側近三十戸以供灑掃二月追贈顔子爲太子太師曾子爲太子太保並配享於孔子

玄宗開元二年四月詔曰古之學士始入小學見小節入大學見大節知父子長幼之序君臣上下之位然後師逸功倍化人成俗莫不繇之子不云乎遠而有光者餙也近而逾明者學也故道行於上祿在其

中所謂貴於速成不唯於遲達自頃州里所薦公卿之緒門人衆矣孰嗣子音國冑顒然未臻吾道至使鑽仰之地寂寥厥風貴於責實務欲求仕將去聖滋遠尚沿澆薄爲敦儒未弘不行勸沮朕承百王之末居四海之尊惟懷永圖思革前弊何以發後生之智慮垂先王之法則朕甚懼之敢忘於是天下有業擅專門學優重席堪師授者所在具以名聞自今以後貢舉人等宜加勖勉須獲實才如有義疏未詳習讀未遍輙充舉送以希僥倖所繇官並寘刑憲有司更申明條例稱朕意焉

五年五月以故朝散大夫褒聖侯孔宗基嫡子璲之襲封褒聖侯

九月詔曰古有賓獻之禮登於天府揚於王庭重學尊儒興賢造士故能美風俗成教化蓋先王之所繇焉朕以寡德欽若前政思與大夫羣士復臻於理故他日訪道有時忘食乙夜觀書分宵不寢悟專經之義篤知學史之文繁永懷覃思有足尚者不示褒崇孰云獎勸其諸州鄉貢明經進士見訖宜令引就國子監謁先師學官爲之開講質問疑義仍令所司優厚設食兩館及監府得舉人亦准此其日朝請官五

品已上及朝集使往觀禮郎爲嘗式易日學以聚之問以辨之詩云如切如磋如琢如磨此朕所望於賢才矣

七年三月詔曰孝經尚書有古文本孔鄭注其中指趣頗多踳駁精義妙理若無所歸作業用心復何所適宜令諸儒倂訪後進達觧者質定奏聞又詔曰孝經者德教所先自頃已來獨宗鄭氏遺旨今則無聞又子夏易傳近無習者輔嗣注者亦甚甄明諸家所傳互有得失獨據一説能無短長其儒官詳定所長令明經者習讀若將理等亦可兼行其作易者兼帖

子夏易傳共為一部亦詳其可否奏聞時議以為不可遂停

五月麗正殿寫四庫書物秘書昭文禮部國子監太甞寺及諸司官人百官等家就借寫之

八年三月詔曰顏生等十哲宜為坐像從祀曾參大孝德冠同列特為像坐於十哲之次因畫七十子及二十二賢於廟堂壁以顏回亞聖親為製贊以書於石乃命當朝文士分為之贊題其壁焉

十一月詔貢舉人謁先師開講仍令朝集使及京官觀禮

十三年十一月封東嶽禮畢幸孔子宅親設奠祭詔曰孔宣父誕聖自天垂範百代作王者之師表開生人之耳目朕增封岱岳迴鑾泗濱思闕里之風想雩壇之詠逖矣遺烈慨然永懷式遵祀典用申誠敬宜令禮部尚書蘇頲以太牢致祭仍令州縣以時祀享復近墓五戸長供掃除

二十二年四月詔曰風化之本其在庠序去秋不熟生徒蹔令就舍講習之地安可久閑其兩監生在外者即宜赴學

二十七年八月追贈先聖夫子為王謚曰文宣制曰弘我王化在乎儒術能發揮此道啓迪含靈則生人以來未有如夫子者也所謂自天攸縱將聖多能德配乾坤身揭日月故能立天下之大本成天下之大經美政教移風俗君君臣臣父父子子人到於今受其賜不其猗歟嗚戲楚田莫封曾公不用俾夫大聖纔列陪臣棲遑旅人固可知矣年祀浸遠光靈益彰雖代有褒稱而未為崇峻不副於實人其謂何朕以薄德祗膺寶命思闡文明廣被華夏時則異於今古情每重於師資既行其教合旌厥德爰申盛禮載表徽猷夫子既曰先聖可追謚為文宣王宜令三公持

節冊命其文宣王陵弁舊宅廟量加人灑掃用展誠敬其後嗣褒聖侯宜改為文宣公至如辦方正位著自禮經苟不合度何以示則昔緣周公南面夫子西坐今位既有殊坐豈仍舊宜補其墜典作茲成式自今以後兩京國子監及天下諸州夫子南面坐十哲等東西列侍且門人三千則見今稱十哲包夫衆美實越等夷暢玄聖之風軌發人倫之耳目竝宜褒贈以寵賢明顏子淵既云亞聖須優其秩可贈兗公閔子騫贈費侯冉伯牛贈鄆侯仲弓贈薛侯冉子有贈徐侯仲子路贈衛侯宰子我贈齊侯端木子貢贈黎

侯言子游贈吳侯卜子夏贈魏侯又夫子格言參也稱魯雖居七十之數不載四科之目允稽先旨俾循舊位庶乎禮得其序人爲式瞻宗洙泗之丕烈重膠庠之雅範布告中外咸使知聞丁亥命尚書左相裴燿卿攝大尉持節往冊于廟始正南面改冕服樂用宮懸己丑追贈曾參等六十七人皆爲伯參爲成伯顓孫師爲陳伯澹臺滅明爲江伯宓子賤爲单伯原憲爲原伯公冶長爲莒伯南宮适爲郯伯公晳哀爲郳伯曾點爲宿伯顏路爲杞伯商瞿爲蒙伯高柴爲共伯漆雕開爲滕伯公伯寮爲任伯司馬牛爲向伯

樊遲爲樊伯有若爲卞伯公西赤爲邵伯巫馬期爲鄫伯梁鱣爲梁伯顏栁爲蕭伯冉孺爲郜伯曹卹爲豐伯伯虔爲鄒伯公孫龍爲少梁伯漆雕斂爲武城伯顏子驕爲瑯琊伯漆雕徒父爲須句伯壤駟赤爲北徵伯商澤爲睢陽伯石作觸爲后邑伯任不齊爲任城伯公夏首爲亢父伯公良孺爲東牟伯石處爲營丘伯秦開爲彭衙伯奚容蔵爲下邳伯公肩定爲新田伯顏襄爲臨沂伯鄡单爲銅鞮伯句井彊爲洪陽伯罕父黑爲乘丘伯秦商爲上雒伯申黨爲召陵伯公祖子之爲期思伯榮子祺爲雩婁伯縣成爲巨野伯左人郢爲臨菑伯燕伋爲漁陽伯鄭子徒爲滎陽伯秦非爲汧陽伯施之常爲乘氏伯顏噲爲朱虛伯步叔乘爲淳于伯顏之僕爲東武伯原亢籍爲萊蕪伯樂欬爲昌平伯廉潔爲莒父伯顏何爲開陽伯叔仲會爲瑕丘伯狄黑爲臨濟伯邽巽爲平陸伯孔忠爲文陽伯公西輿爲長丘伯公西蔵爲祝阿伯制曰道可褒崇豈限今古則追贈之典旌德存焉夫子弟子十哲之外曾參等六十七人同升孔門博習儒術子之四教爾實行之親奉微言式揚大義是稱達者不其盛歟欽若古風載崇玄聖至於十哲亦被寵

章而子輿之倫未有稱謂宜亞四科之士以疏五等之封俾與先師咸膺盛禮

二十八年詔曰先聖文宣王春秋釋奠宜令攝三公行禮著之常式

天寶元年七月詔曰古之教人蓋有彝訓必在勤學使知其方故每月釋菜之時常開講座用以發明聖旨啓廸生徒待問者應而不窮懷疑者質而無惑弘益之致不其然歟或有凡流矜於小辨初雖論難終雜詼諧出言不經積習成弊自今以後除問難經典之外不得輙請宜令本司長官嚴加禁止仍委御史

糾察

十一月改驪山爲會昌山仍於秦坑儒之所立祠宇以祀遺難諸儒臣欽若等按賈至文集有旌儒廟碑奉勑撰也

二年十月制曰朕永惟聖道思闡儒風故尊崇先王所以弘至教褒奬後嗣所以美前烈文宣王三十五代孫通直郎前守邠王府文學褒聖侯孫璲芝纂承睿哲克復中庸三命益恭敦素憑於祖業百代必祀光寵被於朝恩積慶之餘既開於土宇盛德不朽宜傳於帶礪可襲文宣公

三載七月詔曰朕欽惟載籍討論墳典以爲先王令

範莫越於唐虞上古遺書寔稱於訓誥雖百篇奧義前代或亡而六體奇文舊規猶在但以古先所制有異於當今傳寫浸訛轉疑於後學永言刊革心在從宜尚書應是古體文字竝依今字繕寫施行典謨無乖於古訓庶遺簡易有益於將來其舊本仍藏之書府

五載正月詔曰禮經垂訓篇目攸殊或未盡於通體是有乖於大義借如堯命四子所授惟時周分六官曾不繫月先王行令蓋取於斯苟分至之可言何弦望之是舉其禮記月令宜改爲時令

十四載四月勑國子監諸生等既非舉時又屬暑月在於館學恐漸炎蒸其有欲歸私第及還鄉貫習讀者竝聽仍委本司長官具名申牒所繇任至舉時赴監東京監亦准此

代宗廣德二年七月甲申集賢殿大學士中書舍人侍郎平章事元載奏集賢院圖書自經寇盜墜失頗多請開購書之令得一卷賞一千錢許之

丙午勑曰古者設大學教胄子所以延俊造揚王庭雖年穀不登兵甲或動而俎豆之事未嘗廢焉頃年已來戎車屢駕天下轉輸公私匱竭帶甲之士所務

羸糧皷篋之徒未能仰給繇是諸生輟講經誦蔑聞宣父有言是吾憂也投戈息馬論道尊師用弘庠序之風俾有簞瓢之樂宜令所司量追集賢學士精加選擇使在館習業仍委度支准給厨米敦茲儒術庶有大成甲科高懸好學者中求茂異稱朕意焉

永泰二年正月詔曰理道同歸師氏爲上化人成俗必務于學俊造之士皆從此途國之貴遊罔不受業修文行忠信之教崇禮義孝友之德盡其師道乃謂成人然後揚于王庭考以政事徵之以禮任之以官寘於周行莫匪邦彥樂得賢也其在茲乎朕志求理

道尤重儒術先王設教敢不底行頃以戎伙多虞急於經略大學空設諸生盖寡弦誦之地寂寥無聲函丈之間殆將不掃上庠及此甚用憫焉今寓縣乂寧文武兼代方投戈而講藝俾釋菜以行禮四科咸進六藝復興神人以和風化浸美日用此道將無間然其諸道節度觀察都防禦使等朕之腹心久鎮方面眷其子弟各奉義方脩德立身是資藝業又恐干戈之後學較尚微僻居遠方無所諮稟山東寡問質疑必就於馬融關西盛名尊儒乃稱於楊震負經求學當集京師并宰相朝官及神策六軍將子弟欲得習

學者自今以後并令補國子學生欲其業重籯金器成琢玉日新厥德代不乏賢其中身雖有官欲附學讀書者亦聽其學官委中書門下即簡擇行業堪為師範者充學生員數多少所習經業考試等并所供糧料及緣學館破壞要量事脩理各委本司條件聞奏務須詳悉稱朕意焉

二月丁亥朔國子監釋奠賜宰臣以下嘗參官錢飧錢五百貫於國子監造食許內侍魚朝恩同聽講經

辛卯命有司增脩文宣王廟及國子監廨宇

八月丁亥國子監釋奠始復用牲牢　初上元二年九月詔諸生獻禮至是乃舉舊典遣宰臣及嘗參官於國子監觀禮

大曆二年二月丁亥仗下後宰臣及嘗參官等詣國子監觀釋奠講論內侍魚朝恩參其會焉

八月丁亥有司釋奠于國學宰臣及百官并內侍魚朝恩同會于國子監觀講論

三年八月丁未釋奠於文宣王廟禮畢內侍魚朝恩及宰臣文武百官咸詣國子監觀講論有司陳饌詔遣中使賜酒及三勸奬

四月丁未釋奠於文宣王許百寮詣國學觀講論

德宗建中三年閏正月以文宣王三十七代孫齊賢

為兗州司功叅軍襲文宣公

貞元二年二月丁卯有司釋奠於文宣王廟自宰臣以下畢集於國學學官升講座陳五經大旨先聖之道

憲宗元和元年正月丁卯詔國子監祭酒司業及學官并先取朝廷有德望學識者充東都國子監諸館共置學生百員

二年十二月丁巳東都國子監增置學生一百人

四年二月以文宣王三十八代孫惟昉為兗州都督府叅軍

十三年正月詔文宣王三十八代孫惟晊可襲文宣公

穆宗長慶元年兗州觀察使曹華奏准勑赦文賜文宣王三十八代孫惟晊絹五十疋

敬宗寶曆元年制曰天下諸色人等能精通一經堪爲師法者委國子祭酒訪擇其名聞天下州縣各委刺史縣令招延儒學明加訓誨

文宗太和六年二月巳丑以寒食宴百寮於麟德殿是日雜戲中有孔子爲戲者帝曰孔子爲古今之師焉得黷侮如此命驅去

七年八月制曰漢代用人皆繇儒術故能風俗深厚教化興行近日苟尚浮華莫脩經術鄉舉里選不可復行然務實抑華必有良術旣當甚弊思其改張今寰宇乂寧干戈巳戢皇太子方從師傅受六經一二年之後當令齒胄國庠以興墜典宜令國子監於諸道搜訪名儒置五經博士各一人

八年七月堂帖中書門下御史臺尚書省諸道節度觀察使置令各舉解周易一人

武宗會昌元年以文宣王三十九代孫策爲國子監丞襲文宣公

昭宗大順元年二月詔曰有國之規無先學較理官之要莫尚儒宗故前王設塾庠陳齒胄所以敷揚至道弘闡大猷者也國學自朝廷喪亂以來棟宇摧殘之後歲月斯久榛蕪可知宜令諸道觀察使刺史與賓幕州縣文吏等同於俸料內量力分抽以助脩葺

哀帝天祐元年十月前絳州曲沃縣令高虔魯納史館書籍三百六十卷授兼監察御史賜緋

後唐莊宗同光二年二月制三館蘭臺藏書之府動盈萬卷詳列九流爰自亂離悉多遺逸須行搜訪以備討尋應天下有人能以經史及百家進納者所司

立等第酬奬

四月樞密使郭崇韜又奏曰伏以館司四庫藏書舊日數目至多自廣明年後流散他方宜示奬酬俾申搜訪伏乞委中書門下再行勑命遍下逐道或有人家藏能以經史百家之書進獻數及四百卷以上者請委館司點勘無脫漏於卷軸無重疊於篇題比外寫札精詳裝飾周備當據部帙聞奏請量等級除官仍仰長吏明懸牓示即鄉較庠塾之崇漸聞皇風金石絲竹之音無虞墜典勑史館提舉赦書節文購求經史頗爲允當宜許施行今宜添進納四百卷巳下

叅百卷已上皆成部帙不是重疊及紙墨書寫精細已在選門未合格人一百卷與減一選無選減數者注官日優與處分無官者納書及三百卷持授試官

明宗天成二年都官郎中庾傳美訪圖書於三川孟知祥處得九朝實錄及雜書傳千餘卷竝付史館同光已後館中煨燼無幾九朝實錄甚濟其闕

長興元年正月以文宣王四十三代孫陵廟主仁王爲曲阜縣主簿

三年二月中書奏請依石經文字刻九經印板勑旨教導之本經籍爲宗兵革已來庠序多廢縱能傳授

罕克精研係是豕亥有差魯魚爲弊苟一言致誤則大義全乖儻不討詳漸當紕繆宜令國學集博士儒徒將西京石經本各以所業本經句度抄寫注出子細勘讀然後召偃能雕字匠人各隨部帙刻印板廣頒天下如諸色人要寫經書竝須依所印勑本不得更使雜本交錯所貴經書廣布儒教大行

五月甲申以文宣王四十三代孫曲阜縣主簿孔仁玉爲兗州龔丘縣令襲封文宣公

愍帝應順元年正月詔進書官劉賞鄭州滎陽令單驤唐州司法叅軍令後三館所闕書竝訪本添寫其進書官權停

晉高祖天福五年四月辛酉以文宣王四十三代孫襲文宣公孔仁玉爲兗州曲阜縣令

周太祖廣順二年五月親往兗州辛未遣端明殿學士顔衎往曲阜祀文宣王廟

六月己酉幸曲阜謁孔子祠旣畢將致敬左右曰仲尼人臣也無致敬之文太祖曰文宣百代帝王師也得無敬乎即拜奠於祠前其所奠金器銀爐十數事留於祠所以備享獻遂幸孔林拜孔子墓墳側有石壇是唐朝封禪廻謁孔子之壇二百餘年間絶東封

之禮洙泗之上無復鑾和之音帝以武功之餘枉卓致敬尊師重道不亦優乎

世宗顯德三年十二月詔曰史館所少書籍宜令本館諸處求訪補填如有收得書籍之家竝許進納其進書人部帙多少等第各與恩澤如是卷帙少者量給資布如館內已有之書不在進納之限

冊府元龜卷之五十終

册府元龜

巡按福建監察御史臣李嗣京　訂正
分守建南道左布政使臣胡維霖　叅閱
知建陽縣事臣黄國琦　較釋

帝王部五十一

崇釋氏

昔漢明帝兆夢於金人楚王英爲蒲塞桑門之饌繇是竺乾之教被於中夏其所述之旨所謂三歸五戒十善業四無量心四無色定以極人天之果四諦十二因緣六波羅蜜以辯三乘之位經律論以紀三藏

之名數至于覺一切種智證無生法忍此所以登圓寂而成佛道也歷代帝王或崇奉其事營建塔廟增嚴像設翻譯梵文廣度淨衆蓋以茂植德本樹立衆善爲民祈福歐之仁壽斯亦大易神道設教之旨歟漢武帝元狩中遣嫖姚將軍霍去病討匈奴至皋蘭過居延昆耶王將其衆五萬來降獲其金人帝以爲天神列於井泉宮金人率長丈餘不祭祀但燒香禮拜而已此則佛道流通之漸也及開西域遣張騫使大夏還傳其旁有身毒國一名天竺始聞有浮屠之教

哀帝元壽元年博士弟子秦景憲受大月氏王使伊存口授浮屠經中土聞之未之信了浮屠正號曰佛陀其聲相近皆西方言華言譯之則謂淨覺

後漢明帝夜夢金人頂有日光飛行殿庭乃訪群臣傳毅始以佛對帝遣郎中蔡愔及博士弟子等使於天竺寫浮屠遺範愔仍與沙門攝摩騰竺法蘭東還雒陽中國有沙門及跪拜之法自此始也愔又得佛經四十二章及釋迦立像帝令畫工圖佛像置清凉臺及顯節陵上經緘於蘭臺石室愔之還也以白馬負經而至漢因立白馬寺於雒陽雍關西摩騰竺法

蘭咸卒於此寺

章帝時楚王英喜爲浮屠齋戒遣郎中令奉黄縑白紈三十疋詣相國以贖愆詔報曰楚王尚浮屠之仁祠絜齋三月與神爲誓何嫌何疑當有悔吝其還贖以助伊蒲塞桑門之盛饌因以書示諸國伊蒲塞猶優波塞桑門沙門也

桓帝設華蓋以祠浮圖

魏明帝時欲壞宮西佛圖外國沙門乃金盤盛水置於殿前以佛舍利投之於水仍有五色光起於是帝歎曰自非靈異安得爾乎遂徙于道爲作周閣百間

佛圖故處鑿爲濛汜池種芙蓉於中
晋明帝好佛手畫形像經歷寇難而堂存宜城王爲之頌
孝武太元六年正月帝初奉佛法立精舍于殿內引諸沙門以居之
後魏道武帝初平中山經畧燕趙所經郡國佛寺見諸沙門道士皆致情敬禁軍旅無有所犯帝好黄老頗覽佛經但天下初定戎車屢動庶事草剙未建圖宇招延僧衆然時時訪求先是有沙門僧朗與其徒隱於泰山之崐峪帝遣使致書以繒素旃罽銀鉢

爲禮號曰朗公谷初神元與魏晋通聘文帝久在雒陽昭成又至襄國乃備究南夏佛法之事（臣欽若等曰自神元至昭成皆追冊帝號）
天興元年詔曰夫佛法之興其來遠矣濟益之功無分存殁神蹤遺軌信可依憑其勑有司於京城建飾容範修整宫室令信向之徒有所居止是歲始作五級佛圖耆闍崛山及須彌山殿加以繢飾別搆講堂禪室及沙門座莫不嚴具焉
明元帝好黄老及崇佛法京邑四方建立圖像仍令沙門敷導民俗初黄始中趙郡有沙門法果戒行精至開演法籍道武聞其名詔以禮徵赴京師後以爲道人統攝僧徒每與之言多所愜允供施甚厚至是彌加崇敬永興中前後授以輔國宜城子忠信侯安成公之號皆固辭帝嘗親幸其居以門小狹不容輿輦更廣大之年八十餘卒帝三臨其喪追贈老壽將軍趙胡靈公先是法果每言道武明元好道即是當今如來沙門宜應盡禮遂常致拜謂人曰能弘道者人主也我非拜天子乃是禮佛耳法果四十始爲沙門有子曰猛詔令襲果所加爵帝後幸廣宗有沙門曇證年且百歲邀見於路奉致果物帝敬其年老志

力不衰亦加以老壽將軍之號
太武帝遵道武明元之業每引高德沙門與共談論於四月八日輿諸佛像行於廣衢帝親御門樓臨觀散花以致禮敬先是沮渠蒙遜在凉州亦好佛法有罽賓沙門曇摩讖習諸經論於姑臧與沙門智高等譯涅槃諸經十餘部又曉術數禁呪歷言他國安危多所中驗蒙遜每以國事諮之神䴥中帝命蒙遜送讖詣京師惜而不遣既而懼魏威責遂使人殺讖讖死之日謂門徒曰今將有客來可早食以待之食訖而走使至時人謂之知命帝初平赫連昌得沙門

惠始姓張家本淸河聞鳩摩羅什出新經遂詣長安見之觀習經典坐禪於白渠北晝則入城聽講夕則還處靜坐三輔有識多宗之宋高祖爲晉太尉滅姚泓留子義眞于長安及其去也赫連屈丐追敗之道俗少長咸見坑戮惠始身被白刃而體不傷衆大怪異言於屈丐屈丐大怒召惠始於前以所持寶劍擊之又不能害乃懼而謝罪昌平惠始到京都多所訓導時人莫測其迹帝甚重之每加禮敬始自習禪至於沒世稱五十餘年未嘗寢卧或時跣行雖履泥塵而不汚足色愈鮮白世號之白脚終於八角寺

文成帝興安元年詔曰夫爲帝王者必祗奉明靈顯彰仁道其能惠著生民濟益群品者雖在古昔猶序其風烈是以春秋嘉崇明之禮祭典載功施之族況釋迦如來功濟大千惠流塵境尋生死者歎其達觀覽文義者貴其妙門助王政之禁律益仁智之善性排斥群邪開演正覺故前代以來莫不崇尚亦我國家常所尊事也世祖太武皇帝開廣邊荒德澤遐及沙門道士善行純誠惠始之倫無遠不至風義相感往往如林夫山海之深怪物多有姦淫之徒得容假託講寺之中致有兇黨是以先朝因其瑕釁戮其有罪有司失旨一切斷禁景穆皇帝每爲慨然値軍國多事未遑修復朕承洪緒君臨萬邦思述先志以隆斯道今制諸州郡縣於衆居之所各聽建佛圖一區任其財用不制會限其好樂道法欲爲沙門不問長幼出於良家性行素篤無諸嫌穢鄉里所明者聽其出家率大州五十人小州五十人其郡遠臺者十人各當局分皆足以化惡就善播揚道教也初太武詔誅長安沙門焚破佛像勅留臺下四方令一依長安行事至是復之所毁圖寺仍還修復佛像經論皆得顯傳京師沙門師賢本罽賓國王種人少入道東遊

凉城凉平赴京罷佛法時師賢假爲醫術還俗而守道不改於修復日卽反沙門其同輩伍人帝皆親爲下髮師賢仍爲道人統是年詔有司爲石像令如帝身既成頭上足下各有黑石冥同帝體上下黑子論者以爲純誠所感

興光元年秋勅有司於五級大寺內爲太祖已下五帝鑄釋迦立像五各長一丈六尺都用赤金二十五萬斤

太安初有師子國胡沙門邪奢遺多浮陀難提等五人奉佛像三到京都皆云備歷西域諸國見佛影迹

及內附外國諸王相求咸遣工匠摹寫其容莫能及
難提所造者去十餘步視之炳然轉近轉微又沙勒
胡沙門赴京師致佛鉢并畫像迹
和平初以僧曇曜爲沙門統初曇曜以復佛法之明
年自中山被命赴京值帝出見於路御馬前馬前啣
曜衣時以爲馬識善人帝後奉以師禮曇曜白帝以
京城西武州塞鑿山石壁開窟五所鐫建佛像各一
高者七十尺次六十尺雕飾奇偉冠於一世曇曜奏
平齊戶及諸民有能歲輸穀六十斛入僧曹者即爲
僧祇戶粟至於儉歲賑給饑民又請民犯重罪及官

奴以爲佛圖戶以供諸寺掃灑歲兼營田輸粟帝並
許之於是僧祇戶粟及寺戶遍於州鎮矣曇曜又與
天竺沙門常那邪舍等譯出新經十四部又有沙門
道進僧超法存等並有名於時演唱諸典
獻文天安中起永寧寺構七級佛圖高三百餘尺基
架博敞爲天下第一又於天宮寺造釋迦立像高四
十三尺用赤金十萬斤皇興中又構三級石佛圖榱
棟楣楹上下重結大小皆石頭高十丈鎮固巧密爲
京華壯麗其後傳位於太子移御北苑崇光宮覽習
玄籍建鹿野佛圖於苑中之西山去崇光右十里巖
房禪舍禪僧居其中
孝文承明元年八月詔起建明寺
太和元年二月幸永寧寺設齋赦死罪四
三月又幸永寧寺設會行道聽講命中祕三省與僧
徒討論佛義施僧衣服寶器有差又於方山道武營
壘之處建思遠寺自興光後至北京城內寺新舊且
百所僧尼二千餘人四方諸寺六千四百七十八僧
尼七萬七千二百五十八人
四年正月丁巳罷畜鷹鷂之所以其地爲報德佛寺
初文明皇后生獻文帝帝立尊爲皇太后至是詔罷

鷹師及諸鷙傷生之類宜放之山林以其地爲太后
立寺
十五年八月戊戌移道壇於桑乾之陰改曰崇虛寺
十六年詔四月八日七月十五日聽大州度一百人
爲僧尼中州五十人下州二十人以爲常准著於令
十七年詔立僧制四十七條
十九年四月帝幸徐州白塔寺顧謂諸王及侍臣曰
此寺近有名僧嵩法師授成實論于羅什在此流通
後授淵法師淵法師授登紀二法師朕每翫成實論
可釋人染情故至此寺焉時沙門道登雅有義業爲

帝眷賞嘗預講論曾於禁內與帝夜談同見一兒及卒帝甚悼惜之詔施布一千疋又設一切僧齋并命京城七日行道又詔曰朕道登法師奄至徂背痛怛摧慟不能已已比藥治隕喪未容即赴便準師義哭諸門外祭奠之又有西域沙門名跋陀素有道業深爲帝所敬信詔於少室山陰立少林寺而居之公給衣供

二十一年五月詔曰羅什法師可謂神出五才志入四行者也今常任寺猶有遺地欽悅脩蹤情深遐邇可於舊堂所爲建三級浮圖又見逼昏虐爲道殄軀

旣曁同俗禮應有子孫可推訪以聞當加序接先是立建福曹又改爲昭玄備有官屬以斷僧務時沙門道順會覺僧意惠紀僧範道弁惠度智誕僧顯僧義僧利並以義行知重

宣武帝景明元年詔大長秋卿白整準大京靈巖寺石窟於雒南伊闕山爲高祖文昭皇太后營石窟二所初建之始窟頂去地三百一十尺至正始二年終始斬山二十三丈大長秋卿王質謂斬山太高費功難就奏求下移就平地去一百尺南北一百四十尺永平中中尹劉騰奏爲帝復造石窟一凡爲三所從景明元年至正始四年六月已前用功八十萬二千

三百六十六

永平元年秋詔曰緇素旣殊法律亦異故道教彰於玄顯禁勸各有所宜自今已後衆僧犯殺人已上罪者仍依俗斷餘犯付昭玄以內律僧制治之

二年冬沙門統惠深上言僧尼浩曠清濁混流不遵禁典精麤莫別輒與經律法師群議上制諸州鎭郡維那上座寺主各令戒律自修咸依內禁若不解經律者退其本次又出家之人不應非法積入不淨物然經律所制通塞有方依律車牛淨人不淨之物不得爲已私畜惟有老病年六十已上者限聽一乘又

比來僧尼或因三寶出貸私財自此不得更爾又出家捨著本無凶儀不應廢道從俗其父母三師遠聞凶問聽哭三日若在見前限以七日或有不安寺舍遊止民間亂道生過皆貉此等若有犯者脫服還民其有造寺者限僧五十以上啓聞聽造若有輒營置者處以違勅之罪其寺僧衆擯出外州僧尼之法不得爲俗人所使若有犯者還配本屬其外國僧尼來歸化者求精舍簡有德行合三藏者聽任若無德行遣還本國若其不去依此僧制治罪詔從之是年十一月帝於試乾殿爲諸僧朝臣講維摩詰經

二年冬迎弘農荆山造珉玉丈六像置於維濵之報德寺帝躬觀致敬

四年夏詔曰僧祇之粟本朝濟施儉年出貸豐則收入山林僧尼隨以給施民有窘弊亦即賑之但主司冐利規取贏息及其徵責不計水旱或償利過本或翻改券契侵蠹貧下莫知紀極細民嗟毒歲月滋甚非所以矜此窮乏崇尚慈極之本意也自今已後不得專委維那都尉可令刺史共加監括尚書簡諸有僧祇穀之州別列其元數出入贏息賑給多少並貸償歲月見存未收上臺錄記若收利過本及翻改初

券依律免之勿復徵責或有私債儒施債僧郎以丐民不聽收簡後有出貸先盡貧窮徵責之科一准舊格富有之家不聽輒貸脫仍冐濫依法治罪時尚書令高肇奏言謹案故沙門統曇曜昔於承明元年奏涼州軍戶趙苟子等二百家為僧祇戶立課積粟擬濟饑年不限道俗皆以拯施又依內律僧祇戶不得別屬一寺而都維那僧暹僧頻等進違成旨退乖內法肆意任情奏求逼召致使呼嗟之怨盈於行道棄子傷生自縊溺死五十餘人豈是仰賛聖明慈育之志深失陛下歸依之心遂令此等行號巷哭叫訴無所至乃白羽貫耳列訟宮闕悠悠之人尚為哀痛况慈悲之士而可安之請聽苟等還鄉課輸儉乏之年周給貧寡若有不虞以擬捍邊其暹等違旨背律謬奏之愆請付昭玄依僧律推處詔曰暹等特可原之餘如奏帝篤好佛理每年常於禁中親講經論廣集名僧標明異旨沙門以修錄為內起居焉帝既崇之下彌企尚至延昌中天下州郡僧尼寺積有一萬三千四百三十七所徒侶逾衆

孝明熙平元年詔遣沙門惠生使西域採諸經律及還京師所得經論一百七十部行於世時帝於城內

大社西起永寧寺靈太后親率百寮表基立刹佛圖九層高四十餘丈其諸費用不可勝紀景明寺佛圖亦其亞也至於官私寺塔其數甚衆

神龜元年冬司空尚書令任城王澄奏曰仰惟高祖定鼎嵩瀍卜世悠遠慮括始終制洽天人造物開符垂之萬葉故都城制云城內惟擬一永寧寺郭內唯擬尼寺一所餘悉城郭之外欲令永遵此制無敢踰矩逮景明之初微有犯禁故世宗仰修先志爰發明旨城內不得造立浮圖僧尼舍亦欲絕其希覬文武二帝豈不愛尚佛法盖以道俗殊歸理無相亂故也

但俗眩虛聲僧貪厚潤雖有顯禁猶自冐營至正始三年沙門統惠深有違景明之禁便云營就之寺不忍移毀求自今已後更不聽立先旨寬容抑典從請前班之詔仍卷不行後來私謁彌以奔競永平二年深等復立條制啓云自今已後欲造寺者限僧五十已上聞輒聽造若有輙營置者依俗違勑之罪其寺僧衆擯出外州爾來十年私營愈盛罪擯之事寂爾無聞豈非朝格雖明恃福共毀僧制徒立顧利莫從者也不俗不道務爲損法人而無厭其可極乎夫學迹冲妙非浮識所辨玄門曠寂豈短辭能究然净居

塵外道家所先功緣冥深匪尚華遁苟能誠信童子聚石可邁於道場純陀儉設足薦於雙樹何必縱其盜竊資營寺觀此乃民之多幸非國之福也然比日私造動盈百數或剩請公地輙樹私福或啓得造寺限外廣制如此欺罔非可稍計臣以才劣誠忝公務奉遵成規裁量是總所以披尋舊旨研究圖格輙遣府司馬陸昶屬崔孝芬都城之中及郭邑之內簡括寺舍數剩五百空地表剎未立塔宇不在其數民不畏法乃至於斯自遷都已來年踰二紀寺奪民居三分且一高祖立制非徒欲使緇素殊途抑亦防微深慮世宗述之亦不可錮禁營福當在先塞未萌今之僧寺無處不有或比滿城邑之中或連溢屠沽之肆或三五少僧共爲一寺梵唱屠音連簷接響像塔纏於腥臊性靈沒於嗜慾真僞混居往來紛雜有司因習而莫非僧曹對制而不問其餘汚染真行塵穢練僧薰猶同器不亦甚歟往在北代有法秀之謀近日冀州遭大乘之變皆初假神教以惑衆心終設姦誑用逞私悖太和之制因法秀而杜遠景明之禁慮大乘之將亂始知祖宗叡聖防遏慮深履霜堅氷不可不慎昔如來闡教多依山林今此僧徒戀着城邑

豈湫隘是經行所宜浮諠必棲禪之宅當繇利引其心莫能自止處者既失其貞造者或損其福乃釋氏之糟糠法中之社鼠內戒所不容王典所應棄矣非但京邑如此天下州鎮僧寺亦然侵奪細民廣占田宅有傷慈矜用長嗟苦且人心不同善惡亦異或有栖心真趣道業清遠者或外假法服內懷悖德者如此之徒宜辨涇渭若雷同一貫何以勸善然覩法賛善凡人所知隱俗避嫌物情同趣臣獨何爲孤議獨發誠以國典一廢追理至難法網暫失條綱將亂是以冐陳愚見兩願其益臣聞設令在於必行立罰貴

能肅物令而不行不如無令罰不能肅孰與亡罰頃明詔屢下而造者更滋嚴限驟施而爲犯不息者豈不以假福託善幸罪不加人殉其私吏難其劾前制無追往之辜後旨開自今之恕悠悠世情遂忽成法今宜加以嚴科特設重禁糾其來違懲其往失脫不峻簡方垂容借恐今旨雖明復如往日又旨令所斷標榜禮拜之處悉聽不禁愚以爲樹榜無嘗禮處難驗欲令有造立榜證公須營之辭旨以言嘗禮如此則徒有禁名實通造路且臨御已後斷詔四行而私造之徒不懼制而止豈是百官有司怠於奉法將繇

網漏禁寬容託有他故耳如臣愚量都城之中雖有標榜營造之功事可改立者請依先制在於郭外任擇所便其地若得券證分明者聽其轉施若官地盜作買即令還官若靈像既成不可移徹請依令勑如舊不禁今悉坊內行止不聽毀坊開門以妨里內通巷若被旨者不在斷限郭內准此商量其廟像嚴立而逼近屠沽者請斷旁屠殺以潔靈居雖有僧數而事在可移者令就閑敞以避隘陋如今年正月勑後造者求依僧制案法科治若僧不滿五十者共相通容小就大寺必令充限其地賣還一如上式自今外州若欲造寺僧滿五十以上先令本州表列昭玄量審奏聽乃立若有違犯悉依前科州郡以下容而不禁罪同違旨庶仰遵先皇不朽之業俯奉今旨慈悲之令則繩墨可全聖道不墜矣奏可未幾天下喪亂加以河陰之酷朝士死者其家多捨居宅以施僧尼京邑第舍略爲寺矣前日禁令不復行焉

後周太祖爲魏丞相雅好談論并簡名僧深識玄宗者一百人於第內講説又令行臺學士薛憕等十二人兼學佛義使內外俱通繇是四方競爲大乘學丞相府記室參軍盧光性崇佛道至誠信敬嘗從帝狩

於檀臺山時獵圍既合帝遥指山上謂群公等有所見不咸曰無見光獨曰見一桑門帝曰是也卽解圍而還令光於桑門立處造浮圖掘臺一丈得瓦鉢錫杖各一帝稱歎因立寺焉

武帝天和四年二月帝御大德殿集百寮道士沙門等討論釋老義

宣帝大象元年初復佛像及天尊像初武帝至德三年斷佛道二教像悉毁罷至是復之帝與二像俱南面而坐大陳雜戲令京城士民縱觀

靜帝以大象二年卽位復行佛道二教舊沙門道士

精誠自守者簡令入道
隋文帝開皇十二年令陳散騎常侍徐孝克於尚書都堂講金剛般若經
二十四年詔沙門道士壞佛像天尊百姓壞嶽瀆神像皆以惡逆論帝年齡晚暮尤崇尚佛道故也
仁壽元年六月頒舍利於諸州
唐太宗貞觀三年十二月癸丑詔曰至人虛已忘彼我於曾懷三教慈心均異同於平等是知上聖惻隱無隔萬方大悲弘濟義猶一子有隋失道九服沸騰朕親總元戎致茲明罰誓收登陑曾無寧歲老弱被

其桀犬愚惑嬰此湯羅蝟鬚義憤捐軀抗節各殉所奉咸有可嘉日往月來逝川斯遠雖復項籍放命封樹紀於丘墳紀信捐生丹書著於圖史猶恐九泉之下尚淪鼎鑊八難之間永纏冰炭愀然疚懷用忘興寢思所以樹立福田濟其營魄可於建義已來交兵之處爲義士凶徒殞身戎陣者立寺刹焉乃詔虞世南李百藥褚亮顏師古岑文本許敬宗朱子奢等爲之碑銘以紀功業時沙門玄奘於中天竺國將梵本經論六百餘部而歸太宗奇之召高業沙門與之翻譯出三藏聖教太宗爲其論序皇太子重闡斯美乃著述聖記以廣其義
十六年五月御製懺文於弘福寺曰聖哲之所尚者孝也仁人之所愛者親也朕幼荷鞠育之恩長蒙撫養之訓蓼莪之念何日忘之罔極之情昊天匪報昔子路歎千鍾之無養虞丘嗟二親之不待方寸亂矣信可悲夫朕每痛一月之中再罹艱疚興言永慕哀切深衷欲報靡因唯資冥助敬以絹二百疋奉於大道儻至誠有感冀消過去之愆爲善有因庶獲後緣之慶
高宗永徽二年八月廢玉華殿以爲佛寺

顯慶元年四月戊申御安福門樓觀慈恩寺僧玄奘等迎御製書慈恩寺碑文向寺諸寺皆造幡蓋飾以金寶窮極瓌麗太常及京城音樂車數百兩僧尼執幡兩行導從士女觀者填噎街衢自魏晉以來崇事釋教未嘗有如此盛者也
乾封元年正月戊辰朔有事於泰山詔兗州置觀寺各三所其觀以紫雲仙月萬歲爲稱其寺以封巒非煙重輪爲名各度七人天下諸州別置一觀一寺各度七人
中宗神龍元年二月制天下諸州各置寺觀一所咸

以大唐中興爲名

九月制曰如聞天下諸觀皆畫化胡之變諸寺亦畫老君之形一種尊容兩俱不可限制到後十日並除却若有故留者即科違勑罪其化胡經先有明勑禁斷如聞在外仍頗流行自今諸部化胡經事及餘說化胡事處並宜除削

三年七月丁酉以所造長樂坡大像工役稍廣百姓多怨嗟制罷之

玄宗開元二十年都城僧等奏曰伏請以每歲八月于衞國天宮等寺轉經行道至九月罷爲陛下修福

在京於雲化興善等寺歲以爲嘗許之

二十三年九月親注金剛經及修義訣中書令張九齡等上言臣等伏見御注前件經及義訣佛法宗旨撮在此經人間傳習多所未悟陛下曲垂聖意敷演微言幽關妙鍵豁然洞達雖臣等愚昧本自難曉伏覽睿旨亦旣發明是知日月旣出天下普炤誠在此也陛下至德法天平分儒道已廣度其僧又不遠其願三教並列萬姓知歸伏望降出御文內外傳授帝手詔報曰僧徒固請欲以興教心有所得輒復䟽之今請頒行仍慮未愜簡較釋門威儀僧思有奏曰自像教西流具文東譯學傳師口凡今則多詿訣聖情前古未有臣請具幡花奉迎於敬愛寺設齋慶賀其御注經伏乞示天下宜付史官許之

二十六年正月丁酉制曰道釋二門皆爲聖教義歸弘濟理在尊崇其天下觀寺大小各度一十七人簡擇灼然有經業戒行爲鄉閭所推仍先取年高者

二十七年二月制天下觀寺每于齋日宜轉讀經典懲惡勸善以闡文教

天寶四載九月詔曰波斯經教出自大秦傳習而來久行中國爰初建寺因以爲名將欲示人必脩其本

其兩京波斯寺宜改爲大秦寺天下諸府郡者亦宜准此

十載六月帝以先帝忌日命女工綉釋迦牟尼佛像親題繡額稽首祈福

冊府元龜

巡按福建監察御史臣李嗣京訂正
知長樂縣事臣夏允彝叅閱
知建陽縣事臣黄國琦較釋

帝王部五十二

崇釋氏第二

唐肅宗至德中內置道場供奉僧晨夜念佛動數百人聲聞禁外中書侍郎平章事張鎬知之奏曰臣聞天子修福當在安養含生靖一風化未聞區區僧教以致太平伏願陛下以無爲爲心不以小乘撓聖慮

也肅宗甚然之

上元二年四月甲申詔於唐興寺設高座講論二教

七月癸巳於景龍観設高座講論道釋二教

代宗寳應元年八月癸酉詔曰道釋二教用存善誘至於像設必在尊崇如聞州縣公私多借寺観居止因玆褻黷切宜禁斷務令清肅其寺観除三綱并老病不能支持者餘並仰每日二時行道禮拜如有弛慢並量加科罰時天下公私等事多借寺觀居止代宗恐其褻黷因詔又詔曰教宗清淨禮避嫌疑其僧尼道士非本師教主及齋會禮謁不得妄託事故輙有往來非時聚會並委所繇官長勾當所有犯者准法處分亦不得因玆擾擾分明告示咸使知悉

廣德元年七月壬子大赦改元制河南河北僞度僧尼道士女冠並與正度

二年四月壬申以玄宗諱日度僧道凡數百人乙酉以肅宗諱日度僧道凡數百人

永泰元年九月於京城資聖西明兩寺置百高座講仁王經內出二寳輿中命有力者衣金甲舁出又結彩爲菩薩神王及八部鬼神羊車鹿車牛車內侍魚朝恩護送宰臣及百官列班於光順門觀禮宰臣等

表請依班序節級率錢以資僧供二七日而罷又詔宰臣及兩省五品已上官尚書省四品已上官御史大夫中丞諸司長官並於西明寺行香修齋奏樂竟日而罷俄以吐蕃回紇入冦罷百高座講經

十月復講經於資聖寺

大曆三年正月乙丑帝幸章敬寺行香凡度僧尼一千人

二月辛丑萬年縣鎮國寺有胡僧純陀自言六百歳臨終遺弟子詣闕以衣鉢傳奉皇帝帝遣中官以紫衣賜之又遣中官弔祭并護葬事是月興善寺不空

三藏上言寺院佛塔先因地震陷折今將增修下見古埏得一小棺其長尺餘發而視之凡積十餘重棺皆金寶裝飾中有舍利骨及佛髮一條色青而拳其長數尺每棺一鏁規製妙絶有殷仲文題賛處甲辰内出寶輿具威儀迎入内道場奉之

七月特賜章敬寺盂蘭盆時寺宇新成帝增罔極之思勑百官詣寺行香

四年正月帝以章敬皇太后忌辰度僧尼道士凡四百人是月以修功德使大濟禪師廓清簡較殿中監廓清京城興唐寺僧也以修功德承恩特賜袈裟及

廄馬出入禁中無時初賜號大濟至是又寵以班秩京師諸僧咸憚之

二月南天竺國僧三藏文殊德上言廣州南界蕃人新營兩寺望賜寺名詔以寶應廣德二名賜之

七月庚申文成殿置道場爲萬姓祈福是日佛見光相自子至丑久而不散六宮近侍咸覩文武百官尚書左僕射裴冕等表賀曰聖德動天湛恩育物齋心甲夜稽首梵筵助玄造於慈元登耆生以壽域休徵允荅聖功契符騰神光於玉毫發晬容於金殿宮中咸覩夜後如初臣等得奉殊祥無任歡欣之至伏請編諸史冊宣示中外手詔荅曰朕嗣守鴻業恭臨寶位夕惕若厲蹈乎春氷啓三乘之真如爲萬姓以作福大雄感應示現毫光茂對禎祥多慙薄德卿等百辟勤修庶政休徵薦集慶慰當深所請編之史冊宣示中外者依

七年正月興善寺僧特進試鴻臚卿三藏不空獻所翻譯佛經特許編入一切經目不空表曰爰自幼年承事先師大弘三教和尚二十有四載禀授瑜伽法門後遊五天尋求所未授者外諸經論更重學習凡得梵本瑜伽真言經論五百餘部奉爲國家詳譯聖

言廣崇福祐天寶五載却至上都奉玄宗皇帝恩命於宮内建立灌頂道場所齎梵經盡許翻譯及肅宗皇帝配天繼聖特奉綸音於内道場建立護摩及灌頂法又爲國譯經助宣皇化其所譯金剛灌頂瑜伽法門是成佛速邪之路其修行者必能頓超凡境達於彼岸餘部真言諸佛方便其徒不一所譯諸大乘經典皆是上資邦國息滅災厄星辰不愆風雨順序仰恃佛力輔成國家謹繕集前後所翻譯自開元至今凡一百一卷七部以聞詔下有司宣付中外

八年正月乙未勑天下寺觀僧尼道士不滿七人者

宜度滿七人三七人已上者更度一人二七人以下者更度三人

五月庚子以太宗諱日命有司修四千僧齋於服成寺

八月戊午修一萬僧齋於慈恩寺爲萬姓祈福九年丙戌以肅宗諱日度僧尼道士凡二百餘人

六月癸未興善寺僧試鴻臚寺卿不空三藏卒輟朝三日不空西域胡僧也敏智多聞學通釋氏經論曉知蕃漢音旨翻譯貝葉經凡數萬言帝甚敬之及卒乃下詔曰大道之行同合於異相王者至理總歸於

正法方化成之齊致何儒釋之殊塗故前代帝王罔不崇信法教弘闡與時偕行特進試鴻臚卿大興善寺三藏沙門大廣智不空我之宗師人之舟楫超詣三學坐離于見聞修持萬行當示於化滅執律捨縛護戒爲儀繼明善教之志來受人王之請朕在先朝早聞道要及當付囑嘗所歸依每執經內殿開法前席凭几同膠序之禮順風比崆峒之問而妙音圓演密行內持待扣如流自涯皆悟滌除昏妄調伏塵冤天人洗心於度門龍鬼受職於神印固以氣消災厲福致吉祥實惟弘我之多寧止利吾之美當有命秩用伸優禮而得師爲盛味道滋深思復強名載明前志夫妙界有莊嚴之士內品有果地之儀本乎尚德敬順時典可開府儀同三司仍封肅國公贈司空謚曰大辯正廣智不空三藏和尚

德宗貞元四年八月御通化門觀章敬寺迎御書院額并鼓吹閱神策馬技

五年三月詔曰釋道二教福利群生館宇經行必資嚴潔自今州府寺觀不得宿客居住屋宇破壞各隨事修葺

八月詔天下諸上州並宜國忌日准式行香

六年二月乙亥詔葬佛骨於岐陽初岐陽有佛指骨寸餘葬於無憂王寺或奏請出之以示衆帝乃出之置於禁中精舍又送於京師佛寺傾都瞻拜施財物累鉅萬是日命中官送歸岐陽左神策行營節度使鳳翔尹邢君牙迎護葬於舊所

八年七月丁卯幸章敬寺

九年五月賜故杭州徑山寺僧法欽謚曰大覺禪師

六月詔定國忌日寺觀齋僧道人數有差

十二年九月右神策等軍上言宴設堂去年臘日嘗車駕臨幸請置寺以貞元鎮國爲名從之又詔虢州

閬鄉縣龍興寺故阿足師宜諡大圓禪師
十三年四月於曲江南彌勒閣置寺以貞元普濟爲名
七月右神策軍中尉霍仙鶴患特賜馬十匹令諸寺設齋祈福
十月景公寺僧寂寛等於京兆府狀訴綱維乾俊等典賣承前勑賜御衣府司推勘所典賣並緣當任寺用禁繫乾俊等奏請科罪帝日本來施與寺家之物若自盜竊法律有文今乃不爲私情事緣當任正當施與之意豈合書以罪名若施與而今存乃是勞力

寺家殊非本施之意僧之言告乃是無知更欲科繩深所無謂宜並釋放
十四年正月南天竺國先進華嚴經殊梵本僧般若三藏領到令保壽寺僧智柔圓炤道監虚舟智通等十八人同於崇福寺翻譯成四十卷
十六年四月以故第二祖惠可禪師賜諡爲大祖禪師
憲宗元和二年九月乙巳許成都府置聖壽南平二佛寺
三年三月辛亥河中僧惠琳撰一切經音并目録一百三卷表獻之
六年正月丁巳勑諫議大夫孟簡給事中劉伯芻工部侍郎歸登右補闕蕭俛同就醴泉佛寺閱翻譯大乘本心地觀經
十年三月甲申西明佛寺僧遷寺中之毘沙門神像於開業寺帝命假之騎軍前後翼衛其徒以幢蓋引侍凡數里不絶觀者傾都
五月詔京城寺觀講宜准興元元年九月一日勑處分諸畿縣講宜勒停其觀察使節度州每三長齋月任一寺一觀置講餘州悉停惡其聚衆且虞變也

十二年二月丙申置元和聖壽佛寺於右神策軍
五月賜興佛寺絹布一百端疋
十三年四月甲寅幸興福寺賜絹三百疋辛酉西市百姓於芳林門爲無遮僧齋命中使以香施之
十二月庚戌僧惟應等辭赴鳳翔法門寺迎佛骨命高品中使杜英琦監焉是月癸亥命中使齎香監領宮人十三人赴臨皐驛迎佛骨先是功德使奏鳳翔府法門寺有護國真身塔塔内有釋迦牟尼佛指骨一節其本傳以爲當三十年一開開則歲豐人安至來年合發詔許之及至又命中使領禁兵與僧徒迎

護開光順門以納之留禁中二日乃送京城佛寺

十四年四月乙卯御勤政樓觀都人設僧齋之會陳雜樂百戲日入而罷

穆宗以元和十五年正月即位二月河東節度使裴度奏今月四日五臺山佛光寺側慶雲現中有金人乘狻猊領徒千萬如金仙狀自巳至申方滅

長慶三年八月自複道達興慶宮至通化門賜丐僧等絹二百疋遣中使劉克明以錢二百五十貫絹二百五十疋賜弘福寺以發新鐘

十一月幸通化門觀作毘沙門神因賜絹五百疋

十二月以錢一千貫賜章敬寺又賜毘沙門神額曰毘沙天王導以幡幢帝御望仙門觀之遂舉樂雜戲角抵極歡而罷

敬宗寶曆元年二月巳卯賜化度寺經院金字額寶曆聖福之院功德使具雜戲聲樂迎以赴寺帝御日迎樓觀之丁亥詔兩街佛寺置方等受戒壇場自三月十日至四月十日停仍令兩街功德使各選擇有戒行僧謂之大德者考試僧能暗記經一百五十紙尼能暗記經一百紙即令與度此事停廢已久所在長吏方喜耕織者稍衆今忽重置盖寶壽寺僧法真因道場修功德奏論得請也

八月巳丑蓬萊殿會沙門道士共四百人賜食兼給茶絹有差

二年三月庚午鄭滑觀察使李聽上言隋大業初高祖神堯皇帝任鄭州刺史日爲太宗文皇帝疾恙祈福於滎陽縣太海佛寺其荅如響因建一石像像下刋紀其事凡十六字歲月既遠盡翳於土壤中今滎陽縣令李元慶新加嚴飾刺史張仲方立石爲文不敢不奏

文宗太和元年十月江西奏洪州道一禪師元和中賜謚大寂其塔未蒙賜額詔賜名圓證之塔

二年七月浙西道觀察使李德裕奏潤州鶴林寺故禪師玄素傳牛頭山第五祖智威心法是徑山大覺之師伏請依釋門例賜謚號大額勑宜賜謚大律禪師大寶般若之塔

十月河中觀察使薛平奏中條山蘭若營造之初有兩泉湧出今因降誕請號爲太和寺許之

開成二年二月甲辰王彥進准宣索内典目録十二卷乙巳以太宗皇帝先置毘沙門神及功德在蓬萊殿是日移出配諸寺安置

三月甲戌以彗星見命京師諸佛寺開仁王經道場

宣宗以會昌六年即位五月勑上都添僧尼寺一所每寺三十人

大中元年閏三月帝御紫宸殿謂宰臣曰佛雖異方之教深助理本所可存而勿論不欲過毁以傷令德乃遣下詔有會昌中靈山古迹招提棄廢之地並令復之委長吏擇僧之高行者居焉

懿宗咸通十四年三月詔曰兩街僧道於鳳翔法門寺迎佛骨四月八日佛骨至京自開遠門達安福門迎禮之迎入内道場二日出於京城諸寺士女雲合威儀盛飾古無其比遂下制赦京畿及天下見禁囚

徒

後唐莊宗同光二年九月勑天下應有本朝所造寺觀宜令所在長吏取寺司當任物添修至萬壽節日須畢其功

十一月甲戌河南尹張全義奏萬壽節於嵩山開琉璃戒壇度僧百人勑張全義首冠王臣心明佛性資善弘於淨衆增福聚於皇基將欲壇啓琉璃人詮鷲鷲實彰忠節宜示允俞

十二月乙亥幸廣化寺祈雪

二年正月幸鄴都登黎陽山燔香於大像前

五月戊申幸龍之廣化寺開佛塔請雨

明宗天成元年十一月勑佛氏之教其來久矣旣爲空寂之門不無高潔之士自淳風久散至道莫隆漸容遊惰之徒雜處緇黄之衆罔尊禁戒唯切經求託形勢以擾人蓄資財而潤已將思縱志肯樂聚居多於閭巷之間别搆住持之所妄陳福業潛誘聾愚或移動居人或侵并物業如斯之弊其徒日繁朕方靜寰區務康黎庶貴臻有益共洽無私宜令徧行告諭應今日已前修蓋得寺院無令毁廢自此已後不得輙有建造如要願在僧門亦宜准佛法條例官壇受

戒不得擅私剃度

二年九月益州孟之祥令僧五人持佛牙長一寸六分云僖宗幸蜀時留之令屬應聖嘉節願資壽命宣示近臣

十月五臺山王子寺主僧人廷果狀稱爲先師廣法大師誠惠建塔請名謚爲法雨大師慈雲之塔

四年八月澤州盤亭山千峯禪寺僧洪審狀奏當院創感應舍利塔一所乞賜塔額乃賜號爲圓空之塔

長興四年七月命中使押絹五百疋施五臺山僧齋料

末帝清泰元年七月遣供奉官鄭延遂往鳳翔詔胡
僧阿闍黎初帝在藩屢與僧言聞黎行高知前事帝
深重之
九月詔鳳翔發遣僧祐聖大師至京師
二年正月千秋節樞密使趙延壽獻金繒并大乘經
十卷忻州刺史劉處讓獻金字法華經一部太原多
僧舍資福一宗尢事禪譯文武間好佛者多奏其門
帝頗宗奉及鎮河中鳳翔僧知數者數言帝有金輪
之位岐僧阿闍黎言事多從故延壽處讓有是貢獻
四月丙寅河中棲巖寺弘福院僧惠鑒言先師在龍
冊府元龜　帝王部崇釋氏　卷之五十二　十三
潛時施財起塔奏號靈應之塔師未有謚詔賜謚真
寂丁卯遣供奉官李彥顒鳳翔法門寺飯僧尼道俗
帝舊游故也乙酉功德使言左右街僧錄可肇報在
京諸寺院童子行者於千春節考録及限各給得文許
令披剃及僧尼沙彌年滿二十受具戒伏乞開置官
壇緣四月十五日僧門結夏至七月十五日方滿至
千春節前開置戒壇從之時功德使奏每年誕節諸州府奏薦僧道其僧尼欲
立講論科講經科表白科文章應制科持念科禪剃穀讃科道士女冠經法科講論科文章應制科表白
科聲讃科焚修科以試其能否從之
八月杭州錢元瓘言襲爵四年曾無顯効受鳳池之

真命降龍冊以雙封臣特於府城外造寺一所前百
步起樓號奉國其寺額乞以龍冊爲名詔曰錢元瓘
效忠建寺比爲誕節齋僧龍冊爲名未稱勤懇宜號
千春寺
十月鳳翔言僧阿闍黎卒帝嗟惜之命翰林學士爲
誌石
三年遣供奉官劉處賓往鳳翔法門寺四月八日設
大齋會
晋高祖天福二年正月勑西天中印土摩竭陀舍衛
國大菩提寺三藏陀闍黎賜紫沙門室利縛羅上默下剃
冊府元龜　帝王部崇釋氏　卷之五十二　十四
宜賜號弘梵大師
十一月于闐國僧曼哥羅贊嘗羅賜紫號昭梵大師
三年十一月庚午西京左右街僧錄可肇等齋佛牙
到闕宜付汴京收掌
十二月戊子勑河陽邢州潛龍舊宅先令選名僧住
持宜賜院額其河陽曰開晋禪院邢州曰廣法禪院
四年二月庚子以天和節僧尼賜紫衣師號者一百
有五寺宇賜名額者凡二十有三襄州香界延州衆
寶邢州普會相州安福懷州普護鳳翔寶蓮鄭州妙
香棣州淨念洛州天花汾州普炤雒京廣福鳳州弘

利京兆悟空并州定果徐州空寂宋州普福遂州澄
節許州善提靖教陳州花臺定業東京金明善會
十二月丙辰勑凡爲精舍將結勝緣淸虛則神亦相
依混亂則人皆不重其或偶然乘興率爾棲心鄉村
接漁獵之家鄽里定屠沽之戶佛雖無染僧豈不輕
宜崇釋梵之因示肅人天之化所有自前院宇即且
依舊住持今後城郭村坊一切不得創造
五年二月甲子天和節道釋賜紫衣師號者凡九十
人寺宇賜名額者凡二十五所東京寶繩寶像寶花
法林西京惠雲京兆普静兖州等覺玄機蔡州吉祥

懷州妙理襄州護國許州定水貝州寶刹博州金繩
耀州寄行代州仁壽鄆州感化潞州妙士定州毘城
岐州善覺遺相澤州解空慈州集聖鄆州真覺
四月癸卯建金界寺於五臺立峻極院於嵩嶽
六年二月戊午天和節道釋賜紫衣師號者凡百三
十有四寺宇賜名額者凡五十有九東京淨聖資壽
西京仁聖青蓮延慶北京静覺鳳翔弘化定州法海
孟州興惠趙州興法襄州延壽延州興果相州妙勝
潞州慈雲汝州清凉安州竺乾陜州仁壽邢州開心
濮州樂壽

五月甲辰加濕彌陀國僧㗖哩以佛牙汎海而至
十二月壬子遣内班史延韜部署僧十四人宗城縣
開置道場以鎮人爲安重榮脅制而有殺戮崇其福
事
七年正月遣内班衞延韜鎭州開置水陸道場
三月壬子天和節三京諸道州府奏僧尼道士乞紫
衣師號凡百人寺觀名額五十餘處悉從之
五月乙未秦州侯益奏臣頃歳曾爲偏將往伐叛逆
有願如范延光歸降兵無血刃即於招討使楊光遠
中軍寨建一佛刹自後延光果能歸款克契發心光

遠尋施錢三百貫文與臣共力營葺今修成天王院
一所乞賜名額勑以福順天王院爲名
少帝開運二年六月定州奏據郎山招收指揮使孫
方簡狀當山有僧院地居山谷道扼鄉閭自番戎驟
動已來邊界驚移之後多聚強壯自辦戈矛每遇賊
軍皆獲勝捷其郎山爲易州之中路滿縣之隣封通
此往來最爲要害乞賜院額者勑以勝福之院爲名
漢隱帝乾祐二年太子率更令李守璣上言二事其
一沙門着紫比非佛門貴務奢華以邀名利諸處奏
薦盖出頗情以臣愚見不敢便望止絶每歳誕節前

據所奏薦便令其身隨薦章詣闕令功德使召兩院僧官考試所業長短以行恩澤庶絶濫舉之門

周太祖廣順二年十一月以在京潛龍宅爲佛宮賜額號天聖禪寺

三年十一月中印寺僧法進賜紫衣

世宗顯德元年三月親征河東四月丁巳幸圍栢谷佛寺賜主寺僧紫衣

九月以潛龍宮爲皇建禪院遣沙門清興主之

是月齊州沙門義楚進釋氏六帖三十卷義楚少負名振亦通儒學將佛書麗事以類相從擬白氏儒書

所集帝覽而嘉之賜以紫衣其書付史館

四年十月賜京城內新四寺額以天清顯靜顯寧聖壽爲名

五年四月征淮南回戊午至泗州幸普光王寺賜寺僧帛有差

六月戊午內出御衣六百餘事錢四十萬羅穀百疋分賜兩街僧道令僧道修寺觀

六年四月幸滄州駐蹕於乾寧軍賜于城內二寺名額一日迎鑾二日順聖從寺僧之請也

册府元龜

巡按福建監察御史臣李嗣京　訂正
知閩縣事臣曹禺臣　參閲
知建陽縣事臣黄國琦　較釋

帝王部　五十三

尚黄老

黄帝曰觀天之道執天之行盡矣老子曰我無爲而民自化我好静而民自正信所謂知之修練滌除沖覧拱默垂衣而致治猶龍變化而莫測本其玅用歸諸自然故乃凝神御變抱一執契無可無不可者矣

自漢之世崇其言於宫壼孝武以降混其術於神仙或嚴祠於掖庭或講議於斧扆廣設壇醮親受符籙肹蠁報應與時偕行雖崇奉之至亦未能清淨如此也唐稱景冑茂暢真氣靈宇相望黄冠交暎尊其虚無之論列於儒學之科與夫大易神道設教洪範建用皇極愛民治國之要其歸一揆耳

後漢桓帝延熹八年正月遣中常侍左悺之苦縣祠老子

十一月使中常侍管霸之苦縣祠老子

九年七月祠黄老於濯龍宫文罽爲壇飾淳金釦器設華盖之座用郊天樂於是百姓稍有奉者後遂轉盛

晋哀帝雅好黄老斷穀餌長生藥

後魏道武好黄老之言誦詠不倦數召諸王及朝臣親爲説之

太武太平真君三年正月甲申帝至道壇親受符籙法駕旗幟是時道士寇謙之字輔真南雍州刺史讃之之弟自云寇恂之十三世孫早好仙道有絶俗之心少修張魯之術服食餌藥歷年無効幽誠上達有仙人成公興不知何許人至謙之從母家傭賃謙之嘗覩其姨見興行貌甚強力作不倦請廻賃興代已

使役乃將還令其開舍南辣田謙之於樹下坐筭興懇發至勤時來看筭謙之謂曰汝但力作何爲看此二三日後來復看之如此不已後謙之筭十一曜有所不了惘然自失興謂謙之曰先生何爲不懌謙之曰我學筭累年而近筭周髀不合以此自愧且非汝所知何勞問也興曰先生試隨興語布之俄然便決謙之嘆伏不測興之深淺請師事之興固辭不肯但求謙之爲弟子未幾謂謙之曰先生有意學道豈能與興隱遁謙之忻然從之興乃令謙之潔齋三日共入華山令謙之居一石室自出採藥還謙之食藥不

復饑乃將謙之入嵩山有三重石室令謙之住第二重歷年興謂謙之曰興出後當有人將藥來但食之莫爲疑怪尋有人將藥而至皆是毒虫臰惡之物謙之大懼出走興還問狀謙之具對興歎息曰先生未便得仙止可爲帝王師耳興事謙之七年而謂之曰興不得久留明日中應去興亡後先生幸爲沐浴自當有人見迎興乃入第三重石室而卒謙之躬自沐浴明日中有叩石室者謙之出視見兩童子一持法服一持鉢及錫杖謙之引入至興尸所興欻然而起著衣持鉢執杖而去先是有京兆灞城人王胡兒其

叔父亡頗有靈異曾將胡兒致嵩別嶺同行觀望見金室玉堂有一館尤珍麗空而無人題曰成公興之館胡兒怪而問之其父曰此是仙人成公興館坐失火燒七間屋被謫爲寇謙之作弟子七年始知謙之精誠遠通興乃仙者謫滿而去謙之守志嵩岳精專不懈以神瑞二年十月乙卯忽遇大神乘雲駕龍導從百靈仙人玉女左右侍衛集于山頂稱太上老君謂謙之曰往辛亥年嵩岳鎮靈集仙宮主表天曹稱自天師張陵去世巳來修善之人無所師受嵩岳道士上谷寇謙之立身置理行合自然才任範首可處師位吾故來觀汝授汝天師之位賜汝雲中音誦新科之誡二十卷號曰並進言吾此經誡自天地開闢以來不傳於世今運數應出汝宣吾新科清整道教除去三張僞法租米錢稅及男女合氣之術大道清虛豈有斯事專以禮度爲首而加之以服食閉練使九疑人長客之等十二人授謙之服氣道引口訣之法遂得辟穀氣盛體輕顏色殊麗弟子十餘人皆得其術泰常八年十月戊戌有牧土上師李譜文來臨嵩岳云老君之玄孫昔代郡桑乾以漢武之世得道爲牧土宮主臨治三十六土人鬼之政地方八十萬

里有奇盖歷術一章之數也其中爲方萬里者有三百六十萬遣弟子宣教云嵩岳所絡廣漢平土方萬里以授謙之作誥曰吾處天宮敷演真法處法道年二十二歲除十歲爲童蒙其餘十二年教化雖無大功且有指授之勞今賜汝遷入內宮大真大寶九州真師治鬼師治民師繼天師四錄修勤不懈依勞復遷賜汝天中二真大文録劾召百神以授弟子文録有五等一曰陰陽大官二曰正府三曰正房真官四曰宿宮散官五曰並進録生壇位禮拜衣冠儀式各有差品凡六十餘卷號曰錄圖真經付汝奉持輔佐

北方泰平真君出天宮靜輪之法能興造克就則起
真仙矣又地上生民末刧垂及其中行教甚難但令
男女立壇宇朝夕禮拜若家嚴君功及上世其中能
修身鍊藥學長生之術即爲真君種民藥别授方銷
鍊金丹雲英玉漿之法皆有訣要上師李君手筆有
數篇其餘皆正真書曹趙道覆所書古文鳥跡篆隸
雜體辭義約辯宛而成章大與世禮相准擇賢推德
信者爲先勤者次之又言二儀之間有三十六天天
之中有三十六宮宮有一主最高者無極至尊次曰
大至真尊次天覆地載陰陽真尊次洪正陽尊姓趙

名道隱以殷時得道牧土之來赤松王喬之倫及韓
終張世安劉根張陵近世仙者並爲翼從牧土命謙
之爲子與群仙結爲徒友幽冥之事世所不了聽謙
之具問一二告焉經云佛者昔於西胡得道在四十
二天爲延真宮主勇猛苦教故其弟子皆髡形染衣
繼絶人道始光初奉其書而獻之世祖乃令謙之止
於張曜之所供其食物時朝野聞之若存若亡未全
信也崔浩獨異其言因師事之受其法術於是上詠
讚明其事曰臣聞聖王受命則有天應而河圖雒書
皆寄言於蟲獸之文未若今日人神接對手筆粲然
辭旨深妙自古無比昔漢高雖復英聖四皓猶或恥
之不爲屈節今清德隱仙不召自至斯誠陛下侔蹤
軒黄應天之符也豈可以世俗常談而忽上靈之命
臣竊懼之太武欣然乃使謁者奉玉帛牲牢祭嵩岳
迎致其餘弟子在山中者於是崇奉天師顯揚新法
宣布天下道業大行浩事天師禮拜甚謹人或譏之
浩聞之曰昔張釋之爲王生結襪吾雖才非賢哲今
奉天師足以不愧於古人矣及嵩高道士四十餘人
至遂起天師道場於京城之東南重壇五層遵其新
經之制給道士百二十人衣食齋肅祈請六時禮拜

月設廚會數千人太武將討赫連昌太尉長孫嵩難
之太武乃問幽微於謙之對曰必克陛下神武應期
天經下治當以兵定九州後文先武以成太平太平
真君三年謙之奏曰陛下以真君御世建靜輪天宮
之法開古以來未之有也應登受符書以彰聖德太
武從之於是親至道壇受符籙備法駕旗幟盡青以
崇道家之色也自後諸帝每即位皆如之景穆太子
見謙之奏造靜輪宮必令其高不聞鷄鳴狗吠之聲
欲上與天神交接功役萬計經年不成乃言於太武
日人天道殊卑高定分今謙之欲要以無成之期説

以不然之事財力費損百姓疲勞無乃不可乎必如其言未若因東山萬仭之上爲功差易太武深然景穆之言但以崔浩贊成難違其意沉吟者乆之乃曰吾亦知其無成事既爾何惜三五百功九年謙之卒葬以道士之禮先於未亡謂諸弟子及吾之在汝曹可求神仙錄吾去之後天宮真難可復遇設會之日更布二席於上師坐前弟子問其故謙之曰仙官來是夕卒前一日忽言吾氣息不理腹中大痛而行止如嘗至明旦便終須臾口中氣狀若煙雲上出空中至天半乃消尸體引長弟子量之八尺三寸三日已

後稍縮至斂量之長六尺六寸於是諸弟子以爲尸解變化而去不死也時有京兆人韋文秀隱於嵩高徵詣京師太武曾問方士金丹事多日可成文秀對曰神仙幽昧變化難測可以闇遇難以預期臣昔者受教於先師曾聞其事未之爲也太武以文秀關右豪族風操溫雅言對有方遣與尚書崔賾詣王屋山合丹竟不能就是時方士至者前後數十人河東祁纖好相人太武賢之拜纖上大夫頻陽絳略聞喜吳邵道引修養積年百餘歲神氣不衰當農閻平仙博覽百家之言然不能達其意辭占應對義旨可聽太武欲授之官終辭不受扶風魯祈連赫連屈子暴虐避地寒山教授子弟數百人好方術少嗜慾河東羅崇從之輩餌松栢不食五谷自稱受道於條山太武令崇還鄉里立壇祈請黃老云條山有穴與崑崙蓬萊相屬入穴中得見仙人與之往來詔令河東郡給所須從穴行百餘步遂窮後召有司以崇誣罔不道奏治之太武曰崇修道之人豈致欺妄以詐於世或傳聞不審而至於此古之君子進人以禮退人以禮今治之是傷朕待賢之意遂赦之

文成興光元年二月帝至道壇登受圖籙禮畢曲赦

京師班賞各有差

獻文天安元年三月辛亥帝幸道壇親受符籙曲赦京師時東萊人王道翼少有絕俗之意隱韓山中四十餘年斷粟食麥通達經章書符籙嘗隱居深山不交世務年六十餘獻文聞而召青州刺史韓頹遣使就山召之翼乃赴都献文以其仍守本操遂令增給衣食終身

孝文太和十五年秋詔曰夫至道無形虛象爲主自有漢以來置立壇祠先朝以其至順可歸用立寺宇昔京城之內居舍尚希今者里宅櫛比人神猥凑非所以祗崇至法清敬神道可移於都南桑乾之陰岳山之陽永置其所給戶五十以供齋祀之用仍名爲

崇虛寺可召諸州隱士員滿九十人遷雒後鄴踵如
故事其道場在南郊方二百步以正月七日七月七
日十月五日壇主道士奇人以行拜壇祠之禮
後周武帝天和四年二月帝御大德殿集百僚道士
等討論其藥帝賦詩以記其迹仍勑於師正所居置
隆唐觀及帝營奉天宫特置仙遊門以通師正所止
之谷
唐中宗神龍元年二月制天下諸州各置觀一所咸
以大唐中興爲名
睿宗景雲元年十月制以雒州褒王府宅爲太安國

觀
十二月癸未制曰玄元皇帝朕之始祖無爲所庇不
亦遠乎第八女西域公主第九女昌隆公主性安虛
白神融皎昧並令入道奉爲天皇天后宜於京城右
造觀仍以來年正月令二公主入道
二年正月加銀青光祿大夫行太子率更令史崇玄
爲金紫光祿大夫太清觀主
三月癸酉制爲皇女金仙玉真二公主於京城各置
一觀仍以金仙玉真爲名
四月手制曰朕聞釋及玄宗理均迹異拯人救俗教
別功齊豈於中間妄生彼我不遵善下之旨相高無
上之法有殊聖教頗失彝章自今每緣法事集會僧
尼道士女冠等宜令齋行並進
玄宗開元八年六月道士葉法善卒制曰故道士鴻
臚卿員外置越國公葉法善天真精密玅理幽暢包
括祕要發揮靈符固以冥默難原希夷罕測而精栖
蓬閬迹混朝伍保黃冠而不扳加紫綬而非榮卓爾
孤秀泠然獨往勝氣絕俗真風無塵金骨外聳珠光
內映斯乃體應中仙名升上德朕嘗聽政之暇屈詢
至道公以理國之法屢奏昌言諫參隱諷事宜弘益

數徽音之未泯悲形鮮之儀留何莫慭遺殲良奄及
永惟平昔感愴於懷宜申禮命式賁泉壞可贈越州
都督法善三世爲道士皆有攝養占卜之術高宗聞法善名徵詣京師法善自高宗則天中宗殆五十年嘗來名山數詔入禁中盡禮問道然排擯佛法議者或譏其何背以其術高終莫之測也睿宗郎位稱法善有冥助之功先天二年拜鴻臚卿封越國公仍舊稱爲道士止于京師之景龍觀又贈其父爲歙州刺史當時尊寵莫與爲比年九十卒
九年三月置石柱於景龍觀令天台道士司馬承禎
依蔡邕石柱三體書寫老子道德經
十年正月巳丑詔兩京及諸州各置玄元皇帝廟一
所並置崇玄學其僧徒令習道德經及莊列文子等

每年准明經例舉送

四月帝夢京師終南山趾有天尊之象求得之於盩屋樓觀之側

十四年九月制曰玄元皇帝先聖宗師國家本系昔草昧之始告受命之期高祖應之遂於神降之所置廟改縣曰神仙近日廟庭屢彰嘉瑞虔荷靈應祗慶載深宜令本州擇精誠道士七人於羊角廟中潔齋焚香以崇奉敬

十八年十月命集賢院學士陳希烈等於三殿講道德經侍中裴光庭等奏曰堯舜以揖遜而理湯武以

干戈而興或勞神以苦形且役智而憔慮有生之類雖亦聞於小康無爲之風故未臻於大道今陛下化成天下與道玄同小其有爲之迹弘此不言之教將以去華歸本削僞存真其爲道德之鄉固在老莊之術遂命集賢院學士中書舍人陳希烈諫議大夫王迥質侍講學士宗正少卿康子元賛善大夫馮朝隱等於三殿侍講敷暢真文演襄城之七聖及姑山之四子理之於國唯清唯淨之風修之於身乆視長生之道聖化玄運寰瀛樂康咸日用而不知實曠代之未有臣忝職司望編入史冊宣示天下帝手詔報曰朕虔守宗祧祗膺曆數夙夜兢惕懼不克勝求賢臣而委之謀猷延學者而資其博洽用扶不逮雅致咸和既內平而外成且刑清而訟息端拱多暇留意典墳以爲道者玄妙之宗德爲教化之本講諷微旨稽詳秘文庶無爲而政成不宰而物應豈敢比德堯舜論功湯武者哉然必先正其心深思逮於遐邇務惟齊俗亦欲申於兆庶必若同歸清淨共守玄默所陳編示良用多慙

十九年正月壬戌置五岳真君祠廟各於岳下選德行道士數人焚香灑掃焉初司馬承禎隱於天台徵

至京師承禎因上言五岳神祇皆是山林之神非真正之神也五岳皆洞府各有上清真人降任其職山川風雨陰陽氣序是所理焉冠冕章服佐從神仙皆有名數請立齋祠之所帝從其言因敕五岳各置真君祠一所其形像制度皆令承禎推按道經創意爲之

二十年四月己酉勅曰五岳先制真君祠廟朕爲蒼生祈福宜令祭岳使選精誠道士以時設醮及廬山使者青城丈人廟並准此祭醮

二十年正月制曰老子道德經宜令士庶家藏一本

每年貢舉人量減尚書論策一兩條准數加老子策俾尊崇道本弘益化源今之此勑亦宜家置一本每須三省以識朕懷侍中裴光庭等奏曰伏見昨日一敕敎示百僚爰及兆庶聖恩博洽德澤如天亦既生成載加誨勗莫不遷善咸知向方臣忝在樞衡未有弘益忽承天奬曠若發蒙雖義軒上皇堯舜至德無以加也天下幸甚云云望編入國史以示將來從之詔曰玄元之敎家國是資匪爲先祖貴申道本所以首歲元日因行春令淸淨之政期諸相國乎爲官擇才可以先淳素也

二月逸人張果就徵張果不知何許人也則天時隱於條山往來汾晉間時人傳其有延年秘術自云年十千歲堯時爲侍中人莫之辨則天遣使召之果佯死不赴後人復見之往來鎮州山中鎮州刺史韋濟以狀聞玄宗令通事舍人裴晤往迎之果對使絶氣如死人之狀良久漸蘇晤不敢逼馳還具奏玄宗又遣中書舍人徐嶠賫璽書以邀迎之果乃隨嶠至東魯肩輿入宮中玄宗親訪以理道及神仙藥餌之事尋下制曰鎮州張果先生遊方之外者也跡先高尚心入窈冥是混光塵召至城闕莫詳甲子之數且謂羲皇上人問以道樞盡會宗極今將行朝禮爰升寵命可銀青光祿大夫號曰通玄先生其年請入鎮州賜以衣服及雜綵等便放歸山爲造棲霞觀於隱所

十二月侍講學士陳希烈等講書畢黄門侍郎同中書門下平章事裴耀卿等奏曰臣等伏承陛下講讀尚書周易道德莊列畢聖心弘道國訓崇儒玄風遠被更自茲始況以事殷四海念切萬方日午罷朝旣披文於内殿風迴問俗亦函丈於行宮漢皇乙夜無以過此悟老莊之旨齊物而仁恕以行運堯舜之心稽古則憲章攸備鈎深致遠不疾而速陶鈞庶類品

物之歡幸實深弘奬大猷篇策之煇光載遠臣等叨陪獻納竊奉音徽慶耀之誠倍百常品伏望付史官騰芳盛烈帝手詔報曰尚書雅誥周易精微朕幼奉師資未窮奥義故時令講說耳至乎莊子及道德經遞爲表裏詳其所指觸類繁多旣開廣成之道復得方明之相况之今日千載一時故弘斯義以諭卿也編緒簡牘隨卿意焉文武百官尚書左丞相集賢院學士蕭嵩奏曰伏見去年以來有勑令集賢院學士工部侍郎陳希烈諫議大夫王迴質膳部郎中馮朝隱等每日侍講玄元皇帝道德經及周易尚書莊子

等以今月二十四日講畢臣聞堯放上代之文以成其聖舜觀古人之象以著其明是知道有可尊禮忘於貴不唯聚學將以範人伏惟開元神武皇帝陛下明實天聰舉惟聖作道風允洽文教克成猶尚以廣生知以從積學事必稽古書皆作徽尊祖而習老經體天而觀易象追廣成之説則問以莊篇考唐郊之舊則詳於堯典日者北祠后土東幸温泉或地涉風沙或天將寒雪而講筵必集帳殿如初足以知好學之志彰克勤之德雖包義畫卦夏禹受書曷以臻兹臣等忝在朝列預聞帝道伏請宣付史官頒示天下

帝手詔荅曰爰闢集賢引進儒道退朝講讀蓋亦其嘗歲月周施頗尋章句其雅詁則稽之於古以質今其道真則取之於真不崇其放理國之要可不謂然乎宜付史官依卿所請

二十二年十月勑曰道家三元誠有科誡朕嘗精意禱亦久矣而初未蒙福念不在兹今月十四日十五日是下元齋日都内人應有屠宰令河南尹李適之勾當總與贖取其百司諸厨日有肉料亦責數奏來并百姓間是日並停宰殺漁獵等兼肉料食自今已後兩都及天下諸州每年正月七月十月元日起十三至十五兼宜禁斷

二十三年三月癸未親注老子并修疏義八卷及至開元文字音義三十卷頒示公卿士庶及道釋二門聽直言可否文武百官右丞相蕭嵩等奏曰臣等伏覩勑牒問百司并宣示道俗各得報稱咸以爲玄言造微字説該洽刊成代則欽若聖規觀妙知當以埏埴而爲體宿疑前失區條流而畢正是以發揮道教弘長儒風旣以化人且聞端本雖旁求異義載佇天心而四海同文一辭寧措並請編入史册藏之祕府許之

六月庚寅嘉州帳言山醮壇有神燈徧照諸峰群萃成響

二十四年八月庚午都城道士於龍興觀設齋發揚御書道德經上表請降中夜親王宰相及朝官行香并獻疏食許之九月贈故道士王友真爲銀青光禄大夫

二十五年正月癸未以道士尹愔爲諫議大夫集賢學士兼知史官事特賜朝散階制曰古者置長過之官立司過之史所以書君舉箴王闕不次而受惟才是與道士尹愔識洞微妙心遊淡泊衹服玄元弘猷

聖教雖混萬物獨詣於淸眞而傳綜九流兼通於儒
墨方貴無名之朴期不言之化資其妙道寘彼周行
宜居納誨之職仍在記言之地愔上表懇讓詔許衣
道士服視事愔乃受職
三十六年正月丁丑親迎氣於東郊畢制道釋二門
皆爲聖教義歸弘濟禮在遵崇其天下觀寺大小各
度十七人簡擇灼然有經業戒行爲鄉閭所推仍先
取年高者
二十七年十二月宰臣牛仙客李林甫奏曰臣等伏
見皇太子送十一月德音付史官伏承陛下前月五

日將欲巡幸渭北是夜夢玄元皇帝曰明日子欲遊
乎北神不在此事宜止五更當自有應且子之享國
多年矣何必此日陛下二更便停勑至五更果烈風
大起際暮方定伏以玉眞體妙莫大於皇極聖明致
理孰盛於吾皇繇是感而遂通聖與神合言不測之
事示必然之期果茲烈風有叶靈夢旣彰陛下之祚
更表無疆之休同天地而久長若符契之徵驗臣以
上自開闢傳考圖書神靈效祥帝王膺慶未有若此
之昭著也臣等謬當樞近又忝史官預聞德音不勝
忭躍伏望宣示百僚頒及中外帝手詔報曰項欲渭
北近遊夢中有命神不守職事不可行出必有名何
容易也賴玄聖垂告靈應果然朕夙夜驚懷福慶斯
在春秋記異況在此乎所請宜依
二十八年五月帝謂宰臣曰朕在藩邸有宅在積善
里東南隅宜於此地置玄元皇帝廟及崇玄學
二十九年正月詔曰三皇之時兆庶淳朴蓋繇其上
以道化人自茲厥後爲政各異我烈祖玄元皇帝稟
大賢之德蘊至道之精乃著五千文用矯時弊可以
理國家超夫象繫之表出彼明言之外朕有處分令
家習此書庶乎人用向方政成不宰慮茲下士未達

微言是以重有發明俾之開悟期弱喪而知復弘善
貸於無窮兩京及諸州各置玄元帝廟一所每年
依道法齋醮兼置崇玄學於當州縣學士數內均融
量置令習道德經及莊子文子列子待習業成後每
年隨貢舉人例送至省置助教一人委所繇州長官
於諸色人內精加訪擇補授仍稍加優奬是月亳州
奏玄元皇帝廟中之井湧氣成雲五色相映
二月帝謂宰臣曰洪州人鄔玄宗往在文明中傳玄
元皇帝眞告於天后曰我國祚無窮當千萬君遂遣
禁錮因茲淪喪自非忠義之士感激過人孰能不避

死亡之誅竟違神靈之命宜與追贈以慰泉壤其子瑗亦依資授一官制曰故洪州人鄔玄宗往者來應嘉詔次于虢略忽覩玄元皇帝俾之升雲空中與言使戒天后表國祚中興之運示寶曆無疆之期遂能不顧其身來傳此旨竟遭幽縶諒可傷嗟自非竭節本朝孰克犯顏攸日宜加追贈用慰幽魂可贈棣州刺史

三月亳州奏老君廟九井先涸自奉詔增修觀寺九井皆湧及樹枯復榮

四月漏下後帝謂侍中牛仙客中書令李林甫曰朕

自臨御以來向三十年來未嘗不四更初起具衣服禮謁尊容蓋爲蒼生祈福也昨十日前禮謁事畢之後曙色未分端坐靜意有若假寐忽夢見一真容云吾是汝遠祖吾之形象可三尺餘在京城西南一百餘里時人都不知年代之數汝但遣人尋求吾自應見汝當慶流萬葉享祚無窮吾自度其時合吾與汝興慶中相見汝當大慶吾猶未即言語畢覺後昭昭然若有所覩朕即命使兼令諸道士相隨於京都西南求諸果於盩厔縣樓觀東南山阜間乃遇真容一昨迎到便於興慶宮大同殿安置瞻覩與夢中無異卿等可入觀之仙客林甫俱拜賀上言曰玄元大聖降見真容感應之徵實符睿德陛下禮至真之道崇清淨之源何嘗不禮敬虔誠爲蒼生祈福故得真容入夢列祖表靈求之西南果與夢協且興慶宮者潛龍舊邸王業所興當此處而告期與嘉名而相會斯乃降於紫府鍾我皇家啓無疆之休論大慶之應陛下爰捨正殿以爲法堂是尊是崇至敬至極殊嘗之禮將萬福而俱臻無外皆覃及億兆而同慶臣等何幸親請瞻禮自然相好諒絶名言開闢以來典籍所載未之有也請宣示中外編諸簡册帝手詔報曰夢

之正者是謂通神於惟聖容果以誠應豈朕德所及而大道是興再省神靈言猶在耳將貽福業代紀彌多初告以行宮乃置之内殿蕪之大慶久屬朕躬稽之道德以慈爲寶當慈育萬姓承荅神明卿等宗臣宜同朕意願揚嘉應安敢讓焉

五月庚戌帝夢玄元皇帝告以休期命有司圖畫真容分布天下乃下詔曰大道混成乃先於天地聖人立教用敷於宗極故能發揮妙本弘濟生靈使秉志者悟往迷方者知復以此救物故無棄人其兟當之粤若我列祖玄元皇帝矣朕纂承寶業重闡玄猷自

歸御以來罔不夙夜滌慮凝想齋心服禮謁於尊容未明而畢事將三十載矣蓋爲天下蒼生以祈多福不謂微誠上達宗祖垂鑒頃因假寐忽夢真容既覺之後昭焉以膺殊相自然與夢相協誠爲宿降仙府永鎮人寰告我以無疆之休德音在聽表我以非常之慶靈貺有期乃昊穹幽贊宗社儲休豈朕虛薄能致兹事若便寢之乃乖祗敬宜令所司即寫真容分送諸道採訪使令當州道轉送開元觀安置所在道士等皆具威儀法事迎後象到七日夜設齋行禮仍各賜錫用充齋慶之費自今已後當令講習道德經以暢微旨所置道學須倍加敦勸使有成益是知真理深達弘之在人不有激揚何以勵俗諸色人等有明道德經及莊列文子等委所繇長官訪擇具以名聞朕當親試別加甄奬今者真容應見古所未聞福雖始於邦家慶宜均於士庶其親王公王郡縣主及內外文武官等並量賜錢至休假之辰宜以素食用申慶樂諸道節度使及將士等亦惟此其兩京及諸州父老亦量賜錢同此勸宴其錢以當處官物充伊爾公卿速乎黎獻宜勉崇玄化共復淳源宣布遐邇明知朕意戊寅有慶雲見於亳州真源縣玄元皇帝廟燕有白鶴翔於廟門樓

八月丁亥陵州奏開元觀老君真容見儀象分明道士十數人皆見久之方隱請頒示天下從之甲午命有司於興唐觀設齋自內迎玄元皇帝真容於觀宰臣百官悉行香有慶雲見侍中牛仙客中書令李林甫上表賀曰伏以玄元孕祐聖感潛通將垂介福必有丕應須屬初夏微陽暫愆自憂協已來頻降膏澤變茲秋稼成此豐年又數日陰雲通宵澍雨聖容將出天景廓清加以霏煙在天瑞氣捧日元符稠疊若此再三惟皇祖之降靈表吾君以大慶爰自古昔所未嘗聞臣等何人覩茲明應伏望宣付史官帝曰卿等表言數事皆聖祖啓祐應以虔迎祇顧薄躬對越靈命編於史冊隨卿意焉

九月御興慶門親試明道德經及莊文列子舉人問策曰朕聽政之暇常讀道德經文列莊子其書文約而意精詞高而旨遠可以禮國可以保身朕敦崇其教以左右人也子大夫能從事於此甚盛加之古今異宜文質相變若在宥而不理外物而爲行遂古之化非御今之道適時之術陳其所宜又禮樂刑政所以經邦國聖智仁義所以序人倫使之廢絕未知

其旨道德經曰絶學無憂則垂進德修業之教列子力命曰汝奚功於物又遣懲惡勸善之文二旨孰非何優何劣文子曰金積折廉壁襲無嬴且申其義莊子曰指與支交相養明徵其言使一理混同三教無擧成不易之則副虛佇之懷有姚子彦靳能元載等策入第各授之以官

十二月勅曰朕每念黎庶無忘餐寐與其家給而足富而且壽仙齊之方莫爲道教大聖垂範徵言粲然遵而行之其應何遠况時將獻歲萬物發生氐叶陽和或存惠養宜令天下諸觀起來年正月一日至年

終以來嘗轉本際經其四大齋日每百官齋之日嘗令講誦庶澤及無外稱朕意焉是年皇太子奏曰臣弟兄奉恩旨共造大玄觀庶憑神力永保聖躬望精選二七人度爲道士上曰道貴清淨必在人弘念爾等勤誠用依來請

是月亳州奏玄元皇帝廟門之南丁汝璿家有牛忽變成青牛事符仙瑞請頒示中外許之

册府元龜

巡按福建監察御史臣李嗣京　訂正
知甌寧縣事臣孫以敬条閲
知建陽縣事臣黄國琦較釋

帝王部　五十四

尚黄老第二

唐玄宗天寶元年正月甲寅陳王府參軍田文秀上言曰玄元皇帝降見於丹鳳門之通衢告錫靈符在尹喜故宅帝遣使旁求於函谷故關令尹喜臺西一百三十步發之而得時文武百官及宗子僧道咸上

表以符瑞感通韞匱真寶潛應年號先天不違願崇徽號光昭典禮累表入帝固辭不受壬申乃下制曰神之降休禮無不荅永言禋祀必在躬親朕粤自君臨載弘道教崇清淨之化暢玄元之風庶乎澤及蒼生時臻壽域積以歲月未嘗懈怠豈謂微誠感通烈祖降見乃昭靈命是襲寶符因而求之應言而獲亦旣至止果表殊徵諒惟祕詞不可詳說然邦國大慶何以過焉是知神仙所緘造化同固爰初有待經韞匱而多時潛應及元若符契之相合景福攸介祇畏良深而群官宗室抗疏於外元良諸子屢請於中遠夫緇黄兼彼耆老以至懇誠不已前後相仍願加天實之名用益開元之號顧惟菲薄曷以當之然則玄元在乎欽承人心難以推拒順天從衆義協至公敬依所請實用多愧斯蓋上玄厚載爰及百神孚佑效靈協於睿祖幽贊惟新之歷克彰永代之祥宜遵記典式陳昭報以來月十五日祔玄元皇帝廟

二月乙酉置玄元皇帝廟辛卯親享玄元皇帝於新廟京城斷屠宰是月詔史記古今人表玄元皇帝升入上聖

三月丙申追號莊子爲南華真人所著書爲南華真

經庚子帝曰莊子號曰南華真人其文列庚桑宜令中書門下更討論聞奏宰臣李林甫等奏曰莊子旣號南華真人文子請號通玄真人列子號冲虚真人庚桑號洞虚真人其數子并望隨號稱經從之門下侍郎陳希烈奏曰臣伏見今年二十日恩制以莊子號南華真人書曰南華真經然真經所説皆理身之要發明興義有十萬玄言祖述道經含五千微旨昔嘗侍講跪演經文至於七篇陛下顧謂臣曰其篇有養生主已悟長年之術其次有德充符豈無非嘗之應臣稽首對曰陛下德克於内符應於外發言之後

必有大慶以應之後篇之中所謂應帝王之篇是也今玄元皇帝果降靈符彰實祚無疆之福含真人知來之旨尊以稱謂陳其象設希代之禮曠古未聞臣於此經宿願深重受持讀誦三十餘年作禮焚香庶俾神化獲逢殊慶倍百常情特望宣付史官以昭靈應許之

四月戊寅詔曰化之原者曰道道之用者爲德其義至大非聖人孰能章之昔有周季年代與道喪我烈祖玄元皇帝乃發明妙本汲引生靈遂著玄經五千言用救時弊義高象繫理貫希夷非百代之能儔豈

六經之所擬承前習業人等以其卷數非多列在小經之目微言奥旨稱謂殊乖自今已後天下應舉除崇玄學士外自餘所試道德經宜並停仍令所司更詳擇一小經代之其道經爲上經德經爲下經庶乎道尊德貴是崇是奉凡在遐邇知朕意焉戊子命有司定玄元廟告享所奏樂太常奏降神用混成之樂從之

六月制曰大道先於兩儀天地生於萬物是以聖哲之後咸竭其誠今後應緣國家致命表疏簿書及所試制策文章一事已上語指道教之詞及天地乾坤之字者並一切平闕宜宣示中外

九月詔兩京玄元廟改爲太上玄元廟天下准此

十月詔曰善利萬物莫先乎大道孚祐兆庶實賴於尊經朕每念黎庶無忘惠養嘗與盡登冨壽之域永無凍餒之虞所以去年具有處分令天下諸觀轉本際仙經遠至今秋果聞有歲自非大聖昭應孰臻於此宜令天下道士及女道士等待至今歲轉經訖各於當觀設齋慶讚仍取來年正月一日至年終已來依前轉本際經兼令講說其所設齋度慶亦宜准此庶使遠近蒙福如朕意焉

二年正月追尊玄元皇帝爲大聖祖玄元皇帝兩京崇玄學改爲崇玄舘博士爲學士助教爲直學士更置大學士員又義陽郡桑玄元皇帝宮獲玉石真人獻之

三月親祠玄元皇帝廟追尊遠祖制曰庇生人者必崇於大道受成命者實賴於前烈恭惟大聖祖玄元皇帝道光太極首出混元弘敷妙門廣運真化雖乘時御氣既超昇於上清而儲祉發祥每孚祐於來裔祚我寶運格於皇天爰自創業迨於茲歲頻彰嘉貺屢覩真容使夫天清地寧物阜人庶六氣時若四夷

來王皆聖祖之感也至道之應也成功不宰豈假於強名降福無疆敢忘於昭報是用薦徽號增禮冊虔潔以盡敬躬親以致誠意旣昭格良深感慶宜因展事更廣揚名夫聖人之生乃先天地應變無體其德猶龍雖寘寘之中初不知誰之子而誕靈之後亦必有先聖祖父母者在圖諜毋益壽氏已崇徽號曰先天大后父周正御大夫敬追尊爲先天太皇仍於譙郡置廟自餘事已上准先天太后廟例且聖祖所理本在諸天將欲降靈固宜取象況惟帝號豈可名宮其玄元宮宜爲太淸宮西京改爲太淸宮東京改爲

太微宮天下諸郡改爲紫極宮兩京宮內道士取先抽有道行者一七人自餘於新度人中簡擇取添滿三七人爲定額仍各賜近城莊園各一所並量賜奴婢等其道士女道士先令司封簡較不須更隸宗正寺所置崇玄署宜停古人制禮祭用質明義旣取於尚幽情實緣於旣殁我聖祖湛然常在爲道之宗旣殊有盡之期須展事生之禮自今已後每聖祖宮有昭告宜改用卯時已前行禮朕深唯復朴將致無爲嘗恐至理難明玄風未暢不有時習焉能化成自今已後每至三元日宜令崇玄舘學士講道德南華等諸經群公百辟咸就觀禮庶使軒冕之士盡弘南郭之風寰海之內咸爲大庭之俗其崇玄舘太學士宜賜物一百疋學士賜六十疋直學士四十疋宮內先配任道士各二十疋宣布中外令識朕懷初太淸宮成命工人於太白山采白石爲玄元聖容與玄宗聖容侍立於玄元右皆依王者袞冕之服繪綵珠玉爲之

五月蘇州刺史鄭長裕奏新作玄元皇帝宮有九井自然羅列在宮院內差池階宇洞徹嘗盈汲用不竭宛合譙宮九井之數望宣付史舘頒示天下從之

九月譙郡紫極宮宜准西京爲太淸宮先天太皇及太后廟亦並改爲宮

三載三月兩京及天下諸郡於開元觀開元寺以金銅鑄帝等身天尊及佛各一

四載正月甲子帝於內道場爲兆庶祈福親撰黃素文登壇其文騰空自飛上天空中有言曰聖壽延長丁卯皇太子諸王上表賀曰今月六日伏見陛下昭告上帝陰騭下民勤恤蒼生克成黃素況靈丹神合祕藥天成聿修增壇奉以行事肅恭展禮飛章騰踊而入雲虛空有言聖壽靈長而象岳休祐靈感聽古未聞伏望宣示朝廷錄付史舘手詔報曰頃以獻歲親祠百靈豈精至之上昭而禎祥之屢應神言報休

徵之慶黃素飛雲漢之間告宗社降靈福流寰宇豈予徵感獨能致之所請宜示朝廷光于史冊者依

二月辛未中書門下奏曰臣等昨十二日因奏事親奉德音朕以正月甲子日爲萬姓祈福初登壇時疾風甚勁及行事之際則怗然清謐又朕親撰黃素文置壇所案上竭誠陳請須臾騰空飛上空中忽聞有言報朕休徵諭蒼生福慶及行禮事畢又風起如初朕近於嵩山所鍊藥成其時亦置於壇側及夜左右方欲收藥又空中聞語諸靈官雖已赴大同殿其藥且未須收此自監守言聲甚厲其左右祗承及道士

等聞者莫不驚悚以達曙之後乃收其藥朕爲蒼生祈福有此殊應與卿等同慶者臣聞上天之載雖曰無聲聖人所感必將有應陛下精誠契道深仁被物親祈介福用濟群生法事既陳疾風旋止聖詞上告祕錄騰飛遂降神言屢呈昭應始則孚祐下土報黔庶之和平終乃垂護靈冊表皇期於萬億人聽所接神休莫喻希微之地屢有昌言感應之功不惟肸蠁殊祥特異振古未聞諒天意之合符豈山聲之足比無疆之慶萬國同歡況在微臣實倍嘗品伏望編諸簡策宣示中外帝手詔報曰朕精修道源爲人祈福雖則每多昭應若此之殊祥豈聖祖授予之無私靈真覞我之誠感遂得休徵之應出自神言勤請之詞上飛空境永惟虛薄何以當茲然福逮蒼生深爲慰也所請者依

甲午崇玄館學士門下侍郎陳希烈奏曰伏見太清宮道士蕭從一云今日五更欲於殿上焚香行至三清門忽有一片紫雲從空下兼有異常音樂忽然如夢身心驚駭見空中有異人兼仙童玉女謂從者曰我是玄元皇帝可報吾孫汝是上界真人令侍吾左右吾宜使天臣就助成就訖長衛護汝受命無疆災

害自除天下安樂言訖隨雲氣便入殿門謹案諸道士學生皆稱今日淩晨於三清門外見道士蕭從一鞠恭唱喏三四聲有紫雲及音樂移時不散伏惟陛下虔誠奉道福祐所歸置玉石真容侍聖祖左右仙藥下慶天將助成紫雲徘徊移時不散空中有語所報非常言聖壽之延長億萬載之無極伏望宜付史官帝手詔報曰纘承丕業遵修玄訓精誠之至集在希夷寡昧之德寧期昭應恭惟聖祖屢降真容仙衛接於雲間鄉駕廻於天路又賜以無疆之壽且欣以助成之言嚴奉神休良深祗慶所請者依

四月癸巳詔曰尊祖奉先必在於崇敬辨儀正禮所貴於緣情伏以大聖祖玄元皇帝御氣升天長生久視體重玄而不測與元化以無窮真容屢見實符仍集恭惟孚祐實表嘗存比太清宮行事官皆具冕服爰及奏樂未易舊名并告獻之時人陳奠祝旣非事生之禮皆是降生之儀且真俗殊倫幽明異數理有非便亦在從宜自今後每於太清宮行禮官宜改用朝服兼停祝版其告獻辭及所奏樂章朕當別自修撰仍令所司具儀注文奏

七月丁巳蜀郡上言道士鄧紫虛投龍設醮於江潭

有大虵長一丈自潭遊出文采五色有異常虵其上又有慶雲紛郁望編諸史冊從之乙卯詔曰王者天其祖學者父其師義有尊崇情歸孝敬况我玄宗道要無名象先猶龍莫測昔嘗問禮烹鮮有論歷代攸尊永惟重玄衆教之父者也朕纘承聖緒祗服玄言乙夜觀書將求於道雖理歸絶學信無取於筌蹄然垂代作程義必存乎文字俾之大順亦合禮經其墳籍中有載玄元皇帝南華等真人猶稱舊號者並宜改正其餘編録經義等書亦宜以道德經列諸經之首其南華經等不須編在子書仍即令集賢院審詳改定應舊號并科目訖具宣付所司仍頒示中外

五載正月太清宮使門下侍郎陳希烈奏昨二日緣告獻大聖祖宿齋時日抱戴又今日告哏後有紫雲從殿上起向東南飛光照清宮色蓋仙宇久而不散

二月太清宮使門下侍郎陳希烈奏曰謹案高上本紀太聖祖玄元皇帝以二月十五日降生旣是吉辰即大齋之日請同四月八日佛生日准令休假一日從之

十二月巴東郡興山縣之巴東公山有石自開其中有石堂及天尊儀像幢蓋侍童皆自然具足

六載正月詔曰崇我祖訓其惟道門將以福助生靈弘拯天下諸觀道士等如聞人數全少修行多闕其欠少人處度滿七人並取三十以上灼然有道行經業者充仍令所繇長官精加試練採訪重覆勿使踰濫度訖挾名奏聞其諸觀有絶無人處亦度三兩人准此簡試

七載三月詔曰朕刻意真經虔誠至道旣憑玄祐永錫黔黎每朝禮三清則宵衣忘寢或齋戒一室則蔬食精專不以勤躬爲倦務以徇物爲心况於宰殺尤加惻隱自今已後每月十齋日不得輙有宰殺又閭

閭閻之間例有私社皆殺生命以資宴集仁者之心有所不忍亦宜禁斷又詔曰朕每以道原有屬思竭精誠經教所在豈忘崇奉且宗其道者師其人行其教者尊其禮晉瑯琊王公府舍人楊真人護軍長史許真人丹陽上計掾許真人皆道著妙門感通玄關降高真之跡爲上清之宗後漢張天師教達元和德宗太上正一之道國贊生靈梁中散大夫貞白陶先生高尚塵表慱達玄微綜緝真經俾傳後學並令有司審定子孫將有封植以嗣真也天師冊爲太師貞白冊贈太保其天下有洞宮山各置壇祠宇每處度

道士五人并取近山三十戶蠲免租稅差科永供灑掃諸郡有自古得道升仙之處雖先令醮祭猶慮未周每處度道士二人其靈跡殊尤功應遠大者度三人永修香火其茅山紫陽觀取側近百戶太平崇元二觀各一百戶並蠲免租稅差科長充修葺掃灑應天下靈山仙迹並宜禁斷樵採弋獵如聞山林學道之士每被搜括且法之防邪本有所以至於宿處妖訛亡命聚衆誘陷愚人故令禁斷郡縣遂一槩迫逐使至道之士不得安居自今已後審之清潔更不得恐動以廢修行

十二月戊戌聖神玄元皇帝降見於華清宮之朝元閣乃改爲降聖閣改會昌縣爲昭應縣會昌山爲昭應山封山神爲玄德公仍立祠宇以時祭享

八載六月玉芝產於大同殿先是太白山人李渾稱於金星洞仙人見語老君云有玉板石記符聖上長生久視令御史中丞王鉷入山洞求而得之制曰握乾圖者必稟於元命宗道本者允屬於強名是知順物承天諒通昭感之德報功尊祖貴叶崇高之義朕祗荷丕業恭臨大寶何嘗不宵衣滌慮菲食齋心奉玄聖之垂範爲蒼生以祈福自頃昊穹眷命至道降

休玉芝再產真容屢見嘉應薦來罔知攸荅豈謂玄記陰騭秘牒混成懸徵造化之源密紀靈仙之洞慶崇寅籙昭錫朕躬初驗神傳竟彰天授幽深異吐既殊於人代朴略其象固絶於名言緬覿皇圖欽承道實徵旨有屬寅畏增深思申嚴敬之誠以崇久大之業謹上玄元皇帝號曰聖祖大道玄元皇帝仍以來月五日朕親奉冊禮

閏六月丙寅帝親謁太清宮上聖祖玄元皇帝尊號爲聖祖大道玄元皇帝丙辰詔玄宗玅本實備微言垂範傳學將弘治化朕所以發求道之使遠令搜訪

因聽政之餘親加尋閱旣刊訛謬爰正簡編必在闡揚以敎勸道令內出一切道經冝令崇玄館卽繕寫分道送諸道採訪使令管内諸郡轉寫其官本便留採訪郡一大觀持誦聖人垂訓盖先於道學者宗本必有其師文宣王與聖祖同時俱爲教首雖考言比德理在難名而問禮叙經迹彰親授恩廣在三之義用崇得一之尊冝於太微宮聖祖前更立文宣王像象與四眞人列侍左右且道降眞符天有成命藏之於密則取固名山彰之以顯則發祥星洞况靈仙所集冝表殊休太白山可封爲神應山所縣四時祭祀

其金星洞改爲嘉祥洞所管華陽縣仍一洞置一祠宇仙人臺下置一觀兩京并十道於一大郡亦冝置一觀並以眞符玉芝爲名每觀度道士七人修持香火戶部侍郎兼御史中丞王鉷以才受委以忠奉上項命精求不記克恊神心冝旌乃誠俾正章綬特與三品其李渾等三人旣親傳眞誥因獲元符當有甄命用旌福應冝令中書門下量其所能具狀奏聞是日大赦制曰禘祫之禮以存序位質文之變盖取隨時國家系本仙宗業承聖祖重熙累盛旣錫無疆之休合享登神思弘不易之典自今已後每禘祫並於太淸宮聖祖前設位序正上以明陟配之禮欽若玄宗下以盡虔恭之誠無違至道比來每緣禘祫時享則停事雖適於從冝禮或虧於必備已後每緣禘祫其嘗享以素饌三焚香以代三獻

十二月啓聖宮琢玉造聖祖大道玄元皇帝眞容及帝眞容

九載正月東京留守上言淸河郡人崔以淸今載元日平明於天津橋上忽見紫雲爲盖五色雲中前有音樂後有響梵其中有一人着黃衣乘青牛口云我是太上李老君有天應云三玄在汝本望白馬河南

紫微山上得咒處南一百五十步火急發取汝帝得之有同三光有四句異言莫傳於人汝自見帝乃可得

二月甲戌吳郡太守林祥上言所部造眞符玉芝觀於李樹下發得聖祖尊容不勝大慶請宣付史館許之壬寅華陰郡奏白鶴見於西岳五福峯甘露降大羅峯之醮壇白鹿見於大羅東南峯駕鶴嶺衛叔卿之得仙處請付史官從之

三月丁未詔曰冝於丹陽郡江寧縣簡擇形勝處創置一觀度道士七人委太守精擇灼然有行道者具

名録奏
十月太白山人王玄翼上言玄元皇帝降見言寶仙
洞中有玅寶真符詔刑部尚書王倕等獲之
十一月制曰自今已後每親告獻太微宮改爲朝獻
有司行事爲薦獻
十載正月有事於南郊於壇所大赦自今已後攝祭
南郊薦獻太清宮薦享太廟其太尉行事前一日於
致齋具羽儀鹵簿公卿引入親受祝版乃還清齋所
四月帝於内道場親教諸道士步虚聲韻道士玄辨
等謝曰臣自凡愚生逢大聖服膺真教庇影玄門謬

得侍奉禁闈恭承待問夙夜兢惕將何克堪伏見陛
下親教步虚及諸聲讚以至明之獨覽斷歷代之傳
疑定驎驥於海陸分景鏡於真僞平上去入則備體
於正聲吟諷抑揚則宛仍於舊韻使詠之者審分明
之旨聞之者無謬外之嫌玅協鈞天克諧仙唱伏以
靈章本趣理固如然但爲流傳人間訛謬滋久非應
道之王孰能正之是可以振暢玄風發揮聖作臣忝
趨仙禁預聽正聲欣戴之誠倍萬常品特賜編諸史
冊宣示中外帝曰一時之事何足言焉所請者依
六月戊辰中書門下奏曰臣等昨於勤政樓下叙立
恭聞德音今日又道門威儀王虚真奉宣聖意伏承
陛下奉爲五聖寫一切道德經五本於太清宮與唐
東明龍興觀各置一本仍各賜絹五百疋以申慶齋
臣等伏以至理本乎無爲乃隱言以演教孝思存乎
追遠必精意以報親陛下欽崇道元虔奉先聖更抒
睿思刊定真經玉軸瓊輪既懸之於日月玄宗奥旨
方下濟於雲霄罔極之情因心知至無疆之福有感
必通式明孝經之誠更闡上皇之化即知北極之宇
期悟俗於群迷南薰之風思濟人於壽域凡在士庶
孰不歡欣臣等謬列台司幸叨宮使感悦之極實萬

常情無任忭躍之至望宣示朝廷編諸史冊手詔報
曰朕躬承丕業稟訓玄宗霜露永懷感思罔極伏以
三清設教五聖在天克奉先靈同心薦福今玉版斐
章傳之洞府雲囊縹帙列在仙宗庶以展永慕之心
無以播淳風之化編於簡冊實用愧焉乙亥中書門
下奏曰臣等今日因奏事伏承昨日辰時大同殿前
鐘樓上忽聞鐘聲其殿院常扃閉内更無人即令撿
覆其鐘樓門及殿院門皆閉須臾其鐘又鳴如此者
三慶聞鐘聲響六十下其聲清徹特異人間左右侍
臣及女道士等皆聞伏以至順通微蘊虚無以爲用

虔誠上達應精感以交符陛下端拱淸穆欽崇道寶尊玉皇之像未明而朝謁寫群經之字乙夜而玄覽雖高居於紫極當屬念於群生故得契協希夷跡多靈異雖仙樓未啓而神鐘自鳴不俟鯨魚之擊徵嚮於雲漢宛同鸞鳳之音諧韻于金石實表群仙效祉玄祖呈祥遍圖牒而罕傳貫古今而未有臣等幸參近侍竊聽休徵欣躍之誠實萬常品無任慶忭之至謹奉狀陳賀以聞仍請宣示中外編諸史册帝手詔日朕齋心大同緬覿真蹟豈精誠遠感而休應薦臻今九華之鐘三清徹嚮聲聞金石氣含虛無是知紫

宸之宮雲軿降集青童之府朙景來遊將合律於雲璈表同和於陰則靈仙坐接福壽昭然永惟嘉祥良深慶慰所請依

八月黔中郡上言紫極宮慶雲見蘄春郡上言天長觀聖容玉石蓮華座上產紫芝一本七莖

十三載二月親獻太淸宮上聖祖玄元皇帝尊號曰大聖祖高上大道金闕玄元天皇大帝又詔太淸宮闕聖祖仙居頻告休徵屢貽啓迪不有優異豈表殊常其本宮道士宜各賜物三十段道門威儀王虛真賜物五十段陪位大德各賜物二十段

十四載四月道士王虛真卒贈洞微先生虛真東明觀道士以籙得見帝方崇玄言頗重之俾爲道門威儀翰林供奉賜紫帔監領諸道士及卒帝甚悼之

十月御注道德經並義疏分示十道各令巡內傳寫以付宮觀

十五載九月帝在蜀令道士於夾人廟修醮壇有虵見於廟前頭有兩角山上明燈自然明炤

肅宗至德二年庚午通化郡上言玄元皇帝真容見

十二月詔天柱山老君廟改爲啓聖宮

乾元元年二月旱於曲江池投龍祈雨又令道士何

智通於尚書省都堂醮土神用特牲設五十餘座右僕射裴冕及尚書侍郎官並就位如朝儀

四月丁未內出皇帝寫真圖自光順門送太淸宮諸觀道士都人皆以棚車幡花鼓樂迎送

二年十一月殿中監成國公李輔國奏大明宮三殿前設河圖羅天大醮其夜及晨有龍見於御座褥宛轉鱗甲腳迹遍於褥上以其褥示朝臣

上元二年七月癸巳於景龍觀設高座講論道釋二教丁酉遣公卿百寮悉就觀設醮講論自宰臣以下賜錢有差

九月詔曰國之大事郊祀爲先貴其至誠不美名品黍稷雖設猶或非馨牲牢空多未爲能享今以玄元孚祐至道爲心將臻太和不欲多殺禮樂殊制孝敬同歸圜丘方澤任依當享薦宗廟祭祀但臨時獻熟用懷明德之馨庶合西隣之祭

代宗寶應二年七月壬寅群臣上尊號壬子大赦改元制河南河北僞度僧尼道士女冠並與正度

大曆三年七月增置崇玄生員滿百員

七年二月光天觀道士簡較殿中監冲虛先生申甫上言請下制誡天下道士增修道法許之四月申甫

又上言玄真觀開元觀望天觀並載先帝聖諡請至諱日各于其觀行香從之

八年正月乙未勑天下寺觀僧尼道士不滿七人者宜度滿七人三十以上者更度一七人二七以下者更度三人

九年四月丙戌肅宗忌日度尼僧道士凡二百餘人

十一月潤州上元縣石頭城新置大曆太乙之觀選道士七人住持

十二年十二月詔天下仙洞靈跡之處禁樵蘇

十三年乙巳新作乾元觀置道士四十九人以追遠祈福上資肅宗也其地在皇城南長興里本涇原節度使馬璘之宅璘初創建是宅重價募天下巧工營繕屋宇宏麗冠絶當時璘將卒抗表獻之帝方軫懷罔極欽崇道福以其當皇城形勝之地增宇新潔遂命爲觀加乾元名焉先皇尊號也仍遣道門威儀申甫司其事

德宗貞元五年三月詔曰釋道二教福利群生館宇經行必資嚴潔自今州府寺觀不得俗客居住屋宇破壞各隨事修葺

憲宗元和二年正月巳酉朔親薦獻于太清宮

八年七月命中尉彭忠獻師徒三百人修興唐觀賜錢十萬使壯其舊制其觀北距禁城因是開復道爲行幸之所又以內庫絹千疋茶千斤爲興唐觀城複道夫役之賜又以莊宅錢五十萬雜穀千石充修道教之費

九年二月內出道教神仙圖像經法九轝以賜興唐觀

穆宗長慶三年十二月以內庫錢一百貫賜太清宮道士人一千

敬宗寶曆元年七月命左僕射平章事李逢吉攝太

尉充孟秋薦獻大聖祖于太清宮
八月癸丑幸蓬萊殿會沙門道士共四百人賜食無
給茶絹有差已巳以道士劉從政爲簡較光禄少卿
賜紫并號昇玄先生
十月命中書侍郎平章事李程攝太尉充孟冬薦獻
大聖祖于太清宮
十二月命中書侍郎平章事竇易直攝太尉充季冬
奏祥瑞于太清宮
二年三月戊辰命興唐觀道士孫準入翰林
五月賜浙江送到絶粒女道士施子微紫衣一襲絹六

百疋銀器二百事命中使却送歸本州帝前後累訪
貞隱唯子微粗有修養之術故其去也獲厚賜焉癸
未命內官張士清押領光順門進狀山人杜景先赴
淮南浙西江東湖南嶺南等道訪求藥術之士仍送
景先衣一襲絹三十疋甲午賜興唐觀錢二萬貫充
道士劉從政脩院
九月庚午命兩街供奉道士趙常盈等四十人於三
清殿修羅天大醮道場
十月丙寅以太清宮道士趙歸真充兩街道門都教
授博士

文宗太和七年八月戊子詔曰聖人立極教本奉先
王者配天義惟尊祖我太祖玄元皇帝肇開寶運垂
祚有唐致六合於大同濟群生於壽域保兹鴻業實
賴貽謀如聞亳州太清宮頻經水潦頗以摧毁永惟
誕聖之地敢忘崇本之誠宜令宣武軍節度使李程
兼充亳州太清宮使仍委漸加修葺以時致敬稱朕
意焉
開成二年正月召麻姑山女道士龐德祖自録臺門
留止玉晨觀
武宗以開成五年正月即位二月勑三月十五日玄

元皇帝降生日宜爲降聖節休假三日
會昌六年中書門下奏東都太微宮初成玄元皇帝
玉聖容玄宗肅宗皇帝玉真容已令移就位請差右
散騎常侍裴泰章充使陳薦維新之意
哀帝天祐二年四月太清宮使柳璨奏修上清宮畢
請改爲太清宮從之詔曰玄元皇帝肇基聖緒敷祐
神孫璿派靈長共乾坤而莫極瑶圖貞固與日月而
無窮是以我朝追崇奕葉昭祀禮因尊祖爰陳恭敬
之文事匪求真且異虛無之旨比者嘗如九廟別置
一宮東遷以來欲修奉而未暇北觀之內遂薦享以

從宜每備粢盛靡稽故實祝史正辭而追遠雖屬猶龍宰臣肅拜于當陽如求罔象徒陳玉斝莫對瓊儀璨練違舊章振舉重職爰思改作頗謂協宜庶不愆而不忘致來格而來享又尋玄圃如得瀨鄉古殿容清喬木蓊鬱可以仰規紫府便號清宮拾短從長斯爲智士尋源正始實賴賢臣合議允俞殊可嘉獎

十月司天臺奏星文變見請於太清宮建黃籙道場從之

三年六月辛卯太微宮使柳璨奏前使裴樞充宮使日權奏請玄元觀改爲太清觀又別奏在京弘道觀

爲太清宮至今未有制置伏以今年十月九日陛下親事郊禮先謁聖祖廟弘道觀旣未修葺玄元觀又在北山若車駕出城禮非便穩今欲只留北邙山老君廟一所其玄元觀請折入都城於清化坊內建置太微宮則車駕行事得禮從之

後唐莊宗同光三年五月帝出師北門請雨於聖祖玄元廟

明宗天成二年八月左輔闕趙明吉上言曰竊見天下宮觀久失崇修蓋自朱溫篡逆以來例多毀廢請下諸道應本朝舊置宮觀近經毀折者皆勒修增以奉祖宗以弘孝治光陛下中興之業顯國家大道之源復我真宗貞茲永世其兩京宮觀有公田乞免科索俾充齋糧以給正名道士庶繇志焚修香火期上玄之福祐

九月宗政卿李寶上言四方凡有玄元皇帝宮殿處請依修飾從之

三年正月中書奏假寧令二月十五日玄元皇帝降聖節休假三日準會昌元年二月勅休假一日伏請准近勅從之

四年十二月壬子勅尊崇聖祖修飾道宮旣復其名

固難無額宜令所司依舊造上清宮牌額懸掛兼京城內金真觀仍改名崇道觀亦准上給換牌額以老君廟久無牌額故也

長興四年七月帝遣和小康召道士二十人於中興殿爲金籙醮七日而罷

末帝清泰元年七月詔河中修五老觀

晉高祖天福四年五月庚辰廢華清觀爲靈泉觀

九月辛卯召道士崇真大師張薦明錫以繒帛薦明燕人也少爲儒遊學河朔漁獵莊老故性與道俱其後雲衣星冠奉自然之教帝素尚玄元御極之初數

數召見帝問曰道可以治世乎薦明對曰道也者妙萬物而爲言揔兩儀而稱德得之上者爲道得之中者爲仁義得之外者爲禮智信外而失之非人也得其極者尸居袵席之間以治天下豈止乎世者也帝遂延入内殿講老氏道德經召宰臣馮道授卷而聽道曰道士講老子僧人受戒令文有之不可輕也帝遂禮之爲師益加崇重嘗聞宫中奏時鼓乃曰陛下聞鼓聲乎守一而已夫絃匏金石其聲十二其黄鍾也唯合於黄鍾其不應者五十有九出乎多門豈鼓之爲音也奚其間然無宫商無角徵無羽無變和而

契之其一故也人能混成於心則天地俱矣何患世之不淳哉帝繇是虚心致静尊道貴德故每一召見多所頒賜

五年十一月賜張薦明號通玄先生令以道德二經雕上印板命學士和凝别撰新序冠于卷首俾頒行天下

漢隱帝乾祐三年右補闕蘇德潜上言臣聞道以至真爲本自然爲宗若不離耆慾之源則安奏虚無之理况兩京道宫是國家崇福之地徧見道場所設齋醮無非蠲潔淨筵盖表其精虔也訪聞道士皆有妻孥携在道宫居止不獨傷於教法其實汙於清虚望特行禁止勑宜令御史臺嚴加告諭不得更然

周世宗顯德三年十一月命送華州道士陳摶復歸本州帝好黄白術有人以摶名奏者命華州送至闕下舘于内庭居月餘凡所咨詢靡聞於外内放還所止仍令本州以時存省

五年六月内出御衣六百餘事錢四十萬羅縠百疋分賜兩街僧道令增修寺觀

六年二月幸太清觀觀所賜鍾焉先是於乾明門外新修太清觀既成帝聞濮州有一鍾其聲甚撼每擊

之聞數十里乃命徙之以賜是觀至是故往觀焉

冊府元龜

冊府元龜

巡按福建監察御史臣李嗣京訂正
新建縣舉人臣戴國士參閱
知建陽縣事臣黃國琦較釋

帝王部五十五

養老

禮曰年之貴乎天下久矣故有虞氏養老以燕禮夏后氏以饗禮商人以食禮周人脩而兼用之必以八月諸物老成順其時氣以助養育天子袒而割牲俟王設醬公卿饌珍所以老窮不遺強不犯弱衆不暴

寡明長幼之序興揖讓之風習鄉上齒之義偹矣降及後世巡省風俗則先問高年時臨舊都乃宴術故老或賜飲於端闈或廻輿於私室而又因靈休之集畢嘉祀之禮則錫以鳩杖賁之束帛登板授之職開石窌之封此皆介于景福終之以仁斯教化之大本盛王之令典也流於惇史豈不美歟

帝舜養國老於上庠養庶老於下庠

夏后氏養國老於東序養庶老於西序

殷湯養國老於右學養庶老於左學

周文王爲西伯制其田里教之樹畜導其妻子使養其老五十非帛不煖七十非肉不飽不煖不飽謂之凍餒文王之民無凍餒之老者此之謂也

漢文帝元年三月詔曰老者非帛不煖非肉不飽今歲首不時使人存問老幼存省視也又無布帛酒肉之賜將何以使天下子孫孝養其親今聞吏稟當受粥者或以陳粟稟給也粥淖糜也給米使爲糜粥也陳久舊也小雅甫田之詩曰我取其陳豈稱養老之意哉具爲令使其備爲條制有司請令縣道或縣或道皆用此制也有蠻夷曰道年八十以上賜米人月一石肉二十斤酒五㪷其九十已上人賜帛二疋絮三斤絮綿也賜物及當稟粥米者長吏閱視丞若尉致長吏縣之令長也若者豫及之

詞致者送至也或丞或尉自致之也不滿九十嗇夫令史致二千石遣都吏循行都吏今督郵是也不稱者督之循行有不如詔旨者二千石察視責罰之刑者及罪有耐以上不用此令一歲爲罰作二歲刑以上爲耐之能任其罪也又曰刑爲先被刑也有罪在吏未决者言八十九十之人雖合加賜其中有被刑罪者不在此賜物令條中也

武帝建元元年二月赦天下民年八十復二等九十復甲卒二等復二口之筭也復甲卒不預革車之賦也

四月詔曰古之立教鄉里以齒朝廷以爵扶世道民莫善於德然卽於鄉里先耆艾奉高年古之道也今天下孝子順孫願自竭盡以承其親外迫公事內乏

資財是以孝心闕焉朕甚哀之民年九十以上以有
受粥法給米粟以為糜粥為復子若孫令得身帥妻妾遂其
供養之事若者豫及之詞也有子即復子無子即復孫也遂申也
元狩元年四月赦天下賜民年九十以上帛人二疋
絮三斤八十以上米人三石
元封元年登封太山還詔行所巡至七十以上帛人
二疋
宣帝地節三年三月詔賜高年帛
元康元年三月以鳳凰集泰山賜三老帛
二年三月以鳳凰甘露降集賜天下高年帛

三年春以神爵集泰山賜天下高年帛
四年三月詔以迺者神爵嘉祥賜三老帛人各二疋
神爵元年三月祠后土賜天下高年帛
四年二月詔以迺者鳳凰甘露降及神爵集賜天下
高年帛
五鳳二年三月鸞鳳集賜高年帛
甘露二年正月赦天下賜高年帛
三年詔以迺者鳳凰集新蔡賜新蔡三老帛
元帝初元元年四月賜三老帛
四年祠后土赦汾陽賜高年帛

五年四月賜三老帛人五疋
永光元年正月郊泰畤賜雲陽高年帛
三月赦天下賜高年帛
二年二月赦天下賜天下三老帛
建昭五年二月賜三老帛
成帝建始元年賜三老錢帛
鴻嘉元年二月賜天下高年帛
元始四年正月行幸甘泉賜高年帛
哀帝以綏和二年四月即位赦天下賜三老帛
平帝元始元年詔天下吏比二千石已上年老致仕

者參分故祿以一與之終其身
四年二月大赦賜天下高年帛
後漢明帝永平二年十月壬子幸辟雍初行養老之
禮詔曰光武皇帝建三朝之禮而未及臨饗三朝謂明堂辟
雍靈臺也眇眇小子屬當聖業眇眇猶微微也間暮春吉辰初行
大射令月元日復踐辟雍尊事三老兄事五更安車
輭輪供綏執授侯王設醬公卿饌珍朕親袒割執爵
而漱字本作酉從育與太祖廟諱下字音同祝哽在前祝噎在後老人食多
哽咽故置人於前後祝之令其不哽噎也升歌鹿鳴下管新宮八佾具儀
萬舞於庭朕固薄德何以克當易陳負乘詩刺彼已

永念慙疚無忘厥心三老李躬年耆學明五更桓榮
授朕尚書詩曰無德不報無言不酬其賜榮爵關內
侯食邑五千戶三老五更皆以二千石祿養終厥身
其賜天下三老酒人一石肉四十斤有司其存耆耋
卹幼孤惠鰥寡稱朕意焉
三年二月立皇太子賜三老爵三級
八年十月臨辟雍養三老五更
十二年五月賜天下三老爵人三級
十七年五月賜天下三老爵人三級
章帝建初二年冬行饗禮以故司空伏恭爲三老侍

中騎都尉周澤爲五更
三年立皇后賜三老爵人三級
四年四月立皇太子賜三老爵人三級
七年九月幸鄴賜三老錢
元和二年二月耕於定陶詔曰三老尊年也其賜帛
人一疋五月詔賜天下高年爵三級
章和元年七月詔曰秋令是月養衰老授几杖行糜
粥飲食（月令中秋之令）其賜高年二人共布帛各一疋以爲
醴酪
和帝永光元年十月幸長安詔賜行所過三老錢帛
四年八月賜三老爵人三級
十二年三月賜三老爵人三級
十五年九月南廵賜所過三老官屬及民百年者錢
帛
元興元年十二月賜天下三老爵人三級
安帝永初三年正月加元服賜三老爵人三級
元初四年七月詔曰月令仲秋養衰老授几杖行糜
粥方今案比之時郡縣不奉行雖有糜粥糠粃相半
長吏怠事莫有躬親甚違詔書養老之意其務崇仁
恕賑護寡獨稱朕意焉

延光元年三月改元赦賜三老爵三級
李充爲左中郎將年八十以爲國三老帝嘗特進見
賜以几杖
順帝永建元年正月大赦賜三老爵三級
四年帝加元服賜三老爵人三級
陽嘉元年正月立皇后賜三老爵人三級
三年五月大赦賜民間年八十以上米一斛肉二十
斤酒五斗九十以上加賜帛人二疋絮三斤
桓帝建和元年正月大赦賜三老爵三級
二年正月甲子加元服大赦年八十以上米酒肉九

十以上加帛二疋綿三斤
永興二年十一月校獵賜所過道傍年九十以上錢各有差
靈帝光和元年冬行辟雍禮以光祿大夫楊賜爲三老
魏文帝黄初中蘇林爲博士給事中帝作典論所稱蘇林者是也以老歸第國家每遣人就問之數加賜遺年八十餘卒
高貴鄉公甘露三年八月詔曰夫養老興教三代所以樹風化垂不朽也必有三老五更以崇至敬乞言

納誨著在惇史然後六合承流下觀而化宜妙簡德行以充其選關內侯王祥履仁秉義雅志淳固關內侯鄭小同温恭孝友帥禮不忒其以祥爲三老小同爲五更車駕親率群司躬行古禮焉漢晉春秋曰帝乞言於祥祥對曰昔者明王禮樂既備化之以忠誠忠誠之發形於言行夫大人者言行動乎天地天且弗違况於人乎臣欽若等曰按晉書志二年行養老禮
晉惠帝永平元年五月賜高年帛人三疋
永興元年三月大赦賜高年帛三疋
明帝太寧三年閏二月即位賜孤老帛人二疋
成帝咸和元年二月大赦改元賜孤老米人二斛
孝武太和五年六月賜孤老不能自存者米人五斛
後魏太武時居蚍侯羅結年百七歲爲長秋卿後年一百一十詔聽歸老賜大寧東川以爲居業并築城郎號曰羅侯城朝廷每有大事騎馬詢訪焉
文成和平二年三月幸中山至於鄴遂幸信都輿駕所過皆親封高年問民疾苦民年八十以上一子不從役
四年三月賜京師民年七十以上太官厨食以終其年
孝文延興三年十一月賜高年布帛

太和元年十月詔七十以上一子不從役又宴京邑耆老於太華殿賜以衣服
三年五月詔曰昔四代養老問道乞言朕雖冲昧每尚其美今賜國老各衣一襲綿五斤絹布各五疋
四年七月改作東明觀詔會京師耆老賜錦綵衣服几杖稻米蜜麵復家人不徭役
六年三月幸武州山石窟寺賜貧老者衣服
十五年八月議養老
十六年二月賜京邑老人鳩杖八月司徒尉元以老遜位以元爲三老以前鴻臚卿游明根爲五更詔曰

夫大道凝虛至德冲挹故后王法玄猷以御世聖人崇謙光而隆美是以天子父事三老兄事五更所以順孝悌於萬國垂教本於天下自非道高識傳孰能處之是以五帝憲德三王乞言若求備一人同之古哲叔世之老孰能克堪師上聖則難爲其舉傳中庸則易爲其選朕既庸寡德謝曩哲老更之選差可有之前司徒山陽郡公尉元前大鴻臚卿新太伯游明根並元亨利貞明允誠素少著英風老敷雅迹位顯台宿終歸私第可謂知始知卒希世之賢也公以八十之年宜處三老之重卿以七十之齡可充五更之

選於是養三老五更於明堂國老庶老於階下帝再拜三老親袒割牲執爵而饋於五更行肅拜之禮賜國老庶老衣服有差既而元言曰自天地分判五行施用人之所崇莫重於孝順然五孝六順天地之所先願陛下重之以化四方臣既年衰不究遠趣心耳所及敢不盡誠帝曰孝順之道天地之經今承三老明言銘之於懷明根言曰夫至孝通靈至順感幽孝順之道無所不格願陛下念之以濟黎庶臣年志朽奬識見昧然在心之慮不敢不盡帝曰五更助三老以言至範敷展德音當克已復禮以遵所授禮畢乃

賜步輓一乘詔曰夫尊老尚更列聖同致欽年敬德綿哲齊軌朕雖道謝玄風識昧庸則然仰稟先誨企遵猷旨故推老以德立更以元父爲斯彰兄爲斯顯矣前司徒公元前鴻臚卿明根並以克德懸車懿量歸老故尊公以三事更以五雖老更非官耋耄罔禄然稟事既高宜加殊養三老可給上公之禄五更可食元卿之俸供養之味亦同其列其後車駕幸鄴明根朝於行宮詔曰游五更養素蓬簷歸終衡里可謂朝之舊德國之老成可賜帛五百疋穀五百斛勑大官備送珍羞後車駕幸鄴又朝行宮賜穀帛如前爲

造甲第國有大事常璽書訪之舊痾發動手詔問疾太醫送藥時奚護爲外都大官詔以護年邁既未致仕令依舊養老之例

十七年八月帝南伐至泗州民年七十以上賜爵一級

九月濟河詔雒懷并泗所過四州之民百年以上假縣令九十以上賜爵三級八十以上賜爵二級七十以上賜爵一級

十八年正月帝南巡詔相兗豫三州百年以上假縣令九十以上賜爵二級七十以上賜爵一級孤老不

能自存者賜粟五石帛二疋
八月丙寅詔六鎮及禦夷城人年八十以上而無子孫兄弟終身給其廩粟七十以上家貧者各賜粟十斛
十一月辛未詔冀定二州民百年以上假以縣令九十以上賜爵三級八十以上賜爵二級七十以上賜爵一級
十二月丁卯詔郢豫二州之民百齡以上假縣令九十以上賜爵三級八十以上賜爵二級七十以上賜爵一級鰥老不能自存賜以穀帛

十九年四月幸彭城賜百歲以上假縣令九十以上賜爵三級八十以上賜爵二級七十以上賜爵一級老疾不能自存者賜穀帛
六月帝自伐齊廻車駕所經百年以上賜假縣令九十以上賜爵三級八十以上賜爵二級七十以上賜爵一級孤老不能自存者賜以穀帛
十月幽赦相州民百年以上假郡守九十以上假縣令八十以上賜爵三級七十以上賜爵二級孤老不能自存者賜以穀帛
二十年二月詔畿內七十以上暮春赴京師將行養老之禮
三月宴群臣及國老庶老於華林園詔曰國老黃耇以上假中散大夫郡守耆年以上假給事中縣令庶老直假郡縣各賜鳩杖衣裳
二十一年二月詔并州士人年六十以上假以郡守
三月詔汾州民百年以上假縣令九十以上賜爵三級八十以上賜爵二級七十以上賜爵一級
五月泛渭入河詔雍州士人百年以上假華郡太守九十以上假荒郡八十以上假華縣七十以上假荒縣庶老以年各減一等七十以上賜爵三級時裴安

祖爲河東州主簿後閒居養志不出城邑帝幸長安至河東存訪故老安祖朝於蒲坂帝與語甚悅仍拜安邑令安祖以老病固辭詔給一時俸以供湯藥焉
宣武景明三年八月以前大傅平陽公丕爲三老
孝明熙平二年四月詔京尹所統百年以上賜大郡板九十以上賜小郡板
神龜元年正月詔京畿百年以上給大郡板九十以上給小郡板八十以上給大縣板九十以上給小縣板諸州百姓百歲以上給小郡板九十以上給上縣板八十以上給中縣板

正光四年七月詔曰達尊斯在齒預一焉崇敬黄耇先代通訓故方叔以元老處位充國緣自強見留雖七十致仕明乎典故然以德尚壯許其縶維今庶寮之中或年迫懸車循禮宜退但少收其力老弃其身言念勳舊眷然未忍或戴白在朝未嘗外任或停私歷紀甫授考級如此之徒雖滿七十聽其滋民以終嘗限或新解縣吏或外任私停已滿七十方求更叙者吏部可依令聞奏其有高名峻德老成髦士灼然顯達爲時所知者不拘斯例若才非秀異見在朝官依令合解者可給本官半禄以終其身使辭朝之叟

不恨歸於閭巷矣

孝莊建義元年五月詔上黨百年以下九十以上板三品郡八十以上四品郡七十以上五品郡

後周明帝武成二年六月己巳板授高年刺史守令各有差

武帝保定元年正月甲戌詔先經有職官年六十以上及民年七十以上節級板授官

三年四月幸太學以太傅燕國公于謹爲三老以食之三老入門帝迎拜門屏之間三老荅拜有司設三老席於中楹南向大師晉公護升階設几於席三老升席南面憑几而坐以師道自居大司寇楚公寧升階正舄帝升立於斧扆之間西面有司進饌帝跪設醬豆親袒割三老食訖帝又親跪授爵以漱有司撤訖帝北面立訪道三老乃起立於帝後帝曰猥當天下重任自惟不才不知正治之要公其誨之三老荅曰木受繩則正后從諫則聖自古明王聖主皆虛心納諫以知得失天下乃安惟陛下念之又曰爲國之本在乎忠信是以古人云去食去兵信不可失國家興廢莫不繇之願陛下守而勿失又曰治國之道必須有法法者國之綱紀綱紀不可不正正之之道在

於賞罰而已若有功不賞有罪不罰則天下善惡不分人無所措手足矣三老言畢帝再拜受荅拜焉禮成而出

七月丁丑幸津門問百年賜錢帛又賜板授有差

建德二年詔曰尊年尚齒列代弘規序舊酬勞哲王明範朕嗣承洪業君臨萬邦驅彼兆庶寘諸仁壽軍民之間年多耆耋眷言衰暮宜有優崇可頒受老職使榮沾邑里

宣帝時柱國閻慶於武帝朝抗表致仕慶旣衰老嘗嬰沉痾帝以其先朝耆舊特異常倫乃詔靜帝至第

問疾賜布帛千段醫藥所須令有司供給大象二年
拜上柱國
隋文帝踐極令皇太子就周致仕柱國閻慶第問疾
仍供醫藥之費
煬帝大業五年二月丙辰宴耆舊四百人於武德殿
頒賜各有差
十月癸亥詔曰優德尚齒載之典訓尊事乞言義彰
昭序鬻熊爲乘取非筋力方叔元老克壯其猷朕永
言稽古用求至治是以厖眉黃髮更令收序務簡優
秩無虧藥膳庶其卧治佇其弘益今歲耆老赴集者

可於近郡處置年七十以上疾患沉滯不堪居職即
給賜帛送還本郡其官至七品以上者量給祿廩以
終厥身
六年四月帝在江都宫宴江淮以南父老須賜有差
七年二月詔曰今往涿郡巡撫民俗其河北諸郡及
山西山北年九十以上者板授太守八十者授縣令
唐高祖武德三年幸稷州召父老置酒高會賜帛
五年三月宴京城父老賜帛
太宗貞觀三年四月詔高年八十以上粟二石九十
以上三石百歲加絹二疋
十月幸隴州詔岐隴二州八十以上賜物百歲以上
尤加優恤
五年十二月幸温湯新豐賜高年帛
六年三月幸九成宫八十以上賜粟帛
五月宴岐州父老賜帛
九月幸慶善宫賜故老帛
十一年正月宴長安父老於玄武門賜以穀帛
三月幸洛陽宫宴父老於乾元殿賜以粟帛
是年車駕在雒陽幸甄權宅禮高年也權潁州人精
曉藥術爲天下之最時年一百三歲拜朝散大夫賜

以粟帛被褥几杖因詔百歲以上者給侍五人
十二年二月宴雒陽父老賜帛有差
十三年正月朝於獻陵三原縣人年八十以上賜物
有差
十四年正月幸魏王宅賜同里老人物有差
十五年正月如雒陽所過州賜高年穀帛
五月并州父老請臨幸帝賜宴於武成殿仍賜物遣
之
十一月蒐於伊闕詔所經之縣遣使存問高年賜帛
各有差

十七年六月并州父老詣闕賀皇太子既爵晉藩賜宴及物以遣之

十一月以貞石表瑞制男子年七十以上量給酒米

十八年正月癸卯將以征高麗宴雍州父老百歲以上氊被袍各一帛十疋粟十石九十以上物五段粟五石八十以上物三段粟一石

十一月壬申至雒州遣使齎璽書詣鄭汝懷澤四州問高年宴賜各有差壬午宴雒州父老一百九十人於儀鸞殿班賜有差

十九年二月發雒陽經遼所經州縣高年賜粟帛幸

冊府元龜　帝王部　養老　卷之五十五　十七

行次河陽女子呂年百歲太宗幸其宅存問之賜氊帛袍各一綿帛十段次汲縣女子翟張並年百歲太宗幸其宅存問之賜物如河陽

三月次平棘張道鴻之廬賜以衣服道鴻性鄙野無他事行少時嘗遊名山得服食之訣居人間每餌金膏時年百四十六歲

十月次營州召父老年七十以上賜繒帛綾錦等

二十年幸并州引太原父老宴之賜物有差

二月發并州賜所過高年粟有差

七月幸靈州賜高年粟帛有差

八月丁卯見京城父老於北闕賜食及粟帛

二十二年三月至玉華宮賜所過高年粟帛

二十三年五月以甘雨賜天下八十以上粟帛

高宗永徽六年十月立武氏爲皇后赦天下八十以上老人各賜粟二石帛三段百歲以上各賜粟五石帛十段

顯慶元年正月辛未立皇太子赦諸年八十以上各賜粟帛巳卯宴京城老人八十以上賜物各有差

二年二月幸雒陽父老百歲以上賜氊被一具袍一領綵絹十段粟二十石仍遣使就家存問九十以上

冊府元龜　帝王部　養老　卷之五十五　十八

各賜綵絹五段十月幸鄭州賜八十以上老人粟帛有差

閏十二月以駕幸東都詔所經處八十以上老人賜氊袍綿及粟有差

五年三月幸并州老人年八十以上板授刺史縣令并賜氊被粟帛各有差

龍朔元年九月駕幸河南縣婦人張氏年一百三歲遂賜絹三十疋氊被一具皇后太子亦親問賜以衣物及繒綵

乾封元年正月改元詔諸老人八十以上者假授刺

史司馬量賜粟帛
總章二年九月幸岐州賜高年衣服粟帛
咸亨元年十一月將幸東都宴京城父老有不能行者仍許子弟扶至殿庭仍節級賜物及黃紱而遣之
上元三年三月自汝州温湯還賜八十以上老人帛
弘道元年二月大赦天下老人百歲以上者板授下州刺史婦人板授郡君九十以上者板授上州司馬婦人板授縣君八十以上者板授縣令婦人量賜粟帛
睿宗太極元年正月籍田大赦賜老人年九十以上

板授下州刺史緋衫牙笏八十以上板授上州司馬緑衫木笏
玄宗開元二年九月引京師侍老宴於含元殿庭詔曰古之爲政先於尚老居則致養禮傳三代行則就見制問百年盖皇王之勸人教黎庶之爲子朕寅奉休曆祗膺聖謨因秋歸而歲成屬星見於郊祀念其將至尤重乞言俾伸恩於几杖期布惠於鄉國九十以上宜賜几杖八十以上宜賜鳩杖所司準式天下諸州侍老宜令州縣遂穩便設酒食一准京城賜几杖其婦人則送几杖於其家
三年十月詔古者親問百年義在養老其侍年老九十以上弁篤疾各賜物四段綿帛各一疋
十一年正月車駕幸北都詔太原府父老八十以上賜物五段板授上縣令賜緋婦人板授上縣君九十以上賜物七段板授上州長史賜緋婦人板授郡君百歲以上賜物十段板授上州刺史賜紫婦人板授郡君夫人
十一月親祠南郊禮畢大赦詔百歲老人賜帛五段粟五石縣令至其家存問給付
十三年十月東巡至濮州河南河北五百里内父老

各賜帛二疋十一月封禪禮畢徐曹亳汴許仙豫等州父老各賜帛二疋十二月至東都京兆父老拜賀各賜帛以遣之
十五年詔曰吏部選人有衰老不堪釐務者優其資致仕量賜多少粟帛
十七年十一月詔諸州侍老百歲以上賜綿帛十段九十以上賜五段八十以上賜三段
二十年十月祠后土畢詔天下侍老百歲以上賜粟五石八十以上三石
二十三年正月籍田禮畢詔天下侍老百歲以上板

授上州刺史九十中州刺史八十上州司馬七十以上所縣量給酒肉各令存問

二十四年八月千秋節召京兆父老宴敕並宜坐食訖樂飲恭賜物

二十六年七月冊皇太子大赦詔天下侍老八十以上賜粟三石帛三疋百歲以上賜粟五石綿帛五段並假板授

二十七年二月加尊號大赦詔天下侍老百歲以上板授下州刺史婦人板授郡君賜粟五石絹帛五段九十以上板授州司馬婦人板授縣君粟三石絹帛

三段八十以上板授鄉君粟二石綿帛二段

天寶元年正月改元詔天下侍老八十以上者宜委縣官每加存問仍量賜粟帛侍丁者令其養母孝假者矜其在喪此王政優容俾伸情理而官吏不依令式多雜役使自今已後更不得然

三載十二月祀九宮貴神禮畢詔天下侍老百歲以上賜綿帛五段粟三石八十以上三段粟二石

六載正月親祠南郊禮畢詔天下侍老百年以上賜綿帛五段粟三石八十以上綿帛三段粟二石仍令長官存問

七載五月加尊號詔京城父老各賜物十段七十以上板授本縣令其妻板授縣君六十以上板授本縣丞天下侍老百歲以上板授下郡太守婦人板授郡君九十以上板授上郡司馬婦人板授縣君八十以上板授縣令婦人板授鄉君仍賜酒麪

八載閏六月冊尊號禮畢詔高年給屬存養因時定式務廣仁恩其天下百姓丈夫七十五以上婦人七十以上宜各給一人充侍仍自簡擇至八十以上依當式處分

十載正月親祠南郊禮畢詔天下侍老百歲以上賜

綿帛五段粟五石八十以上綿帛三段粟三石丈夫七十以上婦人七十以上絹帛五段粟二石

十三載二月冊尊號禮畢詔天下侍老百歲以上板授本郡太守婦人板授郡夫人各賜綿帛五段粟三石八十以上板授本縣令婦人板授縣君各賜綿帛二段粟二石

肅宗至德元年即位於靈武詔曰天下耆壽各賜物五段侍老板授太守縣令仍各賜物五段

二年十二月赦詔天下侍老八十以上板授有差並賜緋魚袋授太守縣令

上元二年赦詔天下侍老未板授者與板授
代宗廣德二年二月親祠南郊禮畢大赦詔天下侍老九十以上板授刺史七十以上板授上佐縣令
德宗興元元年六月發興元詔本府耆老與板授本縣令仍賜緋
貞元五年四月以太子少傅兼禮部尚書蕭昕爲工部尚書前太子少詹事常建爲秘書並致仕仍給半祿料後受致仕官者並宜準此舊例給半祿及賜帛其俸料悉絶帝念歸老之臣特命賜其半焉致仕官給半祿自昕等始也

順宗即位初大赦百姓九十以上板授及賜各有差仍令官吏就家存問
憲宗元和元年正月詔天下百姓高年賜米帛羊酒
十四年七月冊尊號大赦委中書門下選黜陟使分巡天下百姓高年者頒賜有差
穆宗以元和十五年正月即位十一月令鄭覃往鎮州宣慰其四州之内有高年不能自存者就給粟帛
長慶元年正月郊祀禮畢赦制天下百姓高年者賜粟及綿絹有差
三月以盧龍軍節度使劉總歸詔管内高年不能自存差官就問給賜粟帛 臣欽若等曰唐自武宗已後無實録故事多闕
後唐莊宗同光元年四月即位制曰應諸道管内有高年踰百歲者便與給復永俾除名自八十至九十者與免一子免役州縣不得差徭
十月德音有年過八十者免一子從征
明宗天成二年十月辛丑詔曰敬老之規前王所重養親之道爲子居先應有年八十以上及家長有廢疾者宜免一丁差役俾遂奉養
晋高祖天福二年四月丁亥制曰洪荒之内鄉黨之中宜弘養老之規式表問年之道天下百姓有年八

十以上者與免一丁差徭仍令逐處簡署上佐官
六年八月帝幸鄴都制管内耆老八十以上者並與板授上佐
周太祖廣順二年十一月左監門衛上將軍李建崇右神武大將軍安仲左領軍將軍慕容業右領衛將軍劉彦章各賜紫款正錦袍金塗銀束帯建崇等皆年七十餘太祖以舊將累爲刺史留後老居班列故有是賜仍令每日内殿起居退就公食

冊府元龜

巡按福建監察御史臣李嗣京　訂正
分守建南道左布政使臣胡維霖　參閱
知建陽縣事臣黄國琦較釋

帝王部

節儉

傳曰儉者國之寶也漢文帝曰吾爲天下守財耳豈可妄用之哉葢王者據神器之重託億兆之上在乎約費以足用崇儉以率下故古先哲王無宫室苑囿之飾無珠玉輿馬之玩衣無文綉食無兼味不視奇

怪之物不聽淫靡之音急於致理薄於自奉繇是風行草偃家給人足民俗以之淳厚品物以之茂遂故曰上節用則國富君無欲則民安斯之謂矣

黄帝勤勞心力耳目節用水火財物臣欽若等曰卷中不載年月日者並史闕文餘皆准此

帝嚳取地財而節用之

帝堯富而不驕貴而不舒黄收純衣純一作紋太古冠冕圖夏名冕曰收禮記曰野夫黄冠純衣士之祭服純讀曰緇堂高三尺土堦三等茅茨不剪採椽不斵茨盖曰茅茨以茅盖屋也採木名今之櫟木也飯土簋歠土刑簋以盛飯刑以盛羮土謂燒土爲之糲粱之食糲粗米也一斛粟七斗米爲糲藜藿之羮夏日衣葛冬日鹿裘其送死桐棺三寸

帝舜甈盆無膻而工不以巧獲罪言工不以工巧之事獲罪也

夏禹菲飲食而致孝乎鬼神惡衣服而致美乎黼黻卑宫室而盡力乎溝洫

周文王卑服即康功田功文王節儉卑其衣服以就其安人之功以就田功以知稼穡之艱難

宣王中興更爲儉宫室小寢廟詩人美之作斯干之詩

漢文帝二年十一月詔太僕見馬遺財足遺留也大僕見在之馬今富减留財足充事

帝即位二十三年宫室苑囿車騎服御無所增益有不便輒施以利民嘗欲作露臺召匠計之直百金上曰百金中人十家之産也中謂不富不貧吾奉先帝宫室常恐羞之何以臺爲今新豐縣南驪山頂有露臺鄉極爲高顯猶有文帝所欲作臺之處身衣弋綈弋皁也身衣弋綈又曰弋黑色綈厚繒所幸愼夫人衣不曳地帷帳無文綉以示敦朴爲天下先治霸陵皆瓦器不得以金銀銅錫爲飾因其山不起墳霸陵文帝陵名又後漢書云文帝處百姓於靈臺飾帷帳於皁囊或有譏其儉者帝曰朕爲天下處財耳豈得妄用之哉又東方朔曰文帝集上書囊以爲殿帷又後漢書王符曰孝文皇帝躬衣弋綈革舄韋帶

成帝建始二年三月罷六廄技巧官秩減乘輿廄馬

哀帝綏和二年卽位詔三齊服綺綉難成害乘輿服御後宮用度及罷尚方御府百工技巧靡麗無益之物

晉武帝太始元年十二月戊辰下詔大弘儉約出御府珠玉玩好之物頒賜王公以下乙亥詔省郡國御調禁樂府靡麗百戲之技及彫文游畋之具武帝承魏氏奢侈刻弊之後百姓思古之遺風乃厲以恭儉敦以寡慾有司嘗奏御牛青絲紖斷詔以青麻代之

惠帝永興元年十二月丁亥詔曰頃戎車屢征勞費人力供御之物皆減三分之二

元帝性簡儉沖素有司嘗奏太極殿廣室施絳帳帝曰漢文集上書皂囊爲帷遂令冬施青布夏施練帷帳將拜貴人有司請市雀釵帝以煩瀆不許所幸鄭夫人衣無文綵從母弟王廙爲母立屋過制流涕止之

成帝咸和七年七月丙辰詔諸養獸之屬損費者多一切除之

咸康七年三月戊戌杜皇后崩帝下詔曰吉凶典儀誠宜備設然豐約之度亦當隨時況重壤之下而崇飾無用邪今山陵之事一從節儉上陵賜賞皆是疋

事勳績之家親戚受寵未曾横有所及

文成和平四年七月壬午詔曰朕每歲以秋時閑月命郡官講武平壤所幸之處必立改作

孝文太和十一年十月辛未詔起部罷無益之作出宮人不知機杼者十一月丁未詔罷尚方錦綉綾羅之功四民欲造任之無禁其御厨衣服金銀珠玉綾羅紬錦大官雜器太僕乘具内庫弓矢出其大半班賚百官及京師士庶下至工商皁隷逮於六鎭戍士各有差帝性儉素常服澣濯之衣鞍勒鐵木而已帝之雅志皆此類也

西魏文帝大統元年九月有司奏煎御香澤須錢數萬帝以軍旅在外停之

後周太祖性好朴素不尚虛飾常以反風俗復古始爲心

五年五月免妓樂雜役之徒皆從編戸

武帝保定元年二月丙午省輿輦去百戲

二年十月戊戌詔曰樹之元首君臨海内本乎宣明教化亭毒黔黎豈惟尊貴其身侈富其位是以唐堯疏葛之衣麁糲之食尚臨汾陽而永歎登姑射而興想況無聖人之德而嗜欲過之何以克厭衆心處于

尊位朕甚恧焉今巨寇未平軍戎費廣百姓虛空誰與爲足凡是共朕衣服飲食四時所須爰及宮內調度朕今手自減削縱不得頓行古人之道豈曰全無庶幾凡爾百司安得不思省約助朕不逮者哉

天和二年省掖庭四夷樂後宮羅綺工人五百餘人

建德元年十二月庚寅幸會道院以上善殿壯麗遂焚之

六年正月辛丑詔曰僞齊叛換竊有漳濱世縱淫風事窮雕飾或穿池運石爲山學海或層臺累構槩日凌雲以暴亂之心極奢侈之事有一於此未或弗亡

朕菲食薄衣以弘風教追念生民之費尚想力役之勞方當易茲弊俗率歸節儉其東山南園及三臺可並毀撤瓦木諸物凡入用者盡賜下民山園之田各還本主

五月己丑詔曰朕欽承丕緒寢興寅畏惡衣菲食貴昭儉約上棟下宇土階茅屋猶恐居之者逸作之者勞詎可廣厦高堂肆其嗜欲往者冢臣專任制度有違正殿別寢事窮壯麗非直雕墻峻宇深戒前王而締構弘敞有踰清廟不軌不物何以示後兼東夏初平民未見德率先海內宜自朕始其露寢會義崇信含光雲合思齊諸殿等農隙之時悉可毀折彫斵之物並賜貧民繕造之宜務從卑朴癸巳行幸雲陽宮戊戌詔曰京師宮殿已從撤毀并鄴二都華侈過度誠復作之非我豈容因而弗革諸堂殿壯麗並宜除蕩甍宇諸物分賜窮民三農之隙別漸營構止蔽風雨務在卑狹帝性旣明察少於恩惠凡布德立行皆欲踰越古人身衣布袍寢布被無金寶之飾諸宮殿華綺者皆撤毀之改爲土堦數尺不施櫨栱其雕文刻鏤錦繡纂組一皆禁斷後宮嬪御不過十餘人

隋高帝居處服翫務存節儉令行禁止上下化之

開皇仁壽之間丈夫不衣綾綺而無金玉之飾常服率多布帛裝帶至以銅鐵骨角而已雖嗇於財至賞賜有功亦無所愛悋帝旣躬履儉約六宮咸服澣濯之衣乘輿供御有故敝者隨令補用皆不改作非享燕之事所食不過一肉而已有司嘗進乾薑以布袋貯之帝因以爲費大加譴責後進香復以氈袋因笞所司以爲後戒自是內外率職府帑充實百官祿賜及賞功臣皆出於豐厚焉

唐高祖武德元年七月庚申詔曰隋代離宮別館遊憇之所並廢之

十月庚辰詔曰國初草創日不暇給凡厥禮儀鮮能盡備且生人未乂彫弊寔多至於畜產思致蕃息祭祀之本皆以爲身窮極事神有乖正直殺牛不如禴

祭明德即是馨香望古推今祭神一揆其祭圓丘方澤宗廟以外並可止用少牢先用少牢者宜用特牲待時和年豐然後克循常禮

高祖凡所營爲務從簡易服用取給而已

太宗貞觀二年八月乙未公卿奏曰依禮季夏之月可以處臺榭今隆暑未退秋霖方始宫中卑濕請營一閣以居之帝曰朕有氣病豈宜下濕若遂來請糜費良多昔漢文帝將起露臺而惜十家之産朕德不逮於漢帝而所費過之豈謂爲民父母之道也固請竟不許

四年十一月己丑戸部奏窖苫須麻十萬緉帝曰麻爲鞾鞋得供國用自今窖苫宜以蒿蔓爲之又將作大匠竇璡修營雒陽宫帝務存節儉璡乃於宫鑿池起山崇飾雕麗虚費功力帝聞之大怒遽令毁之璡又坐是免

十六年二月壬寅帝謂侍臣曰朕頃因覽劉聰傳聰將爲劉后起鷃儀殿廷尉陳元達諫聰大怒命斬之劉后手疏啟請甚切聰怒解而甚媿之人之讀書欲廣聞見行之難也朕於藍田市木將別爲一殿取制兩儀仍搆重閣其木已具遠想聰事斯作遂止

二十二年四月以頻造宫室務從卑儉終費人力帝謂侍臣曰唐堯茅茨不翦以爲儉德不知堯時無瓦蓋桀紂爲之若於無瓦之晨爲茅茨者未爲儉德不翦之言蓋書史粉飾之耳朕今構采椽於椒風之日立茅茨於有瓦之時將爲節儉自當不謝古昔省宫室之廣大役人功以此再思不能無媿

高宗永徽六年十一月戊子詔曰少府監非軍國所需宗廟之用並不須飾以珠玉諸州嘗貢珠寶者並宜停進其市肆間不得更爲彫鏤及貨鬻珠寶及金銀等物

龍朔二年六月癸亥詔曰比每誕育王子公主諸親慶賀多進錦繡纂組金銀雕鏤虚有糜費深乖節儉自今以後即宜並停

玄宗先天二年八月戊午勅曰禮曰寧儉書戒無逸約費嗇財爲國之本至於賜酺合宴正欲與人同歡廣爲聚歛故非取樂之意況自徇於奢是不戒也心勞於僞是不經也殷監于此良用憮然自今以後兩京及天下酺宴所作山車旱船結綵樓閣寶車等無用之物並宜禁斷

開元二年七月乙未内出珠玉錦繡於殿庭焚之勅

曰朕聞珠玉饑不可食寒不可衣故漢文云雕文刻鏤傷農事錦綉纂組害女工農事傷則饑之本女工害則寒之源又賈生有言曰夫人一日不再食則饑終歲不製衣則寒饑寒切體慈母不能保其子君焉得以有其民哉朕以眇躬託於王公之上曷嘗不日旰忘食未明求衣使反朴還淳家給人足而倉廩未實饑饉相仍水旱或僁糟糠不厭靜思厥故皆朕之咎故有漿酒藿肉玉食錦衣互相誇尚浸成風俗夫令之所施惟行不惟反人之化上從實不從言是以古先哲王以身率下如風之靡何俗不易此事近有

處分當以施行朕若躬服珠玉目玩錦繡而欲公卿節儉黎庶敦朴是揚湯止沸涉海無濡不可得也是知文質之風自上而始朕欲捐金抵玉塞本澄源所以服御金銀器物今付有司令鑄爲鋌仍貯掌以供軍國珠玉之貨無益於時並宜焚於殿前用絶浮競至誠所感期於動天況凡百官有違朕命其宮掖之内后妃以下咸服澣濯之衣永除珠翠之飾當使金玉同價風俗大行日用不知克臻至道布告遐邇如朕意焉戊戌詔天下更不得採取珠玉刻鏤器玩造作錦繡珠繩織成帖絛二色綾綺羅作龍鳳禽獸等異文字及竪欄錦文者決一百受僱工匠降一等科之兩京及諸州舊有官織錦坊宜停

十二年正月戊寅勑曰朕聞舞者所以節八音而行八風豈徒誇詡時代耽曜耳目而已也自立雲韶内府百有餘年都不出於九重今欲陳於萬姓異與群公同樂豈獨娛於一身且珠翠綺羅非珍玩嘗念百金之費每惜十家之産是以所服之服俱非綺羅所冠之冠亦非珠翠若弋綈之制大帛之衣德雖謝於古人儉不忘於曩哲庶羣公覩此當體朕之不奢

肅宗至德二年十二月詔宮女及狗馬鷄鷹鶻之數

宜即停減屋宇車輿衣服器用並宜准式珠玉寶鈿平脱金泥織成刺繡之類一切禁斷

乾元二年正月戊寅帝耕籍田先至於先農之壇因閲耒耜有雕刻文飾者謂左右曰田器農人執之在於朴素豈貴文飾乎乃命撤之下詔曰古之聖王臨御天下莫不務農敦本實儉爲先益用勤身率下也屬東耕啓候爰事籍田將欲勸彼蒸人所以執茲耒耜如聞有司所造農器妄加雕飾殊匪典章況紺轅縹軛固前王有制崇奢尚靡諒爲國所疵靜言思之良用歎息豈朕法堯舜重茅茨之意耶其所造雕飾

者宜停仍令有司依農用嘗式即別改造庶萬方黎
獻知朕意焉
三月壬寅詔曰朕聞古者皇王乘時致理莫不上稽
天象下順人心所以革弊移風推誠布化也朕自纂
膺鴻業再復寰區何嘗不勤巳勵精兢兢業業一物
失所爰軫納隍之憂四方未寧深懷馭朽之惧頃雖
沿革之令隨事每下而弛張之要未得其宜遂使人
瘼尚繁冦虞猶梗有乖政本諒在朕躬用懷酌損之
儀庶叶惟新之典自今巳後嘗膳及服御等物悉從
節減周身之外一切竝停武德中尚作等坊除造賞

物賜蕃客將士器物及軍戎祠祭所要餘竝停
上元二年八月壬申內宴宰臣巳下內出妓樂不過
數人甚儉司徒兼中書令郭子儀等上表曰臣聞古
先哲王莫不崇儉以阜時戒奢以敦本勤以樹善利
在化淳伏惟乾元大聖光天文武孝感皇帝陛下纘
成盛業備歷諸難功存造化澤被眐俗至於服用之
飾聲樂之娛宜有所增加以彰聖德今月十六日臣
等伏蒙天恩幸霑內宴切見後庭妓樂其數非多衣
製儉薄頗爲逼下顧無麗綺之玩是行質素之風恭
惟睿慈允臻於道昔漢文帝念中人之產晉武焚外
國之裘皆抑止於有餘匪謙讓於當分以今比古無
德而稱况聖作物覩著自格言上行下效存於理體
陛下以農桑未乂軍務猶虞思懲富教之繇率先儉
約之化康寧之福莫尚於此臣等備位宰臣職當毗
贊恐聖烈無紀臣下未知請編之史策宜下中外詔
曰儉德之恭約失者鮮格言爲重理道在茲朕志復
淳源用濟海內振其玄化鏡以至清非謂艱難之時
自崇樸素之本無聲之樂庶聞於四方曳地之衣將
比於前古且率人而自我亦操木而銷金爲君之難
事當乎增揚股肱之義務在乎弼違期於啟沃之勤

不在延君之譽爲人上者此道惟嘗豈可付以史官
宣於中外載循來表殊匪朕懷翼日太子賓客韓擇
木入奏因奉賀節儉妓樂衣無綺綉之飾食無珍羞
之具上因出衣袖以示之曰朕此衣巳三度浣矣
代宗寶應元年六月戊午勑尚食等厨三分量減一
分所司不得輙有奏請至秋熟後任依嘗式
廣德二年二月乙亥南郊禮畢赦曰朕思素儉敦以
淳風必約嚴章以齊侈俗其珠玉器玩寶鈿雜綉等
一切禁斷
德宗初即位大曆十四年閏五月癸未詔罷梨園使

及伶官之冗食者三百餘人留者隸太常
是月丙戌詔曰四方貢銀器有以金飾者去之
六月巳亥赦日乘輿服御量加減省務敦質素天下進獻事緣郊祀陵廟所須依前勿闕餘竝撙節歸於省約奇器異服綿繡珠玉等竝不得輙有進獻
七月庚午詔王者不寶遠物所寶惟賢故堯設茅茨禹卑宮室光武捨去寶劔順帝封還大珠朕仰止前王思齊朴素邕州所奏金坑誠爲潤國害人放利非朕素懐方以不貪爲寶惟德其物豈茲難得之貨生其可欲之心耶其金坑任人開採官不得占先是元

載馬璘劉忠翼之第自天寶中京師堂寢已極弘麗而第宅未甚逾制然衛公李靖廟已爲嬖人楊氏廏矣及安史二逆之後法度摧壞大軍宿將競崇棟宇臺榭之飾無復界限力窮乃止人謂之木妖而馬璘之堂尤盛計錢二十萬貫他室稱是旣而璘卒於軍以喪歸京師士庶欲觀其宏麗假名於故吏投刺會弔者數十百人故命撤毀之自是京師樓榭之踰制皆毀
癸酉詔減服物供獻之屬以千數德宗始卽位德音屢下務存儉德內外人心皆得其理
建中元年十月巳丑詔減膳羞甞貢之物
貞元二年四月辛巳陝虢觀察使李泌奏虢州盧氏縣山冶近出瑟瑟請充貢獻禁人開採詔曰瑟瑟之寶朕不飾器玩不尚珍奇甞思反朴之風用明躬儉之節其出瑟瑟處任百姓求採不宜禁止瑟瑟玉名
三年正月庚戌詔內外諸親設祭於大行皇后竝不得假飾花果巳後公私集會竝宜准此
順宗貞元二十一年二月卽位甲子赦日淸淨者理國之本恭儉者修巳之端朕臨御萬邦方弘此道苟可濟物予何愛焉宮掖之中宜先省約其後宮細人

子弟音聲人等竝宜放歸親族
憲宗元和五年十一月丙午帝謂宰臣曰朕以禁中舊殿歲久危壞昨令有司經度資費多非意欲漸葺搆之所冀成功不毀但緣國用未贍物力猶詘是以每務簡儉情在不勞至於車服飲食亦深畏奢侈以是思之不知竟可營造否權德輿對曰陛下以至德愛人情存節用此實爲理之本仲尼謂大禹卑宮室菲飲食惡衣服以爲無間然漢文帝欲起露臺召匠計之直百金帝曰中人十家之產吾奉先帝宮室常恐羞之何以臺爲遂止是以文帝之代四海庶富俗

禮讓一歲斷獄纔百人幾致刑措前史以爲美談後王用爲師表且簡則不勞人儉則不廢財人安財足天下自化上好奢侈則下亦變風人務縱欲爭奪自起今陛下至誠恭儉有過昔王卑躬愛人勤務至理實天下蒼生幸甚

文宗元和二年四月壬辰勑皇太子料宜權停敬宗以晉王位居中嗣時方二歲已命有司供獻盡同儲副至是權罷之壬寅命毀放鴨亭子先是敬宗嘗於昇陽殿東增置亭沼多聚水禽謂之放鴨亭子是日命毀之戊申幸教坊廻佇望仙門側有看樓十間帝

以不復遊御命毀之

二年五月庚子詔應諸道進奉內庫四節及降誕進奉金花銀器幷纂組文綾纈雜物竝折充挺銀及綾絹其中有賜與所須待五年後續有進止

文宗銳意求理每與宰臣議政深惡侈靡故每下詔勑嘗以敦本崇儉爲先庶乎上行下效之有漸也丁巳命內官赴漢陽公主等宅宣每遇對日不得廣插釵梳不須服短窄衣服

三年九月辛巳命中使宣兩軍中尉及諸司使內官等不許著紗縠及綾羅等自艱難以來風俗寖歸奢靡權邪貴近競相尚豪濫而不能制之帝姿性高雅始自登極時用服飾必以儉素爲先思有以自近懲革孜孜以留意其後駙馬都尉韋處仁入見巾夾羅巾以進帝謂曰本慕卿門戶清素故俯從選尚如此巾服從他諸戚爲之卿不須爲也

十一月甲午詔四方竝不得輒以雜行樣難行非常之物爲獻其於纖麗若花絲布撩綾之類竝禁斷勑到一月日機杼一切焚棄

開成四年正月丁卯夜於咸泰殿觀燈作樂三宮太后及諸公主竝赴宴帝思節儉化天下衣服咸有制度左右親幸莫敢踰越延安公主衣裙寬大郎時遣歸駙馬都尉竇澣待罪勑曰公主入參衣服踰制從

夫之義過有所歸竇澣宜奪兩月賜錢又便殿對六學士帝語及漢文恭儉因舉袂曰此澣濯者三矣

宣宗春秋既盛在藩邸時備知民間庶事延英對宰臣無不議及百姓又性嘗儉素先宮中每有行幸郎以龍腦欝金藉之於地至是帝皆不許時人方之漢文帝

後唐明宗以同光四年四月即位甲寅詔曰夫人不能自理立之君以理之豈可殫天下之租賦爲宮中之玩好後宮內職量留一百人其餘任歸骨肉內官守闕掌扇量留三十人教坊音聲量留一百人鷹犬

之事以備蒐狩量留二十人御厨膳夫量留五十人其餘任從所適內諸司事有名無事者並從停廢

天成四年四月壬寅武德使上言重修嘉慶殿請丹漆金碧以瑩之帝曰此殿爲火所廢不可不修但務宏壯何煩華侈尋改爲廣壽殿

末帝清泰二年五月庚戌詔不得貢奉寶裝龍鳳雕鏤刺作組織之物

晉高祖天福二年四月戸部尚書王權奏臣聞戒奢從儉惟經國之遠圖務實去華乃前王之令範伏惟皇帝陛下開基創業應天順人顯宗朴素之風克恊

聖明之訓臣伏見諸侯奉貢九土勤王羅紈則纖麗奇工器皿則雕鏤異狀文之錦繡雜以珠璣雖外表珍華而事近淫巧臣伏請特降勑旨頒下列藩自今奉貢其鮮麗匹段等酌其物料所直折進生白重絹可將一疋之鮮麗變數疋之縑繒又進奉銀器及鞍轡等並不在雕鏤金玉其餘衣甲器械並不在飾以銀裝布金彩如有鉤玦瑕處可將銅鐵代之足以換彼鮮明益其堅利雖所减者輕同積羽而所集者重可如山朕爲淳厚國風抑亦豐資天府勑王權素推華族方處重官覩四海之貢輸慮陳巧麗察五兵之器用枉餙珍奇不惟秏彼生靈實且傷於淳素爰陳章疏將召和平宜允敷敭明示誡約自今後臣寮貢奉不得務其淫巧衣甲器械不得飾以金銀咸委遵行勿得踰越仍付所司

十一月湖南馬希範進金漆栢木銀裝起突龍鳳茶床椅子踏床子紅羅金銀綿繡褥紅絲網子又進金銀玳瑁白檀香器皿銀結條假菓花樹龍鳳鑿畫皷等物又進含膏桃源洞白茅百靈藤渠江南嶽紫蓋峯白雲洞清花等茶又進蟬翼鍾乳頭香石亭脂木瓜九一萬顆藥橄欖子帝覽之謂侍臣曰奇巧蕩心

斯何用耳藥著可進而九可食乎但地僻海曲習以成風來遠之道遽止爲難宜令所司與收聞者服其儉德

漢高祖乾祐元年詔曰卑宫非食前代之令猷華曷綈衣哲后之明德至於損上益下惜力愛人冀息煩苛漸期富庶所有乘輿服御後宮費用太官當膳一切减損在京及內諸司并天下州府除應奉軍期急切外其餘不急之務非禮營造並皆停罷免致勞役

周太祖廣順元年正月制曰朕早在藩鎮嘗戒奢華今御寰區尤思節儉况國家多事帑藏甚虛將愛憂

勞所宜省約應乘輿服御之物不得過爲華飾宫門器用竝從朴素太官嘗膳一切减損諸道所有進奉此助軍國支費其珍巧纖華及奇禽異獸鷹犬之類不許輒有貢獻諸無用之物不急之務竝宜停罷

二月内出寶玉器數十有茶籠酒器枕及金銀結鏤寶裝床几飲食之具碎之於殿庭有一玉杯累擲之不壞樞密使王峻上請太祖笑而賜之太祖謂侍臣曰凡爲帝王安用此爲近聞漢隱帝與嬖寵𡟯戲珍華寶玩不離於側覆車未遠宜以爲鑑仍戒左右今後凡有珍華悅目之物不得入宫

世祖顯德五年六月壬申宣徽院進呈御食物料之數帝因批出曰朕之嘗膳所用物料今後减半餘人所食即須仍舊

冊府元龜

巡按福建監察御史臣李嗣京 訂正

知長樂縣事臣夏允彝 条閲

知建陽縣事臣黄國琦 較釋

帝王部 五十七

英斷 明察

英斷

昔人有言曰世所以貴于將鎮耶者以其立斷也又曰果斷而行鬼神避之矧夫誕膺天命司牧黎獻裁萬樞而制百揆別九流而任衆職獨運陶甄之上下

令流水之源豈可以惑亂於衆多牽制於文義猶豫而不決雍容而無斷也乃有申大刑以聳羣聽折多言以建殊績違命以無畏任賢而不疑保侍臣之守節絶僭國以大義因機制變反權合道誠明申發威靈外布幽顯以之叶贊天地以之訢合志有所之事靡不濟傳曰一心定而萬物服是之謂歟

漢高祖初爲漢王與項羽爭天下羽將丁公名固郎季布同母異父之弟也逐窘高祖彭城西短兵接漢王急顧謂丁公曰兩賢豈相戹哉兩賢高祖自謂并謂固耳言吾與固俱是賢豈相戹困也故固感[illegible]言而止也丁公引兵而還及項王滅丁公謁見高祖以丁公徇軍中徇行示也曰丁公爲項王臣不忠使項王失天下者也遂斬之曰使後爲人臣無傚丁公也

武帝元光二年大行王恢建議擊匈奴六月御史大夫韓安國爲護軍將軍衛尉李廣爲驍騎將軍太僕公孫賀爲輕車將軍大行王恢爲將屯將軍大中大夫李息爲材官將軍三十萬衆屯馬邑谷中誘致單于欲襲擊之單于覺之引去漢兵追至塞度弗及王恢等皆罷兵帝怒恢不出擊單于輜重也恢曰始約爲入馬邑城兵與單于接而臣擊其輜重可得利今單于不至而還臣以三萬人衆不敵祗取辱固知還

而斬然完陛下士三萬人於是下恢廷尉廷尉謂恢逗撓當斬軍法行而逗留畏縮者要斬逗謂留止也撓屈弱也恢行千金丞相蚡蚡不敢言帝而言於太后曰王恢首爲馬邑事今不成而誅恢是爲匈奴報讐也帝朝太后太后以蚡言告帝帝曰首爲馬邑事者恢故發天下兵數十萬從其言如此且縱單于不可得恢所部擊猶頗可得以慰士大夫心或當得其輜重衆人也今不誅恢無以謝天下於是恢聞迺自殺

後漢光武既命隗囂爲西川大將軍特聞中將帥數上書言蜀可擊之狀帝以示囂因使討蜀以効其信

嚣乃遣長史上書盛言三輔單弱劉文伯在邊未宜謀蜀帝知嚣欲持兩端不願天下統一於是稍黜其禮正君臣之義

建武中西域諸國皆遣使求内屬願請都護帝以天下初定未遑外事乃還其侍子

明帝善行禮法令分明日旻坐朝幽枉必達

魏太祖初爲曹公旣破袁紹公収紹書中得許下兩軍中人書皆焚之曰當紹之强孤猶不能自保而况衆人乎

文帝初爲魏王蜀先主聞太祖薨遣掾韓冉奉書弔

幷致賻賵之禮帝惡其因喪求好勑荆州刺史斬冉絶使命

晉武帝泰始中凉州爲虜所没河西斷絶帝曰誰能爲我討此虜乎司馬督馬隆曰臣能平之臣請募勇士三千人無問所從來率之鼓行而西禀陛下威德醜虜何足滅哉帝許之乃以隆爲威武太守公卿僉曰六軍旣衆州郡兵多但當用之不宜横設賞募以亂常典隆小將妄說不可從也帝弗納自隆之西音問斷絶朝廷憂之或謂已没後隆使夜到帝撫掌歡笑詰朝召羣臣謂曰若從諸卿言是無秦凉也又嘗欲以郭琦爲佐著作郎問琦族人郭彰彰素嫉琦荅云不識帝曰若如卿言烏丸家兒能事卿即堪爲郎矣遂決意用之

元帝時華嘗爲頴川太守羣賊方盛所在州郡相繼奔敗亦欲棄郡東度而從兄軼爲帝所誅以此爲疑先書與驃騎將軍王導導言於帝帝曰兄弟罪不相及况羣從乎卽召嘗補光祿勲

後魏道武皇始二年八月丙寅朔帝征中山自魯口進軍嘗山之九門時大疫人馬牛多死帝問疫於諸將對曰在者纔十四五是時中山猶拒守而饑疫竝

臻羣下咸思還北帝知其意因謂之曰斯固天命將若之何四海之人皆可與爲國在吾所以撫之耳何恤乎無民羣臣乃不敢復言

九月慕容賀驎饑窮率三萬餘人出寇新市甲子晦帝進軍討之太史令晁崇奏曰不吉帝曰其義云何對曰昔紂以甲子亡兵家忌之帝曰紂以甲子亡周武不以甲子勝乎崇無以對

孝文引見朝臣詔之曰卿等欲令魏朝齊美於殷周爲令漢晉獨擅於上代咸陽王禧對曰陛下聖明御運實願邁迹前王帝曰若然將以何事致之爲欲脩

身改俗爲仍染前事禧對曰宜應改舊以成日新之美帝曰爲欲止在一身爲欲傳之子孫禧對曰旣上代靈長願欲傳之來葉帝曰若然必須改作卿等當各從之不可違也禧對曰上命下從如風靡草帝曰自上古以來及諸經籍焉有不先正名而得行禮乎今欲斷諸北語一從正音年三十已上容或不可卒革三十已下見在朝廷之人語音不聽仍舊若有故爲當降爵黜官各宜深戒如此漸習風化可新若仍舊俗恐數代之後伊雒之下復成被髮之人王公卿士咸以然不禧對曰實如聖旨宜應改易帝曰朕嘗

與李冲論此冲言四方之士竟知是誰帝者言之卽爲正矣何必改舊從新冲之此言應合死罪乃謂冲曰卿實負社稷合令御史牽下冲免冠陳謝

章武王彬爲汾州刺史時胡民去居等六百餘人保險謀反扇動徒類彬請兵二萬有司奏許之孝文大怒曰何有動兵馬理也可隨宜肅治若不能靜恬必須大衆者則先斬刺史然後發兵彬奉詔大懼督率州兵身先將士討胡平之李冲爲尚書僕射時孝文引見公卿於淸徽堂孝文曰聖人大寶曰位與功是以功成作樂治定制禮今徙極中天創居嵩雒雖大

構未成要自條紀畧舉但南有未賓之豎兼兇蠻密邇朕夙夜悵悢良在於玆取南之計决矣朕行之謀必矣若依近代也則天子下帷深宮之內唯上古也則有周武親行祚延七百魏晉不征旋踵而隕祚之脩短在德不在征今但以行期未知早晚知機其神乎朕旣非神焉能知也而頃來陰陽卜術之士咸勸朕今征必尅此旣家國大事宜共君臣各盡所見不得以朕先言便致依違退有異同冲對曰夫征戰之法先人之事然後卜筮今卜筮雖吉猶恐人事未備今年秋稔百損當實又京師始遷衆業未定加之征

戰以爲未可宜至來秋孝文曰僕射之言非惟不合朕意之所慮乃有社稷之憂然咫尺寇戎無宜自安理須如此僕射言人事未從亦不必如此朕去十七年擁二十萬衆行不出畿甸此人事之盛而非天時往年乘機天時乃可而闕人事又致不捷若待人事備復非天時若之何如僕射之言便終無征理朕若秋行無尅捷三君子竝付司寇

宣武時元匡與劉芳爭權量事恕死降爲光祿大夫又兼宗正卿出爲兗州刺史元匡臨發帝引見於東堂勞勉之元匡循以尺度金石之事國之大經前雖

爲南臺所彈然猶許更議若議之日願聽臣蹔赴帝曰劉芳學高一時深明典故其所據者與先朝尺寸乃過一黍何得復云先朝之意也兗州旣所執不經後議之日何待赴也

後周武帝建德六年正月平齊初帝將東伐諸將多不願行帝曰機者事之微不可失矣若有沮吾軍者朕當以軍法裁之

唐高祖武德二年二月僞涼李軌遣左丞鄧曉來朝發其書自稱從弟高祖怒曰李軌謂朕爲兄此乃不臣之迹當遣偏師往問其罪因拘曉不遣（是歲軌爲部下所擒）

太宗爲秦王時有說高祖曰突厥頻寇關中者徒以府藏子女之在京師故也若焚燒長安而不都則胡寇自止高祖惑之遣中書侍郎宇文士及踰南山以至樊鄧行可居之地將徙都焉隱太子巢剌王及裴寂竝贊成此計太宗諫曰獫狁孔熾作患中華自古有之非獨今也周漢竝罹其難未聞遷徙都邑今陛下聖明統一天下思皇多士帶甲百萬霍去病漢廷之將帥耳猶且志滅匈奴臣忝備藩維尙使胡塵不息遂令陛下議欲遷都此臣之責也幸乞聽臣一申微効取彼頡利以謝中州三數年間必係單于之頸何有遽遷都邑快犬羊一旦之情貽後人萬代之耻高祖大笑曰吾家千里信不虛也於是遂止

貞觀十七年四月太子承乾及魏王泰旣廢黜太宗謂侍臣曰自今以後太子不道藩王窺伺者悉兩棄之傳諸子孫以爲永制初太子承乾聞之益懼逆謀逾甚及承乾敗太宗讓之承乾曰臣貴爲太子更何所求但爲泰所圖時與朝臣謀自安之計不逞之人教臣爲不軌之事今若以泰爲太子是落其度內太宗因謂侍臣曰我若立泰便是儲宮之位可經求而得也泰立承乾晉王皆不存（王欽若等言晉王謂高宗也史官諱其名）晉

王立泰與承乾可無恙也乃下詔貶泰爲順陽郡王府寮爲泰親狎者竝左遷嶺表

代宗大曆中宰相元載持權歲久寵賂日彰朝綱爵賞無不大壞帝思得正人爲己腹心漸移載權以肅朝政繇是徵浙西觀察使李栖筠與河南尹張延賞赴闕延賞以地近先至除御史大夫適會前成都府司錄李少良與殿中御史陸珽等密上封事論載得失帝付臺問狀延賞疑懼不敢鞫遂託疾以避其事帝內不能平猶惜人望出延賞爲淮南節度比栖筠至即日內制授御史大夫時宰臣不知帝用栖筠及

白麻出日内外震肅栖筠亦正身守道無所顧憚以酧任遇之恩四五年間載克位而已

德宗即位初劉文喜擅原州有勁兵二萬人閉城拒守時方炎旱羣情騷動百官上表請赦文喜者衆矣帝皆不省文喜又使亞將劉海濱入奏於朝海濱客啟曰臣是陛下藩邸部曲豈從人逆乎必梟其首以獻今文喜所圖者節制而已願陛下與之文喜得所欲必怠臣計有所施矣帝曰名器不可以假人爾忠仵効我節不可得使海濱歸告而擊之如初遂殺文喜傳首闕下

建中元年九月將作監言請脩内廊是歲孟冬爲魁罡不利脩作太史請卜他時帝曰啟塞從時詭妄之書勿徵乃命脩之

憲宗元和十年御史中丞裴度獻議請討淮西吳元濟是時王承宗居鎮李師道據鄆外順朝旨内實違命陰助元濟以爲輔車潛募死士候度趨朝姦發於通化坊之東街及導從奔散獨有傔者王義堅以拒之盜持刃斷義臂度雖被傷因得不死其日宰相武元衡遇害皆以議討元濟者故時論或欲罷度之官以安二鎮憲宗赫怒以爲罷度之官是姦計無遺朝綱不振因拜度中書侍郎平章事度亦以平賊報國爲已任

十一月辛卯詔釋忠武軍大將田穎宋朝隱之罪初韓弘諸軍使齊力攻討賊嘗徑攻烏重胤之壘烏樂之中數槍馳請救於李光顏光顏以小溵橋賊之保也乘其無備使田穎宋朝隱襲而取之遂平其城塹繇是不克救烏及韓弘以光顏違命取穎及朝隱將戮之穎及朝隱勇而材軍中皆惋惜之光顏畏弘不敢留會中使景忠信至知其情乃矯詔令所在械繫之走馬入見具以本末聞帝赦忠信矯詔罪即從釋

穎及朝隱弘及光顏迭以表論帝謂弘使曰穎等違都統令當處死但光顏以其襲賊有功亦可宥之軍有三令五申宜捨此以收來効及以詔諭弘弘不悅

十一年正月方討吳元濟幷王承宗翰林學士中書舍人錢徽駕部郎中知制誥蕭俛並以罷兵爲請時帝業於肆討故出徽俛職以懲言罷兵者

六月高霞寓敗于鐵城是日宰相入對相謂曰帝必有間未知所以對如何或言其不可復用兵狀及對帝曰不然夫一勝一負兵家常勢若帝王用兵即不合敗自古何難以用兵累勝不應留此兇賊今但論

此兵合用與否及朝廷制置當否耳卿等唯須要害
處置將帥有不可者去之勿疑兵力物力有不足者
速與應接何得以一將失利便沮成計於是裴度之
請必行言罷兵者亦稍稍止
穆宗即位初幽州盧龍軍節度使劉總頻獻表章請
分割當管土地及進征馬以明忠懇朝廷自宰臣公
卿以下皆疑其詐帝獨推誠納之
後唐莊宗以哀帝天祐三年正月嗣晉王位於太原
四月召潞州行營將周德威歸晉陽時梁軍圍上黨
梁祖自將兵至澤州既見班師知其國禍以爲潞州

必取援軍無復再舉遂停斥候梁祖亦自澤州歸雒
帝知其不備籌之曰賊師寢謀　唯憚先帝今聞我
新有家禍必謂不能興師又以我少年嗣位未習戎
事幸聞變故必有驕怠之心若簡練兵甲倍道兼行
出其不意以吾憤激之衆擊彼驕惰之師拉朽摧枯
未方其易解圍定覇在此一役遂率親軍直抵夾城
梁軍大恐南向奔走投戈委甲噎塞行路俘斬萬級
梁祖聞其敗也大懼既而歎曰生子當如是李氏不
亡矣吾家諸子豚犬爾
天祐七年十一月梁祖遣供奉官杜廷隱丁延徽監

魏將夏諲兵三千分入深冀言懼幽州侵軼就糧守
禦爲名既而皆殺郡兵鎮州王容遣使楊審謀乞師
于帝帝集軍吏議出師之謀或曰鎮人首贊僞梁推
崇僭竊稱藩納賂重以婚姻今又未見釁端必無離
貳賊將前圖深冀趙人殊不枝梧量彼事情恐苞姦
計兵者機事不可輕行但且按甲治兵徐觀勝負實
知其病則與之師帝曰不然趙王比無經遠之謀繕
甲治兵幸保一隅之地擾之則離叛姑息則稱藩逆
溫雖及於前朝王氏不殊於曩昔當本朝承平之日
猶或叛或臣逆溫雖納女和親未及壽安公主既懼

逆溫窺盜則思反亥偷安況劉守光坐擁勝兵逼於
東境我又養兵練卒壓彼西隣南距逆溫僅餘千里
我與守光合勢王公不得不憂非告我乞盟必如此
算逆溫知吾和好人情固有猜嫌詭計發兵懼我合
鬬我若遲廻不救則落彼奸謀既違要約之言又失
輔車之勢勝負之理斷自予懷師出井陘破賊必矣
乃遣周德威將兵赴援屯於趙州梁祖既令杜廷隱
等襲深冀以寧國軍節度使王景仁爲北面行營都
招討使韓勍爲副相州刺史李思安爲前鋒會軍於
魏州將汴之知數者佽殷謂梁祖曰是月太陰虧不

利出師因命退軍
同光元年九月壬寅朔在朝城梁將段凝兵至臨河已南與騎兵接戰是時澤潞叛渙衛州黎陽爲梁所據自棄德勝澶州已西相州已南寇鈔日至編戶流亡稅額漸少計其軍賦不支半年又王都盧文進誘扇契丹每過瀛涿恐草枯氷合深入侵攻又聞汴人將啚大舉帝深憂之召諸將吏謀其大舉或對曰今汴人蹤動但緣我襲取鄆州自我得汶陽以來須大將固守城門之外元是賊疆以臣料之得不如喪今若馳檄告諭梁主却取衛州黎陽以易鄆州指河

爲界約且休兵待我國力稍集則議改圖帝曰嘻行此謀則吾無葬地矣詔問郭崇韜對曰臣不知書不敢遠徵古昔可以時事言之且陛下十五年仗義興兵爲雪家仇國耻甲冑生蟣蝨黎人困輓輸今旣纂大號河朔士庶日望平定中原纔得汶陽彈丸之地而不能有何盡有中夏乎將來歲賦不充物議怨讟設若劃河爲界誰爲陛下守之自康延孝言事後來晝夜籌度料我兵力筭賊事機不出今年雌雄決矣且汴人決河自滑至鄆非舟楫不能濟渡近自賊中來皆言汴州無備悉以河南精兵在段凝麾下王彥章師衆萬餘時寇鄆郊後旣以大軍臨我南鄙復又憑恃決河牽制我軍謂我不能南渡志在收復鄆州外以彥章之兵朝夕侵寇內與奸人搖動幸有變生此汴人之深謀也段凝雖有精兵素無將略緩急機權未能獨斷臣有末策雖爲狂妄敢不盡言唯陛下啚之臣謂段凝保守河壖苟欲持我但留兵守禦保固楊劉陛下親御六軍與鄆州合勢長驅倍道直向汴州汴旣無兵望風自潰若旣僞豎授首賊將自然倒戈半月之間天下大定臣終始畫度成敗已決且今秋不稔兵糧纔支數月糧盡兵散坐見不堪決計

則成敗未知端坐則今年不濟力屈勢窮稅駕無所臣聞作舍道邊三年不成釆浮言故也帝王應運必有天命成敗天也唯在陛下獨斷發言盈庭而孰是臧否帝曰正合朕意大丈夫得則爲王失則爲虜行計決矣詔問司天皆曰陛下但棄鄆州且守河朔天文歲時不利深入必無成功郭崇韜奏古之命將鑿凶門出軍示其果敢况一人親征成筭已定區區常談無足據也是月梁將王彥章率衆至汶河明宗遣騎軍偵視至遞坊鎮兵來挑戰王師以精騎擊之渡汶水大敗之生擒梁將任釗田章等三百人俘斬二

百級彥章列衆保中都明宗飛驛告捷帝置酒大悅
且曰鄆州之捷實壯我謀繇是決行渡河之策遂平
梁氏
明宗初入雒所司議即位儀注霍彥威孔循等言唐
之運歷已衰不如自創新號因請改國號不從土德
帝問藩邸侍臣左右奏曰先帝以錫姓宗屬爲唐雪
寃以繼唐祚今梁朝舊人不願殿下稱唐請更名號
曰予年十三事獻祖以予宗屬愛幸不異所生事武
皇三十年排難解紛櫛風沐雨冒血刄戰體無完膚
何艱險之不歷武皇功業即予功業也先帝天下即

予之天下也兄亡弟紹於義何嫌且同宗異號出何
典禮歷之衰隆吾自當之衆之莠言吾無取也時羣
臣集議依違不定唯吏部尚書李琪議曰殿下宗室
勳賢立大功於三世一朝雨泣赴難安定宗社撫事
因心不失舊物若別新統制則先朝便是路人煢煢
梓宮何所歸往不惟殿下感舊君之義羣臣何安請
以本朝言之則睿宗文宗武宗皆以兄弟出繼即位
柩前如儲后之儀可也於是羣議始定
天成中車駕在汴樞密使安重誨延諸藩侯議平吳
之舉霍彥威擁其利害事未能決翌日聞僞吳梟府

節度使徐溫卒議在必行帝謂侍臣曰四海之內唯
淮南未賓正朔乘彼紛紜適宜弔伐朕豈貪土疆耶
姑務德訓兵後圖未晚又供奉官丁延徽盜倉糧禁
繫經年延徽性纖巧權貴多庇護比望至應聖節則
釋放乃至節前中要取聖旨放繫囚明宗曰除盜倉
糧官典外餘可疎放侍衛指揮使張從賓言事帝多
容之因奏佗事從賓言及延徽情非盜粟意本賠填
帝曰食我厚祿偷我倉儲期於決死蘇秦說予不得
非但卿言衆於是不敢言翼日帝御中興殿謂近臣
曰丁延徽禁繫經年竊盜倉儲何須擁護不然則合

原則原淹滯如此復何計較耶既知擁護不及乃據
法守具獄斷決
華溫琪初事莊宗爲泰州節度使明宗即位因入廟
願留闕下明宗嘉而許之除左驍騎上將軍歲餘明
宗謂樞密使安重誨曰溫琪舊人宜選一重鎮處之
重誨奏以天下無闕佗日又言之重誨素強愎對曰
臣累奏未有闕處可替者惟樞密使而已明宗曰可
重誨不能荅溫琪聞其事懼近臣所怒與重誨俱各
稱疾繇是數月不出竟拜華州節度
周世宗顯德元年正月即位二月丁卯河東賊將張

揮率前鋒自團栢谷入寇營於梁侯驛攻刼壁柵殺掠焚燒所至盪盡潞州李筠遣護軍穆令均率步騎千人拒之時帝議親征詢于執事者中書令馮道等奏曰劉崇自平陽奔遁之後勢弱氣奪未有復振之理竊慮聲言自來誘諾於我兼以陛下纂嗣之初先帝山陵有日人心搖動不宜輕舉命將禦寇深以爲便帝曰劉崇幸我大喪聞我新立自謂良便必發狂謀誑惑人心勾誘北虜謂天下可取謂神器可圖此際必來故無疑爾時馮道以帝銳意于親征恐非萬全之策因固諫之帝曰昔唐太宗創業天下草寇靡

不親征朕亦何憚焉道曰陛下亦不可效太宗帝又曰劉崇烏合之衆首遇王師必如山壓卵爾道對曰山壓卵固不敵不知陛下終作得山定否帝不悅而罷三月癸未帝降御札親征壬辰次澤州甲午戰于高平大將樊愛能何徽等失律帝自率親騎臨陣督戰諸將分兵追襲勢若風雨僵尸棄甲塡滿山谷已亥宴從官於潞州之衙署是日誅樊愛能何徽及諸將軍較監押使臣等共七十餘人以高平地見賊奔遁故也又斬開封府馬步軍都指揮使郭令嵓以臨陣遷延不應指使也愛能暨徽皆自戎伍而爲列校漢末太祖自鄴入平內難各率部兵以從及太祖踐祚累加擢用尋以愛能爲侍衛馬軍都較徽爲侍衛步軍都較皆遙領節制其寵遇委用非不至也而姦猾爲性臨事顧望至是與劉崇對軍愛能望賊而遁徽所部兵未及成列爲賊蹂踐而散既伏誅中外無不盛稱帝之英斷自是驕將惰卒股慄而知懼矣

顯德二年正月帝謂宰相等曰朕昨昇府州爲節鎮就拜折德扆爲帥而夏州李彝興以土壤相接惡其與己並爲藩鎮乃敢扼塞道路阻絶使臣卿等以爲如何宰臣奏曰夏州地起邊徼朝廷向來嘗與優借

府州甚爲褊小近建節旄得之何利失之無害且宜撫諭彝興庶合大體上曰折德扆三數年來竭盡心力禦捍劉崇如何一旦棄之度外且夏州雖產羊馬博易資貨悉在中土儻與阻絶何能爲之乃命供奉官齊藏珍齎詔書責其悖慢諭以安危後彝興果恐懼俯伏聽命焉

十一月帝謂侍臣曰近以開廣京城存殁皆有起動若聽汎言卒行未得沸騰之語朕自當之久遠即當利於人矣

五年三月親征淮南關東沛州有賊舡數百隻乃命

殿前都虞侯慕容延釗及右神武統軍宋延渥師師以討之將行令延釗帥驍騎登陸而往延渥督舟師沿江而下時議者云徑趣江路恐非良策若取裹河而往保無憂矣唯帝獨斷不移未幾延釗上言大破賊軍於東沛州

明察

夫王者鍾五行之秀膺三靈之眷奄有四海爲天下君仰之如日無幽而不燭畏之如神雖微而必察繇是下情靡不上通譖說無以自進含忠履絜之士得以効其所能匪躬盡瘁之臣得以保乎終吉自西漢

而下盖有體資明智内懷聰睿邇言必究其所自至精冥合於惟幾使奸邪無所云爲勳勞護於全度刑賞不濫而政化以清垂之策書斯爲美矣

虞舜明四目達四聰廣視聽於四方使天下無壅塞

漢昭帝元鳳元年九月鄂邑長公主燕王旦與左將軍上官桀桀子驃騎將軍安御史大夫桑弘羊皆謀反伏誅初桀安父子與大將軍光爭權欲害之詐使人爲燕王旦上書言光罪時帝年十四覺其詐後有譖光者帝輙怒曰大將軍國家忠臣先帝所屬敢有譖毁者坐之光繇是得盡忠

後漢明帝日晏坐朝幽枉必達内外無倖曲之私

魏太祖知人善察難眩以僞建安末以毛玠爲東曹掾典選舉大軍還鄴議所幷省玠請謁不行時人憚之咸欲省東曹乃共白曰舊西曹爲次宜省東曹太祖知其情令曰日出於東月盛於東凡人言方亦復先東何以省東曹遂省西曹

衛臻爲漢黄門侍郎東郡朱越謀反引臻太祖令曰孤與卿君同共舉事加欽令問始聞越言固自不信及得荀令君書具亮忠誠

晉元帝時王敦爲荆州牧會湘州刺史甘卓遷梁州

敦欲以從事中郎陳頒代卓帝不從更以譙王承鎭湘州敦復上表陳古今忠臣見疑於君而蒼蠅之人交搆其間欲以感動天子帝愈忌憚之

成帝少而聰敏有成人之量南頓王宗之誅也帝不知之及蘇峻平問庾亮曰當日白頭公何在亮對以謀反伏誅帝泣謂亮曰舅言人作賊便殺之人言舅作賊復若何亮懼變色

後魏太武帝雅長聽察瞬息之間下人無以措其姦

獻文帝勤於治功百僚内外莫不震肅及傳位孝文猶躬覽萬幾政刑嚴明顯拔清節沙汰貪鄙牧守之

廉潔往往聞焉
唐高祖初軍國多務奏請填委臨朝處分剖決如流每發其姦伏皆出人之意表
太宗貞觀中代州都督劉蘭謀反要斬黨與六人皆伏誅蘭旣斬右武候將軍丘行恭探其心肝而食之太宗聞而數之曰刑典自有常科何至如此必若食逆心肝者而爲忠孝則劉蘭之心爲太子諸王所食豈至卿乎行恭慙而拜謝
高宗永徽二年詔亏月道副總管高德逸市馬而德逸自取駿者大理卿李道裕奏曰此馬異常請實中

廐高宗曰道裕法官職在決斷進馬之事非其所司請以馬送北門妄希我意深乖法官之體豈朕行事不爲羣下所知耶朕今自咎未能即黜道裕
玄宗開元二十五年以太子瑛得罪召左相李林甫議立副君時武惠妃承寵林甫希旨因以惠妃子壽王瑁對玄宗不可竟冊立肅宗林甫繇是恐不利已乃起妃族韋堅柳勣之獄數危於肅宗肅宗推誠守道卒不自明玄宗亦聖慮獨斷意無所忌
代宗大曆八年閏十一月右僕射裴遵慶之侄孫倩檛登聞鼓告遵慶謀反帝曰此必大謬乃下有司鞫倩果風狂誣罔伏罪杖倩四十配流漳州百姓
德宗貞元中左司郎中盧徵驟遷給事中戶部侍郎竇參深遇之參爲相倚以自代會同州刺史缺參請以尚書左丞趙憬補之特詔用徵以間參腹心也
憲宗元和十二年九月己亥貶京兆尹竇易直爲荊州刺史初萬年捕賊尉韓晤以姦贓發易直使法曹椽韋正牧鞫之得贓三十萬帝意其未盡令復鞫之果得贓三百萬故罪正牧而貶易直韓晤除名配流昭州
文宗開成元年十月癸丑御紫宸殿宰臣李固言奏

御史臺推金部員外郎判度支案韓益贓狀李石奏曰臣以其頗會錢穀是以錄用不謂如此貪猥帝曰宰相但知人即用有過即懲李石所用人且不掩藏罪過可謂至公從來宰相用人即有過犯又不欲令有司舉察此大病也但知者舉之舉不失職從而獎之自然易得其人何必隱惡
武宗御殿受冊是月九日雨至十四日轉甚乃改用二十三日時有織人告中尉仇士良言宰相作赦書欲減削禁軍衣糧馬草料士良怒曰必有如此軍人須至樓前作鬧宰相李德裕等知之請開延英訴其

事帝曰姦人之詞也召兩軍中尉諭之曰赦書出自
朕意不繇宰相况未施行公等安得此言士良惶恐
謝之是日晴霽
後唐明宗天成三年八月宰臣王建立請患假累日
不朝帝謂侍臣曰建立欲退三司又令稱病人有託
疾得疾者不宜如此
長興元年四月十八日收復河中斬楊彦温傳首來
獻初彦温莊宗朝累遷裨將天成初末帝出鎮河中
奏爲衙將善遇之至是彦温承安重誨意乘末帝閱
馬於黄龍莊據州城謀叛末帝尋遣人詰之曰吾善

待汝何苦爲叛彦温報曰某非敢負恩緣奉樞密院
宣頭令某拒命請相公但歸朝廷蒲民感末帝惠養
之恩揭竿持梃敵彦温之徒者甚衆竟以堅甲利兵
不勝而退數日詔末帝歸朝帝疑其詐不欲興兵援
彦温絳州刺史安重誨堅請出師即命西京留守索
自通侍衛步軍都指揮使樂彦稠等率兵攻之五日
而敗自閉門及敗凡十三日初彦稠出師帝戒之曰
與朕生致彦温吾將自訊及收城斬首傳送帝怒彦
稠等時議者以當時四海帖然五兵載戢蒲非邊郡
近在國門而彦温安敢狂悖皆以爲安重誨方弄權
柄榮等從諸王敬事不暇獨忌末帝威名夙著已素
在其下每於帝前屢言其短帝旣鍾慈愛不聽重誨
巧作規圖冀能傾陷也彦温旣誅末帝在清化宅重
誨謂馮道等曰蒲帥失守責帥之義法當如何公等
安得緘言重誨諷道等論列欲致末帝於有過之地
翼日起居馮道奏合行朝典帝不說謂宰臣曰吾兒
爲奸黨所傾未明皂白公等發此言是不欲留在人
間也趙鳳堅奏春秋責帥之義所以激厲藩守帝曰
皆非公等意也二人惶悚而退居數日帝於中興殿
見宰臣趙鳳承重誨意又再論列帝問侍臣他事無

所言翼日重誨復自論列帝曰卿欲如何制置吾便
隨汝重誨曰於陛下父子之間臣不合苦言一稟聖
旨帝曰從他私第閒坐何煩奏也乃止
二年三月丙寅制末帝授光禄大夫簡較太傅左衛
大將軍兼御史大夫上柱國仍封隴西郡開國公食
邑一千戶賜推忠佐運功臣時安重誨出鎮河中帝
遣中使召見末帝泣而諭曰如重誨意爾安得更見
子賴我心自正繇是宣制行此宫衛之命
三年正月武德使奏內宿殿直張繼榮等三人俱失
銀帶帝曰內庭豈有盜耶莫是失物人妄訴否宣徽

使朱弘昭承旨鞫問果如帝言遂以其罪罪之
劉昫爲吏部員外郎判吏部南曹與司封郎中曹琛同注擬三銓選人崔銳卜延嗣而下違格揚光嗣年貌不同文書踰濫令史趙廣李仁遇王瓌等伏罪中書門下帖本司官員各取狀崔居儉等注擬依格超折准勅及堂判不違理例盧文紀批奏本司各以伏過官員有失各望罰兩月俸狀入樞密直學士呂琦讀奏帝問居儉等過失琦對曰勅命許超折此不言資敷當判又更促之銓司何罪大抵盧文紀與居儉情不相協掎摭瑕纇欲其有玷帝曰公理何在是日

詔曰居儉等既准勅文微失不足爲累並放
晉高祖初爲太原尹明而難犯帝素好施施物必精嘗以百縑贈客謂所賚牙吏曰吾本救人爾勿受遺因客使步健躡而偵之果棄束素以還帝怒笞背遣焉左右畏之有如神明
天福四年六月陳郡民王武穿地得黃金數餅州取而貢之帝曰宿藏之物既非符寶不合入官遂召所獲之家至闕給而遣之
五年八月李崧因帝顧問遂言諸州倉糧皆於帳計之外所剩頗多帝曰多納害民罪同枉法其倉督等特貸其命各宜懲斷
周世宗顯德元年十二月帝謂侍臣曰朕昔居邸第嘗聞州郡林落之間有不務營生以彼蠹自負虛搆辭訟恐動人民者鄉閭相畏不與之爭官吏避事不懲其咎得志斯久爲害亦深朕切不喜之宜委諸處錄事參軍縣令等密具申奏郎與除去令佐之官最親吾民也事之損益爭不細知此後宜許條奏有允當者必奬用之
二年正月帝謂侍臣曰近觀三司累奏以漕運綱官拌和官物處極刑者數人朕聞轉漕之物向未例給

斗耗自晉漢以來不與支破且倉廩所納嘗賦皆是新物尚破省耗況水路所般豈無耗折恐令犯者嚮寃處死起今後每石與耗一斗苟有所犯人必甘心
六月親錄囚於內苑先是汝州頴橋鎮百姓馬遇詣闕上訴以其父溫與其弟福超具爲本鎮鎮將史彥鐸所誣寃死於獄中及令所司按鞫終不能辨之帝遂召入內園親自錄問果得其事實以馬氏無辜寃死賜其家粟麥各一十石絹三十疋議者咸以爲神是時諸侯聞者無不躬親於獄訟焉

册府元龜

巡按福建監察御史臣李嗣京　訂正

知閩縣事臣曹𦥯臣參閱

知建陽縣事臣黄國琦較釋

帝王部五十八

勤政　守法　致治

勤政

易曰天行健君子以自強不息傳曰人道敏政况乎宇宙之大民物之衆内撫諸夏外安百蠻體元以立制建侯以共治禮樂征伐於是乎在三皇以前風俗

簡朴雖曰無爲無不爲也五帝神聖其臣莫能及故自親事處乎法宫之中明堂之上朝以聽政晝以訪問暮以脩令故虞書曰無怠無荒四夷來王夏禹則曰予思日孜孜商書則曰先王昧爽丕顯坐以待旦周書梓材曰既勤樸斲惟其塗丹雘無逸曰文王自朝至於日中昃不遑暇食用咸和萬民乃至未明求衣齋居决事親臨庶獄延見大臣議論講貫或至夜分斯則聖人之用心也始乎勞終乎逸若雲行雨施春生秋斂而歲功成矣

殷中宗太戊嚴恭寅畏天命自度（周法度也）治民祗懼不敢荒寧（知民之勞苦不敢荒廢自安也）故享國七十五年

高宗武丁不敢荒寧嘉靖殷邦至於小大無怨故饗國五十五年

周文王日中昃不暇食享國五十年

宣王將朝諸侯以夜未央之時問夜早晚故庭燎之詩美其能自勤以政事

漢宣帝地節二年五月始親政事令群臣得奏封事以知下情五日一聽事自丞相以下各奉職奏事以傳奏其言考試功能

三年十二月初置廷尉平季秋後請讞時常幸宣室

齋居而决事獄刑號爲平矣

後漢光武每旦視朝日昃乃罷數引公卿郎將講論經理夜分乃寐皇太子見帝勤勞不怠承間諫曰陛下有湯禹之明失黄老養性之福願頤愛精神優游自寧帝曰我自樂此不爲疲也又以手迹賜方國者皆一札十行細書成文（說文曰札牒也）勤儉之風行於上下數引公卿郎將列于禁坐（禁坐御坐也）廣求民瘼觀納風謡故能内外匪解百姓寛息自臨宰邦邑者兢能其官

順帝永建元年九月初令三公尚書入奏事

魏文帝黄初五年五月有司以公卿朝朔望日因奏
疑事聽斷大政論辨得失是年帝南廵觀兵於吳留
司馬宣王鎮許昌錄尚書事宣王固辭帝曰吾於庶
事以夜繼晝無須臾寧息此非以爲榮乃分憂耳
明帝含垢藏疾容受直言聽受吏民士庶上書一月
之中至數十百封雖文辭鄙陋猶覽省究竟無厭怠
太和三年改平望觀日聽訟觀帝嘗言獄者天下之
性命也每斷大獄常幸聽訟觀臨聽之
晉武帝泰始四年帝臨聽訟觀錄廷尉雒陽獄囚親
平決焉

元帝太興元年新作聽訟觀
四年四月辛亥帝親覽庶獄
明帝大寧二年四月詔曰大事初定其命維新其令
太宰司徒已下詣都坐參議政道諸所因革務盡事
中
成帝咸康六年初依中興故事朔望聽政於東堂
後魏孝文太和十五年五月己亥議改律令於東明
觀親折疑獄七月乙酉車駕廵省京邑聽訟而還
十六年二月幸北部曹歷觀諸省巡京邑聽理寃訟
五月詔群臣於皇信堂更定律條流徒限制帝親臨
決之
十七年五月帝臨朝堂引見公卿已下決疑政錄囚
徒
二十年二月辛丑帝幸華林園聽訟於都亭
八月壬辰朔幸華林園親錄囚徒咸降本罪二等決
遣之帝聽覽政事莫不從善如流哀矜百姓嘗思所
以濟益天地五郊宗廟二分之禮嘗必躬親不以寒
暑爲倦尚書奏案多自尋省百官大小無不留心務
於周洽嘗臨朝堂謂太子太傅穆亮曰三代之禮日
出視朝自漢魏以降禮儀漸殺晉令有朔望集公卿

於廟堂而論政事亦無天子親臨之文今因卿等日
中之集中前則卿等自論政事中後與卿等共議可
否遂命讀奏案帝親自決之
宣帝正始元年八月詔雒陽令有大事聽面敷奏
永平元年六月詔曰愼獄重刑著於往誥朕御茲寶
曆明鑒未遠斷決煩疑寔有依愧可依雒陽舊圖修
聽訟觀農隙起功及冬令就當與王公卿士親臨錄
問
延昌二年正月帝御申訟車親理寃訟
六月帝御申訟車親理寃訟

三年四月帝御申訟車親理冤訟
孝明熙平二年九月詔曰察訟理冤實爲政首朕親聽覽民信所繇比日諒闇之中治綱未振獄犴繁廣嗟訴駿聞雖曰司存每多誣壅曾是寡德實深矜慨自今月望當躄出城闉親納滯枉王者可宣諸近遠咸使聞知
孝昌二年二月甲申帝皇太后臨大夏門親覽冤訟
孝莊建義元年五月詔曰自孝昌之季法令昏虧懷忠守素壅隔莫申深怨宿憾控告靡所其有事在通途横被疑異名例無爽枉見排抑或選舉不平或賦

役煩苛諸如此者不可具記其有訴人經公車注不合者悉集華林東門朕當親理冤獄以申積滯
出帝太昌元年五月癸亥朔帝於華林園納訟
六月己卯帝臨顯陽殿納訟
永熙三年五月庚子又幸華林都亭納訟
西魏文帝大統五年秋七月詔自今當以朔望親閲京師見囚徒
後周明帝武成元年正月己亥聽政訟於正武殿
武宗保定三年四月帝御正武殿親錄囚徒
建德元年十二月己丑帝御正武殿親錄囚徒至夜而罷
二年十二月戊午聽訟於正武殿自旦至夜繼之以燭
六年五月辛亥御正武殿錄囚徒
隋高祖初即位乘輿四出路逢上表省者則駐馬親自臨問或潛遣行人採聽風俗吏治得失民間疾苦無不留意
開皇二年十二月丁亥親錄囚徒
四年九月乙巳親錄囚徒
十年七月庚戌親錄囚徒

十二年八月戊戌親錄囚徒
十七年三月辛酉親錄囚徒
十八年十二月甲戌親錄囚徒
唐高祖武德元年六月謂侍臣曰每有章奏朕所親覽其詣闕者並即引見不得輒相止抑致有幽枉
九月己巳親錄囚徒
二年閏二月親錄囚徒多所原放
三年八月親省囚徒多所寛宥
八年二月癸未親錄囚徒多所原放
太宗以武德九年八月甲午即位十二月癸未謂司

空裴寂曰比有上書奏事條數甚多朕總粘之屋壁
出入觀省所以孜孜不倦者欲盡臣下之情每一思
治或三更方寢亦望公輩用心不倦以副朕之心也
貞觀二年五月癸丑謂侍臣曰書不云乎夫人民有
欲無主乃亂故樹君以治之然而不能獨治必藉良
佐以相輔弼朕今臨御天下子養生民思弘君道以
安百姓卿等豈不見隋主爲君不恤民事君臣失道
民叛國亡公卿貴臣暴骸原野毒流百姓禍及其身
朕每念及於斯未嘗不忘寢輟食所以師古作法不
敢任情欲共卿等不爲逸豫唯務治民須君臣相體

啓惡必陳聞公卿以下皆難於言朕豈開延之道有
所不盡乎勑中書令侍中於朝堂受詞訟衆庶以上
有陳事者悉令封上帝皆親覽焉
二年八月甲戌幸朝堂親覽冤屈
三年十二月辛酉親錄囚徒多所原放
十年十二月親錄囚徒
十五年四月親錄雒州河南雒陽二縣及行從諸司
囚徒
十一月庚子錄在京囚徒多所原宥
十六年七月謂侍臣曰朕數詔公等欲聞愆闕庶幾
善道以匡不逮耳今嘗達夜不寢思爲政術非唯憂
勤百姓亦欲貽法後昆司空長孫無忌奏聞古來撥
亂之主載籍所存天造草昧之辰爰始經綸之日何
嘗不思闡帝道祗奉王度及卽位之後漸染驕盈詩
云鮮克有終此非虛說陛下君臨四海將二十載視
朝以後每留羣臣陛下爲解威嚴貸以顏色唯欲其
論國家善惡用康政化哀愍黎元聖情轉切此豈臣
等獨蒙恩澤四海蒼生誰不幸甚
十七年二月己亥帝親慮囚徒非傷化害物者多所
降宥帝以天下太平勵精風化每旦召見三品以上

賜食御前初發德音必先政道奬誘臣下令各有所
陳羣臣雖無可進說帝必深敘戒懼
七年辛丑謂公卿曰朕聞隋煬帝對羣臣未嘗言及
政道朕實以政事切心若見卿等不覺自然發言司
徒長孫無忌曰臣聞欲知國之存亡先觀其爲政此
隋所以喪陛下所以興也
八月帝見諸方使人先問其田苗善惡百姓疾苦奏
稱百姓更無疾患而今玆有年因謂羣臣曰自去秋
不雨洎玆春夏積旱三時野無青草中心怵惕無秋
稼之望迄於夏季方降甘雨今此年豐上天所賜雖

祥瑞之美無以加焉

十八年二月丙辰帝謂侍臣曰天下靜亂必在於君化以成俗亦繫其主朕少小軍旅於學業恨不能該覽經史概其善事爲百姓行之

二十一年正月詔以無識之徒自蹈刑憲者宜順陽和時申恩惠諸司見禁囚並宜將過詳其輕重自此以後每視朝錄禁囚二百人帝親自案問降死至流流入徒徒入杖杖者並放

二十二年閏十一月癸巳親錄囚徒多所原遣

高宗永徽元年正月召朝集使謂之曰朕初登大位

固以黎庶爲心事有不便於萬姓者各宜面奏有不盡者亦任封進自是每日引刺史十人入閤問以百姓疾苦及其政理

顯慶四年十月壬辰親慮在京囚徒多所降免

龍朔三年二月庚戌勑京城見禁囚每日將二十人過帝自慮之多所原免慮不盡者仍令皇太子於百福殿慮之

咸亨二年六月癸巳以時旱親慮囚徒多所原宥仍令沛王賢慮諸司囚周王顯慮雍州及兩縣囚

中宗景龍二年六月壬寅親慮囚徒多所原宥

玄宗開元五年七月引畿縣令見於別殿帝謂之曰諸縣令等朕聞春夏以來苗稼甚好近日稍多雨水深慮漂浸田疇只如華縣畧縣汜水等既山水暴下衝突廬舍至於百姓溺者數人言念於茲不忘鑒寐雖已遣御史簡較安存卿是親人之官若爲優恤亦知今歲蝗不爲災避境有後深嘉稱職未知在外疾病多少差科賦歛得均平否

十一年諸州朝集使來見帝謂之曰卿等遠來並平安好今歲收穫何如去年百姓之間有何疾疢鰥寡惸獨及行人之家若爲優恤使得存濟卿等初到且

歸休息數日之後與有司計事以聞

二十五年十一月諸州朝集使見勑曰朕比擇長吏兼分命使臣所冀安人佇彼成績未知去歲之後至今秋以來郡縣之間如何致理招攜復業何爲處置項聞諸道路遠近稍熟百姓貯積多少卿等親人之職庶事合知宜以實言用慰虛佇

天寶十四載六月壬辰帝親慮囚徒

肅宗至德二年正月庚申臨軒引侍臣議時政得失

代宗保應元年九月壬午御延英殿會宰臣等議政事自辰至午乃罷丙戌御延英殿會宰臣等議政事

自辰至巳乃罷

大曆三年十月庚辰代宗御延英殿引萬年長安兩縣令及諸畿縣令見

十年五月乙卯帝視朝以班列人少謂宰臣曰朕每日聽政未嘗不晨興公卿大夫豈忘恭恪宰臣等再拜引過陳謝退而告示朝臣聞之者莫不怵惕

德宗貞元元年十二月以蝗螟之後流庸未復詔延英視事日令常參官七人對見對以時政得失自是頗有忤訐不適事理者悉優容而遣之

三年四月庚申詔曰番寇雖退疆理猶虞安邊之策

必有良筭各委嘗參官具所見封進每坐日三四人陳奏利害

四年六月召京兆府諸縣令對於延英殿訪人疾苦誨之各賜衣一襲

甲申中書門下奏大理卿于頎太常卿董晉兵部侍郎李紓京兆尹李佐吏部員外郎李渭曾任刺史司農卿薛珏太府少卿韋華太理少卿李逮戶部郎中盧紹倉工部郎中麗嘗曾任縣令及長安令竇申萬年令李融竝有理行於是令頎等與刺史言於左丞相廳珏等於右丞廳言畢各條奏

六年七月召京兆府諸縣令對延英殿問人疾苦各賜衣一襲

七年十月司農卿李模免官初司農當供三宮冬菜三千車以度支給車直稍賤又阻雨菜敗模以度支爲辭帝責其不先聞故免之先是模奏司農菜不足請京兆府市之尹薛珏萬年令韋彤乃禁人科賣帝命奪珏俸一月彤俸三月繇是每遇延英殿令諸司長官二人引見方問謂之巡對

十一年二月黔中觀察使崔穆爲部人告贓二十七萬貫及他犯監察御史李直方往黔州覆案近事兩

晦無對見者是日雨止重之延英殿召見直方遣焉

憲宗元和二年銳於政理謂宰相裴垍曰朕聽政之暇徧讀列聖實錄見貞觀開元時事竦慕不能釋卷又曰太宗之創業如此玄宗之致理如此我讀國史始知萬倍不及先聖當先聖之代猶須相與百官同心輔助豈朕今日獨能爲理哉事有乖宜必望卿盡力扶救垍等蹈舞進賀曰陛下言及於此是又宗社無疆之福臣等駑劣不副聖心垍亦孜孜奏上每因數奏復引太宗躬勤聽覽以諷帝帝嘗納用自是延英議政晝漏率下五六刻仍詔自今兩省官每坐日

一人對來
八年六月辛亥朔以時積雨延英門不開者十五日
至是帝使謂宰臣等曰每至三日雨亦對來
十三年九月戊子自八月壬申雨至是暫霽翼日復
降乙丑雨雪深數尺人有凍死者宰臣因對請放朝
帝曰沍寒放朝固其所也然吾樂與卿等相見退居
深宫誰可與語耶
十四年八月巳未謂宰臣曰今天下雖漸平尤須勤
於政理若偶休假頻不坐有事即詣延英請對勿拘
常制先是宰臣奏事於延英崔羣以秋暑方甚不敢

盡久其辭顧同列將出帝止之曰數日方與卿一相
見時雖尚熱朕不爲勞因固留羣臣等久之方退
穆宗以元和十九年正月即位八月乙亥幸勤政樓
問人疾苦
文宗太和元年三月御紫宸殿延英視事者凡十一
刻宰臣得以口陳大政帝皆虛心聽納異日對翰林
學士於思政殿對南北軍使於麟德殿洎諸蕃使者
諸道進奏官皆得引謁故事隻日皇帝視朝其雙日
百官但奉朝請退帝旣勤於爲理其後欲與宰相間
日論政或當放朝輙朝皆令用雙日

五月甲申召待制官禮部侍郎崔郾工部侍郎獨孤
朗日對一刻時待制官命之舊矣近歲虛設其名未
嘗引覲及此屢召咨以時政
六月召百司庶務有不便於人者各委長吏悉心陳
列無使壅於上聞
開成元年正月乙巳帝御紫宸殿宰臣鄭覃李石進
曰陛下改元御殿中外寧謐今於京兆府一年租稅
又停天下四節進奉恩澤所該實當要切近年赦令
皆不及此帝曰朕務行其實不欲崇長空文覃曰在
守之而已石曰赦書須内置一本陛下時看之又十

道黜陟使去日更付與公事根本令向外與長吏詳
擇施行方進利害之要帝召監倉御史問太倉粟數
御史崔虞對見粟有二百五十萬石帝曰無九年之
蓄曰不足無六年之蓄曰急無三年之蓄曰國非其
國今約歲費不少而所蓄非多誠深可軫慮石曰京
畿頻旱無以添置侍臣來年徵兩稅麥時納麥穀時
納穀自然國儲漸實人亦樂輸帝曰如今用粟處且
給價錢來年折納務優人農覃曰若不優之折納爲
害石又奏涇陽水利方春作時請禁碾磑秋冬水閑
任却動用覃曰務農乃原其本也游手末作自當衰

止帝曰百司弛慢要重條舉因指御爐曰此物始亦華好用之既久乃無光彩若不修飾何緣復初石曰百司皆有官長在陛下各責其事而已覃曰丕變風俗當考實効晉時稽阮之流竟何裨益帝曰阮籍居母喪飲酒食肉褻瀆禮教覃曰三十年以來不務實事相尚爲顔李石曰此本因理平人人無事安逸所致今之人俗但追慕王夷甫恥不能及帝曰卿等輔朕爲理必在振舉法度法者帝王之鞭策乘馬不執鞭策而可望致遠乎鄭覃李石謝曰陛下撫念萬方形於憂勤臣等雖甚駑庸敢不力奉聖志

九月丁亥召對季集畿赤縣令等二十一人賜帛有差

二年八月丙午朢日帝御延英對刑法官刑部員外郎紇干泉王含大理少卿李武常紓及大理正丞等自此朔望卽對刑法官以詳重輕

三年二月詔僕射尚書侍郎左右丞太卿監每遇坐日宜令兩人循次候對

宣宗在位十四年凡對宰臣語及政事卽終日忘倦

後唐明宗長興四年六月丙寅見百僚於廣壽殿時不豫旬日至是稍平帝勤於聽政接臣下無倦聖恙緩似和豫卽戒尚宫曰吾今日見百官六宫請曰聖體虛羸且候平復無宜勉強上曰吾坐卽倦乃以烏帽便服見羣臣

十月辛酉上顧謂侍臣曰宰臣久不相見何也因令孟漢瓊傳詔馮道奏曰臣等以五日起居禀中旨召見不敢大進也是月道率百僚見於中興殿

守法

仲尼有言曰刑罰不中則民無所措手足蓋居南面之重宅億兆之上立乎法以齊衆一其心而成化豈三尺之律令而敢私乎哉故漢氏而下致治之後曷

嘗不申嚴邦憲循行吏議雖復宗室貴戚元勲近習寘於彝典無所矜貸繇是明一成之不變致天下之歸心焉周典曰無偏無黨王道蕩蕩其斯之謂矣

漢武帝時隆慮公主子昭平君尚帝女夷安公主隆慮主病困以金千斤錢千萬爲昭平君豫贖死罪帝許之隆慮主卒昭平君日驕醉殺主傅獄繫内官主傅主之官也禮有傅母以公主子廷尉上謂請論論決其罪也左右人人爲言前又入贖陛下許之帝曰吾弟老有是一子死以屬我老乃有子言其晚孕育於是爲之垂涕歎息良久曰法令者先帝所造也用弟故而誣先帝之法吾何面

目入高廟乎又下負萬民廼可其奏哀不能自止左右盡悲時東方朔前上壽曰臣聞聖王爲政賞不避仇讐誅不擇骨肉書曰不偏不黨王道蕩蕩此二者五帝所重三王所難也陛下行之是以四海之内元元之民各得其所天下幸甚臣朔奉觴昧死再拜上萬歲壽帝廼起入省中以時召讓曰時然後言人不厭其言今先生上壽時乎朔晃冠頓首曰臣聞樂太甚則陽溢哀太甚則陰損陰陽變則心氣動心氣動則精神散而邪氣及銷憂者莫若酒東方朔所以上壽者明陛下正而不阿因以止哀也愚不知忌諱當死朔前有罪免爲庶人待詔宦者署因此後爲中郎賜帛百疋也

宣帝時大司馬大將軍霍光兄孫山坐寫秘書光夫人顯爲上書獻城西第入馬千匹以贖山罪書報聞不許之

後漢光武時竇融爲大司空以大司徒戴涉坐所舉人盜金下獄帝以三公參職不得已乃策免融

虞延遷雒陽令是時陰氏有客馬成者嘗爲姦盜延收考之陰氏屢請獲一書輒加篣二百信陽侯陰就乃訴於光武譖延多所寃枉帝乃臨御道之館親錄囚徒延陳其獄狀可論者在東無理者居西成乃回欲趨東延前執之謂曰爾人之巨蠹久依城社不畏熏燒今考實未竟宜當盡法成大呼稱枉陛戟郎以戟刺延叱使治之帝知延不私謂成曰汝犯王法身自取之呵使速去後數日伏誅於是外戚斂手莫敢干法

後魏太武性甚嚴斷明於刑賞功者賞不遺賤罪者刑不避親雖寵愛之終不虧法嘗曰法者朕與天下共之何敢輕也故大臣犯法無所寬假

孝文時趙郡王幹除都督冀定瀛三州諸軍事至州斬盜馬之人依律過重而尚書以幹初臨縱而不劾詔曰夫刑以節人罪必無濫故刑罰不中民無措手足若必以威殺爲良則應汎過衆故苟須有禁何得不稽之正典又律令條憲無聽新君加戮之文典禮舊章不著始臨專威之美尚書曲阿朕意實傷皇度

王幹闇於治理律外重刑可推以聞

唐太宗貞觀中吏部尚書侯君集坐太子承乾事帝謂百寮曰往者家國未安君集實展其力不忍寘之於法我將乞其性命公卿許我乎群臣爭進曰君集之罪天地所不容請誅之以明大法帝謂君集曰與公長決矣而今而後但見公遺像耳因歔欷下泣遂斬于四達之衢籍没其家

趙節長廣長公主之子以黨于太子承乾伏誅帝幸主所主以首擊地泣謝子罪帝亦拜主垂淚曰有功者仇讐必賞有罪者親戚咸誅前王執此以守其國

弟世民亦庶幾無私有慙於姊

高宗麟德元年二月丙午魏州刺史郇國公孝協坐贓賜死宗正卿隴西王博文等奏稱孝協父長平王叔良身死事者孝協更無兄弟繼嗣便絶特望矜免其死帝曰時覽所司覆奏孝協死罪非不憫然但國之枝戚任寄爲重不能廉慎遂及贓貨狠籍且畫一之法百王共貫豈親疎異制用舍殊途若有利於百姓皇太子亦所不赦身之肌膚朕亦不惜今知孝協旣有一子令其主祭其朞功等親竝宜依舊勿拘令式孝協竟自盡於第

代宗大曆四年七月癸未勑死罪降從流時皇姨弟薛華因酒色忿怒手刃三人棄屍井中事發繫於京兆府處前一日賜自盡不以公法貸私恩也

後唐明宗天成三年七月汴州倉吏七十二人定贓至死分戮于三市史彥弼爲汴州衙較舊將之子石敬塘之戚屬王建立奏希免死帝曰王法無親豈可私徇乃皆就戮

丁延徽爲供奉官監倉與倉官共盜倉米三百五十石延徽性纖巧權貴多庇護之禁繫經年比望至應聖節則釋放乃至節前取旨放繫囚帝曰除盜倉粟官典外餘可疎放時侍衛指揮使張從賓言事帝多容之因奏他事從賓言及延徽情非盜粟意本賠填帝曰食我厚祿偷我倉儲期與决死蘇秦說予不得非但卿言衆于是不敢言異日帝御中興殿謂近臣日丁延徽禁繫經年竊盜倉儲何須擁護不然則合原則原淹滯如此復何計較耶旣知擁護不及仍據法寺具獄斷决

涇王從敏明宗子也爲成德軍節度使鎭州有市人劉方遇家富方遇卒無子妻弟田令遵者幼爲方遇治財善殖貨劉族乃同推令遵爲方遇子親族共立

券書以爲信誓累年後方遇二女取資金於令遵不如意乃訟令遵冒姓奪父家財劉氏二女以錢賂從敏之親吏又姦通判官陸浣從敏令浣鞫劉氏獄而殺令遵令遵父詣臺訴又以成德軍節度副使符蒙掌書記徐臺符鞫之蒙本鎭人備知姦狀及詰二女復行賂於節度副使趙環代判高知柔觀察判官陸浣竝捕下獄具服贓汚事連從敏從敏甚懼乃令其妻趨維陽入宮告王淑妃明宗知之不令入謂從敏婦曰朕用從敏爲節度使而枉法殺人取錢我羞見百官又令新婦奔走不須見吾爲依法裁斷然王妃

頗庭之趙璟等三人棄市從敏罰俸釋之

致治

蚩蚩蒸民不能自治天生聖哲以爲司牧去危就安民之心也定亂致治君之政也非復應天順人乘時設教則禍難無息康寧無𦾔矣故運四時成品物徤而不息明而下濟天之常道也任百工熙庶績道之以德御之以威國之善經也千齡不易百代可知是知弦弧剡矢禍亂遂平制禮作樂風俗乃變弛而張之是謂政教引而伸之稱爲化原御宇造物與民更始釋此不足徵也

黄帝舉風后力牧常先太鴻以治民順天地之紀幽明之占死生之說（易云幽明之數合死生之說）存亡之難時播百穀（時是也）草木淳化鳥獸蟲蟻旁羅日月星辰水波（波一作泆）土石金玉勞動心力耳目節用水火財物有土德之瑞

帝顓頊時大小之神日月所炤莫不砥屬（砥平也四遠皆平而來服屬）

帝嚳執中而徧天下日月所炤風雨所至莫不從服

帝堯克明峻德以親九族（能明峻德之士任用之以睦高祖玄孫之親）九族既睦平章百姓（既已也百姓百官言化九族而平和章明也）百姓昭明協和萬邦黎民於變時雍（昭亦明也協和衆時是雍和也言天下之衆民皆變化化立是以風俗泰和）允釐百工庶績咸熙（允信釐治工官績功咸皆熙廣也言定四時成歲曆以告時授事則能信治百官衆功皆廣歎其事）

帝舜既踐天子位命禹稷契等二十二人咸成厥功皐陶爲大理平民各伏得其實伯夷主禮上下咸讓垂主工師百工致力益主虞山澤辟棄主稷百穀時茂契主司徒百姓親和龍主賓客遠人至十二牧行而九州莫敢避違四海之内咸戴帝舜之功於是禹乃興九部之樂致異物鳳凰來翔天下明德皆自虞帝始

殷盤庚之時巳都河北殷衰自仲丁至陽甲九世亂諸侯莫朝盤庚遂涉河南治亳（治於亳之殷地商家自此從而改號日殷亳今偃師是也）行湯之政然後百姓繇寧殷道復興諸侯來朝以其遵成湯之德也

武丁即位思復興殷而未得其佐三年不言政事決定於冢宰（冢宰天官卿貳王事者是）以觀國風後舉傳說爲相殷國大治祭成湯之明日有飛雉登鼎耳而雊武丁脩政行德天下咸驩殷道復興

周武王克商大賚於四海而萬姓悦服（言周有大賚天下皆悦仁服德）列爵惟五（郎所識政事而法之爵五等公侯伯子男）分土惟三（列地封國公侯

方百里伯七十里子男五十里爲三品建官惟賢立官以官賢才位事惟能居位理事必任能事重民五教所重在明五常之教惟食喪祭民以食爲命喪禮篤親愛祭祀崇孝養皆聖王所重惇信明義使天下厚行信顯忠義崇德報功有德尊以爵有功報以祿垂拱而天下治言武王所脩皆是所在得人故垂拱而天下治

成王既襲淮夷歸在豐作周官言周家設官分職用人之法與正禮樂制度於是改而民和睦頌聲興頌聲者天下太平歌頌之聲帝王之高致也

康王卽位徧告諸侯宣告以文武之策以申之作康誥故成康之際天下安寧刑措四十餘年不用措舍置也民不犯法無所用刑

漢惠帝時海內得離戰國之苦蕭曹爲相君臣俱欲無爲故帝拱已垂拱而治而天下晏然刑罰罕用民務稼穡衣食滋殖

文帝卽位躬脩玄默勸趣農桑減省租稅而將相皆舊功臣少文多質懲惡亡秦之政論議務在寬厚恥言人之過失化行天下告訐之俗易訐面相斥罪也吏安其官民樂其業畜積歲增戶口寖息寖滋也息生也風流篤厚禁網疏闊選張釋之爲廷尉罪疑者予民從輕斷是以刑罰大省至於斷獄四百謂普天下之重罪者也有刑錯之風

景帝遵孝文之業至於移風易俗黎民醇厚黎衆也醇不澆雜周云成康漢言文景美矣

昭帝幼年卽位承孝武奢侈餘弊師旅之後海內虛耗戶口減半耗損也委任霍光知時務之要輕徭薄賦與民休息至始元元鳳之間匈奴和親百姓充實舉賢良文學問民所疾苦議鹽鐵而罷榷酤尊號曰昭不亦宜乎

宣帝地節二年令羣臣得奏封事以知下情五日一聽事自丞相以下各奉職奏事以傳奏其言考試功能侍中尚書功勞當遷及有異善厚加賞賜至於子

孫終不改易樞機周密品式備具上下相安莫有苟且之意元康四年比豐年比頻也穀石三錢宣帝之治信賞必罰綜核名實政事文學法理之士咸精其能至于技巧工匠器械自元成間鮮能及之是以知吏稱其職民安其業也

後漢光武建武十三年兵革既息天下少事文書調役務從簡寡調謂法也至乃十存一焉帝嘗於民間頗達情僞見稼穡艱難百姓害病至天下已定務用安靜解王莽之繁密還漢世之輕法

明帝永平十三年天下安平人無徭役歲比登稔百姓殷富粟斛二十牛羊被野

晉武帝明達善謀平吳之後天下乂安
後魏孝文太和八年遣使廵行糾守宰不法
玄宗開元十九年二月侍中裴光庭中書令蕭嵩奏曰臣等伏見所司奏天下應死罪囚揔二十四人竊以天下至廣宇內至衆豈唯德禮所齊固以幽贊潛洽方將勒休述美非獨成康之時反朴歸醇幾若華胥之俗昔者斷獄數百文景稱仁徵諸良史遠有慙德臣等竭心奉職徒効涓塵之微動色相趨預聞頌聲之作請宣付史官克昭盛烈從之
二十五年帝因聽政問京師囚徒有司奏有五十八人

怡然而喜
二十八年以頻歲豐稔京師米斛不滿二百天下乂安雖行萬里不持兵刃
憲宗即位嘗納用直言勤于政事自貞元十年以後朝廷威柄并削方鎮權重德宗不任宰相以事人間細務多自決臨裴延齡等得以姦進而登台輔者備位而已帝在藩累月言事者頗以此爲言帝亦非之及永貞監國羣臣謁見宰相杜黃裳首以君臣大義激起帝心帝以黃裳語忠始終延納黃裳首定誅劉闢又李吉甫自翰林學士叅定蜀之策而相吉甫吉甫出鎮裴垍又繼之前臨御訖於元和軍國樞機盡歸之宰相繇是中外咸理綱目用張焉
宣宗自臨馭一之日權豪斂迹二之日姦臣畏法三之日閽寺讋氣繇是政刑不濫賢能效用百揆四岳穆若清風十餘年間頌聲載路而帝道皇猷始終無缺雖漢之文景不過是也
後唐明宗及應運以君德臨能力行于王化政皆中道時亦小康

冊府元龜

巡按福建監察御史臣李嗣京訂正

知甌寧縣事臣孫以敬恭閱

知建陽縣事臣黃國琦較釋

帝王部　五十九

興教化

先王作教化民扶世道俗所以厚人倫端王政也莫不因其自然率其不及使天下敦本而興行同心而嚮道猶水之有源風之偃草也然而教化之流非可家至而人說也故因父子兄弟之親教之以孝弟本

冊府元龜　帝王部　興教化　卷之五十九　一

上下長幼之序勗之以慈惠夫婦之際化之節義農桑之功勉以勤苦故舉孝以爲民極察廉以爲民表或賜帛以敦奬或給復以令養是乃張四維明五教示大順建至治使民德歸厚風俗丕變不疾而速不嚴而化者繇斯道也書曰惠不惠懋不懋勉之之謂也詩曰爾之教矣民胥效矣其在是乎

漢高帝二年詔曰歲舉民年五十巳上有脩行能帥衆爲善置以爲三老鄉一人擇三老一人爲縣三老與縣令丞尉以事相教勿復繇戍

惠帝四年正月舉民孝弟力田者復其身

文帝十二年三月詔曰孝悌天下之順也力田爲生之本也三老衆民之帥也廉吏民之表也朕甚嘉此二三大夫之行令萬家之縣云無應令（無孝悌力田之人可應察舉之）豈實人情是吏舉賢之道未備也其遣謁者勞賜三老孝者帛人五疋悌者力田二疋廉者二百石以上率百石者三疋（自二百石以上每百石加三疋）及問民所不便安而以戶口率置三老孝悌力田常員（計戶口之數以率之增置其員廣教化也）令各率其意以道民焉

武帝建元元年四月詔曰古之立教鄉里以齒朝廷以爵扶世導民莫善於德然則於鄉里先耆艾奉高

冊府元龜　帝王部　興教化　卷之五十九　二

年古之道也（六十日耆五十日艾）今天下孝子順孫願自竭盡臣承其親外迫公事內乏資財是以孝心闕焉朕甚哀之民年九十巳上有受粥之法（給米粟以爲糜粥）爲復子若孫令得身帥妻妾遂其供養之事

元光元年十一月初令郡國舉孝廉各一人（孝謂善事父母者廉謂清絜有廉隅者）

元朔元年十一月詔曰深詔執事興舉孝廉庶幾成風紹休聖緒今或闔郡而不薦一人其與中二千石禮官博士議不舉者罪有司奏議曰不舉孝不奉詔當以不敬論奏可

元狩元年十二月詔曰朕嘉孝悌力田其遣謁者巡行天下賜孝者帛五疋悌者力田帛人三疋

昭帝元鳳元年三月賜郡國所選有行義者涿郡韓福等五人帛人五十疋遣歸詔曰朕閔勞以官職之事其務行孝弟以教鄉里令郡縣常以正月賜羊酒有不幸者賜衣被一襲祠以中牢

宣帝本始元年遣使者持節詔郡國二千石謹牧養民而風德化

地節三年十一月詔曰朕既不逮導民不明反側晨興念慮萬方不忘元元唯恐羞先帝聖德故並舉賢

良方正以親萬姓歷載臻茲然而俗化闕焉傳曰孝弟也者其爲仁之本與其令郡國舉孝弟有行義聞於鄉里者各一人

四年二月詔曰導民以孝則天下順今百姓或遭衰絰凶災而吏繇事使不得葬傷孝子之心朕甚憐之自今諸有大父母父母喪者勿繇事使得收斂送終盡其子道

神爵四年四月以潁川太守黃霸治行尤異賜吏民有行義者爵人三級力田一級貞婦順女帛

元帝初元元年四月詔賜孝者帛五疋弟者力田三疋

五年四月賜孝者帛人五疋悌者力田三疋

永光二年二月詔賜孝悌力田帛有差

建昭五年三月詔賜孝悌力田帛

成帝建始元年二月賜孝悌力田帛各有差

三年三月賜孝悌力田爵二級

河平四年正月賜孝悌力田爵二級

鴻嘉二年三月博士行鄉飲酒禮

綏和元年二月賜孝悌力田帛有差

哀帝即位賜孝悌力田帛

平帝元始元年二月班教化禁淫祀放鄭聲六月復貞婦鄉一人鄉一人取其最尤者

後漢光武建武三年以伏湛爲司徒湛奏行鄉飲酒禮遂施行之

明帝以中元二年二月即位四月賜孝弟力田爵人三級

永平二年三月郡國縣道行鄉飲酒禮於學校

三年二月賜天下孝悌力田爵人三級

十二年賜天下孝悌力田爵人三級

十七年五月賜天下孝悌力田爵人三級

章帝以永平十八年八月卽位十月賜孝悌力田爵人三級

建武三年三月賜天下孝悌力田爵人三級

四年四月賜孝悌力田爵人三級

元和二年二月乙丑帝耕于定陶詔曰孝悌淑行也力田勞勤也國家甚體之其賜帛人一疋

和帝永元八年賜天下孝悌力田爵人三級

十二年三月賜天下孝悌力田爵人三級

殤帝以元興元年十二月卽位賜天下孝悌力田爵人三級

安帝永初二年詔居鄕里有廉清孝順之稱才任理人者國相歲移名與計偕上尚書公府通條令得外補（移書也　調選也）

三年正月賜孝悌力田爵人三級

五年閏二月詔至孝與衆卓異者遣詣公車

元初元年正月賜孝悌力田爵人三級

三年十一月初聽大臣二千石刺史行三年喪（文帝遺詔以日易月於後大臣遂以爲常至此復遵古制也）

六年二月詔賜貞婦有節義穀十斛甄表門閭旌顯厥行

延光元年二月賜孝悌力田爵人三級

順帝永建元年詔賜孝悌力田爵人三級

四年正月賜孝悌力田爵人三級

陽嘉元年正月詔賜孝悌力田爵人三級

桓帝建和元年正月詔賜孝悌力田爵人三級

魏陳留王咸熙元年令諸郡中正以六條舉淹滯一曰忠恪匪躬二曰孝敬盡禮三曰友于兄弟四曰勞身潔謙五曰信義可復六曰學以爲己

晉武帝泰始三年十月詔聽士卒遭父喪者非在疆埸皆得奔赴

四年班五條詔書於郡國一曰正身二曰勤百姓三曰撫孤寡四曰敦本息末五曰去人事

六年十二月帝臨辟雍行鄕飲酒之禮詔曰禮義之廢久矣今乃復講肄舊典賜太常絹百疋丞博士及學生牛酒咸寧三年復行其禮

惠帝元康九年臨辟雍行鄕飲酒之禮

後魏孝文太和十一年冬十月甲戌詔曰鄕飲之禮廢則長幼之叙亂孟冬十月民閑歲隙宜於此導以德義可下諸州黨里之內推賢而長教其里人父慈子孝兄友弟順夫和妻柔不率長教者具以名聞

後周武帝天和元年詔諸有三年之喪或負土成墳或寢苫骨立一志一行可稱揚者仰本部官司隨事言上當加吊勉以勵薄俗

隋高祖開皇九年詔曰往以吳越之野羣黎塗炭干戈方用積習未寧今率土大同含生遂性太平之法方可流行凡我臣僚澡身浴德開通耳目宜從茲始喪亂已來緬將十載君無君德臣失臣道父有不慈子有不孝兄弟之情或薄夫婦之義或違長幼失序尊卑錯亂朕爲帝王志存愛養時有臻道不敢寧息內外職位遐邇黎人家家自修人人克念使不軌不

法蕩然俱除兵可立威不可不戢刑可助化不可專行禁衞九重之餘鎮守四方之外戎旅軍器皆宜停罷世路既夷羣方無事武力之子俱可學文人皆甲伏悉皆除毀有功之臣降情文藝家門子姪各守一經令海內翕然高山仰止京邑庠序爰及州縣生員受業升進於朝未有灼然明經高第此則教訓不篤考課未精明勑所繇降茲儒訓

煬帝大業八年四月詔孝弟力田義夫節婦並加旌異表其門閭

唐高祖武德元年五月卽位詔孝子順孫義夫節婦旌表其門閭孝悌力田鰥寡孤獨量加賑䘏

四年七月詔孝子順孫義夫節婦所在詳例旌表其門閭

太宗初卽位詔節義之夫貞順之婦州閭列上旌表門閭

貞觀三年四月詔孝義之家各賜米五石

四年十月詔孝子順孫義夫節婦隨事褒顯旌表門閭

六年詔天下牧宰每年親率長幼行鄉飲酒之禮

十三年正月詔孝子順孫義夫節婦咸表門閭

十七年四月詔孝子順孫義夫節婦賜物有差

高宗永徽元年五月辛亥詔曰通喪下達聖哲貽訓縟俗經邦咸率茲道至於嬰蓼莪之巨痛懷顧復之深慈得自天經含生罔極者也爰自周餘七雄交爭逮乎漢末三方競峙金革亟動鉦鼓日聞先王典章掃地將盡遂令三邊武猛墨絰而息戎庵七萃驍雄素冠而事巡警亦有內無繼體傍闕同氣几筵安寄奠酹不親廻睠於斯再深警歎朕膺茲景命君臨九野中區富教外俗承規宜有解張以厲風俗衞士掌閑幕士等遭喪合期年上者宜聽終制三年

六年正月詔孝子順孫義夫節婦咸表門閭
顯慶二年三月詔曰如聞公主出適王妃作嬪舅姑父母皆降禮答拜此乃子道云替婦德不修何以式序家邦儀刑列闢自今已後可明加禁斷使一依禮法若更有以貴加於所尊者令所司隨事糾聞
乾封元年有事於泰山詔孝子順孫義夫節婦表其門閭終身勿事
永淳二年十二月詔孝子順孫義夫節婦表其門閭終身勿事
中宗神龍元年九月詔曰在外百姓婚娶之家百兩

未行二親俄殞停哀之際便即成婚遂輟苴絰之容敢伸花燭之禮寧戚之心安寄罔極之心闕如敗俗傷風莫過於此自今已後宜即懲革
睿宗唐隆元年七月制鄉飲之禮爲日已久宜令諸州每年遵行鄉飲之禮
玄宗開元十一年封泰山禮畢詔孝子順孫義夫節婦旌表門閭終身勿事
十七年四月謁乾陵禮畢詔孝子順孫義夫節婦旌表門閭
二十年十一月詔孝子順孫義夫節婦旌表門閭終身勿事
二十三年正月籍田禮畢詔孝子順孫義夫節婦並旌表其門
天寶元年正月改元詔曰如聞百姓之內或有戶高丁多苟爲規避父母在乃別籍異居且令州縣勘會其一家之中有十丁已上者放兩丁征行賦役五丁已上者放一丁即令同籍共居以敦風化
三載十二月制曰自古聖王皆以孝理天下五常之本百行莫先移於國則忠於長而爲順有天下孝行過人鄉閭欽伏者宜令所繇郡縣長官具以名薦

其有父母見在別籍異居虧損名教莫斯爲甚親殁之後亦不得分析自今已後如有不孝不恭傷財破産者宜配隸磧西用清風教
七載五月詔曰古者鄉有塾黨有序所以明尊卑之儀正長幼之序風化之道義在於此先置鄉學務令敦勸如聞郡縣之間不時訓誘閭巷之內多虧禮節致使言詞鄙褻少長相陵有玷清猷何成雅俗自今已後宜令郡縣長官申明條式切加訓導如有禮義興行及綱紀不立者委採訪使明爲褒貶具狀聞奏
又詔曰式閭表墓追賢紀善事有勸於當時義無隔

於異代其忠臣義士孝婦烈女史籍所載德行彌高者所在亦置一祠宇量事致祭

十三載二月詔曰厚其風俗五教之旨聿興責於丘園十翼之風斯在其士庶間衆推孝弟累代義居高尚確然隱遁岩穴者委採訪使博訪聞薦其孝義之人已經旌表雍睦無易純至有終者美鄉閭深可嘉尚各賜勳兩轉

肅宗初即位詔孝子順孫義夫節婦旌表其門閭

至德三年二月大赦詔天下孝義門各與一子官委採訪使具名聞奏量文武處分自逆賊已來有匹夫

匹婦節義可量者並旌表其閭墓

乾元元年四月詔百姓中有事親不孝别籍異財玷汚風俗虧敗名教先决六十配隷磧西有官品者禁身聞奏

十月詔天下義夫節婦孝子順孫旌表門閭終身不事

上元元年閏四月詔義夫節婦孝子順孫旌表門閭終身不事

二年九月詔義夫節婦孝子順孫旌表門閭終身勿事

三年建卯月辛亥詔孝子順孫義夫節婦旌表門閭終身勿事

代宗寶應元年四月即位五月詔孝悌力田諸州刺史宜搜揚聞薦

二年七月詔孝悌力田本州各以名薦

廣德二年二月乙亥詔孝子順孫義夫節婦旌表門閭終身勿事

大曆元年十一月詔孝悌力田未經薦用者委所在官長具以名聞

五年六月詔孝子順孫義夫節婦事迹明著者特加

旌表

德宗貞元四年詔孝悌力田聞於鄉里所在官長具名聞

順宗以貞元二十一年正月即位二月詔曰孝子順孫義夫節婦旌表門閭重加優卹

四月又詔天下孝子順孫先旌表門閭者委所管州縣各加存卹

憲宗元和四年十月册皇太子大赦詔孝子順孫先旌表門閭者委所管州縣各加存卹

七年十月詔天下孝子順孫先旌表門閭者委所管

州縣各加存卹

穆宗長慶元年三月幽州劉總歸闕詔管内有節義因事亡殁者量加追贈

七月詔孝子順孫義夫節婦事迹彰顯爲衆知者量加存卹

昭宗天祐元年詔應天下有孝子順孫義夫節婦事迹彰顯爲衆所知者仰所在長吏標録聞奏旌表門閭

哀帝天祐四年四月詔孝子順孫義夫節婦有司以名聞必當旌表

後唐莊宗同光元年四月卽位制曰鄉里有孝子順孫義夫節婦委所在長吏録其節行以具奏聞盡據典章必行旌表教之爲本義禮是先德之所宗昭本在上其民間有曾經三世以上不分居者並與蠲免諸雜差徭

十月詔其有義夫節婦孝子順孫並宜旌表門閭量加賑給

二年二月詔曰義夫節婦孝子順孫並令捜揚以行旌表

明宗天成二年十月辛丑詔許國之心忠貞爲本承家之法孝友爲先應天下有孝子順孫義夫節婦兄弟繼世義居者隨處長吏聞奏當行旌表

三年八月帝聞隨鄧復郢均房之間父母骨肉有疾以竹竿遞致粥食於病者之側出嫁女父母有疾夫家亦不令知聞哀始奔喪者勑曰萬物之中人曹爲貴百行之内孝道居先凡戴比辰並遵皇化備聞南土多爽時風皆傾事鬼之心不守敬親之道於父母如此無行被日月何以立身弊久積於鄉閭化全繇於長吏昔西門豹一縣令耳尚能投巫百姓保女子之愛絶河伯之虞斷自一時傳於千古况位居侯伯

化洽封巡豈不能宣北闕之風變南方之俗宜令隨處觀察使刺史丁寧曉告自今後父母骨肉有疾者並須日夕專切不離左右看侍使子奉其父母婦事其舅姑弟不慢於諸兄姪不怠於諸父如或不移故態老者臥病少者不勤侍養子女弟姪並加嚴斷出嫁女父母有疾不令其知者當罪其夫及舅姑

四年三月中書奏孔子有言曰教以孝所以敬天下之爲人父者教以悌所以敬天下之爲人兄者教以忠所以敬天下之爲人君者徃聖深旨中古明規方當孝理之朝尤重人倫之本今後群臣内有乞假覲

省者欲請量賜恭藥所貴勸人之善表主之恩誠有
益於皇猷且無損於國勢況在班行有父母者甚少
旣資風化動挂宸衷從之
長興二年八月壬申勑朕聞教化之本禮讓爲先欲
設規程在循典故盖以中興之始兆庶初安將使知
方所以漸誘准儀制令道路街巷賤避貴少避長重
避輕去避來有此四事承前每於道途立碑刻字令
路人皆得聞見宜令三京諸道州府各遍下管内縣
鎭准舊例於道路明置碑雕刻四件事文字粉於要
會坊門及諸橋柱刻碑曉諭路人委本縣所繇官司

共切巡察有敢犯者科違勑之罪貴在所爲簡易所
化弘多旣禮教興行則風俗淳厚庶皆順序盖致和
平
晋高祖天福元年閏十一月壬午勑義夫節婦孝子
順孫委逐道奏聞當加旌表
六年八月詔孝子順孫義夫節婦僉與旌表門閭
少帝以天福七年六月卽位七月制曰敦崇孝義旌
表門閭式愜王化之基用正人倫之本應有孝子順
孫義夫節婦委逐處長吏具名奏聞當議旌表
漢高祖乾祐三年正月制義夫節婦孝子順孫仰具
奏聞郞議旌表
周太祖廣順元年正月卽位制曰孝子順孫義夫節
婦所宜旌表以厲時風
二年十一月丙子詔曰應内外文武臣僚幕職州縣
官舉選人等今後有父母祖父母亡歿未經遷葬者
其主家之長不得輒求仕進所繇司亦不得申舉解
送如是卑幼在下者不在此限
顯德元年正月詔曰應孝子順孫義夫節婦州縣以
名聞者僉與旌表門閭
世宗以是月丙申卽位三月詔曰其有孝子順孫義

夫節婦所宜旌表以厚人倫

冊府元龜

延按福建監察御史臣李嗣京 訂正
新建縣舉人臣戴國士叅閱
知建陽縣事臣黃國琦較釋

帝王部 六十

立制度

聖人體國經野設官分職制作法度綱紀生民三代已還詳於典禮兩漢而降布在簡編故有制爵祿以懋功庸定車服以辨名數設關梁之禁以譏乎姦立符契之規以謹乎信著休息之令以休息官司定衰

紀之宜以正雅俗酌民情而為之節緣世變而為之文時被大中建茲彝憲上得其道下知其方尊國庇民何莫繇此於戲傳云名不正則言不順言不順則事不成又曰作法於凉其弊猶貪然則王者之立制也誠宜愼其名而慮其弊焉

漢高祖五年五月詔曰七大夫公乘以上皆高爵也七大夫公大夫之爵七故謂之七大夫公乘第八爵也諸侯子及其從軍歸者甚高爵吾數詔吏先與田宅及所當求於吏者亟與亟急也爵或人君上所尊禮爵高有國邑者則自君其人故云或人君也上謂天子久立吏前曾不為決有辨訟及陳情者不早決斷甚亡謂也異日秦民爵公大夫以上令丞與亢禮亢者當也言高下相當無所取今吾於爵非輕也吏獨安取此於何取此輕爵之法且法以有功勞田宅行獨付與也今小吏未嘗從軍者多滿多自滿足也而有功者顧不得顧反也若人反顧然背公立私守尉長吏教訓甚不善守郡守也尉都尉也長令謂縣之長令也其令諸吏善遇高爵稱吾邑稱縣副也且廉問有不如吾詔者以重論之

八年二月令公爵非公乘以上毋得冠劉氏冠賈人毋得衣錦繡綺縠絺紵罽操兵乘騎馬賈人坐販賣者綺文繒也卽今之細綾也絺細葛也紵織紵為布及紋也罽織毛若今褐及氍毹之類也操持也兵凡兵器也乘駕車也騎單騎也

十一年詔諸侯王得自除內史以下漢獨為置丞相

文帝二年九月初與郡守為銅虎符竹使符謂各分其半右留京師左以與之

十月詔曰朕聞古者諸侯建國千餘各守其地以時入貢民不勞苦上下驩欣靡有違德今列侯多居長安邑遠所食之地去長安遠吏卒給輸費苦而列侯亦無繇教訓其民其令列侯之國為吏及詔所止者遣太子為吏謂為卿大夫者詔所止特以恩愛見留

十一年三月除關無用傳

景帝中六年五月詔曰夫吏者民之師也車馬衣服

宜稱（稱其官也）吏六百石以上皆長吏也（長大也六百石位大夫）亡度者或不吏服出入閭里與民亡異令長吏二千石車朱兩轓（據許慎李登說轓車之蔽也左傳云以藩載欒盈即是有鄣蔽之車也）千石至六百石朱左轓車騎從者不稱其官衣服不吏出入閭巷亡吏體者二千石上其官屬三輔舉不如法令者（謂王爵中尉及右內史也）皆上丞相御史請之先是吏多軍功車服尚輕故爲設禁

武帝征和二年初置城門屯兵更節加黃旄以戾太子發節以戰故加其上黃以別之

元帝初元五年冬從官給事宮司馬中者得爲大父

母父母兄弟通籍（司馬中者宮內門也籍者爲二尺竹牒計其年紀名字物色縣之宮門案者相應乃得入也從官親近天子常侍從者皆是）

哀帝綏和二年四月即位六月詔除任子令博士弟子父母死予寧三年

平帝元始三年夏安漢公奏車服制度吏民養生送終嫁娶奴婢田宅器械之品

後漢光武初伏波將軍馬援上書曰臣所假伏波將軍印書伏字犬外嚮城皋令印皋字爲白下羊丞印四下羊尉印白人下羊即一縣長吏印文不同恐天下不正者多符印以爲信也所宜齊同薦曉古文字事下大司空正郡國印章奏可

建武中杜詩爲南陽太守初禁網尚簡但以璽書發兵未有虎符之信詩上疏曰臣聞兵者國之凶器聖人所慎舊制發兵皆以虎符其餘徵調竹使而已符第合會取其大信所以明著國命斂持威重也間者發兵但用璽書或以教令如有姦人詐僞無繇知覺愚以爲軍旅尚興賊虜未殄徵兵郡國宜有重慎可立虎符以絶姦端昔魏之公子威傾鄰國猶假兵符以解趙圍若無如姬之仇則其功不顯事有煩而不可省費而不得已蓋謂此也書奏從之

和帝元年六月己酉初令伏閉晝日（漢官舊儀曰伏日萬鬼行故晝日閉不干它事）

安帝元初三年初聽大臣二千石刺史行三年喪（文帝遺詔以日易月於後大臣遂以爲常至此復遵古制也）

建光元年復斷大臣二千石以上服三年喪

桓帝永興二年二月初聽刺史二千石行三年喪服

永壽二年春正月初聽中官得行三年服（中官常侍以下）

魏明帝以公卿黼黻衮衣之飾擬於至尊多所減損始制天子服刺繡文公卿服織成文及帝受命遵而無改

晉武帝泰始三年初令二千石得終三年喪
太康四年制依漢故事給九卿朝車駕四及安車各
一乘
七年始制大臣聽終喪三年先是鄭默拜太鴻臚遭母喪舊制既葬還職默遂自陳懇至久而見許遂改法定令聽大臣終喪自默始也
後魏明元永興三年詔侍臣常帶劍
孝文延興二年五月詔軍警給雀印傳符決給馬印
太和十年四月始制五等公服
十七年九月詔廝養之戶不得與士民婚有文武之
才積勞應進者同庶族例聽之

十八年十二月華衣服之制
十九年九月丁亥詔曰諸有舊墓銘記見存昭然爲
人所知者三公及位公者墓三十步尚書令僕九列
十五步黃門五較十步各不聽墾
二十年二月壬寅詔自非金華聽終三年喪
宣帝景明四年閏九月禁大司馬門不得車馬出入
孝明孝昌元年十一月辛亥詔曰大孝榮親著之昔
典故安平耄耋諸子滿朝臣欽若等曰晉安平王孚年九十三有九子自
今諸有父母年八十以上者聽居官祿養溫凊朝夕
孝莊建義元年五月詔以舊叙軍勳不得過征虜將

今以後依階式以上餘階積而爲品其從輿駕北來
之徒不在此例悉不聽破品受階請帛
後周武帝保定四年三月初令百官執笏
建德二年六月詔諸軍旗皆畫以猛虎鷙鳥之象
三年正月初服短衣
四年四月初令上書者並爲表於皇太子以下稱啓
六年九月初令民庶以上唯聽衣綢綿絲布絹綾紗
絹綃葛布等九種餘悉停斷朝祭之服不拘此例
宣政元年三月初服常冠以皁紗爲之加簪而不施
纓導其制若今之折角巾也

隋高祖開皇三年五月改傳國璽曰受命璽
四年四月乙亥勑總管刺史父母及子年十五以上
不得將之官
九年四月頒木魚符於總管刺史雌一雄一
十年十月頒木魚符於官五品以上
十五年五月制京官五品以上佩銅魚符七月制九
品已上官以理去職者聽並執笏
十六年六月辛丑詔九品以上妻五品以上妾夫亡
不得改嫁
十七年頒銅虎符於驃騎車騎府

煬帝大業五年二月庚子制魏周官不得爲蔭六月
壬戌制父母聽隨之官
六年詔從駕步遠者文武官等皆戎衣貴賤異等雜
用五色五品以上通著紫袍六品已上兼用緋綠胥
吏以青庶人以白屠商以皂士卒以黃
唐高祖初爲唐王頒銀兎符於諸郡
武德元年九月改銀兎符爲銅魚符
二年二月詔文官遭父母喪聽去職先是帝從容謂侍臣曰隋末以
來多有叛逆從坐之罪所及便多人有子姓皆令外
繼簿籍雖別居處猶同至有無其人妄爲承嗣非直
誣罔鬼神且亦棄同卽異非朕興化之意也有如此
輩卽令正之尚書左丞崔善爲進曰欲求忠臣必於

孝子比爲時多金革頗違墨絰之義丁憂之士例從
起服無識之輩不以變無復戚容飲會之時燕喚
自若如不糾劾恐傷風俗高祖
曰旣奪其情安可責其卒禮
七年四月詔遭父母喪者聽終制
太宗貞觀元年十一月巳未制子弟年十九以下聽
隨父兄之官
四年八月丙午詔曰車服以庸昔王令典貴賤有節
禮經彝訓自末代澆浮采章訛雜卿士無高卑之序
兆庶行僭侈之儀遂使金玉珠璣靡隔於工賈錦繡
綺縠下通於皂隸習俗爲嘗流遁亡反因循已久莫
能懲革朕繼踵百王欽承寶運思弘典制畨軌後昆
永鑒前失義存釐改其冠冕制度已備令文至於尋
嘗服飾未爲差等今已詳定具如別式宜卽頒下咸
使聞知於是三品已上服紫四品以下服緋六品七
品以綠八品九品以青婦人從其夫也
八年四月帝初服翼善冠賜貴臣進德冠因謂侍臣
曰幞頭起周武帝蓋取於軍容耳今海內無虞當息
武事此冠頗採古法無類幞頭迺宜嘗服可與袴褶
通用
十一年二月丁巳詔曰佐命功臣義深舟檝或定謀
帷幄或身摧行陣同濟艱危克承鴻業追念在昔何

日忘之使逝者無知咸歸寂寞若營魂有識遠如疇
曩居止相望不亦善乎漢氏使將相陪陵又給以東
園秘器篤忠之義恩意深厚古人之志豈異我哉自
今已後功臣密戚外德業尤著如有薨亡宜賜塋地
一所及其秘器使其窀穸之時喪事無闕所司依此
營備稱朕意焉
十月癸丑詔曰乾坤合德爰著易簡之功君臣一體
克成中和之治遠取諸物若舟楫之濟巨川近取諸
身猶股肱之載元首同心叶契存歿以之故諸侯列
葬周文始創其禮大臣陪陵魏武重申其制去痼佐

漢還奉茂卿之塋夷吾相齊終托牛山之墓茲蓋佳聖垂範前賢遺則録曩昔之宿心篤始終之大義者也皇運之初時逢交喪掃除多難光啓鴻業謀臣武將競進轅門之前明德興才爭趨魏闕之下或雲雷伊始功參締構或光華在旦績著弼諧及密戚懿親舊齒宿德委質先朝特蒙故遇者自今已後身薨之日所司宜卽以墓地並給東園秘器事從優厚庶敦追遠之義以申罔極之懷

二十二年癸卯令百僚朔望袴褶以朝

高宗永徽二年四月開府儀同三司及京官文武職

事四品五品並給隨身魚

三年二月帝以天下無虞百姓務簡每至旬假百寮許不視事

五年八月巳未詔五品已上薨卒者隨身魚不必追收

顯慶元年四月制文武官人五品以上老及病不因罪觧者並聽同致仕例

龍朔二年六月乙丑初令僧尼道士女冠等致敬父母

咸亨三年五月始令京四品五品職事佩銀魚袋

上元元年八月戊戌詔一品已下文官並帶手巾筭袋刀子磨石其武官欲帶手巾筭袋者亦聽文武官三品已上服紫金玉帶四品服深緋金帶五品服淺緋金帶六品服深緑七品服淺綠並銀帶八品服深青九品服淺青並鍮石帶庶人服黃銅鐵帶先是九品已上入朝參及視事聽兼服黃雒陽尉柳延夜行爲部人所毆帝聞之以章服錯亂下詔申明之自此朝參行列一切不許著黃

辛丑詔公私齋會及參集之處道士女冠在東僧尼在西不須更爲先後

三年閏三月詔曰制勅施行旣爲永式比用白紙多有蟲蠹自今以後尚書省頒下諸司諸州及下縣宜並用黃紙其承制勅之司量爲卷軸以備披簡

中宗神龍二年八月制京官五品已上依舊式佩銀魚袋

九月戊辰詔停京官六品已下著緋袴褶令各依本品爲定

景龍元年十月勑宮殿門皇城門京城門禁苑門左右內外各給交魚符一合巡魚符一合左廂及開門魚一合右廂給閉門魚一合左符付監門掌交番巡

察每夜並非時開閉則用之
睿宗景雲二年四月制九品以上一品已下文武依上元故事帶手巾筭袋武官咸帶七事鞊韘並足其腰帶一品已下五品已上並用金六品七品並用銀八品九品共用鍮石魚袋著紫者金帶著緋者銀袋
玄宗先天二年三月癸巳詔制勑表狀書奏牋牒年月等數作一十二十三十四十字
開元二年閏二月癸亥令道士女冠僧尼致拜父母
三月癸卯詔曰章服所施貴賤攸別苟容僭越未爲獎勸承前諸軍人多有借緋及魚袋者軍中卑品此

色甚多無功賞借深非道理宜勑諸軍鎮但是從京借魚袋及無灼然功者軍中權借者並委州軍長官勑到並即收取待立功日據功合得即將已上者委軍將先借後奏其靈武和戎大武幽州鎮軍赤水河源瀚海安西定遠等軍既臨賊衝事藉懸賞量軍大小各封賞金魚袋五十枚並委軍將臨時行賞
七月戊戌詔曰雕文刻鏤衣紈履絲習俗相誇殊塗競爽傷風敗俗爲蠹良久珠玉錦繡既令禁斷准式三品已上飾以玉四品以上飾以金五品已上飾以銀者宜於腰帶及御鐙酒杯杓依式自外悉鑄爲鋌婦人衣服各隨其夫子其已有錦繡衣服聽染爲皂成段者官爲市取天下更不得採取珠玉刻鏤器玩造作錦繡珠繩織成帖縧二色綾綺羅作龍鳳禽獸等異文字及堅攔錦文者決杖一百受僱工匠降一等科之兩京及諸州舊有官織錦坊悉停是月又詔京官所帶跨巾筭袋每朝參日著外官衙日著餘日停
五年九月戊申詔曰君臣之間不當有隱敷納之事必在無私比年百司及諸使奏陳皆侍仗下頻乖公道須有革正自今已後非灼然秘密不合彰露者並

令封狀奏如文書浩大事理交雜者仍進先狀其史官自依舊例
六年七月庚申詔曰有司及奏事皆合對狀公言比日已來多仗下獨奏宜申明舊式詰語令知如緣曹吏司細務及有秘密不合對仗奏者聽仗下奏
十二年詔曰朱紫貴服所以分別班品自非有德有功不可輕爲賞借自今已後諸軍節度大使灼然有知功勞須權行給賞任量借色及魚袋仍具狀奏
十二年詔有司試天下僧尼年六十已下者限落者退還俗不得以坐禪對策義試諸寺三階院逈入大

院不得有異

十七年八月戊辰詔曰僧尼數多踰濫不少先經磨勘欲令眞僞區分仍慮猶有非違都遣括撿聞奏憑此造籍以爲準繩如聞所繇條例非愜致姦妄轉更滋生因郎舉推罪者使衆宜依開元十六年舊籍爲之更不須造寫自今已後綱維大德侍養權隷不得輙于外取

二十一年七月詔曰道教釋教其來一體都忘彼我不自貴高近者道士女冠稱臣子之禮僧尼企踵勤誠請之儀以爲佛初滅度付囑國王猥當負荷願在

宣布盍欲崇其教而先於朕者也自今已後僧尼一依道士女冠例無拜其父母宜增修戒行無違僧律興行至道俾在於此

二十二年諸道採訪使華州刺史李尚隱等奏請各置印從之

二十三年六月吏部尚書李暠奏曰伏見告身印與曹印文同形同參雜難以區分望請准司勳兵部印文中加告身兩字許之

二十四年二月壬戌許寒食通清明四日爲假

二十五年五月丙子詔曰緋紫之服班命所崇以賞有功不可踰濫如聞諸軍賞借人數甚多曾無甄別是何道理自今已後除灼然有戰功餘不得輙賞

十一月丁亥御史大夫李適之奏曰臣伏以朝服准式皆合備具比來有稱慘故式致乖踈臣望自今已後每當正止及緣大禮應訢官并六品清官並服朱衣餘六品已下望許通著袴褶朔望日請依舊文武官朝集使並服袴褶如有慘故准式不合著朱衣袴褶者其日聽不入朝自餘應合著不著者請奪一月俸以懲不恪其蕃官望不在此限如情愿著者請聽餘望依今式許之

天寶元年正月一日改元詔曰文宣垂訓事必正名而黃鉞古來以金爲飾金者應五行之數有肅殺之威去金稱黃理或未當其黃鉞宜改爲金鉞副威武之義焉

三載九月詔曰頃叙功勞累增勳級上柱國外許及周親是謂賞延載榮宗族廻充賜物匪厚朝恩其准格上柱國外有餘勳廻授周親

五載六月勑三伏內令宰相辰時還宅

七月勑應緣玉璽及符璽既改爲寶其璽書宜改爲寶書（秦有符璽令歷代遵之唐長壽中改爲神璽傳國及六璽並爲寶神龍初復爲璽開元初又改

爲實也

六載六月詔曰立身揚名所以廣孝流根自葉亦在推恩既切因親之心須開議事之制其内外文官五品已上官父祖無資蔭者其所用蔭宜同子孫用蔭之例五服之紀宜所致及三千之屬以報免懷齊斬之殊雖存出毋之制顧復之慕何申有子之思其出嫁毋宜終服三載又詔曰重門夜開以達陽氣群司朝宴樂在時和屬此上元當修齋籙其於賞會必備葷羶比來因循稍將非便自今已後每至正月改取十七十八十九日夜開坊市門仍永爲常式

七載正月太常卿韋縚奏御案褥牀帷等望去紫用赤黄從之

十載正月詔曰禮之王制垂範作程亦既觀德訓人孝敬故天子七廟諸侯五廟大夫三廟士一廟孝享奉先禮文有辨令三品已上乃許立廟永言廣敬載感于懷其京官正員四品清望官及五品清官並許立私廟是載改傳國寶爲承天大寶

代宗寶應二年三月戊子有司奏中書門下五品官准式賜物並同四品及叙三品即不霑恩並御史中丞自今已後望許叙名從之

廣德二年二月戊午詔曰三年之喪謂之達禮自非金革不可從權其文官自今已後並許終制一切不得輒有奏請

大曆七年秋七月壬辰勑中元前一日後一日宜准舊例並休假

十三年詔自今已後寒食通清明休假五日

德宗貞元三年十月復降魚書停刺史務之令准令刺史停代皆降魚符合之然後命自至德以來多不施行又即將佐權代刺史悉稟其數令魚符廢及是漳州刺史坐事將鞫之有司復請降魚書停務從之求其書式不獲乃創魚書曰勑漳州緣刺史張遜有犯令遣監察御史蘓弁往彼停務問推宜知

四年正月乙卯詔曰嘗參官比來請假東都拜掃多廢曠職事任遣子弟以申情禮

五年正月乙卯詔曰四序嘉辰歷代增置漢崇上巳晉紀重陽或說禳除雖因舊俗與衆共樂誠洽當時朕以春方發生候及仲月勾萌畢達天地和同俾其昭蘇宜助暢茂自今宜以二月一日爲中和節以代正月晦日備三令節之數内外官司休假一日於是宰臣李泌奏中和節請令文武百僚以是日進農書司農獻穜稑之種王公戚里上春服士庶以刀尺相問遺村社作中和酒祭勾芒以祈年穀從之

六年三月丙午加寒食假寧七日

八月初造藍田渭橋等鎮遏使印凡二十三紐九月初收諸道進奏院官印三十紐悉碎之

七年三月初賜節度觀察使新制時服帝方織作呈閱所宜帝曰頃來賜衣文綵不當非制也朕今思之節度使以鶻銜綬帶取武毅以靖封内觀察使以鳫銜儀委取其行列有序牧人有威儀也儀委瑞草也瑞應圖云王者愛人則瑞草生也

十一月令常參官入閤不得奔走其周已下喪朝會禁慘服俄又命服衣綾袍金玉帶初金吾將軍沈房有弟喪衣慘服入

閤帝問宰相董晉等對曰准式許周以下服縵不合衣淺色帝曰南班何得有之曰因循而然又問冠冕之制曰古之服冠冕者動有珮玉之響所以節步也夫至敬之地步武有常不趨而奔致僵君前虧敬慎也在朝武士袍以綾五品已上帶服金玉取其文綵畫飾以奉上也是以禹惡衣服而致美乎黻冕君親一致昔尚書郎含香老萊子綵服皆此義也服純縵非制也帝乃詔各從舊制

八年五月初令授臺省官者各具舉主於授官詔先是郎官缺左右丞舉之御史缺大夫中丞舉之詔書不具所舉及趙景陸贄爲相建議郎官不宜專于左右丞宜令尚書及左右丞侍郎各舉其所詔書著其所舉官名御史亦如之與日考殿最以觀舉主能否從之未幾告不行

閏十二月門下省奏郵驛條式應給紙券除門下外諸使諸州不得給往還券至所詣州府納之别給券俾還其當參官在外除授及分付假寧往來並給券從之

十年二月詔曰君臣之際義莫重焉每聞薨殂深用惻悼宜厚哀榮之禮以申終始之恩文武朝臣有薨卒者自今已後其月俸料宜全給仍更准本官一月俸料以爲贈若諸司三品已上官及尚書省四品官仍令有司舉舊令聞奏行弔祭之禮務從優備用稱朕懷初左庶子雷威以是月朔卒有司以故事計其月俸以日數給之帝聞之故有是命以廣恩澤無幾有致仕官卒者有司以官雖致仕而朝朔望請悉同正官卒者給賻從之

三月初置司封司勳考功甲庫印各一

十一年二月置度支水運供軍印

四月勑書賜南詔異牟尋及子各勸清平官鄭廻尹求寬等各一書書左始引中書二官宣奉行復舊制也

五月初鑄河東監軍之印監軍有印自此始也

十三年七月宗正卿嗣吳王獻奏簡王府諮議參軍嗣寧王子淑巷請鹵簿宰臣等議以子淑官卑不合給特詔令給因下詔自今已後嗣王薨日宜令所司供鹵簿永爲常式

憲宗元和元年三月戊辰詔常參官寒食拜墓在京兆府界内者聽進止

八月甲申御史臺奏新授常參官在城未上及在外未到假故等准令式職事官假故滿百日即合停解其未上官等並無正文或滿百日無憑舉奏請自今巳後如有在城授官疾病未上者在外授官勑到後計水陸程外滿百日者並停解從之

三年二月詔朝官寒食拜掃及出城任假内外來不須奏聽進止

四年三月鹽鐵轉運使李巽奏職兼兩使請各爲一印許之

五年四月庚寅御史中丞王播奏准故事御史到館

驛巳處上廳中使後至即就別廳如中使先至御史亦就別廳近日多不遵守中使或不詣往例貴欲逾越御史若不守故事俱失憲章喧競道途深乖事體伏請各令遵奉故事與其守分制可其諸司三品官及中書門下尚書省官或出銜制命或入赴闕庭諸道節度觀察使赴本道及朝覲并前節度觀察使勑追赴朝廷者亦准此先是監察御史元稹自東臺赴闕至敷水驛宿上廳中官仇士良後至爭廳門開斫入詬詈稹稹襪而走廳後士良隨以鞭擊稹面傷遂兼以他坐貶官臺司因請定制焉

六年十二月甲申詔立戟官中大夫守京兆尹上柱國臨淄縣開國男賜紫金魚袋元義方朝議大夫守尚書戶部侍郎判度支護軍賜紫金魚袋盧坦立戟雖令式所著似有闕文而臺閣相承久爲定制盧坦元義方如有所見即令上聞造次而行殊乖審慎宜各罰一月俸料其戟仍令所司收納左司郎中陸則句簡之任發付不精禮部員外郎崔備工部員外郎元祐等或以禮許人或守官假器此於申請其過尤深各罰一季俸料緣兵興巳來勳賞超越其所立戟須有明文宜令所司准舊制待官皆勳至三品然後申請仍編於格令永爲常式近例立戟者率有銀青階而義方獨據令上柱

國官三品者十二戟無以階叙戟之文牒省司不能詰准式立戟之後轉爲四品官者自非貶授兼判勳階其戟不奪既而盧坦以前任宣州刺史是三品兼護軍又請戟立巳列於門議者以坦据四品官狀原無據臺司將劾而未舉吏部尚書鄭餘慶故練舊章至自東都揚言于朝以爲大不可臺司因移牒詰禮部狀稱令文內只言勳官並不言階而自貞元以來立戟一十八家並無銀青色下階者遂以上聞故階坐罰而申之續放免陸則崔備元祐一月俸料甲申勑盧坦等所罰錢宜令部者收貯充者中修補巳後別勑量罰並送都省貯每至歲終奏數其餘賍罰依前御史臺收管

七年十一月丁丑詔自今遇輟朝日中書門下宜同假日不須入

八年八月壬寅吏部奏請差定文武官告紙軸之物色五品巳上用大花異文綾紙紫羅標檀木軸六品

巳下朝官並內裝寫許與大花綾褾餘小花綾紙通用紫綾褾檀木軸命婦邑號許用色牋花素紙小花諸色錦褾紅牙軸其紅地獨窠金錦綫花牋紅花牙撥鏤鈿軸等除恩賜請並禁斷從之

九年十月戊辰以尚書左丞呂元膺爲工部尚書充東都留守舊例命留守必賜旗甲與方鎮畧同及元膺受任竟無所賜朝論以東有寇虞時用元膺尤不當削以沮威望諫官上疏援華汝壽三州例賜戎械居守之重固宜寵賜帝曰此數處並不當與其後遂皆停

十三年八月乙亥詔應同司官有大功巳上親者但非連判及勾簡之官並官長則不在廻避改授之限況國朝故事不少勑令明文具存其官署同職異司雖父子兄弟亦無所嫌起今巳後宜准天寶二年七月六日勑處分時刑部員外郎楊嗣復以父於陵戸部侍郎遂以近例避嫌請出省宰臣等舉令式奏請故有是勑

十四年四月横海軍節度使烏重胤奏臣以河朔能抗拒朝命者其大畧可見所管刺史失其權與職分反使鎮將領事若刺史各得職分又有鎮兵則節度使雖有安祿山史思明之姦惡豈能據一州爲反哉所以河朔六十年能不奉朝命者只以奪刺史權與縣令職守而自作威福臣所管德棣景三州巳舉公牒各還刺史職事應在州兵並令刺史收管從之

丙寅詔諸道節度都團練防禦經畧等使所管支郡除本州軍使外別置鎮遏守捉兵馬者並令屬刺史如刺史帶本州團練防禦鎮遏等使其兵馬名額便隸此使如無別使即屬軍事其有邊於溪洞接連蠻蕃之處特建城鎮不關州郡者則不在此限自艱難以來天下右武節將權尤重遂於所管諸郡別置鎮兵以大將主之干擾郡政或爲姦盜其興日久至是宰臣因烏重胤之請始奏罷之

穆宗元年正月即位三月詔淄青統押海蕃每年皆有朝賀比差部領人數較多今寇盜旣夷典章須守宜以後差此官正試相兼不得過五人

六月賜河中節度使韓弘印一面先是皇甫鎛爲相頗排故相李絳罷河中節度使爲防禦使而命絳爲之至弘復授旌節而以印賜焉

七月平盧節度使奏准勑押加新羅渤海兩蕃請印一面從之

長慶二年八月勑秋夏之間嘗多水潦如緣暮夜遭雨道路不通車駕宜使放其日朝參委御史臺勾當

仍每具聞奏如雨不至甚不在此例

三年五月秘書省監李隨奏請造當司圖書印一面從之

四年二月甲辰勅文武百僚寒食出城及於京畿内拜掃宜令自今月二十六日巳後任去餘准長慶二年二月十四日勅處分

敬宗寶曆元年正月特建武昌軍額命宰相牛僧孺爲節度使丙辰牛僧孺請奏使印從之

冊府元龜

巡按福建監察御史臣李嗣京　訂正
分守建南道左布政使臣胡維霖　參閱
知建陽縣事臣黃國琦較釋

帝王部　六十一

立制度第二

唐文宗太和元年五月癸酉左神策軍奏當軍請鑄南山採造印一面

二年六月四方舘奏請賜印一面仍以中書省四方舘爲名許之

三年十二月巳未以董重質充神策諸道行營西川節度使奏請置印一面從之

四年六月飛龍廐襄城羣牧請鑄印可之

是月左右神策軍奏當軍於鳳翔扶風縣營田採造寶雞縣採造斜谷南山吳山寶雞扶風營田共四所各請鑄印並可之

五年四月內外各省使奏請鑄印從之

是月麟州刺史崔應奏刺史銅魚去貞元十七年蕃寇陷州城因以失墜自後刺史多是權知因循久不陳請今請勑所司鑄賜從之

六年六月戊寅右僕射王涯准勑詳度諸司制度條件等禮部式親王及三品已上若二王後服色用紫飾以玉五品已上服色用朱飾以金七品已上服色用綠飾以銀九品已上服色用青飾以鍮石應服綠及青人謂經職事官成及食祿者其用勳官及爵直諸司依出身品仍各佩刀礪紛帨流外官及庶人服色用黃飾以銅鐵其諸親朝賀宴會服飾各依所准品諸司一品二品許服玉及通犀三品許服花犀及班犀及玉又服青碧者許通服綠餘請依禮部式諸部曲客女奴婢服通服青碧其命婦客女及婢聽同

庶人奴及部曲請許通服黃白皂其命婦准格客女及婢得同庶人其衣服婢及庶人女婦請兼許服夾纈丈夫請通服黃白如屬諸軍使司及屬諸道任依本色目流例其女人不得服黃紫爲裙及銀泥罨畫錦繡等餘請依令式其袍襖制度三品已上伏請許服鶻銜瑞草鴈銜綬帶及對孔雀綾袍襖四品五品伏請許服地黃花及交枝綾六品已上朝參官許服小團窠綾及無文綾隔織紗獨織等充除此色外應有奇文異制袍襖綾等並請禁斷其中書門下省尚書省御史臺及諸司三品官並請勑下後一月日改易

應諸嘗參官限勅下後兩月日改革餘非嘗參官並
許五月日改革外州府以勅到日起限其衫布制度
內外文武嘗參官及供奉官外州府四品已上官請
許通服絲布仍不得有花紋餘請一切禁斷其花絲
布及撩綾除供御外請委所在長吏禁毀訖當日聞
奏其不合服絲布者請勅下後限一月日內並須改
易丈夫袍襖衫等曳地不得長二寸已上衣袖不得
廣闊一尺三寸已上婦人制裙不得濶五幅已上裙
條曳地不得長三寸襦袖等不得廣一尺五寸已上
婦人高髻險粧去眉開額甚乖風俗頗壞嘗儀費用

金銀過為首飾並請禁斷其粧梳釵篦等伏請勒依
貞元中舊制仍請勅下後諸司及州府牓示限一月
內改革又吳越之間織造高頭草履織如綾穀前代
所無費日害功頗為奢巧伏請委所在長吏當日切
加禁絕其諸絲帛縵或高頭履及平頭小花草履既
任依舊餘請依所司條流准儀制令諸軍一品已下
五品已上皆通幰六品已下皆不用幰者令非冊拜
及婚會並不用幰又准六典及禮部式諸文武赴朝
諸府遵從職事一品及開府儀同三司驃騎大將軍
聽七騎二品及特進五騎三品及散官三騎四品五
品兩騎六品已下一騎其散官及以禮去官五品已
上將從不得過兩騎若京城外將從不在此限令約
品秩職事官一品職七騎二品及中書門下三品五
騎三品及中書門下御史臺五品尚書省四品三騎
四品五品兩騎鞍通鍮石裝其散官及以禮去官者
五品已上不得過一騎若京城外及勳績顯著職事
繁重者不在此限七品已下非嘗參官並不得馬從
未任者聽乘屬馬鞍用烏漆裝右請一品二品九騎
三品七騎四品五品兩騎六品一騎其京城應繁重
者不在此限六品已下非嘗參官不得以馬從六品

已上非嘗參官周親未任者聽乘馬餘未任聽乘屬
馬小馬鞍用烏漆裝其胥吏雜色人不在此限其鞍
轡裝飾據所司條流得用銀者四品以下並得許用
垂頭押胯其用銀鍮石者並不得用鬧裝其軍容隊
伍要資華飾不在此限餘並依所司條流准少府式
公主出降犢車兩乘一金銅裝郡主犢車兩乘一銅
裝縣主犢車兩乘一銅裝又准鹵簿令外命婦一品
厭翟車六乘二品三品白銅飾犢車一從車四乘四
品白銅飾犢車一從車二乘者今此附前件令式參
酌今時之宜婦人本來乘車近來率用檐子事已成

俗教在因人令請外命婦一品二品中書門下三品母妻金銅飾檐子舁不得過八人三品金銅飾犢車金銅飾檐子舁不得過六人非尚書省御史臺郎白銅飾檐子舁不得過四人四品五品白銅飾犢車白銅飾檐子舁不得過四人六品已下畫奚車檐子舁不得過四人胥吏及商賈妻子並不乘奚車及檐子其老疾者聽乘葦轝步木反也車轝横木車及兜籠舁不得過二人庶人准此右伏緑白銅先已禁斷今請應合用銅者通用鍮石胥吏商賈妻女老疾者聽乘座車及葦轝車餘並請准所司條流處分商人乘馬前代所

禁近日得以恣其乘騎雕鞍銀鐙裝飾煥爛從以童騎騁以康莊此最爲僭越伏請切令禁斷庶人准此師僧道士除網維及兩街大德餘並不得乘馬請依所司條流處分准營繕令王公已下舍屋不得施重拱藻井三品已上堂舍不得過五間九架仍廳厦兩頭門屋不得過三間五架五品已上堂舍不得過五間七架亦廳厦兩頭門屋不得過三間兩下仍通作烏頭大門勳官各依本品六品七品已下堂舍不得過三間五架門屋不得過一架兩下非嘗參官不得造軸心舍及不得施懸魚對鳳瓦獸通栿乳梁裝飾

祖父舍宅蔭子孫雖蔭盡仍聽依舊居住天下士庶公私第宅皆不得造樓閣臨視人家近者或有不守勑文因循製造自今已後伏請禁斷庶人所造堂舍不得過三間四架門屋不得過一間兩架仍不得輙施裝飾准律諸營造舍宅于令有違者杖一百雖會赦皆令改正之其物可賣者聽賣若經赦後百日不改去及賣論如律又准大曆六年十二月十一日勑京城内坊市宅舍輙不得毀拆今若頓令改去恐爲倍費其已成者許不毀拆自今已後宜令禁斷應制度衣服車乘器用宮室等其諸軍諸使職掌官等

並請約文武官例各委本軍本使以職掌高下約爲等第比類聞奏應三省御史臺兩京諸司及諸道在城職掌官等諸不許用本官本品例仍並不得服犀玉及車馬不得飾以金銀應諸色條件伏請委御史臺知彈御史兩巡使京兆尹及東都留守河南尹留臺御史外州府長吏准條件月日切加糾察如有違越沒入所犯物仍量加決責其嘗參官品聞奏其在城諸軍諸使各委本司勾當如本司勾當不及者委臺司覺察聞奏以前臣涯等奉勑令臣等同爲詳定酌中奏聞者伏以法惟無作作則必行令貴在寛寛

則可久今臣等約所司條件令式舊章從俗酌宜務遵中道詔曰理道所關制度最切近者風俗踰侈歲月滋甚人懷本業用多費財爰命有司載舉彝制務從簡朴度可久行將使尊卑有倫刑罰少息其喪葬婚嫁吉凶禮物皆有著定尤聞僭差雖不在條件之物亦委所司准令式勾當仍切加捉搦不得輒有容縱軍國異容古今通禮禁軍仗衛雜飾及諸道節度等使應緣軍裝衣服即不在此限或有留令慢法委御史臺彈奏當坐長吏用清頹風帝自御極躬自儉約將華奢侈之弊遂命有司示以制度勑下之後浮

議囂騰京兆尹杜悰於勑内條件易施行者奏請仍寛其限事竟不行公議惜之

八年八月乙酉詔嘗參官私事請假者罷給乘傳

九年三月庚午左丞陳敬休卒癸酉詔曰官至丞郎皆朕所委不幸云亡宜其爲之廢朝况朝會班列本在諸司三品之上比限近勑或乖通理昨因敬休殞喪載深傷惻自今丞郎宜准諸司三品官罷朝一日

九年甲子詔京諸司少卿監少尹等並大卿監大尹分曹視事同裨大政河南太原等七州少尹及大都督府左右司馬諸州上佐等亦如之並從憲司之請

十二月勑創造諫院印一面以諫院之印爲文諫院舊無印苟有章疏各于本司請印諫官有印人多知之至是特勑置印兼詔諫臣凡所論事有關機密宜別以狀列之不須以官銜給署

開成元年五月集賢殿御書院請鑄小印一面以御書爲文

二年十二月幽州節度使史元忠奏當管八州准門下牒追刺史右魚各一隻臣勘自天寶末年頻有兵戈並多失墜伏乞各賜新銅魚可之

三年四月中書門下奏宰相帶平章事出鎮請朝官爲幕府自今已後不得過五人官至侍御史已上即

許兼奏章服從之

武宗會昌三年五月勑諸道節度使隨身不得過六十人觀察使不得過四十人經畧都護不得過三十人永爲定式

宣宗大中四年五月御史臺奏准今年正月一日節文今欲條流京百司見任官但請假往處計程限一月已上者便請從發日准節文逐貫尅二百文充給承後判察官如在一月内參假者不在此限從之

五年正月中書門下奏加恩使請准會昌三年六月勑所受禮例不過三千疋仍請頒示天下諸道從之

哀帝天祐二年四月詔曰東上西上二閤門制置各別至於嘗事則以東上居先或大忌進名遂用西閤爲便同於禮式何表區分須緣閤監擅權乃以陰陽取位不思南面但啟西門邇來相承未議更改詳其稱謂似爽規儀自五月一日已後嘗朝取東上閤門或遇忌日奉慰卽開西上閤門永爲定制

三年六月勑文武百寮每月一度入閤於貞觀大殿朝廷正衙遇正至之辰受羣臣朝賀比來視朔未正規儀今後於崇勳殿入閤付所司

後唐莊宗同光二年正月辛亥中書奏准本朝故事

如封建諸王內命婦及宰相翰林學士中書舍人諸道節度觀察團練防禦留後郎中書帖官告索綾紙票軸下所司書寫印署畢進入宣賜其文武兩班並諸道官員及奏薦將校勑下後並合是本道進奏院或本官自於所司送納朱膠綾紙價錢各請出給伏自僞廷皆隳本朝事例每降文字下中書不分別重輕便令官給告示遂致所司公事全失規程自今後如非前件事例並請官中不給告示其內司大官並侍衛及賞軍功將校轉官卽不在此限所異受宣賜者倍榮恩渥非事例者不敢希求一則致顯辨尊卑一則免無名費耗從之

二月詔應於諸道見使斗秤並是僞朝所定宜令所司別造新朝斗秤頒下諸道其見使者納官毀廢

八月中書奏僞廷之時諸藩參佐皆從除授自今後諸道除節度副使兩使判官除授外其餘職員并諸州軍事判官各任本處奏辟其軍事判官仍不在奏官之限所異招延之禮皆合於前規簡辟之間無聞於濫舉從之

九月詔今後支郡公事須申本道本道騰狀奏聞租庸使合有徵催只牒觀察使貴全禮體

三年正月戊戌勑兵吏部以臺省禮錢爲名所司妄有留滯在京者遽難應付外來者固是淹延須至條流與絕訛弊自此後特恩授官侍衛軍功改轉內廷諸司帶職外來進奉閼廷綾紙並宜官給無令收買舊例朱膠一切停廢禮錢亦不徵取又慮所司困闕人吏不辦食直糧課逐月兩司各支與錢四十貫文至於臺省禮錢宜特蠲減比舊數五分許徵一分其特恩已下並不得徵納禮錢仍令中書門下條流勑畫經過諸司無至停滯其官告如是宣旨除授及品秩合進呈者准例送回餘並送納中書門下點簡給

付勑書到本司十通已上官限三月內印署了三十通已上限五日五十通已上中書門下與催促如臨時緩急宜賜不拘此限少府監鑄造印文元屬禮部兩司無有推注停滯諸道使臣廣徵銅炭價錢納後別須邀索自此凡鑄印宜令本司限勑到五日內進呈不計諸道在京並不得徵納銅炭價錢所破料物並計數於租庸院請領仍預當給付價錢使盡計帳于租庸院更請或有故違必行典憲

明宗天成元年七月辛未勑三京諸道節度團練防禦使刺史文武將吏州縣職員皆進月旦起居表起

今已後除節度使留後團練防禦使唯正至進賀表其四孟月並可止絶式叶舊儀八月勑藩鎮幕職皆有舊規奏薦官寮須循前例苟或隳紊難止弊訛承前使府奏請判官率皆隨府除移府罷亦罷近年流例有異前規使府雖已除移判官原安舊職起今已後若是朝廷除授者即不許使府除移如是使府奏請即皆隨府移罷舊例藩侯帶平章事者所奏請判官殿中丞已上許奏緋中丞已上許奏紫今不帶平章事處亦同帶平章事例處分如防禦團練使奏請判官自員外郎以下不在奏緋之限其所奏判官州縣官並須將歷任告身隨奏至京如未曾有官假稱試攝亦奏狀內分明署出如藩鎮留後及權知軍州事並不在奏請判官之限如刺史要奏州縣官須申本道請發表章不得自奏近日判官奏請從事本無官緒妄結虛銜不計職位高卑多是請兼朱紫不唯紊亂實啟倖求宜令通下諸道州府切准勑命處分

十一月甲戌吏部侍郎劉岳奏凡在立朝悉是爲臣之責每蒙進秩咸加報上之忠奉勑命以遷升固當感抃啐綸言而褒飾或未捧觀將使知罷陟之繇認訓誥之旨必在各頒官告令覩制詞處班列以增光

傳子孫而永耀伏請自今凡有除轉登朝官已上在京閤門宣賜在外則付本州使賜之勑旨朝官素有品秩不可一例須宣文班三品已上丞郎給舍諫議武班大將軍已上宜賜官告舊例吏部出告身納出朱膠紙軸錢分給朝臣或親舊者隨即給付而官貧不辦者但領勑牒而已喪亂之後因以爲常朝臣多不出告身制下之後中書但收其制辭編爲勑甲本官不見獎飾之詞故有是奏勑旨不編班得事體也其後執政者相與謀罷朱膠紙軸之例以爲天下吏員無多除拜以簡給膠軸之費歲不過數萬國家既錫以祿位而邀其膠紙之直是巨細不相稱也因奏覆凡中外官除拜並宜賜官告然執政之議雖善蓋圖其始不料其終何者同光世至天成初官爵之命在於除授中外正員官其餘侍御帖號則寵徵軍中將較而已自長興已來除授日多上至軍中卒伍下迨州使鎮戍籌籍胥吏之流皆有錄青宮憲之號每歲給賜告身動盈數萬

非止膠紙之虛費財力而又貴激之道難以勸功以臣料終則知執政圖始之非善也勸作事謀始凡執政者愼圖之

二年正月詔曰亂離斯久法制多隳不有舉明從何禁止而衣服鞴馬之流多踰品式起今後三京及州使職員名目是押衙兵馬使指揮使騎馬使得有暖坐諸部軍將衙官使下係名籍者只得依紫皁庶人商旅只著白衣此係不得參雜兼有富戶或投名於勢要以求影庇或希假攝貴免丁徭須議條流以懲踰越如有此色人仰所在禁勘追索所受文書申奏當行嚴斷以肅奸欺

四年正月中書奏凡外朝官此後並令中謝從之

長興元年七月勑諸道得替防禦團練等使及刺史到京朝見後並宜班行比擬如未有員闕可令隨當參官逐日至

十月給事中崔衍奏當省給納諸州銅魚勘問本行令史狀稱內庫每州有銅魚八隻一隻大七隻小兩隻右五隻左其右銅魚一隻長留在內留一隻在本州庫逐季申報平安左魚五隻皆鐫次第字號每新除刺史到郡後卽差人到當省請領左魚當司覆奏內庫次第出給左魚一隻當省責領分付到州集官吏取州庫右魚契合却差人送左魚納省如別除刺史州司又請次第左右周而復始臣以州司差人請魚往來須有煩費請此後所除刺史在京受命或經過都城者可令自賫當省請左魚齎歸本郡契合然後差人納省所冀稍免煩勞從之

二年四月己巳勑朝臣居喪終制委御史臺具姓名申奏諸道賓從除喪後各宜行恩命州縣官纔受新命及到任一考前丁憂者服闋日除官

十月丙寅勑皇王御宇切在推恩臣下盡忠皆思厲節顯祖宗於奕世耀妻子以榮家位有高低事無偏

黨方當景運務洽羣心將弘莫大之規宜定維新之制自此在朝臣寮及藩侯郡守據理例合得追贈者新受命後便於所司投狀旋與施行封妻蔭子准格合得者亦施行兼自中興以來外官曾任朝班據在朝時品秩格例合得封贈敘封未霑恩命者並與施行其敘封妻室品蔭子孫等仍令所司一一具格式申奏其或應得而不與之者罪在所司官吏其餘進馬賫卽遇有員闕據資蔭合得先受官者先與收補後受官者據月日依次第施行如或徇私公然越次本人本司官吏當行責罰仍令御史臺常加訪察不

得輒有違越庶激爲臣爲子盡孝盡忠各守公方共裨皇化

三年正月戊申中書門下奏見任宰臣四員外其餘諸使兼侍中中書令平章事並是使相向來班序皆在見任宰臣之下今緣秦王從榮是親王新加兼中書令與諸使相不同每遇排班及到中書位次今特商議伏以政事之權雖崇四輔周行之列亦長諸王宜顯奉於本枝固不同於異姓今後望請親王官至兼侍中中書令則與見任宰臣分班定位宰臣居左諸王兼侍中中書令居右如親王及諸使守侍中中

書令亦並是使相既不知印不署勑亦分行居右其餘使相請依舊規從之

壬子太常禮院奏衣服制度准

貞觀四年八月十四日詔曰冠冕制度已備令文燕嘗服飾未爲差等於是三品已上服紫四品五品已上服緋六品七品以綠八品九品以青婦人從夫之色仍通服黃至五年七月一日勑七品已上服龜甲雙巨十花綾其色綠九品已上服綠布及雜小綾其色青又咸亨五年五月十日勑如聞在外軍人百姓有不依令式遂於袍衫之內着朱紫青綠等色短衫襖子或在閭野公然露服貴賤莫辨有斁彝倫自今已後衣服上下各依品秩上得通下下不得僭上仍令所司嚴加禁斷

又武德四年七月十六日制三品已上服大科紬綾及羅其色紫五品已上服小科紬綾及羅其色朱六品已上服絲布雜小綾交梭其色黃七品八品九品流外庶人服紬絁布其色黃白者又永徽三年八月十四日詔魚袋之制恩榮所加本緣品命帶魚之法事章要重者臣今詳酌本非朝命不得輒懸魚袋內外臣僚所衣朱紫服飾降於近代不越時宜將徙

衣裝各立軍號當司從來無例撿詳其經商百姓等則不得著色樣綾羅及紫皁雜色衣服金色帶亦不載短長制度勑旨禮所奏內外臣僚所衣朱紫服飾不越時宜將徙衣裝各立軍號一切仍舊其經商百姓不得著色樣綾羅及紫皁雜色衣服金色帶等宜依

四月甲寅勑諸道節度都護防禦團練等使及刺史到朝廷未有班位定規起今後不帶使相節度使班位可取使相班爲例據撿投官高者爲上如撿投同即以先授者爲上其諸州防禦團練使刺史亦准此

仍前資居見任之下

愍帝應順元年三月故忠武軍節度使孟鵠男遵古上言乞立先臣神道碑詔今後藩侯帶同平章事已上薨謝者並差官撰文宣賜未帶相印及刺史以令式合立碑者其文任自製撰不在奏聞

末帝清泰二年三月辛亥兩街功德使雍王重美奏每年誕節諸道州府奏薦僧尼道士紫衣師號漸多今欲量立條式僧講論講經表白各三科文章應制十二科持念一科禪聲贊科並於本伎能中條貫道士經法科試義十道講論科試經論文章應制科試詩

表白科試聲喉聲贊科試步虛三啟焚脩科試齋醮儀詔曰重美學洞儒玄官居尹正因三教之議論希千春之渥恩特立條流以防濫進從之

晉高祖天福二年四月己亥詔今後立妃及拜免三公宰相及命將封親王公主宜令并降制命餘從令式處分甲辰中書奏以二月二十六日敕內外官臣僚亡父母祖父母據品秩未封贈已封贈三代者更加恩命按舊制一品官亡父已上三代約其子官品第降一等亡母追封國號祖母已上第降一等敕曰自家刑國歷代明規祖德宗功前王至訓在君上之尊則異在臣下之孝皆同凡有公田並立私廟自經多難不舉舊章今以應運開基體元布化不思奉已專務安人高低推念祖之誠內外保貽孫之慶其內外官等准敕合與三代已下封贈者並以見居官品敷其擬冀使人之例不輕王父之尊永載簡編普示孝理是月中書奏翰林志節文凡赦書德音立后建儲行大誅討拜免三公宰相命將日制並使白麻紙不使印雙日起草候閤門之鑰入而後進隻日百僚立班於宣政殿樞密使引案自東上閤門出若拜免宰相即委通事舍人餘付中書門下並通事舍人短

步而宣出機要速亦使雙日甚者雖休假追朝而出之敕曰九五之尊億兆所賴法天敷化師古宣風宜循歷代之規以補前王之闕今據翰林志言立后不言立妃言儲君不言親王公主兼三師位在三公之上亦不在其間起今後立妃及拜免三公宰相及命將封親王公主宜令並降制命餘從令式處分

閏七月壬申尚書戶部奏李自倫義居七世准敕旌表門閭先有登州義門王仲昭六代同居其旌表有廳事步欄前列屏樹烏頭正門閥閱一丈二尺二柱相去一丈柱端安瓦桶墨染號為烏頭築雙闕一丈

在烏頭之南三丈七尺夾衢十有五步榲榔成列令舉此爲例則令式不該詔王仲昭正廳烏頭門等事不載令文又無勑命既非故事難黷大倫宜從令式只表門閭於李自倫所居之前量地之宜高其外門門安棹楔門外左右各建一臺高一丈二尺廣狹方正稱臺之形勢以白泥四隅染赤其行列樹植隨其事力其同籍簿課役一准令式

十一月戊午中書奏准雜令車駕巡幸所州縣官人見在駕所祗承賜會竝同京官可之

三年五月勑舊制内外臣僚據官品私門合立戟事

將相之崇朝廷所重竝輸忠節仰奉宗祧宜旌佐國之功顯示榮家之慶應中外臣僚帶平章事侍中中書令及諸道節度使並許私門立戟仍竝官給并各賜詔書仍據官品依令式處分

七月中書奏准勑製皇帝受命寶令按唐書貞觀十六年太宗刻受命玄璽白玉爲螭首其文曰皇天景命有德者昌勑曰受命寶宜以受天明命惟德允昌爲文按受命寶者天子脩封禪禮神祇則用之其始皆破皇業錢以製之皇業者藩邸王事之所有

七年二月甲辰勑應内外諸司諸使及諸道州府凡有諸色公事須具奏聞今後不得將白狀及劄子記事申覆如事關機密即准先降宣命實封斜角不題事目逼下其合申中書及中書勘會公事所申狀亦須是本司及逐處官員印署不得將白狀及記事劄子兼令司局抄劄供申宜令御史臺及宣徽院三司衛司諸道州府切准此指揮

少帝天福七年六月即位九月勑曰留守之任委寄非輕凡降絲綸宜同將相起今後除授留守宜降麻制仍付所司

開運三年正月詔改鑄天下合同印書詔印御前印竝以黄金爲之

漢隱帝乾祐三年五月詔諸道州府差置散從官大府五百人上州三百人下州二百人勑本處團集官係立節級撿校教習以警備州城

周太祖廣順元年三月辛卯勑職當參佐位列賓僚苟無職馭之人頗異築臺之禮雖事因改易而理未酌中宜降明文庶永爲制副留守節度副使行軍兩京少尹留守判官兩使判命竝許差定當直人力不得過十五人節度推官防禦團練軍事判官不得過十人諸府少尹書記支使防禦團練副使不得過七人竝取本廳舊當職人力數少不及新定數目只仰

依舊人數差定仍令逐處係帳收管此外如敢不遵條制多有占差額外影占人戶其本官當行朝典

漢隱帝時有人言府州從事令錄皆請料錢自合顧人驅使不合差遣百姓丁戶秉政者然之下詔州府從事令錄本處先差職役並速放散歸農不得差爲參從貧官有獨行趨府者太祖頗知之故有是命

三年七月丁酉勅賦稅婚田比來州縣之職盜賊烟火元係廵鎮之司各有區分不相踰越或侵職分是紊規繩切慮所在職員尚循舊弊須行條貫以正紀綱京兆鳳翔府同華邠鄜耀等州所管州縣軍鎮頃

因唐末藩鎮殊風久歷歲時未能釐革政途不一何以教民其婚田聽訟賦稅丁徭合是令佐之職其擒奸捕盜庇護部民合是軍鎮警察之職今後各守職分專切提撕如所職疎遺各行按責其州府不得差監徵軍將下縣庶期靜辦無使煩勞

世宗顯德四年七月甲辰詔曰准令諸田宅婚姻起十一月一日至三月三十日州縣爭論舊有釐革每至農月貴塞訟端近聞官吏因循踩此成弊凡有訴競故作逗遛至時而不與盡詞入務而即便停罷强猾者因此得志孤弱者無以自伸起今後應有人論訴物業婚姻取十一月一日後許陳詞狀至二月三十日權停自三月三十日巳前如巳有陳詞至權停日公事未了絶者仰本處州縣亦與盡理斷逐須見定奪了絶其本處官吏如敢違慢並當重責其三月一日後至十月三十日前如有婚田詞訟者州縣不得與理若是交相侵奪情理妨害不可停滯者不拘此限

五年十月癸卯鑄奉使印五十面

六年三月癸酉勅銅魚之設雖載前編原其始初蓋防僞濫今諸道牧守每遇除移並特降放制書又何

假於符契如聞請納頗是煩勞宜易前規罷茲虛器其銅魚並宜停廢

廵按福建監察御史臣李嗣京訂正
知長樂縣事臣夏允彝叅閱
知建陽縣事臣黄國琦較釋

帝王部六十二

發號令第一

易姤之象曰后以施命告四方書曰令出惟行蓋夫誥誓之文自三王而始作者矣若夫履至尊之重司生人之命固必講求治道疇咨政典稽合謨訓懋建皇極使命令之出若流水之順化導所及類隨風之

偃其或因事立制乘時創法防禁之設以謹乎踰矩約束之行以昭乎垂範明懸賞格以速於夷兇申嚴憲度以臻於敦俗自非較若畫一簡而易從理契於物宜事式於古訓垂可久而靡忒示必信而不愆亦何以厭伏乎羣心渙汗乎大號者也

商成湯旣黜夏命（出其王命）還亳作湯誥維三月王至自東郊告諸侯羣后無不有功於民勤力迺事予迺大罰殛女毋予怨曰古禹臯陶久勞於外其有功於民民乃有安東爲江北爲濟西爲河南爲淮四瀆已脩萬民乃有居后稷降播農殖百穀三公咸有功於民故後有立（一作土）昔蚩尤與其大夫作亂百姓帝乃弗予（音與）有狀先王言不可不勉曰不道毋之（一作政）在國女毋我怨以令諸侯

周成王歸自奄（伐奄歸）在宗周誥庶邦（誥以禍福）作多方（衆方天下諸侯）惟五月丁亥王來自奄至於宗周（周公歸政之明年淮夷奄又叛魯征淮夷作費誓王親征奄滅其國五月還至鎬京）周公曰王若曰猷告爾四國多方（周公以王命順大道告四方稱周公以別王自告）惟爾殷侯尹民我惟大降爾命爾罔不知（殷之諸侯正民者我天下汝命謂誅紂也言天下無不知紂暴虐以取亡）洪惟圖天之命弗永寅念於祀惟帝降格於夏（大惟爲王謀之命不長敬念于祭祀謂夏桀惟天下至戒於夏以譴告之謂灾異）有夏

誕厥逸不肯感言於民（有夏桀不畏天戒而大其逸豫不肯憂言於民無憂民之言）乃大淫昏不克終日勸於帝之迪（言桀乃大爲過昏之行不能終日勸於天之道）乃爾攸聞（言桀之惡乃汝所聞）厥圖帝之命不克開於民之麗（桀其謀大之命不能開于民所施政教麗施也言昏昧）乃大降罰崇亂有夏因甲於内亂（桀乃大下罰於民重亂有夏言殘虐外不憂民内不勤德因甲于内亂内之言昏甚）不克靈承於旅罔丕惟進之恭洪舒於民（言桀不能善奉於人衆無大惟進恭德大舒惰於治民）亦惟有夏之民叨懫日欽劓割夏邑（桀洪舒於民政亦惟有夏之民貪叨忿懫而逆命於是桀日尊敬其能劓割夏邑者謂殘賊臣）天惟時求民主乃大降顯休命于成湯（天惟時桀惡改更求民主以代之正大明美之命於成湯使王天下）刑殄有夏惟天不畀純（命湯）

刑絕有夏惟天不與桀亦已大乃惟以爾多方之義民不克永於多
享天所以不與桀以其乃惟用汝多方之義民爲臣而不能長久多享國故惟夏之恭多
士大不克明保享於民惟桀之所謂恭人衆士大不克明安享於民言亂王所任
任同已者乃胥惟虐於民至於百爲大不克開桀之衆士乃相與惟
暴虐于民至于百端所爲言虐非一大不能開民以善言于桀合志乃惟成湯克以爾
多方簡代夏作民主乃惟成湯能用汝衆方之賢大代夏政爲天下民主愼厥
麗乃勸厥民刑用勸湯愼其施政於民民乃勸善其人雖刑亦用勸善言政刑清
以至於帝乙罔不明德愼罰亦克用勸言自湯至于帝乙皆成其
王道畏愼輔相無不明有德愼去刑罰亦能勸善要囚殄戮多罪亦克用勸
開釋無辜亦克用勸帝乙已上要察囚情絕戮衆罪亦能勸善開于無罪之人必無

枉縱亦能用勸善今至於爾辟弗克以爾多方享天之命今至
于汝君謂紂不能用汝衆方享天之命故誅滅之嗚呼王若曰誥告爾多方
非天庸釋有夏數而順其事以告汝多方非天用釋棄桀桀縱惡自棄故誅放非天
庸釋有殷乃惟爾辟以爾多方大淫圖天之命屑有
辭非天用棄有殷乃惟汝君紂用汝衆方大爲過惡者共謀天之命惡事盡有辭說布在天下故見誅
滅乃惟有夏圖厥政不集於享天降時喪有邦間之
夏說桀也言桀謀其政不成于享故天下是喪亡以禍之使天下有國聖人代之言有國明皇天無親佑
有德乃惟爾商後王逸厥逸後王紂逸豫其過逸言縱恣無度圖厥政
不蠲烝天惟降時喪紂謀其政不潔進於善故天惟下是喪亡謂誅滅惟聖
罔念作狂惟狂克念作聖惟善人無念于善則爲狂人惟狂人能念于善則爲

聖人言桀紂非實狂愚以不念善故滅亡天惟五年須暇之子孫誕作民
主罔可念聽天以湯故五年須暇湯之子孫與其改悔而紂大爲民上肆行無道事無可念
言無可聽武王服喪三年還師二年天惟求爾多方大動以威開厥顧
天天惟求汝衆方之賢大動紂以威開其能顧天可以代者惟爾多方罔堪顧之
惟我周王靈承於旅惟汝衆方之中無堪顧天之道者惟我周王善奉於衆言以仁
政得人心克堪用德惟典神天言周文武能堪用德惟可以主神天之祀任天王
天惟式教我用休簡畀殷命尹爾多方天以我周德之故惟教我
用美道伐殷大與我殷之王命以正汝衆方之諸侯今我曷敢多誥我惟大降
爾四國民命今我何敢多誥汝而已我惟大下汝四國民命用誅管蔡商奄之君爾曷
不忱裕之于爾多方汝曷不以誠信行寛裕之道於汝衆方欲其戒四國崇和協

爾曷不夾介乂我周王享天之命夾近也汝何不近大見治於我周王
以享天之命而爲不安乎今爾尚宅爾宅畋爾田爾曷不惠王熙
天之命今汝殷之諸侯皆尚得居汝常宅君臣民皆尚得畋汝故田汝何不順從王政廣天之命
而自懷疑爾乃迪屢不靜爾心未愛汝所蹈行數爲不安汝心未愛我周故
爾乃不大宅天命爾乃屑播天命汝乃不大居安天命是汝乃盡播棄
天命爾乃自作不典圖忱於正汝未愛我周播棄天命是汝乃自爲不當謀信
于正道我惟時其告教之我惟時其戰要囚之我惟汝如是不
謀信于正道故其告教之謂許以文誥其戰要囚之謂討其倡亂執其朋黨至於再至於
三再謂三監淮夷叛時三謂成王卽政又叛言迪屢不靜之事乃有不用我降爾
命我乃其大罰殛之我誥教戰要囚汝已至再三汝其有不用我命我乃大下誅汝

君乃其大罰誅之非我有周秉德不康寧乃惟爾自速辜非我有周執德不安寧自誅汝乃惟汝自召罪以取誅王曰嗚呼猷告爾有方多士暨殷多士王歎而以道告汝衆方與殷多士今爾奔走臣我監五祀監謂成周之監此指謂所遷頑民殷衆士今汝奔走來從臣我我監五年無過則得還本土越惟有胥伯小大多正爾罔不克臬於惟有相長事小大衆正官之人汝無不能用法欲其皆用法自作不和爾惟和哉爾室不睦爾惟和哉爾邑克明爾惟克勤乃事小大多正自爲不和汝有方多士當和之哉汝親近室家不睦汝亦當和之哉汝邑中能明是汝惟能勤汝職事爾尚不忌於凶德亦則以穆穆在乃位汝庶幾不自忌入于凶德亦則用敬敬常在汝位克閱於乃邑謀介爾乃自時洛邑尚永力畋爾田汝能使我閱其

于汝邑而以汝所謀爲大則汝乃用是洛邑庶幾長力畋女田矣言雖遷徙而以修善得反邑里矣天惟畀矜爾我有周惟其大介賚爾汝能修善天惟與汝憐汝我有周惟其大賜汝言受多福之祚廸簡在王庭尚爾事有服在大僚非但受憐賜又乃蹈大道在王庭庶幾修汝事有所服行在大官王曰嗚呼多士爾不克勸忱我命爾亦則惟不克享凡民惟曰不享王歎而言曰衆士汝不能勸信我命汝亦則惟不能享天祚矣凡民亦惟曰不享于汝祚矣爾乃惟逸惟頗大遠王命則惟爾多方貪天之威我則致天之罰離逖爾土若爾乃惟逸豫頗僻大棄王命則惟汝衆方取天之威我則致行天罰離遠汝土將遠徙之王曰我不惟多誥我惟祗告爾命我不惟多誥汝而已我惟敬告汝告凶之命又曰時惟爾初不克敬於和則無我怨又誥汝是

惟汝初不能敬于和道故誅汝汝無我怨解所以再三加誅之意康王既尸天子尸主也主天下之正號遂誥諸侯作康王之誥既受顧命群臣陳戒遂報告之因是曰遂康王之誥求諸侯之見輔弼也王出在應門之內出畢門立應門內之中庭南面太保率西方諸侯入應門左畢公率東方諸侯入應門右二公爲二伯各率其所掌諸侯隨其方爲位皆北面皆布乘黃朱諸侯皆陳四黃馬朱騮以爲庭實賓稱奉圭兼幣曰一二臣衛敢執壤奠賓諸侯也舉奉圭兼幣之辭言一二見非一也爲藩衛故曰臣衛來朝而遇喪遂因見新王敢執壤地所出而奠贄也太保皆再拜稽首王義嗣德答拜諸侯拜送幣而首至地盡禮也康王以義繼先人明德答其拜受其幣太保暨芮伯咸進相揖皆再拜稽首冢宰與司徒皆共群臣諸侯兼進陳

戒不言諸侯以內見外曰敢敬告天子皇天改大邦殷之命大天改大國殷之王命謂誅紂也惟周文武誕受羑若克恤西土言文武大受道而順之能愛我西土之民本其所起惟新陟王畢協賞罰戡定厥功用敷遺後人休惟周家新升王位當盡和天下賞罰能定其功用布遺後人之美言施及子孫無窮今王敬之哉敬天道務崇先人之美張皇六師無壞我高祖寡命言當張大六師之衆無壞我高德之祖寡有之教命王若曰庶邦侯甸衛男順其戒而告之不言群臣以內見外惟予一人釗報誥報其戒昔君文武丕平富不務咎言先君文武道大政化平美不務咎惡底至齊信用昭明於天下致行至忠信之道明顯明于天下言聖德洽則亦有熊羆之士不二心之臣保乂王家言文武既聖則亦有勇猛如熊羆之士忠一不

（二心之臣共安治王家）用端命於上帝皇天用訓厥道付畀四方（君聖臣良用端直之命於上天天大用訓其道付與四方之國王天下）乃命建侯樹屏在我後之人（言文武乃施政令立諸侯樹以爲藩屏傳王業在我後之人謂子孫）今予一二伯父尚胥暨顧綏爾先公之臣服於先王（天子稱同姓諸侯曰伯父言今我一二伯父庶幾相與顧念文武之道安汝先公之臣服于先王而法循之）雖爾身在外乃心罔不在王室（言雖汝身在外土爲諸侯汝心常當忠篤無不在王室熊羆之士厲朝臣此督諸侯）用奉恤厥若無遺鞠子羞（各當用心奉憂其所行順道無自荒怠遺我稚子之羞辱稚子康王自謂也）羣公旣皆聽命相揖趨出（已聽誥命趨出罷退諸侯歸國朝臣就次）王釋冕反喪服（脫去黼冕反服喪服居倚廬）

漢高祖二年使諸將畧地援隴西以萬人若一郡降者封萬戶（若者豫及之辭言以萬人或以一郡降者皆封萬戶）

六年令天下縣邑城（皇后公主所食田邑令各築其城也縣之與邑皆令築城）

十一年冬以代相國陳豨反帝親征之詔諸縣堅守不降反寇者復租三歲

十二年二月詔曰吾立爲天子帝有天下十二年於今矣與天下之豪士賢大夫共定天下同安輯之其有功者上致之王次爲列侯下及食邑而重臣之親或爲列侯皆令自置吏得賦歛女子公主爲列侯食邑者皆佩之印賜大第室吏二千石徙之長安受小第室蜀漢定三秦者皆世世復吾於天下賢士功臣可謂亡負矣其有不義背天子擅起兵者與天下共伐誅之布告天下使明知朕意

文帝七年十月令列侯太夫人諸侯王子及吏二千石無得擅徵捕（列侯之妻稱夫人列侯死子後爲列侯乃得稱太夫人子不爲列侯不得稱也）

景帝後二年十月省徹侯之國（文帝遣列侯之國今省之省音所領反）

武帝天漢二年十一月詔關內都尉曰今豪傑雖遠交依東方群盜其謹察出入者

征和二年戾太子反帝在甘泉賜丞相璽書曰捕斬

反者自有賞罰以牛車爲櫓（櫓楯也遠與敵戰故以車馬櫓用自蔽也一說櫓望敵之樓也）毋接短兵多殺傷士衆（用短兵則士衆多死傷）堅閉城門毋令反者得出

宣帝本始四年四月郡國地震或山摧詔律令有可蠲除以安百姓條奏

五鳳二年八月詔曰夫婚姻之禮人倫之大者也酒食所以行禮樂也今郡國二千石或擅爲苛禁民嫁娶不得具酒食相賀召由是廢鄉黨之禮令民亡所樂非所以導民也詩不云乎民之失德乾餱以愆（小雅伐木之詩也餱食也愆過也言人無恩德不相飲食則闕乾餱之事爲過惡也乾音干餱音侯）勿行

苛政

成帝陽朔二年春寒詔曰昔在帝堯立義和之官（羲氏和氏世掌天地之官）命以四時之事令不失其序故書云黎民於蕃時雍（黎衆也時是也雍和也言衆民於是變化用是大和蕃多也尚書作変而此紀作蕃兩說並通蕃音扶元反）明以陰陽爲本也今公卿大夫或不信陰陽薄而小之（謂爲輕小之事也）所奏請多違時政（時政月令也）傳以不知周行天下（言逓相因循以所不知之事施設教令周偏天下）而欲望陰陽和調豈不謬哉其務順四時月令

永始四年六月詔曰聖王明禮制序尊卑異車服以章有德雖有其財而無其尊不得踰制故民興行上

冊府元龜　帝王部 發號令　卷之六十二　九

義而下利（以義爲上以利爲下）方今世俗奢僭罔極（罔無也極中也）靡有厭足公卿列侯親屬近臣四方所則（則法也）未聞脩身遵禮同心憂國者也或乃奢侈逸豫務廣第宅興治園池多畜奴婢被服綺縠（被皮義切）設鐘鼓備女樂車服嫁娶葬埋過制吏民慕效寖以成俗（寖漸也）而欲望百姓儉節家給人足豈不難哉詩不云乎赫赫師尹民具爾瞻（小雅節南山之詩也赫赫盛貌也師尹尹氏爲大師之官也言居位盛高備爲衆庶所瞻仰）其申勅有司以漸禁之（謂約束也）青緑民所常服且勿止（然則禁紅紫之屬）列位近臣各自省改（省視也視而改之論語稱曾子曰吾日三省其身）司隷較尉察不變者

哀帝綏和二年四月即位六月詔郡國察吏殘賊酷虐者以時退有司無得舉赦前往事博士弟子父母死與寧三年（寧與處家喪）

後漢光武建成六年六月詔曰夫張官置吏所以爲人也今百姓遭難戶口耗少而縣官吏職所置尚繁其令司隷州牧各實所部省減吏員縣國不足置長吏可并合者（并必政切）上大司徒大司馬二府於是條奏并省四百餘縣吏職減損十置其一

七年正月詔曰世以厚葬爲德薄終爲鄙至於富者奢僭貧者單財（單盡也）法令不能禁禮義不能止倉卒

冊府元龜　帝王部 發號令　卷之六十二　十

乃知其咎（倉卒謂喪亂也謂厚葬者皆被發掘故乃知其咎咎惡也）其布告天下令知忠臣孝子慈兄悌弟薄葬送終之義

明帝永平十二年五月詔曰昔曾閔奉親竭歡致養仲尼葬子有棺無槨喪貴致哀禮存寧儉今百姓送終之制競爲奢靡生者無擔石之儲而財力盡於墳土伏臘無糟糠而牲牢兼於一奠糜破積世之業以供終朝之費子孫饑寒絕命於此豈祖考之意哉又車服制度恣極耳目田荒不耕遊食者衆（游食謂浮食者）有司其申明科禁宜於今者宣之郡國

章帝建初七年九月幸偃師至河內下詔曰車駕行

秋稼觀收穫因隊郡界皆精騎輕行無它輜重不得輒脩橋道遠離城郭遣吏逢迎刺探起居（刺探謂候伺探音湯濫切）出入前後以爲煩擾動務省約但患不能脫粟瓢飲耳所過欲令貧弱有利無違詔書

元和二年正月詔三公曰方春生養萬物莩甲宜助萌陽以育時物其令有司罪非殊死且勿案驗及吏人條書相告不得聽受冀以息事寧人敬奉天氣立秋如故夫俗吏矯飾外貌似是而非揆之人事則悅耳論之陰陽則傷化朕甚厭之甚苦之安靜之吏悃愊無華日計不足月計有餘如襄城令劉萬吏人同

聲謂之不煩雖未有它異斯亦殆近之矣閒勑二千石各尚寬明而今富姦行賂於下貪吏枉法於上使有罪不論而無過被刑甚大逆也夫以苛爲察以刻爲明以輕爲德以重爲威四者或興則下有怨心吾詔書數下冠蓋接道而吏不加理人或失職其咎安在勉思舊令稱朕意焉

順帝永建二年二月詔以民入山鑿石發洩藏氣勑有司簡察所當禁絕

魏太祖爲漢丞相建安八年五月令曰司馬法將軍死綏（魏書云綏却也有前一尺無却一寸）故趙括之母乞不坐括是古之將軍者破於外而家受罪於內也自命將征行但賞功而不罰罪非國典也其令諸將出征敗軍者抵罪失利者免官爵（魏書載庚申令曰議者或以軍吏雖有功能德行不足堪任郡國之選所謂可與適道未可與權管仲曰使賢者食于能則上闘士食於功則卒輕於死二者設于國則天下治未聞無能之人不鬭之士并受祿賞而可立功興國者也故明君不官無功之臣不賞不戰之士治平尚德行有事賞功能昔之言一似管窺虎歟）

文帝黃初五年詔曰近之不綏何遠之懷今事多而民少上下相弊以文法百姓無所措其手足昔泰山之哭者以爲苛政甚於猛虎吾被儒者之風服聖人之遺教豈可以目翫其辭行違其誠者哉廣議輕刑

以惠百姓

明帝太和三年七月詔曰禮王后無嗣擇建支子以繼太宗則當纂正統而奉公義何得復顧私親哉漢宣繼昭帝後加悼考以皇號哀帝以外藩援立而董宏等稱引亡秦或誤時朝旣尊恭皇立廟京都又寵藩妾使比長信叙昭穆於前殿並四位於東宮僭差無度人神弗佑而非罪師丹忠正之諫用致丁傅焚如之禍自是之後相踵行之昔魯文逆祀罪鍃夏父宋國非度譏在華元其令公卿有司深以前世行事爲戒後嗣萬一有疏諸侯入奉大統則當明爲人後

之義敢爲佞邪導諛時君妄建非正之統以干正統
謂考爲皇稱妣爲后則股肱大臣誅之無赦其書之
金策藏之宗廟著于令典
晉武帝太始元年十二月詔曰昔王凌謀廢齊王而
王竟不足以守位鄧艾雖矜功失節然束手受罪今大
赦其家還使立後興滅繼絶約法省刑除魏氏宗室
禁錮諸將吏遭三年喪者遣寧終喪百姓復其徭役
罷部曲將長吏以下質任省郡國御調禁樂府靡麗
百戲之伎及雕文游畋之具開直言路置諫官以掌
之

五年正月勅戒郡國計吏諸郡國守相令長務盡地
利禁游食商販其休假者令與父兄同其勤勞豪勢
不得侵役寡弱私相置名
咸寧四年詔曰石獸碑表旣私褒美興長虛誕傷財
害人莫大於此一禁斷之其犯者雖會赦令皆當毀
壞
惠帝永平元年正月詔子弟及羣官並不得謁陵
元帝太興元年四月初禁招魂葬
成帝咸和八年正月令諸郡舉力人能舉千五百斤
以上者

安帝義熙元年五月禁絹扇及樗蒲
後魏道武天興三年十二月詔曰世俗謂漢高起於
布衣而有天下此未達其故也夫劉承堯統曠世繼
德有蛇龍之徵致雲彩之應五緯上聚天人俱協明
革命之主大運所鍾不可以非望求也然狂狡之徒
所以顛蹶而不已者誠惑於逐鹿之說而迷於天命
也故有踵覆車之軌蹈釁逆之蹤毒甚者傾州郡害
微者敗邑里至乃身死名頹殃及九族從亂隨滅死
而不悔豈不痛哉故春秋之義大一統吳楚僭號久
加誅絶君子賤其僞名比之塵垢自非繼聖載德天

人合會帝王之業夫豈虛應歷觀古今不義而求非
望者徒喪其保家之道而伏刀鋸之誅有國有家者
誠能推興廢之有期保天命之不易察徵應之潛授
杜競逐之邪言絶奸雄之僭肆思多福於止足則幾
於神智矣如此則可以保榮祿於天年流餘慶於後
世夫然故禍悖無緣而生兵甲何因而起凡厥來世
勗哉戒之可不慎歟時太史屢奏天文錯亂帝親覽
占多云改王易政故數革官號一欲防塞凶狡二欲
消災應變已而慮羣下疑惑心謗腹非丙申復詔曰
上古之治尚德下名有任而無爵易治而事序故邪

謀閉而不起奸慝絶而不作周姬之末下凌上替以號自定以位制祿卿世其官大夫遂事陽德不暢義發家倍故釁繇此起兵繇此作秦漢之弊捨德崇侈能否混雜賢愚相亂庶官失序任非其人於是忠義之道寖廉恥之節廢退讓之風絶毀譽之議興莫不繇乎貴尚名位而禍敗及之矣古置三公職大憂重故日待罪宰相將委任責成非虛寵祿也而今世俗僉以台輔爲榮貴企慕而求之夫此職司在人主之所任耳用之所重舍之所輕所貴者至矣何取於冐司之虛稱也夫桀紂之南面雖高而不可薄姬之爲

下雖卑而不可尊一官可以効智華門可以垂範苟以道德爲實賢於覆餗莭家矣故量已者令終而義全昧利者身陷而名滅利之與名毀譽之疵競道之與德神識之家寶是故道義治之本名爵治之末名不本於道不可以爲宜爵無補於門不可以爲用用而不禁爲病深矣能通其變不失其正者其唯聖人乎來者誠思成敗之理察治亂之繇鑒殷周之失華秦漢之弊則幾於治矣

大武大延三年五月詔日方今寇逆消殄天下漸晏比年以來屢詔有司班宣惠政與民寧息而內外羣官及牧守令長不能憂勤所司糺察非法廢公帶私更相隱置濁貨爲官政存苟且夫法之不用自上犯之其令天下吏民得舉告守令不如法者

太平眞君五年正月詔日自王公以下至於庶人私養沙門巫及金銀工巧之人在其家者皆遣詣官曹限今年二月十五日過期不出巫沙門身死主人門誅

九月十月以婚姻奢靡喪葬過度詔有司更爲科限

文成興光元年九月閉都城門大索三日獲姦人亡命數百人

大安五年詔日夫褒賞必於有功刑罰審於有罪此古今之所同繇來之嘗式牧守莅民侵食百姓以營家業王賦不克雖歲滿去職應計前逋正其刑罪而主者失於督察不加彈坐使有罪者優游獲免無罪者妄受其辜是啟姦邪之路長貪暴之心豈所謂原情處罪以正天下自今諸遷代者仰列在職殿最案制治罪克舉者加以爵寵有愆者肆之刑戮使能否殊異刑賞不差主者明爲條制以爲嘗楷

和平四年十二月辛丑詔日名位不同禮亦異數所以殊等級示軌儀今喪葬嫁娶大禮未備貴勢豪富

越度奢靡非所謂式昭典憲者有司爲之條格使貴賤有章上下咸序著之於令壬寅詔夫婚姻者人之始是以夫婦之義三綱之首禮之重者莫過於斯尊卑高下宜令區別然中世以來貴族之門多不率法或貪利財賄或因緣私好在於苟合無所擇選令貴賤不分巨細同貫塵穢清化虧損人倫將何以宣示典謨垂之來裔今制皇族師傅王公侯伯及士民之家不得與百工伎巧卑姓爲婚犯者加罪

獻文天安元年七月辛亥詔諸有詐取爵位罪特原之削其爵職其有祖父假爵號貨求正名者不聽繼

襲諸非勞進超遷者亦各還初不以實聞者以大不敬論

皇興五年三月乙亥詔曰天安以來軍國多務南定徐方北掃遺虜征戍之人亡竄非一雖罪合刑書每加哀宥然寬政猶水逋逃遂多宜申明典刑以肅奸偽自今諸有逃亡之兵及下代守宰浮游不赴者限六月三十日悉聽歸首不首者論如律

孝文延興二年詔沙門不得去寺浮游民間行者仰去聲以公文

四年二月辛未禁斷寒食

五年四月詔禁畜鷹鷂開相告之制

六年禁殺牛馬

太和二年五月詔婚娉過禮則嫁娶有失時之弊厚葬送終則生者有糜費之苦聖王知其如此故申之以禮數約之以法禁迺者民漸奢尚婚葬越軌致貧富相高貴賤無別又皇族貴戚及士民之家不惟氏族下與非類婚耦先帝親發明詔爲之科禁而百姓習常仍不肅改朕今憲章舊典祇案先制著之律令永爲定准犯者以違制論

三年詔曰治因教寬弊由綱密今侯職千數姦巧弄

威重罪受財不列細過吹毛而舉其一切罰之於是更置謹直者數百人以防諠鬭自是街術吏民安其職業

七年正月詔曰朕每思知百姓之所疾苦以增脩寬政而明不燭遠寔有缺焉故見問守宰苛虐之狀於州郡使者令秀孝計掾而對多不實甚乖朕虛求之意宜案以大辟明罔上必誅然情猶未忍可恕罪聽歸申下天下使知後犯無恕

十九年正月帝伐齊至懸瓠詔禁淮北之民不得侵掠犯者以大辟論

六年乙亥詔不得以北俗之語言於朝廷若有違者免所居官是年廣川王諧薨有司奏廣川王妃薨於代京未審以新尊從於卑舊爲復以卑舊來就新尊詔曰遷雒之人自茲厥後悉可歸骸邙嶺皆不得就塋當代其有夫先葬在北婦今葬在南婦人從夫宜還代葬若欲移父就母亦得任之其妻墳在當代夫死於雒不得以尊就卑欲移母就父宜亦從之若異葬亦從之若不在葬限身在代喪葬之彼此皆得任之其戶屬燕趙身官京雒去留之宜亦從所擇其屬諸州者各得任意

二十五年三月癸丑詔介山之邑聽爲寒食自餘禁斷

七月丁亥詔邪佞毀朝固惟治蠹貪夫竊位大政以虧王者彈劾不肖明黜貲祿又曰輕徭薄賦君人常理歲中當役具以狀聞

宣武景明四年十二月詔曰先朝制立軌式庶事唯允但歲積人移物情乖惰比或擅有增損廢墜不行或守舊遵宜時有妨舛或職分錯亂互相推委其下有司列其疑闕速以奏聞

正始元年十月詔斷羣官白衣募吏

永平二年四月詔曰聖人濟世隨物汙隆或正或權理無常在先朝以雲駕甫遷嵩基始構河雒民庶徙舊未安代來新宅尚不能就伊闕西南郡蠻塡聚汚陽賦城連邑作戍蠢爾愚巴心未純欸故暫抑造育之仁權受肅姦之法今京師天固與昔不同楊郢荊益皆爲我有保嶮諸蠻罔不歸附商洛民情誠倍往日唯樊襄已南仁乖道政被拘隔化非民之咎而無賴之徒輕相劫掠屠害良善離人父兄蕭衍爲酷實亦深矣便可放彼掠民示其大惠捨此殘賊未令之愆并勅緣邊州鎮自今以後不聽境外寇盜犯者罪

同境內若州鎮主將知容不糾坐之如律

六月詔曰江海方同車書宜一諸州軌轍南北不等今可申勅四方使遠近無二

四年五月詔禁天文之學

延昌二年二月詔定奴良之制以景明爲斷

九月詔以貴族豪門崇習奢侈詔尚書嚴立限級節其流宕

孝明熙平元年七月重申殺牛之禁

二年十月詔曰北京根舊帝業所基南遷二紀猶有留住懷本樂故未能自遷若未遷者悉可聽之仍停

安堵永業門才術藝應於時求者自別徵引不在斯例周之子孫漢之劉族遍於海內咸致蕃衍豈拘南北千里而已哉

神龜元年十二月詔曰民生有終下歸兆域京邑隱賑口盈億萬貴賤攸憑未有定所爲民父母尤宜存恤今制乾甫山以西擬爲九原也

正光五年八月詔曰賞貴宿勞明王嘗德恩沾舊績哲后彝範太祖道武皇帝應期撥亂大造區夏世祖太武皇帝纘戎丕緒光闡王業躬率六師掃清逋穢諸州鎮城人本充牙爪服勤征旅契濶行間備嘗勞

劇逮顯宗獻文皇帝自北被南淮海思𨗳便差割強族分衛方鎮高祖孝文皇帝遠遵盤庚將遷嵩雒規遏北疆蕩闢南境選良家酋腹增戍朔垂戎捍所寄實惟斯等先帝以其誠效旣亮方加酬賜會宛郢馳烽朐泗告警軍旗頻動兵連積歲茲恩仍寢用迄于今怨叛之興頗爲於此朕叨承乾曆撫馭宇宙調風布政思廣惠液宜追述前恩敷茲後施諸州鎮軍貫元非犯配者悉免爲民鎮改爲州依舊立稱此等世習干戈率多勁勇今旣甄拔應思報効可三五簡發討彼沙隴當使人齊其力奮擊先驅妖黨犯醜必可蕩滌銜鐸斬級自依嘗賞

孝昌元年八月癸酉詔斷遠近貢獻珍麗違者免官

十二月壬午詔曰高祖以大明定功世宗以下武寧亂聲溢朔南化清中宇業盛隆周祚延七百朕幼齡纂曆夙馭鴻基戰戰兢兢若臨深淵闇於治道政刑未孚權臣擅命亂我朝式致使西秦跋扈朔漢搆妖蠢爾荆蠻氛埃不息孔熾甚於涇陽出車切於細柳師旅盤桓留滯不進北濟懸危南陽告急將膺荆汚之地以致慼國之憂今茅戟挹旋爪牙歎憤並欲摧挫封豕勦截長蛇使人神兩泰幽明獻吉朕將躬馭

六師掃蕩逋穢其配依六軍分隸熊虎前驅後隊左翼右師必令將帥雄果軍吏明齊糧仗車馬速度時須其有失律亡軍兵卒逃叛盜賊刼掠伏竄山澤者免其往咎錄其後効別立募格聽其自新廣下州郡令赴軍所先討荆蠻疆理南服戈旗東指掃平淮外然後奮七萃於西戎騰五牛於北狄躬撫亂離之苦面恤饑寒之患爾乃還蹕嵩宇飲至廟庭況璧河雒告成泰岱豈不盛歟百官外內牧守軍宰宜各肅勤用明爾職

孝莊建義元年六月己酉詔諸有私馬仗從戎者職

人使優兩大階亦授實官若武藝超倫者雖無私馬亦依前條雖不超倫但射槊超闊一藝而膽略有施者依第出身外者優一大階一軍級實官若無姓第者從八品出身階依前加特授實官

七月丁巳詔從四品以上從征者不得優階正四品者優一軍級從三品已上從征者優一大階正五品巳下還依前格若有正階十餘計入四品三品限授五階

永安二年五月詔私馬仗從戎優階授官又詔職人及民出馬優階各有差

八月庚戌朔詔諸有公私債負一錢以上巨萬以還悉皆禁斷不得微責

十一月詔群官休停在外者皆令赴闕程會有差

三年十月丁未詔募攻河橋格賞帛授官各有差

前廢帝普泰元年四月詔有司不得復稱僞梁罷細作之條無禁鄰國還往

出帝大昌元年六月詔諸授建明普泰封爵況級優特之旨悉追

册府元龜

巡按福建監察御史臣李嗣京　訂正

知閩縣事　臣曹鼎臣參閲

知建陽縣事　臣黄國琦較釋

帝王部　六十三

發號令第二

後周太祖爲西魏丞相以有晉之季文章競爲浮華遂成風俗欲革其弊帝因祭廟群臣畢至乃命度支尚書蘇綽爲大誥奏行之其詞曰惟中興十有一年仲夏庶邦百辟咸會於王庭柱國洎羣公列將罔不

來朝時迺大稽百憲敷乎庶邦用綏我王度皇帝曰昔堯命羲和允釐百工舜命九官庶績咸熙武丁命說克號高宗時惟休哉朕將丕命汝以厥官六月丁巳皇帝朝格於太廟凡厥具僚罔不在位皇帝若曰咨我元輔群公列將百辟卿士庶尹御事朕惟寅敷祖宗之靈命稽乎先王之典訓以大誥乎爾在位昔我之太祖神皇肇膺明命以創我皇基烈祖景宗廓開四表底定武功暨乎文祖誕敷文德龔惟武考不隕其舊自時厥後陵夷之弊用興大難於彼東丘則我黎民咸墜塗炭惟予一人續戎下武夙夜祇畏若涉大川罔識攸濟是用稽於帝典揆於王度拯我民瘼惟彼哲王示我通訓曰天生蒸民罔克自乂上帝降鑒睿聖植元后以乂之惟時元后弗克獨乂博求明德命百辟群吏以佐之肆天之命辟辟之命官惟以卹民弗惟逸豫辟惟元首庶黎惟趾股肱惟弼上下一體各勤攸司茲用克臻於皇極故其彝訓曰后克艱厥后臣克艱厥臣政迺乂今台一人膺天之嘏旣陟元后股肱百辟乂服我國家之命罔不咸守厥職嗟后弗艱厥后臣弗艱厥臣政於何弗斁嗚呼艱哉凡爾在位其敬聽命皇帝若曰柱國惟四海之不

造載墜一紀天未絶我太祖烈祖之命用錫我以元輔國家將墜公惟棟梁皇之弗極公惟作相百揆諐度公惟入錄公其允文允武克軍克民迪七德敷九功龕暴除亂下綏我蒼生傍施於九土若伊之在商周之有吕說之相丁用保我無疆之祚皇帝若曰群公太宰太尉司徒司空惟公作朕鼎足以弼乎朕躬宰惟天官克諧六職尉惟司武武在止戈徒惟司衆敬敷五教空惟司土利用厚生惟時三事若三階之在天惟茲四輔若四時之成歲天工人其代諸皇帝若曰列將汝惟膺揚作朕爪牙寇賊姦宄蠻夷猾夏

汝徂征綏之威刑期於無刑萬邦咸寧俾八表之內莫違朕命時汝功皇帝若曰庶邪列辟汝惟守土作民父母民惟不勝其饑故先王重農不勝其寒故先王重女功民之不率於慈孝則骨肉之恩薄弗惇於禮讓則爭奪之萌生惟茲六物寔爲教本嗚呼爲上在寬寬則民怠齊之以禮不剛不柔稽極於道皇帝若曰卿士庶尹凡百御事王者惟歲卿士惟月師尹惟日御事惟時歲月日時罔易其度百憲咸貞庶績其凝嗚呼惟若王官陶均萬國若天之有斗斟元氣酌陰陽弗失其和蒼生永賴悖其序萬物以傷時惟

艱哉皇帝若曰惟天地之道一陰一陽禮俗之變一文一質爰自三五以迄於茲匪惟相革惟其救弊匪惟相襲惟其可久惟有魏承乎周之末流按秦漢遺弊襲魏晉之華挺五代澆風因而未革將以穆俗興化庸可暨乎嗟我公輔庶僚列侯朕惟否德信其一心力祇慎厥艱克遵前王之丕顯休烈弗敢怠荒咨爾在位亦叶乎朕心惇德允元惟厥艱是務克捐厥華卽厥實背厥僞崇厥誠勿愆勿忘一乎三代之彝典歸於道德仁義用保我祖宗之丕命符天之休克綏我萬方永康我黎庶戒之哉戒之哉朕言不再枉

國諱洎庶僚百辟拜手稽首曰亶聰明作元后元后作民父母惟三五之王率繇此道用臻於刑措自時厥后歷千載而未聞惟帝念功將反叔世逖致於雍庸錫降丕命乎我群臣假哉王言非言之難行之實難罔不有初鮮克有終商書曰始終惟一德乃日新惟帝敬厥始愼厥終以濟日新之明德我群臣敢不夙夜對揚哉惟茲大誼未光於四表聿以邁積俾九域幽遐咸昭奉元后之明訓率遷於道永膺無疆之休帝曰欽哉自是之後文章依此體

明帝武成元年五月乙卯詔曰比屢有糾察官司赦

前事此雖意在疾惡但先王制肆眚之道令天下自新若又推問自新何繇哉如此之徒有司勿爲推究惟庫廐倉廩與海內所共漢帝有云朕爲天下守財耳若有侵盜國家財畜錢粟者魏朝之事年月既遠一不須問自周有天下以來雖經赦宥而事跡知者有司宜卽推窮得實之日但免其罪徵備如法

武帝保定三年二月詔曰二儀創闢玄象著明三才已備曆數昭列故書稱欽若敬授易序治曆明時此先代一定之典百王不易之務伏惟太祖文皇帝敬順昊天憂勞庶政曆象以陰陽爲首洎予小子弗克

遵行惟斯不安夕惕若厲自頃朝廷權輿事多倉卒乖和爽序違失先志致風雨愆時疾癘屢起嘉生不遂萬物不昌朕甚傷之自今舉大事行大政非軍機急速皆宜依月令以順天心

天和元年五月詔曰道德交喪禮義嗣興褒四始於一言美三千於惟敬是以在上不驕處滿不溢富貴所以長守邦國於焉乂安故能承天靜地和民敬鬼明並日月道錯四時朕雖庸昧有志前古甲子乙卯禮云不樂萇弘表昆吾之稔杜蕢有揚觶之文自世道喪亂禮儀紊毁此典茫然已墜於地昔周王受命

請問顓頊廟有戒盈之器室爲復禮之銘矧伊末學而能忘此宜依是日有事停樂庶知爲君之難爲臣不易貽之後昆殷鑒斯在

建德三年正月詔自今已後男年十五女年十三以上爰及鰥寡所在軍民以時嫁娶惟從節儉勿爲財幣稽留

靜帝以大象二年五月即位十二月詔曰詩稱不如同姓傳曰異姓爲後蓋明别親疎皎然不雜太祖受命龍德猶潛籙表革代之文星垂除舊之象三分天下志扶魏室多所改作與允上玄文武羣臣賜姓者衆本殊國邑實乖胙土不歆非類異骨肉而共蒸嘗不愛其親在行路而叙昭穆且神徵革姓本爲曆數有歸天命在人推讓終而弗獲故君臨區寓累世於茲不可仍遵謙挹之旨久行權宜之制諸改姓者悉宜復舊

隋高祖開皇三年正月禁大刀長矟

十二年八月制宿衞者不得輒離所守

十三年五月詔人間有撰集國史臧否人物者皆宜禁之

煬帝大業元年三月詔曰聽採輿誦謀及庶民故能

審政之得失是知昧旦思治欲使幽枉必達彝倫有章而牧宰任稱朝委苟爲徼幸以求考課虛立殿最不存治實朝綱於是弗理寃屈所以莫申關河重阻無蹊自達朕故建立東京躬親存問今巡歷淮海觀省風俗眷求讜言徒繁詞翰而鄉校之内闕爾無聞憮然夕惕用忘興寢其民下有知州縣官政治苛刻侵害百姓背公徇私不便於民者宜聽詣朝堂封奏庶乎四聰以達天下無寃

五年正月已丑制民間鐵叉搭鉤攢刃之類皆禁絶之

十一年二月庚午詔曰設險守國著自前經重門禦

暴事彰往策所以宅土寧邦禁邪固本而近代戰爭人居散逸田疇無伍郛郭不脩遂使遊惰寔繁寇攘未息今天下平一海内晏如令人悉城居田隨近給强弱相容力役兼濟穿窬無所厝其奸宄萑蒲不得聚其逋逃有司其爲事條務令得所

唐高祖武德元年六月詔曰前政多僻人不聊生怨讟如讎嘗無控告黎民易子而食郡縣倉有餘糧遂使聚斂無厭窮兵不已忠良屏跡邪僞當塗慶妖怪爲禎祥稱希旨爲奉法至於亡滅上莫之知靜言其事可爲太息者也朕恭膺寶曆救斯兆庶思革前弊

念茲起軍以來於今朞月軍書羽檄日有百數一言一事皆親覽焉未明求衣中夜不寐恐一物之失所慮一理之有屈但四方州鎮習俗未懲表疏因循尚多迂誕申請盜賊不肯至言論民疾苦每虧實錄妄引哲王深相佞媚假託符瑞極筆阿諛亂語細書動盈數紙非直乖於體用固亦失於事情千里停於一言萬機奏於一日表奏如是稽疑處斷不知此者謂我何哉宜頒告遠近知朕至意

二年七月討王世充詔曰世充僭逆徇逼黎元向化之徒無繇自達朕恐煩百姓不欲興戎久戢兵威未窮征討然而縱溢彌甚暴虐不悛愍彼方隅久遭塗炭賊旣糧盡計竭衆叛親離惡稔貫盈亡徵已見今則分命驍勇步騎齊趨直指維潁衝其巢穴招納降附拯救阽危務在安人豈貪求利兵馬所到有因事立功擒敵制勝者重須爵命厚加褒賞其金玉府藏分賜將士酬賞之科仍依别格宜明申布咸使知聞

十月詔曰士非素厲難以應敵設法垂憲期於不犯自今已後有背軍鎮征役者隨即科處必無容貸宜明宣告咸使知聞

四年二月秦王討世充奏請進圍東都高祖謂使人

宇文士及曰歸報爾王今取東都者止欲兵甲休息耳破城之日其乘輿法物圖籍器械非私家所須者委汝收之子女玉帛皆分賜將士

太宗貞觀二年九月詔曰自昔帝王受天明命其有二儀感德百靈效祉莫不君臣動色歌頌相趨朕恭膺大寶情深夕惕每見表奏符瑞慙恧增懷且安危在乎人事吉凶係於政術若時主肆虐嘉貺未能成其美如治道休明咎徵不能致其惡以此而言未爲可請自今已後麟鳳龜龍大瑞之類依舊表奏自外諸瑞應奏者唯顯瑞物色目及出現處更不得苟陳

虛飾徒事浮詞
三年四月詔曰百行之本要道唯孝一言終身恕而已矣春生夏長寬簡之令行焉齊禮道德恥格之義斯在朕躬爰自幼年夙禀庭訓豈徒學聞詩禮因令平定國家是以提三尺之劍起一旅之師殄鯨鯢于原野救黎蒸於塗炭雲雷締搆備嘗夷險仁發於心義形於色大敵必勇匪爲身謀大憝必誅志安天下太上皇留心姑射尚想軒轅駐蹕大安使朕正居紫極顧惟虛薄辭不獲免祇奉制詔負扆當朝乃眷官字載懷氷谷未明求衣乙夜忘寐靜思七政言念九

功何以答上玄之心稱嚴君之意欲勸恤典刑舉直錯枉允釐人瘼親賢用能拯濟困窮抑損澆僞開直言之路廣不諱之門闢所未聞日愼一日望人皆見德變至於道若一物失所一人有怨則朕躬之責訓道不明也朕聞書曰至誠動神況於百辟乎況於兆庶乎比聞遠近黔黎恥爲盜賊州縣囹圄多並空虛豈繇德教至此自是人知厭亂因其遷善可以化之朕往因征伐天下多矣每見村落丘墟未嘗不撫膺太息自登九五不許橫役不惟異遐邇休息得相存養長幼有序敬讓興行其孝義之家賜粟五石高年八十以上粟二石九十以上三石百歲加絹二疋婦女正月以來生男粟一石鰥寡惸獨不能自存逃戶初還交無糧貯州縣長官量加賑恤諸州官人或正直廉平刑清訟簡或貪婪貨賄害政損人宜令都督刺史以名封進白屋之內閭閻之人但有文武材能灼然可取或言行忠信堪理時務或在昏亂而肆情遇太平而克己亦錄名狀與官人同申泣辜愼罰前王所重枉繫一日事等三秋州縣法司特宜存意普告天下知朕意焉
四年七月令諸司若詔勅須下有未穩者必須執奏

不得順旨便即施行務盡臣下之心也
五年十二月詔曰欽明愼徽之朝稽古爲本體國經野之制利建爲先莫不因可大之功弘可久之德與萬方同其樂百姓共其安饗祚遐長卜年用永疏爵以五錫壤惟三周監二代煥乎前史魏晉迄今舊章寢廢維城之義缺如建侯之道斯絕王綱斃弛內無極救之臣國步艱迍外無藩屏之衛致令大盜倡獗動有窺覦蒸庶板蕩屢遭塗炭進乖爲民之策退失象賢之典寧邦固本其可得乎朕祇膺大寶欽承景命勵精治術安輯夷夏九服同軌六合一家日月所

臨無思不服豈伊人力天實賜之既荷殊私佇弘大賚疆理都邑襃錫親賢與夫懿戚元功共享其利自我作古不必專依前典允今約古隆基垂統世祿傳家足以載德圖身厚已足以竭誠自然國有嘗奉民獲其福皇家宗室及勳賢之臣德行可稱忠節顯著者宜令作鎮藩部宣條牧民貽厥子孫嗣守其政非有大故無或黜免酬勤報效仍宜有差宜令所司明爲條例等級具以奏聞

九年十一月詔曰高祖文皇帝天縱神武膺籙受圖可久之德格乎區宇敦睦九族協和萬邦賢能必進

德化潛洽華百王之弊與三代之風天平地成邇安遠肅至德被於四海休烈光於千載巍巍蕩蕩無得而稱焉朕嗣膺寶祚夙夜兢惕思述先志被之率土其內外姻戚生平故舊太原元從官人及歷試之所文武僚佐爰洎胥吏往雖每降國恩恐未周悉或才用不申階品屈滯或家道貧匱子孫沉淪須有矜量咸使得所先朝憂勞庶政唯以恤民爲本諸州都督刺史有政績可稱者具以名聞其諸州百姓奉營山陵者亦宜量有蠲免可令所司詳爲條例聞奏並務從優厚稱朕意焉

十二年七月詔曰朕聽朝之暇頗觀前史每覽名賢佐時忠臣徇國何嘗不想見其人廢書欽歎至於近代以來年載非遠然其胄緒或當見存縱未顯加旌擢無容棄之遐裔其周隋二代名臣及忠節子孫貞觀以來犯配流者宜令所司具錄奏聞

十六年十月詔曰盜賊之作爲害寔深州縣官人多求虛譽苟有盜發不欲陳告鄉村長正知其此情遞相勸止十不言一假有披論先劫物主爰及隣伍久嬰縲紲有一於斯甚虧政化自今已後勿使更然所司明加探察隨事繩糾

十九年九月以舊制勳官十二等有戰功者隨高下以授之帝欲隆渡遼之賞因下詔曰授以勳級本據有功若不優異無錄勸奬今討高麗其從駕爰及水陸諸軍戰陣有功者並聽從高品上累加六軍大摠

高宗永徽三年五月己未制禁斷五日進獻及更相贈遺

顯慶四年十一月詔曰凡百具僚群公卿尹除命甫及多存飾讓言勵己以辭榮未舉能以自代既取當年之誚還愆曩烈之風自茲厥後須革前事必欲稱駕濠濮褫被巖廊宜各舉所知自代仍宜顯述才行

送付中書省將隨才叙用
咸亨五年五月詔曰采章服飾本明貴賤升降有殊用崇勸獎如聞在外官人百姓有不依令式遂於袍衫之內着朱紫青緑等色短小襖子或於閭野公然露服貴賤莫辨有蠹彝倫自今已後衣服上下各依品秩上得通下下不得僭上仍令所司嚴加禁斷勿使更然又春秋二社本以祈農如聞除此之外別立當宗及邑義諸色等社遠集人衆別有聚歛迊相繩糾浪有徵求雖於吉凶之家小有裨助在於百姓非無勞擾自今已後宜令官司嚴加禁斷

中宗神龍三年四月制自今應是諸節日並不得輙有進獻其諸親百官有事須獻食者並不得用假花假果金薄銀薄等物又每年盂蘭盆宜用真實餅果裝飾不須用金寶繪綵浮假之物其少府監所供進器玩及雜用諸物皆准此又所在五月五日非朞功已上親不得輙相贈遺當時雖有其文而竟無能行其事者故賢人君子以是增憂歎焉
景龍四年二月癸巳申明舊勑禁寒食日以雞卵相餉遺
睿宗太極元年三月制曰王道至公所以承於天地臣心一德所以固於邦家朕紹膺丕業務存簡惠冀有耻且格無侵于刑如聞百司非常寛縱凡是與奪公然囑請及其不遂即生謗鑠御史縱知亦不彈糾文昌會府衆務所歸御史憲司繩劾斯舉自今已後王公朝士有囑請者所繇官密奏聞若苟相容隱御史訪察彈糾
玄宗開元二年二月詔曰天下寺觀屋宇先成自今已後更不得創造若有破壞事須條理任經所繇陳牒簡驗然後聽許癸亥制令道士女冠僧尼致拜父母

六月制應說災祥詿惑閭里並令州縣長官等嚴加提搦仍令御史訪察繩糾
四年二月詔曰彰施服色分別貴賤苟容僭濫有乖儀式如聞內外官絕無着碧者皆詐着緑以爲當事又軍將在陣賞借緋紫本是從戎缺胯之服一得以後遂別着長袍迊相倣効又入蕃使等別勑借緋紫者使回合停或有使着曾無愧耻憲司不能舉劾遂令此弊滋甚自今已後衙內宜專定殿中侍御史糾察並限十日內容其改正如更有犯者所繇御史本司官長並量事貶降

四月制曰朕聞顔回知過不無過也蘧瑗知非不無非也孔子曰過則勿憚改過而能改善莫大焉此則古之賢人知未能免朕祗膺駿命光闡鴻猷思革頽風以清貪吏作程者不要於峇貴於必行行法者不要於嚴貴於適中比歲或使者察按或憲司繩糾未能發明大體頗亦委曲小瑕殊異恢恢之言遂行察察之事一從過誤永黜彝倫銓管不許棄瑕薄書寧其刷恥懷才則每歲見斥登用則終身蔑聞靜言思之誠未爲得學以從政祿以代農代農不可以易業從政不可以黍序永鑒前弊當無廢人改而更張朕

之志也官人有負犯洗滌赦宥者宜並除限選日量資依舊選例處分又諸色勾徵延限未納已歷年序所繇州縣無憑終不敢放或已淪已沒重被徵收或先死先逃勒出隣保令玆貧弱何以獲安自今已後有隱欺勾者宜勾當年事連去年亦任通勾隔年以去不在勾限其官典隱欺贓在限内者不在此例布告天下咸使聞知

閏十二月詔曰如聞兩京間驛家緣使命極繁其中多有妄索供給宜令御史劉昇往南北兩路簡察牓事奏聞

五年三月詔曰僧尼道士等先有處分不許與百姓家還往聞近日仍有犯者宜令州縣捉搦勿使更然

十月甲申詔曰王者欽若天道率繇時令考六官之法脩五紀之化故得災害不生休徵洊委朕紹膺洪業于玆六載每悖政理思致和平而陰陽未調蝗水仍集天之垂誡朕甚懼焉夫正月東郊祈春賞士孟冬北陸迎寒恤孤參四序之運行稽五材之動用弗協所尚或罹於咎且事必師古禮重執文將命有司允迪厥訓自今已後每八月禮官條奏應所行事當斟酌古典用孚於休宜布朝廷使知朕意

六年六月敕少府監錦袍宜令益州每年麤細各織十五領送納以供賜諸蕃守領

九年正月敕自今以後幸溫湯應須置頓使及諸使等去京既近並令行從官便充不得更乘傳驛

二月乙酉詔曰四海清晏百年于玆雖戶口至多而逃亡未息良繇牧宰之任訓道無方不能綏撫令其浮惰且寰宇一統天下爲家去此就彼孰非州縣使其離鄉者則亦無改成其逋藪者何以居官遂令邦賦不入人僞斯甚政術不理豈過於玆宜令所司商量作一招攜捉搦法聞奏丁亥制日國家祖武宗文

重熙累洽克清寰極大庇生人玄德獨化放乾元而資始至道無名合帝先而首出自削平區宇混一車書六合晏然百有餘載則我文武之業大造於上靈朕嗣守丕運纘承洪緒恐不能誕敷前烈光闡睿圖夙夜祗畏如臨泉谷曷嘗不恭默思道寤寐求政從人之欲每以萬姓爲心屈己之勞嘗矜一物之失但以法久而弊法弊則通制國以立法爲先教人以占著爲事自屬清晏人多偷怠國章或弛畦僞寔繁令正朔所及封疆無外雖戶口旣增而稅賦不益莫不輕去鄉邑共爲浮惰或豪人成其泉藪或奸吏爲之

囊橐逋亡歲積流蠹日滋州縣不以爲矜鄉隣實受其咎雖朕之薄德罪則在予非官無政吏不守法耳若浸以久安而肆之則國之隄防於是踰紊今欲去其末而歸其本閉其邪而正其德使法有所立人知向方是用恤孤窮免逋貸式廣自新之路俾申莫厚之恩諸州背軍逃亡人限制到百日內各容自首准令式合所在編戶情愿任者卽附入簿籍差科賦歛於附入令式仍與本貫計會停徵若情願歸貫及據令式不合附者首訖明立案記不須差遣先牒本貫知容至秋收後遞還情願卽還者聽待到本鄉訖免今年賦租課役如滿百戶已上各令本貫差官就戶受領過限不首並卽括取遞邊遠附爲百姓家口隨逃者亦便同送若限外州縣公私容在界內居停及事有未盡所司明爲科禁其天下勾徵逋懸及貸糧種子地稅在百姓限內先有追收之文案未納者自開元七年十二月以前並宜放免官典隱欺不在免限將使百度伊始萬邦在宥人復其業官脩其方凡厥庶僚各虔爾職俾率典訓以康政途布告遐邇使知朕意

十月詔曰如聞諸道兵募丁防年滿應還或征役處

分及在路死者不得所繇牒報本貫無憑破除仍有差科親鄰受弊宜令今年團日勘責同行火隊的知實死卽與破除自今已後每有兵募丁防放歸令州軍具存亡夾名牒本貫

十年閏五月詔曰六卿分設諸郡咸理在於下人合免寃滯如聞越局侵務背公向私其傷則多爲政必紊宜令天下州縣百司寮寀俱守乃曹各勤所職或有身名尚屈刑罰不平職役未均徵差無次爰及侵奪亦兼達負凡人所訴大略如斯若縣不爲申州必須理州不能理省必爲裁上下相持寃訟可息自今

已後訴事人等先經縣及州並尚書省披理若所繇延滯不爲斷決委御史採訪奏聞長官已下節級量貶

十二年二月詔曰朕君臨宇内子育黎元豈以黄屋爲尊實以蒼生爲念何嘗不日旰志食未明求衣雖身在九重而情存六合恐至道猶鬱大化未孚昨因展義河東祈穀睢上肆覲群后親問高年舉滯賑窮旌善黜惡緝其墜典酌于古訓令省方告至禋祀云畢思乂庶官務崇簡易河南河北去歲水損人或窮盗吏或侵抑不防害馬何以安人或令御史分道案

行量加賑給諸州府馬闕數稍多既合官填復須私備貧兵力致實以爲難宜令所司即勘會闕數與閑廐使計會取監牧馬克其行過處緣頓及營募損百姓青苗並令本州勘以正倉酬直懷澤兩州已免地税潞州太原府亦有給復其汾晉蒲絳同華京兆河南供頓户並宜免今年地税鄭衛維相宜泌慈隰等州佐助夫役雖日不多終是往還辛苦各免户内今年差科緣頓所築宫牆内今並空閑任本主耕種緣路州縣有表薦官僚及上書獻頌者中書門下審覆奏聞量加進賞發都簡試及諸色召募行從人遠將巡省須收才用並令所司即作條例處分内外官職田恐侵百姓先令官收慮其祿薄家貧所以别給地子去歲緣有水旱遂令摠停如聞卑官頗難支濟量事優恤使得自資宜准元敕給其弟子朱紫貴品皆豫考勞人臣事君忠無二節至如泛階溥及義取平均豈獨清官偏得減考自今已後如泛階應入五品以十六考爲定其有名賢宿德及異迹殊狀雖不逢泛階或因選改之次年考與節限同者咸以名聞仍爲永例令之刺史古之諸侯會王汾睢預陪祀禮宜令中書門下商量奏聞方今萬類發生春事方起所司

宜敬敷五教敦勸三農議緩刑獄禁傷胎卵罷妨農不急之務減額外不要之官各委長官量事處分宣示遠近副朕意焉

五月詔曰緇黄二法殊途一致道存仁濟業尚清虚邇聞道僧不守戒律或公訟私競或飲酒食肉非處行宿出入市廛罔避嫌疑莫遵本教有一塵累深壞法門宜令州縣官嚴加捉搦禁止

十二年正月詔曰近日漏刻失時或早或晚宜令太史謹脩盡職勿使更然如有愆違委御史彈奏

十三年謂宰臣曰往者史官唯記災異將令王者懼

而脩德故春秋不書祥瑞唯記有年聖人之意明矣勅天下州郡不得更奏祥瑞

十四年四月太原尹張嵩奏有客李子嶠詐稱皇子入驛居止子嶠云生於潞州母曰趙妃生一歲舅嘗奴攜至雒陽以患目疾不得入聞後數歲遇楊駙馬舅再挾出北遊靈夏因至太原今十七歲矣帝聞之以爲矯妄勅嵩杖殺因下制曰如聞在外州多有矯稱勅使詐乘傳驛或托採藥物言將貢獻或妄云追人肆行威福如此等儔須禁斷若緣別使皆發中使以此參察固易區分宜令州縣嚴加捉搦勿容漏網

十六年六月詔曰凡制令宣布皆所以爲人如聞州縣承勅多不告示百姓咸使閭巷間不知旨意是何道理宜令所繇捉搦應有制勅處分事等令終始勾當使百姓咸知如施行有違委御史訪察奏聞

十九年二月乙酉詔曰令式條流科制明具行之已久亦便於人比者天下勳官加資納課又因犯入罪罰鎮配州言念於茲有乖寛恤宜各依令式處分其先罰鎮及配隷人未歸者並即放還

二十年四月甲午詔曰相州往緣親王出牧脩造非嘗宏壯兼之亭榭林木故非臣下所居遂使闕不安穩宜令州司即改造廳衙及刺史宅其無用樹等亦須除伐自餘州縣有不安穩者亦任量事移改仍逐閑月漸脩不得勞擾百姓

二十五年五月乙亥詔曰近聞諸軍兵募逃喪者多儻或臨戎如何破敵自今已後每致交兵之時令御史分任諸軍與節度使計議簡括奏聞隨事褒貶以存勸戒

二十六年二月禁寒食鷄卵相遺

二十八年三月詔曰蠹政之深左道爲甚所以先王設教犯者必誅去其害群蓋非獲已自今以後輙有

託稱佛法因肆妖言妄談休咎專行誑惑諸如此類法實難容宜令所在長官嚴加捉搦

七月詔曰頃緣諸州寺觀僧道闕人所以數選行業用填其數如聞因此之際私度者多挾脚冒名觸類非一遂使是非齊例真偽難分若不澄其源流何以革茲頹弊天下諸州寺觀有此色者聽勅到陳首免還俗

天寶三載十一月勅每載依舊取正月十五日燃燈

五載正月詔曰天下山水名稱或同義且不經多因於里諺事若仍舊何成於禹別宜令所司各據圖籍

改定訖奏聞

七月詔曰應流貶人皆負罪譴其中或捨其殊死全彼餘生將寬嘗法示有懲戒如聞在路多作逗遛郡縣阿容許其停滯是何道理自今以後其左降官量情狀稍重者馳十驛已上赴任流移人令押領綱典畫時遞相分付如更因循尚有寬縱所繇當別有處分

十一載十二月詔曰王者制軍詰禁師旅惟貞飲至勞旋賞罰必信易曰在師中吉承天寵也傳曰賞不失勞俾人勸也若顯前典何以化成諸軍節度使等

委任尤重雖奉詔受律去則捷歸而甄賞叙勳率多非實且爲君者以信御下爲臣者以忠奉上信不可失忠不可虧朕保而行之庶能激勵且往前立功皆令簡覆至於叙錄亦委別人朕以將者國之腹心朝之方嶽舍此不任誰則竭誠所以每一立功咸委錄叙推心之道斯亦極矣近來諸軍滋弊尤甚乃至奏蕃中事意爰及破敵錄功觸類憑虛皆非據實或久在行陣久被棄遺或不踐軍戎虛霑爵賞銀章紫綬無汗馬之勞厚祿崇班皆親援而致使戰士失望僥倖競馳靜言其繇實在於此且古者士農異處軍國殊容所以國學上庠以教胄子撰車表貉用訓戎師豈有家襲弓裘身參卒伍斯乃假名取進其理昭然皆因主將有私遂乃公行囑託已往之過朕亦不言將來自新必期革弊自今已後朝要並監軍中使子弟一切不得將行先在軍者亦卽勒還破敵叙功事歸案實且虛妄事君覬冒行惠不懼於法不畏於神凡在庶僚亦宜自戒宣示中外令知此懷

十三載二月詔曰三載黜陟百王令典殿最之迹廉問攸歸欲更別遣使臣慮有煩擾今載宜委本道採訪使具官人善惡奏聞以申勸沮

十四載三月詔曰踐更之役固是循常限約之間必資通變雖載滿合替而處置隨時況已在軍中復諳戎務功名未遂何必往來其今載諸軍應文武士等宜並延留一載仍准式給賜式外更加賜物兩段

巡按福建監察御史臣李嗣京　訂正
知甌寧縣事臣孫以敬条閱
知建陽縣事臣黄國琦較釋

帝王部六十四

發號令第三

唐肅宗至德元年十月癸未車駕至彭原郡詔中官不得侵暴百姓開諫諍之路依貞觀故事御史彈事不須大夫同署諫官論事不須宰相先知

二年二月詔軍人有侵掠平人子女者令聚衆斬之

十月詔曰聖人有作弧矢爰興歷代以來征伐靡靡自逆胡巳死餘孽猶存所在蕃人多以利合亦有因事便被脅從朕誓雪國耻餘無所問中夜痛憤志安蒼生其假息偷生披城自守池魚幕燕何以喻玆廣平王及諸將分隊夾攻迎軍破敗横屍遍野積甲如山二十里内可知多少其中逼迫同被殺傷言念於玆良深惻悼今兵馬乘勝便取東京平盧節度使兼領奚契丹五萬又收河北天下之事計日可平緣京城初收要在安百姓又掃灑宫闕奉迎上皇以今月十九日還京應緣供頓務須減省豈忘艱弊當别優賞宣示百姓令知朕意

十一月壬申御丹鳳樓下詔曰我國家出震乘乾立極開統謳歌歷數敬聖千齡文物聲名握圖六葉安禄山夷羯賤類頑兇殘愎項以捍邊有功專制方面同人者貌謂報効恩私異人者心乃包藏逆亂以爲中原無備干戈可動而毒浮流禍變起倉卒塗炭萬姓與言痛憤朝市之内忽肆兇殘衣冠之中咸被黠汙朕作人父母志雪國讎是用中夜奮發提戈問罪自靈武聚一旅之衆至鳳翔合百萬之師親揔元戎掃清羣孽出師之日仍下寬令臧厥渠魁餘無所問

有能翻然歸順自縛軍門復其官爵仍加優賞將士等以大軍一舉玉石俱焚元惡就誅兇殘竝殲僵屍遍野匹馬不遺今西土罷兵咸以寧輯河雒氛祲一朝剪除廣平王俶受委元帥能振天聲左僕射子儀决勝無前克成大業復有回紇葉護及雲南子弟竝諸蕃兵馬等皆竭誠向化力戰賈勇事同破竹易若摧枯朕入城之日百姓咸思戴商復喜睹漢烟風雲景皆是祥光里巷懽呼惟聞相慶朕早承聖訓嘗讀禮經義切奉先恐不負荷今復宗廟於函雒迎上皇於巴蜀導鑾輿而反正朝寢門而問安寰宇載寧朕

願畢矣且復人將有主敢當天地之心與豈在予實憑社稷之祐京城僧道耆老百姓等比者時穀芻貴薪蒭不給困窮之極朕常繫心緣初收京城倉庫未積待國用稍足豈忘施惠其諸色行人因陣没并坊市百姓及諸色番胡召募并元惡兇黨脅因破敗所在潛藏并仰於府縣及御史臺陳首一切原其罪如有被人言告捉獲者並從軍令其京城內外文武官有受賊補署罄其心腹自祖及父皆承國恩就逆背順頓忘臣節或有守舊官者請俸料為賊判官或判官之際中間得替并有攝賊偽官兼知職掌其中有

京官及私白身皆受擢用其中有隱迹不出固辭疾病色類既廣人數又多宜令御史臺憲部大理三司據狀勘責條件聞奏其外官克使及先有職掌并事故及隔絕未赴任在京者亦委三司勘責奏聞又賊中臺府坊市所繇人等比與逆賊追捕造事之端損害忠良仍奪財物為蠹尤甚情不可容宜令崔光遠禁身切加推勘一一狀奏勿令漏網其內侍省及左右龍武羽林軍并閑廐飛龍諸武官應先合從駕人等其中臨行潛避遂受賊驅使並各委本司使括責量情狀輕重奏聞其隱盜倉庫及偷刼逆賊家錢物或受賊寄附并與賊請料祿等因此隱沒者並限勅到十日內各於所繇陳首其物便准數送納本色并還不須科罪慮已有破用徵納艱辛仍十分放三以示弘貸其近日逆人及隔絕人莊宅宜卽括責一切官收又聞人家子女多被侵逼且非本情宜一切不須尋問或與逆賊居住鄰近及作義故往來情非切害一時之事有殊逆黨亦宜釋放其有受賊偽度人宜令所司括責並勒還俗其僧及道士各收本色所在寺觀勿許居止令兩京無虞三靈通慶何以昭事宜在覃恩待上皇到日當更處分咨爾有衆知朕意

焉

三年正月詔京城之人久陷兇醜亦既底定莫非王臣比屋可封唐之人闔境皆戴商之舊復以宗廟之器府庫之資散在閭閻紊於綱紀主守者缺以供事竊取者自其當刑所以遣其撿括必使詳實如聞小臣失所遂使流言寇攘資財驚擾士庶官吏不脩其法豪強横有縱暴或得一官物則破人家產或捕一奸吏則傍累親鄰仍有不逞之徒因此恐嚇大為侵暴百姓究苦永言哀念良深歎息委京兆尹兼御史大夫李峴勾當諸使撿括一切並停妄有欺奪宜卽

推補奏聞仍牓坊市務令安輯副朕意焉
乾元二年三月詔曰百姓之間務在優恤前詔已有處置訖其或事妨於政法害於人尚有因循理資改革前後詔命非不叮嚀至於頒行多有擁蔽蓋緣賞罰未著所以恩信或稽自今已後如有奸吏弄法割剝黎元因公循私害物傷政委御史臺訪察具狀彈奏當議刑章比緣軍國務殷或宣口勅處分諸色取索及決配囚徒雖務從權實爲亂政自今已後一切並停如非正宣並不得行用中外諸務各歸有司英武軍虞候及六軍諸使諸司等比來或因論競懸白

進攝旣紊綱紀復擾甿黎自今已後一切須經臺府如所繇處斷不平即任具狀奏聞京城諸色所繇先緣與逆賊追捕比令招挺矜其迫脅一切並放其受賊僞官人莊宅不合收納者一切並還如有已將借賜即准估量還價直仍委所繇勘會處分賞罰二柄國之大綱令在必行人則無濫自今已後朝廷及軍府嚋庸議罪宜各精詳如舉或因情事有不當所繇長吏必寘嚴典王師所往爲人除害必使秋毫不犯信義俱明如聞比者諸軍有乖於此或干戈之下殺戮無辜或營壘所經恣行暴虐乃貽毒豈曰安人

自今已後各委本將嚴加訓誓明申賞罰黨師徒不擾則克醜自平如有違犯悉從軍令其御史臺所欲彈事不須更進狀仍服豸冠所被彈劾有稱讎嫌者皆與遷延以求苟免但所舉當罪則讎亦不嫌如憲官不舉所職降資出臺儻涉阿容仍重貶責今殘妖未殄國步猶艱共體至公以康庶政朕推誠御物與衆共之四海之人皆朕耳目則何功不就何化不成思與蒼生臻夫至道下詔之後百司及諸州府事有非便文有不該仰各條件奏聞即當釐革宣示中外知朕意焉

八月乙卯詔曰刑政之本皇王大要政事或失於厥中帝道則乖於御下王者持平慎恤蓋在於此朕纘服洪緒躬臨庶政何嘗不內軫泣辜之念外覃解網之思詔書所下期於必當在以衣冠之伍受職賊中量其重輕俾申貶黜比聞三司處置未甚均平或同科之中升降有異或謫任之所風宜不一頗招情故殊匪至公是以縉紳之間不無竊議有司奉法其若是邪又流降量移久申詔令省司類例事亦稽遲遂使嶺嶠踰時積流荒之嘆雨露凝澤壅如綸之旨逖聽遐邇頗聞咨嗟斯乃主者怠官甚無謂也宜令中

書門下類例三司先所貶官各據科目均平改擬仍審勘前後制勑應合霑恩并速處分准制合量移人亦令吏部逐比類聞奏又緣頃經逆亂中夏不寧士子之流多投江外或扶老攜幼久寓他鄉失職無儲難歸京邑眷言憫念實惻於懷宜令中書門下牒本道責取名品應五品已上官竝卽與進取六品已下官合序用名品可收者亦量才叙用仍據中外員闕均融授官其授京官者仰本道勾當裝束卽令赴京授外官者各令之任餘不合授官是士流者所在州縣一切安存無害公私勿令干擾

上元元年閏四月詔曰車服以庸有虞盛典威儀以等周禮舊章往屬承平多歷年所至於公卿列位中外在官多以奢僭爲心流弊成俗宜命所司定王公以下車服產業各詳古制及令式作節限聞奏自頃戎車未息殘孽猶虞軍吏獻功務陳首級且四海之內孰非王人豈以苟從昏迷陷在夷戮一朝授首懸彼藁街朕志存好生憫其驅脅其諸軍所獲首級除元惡之外一切不得傳送

代宗寶應元年七月庚寅詔不許匭使閱投匭人文狀庚子詔曰推薦之道必務於至公賞罰之間亦資於不濫其諸色舉人等須有處分令薦所知實佇才能用施政理自宜愼擇以副虛懷古者効官三歲考績善惡旣著褒貶斯存舉之得人必受旌能之賞舉之失選亦加懲過之罰賞罰之典期於必行凡百具僚宜知朕意

廣德二年二月禁王公百官家及百姓著皂衫及壓耳帽子異諸軍官健也

五月禁鈿作珠翠等委御史一切加捉搦卽令禁斷

永泰元年正月制曰刺史縣令與朕分憂彫瘵之人切須撫字一夫不獲情甚納隍有能招緝逃亡平均

賦稅增多戶口廣闢田疇清節有聞課効尤著者宜委所在節度觀察具名聞奏卽令案覆超資擢授其有理無能政迹涉贓私必當重加貶奪永爲殿累

四月詔曰如聞自東都至淮泗緣汴河州縣自經寇難百姓彫殘地闊人稀多有盜賊漕運商旅不免艱虞宜委王縉各與本道節度計會商量夾河兩岸每兩驛置防援三百人給側近良沃田令其營種分界捉搦

十二月詔曰如聞諸州承本道觀察節度使牒徵科百姓人戶彫弊職此之繇自今以後切宜禁斷仍委

轉運使察訪以聞
大曆二年正月詔曰天文著象職在於疇人讖緯不經蠹深於疑衆蓋有國之禁非私家所藏雖裨竈明徵子產尚推之人事王彤必驗景晷猶寘以典刑況動皆詭謬率是矯誣者乎故聖人以經籍之義資理化之本亥言曲學實紊大猷去左道之亂政俾彝倫之有叙自四方多故一紀於兹或有妄庸輒陳休咎假造符命私習星歷共肆窮鄉之辨相傳委巷之談詐僞多端順非而澤熒惑州縣詿誤閭閻壞紀挾邪莫逾於此其玄象器局天文圖書七曜曆太一雷公

式等私家並不合輒有自今已後宜令天下諸州府切加禁斷各委本道觀察節度使與刺史縣令同爲捉搦仍令分明牓示村坊要路並勸鄰伍遞相爲保如先有藏畜者限勑到十日齎送官司委本州刺史等對衆焚毁如外隱藏有人糾告者其隱藏人先決一百仍禁身聞奏其糾告人先有官及無官者每告得一人超資授正員官其不願任官者給賞錢五百貫文仍取當處諸色官錢三日內分付訖具狀聞奏告得兩人已上累酬官賞其州府長吏縣令本判官等不能捉搦委本道使具名彈奏當科貶黜兩京委御史臺切加訪察聞奏准前處分咨爾方面勳臣洎十連庶尹罔不誠亮王室簡於朕心無近宵人愼乃有位端本清末其誡之哉又禁王宗公子及郡縣主之子不得與軍將結親及定交遊委御史臺訪察彈奏

六年四月詔曰王制命市納價以勸民之好惡布帛精粗不中數廣狹不中量不鬻於市漢詔亦云纂組文繡害女工也朕思以恭儉克己惇朴化人每尚素玄之服庶齊金土之價而風俗不一踰侈相高浸弊於時其來自久耗縑繒之本資錦綺之奢異彩奇文

恣其誇競今師旅未戢黎元不康豈使淫巧之工更虧常制在外所織造大張錦硬軟瑞錦透背及大繝錦竭鑿六破已上錦獨窠文紗四尺幅及獨窠吳綾獨窠司馬綾等並宜禁斷其嘗行高麗白錦雜色錦及嘗行小文字綾錦等任依舊例造其錦綾錦文花所織蟠龍對鳳麒麟獅子天馬辟邪孔雀仙鶴芝草萬字雙勝及諸織造差樣文字等亦宜禁斷兩都委御史臺諸州府委大道節度觀察使切加覺察如違犯具狀奏聞

六月詔曰自今已後所在不得閉糴及隔截權稅如

輙違犯所繇官節級科貶仍委御史臺及出使郎官御史訪察聞奏

十二年四月詔曰自項軍嚴未解政或隨時多逐權宜未歸理本宜委中書門下郎與諸司長官各舉所司內外遺闕商量釐革處置作條件聞奏俾昭宣軌度永備彝倫便俗安人典章式叙宜示中外咸使知聞

十三年十月禁京畿內持兵器捕獵

十四年六月赦書自今已後更不奏置寺觀及請度人又諸使及州府有須改革處置事一切先申尚書

省委僕射已下衆官商量聞奏外使及州府不得輙自奏請

德宗建中三年二月詔曰在昔聖王之御寓也常脩文德以勝威武故能協和神人撫寧方夏蓋有國之令圖也朕自君臨萬邦於茲三載明發求理中夜靡追常懼祖宗之威靈顧惟黎元之未洽是用君臣之際推以腹心賞罰之道俾無僭濫每發一詔施一令罔不本之以德義後之以威刑期戢五兵思弘七教庶乎勝殘去殺之理有耻且格之道而淑身薄德肺腑未親四方諸侯義信猶阻近聞曹濮數州知加兵籍司馬採聽飛語容納奸謀交質往來邀結外援雖各在封畧言備寇攘而汴郊士庶頗聞驚擾閭井奔散如避寇讎迫茲春中首種未入朕為人君父不能以誠明感達股肱之佐不能以慈惠覆育黔黎之類使其骨肉相去情義不通終宵咎責心用震悼亦以社稷之計億兆之命防微慮遠不得不然至於君臣之道進退之理雖以造次顛沛嘗所不忘也是以分命節制及集諸軍於汴宋懷鄭之間使屯守發令之日且嘗言誡非有侵軼不令議戰但田里服業農桑及時下無愁怨外絕師旅偃旗臥鼓朕願斯畢於戲惟

天地日月實鑒我心山川鬼神尚弼予志布告中外咸令知悉

興元元年七月詔曰被逆賊除官固節不出事迹分明先經聞奏者續加甄獎

九月詔應京百司及府縣去冬見任職事及嘗參官陷賊潛藏並諸色前資官在城為逆賊偽署官爵頻遭迫脅首末不出事跡昭著衆所明知者並委御史臺勘覆事實勿容虛濫仍限今月內具名銜狀跡聞奏五品已上委中書門下即與處分六品已下減三選不拘考例聽得資者非時放選仍優與處分如已

身死者並與追贈
貞元元年三月甲寅宰相召諫官御史宣諭帝旨曰
自今上封與彈劾宜人人自陳論不得羣署章奏若
涉朋黨初京兆尹李齊運以公事詬萬年縣丞源邃左右猝犯不以道遂死於庭京兆不直其妻鄭氏告寃闕下御史大夫崔縱請窮竟死狀帝不聽邃妻訴不已縱奏如初御史中丞張彧斷論御史連章彈齊運乃奏云臣孤立爲朋黨所擠故命宰臣宣論焉
三年三月詔今年州府朝集使宜停
六年九月詔以十一月八日有事於南郊廟行從官
吏將士等一切並令自備食物其諸司先無公厨者
以本司闕職物克其王府官度支糧廩給其儀仗禮
冊府元龜　帝王部　發號令　卷之六十四　十三
物等並仰御史樽節處置
八年六月詔曰鎗甲之屬不畜私家令式有開宜當
遵守如聞京城士庶之家所藏器械宜令京兆府宣
示俾納官司他如律令
十四年正月詔曰比來朝官或有諸處過從皆畏金
吾上聞其間如素是親故或曾同僚伏臘歲序時有
還往乃是嘗禮人情所通自今已後金吾更不須聞
奏時金吾將軍李翰伺察城中細事加之以奏聞冀求恩寵人畏忌之徐州節度使張建封朝京師具奏之故有是詔
十五年九月詔自今已後二月一日九月九日每節
前放開屠一日
十六年二月詔應是功臣先有明勑或有拒犯令送
本司不令府縣官吏擅有笞撻自今已後有諸軍功
臣官健或因買賣諸色逋欠官錢延時不納宜牒送
本軍徵收送納如不躰理收索即具狀奏聞
憲宗元和元年二月詔京城內無故有人於街衢帶
戎仗及聚射委吏執送府縣科決其隷諸軍者禁身
奏聽進止
十月以西川平下制曰朕聞去天下之害者受天下
之利故陳諸原野非爲樂戰法彼震曜本於愛人五
冊府元龜　帝王部　發號令　卷之六十四　十四
材不可以去兵七德必先於禁暴皇王之道豈不然
歟逆賊劉闢時之妖孽處宵形之內罔識君親同人
代之間别爲梟獍因元臣之蓄聚恃庸蜀之江山誘
誤生靈扇爲桀逆朕荷祖宗之丕業執邦國之大經
人之亂嘗法所不捨乘茲衆憤爰戒徂征輿戈矛於
關西發介馬於兵部五營禁旅七萃神兵合貔武之
雄援鷹揚之帥守無絶險進靡堅營麾城而壁壘皆
空接刃而攙搶盡殪風解氷泮灌焉無餘微瀘彭濮
從茲底定蕩三蜀之流患除一方之大殘豈予寡德
能致於此斯皆宗社降佑敵無疆之休將士叶謀成

永康之福祇若靈貺嘉乃衆心予懷惕然若蹈氷谷其收復成都諸大將擒獲劉闢軍將委崇文與都監軍使俱文珍條疏等第聞奏即有甄升其賞物等節級分賜務令優厚投降將士亦委崇文文珍條次聞奏官軍陣亡將士等並委崇文與監軍審勘具名銜事跡申奏即與褒贈其家口等並委本軍優賞五年一停衣糧並委所在州縣速為收葬仍量事致祭陷在賊中官吏百姓等應有節義著明無辜受戮者並委節度使具名跡奏聞當與追贈仍優給其家又分彊設都蓋資共理形踈壞制亦在稍均將懲難以銷

萌在立防而不紊故賈生之議以楚益梁宋氏之規割荊為郢酌於前事宜有變通其西川資簡陵榮昌瀘等六州宜割屬東川於戲制理經邦必垂意於未亂而養災蓄患固難禁於已然撲彼燎原至於用滅永言迷復載軫倶焚咨爾多方體予深意布告天下咸使聞知

二年正月南郊赦書禁郵驛假託乘券天下百姓不得冐為僧尼道士以避徭役其創造寺觀廣興土木者舉前勑處分之

二年正月詔自今已後應諸道有除官赴闕受代至京不得取本道錢妄稱進貢

四年七月詔東都諸軍不得擅有追百姓及輒禁於本司並須牒府縣仍委東臺糾察

六年五月戊申御史臺奏諸司諸使應有捉利錢戶請准臺省例如有過犯差遣並任府縣處置從之

十年六月辛丑盜殺宰相武元衡戊申詔曰朕以不德君臨萬邦不敢自逸每懷兢惕而宄彼竊發殲我股肱是用當宁廢朝通宵忘寐永懷良輔何痛如之宜極捜擒以攄憤毒天下之惡天下共誅念茲臣庶固同憤嘆宜令京城及諸道所在同捕逐有能獲賊

者賜錢一萬貫仍與五品官有官超授如本雖同謀或曾停止但能糾告當舍其罪仍同此科敢有藏匿全家誅戮布告遠近使明知之於是京師大索坊市居人團保又載錢二萬貫分積東西市以明必賞自是索賊頗憑公卿家有複壁重轑者畢索之

九月詔近緣東都盜賊事連僧徒因此所繇遂有覺察今既各有名籍不得恐動其已出城者所在安存其外國僧亦任隨便居止先是諸處獲賊牒者多是蕃僧因物色捕之其在京城近闕寺僧無親識者亦捜逐焉繇是恂恂皆已還俗充役或搆訛言動京邑

帝察之故有是命

十二年二月詔京城居人五家爲保命朝官及官中條踈家人部曲及在宅參從人數送府縣其寺觀委兩街功德使團保虞二方之奸謀也（時鎮州王承宗蔡州吳元濟叛）

四月詔曰列位選能切于守土分憂求瘼諒在親人言念疲黎載深注意自今已後刺史如有利病可言者不限時節任自表奏聞不須時節申報節度觀察使

是月中使劉奉禮宣應左降官及流人不得補職及流連宴會如擅離州具名聞奏

十四年二月詔曰寇孽背恩自取誅剪黎元不幸久陷兇殘王師有征義先拯物苟加殘暴諒匪予懷況諸軍討伐已來百姓歸投相繼旣是嘉恤尤宜撫存時屬春陽各務農業阻我惠化當令便安其淄青四面諸道兵馬應入賊界收城邑所至百姓明加曉諭任其營生輒不得妄行傷殺及有拘繫焚燒廬舍掠奪資產開發墳墓等事並宜禁斷詔下之後已有處分令更申勑切在遵行

冊府元龜

巡按福建監察御史臣李嗣京　訂正
新建縣舉人臣戴國士　条閱
知建陽縣事臣黃國琦　較釋

帝王部　六十五

發號令第四

唐穆宗以元和十五年正月即位閏正月癸亥詔曰御樓勑下遠近已知如聞奸人覬望恩赦城外道路刼奪稍多從御樓勑下至來月五日已前京畿應有姦非盜賊等希恩故犯情不可原並依法處斷不在

赦宥之限其犯罪人縱屬諸軍諸使亦委府縣依法科斷

二月御丹鳳樓大赦詔天下諸州不得擅有閉糴禁錢務令通濟

長慶元年五月辛丑赦書其中使及郎官御史奉使所在並不得與人事物其諸道或閉糴禁錢自爲條約切宜禁斷

七月丁酉詔御樓勑下遠近已知切慮奸人覬望恩赦從御樓勑下日至今月十八日已前京畿應有奸盜希恩故犯並宜准法處分使犯罪人縱屬諸軍諸使亦任府縣依法科斷十八日大赦制停諸道年終勾并不許刺史上使并錄事參軍不得擅離本所委御史臺切加糾舉

二年三月詔近者師旅屯集饋餉頗多不免於諸道留州使錢內每貫抽二百文以充軍用幽鎮既以洗雪供費亦漸有常其河北諸州道及河東兗鄆淄青汴宋陳許徐泗澤潞河陽鄭滑等道并邊上諸鎮並不用抽緣邊鎮戍烽子並委所管量與優當應緣山東行營兵馬未歸本道以來進退事機並宜專委節度使除事關迫切須遣專人外其餘書詔文牒一切

分付度支入遞發遣制使中使到中道行營不得輒受人事錢帛及行非理鞭朴當加察訪義不矜容其河南北鹽法亦委鹽鐵使與本道審計會務以便人爲法

八月誅李㝏汴州平下詔以官軍陣亡將士并㝏爲亂以來有潛謀効順誠節可嘉并因此遇害者並委本軍審勘其姓名事跡申奏當與甄奬及加褒贈仍令本軍優賞其家三年不停衣糧并委所在州縣爲收葬量事致祭及將士有因戰陣傷損尤甚以至殘廢者各委本軍厚加優恤仍勿停解其經戰陣處所在

賊中遺骸并委所在州縣隨事收埋勿令暴露

三年正月詔曰寒食省墓著在令文其塋域在京畿者自今任寒食假内往來不限日數若在外州任准式年限請假

四年三月赦書應天下所貢奇綾異錦彫文刻鏤一事已上有渉踰制者悉皆禁斷至於喪葬嫁娶車馬衣服事關制度不合踰越委中書門下明立科條須示天下有不守者御史臺及出使郎官御史嚴加訪察節級科處所在淫祀不合禮經者並委長吏禁斷

敬宗寶曆二年十一月詔朝官及方鎮人家不得置

私白身

文宗太和元年五月詔曰衣服車乘器用宮室侈儉之制近日頗差宜付所司並准儀制令依品秩勳勞仍約今時所宜撰等級送中書門下參酌奏聞踰侈之成俗法令之不行其來久矣雖有是命訖無一人行之者

六月詔百司庶務有不便於人者各委長吏悉心陳列無使壅於上聞

十一月京兆尹奏伏緣畿甸頻有賊徒應官健子弟若要習射並請令本司各制射栔教試不得將弓箭出城假託習射從之

三年八月詔曰凡制命須行事有不可給事中職合封進省察既畢宜布百司稽停晷刻皆著律令自尚書省御史臺所有制勑及官屬累授不當宜封章上論其事狀分明亦任舉按須指事據實不放上如郎官御史臺出使訪聞按舉自准前後赦文不在此限

十一月癸未朔勑應中書門下尚書省二十四司制勑及勑甲等近日撿報多稱斷裂無憑勘覆以此之故踰濫大行應從前制勑甲等所有斷裂者宜各委本司並重粘背其中書門下仍取本押舍人給事中

及甲庫官本司令吏尚書省委本司郎中甲庫官本行令史同署名印所斷裂縫扶尾後云某甲勘卷若干縫斷裂亦同印署新舊背縫並具年月卷第印署如庫官令史考滿日須據實交點已後撿報稱有斷裂甲庫官及本行令史節級處分

四年十二月詔曰如聞近日京城頻有寇賊府縣所繇至少防制實難須假軍司共爲捕察宜令左右神策各差人與府縣計會如有盜賊同力追擒仍具所差人數姓名并所配防界牒報京兆府應捕獲賊並先送府縣推問如有諸軍諸使勘驗知情狀如實是

殺人及强盜罪跡分明不計贓之多少聞奏訖牒報
本司便付京兆府決殺其餘即各牒送本司令准百
姓例之罪科決待府司添補所踈人力稍足即别條
流其外縣有軍鎮處亦准此處分議者非之
五年正月己未詔曰方面大臣皆吾股肱心膂思與
相見無時蹔忘想其戀闕之心願奉修覲之禮其于
忠懇悉亦可知但緣兵革初停務先安輯或地隣戎
寇須有防慮或鎮重軍雄切於綏撫臨機處分要合
便宜自今已後諸道節度團練防禦經畧等使有朝
覲者但先獻表章後得詔旨允許即任進發務使行

止之際臨時不失事機故此宣示想各知悉
四月勑鹽鐵判官尚書刑部郎中諸司諸使更不得
奏請克職
七年三月辛巳御史臺奏切王傳王堪男禎國忌日
於私第科决作人罰杖六十詔曰准令國忌禁飲酒
舉樂科罰人吏都無明文但以不合釐務故不得决
斷刑獄起今縱有此類臺府不得舉奏其王禎宜釋
放
閏七月己未詔曰前後制勑應諸道違法徵科及刑
政冤濫皆委出使郎官御史訪察聞奏雖有此文未
嘗舉職向外生人勞弊朝廷莫得盡知自今已後應
出使郎官御史所歷州縣其長吏政績閭閻疾苦及
水旱災傷並一一條錄聞奏郎官宜委左右丞勾當
法官委大理卿勾當限朝見後五日內聞奏並申中
書門下如訪知所奏事不實必加懲責其奏舉稱職
者則議優奬
八月詔曰卿大夫者下人之所視遠方之所傚若非
恭儉克己廉貞化人而望其服從固不可得況朕不
寶珠玉不御纖華逮于六宮皆務儉薄卿大夫得不
叶朕此志率先兆人比年所頒制度皆約國家令式

去其甚者稍謂得中而士大夫苟自便身安于習俗
因循未革以至于今百官士族起今年十月服冬裘
已後其衣服輿馬並宜准太和六年六月十七日勑
處分如故違制度九品已上量加黜責其布衣五年
不得舉選百姓軍人各委州府長吏漸施教化使自
遵行不要便爲禁制令其驚擾又易議豐屋傳美卑
官彫刻譏磨先賢所戒近者官纔升于郎署位始至
於郡符莫不高其閈閎廣以池榭非惟僭侈踰制實
亦耗蠹傷財其百官第宅已造成者并許仍舊今日
後如更有創立新宅及屋室高大者并委御史臺彈

糾必嚴加黜責

九年七月勅右銀臺門自今不得與諸縣主簿進文狀

九月癸卯朔詔曰朕承天之序燭理未明勞虛襟以求賢勵寬德以容衆頃者或台輔乖弼亮之道而具寮扇朋附之風翕然相從實斁彝憲致使薫蕕共器賢不肖並馳退跡者成後時之失登門者有迎吠之容繆盭之氣堙鬱和平而望陰陽順時疵癘不作朝廷清肅班列和安自古及今未嘗有也今旣再申朝典一變澆風掃清朋比之徒整飭貞廉之俗凡百卿

士惟新令猷如聞當行之中尚蓄疑慮或有妄相指目令不自安今斯曠然明諭朕意應與宗閔德裕或親或故及門生舊吏等除今日已前黜遠之外一切不問各安職業勿復爲嫌布告中外令其知悉時李訓鄭注竊弄威權不附已者陰以事中之人人恐懼皆不自保姦臣懼其反爲所搖故有此詔

十二月庚寅勅先是元和十年六月十三日勅以內庫弓箭陌刀賜左右街使充宰相入朝以爲翼衛及建福門而退至是因訓注之亂悉罷之其所賜兩街軍器盡歸於弓箭庫

開成元年正月勅天下戍鎮文武帶憲官者解補進退並須奏聞又禁坊市百姓衣緋皂衣以雜軍人者

十月禁天藏等府採臘侵暴百姓者

三年正月癸未詔曰輦轂之下法在肅清奸盜竊發理難容捨親仁坊今月五日賊依前委京兆府左右街使鳳翔邠涇金商同華等州切加捕逐如獲頭首准法科斷其餘支黨一切不問於戲唯此凶災是彰非德情敢忘於罪已惠所貴於及人施令布和期於蘇息凡厥臣庶宜體朕懷主者施行

五月詔曰朕以非德祗膺大寶深求理本將致時雍

以慈惠恭儉爲休徵以人和年豐爲上瑞夙夜思省無以過之至於嘉穎連理之祥飛禽走獸之異出於邦家來獻闕庭虛美推功非予所尚歲宴奏陳于清廟元正列上于大朝探討古今亦無明據恭惟靈聖豈俟薦聞事匪經通理當釐正庶使溥天之下知予務實之心其諸應有三等祥瑞並不得更有聞奏亦不要申牒所司其臘饗太廟薦獻太清宮并元日受朝奏祥瑞儀主宜停初帝謂宰臣曰歲豐人安豈非上瑞何必以連理嘉禾爲祥宰臣因言春秋二百四十年不書祥瑞帝深然之遂有此詔

武宗以開成五年卽位四月敕匭函所設貴達下情近者所投文書煩碎或論列祖曾功業或進獻自巳文章無補國經有紊時政極言不諱豈假匿名從今後如知朝廷得失軍國利害實負冤屈有司不爲申明者任投匭進狀所繇畫時引進不得壅滯餘不在投限宜委匭使准此

會昌元年六月敕自今巳後應有朝官及上封事人進章表論人罪惡並須證驗明白狀中仍言請付御史臺按問不得更云請留中不出如軍國要機事關審切者不在此例推勘後如得事實必與奉公苟涉

加誣當令反坐如此卽人知畏法事免構虛告示中外令知朕意

宣宗以會昌六年卽位十一月議有事于南郊敕曰聖人嚴配圜丘將以孝理天下而歷代因之務行大赦寃滯者可從昭洗險慝者宜示澄清所有大禮前據有罪巳結者亦在逮令詳議無至惠姦

大中二年九月詔曰比來多有無良之徒妄于街衢投置無名文狀及箭上并旗幡上肆爲奸言欲以惑聽自今巳後如有此色宜准實應二年正月十八日敕令所在地界于當處焚毀埋藏不要聞奏

三年四月敕兩軍及諸軍巡捉得劫賊京兆府先牓懸賞近日捉獲得賊都不給付旣違公勸何以勵人宜令京兆府所有軍巡捉獲劫賊便須支給賞錢

五年八月詔曰如聞近日多有閑人不務家業嘗懷兇惡肆意行非專於坊市之間恐脅取人財物又其中亦有曾爲趨吏依倚門欄自恐懲尤遂致停解不思巳過却務愆讐妄構虛辭恣行恐嚇要懲此弊以靜奸源自今巳後宜委京兆府切加訪察如有此色便捉獲痛加刑斷

懿宗咸通四年正月詔曰建中元年巳有明敕嘗條

官上後舉一人自代編諸式令實廣聞見旣開推讓之途將致雍熈之化聞其近者多廢舊規從今後百官凡有除移切遵典故無取掩賢之誚當明舉直之心我得其人國無不理

昭宗乾寧二年十月詔邠州行營都統曰邠州節度副使崔鋋破城之時勿令漏網鋋與崔昭緯去年朋黨交結王行瑜構合禍胎原繇此賊付四面行營知委

哀帝天祐三年六月壬辰詔曰朝廷命官量能授職中書奏擬旋巳施行綸材旣備于班員立政兼伸於

沉滯况遷都之後制度聿興新授官者翔於外藩不議赴闕前資任者蟄於列屏自謂安時舠爾代受國恩身榮朝請養高保性旣不能解印掛冠論級嗇名又不能肇朏分理况新羅渤海外國遠戎奔程以至新都入貢不虧于舊典復于朝士有愧夷人旣除官者尚不歸班則前任者良難戀王宜令諸道節度觀察防禦刺史等如部內有新除朝官前資朝官勑到後三日內發遣赴闕仍差人監送所在州縣不得停任苟或稽違必議貶黜付所司

後唐莊宗初爲晉王天祐五年四月下令曰兵亂以

來生靈凋耗豈止賦租煩重加之寇盜侵漁又聞市井之中多有兇豪之輩晝則聚徒蒱博夜則結黨穿窬若不示以嚴科何以懲其巨蠹仰法司顯行條令峻設隄防

八年正月敗梁軍於栢鄉史建塘周德威前軍徇地邢洺魏博衛滑諸郡縣曰王室搆屯七廟被凌夷之酷昊天不弔萬民罹塗炭之災必有英王奮庸忠臣仗順斬長鯨而清四海廓妖祲以泰三靈予位忝維城任當分閫念茲顚覆詎可晏安故仗桓文節制之規問羿浞兇狂之罪逆温碭山傭隸巢孽餘兇當僖宗奔播之初我太祖横平之際束身泥首請命牙門包藏姦詐之心惟示婦人之態我太祖俯憐窮鳥曲爲開懷特發表章請師梁汴纔出萑蒲之澤便居茅社之尊殊不感恩遽行猜忌我國家祚隆周漢迹盛伊唐二十聖之鎡基三百年之文物外則五侯九伯內則百辟千官或代襲簪纓或門傳忠孝皆遭陷害永抱沉兇且鎭定兩藩國家巨鎭與安民而保族咸屈節以稱藩逆温唯仗陰謀專行不義欲全吞噬先據屬州趙王特發使車來求援助予情惟憑寇義切親仁躬率賦輿赴茲盟約賊將王景仁將兵十萬屯

據栢鄉遂驅三鎭之師授以七擒之略鸛鵝纔列梟獍大奔易如走坂之丸勢若燎原之火僵屍仆地流血成川組甲彫戈皆投草莽謀夫猛將盡作俘囚羣兇旣快於天誅大憝須懸於鬼錄今則選蒐兵甲簡練車徒乘勝長驅剪除元惡凡爾魏博邢洺之衆感恩懷義之人乃祖乃孫爲聖唐赤子豈狥梟狼之黨遂忘覆載之恩蓋以封豕長蛇憑陵荐食無方逃難遂被脅從空嘗膽以銜寃竟無門而雪憤旣聞告捷想所慰懷今義旅徂征止于招撫昔耿純焚廬而向順蕭何舉族以從軍皆審料興亡能圖富貴殊勳茂

業翼子貽孫轉禍見機決在今日如能詣轅門而効順開城堡以迎降長吏則斷補官資百姓則優加賞賜所經詿誤更不推窮三鎮諸軍已申嚴令不得焚燒廬舍剽掠馬牛但仰所在生靈各安耕織予恭行天伐罪止元兇已外居民一切不問凡爾士衆咸諒予懷

十二年六月平魏博令軍中曰我國家列爵疏封皆循舊制建藩維而命宗子錫茅社以報功臣惟茲魏邦纘乃舊服自逆溫肇亂天下分離誅害忠良窺覦藩翰遂使公侯之國鞠爲蛇虺之場朱友貞蕞陋餘

妖人神共棄不量其力謂秦無人尚爲貽厥之謀巧設兼并之計改張節制分割山河連甍皆弊於誅求編戶不安於閭井且人爲邦本君乃民天旣興虐我之謀須起徯予之嘆遂至桓桓列較擾擾齊甿奮白挺以捐生潔壺漿而望王予叨居闕政誓復聖唐永念生靈嘗生軫惻覩茲殘弊尤切疚懷昨百姓三軍請予兼領姦兇在近鎮撫尤難賴爾衆多共宣忠力切以軍府變更之後人情易動難安將務輯寧須嚴法令凡訛言謗議殘物害人結黨連朋抵刑犯禁如當糾告法固難容凡爾蒸人勉其自勵布告中外咸使聞知令下於是中外肅然浹辰之間郡里完集人無異議市無忿爭一錢强佔必處極法繇是姦豪屛息靡然向風時有帳下將李存進質性勤恪當官無避爲軍城使法令必行人皆畏憚帝亦推心示物無所阿私鄴人繇是大伏所以克成霸業

帝卽位初制曰儻兵銷息何須有丹鳳白麟若歲稔人和何必有紫芝赤鴈今後諸道應有祥瑞並不要奏聞

同光元年閏四月癸未詔曰自古聖帝明王創業垂統九州共貫五運相承未有不始於憂勤終於逸樂故苗人不作不能成舜伐之功葛伯不生無以立湯征之事理亂有嘗數文質爲大綱秦不道而漢室興

隋無德而皇朝王連二十葉垂三百年自黨起河南災纏海內朕自提戎律切爲國讐每親統師徒欲早寧乎寰宇近者諸方侯伯疊貢牋章勸卽位以皆堅讓體元而不獲爰新鳳曆尋揭鷄竿顯造丕圖倍慚涼德蓋自文班武列抱義懷忠共傾忻戴之心遂應紹開之運以正君臣之位以安宗社之基未偃武以脩文倍宵衣而旰食不以萬乘自尊爲樂以八紘未靜爲憂更賴上下一心內外同力誡嚴朕軍旅撫恤朕黎甿務裨贊以爲嘗期清平而可待注屬緊倚不捨斯須十一月壬子勑朕猥以寡德謬荷丕基順天

行誅因衆除亂剗宗祧之大耻快億兆之歡心車書將致於混同寰海漸從於開泰所宜樂虔清廟禮答圓丘巳定良辰率遵舊典朕取今月二十四日幸雒京十二月二十三日朝獻太微宮二十四日朝獻太廟二十五日有事於南郊經過州縣隨事供備不得妄有侵擾百姓應諸處節度防禦刺史等不得遠赴京都擅離治所務從簡儉以稱朕心

十二月巳卯勑聞諸軍無良之輩多盗牛宰殺公然貨賣累行止約尚未斷除宜令揔管司及毛璋李存義河南府兩街巡使嚴加捉搦

二年二月南郊制曰被服錦繡貴賤有倫裁制衣裳短長有制苟無彝則必害女工近年以來婦女服餙異當寛博倍費縑綾有力之家不計卑賤悉衣錦繡念蠶織之匪易顧法制之不行須示條流與漸遵守委所司散下文牓曉示御史臺及諸觀察使糾舉違勑又喪葬之典令式具言使貧者足以備其儀富者不得踰其制自此淳風漸散薄俗相承不守等威兢爲僭侈生則不能盡其養歿則廣糜傷其終自今後仰所司舉明條制勿令踰越若故違犯嚴加責罰

三月勑朕自雀臺創業兎苑平兇救生聚之倒懸俾衆區之反正凡云機密深繫憂勤每事多委密司權令決遣貴無停滯要速施行今則四海一家萬邦同德中土之宸居顯定圓丘之祀禮方終既整皇綱合依舊制使百官各舉其職庶事不失其宜貴合通規以成永例此後應有公事何色件合歸樞密院何色件合付京百司至於軍幕之中並在精詳分擘內外免侵其職分高低貴叶其規程其或百姓軍人事關爭訟先經州縣都將須依次第披論或致淹停可詣臺省至若懷寃抑要達禁庭即許投狀匭函別議申雪此情或非的確理涉僭踰推詰有聞必行朝典兼

有衣冠士族參選官寮或獻所業文章或述從前行止因依駕幸抵冒乘輿希望恩榮隨張物體更有軍人百姓亦敢將狀衝突須各示條章絕其容易宜令御史各下諸司河南府及諸道分明曉示訖奏其本朝百官有司所行公事仍令御史臺各取狀申中書門下

四月勑朕祗膺大寶虔奉鴻名勉承夷夏之心以副天人之望雖德音荐降赦宥近行猶恐恩有所未孚德有所未洽則自朱温刼遷昭宗至雒京巳來內外臣寮有無名妄遭刑戮者更宜廣令捜訪各與次第

贈官如有子孫並委敘錄

五月中書奏凡有進狀乞官及諸州府初奏請判官薦舉前資自諸中書求官等竊聞所稱頭銜多有踰越中書既無舊案除授何以爲憑起今後凡有諸色前資若命官者除近曾任朝官及有科第外清資官爲衆所知並須追到前任告勑中書點檢後方可進擬貴絶虚授以杜僥求從之

九月先有勑關防道路捉搦詐僞之人如聞諸道有詐稱天使者嚴加辯認又勑如聞藩方入奏使臣多有於京內私買衣甲宜令揔管司指揮諸軍審加覺察

明宗天成元年八月丁未樞密院條流已前州使錢穀並係省司昨徧降德音特指揮除省元本利潤物色並與擬充公使兼月支俸料足以豐盈訪聞州府節度使刺史內尚有不守詔條公行科歛須議止絶且如條件州使所納軍糧據元納石斗不得更要加耗節度刺史所置牙隊許於軍都內抽取便給省司衣糧況已人數極多如聞更有招置轉生騷擾速議勘窮諸色人多因抵罪藏竄便於州府投爲使下元隨邀求職務凌壓平人兼聞有力戶人於諸處行賂希求事務主持此後許人陳告州使妄稱脩繕城池廨宇科賦于人及興私宅自此州使凡有興脩須先奏取進止諸縣鎮稟州文符如事理歸公即宜遵稟如涉科配人戶不得私徇文符此後如有訪得餘聞先罪本處官吏州府既有利潤兼請俸錢凡事合遵條憲不得賒買行人物色兼行科率刑獄繫囚如關贓賂則可追引文證如有小小爭鬬登時量事決遣不得輒有禁繫已前條件州使如敢違犯許人陳告勘詰不虚即量行獎賞者又勑曰昨帝室纏灾生民受弊方茲纘紹務切撫寧尋降德音復宣明勑貴先求瘼務在推恩其或長吏因循公方撓雜何繇致理徒

有怨咨是宜再論賞刑納言利病事或違於條制法必振于紀綱宜令三京諸州府並准此處分

十一月丁巳維陽縣令騶明舉奏請止絶坊市息利典質其軍家子弟都外興販侵擾緑路旅舍勑旨從之又詔曰今年四月一日已前私債所降德音節文仰三京諸道分明宣布于要害道路牓壁不得漏落今則尚違犯其後來相次條理諸色事件皆關念及生聚布以優恩多因州使倖門淹留勑命或公然隱匿全不施行官吏但習舊風百姓罔知新命宜令遍加告諭

二年正月勑日設官分職有國宏圖授才任能前王重事凡繫惟行之命須遵不易之規朕以猥紹丕基務弘至理臨萬國則每勤聽政任庶官則切在得人貴內外之叶和俾華夷之帖泰頃自本朝多難雅道中微皆尚浮華罕持廉讓其有除官蘭省命秩栢臺或以人事相疎或以私讎見訐稍乖敬奉遽致棄捐蓋司長之振威處君恩於何地細思積弊深所疚懷方當大定之期特示維新之制今後應新授官員朝謝後可准列隨處上事司長不得輙以私事阻滯其所授官仍不得因遣抑挫託故請假庶使孤弱遂昇

遷之路朝廷無滯塞之端凡爾羣官體予深旨

三月勑訪聞京城坊市軍營有故犯條流殺牛賣肉者仰府縣軍巡嚴加糾察如得所犯人准條科斷如自死牛卽令貨賣其肉斤不得過五文鄉村死牛但報本村節級然後准例納皮曉示天下州府准此處分

八月勑旨刑故無小義絕惠姦罪疑惟輕事全誅意聖賢明訓今古通規非法無以振其威非恩無以流其澤故有功不奬何以激盡忠有罪不刑何以戒爲惡二者無失庶務有成朕統華夷不求奢侈臨食慮兵師之餒授衣思黎庶之寒仗中外勳賢壯國家基址熒惑應犯而自退太陽蹔蝕而復圓百果無不熟之方五穀無不豐之處顧唯寡德何稱嘉祥况保義軍節度使石敬塘晉州留後安崇阮洛州刺史張進耀州團練使孫岳寧州刺史高允環等杜絕誅求尋加獎諭陶玘輙爲聚歛自掇愆尤功過旣分黜陟有異在朝備見列國皆知不貪者轉更無私有過者必應自省四方侯伯皆朕忠臣萬國人民皆朕愛子條舒是繫賞罰齊行務德者雅合古賢效尤者自干朝典除鄧州見取責情罪諸色官員及豪州李鄴外其

諸道州府如八月已前或有偶違條制干於國章者諸色人並不得更有託訴若或此後有違許人上告當勘情罪必舉刑書

九月勑諸司官寮職員軍將出使嚴加指揮不得帶挾逃走軍人如失于覺察官員等必行朝典

十月詔人戶因有納稅入州便值更變或散失車牛其車許本主識認勤王之節雖自于勳賢入貢之勞抑繇於使介其有諸道進奉使或已入汴州陷失土貢宜與收破無勞重有貢輸專人經刼奪者宜與優給不軌之徒已加顯戮無辜之士當慰幽寃馬彥超

宋彼殷等宜與追贈隨人有子及弟姪者並量材獎錄諸州縣或有曾受逆人文字者仰隨處焚毀一切不問輦轂之下姦逆遽興旣不忍於戈鋋固莫分於玉石昨王師攻下汴州之時翦除兇逆之際恐其士庶偶陷鋒鋩言念傷殘良多嗟憫宜令石敬瑭遍加存問兼勘在城殺傷人口奏聞量加給卹衛王亡軀摧凶效命偶御脅從之勢終懷忠藎之誠首議向明理宜行賞昨車駕初到城下之時有將士率先開門及下城朝見宜令石敬瑭奏聞當與甄酬

三年四月勑設官分職比委仗于公才詢事考言務

恢弘於理道朕自祗膺大寶俯育羣生四門無壅其聰明百辟咸專于諫諍凡關事務各有職司儻踰越于規繩必申明于典憲其有兇頑之輩遊惰之夫藝不度於荒唐心每懷于僥倖或妄陳條策覽尋而多是詭言或但務訟論按驗而郡招情罪不遵格令輙肎乘輿若無止絕之文何戒因循之弊今後凡有詞狀并須各于所司部據理陳論如未盡情或有冤曲即許經御史臺臺司不理則詣匭投狀然若有進獻策條則須審明利害有益公私然可投匭朕當選擇施行不得容易接駕如敢故違當行嚴典

七月齊州防禦使曹廷隱曹州刺史成景弘弓高縣令王廷果金鄉縣令夏侯景坐贓伏法之後恐論告不止勑八月一日已前罪犯一切不問

十一月閤門使馮知兆奏內外臣寮多有僭呼官號下令禁之

四年五月勑以諸州典史與縣官同謀聚斂發覺之後便各逃竄宜令嚴加捕捉如不獲罪在長吏及同居親切骨肉又勑大壯之規標於易象不莊之戒著在禮經況乎地列山河貴爲侯伯至于邑宰皆肅公庭須整臣之威儀以重民之父母頃當世亂固無暇

于脩新今旣時安誰不思於補故況一日畢葺三年有成凡居祿位之流聞此聖賢之語今後諸州諸吏凡於廨宇並須專切增脩不得信令摧毀凡所置辦亦令勸其年月編于帳籍受代之際各明交領亦不得託於廨署接便擾人

六月勑諸道節度行軍司馬名位雖高或帥臣不在其軍州事委節度副使權知又勑州牧侯伯所請賓從及主事元隨並令奏其姓名或參佐道廚並當加罪

是月左散騎常侍蕭希甫以四方刑獄動皆上聞不

獨有柰於公朝兼且淹延其獄訟伏乞條流縣令凡死罪以下得專之刺史部内有一吏一民犯罪得專之觀察使部内有犯罪五人已下得專之如此則朝廷事簡見萬乘之尊矣奉勑刺史旣爲屬郡不可自專按牘旣成須申廉使餘依所奏

七月勑諸道州府不得奏薦將較職員乞行恩命如顯有功勞即據功効列奏又勑諸司寺監凡有文簿施行奏覆司長須與逐司官員同籤署申發不得司長獨有指揮其主印官或請假差使印須依輪次主掌不得踰越

冊府元龜

廵按福建監察御史臣李嗣京　訂正
分守建南道左布政使臣胡維霖　參閱
知建陽縣事臣黃國琦較釋

帝王部　六十六

發號令第五

後唐明宗長興元年二月赦書應諸色私債納利巳經一倍者只許徵本本外欠數竝放納利巳經兩倍者本利竝放

四月前刑州節度使李從温得替朝見帝謂安重誨

日從温不待交替何得先來甚虧事體今後可指揮諸道更有除移須替人到交割公事了即得離任

五月勑旨自今後凡有除移准宣詔追抽外其餘須候替人到彼點檢交割軍州公事了日即可發離本處不得輒離州府仍令逐道觀察使散下管内諸州准此指揮

六月辛亥勅宜令諸道應有防禦團練刺史行軍司馬節度副使等或月限將滿或遇闕員須俟朝廷除授不得更奏薦

七月勑旨今年二月二十一日郊天赦書節文朝臣及藩鎮郡守亡父母祖父母及父母在并妻室未霑恩命竝與追封贈及叙封者今赦書須下巳及半年所行遣贈叙封所司尚未奏覆深慮留滯各速指揮朝臣限兩月内齊具錄奏外處與限一年仍竝據品秩准格列指揮朝臣不得踰越

二年正月詔曰要道纔行則千岐共貫宏綱一舉則萬目皆張前王之法制罔殊百代之科條悉在無煩改作各有定規守度程者心逸日休率胷臆者心勞日拙天垂萬象星辰之分野靡差地載羣倫嶽瀆之方隅不易儻各司其局則皆盡其心其律令格式六

典凡關庶政互有區分久不舉行遂至隳紊宜准舊制令百司各於其間錄出本局公事巨細一一抄寫不得漏落纖毫集成卷軸兼粉壁書在公廳若未有廨署者其文書委官司主掌仍每有新授官到令自寫錄一本披尋或因顧問之時應對須知次第無容曠闕每在執行使庶寮則守法奉公宰臣則提綱振領必當彝倫攸叙所謂至道不繁何必期年然後報政宜令御史臺徧加告諭催促限兩月内抄錄及粉壁書寫須革其間或有未可便行曾釐革事件委逐司旋申中書門下當更參酌奏覆施行

五月勑國頼賢良雖務摉揚之道官縣請託實開僥
倖之門蓋任不當材則民將受弊稍乖掄擇大紊紀
綱近聞百執事等或親居内職或貴列廷臣或因宣
達君恩或因勾當公事經縣列鎮于擾諸侯指射職
員安排親昵或潛申意旨或顯發書題苟徇私情罔
循公道爭能峻阻須至強行遂使受命者負勢以臨
人得替者銜冤而去職既虧慎舉漸益躁求務要肅
清當行釐革自今已後應内外臣寮不計在朝出使
並不得輙發書題及行所屬於諸處亂安排人宜令
三司兼諸道節度防禦團練刺史等或更有人不畏

新勑循躡舊踪者并仰密具姓名聞奏發薦人貶所
在官求薦人配流邊遠州縣嘗知所在如逐處長吏
自徇人情顯違勑命只仰被替本人詣闕上訴勘問
不虛長吏罰兩月俸罰薦人比前條更加一等被替
人不准是何職掌却令依舊勾當仍從再勾當後三
年内除別顯有罪名外不得妄有替移其餘長與二
年五月一日已前所犯不在上訴之限兼勑到後但
是州府並于管驛處粉壁具錄勑命曉示每令備護
永使聞知況國家懸爵待人惟賢是舉稍聞後乂必
令奬昇其有端士正人雄文大學言可以經綸王道

行可以規矩人倫者但當顯陳表章明具論薦名如
得正工不棄財所務絶彼倖人豈可滯諸賢者是月
鴻臚卿柳膺將齋郎文書兩件賣與同姓人柳居則
其婢母論訴伏罪大理寺斷罪當大辟緣遇恩赦合
與減死奪見任官員罰銅終身不齒勑旨訪聞諸色
官員之中多有此色之事須行釐革以塞弊源應諸
色嘗調選人如有此色文書便須焚毀如是元補正
身曾受中與已來官誥便許以近受文書叙理及諸
色蔭補子孫如無虛假不許庶嫡並宜叙錄如實無
子孫別立人繼嗣已出補身得者只許續蔭一人凡

關資蔭皆繫恩榮將革弊訛須行憲法自本朝喪亂
多士因循貪冒者叙補無嘗彰敗者未聞嚴斷遂成
隳紊莫識規程且一人身名具三代名諱傳于同姓
利以私財上則欺罔人君下則貨鬻先祖行之不已
罪莫大焉柳膺顯致訟論合當誅殛偶逢恩勑特減
死刑尚念承此弊來年浮同此罪者頗衆特矜已往
各許自新別設嚴條免令後犯今日已前並依前項
條理其不合叙使文書仍限一百日焚毀須絶如此
後更敢公然將合焚毀文書叅選求事有人糾告及
所司點勘彰露所犯之人傳者受者並當極法其告

事人如有官序別與超擢任使如是百姓與免戶下差徭兼自此應合得資蔭出身人並須依格令及天成三年十一月二十日禮部起進條件施行如敢故違本司官員并本行人吏別加嚴斷不許去任離司罪無寬恕事從發覺理任澄清不惟正邦國典刑抑亦保縉紳家法有犯無赦斷在必行

六月勅諸道州府推斷刑獄或慮有司因循仍以赦令前事輒有申理紊亂刑罰宜令盡舉中興以來所降赦書德音釐革恩勅曉示王者應天順人發號施令布絲綸於遐邇示恩信於華夷儻隱而不行則王

者有罪須重提舉無致因循宜令御史臺兼三京及諸道州府應受詞狀及推勘詳斷之所須具此令文牓壁各令詳審無致踰違如或公然以赦書德音及恩勅前事輒敢受而為理者應狀案經過之處并當勘責以故違勅命律格科罪兼自此後凡有詳斷刑獄並須依坐律令格式條件及新勅釐革次第施行

又勅無厭之求既虧廉恥不義而富終取悔尤應諸道係省店宅莊園或抵犯刑章納來家業或主持敗闕收致抵當姓名纔係簿書諸利未經收管諸色人等不度勳庸高下不量事分淺深相尚貪饕競謀請射惟利是視以得為期諸色人朝廷稍立微功必加懋賞大都大邑尚以委人廢宅荒田豈留潤國自可特恩須賜奚容越分希求遂使畏懼者但處棲遲僭踰者更滋積聚失懲惡勸善之道啓幸災樂禍之門頗汚教風須行止絕

七月前安州應城縣主簿王禹前隨州唐縣主簿陳廷皜同獻時務七件勅旨投匭上章條流不阻合表進策理例無聞而況七件之中有長有短兩人之內孰否孰臧方當選以公才未可混其言路王禹陳廷皜宜各試以策問兩道定其優劣兼自此應諸色人

進策每五道別試策問兩道十道已下試三道十道已上約此指揮比按元進策條詞理可否當與等第處分仍令匭院分明牓示此後止絕不得有同表進策所貴人知區別事無汎行庶堅激勸之誠免誤擬倫之道

八月前攝晉州洪洞縣令胡廷瞻獻時務糴糶斛斗買賣絲綿請因舊樣斗秤勅旨官中比設量度民間合務均平苟縱欺謾誠為蠹弊宜令三司及諸道州府嘗如約勒如違犯當事科刑

九月昭義縣主簿張廷訓上言應諸道州縣之內有

在仕居閑衣冠不得與編民一例差遣及有假稱攝
試抗禮公廳請賜條理勑旨凡日士流州縣盡應饒
假詐稱門族長吏豈肯延容應是戶人皆編部籍如
或爲其家富邀坐公廳顯從賓主之儀頗辱朝廷之
任所在必無此事其中或有如斯須重衣冠以敦風
俗州縣官或與富百姓同坐交通者隨處糾察使知
事者不虛當行嚴斷其妄稱士族者亦議科罪
三年正月前攝臨沂縣令孟師敏献時務切見齊州
村店要津皆有關頭乞賜止絶勅旨比置關防津鋪
爲要禁察奸宄如或縱捨賊徒透漏商稅旣虧職分

難逭刑章若敢阻滯行人侥求潤已但有發覺並以
枉法贓論宜令諸道嘗切指揮無使違犯
乙巳左右金吾街門使奏狀見法人多于清化坊南
禁街内請移於歸義坊南河灘新市從之
四月河南府奏據陸渾縣令陳巖狀申縣邑荒凉欲
脩葺今有客戶各欲蓋造屋宇有礙同光二年條格
乞准近勑屬縣亦許客戶於坊市脩營屋宇所期完
葺勑旨凡興舍宇務廣人煙旣聞完葺之期式叶綏
安之道况京城之内已有條流縣邑之中可援事例
應諸縣有臨街店舍田地宜准勑許人收買依限脩
蓋其佐官宅基舊屬縣廨宇并寺院伽藍地如人戶
已蓋造屋舍居止不在起移之限便任永遠爲主如
更別占據空地作園圃及種蒔苗稼仍仰縣司與寺
家決定辨得脩蓋郎許識認交割限兩月内了絶其
地畝租稅隨地供輸如未辨脩營不得妄陳識認
愍帝以長興五年正月郎位詔關西鎮城禁廻鶻帶
挾私人往來所在撿挍非正數郎時勒留
末帝初爲潞王舉兵向闕次陜州下令日余叨居冢
嫡謬剣盤維成家於十扆九生立國於千征萬戰事
父母敦于至孝爲臣子致於盡忠將相期夾輔之勲

以廣文明之祚一昨先皇晏駕嗣聖承祧敢不遵周
召以勤王相成康而在位社稷旣然有奉人民於是
知歸但固宗祊敢論季孟豈意拌宫在阼靈駕未歸
而朱弘召馮贇等妄興猜忌之心驟起窺圖之計衺
紀在近除書遽行津涯莫知廹促尤甚况又不宜麻
制便降使臣立遣離藩俾其懼禍霆電之速軍民可
知是以聊葺城池以緩礁機十鎮驅貔豼而遽至六
師擁組練以齊來當此阽危如何旅拒不謂天道鑒
其非罪人情愍以無辜憚以攻城自來束手數鎮憑
陵之師立自滅亡九重侍衛之師翻爲心膂以至抱

義者感泣懷憤者咄嗟凡百有知皆悲無罪今則軍戎大集園寢將成羣帥獻忠廹令赴闕載念遺弓在近仙駕將歸旣息憂惶又盈哀慘今則須將禁旅入赴山陵面朝太后太妃自訢爲臣爲子今月二十七日已次陜州其在京文武兩班内諸司使務除朱弘昭馮贇家族伏法外凡百士庶並無憂疑况禁令嚴明軍都整肅必無暴犯克保平寧苟渝此言何以行令

清泰元年七月丙午詔曰長興二年閏五月勑律令格式六典凡關庶政盡有區分久不舉明遂致隳紊

宜令京百司各於其閒錄出本司事裁成卷軸或粉壁寫在廨署本司官常宜省覽以備顧問自勑下至今累年如聞諸司或以無廨宇處並未書寫施行宜令御史臺差兩巡使分巡百司局以聞如因事未辦處與限五日須抄錄依元勑指揮其諸道州縣亦有六典内合行公事條件抄錄粉壁官吏長宜觀省其律令格式事繁昨以撮成四卷州縣差人抄錄以備撿尋今後宜令御史臺每至正初具錄前後勑文告示諸司及諸州府永爲常式

十月甲午詔曰官吏通衢陳訴比來時亦有之若抱屈難伸或有理未雪固難抗節須至望塵至於方絜之人猶以爲耻近則無知之輩遽相倣例寖以成風頻至於列肆長街遮闌宰臣陳訴及其處理多礙格式或勑命已行確祈追改亦于赦條之外妄有披論不惟紊亂于綱紀抑亦有同於輕侮此後州縣官或有所陳并於中書門下擾事理陳訴如實有屈塞登時即與勘窮如是僭越虧公付銓量與殿選如不關銓量陳訴者即下法司推詰所冀羣官奉法勉令進取以僥訛萬國來王獲覩朝廷之整肅

十一月壬子侍御馬軍都指揮使安從進奏護聖軍

使王彥塘先西南面行營所至州府乞索錢物恃酒詆言抵忤本指揮使趙廷昭詰之伏罪已斬于本軍門詔曰夫命將所以行兵聚兵所以遏亂必在上下有理進退無違入則畏法以謹身出則圖功而效命畏法必無罪戾圖功則有寵恩以此言之不可不慎王彥塘方期任使輒敢恃憑旣都將以上言在軍法而難恕況屬環衛并在藩方上至偏裨下及行伍皆是久經訓練備曉條章官爵甚高衣糧極厚必能共思整戢自務保全是宜特舉規程偏加曉諭責令遵守務肅轅營今後在京及諸道馬步將士上至都尉

下及長行並須各據職資共存禮體遞相鈐轄遵稟指揮如紊亂條章下不從上指使前却使酒訛言其長行犯者委本都副兵馬使已下節級科罰其副兵馬使節級犯者委本都頭科罰其都頭犯者若無事不出時錄罪申奏若出軍指使之時便委隨處統將科罰其或所犯人自負罪愆不伏首領刑責便即奏聞如指揮使都頭已下但務頗情藏庇兇輩自招負累必不恕容須下內外諸軍知悉

三年中書門下言自今年三月後諸州奏軍事判官九人行之礙新詳定勑文慮在外未知詔軍事判官

宜令本州刺史自選擇奏舉初且除本職未得與官或與刺史連任相隨顯有勞能許本州刺史以聞量事獎賞仍不許橫有奏薦其三月後九人俱與施行

晉高祖天福元年即位赦制曰易俗移風宜遵善教尊本敬始自有常規應明宗朝所行勑命法制仰所在遵行不得改易

二年二月勑古之用兵必先立法等第既分於將領高卑自有于規繩或聞近年多踰此制至於行間士卒罔遵都內指揮既侮國章且乖師律適當開創要整紀綱宜示條流免干法制應在京及諸道馬步諸軍將領節級長行等今後仰並依階級次第凡事制禦區分如是長行或有違犯即副將便可據罪處理如是副將十將違犯即便勒本指揮使據罪科處指揮使違犯不出軍時即委都指揮使具錄事繇騰奏當行勘斷如是行營在外即便委行營統領依軍法施行其餘諸道軍都見在本處者或有違犯便委本處節級防禦團練使刺史據罪科處事要整齊法宜遵守分明告諭咸使聞知

又勑州縣之官俾其戢理錢穀之職委以秉持須選廉勤豈容薦託一時苟從於私徇久遠必紊於公方

頃在唐朝曾有勑命貴杜僥倖之漸明懸誡約之條時異理同再宜申舉自今後中外臣寮或因差使出入並不得薦囑人于藩鎮希求事任如有犯者並准唐朝長興二年勑條處分仍付所司

四月甲午勑鹽鐵度支戶部應監臨主持場院倉庫官吏等制置場務總確課程將期共濟於軍流免使偏竭於民力向者所差官吏鮮有專勤省思錄任之時盡言氷蘖及郡府主持之後例縱輕肥莫濟公家但營私室所以處處多聞其逋欠年年空係其徵催固執遷延坐期觸放每惟此輩並合嚴誅又以開創

之初令弘是切既往者已闕恩制今後者別立嚴規或躡前非必難輕恕豈是愿行峻法欲致豐財蓋務藏猶虛師徒甚衆俟期克濟難縱隱欺宜懸畫一之文兼舉必行之令

十月辛巳禁諸道不得擅造鎧甲

十一月禁黎陽至楊劉岸渡人以魏博未下故也

四月五日甲寅勅訪聞朝臣於外州侯伯求其表狀奏薦交親朕以應天順人開基創業大化方流於區宇至公必絕於澆訛私謁不容朝經具舉更玆告諭止在依行今後文武庶官不可更行薦託如有狀書

便宜密具進呈觀察使散下諸州亦准此處分

五年正月詔曰朕自御萬方于今五稔每推誠而待物貴捨己以從人乃有不體朕懷柔恣行兇悖顯干紀律須舉憲章福州王昶恃彼偏方亂其彝典於使臣而倨傲向朝闕以邀求深虧臣子之儀罔擾神祇之怒尚全大體特示寬恩所有貢輸悉令廻復舞羽而辜恩修德轉規而猶冀省諐而王建立三上奏章楊光遠繼陳表疏朝行之內邦計之司同有敷敭謂非允當且王昶以無用之物取利中華蔑不軌之心僭稱大號盜乘輿之式庶竊冠冕之威儀眩誘良家招收奇貨此而可恕孰不能容或貢讜言請從籍錄鄭元弼等相次上狀不愿廻歸亦可憫傷各令存卹其福州貢物私商宜准律處分

六年二月辛卯天下郡縣不得以天和節禁屠宰滯刑獄戊申詔曰臣子之心務申勤敬國家之體自有規繩凡侯伯之來朝或君臣之相見豈煩貢奉方啓宴筵事既非宜理當改制臣下置宴今後宜停

七年四月戊寅勅曰時屬炎蒸路當衝要使命之往來甚衆州府之迎送頗多既有煩勞所宜軫恻自鄴都至襄州洺潞州府除專到使臣依舊嘗迎送外其

餘經過并不在迎送去年六月已曾有勅至是以頻兵襄州使臣旁午恐其勞擾再申明焉

少帝開運二年正月太常少卿陶穀奏臣任監察御史日留臺西京竊見臺司詳斷者至於夫婦之間小小爭訟動引支證淹滯積時及坊市死亡喪葬又須臺司判狀奴婢病亡又須撿驗人吏貪狡因此邀求動經旬時不遂埋瘗是臣目擊嘗嫉弊訛者勅旨淹延刑獄實啓倖門積滯瘞埋尤傷和氣追呼既廣勞擾斯煩撿驗取裁停駐爲弊宜令凡有禁繫不得分外追人百姓死亡亦仰及時葬送既無重擾式叶化

風仍付所司
三年六月乙丑勑諸道不許横薦官寮爰自近年頗踰舊制起今後諸道藩鎭防禦團練刺史如本處幕席中有闕准元勑合奏薦當與除授不得横薦前資賓從州縣官及諸色職員希於在朝及外官安排不得有違
周太祖初卽位制曰帝王之道德化爲先崇飾虛名朕所不取苟致治之未洽雖多瑞以奚爲今後諸道所有祥瑞不得輙有奏獻
廣順元年正月丁卯制曰設官分職具列司存離局

侵權誠爲紊擾今後諸司公事並須各歸局分不得越次施行朝廷之務顯有舊章職官具存安可廢墜如聞自前諸司事多有壅滯今後並可疾速舉行
丙戌河東劉崇僭號太祖遣供奉官張令權齎勑書曉諭晉絳慈隰諸州軍民曰朕早事劉氏共立漢朝當高祖寢疾既危朕與楊州史弘肇於御牀之前同受顧託嗣君既立叛亂繼興朕討平河中克寧關內敢言勞苦貴保宗祧自鎭鄴都復當戎寄忘食廢寢夜思晝行固護邊疆訓齊師旅憂時憂國盡節盡忠不期羣小連謀蔽惑幼主忽於內殿併害大臣朕方在外藩亦遭讒構密降宣命潛遣行誅諸將知此無辜乞除君側之惡遂與將士同赴闕廷兇豎計窮廹害幼主朕遂奏太后請立劉贇比俟到京方議冊立便値河北告急契丹內侵遂領大軍徑赴救援自澶州起程北去輜重相次先行旗隊纔移軍情忽變喊聲動地事勢莫知攢集戈矛請朕爲主逃脫無地扶擁入京內外臣僚藩岳侯伯表章繼至推戴益堅勉副羣情尋登大位照臨之內罔不傾心不謂北京留守劉崇顯有包藏輙萌僭竊散飛文字誑惑人民驅動一方酷虐萬姓差點丁壯率掠貨財殺戮無辜誅

剝難狀況劉崇自居藩鎭雖務貪求刻削軍都增添稅賦千里之內民不聊生今則又作猖狂更加暴虐謂人情可以詐取謂天命可以僭求顛越如斯不亾何待朕方輯寧區宇拯救黔黎見舉大軍往平微孽爰念河東晉界皆是朕之生靈被此兇殘深懷軫惻卽候收復城壘當議減放稅租內外軍民並與洗滌更在沿邊藩鎭明宣朕懷接界戶人勿令侵擾其邊界城池已令修戰要辯奸細切須隄防安撫生民以副朕意
是月徐州王彥超言殺直王殷押送到賞給衣服銀

帶臣又于宋州取到賞給錢帛故官又奉宣取宿州散從官二百并于宿州單州各差夫二千以備攻城指使是日降勑宣諭徐宿二州官吏百姓曰朕猥以寡薄肇創基圖思康濟于兆民推恩信于天下庶幾致理漸至平寧楊溫等比事藩維止爲小校妄生猜懼輙閉城門朕亦累賜勑書開懷示信諭以安危之道俾全忠孝之名亦繼有文字進呈止望朝廷恕捨朕念端倪未審之際事勢使然彼既無心豈恐加罪是以授之郡牧許以自新而不體優恩尚敢拒命執迷罔悟但作遷延今巳差兵士往彼攻取期於旦夕

必易盪平汝等皆居封境之中各懷仁義之節况屬陽和之候方當農養之時暫駐兵甲固無騷擾宜思齊力安家

二月癸巳賜王彥超詔曰昨以鞏廷美楊溫等妄抱憂疑輙敢違拒累令招諭未體誠懐須至加兵以安民衆切慮破城之後玉石難分卿可告諭諸軍勿令殺人放火但誅惡黨宜捨脅從眷惟許國之心當體好生之意

三月丙子勑沿淮州鎮朝廷比與淮南素非仇怨互分疆土各有人民商旅往來比無阻滯兵師屯戍自守關防其自近朝稍聞多事煙塵時動生聚無聊爰當開創之初每求安靜之道沿淮千里所宜禁暴戢兵比屋小民漸冀息肩樂土庶期歲月馴致和平凡我疆場之臣當體宵旰之念應沿淮州縣軍鎮今後自守疆土鈐轄兵士鄉軍不得縱一人一騎擅入淮南地分稍或違令不宜輕恕商旅行李經過輙不得妄致邀難如聞滯留必行勘罪更仰指揮沿邊廵撿止絶賊盜務在道途清肅人戶謐寧詔到速散行管界凡津要口鋪可丁寧曉告

二年七月戊辰詔河東接界沿山諸州關塞山路止

絶向北商賈往來

九月勑北面沿邊州府鎮戍兵自守疆場不得入幽瀛界俘掠

十月戊子詔諸州府曉諭軍民不得屠牛驢及賣生口辛亥勑致理安邦必先刑政分爭辦訟各有職司內則臺省官僚外則州縣曹局共承寄任同體憂勤荷衆務之有條則蒸民之無怨比來百姓訴訟不得越次訴論近日纔有便詣朝廷不經州縣宜再止絶免致踰違今後百姓凡有訴論及言災瀉先許於縣縣如不治即訴于州州治不平訴於觀察使或斷遣

不當卽可詣臺省如或越次訴論所司不得承接如有抵犯准律科懲其訴事文狀或自手寫或是倩人竝于狀後書其名姓并任止處所如無人寫狀許過白紙事條竝須爲已如或客訴是挾阿私鞫得其情必議嚴斷若所經處所斷遣不平致詣朝廷長史推司當行譴罰

三年正月宣河北諸州凡有急切公事卽入馬遞奏報

四年延州向訓言請禁止州界民賣軍裝兵器於蕃部從之

冊府元龜　帝王部　發號令五　卷之六十六　十九

是月隴州防禦使石公霸上言元管三縣五鎭自秦州阻隔廢定戎新關兩鎭唯汧源皆稱直屬本府及官吏批書歷子考較課最賊盜寇攘戶民減損又責州司職分何以撿挍昨汧陽令李玉上府主簿林蕚下鄉州司不曾指揮本縣亦無申報每有提舉皆稱本府追呼無以指縱何能致理其閒戶口多有逃亡頃虞大比之時恐速小臣之罪伏覩近勑凡有訴訟尙委逐處區分不得蓦越豈可本屬縣鎭每事直詣鳳翔望降新規以滌舊獘勑鳳翔屬郡宜令依諸道體例指揮今後凡諸縣公事徵科訴訟竝委逐州官員區分於事或有疑悞須禀使府者則縣申州州申使府不得蓦越其李玉林蕚專擅上府下鄉本州勘罪奏聞

六月詔諸州府沿路縣鎭使臣經過不得差借遞驢

八月詔沿淮諸州點撿淮南人糴過糧食如是以騾驢爲馱及人負荷放過只不得以舟車輦運過淮（先是淮南大旱井泉涸竭塘堰中生草淮淺可涉又聞帛州火災后偶人言于淮上其主惡之命擊落其首淮南民渡淮而北者相繼濠壽受以兵止之民與兵鬭淮人陰糴我粟以爲儲蓄初太祖愍之日彼我民一也豚是諸軍郡許淮南人糴易至是聞吳人收糴入官以備軍食故有是詔）

九月辛卯詔曰西道軍鎭藩部經過不得與之市買

冊府元龜　帝王部　發號令五　卷之六十六　二十

戰馬罷仗

十月勑御史臺勘成除官不謝不赴任人孟翰裴部賈蟾程範崔中庸五人放罷勒赴任罷延祚李玫准元勑殿選起今後更有受官不謝宜令門下省御史臺嚴切撿舉追勘聞奏授官後違程不赴任准元勑殿選如選未滿使使來乞官者除本選外別行殿黜

十一月勑近降命京兆鳳翔同華邠延涇鄜耀等州管內縣鎭各守職分州縣徵稅賦治婚田詞訟巡鎭賊盜追捕非不丁寧宜令三司使依前勑更嚴切指揮各守職分不得侵越諸州各行訖聞奏

世宗顯德元年三月勑化理之本孝弟爲先苟或虧遺實亂名教則有士庶之内兇卒之徒不順于父兄不恭于尊長狂悖難狀訓誨莫從親族客隱而不言里巷畏避而不告傷化敗俗莫甚於兹今後或有不仁義之人違戾尊長詛避毁辱及父母在異財別居略不共侍如此之輩不計官軍人百姓之家宜令御史臺及本軍大使所在州縣廂界彈察如或容縱不切撿舉罪有所歸

十月戊辰帝謂侍臣曰諸道頻報賊徒結集傷劫人戶雖加捜捕未能遏絶累朝已來分遣使臣巡撿致

藩侯郡守不戮力于擒捉卽宜抽廻使臣專委藩郡屏逐務令封部清肅

四年二月癸亥禁内外職官薦遊客于縣鎭干求財帛者

五年五月辛巳朔帝御崇元殿禮畢内降德音曰疆場未寧旗鼓下出師之命氛霾既靜雲雷畢及物之恩四維張而載戢五兵武功成而必修文德朕戎衣再御三載親征令行而霆霹爭雄陣起而龍蛇合勢蓋舟車之所及諒聲教以咸臻敢言京德之懷柔實賴忠臣之宣力積水激朝宗之浪事等疏川客星廻拱極之光瑞增懸象今則斗柄建午火正司南順玄穹長養之心伸有國亭毒之令眷彼戎士咸遵武經或從我征行久服勤于甲冑或守兹城邑能安定於封圻宜舉彛章普膺懋賞應侍衛殿前及諸道馬步軍將士等各賜等第優給餘從宣命處分疾風勁草旣驗忠誠臨難狥軀所宜旌異應淮南行營將士歿于王事者各與贈官逐人若有親嫡子孫並與叙錄内有傷中殘廢不任征行者等第各給救接錢帛排難疆場馬革無慙於壯志遺骸暴露牛岡有軫于深仁載尋掩骼之文俾什窮泉之恨凡經戰陣處應有

暴露骨骸仰逐處州縣收拾埋瘞淮南界内逐處墳墓有曾遭發掘處委逐處州縣差人掩閉用兵之際力役是供當矜貸之在展諒優給之宜被自去年十月後來沿淮人戶曾充夫役内有遭傷殺不廻者本家各給絹三疋仍放免本戶下三年諸雜差役江南疲俗克復方新特示蠲除俾令存濟揚泰通滁和濠泗楚光壽舒廬蘄黃州漣水漢陽汶川等縣自去年終已前所欠秋夏殘税及諸色徵科配歛傳徵物色等並與除放自東南用兵首尾三載沿淮州郡應奉軍期飛輓頻仍力役勞併念其艱苦深軫所懷其徐

宿宋亳陳潁許蔡等州人戶所欠去年秋夏税並與
除放於戲江表來賓顧車書之已混寰中未乂資將
相之同心所宜共率憲章動遵王度咨爾三事逮于
庶官當整嘉謀弼予不逮

册府元龜

册府元龜

巡按福建監察御史臣李嗣京　訂正
知長樂縣事臣夏允彝參閱
知建陽縣事臣黃國琦較釋

帝王部六十七

求賢

傳曰股肱喜哉元首起哉百工熙哉晁錯有言曰古之賢主莫不求賢以爲輔翼若夫居大寶之位制四海之命蓋並建衆職非借才於異代故君人者勤於求賢而逸於得人曷嘗不昧旦丕顯求衣未明訪問

諮諏膝之前庸然後異人間出賢士鄉臻濟濟之寧文王彬彬之盛漢室者繇斯而已矣若乃青雲之士翔而後集爵以德進義無苟合易祿而難畜難進而易退其或弓旌之聆分薰蕕之同器蓋有閉門却埽隱居求志者有矣故五三而下致治之后罔不退託不昞以延髦俊而後爲盛德也

虞舜詢於四岳闢四門（詢謀也謀治政于四嶽開闢四方之門未開者以廣致衆賢）

周成王嗣位求忠臣輔助以爲政作小毖之詩（毖慎也天下之事當慎其小之時不慎後爲禍大）

宣王欲得國子之能導訓諸侯者樊穆仲曰魯侯孝（言魯侯有孝德）王曰何以對曰肅恭明神而敬事耆老賦事行刑必問於遺訓而咨於故實不干所問不犯所咨王曰然則能訓治其民矣乃命魯孝公於夷宮

漢高祖十一年詔曰蓋聞王者莫高於周文伯者莫高於齊桓皆待賢人而成名今天下賢者智能豈特古之人乎患在人主不交故也士奚繇進今吾以天之靈賢士大夫定有天下以爲一家欲其長久世世奉宗廟亡（音無）絕也賢人已與我共平之矣而不與吾共安利之可乎賢士大夫有肯從我游者吾能尊顯

之布告天下使明朕意御史大夫昌下相國相國鄼侯下諸侯王（鄼音贊蕭何封國在南陽）御史中執法下郡守（中執法中丞也）其有意稱明德者必身勸爲之駕（有賢者郡守身往勸勉令至京師駕車遣之）遣至詣相國府署行義年（行狀年紀也）有而弗言覺免年老癃病勿遣

文帝二年十一月詔舉賢良方正能直言極諫者以輔朕之不逮

十五年九月詔諸侯王公卿郡守舉賢良能直言極諫上親策之傅納以言

武帝初即位徵天下舉方正賢良文學才力之士待

以不次之位四方士多上書言得失自衒鬻者以千數其不足採者輒報聞罷報云天子聞其所上之書而罷之令歸

建元元年冬十月詔丞相御史列侯中二千石二千石諸侯相舉賢良方正直言極諫之士

元光元年十一月初令郡國舉孝廉各一人孝謂善事父母廉謂清廉有廉隅

五年徵吏民有明當世之務習先世之術者縣次給食令與計偕計者上計簿使也郡國每歲遣詣京師偕者俱也令所徵之人與上計者俱來而縣次給之食

元朔元年詔曰夫本仁祖義褒德錄賢勸善刑暴本仁

祖義謂以仁義爲本始五帝三王所繇昌也故詔執事興廉舉孝庶幾成風夫十室之邑必有忠信三人並行厥有我師今或至闔郡而不薦一人闔閉也總一郡之中故言闔郡也是化不下究而積行之君子雍於上聞也究竟也言見壅遏不得聞於天子也且進賢受上賞蔽賢蒙顯戮古之道也其與中二千石禮官博士議不舉者罪是時天下愼法莫敢謬舉而貢士蓋鮮故有斯詔

元封五年四月詔曰蓋有非常之功必待非常之人故馬或奔踶踶蹋也奔走也奔踶者奔之卽奔力則踶人也踶音提而致千里士或有負俗之累而立功名夫泛駕之馬泛覆也方勇反字本作覂後通用耳覂駕者馬有逸氣而不循軌轍也跅弛之士跅者跅落無簡局也弛者放廢不遵禮度也跅音土各反弛音式爾反亦在御之而已其令州縣察吏民舉茂材異等可爲將相及使絕域者絕遠之國謂聲教之外

昭帝始元五年六月詔曰朕以眇身獲保宗廟戰戰栗栗夙興夜寐修古帝王之事通保傅傳孝經論語尚書未能有明賈誼作保傅傳在禮大戴記通謂通讀也帝自謂雖通讀此四書皆未能有所明此帝之謙也其令三輔太常舉賢良各二人郡國文學高第各一人

宣帝本始元年四月庚午地震詔內郡國舉文學高第各一人中國爲內郡緣邊有夷狄障塞者爲外郡

四年夏四月壬寅郡國四十九地震或山崩水出詔曰蓋災異者天地之戒也朕承洪業奉宗廟託於士民之上未能和群生廼者地震北海琅琊壞祖宗廟朕甚懼焉丞相御史其與列侯中二千石博文經學之士有以應變輔朕之不逮毋有所諱令三輔太常內郡國舉賢良方正各一人

地節三年詔令內郡國舉賢良方正可親民者

元康元年秋八月詔曰朕不明六藝鬱於大道是以陰陽風雨失時其博舉吏民厥身修正通文學明於先王之術宣究其意者各二人中二千石各一人

神爵四年四月詔令內郡國舉賢良可親民者各一人

元帝初元元年三月詔丞相御史中二千石舉茂材異等直言極諫之士朕將親覽焉

二年三月詔丞相御史中二千石舉茂材異等直言極諫之士朕將親覽

永光二年三月日有食之詔內郡國舉茂材異等賢良直言之士一人

成帝建始元年二月詔三輔內郡舉賢良方正各一人

三年十二月詔丞相御史與將軍列侯中二千石及內郡國舉賢良方正能直言極諫之士詣公車朕將覽焉

河平四年三月詔舉惇厚有行能直言之士

元延元年秋七月詔內郡國舉方正能直言極諫者各一人北邊二十二郡舉勇猛知兵法者各一人

哀帝建平元年二月詔曰蓋聞聖王之治以得賢爲首其與大司馬列侯將軍中二千石州牧守相舉孝悌惇厚能直言通政事延於側陋可親民者各一人

四年冬詔將軍中二千石舉明兵法有大慮者

元壽元年春正月辛丑朔日有蝕之詔曰朕獲保宗廟不明不敏夙夜憂勞未遑寧息惟陰陽不調元元不贍未睹厥咎婁勑公卿庶幾有望（婁古屢字）至今有司執法未得其中或上暴虐假勢獲名溫良寬柔陷于亡滅是故殘賊彌長和睦日衰百姓愁怨靡所錯躬（錯猶置也）乃正月朔日有蝕之厥咎不遠在予一人公卿大夫其各悉心勉帥百寮敦任仁人黜遠殘賊期於安民陳朕之過失無有所諱其與將軍列侯中二千石舉賢良方正能直言者各一人

平帝元始二年秋舉勇武有節明兵法郡一人詣公車各中二千石舉治獄平歲一人（吏治獄平端也）

後漢光武建武七年四月壬午詔曰比陰陽錯謬日月薄食百姓有過在予一人大赦天下公卿司隸州牧舉賢良方正各一人遣詣公車朕將覽試焉（公車門名公車所在因以名焉漢儀曰公車令掌殿門馬門天下事及徵召皆總領之）

孝章建元元年三月甲寅山陽東平地震己巳詔曰朕以無德奉承大業夙夜慄慄不敢荒寧而災異仍見與政相應朕既不明涉道日寡又選舉乖實俗吏傷人官職耗亂刑罰不中不可憂與昔仲弓季氏之家臣子游武城之小宰孔子猶誨以賢才問以得人

明政無大小以得人爲本夫鄕舉里選必累功勞今刺史守相不明眞僞茂才孝廉歲有百數旣不能顯而當授之政事甚無謂也每尋前世舉人貢士或起畎畝不繫閥閱敷奏以言則文章可採明試以功則政有異迹文質彬彬朕甚嘉之其令太傅三公中二千石郡國守相舉賢良方正能直言極諫之士各一人

五月辛酉初舉孝廉郎中寬博有謀任典城者以補長相（任堪使也典主也長謂縣長相謂諸侯相）

孝和永元六年詔曰朕以眇末承奉鴻烈陰陽不和

水旱違度濟河之域凶饉流亡（尚書曰濟河惟兖州言東南據濟西北據河）而未獲忠言至謀所以匡救之策寤寐永歎用思孔疚（詩云憂心孔疚）惟官人不得于上黎民不安於下有司不念寬和而競爲苛刻覆案不急以妨民事（不急謂非要）甚非所以上當天心下濟元元也思得忠良之士以輔朕之不逮其令三公中二千石二千石內郡守相舉賢良方正能直言極諫之士各一人昭巖穴披幽隱遺詣公車

殤帝延平中詔公卿中二千石各舉隱士大儒務取高行以勸後進

孝安永初元年三月癸酉日有食之詔公卿內外官郡國守相舉賢良方正有道術之士明政術達古今能直言極諫者各一人

五年閏三月戊戌詔曰朕以不德奉郊廟承大業不能興和降善爲人所福災異蜂起寇賊縱橫夷狄猾夏戎事不息百姓匱乏疲於徵發重以蝗蟲滋生害及成麥秋稼方收甚可悼也朕以不明統理失中亦未獲忠良以毗闕政傳曰顛而不扶危而不持則將焉用彼相矣公卿大夫將何以匡救濟斯艱厄承天誠哉蓋爲政之本莫若得人襃賢顯善聖制所先濟

濟多士文王以寧思得忠良正直之臣以輔不逮其令三公特進侯中二千石二千石郡守諸侯相舉賢良方正有道術達於政化能直言極諫之士各一人及至孝與衆卓異者并詣公車朕將親覽焉

七月己巳詔三公特進九卿校尉舉列將子孫明曉戰陣任將帥者

元初元年四月丁酉詔三公特進列侯中二千石二千石郡守舉敦厚質直者各一人

建光元年四月己巳公卿特進侯中二千石二千石郡國守相舉有道之士各一人

十一月癸卯詔三公特進侯卿校尉武猛堪將帥者各五人

延光元年詔三公中二千石與刺史二千石令長相視事一歲已上至十歲清白愛利能敕身率下防奸理煩有益于人者無拘官簿清白謂貞正也愛利謂愛人而利之也無拘官簿謂超遷之不拘當牒也刺史舉所部郡國太守相舉墨綬隱親悉心勿取浮華墨令謂令掌之屬也隱親猶親自隱也悉盡也言令二公以下各舉所知皆當盡心勿取乎浮華不實者

順帝即位三月詔公卿郡守國相舉賢良方正能直言極諫之士各一人

永和三年九月丙戌令大將軍三公各舉故刺史二千石及見令長郎謁者四府掾屬剛毅武猛有謀謨任將帥者各二人特進卿校尉各一人

漢安元年二月丙辰詔大將軍公卿舉賢良方正能探賾索隱者各一人

十一月詔大將軍三公選武猛試用有効驗任爲將校者各一人

冲帝永嘉元年九月京師及太原鴈門地震三郡水涌土裂詔三公特進侯卿校尉舉賢良方正幽逸修道之士各一人百僚皆上封事

桓帝建和元年四月京師地震詔大將軍公卿郡國舉至孝篤行之士各一人又詔大將軍公卿校尉舉賢良方正能直言極諫者各一人

三年六月詔大將軍三公特進侯其與卿校尉舉賢良方正能直言極諫之士各一人

永興二年二月癸卯京兆地震詔公卿校尉舉賢良方正能直言極諫之士各一人

延熹八年正月詔公卿校尉舉賢良方正

九年詔舉武猛三公各二人卿校尉舉賢良方正各一人

永康元年五月詔公卿校尉舉賢良方正

靈帝建寧元年五月詔郡國守相舉有道之士各一人又故刺史二千石清高有遺惠爲衆所歸者皆詣公車

中平元年三月詔公卿舉列將子弟及吏民有明戰陳之略者詣公車

魏武帝建安十五年春下令曰自古受命及中興之君曷嘗不得賢人君子與之共治天下者乎及其得賢也曾不出閭巷豈幸相遇哉上之人不求之耳今天下尚未定此特求賢之急時也孟公綽爲趙魏老

則優不可以爲滕薛大夫若必廉士而後可用則齊桓其何以霸世今天下得無有被褐懷玉而釣於渭濱者乎又得無盜嫂受金而未遇無知者乎二三子其佐我明揚側陋唯才是舉吾得而用

十九年十二月又下令曰夫有行之士未必能進取進取之士未必能有行也陳平豈篤行蘇秦豈守信邪而陳平定漢業蘇秦濟弱燕繇此言之士有偏短庸可廢乎有司明思此義則士無遺滯官無廢業矣

二十二年八月又下令曰昔伊摯傅說出於賤人管仲桓公賊也皆用之以興蕭何曹參縣吏也韓信陳

平負汙辱之名有見笑之恥卒能成就王業著聲千載吳起貪將殺妻求信散金求官母死不歸然在魏秦不敢東向在楚則三晉不敢南謀今天下得無有至德之人放在民間及果勇不顧臨敵力戰若文治之吏高才異質或堪爲將守負汙辱之名見笑之行或不仁不孝而有治國用兵之術其各舉所知勿有所遺

文帝黄初四年五月有鵜鶘鳥集靈芝池詔曰此詩人所謂汙澤也曹詩刺共公遠君子而近小人今豈有賢智之士處於下位乎否則斯鳥何爲而至其博舉天下雋德茂才獨行君子以荅曹人之刺

明帝太和二年十月詔公卿近臣舉良將各一人

四年十二月丙寅詔公卿舉賢良

青龍元年三月甲子詔公卿舉賢良篤行之士各一人

晉武帝泰始四年詔王公卿尹及郡國守相舉賢良方正直言之士

五年將興伐吳之役下詔曰吳會未平宜得猛士以濟武功雖舊有薦舉之法未足以盡殊才其普告州郡有壯勇秀異才力傑出者皆以名聞簡其尤異擢

而用之苟有人勿限所取

七年六月詔公卿以下舉將帥各一人

八年詔內外群官舉所任邊郡者各三人

太康九年詔內外郡官舉守令之才

明帝太寧三年八月詔曰昔周武克殷封比干之墓漢祖過趙錄樂毅之後追顯既往以勸將來吳時將相名賢之胄有能纂修家訓及忠孝仁義靜己守真不聞於時者州郡中正亟以名聞勿有所遺

成帝咸和六年詔舉賢良直言之士

七年詔舉賢良

簡文咸安二年詔曰朕以眇身託於王公之上思賴群賢以弼其闕夫肥遯窮谷之賢滑泥揚波之士雖抗志玄霄潛默幽岫貪屈高尚之道以隆協贊之美孰與自足山水棲遲丘壑徇匹夫之潔而忘兼濟之大邪古人不借才於異代朕所以虛想於今日內外百官各勸所司使舍無不達而吾獲虛心之求焉

後魏道武天興四年四月詔有司明隱逸

天賜元年十有一月上幸西宮大選朝臣令各辨宗黨保舉才行

明元永興五年二月詔分遣使者巡求雋逸其豪門

彊族爲州閭所推者及有文武才幹臨疑能決或有賢世冑德行清美學優義博可爲人師者各令詣京師當隨才敘用以贊庶政

大武神䴥四年九月詔曰頃逆命縱逸方夏未寧戎車屢駕不遑休息今二寇摧殄士馬無爲方將偃武修文遵太平之化理廢職舉逸民拔起幽窮延登雋乂昧旦思求師輔雖殷宗之夢板築罔以加也訪諸有司咸稱范陽盧玄博陵崔綽趙郡李靈河澗邢潁滄水高允廣平游雅太原張偉等皆賢雋之冑冠冕州邦有羽儀之用詩不云乎鶴鳴九皐聲聞於天庶得其人任之政事共臻雍熙之美易曰我有好爵吾與子縻之如玄之比隱迹衡門不曜名譽者盡敕州郡以禮發遣遂徵玄等及州郡所遣至者數百人皆差次敘用延和辟召賢良州郡多逼遣之詔曰朕除僞平暴征討累年思得英賢緝熙治道故詔州郡搜揚隱逸進賢舉俊古之君子養志衡門德成業就才爲世使或雍容雅步三命而後至者或棲棲遑遑負鼎而自達雖觕尚不同濟時一也諸召人皆當以禮申喻任其進退何逼遣之有也比刺史守宰宣揚失旨豈復光益乃所以彰朕不德自今以後各令鄉閭

推舉守宰但宣朕不德虛心求賢之意旣至當待以不次之舉隨才文武任之政事其明宣勅咸使聞知

孝文延興二年七月壬寅詔州郡縣各遣二人才堪專對者赴行在所

三年十一月詔其有力田孝悌才器有益于時信義著於鄉閭者具以名聞

太和十七年九月帝南伐濟河詔孝悌廉義文武應求者皆以名聞

十八年正月車駕南巡詔孝悌廉義文武應求者皆以名聞

十一月辛未詔冀定二州孝義廉貞文武應求者具以名聞

十二月車駕南廵詔鄴豫二州孝悌廉義文武應求者具以名聞

十九年四月行幸魯城詔兖州刺史舉部内士人才堪軍國及守宰治行具以名聞

六月帝自南伐廻詔車駕所經孝悌廉義文武有堪者具以名聞

十月辛酉詔州郡諸有士庶經行修敏文思遒逸才長吏治堪幹政事者以時發遣

二十年七月丁亥詔曰炎陽爽節秋霖大澍在予之責實深慄慄故輟膳三晨以命上訴靈鑒誠欵曲流雲液雖休勿休寧敢僭怠將有賢人湛德高士凝棲雖加銓採未能招致其精訪幽谷舉茲賢彥直言極諫輔予不及

二十一年五月詔雍州其孝友德義文學才幹悉仰貢舉

孝明孝昌元年三月詔曰選衆而舉其來自昔朕纘承大業綜理萬機求賢致治心焉若渴知人則哲振古所難宜博訪公卿採茲聲實可令第一品已下五品以上各薦其所知不限素身居職必使精辨器藝具注所能然後依牒簡擢隨才收叙庶濟濟之美無替往時蹇蹇之直有申茲歲

九月詔百官五品以上各舉所知

孝莊建義元年五月詔求德行文藝政事彊直者縣令太守刺史皆叙其志業具以表文得三人以上縣令太守刺史賞一階舉非其人者亦黜一階

前廢帝普泰元年三月詔天下德孝仁賢忠義志信者可以禮召赴闕應召而不應召者以不敬論

後周閔帝元年八月甲午詔曰帝王之治天下罔弗

博求衆才以乂厥民今二十四軍宜舉賢良堪治民者軍别九人被舉之人於後不稱厥任者所舉官司皆治其罪

武帝太和元年二月戊辰詔三公已下各舉所知

建德元年三月詔公卿以下各舉所知

三年二月令六府各舉賢良清正之人

四年詔諸畿郡各舉賢良

六年平齊詔山東諸州各舉明經幹治者二人若奇才異術卓爾不群者不拘多少又詔山東諸州舉有才者上縣六人中縣五人下縣四人赴行在所共論

治政得失

靜帝太定元年詔曰帝王設官惟才是務人臣報國薦賢爲重去歲屢有妖寇宰臣英筭咸得清蕩逆亂之後兵車始竭遐邇勞役生民未康居官之徒致治者寡斯故上失其道以至於茲亦繇下有幽人未展其力今四海寧一八表無塵元輔執均垂風揚化若使天下英傑盡升於朝銓衡陟降量才而處垂拱無爲庶幾可致於是遣戎秩上開府以上職事下大夫以上外官刺史以上各舉清平勤幹者三人被舉之人居官三年有功過者所舉之人隨加賞罰

隋文帝開皇三年正月甲戌詔舉賢良

十八年詔京官五品以上摠管刺史以志行修謹平清幹濟二科舉人

仁壽二年七月丙戌詔内外官各舉所知

三年七月丁卯詔曰日往月來唯天所以運序山鎮川流唯地所以宣氣運序則寒暑無差宣氣則雲雨有作故能成天地之大德育萬物而爲功況以一人君於四海睹物欲運獨見致治不籍群才未之有也是以唐堯欽明命羲和以居嶽虞舜敬德升元凱而作相伊尹鼎俎之媵爲殷之阿衡呂望魚釣之夫爲周之尚父此則鳴鶴在陰其子必和風雲之從龍虎賢哲之應聖明君德不回臣道以正故能通天地之和順陰陽之序豈不繇元首而有股肱乎自王道衰人風薄居上莫能公道以御物爲下必踵私法以希時上下相蒙君臣義失義失則政乖政乖則人困蓋同德之風不嗣離遏之謗乃生衆人之口鑠金毀辱之禍不測是以行歌避伐辭位灌園卷而可懷黙而無愠放逐江湖之上況赴河海之流所以自潔而不晦者也至於閭閻秀異之士鄉曲博雅之儒言足以佐時行足以厲俗遺棄於草野湮滅而無聞豈勝道

哉所以覽古而歎息者也方今區宇一家煙火萬里百姓乂安四夷賓服豈是人功實乃天意朕唯夙夜祗懼將所以上嗣明靈是以小心厲己日慎一日以還黎在念憂兆庶未康以庶政爲懷慮一物失所雖求傳巖莫見幽人徒想崆峒未聞至道唯恐商歌於長夜抱關於夷門遠跡羊犬之間屈身僮僕之伍其令州縣搜揚賢哲皆取明知今古通識治亂究政教之本達禮樂之源不限多少不得不舉限以二旬咸令進路徵召將送必須以禮時蘇夔爲太子舍人仁壽末天下舉達禮樂之源者晉王時爲雍州牧舉夔應之詔諸州所舉五十餘人謁見高祖至夔謂侍臣日唯此一人稱吾所舉

于是拜晉王友

煬帝大業三年四月甲午詔曰天下之重非獨治所安帝王之功豈一士之力自古明君哲后立政經邦何嘗不選賢與能收採滯幽周稱多士漢號得人倘想前風載懷欽佇朕負扆夙興冕旒待旦引領巖谷寘以周行冀與群才共康庶績而彙茅寂寞投竿罕至豈美璞韜采未值良工將介石在懷確乎難拔審鑒則哲憮然與歎凡厥在位譬諸股肱若濟巨川義同舟檝豈得保兹寵祿晦爾所知優游卒歲甚非謂也祁大夫之舉善良史以爲至公臧文仲之蔽賢尼

冊府元龜　帝王部　求賢　卷之六十七　十九

父譏其竊位欲求諸往非無褒來宜思進善用扶寡薄夫孝悌有聞人倫之本德行敦厚立身之基或節義可稱或操履清潔所以激貪厲俗有益風化彊毅正執直愚不撓學業優敏文才美秀並爲廊廟之用實乃瑚璉之資才堪將略則拔之以禦侮膂力驍壯則任之以爪牙爰乃一藝可取亦宜採錄衆善必舉與時無棄以此求治庶幾非遠文武有職者五品以上宜依令十科舉人有一於此不必求備朕當待以不次隨才升擢其見任九品以上官者不在舉送之限

十年五月庚子詔郡舉孝悌廉潔各十人

唐高祖武德五年詔擇善任能救民之要術推賢進士奉上之良規自古哲王弘風闡教設官分職惟才是與然而巖穴幽居草萊僻陋被褐懷珠無因自達實資選衆之舉固藉左右之容義自搜揚理宜精擢是以貢士有適爰致加錫之隆無益於時必貽貶黜之名末葉澆僞名實相乖取非其人濫居班秩流品所以未穆庶職於是寥曠朕膺圖馭宇寧濟兆民思得賢能用清治本招選之道宜革前弊懲勸之方式加當典苟有才藝所貴適時絜已登朝無嫌自進宜

冊府元龜　帝王部　求賢　卷之六十七　二十

令京官五品以上及諸州總管刺史舉一人其有志行可錄才用未申亦聽自已具陳藝能當加顯擢授以不次賞罰之科並依別格所司頒下詳加搜引務在獎納稱朕意焉

太宗貞觀元年三月帝謂尚書右僕射封德彝曰比來令卿舉賢才未嘗有所推薦天下事重宜分朕憂對曰臣愚豈敢不盡心但今所見實無奇才異行帝曰前代明王使人如器不借才于異代皆取士於當時何代無賢才但患遺之不知耳德彝慙而退

三年四月詔曰白屋之内閭閻之人但有文武材能

灼然可取或言忠行謹堪理時務或在昏亂而肆情遇太平而克己亦錄名狀官人同申

是年帝謂宰臣曰朕今孜孜求士欲專心政道聞有好人則抽擢驅使而議者多稱彼皆宰相親故但公等至公行事無避此言便為形迹古今內舉不避親外舉不避讐而為後代稱者以其舉得賢故也卿等但能舉用得才雖是子弟及有讐嫌必不得不舉

十一年四月詔曰朕以寡薄嗣守鴻基實資多士共康庶政虛己側席為日已久投竿捨築罕值其人自親巡東夏觀省風俗輿言至治夕惕兢懷然則齊趙

魏魯禮義自出江淮吳會英髦斯在山川所感古今寧殊載佇風猷實勞夢想宜令河北淮南諸州長官於所部之內精加訪採其孝悌淳篤兼閑時務儒術該通可為師範文詞秀美才堪著述明識治體可委字民并志行修立為鄉里所推者舉送雒陽宮各給傳乘優禮發遣當隨其器能擢以不次若有老病不堪入朝者具以名聞庶巖穴靡遺俊乂可致務盡搜揚之道稱朕意焉

十五年六月詔曰朕遐觀前載歷選列辟莫不貴在得人崇茲多士猶股肱之佐元首譬舟航之濟巨川若夫構大廈者採衆材於山嶽善為國者求異人於管庫是以陶唐有虞揖讓之聖帝也非元凱不能成功商湯姬發革命之明主也非伊呂無以定其禍亂況乎齊桓中人之材器非濬哲漢武嗣業之主志在驕奢猶賴管仲隰朋之相平津博陸之輔既為五霸之長亦稱萬代之宗是知得士則昌失人則亂朕凝旒夙夜虛心政道雖天地効祉宗社降靈區宇晏如俊乂咸事尚恐山林藪澤藏荊隋之寶卜祝屠釣韜蕭張之奇是以躬撫黎庶親觀風俗臨河渭而佇英傑眺箕潁而懷隱淪亟移日月空勞夢寢而驪龍莫

兆商歌寂寥豈混迹駑駘未逢良樂之顧將韞德巖穴方追禽尚之游望雲長想增其歎息可令天下諸州搜揚所部士庶之內或識達公方學綜今古廉絜正直可以經國佐時或孝悌淳篤節義昭顯始終不移可以敦風厲俗或儒術通明學堪師範或文章秀異才足著述並宜薦舉具以名聞限來年二月總集太山庶獨往之夫不遺於版築藏器之士方升於廊廟務得奇偉稱朕意焉

是年帝謂宰臣曰致太平之運者唯在得賢才卿等既不能知朕不可遍識日復一日無得人之理今欲

令人自舉於事何如魏徵曰知人者智自知者明知人既以爲難自知誠亦不易且矜能伐善恐長澆競之風不可行也乃止

十七年五月乙丑詔曰朕覩前烈建國君臨未有不藉忠良而能濟其功業者也朕顯承宗祀獲奉鴻基側席求賢有年載矣而山林莫致珍玩必臻豈朕好惡之情未達於下其令州縣舉孝廉茂才好學異能卓犖之士

二十年六月手詔曰高明之天資星辰以麗象博厚之地藉川嶽而成形况於帝王體元立極臨馭萬物

字養生靈者乎所以致治之君遠讒佞近忠良屈己以中人故能成其化爲亂之主親不肖疎賢臣虐下以恣情用能成其亂明君遵彼以興國暗主行此以亡身是以馭朽臨氷銘心自戒宵興旰食側席思賢庶欲博訪丘園搜採英俊弼我王道臻於大化焉可令天下諸州明揚側陋所部之内不限吏人其有服道棲仁澄心礪操出片言而標物範備百行以綜人師質高視於琳琅人不閒於曾閔潔志丘園揚名里閈或覩明政術曉達公方稟木鐸於孔門受金科於鄭相奇謀間發明略可以佐時識鑒清通偉才堪於幹國或含章傑出命世挺生麗藻遒文馳楚澤而方駕鉤深覩奧振桑苑以先鳴業擅專門詞高載筆或辨雕春囿談瑩秋天發研機於一言起飛電於三寸蓄斯奔箭未遂揚庭並宜推擇咸同舉薦以禮將送具狀表聞限以今冬並與考使同赴庶使棼林之舉咸矯翼於巖廊尺木之階方振鱗於逝霧翹心俊乂稱朕意焉

高祖以貞觀二十三年即位九月詔曰殷宗遵德化致升平周王顯仁政稱刑措太宗文皇帝神明配德靈武兼資掃欃槍而王區夏混陰陽而作天地以此

大業留屬微躬雖復琯變星霜而心嬰荼毒州郡之長能修厥職禮義興行姦回自屏形憲不苛孤惸是賴有司詢訪宜以名聞有一於此當超不次其有經明行修談講精熟具此嚴才堪教胄者志節高妙識擾心處事端平可紀者疾惡揚善依忠履義執持典憲終然不移者京司長官上都督府及上州各舉二人中下州刺史各舉一人前代忠鯁身死王門子孫才堪任官而留滯停移者既想遺風尤宜旌舉

顯慶元年十月手詔曰朕受命上玄嗣膺下武毎軫

恭旒冕延想英奇俯振鷺而企貞臣仰飛鴻而慕良
輔雲臺側席玉管屢移宣室整衣金壺亟改宸衷廖廓
覿鑒寤興懷比年雖嘗進舉遂無英俊猶恐棲巖穴
而韜奇樂丘園而晦影宜令河南河北江淮以南州
縣或緯俗之英聲馳管樂或濟時之器價逸蕭張學
窄帝師材堪棟輔者必當任之不次可明加採訪務
盡才傑州縣以禮發遣
二年二月詔曰濟時與國實佇九功禦敵安邊亦資
七德朕端拱宣室思弘景化將欲分憂俊乂共逸巖
廊而比貢寂英奇舉非勇傑豈稱居安慮危之志處

存思亂之心如不旌責遠近則爪牙何寄宜令京官
五品以上及諸州牧守各舉所知或勇冠三軍翹關
拔山之力智兼百勝緯地經天之才蘊奇策於良平
馳功績於衛霍蹤二起於吳白軌襲李於牧廣賞纖
善而萬衆悅罰片惡而一軍懼如有此色可精加採
訪各以奏聞
三年七月帝謂宰臣曰四海之廣唯在得賢卿等用
人多作形迹護避親知不能盡意甚爲不取昔祁奚
舉子古人以爲美談卽使卿等兒姪有材亦須依例
進舉

五年六月詔內外官四科舉人或孝悌可稱德行夙
著通涉經史堪居繁劇或游詠儒術沉研冊府下帷
不倦博物馳聲或藻思清華詞鋒秀逸舉標文雅材
堪遠大或廉平處事彊直爲心洞曉刑書兼苞文藝
者精加搜訪各以名薦
龍朔元年八月帝謂侍臣曰往者天下七國皆有英
賢今四海一統遂無俊傑亦繇經營遼海未暇搜揚
將濟巨川佇聞舟揖何其寂寞一至於斯許圉師對
曰百里奚處虞而虞亡入秦而秦覇在陛下用之耳
帝於是欲於李義府門中拔擢有材用者遂令本州

給傳遣詣東都及至無堪應務者竟罷之
三年八月詔內外官五品以上各舉巖藪幽素之士
廣加詢訪旁求謚俗式企英材允毗闕政
乾封二年八月高宗引侍臣責以不進賢良司刑少
常伯李安期進曰臣聞聖帝明王莫不勞於求賢逸
於任使且十室之邑必有忠信況天下至廣非無英
彥但比來公卿有所薦引卽遭讒謗以爲朋黨沉屈
者未申而在位者已損所以人思苟免競爲緘默若
陛下虛己招納務於搜訪不忌親讎唯能是用讒毀
亦旣不入誰敢不竭忠誠此皆事繇陛下非臣等所

能致也帝深然之
十月令天下諸州舉鴻儒碩學博聞彊記之士
咸亨二年十月景帝詔曰禮樂之道其來尚矣朕誕膺明命克光正曆思隆頌聲以康至道而曲臺闕訓猶乖揖讓之容太樂登歌徒紀鏗鏘之韻良以敎虧綿蕝學闕瞽宗興言盛業寤歎盈抱然則幽誠所著縱九皐而必聞忠信且存在十室而無棄但慮習俎之彥韞跡於閭閻辨鍾之英韜浮於林藪夫良玉無脛求之斯來眞龍難覩好之而至其四方士庶及丘園棲隱有能明習禮經詳究音律於行無遺在藝可

錄者宜令州縣搜揚博訪具以名聞
五年八月詔五品以上各舉所知
上元三年閏三月令京官五品以上及諸州都督刺史各舉所知一人
儀鳳元年十二月詔曰山東江左人物甚衆雖每充賓薦而未盡英髦或孝悌通神遐邇惟敬或德行光裕邦邑崇仰或學統九流黄帷覩奥或文高六藝下筆成章或備曉八音洞該七曜或射能穿札力可翹關或丘園秀異志存棲隱或將帥子孫素稱勇烈委巡撫大使咸加採訪佇申褒奬亦有婆娑鄉曲負材傲俗爲譏議所斥陷於斯跡之流者亦宜推擇各以名聞
三年十二月詔京文武職事三品以上官每年各舉所知或才蘊廊廟器均瑚璉體王佐之嘉猷資公輔之宏量或奇謀異筭決勝千里或投石拔距勇冠三軍或謇諤忠亮志存規諫或繩違糾惡不避權豪或威惠仁明堪居牧守之重或公正廉直足膺令長之任咸宜搜訪具錄封進朕當詳覽量加奬擢
調露元年七月詔令雍州明揚仄陋或孝弟純至感於神明或文武兼資才堪將相或學藝該博業標儒

首或藻思宏贍思擅文宗或洞曉音律識均牙曠或深明曆數妙同京管者咸令薦舉
永隆元年十二月詔縣令刺史御史員外郎太子舍人司儀郎左右史文武五品以上清要近侍及宿衛之官并令舉所知一人
中宗神龍元年二月詔九品以上及朝集使舉賢良方正直言之士
三月制令京官職事五品以上各舉縣令一人
五月制令職官五品以上各舉所知一人
九月制內外文武五品以上官並縣令京師清官九

品以上各舉孝弟廉讓一人

景龍元年二月令舉天下鴻儒碩學之士

三年三月令內外五品以上舉堪任刺史縣令者

巡按福建監察御史臣李嗣京　訂正
知閩縣事臣曹冑臣參閱
知建陽縣事臣黄國琦較釋

帝王部　六十八

求賢第二

唐睿宗唐隆元年六月即位詔內外職事官五品以上各舉所知一人

七月制天下有奇才異行沉伏不能自達及官人有能極言時政得失者並令本州責狀封進

景雲元年十二月制曰才生於代必以經邦官得其人故能理物朕恭膺大寶慎擇庶僚延佇思英無忘終食思欲蕭艾咸採葑菲不遺而商山幽曠渭濱寂寞夫以貴耳賤目殊通方之論捨近謀遠非應務之術今四方選舉羣才輻湊操斧伐柯求之不遠其有能明三經通大義者能綜一史知本末者通三教宗旨究精微者善六書文字辨聲象者度雅曲和六律五音者習韜略學孫吳識天時人事者暢於詞氣聽於受領善敷奏吐納者咸令所司博採明試朕親覽焉

太極元年二月命文武官五品以上各舉才堪將軍及邊州都督刺史一人

玄宗先天元年十二月制曰將帥之任軍國斯重禦侮干城良才是急頃武臣多闕戎政莫修聆鼓鼙以載懷嗟熊羆而未遇古今一也何代無人南仲方叔之儔亦在用之而已宜令京文武官及朝集使五品以上方舉堪充將帥者一人明敭幽側無限年位務求實用以副予懷

二年六月詔曰致化之道必於求賢得人之要在於徵實頃雖屢存賁帛無輟翹車而駿骨空珍眞龍罕

覩豈才之難遇將舉或未精且人匪易知取不求備瑰琦失於俗譽韜晦嘆於後時宜其傳詢州理明敭幽側使管庫無遺邁軸或舉其諸州有抱器懷才不求聞達者命所在長官訪名奏聞武勇者具言謀略文學者指陳藝業務求實用以副予懷

開元二年六月甲子制其有茂才異等拔萃超羣緣無紹介乂不聞達者咸令自舉

三年十月詔曰有懷才抱器沉淪草澤不能自達者具以名聞

五年二月詔有嘉遁幽棲養高不仕者州牧各以名

聞

七年五月勅曰諸投匭獻書上策人其中或有懷才抱器者不能自達宜令理匭使料簡隨事探賾仍加考試如有可採具狀奏聞

九年正月詔曰武有七德所以安人禁暴臣稱三傑所以戰勝攻取蜀乃一方之主尚得孔明齊爲九合之君斯繇管仲况宇宙至廣人物至多豈乏英賢無聞韜略蓋用與不用知與不知今邊境未清統邉須將頃林胡暫擾祁城非捷北虜忽驚西軍莫振罪繇失律過在無謀曹劌不言寧知登軾之効毛遂緘口

豈彰處囊之奇長想古人是思擢士其有雖霑簪紱猶晦跡於下流或蘊智謀尚沉名於大澤不加精訪何以甄收其兩京中都及天下諸州官人百姓有智合孫吳可以運籌決勝有勇齊賁育可以斬將搴旗或坐鎮行軍足擬萬人之敵或臨戎却寇堪爲一堡之雄各聽自舉務通其實仍令州縣具以名進所司遣立限期隨表赴集朕當親試不次用之其有身充見在諸軍統押者但錄所能奏聞未須赴集

四月勅曰戶口安存在于撫育移風易俗莫先令長知人不易此選良難專委吏曹或未精審宜令在京五品以上清官及諸州刺史及四府上佐各舉縣令一人竝限勅到十日內京官封狀進外官附狀奏所舉人得官以來一任之中能有善政及不稱所舉其舉主應須褒貶

十一年正月丁卯制其有沉淪草澤抱德棲遲竝委府縣搜揚

十一月南郊禮畢赦制其有抱器懷才不求聞達長官具以名薦

十四年六月勅曰朕聞以道得人者謂之儒切問近思者謂之學故以陽禮教讓則下不爭以陰禮教親

則遠無怨豈非習無不利教所繇生者乎朕所以厚儒林闢書殿討論易象研覈道源冀淳朴大行華習非遠而承平日久趨競歲積謂儒士爲冗列視之若遺謂吏職爲要津求如不及須亦開獻書之路觀揚巳之人闕下之奏徒盈席上之珍蓋寡豈弘獎之義或有未孚將敦本之人隱而未見天下官人百姓有精於經史道德可遵工於著述文質兼美宜令本司本州長官指陳藝業錄奏狀奏聞其吏部選人亦令所司銓擇各以名薦朕當明試自觀其能若行業可甄待以不次如妄有僥進必加明罰

十月詔曰朕夢想賢才咨諏列嶽遂因封祀發詔搜揚旿所臨御道場親加策問不稱所薦其數則多乃聞膏粱之人遞相招致丘園之俊罕見褒陞豈朕勞求之意也宜令都督刺史審更訪擇具以名薦

十五年二月制曰草澤中有文武高才者聽詣闕自舉

二十年十月駕發東都比巡狩會公卿及長吏巡行所至有賢才未聞達者以聞

二十三年正月籍田禮畢詔曰每渴賢良無忘鑒寐頃雖虛佇未副旁求其或才有王霸之略學究天人

之際知勇堪將帥之選政能當牧宰之舉者五品以上清官及軍將都督刺史各舉一人孝悌力田鄉閭推挹者本州刺史長官各以名聞

二十六年正月親迎春於東郊畢制曰朕之爵位唯待賢能雖選士命官則有常調而安卑退跡尙慮遺才其內外八品已下官及草澤間有學業精博蔚爲儒道文詞雅麗通於政術爲衆所推者各委本州本司長官精加搜擇具以奏薦

二十七年正月令諸州刺史舉德行尤異不求聞達者許乘傳赴京

二月詔曰草澤間有殊才異行文堪經國爲衆所知不求聞達者所繇長官以禮徵送

二十九年正月詔曰朕所求才待之若渴旣旌於巖穴亦責於丘園片善必收冀無遺逸然士人藏器衆何以知豈若父子之間自相推薦昔祁奚之舉祁午謝安之任謝玄良史書之咸以爲美賢彥之士何代無人寧恨嫌疑致有拘忌其內外官有親伯叔及兄弟并子姪中灼然有才術異能風標節行通閑政理據資歷堪充刺史縣令者各任以名薦其舉官所舉人聽於所繇長官處通狀一時錄奏其考試通人任

用之後如後有虧犯典憲名實不相副者所舉之人與其同罰如政績著聞終始廉謹爲衆所知者其所舉人與其同賞

天寶元年正月一日改元詔曰國之急務莫若求賢頃者雖屢搜揚士庶尙慮遺逸更宜精訪以副虛懷其前資及白身人中有儒學博通及文詞秀逸或有軍謀越衆或武藝絶倫者委所在長官具以名薦若乃弘我風化實惟方岳必佇其人以膺共理其京文武官五品以上清資并郎官據資歷人才堪爲刺史者各任封狀自舉

三載十二月祀九宮禮畢制日朕惟熙庶績博訪逸人豈惟振拔滯淹以期於大用間亦欲褒崇高尚將致於風俗虛佇之懷盡在於此其高道不仕遁跡丘園爲遠近所知未經薦舉者委所在長官以禮徵送

六載正月丁亥南郊禮畢制選賢推能嘗慮不廣三府之辟則唯採於大名四科之薦蓋不通於小學今承平日久士進多端必欲遠齎弓旌載空巖穴片善必錄末技無遺天下諸色人通一藝以上各任薦舉仍委所在郡縣長官精加試練灼然超絕流輩遠近所在者具名送省仍委尚書及左右丞諸司委御史

中丞更加對試務取名實相副者一時奏聞

十載正月詔朕每搜羅賢俊旌賁丘園猶慮遁跡藏名安卑守位朕言及此寤寐思焉其諸色人中有懷才抱器未經薦舉者委所在長官審加訪擇具名錄奏

十三載二月詔自臨御已來四十餘年棫樸延想寤寐求賢林藪無遺旌招不絕猶慮升平已久學業增多至於徵求或遺僻陋其博通墳典洞曉玄經清白著聞詞藻宏麗軍謀出衆武藝絕倫者任於所在自舉仍委郡縣長官精加銓擇必取才實相副者奏聞

肅宗至德元年七月卽位於靈武詔有直言極諫才能牧宰文詞博達武藝絕倫孝悌力田沉淪草澤委所在長官聞奏薦詣闕自陳者亦聽

二年十二月詔郡縣官有灼然清白理行尤異百姓忠孝力田不求聞達者委採訪使奏聞其有文經邦國學究天人博於經史工於詞賦善於著述精於理法軍謀制勝武藝絕倫並任於所在陳白委郡守銓擇奏聞不限人數

乾元元年四月郊祀禮畢昱日御丹鳳門大赦天下詔曰草澤及卑位之間有不求聞達未經推薦者一

藝以上恐遺俊乂令兵部吏部作徵召條目奏聞

十月甲辰帝御宣政殿冊成王爲皇太子詔大赦天下京官五品以上各舉忠正孝友文儒周慎堪任東宮官者務取實才不得虛薦又曰爲政之要求賢是急比令中外舉薦多非實才所以詢事考言登科蓋寡猶慮巖穴之內尚有沉淪宜令所在州縣更加搜擇其懷才抱器隱遁丘園並以禮徵送如或不赴具以名聞凡與前詔科目相當一切委內外文武五品以上官有所知者不限人數任各薦聞如自舉者亦聽於所在投狀有堪任用不限資

三年閏四月御明鳳門詔宜令中外五品以上文武正員官各舉賢良方正直言極諫一人武藝文才俱堪濟理者亦任狀舉其或文乏詞策武非騎射但權謀可以集事材力可以臨戎方圓可收亦任通舉並限制到一月內奏畢

上元元年閏四月詔王者稽古設教擇賢以禮廣徵巖穴用副薪𣝣宜令中外五品以上文武正從員舉賢良方正直言極諫各一人武藝文才俱堪濟理者亦任狀舉其或文乏詞策武非騎射但權謀可以集事材力可以臨戎方圓可收亦任通舉並限制到一

月內奏畢

二十年九月赦書每除京官五品以上正員清望官及郎中御史諸州刺史皆令推薦一兩人以自代仍具錄行能聞奏觀其所舉以行殿最

元年建卯月赦書諸色流人及左降官其中有行業夙著情狀可矜久踐朝班曾經任用者委在朝五品已上清望官及郎中御史於流貶人中素相諳委爲衆所推者各以名薦須當才實文武不墜道弘於人務在搜揚俾其展效其諸道人中有詞學高深兼通政理軍謀制勝明習韜鈐者委所在刺史揀擇奏聞舉薦京官四品已上正員文武官任各舉一人

代宗寶應元年九月詔曰知人則哲堯舜猶難類能而舉古今嘗式自頃中原多故汔未小康州縣屢空守宰多闕攝官承乏者頗無舉職之能懷才抱器者或有後時之嘆朕所以宵夜不寐側席未皇思弘政理之規冀及大中之道而庶尹卿士列于朝廷豈無叶贊之心以助旁求之義其內外文武官中如有堪任刺史縣令及出身前資人中有堪任判司丞尉者宜令京堂參官各慎擇所知具狀聞奏諸州刺史縣令既藉察屬亦宜准此古者得人受賞賞不踰時增

秩賜金有國通典其或任非稱職舉不當才頗多附下之心非無不適之罰其所舉人授官後如政能尤異清白著聞三兩考後仰本道觀察使具狀奏聞其舉主及所舉官人並量加進改如懦弱暴政處置乖宜並身犯贓私等議罪論刑當亦連坐宜示中外知朕意焉

廣德元年七月詔曰河南河北有懷才抱器安貞守節素在丘園不仕爲衆所知委所在長官具名聞薦諸色人中有孝悌力田經術通博文詞雅麗政理優長本州各以名薦

十二月詔曰理道同歸求賢是急非人不乂辟士是勤招以弓車設其壇席且憂遺軸如待神明朕臨御多方誕敷至化慮遺巖穴載佇雲津知白珩之非寶降玄纁於下體一自鳴鑾關外駐驛陝郭每念明敭淬勞寤寐聽正言以除國病思碩德以定人訛而猶高士鴻㝠幽人豹隱將朕之不德而禮或有遺望千旄之忠告仰少微以嘆息眇然惕厲固覽河山蕃食薇歌往而不返永懷賢者朕甚恧焉今將意達巢居誠通卜兆一麾必起四皓爰來敦其素風成我王道宜令行在側近府州長官搜舉遺逸其有懷才抱器

高道不仕精加訪擇必以名薦仍須以禮資遣送赴行在責於丘園待以郎署務令申勸悉朕意焉

二年正月丙午詔當參官各舉所知堪任憲官諫官儒官刺史縣令者

永嘉元年正月制曰孝悌力田懷才抱器遺逸未經薦達者各委州府聞奏親當策試量能敘用

大曆元年十一月制曰周徵俊造漢辟賢良舊之典咨永代作則天下有安貧樂道孝悌力田未經薦用者委所在長官具以名聞朕當親自策試量才敘用

五年六月詔曰內外文武官及前資官六品已下并草澤中有碩德專門茂才異等知謀經武諷諫主文者仰所在州府觀察牧宰精求表薦如所繇搜揚未盡遺逸林閭者郎宜詣闕自舉親當策試量能擢用

八年正月詔京官三品已上郎官御史每年各舉一人堪任刺史縣令者

十二年七月詔尚書御史大夫左右丞侍郎各舉堪任刺史者以聞

德宗以大曆十四年即位六月詔天下有才藝尤著高蹈丘園及直言極諫之士所在具以名聞諸色人中有孝悌力田經學優深文詞清麗軍謀宏遠武藝

殊倫者亦具以名聞能詣闕自陳者亦聽仍限今年十二月內到朕當親試詔中書門下省御史臺五品已上尚書省四品以上諸司三品已上長官各舉可任刺史京令者一人中書門下量才進擬後有犯者舉人同罪

興元元年正月帝在奉天行在大赦改元天下有隱居行義晦跡丘園者委長吏具名奏聞

貞元元年九月丁巳詔曰朕祗膺祖宗之業猥臨億兆之上任大守重不敢康寧永懷萬事之統懼有所闕夕惕若厲中夜以興求賢審官期於致理而政化

猶鬱太平未臻思得海内忠良竭誠規諫洎經術之士才略之臣以明教化以立武事惟兹三者政之大經慮巖穴之間尚多遺逸故科别條目廣延異能賢良方正能直言極諫帝執誼等達於理道甚用嘉之位以旌能宜升秩叙其第三等人委中書門下即超資與處分第四等人即優與處分第五等人即與處分嗟乎強學以待問進德以及時昔公孫弘猶聞十上失之正鵠必反諸身凡爲多士宜各自勉

四年正月詔曰賢良方正能直言極諫者高蹈不仕隱居巖穴孝悌力田聞於鄉里所在長官具名聞薦

諸色有清白政術堪任刺史縣令嘗參官各舉所知朕當親自策試之

十一年九月制曰天下有才德高遠爲衆所知及隱居丘園不求聞達者委所在州縣長吏具名跡聞薦諸色人中有賢良方正能直言極諫或博通墳典達於教化或詳明政術可以理人者委嘗參官及州府長吏各舉所知奏聞朕當親自策試

十二年三月諸州准制薦隱丘園不求聞達蔡武等九人並授試官令給公乘赴京到日量才叙用

順宗貞元二十一年即位制曰諸色人中有才識兼茂明於體用者經術精深可爲師法者達於吏理可使從政者宜委嘗參官各舉所知其在外者長吏精加訪擇具以名聞仍優禮發遣朕當詢事考言審其才識如無人論薦者即任自詣闕庭

憲宗元和二年正月制曰天下諸色人中有賢良方正能直言極諫博通墳典達於教化軍謀宏遠堪任將帥詳明政術可以理人委内外官各舉所知當親策試

十四年七月乙丑帝御宣政殿册尊號禮畢大赦天下諸色人中有賢良方正能直言極諫博通墳典達

於教化軍謀宏遠堪任將帥詳明政術可以理人者委内外官各舉所知當親自策試

穆宗元和十五年即位十一月制曰如有隱於山谷退在丘園行義素高名節可尚或才兼文武卓然可奬者具名薦聞

長慶元年正月辛丑郊禋禮畢大赦制天下諸色人中有賢良方正能直言極諫博通墳典達於教化軍謀宏遠堪任將帥政術詳明可以理人者委有司各舉所知限今年十月到上都

三月制以劉總獻遼陽入州之地共管内官吏有奉

職淸勤及有賢才隱於山谷退在丘園並具薦聞

敬宗長慶四年卽位三月壬子赦書諸色人中有賢良方正能直言極諫經學優深可爲人師詳嫺吏理達於教化軍謀宏遠材任邊將者委常參官并諸道節度觀察使諸州刺史各舉所知限本年正月到上都

文宗太和元年正月赦書諸色人中有賢良方正能直言極諫者及經學優深可爲師法詳嫺吏理達於教化軍謀宏遠堪任將帥者當參官及方牧郡守各舉所知無人舉者亦聽自舉並限來年正月到上都

開成元年正月一日赦書其有藏器待時隱身巖穴竒節獨行可激風俗者委常參官及所在長吏各以名聞

僖宗光啓元年正月詔曰朕每念艱難之本思拯濟之圖治少亂多古猶今也蓋搜揚之未至非爵賞之不行况自鄉里沽名物情買怨朝市有爭先之黨山林多獨往之人彼豈自窮而莫返其有文苞經緯道貫儒玄貞遁自腴浮名不染豈無加等之命以待非常之流今委使臣遠近徵訪必行備禮以聳羣芳且幾貴硏深用惟體要運當無事固垂拱而可待時屬多虞非拔奇而不振或有材優將略業洞兵鈐辨勝負於風雲計長短於主客妙得神傳之決恥成兒戲之名不俟臨機方期制變或銷聲於屠釣或屈志於風塵勿媿自媒當期致用至乃旁規國病動適時宜深探貨殖之源備得富強之術拼於浮議鬱彼良圖又有志擅縱橫久潛縕褐材雖超異見厚儕流苟全一藝之工不必萬夫之敵亦有推研曆象校步星辰言必效於機先術豈疑於億中是資奇器孰曰異端亦在勸來佇加殊賞噫功名可慕少壯幾何在君親則忠孝相資念國家則安危同切勿甘流落猶徇宴

安並委使臣牓示訪求長吏津置發遣同心體國無使淹延懸賞使能必期升擢朕雖鍾艱否亦謂憂勤高祖太宗之在天固當眷祐社稷生靈之有主夫豈乏賢達我敷求咨爾將命勿孤翹囑苟自因循其間儒學優游軍謀宏遠客陳時務願應制科者已從別勑處分斷馳遺才沉淪末位不礙文武並須升聞布告天下咸使知委

昭宗車駕至雒陽改天復四年爲天祐元年赦書儻有懷才抱器隱遁山林武藝絶倫湮沉卑賤者仰在處長吏搜訪奏薦如得材實當待以不次之位

後唐莊宗天祐五年四月下令曰山谷隱淪之士鄉閭遺秀之人仰所在長吏薦聞州府即當旌舉
二十年四月即位制曰或所在有藝行頗高爲鄉閭所推者竝仰准例舉選所司量才任使
同光元年十月詔曰側席求賢將臻至理懸旌進善式贊鴻猷應名德有稱才藝可取或隱朝市遁迹林泉竝委逐處長吏遍加搜揚津致赴闕朕當量才任使兼僞庭僭逆已來凡有寃抑沉滯之人竝宜特與申雪仍加遷陟
二年二月南郊畢制曰事主之道以立節爲先致理

之方以賞善爲本應懷才抱器不事僞朝衆所聞知顯有節行仰所在長官將所著事狀具姓名聞奏當加甄奬兼授官秩
明宗長興二年七月勅朝臣相次敷陳請搜沉滯舂纓之內甚有美賢山澤之中非無俊彥若令終老乃是遺才鄭雲叟頃自亂離久從隱逸近須特勅除授拾遺不來赴京自緣抱病非朝廷之不錄在遐邇以皆知宜令諸道藩侯專切搜訪如有隱逸之士藝行可稱者當具奏聞必宜量才任使
四年八月戊申上尊號畢下制曰山林草澤之中雖頻命搜羅而尚慮沉滯委所在長吏切加採訪的有才器藝行者具以名聞必議量才任使
晉高祖初即位赦制曰弓旌聘士巖穴徵賢式光振鷺之班將起維駒之詠應山林草萊賢良方正隱逸之士委逐處長吏切加搜訪咸以名聞當議量才叙用
天福元年閏十一月壬午勅應有懷才抱器隱遁山林方切務於旁求宜徧行於搜訪委所在長吏備達朝旨具以名聞又明宗朝親屬之內宿舊之中或功名曾著於輿情或才器可裨於公政宜委中書門下

量才叙錄士流之內有懷才抱器碩學殊能者委中書門下搜訪任使勿拘門地資歷應致仕官或筋力未衰才能可任者將表乞言之敵難從歸老之心委中書門下商量奏聞當議升擢
三年八月丙申翰林學士中書舍人竇貞固奏臣伏覩先降御札令文武百僚各進封事臣聞舉善爲公知人則哲聖君在位藪澤莫有於隱淪昭代用才政理自無於紊亂求賢若渴從諫如流鄭所以舉子皮魯所以識文仲爲國之要進賢是先庶遵理治之風宜舉仁人之器臣欲請降勅命指揮文武百僚每一

司之內共集議商權其一士奏薦述其人有其能政爲某官某職便請朝廷擬奏薦任用若能符薦果謂當才即請量加獎賞或有乖其舉兼涉循私亦請量加殿罰所貴官繇德序位以才升三人同行尚聞擇善十目所視必不濫知臣職在論思位參近侍每謝匪躬之節嘗懸濡翼之譏將贖貪叨聊陳狂狷勅曰進賢受賞備有前文得士則昌斯爲急務竇貞固名參國籍職在禁庭貢章疏以傾心請班行而薦士於可否之際分賞罰之科無媿當仁無或曠職今後宜許文武百僚於縉紳之內草澤之中知灼然有才器

者列名以奏納其章疏記彼姓名否臧盡達於予懷用舍免私於公議仍付所司

六年八月壬寅詔曰擢文武之才今之急務旌孝義之行古有明文贊治道以克隆致人倫之式序山林草澤內文才武藝爲衆所推者委長吏切加搜訪具以名聞當議量才敘用

少帝天福七年六月即位七月庚子制山林逸士草澤逸閑將裨教化之風且廣搜羅之道應有懷才抱器隱遁丘園者委隨處長吏切加搜訪具以名聞

漢高祖乾祐元年正月詔朕昔在藩邸頗熟臣寮文武之才嘗備觀其梗槩方圓之用宜更察於精微俾取質於衆多庶無遺於俊造應文武常參官仰准唐建中年故事上任後三日表舉一人自代徵聘丘園免遺材彥恢張名教俾厚人倫應有蘊蓄器能精通理道文理該博武畧縱橫而退遁於家高尚其事者委所在訪尋當俟徵用

隱帝乾元三年兵部侍郎盧賈上言臣讀唐史見薛登上疏云古之取士實異於今先觀名行之原考其鄉曲之譽崇禮讓以厲已取名節以標言以敦朴爲先最以雕文爲後科故人從禮讓之風士去輕浮之

行希進者必修貞確不拔之操行難進易退之規臣因覽前書覩茲舊事望於聖代復用此言則有才者皆務造修無行者不宜推擇從之

周太祖即位制曰山林草澤之閒懷才抱器之士切加搜訪免致遺賢

顯德元年正月丙子祀圜丘禮畢赦制應山林隱逸草澤才能所屬長吏搜訪具以名聞

世宗是月丙申即位三月赦制應有懷才抱器出衆超羣或養素於衡門或屈迹於末位孤寒難進志業何伸咸用搜羅待以爵秩諸隱遁不仕及卑官下位

中有文武幹畧灼然可稱者所在具以名聞
二年正月辛卯詔曰令錄之官政理之本親民總務在幹與廉雖銓衡舊規每當慎擇而縉紳多士難以具知爰開舉薦之門以廣用才之術應在朝文武官翰林學士兩省官內有曾歷藩郡賓職州縣官者宜令各舉堪爲令錄者一人務在強明清慎公平勤恪其中有以曾任令錄亦許稱舉竝當擢任不拘選限資敘雖姻族近親亦無妨嫌只須舉狀內具言除官之日仍署舉主姓名若在官貪濁不公懦弱不理或職務廢闕或處斷乖違竝量事狀重輕連坐舉主仍

令御史臺催促本官旋具奏聞限兩月內舉狀齊足如出使在外者候回日准此指揮務在稱揚循吏激勸官途庶符用乂之方共布惟和之政
四年正月詔曰應有文學之吏武勇之人或幕府州縣官等臨事強明在任有所振舉爲衆稱舉者宜令所在長吏具名奏聞在朝文武臣寮於知識人中有如此者亦可公舉竝當擢用待之厚祿
六月勅應在朝文武官各令稱舉一人堪充令錄及兩使防禦團練軍事判官者自前或有公過微有殿犯者亦許稱舉餘准此顯德二年正月二十一日御札處分
八年辛未詔曰文武之道迭用軍旅之事非輕朝廷方整車徒欲清區宇咸資戎事甚渴雄才勇鷙之人每延頸而在念炤臨之內非博訪以難知應在朝上將軍統軍大將軍將軍率府率副率等宜令各舉有武勇膽力騎射趫捷堪爲軍職者三兩人仍具年幾及歷職去處奏聞如已在禁軍者不在稱舉俟舉到日竝當此職騎射看驗人材雖是姻親亦許公舉但於狀內具言如任用之後不副所舉即量事輕重連坐舉主

五年正月乙巳詔在朝文武官宜令各在舉堪任幕職令錄者一人

冊府元龜

巡按福建監察御史臣李嗣京訂正

知甌寧縣事臣孫以敬參閱

知建陽縣事臣黃國琦較釋

帝王部六十九

審官

書曰明王立政不惟其官惟其人又曰治亂在庶官是知求賢審官有國所重知人則哲惟帝其難故王者奉若大猷竝建百職莫不登進俊傑慎簡才德量能授事使人以器是以不能者止而能者競勸官修

其方吏詧於職庶政允穆而治道康矣斯則稽古用乂爲邦之大要也原夫設官分職所以建民極而亮天工授方任能所以熙王度而經事典大雅之作實美於能官三代之隆皆繇於得士故以德詔爵以能詔事斯不可以不慎者也

虞舜曰咨四嶽有能奮庸熙帝之載奮起庸功載事訪群臣有能起發其功廣堯之事者言舜曰以別堯使宅百揆亮采惠疇亮明惠順疇類也求其人使居百揆之位以明亮庶事而順成庶類也僉曰伯禹作司空四嶽同辭而對禹代鯀爲崇伯入爲天子司空治洪水有成功言可用之帝曰俞咨禹汝平水土惟時懋哉然其所舉稱禹前功以命之懋勉也惟居事百揆勉行之禹拜稽首讓於稷契暨臯陶稽首首至地稷田正官名棄姓姬氏契臣名姓子氏暨及也帝曰俞汝往哉僉者然其所推之賢汝往哉者不許其讓帝曰棄黎民阻饑汝后稷播時百穀阻厄播布也衆人之厄在饑汝后稷布稷是百穀以濟之美其前功以勉之帝曰契百姓不親五品不遜五品謂五常遜順也汝作司徒敬敷五教在寬布五常之教務在寬所以得人心亦美其前功帝曰臯陶蠻夷猾夏寇賊姦宄猾亂也夏華夏刼人曰寇殺人曰賊在外曰姦在內曰宄言無教之致汝作士五刑有服士理官也五刑墨劓剕宮大辟服從也言得輕重之中正五服三就旣從五刑謂服罪也行刑當就三處大罪于原野大夫于朝士于市五流有宅五宅三居謂不忍加刑則流放之五宅三居者流雖有五而宅之俾爲三等之居大罪四裔次九州之外次千里之外惟明克允言臯陶能明信五刑施之遠近蠻夷華夏咸信服無敢犯者因

禹讓三臣故歷述之帝曰疇若予工僉曰垂哉問能誰順我百工事者朝臣舉垂垂臣名帝曰俞咨垂汝共工共謂供其職事垂拜稽首讓于殳斨暨伯與殳斨伯與二臣帝曰俞往哉汝諧汝能諧和此官帝曰疇若予上下草木鳥獸僉曰益哉上謂山下謂澤順謂施其政教取之有時用之有節言伯益能之帝曰俞咨益汝作朕虞虞掌山澤之官益拜稽首讓於朱虎熊羆帝曰俞往哉汝諧朱虎熊羆二臣名垂益所讓四人皆在元凱之中帝曰咨四岳有能典朕三禮僉曰伯夷三禮天地人之禮伯夷臣名姜姓帝曰俞咨伯夷汝作秩宗秩序也郊廟之官夙夜惟寅直哉惟清夙早也言早夜敬思其職典禮施政教使正直而清明伯夷拜稽首讓於夔龍夔龍二臣名帝曰俞往欽哉然其賢不許讓

帝曰夔命汝典樂教冑子冑長也謂元子以下至卿大夫子弟教以詩歌中和祇庸孝友直而溫寬而栗教之正直而溫和寬洪而能莊栗剛而無虐簡而無傲剛失入虐簡失入傲教之以防其失詩言志歌永言謂詩言志以導之歌詠其義以長其言聲依永律和聲聲謂五聲宮商角徵羽律謂六律六呂十二律之音言當依聲律以和樂八音克諧無相奪倫神人以和倫理也八音能諧理不相奪則神人咸和命夔使勉之夔曰於予擊石拊石百獸率舞石磬也磬音至清拊亦擊也舉清者和則其餘皆從矣樂感百獸使相率而舞則神人可知帝曰龍朕堲讒說殄行震驚朕師堲疾殄絕震動也言我疾讒說絕君子之行而動驚我衆欲遏絕之命汝作納言夙夜出納朕命惟允納言喉舌之官聽下言納于上受上言宣于下必以信帝曰咨汝二十有二人禹垂益伯夷夔龍六

人新命有職四岳十二牧凡二十二人特勑命之欽哉惟時亮天工各敬其職惟是乃能言立天下之工三載考績三考黜陟幽明三年有成故以考功九歲則能否幽明有別黜退其幽者進其明者庶績咸熙分北三苗考績法明衆功皆廣三苗幽闇君臣善否分北流之不令相從

漢高祖時趙堯爲符璽御史時高祖爲趙王如意置貴彊相乃徙御史大夫周昌爲趙相久之高祖持御史大夫印弄之曰誰可以爲御史大夫者熟視堯曰無以易堯言堯可爲之餘人不能勝也易代也遂拜堯爲御史大夫

宣帝每拜刺史守相輒親見問觀其所繇退而考察所行以質其言質正也有名實不相應必知其所以然嘗稱曰庶民所以安其田里而亡歎息愁恨之心者平政訟理也訟理言所訟見理而無寃滯也與我共此者其唯良二千石乎

蕭望之宣帝時爲少府帝以望之經明持重論議有餘材任宰相欲詳試其政事乃以爲左馮翊

元帝即位待詔鄭朋薦張敞先帝名臣宜傅輔皇太子帝以問前將軍蕭望之望之以爲敞能吏任治煩亂材輕非師傅之器天子使使者徵敞欲以爲左馮翊會病卒

成帝時翟方進爲丞相司直是時起昌陵營作陵邑

貴戚近臣子弟賓客多辜推爲姦利者推專也辜推者言已自專之也人取罪有辜方進部掾史覆案發大奸贓數千萬帝以爲任公卿任堪也欲試以治民徙方進爲京兆尹後至宰相

後漢光武即位以讖文用平狄將軍孫咸行大司馬衆咸不悅詔舉可爲大司馬者讖文曰孫咸征狄也羣臣所推唯吳漢及景丹帝曰景將軍北州大將軍是其人也然吳將軍有建大策之勳謂發漁陽兵也又誅苗幽州謝尚書其功大苗曾謝躬舊制驃騎將軍與大司馬相兼也武帝置大司馬號大將軍驃騎將軍也乃以吳漢爲大司馬而拜丹爲

驃騎大將軍
明帝時舘陶公主爲子求郎不許而賜錢千萬謂羣
臣曰郎官上應列宿出宰百里苟非其人則民受其
殃是以難之故吏稱其官民安其業遠近肅服戶口
滋殖焉
章帝建初五年五月辛亥詔曰朕思延直士側席異
聞其先至者各以發憤吐懣畧聞子大夫之志矣皆
欲置於左右顧問省納建武詔書又曰堯試臣以職
不直以言語筆札今外官多曠並可以補任
和帝永元七年夏四月辛亥朔日有食之詔曰元首

不明化流無良政失於民讁見於天（讁譴責也禮曰陽事不得讁見于天日爲之食）深惟庶事五敎在寬是以舊典因孝廉之舉
以求其人（武帝元和元年董仲舒初開其議詔郡國舉孝廉各一人）有司詳選郎
官寬博有謀才任典城者三十人（任堪也音仁沐反）旣而悉
以所選郎出補長相（長縣長相侯相也十三州縣爲邑別令長爲相秩隨令長本秩）
元興元年春正月戊午引三署郎召見禁中（漢官儀三署謂五官署左右署也各置中郎將以司之郡國舉孝廉以備三署郎年五十以上屬五官其次分在左右署凡在中郎侍郎郎中儀郎四等無員禁中者門戶有禁非侍御者不得入故謂禁中）選除七十
五人補謁者長相
順帝陽嘉元年詔曰間者以來吏政不勤故災咎屢

臻盜賊多有退省所錄皆以選舉不實官非其人是
以天心未得人情多怨書歌股肱詩刺三事今刺史
二千石之選歸任三司其簡序先後精覈高下歲月
之次文武之宜務存厥衷
魏明帝詔舉中書郎謂吏部尚書盧毓曰得其人與
不在盧生耳選舉莫取有名有名如畫地作餅不可
啖也會司徒缺毓舉韓暨敦篤至行帝乃用之
晉武帝太始二年二月詔曰古者百官箴王闕然保
氏特以諫諍爲職今之侍中常侍實處此位擇其正
色弼違能救不逮者以兼選

唐彬爲弋陽太守明設禁防百姓安之以母喪去官
益州東接吳寇監軍位缺朝議用武陵太守楊宗及
彬武帝以問散騎常侍文立立曰宗彬俱不可失然
彬多財欲而宗好酒惟陛下裁之帝曰財欲可足酒
者難改遂用彬
華嘗爲太常尋以疾求解詔曰太常職主宗廟蒸嘗
敬重而華嘗所疾不堪親奉職事夫子稱吾不與祭
況宗伯之任職所司邪今轉嘗爲廷尉
後魏道武天興元年秋八月帝臨昭陽分置衆職引朝
臣文武親自揀擇量能叙用

太武神䴥元年春正月以天下守令多行非法精選忠良悉代之孝文謂公孫良曰頃年用人多乖觀才之授實是縣人而授以文官黜同大例於理未均諸如此比黜官如初

穆亮爲侍中尚書左僕射於時復置司州孝文曰司州始立未有僚吏須立中正之任必須德望兼資者以定選舉然當在始祖時崔浩爲冀州中正長孫嵩爲司州中正可謂得人公卿等宜自相推舉必令稱允尚書陸叡舉亮爲司州大中正

廣陵王羽爲太保錄尚書事孝文嘗顧謂羽曰考課

之上下二等可爲三品中等但爲一品所以然者上下是黜陟之科故旌絲髮之美中等官本事可大通羽先呈廷尉五局司直帝曰夫刑獄之難實惟自古必也斷訟夫子所稱然五局所司專主刑獄比聞諸風聽多論五局不精知人之難朕豈獨決當與羣臣同之卿等各陳所聞又謂羽及少卿鄧述曰五局司直卿等以爲何品羽對曰諸司直竝簡聖心徃者百官初置擢爲獄官聽訟察詞無大著越所以爲二等者或以親事利鈍或以見機遲速朝廷既有九品之制故計其絲髮之差以爲品第統論所得大都相似帝曰朕頃年以其人識見可取故簡司獄官小優劣不足爲差然廷尉所司人命之大事須心平性正抑強哀弱不避貴勢直情折獄者可爲上等今欲聽採風謠虛實難悉苟欲不採事無所據然人言惡者未必是惡言善者未必是善所以然者或斷訟不避豪貴故人以爲惡或將勢抑賤人以爲好然朕之聽皆貴者是以遲迴三復良繇於此局事須永清玉潔明揚褒貶卿等既是親典邪正得失悉所具之可精辨以聞鄧述對曰陛下行賞得人餘皆甘心若賞不能盡無以勸厲如臣愚見願不行賞帝曰朕昔置此官

許三年考陟必行賞罰既經今考若無黜陟恐正直者莫肯用心邪曲者無以改肅自非擇之於公何能盡其至理雖不可精其微致且望粗有殿最諸尚書更與羣臣叅量所以

太和十九年十月壬戌詔諸州牧精品屬官考其得失爲三等之科以聞將親覽而升降焉

宣武延昌中臨朝堂親自黜陟授明亮勇武將軍亮進曰臣本官常侍是第三清今授臣勇武其號甚濁且文武又殊請更改授帝曰今依勞行賞不能清濁卿何得復以清濁爲辭亮曰聖明在上清濁故分臣

旣屬聖明是以敢啓帝曰九流之內人咸君子雖文武號殊佐治一也卿何得獨欲乖衆妄自相親所請未可但依前授亮曰今江左未賓書軌宜一方爲陛下授命前驅拓定吳會官爵陛下之所輕賤命微臣之所重陛下方收所重何惜所輕帝笑曰卿欲爲朕拓定江東揃平蕭衍揃平拓定非勇莫可今之所授寔副卿言辭勇不乃自相矛楯亮曰臣欲仰稟聖規運籌而定何假勇武方乃成功帝曰謀勇二事體本相須若勇而無謀則勇不獨舉若謀而無勇則謀不孤行必須兼兩乃能制勝何得云偏須運籌而不復

假勇乎亮曰請改授平遠將軍帝曰運籌用武然後遠人始平卿但用勇平之何患不復平遠也亮乃陳謝而退

孝明神龜中辛雄除尚書駕部郎中轉三公郎其年沙汰郎官務精才實唯雄與羊深等八人見留餘悉罷遣

前廢帝普太元年四月己未於顯揚殿簡試通直散騎常侍散騎侍郎通直郎剩員非才者他轉之自天下多事東西二省官員委積帝勅羊深與常侍盧道處元晏元法等選人補定自奉朝請以上各有沙汰

唐太宗貞觀二十二年幸翠微宮授司農卿李緯爲民部尚書房玄齡時在京城留守會有自京師來者帝問曰玄齡聞李緯拜尚書如何對曰玄齡但云李緯好髭鬚更無他語帝遽改授緯雒州刺史

高宗龍朔二年五月丙申大司憲竇德玄爲司元太常伯左肅機源直心爲奉常正卿劉祥道正授司刑太常伯守司宰正卿駙馬都尉薛瓘爲司宗正卿司刑少常伯侯善業爲守詳刑正卿蘭臺侍郎弘文館學士上官儀爲西臺侍郎撿挍左相許圉師爲左相司列少常伯郝處俊爲太子左中護左中護賀蘭敏

之爲左侍郎弘文館學士德玄等所授官並帝自注定旣而謂李勣等曰朕所授未知允當以否選賢任能雖帝王之所務然臣下之各進乃誠舉不失選疇咨僉議必盡是心上下情通何憂不理但爲永徽以來頗聞朋黨懲艾此事實亦生疑今不共公等商量則自注定自覺專固以爲媿也勣等引咎拜謝及許圉師等入謝帝謂曰搆大厦者必藉羣材理天下者必資良佐比來食祿之官多不稱職或遞相朋附或忘公徇私庶政未康或繇於此我所以就中揀擇親注此官各宜用心勿踵前獘無令後人唾失鑒也

中宗景龍元年十一月制曰共理天下者在良二千石宜令中書門下於内外揀擇必取材望兼優公清特著可以宣風導俗具以名聞

睿宗景雲元年九月丙子制曰建官惟賢典誥丕訓任人以器先王令圖蓋欲庶政和平萬邦祇乂朕以寡昧克纘休業求衣側席無忘寤寐頃屬奸回擅權撓亂綱紀互相引進遞爲比周黜汙清朝實繇於此遂使玉石無辨涇渭莫分其制勑授官宜令所司勘責不因别功遂越賞授先有負犯罔冒得官並量事處分彰善癉惡異等區分梟鸞不接羽蒿蘭不同類

宣示中外知朕意焉

二年十月勑曰寅亮天工弼諧庶績宰臣之任也彰善癉惡激濁揚清御史之職也政之理亂實繇此焉朕丕膺鴻緒三年于兹日旰而食夜分而寢萬乘非樂四海爲憂思欲小康烝人乞荅羣望懲勸之詔歳月相仍然耳不聞彈劾之聲目未覩剛正之舉豈内外寮吏咸未循公邪將有司廻避隱惡不聞邪每念於此怒焉如疚言而不行責在薄德知而不奏誰其過歟御史等不樹朝綱合從屏黜但緣未親處分志在含忍宜許自新以圖遠効内外文武官有老弱疾患貪暴侵漁不舉職事材職不相當者三日内各錄狀進外州刺史上佐多不簡擇内外之職出入須均京官中有材幹堪理人者量與外官有清慎者與京官

玄宗開元二年正月壬申制曰朕聞天爲大者孰先於育物物最靈者莫甚於愛人故樹之后王以康兆庶緬鑒前烈深爲遠圖懼德之不修化之未偃寅畏夙夜如臨泉壑然則疇咨命於四嶽黜陟在乎三載旣以百姓爲心明非一人獨理令之牧守古稱侯伯賢者任之則循良之迹著不賢者任之則怨苦之聲

作每冀精於所擇委之命往豈時或頹靡苟且尚多何吏之殊尤寂寞不嗣靜言政要朕用憮然間歳水旱周於郡國倉廩不蓄閭閻薦饑加以黜陟頗多冗官增獘至於處置沓憑次舉當於京官内簡宏才通識堪致理興化者量授都督刺史等官在外藩頻有升進狀者量授京官使出入常均永爲常式課最超等必議陞遷循默守常必加黜免昭昭賞罰可不愼歟昔子産相鄭以致和平曹參相齊貴於清静清静則不擾不擾則和平和平則不爭不爭則知耻愛費而與休息除煩而從簡易自當農者歸壠畝蠶者勧

績紡既富而教乃克有成道德齊禮不遠斯復庶幾在位知朕此心

三年六月戊午勅曰刺史宜兼於京官中簡擇歷任有善政者補置於司農太府少府等司既掌財物已知次第復稱執事不在取限

八年勅曰刺史古之通侯公卿國之重臣百揆時叙必在得賢萬邦咸寧期於共理郎官出宰抑於前事方伯登台聞之往躅頃來朝士出牧例非情愿緣沙汰之色或受此官縱使超資尚多懷耻亦朝廷勲舊覽鎮外臺却任京都無辭降屈且希得人衆以爲榮

爲官擇人豈合如此自今已後諸司清望官闕先於牧守内精擇都督刺史等要人兼向京官中簡授其臺郎已下除改亦於上佐縣令中通取俾中外迭用賢良靡遺庶績其凝九功惟允即宜銓擇以副朕懷

十二年以黄門侍郎王丘中書侍郎崔沔爲吏部侍郎王易從等爲諸州刺史因勅宰臣曰朕欲妙擇牧宰以崇教化欲重其資望以勵衣冠自今已後三省侍郎有缺先求曾任刺史者郎官缺先求曾任縣令者

二十四年帝以諸州別駕長史司馬佐刺史之理命有司考其勤勞及有政者遂以衛州長史盧見象等二十二人遞遷其職制曰善爲理者固道在至公能官人者俾財無滯用今之羣吏列於郡國績有可考政或可觀既久於所職當叙之以位衛州長史盧見象等頃在條察克著聲猷計年有成以時議進期乎知勸且日無遺彼欲速者自衒而至廉耻之道喪干進之責深悠悠斯人朕無所取凡百在位宜悉乃懷

天寶十載詔曰共理親人在於郡守縣令今二千石朝廷精擇咸得其人縣令委之選司慮未盡善就若連職同官見其蹤跡宜令天下太守各舉堪任縣令

一人善惡賞罰必及所舉所司仍明作條例

肅宗至德二年十二月詔簡擇郎官有堪任太守縣令者委京清資五品已上及郎官御史薦聞

二年正月大赦詔刺史上佐錄事參軍縣令委中書門下速於諸色人中精加訪擇補擬判司丞已下宜令所繇銓揀

乾元二年九月詔曰朕聞効官者必量力而授任致理者亦擇才而簡能況風化之源本資於長吏升降之義用明於朝典古之建萬國親諸侯蓋以撫綏黎民宣布王化則今之令長古稱子男矜孤恤寡均徭

省賦皆是職也朕以薄德恭膺寶位屬殘孽猶聚戎軍未戢雖憂國之計且務於濟時而恤人之心每深於惠物將求厚俗必在審官至於刺史治中皆制命所授辨其材術蓋在朝廷先令中書門下精加擇訪務德惟良如非理人之材並即量宜改授且諸縣令員數應多如聞處理之間廉平者少或使司所奏以功見稱或王司所擬循資而授儻乖任用空黍親人或有案牘之間曾未閑於令式征賦之際皆委任於胥徒繇是吏轉生奸遂爲蠹政人不堪命因而失業興言及此良用憮然夫易柱以調弦聲之和也革獘

而從理政之體也漢宣帝曰與我共理天下者其惟良二千石乎因知方嶽之任足以委黜陟之權矣凡諸道節度皆職備防戎政在理兵豈遑廉問必令郎官御史分命巡察則乘驛蹔往難於委知諒無益於澄清反有增於勞擾其天下縣令各仰本州府長官審加詳擇如有衰耄暗弱或貪財縱暴不閑時政爲害於人並具名録奏即與改替其才職相當者並依舊奏定已後有不稱者所繇官長量加殿黜庶理人之職無或謬焉又入仕之流本期展用且無事實豈可徒勞今員外之官所在甚衆既不釐務空劾驅馳將適鄉閭復拘職守念其旅寓良可優矜應州縣見任員外官並任其所適計秩滿後各與成資仍於本色内減一兩選與留其先緣罪累貶授者不在此限如員外官中材識幹濟曾經任使州縣所資者亦任量留上州不得過五人中州不得過四人下州不得過三人上縣已上不得過一人古之任官必寄成政如長吏數易則綱條不恤所以人懷苟進之心俗靡居常之業比者或開此獘實謂未便於時自今已後刺史縣令更不得數有移改爲政聞於上則當議擢遷如道失厥中亦自申懲誡黜陟之道固有彝章又

比來刺史之任皆先奏州縣官屬苟爲改作孰免頗情自今已後除帶刺史判官外一切不得奏改官吏到任之後察有罪累及不稱職者任具狀奏聞請然後無所與替其刺史非兼節度但有防禦使者副使判官委於本州官中推擇亦不得別奏人並委中書門下者爲嘗法庶使官無失位政有嘗經宣示天下宜知朕意

德宗嗣位以御史大夫浙西觀察使李涵和易無博擊之才除太子少傅以父諱少康改檢校工部尚書兼光祿卿

貞元二年正月詔當參官及節度觀察防禦軍使城使兵馬使諸州刺史少尹赤令畿令幷七品已下清官及大理司直評事等須者令內外新授官人三月內上表舉一人自代欲於中選才堪者任用比來所舉多有無實殊乖所謂求才之意自今已後每舉人皆令指陳其承前事跡如有政能行義藝業勞効各分析言之

四年九月癸酉詔中書門下選當參官曾爲牧守理行有聞者具名聞奏與諸薦守宰論政事知所任者具名封進應被舉官等令御史臺及吏部撿校勘資

次勿令踰越然後臨試處分仍永爲常式

十五年正月以右諫議大夫知匭使田敦爲兵部郎中敦素承顧問帝將用爲兵部侍郎又疑其年少故且授郎中

憲宗時宰相以張仲素改文昌進名爲學士帝阻之以行止未正不宜在內庭

穆宗元和十五年二月御丹鳳樓大赦詔擇刺史縣令宜委門下中書省御史臺官有所請知即具薦聞如贓汚賤人當坐舉

長慶元年以兵部尚書李絳爲吏部尚書以吏部尚書蕭俛爲兵部尚書制曰絳俛皆本朝先後之名相也而吏司爲劇俛固以疾辭兵務差閑絳處之餘裕各令揔理庶謂得宜

文宗太和五年五月丙辰以新授太子賓客王堪爲均王傅堪前爲將作監修太廟違慢罰俸及授太子賓客給事中李固言曰調護之重不宜坐馳慢以居之故再有此命

開成元年四月壬申帝御紫宸殿問宰臣李石曰有何人候對石曰有令狐楚鄭肅等石奏曰陛下今日令諸有司官各以公事而奏未知決事之時對臣與

單伏候臣等退帝曰有司公事見亦無爽帝曰吏部中事非遷才安得撫實無濫且欲變更得否石曰縣令錄事參軍改變即得諸官且循舊爲便帝曰選曹豈辨賢愚但若配官耳乃詔兵部侍郎知銓事崔鄲尚書右丞知銓事鄭肅問曰縣令錄事參軍如何比擬曰資序相當省問其爲官之道堪即注擬帝曰依資合得才不堪者如何鄲曰與遠處慢惡官帝曰若以遠地爲慢惡與不堪者即遠人何若也殊可哀憫尤須擇良吏處之帝曰朝廷求理遠近皆須得人苟用非其才何緣得理宰臣對曰陛下求理意深百司

述職至少今悉令有司官候對一一處分郎何憂不
理皆稱賀而退又召御史中丞李邭兵部尚書判戶
部王超禮部侍郎高錯鴻臚卿李逵司農卿李玘等
各問本司事帝曰朝廷事在衆官戮力同心方得必
理勉務躬親公事
六月丙寅宰臣奏事於紫宸殿鄭覃等奏南省闕丞
郎請用秘書監張仲方帝曰中臺郎朝廷重選仲方
爲京兆尹華州刺史不聞其政苟授之如有政者何
帝前以渾鐬勳閥之家疑其昧於政事將不與郡宰
臣亟請之今又以仲方官業無聞不得在丞郎之選

宰臣等稱賀而退
二年二月帝御紫宸殿謂宰臣曰且聞外郡甚有無
政處鄉亦知否李固言曰臣見說鄧州王堪衰耄頗
甚隨州鄭襄亦無政術帝曰王堪豈不是貞元中御
史否時三院御史只此一人猶在又問唐州是趙蕃
否宰臣皆曰是鄭覃曰王堪臣見是舊人舉爲刺史
鄭襄比來守官亦無敗事若言外郡不理臣亦更有
所聞事未詳審不敢指說宰臣退召起居張次宗問
刺史次宗曰王堪實衰耄恐須與替御史中丞狄兼
謩奏本司事帝亦以三郡訪之兼謩曰王堪比亦廉

直但耄巳及之鄧州疆土鈌館驛多須才力任持方
可集事又數道防秋兵路出鄧州餽餉之繁不供是
懼唐州趙蕃未聞有過隨州趙襄臣素不識又問鄧
州有何土產對曰所出止於麁紬絹與數種藥列在
貢籍至如南都賦穰橙鄧橘亦無其實蓋以兼謩嘗
爲鄧州刺史
三年十一月癸酉帝御紫宸殿問宰臣曰天寶不治
當時姚宋在否李珏曰此時姚亡宋罷珏又曰玄宗
謂羣臣曰我自卽位不曾枉誅一人不知任李林甫
破人家不少陳夷行曰陛下不可移權與人多時楊

嗣復曰夷行此言未了并惑陛下頃太宗用房玄齡
十六年魏徵十五年何嘗有變臣以爲用房魏多時
不爲不理用邪佞一日亦不可耳帝曰丁居晦作中
丞何如因悉數大臣而品第之嘆曰宋申錫堪任此
官惜哉又曰牛僧孺可爲大夫宰臣鄭覃曰頃者中
丞未嘗搏擊恐無風望帝曰不然鸞鳳與鷹隼事異
帝又曰居晦作得此官朕曾以時諺謂杜甫李白輩
爲四絕問居晦居晦曰此非君上要知之事朕嘗以
此記得居晦今所以擢爲中丞
宣宗大中元年正月赦節文古者郎官出宰公卿理

郡所以重親人之官𢚩爲政之本自澆風興扇此道稍消頡頏清途便至顯貴理人之術未嘗經心欲使究百姓艱危通天下利病不可得也朕爲政之始思厚時風軒墀近臣盡備顧問如其不知病苦何以應朕訪求自今後諫議大夫給事中中書舍人未曾任刺史縣令或在任有敗累者委宰臣不得進擬

後唐莊宗同光二年二月南郊畢制曰共理者太守之官親人者縣宰之任戈鋋稍弭政術爲先刺史縣令有勸課農桑招復戶口增加稅額撿勘不虛委本道觀察使條件奏聞當加進陟如貪墮不理害及於

人者速便停替務於葺養稱朕意焉况親人之官無先於令錄致治之道必擇於才能苟選任不自於朝廷則恩澤全歸於僥倖近日諸道奏請授官人數轉多闕員全占交槩體例須正條綱委中書門下舉舊例條理奏聞刺史總一州之政縣令專百里之權至於糾督之司並爲親人之任僞朝取士多不擇才蓋自藩方奏論因及權勢囑託公行賄賂蔑顧典章到官惟務於誅求在任莫司於葺理或聚蓄更希後任或掊斂以報前恩上下相蒙遠邇爲害生靈困獘職此之繇自此牧守令錄之官委中書門下精加選擇至於三銓注擬亦在審詳吏能如貪猥有聞不得更受令錄及到官後委本道觀察使切加銓轄仍勒本州判官專爲察訪如掩贓罪不具聞奏豈爲獨罪本官兼亦累及長史

晉高祖天福四年四月以右驍衛大將軍李從朗領楚州防禦使從朗前朝宗子帝之姻屬也唐淑妃王氏累爲請命懇求郡寄帝以前歷四州不聞其政故與其名錫其俸而著於班不令蒞事

周太祖廣順元年九月丁亥以司封員外郎桑能爲鳳翔少尹殿中侍御史竇元靖爲京兆少尹司門員

外郎宋曙爲陸渾令工部員外郎易弼爲贊善大夫右補闕高守瓊爲登封令桑能維翰之庶弟也元靖貞固之庶兄也先是晉命將終漢宣初建三署清華之地雜冗屑無才行者處之歲滿序遷漸至華顯有職者耻與之爲伍蓋當塗者不愼小官也至聖朝出此數人而擢英翹之士簪纓之間賢不肖始似有區別矣

世宗顯德二年正月甲戌帝謂侍臣曰去歲濟州臨邑民來訴災沴尋命使臣遍與通撿所望供輸咸得均濟昨聞廣種植戶民不欲通撿咸忿其訴災者至有潛爇其家產者朕自聞之極浮軫惻侍臣對曰時季以來民多恣惡帝曰非民之彼蓋朕治之未至亦

循親人之官未當耳此後尤宜精求令長免使黎民受弊

七月丙戌帝謂侍臣曰藩郡賓職下至令錄皆親吾民事任非輕也所宜歷試求人委之共理宰臣奏曰人有雖負文學不能幹事者有藝不及人能幹事者有貌鄙言訥通理道者有奇資辨言昧時務者求人之道自古爲難帝曰豈朕不及前代明王何奇材名士未盡出邪

冊府元龜

巡按福建監察御史臣李嗣京　訂正
新建縣舉人臣戴國士參閱
知建陽縣事臣黄國琦較釋

帝王部　七十

務農

禮記曰天子親耕於南郊以供粢盛周禮地官遂大夫之職正歲簡稼器修稼政虢文公曰民之大事在農上帝之粢盛於是乎出民之蕃庶於是乎生王符曰國之所以爲國者以其有民也民之所以爲民者

以其有國也故曰所寶惟穀又曰食爲民天是知食居八政之先穀乃六府之一天下之本其惟農乎先王繇是申勞農之典立勸桑之制或下詔以敦勉或設官以案行重其力則俾之孝悌同科惜其功則不使小罪徵召此皆務農之深旨也故賈誼曰積貯者天下之大命也苟粟多而財有餘何爲而不成以攻則取以守則固以戰則勝管子曰倉廩實知禮節衣食足知榮辱則知王者務農之道其太平之本歟

神農氏斲木爲耜揉木爲耒耒耜之利以敎天下天下號曰神農氏

帝堯命羲仲寅賓出日平秩東作寅敬賓導秩序也歲起于東而始就耕謂之東作東方之官敬導出日平均以序東作之事以務農也舉棄爲農師天下得其利

帝舜命棄曰黎民阻饑汝后稷播時百穀阻難播布時是也衆人之難在于饑汝后稷布種是百穀以濟之美其前功以勉之也

周文王卑服卽康功田功言卑其衣服以就其安人之功田功知稼穡之艱難

成王親與后世子出觀農事其詩曰曾孫來止以其婦子饁彼南畝田畯至喜攘其左右嘗其旨否曾孫謂成王也饁饟饋也田畯司穡也喜攘爲饋酒食也爲農人之在南畝者設饋以勸之司嗇至則又以酒食饋其左右從行者成王親爲嘗其饋之美否示親之也又率主田之吏使民耕田

而種百穀故作噫嘻之詩曰率是農夫播厥百穀

漢文帝二年九月詔曰農天下之大本也民所恃以生也而民或不務本而事末故生不遂衣食乏絶致有大喪故不遂其生朕憂其然故今茲親率群臣務農以勸之其賜天下民今年田租之半

十二年三月詔曰道民之路在於務本朕親率天下農十年于今而野不加辟辟讀曰闢歲一不登民有饑色登成也是從事焉尚寡而吏未加務從事從農事也吾詔書數下歲勸民種樹而功未興是吏奉吾詔不勤而勸民不明也且吾農民甚苦而吏莫之省將何以勸焉其

賜農民今歲田租之半

十三年六月詔曰農天下之本務莫大焉今廑身從事廑古勤字而有租稅之賦是謂本末者無以異也本農也末賈也言農與賈俱出租無以異也故除田租其於勸農之道未備其除田之租稅

景帝後二年四月詔曰雕文刻鏤傷農事者也錦繡纂組害女紅者也纂赤組也紅讀曰功農事傷則饑之本也女紅害則寒之原也夫饑寒並至而能亡爲非者寡矣朕親耕后親桑以奉宗廟粢盛祭服爲天下先不受獻減太官省繇賦省所領切繇音徭欲天下務農蠶素有蓄

積以備災害

三年正月詔曰農天下之本也黃金珠玉饑不可食寒不可衣以爲幣用不識其終始幣者所以通有無易貴賤也間歲或有不登意爲末者衆農民寡也其令郡國務勸農桑益種樹可得衣食物樹殖也吏發民若取庸采黃金珠玉者坐贓爲盜發民用其民庸取其資以雇庸二千石聽與同罪又食貨志云時宮室列館車馬益增修矣然屢敕有司以農爲務民遂樂業

武帝元狩三年秋遣謁者勸有水災郡種宿麥又末年悔征伐之事迺封丞相爲富民侯富民沛郡蘄縣之鄉名也欲百姓殷實故取其嘉名也下詔曰方今之務在於加農以趙過爲搜粟都尉過能爲代田一畝三甽甽壠也音工犬切字或作畎歲代處故曰代田古法也

元帝元光元年三月詔赦天下令各務農畝無田者皆假之貸種食

建昭五年三月詔曰方春農桑興百姓戮力自盡之時也故是月勞農勸民無使後時今不良之吏覆案小罪徵名證案與不良之事以妨百姓使失一時之作亡終歲之功公卿其明察申勑之

成帝陽朔四年春正月詔曰夫洪範八政以食爲首斯誠家給刑錯之本也先帝劭農劭勸勉也音時召切薄其租

稅寵其強力令與孝弟同科間者民彌惰怠鄉本者少趨末者衆將何以矯之鄉讀曰向矯正也方東作時春位在東耕者始作故曰東作其令二千石勉勸農桑出入阡陌致勞來之書不云乎服田力穡乃亦有秋農夫服田厲且奮力乃有秋收也其勗之哉

平帝元始元年置大司農部丞一十三人人部一州勸課農桑

平帝二年定墾田八百二十七萬五百三十六頃蓋紀漢盛時之數據元始二年千二百二十三萬三千每戶合得田六十七畝百四十六步有奇也

後漢光武中元二年十二月詔曰方春戒節人以耕桑其勸有司務順時氣使無煩擾

明帝永平三年春正月癸巳詔曰夫春者歲之始也始得其正則三時有成比年水旱不節邊人食寡政失於上人受其咎有司其勉順時氣勸課農桑去其螟螣以及蝥賊

章帝元和元年二月詔曰王者八政以食爲本故古者急耕稼之業致耒耜之勤節用儲蓄以備凶災是以歲雖不登而人無饑色自牛疫以來穀食連少良由吏教未至刺史二千石不以爲負（負猶憂也）其令郡國

募人無田欲徙他界就肥饒者悉聽之到在所賜給公田爲雇耕傭賃種餉貫與田器勿收租五歲除筭三年其後欲還本鄉者勿禁

和帝永元五年九月壬午令郡縣勸民蓄蔬食以助五穀

安帝永初三年七月庚子詔長吏案行在所皆令種宿麥蔬食務盡地力其貧者給種餉

魏明帝時司馬芝爲大司農先是諸典農各部吏民末作治生以要利入芝奏曰王者之治崇本抑末務農種穀王制無三年之儲國非其國也管子書言以積穀爲急方今二虜未滅師旅不息國家之要惟在穀帛武皇帝特開屯田之官專以農桑爲業建安中天下倉廩充實百姓殷足自黃初以來聽諸典農治生各爲部下之計誠非國家大體所宜也夫王者以海内爲家故傳曰百姓不足君孰與足富足之繇在於不失天時而盡地力今商旅所求雖有加倍之顯利然於一統之計已有不貲之損不如墾田益一畝之收也夫農民之事田自正月耕種耘鋤條桑耕熯種麥穫禾築場十月乃畢治廩繫橋運輸租賦除道理梁墐塗室屋以是終歲無日不爲農事也今諸典

農各言留者爲行者宗田計課其力勢不得不爾不有所廢則當素有餘力臣愚以爲不宜復以商事雜亂專以農桑爲務於國計爲便帝從之

晉宣帝初爲魏國軍司馬言於魏武曰昔箕子陳謨以食爲首今天下不耕者蓋二十餘萬非經國遠籌也雖戎甲未卷自宜且耕且守魏武納之於是務農積穀國用豐贍

武帝時石苞爲司徒苞言州郡農桑未有賞罰之制宜遣掾屬循行皆當均其土宜舉其殿最然後黜陟焉因下詔曰農殖者爲政之本有國之大務也雖欲

安時興化不先富而教之其道無繇而至今四海多事軍國用廣加承征役之後屢有水旱之事倉庫不充百姓無種古者稼穡樹藝司徒掌之今雖登論道然經國立政惟時所急故陶唐之世稷官爲重今司徒位當其任乃心王事有毀家紓國乾乾匪躬之志其使司徒督察州郡播殖將委事任成垂拱仰辦若宜有所循行者其增置掾屬十人聽取王官吏練事業者

泰始五年正月癸巳申戒郡國計吏守相令長務盡地利禁游食商販

元帝太興元年詔曰徐揚二州土宜三麥可督令熯地投秋下種至夏而熟繼新故之交於以周濟所益甚大昔漢遣輕車使者紀勝之督三輔種麥而關中遂穰勿令後晚其後頻年麥雖有旱蝗而爲益猶多

後魏孝文延興二年四月庚子詔工商雜役盡聽赴農諸州郡課民以種菜果

三年二月癸丑詔牧守令長勤率百姓無令失時同部之內貧富相通家有兼牛通借無者若不從詔一門之內終身不仕守宰不督察免所居官

太和元年春正月辛亥詔曰今牧民者與朕共治天下也宜簡以徭役先之勸獎相其水陸務盡地利使農夫外布桑婦內勤若輕有徵發致奪民時以侵擅論民有不從長教墮於農桑者加以罪刑

三月丙午詔曰朕政治多闕災眚屢興去年牛疫死傷太半耕懇之利當有虧損今東作既興人須肄業其勑在所督課田農有牛者當勤於當歲無牛者倍庸於餘年一夫制田四十畝中男二十畝無令人有餘力地有遺利

四年四月乙卯幸廷尉籍坊二獄引見諸囚詔曰廷尉者天下之平民命之所懸也朕得惟刑之恤者從

獄官之稱其任也一夫不耕將或受其餒一婦不織將或受其寒今農時要月百姓肆力之秋而愚民陷罪者甚衆宜隨輕重決遣以赴耕耘之業

五年五月庚申朔詔迺者邊兵屢動勞役未息百姓因之輕陷刑網獄訟煩興四民失業朕每念之用傷懷抱農月時要民須肆力其勑天下勿使有留獄久囚

十三年八月詔諸州鎮有水田之處各通溉灌遣匠者所在指授

十六年六月甲辰詔曰務農重穀王政所先勸率田

嗇君人當事今四氣休序時澤滂潤宜用天分地悉力東畆然京師之民遊食者衆不加督勸或耘耨失時可遣明使檢察勤惰以聞

二十年五月丙子詔曰農唯政首稷實民先澍雨豐洽所宜敦勵其令畿內嚴加課督墮業者量以楚撻力田者具以名聞

七月丁亥詔京民始業農桑爲本田稼多少課督以否具以申言

宣武正始元年九月丙午詔緣淮南北所在鎮戍皆令及秋播麥春納粟稻隨其土宜水陸兼用必使地

無遺利兵無餘力比及來稔令公私俱濟也

後周武帝建德四年正月壬申詔曰今陽和布氣品物資始敬授民時義兼敦勸詩不云乎弗躬弗親庶民弗信刺史守令宜親勸農桑百司分播躬自率道事非機要並停至秋

隋煬帝大業三年四月丙申北巡狩戊戌勑百司不得踐暴禾稼其有須開爲路者有司計地所收卽以近倉酬賜務從優厚

後唐高祖武德五年四月戊辰謂羣臣曰比者兵革事頻不遑隴畝今諸方畧定軍國無虞太平之基在於家給人足今茲麥旣大熟宜停庶務每司别留一二人守曹局餘皆宜休假親事務農流罪以下囚罪名定者亦放收穫

六年六月乙未詔曰有隋爽亂區宇分離百姓凋殘斃於兵甲田畝荒廢饑饉薦臻元元無辜墮於溝壑朕膺圖馭極廓清四海安輯遺民期於寧濟勸農務本蠲其力役然而邊鄙餘官向或未除頃年已來戎車屢出所以農功不致倉廩未登永念於茲無忘寤寐今旣風雨順節苗稼實繁蕃秀之下咸通茂盛五十年來未嘗有此倉廂之積指日可期時爲溽暑方

資耕耨廢而不修歲功將闕宜從優縱肆力千頃其公私債負及追徵輸送所至處且勿施行尋常營造役使工匠事非急要亦宜停止見在囚繫事未決斷傍引支證未須追逈司攝當務並宜且停內外官人行署以上量事分播皆盡九月三十日其軍機急速及盗賊之事不在停限州縣牧宰明知勸導咸使戮力無或失時務從簡靜以稱朕意

太宗貞觀四年四月帝以夏麥大稔謂御史大夫蕭瑀曰前代帝王以麟鳳龜龍爲嘉瑞朕以民安年豐爲上瑞公謂若何在位者皆賀

中宗景龍二年七月辛卯勑誡諸州郡督刺史縣令務盡地利禁游食

玄宗開元四年九月壬寅詔曰關中田苗今正成熟若不收刈便恐飄零縁頓差科時日尚遠宜令併功收拾不得妄有科喚致妨農業仍令左右御史撿察奏聞

十二年六月壬辰詔曰有國者必以人爲本固本者必以食爲先先王於是務其三時前聖所以分其五土勸農之道實在於斯朕撫圖御曆殆踰一紀旰食宵衣勤乎兆庶故兢兢翼翼不敢荒寧頃歲以來雖

稍豐稔猶恐地有遺利人多廢業游食之徒未盡歸生穀之疇未均墾以是軫念遣使臣恤編戸之流亡闢大田之衆寡至如百姓逃散良有所繇當天册神功之時北狄西戎作梗大軍之後必有凶年水旱相仍逋亡滋甚自此成弊於今患之且違親越鄉蓋非獲已暫因規避旋被兼并既冐刑綱復損産業居且常懼歸又無依積此艱危遂成流轉或因人而止或庸力自資懷土之思空盈返本之徒莫遂朕處荷丕搆子育萬姓立德非宜而玆弊未革納隍馭朽實切於心旣濟在予之責思弘自新之令其先是逋逃並宜自首仍能服勤壟畝肆力耕耘所在閑田勸其開闢逐土任宜收稅勿令州縣差科征役租庸一皆蠲放若登時不出或因此更逃習俗或然非以爲法且阻我誠信是紊我大綱爰及所繇須加嚴限且天下風壤多有不同地旣異宜俗亦殊習固當因利制事不可違人立法宜令兵部員外郎兼侍御史宇文融兼充勸農使巡按人邑安撫戸口所在與官寮及百姓商量處分乃至賦役差科於人非便者並量事處分續狀奏聞務令安輯勿使勞繁當行賞罰之科各竭忠公之力所到之處宜示百姓達我勸人之心

十五年五月丁酉是日夏至賜宰臣及供奉官諸司長官各繰絲先是帝命宮中養蠶親自臨視欲使嬪御已下知女工之事及蠶罷獲絲甚多因以賜焉

十六年十月勑曰諸州客戸有情愿屬邊縁利者至彼給良沃田安置仍給永年優復宜令所司即與所管客戸州計會召取情愿者隨其所樂具數奏聞

十七年春正月丁酉詔曰獻歲發生陽和在候乃睠甿庶方就農桑其力役及不急之務一切并停百姓間有不穩便事須處置者宜令中書門下與所司喚取朝集使審向商量奏聞

二十一年正月詔其聚衆興役妨時害功特宜禁止以助春事

二十二年五月帝於苑中種麥率皇太子已下躬自收穫謂曰此將薦宗廟是以躬親亦欲令汝等知稼穡之艱難也因分賜侍臣等謂曰比歲令人巡撿苗稼所對多不以實故自種植以觀其成且春秋書無麥禾豈非古人所重也

二十九年制曰古之爲理必順時行令獻歲發春仁氣育物宜叶陽和之德以勸播種之務天下諸州委刺史縣令加意勸課仍令採訪使勾當非灼然要切

事不得妄有追擾其今月諸色當審人有單貧老弱者所司即揀擇量放營農至春末已來並宜准此

天寶五載正月詔曰今土膏既動農事將興丁壯就功不可妨奪其不急之務一切並停

九載七月詔曰農爲政本食乃人天必禾稼之及期逢京坻之厚積是以愛人存乎重穀勸政在乎厚生俗之所資何急於此如聞遠近每至秋中穀禾熟時即賣充馬藁苟求規利之心殊害生成之性靜言斯弊實資懲革自今已後不得更然其三京及天下諸郡並委所繇長官嚴加捉搦如非成熟不得輒刈犯者量決四十仍牓示要路咸使聞知

十四載正月詔不急之務一切且停待至農閑任依常式

肅宗上元二年正月詔王者設教務農爲首今土膏方起田事將興敦本勸人實惟政要宜令天下刺史縣令各於所部親勸農桑

九月詔曰田功在謹農事惟勤不有司存何成種穀諸州等各置司田參軍一人主農事每縣各宜置田正二人於當縣揀明閑田種者充務令勸課

元年建卯月御明鳳樓大赦詔其建辰月應蕃彍騎

宜三分量留一分其餘即放歸營農至建巳月任依常式諸州刺史縣令及司田參軍令設法勸課令其耕種不得失時貧不支濟戶仍方圓處置量事借貸務令存立歲終巡案量其功效

代宗永泰元年正月朔大赦制曰農政本也食人天也方春之首重於東作除軍興至急餘一切並停令百姓專營農事其逃戶復業及浮客情願編附者仰州縣長吏親就存撫特矜賦役全不濟者量貸種子務令安集

大曆十三年正月壞京畿白渠碨八十餘所以妨奪

農業也帝思政理之本務於農人以田農者生民之源苦於不足磑磑者興利之業主於並兼遂發使行具其損益之繇僉以爲正渠無害支渠有損乃命府縣凡支渠磑一切罷之時昇平公主上之愛女出降駙馬都尉郭曖有磑兩輪并曖父子儀有磑兩輪並在支渠内公主聞之不時入謁乞留此磑帝曰公主日吾爲蒼生爾識吾意可爲衆先公主遂即日毁之由是諸磑不令而毁者非一百姓便之自去冬少雪是日雨雪豐霈咸以爲聖感

德宗貞元五年五月初以二月一日爲中和節詔文

武百僚進農書獻種稑

六年二月戊辰朔中和節百寮始進兆人本業三卷司農獻粟及黍各一斗

二十年詔曰理化之本繫乎京師副朕憂人屬於長吏宜勉務農桑各安生業以輸朕懷

憲宗元和七年四月詔曰農桑切務衣食所資始聞閭里之間蠶織猶寡所宜勸課以利於人諸道州府有田戶無桑處每檢一畝令種桑兩根勒縣令專勾當每至年終委所在長吏檢察量其功具殿最奏聞兼令兩稅使同訪察其桑仍切禁採伐犯者委長吏重加責科

穆宗長慶二年二月勑以修築河陰院恐妨農務罷之

文宗太和二年二月勑李絳所進則天聖后删定兆人本業書三卷宜令在所州縣寫本散配鄉閭

開成元年十二月壬子御紫宸殿謂宰臣曰濟以宿麥爲憂今日東風應即有雪鄭覃對曰正月得之亦未爲晚

武宗會昌元年四月勑勸課種桑比有勑命或能增數每年奏聞如聞都不遵行恣爲剪伐列於市肆貨

作柴薪自今州縣切宜禁斷

宣和大中元年二月制應天下逃戶見在桑田屋宇等多是暫時東西便被鄰人與所繇等計會雖云代納稅錢悉將斫伐毁拆及願歸復多以蕩盡因致荒廢遂成閑田從今後如有此色勒鄉村耆老與所繇并鄰近等同田産人且爲佃蒔與納稅錢如五年内不來復業者任便收租佃者爲主逃戶不在理論之限其屋宇桑田樹木等權佃人逃戶未歸五年内不得輒有毁除斫伐如有違犯據根口量情科責并科所繇等不檢挍之罪

二年正月制云君以人爲本人以食爲天有國有家捨此無悉如聞州府之内皆有閑田空長蒿萊無人墾闢與其虚棄曷若濟人宜令所在長吏設法召募貧人課勵耕種所收苗子以備水旱及當處軍糧愛念農耕是資牛力絶其屠宰須峻科條天下諸州屠牛訪聞都不遵守自今巳後一切禁斷

二月刑部奏牛者稼穡之資邦家所重雖加條約多有違犯今後請委州府縣令并録事參軍嚴加捉搦如有牛主自殺及盜竊殺者卽請准乾元元年二月五日勑先決六十然後准法科罪其本界官吏嚴加

止絶

五年正月勑畿甸及天下府州應屠牛宜起大中五年五月一日後三年内切加禁斷如郊廟享祀合使者卽以諸畜代之中書奏曰屠牛之禁格令至重此立條流必令禁斷臣等商量應天下諸州府如有牛死便於所在經官陳狀勘驗無他故然後使令就市解剝貨賣不得更將歸私家如有屠牛事發不唯本主抵法鄰里保社並須痛加懲責本縣官吏委刺史節級科罰仍委諸道觀察使各逐所管州縣穩便更別立條制須極嚴峻務令止絶其行勞處亦准此禁斷從之

後唐明宗天成二年四月駕出北門觀麥刈日謂侍臣曰昨日出城詢諸父老苗稼滋潤牛驢皆肥喜形於色朕亦樂之左右皆賀是月蔡州進新繭宣示庭臣

長興元年三月車駕出上陽門觀稼至晚歸宫

二年三月陝州准詔放獵戸歸農

三年三月帝觀稼於郡郊民有父子三人同挽犂來者帝閔之賜耕牛三頭帝顧謂侍臣曰朕昨日以雨霽暫歸緑野遥望西南山坡之下初謂群羊俯而察

之乃貧民耦耕朕甚憫焉范延光對曰陛下輕徭薄賦所以村落之間自勤於稼穡也是時帝哀貧民多無耕牛斲地以種延光以爲勤于稼穡非主上憂民之意歟

九月壬午帝幸南莊刈日謂侍臣曰朕見西郊種麥巳生民之辛苦深可憫念帝憂民之旨無日暫忘

十二月甲寅詔曰富民之道莫尚於務農力田之資必先於利器器苟不利民何以安近聞諸道監治所賣農器或大小異同或形狀輕怯纔當墾闢旋致損傷近百姓秋稼雖登時物頗賤旣糶難於買置遂抵

犯於條章苟利錐刀擅興鑪冶稍聞彰露須議誅夷緩之則瞻國不充急之則殘民轉甚加以巡檢節級擾擾鄉閭但益煩苛殊非通濟欲使上不奪山澤之利下皆遂畎畝之宜務在從長庶能經久自今後不計農器燒器動使諸物並許百姓逐便自鑄諸道監冶除依常年定數鑄辨供軍熟鐵并器物外只管出生鐵比已前價各隨逐處見定高低每斤一例減十文貨賣雜使熟鐵亦任百姓自揀巡檢節級勾當賣鐵場官并鋪戶等一切並廢鄉村百姓只於係省秋夏田畝上每畝納農器錢一文五分足陌隨秋夏稅

二時送納去後歷晉漢周皆不改其制

四年三月帝幸龍門七星亭農事方春田民遍野帝見其剏桑稼樹枉駕勞問親自勸課其月辛酉太原石敬塘進耒耜一具時帝嘗巡幸近郊見農民田具細弱而犁耒尤拙曰農器若此宜其無所獲也因詔河東河北進農具以為式樣太原首有是進降詔褒之

晉高祖天福二年二月前隴州長吏杜遵進策曰伏見近年百姓頗遇災荒縱納得王租即不充口食此蓋播種不廣頃畝無餘旣稅外無溢數之苗致民中有不及之獘且國以民為本民以食為天苟百姓不足君孰與足伏請曉示天下應有荒田一任百姓開種候及三年外即檢焰所開種頃畝多少量納一半租稅所貴家國富饒上下通濟者勅日闢彼汙萊期於富庶方當開創正切施行往日雖曾指揮漸恐廢墮當在申於勸誘期共樂於豐穰宜令逐處長吏遍下管內應是荒田有主者一任本主開耕無主者一任百姓請射佃蒔三年內並不在收稅之限

七年二月丙午勅鄧唐隨郢諸州管界多有曠土宜令逐處曉諭人戶一任開墾佃蒔仍自開耕後與免

五年差徭兼仰指揮其荒閑田土本主如是無力耕佃即不得虛自占吝仍且與招攜到人戶分析以聞

少帝開運二年十二月中書舍人陶穀奏竊以稼穡為生民之天機杼乃豐財之本是以耕根在御王者用三推之儀鞠衣載陳后妃有躬桑之禮則知自天子至于庶人不可斯須忽於農桑也又司馬遷著書曰齊魯之閒千畝桑安邑千樹棗其人與千戶侯等伏見近年已來所在百姓皆伐桑為柴忘終歲之遠圖趨一日之小利旣所司不禁乃積習生常苟桑柘漸稀則繒帛須缺三數年內國用必虧雖設法課人

種桑且無及也舊木已伐新木未成不知絲綿欲憑何出若以下民方困不可禁之儻砍伐一空所在如是歲或不稔衣食盡忘饑凍逼身須爲群盜圖難於易哲王令猷作事謀始有國當務之留眷覽詢訪輔臣欲望特下明勅此後不得以桑棗爲柴官場亦不許受納州縣城門不令放入及不得囊私置賣犯者請加重罪勅曰陶穀方思豐國切欲勸農以貿易於柴薪多砍伐於桑棗請行禁絶宜舉科條仍付所司

漢隱帝於乾祐元年二月卽位三月殿中少監胡崧上言請禁砍伐桑棗爲薪城門所繇事加捉搦從之

周太祖廣順元年正月勅農桑之務衣食所資一夫不耕有艱食之慮一婦不織有無褐之虞今氣正陽春候當生發宜勤用天之業將觀望歲之心應諸道州府長吏宜勸課耕桑以豐儲積編民樂業仍倍撫綏

二年正月勅諸道府州吏六府允修無先重穀九扈分職厥惟勸農今則東作聿興西成係望我有群后政在養民苟不懈於行春諒倍登於多稼卿分憂事任道俗康平樹以風聲靡如草偃必汙萊之地並作百縲游惰之民咸勤四體用洽帶牛之化更彰襦袴之謡眷倚之懷寤興斯切詔到卿可散下管内勸課鄉縣百姓依時耕種栽接桑棗勿縱逰惰務在精勤

三年正月詔曰宜令三京及諸道州府委長吏指揮管内人户勉勤耕稼廣闢田疇勿使蒿萊有廢膏腴之地務添桑棗用資種養之方仍令嘗切撫綏不得輒加科役所貴野無曠土廬有環桑致穀帛以豐盈遂蒸黎之蘇息

世宗顯德二年二月帝曰自古厚農實穀故家給人足近世以來俗尚輕巧若使耕稼者有利游惰者無歸則自然倉廪實衣食足澆浮之風當自息矣宜令

遍示天下厚農桑薄伎巧優力田之夫禁末游之輩以稱朕意焉

二年八月詔課民種樹其上户所種每歲須及百本其次降殺有差又令民每口種韭一畦以助其食

冊府元龜

巡按福建監察御史臣李嗣京　正
分守建南道左布政使臣胡維霖　輯
知建陽縣事臣黃國琦　較

帝王部七十一

命相

天生蒸民樹之以君而司牧之必選賢舉能而爲之輔弼故天有三台之象易有鼎足之義所以佐天子理陰陽親萬民也武丁命傅說則曰朝夕納誨以輔台德穆王命君牙亦曰今命爾予翼作股肱心膂此古先哲王命相之旨也昔者帝王得六相而天地理神明和虞舜亦舉八元八愷而百揆時序内成外平自時厥後或非其人而望興化若緣木求魚登山採珠不可得也故歷代以還寅亮天工登翼王室者不亦重乎

黃帝得蚩尤而明乎天道得太常而察乎地利得奢龍而辨乎東方得祝融而辨乎南方得太封而辨乎西方得后土而辨乎北方得六相而天地治神明至一云置左右太監監于萬國

虞舜即天子位曰咨四岳有能奮庸熙帝之載奮起庸功載事也訪群臣有能起發其功廣堯之事者言舜曰以別堯使宅百揆亮采惠疇亮信惠順也求其人使居百揆之官信立其功順其事者誰乎僉曰伯禹作司空四岳同辭而對禹代伯爲崇伯入爲天子司空治洪水有成功言可用之帝曰俞咨禹汝平水土惟時懋哉然其所舉稱禹前功以命之懋勉也惟居時百揆勉行之禹拜稽首讓於稷契暨皋陶居稷官者棄也契皋陶二臣名稽首首至地帝曰俞汝往哉然其所推之賢不許其讓勑使往宅百揆帝曰棄黎民阻饑汝后稷播時百穀阻難播布也衆人之難在於饑汝后稷布種是百穀以濟之美其前功以勉之帝曰契百姓不親五品不遜五品謂五常遜順也汝作司徒敬敷五教在寬布五常之教務在寬所以得人心亦美其前功帝曰皋陶蠻夷猾夏寇賊姦宄猾亂也夏華夏群行攻刼曰寇殺人曰賊在外曰姦在内曰宄言無教之致汝作士五刑有服士理官也五刑墨劓剕宮大辟服從也言得輕重之中正五服三就既從五刑謂服罪也行刑當就三處大罪于原野大夫于朝士于市五流有宅五宅三居謂不加刑則流放之若四凶者五刑之流各有所居五居之差又有三等之差大罪四裔次九州之外次千里之外惟明克允言皋陶能明信五刑施之遠近蠻夷猾夏使咸信服無敢犯者因禹讓二臣故歷述之帝曰咨疇若予工僉曰垂哉問誰能順我百工事者朝臣舉垂垂臣名帝曰俞咨垂汝作共工垂拜稽首讓於殳斨暨伯與帝曰俞往哉汝諧汝能諧和此官帝曰咨四岳疇若予上下草木鳥獸僉曰益哉上謂山下謂澤順謂施其政教取之有時用之有節伯益能之帝曰俞咨益汝作朕虞虞掌山澤之官益拜稽首讓於朱虎熊羆帝曰俞往哉汝諧朱虎熊羆四臣垂益所讓

四人皆在元愷之中帝曰咨四岳有能典朕三禮僉曰伯夷三禮天地人之禮伯夷臣名姜姓帝曰俞咨伯夷汝作秩宗秩序宗尊也主郊廟之官夙夜惟寅直哉惟清夙早也言早夜敬思其職典禮施政教使正直而清明伯拜稽首讓于夔龍夔龍二臣名帝曰俞往欽哉然其賢不許讓帝曰夔命汝典樂教胄子胄長也謂元子以下至卿大夫子弟以歌詩蹈之舞之教掌國子中和祗庸孝友直而溫寬而栗教之正直而溫和寬弘而能莊栗剛而無虐簡而無傲剛失入虐簡失入傲教之以防其失詩言志歌永言謂詩言志以導之歌其義以長其言聲依永律和聲聲謂五聲宮商角徵羽律謂六律六呂十二月之音氣言當依聲律以和樂八音克諧無相奪倫神人以和倫理也八音能諧理不錯奪則神人咸和命夔使勉之夔曰於予擊石拊石百

三

冊府元龜　帝王部　命相一　卷之七十一

獸率舞石磬也磬音之清者拊亦擊也舉清者和則其餘皆從矣樂感百獸使相率而舞則神人和可知帝曰龍朕堲讒說殄行震驚朕師堲殄絕震動也言我疾讒說絕君子之行而動驚我衆欲遏絕之命汝作納言夙夜出納朕命惟允納言喉舌之官聽下言納于上受上言宣于下必以信

夏禹既立舉皋陶且授政焉皋陶卒舉益任之政

殷湯初爲諸侯舉伊尹作咸有一德一云仲虺爲湯左相

大戊立伊陟爲相伊陟伊尹之子

高宗武丁卽位思復興殷而未得其佐三年不言政事決定於冢宰冢宰天官卿貳王事者以觀國風夜夢得說夢得賢相其名曰說使百工營求諸野得諸傅巖使百官以所夢之形象經營求之于外野得之于傅岩之谿作說命命說爲相使攝政曰王宅憂亮陰三祀陰默也居憂信三年不言既免喪其惟弗言除喪猶不言政群臣咸諫于王曰嗚呼知之曰明哲明哲實作則知事則爲明智明智則能制作法則天子惟君萬邦百官承式天子待令百官仰法王言惟作命不言臣下罔攸稟令稟受令亦命也王庸作書以誥曰以台正于四方台恐德弗類玆故弗言恐臣下怪之故作誥類善也我正四方恐德不善此故不言恭默思道夢帝賚予良弼其代予言夢天與我輔弼良佐將代我言政教乃審厥象俾以形旁求于天下審所夢之人刻其形象以四方旁求之于民間說築傅巖之野惟肖傅氏之岩在雲坂之界通道所經有澗水壞道當使胥靡刑人築護此道說賢而隱代胥靡築之以供食肖似所夢之形爰立

四

冊府元龜　帝王部　命相一　卷之七十一

作相王置諸其左右于是禮命以爲相使在左右命之曰朝夕納誨以輔台德言當納諫誨直辭以輔我德若金用汝作礪鐵須礪以成利器若濟巨川用汝作舟楫渡大水便舟楫若歲大旱用汝作霖雨霖三日雨霖以救旱啓乃心沃朕心若藥弗瞑眩厥疾弗瘳開汝心以沃我心如服藥必瞑眩及其病作除欲其出公言以自警若跣弗視地厥足用傷跣必視地足乃無傷言欲使爲己視耳惟暨乃僚罔不同心以匡乃辟與汝並官皆當倡率無不同心以庸正汝君俾率先王迪我高后以康兆民言康正汝君使脩先王之道蹈成湯之蹤以安天下嗚呼欽予時命其惟有終敬我是敬修其職使有終說復于王曰惟木從繩則正后從諫則聖言木以繩直君以諫明后克聖臣不命其承君能受諫

則臣不待命其承意而諫之疇敢不祗若王之休命史記曰武丁夜夢得聖人名曰說以所見視群臣百吏皆非也於是迺使百工營求之野得于傳險中是時說爲胥靡築于傳險見于武丁武丁曰是也得而與之語果聖人舉以爲相殷國大治故遂以傳險姓之號曰傳說應劭註漢書云胥相也靡隨也言相隨坐刑也

周武王卽位太公望爲師周公旦爲輔召公畢公之徒左右王師修文王之緒業

康王爲太子成王懼太子之不任乃命召公畢公率諸侯以相太子而立之

穆王命君牙爲大司徒穆王康王孫昭王子作君牙君牙臣名王若曰嗚呼君牙順其事而歎稱其名而命之惟乃祖乃父世篤忠貞

服勞王家厥有成績紀於太常言汝父祖世厚忠貞服事勤劳王家其有成功見記錄書于王之大常以表顯之王之旌旗畫日月大常惟予小子嗣守文武成康遺緒亦惟先王之臣克左右亂四方惟我小子繼守先王遺業亦惟父祖之臣能佐助我治四方言已無所能心之憂危若蹈虎尾涉于春冰言相業之大已才之弱故心懔危懼虎尾畏噬春冰畏蹈危懼之甚今命爾予翼作股肱心膂今命汝爲我輔翼服肱心膂之臣言委任纘乃舊服無忝祖考弘敷五典式和民則繼汝先祖故所服忠勤無辱累祖考之道大布五常之教用和民令有法則必爾身克正罔敢弗正民心罔中惟爾之中若汝身能正則下無敢不正民心無中從汝取中必當正身示民以中正夏暑雨小民惟曰怨咨冬祁寒小民亦惟曰怨咨夏暑冬寒亦天之常道民猶怨嗟

厥惟艱哉思其艱以圖其易民乃寧天不可怨民猶嗟怨治民其惟難哉當思慮其難以謀其易民乃寧嗚呼丕顯哉文王謨歎文王所謀大顯明丕承哉武王烈言武王業美大可承奉佑啓我後人咸以正罔缺文武之謀業大明可承奉開助我後嗣皆以正道無邪缺爾惟敬明乃訓用奉若于先王汝惟當敬明汝五教用奉順于先王之道對揚文武之光命追配于前人言當荅揚文武光明之命君臣各追配於前令名之人王若曰君牙乃惟繇先正舊典時式民之治亂在茲汝惟當奉用先正之臣所行故事典文籍是法民之治亂在此而已用之則民治之廢之則民亂率乃祖考之攸行昭乃辟之有乂言當循汝父祖之所行明汝君之有治功

漢高祖初爲漢王以沛相蕭何爲丞相周勃爲御史

大夫守滎陽

二年以大將軍韓信爲左丞相與曹參灌嬰擊魏

四年拜中尉周昌爲御史大夫後昌爲趙相旣行久之高祖持御史大夫印弄之曰誰可以爲御史大夫者趙堯曰無以易堯易代也遂拜堯爲御史大夫

五年將軍盧綰爲太尉九月爲燕王

十年高祖自將討陳豨音許反于代舞陽侯樊噲以功遷左丞相

十一年淮陰侯韓信謀反關中呂后用丞相蕭何計誅信高祖在邯鄲聞之使使拜丞相爲相國絳侯周

勃爲太尉

惠帝二年七月相國蕭何薨以齊相曹參爲相國初何病帝親自臨視何病因問曰百歲後誰可代君對曰知臣莫若主帝曰曹參何如須臾曰帝得之矣何死不恨矣及何薨參聞之告舍人趣治行舍人私屬官主家事者趣音促速也治行謂脩治行裝也吾且入相居無何使者果召參

六年十月以安國侯王陵爲右丞相曲逆侯陳平爲左丞相

文帝元年以太尉勃爲右丞相位第一左丞相平爲丞相位第二秦漢以前尊右而卑左以丞相灌嬰爲太尉初勃

親以兵征呂氏功多年欲讓勃迺謝病帝怪問之平曰高帝時勃功不如臣又誅諸呂臣功亦不如勃願以相讓勃帝從之勃自知其能弗如平迺謝免相而平顓爲丞相顓與專同

三年十月平薨帝復用勃爲相

三年十二月丞相勃就國以太尉頴陰侯灌嬰爲丞相罷太尉官屬丞相

四年十二月丞相嬰薨以御史大夫張蒼爲相初蒼代平陽侯曹窋音竹律切爲御史大夫窋代廣阿侯任敖代江邑侯趙堯任敖張倉曹窋爲御史大夫皆呂后稱制附于此篇

七年以典客馮敬爲御史大夫

十六年以淮陽守申屠嘉爲御史大夫

後元二年八月丞相蒼免帝以皇后弟竇廣固有賢行欲相之曰恐天下以吾私廣固久念不可而高帝時大臣餘見無可者見謂見在之人乃以御史大夫申屠嘉爲丞相因故邑封爲故安侯是月以開封侯陶青爲御史大夫

景帝二年六月丞相嘉薨八月以御史大夫陶青爲丞相左內史晁錯爲御史大夫

七年六月丞相青免太尉周亞夫爲丞相太尉劉舍

爲御史大夫

中元三年九月丞相亞夫免御史大夫劉舍爲丞相太子太傅衛綰爲御史大夫

後元元年七月丞相舍免八月御史大夫衛綰爲丞相衛尉直不疑爲御史大夫三年死

武帝建元元年六月丞相綰免魏其侯竇嬰爲丞相齊相牛抵爲御史大夫

二年十月丞相嬰免三年太常許昌爲丞相

四年武彊侯莊青翟爲御史大夫三年免

六年六月丞相昌免武安侯田蚡爲丞相大農令韓

安國爲御史大夫四年病死
元光元年三月丞相蚡薨五月平棘侯薛澤爲丞相
中尉張歐爲御史大夫五年病死
元朔三年左内史公孫弘爲御史大夫
五年十一月丞相澤免御史大夫公孫弘爲丞相四
月河東太守九江番係爲御史大夫
元狩元年樂安侯李蔡爲御史大夫
三年二月丞相弘薨御史大夫李蔡爲丞相御史張
湯爲御史大夫六年有罪自殺
五年三月丞相蔡有罪自殺四月太子少府翟青擢

爲丞相
元鼎元年二月丞相翟青有罪自殺太子太傅趙周
爲丞相太子太傅石慶爲御史大夫
五年九月丞相周下獄死御史大夫石慶爲丞相
六年齊相卜式爲御史大夫一年貶爲太子太傅
元封元年左内史倪寬爲御史大夫八年卒
太初二年正月丞相石慶薨閏月太僕公孫賀爲丞
相
六年正月膠東太守延廣爲御史大夫
天漢元年濟南太守瑯琊王卿爲御史大夫二年有罪自殺

二年二月執金吾莊周爲御史大夫四年卒
征和二年四月丞相賀下獄死五月涿郡太守劉屈
氂爲左丞相
九月大鴻臚商丘成爲御史大夫四年坐詛自殺
三年六月大鴻臚丞相屈氂下獄死
四年六月大鴻臚田千秋爲丞相
後元元年二月治粟都尉桑弘羊爲御史大夫七年坐謀反誅
昭帝元鳳元年右扶風王訢爲御史大夫
四年正月丞相千秋薨二月御史大夫王訢爲丞相

大司農楊敞爲御史大夫
五年十二月丞相訢薨六年十一月御史大夫楊敞
爲丞相少府蔡義爲御史大夫
元平元年八月丞相敞薨九月御史大夫蔡義爲丞相
宣帝本始三年六月丞相義薨長信少府韋賢爲丞
相大司農魏相爲御史大夫
地節三年五月丞相賢免六月御史大夫魏相爲丞
相太子太傅丙吉爲御史大夫
神爵三年三月丞相魏相薨御史大夫丙吉爲丞相
七月大鴻臚蕭望之爲御史大夫三年貶爲太子太傅

五鳳元年八月太子太傅黄霸爲御史大夫
三年正月丞相吉薨二月御史大夫黄霸爲丞相六月西河太守杜延年爲御史大夫三年以病免
甘露二年五月廷尉于定國爲御史大夫丞相霸薨五月御史大夫于定國爲丞相
三年三月太僕陳萬年爲御史大夫七年卒
元帝永初元年六月長信少府貢禹爲御史大夫十二月禹卒長信少府薛廣德爲御史大夫三年免
永光元年七月太子太傅韋玄成爲御史大夫十一月丞相定國免

二年三月以玄成爲丞相右扶風鄭弘爲御史大夫五年有罪自殺
建昭二年光祿勳衛姓犯太祖廟諱上字下同爲御史大夫初衛爲少傅數年數上疏陳便宜及朝廷有政義傅經以對傳讀曰附附依也言多法義以爲任公卿任堪也繇是爲光祿勳御史大夫
三年六月丞相玄成薨七月御史大夫衛爲丞相衛尉李延壽爲御史大夫三年卒一作繁
竟寧元年三月太子少傅張譚爲御史大夫三年坐選舉不實免

成帝建始三年十月光祿大夫尹忠爲御史大夫一年坐河決自殺
十二月丞相衡免
四年三月右將軍王商爲丞相
十一月少府張忠爲御史大夫六年卒
河平四年丞相商免六月光祿大夫張禹爲丞相
陽朔二年四月侍中太僕王音爲御史大夫一年遷
鴻嘉元年正月少府薛宣爲御史大夫三月丞相禹免四月以薛宣爲丞相京兆尹王駿爲御史大夫五年卒初駿爲少府帝欲大用之出駿爲京尹試以政事

而薛宣從左馮翊代駿爲少府會御史大夫杜欽谷永奏言聖王不以名譽加於實效言不聽虛名考績用人之法言用人之法皆須考以功績薛宣政事已試上然其議宣爲少府月餘遂超御史大夫至丞相駿乃代宣爲御史大夫
永始二年三月京兆尹翟方進爲御史大夫
十月丞相宣免十一月執金吾翟方進爲丞相是歲方進爲御史大夫坐爲京兆尹時奉喪事煩擾百姓左遷執金吾二十餘日丞相官缺群臣舉方進帝亦器其能擢方進爲丞相封高陵侯食邑千戶是月以

光祿勳孔光爲御史大夫七年貶爲廷尉
綏和元年三月廷尉何武爲御史大夫四月更爲大
司空一年免 大司馬驃騎大將軍王根爲大司馬罷將
軍官七月免
十一月光祿大夫王莽爲大司馬
二年三月丞相方進甍召左將軍光當拜已刻侯印
書贊贊進也延進而拜之書贊者書贊辭于策也 帝不豫即其夜於大行
前拜授丞將博山侯印綬
十一月大司馬王莽免大將軍師丹爲大司馬徙爲
大司空一年免

哀帝建平元年四月侍中傅嘉爲大司馬十月京兆
尹朱博爲大司空
二年三月傅嘉免四月甲午大司馬朱博復爲御史
大夫乙未丞相孔光免復以博爲丞相中尉趙玄爲
御史大夫五月玄下獄論八月博有罪自殺九月光
祿勳平當爲御史大夫十二月當爲丞相京兆尹王
嘉爲御史大夫初平當爲光祿大夫諸吏散騎復爲
光祿勳御史大夫至丞相以冬月賜爵關內侯明年
春帝使使者召欲封當以冬月非侯時故且先賜爵關內侯也 而當甍
三年四月御史大夫王嘉爲丞相河南太守崇爲御
史大夫九月貶
四年三月光祿勳賈延爲御史大夫一年遷
元壽元年三月丞相嘉下獄死五月光祿大夫孔光
爲御史大夫七月以光爲丞相泥鄉侯何武爲御史
大夫二月免 八月光祿大夫彭宣爲御史大夫
三年更名丞相孔光爲大司徒大司馬衛將軍董賢
爲大司馬六月免自殺 御史大夫彭宣爲大司空三月免
平帝元始元年六月大司徒孔方爲太傅右將軍馬
宮爲大司徒新都侯王莽爲大司馬八月右將軍王
崇爲大司空

二年太傅孔光爲太師太司馬王莽爲太傅驃騎將
軍王舜爲太保二月少府甄豐爲大司空
五年四月大司徒宮爲大司馬十二月長樂少府平
晏爲大司徒
東漢光武建武元年七月辛未使使者持節拜前將
軍鄧禹爲大司徒策曰制詔前將軍禹涉執忠孝與
朕謀謨帷幄決勝千里孔子曰自吾有回門人日親
近將軍破平定山西功效尤著百姓不親五品不遜
汝作司徒敬敷五教在寬今遣奉車都尉授封爲酇
侯食邑萬戶敬之禹時年二十四

丁丑以野王令王梁爲大司空初議選大司馬而赤
伏符曰王梁主衛作玄武帝以野王衛之所徙（史記衛文
君自濮陽徙于野王）玄武水神之名司空水土之官也於是擢
拜
八月甲申詔曰前密令卓茂束身自修執節淳固誠
能爲人所不能爲夫名冠天下當受天下重賞故武
王誅紂封比干之墓表商容之閭今以茂爲太傅封
褒德侯邑二千戸（東觀記及續漢書皆作宣德侯）初帝即位先求訪
茂茂詣河陽謁見乃拜
二年二月乙酉大司空王梁免壬子以太中大夫宋

弘爲大司空封栒邑侯
三年閏正月乙巳大司徒鄧禹免三月壬寅以大司
徒司直伏湛爲司徒初帝即位素知湛名儒舊臣欲
令幹任內職徵拜爲書使典定舊制時大司徒鄧禹
西征關中帝以湛才任宰相拜爲司直行大司徒事
車駕每出征伐嘗留鎮守總攝群司及鄧禹免乃拜
大司徒
五年十一月壬寅大司徒伏湛免尚書令侯霸爲大
司徒封關內侯
六年十二月壬辰大司空宋弘免

七年五月戊戌前將軍李通爲大司空時光武方以
吏事責三公故功臣並不用是時列侯惟高密鄧禹
膠東賈復及通三侯與公卿參議國家之事
十二年九月大司空李通罷十二月辛卯揚武將軍
馬成行司空事
十三年正月庚申大司徒侯霸薨三月辛未沛郡太
守韓歆爲大司徒丙子行大司空事馬成罷四月甲
寅冀州牧竇融爲大司空
十五年正月辛丑大司徒韓歆免自殺丁未汝南太
守歐陽歙爲大司徒十一月歙下獄死十二月庚午

關內侯戴涉爲大司徒
二十年四月庚辰大司徒戴涉下獄死大司空竇融
免六月庚寅廣漢太守蔡茂爲大司徒太僕朱浮爲
大司空
二十一年十月壬子大司空朱浮免癸丑以光祿勳
杜林爲大司空
二十三年五月丁卯大司徒蔡茂薨八月丙戌大司
空杜林薨九月辛未陳留太守玉況（玉音肅）爲大司徒
十月丙申太僕張純爲大司空
二十七年四月戊午大司徒玉況薨

五月丁丑詔大司徒司空府竝去大字改大司馬爲太尉以太僕趙熹爲太尉大司農馮勤爲司徒

中元元年三月戊辰司空張純薨六月辛卯太僕馮魴爲司空乙未司徒馮勤薨十月辛未司隸較尉李訢爲司徒

明帝卽位初詔曰方今上無天子下無方伯若涉淵水而無舟楫夫萬乘至重而壯者慮輕實賴有德左右小子高密侯禹元功之首東平王蒼寬博有謀竝可以受六尺之託臨大節而不可撓其以禹爲太傅蒼爲驃騎將軍

永平三年二月甲寅太尉趙熹司徒李新免丙辰左馮翊郭丹爲司徒巳未南陽太守虞延爲太尉

四年十月乙卯司徒郭丹司空馮魴免丙辰河南尹范遷爲司徒太僕伏恭爲司空時帝臨立辟雍於行禮中拜恭儒者以爲榮

八年正月乙卯司徒范遷薨三月辛卯太尉虞延爲司徒衞尉趙熹行太尉

十二年七月乙亥司空伏恭罷乙未大司農牟融爲司空

十四年三月甲戌司空虞延免四月丁巳鉅鹿太守邢穆爲司空

十六年五月癸丑司徒邢穆坐事下獄死六月丙寅大司農王敏爲司徒

十七年二月乙巳司徒王敏薨三月癸丑汝南太守鮑昱爲司徒

章帝卽位初詔曰朕以眇身託於王侯之上統萬機懼失厥中兢兢業業未知所濟深唯守文之主必見師傅之官詩不云乎不愆不忘率繇舊章行太尉事節鄉侯趙熹三世在位爲國元老司空牟融典職六年勤勞不怠其以熹爲太傅融爲太尉竝錄尚書事

武帝初以張子孺領尚書事錄尚書繇此也 以蜀郡太守第五倫爲司空

建初四年二月庚寅太尉牟融薨五月甲戌司空鮑昱爲太尉南陽太守桓虞爲司徒

六年六月丙辰太尉鮑昱薨七月癸巳大司農鄧彪爲太尉

元和元年八月甲子太尉鄧彪罷大司農鄭弘爲太尉

三年四月太尉鄭弘免大司農宋繇爲太尉

五月丙子司空第五倫罷太尉袁安爲司空

章和元年六月戊辰司空桓虞免癸卯司空袁安爲

司徒光祿勳任隗爲司空
和帝即位初以故太尉鄧彪爲太尉錄尚書事
永元四年二月癸丑司徒袁安薨閏月丁丑太常丁
鴻爲司徒七月巳丑太尉宋繇坐黨竇憲自殺八月
辛亥司空任隗薨癸丑大司農尹睦爲太尉錄尚書
事十月宗正劉方爲司空
五年十月辛未太尉尹睦薨十一月乙丑太僕張酺
爲太尉
六年正月乙卯司空丁鴻薨二月丁未司空劉方爲
司徒太常張奮爲司空

九年九月庚申司徒劉方策免十一月癸丑光祿勳
呂蓋爲司徒十二月丙寅司空張奮罷壬申太僕韓
稜爲司空
十年七月巳巳司空韓稜爲司徒八月丙子太常巢
堪爲司空
十二年九月戊午太尉張酺免丙寅大司農張禹爲
太尉
十三年十一月戊辰司徒呂蓋罷十二月丁丑光祿
勳魯恭爲司徒
十四年十月丁酉司空巢堪罷十一月癸丑大司農
徐防爲司空
十六年七月辛酉司徒魯恭免庚午光祿勳張酺爲
司徒八月巳酉酺薨十月辛卯司空徐防爲司徒陳
寵爲司空
殤帝延平元年正月辛卯太尉張禹爲司空徐防爲
太尉參錄尚書事百官總巳以聽
四月丙寅司空陳寵薨六月丁未太常尹勤爲司空
安帝永初元年五月甲戌長樂衛尉魯恭爲司空
九月庚午太尉徐防免辛未司空尹勤太傅張禹爲
太尉太常周章爲司空十一月丁未章謀廢立策免

自殺十二月巳卯潁州太守張敏爲司空
三年三月壬寅司徒魯恭免四月丙寅大鴻臚夏勤
爲司徒
五年五月巳丑太尉張禹免甲申光祿勳李脩爲司
空
六年四月乙丑太尉李脩罷乙卯太常劉愷爲司空
元初元年九月乙丑太尉李脩罷乙未大司農司馬
苞爲太尉
二年六月丙戌太尉司馬苞薨七月辛巳太僕馬英
爲太尉十二月巳酉司徒夏勤罷庚戌司空劉愷爲

司徒光祿勳袁敞爲司徒
四年四月戊申司空袁敞薨五月丁丑太常李郃爲
司空
永寧元年十月司空李郃免辛酉衛尉陳褒爲司空
十二月戊辰司徒劉愷罷癸酉太常楊震爲司徒
建光元年七月壬寅太尉馬英薨甲子前司徒劉愷
爲太尉
延光元年四月癸巳司空陳褒免五月庚戌宗正劉
授爲司空
二年十月辛未太尉劉愷罷甲戌司徒楊震爲太尉

光祿劉熹爲司徒
四年三月乙酉北鄉侯即位四月丁酉太尉馮石爲
太傅司徒劉熹爲太尉參錄尚書事前司空李郃爲
司徒
順帝即位初司空劉授免少府陶敦爲司空
永建元年正月辛巳太傅馮石太尉劉熹爲司徒李
郃免三月丙戌太常桓焉爲太尉大鴻臚朱寵爲太
尉參錄尚書事長樂少府朱倀爲司徒
十月丁亥司空陶敦免壬寅廷尉張皓爲司空
二年七月壬午太尉朱寵司徒朱倀罷庚子太常劉
光爲太尉錄尚書事光祿勳許敬爲司徒
四年八月丁巳太尉劉光司空張皓免癸丑大鴻
臚龐參爲太尉時尚書僕射虞詡薦參有宰相器能
故帝用之又以太常王龔爲司空
十一月庚辰司空許敬免十二月乙卯宗正劉琦爲
司徒
陽嘉二年五月戊午司空王龔免六月辛未太常孔
扶爲司空七月己未太尉龐參免八月己巳大鴻臚
施延爲太尉
三年十一月司徒劉琦司空孔扶免大司農黃尚爲

司徒光祿勳王卓爲司空
四年四月太尉施延免前太尉龐參爲太尉
永和元年十一月丙子太尉龐參罷十二月乙巳前
司徒王龔爲太尉
二年三月乙卯司空王卓薨丁丑光祿勳郭虔爲司
空
三年八月己未司徒黃尚免九月己酉光祿勳劉壽
爲司徒
五年九月辛未太尉王龔罷壬午太常桓焉爲太尉
六年三月庚子司空郭虔免丙午太僕趙戒爲司空

漢安帝元年十月辛未太尉桓焉司空劉疇免十一
月壬午司隸校尉趙俊爲太尉大司農胡廣爲司徒
冲帝永嘉元年即位初以太尉趙俊爲太傅大司農
李固爲太尉參錄尚書事
質帝本初元年閏六月丁亥太尉李固免戊子司空
胡廣爲太尉司空趙戒爲司徒與大將軍梁冀錄尚
書事太僕袁湯爲司空
桓帝建元元年六月太尉胡廣罷大司農杜喬爲太
尉九月喬免十月司徒趙戒爲太尉司空袁湯爲司
徒前太尉胡廣爲司空

二年十月太尉趙戒免司徒袁湯爲大司農張歆爲
司徒
元嘉元年四月司徒張歆罷光祿勳吳雄爲司徒
十月司徒胡廣罷閏十一月太常黃瓊爲司空
二年十一月司空黃瓊罷十二月特進趙戒爲司空
永興元年十月太尉袁湯薨司徒吳雄罷司空趙戒
免以太常胡廣爲太尉太僕黃瓊爲司徒光祿房植
爲司空
二年九月太尉胡廣免司徒黃瓊爲太尉閏月光祿
勳尹頌爲司徒
永壽元年六月司空房植免太常韓演音巽善反爲司空
三年十一月司徒尹頌薨司空韓演爲司徒孫朗爲
司空
延熹元年七月甲子太尉黃瓊免太常胡廣爲太尉
二年八月丁丑太尉胡廣坐梁冀免司徒韓演司空
孫朗下獄以司農黃瓊爲太尉光祿大夫祝恬爲司
徒大鴻臚盛允爲司空
三年六月司徒祝恬薨以司空盛允爲司徒太常虞
放爲司空
四年二月司徒盛允免大司農种暠爲司徒

三年二月太尉黃瓊免四月太常劉矩爲太尉
六月司空虞放免前太尉黃瓊爲司空九月瓊免大
鴻臚劉寵爲司空
五年十一月太尉劉矩免太守楊秉爲太尉
六年二月戊午司徒种暠免三月衛尉許相爲司徒
十一月司空劉寵免十二月衛尉周景爲司空
八年五月丙戌太尉楊秉薨七月大中大夫陳蕃爲
太尉
十月司空周景免太常劉茂爲司空
九年四月司徒許栩免五月太常胡廣爲司徒

七月太尉陳蕃免九月光祿勳周景爲太尉司空劉茂免十二月光祿勳宣酆爲司空

靈帝建寧元年正月即位以前太尉陳蕃爲太傅與竇武及司徒胡廣參錄尚書事

四月戊辰太尉周景薨司空宣酆免以長樂衛尉王暢爲司空

五月以大中大夫劉矩爲太尉

八月司空王暢免宗正劉寵爲司空

九月丁亥太尉陳蕃誅司徒胡廣爲太傅錄尚書事司空劉寵爲司徒大鴻臚許栩爲司空

十一月太傅劉矩免太僕聞人襲爲太尉

十二月司空唐珍罷長樂少府許訓爲太尉

五年五月太尉陳耽罷司空許訓爲太尉六月太常劉逸爲司空

七月太尉許訓罷光祿勳劉寬爲太尉

十月司徒袁隗罷十一月光祿大夫楊賜爲司徒

七年六月司空劉逸免衛尉陳球爲司空

十月太尉劉寬免

十一月司空陳球免十二月太常孟戫音乙六反爲太尉太常陳耽爲司空司徒楊賜免

光和元年正月太尉孟戫罷二月光祿勳袁滂爲司徒三月太常張顥爲太尉

四月司空陳耽免太常來艷爲司空

九月太尉張顥罷太常陳球爲太尉司空來艷薨十月屯騎校尉袁逢爲司空

十一月太尉陳球免十二月光祿大夫喬玄爲司空

二年二月司徒袁滂免大鴻臚劉郃爲司徒大尉喬玄罷大中大夫段熲爲太尉司空袁逢罷太常張濟爲司空

四月太尉段熲下獄死五月衛尉劉寬爲太尉十月

司徒劉郃下獄死十二月光祿勳楊賜爲司徒

四年九月太尉劉寬免衛尉許馘爲太尉

閏月司徒楊賜罷十月太常陳耽爲司徒

五年三月司徒陳耽免四月太常袁隗爲司徒

十月太尉許馘罷太常楊賜爲太尉

中平元年四月太尉楊賜免太僕鄧盛爲太尉司空張濟罷大司農張溫爲司空

二年二月司徒袁隗免三月廷尉崔烈爲司徒

五月太尉鄧盛免太僕張延爲太尉

八月司空張溫爲車騎將軍討北宮伯玉

九月特進楊賜爲司空十月楊賜薨光祿大夫許相爲司空

三年二月太尉張延罷車騎將軍張温爲太尉

四年四月太尉張温免司徒崔烈爲太尉

五年司空許相爲司徒光祿勳丁宫爲司空

十一月太尉崔烈罷大司農曹嵩爲太尉

五年四月曹嵩罷五月永樂少府樊陵爲太尉六月陵罷七月射聲校尉馬日磾爲太尉

八月司徒許相罷司空丁宫爲司徒光祿勳劉弘爲司空

六年四月太尉馬日磾免幽州牧劉虞爲太尉

弘農王光熹元年四月即位以後將軍袁隗太傅何進參錄尚書事七月司徒丁宫罷八月司空劉弘免

獻帝永漢元年九月即位以太尉劉虞爲大司馬董卓自爲太尉大中大夫楊彪爲司空豫州牧董琬爲司徒

十一月董卓爲相國

十二月司徒董琬爲太尉司空楊彪爲司徒光祿勳荀爽爲司空

初平元年二月太尉董琬司徒楊彪免光祿勳趙謙爲太尉太僕王允爲司徒

二月董卓殺太傅袁隗

五月司空荀爽薨六月光祿大夫种拂爲司空

二年二月董卓自爲太師

七年司空种拂免光祿大夫淳于嘉爲司空太尉趙謙罷太嘗馬日磾爲太尉

三年四月誅董卓以司徒王允錄尚書事總朝政

六月李傕殺司徒王允以前將軍趙謙爲司徒

七月太尉馬日磾爲太傅錄尚書事車騎將軍皇甫嵩爲太尉司徒趙謙罷九月司空淳于嘉爲司徒光

祿大夫楊彪爲司空並錄尚書事

十二月太尉皇甫嵩免光祿大夫周忠爲太尉參錄尚書事

四年六月太尉周忠免太僕朱儁爲太尉錄尚書事

十月司空楊彪免太嘗趙温爲司空十二月温免衛尉張喜爲司空

興平元年七月太尉朱儁免太嘗楊彪爲太尉錄尚書事

九月司徒淳于嘉罷十月衛尉趙温爲司徒錄尚書事

建安元年八月鎮東將軍曹操自領司隷校尉録尚書事
九月太尉楊彪司空張喜罷
十一月曹操自爲司空行車騎將軍百官總巳以聽
十三年正月司空趙温免
六月罷三公官置丞相御史大夫以司空曹操爲丞相
八月光祿勳郗慮爲御史大夫
二十五年正月丞相魏王曹操薨子丕襲位
魏文帝初爲魏王延康元年二月以大中大夫賈詡

爲太尉御史大夫華歆爲相國大理王朗爲御史大夫
黄初元年十一月受禪改相國爲司徒御史大夫爲司空
四年六月甲申太尉賈詡薨八月丁卯廷尉鍾繇爲太尉繇與司徒華歆司徒王朗竝先世名臣文帝罷朝謂左右曰此三公者乃一代之偉人也後世殆難繼矣
明帝即位初以太尉鍾繇爲太傅征東大將軍曹休爲大司馬華歆爲太尉司空王朗爲司徒鎮東將軍陳羣爲司空
太和二年九月大司馬曹休薨
十一月司徒王朗薨
四年二月以大將軍曹真爲大司馬
四年太傅鍾繇薨
五年正月大司馬曹真薨
十二月太尉華歆薨
六年七月衛尉董昭爲司徒
青龍三年正月戊子以大將軍司馬懿爲太尉
四年五月司徒董昭薨

十二月司空陳羣薨
景初元年六月巳亥以尚書令陳矯爲司徒尚書左僕射衛臻爲司空七月司徒陳矯薨
三年二月癸卯詔曰大中大夫韓暨濼身浴德志節高潔年踰八十守道彌固可謂純篤老而益劭者也其以暨爲司徒四月庚子暨薨十一月壬午以司空衛臻爲司徒司隷校尉崔林爲司空
齊王即位以太尉司馬懿爲太傅輔政詔曰太尉體道正直盡忠三世南擒孟達西破蜀虜東滅公孫淵功蓋海内昔周成建保傅之官近漢顯宗崇寵鄧禹

所以優隆雋人必有尊也其以太尉爲太傅持節統兵都督諸軍事如前又以征東將軍滿寵爲太尉

正始三年太尉滿寵薨七月以領軍將軍蔣濟爲太尉

五年二月崔林薨

六年二月丙子以驃騎將軍趙儼爲司空六月儼薨

八月丁卯以太尉高柔爲司空

九年三月甲午司徒衞臻遜位四月以司空高柔爲司徒光祿大夫徐邈爲司空邈固辭不受九月以車騎將軍王凌爲司空

嘉平元年正月丁未以太傅司馬昭爲丞相固讓乃止

四月太尉蔣濟薨十二月以司空王凌爲太尉司隷較尉孫禮爲司空

二年十一月司空孫禮薨

三年三月以尚書令司馬孚爲司空五月太尉王凌謀廢立自殺七月以司空司馬孚爲太尉太傅司馬懿薨以衞將軍司馬師爲撫軍大將軍錄尚書事十二月以光祿勲鄭冲爲司空

高貴鄉公正元二年正月司馬師薨于許昌

二月以衞將軍司馬昭爲大將軍錄尚書事

甘露元年八月以太尉司馬孚爲太傅

九月以司徒高柔爲太尉

十月以司空鄭冲爲司徒尚書左僕射盧毓爲司空

二年三月司空盧毓薨四月以征東大將軍諸葛誕爲司空誕不就徵反誅

三年五月大將軍司馬昭爲相國封晉公固讓不受

八月以驃騎將軍王昶爲司空

四年六月司空王昶薨

五年四月進大將軍司馬昭位爲相國封晉公九讓

乃止

陳留王景元元年六月又進大將軍司馬昭位爲相國封晉公固讓乃止以尚書右僕射王觀爲司空十月觀薨十二月以司隷較尉王祥爲司空

四年九月高柔薨十月復命大將軍司馬昭進位相國晉公十二月以司徒鄭冲爲太保

五年五月以征西將軍鄧艾爲太尉鎭西將軍鍾會爲司徒

咸熙元年正月司徒鍾會反於蜀太尉鄧艾亦見殺

三月以司空王祥爲大尉征北將軍何曾爲司徒尚

書左僕射荀顗爲司空八月庚寅命中撫軍司馬炎副貳相國事

二年八月辛卯相國晉王薨晉太子炎襲位總攝百揆

晉武帝泰始元年十二月即皇帝位以魏太保鄭冲爲太傅太尉王祥爲太保晉國丞相何曾爲太尉

二年九月以太尉何曾爲太保詔曰謨明弼諧王躬是保所以宣崇大訓克成四海也侍中太尉曾立德高俊執心忠亮博物洽聞明識弘遠翼佐先皇勳庸顯著朕纂洪業首相王室迪惟前人施于朕躬實佐

命與化光贊政道夫三司之任雖左右王事乃若予違汝弼救其不逮則存乎保傅故將明袞職未知用乂厥辟之重其以曾爲太保侍中如故又以司空荀顗爲司徒詔曰昔禹命九官契敷五教所以弘崇王化示人軌儀也朕承弘業昧于大道思訓五品以康四海侍中司空顗明允篤誠思道通達翼亮先皇遂輔朕躬實有佐命弼道之勳宜掌教典以隆時雍其以顗爲司徒又以義陽王望爲太尉

四年正月辛未詔曰夫三司之任以翼宣皇極弼王事者也故經國論道賴諸明喆苟非其人官不虛備尚書令佐命光祿大夫裴秀雅量弘博思心通達先帝登庸贊事先朝朕受明命光佐大業勳德茂著配蹤元凱宜正位居體以康庶績其以秀爲司空

五年詔曰前大司馬石苞忠允清亮才經世務幹用之績所歷可紀宜掌教典以贊時政其以苞爲司徒有司奏苞前者折撓不堪其任以公還第已爲弘厚不宜擢用詔曰吳人輕脆終無能爲故疆埸之事但欲完固守備使不得越逸而已以苞計畫不同慮敵過甚故徵還更授昔鄧禹撓於關中而終輔漢室豈以一眚而掩大德哉於是就位初苞以大司馬都督揚

州諸軍事淮北監軍王琛輕苞素微密表苞與吳人交通遂下詔苞以不料賊勢築壘遏水勞擾百姓策免其官以樂陵郡公還第時鄭袤官都督郭奐上奏理苞於是拜爲司徒

七年十二月詔曰光祿大夫密陵侯鄭袤履行純正守道冲粹退有清和之氣進有素絲之節宜登三垣之躍補袞職之闕今以袤爲司空帝臨軒遣五官中郎將國坦就第拜授袤前後辭讓遣息稱上送印綬至於十數久之見許以侯就第

八年七月以車騎將軍賈充爲司空

九年五月以太保何曾領司徒

十年九月以大將軍陳騫爲太尉

咸寧二年八月以太保何曾爲太傅太尉陳騫爲司馬司空賈充爲太尉齊王攸爲司空

四年九月以太傅何曾爲太宰尚書令李胤爲司徒

太康三年十二月司空齊王攸爲大司馬汝南王亮爲太尉光祿大夫山濤爲司徒尚書令衞瓘爲司空

四年十一月以尚書左僕射魏舒爲司徒

太熙元年正月以尚書左僕射王渾爲司徒司空衞瓘爲太保三月以右光祿大夫石鑒爲司空

四月以侍中車騎將軍楊駿爲太尉都督中外諸軍錄尚書事

惠帝即位初以今太尉楊駿爲太傅輔政以司空石鑒爲太尉前鎭西將軍隴西王泰爲司空

永平元年三月誅太傅楊駿徵大司馬汝南王亮爲太宰與太保衞瓘輔政

元康元年六月賈后矯詔使楚王瑋殺亮瓘以司空隴西王泰錄尚書事

九月徵征西大將軍梁王肜爲衞將軍錄尚書事

六年正月以中書監張華爲司空

七年九月以尚書左僕射王戎爲司空

永寧元年六月以梁王肜爲太宰領司徒　臣欽若等曰自永康元年四月至是年三月趙王倫等簒逆所署三公不錄

太安元年五月以右光祿大夫劉寔爲太傅齊王冏爲太師東海王越爲司空河間王顒爲太尉十二月殺齊王冏以長沙王乂爲太尉都督中外諸軍事

永興元年正月以成都王爲丞相

三月以太尉河間王顒爲太宰太傅劉寔爲太尉

十二月詔司空越爲太傅與太宰顒夾輔朕躬司徒王戎參錄朝政

元熙元年八月以太傅東海王越錄尚書事驃騎將軍范陽王虓爲司空

懷帝即位初以中書監温羡爲司徒尚書左僕射王衍爲司空

永嘉元年正月以太傅東海王越輔政

三月以前太傅劉寔爲太尉

三年三月太尉劉寔請老以司徒王衍爲太尉東海王越領司徒

四年十月以驃騎將軍王浚爲司空

五年五月征西大將軍南陽王模爲太尉大子太傅

任祇爲司徒尚書令荀㠋爲司空
愍帝建興元年四月卽位以衛將軍梁芬爲司徒
五月以鎭東大將軍瑯琊王睿爲侍中大丞相大司
徒南陽王保爲右丞相
二年二月以衛將軍荀組爲司空
三年二月進左丞相瑯琊王睿爲大都督中外諸軍
事右丞相南陽王保爲相國司空荀組爲太尉大將
軍劉琨爲司空

冊府元龜

冊府元龜

巡按福建監察御史臣李嗣京 訂正
知長樂縣事臣夏允彜 叅閱
知建陽縣事臣黃國琦 較釋

帝王部 七十二

命相第二

晉元帝建武元年二月以撫軍大將軍西陽王羕爲太保太尉荀組爲司徒時帝卽晉王位欲以組爲司徒問太常賀循循曰組舊望淸重忠勤顯著遷訓五品實允衆望於是拜之十一月以司徒劉琨爲太尉

太興四年七月以驃騎將軍王導爲司徒

永昌元年十一月以司徒荀組爲太尉

明帝太寧三年閏八月遺詔以太宰西陽王羕司徒王導輔太子（太子卽成帝也）

武帝卽位初以司徒王導錄尚書事與中書令庾亮參輔朝政

咸和四年三月以征西大將軍陶侃爲太尉車騎將軍郗鑒爲司徒

咸康四年五月以司徒王導爲太傅都督中外諸軍事司空郗鑒爲太尉征西將軍庾亮爲司空

六月改司徒爲丞相以太傅王導爲之冊曰朕夙罹不造肆陟帝位未堪多難禍亂旁興公文貫九功武經七德外緝四海內齊八政天地以平人神以和桀同伊尹道隆姬旦仰思唐虞登庸儁乂申命群官允釐庶績朕思憑高諶弘濟遠猷維稽古昔建爾于上公永爲晉輔往踐厥職敬敷道訓以亮天工不亦休哉公其戒之

五年八月復改丞相爲司徒十二月以驃騎將軍瑯琊王岳爲之

六年正月以左光祿大夫陸玩爲司徒

康帝卽位諒陰不言委政于中書監庾冰領中書令

建元元年十月以驃騎將軍何充爲中書監揚州刺史錄尚書事輔政以褚裒爲衞將軍領中書令

穆帝永和二年二月以左光祿大夫蔡謨領司徒錄尚書六條事撫軍大將軍會稽王昱及謨並輔政

八年七月以鎮國大將軍武陵王晞爲太宰輔軍大將軍會稽王昱爲司徒征西大將軍桓溫爲太尉

哀帝興寧元年五月加桓溫侍中大司馬都督中外諸軍錄尚書事

廢帝太和元年十月以會稽王昱爲丞相

簡文帝咸安元年十一月以大司馬桓溫爲丞相
孝武帝太元元年正月以尚書僕射謝安爲中書監錄尚書事
二年八月以謝安爲司徒
五年六月以驃騎將軍瑯琊王道子爲司徒
六年十一月以鎮東大將軍郗愔爲司空
九年三月以衞將軍謝安爲太保
安帝即位初以司徒會稽王道子爲太傅輔政
隆安元年三月帝蒙塵于尋陽桓玄逼帝西上帝密詔以幽逼於玄萬機虛曠令武陵王遵依舊典承制

總百官行事加侍中大將軍
義熙元年三月帝至自江陵以瑯琊王德文爲大司馬武陵王遵爲太保鎮軍將軍劉裕爲侍中車騎將軍揚州刺史錄尚書事
十四年六月劉裕爲相國封宋公
恭帝元熙元年正月以驃騎將軍劉道憐爲司空
後魏道武皇始元年七月即位二年五月以東平公元儀爲驃騎大將軍都督諸軍事左丞相
天興元年四月以征虜將軍歷陽公穆崇爲太尉安南將軍鉅鹿公長孫嵩爲司徒
六年十一月徵相州刺史庾岳爲司空
明元太常七年四月以泰平王燾爲相國加大將軍
五月以燾輔政左丞相奚斤爲左輔太尉穆觀爲右弼（紀傳奚斤拜右丞相觀拜太尉年月）出則統輔朝政入則應對左右事無巨細皆關決焉
九月以奚斤爲司空行揚州刺史
太武始光二年三月以司徒北平王長孫嵩爲太尉平陽王長孫翰爲司空宜城王奚斤爲司空
神䴥三年七月詔太鴻臚杜超爲太宰行征南大將軍鎮鄴

四年九月以左光祿大夫崔浩爲司徒征西大將軍長孫道生爲司徒
太延中以侍中盧魯元爲太保錄尚書事
太平眞君五年正月皇太子始總百揆以侍中中書監穆壽司徒崔浩侍中張黎右弼輔政
文成興安元年十月即位以驃騎大將軍元壽樂爲太尉都督中外諸軍事錄尚書事
十二月以樂陵王周忸爲太尉平原王陸麗爲司徒鎮西將軍杜元寶爲司空
興光元年正月以侍中伊馛爲司空

太安元年十月以遼西公嘗英爲太宰

獻文即位初以侍中車騎大將軍乙渾爲太尉錄尚書事東安王劉尼爲司徒尚書左僕射和其奴爲司徒又以乙渾爲丞相居諸王上事無大小皆決於渾

皇興元年閏正月以頓丘王李俊爲太宰

二年六月以昌黎王馮熙爲太傅

四年二月以東郡王陸定國爲司徒

孝文延興三年四月假上黨王長孫觀司空討吐谷渾拾寅

承明元年六月征西將軍安樂王長樂爲太尉尚書

左僕射南平公日辰爲司徒南部尚書李訢爲司空

太和元年三月徵征西大將軍雍州刺史東陽王丕爲司徒

三年九月以侍中司徒東陽王丕爲太尉侍中尚書右僕射建爲司徒侍中尚書荀頹爲司空

九年十二月侍中淮南王他爲司空

十三年十二月以尚書令尉元爲司徒左僕射穆亮爲司空

十五年十二月以安定王休爲太傅齊郡王簡爲太保

十六年十月以特進馮誕爲司徒

十八年十月以太尉東陽王丕爲太傅

二十三年二月以長兼太尉咸陽王禧爲正太尉中軍大將軍彭城王勰爲司徒

宣帝即位初以司徒彭城王勰總攝百揆以侍中北海王詳爲司空公鎮南將軍王肅爲尚書令廣陽王嘉爲左僕射尚書宋弁爲吏部尚書與侍中太尉公禧左僕射任城王澄等六人輔政

景明元年二月復以彭城王勰爲司徒

十月改授勰司徒錄尚書事

二年正月以太尉咸陽王禧爲太保司空北海王詳爲大將軍錄尚書事又以太保王禧領太尉大將軍廣陵王羽爲司徒

十一月以驃騎大將軍穆亮爲司空大將軍北海王詳爲太傅領司徒

四年七月以彭城王勰爲太師

正始元年閏十二月以驃騎大將軍高陽王雍爲司空

四年九月詔曰朕秉曆承天履年將紀徒正宫極歲浹歸餘台懿茂親祗勤已久列司英彥庸績未酬非

所謂有功見知賞以時及其以司空高陽王雍爲太尉尚書令廣陽王嘉爲司空

永平二年十月以司空廣陽王嘉爲司徒

延昌元年正月以車騎大將軍尚書令高肇爲司徒光祿大夫清河王懌爲司空

二年二月太尉高陽王雍進位太保

孝明延昌四年正月卽位詔太保高陽王雍入居西栢堂决庶政又詔任城王澄爲尚書令百官總己以聽於二王臣欽若等曰孝明卽位年六歲委政於二王也

二月太保高陽王雍進位太傅領太尉司空清河王

懌爲司徒驃騎大將軍廣平王懷爲司空

七月司徒清河王懌進位太傅領太尉司空廣平王懷爲太保領司徒驃騎大將軍任城王澄爲司空

十二月以高陽王雍爲太師

熙平二年四月以中書監胡國珍爲司徒公

八月詔侍中太師高陽王雍入居門下參決尚書奏事

神龜二年五月以司徒任城王澄爲司徒公驃騎大將軍京兆王繼爲司空公

正光元年九月以太師高陽王雍爲丞相

十月以驃騎大將軍汝南王悅爲太尉公

十二月以司空京兆王繼爲司徒公

二年二月以儀同劉騰爲司空公

四月司徒京兆王繼進位太保車騎大將軍崔光爲司徒公

三年十二月太保京兆王繼爲太傅司徒崔光爲太保

四年九月詔侍中太尉安南王悅入居門下與丞相高陽王雍參尚書奏事

十一月以悅爲太保

五年十二月詔太傅京兆王繼爲太師

孝昌元年正月以太師京兆王繼爲太尉

二年正月以太保汝南王悅領太尉

三年正月以司空公皇甫度爲司徒儀同三司蕭寶寅爲司空又以皇甫度爲太尉

孝莊建義元年四月卽位以前太尉公江陽王繼爲太師北王顥爲太傅光祿大夫李延寔爲太保并州刺史元天穆爲太尉公侍中楊椿爲司徒公車騎大將軍穆紹爲司空公領尚書令

七月以大將軍爾朱榮爲柱國大將軍錄尚書事

永安元年九月以爾朱榮爲大丞相都督河北諸軍事以司徒公楊椿爲太保城陽王徽爲司徒

十月以爾朱榮爲太師

二年七月以大將軍上黨王天穆爲太宰司徒公城陽王徽爲大司馬太尉公

閏七月以侍中太傅李延實爲司徒

十月以前司徒公丹陽王蕭贊爲司徒公

十一月以司空公蕭贊爲太尉公雍州刺史長孫稚爲司徒公

三年十一月以司徒公長孫稚爲太尉公

前廢帝普太元年三月詔太師青州刺史魯郡王蕭還爲太師車騎大將軍沛郡王欣淸河王亶並太傅驃騎大將軍尚書令爾朱世隆爲太保前太尉公長孫稚爲太尉公錄尚書事稚固辭除驃騎大將軍以趙郡王諶爲司空公

四月以侍中驃騎大將軍爾朱彥伯爲司空公

後廢帝中興元年十月卽位以大將軍高歡爲侍中丞相都督中外諸軍事以兼侍中撫軍將軍高乾邕爲侍中司空公

二年二月以丞相高歡爲大丞相柱國大將軍太師

出帝太昌元年四月卽位高歡爲大丞相大柱國大將軍太師世襲定州刺史

五月以太傅淮陽王欣爲太師司徒趙郡王諶爲太保南陽王寶炬爲太尉侍中太保錄尚書事長孫稚爲太傅前司空高乾邕復司空侍中淸河王亶爲司徒

永熈二年二月以司空高乾邕爲驃騎大將軍以咸陽王坦爲司空公

三月以侍中太保趙郡王諶爲太尉公侍中太尉公南陽王寶炬爲太傅開府尚書令

七月以太師廣陵王欣爲大司馬侍中以太尉公趙郡王諶爲太師以前司徒公燕郡王賀拔渥爲太尉公

三年五月以大司馬侍中廣陵王欣爲左軍大都督太傅錄尚書事

西魏文帝大統元年正月以關西大行臺宇文泰都督中外諸軍事大行臺錄尚書事

十四年五月進泰爲太師

廢帝卽位初以太師宇文泰爲大冢宰總百揆

恭帝三年正月行周禮建六官以宇文泰爲太師大

冢宰柱國李弼爲太傅大司徒趙貴爲太保大宗伯獨孤信爲大司馬于謹爲大司寇侯莫陳崇爲大司空

後周閔帝元年（時不建年紀）正月以太傅大冢宰大司馬獨孤信爲太保大宗伯中山公護爲大司馬

二月以大司空侯莫陳崇爲太保太司馬晉國公護爲大冢宰柱國賀蘭祥爲大司馬高陽公達奚武爲大司寇

孝明武成二年即天王位二年正月以大冢宰晉公護爲太師

高祖武帝保定元年正月以太師大冢宰晉公護爲都督中外諸軍令五府總於天官

三年四月以柱國達奚武爲太保

天和三年四月以太保達奚武爲太傅大司馬尉遲迥爲太師

建德元年三月太師大冢宰晉公護誅以太傅尉遲迥爲太保柱國竇熾爲太傅太司空李穆爲太保齊國公憲爲大冢宰

宣政元年二月大冢宰譙王儉薨以上柱國越王盛爲大冢宰

宣帝即位初以趙王招爲太師陳王純爲太傅

大象元年正月初置四輔官以大冢宰越王盛爲大前疑蜀國公尉遲迥爲大右弼申國公李穆爲大左輔隋國公楊堅爲大後丞

二月以大前疑越王盛爲太保大右弼尉遲迥爲大前疑代王達爲大右弼

五月越王盛代王達之國以大後丞楊堅爲大前疑柱國司馬消難爲大後丞

八月以雍州牧畢王賢爲大師上相國韓建業爲大左輔

靜帝即位初以漢王贊爲右大丞相隋國公楊堅爲左大丞相帝居諒闇百官總已以聽於左丞相又以漢王贊爲太師并州總管李穆爲太傅宋寶爲大前疑秦王贊爲大右弼燕國公寔爲大左輔又去丞相左右之號以隋公楊堅爲大丞相又以爲大冢宰五府五府總於天官

太定元年二月以大丞相楊堅爲相國總百揆尋禪于隋

高祖文帝開皇元年二月即位以并州總管李穆爲太師鄧國公竇熾爲太傅幽州總管于翼爲太尉相

國司馬高熲爲尚書左僕射兼納言相國司録虞慶
則爲内史監相國内郎李德林爲内史令
三月以太子少保蘇威爲納言
九年四月以晉王廣爲太尉六月以荆州總管楊素
爲納言
十年七月以納言楊素爲内史令
仁壽元年正月以晉王昭爲内史令
二年七月以工部尚書楊逵爲納言
煬帝大業二年六月以尚書令楊素爲司徒
三年九月以民部尚書楊文思爲納言

唐高祖武德元年五月卽位六月以相國長史裴寂
爲尚書右僕射相國司馬劉文靜爲納言戸部尚書
蕭瑀相國司録竇威竝爲内史令
是年以將作大匠竇抗兼納言
二年正月以黄門侍郎陳叔達爲納言十月以黄門
侍郎楊恭仁爲納言
三年三月改納言爲侍中内史令爲中書令以内史
令侍郎封德彝兼中書令
六年四月詔曰端揆之職綜理百司任望斯重勳賢
攸寄尚書左僕射魏國公寂風格淹粹局量弘雅早
預經綸元功特著燮諧治本茂績以宣中書令宋國
公蕭瑀志懷忠確業履冲素歷居顯要厲精理術獻
納惟允周慎有聞宣穆彝章允釐庶政寂可尚書左
僕射瑀可尚書右僕射又以兼中書令封德彝爲中
書令
九年正月詔曰槐路清肅台階重峻經邦論道燮諧
是屬然而表德褒賢昔王令典庸勳紀績列代通規
尚書左僕射魏國公寂地胄清華風神閑悟立志温
裕局量弘雅爰自義旗早參締構莫契所感實資同
德譬兹梁棟有若鹽梅翊贊綢繆庶政惟允歷居端
揆彝章緝穆元功懋德膺兹重望可司空

六月太宗平内難立爲皇太子七月以太子左庶子
高士廉爲侍中左庶子房玄齡詹事宇文士及竝爲
中書令尚書右僕射蕭瑀爲尚書左僕射中書令封
德彝爲尚書右僕射
太宗貞觀元年六月以太子少師蕭瑀兼尚書左僕
射
七月詔曰望隆朝右任重國鈞尚想風猷義惟賢戚
吏部尚書齊國公長孫無忌識量弘遠神情警發道
炤縉紳才資文武樽俎之策電斷風馳干戈所指雲

銷霧散幾浮之理彌著忠義之節以彰斯固立德佐時降靈輔闕宜以翼贊授之端揆可尚書右僕射

二年十二月以黃門侍郎王珪爲侍中

三年二月詔曰尚書政本端揆任隆自非經國大材莫或斯舉中書令兼太子詹事邢國公房玄齡器宇沉邃風度弘遠譽彰遐邇道冠簪纓兵部尚書簡較侍中蔡國公杜如晦識量清舉神彩凝映德宜内外聲溢廊堂朕自克平宇縣締搆資始叶贊經綸厥功甚茂浮謀秘畧動合規矩忠議讜言事多啓沃及與司樞要綢繆宸扆開物成務知無不爲可謂神降英

靈天資人傑竝宜總司衡軸光闡大猷玄齡可尚書左僕射餘如故如晦可尚書右僕射又以尚書左丞魏徵爲秘書監參預朝政

四年二月以御史大夫温彥博爲中書令

八月詔曰端右望隆寄任尤重實資勳德朝難其選左光祿大夫行兵部尚書代國公李靖識度宏遠才畧優贍傳綜機務兼資文武誠著夷險效彰出納便蕃省闥詳謹有聞宜緝彝倫允茲名器可尚書左僕射

七年二月以秘書兼簡較侍中魏徵爲侍中

十一月詔曰論道台階實賴明哲丹青神化寄深變理自非鹽梅是屬棟幹有歸則曠職俟能罔或必備開府儀同三司齊國公無忌器宇凝正風度峻遠才包文武地兼賢戚誠著草昧之辰業預艱難之始功侔十亂聲高三傑亮采銓衡庶僚有序儀形端右彝彰以穆自任參鼎司位班槐路攜把之美形於縉紳翼贊之規彰于帷扆宜崇名器允副具瞻可司空所司具禮以時册命

九年十二月以右光祿大夫蕭瑀依舊特進參預朝政

十六年六月詔曰文昌治本端副望隆朝綱所屬選衆斯在中書令虞國公温彥博體業貞固學藝該明器惟瑚璉材稱棟幹任總絲綸職居近密廼心著於帷幄嘉謀表於罇俎寄深啓沃義切鹽梅宜升禮閣允茲彝序可尚書右僕射勳封如故又以太常卿楊師道爲侍中

十二年七月詔曰司會政本執法任隆歷選攸難惟賢是屬特進吏部尚書申州刺史上柱國申國公高士廉器宇冲邈機神峻遠材稱棟幹望重縉紳地惟姻婭廼誠著于疇昔業預經綸嘉庸彰於夷險出總

方嶽入贊機衡獻替之情譽光八舍銓綜之美聲洽九流啓沃是寄鹽梅斯在空貳端右允副式瞻可尚書右僕射特進刺史勳官封並如故

十三年十一月以侍中楊師道爲中書令

十六年正月以中書侍郎岑文本專知機密

七月詔曰古先哲后咸正庶官德優者爵高功多者祿厚是以經邦緯國必俟蕭曹之勳燮理陰陽允歸鍾華之望司空趙公無忌識量弘博風度峻遠地惟親賢才稱梁棟締構霸業茂勳著於艱難蒞成王道廼心竭于寅亮鹽梅是寄丹青攸屬德綜璣衡聲猷

具舉自升槐鉉歲月亟移固以勒美太甞書忠甲令者矣且陝中台式典邦敎可司徒

又詔曰惟天爲大資四序以成功惟王建國俟三台以弘化故隆漢受命吳鄧飛聲有晉勃興荀何底績開府儀同三司尚書左僕射太子少師上柱國梁國公房玄齡器範忠肅識具明允才稱王佐望乃時英霸國爰始預經綸之業鼎命惟新贊隆平之化誠固金石勳勒鐘鼎自任總庶尹職重朝端心力書於翼亮劬勞積於歲序而志在冲退有懷止足固陳衰疴屢上表疏然則燮揆禮閣職務實繁論道槐廷望實攸屬空加寵命平兹水土可司空

十七年八月以工部尚書張亮爲刑部尚書參預朝政

十八年八月以散騎常侍劉洎爲侍中中書侍郎岑文本馬周並爲中書令以黄門侍郎褚遂良參預朝政

十九年二月以吏部尚書楊師道爲中書令

二十二年正月以司徒長孫無忌兼簡較中書令知尚書門下三省事刑部侍郎崔仁師爲中書侍郎參知機務

九月以黄門侍郎褚遂良爲中書令

高宗卽位初以禮部尚書兼太子左庶子于志寧少詹事兼尚書左丞張行成並爲侍中太子右庶子兼吏部侍郎高季輔爲中書令以司徒揚州大都督長孫無忌爲太尉兼簡較中書令知尚書門下三省並如故又以特進李勣爲尚書左僕射同中書門下三品

永徽二年正月以黄門侍郎宇文節中書侍郎柳奭並同中書門下三品

八月以侍中于志寧爲尚書左僕射侍中張行成爲

尚書右僕射竝同中書門下三品中書令高季輔爲
侍中
三年二月以同州刺史褚遂良爲吏部尚書同中書
門下三品
三月以黄門侍郎宇文節爲侍中中書侍郎栁奭爲
中書令
四年二月以開府儀同三司李勣爲司空
九月以吏部尚書褚遂良爲尚書右僕射依舊知政
事
十一月以禮部尚書崔敦禮爲侍中

六年五月以黄門侍郎韓瑗爲侍中中書侍郎
七月以侍中崔敦禮爲中書令
顯慶元年三月以戸部侍郎杜正倫爲黄門侍郎同
中書門下三品
三年三月以中書侍郎李義爲中書令黄門侍郎杜
正倫兼度支尚書依舊同中書門下三品
八月以禮部尚書許敬宗爲侍中
九月以度支尚書杜正倫爲中書令
三年十一月以侍中皇太子賓客權簡較中書令許
敬宗爲中書令賓客如故

是月以大理卿辛茂將爲侍郎
四年四月以尚書左僕射于志寧爲太子太師中書
門下三品黄門侍郎許圉師參知政事
五月兵部尚書任雅相度支尚書盧承慶竝參知政
事
七月普州刺史李義甫爲吏部尚書同中書門下三
品
龍朔二年二月改門下省爲東臺中書省爲西臺侍
郎爲左相中書令爲右相以中書令許敬宗爲右相
散騎常侍許圉師爲左侍極簡較左相五月以左侍

極許圉師爲右相
十月以西臺侍郎上官儀東同西臺三品
三年正月以司列太常伯李義甫爲右相
麟德元年八月以司列太常伯劉祥道爲兼右相大
司憲竇德玄爲兼司元太常伯簡較左相
十二月以太子右中護樂彦瑋西臺侍郎孫處約同
知政
二年三月以司戎太常伯姜恪同東西臺三品
四月以侍極陸敦信爲簡較右相
乾封元年七月以大司憲劉仁軌兼右相

二年六月西臺侍郎楊武戴至德東臺侍郎李安期張文瓘並同東西臺三品

總章元年三月以東臺侍郎郝處俊同東西臺三品

十二月依舊以左相爲侍中右相爲中書令東西臺爲中書門下是月太子左庶子劉仁軌同中書門下三品

上元二年八月以太子左庶子同中書門下三品劉仁軌爲左僕射依舊修國史大理同中書門下三品張文瓘爲侍中中書侍郎同中書門下三品郝處俊爲中書令吏部侍郎李敬玄爲吏部尚書同中書門

下三品並依前監修國史

二年二月以右肅機李敬玄爲西臺侍郎同東西臺三品

三年三月黃門侍郎來常中書侍郎薛元超並同中書門下三品

四月以中書侍郎李義琰中書門下三品

六月黃門侍郎高智周同中書門下三品

儀鳳元年十一月以吏部尚書李敬玄爲中書令

四年四月以中書令郝處俊爲侍中

調露二年四月黃門侍郎裴炎崔知溫中書侍郎王德眞並同中書門下三品

永隆二年閏七月以黃門侍郎裴炎爲侍中黃門侍郎崔知溫中書侍郎薛元超並爲中書令

永淳元年四月黃門侍郎郭待舉兵部侍郎岑長倩中書侍郎郭正一吏部侍郎魏玄同並與中書門下同承受進止平章事高宗謂中書令崔知溫曰待舉等歷任尚淺且令預聞政事未可卽與卿等同名稱自是外司四品已下知政事遂以平章爲名自待舉等始

十月黃門侍郎劉景先同中書門下平章事

中宗神龍元年正月自皇太子監國以司刑少卿兼相王府司馬袁恕己爲鳳閣侍郎同鳳閣鸞臺平章事（則天特改中書門下爲鳳閣鸞臺侍中爲納言）是月自太子卽皇帝位以鳳閣侍郎同鳳閣鸞臺平章事張柬之爲夏官尚書同鳳閣鸞臺三品鸞臺侍郎同鳳閣鸞臺平章事崔玄暐爲內侍又以袁恕己同鳳閣鸞臺三品左羽林將軍敬暉及右羽林將軍桓彥範並爲納言（是月詔臺閣官各並依永淳以前故事）

二月以太子賓客武三思爲司空同中書門下三品散騎常侍武攸暨爲司徒國子監祭酒弘文館學士

祝欽明同中書門下三品
四月以端州高要縣尉魏元忠爲衛尉卿同中書門下三品又以刑部尚書韋安石爲吏部尚書太子賓客李懷遠爲右散騎常侍兵部尚書同中書門下三品康休景爲輔國大將軍中書令崔玄暐爲簡較益州都督長史判都督事戶部尚書同中書門下三品兼簡較雍州長史楊再思兼簡較楊州大都督長史判都督事國子監祭酒中書門下三品祝欽明爲刑部尚書竝同中書門下三品初高宗在春宮元忠等繼爲左右庶子等官故有斯授又以兵部尚書同中

書門下三品張東之爲中書令五月吏部尚書同中書門下三品韋安石簡較同中書令兵部尚書同中書門下三品魏元忠簡較侍中
六月詔尚書左僕射豆盧欽望軍國重事中書門下三品平章事以簡較中書令韋安石爲中書令撿挍侍中魏元忠爲侍中簡較兵部尚書楊再思爲戶部尚書兼撿挍中書令
七月太子賓客韋巨源同中書門下三品依舊西京留守
十月侍中魏元忠爲中書令簡較中書令楊再思爲侍中
二年正月吏部尚書李嶠同中書門下三品中書侍郎于惟謙同中書門下平章事
二月刑部尚書韋巨源同中書門下三品
三月以戶部尚書蘇瓌爲侍中西京留守
七月吏部尚書同中書門下三品李嶠爲中書令韋巨源爲吏部尚書依舊同中書門下三品前左散騎常侍蘇瓌以本官同中書門下三品
景龍元年九月兵部尚書宗楚客左衛將軍兼太府卿紀處訥竝同中書門下三品又以吏部侍郎蕭至

忠爲黃門侍郎同中書門下三品
是月以侍中楊再思爲中書令吏部尚書同中書門下三品韋巨源太府卿同中書門下三品紀處訥竝爲侍中
三年二月侍中韋巨源爲左僕射同中書門下三品兵部尚書同中書門下三品宗楚客爲中書令中書侍郎蕭至忠爲侍郎太府卿韋嗣立爲兵部尚書同中書門下三品兵部侍郎趙彥昭爲中書侍郎太常少卿鄭愔爲吏部侍郎及中書侍郎崔湜竝同中書門下平章事禮部尚書韋溫爲太子少保同中書門

下三品時政出多門遷除甚衆無聽事可以處之時人語曰宰相無坐處

八月以特進韋安石爲侍中侍中蕭至忠爲中書令

九月以吏部尚書蘇瓌爲右僕射同中書門下三品

十二月以前右僕射唐休璟爲太子少師同中書門下三品

睿宗初平韋庶人以苑總監鍾紹京爲中書侍郎前同州朝邑縣尉劉幽求爲中書舍人並參知機務黄門侍郎李日知同中書門下三品又以中書侍郎鍾紹京爲中書令及即位以太常少卿薛稷爲黄門侍

郎參知機務許州刺史姚元之爲兵部尚書同中書門下三品兵部尚書韋嗣立爲中書令以兵部侍郎兼知雍州長史崔日用爲黄門侍郎參知機務雍州長史宋璟爲簡較吏部尚書同中書門下三品

景雲二年正月太僕卿郭元振中書侍郎張説並同門下中書平章事

四月以侍中韋安石爲中書令黄門侍郎李日知爲侍中

五月以殿中監竇懷貞爲左御史大夫同中書門下平章事九月遷侍中

十月以吏部尚書劉幽求爲侍中右散騎常侍魏知古同中書門下三品太子詹事崔湜爲中書侍郎同中書門下平章事中書侍郎陸象先同中書門下平章事

太極元年二月以戶部尚書岑羲左臺御史大夫竇懷貞並同中書門下三品六月羲遷侍中七月懷貞遷尚書右僕射平章事軍國重事

先天元年八月以右散騎常侍中書門下三品魏知古爲侍中中書侍郎同中書門下平章事崔湜爲中書令

二年正月以吏部尚書兼太子右諭德蕭至忠爲中書令

玄宗先天二年七月既誅太平公主是月制曰殷命百工傅膺審象漢推三傑良屬運籌不有斯人孰賚予弼尚書左丞張説居正含道體直理精朕昔在承華首延博望談經之際欽若讜言揮翰之門潤色鴻業屢陳規益見嫉姦回頃雖抗迹疎遠而乃懷饑渴今群兇已服大猷伊始永言亮采光朕側席之期俾茲啓沃咸服濟川之望宜參鼎鉉式綜絲綸可中書令

八月以封州流人劉幽求忠而獲罪乃下制曰劉幽求風雲玄感川嶽粹靈學綜九流文窮三變茂勳立艱難之際嘉話盈啓沃之功在讜直以不回爲姦邪之所忌釁萌頗露譖端竊發元宰見逐讒人孔多旣殄群兇方宣大化期問政於經史載登賢於卜夢可守尚書右僕射知軍國大事徐國公實封竝復舊

十月畋于渭川以同知刺史姚元之入爲宰輔制曰王佐之重師兵之任旁求梗幹膺此具瞻姚元之宏略冠時偉才生代識精鑒遠正辭強學有忠臣之操得賢相之風宜踐台衡規益斯在頃居藩郡循良是

屬載懷一德分命六官訏謨允歸文武兼濟式憑帷幄之算宜副韜鈐之委可兵部尚書同中書門下三品十二月改元開元改中書爲紫微門下爲黃門侍中爲監左右僕射爲左右丞相以兵部尚書同紫微黃門三品姚元崇兼紫微令以尚書左僕射兼侍中劉幽求爲尚書左丞相兼黃門監正官名也是月制曰宰輔之任謨猷是屬不有大材孰堪景化黃門侍郎盧懷愼貞良純懿孝悌仁厚度量深於江海堅清邁於冰雪事皆體大詎觀非聖之書心必在公雅契惟賢之典故能危言正色直道匪躬比之微管求而得謐宜寵瑣闈參乎鼎座可同紫微黃門平章事

開元二年正月制曰古稱納言亦號嘗伯厥命惟允朕之股肱俾乂成績聿歸良輔黃門侍郎同紫微黃門平章事盧懷愼氣實溫厚生於薊北年始英妙出相山東王佐所期人師攸屬考彼揚歷外於獻替許國忘身立朝正色有仲山甫之節成管夷吾之能故其道彌尊其心益下可以輔我王度弼予朕躬用增輝於侍帷宜拜寵於參華可黃門監

四年十一月制曰軒夢三相舜舉八元咸佇人傑以宣邦政尚書左丞上柱國安陽縣開國男源乾曜雅

文強學達識周材貞白可以勵時道義可以引物虛懷同於抱月懸鏡不疲利器比屋成風制鍾無滯固可光左曹之駁議翼中禁之謀猷用參金鉉之司兼踐玉臺之副可黃門侍郎同紫微黃門平章事勳封如故

閏十二月制曰虞廷稱盛任於夔龍周邦以寧屬於閎散是知出納惟允必俟奇英啓沃以光實資茂彥銀青光祿大夫守刑部尚書上柱國廣平郡開國公宋璟器宇凝峻執心勤直銀青光祿大夫行紫微侍郎兼知制誥上柱國許國公蘇頲風簡詳密藻思清

華或掌憲南宮持平邦典或代言西掖翊輔政途咸竭奉上之心俱盡匪躬之節九流俟其澄序衆務資其弼諧宜委銓管兼侍帷幄璟可守吏部尚書兼黃門監頲可同紫微黃門平章事散官勳封各如故

五年九月改紫微黃門依舊爲中書門下

八年正月以京兆尹源乾曜爲黃門侍郎并州大都督府長史張嘉貞爲中書侍郎並同中書門下平章事五月乾曜爲侍中嘉貞爲中書令

九年九月制曰乾坤以陰陽化成后王以輔弼興理所以寅亮天極緝熙帝圖非夫大賢孰寄斯任天兵

軍節度大使右羽林將軍兼并州長史攝御史大夫燕國公兼修國史張說挺其公才生我王國體文武之道則出將入相盡終身之節亦前疑後丞諒可以弘此大猷總其邦政允釐庶績保乂皇家可守兵部尚書同中書門下三品勳封修國史如故仍馳驛赴京

十一年四月制曰晉稱內史以司號令漢曰尚書是王喉舌周平郡國以佐王教兵部尚書兼中書令張說履道體政經德立言吏部尚書王晙忠肅剛簡博聞宏識並才苞王佐望重時英內訓五品外清九服嘉謀必盡庶績允康宜參五臣之命以正三台之象說可中書令晙可兵部尚書同中書門下三品

十四年四月以戶部侍郎李元紘同中書門下平章事

十六年十一月以河西節度使判凉州蕭嵩爲兵部尚書同中書門下平章事

十七年六月以戶部侍郎宇文融爲黃門侍郎兵部侍郎裴光庭爲中書侍郎並同中書門下平章事

二十一年三月制曰思致雍熙事求良輔夙勤夢寐近在周行尚書左丞韓休蘊道弘深秉德經遠清誠可以軌物素行可以律人一自登朝備聞體國志存

公亮誠合始終而羽翼朕躬金玉王度人望是在朝選無踰宜拜命於瑣闈俾兼和於鼎實可守黃門侍郎同中書門下平章事

十二月制曰風雲之感必生王佐廟廊之任爰在柱臣京兆尹裴耀卿含元精之休體度弘遠前中書侍郎張九齡挺生人之秀器識通明并風望素高人倫是仰以叶彼寅亮當滋啓沃幹時侍士旣資鼎實之和爲國急賢實難金華之事耀卿可黃門侍郎九齡可起復中書侍郎並同中書門下平章事

二十二年五月以黃門侍郎李林甫爲禮部尚書同中書門下三品
二十四年十一月殿中監牛仙客爲工部尚書同中書門下三品
天寶元年二月改侍中爲左相中書令爲右相黃門侍郎爲門下侍郎尚書左右丞相依舊爲左右僕射
八月以刑部尚書兼御史大夫李適之爲左丞
五載四月門下侍郎陳希烈同中書門下平章事
六載二月希烈遷左相
十一載十一月制曰先王立政必惟擇賢所以時亮

天功叶修人紀總兹三事是屬中書審于百工僉曰亞相銀青光祿大夫御史大夫判度支事權知太府卿兼蜀郡長史持節劒南節度使度支營田等副大使本道兼山南西道採訪處置使兩京太府司農出納監倉祠祭木炭宮市長春九成宮使關內道及京畿採訪處置使上柱國弘農縣開國伯楊國忠純粹精明懸解虚受比之管樂文多體要之詞擬于邴魏武有韜鈐之學直方其道簡易能成往自星郎爰秉天憲軍國大政弘益滋多則造滕沃心已朞王佐彌綸經濟同致雍熈况南臺冢宰尤思藻鑒西垣鼎座滂佇爕和會予宿心升爾爲相宜兼密啓式總如綸可守右相兼吏部尚書集賢殿學士脩國史崇玄館大學士太清太微宮使仍判度支及蜀郡大都督府長史劒南節度支度營田副大使本道兼山南西道採訪處置使兩京出納勾當租庸鑄錢等使並如故
十三載八月以吏部侍郎韋見素爲武部尚書同中書門下平章事
十五載六月玄宗幸蜀次河池郡劒南留後司勳郎中崔圓奏西川歲稔民安儲供無缺授圓中書侍郎同中書門下平章事

七月至普安郡憲部侍郎房琯從及乘輿見于郡舍與語甚悅即日拜琯吏部尚書同中書門下平章事是日車駕至巴西郡太守崔渙迎謁即日拜門下侍郎中書門下平章事以武部尚書同中書門下平章事韋見素爲左相初崔渙爲司門員外郎楊國忠出不附己者渙以例遷劒南刺史至是抗詞忠懇皆究理體玄宗嘉之以爲得渙晚

冊府元龜

冊府元龜

巡按福建監察御史臣李嗣京訂正

知閩縣事臣曹學臣叅閱

知建陽縣事臣黃國琦較釋

帝王部七十三

命相第三

唐肅宗至德元年七月卽位於靈武以御史中丞裴冕爲中書侍郎同平章事

二年正月以憲部尚書李麟同平章事

二月以前憲部尚書致仕苗晉卿爲左相晉卿天寶末爲憲部

尚書屬祿山叛逆楊國忠以晉卿有時望出爲陝州刺史晉卿辭疾不行因而致仕及朝廷失守衣冠流離道路多爲逆黨所脅自陳希烈張均已下數十人盡赴雒陽晉卿潛逃山谷南投金州會肅宗至鳳翔手詔追晉卿赴行在所卽日拜爲左相國務悉以咨之

五月以諫議大夫張鎬爲中書侍郎平章事

十一月以左相苗晉卿爲中書侍郎平章事

十二月制曰尚書左僕射兼武部尚書平章事子儀才光三傑功格十臣克焯皇威載昌大業可司徒兼尚書左僕射司徒兼戶部尚書平章事光弼全德挺生英材間出干城禦侮坐甲安邊可司空兼兵部尚書並平章事如故

乾元元年五月以太常少卿知禮儀事王璵爲中書侍郎平章事

二年三月甲午制曰出納絲綸是稱喉舌調和鼎飪必在鹽梅况艱難之際擇賢必資於選衆密勿之地論道固期於得人兵部侍郎呂諲間氣挺生宏才逈發訥言敏行強識博聞謀猷出三傑之先德業處五人之上久在朝列尤推審愼復得鈞璜之慶宜膺補衮之求可同平章事

乙未又制曰出納帝命經綸王言兆若見於非熊位必登於仲虺行御史大夫兼京兆尹李峴朝廷碩德

宗室藎臣中書舍人兼禮部侍郎李揆文房學府命代挺生行戶部侍郎兼御史中丞第五琦武庫智囊應期間出皆中和秀氣維嶽降靈可以宣暢謀猷關宏體要庶得道光風力名重伊皐俱當入夢之辰共舉從繩之直旣用立汝宜其弼予峴可行吏部尚書揆可中書侍郎琦可戶部侍郎並平章事

上元元年五月制曰宰輔之重陶鎔所寄用諧時望必藉素名是以殷登左相伊尹成乎一德漢命舊臣孔光由其再起藎以上扶皇極下庇蒼旿永懷寅亮之美實屬股肱之任特進守太子太傅上柱國韓國

公苗晉卿衣冠宿望廊廟公才體文雅之宏量負經通之遠識累踐臺閣久彰名器自艱難之際協贊有勞早契風雲之期備陳康濟之術頃以疲痾固辭樞務重違誠懇之志爰假優崇之秩雖訏謨暫間而夢寐無忘今戎事猶虞蒸人未乂漢將且聞於辭第留侯豈遂於停飡成余社稷之本懿爾勲庸之望固可勉行新綍載弼舊貂宜罷輜車之禮俾膺黄閣之政可行侍中

二年二月制曰弼予之選審象是求天步未平廟謨尤切必資明表伫以佐畤畫一之材取則不遠正議

大夫前河中尹徐國公賜紫金魚袋蕭華公輔成名承家繼業詞標麗則德藴謨明道開雲霧之光節貫巖凝之序早登臺閣多識舊章再履宫坊先知至行致君望美閟相求能且推伊陟之賢更啓漢臣之閤還依日月佐理陰陽俾參政於紫宸用建中於黄極可中書侍郎平章事集賢殿崇文館大學士兼修國史

四月制曰致君惟善輔德在和必俟三台之明用增九鼎之重彝倫所屬元氣是調乃眷公才作予良弼銀青光祿大夫行尚書吏部侍郎裴遵慶體凝精粹理暢黄中學奥全經詞浮大雅行歸於簡節固其貞公輔之望攸先古人之風非遠累階朝序久踐天臺凡所彌綸多爲故事咸有斯在王猷是經庶弘翼善之功克濟艱難之運登榮瑣闥參政兩闈宜輟山公之啓以光説命之求可行黄門侍郎平章事

元年建辰月戊申詔曰天位惟艱廟謨是切委在公輔正于四方伫鼎實之能調補衮章之有闕眷求厲翼式允僉諧朝議大夫行尚書戸部侍郎兼御史中丞上柱國許昌縣子賜紫金魚袋元載清明在躬貞固幹事信必可復文而不華準繩朝端

金玉王度不有其善適觀厥成固是生靈之傑咸推宰輔之器執茲大政敘以彝倫建中于人莫匪相爾丹青神化參議兩闈安書一德之篇俾協賛賡歌之美可平章事兼集賢殿崇文館大學士脩國史餘如故

代宗寶應二年正月制曰搆廣厦者審象於宏材經萬邦者注意於良弼自非道符夢卜名冠簪裾何以允副虚求式諧時望銀青光祿大夫京兆尹判度支充勾當度支等使上柱國彭城縣開國伯劉晏應期生德維嶽降賢文爲君子之儒器藴通人之量學苞

前典志在於直方詞蔚古風義存於比與自兼京剌職總均輸變而能通弘適時之務居難若易多濟物之心頃者戎事方殷軍賦惟錯率皆倚辦每務推誠寇難初夷皇猷咨弼周王佐國必自于天官漢代登台咸由於亞相宜膺選衆之舉用成亮采之功可金紫光祿大夫吏部尚書平章事勲及度支等使竝如故

廣德元年十二月以簡較吏部尚書兼宗正卿李峴爲黄門侍郎平章事

二年正月以前右散騎常侍王縉爲黄門侍郎太常

卿杜鴻漸爲兵部侍郎竝平章事

大曆十二年四月制曰體國經務亮采惠疇以遂萬物之宜以刑四方之禮彌縫袞職金玉王猷平景緯於台階濟鹽梅於鼎飪必先時俊允膺旁求朝議大夫守太常卿兼脩國史賜紫金魚袋楊綰贍學懿文崇德廣業表微藏用適務知章朝議郎守尚書禮部侍郎集賢院學士上柱國賜紫金魚袋常袞志業貞諒理識宏深守正居中確乎難奪頃以戎車未戢方事仍殷永言庶政有乖彝叙令將本俗刑教澄源振剛宣九德以阜成張四維而翼贊洽于僉論咨爾具瞻往剾審象之誠懋緝時雍之化綰可中書侍郎平章事集賢殿崇文館大學士修國史散官勲如故袞可門下侍郎平章事太清太微宫崇玄弘文館大學士散官勲賜如故初綰爲吏部侍郎典選公平以清貞自守元載心疎忌之奏以爲國子祭酒代宗知之遷爲太常卿充禮儀使以觀其效用載既伏誅乃拜之綰久積公輔之望及詔出朝野相賀袞爲禮部侍郎集賢院學士載之得罪令袞與劉晏李極等鞫之獄竟遂有是拜

德宗以大曆十四年五月癸亥卽位閏月甲戌以新除河南少尹崔祐甫爲門下侍郎平章事崇玄館弘文館大學士太清宫太微宫使時常袞獨當樞務祐甫爲中書舍人議喪服與袞異同堅諍不服袞乃奏貶祐甫湖州刺史內議太重改授河南少尹時郭子儀朱泚俱以功高爲

相密勿之議莫得聞知而袞假署二人之名及詔出子儀及泚皆表明其不直有詔逐袞湖州刺史而以祐甫爲相兩換其職八月祐甫改中書侍郎集賢殿崇文館大學士脩國史平章事如故以通州司馬同正楊炎爲門下侍郎平章事崇玄館弘文館大學士太清宫太微宫使初炎爲吏部侍郎兼史館脩撰元載爲相引炎親重之載敗炎貶道州司馬德宗初卽位議用宰相崔祐甫薦炎有文學器用帝亦自聞其名故特徵拜又以懷州刺史喬林爲御史大夫平章事京畿觀察使

建中二年二月以門下侍郎平章事楊炎爲中書侍

郎平章事脩國史以御史大夫京畿觀察使盧杞爲門下侍郎平章事

七月以前永平軍節度使張鎰爲中書侍郎平章事

三年十月以吏部侍郎關播爲中書侍郎平章事

四年十月帝在奉天以戶部尚書兼御史大夫荆襄江西等道都元帥統軍長史蕭復爲吏部尚書侍郎兼御史中丞荆襄江西等道都元帥判官劉從一爲刑部侍郎京兆府尹曹參軍翰林學士姜公輔爲諫議大夫竝平章事

興元元年正月以吏部侍郎盧翰爲兵部侍郎平章

事

貞元元年七月以劒南西川節度使張延賞爲平章事初駕幸奉天延賞陳譔供獻頗效忠力及駕至梁州倚劒南蜀川爲根本仰拜延賞爲中書侍郎同平章事至是劉從一有疾乃徵延賞入輔大曆末吐蕃寇劒南李晟領神策軍戍之及還攜倡妓歸延賞追之晟深憾焉晟旣建大功以中書令鎮鳳翔表稱宿故憾延賞之至朝廷以其功高爲之免延賞相拜左僕射

二年正月以吏部侍郎劉滋爲左散騎常侍給事中崔造中書舍人齊映各守本官平章事

三年正月以左僕射張延賞平章事延賞旣與李晟有隙因浙東西節度使韓滉來朝滉嘗獎遇晟又知帝欲相延賞而有阻乃因會讌說晟使釋憾遂飲極歡且使晟稱延賞於帝前於是復加平章事是月又以兵部侍郎柳渾平章事仍判門下省事又以前簡較禮部尚書陝虢觀察使李泌爲中書侍郎平章事

五年二月以大理卿董晉爲門下侍郎御史中丞權判戶部侍郎竇參爲中書侍郎竝平章事

八年四月以尚書左丞趙退翁兵部侍郎陸贄竝爲中書侍郎平章事

九年五月以義成軍節度使賈耽爲尚書左僕射尚

書右丞盧邁守本官竝平章事

十二年十月以右諫議大夫崔損給事中趙宗儒竝平章事仍賜紫金魚袋

十四年七月以工部侍郎鄭餘慶爲中書侍郎平章事

十六年九月以太常卿齊抗爲中書侍郎平章事

十九年三月以淮南節度使簡較尚書左僕射平章事杜祐爲撿校司空平章事太淸宮使十一月以太常卿高郢爲中書侍郎吏部侍郎鄭珣瑜爲門下侍郎平章事

順宗貞元二十一年正月丙申即位二月辛亥詔曰宰相之職寅亮緝熙導陰陽之和贊天地之化裁成百揆總領庶官非道契時中識通理本則何以敷暢皇極阜安群黎朕以眇身嗣守丕業思立人紀以承天休其代予言允屬良弼朝議郎守吏部郎中騎都尉賜緋魚袋韋執誼孝友忠肅自誠而明茂實本於宗師英華發於事業久參內署動直靜專累踐中臺職脩事舉克有公望冠於群倫以予沖人恭默思道是用命爾納誨弼違必能行四方之風成天下之務祗服乃職厥惟欽哉可守尚書左丞平章事賜紫金

魚袋初執誼爲翰林學士知侍詔王叔文幸於東宮傾心附之叔文亦欲自廣朋黨密與交好至是遂特用爲相

七月制曰輔弼股肱之臣所與共成天功左右邦理者也朕承至尊之重居群后之上夙興寅畏不敢康寧思所以統天人之和彰祖宗之烈以行四方之政以遂萬物之宜敷求哲人以輔台德銀青光祿大夫守太常卿充禮儀使上柱國鄭縣開國公杜黃裳弘深易簡資博厚之德朝議郎簡較左散騎常侍兼左金吾大將軍充左街使雲騎尉賜紫金魚袋袁滋沖茂精微體誠明之性咸以器業閎茂服在大僚祗事先朝克荷休命識達造奥文爲國經固可以儀刑具僚參綜庶務寅亮天下毗予一人罔不同心以輔乃辟黃裳可門下侍郎平章事滋可中書侍郎平章事

憲宗永貞元年八月制曰有天下者曷嘗不選賢與能納于輔弼用乂厥辟以和群生所以敍彝倫平憲度建用皇極底乎雍熙者也朕祗若大訓圖任舊人疇咨庶工用佐予理朝議大夫守尚書左丞輕車都尉賜紫金魚袋鄭餘慶全器茂學蹈中秉直易則可久和而不流嘗踐禁闈亦忝袞職每盡王臣之節實彰君子之風服於大僚克有休問洎綜理會府紀綱

郡司率繇舊章協于成式固可以儀刑庶尹寅亮天工可平章事

十二月制曰朝廷者天下之禎幹宰輔者王化之根源朕夙寤晨興講求爲理之本思所以仰承宗廟之重府協億兆之心諧和陰陽茂育區宇以貞百度以序九疇佐予成功實賴良弼具瞻之地公望攸歸朝議大夫守中書令翰林學士上柱國賜紫金魚袋鄭絪秉仁迪哲守約居易懿以文德擇乎中庸體元和之淑姿服大雅之明訓累登班序休有令聞羽儀周行黼藻王度洎發揮綸翰典職禁闈以溫文雅麗之

才居獻納論思之地從容中節密勿盡規先朝任能委遇斯重恪恭夙夜縣歷歲年誠節貫於屯夷茂勳參於顧託名書彝鼎心著丹青朕祗膺睿圖誕受明命弘宣大典澤潤鴻猷保乂於一人儀刑於萬國簡于朕志用選厥勞圖任舊人以輔乃辟疇咨四嶽罔不僉同宜膺弼亮之任式懋彌綸之績於戲為君之難在乎舉而不任為臣之患在乎知而不言事舉其中政脩其本永綏厥位時乃之休可中書侍郎平章事兼集賢殿太學士

元和二年正月制曰惟人代工與物施化財成者元

首輔翼者股肱況國之號令本於內史政所關決審於黃樞爰發四方用寧庶績必求同德資以弼予朝議郎尚書戶部侍郎天水縣開國子賜緋魚袋武元衡挺生偉才克振前緒蹈禮合樂謙厚端和居晤室而不欺處巖廊而益重文能合準吏必立程再司右室之圖遂踐春華之署故事可舉嘉猷日新爰委地征實惟邦本動於小物弘以大綱一心不移於吐茹衆務必歸於領會欝此時望稱為名臣朕祗奉鴻休懼于負荷居則神明之隩位當億兆之尊宵恐明不燭幽慮不及遠一物未獲萬方在予書不云乎臣作朕股肱耳目是用命爾處茲弼諧爾其慎於將明勉於規誨必思袞闕無或面從直哉惟清副我明命可朝議大夫守門下侍郎平章事賜紫金魚袋（憲宗為太子時知元衡進退守正及用為宰相甚禮信之）

又制曰昔周宣王思弘文武之道則以申甫代天工漢宣帝思振祖宗之風則以邴魏執邦柄是以克紹前烈俱稱中興朕以眇身託于人上亦思所以纘列聖之緒致太階之平懷柔四夷親附百姓將成莫大之業遂獲非常之才授之鈞衡俾作舟楫銀青光祿大夫行中書舍人翰林學士上柱國李吉甫符彩外

發清明內融休仁而温抱義而俊識洞精賾知皇王政理之源學該古今窮天人相與之際自擢于綸閣列在禁闈鼓三變之文潤色王度總五材之用參贊廟謨化俗思邁於成康致君願及於堯舜當注意之所向每罄心而俾諫深中不回獨立無懼經綸嘗見其道遠激切多至於涕零王綱以張蜀寇斯殄左右密勿實由嘉言降神而生輔朕為理調三光以序六氣遂物性而熙帝猷是為中樞思我大本命爾俞往其惟勗哉於戲宰輔之任安危所繫百辟為憲萬邦所瞻與其明察以為公不若嚴重而有制與其將順

於甚美不若極救於纖違審涇渭以序人倫謹繩墨以示天下交泰之運其在斯乎敬聽朕言以踐乃職可守中書侍郎平章事

三年九月以山南東道節度使簡較尚書左僕射同平章事燕國公于頔為守司空平章事初頔專有漢南之地不奉詔旨擅總兵據南陽德宗為之旰食及憲宗即位威肅四方頔稍戒懼至是來朝故有是命因以頔代為節度使

是月以戶部侍郎裴垍為中書侍郎平章事初垍罷翰林學士憲宗知垍好直信任彌厚因李吉甫出鎮淮南遂以垍為相

四年二月制曰皇王理本繫於輔弼內以熙庶績釐

百工外以撫四夷式群后三五已降崇替繇之朕祇荷丕圖罔恩底于道夙夜惟厲登延俊賢若涉大川俾作舟楫朝散大夫守給事中上柱國李藩天鍾萃美氣稟清英信任言前行為人表蘊經邦之識度發自明誠見理道之根本鬱為公器學深肯奧文以忠貞大玉斯實于東序朱紘可薦於清廟廣則難挹剛則有容處衆無瀾其風標存簡較推其名節累登華署克贊彌綸擢授左丞專聞駁議永為股肱之任翼亮是資必求其人豈限嘗次黃樞選重僉曰宜之爰舉朝章式副公望於戲爾惟率正邪罔不懲惟匪躬直誠可以事上惟秉鈞平施可以致和毗予一人允理三事懋乃攸績永孚于休可朝議大夫守門下侍郎平章事賜紫金魚袋

五年九月制曰夫宰相之任上以代天工輔佐之宜下以立人極爰得忠正方膺股肱正議大夫守太常卿上柱國襄武縣開國侯賜紫金魚袋權德輿器度端實智識通敏學成師法文為國華素履嘗踐於貞方黃中允合於易簡自出入清列茂著嘉猷名利無屑於中懷風雨不易其嘗性驥騄之質嘗識於遠途鸞鳳之姿宜巢於阿閣期於致理推之至公寵以春

卿掌我樞務輔天地之德俾化及清寧道陰陽之和使物靡疵癘予違汝弼言無面從君可臣否事已必許用佇弘美式副虛懷可守禮部尚書平章事散官勳封賜如故

六年正月制曰輔弼之重邦家所屬寄深垣翰則外撫諸侯望切股肱則入熙庶績迭居其任厥惟舊哉前淮南節度副大使知節度事管內支度營田觀察處置等使金紫光祿大夫簡較兵部尚書兼中書侍郎同中書門下平章事揚州大都督府長史上柱國趙國公食邑三千戶李吉甫弘經遠之才研極深之

慮脫落細故洞開中懷文稽典墳學升堂室洎司我密命言屢表於獨明參予衮職道每彰於孤直貢其誠節竭以公忠墜典載張彝倫攸序輔予不逮懷之豈忘曩以江淮大都吳楚雄鎮歲屬艱食人多愁聲是假全才用康疲俗下流乎水利不憚乎勞心故蠹以長塘豬其天澤變舄鹵爲稻粱之壤致烝黎有衣食之原吏守成規人無遷志庶富之教旣宣於封內輔相之望俾及於天下顧茲重務屬於良臣去其外職之繁專以中樞之任至於別館良吏之褒貶內殿集賢之清秘爰舉舊典式洽新恩無曠厥官往踐乃

位可中書侍郎平章事兼集賢殿大學士兼脩國史

十二月制曰司重柄者允屬於長材熙大猷者固資於端士朕纘承鴻緒撫有萬方夙夜祗勤懼遠於道故每注意宰輔勞懷夢想誠以得失之效邦家所繫疇若僉論簡予深衷必惟其人是舉成命朝議郎守尚書戶部侍郎驍騎尉賜紫金魚袋李絳質秀珪玉文含采章抱器挺生居貞特立有史魚秉直之操勵山甫匪懈之誠忠孝兩全學識兼茂清標可以範雅俗正氣可以肅群倫頃自周行俾參密命動必以義知無不爲謇謇懷經濟之心孜孜陳遠大之畧言無隱避名則靜專貫于始終其道一致地卿之貳爰委典司理財先示于簡廉利物每懲于聚斂經通立制器用彌光臺閣之間藹有公望是宜權衡百度宰理庶工允副具瞻掌我庶務於戲予欲驅人俗以躋富壽感人心而致和平爾尚脩明憲章宣布德澤必廣大其志無皦察爲公任之以職無忘陳平之言苟便于人勿憚蕭何之請敬茲寵擢其懋戒哉可朝議大夫守中書侍郎平章事

八年二月制曰邦國興理將相是咨選衆而舉思賢俾乂故有台臣外撫宣力以靖於四方衮職迭居懋

功復凝於庶績允茲崇踐爰屬上才前劒南四川節度副大使知節度事管內支度營田觀察處置統押近界諸蠻及西川八國雲南安撫等使銀青光祿大夫簡較吏部尚書兼門下侍郎同中書門下平章事成都尹上柱國臨淮郡開國公食邑二千戶武元衡粹厚端莊簡易嘗一有成名之道以致用有宏茂之畧以佐時直方自得於性術操尚不欲於風雨加以懿文合雅聚學承師通禮樂刑政之源達古今沿變之要歷登華貫休問穆然洎處鈞衡中立不倚致君思堯舜之盛脩職以邴魏爲宗翼戴之勤夙夜彌亮

彝倫攸敘鼎飪載和益部大藩比伏兼濟而能布宣威惠撫控蠻髦縣道輯寧疲黎安息推心而士皆率附正巳而人自嚮方臨之累年理有異等朕以出納王命緝熙帝圖總庶官之職業為百度之扃鍵惟此重任屬于黃扉分憂遂輟於轂邦具瞻再歸于顧望爾尚行之以中正煦之以和平毗予一人膏潤天下祇服禮命無替令猷可守門下侍郎平章事兼崇玄館太學士充太清宮使

九年六月制曰虞以為盛猶咨五臣殷之用興亦賴三后朕勵精恭己十載于茲嘗以國鈞委之公輔務

熙庶績敢息旁求思欲左右有人在廣股肱之任歷選列辟洎于草澤異獲能賢俾弘正道今茲所命允屬至懷河中晉絳慈隰等州節度度支營田觀察處置等使正議大夫簡較禮部尚書兼河中尹御史大夫上柱國高平縣開國子食邑五百戶賜紫金魚袋張弘靖德禀精微器含冲用溫恭諒實明允克誠素推君子之風雅有大臣之體蘊積稽古之學發揮經緯之文嘗司朕言動協謨訓歷踐清貫具揚淑聲爰統方州載膺節制奉法遵道勤公忘私人無不懷績用丕茂予欲正百工之理開太平之階若臨巨川以重舟楫是用命爾參列中台每念臣鄰之規以貞棟崇之吉少翁積慶嗣德潢延文子勤身繼王晉室爾惟朝夕納誨以翊朕躬是資袞職之勤式重緇衣之美仍帥司寇之屬俾靖皐陶之刑懋宣厥繇往踐於位可刑部尚書平章事散官勳封如故

又制曰弼成大化參敘彝倫克光元首之明斯其股肱之任所以不自遐逸務求賢能式重舟楫之才以弘經濟之道疇若予采僉諧乃公中大夫守尚書左丞上輕車都尉賜紫金魚袋韋貫之清明在躬禮樂之器蘊珪璋特達之德茂廉正博雅之觀靜而知微

動必有守凡踐列位備聞嘉猷當官而行臨事而斷道可正于風俗望彌積於朝倫是空和靜陰陽紀綱邦國命作心膂列于台階夫能慮四方揆百事愛利萬物辨論群材公以忘私時乃之職而況圖靖籓服繫在廟謀爾惟順下以訓人奉上以宣力因衆功而致用熙衆志以為心朝夕獻可否之誠經綸底文武之績祇膺厥服勿懈于時可守尚書左丞平章事散官勳賜如故

十年六月制曰輔相之任重作予股肱經濟之才難在人耳目苟非慮研物表識洞事先則何以出納中

樞平章大政詢於時論僉曰汝諧朝議郎守御史中丞兼尚書刑部侍郎飛騎尉賜紫金魚袋裴度勁正循道清明秉彝文融菁華行茂枝葉居然廊廟之器出於領袖之門西掖司言南臺執憲嘗陳明畧屢告嘉猷實宣力以徇公能外身而憂國霜雪無改風雷有嘗朕欲旋觀其能明試於事俾歷戎閫載馳使軒王澤渙汗以退宣軍情密勿而上達將議柚擢因罹震驚崇道德之藩蘺士有致命資忠信之甲冑兵無容刃人具瞻爾天方賚予昆命于龜爰立作相爾其展四體堅一心廣其道以用賢厚其風而易俗五兵

未戢爾惟保定武功百姓未康爾惟勤卹人隱臨事必斷當官而行濟台階以至平補袞職之有闕光膺慎選其戒之哉可朝議大夫守中書侍郎平章事度知制誥時田弘正初以魏博順命度宣慰弘正軍中及見境內百姓布揚德澤上下感悅還奏稱旨度勁辯能言軍國情體通達物情尤尚感激發是將帥多悅自淮西行營還帝益聽信猶以武元衡輩在尚未用度元衡遇害便以大計屬度度初以瘡臥二十餘日詔以衛兵宿第中中使日至未拜相先一日遣使詔度不用到宣政參假便來延英候對及見念問周悉明日又召使受制命時外集天下兵而內有大恐及度任政人情始繫以安危

十一年二月制曰朕觀古先哲王興化致理未嘗不選建艮弼熙寧庶政俾之敷陳大猷左右乃辟者也朝議郎守中書舍人權知禮部貢舉輕車都尉賜緋魚袋李逢吉疏通而守於經制質厚而輔以文華貞嘗自居和易待物體賢人之志業茂端士之風規履歷班行發揮事任厥心匪懈所至有聲自彌綸粉闈駁正瑣闥且司言於左掖嘗納訓於東儲誠明一貫聞望旁洽俾司貢士亦著嘉聞方今外興不得巳之師內有不獲安之俗嘗忘食於將旰每求衣於未明冀清原野之誅用止干戈之役登爾輔弼代予憂勤爾宜敷至化於吾人告嘉猷於厥后銷弭氛祲導迎和平事有不舉其中政或未孚於下爾惟啓沃無乃

面從可朝議大夫守門下侍郎平章事賜紫金魚袋時逢吉知禮部貢舉既策試未牓第其名而有是命禮部尚書王播署而出之

是年十二月制曰上宰參職所以法三台之耀中樞議政在乎遂萬物之宜朕獲承鴻休思建皇極翼沃心而納誨嘗注意以求賢通議大夫尚書工部侍郎知制誥翰林學士上柱國清源縣開國男食邑三百戶賜紫金魚袋王涯動直專靜踐方居易挺歲寒之勁質抱夙夜之端誠言皆守中慮每經遠屬者禁垣揮翰五字日宣選部持衡九流風動薦居肘腋之地歷試股肱之才進嘗伏於青蒲出不洩其溫樹牟融

得大臣之節毛玠有古人之風詢廟算以生知論兵鈐而暗合方今我車尚駕郊壘猶多必俟清明以消氛沴是用付以機密陟于崇高爾其發號令以靖其四方陳便宜以寬于百姓行臺閣之故事弘朝廷之大體秉德以立徇公不回予一人垂拱而理敬聽成命懋哉戒哉可守中書侍郎平章事

十二年七月制曰成萬方之化通天下之志緝熙帝載昭暢玄猷在于股肱之臣共凝理本旁求時彥以敘彝倫朝散大夫守尚書戶部侍郎上護軍賜紫金魚袋崔群粹密由道端莊保和本清明之上才體博

厚之重德學貫通儒之業詞合大雅之風居敬有常循性能斷自承密命職參內廷高文煥發于綸言敏識詳達于國典伏奏無撓直躬不回勤勞八年始終一致春闈取士必後其浮華地官理財能制於輕重儉以約已忠惟事君才適而用深望積而實著風猷已洽于人聽倚屬方注于朕心乃膺審象之誡以副具瞻之望況姦宄叛逆尚駕我車未明求衣思戢干櫓爾宜酌古今之要舉刑政之中艱厥位以代天工陳其謨以明皇極敬茲重命往踐台階可守中書侍郎平章事

十月制以淮南節度副大使知節度事管內度支營田觀察處置等使銀青光祿大夫簡較尚書右僕射兼揚州大都督府長史御史大夫江夏縣開國侯李鄘為門下侍郎同平章事

十三年三月詔曰致理之道王者猶盡其心弼成之功輔臣所以宣力皇極是建蒼生乃安敷求實難倚任斯重將付大政必惟僉諧正議大夫守御史大夫上柱國成紀縣開國侯食邑一千戶賜紫金魚袋李夷簡才稱通明性本嚴重守以正直傅之文華羽儀朝端晃耀宗籍早司邦憲爰總地征糾逖無間于避

強經費克均其定制中立不撓孤標出倫聳善激貪法行令肅自鎮漢上洎臨蜀川儉德載彰清規一貫山嶽比厚風雷有嘗勵貞俊以理心竭忠勞而奉上人望汲黯印歸趙堯俾之持綱萬目皆舉固可以參綜庶務允釐百工燮和陰陽宣發號令是申明命陟于台階於戲誠積爾躬夢協朕志虛已將求其弘濟覲言罔懼于咈違道必舉中位無茍曠膺此寵擢敬哉戒哉可守門下侍郎平章事

十四年七月制曰贊天工而成光濟協帝力以致升平非中和稟氣不能符燮諧之道非誠明在躬何以

庸弼亮之位况今積妖已殄而邊鄙猶虞大化方行而里閭未泰時欲舉百度甄群材外經四夷内輯諸夏納之壽域被以仁風代予之勤其孰克任眷求斯得是用命之和陽三城懷州節度使朝議郎使持節懷州諸軍事守懷州刺史兼御史大夫賜紫金魚袋令狐楚根於粹厚著以端明表山立之莊容洞淵停之精識文高雄富學茂該通自頃揮翰掖垣持橐禁署常延造膝屢竭啓心發言必誠臨事無惑藹是公望居然國楨及剖符近郊兼暢牧人之術杖節分閫尤深馭衆之才謂器適中外效宣文武宜展舟楫之

用式登鼎鉉之司管于中樞特我大柄於戲輔翼之任人臣極崇未至而重議有歸既處而其名罕副萬務攸託朕何賴焉爾其敬聽此言深思其道行致君之志始終勿渝以報國爲期夙夜益勵無俾厥后有慙知臣可朝議大夫守中書侍郎平章事

八月制宣武節度守司徒兼侍中韓弘可守司徒兼中書令以弘堅辭戎鎮故也

穆宗元和十五年正月即位是日制曰廊廟之任萬邦所瞻調一氣之和序五材之用出納王命發揮帝猷簡求賢能弘我理本朝議郎守御史中丞飛騎尉襲徐國公賜緋魚袋蕭俛識通化元道契休運有戴君峻節之志秉見義匪躬之誠代襲公台族高軒冕學冠古今之要詞深雅誥之宗嘗事先朝職居宥密奏議無撓忠勞益彰洎執憲南臺肅清朝序休望彌洽直聲日聞朕方臨萬邦思致于理若涉大水浩無津涯將務簡以安人欲息兵而論道審象而授其代予勤爾其端志絶私去末崇本敦禮樂于邦國正風教于人倫舉其鈞衡明示天下無俾一德專美于殷爾其敬之奉我成命可朝散大夫守中書侍郎平章事仍賜紫金魚袋

又制曰賚於良弼期有濟人必惟才臣乃克成務况端潔剛毅可以肅具寮敏裕周通可以熙庶績外無飾虚之禮中有效實之誠簡于朕心乃命以位朝散大夫中書舍人翰林學士武騎尉賜紫金魚袋段文昌門襲忠勳器苞才傑廣而不雜峻而能温脩詞每掇其菁華所尚者風格發言必探于指要所貴者變通識古今理亂之源知遐邇利病之本自掌文翰苑列籍金門出入五年恭勤一致屬朕初承寶命屢進嘉猷諒我憂惕之懷竭其公忠之志昨因召見更有詢咨造膝之言汪意斯得必能奉將命之大任申獻

替于虛襟爰升鼎鉉之司輿展舟楫之用於戲萬務之始九有所瞻將致治平可不兢勵爾其夙夜惟慮弼輔朕躬使四夷咸賓百度惟理阜俗必蘇於瘁瘵審官無欝其賢能理當詳於幾深道當固于久大惟自誠可以化物惟先巳可以律人勉哉戒哉無忝我首命之重可守中書侍郎平章事

八月制曰夫宰相者上調元化以亮天工下熙庶績以輔君德未有心不直而能協於道迹不正而能致其君必求斯人乃命以位朝議郎守御史中丞武騎尉賜紫金魚袋崔植氣志凝遠風標粹清率性而行

潔巳以進周歷臺閣藹然聲猷頃者姦臣未降利權方擅情惟刻下其事將行而植獨能横抗申以駁議朕每嘉重不忘于懷自膺寶圖俾掌邦憲又能悉心秉執造膝敷陳歸于無私多所弘益爰擢作相冀能弼予於戲惟爾先太傅當德宗始初清明首居相位克固直道至于今稱之爾其嗣乃家法無廢朕命可朝散大夫守中書侍郎平章事又制以中書侍郎平章事蕭俛爲門下侍郎平章事

九月戊午制曰懷大中者必誠其茂勲建茂勲者必極其高秩朕虔守鴻業静思化源姑欲表忠節以勵爲臣舉勲籍以勸立志况乎位崇上相遇重先朝首陳宏圖躬率群帥克定妖孽坐清寰瀛得不再申衮崇昭示倚注河東節度觀察處置等使金紫光祿大夫簡較尚書左僕射兼門下侍郎同中書門下平章事大原尹北都留守上柱國晉國公食邑三千户裴度材膺啓運道協功偕一心盡忠百志歸正雖量包弘曠靡所不容而節抱孤貞凜然難奪所以特承恩顧專委謀猷堅持其誠獨立不懼在昔有晉厥功乎吳惟茂先決策於中惟元凱整旅于外兼能並用度實有之許國忘身勤亦至矣自居重任出入六年及

鎭太原聲績一貫朕永懷丕烈乃眷舊臣將副深衷式加新命惟正三公之位在平九土之司論道再光總戎益重毗我王室永孚于休可守司空依前兼門下侍郎平章事

長慶元年二月制曰先朝正姦邪之罪刑海内之心既承大勲付朕鴻業思欲述事繼志偃武脩文揚其耿光屬在髦傑朝散大夫守尚書户部侍郎知制誥翰林學士上柱國建安縣開國男杜元穎識禀人秀才爲國華氣縝密以含章言清明而體要廉方不雜峻直無徒動朗鑒而心運陽秋鼓雄詞而氣幹河嶽

爰以精粹列于內庭通買生治亂之言達管氏刑政
之本未至高位蔚爲名臣間者妖孽相挻紛亂南北
朝夕機命迅如風霆而斡動若飛神無滯用思戢必
盡其心力避榮常執其謙光況處奉綴衣導揚訓命
雅仗忠貞之志實有安定之功本于忘身愛我以懷
感激無隱切劘盡規旣納誨于三篇亦陳戒于六事
朕嘗委以大政詢其遠猷研幾必精應變嘗理布舊
章于河朔推大信于昆夷無所不諧實由密贊全器
焜燿淑聲流閾升于台階允是瞻望於戲昔爾先正
爲唐宰衡惟爾傳臧孫有後之慶秉邵公是似之德

空纂舊服協于至公乃思貽厥之謀率攸行之道杷
制群動衡平衆流俾人不迷時乃之績乃守尚書戶
部侍郎平章事散官勳並如故
十月制曰昔蕭何用新造之漢而能調發子弟完補
敗亡使關東糧餉不絕者以其盡得秦之圖籍而用
知其衆寡也我國家承十一聖之歷寓億兆人之生
齒而曰不能足食足兵朕甚憯焉則非惟調陰陽撫
夷夏者不欲侵泉貨之任而主會計較盈虛者不得
參邦國之重乎予將兼之允在能者諸道鹽鐵轉運
等使大中大夫守刑部尚書騎都尉大原縣開國男
賜紫金魚袋王播在德宗時以對詔入仕踐更臺閣
由御史中丞尹京兆掌縣官鹽鐵爲春曹尚書乃長
巴蜀以控蠻蛋盡稱厥職達于予聞洎詔徵還便殿
與語得所未得聞吾未聞昭然發蒙幾至前席重委
操剸鋒刃益精國有羡財而人不加賦東師在野物
力蕭然不有主張孰能戡濟是用命爾作相仍以舊
務嬰之爾其西備戎羌東定燕冀內實九府外豐萬
人百度群倫罔不在爾於戲典謨訓誥行之居存邪
正是非知之孔易予唯以不敏不明茲用爾爲股肱
耳目又安能一二戒誨垂之空言爾其自勵于爾心

無令觀聽者論爾于鄉較可守中書侍郎平章事依
前充鹽鐵轉運等使
二年二月制曰朕聞御大器者登俊賢以爲輔弼數
大化者擢公忠以施政教故能成天下之務達天下
之精俾三光宣明百度貞正我之倚注方得其人天
實賴予允副僉望尚書工部侍郎元稹珪璋茂器鸞
鳳貞姿文涵六義之微學探百氏之奧剛而有斷忠
不近名勁氣嘗勵于風霜敏識頗知於今古自格居
朝序休問再揚不自飾以取容不苟安而回慮處直
忘屈在屯若夷卓然懷陶鑄之心豁爾見江湖之量

閒者司文禁署王朕樞機每因事以立言累披誠而獻計心惟體國義乃忘身深陳濟物之才雅見經邦之志朕思弘理本用洽生靈式資康濟之材以暢和平之化於戲爾率于正則不正者知慎爾進于善則不善者必悛惟直道可以事君惟至公可以格物是玆數德毗予一人永孚于休以底於道可平章事

又制曰涉大川者操巨艦不畏於洪波構廣廈者揭雄材乃安於棟宇朕祗奉神器尊臨萬邦思弼諧輔相之臣致易簡雍熙之業爰擇舊德委之樞衡冀弘嘉猷以闡玄化淮南節度副大使知節度事管內營

田觀察等使光祿大夫守司徒同中書門下平章事兼揚州大都督府長史上柱國晉國公食邑三千戶裴度氣禀宏廓材優康濟達識高議兼明不渝儀刑可以光巖廊度量可以方海嶽操握政柄弛張化權彝倫典謨合若符契昔我先聖以武畧深計中樞密勿委之廟堂四海咸理朕仄席虛己勞懷宵旰禮命元老聞斯格言衷懷洞然雲霧皆豁是用輟撫淮南舉之台衮換其戎律列自黃扉秩崇上公望積帥長寄爾以周召待爾以蕭曹任爾以埏埴授爾以鈞衡於戲衽席樽俎之內堂室牖戶之間無俟規臨可以觀察違爾宴息期爾折衝庶乎陰陽協和品物昭泰惟言是納爾舉必從使益稷皋陶爾無慙德垂衣南面我獲任賢無易斯言式遵明命可守司空兼門下侍郎平章事度拜淮南未行有徐方之變兼河北諸軍進退未一言事者亦多以度出非空及詔下人人望度尅日定理

六月制曰朕聞天地洪鑪致之者橐籥帝王大業成之者股肱故堯舜垂衣禹湯恭己弘道任德爲予輔臣則八表乂寧萬邦咸理故伊尹之舉皋陶之升庶績其凝不仁自遠正議大夫守兵部尚書輕車都尉賜紫金魚袋李逢吉大方比量中正持心真玉無瑕

堅金在礪峻節而高山是仰推誠而止水可觀剛柔所持吐茹無易往以青宮齒學道我典墳儀刑式孚蘭茝馨茂洎升台席翊奉先朝訏謨密聞獻替濟達外順昭德中升至言溫恭聿脩始終一貫朕嗣守丕業思得賢良將俟和羹期於舊老易之褰漢居以南宮每詢嘉言啓沃惟允今授之相印委以樞衡代天之工爾在專任於戲發號施令選賢與能申于百辟之上行於四海之內朝無黨比人絕澆浮白黑燦然淄澠不濫使巖廊重位揚我清風弘宣大猷以暢王度可守門下侍郎平章事

三年三月以戶部侍郎牛僧儒平章事
敬宗長慶四年正月即位制曰理多務者必資經遠之能總衆材者實在遴舊而任疇咨輿議參詢廟廷果獲誠臣副予虛位正議大夫尚書吏部侍郎上柱國渭源縣開國男食邑三百戶賜紫金魚袋李程文含鍾律器挺圭璋行巳蹈常與物無吝早以詞翰密侍帷幄開弘顧問發揮訓謨周旋臺閣閱歷中外秀造稱其得儁衡鏡表於無私卑牧難踰深藏不耀朕荷負重搆祇守大業自顧寡昧動遵先規委成台司不操將斵自居無悔之地以馳至正之途而元輔勇

於進類當思任人與其自任不若用賢命之僉求以名列上而程爲舉首是必至公爾室謹繩墨以示諸侯平好惡以待多士秉彝倫以澄躁競覈名實以鎮浮虛協睦乃僚無替朕命爰因銓品之鑒載佇烹飪之功可平章事
又制曰昔周宣王漢宣帝思弘祖業克紹先搆用申甫邴魏爲相然後周道重熙漢德累洽朕以冲眇託于億兆之上緬惟文祖玄宗之理若涉大水浩無津涯詢於巖廊俾舉髦碩果得才傑副予虛求必惟其人乃命以位朝議大夫守尚書戶部侍郎兼御史大夫判度支上柱國賜紫金魚袋竇易直端厚靜慤直方簡廉氣深而和識敏而達每去華而務實不爲善以近名早以器能揚歷中外司憲著紀綱之積廉俗垂惻隱之仁輟于天官掌我邦計底慎材貨均節委輸賙給不窮贍濟皆足國有大柄屬於全才況朕新臨寶圖萬物資始審像而授其代予言爾尚弼予一人用底于道且漢以丞相調兵食周以冢宰質歲成我國家雜用古制以重其事也爾往欽哉無忝我成命可平章事判度支
寶曆二年二月丁未制曰朕周觀帝王之道春秋富

則倚附舊老享歷久則簡擢俊髦故我玄宗開元之始任宋璟姚元崇之輩以調陰陽東封之後乃用李元紘張九齡之儔以承法度洎予恭守大位于今三年巖廊藩封建于左右前後皆皇祖聖父之人罔有易置況勳望冠代器業絕倫副予揣論贊此休運凡百有位敬而聽之山南西道節度觀察處置等使光祿大夫守中書門下平章事兼興元尹上柱國晉國公裴度以忘家抵患協于憲宗以匪躬不撓佐於先帝十拜相詔四登師垣接士猶布衣之心悲時急戀闕之思價重乎内外名殷乎華夷籍是風猷俾參大

柄且惴吾志亦用僉聞於戲君臣合符不可多得千載一遇猶爲比肩爾宜援古以自強垂後以居重文終之畫一平陽之弁容諸葛持衡之公相如引車之意率彼四子足爲成人服茲昌言往踐乃位可守司空平章事是月丙寅以中書侍郎平章事李珏攝中書令受册正衙宣制

文宗寶曆二年十二月卽位庚戌制曰搆大厦者實先梁棟之材濟巨川者必資舟楫之用朕越自藩邸膺期大統夙夜震兢若蹈淵谷况齊思毗乂艱步甫寧上奉山陵七月之期内停訏謨庶政之始俾我耿

末寘之極樞將恢興運之功俾協具瞻之望博聞名實獲茲忠賢實帝賚予其誰與讓正議大夫行尚書兵部侍郎知制誥充翰林學士上柱國賜紫金魚袋韋處厚體道爲徒見義爲勇居易以行古至和而不流冰霜挺松栢之姿貞白秉珪璋之德文揮風雅學該儒玄器洽而保之以謙識明而用之以晦邃自經藝侍于穆宗擢司密命實贊先帝壹彼直操彰其遠猷臨危厲難奪之誠推忠備弘益之道屬者變生宮掖謀佚經綸首參底定之功載竭忠貞之效雪憤攙涕披肝貢詞約我以禹湯罪巳之勤博我以古人致理之要聽必感動悉其條陳洪纖靡差夢卜斯協必能式是中外啓茲雍熙俾予冲人克遂垂拱是用擢升鼎鉉式亮帝圖庶無愧於知人且用光於斯道於戲前哲有言良臣惟聖王處殷憂舉衆之仕荷濟理沃心之期注四方傾動之勤在百辟具瞻之任可中書侍郎同中書門下平章事

太和元年六月癸巳以淮南節度副大使王播爲尚書左僕射同中書門下平章事

冊府元龜

巡按福建監察御史臣李嗣京 訂正
知甌寧縣事臣孫以敬參閱
知建陽縣事臣黃國琦較釋

帝王部七十四

命相第四

唐文宗太和二年十二月制曰綏緝萬邦實資乎元首弼成庶績允屬於股肱將以導宣化源崇固理本立我皇極賛於時邕故任賢著於禹謨納誨彰於說命眷求懿德斯惟僉諧中散大夫守尚書兵部侍郎

知制誥充翰林學士上輕車都尉賜紫金魚袋路隨性稟中庸氣合大雅身無擇行學不為人敏識周通宏才恢博挺然仁者之勇蔚為君子之儒祗事穆宗侍經內殿敷堯舜之大典暢周孔之遺風雅言玉音輿義冰釋潤色王度發揮聖聰出入禁闥踐履華貫位彌高而惟謹任愈重而滋恭逮及先朝復參密命雍容侍從早以賦於甘泉左右便蕃未嘗言及溫樹周旋九載始終一心直道匪躬讜言盈耳每訪謨猷之指用陳裨益之誠出不忘於詭辭退必聞於削藁器可經國忠能致君跡其公正之方用外毗倚之任於戲干戈未息爾其弘智用以靜邊攘役戍尚勤爾其宣柔服以懷戎狄均國賦以安阜百姓振朝綱以綜覈群才退無後言動必慮善貞爾百度弼予一人寵以峻階委之極務往踐厥位時乃之休可正議大夫守中書侍郎平章事

四年正月詔曰昔漢宣帝用魏丙以成中興之業我玄宗任姚宋以致開元之理其術無他得賢而已朕猥居大寶首涉五年宵旰靡遑憂勤至切將倚任於國柄宜登進於人傑俾其復運樞極載清化源斷自朕懷允膺僉屬武昌軍節度鄂岳蘄安黃申等州觀

察處置等使金紫光祿大夫簡較吏部尚書同中書門下平章事使持節鄂州諸軍事鄂州刺史上柱國奇章郡開國公牛僧孺氣含元精體包大雅識用夷密襟靈沉粹窮聖賢旨奧之學鋪邦國經緯之文蔚為名臣秀出群萃長慶御曆登賢濟人廊廟有光臣工得職代天協理時乃之休先朝與能罷出征鎮聽條丕變師旅太和宣力事君時乃之蹟朕飽聞器業虛佇風儀會曹參之促裝喜韓侯之來覲便殿延對前席與言通古今理亂之源知敎化損益之務其應如響不知所然是宜卿長夏官平章大政康濟四海

毗予一人於戲君不能自爲堯舜必待其臣以致之臣不能自爲伊皐必待其君而任之致則期於盡力任固在於聳善然後上下交泰君臣相須爾其使百官得其人萬事得其序邪正之路必判清濁之流必分金堅一心扼制群類無重否德予皆仰成可兵部尚書平章事

七月詔曰出納大命宰司元化調四氣以統和天人貞百度以鎮安夷夏必資髦傑用委鈞衡朕嗣守丕圖思弘至理萬物之重屬於台臣夙夜勤求冀裨不逮况素效久彰於密勿精才已得於詢謨擢自內庭

授以衮職爰立佐佑斯爲得人朝議郎守尚書右丞上柱國賜紫金魚袋宋申錫岳降全德天資正性處約居厚蹈中秉彝文每掇其菁華學必探其玄賾風播休問抜乎群倫自選入周行參我內署奉職恭肅率心坦夷蘊沖用以究國經鋪訓詞以潤王度密賛彌久弘益滋多朕累因暇日召於別殿訪以大政觀其立誠而胸襟洞開肝膈無隱識精詞直實契虛求固可以掖持化權參决理本是用升於鼎鉉付以樞機繇仙閣總轄之司當宰輔具瞻之地膺此庶績彌予一人於戲元首以司牧萬方股肱以協贊皇極上推公以馭下臣竭忠以載君際會交感而臻大化歷視前古何莫繇斯予方率是道以臨兆人爾宜悉乃心以成一德敬戒厥位永孚于休可正議大夫行尚書右丞平章事

七年二月制曰弼亮鈞衡宣翼統紀明景化以凝庶績啓嘉謨以建大中爰求國禎以輔台德銀青光祿大夫守兵部尚書上柱國賛皇縣開國伯食邑七百戶李德裕元精孕靈和氣毓德堅直成性清明保躬貞規澹夷敏識沖遠學宗九流之奧文師六義之宗令聞夙彰僉諧允屬自提綱栢署掌誥禁闈釐紀律

詳平之司竭訏謨密勿之節洎察廉浙右總鎮滑臺再委旄旄緝安邛蜀克有殊政咸懐去思諒惟全才茂此聲績朕以疇庸之典彝訓所先入選司馬之崇彌積濟川之望是宜納誨朝夕擢居股肱勉弘伊呂之勳以嗣肖平之美業傳相印門襲戎旃紹絲綸內職之榮繼鼎鉉中樞之重珪紱之盛恩輝罕儔爾宜罄乃忠貞副我毗倚無忝承命服茲寵光可本官平章事

七月制曰居端揆之任再踐國鈞稽究榷之功兼司邦計爰崇舊德以緝新規簡自朕心用乂僉屬金紫

光祿大夫守尚書右僕射充諸道鹽鐵轉運等使上柱國代郡開國公食邑二千戶王涯元精降靈體道秉哲恬智成性清貞保躬文行可以經邦風操可以鎮俗以明用晦處貴滋恭憲宗以禁署竭忠擢登輔弼先帝以台階宿望寵授旌旃陰陽燮調藩服寧謐機務允理政經交脩洎綜銓九流式序百禮提旌紀律統明貨泉法必便人事先體國聲績茂暢洽於群議朕以邊鄙防微猶存兵戍資儲之備供億尚繁頃者支費轉輸任分兩使量入制用誠患多門俾足食以豐財在省員而簡務是用合此二柄委於元僚正

茲通變之初籍我股肱之重勉思率職無或憚煩敬戒乃心欽承休命可本官平章事充度支及諸道鹽鐵轉運使

八年九月壬戌詔追興元節度使李宗閔赴闕十月庚寅詔曰職代天工望歸人傑必資求舊允副僉諧山南西道節度管內觀察處置等使兼興元尹銀青光祿大夫簡較禮部尚書同中書門下平章事上柱國襄武縣開國侯食邑一千戶李宗閔巖廊正人宗室全德才惟不器道實生知粹茂體陰陽之和周旋成禮樂之用外弘疎朗中實誠明白璧凝溫朱絲秉直文窮三變學洞九流早以忠規契于審象雅有玄畧能宣大猷底寧戎變協贊郊祀見可而進知難靡回啓心嘗罄其嘉謀造厀必聞其法語行父事君志存於嫉惡臯陶承弼道遠于不仁康濟而金柅有倫燮調而玉燭無爽謇諤勵大臣之節端莊清至化之源脩明典章慎選方岳敷我利澤臻于至平自出鎮漢中旣周星律世俗雖歌乎來暮國人頗詠于去思遂用徵還蓋從公望及延召宣室益加前籌是宜再涉中樞直脩衮職咨爾良輔其聽朕言夫天地交泰則時合君臣訢和則國治眷求一德出納萬機勉弘

如水之心式副濟川之用命官罔及於私昵詔爵必俟于賢能俾庶績惟凝彝倫攸敘無忝注意儆之戒之可守中書侍郎平章事

九年四月詔曰寅亮皇猷丹青景化爰從選衆之舉乃得非常之才前浙西道都團練觀察處置等使朝議大夫簡較禮部尚書持節潤州諸軍事兼潤州刺史御史大夫上柱國姑臧縣開國男食邑三百戶賜紫金魚袋賈餗識達韻孤學浮行直貞和自立介特不群能操至公每契中道聲逸群聽善諧朕心自居京師尤彰望實亟召便殿屢陳嘉謀罄肝膈以納忠

規推誠明而無外飾察言考事浮用得之近命列藩
益聞僉論固可以叅我大政陟于中樞天啓予懷賚
此良弼爾其守法制平豹衡貞王度以振國經釐百
工以凝庶績舉直錯枉當官而行於戲爲君之戒在
知賢而不任爲臣之患在保位而不言罔或依違虧
吾則哲可中書侍郎平章事
七月詔曰惟昔太宗聰明睿聖克致治平惟魏徵左
右文祖叶建皇極矧朕寡薄思紹丕烈旁求魏徵之
比寘諸巖廊庶裨不逮用底于道御史大夫李固言
生于山東瑞此王國爰在下位早揚直聲介然無朋

中立不懼文經邦俗行表人倫和嶠負棟梁之材辛
毗有骨鯁之操便蕃華貫光啓令圖日者徵自近郊
延於便殿言多方格道不容回嘉謀有倫正色無撓
朱絃暢疏越之韻美玉呈特達之姿洎長憲臺彌彰
休問固可以斟酌理本燮調化源疇咨僉同夢卜斯
協命爾予翼倚爲股肱登于黄樞參我大政爾當一
乃心志罄貫忠貞澄清品流旌别淑慝俾四夷左衽
咸寧吾教侯伯卿士各稱厥官罔曰難理惟其至公
罔曰弗能惟其悉力欽哉戒哉無忝前良可門下侍
郎平章事

九月以刑部侍郎舒元輿本官平章事以兵部郎中
知制誥翰林學士李訓爲禮部侍郎平章事
十一月詔曰朕嗣守丕圖務弘至理憂勤是切宵旰
靡遑所以庶政萬機悉委丞相乃者失于任使妖沴
遽生方思正人叅我大柄銀青光禄大夫守尚書右
僕射上柱國滎陽郡開國公食邑三千戶鄭覃天資
直氣嶽峰上才性惟端莊道本孤峻文含風雅學專
儒玄通古今理亂之源達教化損益之要歷踐華貫
周旋大僚休問彰於縉紳故事滿於臺閣載居講度
密勿内庭胷襟洞開肝膈無隱宵奏讜議發言有先

見之明每勵貞觀勇退守特立之節洎擢膺揆務總
領庶官堅操不回墜典咸舉盡瘁憂國竭忠戴君必
能毗予一人康濟四海雅正之路既别清濁之流自
分於戲秉玆鈞衡委乃髦碩爾其使萬事得其序百
官得其人用賢罔不精立法罔不慎弼亮刑政燮和
陰陽其聽朕言往踐厥位克紹先德巖廊有光可本
官平章事（初覃爲翰林侍講學士每入見必以厚風俗黜朋比再三爲帝言之終以爲相）又
詔曰朕嗣位君臨精求至道日慎一日于今十年期
輔佐之臣爲我至理中立匪懈知無不爲今得其人
果副僉屬朝議郎尚書戶部侍郎判官度支上柱國

賜紫金魚袋李石操履堅貞志業弘茂性合道要識
通化源屢佐藩方備開勳績用司夕拜之任旋知尹
正之榮爰委財征備宣成效是宜擢膺輔弼俾勵正
能爾當勤成務之規率致君之道內貞百度外靖四
方參毗萬機課程庶績盡匪懈之節竭宣力之能大
振朝綱兼司國計致億兆之庶富成方夏之乂安副
予知臣勉茂休烈可守本官平章事仍依前判度支
開成二年四月詔曰王者任賢能所以緝熙庶績舉
正直期乎獻可弼違苟非懋兹四德何以光膺大任
翰林學士將仕郎守尚書工部侍郎知制誥兼皇太

子侍讀上騎都尉賜紫金魚袋陳夷行元精降靈厚
載儲祉聚蓄英粹作時休祥懷道清貞執德謙茂行
高嵩華弘苞容之偉量明洞水鏡韜妍媸於默識貞
已滋潔遇物能容雖墻岸孤峻而襟抱夷曠孝友爲
脩己之具文學職潤身之餘衆推全才時號端士頃
在郎署雅有名稱是用擢居禁密禆輔導元良論辨
見賢人之業教諭得名臣之體星官屢改才術彌彰
古稱旁求於夢卜曷若選之於言行是用付以政柄
登于台階任兹鈞衡之重處以皐夔之秩人所注意
予將仰成勉陳啓沃之術以副具瞻之望可守本官

平章事
三年正月制曰運行帝載翊贊天工必俟輔臣以宣
至化將益秉鈞之重是兹竝命之求諸道鹽鐵轉運
等使正議大夫守戶部尚書上柱國弘農郡開國伯
食邑七百戶賜紫金魚袋楊嗣復動必居正言惟在
公峻若孤山清猶止水從政稟詩書之教承家建禮
樂之源朝議郎守尚書戶部侍郎判戶部事上柱國
賜紫金魚袋李珏質本溫明才推俊茂智能周物弘
本能容非守和有君子之儒可大見賢人之業挺爲
國傑秀稟元精生必爲時實稱希代便蕃清秩操履

有嘗調黃鍾而協諧和朱絃而疏越或總戎重鎮或
敷惠字人卒乘有緝時之功畢婺著昭蘇之詠洎入
司邦賦爰掌版圖事未成財公望猶鬱是可以宰領
樞務用弼予違敘彝倫而建大中釐計謀而調元氣
乂寧華夏保合神人宜申補衮之規致我垂衣之理
於戲孔明相鼎峙之國尚聞魚水之詞夷吾輔霸業
之君猶致鴻翼之諭矧予祇荷丕構雖未克前修造
次之間而不忘遵道宵衣旰食一紀于兹災沴尚生
於旱蝗黎元屢困於衣食中夜靜慮若涉大川將求
津涯俟爾而濟爾謂是靡以拂吾心而不行爾謂是

靡以徇吾志而苟用開物成務俾乂於得時求賢審官寧我以多士則魚水鴻翼夫何足言勉副僉求無忝我休命嗣復可守本官平章事依前充諸道鹽鐵轉運使珏可本官平章事依前判戶部

十二月詔曰緝熙柄政亮采皇猷弘道德而輔昌圖調陰陽而平景緯我唯求舊人亦與能正位台階實資元老河東節度觀察處置等使開府儀同三司守司徒兼中書令大原尹北都留守上柱國晉國公食邑三千戶實封三百戶裴度星辰稟秀山嶽炳靈文蔚采章量包江海負經邦之遠畧懷許國之明誠研

幾而識洞蓍龜運籌而道光竹帛風雨一致儀刑四朝萬方所瞻百辟爲憲洎揚旌鴈塞建飾龍山譴管籥而戎塞烟清壯襟帶而軍牙氣肅虜絕南牧聲雄北門懿茲殊庸予所嘉歎是用專授衡軸俾清化源統和神人茂育區夏夫宰相之任作予股肱外可以懷柔四夷內可以親附百姓大可以贊亭毒阜生成小可以激貪廉正雅俗爾其休躅予不重言至於玉立巖廊風行號令端若植表爲時指南開予胷襟廣我視聽實賴人傑代茲天工爰罷麾幢再操舟楫庶展乞言之禮豈唯論道之尊佇竭訏謀無忝毗倚可守司徒兼中書令

武宗開成五年正月卽位二月制曰朕丕承寶圖思臻理古小大之政皆依輔臣選衆僉難得人而授中大夫守太常卿上柱國賜紫金魚袋崔鄲天資正性嶽降懷財慎楊震之四知邁臯陶之九德抱負直質秀發英華動必蹈中言皆體要聚學每探於精牘馳騁九流摛文若奏乎笙簧抑揚三代鴻量難挹懿聲自高乃者入典訓詞出司俊造能用周密靡混姸媸銓總以明允爲先廉察以澄清爲重嘗踐其職顯有休功秩宗之選方澄公台之論彌欝蹊是酌其望實

付以鈞衡恢予之規模廣予之耳目於戲宰相之任弼諧是資予欲使六氣均調惟爾贊予欲使萬方乎乂惟爾謨予欲使臣寮得職惟爾諧予欲使邪正不亂惟爾翼予言罔慮於咈耳進無忘于沃心貞觀開元之法度具存房魏姚宋之規猷盡在咨爾丞相舉而行之可守本官平章事又以戶部尚書判度支崔珙守本官平章事

九月以淮南節度簡較左僕射李德裕爲吏部尚書平章事

會昌元年二月以淮南節度使簡較吏部尚書李紳

爲中書侍郎平章事
四年六月以淮南節度使簡較司空杜悰爲右僕射兼門下侍郎平章事仍判度支充鹽鐵轉運等使
八月以兵部侍郎翰林學士承旨崔玄爲中書侍郎平章事
五年三月以御史中丞兼兵部侍郎李回守本官平章事
五月以戶部侍郎崔元式平章事是歲李讓夷平章事又以兵部尚書鄭肅本官平章事本紀簡并相月不獲
宣宗以會昌六年三月即位四月以兵部侍郎翰林

學士承旨白敏中守本官平章事
五月以劍南東川節度使簡較戶部尚書盧商爲兵部侍郎平章事
六月以戶部尚書諸道鹽鐵轉運使馬植守本官平章事
大中元年七月以戶部侍郎翰林學士承旨韋琮守本官平章事
二年三月以禮部尚書諸道鹽鐵使馬植兵部侍郎判度支周墀並守本官平章事
十一月以戶部侍郎判度支崔龜從守本官平章事
三年四月以御史大夫崔鉉爲中書侍郎兵部侍郎判戶部事魏扶守本官並平章事
四年十一月以戶部侍郎判本司事魏謩守本官平章事
六年四月以禮部尚書諸道鹽鐵轉運等使裴休守本官平章事
七年四月以御史大夫鄭朗爲中書侍郎平章事
十一月以戶部侍郎判本司事令狐綯爲兵部侍郎平章事
十一年正月以工部尚書崔愼繇爲中書侍郎平章

事
六月以兵部侍郎判度支蕭鄴守本官平章事
十二年正月以戶部侍郎判度支劉瑑守本官平章事
五月以兵部侍郎諸道鹽鐵轉運等使夏侯孜守本官平章事
十三年四月以翰林學士承旨兵部侍郎蔣伸等守本官平章事
懿宗咸通元年二月以河中節度使杜審權爲兵部侍郎判度支尋守本官平章事以右僕射諸道鹽鐵

轉運等使杜悰平章事
二年九月以前兵部侍郎判度支畢諴爲工部侍郎平章事
四年三月以兵部侍郎判度支楊收守本官平章事
十一月以兵部侍郎判度支曹確守本官平章事又以兵部侍郎高璩守本官平章事
五年十一月以兵部侍郎蕭寘守本官平章事
六年二月以御史大夫徐商爲兵部侍郎平章事
七年十一月以翰林學士承旨戶部侍郎路巖爲兵部侍郎平章事

八年三月以兵部侍郎于悰等守本官平章事
十年正月以翰林學士戶部侍郎劉瞻守本官平章事
十一年正月以翰林學士承旨兵部侍郎駙馬都尉韋保衡守本官平章事
十一月以禮部尚書王鐸守本官平章事
十三年正月以禮部侍郎判度支劉鄴守本官平章事二月以御史丞趙隱爲戶部侍郎平章事
十四年四月以吏部侍郎蕭倣爲兵部侍郎平章事
僖宗乾符元年四月以兵部侍郎諸道鹽鐵轉運等使崔彥昭守本官平章事
五月以吏部侍郎鄭畋爲兵部侍郎翰林學士戶部侍郎盧攜守本官平章事
二年十一月以左僕射王鐸兼門下侍郎平章事
三年二月太常卿李蔚守本官平章事
五年九月以吏部尚書鄭從讜守本官平章事
六年四月以兵部侍郎崔沆爲吏部侍郎戶部侍郎翰林學士豆盧瑑守本官並平章事
十二月以太子賓客分司盧攜爲兵部侍郎平章事
廣明元年十一月以戶部侍郎翰林學士王徽裴徹

並守本官平章事
中和元年正月（車駕在興元）以翰林學士承旨尚書戶部侍郎蕭遘爲兵部侍郎平章事
三月（車駕在城都）以鳳翔節度使鄭政爲司空兼門下侍郎平章事
七月以兵部侍郎判度支韋昭守本官平章事
四年四月以兵部侍郎判度支鄭昌圖守本官平章事
光啓二年三月以翰林學士承旨工部尚書杜讓能爲刑部尚書御史大夫孔緯爲兵部侍郎並平章事

三年正月以兵部侍郎諸道租庸使張濬守本官平
章事
昭宗龍紀元年正月以翰林學士承旨兵部侍郎劉
崇望守本官平章事
大順元年十二月以翰林學士承旨兵部侍郎崔昭
緯守本官御史中丞徐彦昭爲戸部侍郎竝平章事
二年十二月以戸部尚書鄭延昌爲中書侍郎平章
事判度支
景福二年十一月以新除鳳翔節度使徐彦若復知
政事戸部侍郎判戸部事王摶本官平章事

乾寧元年十月以翰林學士承旨禮部尚書李磎爲
中書侍郎平章事（宣制之日兵部郎中知制誥劉重霽出班而泣言磎姦邪黨附内府省不可居輔弼之地繇是制命不行）
是月以御史中丞崔商爲兵部侍郎平章事
二年六月以太子賓客孔緯爲吏部尚書復加守司
空門下侍郎平章事緯時在華州屬太原李克用軍
至而止以湖廣節度使王摶爲中書侍郎平章事
三年七月翰林學士承旨尚書左丞陸扆爲戸部侍
郎平章事
八月新除鎮東軍節度使王摶復知政事以京兆尹
孫偓爲兵部侍郎平章事
四年二月以右散騎常侍鄭綮爲禮部侍郎平章事
五月以國子毛詩博士朱朴爲右諫議大夫平章事
光化元年正月（車駕在華州）以兵部侍郎崔遠爲戸部侍
郎平章事
二年正月以兵部尚書陸扆爲兵部侍郎平章事
三年九月以刑部尚書裴贄爲中書侍郎兼刑部尚
書以吏部侍郎裴樞爲中書侍郎竝平章事
天復二年十二月以禮部侍郎獨孤損爲兵部侍郎
平章事

三年正月車駕自鳳翔還京工部尚書崔胤率百官
迎謁卽日降制以胤爲守司徒兼門下侍郎平章事
二月以新除廣南節度使裴樞爲門下侍郎兼吏部
尚書以戸部侍郎王摶守本官竝平章事
十二月以禮部尚書獨孤損爲中書侍郎平章事
天祐元年正月以翰林學士左拾遺柳璨爲右諫議
大夫以兵部尚書崔遠爲中書侍郎竝平章事
哀帝卽位踰年不改元仍號天祐二年二月以吏部
侍郎張文蔚尚書左丞楊涉竝爲中書侍郎平章事
後唐莊宗同光元年四月卽位于魏是月以行臺左

丞相豆盧革爲門下侍郎平章事太清宫使以行臺右丞相盧程爲中書侍郎平章事修國史時帝將行册禮簡求輔相詢于盧質對曰若以本朝士族取人則無踰定州節度判官豆盧革河東觀察判官盧程帝因詔赴行臺爲右丞相至是改爲行臺之命十一月以尚書左丞趙光胤爲中書侍郎以尚書禮部侍郎韋說守本官並平章事時盧程以狂妄免郭崇韜自勳臣拜議者以爲國朝典禮故實須訪前代名家成法光胤有宰相器初薛廷珪李琪皆武皇爲晉王時常因爲册使至太原故皆有八望咸謂宰處台司崇韜採言事者陸廷珪朽老浮華無相業琪雖文學高傾險無士風皆不可相乃用光胤與韋説同制

明宗天成元年五月制曰欲運陰陽賢者諒資於籌

畫將烹鼎飪哲王取喻于鹽梅是知心恬淡則燮理無差意平正則調和靡慝王者以二儀爲法百度是貞將施理國之規必愼代天之任其有鎮時望重濟物才高或早推房杜之風或暗合孫吳之略咸膺妙選適副旁求光祿大夫太子賓客上柱國滎陽郡開國侯食邑一千戶鄭珏禮樂成家鈞台接武珪璧耀無瑕之彩咸韶奏治代之音雅度不群貞規拔俗爲縉紳之楷範作文學之宗師歷踐華資嘗居重任舒卷罔渝于古道坦夷不易于冲襟允謂正人實符休運正議大夫守工部尚書上柱國樂安縣開國男食邑三百戶賜紫金魚袋任圜儒玄繼代簪組傳芳蘊穰苴文武之才抱季子縱橫之略早參戎幕旣備展於良謀洎歷尹京復廣敷于善政掩李牧防虞之術繼蕭何饋運之勞安北邊而顯賴殊功代西蜀而固資婉畫及康延孝忽從劒閣欲襲錦川統戎至及于三千破賊將踰于萬數奸兇盡戮邛蜀再寧靜十道之妖氛息三川之生聚遠提銳旅來赴上京適當纂紹之初尤驗忠貞之節而欝于人望協彼僉諧宜膺並命之榮允謂當仁之選或升書殿或掌國租冀伸致主之嘉猷別展富民之茂績於戲位尊百辟職總

萬機公忠則庶政惟和便辟則彝倫攸斁愼宣九德勉阜群生珏可中書侍郎兼刑部尚書平章事集賢殿大學士圜可金紫光祿大夫中書侍郎兼工部尚書平章事判三司時帝初卽位圜自蜀至安重誨不欲獨拜宰輔共議朝望一人共之孔循言珏貞明時久在中書性畏愼而長者美詞翰好人物重誨卽奏與圜並命爲相

二年正月制曰昔舜命皐夔百揆時敘湯命仲虺萬國咸寧道旣合于君臣事實光于今古朕克相上帝敷佑下民惟順考于典墳俾旁求于彥傑升之廊廟付以鈞衡期共治于寰區冀永康於黎庶厥有明哲咸謂碩儒早隆佐命之功久負濟時之器必使膺茲

大任弼我丕基旣詢謀以僉同固朕志而先定爰行竝命是降寵靈端明殿學士朝議大夫守尚書兵部侍郎上柱國賜紫金魚袋馮道四瀆凝休五行鍾秀積善克承于家訓揚名端守于素風孔門曾顏寧同懿行漢庭嚴樂詎比宏才溫恭爲君子之儒慤厚有大臣之體故自從龍契會倚馬摛詞首贊先朝紹隆丕業爲善不伐有能不矜守廉貪則罔恥緼袍持慎審則靡言溫樹自予纂嗣賴爾弼違爰精選于禁林乃特遷于秘殿愈陳規誡屢罄論思都正直以莫倫諒眞純而罕匹銀青光祿大夫守太常卿判吏部尚

書銓事上柱國崔協星辰降彩軒冕聯榮禮樂稟于生知詩書博于時習輝華繼世可鄙荀陳清貴傳家固超王謝自登高第踐歷周行居省闥則職業備脩升憲府則朝綱克振近者委司選部命典秩宗轄彼銓衡則群才適序調其律呂則雅音克諧旣揚正始之風可驗中和之德竝以功庸夙著問望彌高宜允副于具瞻俾顯當于爰立是命寵升黃閣光弼紫宸或居書殿之榮俱列戶封之貴仍加峻級以示新恩道旣叶于洛詢心乃符于啓沃於戲知人則哲予竊慕于前王事君盡忠爾已聞於當代更宜夙夜愼保初終使社稷以無憂期子孫之有賴往踐厥位汝惟戒哉道可正議大夫中書侍郎平章事充集賢殿學士協可中書侍郎平章事初豆盧革韋說得罪執政相與議宰相時經始之初言事者衆咸以孔循少侍宮禁諳故實知朝廷人士之才行安重誨多聽之循意不欲河朔人居相位初巳援引鄭珏入中書至是任圜欲相李琪而鄭珏與琪累時同在翰林爲學士二人不相善居琪切齒孔循旣以珏爲門人亦排斥李琪謂重誨曰李琪非無藝學但不廉耳宰相人士之表儀但得眞端有器度足以輔弼矣朝論所與莫若崔協重誨以爲然後重誨内殿中書闕人欲擇丞相而帝曰誰可相者乃以崔協對任圜曰重誨未諳朝中人物被人欺賣如崔協者天下皆知少識文字時人呼爲無字碑臣以陛下藩邸之年卽叨天聦無才幸進比不知書一旦驟塵輔弼終朝若負芒刺以臣一人取笑足矣何容中書之内更益笑端帝曰宰相重位卿等更自詳審然吾在藩時識易州刺史韋肅人言名家待我嘗厚置

于此位如何以肅苟未可則馮書記先朝判官稱爲長者多才博學與物無兢可以相矣書記卽馮道也嘗爲莊宗霸府書記帝素欵顔偶不記名但云書記朝退宰臣樞密使休于中興殿廊舍孔循不揖拂衣徑去曰天下事一則任圜圜乃向者崔協暴死則已不死會居此位重誨私謂圜曰今正闕人協空備員可乎圜公言何傢哉今朝廷有李琪者學際天人奕葉軒冕論才校藝可敵時輩百人而讒夫巧辯忌害其能必舍琪而相協何棄蘇合之丸取蛣蜣之轉也重誨笑而止然與循同職循日言琪之短知協之長月餘乃下此制物論醜之

三年三月癸亥以成德軍節度使王建立爲簡較太尉尚書右僕射同中書門下平章事充集賢殿大學士判三司事

長興二年三月制曰衡之平不欺于物水之止洞鑑

于形厥有操心秤而無撓重輕掛人鏡而自分妍醜
所以旁求多士果得正人符夢卜而惟吉之從舉賢
良而不仁者遠命爲余弼僉曰汝諧朝議大夫守太
常卿上柱國隴西縣開國男食邑三百戶賜紫金魚
袋李愚勁草凌風孤松抱雪向歷艱難之運再逢開
泰之期先皇帝擢在禁林輟隨征旆鋒鍔翰墨經綸
閣而無兢刋銘糞土珠金入刀州而未嘗關夢罔矜
論蜀素蘊致堯洎朕纘紹丕圖服勤內署慎密而不
言溫樹論思而守奉甘泉及掌文闈大開公道樹杏
壇而亞與四敎歷蘭省而再陟二卿當祀周郊密承

殷誥泥金而將期獻頌擊石而尋致來儀旣歷試諸
艱且爰立作相是命亞鳳池之貴位領虎殿之群儒
仍進崇階兼加好爵於戲久虛右席俾運前籌期偃
戢於干戈致混同于書軌以毗乃辟正事惟醇則霖
雨鹽梅于是乎在可正議大夫守中書侍郎平章事
集賢殿太學士
四年正月制曰端明殿學士正議大夫尚書兵部侍
郎柱國彭城縣開國男食邑三百戶賜紫金魚袋劉
昫可中書侍郎平章事
四月制曰朕聞爕理陰陽霖雨之功是託調和鼎鼐
鹽梅之味攸憑蓋貞淳則克契二儀正直則允諧庶
品必在懸衡秉志定鏡操心苟無爽于毫釐則潛符
于造化將付代天之柄宜歸不世之才今得良臣庶
臻治道端明殿學士中大夫尚書兵部侍郎上柱國
賜紫金魚袋趙鳳丹山瑞彩赤壓靈鋒清明猶水鏡
冰壺質厚若渾金璞玉動惟稽古靜可鎮時夢傳五
色之毫文章煥爛力就三冬之志學藝縱橫頃在禁
林嘗傳職業始中原之大定屬萬國以來朝制命聯
綿詔書疊委共歎立成之敏略無停綴之時洎朕承
基復資演誥俄遷居于祕殿嘗密贊于鴻圖實賴謀

猷每嘉經濟爰司貢部俾選儒徒果無遺逸之名足
見搜羅之道昨朕將還雒邑特委浚郊一時權籍于
殿邦朞月尋聞于報政恩威竝設賞罰皆明夷門無
夜柝之喧梁苑遂春臺之樂克膺重寄允謂周才宜
顯處于巖廊貴大施于陶冶黃扉峻秩粉署崇資兼煩
筆削之功更代簡編之職勳階竝進爵邑惟新足爲
爰立之榮在體勤求之意唯思啓沃端俟弼諧於戲
應卜夢之祥當股肱之任關群生之休戚繫萬宇之
安危社稷是平寰瀛繫賴勉勤夙夜無怠初終勿令
伊說皐夔咸擅美于前也可正議大夫門下侍郎兼

工部尚書同平章事監修國史上柱國仍封天水縣開國男食邑三百戶

末帝清泰元年七月以簡較戶部尚書守太常卿盧文紀為中書侍郎平章事帝素不悅馮道以奉山陵出鎮而用李有劉昫昫則大察而寡合琪則氣剛而性褊每于議論動必相違所以恩澤稽留庶事停壅帝煩患之切擇輔臣採之于人又疑而未決乃書作相姓名置琉璃器中一夜燃香視星辰清早以箸夾之首得文紀名故命之

八月以尚書左丞姚顗為中書侍郎平章事

十二月以泰州節度使張延朗為中書侍郎平章事

三年三月以翰林學士禮部侍郎馬胤孫為中書侍郎平章事初帝為潞王鎮河中時胤孫為記室留守西京節度鳳翔累轉觀察判官及郎位用

為翰林學士戶部郎中知制誥賜紫金魚未滿歲改中書舍人禮部侍郎皆帶禁職時藩邸舊臣韓昭胤房暠為樞密使劉延節李專美為宣徽使河南尹雍王重美不平之密奏曰馬胤孫者只令視草恐未得安帝然之尋拜中書侍郎平章事

晉高祖天福元年閏十一月制曰天有寶圖應運者文明之主國調金鉉入司者經緯之臣將興大同須資良弼况謂建邦之始難虛納揆之官其有霸府舊僚前籌上密歷歲寒而斯久弘益嘗多經艱險而不渝忠貞彌篤式旌懿德宜舉徽章乃擇吉辰爰行茲命翰林學士承旨知河東軍府事正議大夫尚書戶部侍郎知制誥賜紫金魚袋趙瑩儒中端士席上正人襟靈而萬里坦夷行葉而四時繁茂洎歷簪纓旦夕之婉畫宣人每侍籌帷遐邇之折衝在我翰林學士權知樞密使事正議大夫尚書禮部侍郎知制誥賜紫金魚袋桑維翰文場翹楚學海波瀾撓澄不變于二風躁靜同歸于一德誠抱兼人之器諒懷經國之才十年伸揮翰之勞數鎮有從征之役而皆功參佐命績顯坐籌蕭曹遠接于英猷房杜近齊於芳烈成予丕業職爾元勳既協良辰雖稽懋賞自董戎而居廊廟繇內翰而秉鈞衡乃用器能佇觀燮贊於戲優賢異典有國新恩勉伸裨救之謀共致升平之治

事繁罔避言直勿辭永修魚水之觀以保雲龍之契瑩可紫金光祿大夫門下侍郎平章事集賢殿太學士依前權知樞密使事

十二月制曰舜任五臣坐致穆清之化漢尊三傑克成王霸之基皆所以君臣義通上下情洽得以寅亮大化遵揚休聲百工允釐垂衣裳而御宇萬方率服鑄劍戟以為農式繇輔弼之功兆此隆平之運朕謬膺開創初統寰瀛恪臨將被於淳風宰制實憑於良輔其有功宜締搆業紹經綸兩朝輸翊戴之勳萬彙仰陶鈞之力是宜重膺夢卜再踐廟堂俾光新造之

邦共闡無爲之化經邦致理夙戴功臣特進守司空上柱國始平郡公食邑二千五百戶食實封三百戶馮道禮天蒼璧鎮國元龜夏璜爲稀世之珍軒鏡是辟邪之寶方諸才業良平有可差其肩較彼忠貞姚宋不得竝其轡可謂人臣之刀尺造化之丹青自明宗皇帝克紹基扃仰膺圖讖於草昧皇靈之際有攀鱗附翼之功密贊皇猷靜司帝誥出納奉命周旋八年持葛秤以定錙銖浮殷舟而拯沉溺四時成歲陰陽畢順於調燮九德不愆朝野咸推於表式緊於薄德獲彼寵靈將錫勵以爲懷恐負荷之弗克宜憑勳

德共濟艱難是用重啓巖廊俾持埏埴水土之崇資不改弘文之大柄仍兼於戲造膝陳謀爾無辭於俾救開懷納諫朕不怠於聽從致社稷於昌期納生靈於壽域共臻至理勿墜前功唯于大臣不俟多訓可守司空兼門下侍郎平章事弘文館太學士

三年正月以兵部侍郎判戶部李崧爲中書侍郎平章事充樞密使

五年八月以翰林學士承旨戶部侍郎和凝爲中書侍郎平章事

漢高祖以開運四年二月即位稱天福十三年四月以河東節度判官蘇逢吉觀察判官蘇禹珪竝爲中書侍郎平章事

九月以吏部尚書竇貞固爲司空兼門下侍郎平章事弘文館太學士以翰林學士行中書舍人李濤爲中書侍郎兼戶部尚書平章事（高祖有相濤意濤未拜前一日欲言事請見高祖召與語濤曰國家新造丕圖內外藩輔並宜得人苟非其人無益招患今相輔位缺未審陛下欲命何人高祖曰竇貞固問其次曰李濤濤恐悚謝曰臣器狹性忠憂時過當輒有僭越數奏然臣才薄地卑無輔弼之望幸勿以臣汚制書翌日制出拜平章事）

周太祖廣順元年正月即位以前太師齊國公馮道爲中書令弘文館太學士

六月以樞密使王竣爲左僕射兼門下侍郎平章事監脩國史充樞密使以樞密副使兵部侍郎范質爲中書侍郎平章事以戶部侍郎判三司李谷爲中書侍郎平章事判三司

顯德元年正月制曰鴻漸順風比事者美良賢之任鵬征積水寓言者伸遠大之圖位非才而不居才非位而不展兩端相叩庶績方凝爰升佐命之臣以授調元之職端明殿學士通議大夫尚書戶部侍郎上柱國太原縣開國男食邑三百戶賜紫金魚袋王溥智出於衆行高於人茂學懿文而策名長才廣度以

成器始歸霸府當效折衝洎翊造邦尋參宥密摛禁林之詞斡伸祕殿之論思履順持謙奉公處正紫宸三接在注意以方深黃閤九遷謀登庸而允協俾宣相業共贊皇猷食邑贈封功臣改號仍進階資之貴俱爲輔弼之光爾其師克儉於焚機繼在公於補袞止辭而出奉義而行將聯賡載之歌長保虔恭之位佩服茲訓式昭德音可紫金光祿大夫中書侍郎平章事

世宗以是月丙申卽位七月癸巳制曰朕自履宸極思平泰階出一令慮下民之未從行一事懼上玄之

罔祐晨興夕惕終歲于茲雖禮讓漸聞興行而風雨未之咸若豈刑政之斯闕而德教之未敷哉繇是進用良臣輔宣元化雖朕志先定亦輿情具瞻爰擇嘉辰誕敷明命樞密院直學士中大夫尚書工部侍郎上柱國晉陽縣開國男食邑三百戶賜紫金魚袋景範昔佐先帝每罄嘉謨建事恥躬愈傾忠節奉上得大臣之體簡身爲君子之儒一昨戎輅親征皇都是守贊勲賢於留府副徵發於行營軍政所資國用無闕今則靈臺偃革宣室圖功思先朝欲用之言成聖考得賢之美俾參大政仍掌利權爾其明聽朕言往敷玄化予欲則垂象而清品彙爾則順天道以序彝倫余欲恤刑名而息戰爭爾則謹憲章而恢廟畧天人之際懸合軍民之事罔渝則國相之尊非爾孰處邦計之重惟才是藏勉思倜儻以致君勿效因循而保立佇聞成績用副虛懷可正議大夫中書侍郎平章事判三司

冊府元龜

冊府元龜

巡按福建監察御史臣李嗣京訂正

新建縣舉人臣戴國士叅閱

知建陽縣事臣黄國琦較釋

帝王部七十五

任賢

夫致千里者必資乎絶足構廣厦者必擇乎宏材是知端扆嚮明財成萬務致治之具非賢罔濟其親信也踰之心膂其委仗也譬之翰翮及有德冠群萃才惟俊傑智謀可以備贊佐操履可以著表式忠勇質直各負其能或素聞名稱待以不次或因緣彙薦任其所長察言觀行罔有虚授小大之器咸適厥用繇是尊爵以榮之厚祿以寵之推心責成周旋是賴書曰任賢勿二不亦宜乎

黄帝舉風后力牧常先大鴻（風后黄帝三公也力牧黄帝相也大鴻見封禪書）以治民順天地之紀幽明之占死生之説（一云幽明之數合死生之説）存亡之難時播百穀（時是也）草木敦化鳥獸蟲蛾旁羅日月星辰水波（一作沃）土石金玉勞勤心力耳目節用水火財物有土德之瑞

堯命羲和欽若昊天曆象日月星辰敬授人時（重黎之後羲氏和氏世掌天地四時之官故堯命之使敬順昊天言元氣廣大星四方中星辰日月所會曆象其分節敬致天時以授人也理舉其日下別序之）分命羲仲宅嵎夷曰暘谷（宅居也東表之地稱嵎夷暘明也日出於谷而天下明故稱暘谷暘谷嵎夷一也羲仲居治東方之官）寅賓出日平秩東作（寅敬賓導秩序也歲起於東而始就耕謂之東作東方之官敬導出日平均次序東作之事以務農也）日中星鳥以殷仲春（日中謂春分之日鳥南方朱鳥七宿殷正也春分之昏鳥星畢見以正仲春之氣節轉以推季孟則可知）厥民析鳥獸孳尾（冬寒無事並入室處春事既起丁壯就功厥其也言其民老壯分析乳化曰孳交接曰尾）申命羲叔宅南交（申重也南交言夏與春交舉一隅以見之此居治南方之官）平秩南訛敬致（訛化也掌夏之官平序南方化育之事敬行其教以致其功四時同之亦舉一隅）日永星火以正仲夏（永長也謂夏至之日火蒼龍之中星舉中則七星可知以正仲

夏之氣節季孟亦可知）厥民因鳥獸希革（因謂老弱因就在田之丁壯以助農也夏時鳥獸毛羽希少革易革故也）分命和仲宅西曰昧谷（昧冥也日入于谷而天下冥故曰昧谷昧谷曰西則嵎東可知此居治西方之官掌秋天之政）寅餞納日平秩西成（餞送也日出言導日入言送因事之宜秋西方萬物成序平其政助成物也）宵中星虚以殷仲秋（宵夜也春言日秋言夜互相備虚玄武之中星亦言七星皆以秋分日見以正三秋）厥民夷鳥獸毛毨（夷平也老壯在田與夏平也毨理也毛更生整理也）申命和叔宅朔方曰幽都平在朔易（此稱朔亦稱方言一方則三方見矣北稱幽南稱明從可知也都謂所聚也易謂歲改易於北方平均在察其政以順天常上總言羲和敬順昊天北方別仲叔各有所掌）日短星昴以正仲冬（日短冬至之日昴白虎之中星亦以七星並見以正冬之三節）厥民隩鳥獸氄毛（隩室也民改歲入此室處以辟風寒鳥獸

皆生耎毳細毛以自温焉帝曰咨汝羲暨和期三百有六旬有六日以閏月定四時成歲咨嗟暨與也匝四時曰期一歲十二月月三十日正三百六十日除小月欠六日一歲十二日未足三歲足得一月則置閏焉以定四時之節氣成一歲之曆象允釐百工庶績咸熙允信釐治工官績成咸皆熙廣也言定四時成歲曆以告時授事則能信治百官衆功皆廣數其善

帝舜時高陽氏有才子八人高陽帝顓頊之號八人其苗裔蒼舒隤敳檮戭大臨尨降庭堅仲容叔達此卽重益禹皋陶之倫庭堅卽皋陶字齊聖廣淵明允篤誠天下之民謂之八愷齊衆也淵深也允信也篤厚也凱和也高辛氏有才子八人高辛帝嚳之號八人亦其苗裔伯奮仲堪叔獻季仲伯虎仲熊叔豹季貍此卽稷契朱虎熊羆之倫

忠肅共懿宣慈惠和天下之民謂之八元肅敬也懿美也宣德徧也元善也此十六族世濟其美不隕其名濟成也隕墜也以至於堯堯不能舉舜臣堯舉八愷使主后土后土地官禹作司空平水土卽主地之官以揆百事莫不時序地平天成揆度也成平也舉八元使布五教于四方契作司徒五教在寬故知契在八元之中父義母慈兄友弟恭子孝內平外成

禹任皐陶以政而卒復舉益任之政

周武王卽位以太公望爲師周公爲輔召公畢公之徒左右王師脩文王緒業

穆王卽位時王道衰微穆王閔文武之道缺乃命伯冏申戒太僕國之政作冏命復寧

漢高祖初爲漢王時陳平因魏無知求見拜爲都尉使參乘典護軍絳灌等或讒平曰絳絳侯周勃灌灌嬰也平雖美丈夫如冠玉耳其中未必有也飾冠以玉光好外見中非所有也聞平居家時盜其嫂盜猶私也事魏王不容亡而歸楚不中又亡歸漢今大王尊官之令護軍臣聞平使諸將金多者得善處金少者得惡處平反覆亂臣也願王察之漢王疑之以讓無知問曰有之乎無知曰有漢王曰公言其賢人何也對曰臣之所言者能也陛下所問者行也今有尾生孝巳之行孝巳宗宗之子有孝行尾生古之信

士一謗非而無益於勝敗之數陛下何暇用之乎今楚漢相距進奇謀之士顧其計誠足以利國家耳顧念也盜嫂受金又安足疑乎漢王召平而問曰吾聞先生事魏不遂事楚而去遂猶竟今又從吾遊信者固多心乎平曰臣事魏王魏王不能用臣說故去事項王項王不信人其所任愛非諸項卽妻之昆弟雖有奇士不能用臣居楚聞漢王之能用人故歸大王臝身來不受金無以爲資臣計畫有可采者願大王之使無可用者大王所賜金具在請封輸官得請骸骨漢王乃謝厚賜拜以爲護軍中尉盡護諸將乃不敢復言

張良封留侯初良多病未嘗持兵將嘗爲畫策臣時從
高祖擊伐出奇計下馬邑及立蕭相國何時爲未相國良勸高祖立之所與從容言天下事甚衆
田叔爲趙王侍中趙相貫高等謀逆發覺逮捕高等
併捕趙王敖下獄詔敢有隨王罪三族叔與孟舒等
十人自髡鉗爲王家奴從王就獄王實不知其謀王
得出高祖賢趙臣田叔孟舒等十人召見與語漢庭
臣無能出其右者高祖說盡拜爲郡守諸侯相
文帝時張釋之爲謁者既朝畢因前言便宜事文帝
曰卑之無甚高論令今可行也令其議論依附時是也於是釋

之言秦漢之間事秦所以失漢所以興者帝稱善拜
釋之爲謁者僕射帝幸虎圈就車召釋之驂乘徐行
行問釋之秦之弊行問且行且問也具以質言質誠也至宮帝
拜釋之爲公車令
武帝舉賢良對策百餘人帝善嚴助對擢爲中大夫
後得朱買臣吾丘壽王司馬相如主父偃徐樂嚴安
東方朔枚皋膠倉終軍嚴葱奇等並在左右是時征
伐四夷開置邊郡軍旅數發內改制度朝廷多事屢
舉賢良文學之士公孫弘起徒步數年至丞相開東
閤延賢人與謀議朝覲奏事因言國家便宜帝令助
等與大臣辨論中外相應以義理之文中謂天子之賓客若嚴助之輩也外謂公卿大夫也大臣數詘謂計議不如功等每詘服也其尤親幸者
東方朔枚皋嚴助吾丘壽王司馬相如終軍至長安上書言事武帝異其文拜爲謁者給事中
主父偃上書闕下朝奏暮召入奏所言九事其八事
爲律令是時徐樂嚴安亦俱上書言世務書奏帝召
見三人謂曰公皆安在何相見之晚也言皆者各在何處廼
拜偃樂安皆爲郎中
元帝時蕭望之周堪本以師傅見尊重帝初即位數
宴見言治亂陳王事望之選白宗室明經達學散騎

諫大夫劉更生給事中與侍中金敞並拾遺左右四
人同心謀議勸導帝以古制多所欲規正帝甚嘉納
之
後漢光武初杜林以王莽敗避亂客河西建武六年
帝聞林已還三輔乃徵拜侍御史引見問以經書故
舊及西州事甚悅之賜車馬衣被群寮知林以名德
用甚尊憚之文公孫述既平以程烏李育有才幹擢
用之於是西土咸悅莫不歸心焉
虞延爲陳留督郵建武二十三年司徒王况辟之時
正朔賀光武望而識延遣小黃門馳問之即日拜公

車令(初光武東巡路過小黄詔呼引見問園陵之事進止從容占拜可觀)

第五倫舉孝廉補淮陽國醫工長隨王之國光武召見甚異之建武二十九年從王朝京師隨官屬得會見帝問以政事倫因此酬對政道帝大悅明日復特召入與語至夕帝戲謂倫曰聞卿爲吏篣婦公不過從兄飯寧有之耶倫對曰臣三娶妻皆無父少遭饑亂實不敢妄過人食(華嶠書曰帝復曰聞卿爲市掾人有遺母一笥餅者卿從外來見之奪母笥探口中餅信乎倫對曰實無此衆人以臣愚蔽爲生是語也)帝大笑倫出有詔以爲扶夷長未到官拜會稽太守

明帝時東平王蒼上書薦西曹掾吳良帝以示公卿

因前以事見良鬚髮皓然衣冠甚偉夫薦賢助國宰相之職蕭何舉韓信設壇而拜不復考試今以良爲議郎

朱暉南陽宛人也東平王蒼辟之正月朔旦蒼當入賀故事少府給璧是時陰就爲府卿貴驕吏傲不奉法蒼坐朝堂漏且盡而求璧不可得顧謂掾屬曰若之何暉望見少府主簿持璧即往紿之曰我數聞璧而未嘗見試請觀之主簿以授暉暉顧召令史奉之(奉之于蒼)主簿大驚遽以白就就更以它璧朝帝聞壯之及當幸長安欲嚴宿衞故以暉爲衞士令

和帝時張酺任太尉策免歸里舍謝遣諸生閉門不通賓客左中郎將何敞及言事者多訟酺公忠帝亦推重之永元十五年復拜爲光祿勳

桓帝時周景爲將作大匠及梁冀誅景以故吏免官禁錮朝廷以景素著忠正頃之復引拜尚書令

魏太祖爲丞相時以崔琰爲東曹掾教曰君有伯夷之風史魚之直貪夫慕名而清壯士尚稱而厲斯可以率時者已故授東曹往踐厥職又教曰領長史王必是吾披荆棘時吏也忠能勤事心如鐵石國之良吏蹉跌久未辟之捨騏驥而弗乘焉遑遑而更求哉

故教辟之已署所宜便以領長史統事如故又表辛毗爲議郎久之太祖遣都護曹洪平下辯事毗與曹休參之令曰昔高祖貪財好色而良平規其過失今佐治文烈(佐治毗字也文烈休字)憂不輕矣軍還爲丞相長史

曹仁爲別部司馬數有功拜廣陽太守太祖器其勇畧不使之郡以爲議郎督騎

晉武帝時并州刺史王廣言劉宣於帝帝召見嘉其占對因曰吾未見宣言虛耳今見其進止風儀眞所謂如圭如璋觀其性質足能撫集本部乃以宣爲右部都尉特給赤幢曲蓋蒞官清恪所部懷之

杜預爲輕車將軍以罪免時朝廷以預明於籌略會匈奴帥劉猛舉兵反自并州西及河東平陽武帝詔預以散侯定計省闥

元帝時諸葛恢爲鎮東參軍與卞壼並以時譽遷從事中郎兼統記室時四方多務牋疏殷積恢斟酌酬答咸稱折中于時王氏爲將軍而恢兄弟及顔含並居顯要劉超以忠謹掌書命時人以帝善任一國之才

明帝時阮孚轉吏部尚書領東海王師稱疾不拜詔就家用之尚書令郗鑒以爲非禮帝曰就用之誠不快不爾便廢

後魏道武登國十年破慕容寶衆於俘虜之中推其才識者賈彝賈閏晁崇等與參謀議憲章故實（賈彝少有盛名爲慕容垂昌黎太守及垂遣其太子寶來寇大敗於參合執彝及從兄代郡太守閏等道武即位拜尚書左丞參預國政）崔玄伯初爲慕容垂尚書左丞道武之征慕容寶次於恒山玄伯棄郡東走海濱道武素聞其名遣騎追求執送於軍門引見與語悅之以爲黃門侍郎與張袞對總機要

張蒲初事慕容寶爲平陽河間二郡太守尚書左丞道武定中山寶之官司敘用者多降品秩既素聞蒲名仍拜爲尚書左丞

明元初即位詔南平公長孫嵩北新侯安同對理民訟簡賢任能彝倫攸敘

太武時寶瑾爲殿中都官典左右執法帝歎曰古者左賢右戚國之良冊

孝文時王肅自建業來奔是歲太和十七年也帝幸鄴聞肅至虛襟待之因見問故肅辭義敏切辨而有禮孝文甚哀惻之遂語及爲國之道肅陳說治亂音韻雅暢深會帝旨帝嗟嘆納之促席移景不覺坐之疲淹因言蕭氏危滅之兆可乘之機勸帝大舉於是圖南之規轉銳器重禮遇日有加焉親貴舊臣莫能

間也或并左右相對談說至夜分不罷肅亦盡忠輸誠無所隱避自謂君臣之際猶玄德孔明也

孝明時辛穆遷中散大夫加龍驤將軍正光四年以老啓求致任引見謂穆志力尚可除平原相穆撫導民吏懷之

孝莊時辛雄爲尚書左丞詔雄爲關西賞勳大使未行之間會爾朱榮入雒及河陰之難潛竄不出帝欲以雄爲尚書門下奏曰辛雄不出存亡未分帝曰寧失亡而用之何失存亡而不用也遂出度支尚書加安南將軍

出帝時崔猷以性鯁直有軍國籌略累遷司徒從事中郎既遭家難間行入關及謁魏帝哀動左右帝爲之改容目送曰忠孝之道萃此一門即以本官奏門下事

後周太祖時柳敏初爲河東郡丞及帝克復河東見而器異之乃謂之曰今日之喜得卿也即拜丞相府參軍事俄轉戶曹參軍兼記室每有四方賓客常令接之爰及吉凶禮儀亦令監總又與蘇綽等脩撰新制爲朝廷政典遷禮部郎中

唐瑾父永性涉經史容貌甚偉太祖聞其名乃貽永

書曰聞君有二子曰陵從横多武略瑾雍容富文雅可並遣入朝孤欲委以文武之任因召拜尚書員外郎相府記室參軍事軍書羽檄瑾多掌之從破沙苑戰河橋並有功封姑臧縣子

隋高祖受禪以蘇威兼納言民部尚書威上表陳讓詔曰舟大者任重馬駿者馳遠以卿有兼人之才無辭多務也威乃止

許善心初仕陳爲通直散騎常侍聘於齊隋遇高祖代陳禮成而不獲反命累表請辭帝不許留縶賓館及陳亡帝遣使告善心素服號哭於西階之下藉草東向經三日勅書唁焉明日有詔就館拜通直散騎常侍賜衣一襲善心哭盡哀入房改服復出北面立垂涕再拜受詔明日乃朝伏泣於殿下悲不能興帝顧左右曰我平陳國唯獲此人既能懷其舊君即是我誠臣也勅以本官直門下省賜物千段草馬二十四

煬帝初爲晉王榮毗先爲華州長史時晉王於路次寄置馬坊毗遏絕其事帝即位拜治書侍御史帝謂之曰今日之舉馬坊之事也無改汝心帝亦敬之毗在朝侃然正色爲百寮所憚

唐太宗貞觀六年閏八月乙卯宴近臣於丹霄殿樓帝甚懽長孫無忌曰王珪魏徵往事息隱臣見之若讎不謂今者又同此用之何慙往烈然徵不許我爲非我所以重之徵再拜曰陛下不導臣使言臣所以敢言若陛下不受臣亦何敢犯龍鱗觸忌諱也帝大悅夜分乃散各賜錢帛有差

憲宗時武元衡元和二年正月拜門下侍郎平章事帝爲太子時知其進退守正及用爲宰相甚禮信之

呂元膺爲給事中元和四年十月以爲同州刺史入謝憲宗問以時政得失元膺奏詞論甚激切帝嘉其

剛正翌日謂宰臣曰前日朕問時政得失元膺有讜言直氣今欲留在左右使言得失卿等以爲何如李藩裴垍進賀曰陛下納諫超冠前王乃宗社無疆之福臣等不能廣求直士又不能數進直言孤負聖心合當罪責今請以元膺爲給事中以備顧問帝悅而從之

李絳爲翰林學士既盡心規益憲宗每有詢訪多叶事機循以中人之故出爲戸部侍郎吐突承璀恩寵莫二用絳爲宰相前一日出承璀爲淮南監軍翌日以絳爲中書侍郎平章事同列李吉甫便僻善逢君

意絳梗直多所規諫故與吉甫大不同時又傳言吉甫通於承璀故絳尤惡之帝察絳忠直守正自立初任絳論奏多所允從

晋高祖時顔衎爲河陽節度副使知州軍以父病棄官而去帝以衎在外急於用徵爲文昌正郎樞密學士遣連帥促之衎至闕且辭曰臣本書生不通軍術恐不稱其職未知何人悞達陛下必望放臣從其私養之願足矣高祖曰朕自知卿非他人薦也

周世宗時王朴爲左諫議大夫知開封府事初帝以英武自任喜言天下事嘗憤廣明之後中土日蹙値累朝多事尚未克復慨然有包舉天下之志而皆嘗計事者多不諭其旨唯朴神氣勁峻性剛決有斷凡所謀畫動愜上意繇是急於登用尋拜左散騎常侍端明殿學士知府如故

冊府元龜

册府元龜

巡按福建監察御史臣李嗣京　訂正

分守建南道左布政使臣胡維霖　叅閲

知建陽縣事臣黄國琦較釋

帝王部七十六

禮大臣　褒賢

禮大臣

傳曰禮大臣則不眩蓋夫勳德之重位望尊顯既汪意而屬任又改容而體貌斯哲王之懿範也至有虚懷宴見前席咨訪或尊以官呼或異其禮數亦有告

歸謝病加溼縟之賜引年上綏進優崇之秩寵靈焕赫度越彞等皆所以眷待舊老褒顯純懿厚股肱之禮增堂陛之峻者也非夫茂功懿行售臣碩望其何以當之哉

商太戊時伊陟爲相太戊贊伊陟於廟言弗臣伊陟

漢武帝時田千秋爲相年老帝優之朝見得乘小車入宫殿中故因號曰車丞相

元帝卽位以丞相于定國任職舊臣敬重之

後漢光武時竇融爲特進乞骸骨輙賜錢帛太官致珍奇及弟友卒帝愍融年衰遣中常侍侍中謁者郎其臥内彊進酒食

明帝卽位以鄧禹先帝元功拜爲太傅進見東向甚見尊寵（臣當北面尊如賓故令東向）

鄧騭爲車騎大將軍上蔡矦母服闋詔諭騭還輔朝政更授前封騭等叩頭回讓乃止於是竝奉朝請位次在三公下特進矦上（在特進及列矦之上）其有大議乃詣朝堂與公卿叅謀

魏明帝時鍾繇爲太傅有膝疾拜起不便時太尉華歆亦以年高疾病朝見皆使載輿車虎賁舁上殿就座是後三公有疾遂以爲故事

晉武帝時王祥爲太保御史中丞矦史光以祥久病闕朝會禮請免祥官詔曰太保元老高行朕所毗倚以隆政道者也前後遜讓不從所執此非有司所得議也遂寢光奏祥固乞骸骨詔聽以睢陵公就第位同保傅在三司之右祿賜如前詔曰古之致仕不事王矦今雖以國公留居京邑不宜復苦以朝請其賜几杖不朝大事皆諮訪之賜安車駟馬第一區錢百萬絹五百疋牀帳簟褥以舍人六人爲睢陵公舍人置官騎二十人以公子騎都尉肇爲給事中使常優遊定省又以太保高潔清素家無宅宇其權留本府

須所賜第成乃出
泰始九年太傅鄭冲抗表致仕詔曰太傅韜德深粹躬行高潔恬遠淸虛確然絶世艾服王事六十餘載忠肅在公慮不及私遂應衆舉歷登三事仍荷保傅之重綢繆論道之任光輔奕世亮茲天工廸宣謀猷弘濟大烈可謂朝之俊老衆所具瞻者也朕昧於正道庶事未康棍仰耆訓導揚厥蒙庶賴顯德緝熙有成而公屢以年老疾篤致仕告退惟從公志則朕躬與諮謀譬彼涉川罔知攸濟是用未許迄於累載而高讓彌篤至意難違覽其盛指俾朕憮然夫功成弗

有上德所隆成人之美君子與焉豈必遂朕憑賴之心以枉大雅進止之度哉今聽其所執以壽光公就第位同保傅在三司之右公宜順精養神保御太和以究遐福賜几杖不朝古之哲王欽祗國老憲行乞言以彌縫其闕若朝有大政皆就諮之又賜安車駟馬第一區錢百萬絹五百匹牀帳簟褥置舍人六人官騎二十人以世子徽爲散騎常侍使常優游定省祿賜所供策命儀制一如舊典而有加焉
元帝登尊號百官陪列命中書監錄尚書事王導升御牀共坐導固辭至於三四曰若太陽下同萬物蒼生何繇仰照帝乃止成帝時冬烝詔歸胙於王導曰無下拜導辭不敢當初帝幼冲見導每拜又嘗與導書手詔則云惶恐言中書作詔則曰敬問於是以爲定制自後元正導入帝猶爲之興焉有羸疾不堪朝會帝幸其府縱酒作樂後令輿車入殿其見敬如此
後魏文成時高允爲中書令兼太常卿帝重允嘗不名之呼爲令公令公之號播於四遠矣太和二年又以老乞還鄉里章十上卒不聽許遂以疾告歸其年詔以安車徵允勑州郡發遣至都拜鎭軍大將軍領中書監固辭不許又扶引就内改定皇誥至孝文時

詔允乘車入殿朝賀不拜又詔曰允年涉危境而家貧養薄可令典部絲竹十人五日一詣允以娛其志特賜允蜀牛一頭四望蜀車一乘素几杖各一蜀刀一口又賜珍味每春秋常致之尋詔朝晡給膳朔望致牛酒衣服綿絹每月送給允皆分之親故遷尚書散騎常侍延入備几杖問以政治十年加光祿大夫金章紫綬朝之大議皆諮訪焉其年四月有事西郊詔以御馬車迎允就郊所板殿觀矚馬忽驚奔車覆傷眉三處孝文文明太后遣醫藥護治存問相望司駕將處重坐允啓陳無恙乞免其罪先是命中黄門

蘇興壽扶掖允會雪中遇犬驚倒扶者大懼允慰免之不令聞徹興壽稱共允接事三年未嘗見其忿色

獻文帝時刁雍爲特進征南大將軍皇興中雍與隴西王源賀及中書監高允等並以耆老特見優禮賜雍几杖劍履上殿日致埰羞焉

隋文帝時李穆爲太師上表乞骸骨詔曰公年既耆舊筋力難煩令勒所司敬蠲朝集如有大事須共謀謨別遣使臣就第詢訪時太史奏當有移都事帝以初受命甚難之穆乃上表極言宜移都之便帝素嫌臺城制度窄小又宮中多鬼祅蘇威嘗省穆表帝曰

天道聰明已有徵應太師人望復執此請則可矣遂從之歲餘下詔穆曰自今已後雖有愆罪但非謀逆縱有百死終不推問

竇熾爲太傅帝加殊禮贊拜不名

唐高祖時裴寂爲尚書右僕射賜以服玩不可勝紀仍詔尚食奉御每日賜寂御膳高祖視朝必引與同坐入閤則延之臥内言無不從呼爲裴監而不名當朝親禮莫以爲比

代宗時郭子儀爲尚父汾陽郡王帝不名之呼爲大臣

德宗貞元九年十月司徒兼侍中馬燧對延英殿初燧以足疾許不朝謁是日燧以冬首朝請帝因對命無拜而坐謂之曰曩故太尉晟嘗與公俱來今獨覩公不覺悲動歔欷久之既而燧請退足病甚仆於地不興帝親起之送至於階命中官扶掖燧頓首泣謝乃出十一年八月遣宰相於燧第問疾

李晟爲司徒中書令帝常呼爲大臣

憲宗元和初司徒杜佑每奏對帝禮之不名嘗呼爲司徒

裴垍元和三年作相時吐突承璀自春宮侍帝恩顧

莫二承璀承間時欲有所關說帝俾垍誡勿復言帝在禁中嘗以官呼垍而不名

穆宗元和十五年正月即位二月庚辰詔於西上閤門内西廊開便門以通宰臣自閤中赴延英路示優禮也

長慶二年四月裴度爲河東節度使入覲見於閤内謝恩畢趨至龍墀伏奏河北討賊無功之狀及蒙除東都留守又奉詔許至京師循敘恩德因嗚咽涕泗伏而未起通事舍人鄭舉常令假宣止度未及言帝爲動容遽曰卿所謝知且往延英待卿矣初人以度

無左右之助雖爲勳舊慮不能有以感動及度伏奏辭氣朗直至言及河北事無隱避慷慨激切聞於庭中在位無不聳視雖武將貴介亦有揮涕歔欷者是時赴朝儀式閤中群官未退宰相不奏事或遇稱賀之禮則謁者承旨假辭宣答及是帝以元臣敷奏特異常禮百辟在列咸聞聖言近歲未之有也

文宗開成二年五月詔裴度有大勳時將告老帝念以舊老元臣降使以示恩禮

後唐莊宗初入汴時張全義自雒赴覲泥首待罪莊宗撫慰久之以其年老令人掖而升殿宴賜盡歡詔

皇子繼岌皇弟存紀等皆兄事之

周太祖廣順三年三月太子太師致仕白文珂辭還雒陽賜襲衣金帶鞍馬錦綵銀器肩輿示優禮也

世宗顯德四年四月壬午司空門下侍郎平章事李穀扶疾見於便殿宣令不拜命坐於御座側穀始以車駕南征大捷爲賀次以抱疾既久請辭祿位帝怡然以勉之且曰譬如家有四子一子有疾棄而不養非父之道也朕君臨萬方卿處輔相之位君臣之間分義斯在柰何以祿俸爲言哉穀愧謝而退

六年二月乙酉又對穀於便殿既罷命赴中書會食

褒賢

夫舜歌股肱衆業用廣禹稱善人不肖斯遠是故哲艾之士清公之臣詩雅諭乎邦基春秋謂之國紀褒尚之數於斯爲異其大也著剏諸之業奉財成之化樹盛美之德爲人倫之表是用尊以寵名分厥寶器申誕告於有截榮追命於既往其次修明吏治敷陳要道正辭瓌意篤義首公敦廉讓之風不求苟得聳高尚之至終然允臧乃至延登勞問言行相顧緜是體貌尤異篤在不忘增重名級優加賜予或形詔獎或播工歌嘉歎殊當倚用繇已蓋優寵於賢俊俾群

倫之景慕者也

周成王既踐天子位周公在豐病將没曰必葬我成周以明吾不敢離王周公既卒成王亦讓葬周公於畢從文王以明予小子不敢臣周公也命魯得郊（魯君祀帝於郊配以后稷天子之禮）祭文王（諸侯不得祖天子魯以周公之故立文王之廟也）魯有天子禮樂者以褒周公之德也

漢宣帝時朱邑字仲卿爲北海太守以治行第一入爲大司農神爵元年卒天子閔惜下詔稱揚曰大司農邑廉潔守節退食自公亡彊外之交束修之饋可謂淑人君子遭離凶災朕甚閔之其賜邑子黃金百

斤以奉其祭祀
龔遂爲渤海太守數年宣帝遣使者徵遂議曹王生
願從功曹以爲王生素耆酒亡節度不可使遂不忍
逆從至京師王生日飲酒不視太守會遂引入宮王
生醉從後呼曰明府且止願有所白遂還問其故王
生曰天子卽問君何以治渤海君不可有所陳對宜
曰皆聖王之德非小臣之力也遂受其言旣至前帝
果問以治狀遂對如王生言天子說其有讓笑曰君
安得長者之言而稱之遂因前曰臣非知此乃臣議
曹教戒臣也帝以遂年老不任公卿拜爲水衡都尉

議曹王生爲水衡丞以褒顯遂云
尹翁歸宣帝時爲右扶風視事數年卒家無餘財帝
賢之制詔御史朕夙興夜寐以求賢爲右（右尤上也）不異
親疏近遠務在安民而已扶風翁歸廉平鄉正（鄉讀曰嚮）
治民異等早夭遂不得終其功業朕甚憐之其賜翁
歸子黃金百斤以奉其祭祀
後漢光武時張堪爲漁陽太守帝嘗召見諸郡計吏
問其風土及前後守令能否蜀郡計椽樊顯進曰漁
陽太守張堪昔在蜀其仁以惠下威能討姦前公孫
述破時珍寶山積捲握之物足富十世（謂珠玉之類也）而堪

去職之日乘折轅車布被囊而已帝聞良久歎息（良光
甚也）拜顯爲漁復長（魚復縣屬巴郡故城在今夔州人復縣北赤甲城是）方徵堪
會病卒帝深悼惜之下詔褒揚賜帛百疋
明帝時張奮嗣父爵武始侯歸國少好學節儉行義
永平十年來朝上壽引見宣平殿應對合旨帝異其
才以爲侍祠侯
章帝卽位張酺自太子侍講出爲東郡太守帝每見
諸王師傅常言張酺前入侍講屢有諫正誾誾惻惻
出於誠心可謂有史魚風矣
朱暉爲臨淮太守坐法免歸帝巡狩告南陽太守問

暉起居召拜爲尚書僕射歲終遷太守暉上疏乞留
中詔許之因上便宜陳密事深見嘉納詔報曰補公
家之闕不累清白之素斯善美之士也俗吏苟合阿
意面從進無謇謇之志卻無退思之念患之甚久惟
今所言適我願也生其勉之
毛義以孝行稱舉賢良不至建初中帝下詔褒寵賜
穀千斛嘗以八月長吏問起居別賜羊酒
和帝時陳寵爲廣漢太守竇憲爲大將軍征匈奴公
卿以下及郡國無不遣吏子弟奉獻遺者而寵與中
山相汝南張郴東平相應順守正不阿後帝聞之擢

寵爲大司農郴太僕順左馮翊

安帝時薛包好學篤行以孝聞公車特徵至拜侍中包性恬虛稱疾不起以死自乞有詔賜告歸家禮如毛義

魏太祖時荀彧爲尚書令所擧皆命世大才荀攸後爲尚書令亦推賢進士帝曰二荀令之論人久而益信吾畢世不忘

蒯越爲汝陽令佐劉表平定境内表得以彊大詔書拜章陵太守封樊亭侯荆州平太祖與荀彧書曰不喜得荆州喜得蒯異度耳越字異度

脂習字元升京兆人也時孔融被誅習獨往哭之太祖聞之收習欲理之尋以其事直見原徙許東土橋下習後見帝陳謝前愆帝呼其字曰元升卿故慷慨因問其居處以新移徙賜穀百斛至黃初欲用之以其年老然嘉其敦舊有欒布節賜拜中散大夫還家

楊阜初參冀州軍事時馬超叛率諸戎以攻冀城刺史太守失色始有除超之意阜流涕諫曰阜等率父兄子弟以義相厲有死無二旣與馬超戰身被創宗族昆弟死者七人超遂南奔張魯隴右平定太祖封討超之功侯者十一人賜阜爵關内侯阜讓曰阜君存無扞難之功君亡無死節之效於義當紬於法當誅超又不死無宜苟荷爵祿帝席報曰君與群賢共建大功西土之人以爲美談子貢辭賞仲尼謂之止善君其剖心以順國命

毛玠爲吏部尚書無敢好衣美食者太祖歎曰孤之法不如毛尚書令使諸部用心各如毛玠風俗之移在不難矣帝平柳城班所獲器物特以素屏風素馮几賜玠曰君有古人之風故賜君古人之服

明帝時和洽爲太常卿清貧守約至賣田宅以自給帝聞之加賜穀帛

齊王時徐邈爲司空卒胡質爲征東將軍卒田豫爲衛尉卒嘉平六年朝廷追恩清節之士詔曰夫顯賢表德聖王所重擧善而教仲尼所美故司空邈征東將軍質衛尉豫皆服職前朝歷事四世出統戎馬入贊庶政忠清在公憂國忘私不營產業身沒之後家無餘財朕甚嘉之其賜邈等家穀二千斛銀三十萬布告天下

晉文帝時魏野爲相國參軍帝深器重之每朝會坐罷目送之曰魏野堂堂人之領袖也

武帝踐阼下詔曰故司空王基旣著德立勳又治身

清素不營產業久在重任家無私積可謂身歿行顯
足用勵俗者也其以奴婢二人賜其家
王祥爲太保旣薨咸寧初以祥家甚貧儉賜絹三百
疋其子馥上雒太守
范粲爲太宰中郎稱疾不出武帝踐阼泰始中粲同
郡孫和時爲太子中庶子表薦粲稱其操行高潔久
嬰疾病可使郡縣輿至京師加以聖恩賜其醫藥若
遂瘳除必有益於政乃詔郡縣給醫藥又以二千石
祿養病歲以爲常加賜帛百疋子喬以父疾篤辭不
敢受詔不許

魯芝爲鎮東將軍進爵爲侯帝以芝清忠履正素無
居宅使軍兵爲作屋五十間泰始元年卒帝爲舉哀
朝贈有加謚曰貞賜塋田百畝
王覽泰始末除弘訓少府職省轉太中大夫祿賜與
卿同咸寧初詔曰覽少篤至行服仁履義貞素之操
長而彌固其以覽爲宗正卿頃之以疾上疏乞骸
骨詔聽之以太中大夫歸老賜錢二十萬牀帳薦褥
遣殿中醫療疾給藥後轉光祿大夫門施行馬
盧欽爲尚書僕射領吏部卒贈衛將軍詔以欽忠清
高潔不營產業身歿之後家無所庇特賜錢五十萬
爲立第舍後下詔曰故司空王基衛將軍盧欽領典
軍將軍楊囂並素清貧身歿之後居無私積頃者饑
饉聞其家大匱其各賜穀三百斛
元帝時熊遠累遷太子庶子尚書左丞散騎常侍帝
每歎其忠公謂曰卿在朝正色不茹柔吐剛忠亮至
到可謂王臣也吾所傾頼卿其勉之
安帝時吳隱之有清節歷太常尚書中領軍義熙八
年請老致仕優詔許之授光祿大夫加金章賜錢十
萬米三百斛卒追贈左光祿大夫加散騎常侍隱之
清操不渝屢被褒飾及於身歿常蒙優賜顯贈廉士
以爲榮

後魏太武時崔浩爲著作郎帝季年威嚴頗峻宮省
左右多以微過得罪莫不逃隱避目下之變浩獨恭
勤不怠或終日不歸帝知之輒命賜以御粥爲左光
祿大夫時平涼旣平其日宴會帝執浩手以示北涼
沮渠蒙遜使曰所云崔公此是也才略之美當今無
比朕行止必問成敗決焉若合符契無所失矣後冠
軍將軍安頡軍還獻俘因說南賊之言云宋人勑其
諸將若北國兵動先其未至徑前入河若其不動住
彭城勿進如浩所量帝謂公卿曰卿輩前謂我用浩

計爲謬驚怖固諫當勝之家始皆自謂踰人遠矣至於歸終乃不能及遷浩司徒與長孫道生同爲相帝命歌工歷頌群臣曰智如崔浩廉如道生

李孝伯恭宗曾啓太武廣徵俊秀帝曰朕有一孝伯足治天下何用多爲假復求訪此人輩亦何可得其見貴如此

公孫軌爲諸軍司馬大武平赫連昌引諸將帥入其府藏各令任意取金玉諸將取之盈懷軌獨不取帝把手親探金賜之謂軌曰卿可謂臨財不苟得朕所以增賜者欲顯廉於衆人

邢穎爲中書侍郎以病還鄉里久之太武訪穎於群臣曰往憶邢穎長者有學義宜侍講東宮今其人安在司徒崔浩對曰穎臥病在家帝遣太醫馳就療

文成時高允爲中書侍郎領著作郎以忠諫拜中書令著作如故司徒陸麗曰高允雖蒙寵待而家貧布衣妻子不立帝怒曰何不先言今見朕用之方言其貧是日幸允第惟草屋數間布被緼袍廚中鹽菜而巳帝歎息曰古之清貧豈有此乎即賜帛五百疋粟千斛拜長子悅爲綏遠將軍長樂太守允頻表固讓帝不許

程駿爲著作郎獻文頻引駿與論易老之義顧謂群臣曰朕與此人言易甚暢又問駿曰卿年幾何對曰臣六十有一帝曰昔太公旣老而遭文王卿今遇朕豈非早也駿曰臣雖才謝呂望而陛下尊過西伯覬天假餘年竭六韜之効

孝文時李彪除散騎常侍仍領御史中尉帝宴群臣於流化池謂僕射李冲曰崔光之博李彪之直是我國家得賢之基孫思蔚與李彪以儒學相知及彪位至尚書思蔚仍太廟令孝文曾從容言曰道固旣登龍門而孫蔚猶沉滯朕當以爲負矣雖久滯小官

浮體通塞無孜孜之望儒者以是尚焉

後周太祖時長孫紹遠爲殿中尚書錄尚書帝謂群公曰長孫公任使之處令人無反顧憂漢之蕭寇何足多也

閔帝時裴俠爲工部中大夫嘗遇疾司空許國公宇文貴小司空北海公申徽竝來候俠疾所居茅屋不免霜露貴等還言之於帝帝矜其貧苦乃爲起宅并賜良田十頃奴隸耕耒糧粟莫不備足縉紳咸以爲榮

明帝時長孫儉爲夏州總管卒以所賜之宅還官詔

從之未幾詔曰昔叔敖辭沃壤之地蕭何就窮僻之鄉以古方今無慙曩哲眷言嘉尚弗忘於懷而有司未達大體遽以其第即便給外令還其妻子

武帝謂少宗伯斛斯徵曰庾季才志誠謹慤甚得人臣之禮因賜粟三百石帛二百段自太祖時季子爲儀同三司會宇文護執政及護滅之後閱其書記帝親自臨檢有假託符命妄造異端者皆致誅戮唯得季才書兩紙盛言緯候災祥宜反政歸權因有是賜華曼高尚不仕宣政元年二月卒於家帝遣使弔祭賻賵有加其喪制葬禮諸子等竝遵其遺戒

隋高祖時顏之儀初仕周宣帝末爲御正中大夫時鄭譯等矯詔令高祖輔政之儀執節不阿厲色謂譯等曰之儀有死而已不敢誣罔先帝譯等知不可屈代署焉帝受禪出爲集州刺史開皇十年正月之儀例入朝帝望而識之命引至御座謂之曰見危受命臨大節而不可奪古人所難何以加卿乃賜錢十萬米一百石

高熲爲尚書左僕射任寄益隆熲深避權勢上表遜位讓於蘇威高祖欲成其美聽解僕射數日帝曰蘇威高蹈前朝熲能推舉吾聞進賢受上賞寧可令去官於是命熲復位

煬帝時吐萬緒爲光祿卿以證明賀若弼之無罪免官歲餘守東平太守未幾帝幸江都路經其境迎謁道傍帝命升龍舟緒因頓首陳謝往事帝大悅拜金紫光祿大夫守如故

唐高祖時詔長安令王續率騎四千赴太宗軍以擊劉黑闥帝謂之曰卿憂公忘私清直自守老母妻子不免饑寒爲使不當爾邪乃以穀帛衣馬勞而遣之

太宗貞觀十一年正月散騎常侍姚思廉卒詔陪葬於昭陵褒有德也

六月帝謂長孫無忌曰朕即位之初有尚書者或言人主必須威權獨運不得委任群下或欲耀兵振武懾服四夷唯有魏徵勸朕偃革興文布德施惠中國旣安遠人自服朕從其語天下大寧絶域君長皆來朝貢九夷重譯相望於道凡此等事皆魏徵之力也朕之所用豈不得人徵謝曰陛下聖德自天留心政術臣以庸短承受不暇豈得有益陛下欲誘進臣下故有是言也

十二年三月皇孫誕育宴五品以上於東宮酒酣帝極懽謂侍臣曰貞觀以前從我平天下周旋艱險房

玄齡之功無所與讓貞觀之後盡心於我獻納忠讜安國利民犯顏正諫弼朕之違者唯魏徵而已古之名臣何以加也於是親解佩刀以賜二人

十三年二月特進魏徵抗表乞骸骨帝曰以卿正直拔居左右數進忠讜用益國家朕爲四海之主山藪幽隱尤須徵召況王臣蹇蹇朕所悉耶卿前覽止足以去職事未至疲老幸不苦辭

高宗龍朔元年九月癸卯幸司空李勣第歎其服用儉素恩賜極厚

中宗神龍初詔前長水令王友貞拜太子中舍人仍

令所司以禮徵赴及至固以疾辭下制曰敦夷齊之行可以激貪尚顏閔之道用能勸俗新除太子中舍人王友貞德義泉藪人倫茂異孝愛始於事親忠信表於行已富在文史廉於貨財久歷官政累聞課績有古人之風保君子之德遂乃抗志塵外栖情物表淨歸解脫之門誓守薰修之誡須加徵命作護儲闈固在辭榮累陳情懇堅持淨義不登於車服味玆禪悅靡求於珎饌朕方崇獎廉退懲靜澆浮雖思廊廟之賢豈違山林之願宜加優秩仍遂雅懷可給全祿以畢其身任在家修道仍令所在州縣存問四時送祿至其住所

德宗貞元中趙宗儒罷相授右庶子退居守道奉朝請而已帝聞而嘉之遷吏部侍郎召見勞之曰知卿閉關六年故有此拜曩者與先臣并命尚念之邪因俯伏流涕

憲宗元和七年秋七月巳未帝於延英顧謂宰臣李吉甫曰朕近日畋遊悉廢唯務讀書昨因覽代宗實錄見先朝紀綱不立朝廷多事亦有所鑒誡向後見卿先人事迹深可嘉歎吉甫降階奏曰臣先父伏事代宗盡心盡節迫於流連不待聖期臣之血誠常所

追恨陛下聰悅文史聽覽日新見臣先父忠於前朝著在實錄今日特賜褒揚先父雖在九泉如覩白日因伏俯流涕帝亦慰諭久之

穆宗元和十五年十二月敕贈太保鄭餘慶家素清貧不辦喪事宜令戶部特給一月俸糧以充賻贈用示哀榮數日又賜絹一百疋布一百端

文帝開成二年諫議大夫蕭俶爲楚州刺史俶故相俛之弟將赴任延英候辭帝曰蕭俛是先朝賢相若筋力未衰即須一來京國朕今賜手詔及匹帛卿便將往其詔曰卿道冠時髦業高儒行著作礪濟川之

敎弘致君許國之規留芳巖廊逸老林壑累降褒詔
亟加崇秩而志不可奪情見乎詞鴻飛入冥吟想增
歎今賜絹三百疋以備山谷所乏便遣蕭儼過彼宣
付想宜知悉
後唐明宗長興三年三月謂侍臣曰宰臣馮道性純
儉頃在德勝寨所居一茅菴與從人同器食臥則芻
藁一束其心晏如及以父憂退歸鄉里自耕耘樵採
與農夫雜處略不以素貴介懷真士大夫也

冊府元龜

巡按福建監察御史臣李嗣京訂正

知長樂縣事臣夏允彝參閱

知建陽縣事臣黄國琦較釋

帝王部七十七

委任

王者臨制海内壹齊天下内外之任衆職竝建授受之際必得其人然後委而用之斯古今不易之道也是以任賢勿貳載厥禹謨垂拱仰成著於周誥爰自兩漢迄於近世曷嘗不登用髦俊疇咨毗賴或機務

叢委訪以大計或輿駕順動付以居留抱兼才者因之省官辭衰恥者俾之彊起裁處闕决既許以便益登擢署置悉係其論擬故有心比金石材偁楨幹若以偁股肱之寄出以增方面之重自非稟克忠之操契同德之美者其孰能與於此乎

周康王命畢公曰惟公懋德克勤小物弼亮四世正色率下罔不祇師言（公施行德能勤小物輔佐文武成康四世爲公卿正色率下下人無不敬仰師法）嘉績多于先王予小子垂拱仰成（公之善功多大先人之美我小子爲王垂拱仰公成理言其上顯父兄下施子孫）

宣王以申伯甫侯賢知入爲周禎幹之臣四國有難則往扞禦之爲之蕃屏四方恩澤不至則往宣暢之故崧高之詩曰維申及甫維周之翰四國於蕃四方於宣

漢高祖初爲漢王引兵東定三秦留蕭何收巴蜀鎮撫諭告使給軍食二年與諸侯擊楚何守關中侍太子治櫟陽爲令約束立宗廟社稷宮室縣邑輒奏上可許以從事即不及奏輒以便宜行事上表以聞（上未還乃以所爲聞也）計戸轉漕給軍漢王數失軍遯去何常與關中卒輒補缺漢王以此剸屬任何關中事（剸與專同音章阮切）

景帝時郅都爲中尉免歸家帝使使即拜都爲鴈門太守（就家拜）便道之官（不令至闕陳謝也）得以便宜從事也

武帝時吾丘壽王爲郎稍遷爲東郡盜賊起拜爲東郡都尉上以壽王爲都尉不復置太守

霍光爲奉車都尉武帝屬光以輔少主光護侍中金日磾日磾曰臣外國人且使匈奴輕漢於是遂爲光副

宣帝本始元年大將軍霍光稽首歸政帝謙讓委任焉

蕭望之爲謁者帝初即位思進賢良多上書言便宜

輒下望之問狀高者請丞相御史望之以其所言之狀請於丞相御史或以奏聞卽見超擢次者立二千石試事滿歲以狀聞試令行其所言之事或以請他執事試之下者報聞或罷歸田里所白處奏皆可

張安世爲衛將軍元康四年病上疏歸侯乞骸骨天子報曰將軍年老被病朕甚閔之雖不能視事折衝萬里君先帝大臣明於治亂朕所不及得數問焉言意所不及者卽以問君也何感而上書歸衛將軍富平侯印感恨也音胡惜切薄朕忘故薄猶嫌也君意嫌朕遺忘故舊而求去也非所望也願將軍彊餐食近醫藥專精神以補天年安世復彊起視事

龔遂坐昌邑王事髡爲城旦宣帝卽位久之渤海左右郡歲饑盜賊竝起左右謂側近相次者二千石不能禽制上選能治者丞相御史舉龔遂可用上以爲渤海太守時遂年七十餘召見形貌短小宣帝望見不副所聞心內輕焉謂遂曰渤海廢亂朕甚憂之君欲何以息其盜賊以稱朕意遂對曰海瀕遐遠不霑聖化瀕澤也音頻又音賓其民困於饑寒而吏不恤故使陛下赤子盜弄陛下之兵於潢池中耳赤子尤言初生幼小之意也積水曰潢音黃今欲使臣勝之邪將安之也勝謂以威力克而殺之也安謂以德化撫而安之帝聞遂對甚說說讀作悅答曰選用賢良固欲安之也遂曰臣聞治亂民猶治亂繩不可急也惟緩之然後可治臣願丞相御史且無拘臣以文法得一切便宜從事上許焉加賜黃金贈遣乘傳至渤海界

杜延年初仕昭帝爲太僕右曹給事中吏民上事言便宜有異輒下延年平處復奏言先平處其可否然後奏言可官試者至爲縣令或丞相御史除用滿歲以狀聞或抵其罪法抵至也言事之人有姧妄者則致之於罪法嘗與兩府及廷尉分章延年爲人安和備於諸事言皆明習也久典朝政宣帝立信任之出卽奉駕入給事中居九卿位十餘年賞賜賂遺貲數千萬

武帝時翟方進爲丞相定陵侯淳于長雖外戚然以能謀議爲九卿新用事方進獨與長交稱薦之及長坐大逆誅諸所厚善皆坐長免帝以方進大臣又素重之爲隱諱方進內慙愧上疏謝罪乞骸骨帝報曰定陵侯長已伏其辜君雖交通傳不云乎朝過夕改君子與之與許也君何疑焉其專心一意毋怠醫藥以自持方進乃起視事條奏長所厚善京兆尹孫寶右扶風蕭育刺史二千石以上免二十餘人其見任如此

後漢光武時李通爲大司農帝每征討四方常令通

居守京師鎮撫百姓修宮室起學宮

寇恂爲河內太守行大將軍事帝謂恂曰河內完富吾將因是而起昔高祖留蕭何鎮關中吾今委公以河內堅守轉運給足軍糧率厲士馬防遏它兵勿令北渡而已光武於是復北征燕代恂移書屬縣講兵肄射伐淇園之竹爲矢百餘萬養馬二千疋收租四百萬斛轉以給軍

王常初爲左曹封山桑侯帝嘗於大會中指常謂群臣曰此家率下江諸將輔翼漢室心如金石真忠臣也是日遷常爲漢中將軍遣南擊鄧奉董訢令諸將

皆屬焉

景丹爲驃騎大將軍建武三年陝賊蘇況攻破弘農生獲郡守丹時病（丹從上至懷病瘧見上在前瘧發寒懷帝笑曰聞壯士不病瘧今漢大將軍反病瘧邪使小黃門扶起賜醫藥還歸雒陽病遂加）帝以其強將欲令強起領郡事乃夜召入謂曰賊迫近京師但得將軍威重臥以鎮之足矣丹不敢辭乃力疾拜命

耿弇爲建威大將軍時漁陽太守彭寵反詔弇攻之弇以父據上谷本與彭寵同功又兄弟無在京師者自疑不敢獨進上書求詣雒陽詔報曰將軍出身舉宗爲國所向陷敵功效尤著何嫌何疑而欲求徵且與王常共屯涿郡勉思方略

陳俊爲瑯琊太守行大將軍事將兵擊董憲於贛榆（縣名屬東海郡）進破朐賊孫陽平之後張步畔還瑯琊俊追討斬之帝美其功詔俊得專征青徐賜俊璽書曰將軍元勳大著威震青徐兩州有警得專征之俊得撫貧弱表有義撿制軍吏不得與郡縣相干百姓歌之數上書自請願奮擊隴蜀詔報曰東州新平大將軍之功也負海猾夏盜賊之處國家以爲重憂且勉鎮撫之

竇融爲凉州牧建武八年光武西征隗囂融率五郡

太守及羌虜小月支等步騎數萬輜重五千餘兩與大車會高平第一（高平今原州縣高平有第一城）光武待以殊禮及帝悉遣西還所鎮以兄弟並受爵位久專方面懼不自安數上書求代詔報曰吾與將軍如左右手耳數執謙退何不曉人意勉循士民無擅離部曲後入朝代陰興行衛尉事特進如故又兼領將作大匠弟友爲城門校尉兄弟並典禁兵又後爲大司空數辭讓爵位因疾請間求見帝不許後朝罷逡巡席後帝知欲有讓遂使左右傳出他日會見迎詔融曰日者知公欲讓職還土故命公暑熱且自便今相見宜論他

事勿得復言融不敢重陳請

郭伋爲潁州太守召見辭謁帝勞之曰賢能太守去帝城不遠河潤九里冀京師並蒙福也君雖精於追捕而山道險阨自鬬當一士耳冴宜輿之後爲京州牧時朝廷多舉伋可爲大司空帝以并部尚有盧芳之警且匈奴未安欲使久於其事故不召

岑彭爲征南大將軍與大司馬吳漢及誅虜將軍劉隆輔威將軍臧宮驍騎將軍劉歆發南陽武陵南郡兵又桂陽零陵長沙委輸棹卒（棹卒持棹行船也）凡六萬餘人騎五千匹皆會荆門吳漢以三郡棹卒多費糧穀

欲罷之彭以爲蜀兵盛不可遣上書言狀帝報彭曰大司馬習用步騎不曉水戰荆門之事一繇征南公爲重而已

明帝初馮魴爲執金吾帝東巡群國留魴宿衛南宮敕魴車駕發後將緹騎宿玄武門複道上領南宮吏士保給牀席子孫得到魴所

竇固爲奉車都尉復出玉門擊西域詔耿秉及騎都尉劉張皆去符傳以屬固（事將兵者並有符傳擬合之取信今去符皆受固之節度）固遂破白山降車師

和帝時張酺代尹睦爲太尉數上書以疾乞身薦魏郡太守徐防自代帝不許使中黄門問病加以垸羞賜錢三萬酺遂稱篤時子蕃以郎侍講帝因令小黄門敕蕃曰陰陽不和萬人失所朝廷望公思惟得失與國同心而托病自潔求去重任誰當與吾同憂責者非有望於斷金也司徒固疾司空年老（司徒劉芳司空張奮也）公其僶僂勿露所敕酺惶恐詣闕謝復視事

安帝時張禹爲太傅錄尚書事與太尉徐防司空尹勤同日俱封其秋以寇賊大雨策免防勤而禹不自安上書乞骸骨更拜太尉

魏太祖時溫恢爲丞相主簿出爲揚州刺史太祖曰

甚欲使卿在親近顧以爲不如此州事大故書云股肱良哉庶事康哉得無當得蔣濟爲治中邪時濟見爲丹陽太守乃遣濟還州又語張遼樂進等曰揚州刺史曉達軍事動靜與共咨議

趙儼初爲太祖主簿時太祖征荆州以儼領章陵太守徙都督護軍護于禁張遼張郃朱靈李典路招馮楷七軍復爲丞相主簿

夏侯惇爲河南尹遷伏波將軍領尹如故使民以便宜從事不拘科制及從征孫權還使惇都督二十六軍留居巢

徐宣初爲太祖門下督從到壽春會馬超作亂大軍西征太祖見官屬曰今當遠征而此方未定以爲後憂宜得清公大德以鎮統之乃以宣爲左護軍留統諸軍後爲左僕射加侍中光祿大夫車駕幸許昌總統留事帝還主者奏呈文書詔曰吾省與僕射何異竟不視

文帝踐祚以蔣濟爲東中郎將濟請留詔曰漢高祖歌曰安得猛士守四方天下未寧要須良臣以鎮邊境如其無事乃還鳴玉未爲後也

明帝初華歆爲太尉當薦管寧後歆稱病乞退讓位

於寧帝不許臨當大會乃遣散騎常侍繆襲奉詔諭指曰朕新莅庶事一日萬機懼聽斷之不明賴有德之臣左右朕躬而君屢以疾辭位夫量主擇君不居其朝委榮棄祿不究其位古人固有之矣顧以爲周公伊尹則不然潔身徇節常人爲之不望之於君其力疾就會以惠予一人將立席幾延命百官總已以聽君到朕然後御坐又詔襲須歆必起乃還歆不得已乃起

辛毗爲衛尉時蜀將諸葛亮率衆出渭南先是大將軍司馬宣王數請與亮戰帝終不聽是歲恐不能禁乃以毗爲大將軍軍師使持節六軍皆肅準毗節度莫敢犯違（宣王數欲進攻毗禁不聽宣王雖能行意每屈於毗）

滿寵爲征東將軍與揚州刺史王凌共事不平凌友黨毀寵疲老悖謬故帝詔之既至體氣康强見而遣還寵屢表求留詔報曰昔廉頗强食馬援據鞍今君未老而自謂已老何與廉馬之相背邪其思安邊境惠此中國

王基爲征東將軍督揚州諸軍事時淮南初定是歲基母卒詔秘其凶問迎基父豹喪合葬雒陽追贈豹北海太守

晉武帝時賈充爲散騎常侍時鍾會謀反於蜀帝假充節以本官都督關中隴右諸軍事西據漢中未至而會死時軍國多事朝廷機密皆與籌之帝甚信重充與裴秀王沈羊祜荀勗同受腹心之任

羊祜鎮南夏詔罷江北都督置南中郎將以所統諸軍在漢東江夏者皆以益祜

李熹（名犯太祖廟諱不字）爲太子少傅以忠允高亮有匪躬之節使領司隸校尉熹屢自表讓悉傳儲宮不宜兼監司之官帝以二職竝須忠賢故每不許

索綝既立秦王爲皇太子（秦王即愍帝也）及即尊位以綝爲

前將軍又授衛將軍領太尉位特進軍國之事悉以委之

元帝爲瑯琊王永嘉初用王導計始鎮建業以顧榮爲軍司馬賀循爲參佐王敦王導周顗刁協等爲腹心股肱賓禮名賢存問風俗江東歸心焉

明帝初卽位郗鑒爲尚書王敦專制内外危逼謀伏鑒爲外援繇是拜西安將軍兗州刺史都督揚州江西諸軍假節鎮合肥

溫嶠爲侍中機密大謀皆所參綜詔命文翰亦悉豫焉俄轉中書令嶠有棟梁之任帝親而倚之

紀瞻爲領軍將軍兼散騎常侍及王敦之逆帝使謂瞻曰卿雖病但爲朕臥護六軍所益多矣乃賜布千疋

桓彝爲散騎常侍時帝將伐王敦引參密謀及敦平以功封萬寧縣男丹陽尹溫嶠上言宣城阻帶山川頻經變亂宜得望實居之竊謂桓彝可充其選帝手詔曰適得太眞表如此太眞嶠字今大事新定朝廷須才不有君子其能國乎方今外務差輕欲停此事彝上疏深自撝挹内外之任並非所堪但以墳栢在此郡欲暫結名義遂補彝宣城内史在郡有惠政爲百姓所懷

康帝初卽位諒陰不言委政於庾冰何充

孝武時王愉爲侍中帝深仗之

琅琊王道子爲司徒太元中詔錄尚書六條事

庾懌爲輔國將軍梁州刺史假節鎮魏興時兄亮總統六州以懌寬厚容衆故授以是任爲東西勢援

徐邈爲前衛率領本郡大中正授經太子雖在東宮猶朝夕入見參綜朝政脩飾文詔拾遺補闕勤勞左右帝嘉其謹密方之於金霍有託重之意

泉企爲東雍州刺史齊神武專政有西顧之心帝欲

委企以山南之事及除雒州刺史當州都督未幾帝西遷齊神武率衆至潼關企遣其子元禮督鄉里五千人北至大谷以禦之齊師不敢進

後魏道武天興元年正月車駕幸鄴將北還發卒萬人治直道望都鐵關鑿嘗嶺至代五百餘里帝慮還山東有變乃置行臺於中山詔左丞相守尚書令衛王儀鎮中山撫軍大將軍略陽公元遵鎮渤海之合口

崔玄伯爲吏部尚書命有司制官爵撰朝儀協音樂定律令申科禁玄伯總而裁之以爲永式及置八部

大夫以擬八座玄伯通署三十六曹如令僕統事爲道武所任勢傾朝廷

崔逞初爲慕容寶留臺吏部尚書及慕容驎立逞攜子妻亡歸道武張袞先稱美逞及見禮遇甚重拜爲尚書任以政事錄三十六曹別給吏屬居門下省

奚牧重厚有知謀道武寵遇之稱之曰仲尼初劉顯謀害道武梁眷知其謀潛使牧與穆崇至七周山以告帝帝以牧告顯之功拜爲治民長數奏政事參與計謀

庾岳父和辰世典畜牧稍轉中部大夫昭成時氏寇

内侍多事之閑牧斂畜產富擬國君劉顯謀逆道武外幸和辰奉獻明太后歸道武又德其資用以和辰爲内侍長和辰分別公私舊畜頗不會旨道武繇是恨之岳獨恭愼脩謹善處危難之間道武善之與王健等俱爲外朝大夫參與軍國

宋隱爲尚書吏部郎道武平中山還北詔隱以本官輔衛王儀鎭中山尋轉行臺右丞領選如故

和跋代人世領部落爲國附臣跋以才辨知名道武擢爲外朝大夫參軍國大謀雅有智筭頻使稱旨拜龍驤將軍

明元初卽位以相州刺史封南平公長孫嵩山陽侯奚斤北新侯安同白馬侯崔寵等八人坐止車門右聽理萬機故世號八公

叔孫俊建之子也十五内侍明元左右以爲爪牙及帝卽位命俊與元磨渾等拾遺左右明元以俊前後功重軍國大計一以委之郡官上事先繇俊銓校然後奏聞

古弼與西部與劉潔等分綰機要敷奏百揆

燕鳳爲黃門侍郎行臺尚書甚見禮重明元世與崔玄伯封懿梁越等入講經傳出議朝政

太武卽位命尉眷與散騎侍郎劉庫仁等八人分典四部綰奏機要賜爵山桑侯（眷明元時爲司衛監州詔眷輔太武居守）

劉潔與東部明元寢疾太武監國潔與古弼等選侍東宫對綜機要敷奏百揆太武卽位以告反者又獻直言所在合旨甚奇其有柱石之用委以大任及議軍國大政朝臣咸推其能

崔浩爲左光祿大夫太武從容謂浩曰卿才智淵博事朕祖考忠著三世朕以故延卿自近其思盡規諫規予弼予勿有隱懷朕雖當時遷怒若或不用久之可不深思卿言也又勑諸尚書曰凡軍國大計卿等

所不能决皆先諮浩然後施行
張孫嵩爲太尉柱國大將軍太武每車駕征伐嵩以元老多留鎮京師坐朝堂平斷刑獄
穆壽爲宜都王征東將軍及太武輿駕征凉州命壽輔恭宗總錄機要內外聽焉
崔徽字玄猷初爲秘書監時樂安王範鎮長安太武以範年少而三秦民夷恃險多變乃選忠清舊德之士與範俱鎮以徽爲散騎常侍督雍涇梁秦四州諸軍事平西將軍副將行樂安王傅
張黎善書計初道武知待之明元器其忠亮賜爵廣

平公管綜機要太武以其功舊任以輔弼太司農卿軍國大議黎嘗與焉
屈垣歷官公正內外稱其平當太武信任之委以大正車駕出征常居中留鎮
文成時張白澤有孝行長而好學博通敏於當世除中散遷殿中曹給事中甚見寵任參與機密
李敷字景文爲中散與李訢盧遐及度世等並以聰敏內參機密出入詔命敷性謙恭加有文學文成寵遇之遷秘書下大夫典掌要切
獻文時陸馛音跋爲建安王蠕蠕犯塞車駕親討詔馛爲選部尚書錄留臺事增兵運粮一委處分
李訢爲太倉尚書寵於獻文參决軍國大議兼典選舉
李文時沔北既平廣陽王嘉爲荆州刺史以李佐爲嘉鎮南府長史加輔國將軍別鎮新野及大軍凱旋帝執佐手曰沔北雒陽南門卿既爲朕平之亦當爲朕善守
李冲爲左僕射時孝文南伐以冲留守雒陽帝得留臺啓知冲患狀謂右衛宋弁曰僕射執我樞衙總釐朝務清儉居躬知寵已久朕以仁明忠雅委以台司

之寄使我出境無後顧之憂一朝忽有此患朕甚愴慨其相痛惜如此
韋珍爲建威將軍試守魯陽郡孝文復南伐路經郡加中壘將軍正太守珎從至濟水孝文曰朕頃戎車再駕卿嘗翼務中軍今日之舉亦欲與卿同行但三鵶嶮惡非卿無以守也因勑珎辭還
劉長猷自孝文車駕南伐既尅宛城拜爲南陽太守及鑾輿將反詔長猷曰昔曹公尅荆州留滿寵於後朕今委卿此郡兼統戎馬非直綏安初附乃以干城相托特賜縑二百匹

劉芳爲輔國將軍太尉長史從孝文南征宛鄧時太尉咸陽王禧攻南陽齊明帝將裴叔業入寇徐州疆埸之民頗懷去就孝文憂之以芳爲散騎常侍國子祭酒徐州大中正行徐州事從兼侍中

皮喜爲南部尚書宋葭蘆戍主楊文度遣弟鼠竊據仇池命喜討之喜斬文度孝文詔曰夫忠臣生於德義之門智勇出於將相之族往來氐羌放命侵竊邊戍都將皮喜梁醜奴等或資父舊勳或身建殊效威名著於庸漢公義列於天府故授以節鉞委閫外之任並罄力盡銳克荷所司霜戈始動蟻賊奔潰仇池

旋復民夷晏安及討葭蘆又梟兇醜元惡具殲闤闠永息朕甚嘉之所陳計畧商較利害料其應否寧邊益國事之可也今軍威既振群愚懾伏革弊崇新有易因之勢寬猛之宜任其量處應立郡縣者亦聽銓置其楊文度楊鼠親屬家累部送赴臺仇池南秦之根本守禦資儲特須豐積險阻之要尤宜守防令姦覬之徒絕其僥倖勤勉戎務綏靜新俗懷民安土稱朕意焉

主肅初自齊歸爲輔國將軍長史詔肅討齊義陽聽招募壯勇以爲爪牙其勸士功賞加常募一等其從肅行者六品已下俱聽先擬用然後表聞若投化之人聽五品已下即優授於是假肅節行平南將軍

游明根爲散騎常侍帝南討詔假明根安南將軍儀曹尚書廣平公與梁郡王嘉參謀軍計後兗州民叛詔明根慰諭勅南征沔西仇城連口三道諸軍稟明根節度

郭祚遷散騎常侍仍領黄門是時孝文銳意典禮兼親九流又遷都草創行討不息內外規畧號爲多事祚與黄門宋弁參謀幃幄隨其才用各有委寄祚承稟註疏特成勤劇孝文賞之

宋弁爲黄門侍郎時孝文征馬圈留弁以本官兼祠部尚書攝七兵事及行執其手曰國之大事在祀與戎故令卿綰攝二曹可不自勉弁頓首辭謝勤勞王事夙夜在公恩遇之甚北流莫及名重朝野亞於李冲又云弁爲散騎常侍尋遷右衛將軍領黄門弁頗自陳讓孝文曰吾爲相加者卿亦不可有辭豈得專守一官不助朕爲治且常侍者黄門之庶冗領軍者二衛之假攝不足空存推讓以弁大委其被知遇如此

于烈爲衛尉卿時初遷都雒陽勅留臺庶政一相參委孝文幸代執烈手曰宗廟至重翼衛不輕當祗奉靈駕時遷雒邑朕以此事相託頗不重也烈與高陽

王雍奉遷神主於雒陽帝嘉其勳誠遷光祿勳卿尋爲領軍將軍從孝文征荆沔帝謂彭城王勰曰烈先朝舊德志勇兼有軍之大計宜共參決及車駕還雒論功加散騎當侍南齊遣其太尉陳顯達寇馬圈帝輿疾赴之執烈手曰都邑空虛維捍宜重可鎮衛二宮以輯遠近之望

宣武即位以于烈爲當州刺史烈不願藩牧頻表乞停輒優詔答弗許帝以咸陽王禧等專權潛謀廢之會二年正月初祭三公並致齊於廟帝夜召烈子忠謂曰卿父忠允貞固社稷之臣明早入當有處分忠

奉詔而出質明烈至詔曰諸父慢怠漸不可任今欲使卿以兵召之卿其行乎烈對曰老臣歷奉累朝頗以幹勇賜識今日之事所不敢辭乃將直閤已下六十餘人宣旨召咸陽王禧彭城王勰北海王詳衛送至於帝前諸公各稽首歸政以烈爲散騎當侍車騎大將軍領軍進爵爲侯增邑三百戶并前五百戶自是直禁中機密大事皆所參焉

崔休爲尚書左丞孝文南伐以北海王詳分守休輔之詔休曰北海年少未閑政績百揆之務便以相委轉長史兼給事黃門侍郎

邢巒爲度支尚書時豫州民白早生殺刺史司馬悅以城入梁詔巒討之宣武謂巒曰知卿親老頻勞於外然忠孝不俱才宜救世不能辭也後梁武帝梁秦二州行臺夏侯道遷以漢中內附詔加巒使持節都督征梁漢諸軍事假鎮西將軍進退徵攝得以便宜從事又詔曰巒至彼須有板官以懷初附高下品第可依征義陽都督之格也（謂征義陽將所立格也）

于忠爲侍中領軍將軍忠面陳讓云臣無學識不堪兼文武之任宣武曰當今學識有文者不少但心直不如卿欲使卿勤勞於下我當無憂於上

源懷爲車騎大將軍正始元年九月有告蠕蠕率二十萬騎六道並進欲直趣沃野懷朔南寇當代宣武詔懷以本官加使持節侍中出據北蕃指授規畧隨須徵發諸所處分皆以便宜從事

王仲興爲武衛將軍咸陽王禧之出奔也當時上下惟有駭震宣帝於乾脯山遣仲興馳入金墉城安慰後與領軍於勁拜征虜將軍號參機要

孝明時李崇爲車騎將軍揚州刺史在州十年號曰臥龍敵人憚之梁武帝惡其久在河南屢設反間無所不至帝雅相委重梁武帝乃授崇車騎大將軍開

府儀同三司萬戶郡公諸子皆爲縣侯欲以構崇崇
表言其狀帝優賜璽書慰勉之賞賜珍異歲至三五
親待無與爲比梁武每嘆服孝明之能任崇也
楊椿爲雍州刺史時蕭寶寅之敗關西陷沒孝明詔
以椿爲尚書左僕射行臺節度關西諸將其統內五
品已下郡縣須有補用者任即擬授
羊深爲尚書左丞蕭寶寅反攻圍華州正平薛鳳賢
等作逆孝明勑深兼給事中黃門侍郎與大行臺僕
射長孫承業共會潼關規模進止事平以功賜爵新
泰男

孝莊時樊子鵠爲車騎將軍左光祿大夫假驃騎大
將軍率所部爲都督時爾朱榮在晉陽京師之事子
鵠頗預委寄故在臺閣征官不解
出帝與齊神武構隙以直閤將軍竇熾有威重堪處
牙爪之任拜閤內大都督後爲太傅既朝之元老名
望素隆至於軍國大謀嘗與參議
王思政爲散騎侍郎初出帝在蕃素聞其名乃引爲
賓客遇之甚厚及登大位委以心膂遷安東將軍
楊寬爲黃門侍郎兼武衛將軍出帝與齊神武有隙
遂召募騎勇廣增宿衛以寬爲閤內大都督專總禁
旅
後周文帝時宇文貴初從魏孝武帝西遷爲右衛貴
善騎射有將帥才文帝又以宗室甚親委之
李弼爲柱國大將軍文帝西討留居守後事皆諮稟
焉及晉公護執政朝之大事與于謹及弼等參議
蘇綽累遷大行臺度支尚書領著作兼司農卿綽性
儉素不治產業家無餘財以海內未平常以天下爲
已任博求賢俊共弘治道凡所薦達皆至大官文帝
亦推心委任而無間言帝或出游常預署空紙以授
綽若須有處分則隨事施行及還啓而已（綽嘗謂治國之道當

愛民如慈父訓民如嚴師每與公卿議論自晝達夜事無巨細若指諸掌）
長孫儉少方正有操行狀貌魁梧神彩嚴與文帝平
侯莫陳悅以儉爲西夏州刺史時荆襄初附太祖表
儉功績尤美宜委東南之任授荆州刺史東南道行
臺僕射既平江陵帝與儉書曰本圖江陵繇公畫計
今果如所言智者見未萌何其妙也但吳民離散事
籍招懷南服重鎮非公莫可遂令儉鎮江陵進爵昌
寧軍遷大將軍移鎮荆州督五十二州
郝檜性剛簡任氣善騎射果於斷决魏大統四年從
太祖戰於河橋先時有功授都督鎮鄴州八年拜河

湟郡守加平東將軍時吐谷渾強盛數侵疆埸自檜鎮鄯州屢戰破之四十年拜撫軍將軍太祖謂檜曰卿昔在鄯州忠勇顯著今西境肅清無勞經略九曲國之東鄙當勞君守之遂令檜鎮九曲

叱羅協初從竇泰戍潼關協爲監軍泰死協亦見獲文帝以在關中歲久授大丞相府東閤祭酒武軍將軍銀青光祿大夫輔錄事參軍遷王諱加通直散騎常侍攝大行臺郎中累遷相府屬從事中郎協歷仕京鎮詳練故事又深自克厲帝頗委任之然尤以其家屬在東疑其有戀本之望及河橋戰不利協隨軍

而還帝知協不二封冠軍縣男邑二百戶

陳忻爲顯州刺史文帝以忻威著敵境仍留靜邊弗令之任

陸騰拜龍州刺史文帝謂騰曰今欲通江油路直出南秦卿宜善思經略騰曰必望臨機制變未敢預陳太祖曰此是卿取柱國之日卿其勉之即解所服金帶賜之武成初詔徵入朝明帝面勑之曰益州險遠非親勿居故令齊公作鎮卿之武畧已著遐邇兵馬鎮防皆當委卿統攝於是徙隆州刺史隨憲入蜀及趙公昭代憲復請留之保定元年遷隆州總管領刺史

尉遲迥爲尚書左僕射兼領軍將軍迥通敏有幹能雖任兼文武頗允時望文帝以此深委仗焉

崔彥穆清河武城人西魏末爲散騎常侍司農卿時君國草剏衆務殷繁文帝乃引彥穆入幕府兼掌文翰

武帝時于翼爲預州總管給兵五千人馬千匹以之鎮弁配開府及儀同等二十人仍勑河陽襄州安州荊州四州總管內有武幹者任翼徵牒不限多少儀同以下官爵承制先授後聞帝又以翼有人倫之鑒皇太子及諸王等相傳以下並委翼選置其所擢用皆民譽也時論僉謂得人

郝敏爲大都督及尉遲迥伐蜀以敏爲行軍司馬軍中籌略並以委之益州平進驃騎大將軍開府儀同三司

宇文孝伯爲開府儀同三司右宮正武帝東討拜內史下大夫令掌留臺事軍還帝曰居守之重無忝戰功於是加授大將軍進爵廣陵郡公邑三千戶并賜金帛及女奴等六年復爲宗師每車駕巡幸當令居守

王軌爲左侍上士頗被識顧累遷內史下大夫加授儀同三司自此親遇彌重遂處腹心之任時晉公護

專政武帝密欲圖之以執沈毅有識度堪屬以天下大事遂問以可否執贊成之建德初轉内史中大夫加授開府儀同三司又拜上開府儀同三司大將軍封上黃縣公邑一千戶軍國之政皆參預焉宣帝之征吐谷渾令執與宇文孝伯並從軍中進取皆委執等帝仰成而已

尉遲運爲右宮正時武帝幸雲陽宮令運以本官兼司武與長孫覽輔皇太子居守

韋壽爲少御伯武帝親征高氏拜京兆尹委以後事

郗昂爲大内史賜爵文城郡公致位開府當塗用事百寮皆出其下

楊瓚爲納言武帝甚親愛之平齊之役留瓚居守帝謂之曰六府事殷一以相付朕將遂事東方無西顧之憂矣其見親信如此

冊府元龜

巡按福建監察御史臣李嗣京　訂正

知閩縣事臣曹學臣參閲

知建陽縣事臣黄國琦較釋

帝王部七十八

委任第二

隋高祖初爲丞相時竇榮爲左右宫伯使鎮守天臺總統露門内兩廂仗衞帝宿禁中遇尉遲迥初平朝廷頗以山東爲意拜榮定爲雒州總管以鎮之

宇文忻爲預州總管高祖潛龍時與忻情好甚協及

爲丞相恩顧彌隆尉遲迥作亂以忻爲行軍總管從韋孝寬擊之時兵屯河陽諸軍莫敢先進帝令高熲馳驛監軍與熲密謀進取者惟忻而已

李徹字廣達高祖授禪爲左武衞將軍及晉王之鎮并州也朝廷妙選正人有文武才幹者爲之寮佐帝以徹前代舊臣數持軍旅詔徹總晉王軍事進爵齊安郡公時蜀王秀亦鎮益州帝謂侍臣曰安得文同王子相武如李廣達者乎其見重如此

韋世康初仕後周爲司會中大夫尉遲迥之作亂高祖憂之謂世康曰汾絳舊是周齊分界因此亂階恐生搖動今以委公善爲吾守因授絳州刺史以雅望鎮之閤境清肅開皇中爲吏部尚書因侍宴再拜陳讓曰臣無尺寸之功位亞台鉉今犬馬齒衰不益明時恐先朝露無以塞責願乞骸骨退避賢能帝曰朕夙夜庶幾求賢若渴冀與公共治天下以致太平今之所請深乖本望縱令筋力衰謝猶屈公卧治一隅於是出拜荆州總管時天下唯置四大總管并楊益三州並親王臨統唯荆州委於世康時論以爲美

于仲文開皇初爲行軍元帥統十二部總管帝以尚書文簿繁雜吏多奸計令仲文勘錄省中事其所發

擿甚多帝嘉其明斷厚加勞賞

達奚長儒爲荆州總管三十六州軍事高祖謂之曰江陵要害國之南門今已委公朕無慮也

令狐熙爲汴州刺史高祖以嶺南夷越數爲反亂徵拜桂州總管十七州諸軍事許以便宜從事刺史以下官得承制補授給帳内五百人賜帛五百疋發傳送其家

李雄字毗盧爲鴻臚卿晉王出鎮并州以雄爲河北行臺兵部尚書高祖謂雄曰吾兒既少更事未多以卿吾無北顧之憂矣雄頓首而言曰陛下不以臣不

肯寄臣以重任臣雖愚固心非木石謹當竭誠效命以答鴻恩歔欷流涕帝慰諭而遣之

高熲平陳後以功授上柱國熲遜位高祖詔曰公識鑒通遠器略優深出參戎律廓清淮海入司禁旅實委心腹自朕受命常典機衡竭誠陳力心迹俱盡此則天降良輔翊贊朕躬幸無辭讓也其優獎如此未幾尚書都事姜曄楚州行參軍李君才並奏稱水旱不調罪繇高熲請廢黜之二人俱得罪而去親禮愈密

王誼爲大内史時汾州稽胡爲亂誼率兵擊之高祖

弟越王盛譙王儉雖爲總管並受誼節度其見重如此

楊异高祖用爲吳州總管時煬帝爲晋王鎮揚州詔令异每歲一與王相見評論得失規諷疑闕

宇文述自開皇中伐陳爲行軍總管陳王旣擒而蕭瓛蕭巖據東吳之地擁兵拒守高祖與述詔曰公鴻勳大業名高望重奉國之誠久所知悉金陵之寇旣以清蕩而吳會之地東路爲遥蕭巖蕭瓛並在其處公率將戎旅撫慰彼方振揚國威宣布朝化以公明略乘勝而往風行電掃自當稽服若使干戈不用黎庶獲安方副朕懷公之力也煬帝大業中爲左衛大將軍與蘇威常典選與參預朝政貴重委任與蘇威等其親愛則過之

蘇威自高祖時拜開府儀同兼納言民部尚書後兼大理卿京兆尹御史大夫治書侍御史梁毗以威領五職而安繁戀劇無舉賢自代之心抗表劾威高祖曰蘇威朝夕孜孜志存遠大舉賢有闕何遽迫之顧謂威曰用之則行舍之則藏惟我與爾有是夫及高祖幸并州命與高熲同總留事俄追詣行在所使决民訟後爲左光祿大夫煬帝卽位以威先朝舊臣漸加委任後歲餘復爲納言與左翊衛大將軍宇文述黄門侍郎裴矩御史大夫裴蘊内史侍郎虞世基參掌朝政時人稱爲五貴

煬帝卽位數月拜伊州刺史楊約爲内史令約有學術兼達時務帝甚任之後數載加官右光祿大夫

吐萬緒自高祖時爲夏州總管煬帝之在藩也頗見親遇及爲太子引爲右虞候率及帝嗣位漢王諒時鎮并州帝恐其爲變拜晋絳二州刺史

王辯爲武賁郎將及山東盜賊起上谷魏刀兒自號歷山飛衆十餘萬刼掠燕趙煬帝引辯昇御榻問以方畧辯論取賊形勢帝稱善曰誠如此計賊何足憂也於是發從行卒步騎三千擊敗之賜黄金二百兩

長孫晟爲上開府儀同三司安撫突厥還遇煬帝卽

位帝引晟於大行前委以内衛宿衛知門禁事卽日拜左領軍

元文都大業中爲大府卿帝漸任之甚有當時之譽

柳𧶖爲工部侍郎大見煬帝親任每幸行遼東嘗委之於涿郡留守

獨孤楷爲并州總管遇疾喪明上表乞骸骨帝曰先朝舊臣歷職二代高風素望臥以鎮之無勞躬親簿領也遣其長子凌雲監省郡事其見重如此

樊子蓋爲凉州刺史兼武威太守大業三年入朝帝引之内殿特蒙褒美五年煬帝西巡詔加子蓋右光

祿大夫子蓋表自陳曰臣自南裔卽適西垂嘗爲外臣未居内職不得陪屬車奉丹陛遠死邊城没有遺恨唯陛下察之帝曰公侍朕則一人而已委以西方則萬人之敵宜識此心六年朝於江都宫還除民部尚書時處羅可汗及高昌王款塞復以子蓋撿較武威太守應接二蕃後帝幸遼東子蓋爲東都留守車駕至高陽追詣行在所旣而引見帝顧謂子蓋曰朕遣越王留守東都示以皇枝盤石社稷大事終以委公特宜持重戈甲五百人而後出不亦勇夫重閉之義也無賴不軌者便誅鋤之凡可施行無勞形迹今造玉麟符以代銅獸又指越代二王曰今二孫委公與衛文昇耳宜選身良宿德有方幅者教習之動靜之節宜思其可於是賜以良田甲第

衛玄爲刑部尚書大業九年煬帝幸遼東使玄與代王侑留守京師拜爲京兆内史尚書如故許以便宜從事勅代王侑待以師傅之禮會楊玄感圍逼東都玄率步騎七萬與宇文述等擊破之還鎮京師帝謂之曰關右之任一委於公公安社稷乃安公危社稷亦危出入須有兵衛坐臥常宜自牢勇夫重閉此其義也今特給千兵以充侍從賜以玉麟符玄自以年

老上表乞骸骨帝使内史舍人封德彝馳諭之曰京師國本王業所基宗廟園陵所在藉公耆舊臥以鎮之朕爲國計義無相許故遣德彝口陳指意玄乃止

唐高祖武德元年以蕭瑀爲中書令時軍國草創方隅未寧高祖雅相禮重委以心腹凡諸政事瑀悉關掌内外諮稟日有千數陳奏便宜多見允納高祖每臨軒聽政嘗引瑀升御榻而坐與言呼之爲蕭郎國典朝儀亦責成於瑀太宗入纂春宫以瑀爲太子太保太宗之伐遼東也以雒邑衝要襟帶關河以瑀爲雒陽宫留守

竇誕爲太常卿加上柱國高祖諸少子趙王元景等

未出宮者十餘年所有國司家產之事悉宜誕撿較焉

韋仁壽爲南寧州都督入朝貢方物高祖大悦仁壽後請徙居南寧以兵鎮守有詔特聽以便宜從事令益州給兵送之

段德操爲左武衛將軍延州總管徵令入朝賞勞甚厚及建成北討高祖問其方略又勞之曰今者之行以公爲北道主人勉其經略以就功名也

太宗時李勣爲并州大都督府長史在并州凡十六年令行禁止號爲稱職帝謂侍臣曰隋煬帝不能精

選賢良安撫邊境唯築長城以備突厥情識之惑一至於此朕今委任李勣於并州遂使突厥畏威遁走塞垣安靜豈不勝遠築長城耶

盧承慶爲民部侍郎太宗令承慶兼撿較兵部侍郎仍知五品選事承慶辭曰選事職在尚書臣今掌之便是越局帝不許曰朕今信卿卿何不自信也

楊公仁爲特進貞觀八年十一月以恭仁行雒州都督太宗謂之曰雒陽要重古難其任朕之子弟多恐非所任特以委公也

劉蘭貞觀十二年爲右領將軍及太宗行幸雒陽以蜀王愔爲夏州都督又以蘭爲長史愔下之藩而蘭總其事封平原郡公尋領簡較代州都督將軍如故

高士廉爲尚書右僕射貞觀十五年駕幸洛陽庶人承乾監國士廉攝太子少師太宗手詔士廉曰端拱三州不憂關中者唯卿是屬蕭何之鎮寄情非淺後加開府儀同三司平章政事車駕問罪遼陽皇太子於定州監國以士廉攝太子太傅仍典朝政璽書勞問不絕

房玄齡爲司空太傅知門下省事及太宗親幸遼東以玄齡爲京城留守降手詔曰公當蕭何之任朕無

西顧之憂矣軍戎器械戰士糧廩並委玄齡處分發遣在路表奏相望每上言敵不可輕尤宜戒慎

竇靖鎮夏州時擒頡利處其部衆於河南靖以爲不便上封事諫之雖未從之太宗嘉其忠謇答以優詔曰北方之務悉以相委以卿爲寧朔大使撫鎮華戎朕無北顧之憂矣

李大亮爲左衛大將軍高宗居春坊以大亮兼領太子右衛率俄兼工部尚書身居三職宿衛兩營太宗每出巡幸多令大亮居守

韋挺爲太常卿父冲在隋嘗爲營州總管有經略高

麗遺文會太宗將伐遼東挺以聞奏太宗甚悅遂令挺先運軍糧河北諸州皆取挺節度仍許以便宜行事帝親解貂裘及内廐馬二疋賜之群公祖道朝野以爲榮

楊弘禮爲中書舍人太宗有事遼東以弘禮有文武材擢拜兵部侍郎專典兵機之務時諸宰相并定州留輔太子唯有褚遂良許敬宗及弘禮在行所掌知機務

姜確貞觀中拜宣威將軍守屯衛將軍攝將作如故確性恭勤雖祁寒暑雨未嘗暫懈太宗以是益任使

知及營建昭陵確又參典塋制以勞正授左屯衛將軍自此之後轉蒙親顧玄武門宿衛及園苑之務皆以爲之其屯營飛騎亦分隸於確每有遊幸卽領騎而從焉

高宗時張行成爲尚書右僕射加授太子少傅因旱抗表請致仕高宗手詔不許仍賜以宫女黄金器物行成又固請乞骸骨帝曰公我之故舊腹心奈何舍我而去因愴然流涕行成不得已復起視事

張文瓘爲侍中性嚴正諸司奏議多所糾劾高宗甚親委之或時臥疾在家朝廷每有大事帝必問諸宰臣與文瓘議未奏云未議者則遣其籌之奏云已議者皆報可

李晦爲雍州長史高宗幸雒陽以晦爲京師留守臨行帝謂晦曰關中之事一以付卿但法律跔之不可以成官政令式之外有異績利於人者隨事卽行不須聞奏

劉仁軌爲太子太傅同中書門下三品高宗幸東都皇太子京師監國遣仁軌及與侍中裴炎中書令薛元超留輔太子二年赴東都又令太孫重照京師留守仍令仁軌爲副弘道元年復拜尚書左僕射同中

書門下三品文明元年太孫被徵特令仁軌專知留守事仍與仁軌書曰昔漢以關中之事專伏蕭何今者托公亦猶於古所希耆德敬勗廼誠

薛元超爲中書令兼太子左庶子高宗幸東都太子於京師監國因留元超以侍太子帝臨行謂元超曰朕之留卿如去一臂但吾子未閑庶務關西之事悉以委卿所寄既深不得不然也

裴炎爲侍中高宗幸雒陽令炎留輔太子兼知禮部尚書事

薛仁貴爲吐蕃所敗坐除名尋而高麗餘衆相率復

叛詔起仁貴爲鷄林道總管以經略之上元中坐事徙象州會赦歸高宗思其功尋復召見謂曰往九成宫遭水無卿已爲魚矣卿又北伐九姓東擊高麗漠北遼東咸遵聲教者並卿之力也卿雖有過豈可相忘有人言卿烏海城下故不擊賊致使失利朕所恨之唯此事耳今西邊不靜爪沙路絶豈可高枕卿亦不爲朕指撝耶於是授爪州長史

中宗時魏元忠爲侍中撿較兵部尚書中宗居諒闇多不視事軍國大政獨委元忠者數月

玄宗時薛訥爲隴右防禦使開元二年賜訥旌節勑

王晙臧懷亮王海賓楊楚客等並受訥節度防禦吐蕃如臨時進退致失權宜便以軍法從事四年以訥攝御史大夫持節朔方軍大總管討叛如軍將等臨敵有不用命便以軍法從事

李光爲太原尹兼太原及北軍州節度使開元十七年正月光表請入朝帝降書曰朔川兵馬飛弧要害委卿經略隨事防虞比來東夷頗盡誠欵如聞奚厥嘗欲侵漁部落漸移向東固亦須有備預野營開圍練今正其時卿若入朝誰當處置宜識此意且未須來

肅宗時房琯爲吏部尚書平章事先是至德元年九月皇上遣琯等奏皇帝册書至順化郡肅宗以琯素有重名虚心待之琯亦以天下之務爲已任有諫事者獨决之諸宰皆避位莫敢言

郭子儀爲司空至德初廣平王爲元帥統大將軍東征以子儀爲副實總軍政後子儀爲司徒中書令充朔方邠寧鄜坊等道節度

肅宗以子儀久爲大將得士卒心命鎮絳州詔授朔方河中北庭潞澤州節度行營兵馬副元帥時肅宗不康引子儀入臥内以河東之事委之子儀流涕哽

咽受命而去

代宗初僕固懷恩爲工部尚書帝思清河隴以懷恩曉知邊事俾充隴右節度使未行議東征殘寇又改靈州大都護充朔方行營節度使封大寧郡王兼絳州刺史大夫工部尚書如舊尋遷同中書門下平章事時廻紇可汗親率甲兵求自效廻紇可敦懷恩之女也以是循委任之

馬璘爲四鎮北庭行營以及邠寧節使代宗以犬戎寖驕歲犯郊境涇州最邊戎寇乃詔璘移鎮涇州爲涇源節度使涇州刺史四鎮北庭行營節度使如故

復以鄭潁二州隸之
辛雲京爲代原節度使代宗以北門委之及薨追悼發哀爲之流涕
李抱玉爲鳳翔節度使時吐蕃每歲犯境代宗以岐山下國之西門寄在抱玉恩寵無比遷同中書門下平章事又兼山南西道節度使河西隴右山南西道中書門下平章事連統三道節度制兼領鳳翔潞梁三太府秩處三公
張光晟爲單于都護兼御史中丞振武軍使代宗密謂之曰北蕃縱橫日久當思所禦之計光晟既受命

至鎭威令甚行
李勉爲滑亳等州觀察使永平軍節度等使代宗以勉兼汴州刺史充汴宋等八州節度觀察留後時以汴州節度都虞候李靈耀擅殺兵馬使濮州刺史孟鑒潛結田承嗣爲援故有是命
德宗時崔祐甫代常袞爲門下侍郎平章事尋轉中書侍郎脩國史仍平章事帝初卽位庶務皆委宰臣祐甫寢疾轝入中書臥而承旨或休假在第每除拜大命必密咨以決焉
李興翰爲鹽州兵馬使貞元十九年以爲鹽州刺史保塞軍使左神策行營兵馬使其劒南東川西川兵在州者皆俾興翰主焉鹽州軍使便宜得專達於上鹽州自此不隸夏州
憲宗時高崇文爲神策行營節度使憲宗元和元年劒南西川劉闢反憲宗命崇文討闢詔應赴西川應援將士等並取高崇文處分
杜佑爲司徒同平章事歲餘請致仕憲宗以佑筋力未衰面令自今已後每日依往例入朝視事
田弘正爲魏博節度使同平章事元和十四年制受撿校司徒兼侍中依前魏州大都督府長史充魏博

等州節度使始弘正入覲乞遂留闕下表凡三入帝謂之曰昨韓弘至朝稱疾懇辭戎務朕不得不從今卿復請留止意誠可尚然魏土樂卿之政隣境服卿之威爲我長城不可辭也乃還鎭
穆宗長慶二年四月裴度自河東節度除東都留守至闕除淮南節度初度發太原中途得朱克融王庭湊復書皆許退兵度不敢發以其書奏穆宗喜因遣使宣慰克融幷廷湊入深州取牛元翼又令先於途中命度更發書與廷湊度書因言朝謝後卽歸守留務中使見書慮廷奏知度東歸無兵權卽背前約遽

請度易其郎歸之辭并上其書草穆宗方憂深州之圍得度前後書喜甚及度至又自有以悟帝恩待益至故復得兵符

敬宗寶曆元年四月以前神策軍大將軍知軍事兼御史大夫康志睦爲撿較工部尚書兼青州刺史御史大夫充平盧軍節度淄青等州觀察使志睦父日知典元初爲趙州刺史時成德軍節度使李寶臣死其子惟岳不朝命日知帥麾下蕃漢步騎二千人自趙歸闕德宗深嘉之歷授官秩至晉慈隰等州節度使睦以父勳於將爲神策累遷本軍大將軍至是帝

以修謹可委又本忠臣子弟特授此鎮然制下後人情甚不協諫官繼有章疏帝竟不爲之止及在鎮頗有理聲

後唐莊宗以郭崇韜爲樞密使侍中兼修國史時宦官所惡帝甚不平及客省使李嚴自蜀使廻且言王衍政荒民怨人不爲使可以鼓行平定其致書侮嫚帝心怒之下詔諸蕃和市戰馬選練兵甲議擇將帥明宗爲天下兵馬總管典兵柄廷議當委西征崇韜自以位重勢危將立功以制閹監乃密奏曰契丹侵軼比面須藉大臣全倚總管鎮禦燕趙臣伏念典聖宮使地當儲副未立殊功宜依本朝故事以親王爲元帥付以討伐之權示威名於天下帝方愛繼岌郎曰小子蒙幼安能獨行卿當爲予擇其副貳崇韜未奏帝曰朕熟思之無踰於卿是日以繼岌爲西南面行營都統以崇韜爲諸道兵馬招討使部署下諸軍六萬發雒陽軍將發帝御嘉慶殿置酒宴西征諸將舉酒囑崇韜曰繼岌小子未習軍機唯卿久從吾征伐兵家變略事之得失屬之於卿無累小子崇韜謝之而發

安元信從莊宗定魏博元城之戰尅捷居多移爲博

州刺史與梁軍封壘得勝還元信爲右廂排陣使王處直引契丹背盟北邊侵擾以元信久在邊用爲大同軍節度使

袁建豐爲內衙副指揮使時北討劉守光建豐常先士卒轉都教練使權蕃漢總管莊宗入鄴以心腹幹能選爲魏府都巡撿使

明宗時安重誨爲樞密使三上表乞解機務詔不允復面奏乞與臣一鎮以息謗議明宗不悅重誨奏不已明宗怒謂曰放卿出朕自有人郎令武德使孟漢瓊至中書與宰臣商量重誨事馮道言曰諸人苟惜

安令解樞務爲便趙鳳曰大臣豈可輕動公失言也道等因附漢瓊奏曰此斷自宸旨然重臣不可輕議移改錄是兼命范延光爲樞密使重誨如故

范延光爲樞密使上表陳情乞解樞務優詔不允令皇城使翟光鄴宣旨云卿避重難則便矣誰當荷重難者勿復與言要遂陳請十年爲予致太平後卽允卿辭避帝御中興殿延光稱疾甚上表陳情帝謂樞密使趙延壽曰延光又貢章疏懇求退避其意如何莫是朕之失德不可扶持否延壽曰延光位高責重畏懼滿盈所以求退與舊臣迭處祗如臣素無才術

因緣戚屬冒昧渥恩自掌樞密嘗多憂惕所希舊臣迭處然後乞在散班不謂延光先有陳情延光之心臣知之矣固不願遠違宸扆須避樞機但以此職望重責深動貽官謗向來處者罕有保全所謂人之所畏不可不畏帝曰卿言是也然家國之事仗卿等披榛故人總欲捨予予誰共治卿見延光追予此語勉就公參又令中使楊敬達就延光第宣旨延光又上第三章陳乞優答不允

朱弘昭爲山南東道節度使長興四年九月詔爲撿較太尉同中書門下平章事充樞密使制下弘昭面訴曰臣厮養之才智謀極短遇陛下典運驟至方鎮嘗懼不任況內秉大權必孤奬擢伏乞別選才能上叱之曰公輩皆欲去朕左右怕在眼前養爾輩何爲弘昭退謝不敢復言

符彥超爲汾州刺史同光末爲魏州軍亂天下騷動詔彥超北京巡撿朝廷先令內養呂鄭二人監兵及倉庫明宗入雒皇弟存詔單騎入河東與呂鄭謀殺彥超張憲據城自衛彥超知之彥超部下殺呂鄭存詔於衙城明宗又令其弟龍武都虞候彥卿來安撫遂請彥超入朝自雪六月彥超入覲明宗便殿召見

撫諭曰河東無事賴爾盡心也翌日授建雄軍留後未行屬弟曹州刺史彥饒殺宣武亂軍安輯汴州明宗甚喜召彥超曰吾與爾父爲先朝立社稷我於倉皇中軍民推戴又得爾兄弟氣力我更何憂卻爲我往河東撫育耆舊授撿較司徒北京留守太原尹

閔帝時宋令詢自帝在藩時補爲客將知書樂善動皆錄禮長興中閔帝連殿大藩遷爲都押牙參輔闓政甚有時譽閔帝深委之

末帝時符彥饒淸泰初以右千牛衛上將軍充左右嚴衛都指揮使彥饒舊與禁軍明宗朝立定亂之功

今春以伯氏安州不治而入宿衛帝游舊也故復委任之

安叔千新授振武節度使賜赴鎮帝面諭狂虜侵寇以爾知虜情狀所以委任賜戎服金帶銀器其牙兵賜物有差又賜茶五百斤馬五十匹

漢高祖時楊邠爲樞密使上章以樞密萬機平章四輔官要事重心力不堪乞解樞機冀逃咎悔帝命中使宣諭邠曰樞機之職捨卿用誰忽有此章莫有人離間卿否宜次宣徽北院使吳虔裕在傍颺言曰樞密重地難以久處俾後來者迭居相公辭讓是也宣

使還具言虔裕道此卽日出虔裕爲鄭州防禦使

周世宗顯德四年冬再幸淮甸命樞密使王朴兼東京留守京邑庶務悉以便宜制之比及入蹕都下肅如也

册府元龜

巡按福建監察御史臣李嗣京　訂正

知甌寧縣事臣孫以敬　參閱

知建陽縣事臣黄國琦　較釋

帝王部　七十九

慶賜

公羊傳云觸石而出膚寸而合不崇朝而雨天下者其泰山之雲乎夫王者渙然出令沛然施恩浹洽於四方涵濡於萬物其爲大也豈直斯乎禮云立春之日賞公卿諸侯大夫於朝行慶施惠下及兆民季春

之月布德行惠命有司發倉廩賜貧窮振乏絶開府庫出幣帛周天下勉諸侯立夏之日乃行慶賜無不欣悦書云大賚於四海而萬姓悦服又云一人有慶兆民賴之詩云蓼蕭澤及四海也此皆經義之著明者焉至若合醵以昭慈酺飲以宣惠牛酒穀帛以振孤窮賜爵板授以寵耆老益班玉澤和人心表治道之隆平示生民之愷樂者也然則古人有言羔豚而祭百官皆足太牢而祭不必有餘取其平施之義耳

周武王克殷散鹿臺之財發鉅橋之粟大賚於四海萬姓悦服

漢高祖爲漢王二年二月賜民爵（爵者祿位民爵賜有罪得以減也）五年五月詔曰軍吏卒會赦其亡罪而亡爵及不滿大夫者皆賜爵爲大夫故大夫以上賜爵各一級其七大夫以上皆令食邑非七大夫以下皆復其身及戸勿事（復其身及一戸之內皆不徭賦也）

惠帝即位賜民爵一級中郎郎中滿六歲爵三級四歲二級（中郎者中郎也）外郎滿六歲二級（外郎散郎也）中郎不滿一歲一級外郎不滿二歲賜錢萬（謂作郎未經一歲二歲耳）宦官尚食比郎中（宦官閹寺也尚主也舊有五尚尚冠尚帳尚衣尚席主天子物曰尚文符璽郎也漢儀注省中有五尚而內官婦人有諸尚）謁者執楯執戟武士騶比外

郎（執楯執戟親近陛衛也武士力士也高祖使武士縛韓信是也騶騎也本廄之御者從又爲騎因謂騶騎）太子御驂乘賜爵五大夫舍人滿五歲二級（武士騶以上皆舊侍從天子之人也舍人以上天子之官屬）賜給喪事者二千石錢二萬六百石以上萬五百石二百石以下至左史五千（律有斗室左吏皆今曹吏書佐也自五百以下至于左史皆賜五十今又言二百石者審備其等也）視作斥上者將軍四十金（斥上曠上也斥開也開土地爲冢壙故以斥言之四十金四十斤金也近上二千石賜錢二萬此言四十金實金也下凡言黃金真金也不言黃謂錢也食貨志黃金一斤直萬錢諸賜言黃金者皆與之金不言黃者一金與萬錢也）二千石二千金六百石以上六金五百石以下至左史二金減田租復十五稅一（漢家初十五歲一儉于國十稅一也中閒廢金後之一云秦作阿房之宮收大半之）

賊遂行至此乃復十五而稅一

元年十二月賜民爵戶一級

五年九月長安城成賜民爵戶一級

文帝即位下詔曰丞相太尉御史大夫閭者諸呂用事擅權謀爲大逆欲危劉氏宗廟賴將相大臣列侯宗室誅之皆狀其辜朕初即位其赦天下賜民爵一級女子百戶牛酒男賜爵女子賜羊酒賜爵者一家之長得之也女子謂賜爵者之妻子率百戶共得牛若干頭酒若干石無定數也酺五日漢律三人已上無故羣飲罰金四兩今恩詔橫賜得令聚會飲食五日酺布也言天子布恩于天下史記趙惠文王三年大赦置酒大酺五日

景帝元年四月赦天下賜民爵一級

二年十二月立皇子端爲膠西王勝爲中山王賜民爵一級四年六月赦天下賜民爵一級

七年二月丁巳立膠東王徹爲皇太子賜民爵一級

中元元年夏四月大赦天下賜民爵一級

五年六月大赦天下賜民爵一級

後元元年三月大赦天下賜民爵一級中二千石諸侯相爵右庶長夏大酺

三年正月皇太子冠賜民爲父後者爵一級

武帝建元元年二月赦天下賜民爵一級年八十復二筭九十復甲卒二筭復二口之算也復甲卒不豫革車之賦也

元光元年四月赦天下賜民長子爵一級

二年九月令民大酺五日

元朔三年秋令民大酺五日

元狩元年四月丁卯立皇太子賜中二千石爵右庶長民爲父後者一級又詔曰朕嘉孝悌力田衰夫老眊孤寡鰥獨或匱於衣食甚憐愍焉其遣謁者巡行天下存問致賜曰皇帝使謁者賜縣三老孝者帛人五匹鄉三老弟者力田帛人三匹年九十以上及鰥寡孤獨帛人二匹絮三斤八十以上米人三石有宛失職使者以聞縣鄉即賜毋贅聚贅會也各遣就所居處賜之勿會聚

六年十月賜丞相以下至吏二千石百金千石以下至乘從者帛乘騎諸從者也蠻夷錦各有差

元鼎元年夏五月赦天下大酺五日

四年十月行幸雍五畤賜民爵一級百戶牛酒

元封元年四月上登封太山還詔曰其以十月爲元封元年行所巡至博奉高蛇丘歷城梁父民田租逋賦貸已除加年七十以上孤寡帛人二匹四縣無出今年筭賜天下民爵一級女子百戶牛酒自博至梁父凡五縣今云四縣毋出美者高奉一縣素以供神非算限也

二年四月上祠太山塞決河還赦所過徒賜孤獨高

年米人四石六月甘泉宮生芝九莖賜雲陽都百戶
牛酒都謂縣之所居在宮側者且賜不徧其境內故止稱其都非謂天子之都也
五年夏四月詔曰朕巡荆楊輯江淮物會大海氣以
合泰山輯合也物神也會合海神之氣合致于泰山然後修封總祭饗也上天見象
增修封禪其赦天下所幸縣無出今年租賦賜鰥寡
孤獨帛貧窮者粟
六年三月祠后土賜天下貧民布帛人一匹
太初二年三月行幸河東祠后土令天下酺五日
太始三年春正月行幸甘泉二月幸東海登之罘浮
大海冬賜所過戶五千錢鰥寡孤獨帛人一匹

冊府元龜　帝王部　慶賜　卷之七十九　五

二月令天下大酺五日
昭帝始元元年春二月黃鵠下建章宮太液池中公
卿上壽賜諸侯宗室金錢各有差
七月赦天下賜民百戶牛酒
四年六月皇后見高廟賜長公主丞相將軍列侯中
二千石以下及郎吏宗室錢帛各有差徙三輔富人
雲陵賜錢戶十萬
五年六月賜中二千石以下至吏民爵各有差
元鳳二年夏四月上自建章宮徙未央宮大置酒賜
郎從官帛及宗室子錢人二十萬吏民獻牛酒者賜
帛人一匹
四年正月丁亥帝加元服見於高廟賜諸侯王丞相
大將軍列侯宗室下至吏民金帛牛酒各有差賜中
二千石以下及天下民爵毋收四年五年口賦三年
以前逋更賦未入者皆勿收賜天下酺五日
宣帝元年七月即位十一月壬子立皇后許氏賜諸
侯王以下金錢至吏民鰥寡孤獨各有差
本始元年五月鳳凰集膠東千乘赦天下賜吏二千
石諸侯相下至中都官宦吏六百石爵各有差自左
更至五大夫賜天下人爵一級孝者二級女子百戶

冊府元龜　帝王部　慶賜　卷之七十九　六

牛酒租稅勿收
二年六月尊武帝廟為世宗廟賜民爵一級女子百
戶牛酒
四年三月乙卯立皇后霍氏賜丞相以下至都郎吏
從官金錢帛各有差赦天下
地節三年四月戊申立皇太子大赦天下賜御史大
夫爵關內侯中二千石爵右庶長天下當為父後者
爵一級賜廣陵王黃金千斤諸侯王十五人黃金各
百斤列侯在國者八十七人黃金各人二十斤
元康元年三月詔曰迺者鳳凰集太山陳留甘露降

未央宮朕未能章先帝休烈協寧百姓承天順地調序四時獲蒙嘉瑞賜茲祉福夙夜兢兢靡有驕色內省匪懈永惟罔極書不云乎鳳凰來儀庶尹允諧其赦天下徒賜勤事吏中二千石以下至六百石爵自中郎吏至五大夫佐史以上二級民一級女子百戶牛酒加賜鰥寡孤獨三老孝弟力田帛所振貸勿收二年二月乙丑立皇后王氏賜丞相以下至郎從官錢帛各有差三月以鳳凰甘露降集賜天下吏爵二級民一級女子百戶牛酒鰥寡孤獨高年帛三年春以神雀數集泰山賜諸侯王丞相將軍列侯

二千石金郎從官帛各有差賜天下吏爵二級民一級女子百戶牛酒鰥寡孤獨高年帛四年三月詔曰迺者神雀五采以萬數集長樂未央北宮高寢甘泉泰畤殿中及上林苑朕之不逮寡於德厚屢獲嘉祥非朕之任其賜天下吏爵二級民一級女子百戶牛酒加賜三老孝弟力田帛人二匹鰥寡孤獨各一匹神爵元年三月行幸河東祠后土詔曰朕承宗廟戰戰栗栗惟萬事統（統緒也）未燭厥理迺元康四年嘉穀玄稷降於郡國神爵仍集金芝九莖產於承德殿銅池中九真獻奇獸南郡獲白虎威鳳為寶朕之不明震於珍物（獲珍物而心驚動也）飭躬齋精祈為百姓東濟大河天氣清淨神魚舞河幸萬歲宮神雀翔集朕之不德懼不能任其以五年為神雀元年賜天下勤事吏爵二級民一級女子百戶牛酒鰥寡孤獨高年帛所振貸物勿收行所過毋出田租四年二月詔曰迺者鳳凰甘露降集京師嘉瑞並見修興泰一五帝后土之祠祈為百姓蒙祉福鸞鳳萬舉蜚覽翱翔集止於旁齋戒之暮神光顯著薦鬯之夕神光交錯或降于天或登於地或從四方來集於

壇上帝嘉嚮海內承福其赦天下賜民爵一級女子百戶牛酒鰥寡孤獨高年帛五鳳元年正月皇太子冠皇太后賜丞相將軍列侯中二千石帛人百匹大夫人八十匹夫人六十疋又賜列侯嗣子爵五大夫男子為父後者爵一級三年三月詔曰往者匈奴數為邊寇百姓被其害朕承至尊未能綏安匈奴虛閭權渠單于請求和親病死右賢王屠耆堂代立骨肉大臣立虛閭權渠單于為呼韓邪單于擊殺屠耆堂諸王並自立分為五單于更相攻擊死者以萬數畜產大耗十八九人民饑

戕相燔燒以求食因大乖亂單于閼氏（閼氏音焉支）子孫
昆弟及呼遬累單于名王右伊秩訾且渠當戶以下
（伊秩訾且渠當戶皆匈奴官號也訾音子移切且音子余切）將衆五萬餘人求降
歸義單于稱臣使弟奉珎朝賀正月北邊晏安靡有
兵革之事朕飭躬齋戒郊上帝祠后土神光並見或
興於谷燭燿齋宮十有餘刻甘露降神雀集已詔有
司告祠上帝宗廟三月辛丑日鸞鳳又集長樂宮東
闕中樹上（門外闕內行馬之裏樹）飛下止地文章五色留十余
刻吏民並觀朕之不敏懼不能任婁蒙嘉瑞（婁古屢字）獲
茲祉福書不云乎雖休勿休祗事不怠公卿大夫其

昜哉減天下口錢赦殊死以下賜民爵一級女子百
戶牛酒大酺五日加賜鰥寡孤獨高年者帛
甘露二年詔曰迺者鳳凰甘露降集黃龍登興醴泉
滂流枯槁榮茂神光並見咸受禎祥其赦天下減民
筭三年（一筭減錢三十也）賜諸侯王丞相將軍列侯中二千
石金錢各有差賜民爵一級女子百戶牛酒鰥寡孤
獨高年帛
三年二月詔曰迺者鳳凰集新蔡群鳥四面行列皆
鄉鳳凰立以萬數其賜汝南太守帛百匹新蔡長吏
三老孝弟力田鰥寡孤獨各有差賜民爵二級毋出

今年租
元帝初元元年四月賜宗室有屬籍者馬一匹至二
駟（二駟八疋）三老孝者帛五匹弟者力田三疋鰥寡孤獨
二匹吏民五十戶牛酒
二年正月行幸甘泉郊泰畤賜雲陽民爵一級女子
百戶牛酒四月丁巳立皇太子賜御史大夫爵關內
侯中二千石左庶長天下當爲父後者爵一級列侯
錢各二十萬五大夫十萬
四年正月行幸甘泉郊泰畤三月行幸河東祀后土
赦汾陰徒賜民爵一級女子百戶牛酒鰥寡孤獨高

年帛行所過無出租賦
五年四月賜宗室有屬籍者馬一匹至二駟三老孝
者帛人五匹弟者力田三匹鰥寡孤獨二匹吏民五
十匹牛酒
永光二年正月行幸甘泉郊泰畤赦雲陽徒賜民爵
一級女子百戶牛酒高年帛行所過毋出租稅
三月賜吏六百石以上爵五大夫勤事吏二級民一
級女子百戶牛酒鰥寡孤獨高年帛
二年二月賜民爵一級女子百戶牛酒鰥寡孤獨高
年三老孝弟力田帛又賜諸侯王公主列侯黃金中

二千石以下至中都官長吏各有差吏六百石以上爵五大夫勤事吏各二級

建昭五年二月賜民爵一級女子百戶牛酒三老孝弟力田帛

竟寧元年正月皇太子冠賜列侯嗣子爵五大夫天下爲父後者爵一級

成帝建始元年二月賜諸侯王丞相將軍列侯王太后公主王主（天子女曰公主秋比公也王主諸侯王之女也則公主謂王主者王自主婚謂公主者父自主婚也）吏二千石黃金宗室諸官吏千石以下至二百石及宗室子有屬籍者三老孝弟力田鰥寡孤

獨錢帛各有差賜吏民五十戶牛酒

三年春三月赦天下徒孝弟力田爵二級

河平四年正月匈奴單于來朝赦天下徒賜孝弟力田爵二級

鴻嘉元年二月賜天下民爵一級女子百戶牛酒加賜鰥寡孤獨高年帛

永始四年正月行幸甘泉賜雲陽吏民爵女子百戶牛酒鰥寡孤獨高年帛

三月行幸河東祀后土賜吏民如雲陽行所過無出田租

元延四年三月甘露降京師賜長安民牛酒

哀帝以綏和二年四月丙午卽位大赦天下賜宗室王子有屬者（屬謂親未盡而有服者）各馬一駟吏民爵百戶牛酒三老孝弟力田鰥寡孤獨帛

建平元年三月賜諸侯王公列侯丞相將軍中二千石中都官郎吏金錢帛各有差

四年五月賜中二千石至六百石及天下男子爵

平帝元始元年春正月賜天下民爵一級吏在位二百石以上一切秩滿如眞（時諸官有試守者特加非常之恩令如眞耳）又賜初徵卽位所過縣邑吏二千石以下至佐史爵各

有差

四年二月賜九卿以下至六百石宗室有屬籍者爵自五大夫以上各有差賜天下民爵一級鰥寡孤獨高年帛

後漢光武建武二年立貴人郭氏爲皇后子彊爲皇太子大赦增郎謁者從官秩各一等

十九年九月南巡狩幸汝南南頓縣舍置酒會賜吏人復南頓田租歲（歲一歲也）

二十九年二月賜天下男子爵人二級

三十年四月賜天下男子爵人二級

三十一年賜天下男子爵人二級

明帝以中元二年二月即位四月丙辰詔曰予末小子奉承聖業夙夜震畏不敢荒寧先帝受命中興德侔帝王協和萬邦格於上下懷柔百神惠於鰥寡朕承大運繼體守文不知稼穡之艱難懼有廢失聖恩遺戒顧重天下以元元爲首公卿百僚將何以輔朕不逮其賜天下男子爵人二級三老孝弟力田人三級爵過公乘得移與子若同產子及流人無名數欲自占者人一級鰥寡孤獨篤癃粟人十斛其弛刑及郡國徙在中元元年四月巳卯赦前所犯而後捕繫

者悉免其刑又邊人遭亂爲內郡人妻在巳卯赦前一切遣還邊恣其所樂中二千石下至黃綬貶秩贖論者悉皆復秩還贖

永平二年十月行養老禮畢詔曰光武皇帝建三朝之禮而未及臨饗眇眇小子屬當聖業間暮春吉辰初行大射令月元日復踐辟雍尊事三老兄事五更安車輭輪供綏執授侯王設醬公卿饌珍朕親袒割執爵而酳祝哽在前祝噎在後升歌鹿鳴下管新宮朕固薄德何以克當易陳負乘詩刺彼巳永念慙疚無忘厥心三老李躬年耆學明五更桓榮授朕尚書詩曰無德不報無言不酬其賜榮爵關內侯食邑五千戶三老五更皆以二千石祿終厥身其賜天下三老酒人一石肉四十斤有司其存耆耋恤幼孤惠鰥寡稱朕意焉

十一月帝幸河東所過賜二千石令長吏以下至於掾史各有差

三年二月立貴人馬氏爲皇后子炟爲皇太子賜天下男子爵人二級三老孝弟力田人三級流人無名數欲占者人一級鰥寡孤獨篤疾貧不能自存者粟人五斛

四年二月詔京師冬無宿雪春不燠沐（燠煖也音于六反沐濯澤也音木暄潤之氣也）煩勞群司積精禱求而比再得時雨宿麥潤澤其賜公卿半奉有司勉遵時政務平刑罰

六年二月王雒山出寶鼎賜三公帛五十匹九卿二千石半之

十二年五月丙辰賜天下男子爵人二級三老孝弟力田人三級流民無名數欲占者人一級鰥寡孤獨篤癃貧無家屬不能自存者粟人三斛

十五年四月賜天下男子爵郎三級郎從官二十歲已上帛百匹十歲已上二十匹十歲以下十匹官府

吏五匹書佐小史三匹令天下大酺五日
十七年五月以祥物顯應遠人著化其賜天下男子
爵人二級三老孝弟力田人三級流人無名數欲占
者人一級鰥寡孤獨篤癃貧不能自存者粟人三斛
郎從官視事十歲以上者帛十匹中二千石二千石
以下至黃綬貶秩奉贖在去年以來皆還贖
十八年四月巳未詔曰自春以來時雨不降宿麥傷
旱秋種未下政失厥中憂懼而已其賜天下男子爵
人二級流民無名數欲占者人一級鰥寡孤獨篤癃
貧不能自存者粟人三斛

章帝永平十八年八月即位十月丁未大赦天下賜
民爵人二級爲父後及孝弟力田人三級脫無名數
及流人欲占者人一級爵過公乘得移與子若同產
子鰥寡孤獨篤癃貧不能自存者粟人三斛
建初三年三月癸巳立貴人竇氏爲皇后賜爵人二
級三老孝弟力田人三級民無名數及流民欲占者
人一級鰥寡孤獨篤癃貧不能自存者粟人五斛
四年四月戊子立皇子慶爲皇太子賜爵人二級太
老孝弟力田人三級民無名數及流民欲自占者人
一級鰥寡孤獨篤癃貧不能自存者粟人五斛

七年八月飲酎高廟禘祭光武皇帝孝明皇帝甲辰
詔書云祖考來格明哲之祀予末小子質又菲薄仰
惟先帝烝烝之精前脩禘帝以盡孝敬朕得識昭穆
之序寄遠祖之思今年大禮復舉加以先帝之坐悲
傷感懷樂以迎來哀以送往雖祭已如在而空虛不
知所裁庶或饗之豈忘克慎肅雍之臣辟公之相皆
助朕之依依今賜公錢四十萬卿半之及百官執事
各有差
九月車駕進幸鄴勞饗魏郡守令巳下至於三老門
闌走卒賜錢各有差勞賜常山趙國吏人復元氏租

賦三歲
元和二年五月戊申詔曰乃者鳳凰黃龍鸞鳥比集
七郡或一郡再見白烏神雀甘露數臻祖宗舊事或
班恩施其賜天下吏爵人三級高年鰥寡孤獨帛人
一匹經曰無侮鰥寡惠此煢獨加賜河南女子百戶
牛酒令天下大酺五日賜公卿巳下錢帛各有差及
維陽人當酺者布戶一匹城外三戶共一匹賜博士
員弟子見在太學者布人三匹
九月壬辰詔鳳凰黃龍所見亭部無出二年租賦東觀記曰鳳凰見肥城句窳亭槐樹上古今註云黃龍見洛陽元延亭部窳音庾加賜男子爵

人二級先見者布二十匹近者三匹太守三十匹令長十五匹丞尉半之詩云雖無德與汝式歌且舞宅如賜爵故事

和帝永元二年五月賜公卿以下至佐史錢布各有差

三年正月甲子皇帝加元服元首也謂加冠于首儀禮冠者先筮日後筮賓東觀記曰時大后詔袁安爲賓賜束帛乘馬賜諸侯王公將軍特進中二千石列侯宗室子孫在京師奉朝請者黃金將大夫郎吏從官帛賜民爵級粟帛各有差大酺五日庚辰賜京師民酺布兩戶共一匹

十月癸未行幸長安詔曰北狄破滅名王仍降西域諸國納貢内附豈非祖宗廸哲重光之鴻烈歟寤寐歎息想望舊京其賜行所過二千石長吏以下及三老官屬錢帛各有差鰥寡孤獨篤癃貧不能自存者粟人三斛

四年八月賜公卿以下至佐史錢穀各有差

八年二月己丑立貴人陰氏爲皇后賜天下男子爵人二級三老孝弟力田三級民無名數及流民欲占者一級鰥寡孤獨篤癃貧不能自存者粟人五斛

十二年三月詔賜天下男子爵人二級三老孝弟力田三級民無名數及流民欲占者人一級鰥寡孤獨篤癃貧不能自存者粟人三斛壬子賜博士員弟子在太學者布人三匹

十五年九月南巡狩清河王慶濟北王壽河間王開並從賜所過二千石長吏以下三老官屬及民百年者錢布各有差

十一月車駕廵狩還宮賜從臣及留者公卿以下錢布各有差

元興元年十二月立皇子隆爲皇太子賜天下男子爵人二級三老孝弟力田人三級民無名數及流民

欲上者人一級鰥寡孤獨篤癃貧不能自存者粟人三斛

安帝永初三年正月庚子皇帝加元服大赦天下賜王主貴人公卿以下金帛各有差男子爲父後及三老孝弟力田爵人三級流民欲占者人一級

六年五月旱丙寅詔令中二千石下至黃綬一切復秩還贖賜爵各有差

元初元年正月甲子改元賜民爵人二級孝弟力田人三級爵過公乘得移與子若同産同産子民脫無名數及流民欲占者人一級鰥寡孤獨篤癃不能自

存者穀人三斛貞婦帛人一匹
永寧元年四月丙寅立皇子保爲皇太子賜王主三公列侯以下至郎吏從官金帛又賜民爵及布粟各有差
建光元年二月癸亥大赦天下賜諸園貴人王主公卿以下錢帛各有差四月賜鰥寡孤獨貧不能自存者穀人三斛
延光元年三月大赦改元賜民爵及三老孝弟力田人二級加賜鰥寡孤獨篤癃貧不能自存者粟人三斛貞婦帛人二匹

三年二月濟南上言鳳凰集臺縣丞霍收舍樹上賜臺長帛五十匹丞三十匹尉半之吏卒人三疋鳳凰所過亭部無出今年田租賜男子爵人二級
順帝以延光四年十一月丁巳即位己卯賜公卿以下錢穀各有差
永建元年正月大赦天下賜男子爵人二級爲父後三老孝弟力田人三級流民欲自占者一級鰥寡孤獨篤癃貧不能自存者粟人五斛貞婦帛人三匹
二月賜百官隨輦宿衛及拜除者各有差
十二月賜王主貴人公卿以下布各有差
四年正月丙子帝加元服賜王主貴人公卿以下金帛各有差賜男子爵及流民欲占者人一級爲父後三老孝弟力田人二級鰥寡孤獨篤癃貧不能自存者帛一匹
陽嘉元年正月乙巳立皇后梁氏賜爵人二級三老孝弟力田三級爵過公乘得移與子若同産同産子民無名數及流民欲占者人一級鰥寡孤獨篤癃貧不能自存者粟人五斛
三年五月大赦天下賜民年八十以上米一斛肉二十斤酒五斗九十以上加賜帛人二匹絮三斤

永和四年四月戊午大赦天下賜民爵及粟帛各有差
建康元年四月辛巳立皇太子炳爲皇太子改年建康大赦天下賜爵人各有差
桓帝建和元年正月大赦天下賜吏更勞一歲男子爵人二級爲父後及三老孝弟力田人三級鰥寡孤獨篤癃貧不能自存者粟人五斛貞婦帛人三匹
二年正月甲子皇帝加元服庚午大赦天下賜河間渤海二王黄金各百斤彭城諸國王各五十斤公主大將軍三公特進侯中二千石二千石將大夫郎吏

從官四姓及梁鄧小侯諸大夫以下帛各有差年八十以上賜米酒肉九十以上加帛二匹綿三斤

永興二年十一月甲辰校獵上林苑遂至函谷關賜所過道傍年九十以上錢各有差

延熹二年十月行幸長安賜長安民粟人十斛園陵人五斛行所過縣三斛

靈帝建寧元年二月大赦天下賜民爵及帛各有差

獻帝建安九年十一月賜三公已下金帛各有差自是三年一賜以爲常制

十年九月賜百官尤貧者金帛各有差

二十年正月甲子立貴人曹氏爲皇后賜天下男子爵人一級孝弟力田二級賜諸王侯公卿以下穀各有差

延康元年四月饒安縣言白兎雉見賜饒安田租渤海郡百戶牛酒大酺三日

魏文帝初嗣丞相魏王位以漢延康元年二月賜諸侯王將相已下大將粟一萬斛帛一千匹金銀各有差等

黃初元年十一月受漢禪賜男子爵人一級爲父後及孝弟力田人二級封爵增位各有差

三年立皇后郭氏賜天下男子爵人二級鰥寡孤獨篤癃及貧不能自存者賜穀

明帝青龍元年正月甲申青龍見郟之摩陂井中二月丁酉幸摩陂觀龍于是改年改摩陂爲龍陂賜男子爵人二級鰥寡孤獨無出今年租賦

景初二年十二月辛巳立皇后賜天下男子爵人二級鰥寡孤獨穀

齊王正始元年八月車駕巡省雒陽界秋稼賜高年力田各有差

四年正月帝加元服賜群臣各有差

陳留王以甘露五年六月甲寅嗣位大赦賜民爵及穀帛各有差

晉武帝太始元年十二月丙寅受魏禪賜天下爵五級鰥寡孤獨不能自存者穀人五斛丁卯以驃騎將軍石苞爲大司馬封樂陵公車騎將軍陳騫爲高平公衛將軍賈充爲車騎將軍魯公尚書令裴秀爲鉅鹿公侍中荀勗爲濟北公太保鄭冲爲太傅壽光公太尉王祥爲太保睢陸公丞相何曾爲太尉朗陵公御史大夫王沉爲驃騎將軍博陵公司空荀顗爲臨淮鎮北大將軍衛瓘爲菑陽公其餘增封進爵各有

差文武並增位二等戊辰詔大弘儉約出御府珠玉
玩好之物頒賜王公以下各有差
三年九月賜王公以下帛各有差
四年正月律令成封爵賜帛各有差庚寅詔曰使四
方之內棄末反本競農務功能奉宣朕志令百姓勤
事樂業者其唯郡縣長吏乎先之勞之在于不倦每
念經營職事亦為勤矣其以中左典牧種草馬賜縣
令長相及郡國丞各一匹
六年十一月幸辟雍行鄉飲酒之禮賜太常博士學
生帛牛酒各有差

七年正月丙午皇太子冠賜王公以下帛各有差
咸寧元年二月以奉祿薄賜公卿以下帛各有差
二年正月賜諸散吏至於亡卒絲各有差
十月丁卯立皇后楊氏賜王公以下及於鰥寡各有
差
太康元年三月以吳平大赦改元太酺五日恤孤老
困窮
二年三月賜王公以下吳生口各有差
十年十一月帝疾瘳賜王公以下帛有差
惠帝永平元年二月甲寅賜王公以下帛各有差五
月賜孝弟高年鰥寡力田者帛人三匹
十一月大酺五日
永寧元年四月齊王冏等舉兵誅趙王倫乘輿反正
大赦改元孤寡賜穀五斛大酺五日
六月戊辰大赦增吏位二等
太安元年六月癸卯立清河王遐子覃為皇太子賜
孤寡帛大酺五日
元帝大興元年三月即位大赦改元文武增位二等
明帝太寧三年三月戊辰立皇子衍為皇太子大赦
增文武位二等大酺三日賜鰥寡孤獨帛人二匹

成帝以大寧三年閏三月己丑即位大赦增文武位
二等賜鰥寡孤獨帛人二匹
咸和元年二月丁亥大赦改元大酺五日賜鰥寡孤
獨老粟人二斛
咸康元年正月庚午朔帝加元服大赦改元增文武
位一等大酺三日賜鰥寡孤獨不能自存者粟五斛
康帝以咸康八年六月甲午即位十二月增文武位
二等
穆帝升平元年正月加元服大赦改元增文武位二
等

八月立皇后何氏大赦賜孝弟鰥寡米五斛逋租宿債皆勿收大酺三日

簡文帝以咸安元年十一月己酉即位戊午大赦天下大酺五日增文武位二等孝弟忠貞鰥寡孤獨米人五斛己未賜桓溫軍三萬人人布一匹米一斛

孝武寧康三年八月立皇后王氏大赦加文武位二等

太元元年五月大赦增文武位各一等

安帝隆安元年春正月己亥朔加元服改元增文武位一等

義熙元年桓玄誅乘輿反正大赦賜百姓爵二級鰥寡孤獨穀人五斛大酺五日

後魏道武登國二年正月班賜功臣長孫嵩等七十三人各有差

三年五月癸亥北征庫莫奚六月大破之獲其四部雜畜十餘萬渡弱落水班賞將士各有差

六年十月戊戌北征蠕蠕追之及於大磧南林山下大破之班賜從臣各有差十二月既滅衛辰車駕次於鹽池自河已南諸部悉平簿其珎寶畜產名馬三十餘萬匹牛羊四百餘萬頭班賜大臣各有差

七年五月班賜諸官馬牛羊各有差

十年破慕容寶衆獲文武將吏數千人器甲輜重軍資雜財十餘萬計大班賞大臣將校各有差

皇始二年十月破慕容賀驎衆獲其所傳皇帝璽綬圖書府庫珍寶簿列數萬班賜功臣及將士各有差

天興二年二月大破高車雜種還次牛川及簿山刻石記功班賜從臣各有差

七月辛酉大閱於鹿苑饗賜各有差

三年正月賜群臣布帛各有差

天賜元年十有一月諸部子孫失業賜爵者二千餘

人

明元永興三年七月戊申賜衛士酺三日布帛各有差

辛酉賜附國大夫錦罽衣服各有差

四年八月壬子命民大酺三日己卯賜王公已下至

宿衛將士布各有差

五年二月賜陽平王熙及諸王公侯將士帛各有差

神瑞元年正月辛巳幸繁畤賜王公已下至於士卒百工布帛各有差

二年正月車駕至自北伐賜從征將士布帛各有差

二月賜附國大渠帥朝歲首者繒帛金罽各有差

泰常五年正月庚戌朔自薛林東還至於屋竇城享勞將士大酺二日班禽獸以賜之

七月丁未幸雲中太室賜從者大酺

七年正月自雲中西行幸屋竇城賜從者大酺三日蕃渠帥繒帛各有差

太武始光二年十月車駕至自北伐以其雜畜班賜將士各有差

三年正月車駕至自北伐班軍實以賜將士行留各有差

七月築馬射臺於長川帝親登臺觀走馬王公諸國軍長馳射中者賜金帛繒絮各有差

四年正月車駕至自西伐賜留臺文武生口繒帛馬牛各有差

七月築臺於祚嶺戲馬射賜射中者金帛繒絮各有差

八月至自西伐飲至策勳告於宗廟班軍實以賜留臺百僚各有差

神䴥四年正月平赫連定車駕次於木根山大享群臣賜布帛各有差

二月癸酉車駕還宮飲至策勳告於宗廟賜留臺百官各有差

延和元年八月討馮文通拔冀陽虜獲生口班賜將士各有差

三年正月乙未車駕次於汝水大饗羣臣班賜各有差

太延元年六月詔曰比者以來禎瑞仍臻其令天下大酺五日

正平元年正月丙戌朔車駕任南伐大會羣臣於江上文武受爵三百餘人

三月車駕至自南伐賜留臺文武所獲軍資生口各有差

文成以正平二年十月戊申即位改興安元年十二月甲申文武各加位一等（初帝班賜百僚謂征北將源賀曰朕大賚善人卿其任意取之勿謙退也賀辭固使取之賀唯取戎馬一匹而已）

二年正月戊戌詔曰朕以眇身纂承大業懼不能宣慈惠和寧濟萬邦夙夜兢兢若臨淵谷然即位已來百姓宴安風雨順序邊方無事衆瑞兼呈不可勝數又於苑內獲方寸玉印其文曰子孫長壽羣公卿士咸曰休哉豈朕一人克臻斯應實錄天地祖宗降祐

之所至也思與兆庶共茲嘉慶其令民大酺三日
太安四年二月行幸遼西登碣石山觀滄海大饗羣臣於山上班賞進爵各有差改碣石山爲樂游山築壇記行於海濱
和平三年四月河內人張超於懷棲新城北故佛圖處獲玉印以獻印方二寸其文曰富樂日昌永保無疆福祿日臻長享萬年玉色光潤模制精巧百僚咸曰神明所授非人所爲也詔天下大酺三日
孝文延興三年十月癸巳太上皇帝南巡至於懷州所過問民疾苦賜高年孝弟力田布帛

太和元年十月癸酉宴京邑耆老年七十以上於太華殿賜以衣服
四年六月丁卯以澍雨大洽曲赦京師以紬綾絹布百萬匹及南伐所俘賜王公以下
七月壬子改作東明觀詔會京師耆老賜錦綵衣服几杖稻米蜜麵復家人不徭役
五年二月辛卯朔大赦天下賜孝弟力田孤貧不能自存者穀帛有差
四月壬子以南俘萬餘口班賜羣臣
六年三月辛巳幸武州山石窟寺賜貧老者衣服

十七年正月壬子朔帝享百僚於太極殿乙丑詔曰夫駿奔入覲臣下之常式錫馬賜車君人之嘗惠今諸邊君蕃酋皆虔集象魏趨鏘紫庭貢享既畢言旋無遠各可依秩賜車旗衣馬務令優厚其武興巖昌各賜錦綵繒纊一千吐谷渾世子八百節至世子雖因事至都亦宜賚及可賜三百命數之差皆依別牒
七月癸丑以皇太子立詔賜民爲父後者爵一級爲公士曾爲吏屬者爵二級爲上造鰥寡孤獨不能自存者粟人五斛
八月帝南伐車駕至泗州民年七十以上賜爵一級

路見跛跌停駕所經傷民秋稼者畝給穀五斛戊辰濟河詔雒懷并肆所過四州之民百年以上假縣令九十以上賜爵三級八十以上賜爵二級七十以上賜爵一級鰥寡孤獨不能自存者粟人五斛布二匹
十月詔京師及諸州從戎者賜爵一級應募者加二級主將加三級
十八年車駕南巡詔相兗豫三州百年以上假縣令九十以上賜爵二級七十以上賜爵一級孤老鰥寡不能自存者賜粟五石帛二匹
八月帝幸懷朔諸鎮還所過皆親見高年問民疾苦

貧窘孤老賜以粟帛
十一月辛未朔詔冀定二州民百年已上假以縣令九十以上賜爵三級八十以上賜爵二級七十以上賜爵一級鰥寡孤獨不能自存者賜以穀帛
十二月車駕南伐丁卯詔鄴豫二州之民百齡已上假縣令九十以上賜爵三級八十已上賜爵二級七十已上賜爵一級鰥寡孤獨老不能自存者賜以穀帛
十九年正月講武于汝水之西賚六軍
四月車駕幸彭城辛亥詔賜百歲以上假縣令九十

以上賜爵三級八十以上賜爵二級七十以上賜爵一級孤寡老疾不能自存者賜以穀帛已未行幸瑕丘詔諸宿衛武官增位一級庚申行幸魯城詔賜兗州民爵級粟帛
五月帝自南伐行飲至之禮頒賜有差六月帝自伐齊回詔濟州東郡榮陽及河南諸縣車駕所經者百年以上賜假縣令九十以上賜爵三級八十以上賜爵二級七十以上賜爵一級孤老鰥寡不能自存者賜穀帛
十月甲辰曲赦相州民百年以上假郡守九十以上假縣令八十以上賜爵三級七十以上賜爵一級孤老痼疾不能自存者賜與穀帛
十二月甲子引見群臣于光極堂班賜冠服
二十一年正月丙申立皇子恪爲皇太子賜天下爲父後者爵二級
二月乙丑詔并州士人年六十以上假以郡守三月甲寅詔汾州民百年以上假縣令九十以上賜爵三級八十以上賜爵二級七十以上賜爵一級
五月車駕汎渭入河詔雍州士人百年以上假華郡太守九十以上假荒郡八十以上假華縣七十以上

假荒縣庶老以年各減一等七十以上賜爵三級其營船之夫賜爵一級鰥寡孤貧窮痼廢疾各賜帛二匹穀五斛
宣武景明二年二月庚午宿衛之官進位一級
三年七月詔加文官從征顯達宿位者二階閑散者一階
十二月饗群臣於太極前殿賜帛有差以殿初成也
正始四年九月詔曰朕秉曆承天履年將紀徙正宮極歲浹歸餘台懿茂親祇勤已久列司英彥庸績未酬非所謂有功見知賞以旂及其以司空高陽王雍

爲太尉尚書令廣陽王嘉爲司空百官悉進位一級
延昌元年十一月詔曰朕運承天休統御宸宇太子體籍靈蔭肇建宮華明兩旣孚三善方洽宜澤均率壤榮沉庶裔其賜天下爲父後者爵一級孝子順孫廉夫節婦旌表門閭量給粟帛
孝明以延昌四年正月卽位三月乙丑進文武羣臣服賜羣臣
熙平元年二月克硤石三月以硤石俘虜分賜百寮
神龜元年正月詔曰朕沖昧撫運政道未康民之疾苦弗遑紀恤夙宵矜慨寤寐深懷眷被百齡悼兹六

極京畿百年已上給大郡板九十以上給小郡板八十以上給大縣板七十以上給小縣板諸州百姓百歲以上給小郡板九十以上給大縣板八十以上給中縣板鰥寡孤獨不能自存者賜粟五斛帛二匹
正光元年七月辛卯帝加元服大赦改元內外百官進位一等
孝昌元年六月癸未赦改年詔文武之官從軍二百日文官優一級武官優二級
孝莊建義元年四月詔從太原王爾朱榮督將軍士普加五階在京文官兩階武官三階
永安二年四月詔內外百寮普汎加三級庚子詔太原王爾朱榮將士汎加二級
是月又詔上黨百年以下九十以上板三品郡八十以上四品郡七十以上五品郡
七月戊辰破元顥庚午車駕入居華林園大赦詔隨駕文武馬渚立義加汎五級河北執事之官二級河南立義及迎駕之官并中途扈從亦二級又詔諸州郡遣使奉表行營者普加一大階
三年十月戊申皇太子生大赦天下文武百寮汎加二級前廢帝初卽位改普太元年三月詔內外文武

普汎四階合敍未定第者亦沾一級潁州王爾朱兆彭城王爾朱仲遠隴西王爾朱天光樂平王爾朱世隆嘗山王爾朱定律車騎儀同三司高歡都督斛律椿下軍士普汎六級
後廢帝以普太元年十月卽位文武百官普汎四級
出帝大昌元年五月乙巳幸華林都亭宴羣臣以班賚有差
六月戊寅詔內外百司普汎六級在京百寮加中興四級義師將士並加軍汎六級在鄴百官三級河北同義之州兩級河橋建義者加五級關西三級

八月壬戌朔齊文襄王來朝讌射班賚部下各有差

永熙二年正月己亥車駕幸嵩高石窟靈巖寺庚子又幸散施各有差

八月己丑齊文襄王來朝帝讌於華林都亭班賚部下各有差

後周閔帝元年（時不建紀號）正月辛丑受西魏禪卽天王位丁未會百官於乾安殿班賞各有差

三月庚子會文武百官班賜各有差

九月庚申詔曰朕聞君臨天下者非繇一人將乃上下同心所致今文武之官及諸軍人不霑封者宜各

進兩大階

明帝二年七月順陽獻三足烏詔文武官並進二級

武成二年三月辛酉重陽閣成會羣公列將卿大夫及突厥使者於芳林園賜錢帛各有差

武帝保定元年正月戊申改元詔曰加號既新惠澤宜洽文武百官各增四級

是月丙子大射於正武殿賜百官各有差

二年五月庚午以山南眾瑞並集百官及軍人普汎二級

天和元年正月癸未改元百官並加四級

三年三月癸卯皇后阿史那氏至自突厥行親迎之禮丁未大會百寮及四方賓客於路寢賜衣馬錢帛各有差

建德元年四月癸巳立魯王贇爲皇太子百官各加封級

十一月庚戌行幸羌橋集京城以東諸軍都督以上頒賜有差

十二月壬申行幸斜谷集京城以西諸軍都督以上頒賜有差

二年六月壬子皇孫衍生文武官普加一階

三年十月行幸同州十一月戊子至自同州大會衞官及軍人以上賜錢帛各有差

六年三月丙午以平齊論定諸軍勳置酒於齊太極殿會軍士以上頒賜有差

宣帝大象二年二月丁亥賜百官及民大酺

隋文帝開皇二年十月庚寅帝疾愈享百寮於觀德殿賜錢帛皆任其自取盡力而出

三年三月庚申宴百僚班賜各有差

四年八月以秦王俊納妃宴百僚班賜各有差

八年九月丁丑宴南征諸將班賜各有差

九年四月庚戌帝御廣陽門宴平陳將士班賜各有差初大軍出時勑有司曰亡國物我一不以入府可於苑内築五埒當悉賜文武百官大射以取之及是帝御玄堂大陳之奴婢貨賂會王公文武官七品以上武職領兵部督以上及諸考使以射之

十二年十一月辛亥有事於南郊壬子宴百僚班賜各有差

十七年二月壬寅以河東王昭納妃宴羣臣班賜各有差

五月庚申宴百僚于玉女泉班賜各有差

十九年正月戊寅大射武德殿宴賜百官

煬帝大業五年二月戊申帝自東都還丙辰宴耆舊四百人於武德殿班賜各有差

六年四月丁未帝在江都宴淮南父老班賜各有差

七年二月己未升釣臺臨揚子津大宴百寮頒賜各有差

八年四月丙申赦詔高年之老賜以粟帛兼賜天下大酺

十一年正月乙卯大會蠻夷設魚龍曼延之樂班賜各有差

唐高祖武德元年五月甲子即位戊辰宴羣臣賜帛有差七月己未賜百僚及義士布帛各有差八月庚子宴設三品以上賜雜綵各有差十一月己酉太宗降薛仁杲帝聞而大悅因置酒高會奏九部樂賜羣臣錢各有差癸亥太宗凱旋獻俘甲子帝置酒宴旋師及骨咄祿特覲於玄武門賜帛各有差十二月乙酉幸周氏陂過故莊丙戌挍獵置酒高會極歡而罷賜錢絹各有差

二年二月癸巳宴羣臣奏九部樂賜錢各有差極歡而罷五月戊辰宴并州從五品以上於仁壽殿帝極

歡賜帛各有差

三年四月壬戌太宗平并州悉復故地帝大悅置酒含章殿宴羣臣極歡遣入御府賜繒綵皆盡重而出六月癸丑幸昆明池宴從官賜錢各有差八月庚戌宴羣臣奏九部樂於庭賜布帛各有差

四年四月壬寅皇太子建成北討班師帝于玄武門宴勞將士賜帛各有差五月丁丑以太宗平王世充獻捷于京師宴羣臣賜帛各有差七月戊辰宴羣臣奏九部樂於庭帝舉酒屬百官極歡乃罷賜錢帛各有差九月癸亥賜五品以上射於武德殿賞金銀綾

縞各有差閏十月乙卯幸稷州巳未次於武功舊莊從官賜錢各有差庚申召父老故吏男女數百人置酒高會賜帛各有差

五年正月辛丑賜羣臣大射於玄武門賚綵帛各有差壬子幸昆明池宴從官賜帛各有差三月巳酉宴群臣及京城父老賜帛各有差七月丙戌以太宗征劉黑闥班師宴旋師賜帛各有差

六年三月巳丑宴五品以上於昭德殿賜帛各有差四月巳未幸故宅改名通義宮置酒高會賜從官帛各有差十月甲辰宴羣臣賜物各有差慶有年也

七年三月巳卯幸琅琊公主第宴從官五品以上賚各有差四月癸卯宴羣臣賜帛各有差丙午宴王公親屬於文明殿帝賦詩王公遞上壽賜帛各有差七月壬子幸東宮從官下至胥徒頒賜有差

八年正月甲寅幸太宗第宴五品以下賜帛各有差二月甲午幸齊王元吉第宴五品以上賚物各有差五月乙巳宴五品以上及外戚於內殿賜綵極歡而罷十二月庚辰狩於鳴犢泉之野幸巳還宮宴從官賚物綵帛各有差

九年六月癸亥立太宗爲皇太子所司具禮以將冊命宴羣臣賜帛各有差又詔凡厥庶政事無大小悉委皇太子斷决旣溥天同慶宜加惠澤爲父後者若有勳爵皆令襲繼諸赤牒擬授職事官見任者竝即爲真其巳得贊者參選之日聽依階敘文武官人節級須賜務存優給稱朕意焉

七月高祖傳位於太宗稱太上皇後四年乃徙居大安宮於是親侍輿輦百寮陪從太上皇甚悅置酒高會極歡而罷賜物各有差

太宗後與公卿謁太上皇於戢武殿置酒爲歡乙夜方散賜帛各有差

後太宗演武於城西太上皇親勞將士置酒於故未央宮宴三品以上極夜方散賜物各有差

冊府元龜

巡按福建監察御史臣李嗣京　訂正

新建縣舉人臣戴國士叅閱

知建陽縣事臣黄國琦較釋

帝王部八十

慶賜第二

唐太宗以武德九年八月甲子即位於東宮大赦天下文武官五品已上先無爵者賜爵一級六品已下加勳一轉甲戌宴羣臣於顯德前殿賜帛各有差

貞觀二年五月丙申以夏麥大稔讌羣臣奏九部樂

於庭賜物各有差

六月庚寅皇太子治生宴五品已上賜帛有差仍賜天下是月生者粟帛

九月壬子宴羣臣奏九部樂賜帛各有差賜天下大酺三日慶有年也

十一月甲子宴羣臣賜帛各有差

四年二月甲寅赦詔賜天下大酺五日已亥幸溫湯賜從官帛有差

三月戊辰宴三品以上於林光殿賜物各有差

七月辛卯太上皇不豫有瘳詔曰尚齒崇孝德教所先饗餼是加義超嘗等諸州都督刺史及文武官人老人八十已上幷孝子旌表門閭者並宜節級賜物以申饗宴庶使萬國之內同此歡心施於四海皆知朕意壬辰宴羣臣於芳華殿極歡而罷賜帛各有差

十月幸隴州詔岐隴二州八十以上鰥寡篤疾及舊任二州雜職佐史以上賜物各有差百歲已上就加優恤辛丑按獵於貴泉谷賜將士帛有差丁巳宴從官及武功父老賜帛各有差

十二月乙未皇太子誕育宴三品已上於臨華殿賜帛各有差

五年正月癸酉大蒐於昆明池甲戌宴羣臣賜從官帛各有差

巳卯幸左藏庫賜三品已上帛各盡重而出

四月甲辰宴羣臣賜帛各有差

八月巳卯以大有年賜羣臣羊酒宴樂於其家

十一月巳卯宴羣臣賜帛各有差

十二月丙午幸溫湯新豐賜高年帛有差

六年正月宴蠻夷及三品已上於百福殿賜帛各有差

三月戊辰幸九成宮丁丑詔行經之所八十已上及

孝子順孫鰥寡惸獨賜以粟帛
戊寅宴三品已上於九成宫丹霄殿賜從官帛各有
差
四月癸卯醴泉出丹霄殿之西命公卿已上示之因
置酒於側賜帛各有差
七月宴三品以上於丹霄殿賜帛各有差
八月宴近臣於丹霄殿樓帝甚懽夜分乃散各賜錢
帛各有差
閏八月帝在岐州皇太子來朝丙申宴東宫官屬賜
帛各有差乙巳宴岐州父老賜帛各有差

九月幸慶善宫宴從官故老賜帛各有差
七年正月癸巳宴三品已上及州牧蠻夷於玄武門
奏七德九功之舞蠻夷十餘種自請率舞詔許之久
而乃罷賜帛各有差
八年二月丙午以皇太子承乾加元服降死罪已下
五品已上子爲父後者賜爵一級天下大酺三日戊
申宴羣臣賜帛各有差
九年正月甲申皇太子承乾納妃蘇氏宴羣臣賜帛
各有差
十一年正月壬辰宴五品已上於兩儀殿賜帛各有
差戊辰宴長安父老於玄武門賜以穀帛
三月幸雒陽宫丙午宴從官賜物各有差癸卯宴雒
陽父老於乾元殿賜以粟帛
十一月丙午宴五品已上及蕃夷於貞觀殿賜帛各
有差
十二年二月壬子宴雒陽父老賜帛有差
十三年正月乙巳帝朝於獻陵三原縣人年八十已
上及孝子順孫義夫節婦鰥寡惸獨有篤疾者賜物
各有差宿衛陵邑中郎將齊士員及三原令已下各
賜爵一級

十四年正月己酉宴羣臣及吐谷渾王河源王慕容
諾曷鉢於玄武門賜物各有差甲寅幸魏王泰宅賜
泰府寮及同里老人各有差
十二月賜酺三日
十五年正月辛巳如雒陽所過州賜高年篤疾穀帛
有差
四月乙未詔雒州篤疾及鰥寡惸獨不能自存者各
賜米兩石五月壬申幷州道士及僧父老等二百人
詣闕上表稱太原王業龍興之地登封禮畢伏願臨
幸帝賜宴於武成殿各賜物而遣之

十六年十一月酉狩於武功甲子賜所幸六縣高年篤疾惸獨氈被穀帛各有差是日幸慶善宮召武功之郃城立節三時豐義四鄉士女七十巳上及居宮側數百人賜宴畢賜帛各有差

十七年四月丙戌詔立晉王爲皇太子又立晉王妃帝御承天門大赦文武職事九品巳上及五品巳上子爲父後者各加一級鰥寡惸獨篤疾之徒量加賑卹賜天下酺

六月甲午幷州父老百餘人詣闕稱陛下發迹太原皇太子疏爵晉藩臣等不勝慶幸今來奉賀帝賜宴

及物以遣之

閏六月庚申薛延陀可汗突利設獻饌帝於相思殿大饗百寮盛陳寶器奏慶善破陳樂幷十部之樂及橦末跳丸舞劍之技突利設再拜上千萬歲壽賜物各有差

十一月誕皇太孫宴宮寮於弘教殿賜物有差

是月以貞石表瑞赦制率土賜酺三日

十九年二月征遼所經州縣高年及鰥寡孤獨篤疾賜粟帛各有差

十月征遼班師次營州戊申詔營州刺史父老及契丹等蕃長巳下各頒賜繒綿綾錦數千萬段癸酉至幽州甲戌宴從官三品巳上賜物有差

十二月辛酉帝在定州三品巳上及四品中書門下四品以帝疾瘳詣閣上禮詔引文武五品巳上預宴將夕乃罷賜物各有差

二十年正月帝自定州幸幷州庚辰引從官及太原父老而宴之賜物各有差

二月詔遼海人無戰勳者汎加勳官一級乙未發幷州庚申賜高年所過鰥寡孤獨篤疾粟各有差

七月帝疾愈宴五品巳上於飛霜殿絲竹遞奏羣臣

上壽極歡而罷賜綾錦各有差

八月幸靈州庚辰至涇州賜高年及鰥寡孤獨篤疾粟帛各有差

二十一年正月甲寅以鐵勒諸部幷爲州縣中外乂安詔賜諸司及京城百姓大酺三日

二十二年正月巳未奏十部樂會四夷君長於天成殿王公稱觴上壽賜帛各有差

三月丙辰至玉華宮賜行幸所過高年篤疾粟帛各有差

二十三年五月以甘露降大赦天下八十巳上各賜

粟帛鰥寡惸獨及篤疾者量加賑貸高宗以貞觀二十三年六月甲戌朔即位大赦天下内外文武賜勲官一級

永徽三年正月丁亥率公卿耕於籍田賜羣官帛各有差

二月甲辰宴三品於百福殿極歡賜以錦綵各有差

三月丙辰御觀德殿陳逆人房遺愛等口馬資財爲五垜引王公諸親蕃客及文武九品已上射

七月丁巳立陳王忠爲皇太子五品已上子爲父後者賜勲一轉大酺三日

六年正月壬申親謁昭陵還行宫詔左監門員外將軍常甚在此宿衛進爵一等陵令陵丞加各一階並節級賜物

二月乙巳皇太子忠加元服詔内外職事五品已上子爲父後者賜勲一級大酺三日

十月立武氏爲皇后大赦天下八十已上老人各賜粟二石綿三段百歲已上各賜粟五石錦十段鰥寡惸獨篤疾不能自存者量加賑卹

顯慶元年正月辛未立代王弘爲皇太子壬申大赦文武職事九品已上五品已上爲父後者各加勲官一轉亡官失爵並宜量敘諸年八十已上各賜粟帛鰥寡惸孤篤疾之徒不能自存者量加賑卹賜天下大酺三日己卯宴文武羣臣及朝集使蕃客京城老人八十已上賜物各有差

十一月乙丑皇太子顯生京職事九品已上及朝集使各加勲官一級仍賜宴賚物各有差

二年二月辛酉幸雒陽宫癸亥御貞觀殿宴從行文武官及雒州父老宗姓等賜物有差詔百歲已上各賜氈被一具袍一領綿絹十段粟二十石仍遣使就家存問九十已上各賜綿絹五段十月幸鄭州以高

祖在隋嘗收滎陽詔曰百姓免一年租賦八十已上老人及鰥寡惸獨等賜粟帛各有差

四年十月皇太子弘加元服大赦天下文武官職事五品已上子孫爲父祖後者各加勲官一級大酺三日

閏十月辛巳以駕幸東都詔所經處八十已上老人賜氈袍綿絹及粟有差

五年二月幸并州丙戌宴從官及諸親并州官屬父老賜帛有差賜酺三日

八月癸未以討平百濟賜天下大酺三日

龍朔二年七月丁亥以皇子旭輪滿月賜酺三日京官五品已上幷諸親等爲誕皇太子上禮於是九品已上咸預宴樂賜物有差

麟德元年八月丁丑幸舊宅宴羣臣賜物有差

乾封元年正月戊辰朔有事於太山壬申御朝覲壇受朝賀大赦改元諸行從文武官及見朝覲岳牧二京留守幷邊要州都督刺史三品已下並賜爵一等四品已下加授一階諸老人八十已上者版受刺史司馬縣令婦人版受郡縣君並節級量賜粟帛天下百姓年二十已上八十已下賜爵一級丁丑詔諸行

從文武官入見朝覲諸王岳牧二京留守及守捉邊要長官三品已上前賜爵一等者宜更加爲二等四品已下九品已上前加一階等者七品已上宜加二階八品已下更加勳官一轉諸非行從內外職事官三品已上加爵一等四品已下各加一階

四月甲辰至京師是日御景雲閣宴羣臣設九部樂頒賜繒綵各有差

總章元年十月癸丑文武官獻食賀破高麗帝御玄武門之觀德殿宴百官設九部樂極歡而罷賜各有差

二年九月幸岐州以高祖嘗爲扶風太守故曲赦岐州仍賜高年衣服粟帛各有差

咸亨四年七月庚午皇太子新宮成帝親迎太子入宮五品已上及諸親並從宴會奏樂極歡而止賜物有差

十月駕在九成宮乙未皇太子納妃裴氏禮畢曲赦岐州大酺

上元元年八月壬辰追尊宗廟大赦改元大酺三日帝御含元殿東翔鸞閣觀之時京城四縣及太常音樂分爲東西兩廂

二年正月勑內外文武官職事四品五品任經十年已上未得階及六品已下出身經十五年已上歷職清勤無殿犯者宜令所司具以名聞其有廉能著稱清苦奉公不須限以居職年月亦以名聞於是各賜一階

三年三月甲辰自汝州溫湯還東都詔免汝州田租之半八十已上老人節級賜帛

儀鳳三年七月丁巳宴百寮及諸親於九成宮之咸亨殿日晏而罷賜綵物有差

永隆元年八月乙丑立英王哲爲皇太子改元大赦

大酺三日
二年二月辛巳特賜京官九品已上大酺三日
永淳元年二月癸未以太子誕皇孫滿月大赦改元大酺三日
弘道元年二月改元大赦老人年八十已上并婦並節級量賜粟帛孝子順孫義夫節婦表其門閭終身勿事鰥寡孤獨篤疾不能自存者量加賑給見任內外官五品已上經四考及守五考經三考六品已下計滿三考政有清勤狀無私犯者各加一階
中宗神龍元年正月丙午卽位大赦內外文武官加

兩階三品已上加爵二等入五品等特減四考大酺五日
二月甲子立妃韋氏爲皇后大赦天下內外官頒陪位者賜勳一轉大酺三日
九月壬午帝親祀明堂禮畢制京文武三品已上賜爵一級四品已上各加一階外文武官九品已上賜勳一轉皇親嗣王郡王仍許佩金魚袋內外職事官三品已上及四品清官并中書門下五品官父已亡者並量加追贈自弘道已前經任相三年已上及秦府晉府寮佐四品已上并食實封功臣雖經罪責不至破家子孫無任京官者特宜優與一官英府周府舊寮五品已上子孫亦宜准此天下百姓爲父後者各賜爵一級大酺三日
十一月壬子帝謁太廟告謝受尊號之意大赦天下京官文武官及朝集使九品已上加一階三品已上賜爵一等外官九品已上賜勳一轉天下賜酺三日
二年十月戊戌至自東都十一月乙巳大赦天下從官文武官九品已上賜爵
景龍元年九月受尊號禮畢赦詔改元文武官三品已上賜勳一轉

二年二月皇后言衣箱中裙上有五色雲起久而方歇帝令畫工圖其狀以示百寮仍大赦天下內外五品已上官母妻各加邑號一等十一月己卯安樂公主降武延秀禮畢大赦賜酺三日
三年正月癸酉幸薦福寺賜從官帛有差
八月己巳幸安樂公主山池宴從官賜綃帛有差
十一月乙丑南郊大赦文武官及應集考使別勑陪位官邉州都督刺史諸軍大使副三品已上賜爵一等四品已上加一階應入三品者三品減四考五品減三考聽入外文武官賜勳一轉天下大酺三日

十二月甲午幸新豐之溫湯從官賜勳一轉睿宗初爲安國相王景龍四年六月庚子夜臨淄王平韋庶人辛丑相王奉少帝御安福門樓大赦内外文武官三品已上賜爵一等四品已上加一階應入五品不限以年考四等已下及諸親賜勳三轉

唐隆元年甲辰卽位大赦天下制内外官三品已上各加爵一等四品已下各加一階七月己巳册皇太子大赦天下内外文武官九品已上子承父後者各賜一轉

景雲二年四月壬寅大赦天下京官四品已下加一

階外官賜勳一轉三品已上各賜爵一等天下大酺三日

八月乙卯以高祖舊宅枯柿樹重生天下賜酺三日

太極元年正月戊子籍田乙丑大赦改元内外官四品已下加一階三品已上賜爵一級天下大酺三日

延和元年五月戊寅親祀北郊改元内外官陪見大禮者賜勳一轉大酺五日

八月庚子傳位於皇太子甲辰大赦改元爲先天内外官三品已上賜爵一級四品已下賜勳兩轉五品已上子爲父後者賜勳一轉天下大酺五日

玄宗先天元年九月庚午御長樂門加諸王公主實封各有差三品已上各賜爵一級四品已下各加一階

二年七月誅左僕射竇懷貞等大赦天下文武官三品已下賜爵一級四品已下各加一階

九月庚辰宴王公百寮於天門賜物有差

開元元年十二月庚寅朔大赦改元内外官賜勳一轉

二年正月丁亥立皇太子大酺三日

五年二月甲戌行幸至東都制曰朕自臨天下未至

於雒雖二京出游蓋惟帝典五載來巡肇於卽事念玆扈從特有加恩南北衙應從官三品已上各賜物四十段四品三十段五品二十段六品七品十五段八品九品十段從飛騎萬騎各賜物五段馬家小兒賜物三段三衞撿校監門直長引駕等發京宿衞執當不闕者簡日優量其置頓營幕橋道等使各賜物遞加從官一等仍與中上考緣路刺史上佐縣令祇承頓事并專知客各准從官例與賜亦與中考衞士掌閑幕士等各賜物兩段

六年正月甲子隴右節度郭知運獲吐蕃獻俘特詔

曰王者六師必存止殺國之二柄且貴先賞今吐蕃背盟我軍獻捷執訊獲醜以捨於平人歸馬休牛不資於國用利以和義思與卿大夫共之其馬及犛牛等並賜京文武五品已上清官及朝集使三品者所繇節級分與

十月癸亥帝將還西京御樓河南及懷汝鄭父老賜帛有差

十一月辛卯至自東都丙申親謁太廟下詔内外官三品已上有廟者賜絹三十四以修祭服俎豆緣謁廟亞獻邠王守禮終獻宋王憲各賜絹三百疋夾侍

岐王範薛王業各賜絹二百五十四自餘行禮及供三品巳上賜絹一百六十疋四品一百四十疋五品一百二十疋六品一百疋七品八十疋八品六十疋九品四十疋鹵簿六引官各減一等押杖官又減一等攝官依本官給有兼充諸使者加一等兩京文武官并朝集使諸方通表一品七十段三品六十段四品五品五十段六品七品四十段九品三十段行從者加一等皇親諸親准品等禮儀置頓營幕使各賜物一百段副使八十段判官及修定儀注官各減使一分之二行所州縣刺史上佐縣令等各准行從官與物其給賜人應兩處已上請者從一多給爲准有廟官之賜聽兼給緣謁廟有所修造專當官及當頓官始末不絕者各賜一中上考行事齊郎及權補充者各賜物十段昇階者各賜十五段三衛飛騎萬騎弁仗内無品人等賜五段十月正蕃衛士等各賜三段

七年十一月乙亥皇太子入國學行齒胄禮丙子詔曰儒道惟百王之政元良乃萬國之貞屬太學舉賢賓庭貢士當其謁講故行齒冑所以弘風闡教尚德尊師宜有頒錫以成光寵陪位官一品宜賜五十疋

二品三品四十疋四品五品三十疋六品七品二十疋八品九品十五疋緣行禮及別職掌者各遞加一等六品已下五疋爲等五品已上十疋爲等生主加二等學生賜物三疋待舉者及諸方貴人各賜五疋

八年正月甲子朔皇太子加元服丙寅宴百官於太極殿詔曰皇太子以守器之重有成人之量爲陽和肇歲甲子惟日加乃元服循於舊章慶因雷游歡洽雲上王公卿士中外寀寮布以慈惠廣茲頒賜應在會官一品一百疋二品九十疋三品八十疋四品六十疋六品五十段七品四十段八品九品二十段諸

州都護都督刺史上佐諸軍及副使亦同在會側宜
以當處物給
九年三月戊午宴朝集使賜物有差
十一月庚午冬至大赦天下内外官九品已上加一
階三品已上加爵一等大酺三日
十二月甲午宴朝集使賜物有差
十年正月乙巳御含元殿宴羣臣賜帛有差己酉命
婦朝會賜帛有差二月丁丑幸東都至望春頓頒賜
從官及將士等束帛有差
十一年正月己巳發東都北廵狩制其行幸所至耆

老各賜物三段庚辰幸潞州詔曰朕廵狩晉陽觀風
問俗肆覲羣后存問百年諸侯侍於境者抑惟故事
今停蹕潞州勞以牛酒其外州刺史及廵駕父老道
士僧尼等遠來至此頗亦艱辛宜竝令預會刺史賜
物四十疋父老已下各賜物三疋癸巳行幸北都詔
太原府預宴官共賜物二千疋父老及吏人等共賜
物一萬疋諸老年八十已上賜物五段版受上縣令
仍賜緋九十已上賜物七段版授上州長史賜緋百
歲已上各賜物十段版授上州刺史仍賜紫
二月壬子祠后土于汾陰之脽上太史奏榮光出河
休氣四塞徘徊遶壇日揚其光有司奏脩壇掘地獲
古銅鼎二其大者容一斗色皆青又獲古甎長九寸
上有篆書千秋萬歲字及長樂未央字又有赤兎見
於壇側制曰自古受天之命作神之主崇德祀地盡
孝配親存乎禮經不可闕也朕承累聖之緒仗卿士
之力方隅清謐宇宙乂安北狩并都南轅汾上覽漢
武故事修葺舊祠時惟仲春地氣萌動將先故本爲
農祈穀齊戒惟寅粢盛惟潔仲尼曰吾不與祭如不
祭豈非躬盡孝敬以致神祈乎而經始壝壇寶鼎出
地奠玆幣玉榮光塞河將何以幽荅神心上膺靈貺

朕又惟焉今大典克舉美祥允洽自天之祐豈予一
人思與百碎同玆嘉慶亞獻邠王守禮終獻寧王憲
各賜物七百疋申王撝岐王範薛王業各賜帛五百
疋餘升壇官三品已上賜爵一等四品已下各加一
階應入三品五品見任四品已上官先授三品四品
已上階經三十考者六品已上官先授五品六品已
上階經十六考者令所司勘責奏聽進止諸緣大禮
有職掌官賜勳兩轉餘陪位官賜勳一轉中書門下
三品六尚書御史大夫食實封三品已上功臣各與
一子官其立功萬騎身亡沒者雖預創業不見盛時

念功思舊情有感惻竝令所司撿勘亦各與一子官
改汾陰縣爲寶鼎縣官同升壇官例賜一階
十一月戊寅親祠南郊大赦天下制升壇行事官及供奉官三品已上賜爵一級四品已下賜一階內外文武官及致仕幷前資陪位者賜勳一轉親王公主各與一子官其諸軍節度大使及三都留守雖不陪位資寄旣重特宜同升壇官例百歲老人賜帛五段粟五石縣令至其家存問給付亞獻邠王守禮終獻寧王憲各賜物一千疋侍中源乾耀中書令張說兵部尚書同中書門下三品王晙各賜物五百疋三王

後賜物一百疋二品三品八十疋四品五品六十疋六品七品四十疋八品九品三十疋郡王縣主各賜物八十疋天下賜酺三日京城五日
十二年二月戊申大酺辛亥詔曰大酺之會與人同歡或慮遠方觀者來往狠狽其四夜竝宜開坊門府縣金吾嚴加捉搦
三月庚午宴朝集使於紫宸殿賜物有差
十三年東封十月庚午至濮州河南北五十里內父老皆獻牛酒還其牛酒各賜帛二疋遣之
十一月壬辰封禪禮畢大赦天下詔內外文武官三品已上賜爵一等四品已下賜一階邠王守禮寧王憲岐王範薛王業各與一子三品官公主嗣王郡王縣主各與一子官其應行從文武官加階之外竝賜勳兩轉孔子後襃聖侯優與處分天下致仕官各依本品賜一季祿及束帛諸蕃侯王酋長來會禮者各加一官天下賜酺三日丁酉徐曹亳汴許仙豫等州老父獻牛酒還其牛酒各賜帛二疋
十二月己巳至東都京兆父老及道士僧尼三百餘人詣闕拜賀共賜帛三百段遣之
十五年五月丁丑是日端午宴羣臣於武成殿各賜

衣一襲
十一月庚子御含元殿宴羣臣賜帛有差
十六年十一月丙午御含元殿宴羣臣賜帛有差
十七年十一月謁橋陵畢大赦諸州侍老百歲已上賜帛十段九十已上賜五段八十已上賜三段獻陵昭陵定陵官使幷管陵縣官各別加一階內外賜文武官三品已上加爵一等四品已下賜一階亞獻皇太子鴻賜物二千疋終獻慶王潭賜物一千疋邠王守禮寧王憲薛王業各賜物八百疋忠王浚棣王洽鄂王涺光王琚等各賜物七百疋中書門下賜物五

百疋開府王毛仲賜物三百疋皇親五等已上諸親三等已上及文武百寮各賜物有差

十八年正月丁巳親迎氣於東郊詔賜亞獻皇太子鴻賜物二千疋終獻寧王憲賜物一千疋文武百官及有職掌等各賜束帛有差率土之内賜酺三日

十九年十一月壬子幸東都勑親王賜物八十疋嗣郡王六十疋一品二品五十疋三品四十疋四品五品三十疋六品七品二十疋八品九品十段三衛引駕細引飛騎萬騎各四段彍騎弩手幕士主膳供膳及諸色白身人等各三段知頓使知營使各六十疋

知頓御史四十疋知騎御史及知頓判官知營幕官賜物各加一等突厥吐蕃使共賜物五百疋令鴻臚等據蕃望高下節級分付供頓州百姓所緣頓差科及充夫匠雜祇供人等宜放今年地稅應定供頓縣官各與一中上考

二十年二月諸州朝集使還宴之朝堂送之賜帛各有差

十一月北巡狩庚申祀后土畢大赦天下諸州耆老百歲已上賜粟五石八十已上賜粟三石亞獻皇太子鴻賜物二千疋終獻慶王潭賜物一千疋邠王守禮寧王憲薛王業各賜物一千疋忠王浚已下各賜物三百疋裴光庭蕭嵩弼亮朕躬弘益思遠不有優異何殊等夷加階賜爵之外各與一子官仍各賜物三百疋二王後及長公主嗣王郡王縣主各賜物二百疋行從文武官並節級賜物升壇官三品已上特賜一階應入三品五品官階相當不限考數緣大禮有職掌官賜勳三轉内外文武官三品已上賜爵一等四品已下各加一階致仕官賜物有差從蕃客共賜物五十疋管壇一鄉百姓給復二年武德初功臣每有大慶必存追遠業參運始而義合賞延其子孫

沉翳無在朝者宜令勘責即與官唐元立功等艱難之際誠効益深言念其功豈忘終始其三品已上各賜一子官五品已上各賜紫金魚袋有亡沒者優贈與官仍與一子官兩京留守京兆河南尹四大都督府長史諸軍節度副大使准行從官例處分率土之内賜酺三日

二十一年五月戊子以皇太子納妃詔京文武九品已上賜勳一轉諸司緣禮會祇供官等更加一轉五禮使兵部尚書兼中書令蕭嵩特封徐國公禮會使黄門侍郎同中書門下平章事韓休特與三品禮會

使少府監馮紹賜紫金魚袋皇太子舅尚輦奉御趙廼遵特與三品官前右威衛曹騎趙廼進特與五品及五品官皇太子侍讀侍書等各加一等階其皇太子諭德潘肅特與五品官太子妃遍事舍人薛愿特與五品及五品官今日應預會官等各節級賜物卽宜領取宴慰者所以宣其情頒錫者所以將其意公卿百辟庶知朕心

二十三年正月乙亥籍田禮畢亞獻皇太子鴻賜物二千疋終獻慶王潭郯王守禮等各賜物一千疋忠王浚已下各賜物三百疋汝陽郡王淳已下各賜物

二百疋裴耀卿張九齡李林甫自其翊贊誠有忠益須賞以序等數須優各與一子官賜物三百疋二王後各賜物一百疋長公主各與一子官仍各賜物二百疋嗣王郡主縣主各賜物一百五十疋京文武官九品已上三都留守諸道採訪使及節度使賜物有差管籍田縣令吏賜物六十疋京文武官及朝集使諸道節度採訪使新除五品已上官未赴任畿縣令見在陪位者三品已上賜爵一級四品已下加一階皇親諸親并內外文武官九品已上各賜勳一轉蕃官應陪位者共賜物五十疋都城之內賜酺三日

九月辛巳宴朝集使於朝堂賜物有差

二十四年八月壬子千秋節御廣達樓宴羣臣賜物有差又召京兆父老等宴之勑並宜坐食食訖樂飲兼賜少物宴訖領取

十月甲子自東都還至陝州詔行從飛騎萬騎三衛引駕監門各賜物五段兵彍掌閑及諸色當蕃人各賜物三段緣路供頓刺史縣令及專知官各賜一中上考行從有職掌武官賜勳一轉

二十六年正月丁丑親迎氣於東郊禮畢制亞獻忠王璵宜賜物一千疋終獻潁王璬及邠王守禮寧王

憲各五百疋慶王琮已下及長公主郡縣主二王後京文武官賜帛各有差天下諸州侍老宜令所繇長官量賜酒肉務存優養

七月己巳冊忠王璵爲皇太子大赦天下制內外文武職事官九品已上各賜勳一轉五品已上子爲父後者亦賜勳一轉其忠王府官及侍讀侍書除普賜之外三品已上賜爵一級四品已下各加一階仍並卽與改轉緣冊命行禮官各賜物有差今月番見上飛騎萬門直長三衛駕細引執扇黃衣長上等各賜勳一轉彍騎番兵各放免一番天下侍老八十已上

各賜粟三石帛三段百歲已上賜粟五石綿帛五段並加版授率土之內賜酺三日

二十七年二月己巳加尊號大赦詔皇太子璵男及慶王琮已下男宜並封授官邠王守禮寧王憲各與一子三品官其內外文武官三品已上賜爵一級四品已下各加一階長公主公主及嗣王郡王各與一子官郡王縣主各放一子出身二王後及諸方蕃客宜各賜物諸致仕官量與進改依前致仕天下侍老百歲已上版授下州刺史婦人版授郡君賜粟五石綿帛五段九十已上版授上州司馬婦人版授縣君

賜粟三石綿帛三段八十已上版授縣令婦人版授鄉君賜粟兩石綿帛兩段京城父老等宜共賜物三千段僧道等賜物一萬疋率土之內賜酺五日

二十八年八月己未以降誕之日御花萼樓宴羣臣賜帛有差

二十九年五月帝夢玄元皇帝告以休期畫真容分布天下制曰今者真容應見古所未聞福雖始於邦家慶宜均於士庶其親王公主郡縣主及內外文武官等並量賜錢至休假之辰宜以素飡用申慶樂諸道節度使及將士等亦准此其兩京及諸州父老亦量賜錢同此權宴其錢以當處官物充

天寶元年正月改元大赦天下者老八十已上者宜委州縣官每加存問仍量賜粟帛內外文武官九品已上各賜勳兩轉

三月丙申合祭天地於南郊制文武官三品已上加一爵四品已下加一階

三年十二月癸丑親祀九宮貴神禮畢詔天下耆老百歲已下賜綿帛五段粟三石八十已上三段粟兩石仍令郡縣長官存問給付亞獻太子璵宜賜物二千疋終獻慶王琮一千疋正衣夾侍各五百疋親王

各三百疋新封建郡王及國公一百疋賢妃三百疋長公主各三百疋公主各二百疋嗣郡王各一百疋中書門下三品竭心翊戴引盖實多各與一子官如先已授官量與一人改轉內外文武官三品已上賜爵一級四品已下各加一階一品賜物七十疋三品已上六十疋五品已上賜物四十疋六品已下二十段諸道節度使各賜物一百疋三京留守及二王後各八十疋採訪使各六十疋諸蕃客共賜二千疋其唐元功臣締構之初竭其忠款錄加念舊情所不忘普恩之外更加一階其身殁者各贈一官皇親五等

已上及九廟子孫諸親三等已上未出身其前資者選日稍優與處分見任者更賜勳兩轉應天下賜酺三日

六年正月戊子親祀南郊禮畢詔天下耆老百歲已上賜綿帛五段粟三石八十已上綿帛三段粟二石仍令所在長官存問各即分付亞獻太子瑛賜物二千疋終獻慶王琮賜物一千疋京文武官各賜帛有差天下賜酺三日

七年五月冊尊號畢詔曰且因親設教式本於人倫自葉流根必逮於營養内外文武職掌官有五品已

上其父祖見在無官者宜各授一官仍聽致仕其祖母見在准母例處分京官五品已下正員如父母已没未有官者亦宜追贈所司勘會即與處分王澤無私豈殊於中外天瑞有慶頻屬於京華寬大之典則以溥覃施惠之恩特申曲被其京城父老宜各賜物十段七十已上仍版授本縣令其妻版授縣君六十已上版授本縣丞天下耆老百歲已上版授下郡太守婦人版授郡君九十已上版授上郡司馬婦人版授縣君八十已上版授縣令婦人版授鄉君仍並即量賜酒麵内外見存文武官九品已上宜各賜勳兩轉其京文武官見在京及致仕并陪位官諸方通表使及月番官等一品賜物一百疋二品三品八十疋四品五品五十疋六品七品三十段八品九品二十段兩京留守各八十疋其節度採訪使并諸官充使未廻者並同在京例賜物皇太子諱更宜賜物二千疋慶王琮已上各賜物有差率土之内賜酺三日

八載閏八月受冊尊號大赦制曰朕永惟風教漸冀還淳至於弘貸之名亦思復古其天下百姓大夫戶頭者宜各賜爵一級天下侍老並量賜酒麵内外見任文武職掌官三品已上賜爵一級四品已下各加

一階其有文武官在京及諸色倍位官通表使等賜帛有差率土之内賜酺三日

十年正月甲子有事於南郊大赦天下京官五品已上正員清資官階相當并五品已上正員外清官父母先亡殁無官號者並與追贈又父有封爵合傳授子孫或緣申請遲違准式遂停承襲如有此色自開元已來宜令所司審加勘責灼然合襲者特宜許襲太清宮道士各賜物三十段陪位道士共賜物五百段亞獻皇太子賜物二千疋終獻榮王琬賜物一千段文武百官及有職掌各賜束帛有差率土之内賜

酬三日

十三年二月受册尊號大赦制曰朕尊崇先謚霜露增感于以孝思無忘錫類其内外見任官官階俱是三品已上父未有五品官及無官已亡沒者宜各贈五品官及母無邑號者亦與追贈其見任四品五品清官官階俱是五品已上者亡父母先無官號亦准此追贈天下侍老百歲已上版授本郡太守婦人版授郡君各賜綿帛五段粟三石八十已上版授本縣令婦人版授縣君各賜綿帛兩段粟二石太淸宮闕聖祖先居頫告休徵屢貽啓迪不有優異豈表殊甞

其本宮道士宜各賜物三十段道門威儀五虗貞賜物五十段陪位大德各賜物二十段因心推崇增上美謚惟官統職必在正名令以太帝尊事宗廟安可側署爲名禮不遏尊情期達敬五陵署改爲臺獻陵臺等五令及丞並升、階以彰崇奉亞獻皇太子瑍賜物一千段終獻榮王琬賜物五百段其餘各賜階爵有差其郡守縣令職守親人必在公勤用康黎庶凡所推擇皆竭愬誠寵錫之門須甄異等普恩之外太守等並賜爵一級縣令賜勳兩轉庶其勉勵以表朕心其京文武官一品賜物一百疋二品八十疋三品七十疋四品五品五十疋六品七品各三十疋八品九品二十段東京北京留守節度採訪使并京官准敕出使未廻者所賜物並同見在側左相陳希烈純粹之道載穆朝廷文儒之風式瞻師表且叶和時令翊贊昇平柔嘉其德克壯元老與一子五品官賜物五百疋攝太尉奠瓚上册書寶册讀册右相楊國忠宜與一子三品仍與一子五品官更賜物五百段左僕射安祿山旣押登歌又押寶册與一子官更賜物四百疋攝太尉張均太淸宮祠及脩儀注等使普恩之外又賜物一百疋武德功臣及貞觀初宰輔等

緬想忠義感會風雲用集大勳肇興王業其有子孫零落冠冕陵夷無任官者宜令所司勘責依資與一人京官唐初功臣續參締構錄勞念舊每寘於懷普恩之外宜放一子出身所司依資與一官率土之内賜酺三日

三月丙午宴躍龍殿門賜右相楊國忠絹一千五百疋綵羅三百疋綵綾五百疋左相陳希烈絹三百疋綵羅綾各五十疋餘三品八十疋四品五品六十疋六品七品四十疋

十四年八月天長節詔兩衙九品已上并京兆府畿

令等宜共賜物二萬疋左右龍武軍各賜一千疋其
唐元功臣言念勲舊宜異甞倫兩軍各賜物二千疋
餘各有差天下侍老各量賜米
肅宗至德元年七月卽位於靈武詔天下耆壽各賜
物五段諸百姓本道採訪使差郡縣存問四方將士
各賜馬一疋六品已下賜物十段天下寺觀各度十
人內外文武官九品已上各加兩階賜勲兩轉三品
已上賜爵一級
八月上皇至蜀郡大赦天下左相韋見素進封豳國
公特加一階兼文部尚書平章事房琯中書侍郎平
冊府元龜　帝王部　慶賜二　卷之八十　三十一
章事崔圓竝賜特進三品門下侍郎平章事崔渙賜
四品驃騎大將軍內侍監知內侍省事渤海郡公高
力士加開府儀同三司進封齊國公左龍武大將軍
潁川郡公陳玄禮加開府儀同三司進封潁國公朝
臣扈從衣緋者賜紫綠者賜緋竝量加進封
十二月戊午帝御丹鳳門大赦天下詔五品已上清
資官及三品已上官上郡太守父見任無官及官卑
竝與五品官及祖先亡没者贈一人官祖母亡没亦
贈邑號天下侍老八十已上版授有差竝賜緋魚袋
內外文武三品已下各加一階應敘三品五品量加

兩考蜀郡鳳翔扈從官九品已上更賜勲一轉溥天
之下賜酺五日
乾元元年二月乙巳受冊尊號大赦改元詔內外文
武官有三品已上各賜爵一級四品已下及四方通
表使各加一階五品已上有父歿者各賜勲兩階
四月甲寅郊廟禮畢乙卯御丹鳳門大赦天下詔曰
其成都府元從聖皇功臣及靈武元從功臣并收兩
京將士京留守諸道節度採訪使普恩外三品已上
賜爵一級四品已下加一階門人賜勲三轉二王三
恪各與一子官內外文武官三品已上賜爵一級四
冊府元龜　帝王部　慶賜二　卷之八十　三十二
品已下加一階
八月甲辰天長節上皇於金明樓宴百官賜綵五百
疋
十月甲辰冊成王俶爲皇太子大赦天下詔文武官
三品已上賜爵一級四品已下各加一階五品已上
官子爲父後者賜勲兩轉頃緣國用不足頒賜未周
今所鑄新錢數盈於萬其京官文武兩品已上及當
參官六軍將士東北京留守及諸道節度將士等各
賜物有差其唐元功臣成都元從及殹元從功臣等
普恩之外更賜一爵四品已下更加兩階共在靈州

及寧州至鳳翔者仰所司類例更遞加一等皇親及諸色陪位人各賜勳兩轉其鴻臚蕃客共賜絹一千疋應緣册禮職掌要重者及撰册昇寶官禮官等普恩之外賜勳兩轉其禮儀使特賜一階副使普恩之外賜爵一級勑文有不該者所司類例奏聞

二年九月丙寅帝降誕日宴百官於宣政殿賜絹三千疋

上元元年閏四月巳卯御明鳳門大赦改元詔内外文武官賜爵各有差其六軍及飛龍閑廄加賜物其成都靈武元從扈從遞加有差見在諸軍各加錄賞

物陣亡將士優加褒贈行人家口所在賑給

二年九月壬寅大赦制自今已後但稱元年以今年十一月爲歲首每月以所建爲數内外官三品已上賜爵一級四品五品各加一階六品已下賜勳兩轉成都府及靈武元從普恩之外三品已下更加賜爵一級四品更加一階六品已下更賜勳一轉京文武官等賜物各有差天下侍老先版授者改與版授未版授者與版授

元年建卯月辛亥大赦制内外文武官三品已上賜爵一級四品已下各加一階成都靈武元從功臣三品已上更賜爵一級四品已下更加一階其京清資正員文武五品已上武官三品已上并兩省供奉官御史諸州刺史并諸道節度已下三品已上父母亡没未經追贈者並量與追贈

冊府元龜

巡按福建監察御史臣李嗣京　訂正
分守建南道左布政使臣胡維霖　叅閱
知建陽縣事臣黃國琦較釋

帝王部　八十一

慶賜第三

唐代宗以寶應元年四月卽位五月丁酉大赦詔諸州刺史與一子官刺史縣令入五品減兩考內外文武官三品已上賜爵一級四品已下各加一階諸州刺史父母在無官者與致仕官及母邑號已亡殁者

追贈天下子爲父後者各賜勳一轉

廣德元年七月壬子受册尊號大赦改元制內外文武三品已上賜爵一級四品已下加階仍各賜勳兩轉文武正員嘗參官并諸州刺史父母無官邑者宜與致仕及邑號賜者更與改贈

二年二月乙亥親拜南郊戊子御明鳳門大赦內外文武三品已上賜爵一級四品已下各加一階仍並賜勳兩轉武德元從功臣勲業特崇子孫沈翳者委所司勘責各與一人官成都靈武元從普恩之外三品已上更賜一級四品已下更加一階寶應功臣普恩之外三品已上各與一子六品官賜爵一級四品已下各加兩階更賜勳兩轉五品已上官子爲父後者賜勳兩轉副元帥光弼子儀各與一子三品官并階諸道節度使各與一子五品官并階都防禦使及經略等使各與一子六品官并階去歲行幸陝州六軍英武威遠威武寶應射生衙前射生左右步軍等并內外文武百官扈從到行在者三品已上與一子官四品已下各加兩階自陝州至上都已來置頓使及州府長官普恩外各與一子出身置頓使判官已下緣路縣令及專知頓使各加一階其六軍神策寶

應射生衙前射生及左右步軍英武威遠威武等諸軍左右金吾將士緣大禮扈從及在城留後者共賜金錢五萬貫鴻臚蕃客共賜錢一千貫儀王及彭王已下諸王男未有官者並准舊例與官其已封爲郡王國公者及永穆長樂已下長公主及諸郡縣主并嗣王郡王各與一子官皇親五等已上諸親三等已上各與一子出身二王之後各與一子官應緣大禮應升壇殿行事者普恩之外更與一子官應在太清宮郊廟諸色職掌者及冊皇太子行事官撰册并書冊文及簡較造册官普恩之外三品已上賜爵一級四

品巳上加一階仍賜勳一轉
永泰元年正月癸巳朔御含元殿大赦改元應見立
佚諸軍將士等宜共賜錢五萬貫
大曆元年十一月甲子日長至御含元殿大赦改元
其立佚將士等宜賜物五百疋
德宗以大曆十四年五月即位六月巳亥朔御丹鳳
樓大赦天下內外文武官三品巳上賜爵一級四品
巳下加一階致仕官同見任天下百姓爲户者賜右
爵一級內外將士及方面連帥並加官及勳封等在
城諸將士各賜繒帛

建中元年正月辛未拜郊廟禮畢御丹鳳樓大赦天
下內外文武官賜爵及階勳天下子爲父後者賜勳
兩轉
興元元年正月癸酉朔帝在奉天大赦改元詔應赴
奉天并進收京城將士并賜名奉天定難功臣身有
過犯減罪三等子孫過犯減罪二等
六月癸丑詔興元府見任官各加兩階耆老與版授
本縣令仍賜緋興元鳳州界內知頓脩橋閣路官等
委嚴震類例功效聞奏當與甄獎
七月丙子次鳳翔詔鳳翔府耆壽侍老八十巳上各
與版授刺史仍賜紫餘並與版授上佐仍賜緋府縣
知頓官考滿日放選是月辛卯御樓大赦內外文武
及致仕官三品巳上賜爵一級四品巳下加一階仍
并賜勳兩轉司徒兼中書令晟與一子五品正員京
官侍中瑊與一子六品正員京官駱元光尚可孤韓
遊瓌戴休顏各與一子七品正員官諸道節度使及
行在都知兵馬使都虞侯扈從左右金吾六軍大將
軍各與一子八品正員官都團練使觀察使各與一
子官收京城將士超八資改轉巳甄叙者更與超三資
扈從及收京城將士及嘗參官祖父母在先無官封

量授致仕官及邑號巳亡者與追贈扈從將士三品
巳上賜爵兩級四品巳下各加兩階賜勳三轉諸道
刺史普加恩外賜爵一級諸道鎮軍及行營將士三
品巳上賜爵一級四品巳下加一階宣示中外咸知
朕意
貞元元年正月丁酉朔御含元殿大赦改元應從奉
天及收城將士以府庫空竭減六官百司經費據見
漕運財賦隨到者賞賜之
十一月癸卯日南至南郊禮畢詔內外文武見任及
致仕官三品巳上賜爵一級四品巳下加一階天下

諸使軍將士三品巳上亦賜爵一級四品巳下加一階白身人賜勳三轉應奉天興元元年扈從立功并收京城將士食封者各隨文武與一子官餘並加兩階仍賜勳三轉其文武百僚應從到興元府者五品巳上賜勳三轉其五品巳下賜爵一級六品巳下加一階合入三品五品者不拘考限聽叙其中五品巳上父母未經追贈者並與追贈大長公主各與一子七品官嗣王郡王縣主各與一子出身應陪位皇親三品巳上賜爵一級四品五品加一階六品巳下及嘗選散官者簡選日優與處分應緣大禮職掌行事

官及留守副留守內行事中官等三品巳上各賜爵一級四品巳下加一階仍並賜勳兩轉介公酅公各與一子官如無子孫賜物一百疋神策六軍殿前射生英武威武威遠皇城左右金吾衛使等諸軍諸使將士御樓立仗及守本仗者并諸道節度下隨使赴上都帖仗將士等宜共賜物十三萬段仍賜勳兩轉

四年正月庚戌御殿大赦諸軍立仗將士共賜十萬疋陪位蕃客賜一千疋天下刺史與一子正員官户口增加田疇廣闢者長吏加一階縣令減選優與處分

十一月庚午日南至南郊禮畢詔內外文武及致仕官并諸軍將士等三品巳上賜爵一級四品巳下加一階大禮行事官各加一階立仗將士及守本營者共賜帛十八萬端疋

九年十一月乙酉日南至郊祀禮畢大赦天下內外文武見任及致仕并諸軍諸使將士等三品巳上賜爵一級四品巳下加一階將士白身者賜勳兩轉應緣大禮職掌行軍法駕南郊後留守副留守及太倉左藏庫及陪位官等三品巳上更賜爵一級四品巳下加一階其郊壇宮廟行事官各賜勳兩轉皇親應

陪位者三品巳上賜爵一級四品巳下加一階及諸色應陪位官等各賜勳兩轉親王大長公主公主嗣王郡縣主酅公介公鴻臚蕃客神威六軍及諸使應緣大禮宿衛御樓立仗及守本軍本營者諸道節度在京帖仗將士賜物有差宰輔及在方鎮者祖父各與追贈東都留守諸軍節度觀察都防禦都團練經畧鹽鐵轉運使左右神策神威六軍等統軍大將軍英武威遠軍使戶部侍郎判度支及京文武三品巳上正員官尚書省四品官中書門下省御史臺五品官父在未有官者量授簡較官有官者加一階母在

未有邑號者授邑號已有邑號者更進邑號父母亡殁者各與追贈應諸軍防秋兵馬使及别勑定名充邉地兵馬使等備禦勤勞所宜優異其父在未有官者各授簡較官母在未有邑號者各授邑號邊軍鎮守及諸道諸軍防秋將士經三周年未改轉者宜與甄叙

順宗以貞元二十一年正月即位赦制內外文武見任及致仕官并諸道將士等賜爵加階賜勳有差二王三恪褒聖侯各與一子官大長公主嗣王等各與一子官及出身有差宗子中有才用者委宗正卿以

名聞量才叙用皇王等已上親賜爵加階有差陪位者年十五已上并放出身諸州府長官及京長參官父見在未有官者並與五品致仕官及階父殁者母存者與邑號父母亡殁量與追贈陝州元從寳應功臣與元元從奉天定難功臣賜爵勳有差亡殁者與追贈中書門下節度使東都留守度支鹽鐵等使京兆尹觀察招討等使及神策神威金吾六軍將士大將軍英武威遠鎮國軍使隴右經略軍使節度留後各與一子官有差其神策神威六軍將軍大將士英武軍等使并與加官神策神威六軍英武威遠營左右金吾及皇城將士及緣御樓立仗將士等賜物及爵階有差應東宮官及侍讀侍書授在正月二十六日已前者國丧已來職掌行事及册命官受顧命撰制詔及脩册文并寫制詔官等賜爵加階勳進改有差蕃客等共賜物一千八百七十疋義武軍節度使下官健在城立仗共賜物三千八百四十五疋立仗將士等量加改轉內侍省及內坊官正諸道進奏院及奏事官賜爵階勳有差百姓九十已上版授及賜各有差又册皇太子詔文武官常參及諸州府長官子爲父後者賜勳兩轉

憲宗元和元年正月丁卯御丹鳳樓大赦內外文武見任及致仕官神策六軍諸道將士等各賜爵階勳有武德已來功臣子孫與官及出身文武常參官觀察節度團練經略使刺史六軍大將等父母亡殁與封贈至德已來任宰輔與追贈及謚陝州奉天元從功臣恩外更賜勳爵

二年正月辛卯有事於南郊還御丹鳳樓大赦天下制內外文武見任及致仕官諸軍將士等以品秩節級賜勳爵文宣公及二王三恪公主諸王與一子官及賜物有差諸軍立仗及在本營節級賜物應緣大

禮職事官並賜階爵天下百姓高年者賜米麥羊酒
及版授官
四年十月冊鄧王寧爲皇太子大赦天下文武常參
官及諸州府長官子爲父後者賜勳兩轉應緣冊禮
行事官賜階及勳爵有差鄧王府官量與進改
七年十月壬寅冊遂王爲皇太子庚戌制文武當參
官及諸州府長官子爲父後者賜勳兩轉應緣冊皇
太子行事官加階賜勳爵有差文武當參官及陪位
官并宗子親賜勳一轉遂王府官量與進改
十三年正月乙酉御含元殿受朝賀畢御丹鳳樓大

赦詔二王三恪及文宣公各賜物五十疋神策六軍
威遠金吾及皇城等緣御樓立仗將士等及在城內
蕃客各賜布有差中書門下及文武當參官諸道節
度觀察神策諸軍等使祖父母父母節級與贈官封
存者量與致仕官及邑號天下百姓高年賜束帛羊
酒有差
十四年七月己丑御宣政殿受冊尊號大赦天下內
外文武見任及致仕官三品已上賜爵一級四品已
下加一階仍賜勳兩轉神策六軍金吾皇城威遠等
諸軍應在城內蕃客並節級賜物侍中韓弘讀冊官
崔群讀寶官皇甫鎛並各加一階已至三品者賜爵
二級撰冊文官崔群與一子正員官其餘應職掌行
事官加階賜爵賜勳有差寶應與元功臣各賜勳爵
天下百姓高年者頒賜有差
穆宗以元和十五年正月卽位二月丁丑御丹鳳樓
大赦詔內外文武見任及致仕官三品已上賜爵一
級四品已下各加一階諸道軍將士等普恩之外賜
階爵有差二王三恪文宣公及公主縣主嗣王節級
賜與一子官及出身宗子才行者委以名聞奏仍委
中書門下量才叙用皇王等已上親皇太后二等已

上親並賜階爵中書門下諸道節度使諸州府長官
東都留守及京當參官諸軍使等父母並節級與追
贈父母存者與官封已經追贈者更與改贈在城諸
軍將士節級賞賜仍加階爵京西京北及鎭武天德
八道節級都防禦使下及神策一十二鎭將士等共
一十八萬六千七百餘人都賜物一萬八千八百餘
疋皇太后諸親委中書門下量等第節級優賞文武
當參官及外官職事五品已上有母者並加邑號如
已至郡太夫人者許迴授周親應緣皇太后冊禮職
事官並節級賜物天下百姓有祖父母父母高年者

賜束帛城內蕃客等並節級賜物今年正月二十八日至閏正月三日宫苑諸門守捉西內立仗將士等量加改轉應內侍省及內坊官正等并賜勳爵

九月辛丑幸魚藻宫大張樂觀競渡貴戚左右泊倡優角抵市肆百戲皆厚頒賜賚

十一月制王承元頓赴闕庭宜令諫議大夫鄭覃往鎮州宣慰其四州之內有高年孤獨或承平遺老夙覩皇風或孤獨癈疾不能自存者差官就問量給粟帛

長慶元年正月辛丑郊禋禮畢大赦天下內外文武

及致仕官三品已上賜爵一級四品已下各加一階陪位白身人賜勳兩轉陝州奉先興元功臣更賜爵有差身歿未經追贈應緣大祀移仗宿衞御樓立仗將士普恩之外賜爵勳有差仍准舊例賜錢物二十萬四千九百六十端疋貫大禮職掌行事官及留守等更賜勳爵及加階升壇殿行事官更特加一階應在城內蕃客等賜物有差天下百姓高年者賜米及綿絹有差

三月以盧龍軍節度使劉總請代詔曰劉總已極上台仍移重鎮兄弟子姪各授官榮大將賓寮亦宜超擢百姓復一年宜賜軍士錢百萬貫以內庫錢充仍令宣慰使給事中薛存慶親諭朝旨與節度使丞相張弘靖計會大將判官甄奬未及有父母在者並具名列上郡縣中有殘破甚者量便宜優卹管內高年惸獨癈不能自存者差官就問給賜粟帛

七月壬子受册尊號禮畢御丹鳳樓大赦內外文武見任并致仕官賜官爵有差神策六軍金吾威遠皇城將士普恩之外各賜勳三轉大長公主長公主公主嗣王郡王縣主神策六軍金吾威遠皇城等諸軍將統軍以下并將士等長行立仗及守本軍本營者

各賜物有差鴻臚禮賓院應在城內蕃客等並節級賜物陰山貴女來迓天孫會王明庭克覩盛典念吾妹之將遠於禮賓而宜加其迴鶻公主別有賜物攝侍中讀寶官户部侍郎平章事杜元穎讀册官中書侍郎平章崔植各加一階撰册文官與一子正員官册奉寶授書玉册官書寶官各加兩階進寶綬進册進中嚴外辦禮儀贊道押册寶綬舁寶册官各加一階其餘應職掌行事官并寫制書官大常脩撰儀注禮官并內定行事中使三品已上賜爵一級四品已下加一階仍并賜勳兩轉鑄造玉册并填金字造寶

裝寶官等各賜物五十段導師重傳有國嘗經李逢吉常綏薛倣丁公著等普恩之外各加一階如已至三品四品者賜爵一級天下百姓年九十已上委所在長吏量加存問

二年十二月丙子冊景王爲皇太子癸丑詔文武嘗參及諸州府長官子爲父後者賜勳兩轉絲冊太子攝太尉稱賀攝侍中承旨宣制進中嚴外辨攝中書令讀冊授冊各賜爵一級其行事職掌官及書寶引冊寶舁舉冊寶儀禮使禮官等三品已上賜爵一級四品已下加一階撰冊文官特加一階仍並賜物有

差導引官各加一階鐫造冊寶及禮生等賜勳有差文武嘗參及陪位官并宗子諸親賜勳一轉

敬宗以長慶四年正月丙子卽位詔曰朕以寡昧祇膺寶位載懷悼懼豈所克堪而羽衞爪牙禁營師旅晝巡夜警恊力悉心自始御哀至於踐祚忠勤匪懈誠節用彰將圖錫賚務欲豐厚屬頻年旱歉御府空虚如聞邉上將士至今未給衣賜永言軫慮深切寤懐需卹之時所期均濟兩軍官健各宜賜絹十疋錢十千畿內諸鎭各賜絹十疋錢五千軍吏及城內諸軍賞物節級有等仍於內庫更出綾絹共三萬疋度支充邉軍春衣并天下州府賦稅如要斛放者并委所司約此數均勘取濟凡百將士宜悉朕懐元和十五年穆宗卽位賞賜過差左右神策軍各給錢五十貫諸軍及外鎭所降無幾將吏之錫又倍焉至是宰臣請量物力稍循往例時議美之丁丑分命中使宣賜宰臣及給事中中書舍人錦綵金銀器有差以冊日行事寵錫也又賜諸內長官及扈從至左右軍供奉官錦綵銀器有差

文宗以寶曆二年十二月乙巳卽位賜左右軍中尉樞密使供奉內官等錦綵銀器有差戊申帝始聽政尊聖母爲皇太后賜行事官錦綵銀器有差宰臣翰林學士錦綵銀器有差以脩冊文宣教令故也賜少

陽院宿直官健共四百人錢各二十五貫絹二十五疋於槐林阜隊左右軍各五千人絹各十五疋錢十五貫又長行各錢十貫絹十疋左右三軍長行絹各十疋錢五貫左右金吾皇城威遠飛龍官健等各絹五疋錢五百文

太和元年正月乙巳御丹鳳樓大赦改元其去年十二月九日立功將士普恩之外三品已上更賜爵一級四品已下更加一階其赴難軍使兵馬使都虞候將士等仍各與改轉名銜聞奏

七年八月甲申冊魯王永爲皇太子制文武嘗參官

及諸州府長官子爲父後者賜勳兩轉應緣冊禮行事官賜爵加階賜勳并賜物有差魯王府官未經進改者量與進改

開成元年正月辛丑朔御宣政殿改元大赦應内外文武進階加爵有差臣欽若等曰自武宗至哀帝無實錄帝紀惟書大赦及錄文言簡敕文未獲故會昌已後慶賜之事多闕文

昭宗龍紀元年正月癸巳朔御武成殿大赦改元中外文武臣寮進秩頒爵有差

天祐元年閏四月帝遷都雒陽乙巳御光政門大赦改元應倫都諸色工匠人夫軍將節級軍人百姓等

共賜錢一十萬貫以見在東都諸道上供物充委全忠分給其軍將仍委具名銜聞奏量材酬獎又應自陝州執事掌儀使隨駕馬軍及樓下立仗將士等共賜錢五萬貫以見在東都錢充應內外文武嘗參官節度觀察防團刺史並與追贈追封先已有者更加封贈其諸道藩鎮收守并委中書門下第其功績進改處分禮儀使御營使各與進階

後唐莊宗同光元年四月即位改元大赦應六軍及行營馬步蕃漢諸道將校并賜功臣未有官者超一資與簡較官已有官者亦超一資如官已高者與加爵邑如曾封爵者即給一子六品正員官其長行兵士並賜功臣應將士等並勒逐處各等第優賞

二年二月己巳朔南郊禮畢大赦應自來立功將校兵士等皆久經戎陣備覩辛勤並宜各轉官資仍加賞給應南郊掌儀使隨賀官員及樓下立仗將士及河南將校兵士等亦各賜等第優賞應藩鎮使臣各賜一子出身仍封功臣名號諸道留後刺史官高者加爵一級官卑者加官一資

三月辛亥詔隨駕收復汴州及扈從到雒及南郊立仗都將已下至節級長行軍將等朕自剗平中夏掃

蕩群凶被介冑以征行歷星霜而扈從凡經百戰盡立殊功永念丹心眞同赤子若無旌賞豈表恩榮其都將官自司空已下者宜並賜協謀定亂佐國功臣自僕射尚書常侍至大夫中丞宜並賜忠勇拱衛功臣其初帶憲銜宜並賜忠烈功臣已有功臣名者不在此限其節級長行軍將並宜賜扈蹕功臣又詔昨皇太后爰自北京歸於大内旋膺典冊正位宮闈載詳邦國舊規合有命婦貢表宜稽邃古以示新恩應内外文武官妻可據品秩高卑各封邑號

明宗天成二年五月勅朕自恭承景運祗荷丕圖念

寰海生靈錄勳賢骨肉保家莫尚於孝報國莫大於忠忠孝兩全古今所重在朝文武臣寮并諸道節度刺史等有父母者宜徧加恩澤使天下爲人父者知感爲人子者知恩競揚家國之風顯著君臣之道

三年正月巳丑先准天成二年五月十二日勑中外臣寮及諸道節度使等有父母者並許加恩奉勑凡居臣下盡抱公忠共爲朝廷各榮家族具慶者継頒恩渥俾耀晨昏既亡者宜漏泉扃以光封樹應中外群臣及諸道節度防禦團練刺史等父母亡殁者並與追贈加封

四年二月北面馳報今月三日收復定州舉酒徧賜侍臣喜除腹心之疾賜教坊絹五百疋內臣進馬稱賀丙午百辟入賀馮道從容言曰元惡既除猶望陛下安不忘危郎太平非遠戊申宴群臣於玉華殿樂作王晏球馳報巳獲王都首級生禽契丹禿餒等二千餘人百官就班稱賀崔協酒酣不能抃蹈於地命左右掖之方興不乆協卒宴罷賜物加等

長興元年二月郊禋禮畢下制曰朕恭荷丕圖獲申大禮葢股肱之叶力環衛之輸忠將士等扈從乘輿警廵晝夜咸彰勞瘁深所嘉稱各示頒宣以明酬奬宜令三司依等第勘會指實人數指揮支給其諸道州府如本處有絹帛准價折支無見在錢物郎就便支遣兼差使臣各往逐處宣賜仍下六軍諸衛准此告諭是月宴群臣於長春殿百寮各賜鞍馬銀器分物有差酬郊祀行事也五月丁丑詔賜皇后冊禮使馮道副使兵部尚書盧質錢絹衣著銀器鞍馬有差

三年正月白波新倚軍管帝駕幸觀之稱旨賜部署軍吏等物有差八月戊申受冊尊號庚戌以馮道撰玉冊文李愚書寶劉昫書冊各賜絹二百疋銀器百兩秦王從榮延光延壽各賜絹五百疋銀器百兩金

帶一銀鞍馬一宣徽使馮贇孟漢瓊絹三百疋銀器百兩鞍轡馬一匹客省使宋敬塘樞密直學士李崧絹百疋蓋盌一侍衛指揮使康義誠巳下三人六軍統軍李從昶巳下六人各賜錢二十千諸軍都指揮使人各十五千諸軍指揮使人各十千副指揮使人各七千都頭人各五千副兵馬使人各四千親直捧聖等散指揮使嚴衛軍將等人各三千龍武神武羽林六軍馬步兵士人各二千雜作諸軍將士人各一千徽號赦後恩賞也又賜侍衛都將康義誠絹二百疋馬一匹馬步都將安彥威張從賓各絹百疋馬一

四捧聖嚴衛都將宋洪實皇甫遇絹各百疋
十月丙寅勅曰朕聞君臣一也善否同之比之於人
心安則體逸方之於木枝盛則葉繁朕自父天子民
宗文祖武輔弼上憑於廊廟獻替次賴於縉紳四海
無波敢自矜於清晏一人有慶思共樂於雍熙近又
允副群情增崇大號雖中外元輔已議序遷而文武
庶寮未聞普及而況咸著恪居之績悉堅欣戴之誠
將顯示於奬酬當廣須於渥澤應在朝文武臣寮並
宜加恩其有八月四日已後遷官者不在此限時帝
欲徧與百寮轉官而馮道等以爲轉官須論資考乃

奏叙階勳而已
愍帝以長興四年十一月癸卯卽位已酉詔中外將
士賜物有差
應順元年正月改元諸藩鎭文武臣寮皆次序加恩
帝嗣位覃慶澤也是月宴將相百寮於廣壽殿賜幣
馬有差二月詔兩班當參官各加階進爵從改元赦
書恩例也
末帝淸泰元年四月卽位大赦應內外文武臣寮節
鎭州府等使刺史文武職員將校並與加恩應自鳳
翔扈駕員寮凡主兵主事者各賜功臣名見在京隨
駕并諸道馬步將士并與等第優給并從別勑處分
隨駕前資文武官寮并量材任使是月詔禁軍鳳翔
城下歸明將校賞給龍武都指揮使安審琦羽林都
指揮使馬萬楊思權嚴衛都指揮使尹暉各二馬一
駝錢七十貫諸軍廂指揮使壕寨使各一馬一駝錢
五十貫諸軍指揮副指揮使一馬一駝錢四十貫軍
使都頭一馬錢三十貫諸軍軍使副兵馬使至長行
契丹直錢三萬軍頭十將至軍人各十貫其元在京
城守營及新招軍都人廂軍十將至官健各錢十貫
又詔曰應勸進諸選人前京兆府武功令龎濤而下

四百九十有四人方在京都遘茲際會旣同勸進宜
示奬酬其前資州縣官及黄衣進選人近日緣少闕
員難於減選候合格日各超一資注擬行事官亦於
注擬時優與處分長流人已歸本貫卽以赦書節文
處分攝試官推巡令錄宜并許比三轉出身判司簿
推主簿比明經出身各守選限自今年始合格日與
初官宗子未有出身者與出身有出身者同選人例
處分給與憑據
七月詔鄭州防禦使宋敬塘宿州團練使潘環潁州
團練使孫鐸亳州團練使康文審洛州團練使田武

容州刺史張籛鄧州刺史武廷翰懷州刺史周光輔商州刺史侯益并叙進爵邑從恩例也文武兩班崔居儉而下一百七十有一人各轉階一級或賜勳一轉或進爵一等示新恩也

晋高祖天福元年十一月巳亥即位于北京大赦改元詔曰文武官寮等各輸推戴之誠宜示獎酬之道應在京文武官寮及軍府將較并勸進官等兼前資官内自五月後來未曾分掌職任并各與遷轉官資自五月後巳來曾受官者不在此限其軍府諸色職掌將吏等巳及押衙職者并與加官未及押衙職者

各與遷職次應超魏府行營及係侍衛諸軍將校等并巳加恩外所有六軍及諸道本城并營換在諸處將較未加恩者凡執干戈皆爲社稷雖守役或分等次而傾心盡著勤勞且被渥恩各升官秩用獎輸忠之効俾堅禦侮之誠其六軍及諸道州府本城并替換在諸處將校未加恩者宜令并與依資轉官仍令六統軍及諸道州府據前項軍都自副將巳上分折名銜申奏是月甲申至雒都壬午詔曰賞罰二柄激勸萬方儻稽甄獎之恩何荅勤劬之効應扈駕及相州歸順軍都並與重加優賞但緣官内燒爇庫藏虛乏宜令三司疾速抽徵諸道稅物以充賞給其指揮使節級等并與超轉官資五月後來巳曾授恩命者亦與依資轉官高懸朗日臨照必被於遐陬大扇仁風亭育罔遺於纖芥應天下歸順節度使刺史下賓席郡職及將較等委中書門下各與改轉官資

二年正月庚申詔曰有晋開國新命臨人宜弘不二之規以廣無私之化應在朝中外臣寮及節度團練防禦使刺史留守司及州府縣官等宜并與加恩擢林委任不問常例

十月勅應追尊四廟行事官等追尊四廟式展盛儀

行事庶官合須溥澤貴承光寵共贊孝思宜令銓司准元勑磨勘如守選年深過格及巳合格指受赴任不得并次一選兩選者先與注官加欠三選四選月限不滿衡替下許非時注擬者即相次注官仍須各依資序如不依元勑指揮欠選數多者即仰都具奏聞

三年四月諸道藩侯郡守皆等第加恩

六年八月巳亥帝至鄴都壬寅制經過郡縣迎奉乘輿既供億以爲勞宜旌酬而示寵應自東京至鄴沿路供頓官員職掌等並與加恩載念雀臺昔居侯服

撫綏六郡臨蒞四年睠彼職員依然父老無悋推恩之典仍敦尚齒之風鄴都並相澶貝博衛等州官員職掌內有項歲潛龍時在職者并與加恩管內耆老八十已上者並與版授上佐

少帝以天福七年六月乙丑卽位丁卯賜侍衛諸軍將校錢一百貫至五十貫以初卽位示大賚也

七月庚子御正殿大赦內外臣寮侍衛諸軍將校及諸道節度使防禦團練刺史及諸道賓幕將校職員見任京官六品已下州縣官三司場院監治帶使額者並與加恩其諸道職員押衙已下與轉官兵馬使

已下與轉職致仕官前任文武朝臣內諸司使已下前任節度使防禦團練刺史行軍賓從少尹上佐官前諸道都指揮使已下前任京六品已下官及前資州縣官帶使額場院官等並與加恩應在京諸司職掌亦量與恩澤

八年七月丁酉幸南莊宣隨駕臣寮射于後園賜酒食物帛有差沿路農人各賜布衫襖并鞋貧子共賜錢一十貫文

開運二年正月辛亥宴青州立功將校於永福殿賜李守貞符彥卿玉帶衣一襲衣著銀器鞍轡馬都監王景崇護聖廂主楊實都指揮使靳覇等各等第賜金銀帶衣服疋段銀器等

漢高祖開運四年二月辛未卽位於北京猶稱天福十二年是月戊寅以內外府庫賞犒諸軍將士有差甲午賜北京管內郡縣官員職掌各加階級乙酉北京管內及諸道相次有前資官六千七百人詣闕稱賀帝面加賚以遣之

六月甲子至東京戊辰大赦內外臣寮及京百司并諸道官吏將校等各具名銜申奏當與加恩

乾祐元年正月乙卯大赦改元應扈從鄴都文武臣

寮及諸軍將校并在京都署巡簡官員職掌諸軍將校等除已行恩命外所有未曾加恩者宜令中書門下條舉聞奏兼鄴都已來緣路州縣迎奉大駕供饋宿頓粮草無遺闕處其職掌及州縣官吏並與等第甄錄

隱帝以乾祐元年二月辛巳卽位癸巳大赦應中外文武臣寮將吏各加恩寵其馬步諸軍兵士等各加賞給

周太祖廣順元年正月丁卯卽位改元詔馬步諸軍將士等各與等第超加恩命仍賜功臣名號已有功

臣者别與改賜內外文武臣寮致仕官諸軍將較隨使職員及前任藩侯郡守文武朝列前內諸司使副使前禁軍指揮使前資行軍副使等各與等第加恩

世宗以顯德元年正月南郊大赦內外馬步諸軍將士各等第優賞應見任內外文武職員諸軍將較致仕官節度防禦團練刺史前任文武外朝官前內諸司使副使前諸州行軍副使前指揮使諸道進奉尊人前資官赴郊廟陪位者并與加恩內外命婦并與追封因夫子叙封者不得過夫子本品其諸寺監攝官如滿七周年已上應奉公事無遺闕文書灼然者

並與同明經出身應祗應郊廟職賞人員並與恩澤其行事官已勘無違碍者候銓司移省各與除官合來年集者候將來授任仍並加一階欠三選至五選者減一選欠六選已上減兩選幕職并與減一年如欠月限不及一年者便與除官仍轉官資其諸色選人駁放皆依格勑其間小小違碍可以情恕者并條奏以聞起今後升朝官兩任已上著綠十五周年者與賜緋著緋十五年者與賜紫凡州縣官歷任內曾經五度參選者雖未及十六考與授朝散大夫階年七十已上合授優散官者并賜緋其非時特恩不拘此例是月賜將相近臣主軍職員及郊禋冊尊號行事官等第分物

三月丁丑賜宰臣樞密使及諸軍都較鞍馬金玉帶衣服各有差辛巳大赦內外見任文武職官致仕官及諸軍將較并與加恩其前任京官幕職州縣官至合授官日施行

四年三月戊子朔帝在淮南宴文武從官於行宮賜招討使李重進都監向訓等窄衣玉帶金銀器繒綵鞍馬器甲等又賜諸將及行營軍士分物各有差

冊府元龜終

册府元龜

巡按福建監察御史臣李嗣京　訂正

知長樂縣事臣夏允彝叅閱

知建陽縣事臣黄國琦較釋

帝王部八十二

赦宥

書曰宥過無大又曰眚災肆赦易曰雷雨作解君子以赦過宥罪周禮秋官司剌掌三宥三赦之法春秋書肆大眚斯皆赦宥之制也是知帝王以爲死者不可復生刑者不可復續故開仁恕之道行曠蕩之恩

所以釋旣往之辜示自新之路也漢晋而下歷代相承至若展義時巡遂行於慶賜弔民代罪惟新其號令亦有覩災異而戒懼因祥瑞而報功雖行渙汗之恩或起徼倖之弊故古人有言曰赦不欲數數則惠奸非爲政之善也管子云赦者犇馬之委轡也是以王者戒而愼之

漢高祖二年立太子赦罪人

五年正月詔曰兵不得休八年萬民與（與音弋庶切）苦甚今天下事畢其赦天下殊死以下

六月壬辰大赦天下

六年十二月詔曰天下旣安豪傑有功者封侯新立未能盡圖其功身居軍九年或未習法令或以其故犯法大者死刑吾甚憐之其赦天下

八年八月吏有罪未發覺者赦之

九年正月詔曰丙寅前有罪殊死以下皆赦之

十年七月癸卯太上皇崩葬萬年赦櫟陽囚死罪已下（萬年陵在櫟陽縣界特赦之）

十一年秋七月淮南王布反上赦天下死罪已下皆令從軍

十二年三月詔曰燕王綰與吾有故愛之如子聞與

陳狶有謀吾以爲亡有故使人迎綰綰稱疾不來謀反明矣燕吏民非有罪也賜其吏六百石已上爵各一級與綰居去來歸者赦之

四月丁未大赦天下

孝惠四年三月甲子皇帝冠赦天下

孝文以高后八年閏七月乙酉即皇帝位即日夕入未央宫還坐前殿下詔曰丞相太尉御史大夫間者諸吕用事擅權謀爲大逆欲危劉氏宗廟賴將相列侯宗室大臣誅之皆伏其辜朕初即位其赦天下賜民爵一級女子百户牛酒酺五日

二年正月丁亥詔曰夫農天下之本也其開籍田朕親率耕以給宗廟粢盛民讁作縣官及貸種食未入入未備者赦之

三年七月詔曰濟北王背德反上詿誤吏民爲大逆濟北吏民兵未至先自定及呂軍城邑降者皆赦之復官爵與王興居去來者赦之八月濟北王興居自殺赦諸與興居反者

十五年四月幸雍始郊見五帝大赦天下脩名山大川嘗祀而絶者有司以歲時致禮

後元四年五月赦天下免官奴婢爲庶人

孝景元年四月赦天下賜民爵一級

三年正月吳王濞膠西王卬楚王戊趙王遂濟南王辟光菑州王賢膠東王雄渠皆舉兵反大赦天下二月破七國六月詔曰迺者吳王濞等爲逆起兵相脅詿誤吏民不得已今濞等已滅吏民當坐濞等及逋逃亡軍者皆赦之

四年六月赦天下賜民爵一級

中元元年四月赦天下賜民爵一級

五年六月赦天下賜民爵一級

後元元年三月赦天下賜民爵一級中二千石諸侯相爵右庶長右庶長第十一爵

孝武建元元年二月赦天下賜民爵一級年八十復二筭九十復甲卒二筭二口之筭也復甲卒不豫革車之賦也五月赦吳楚七國帑輸在官者吳楚七國反時其首事者妻子沒入爲官奴婢武帝哀焉皆赦遣之也帑讀與孥同

元光元年四月赦天下賜民長子爵一級

四年五月地震赦天下

六年春詔曰夷狄無義所從來久間者匈奴數寇邊境故遣將撫師古者治兵振旅因遭虜之方入將吏新會上下未輯謂言古者出則治兵入則振旅素練其衆不虧戎律今之出師因遭寇虜

方入爲害而將吏新會上下未和故校尉棄軍而奔北也輯與集同代郡將軍敖鴈門將軍廣所任不肖肖似也不肖者言無所象類謂不才之人也校尉又背義妄行棄軍而北少吏犯禁少吏小吏也用兵之法不勤不教將率之過也教令宣明不能盡力士卒之罪也將軍已下廷尉使理正之而又加法於士卒二者並行非仁聖之心朕閔衆庶陷害欲刷耻改行復奉正義厥路亡繇一陷重刑無因復從正道也繇讀與由同其赦鴈門代郡軍士不循法者

元朔元年三月甲子詔曰朕聞天地不變不成施化陰陽不變物不暢茂易曰通其變使民不倦詩云九

變復貫知言之選朕嘉唐虞而樂殷周據舊以鑒新其赦天下與民更始諸逋貸及訴訟在孝景後三年以前皆勿聽治

三年三月詔曰夫刑罰所以防姦也內長文所以見愛也(言有文德者即親內而崇長之所以見愛之道見謂顯示也)以百姓之未洽于教化朕嘉與士大夫日新厥業祗而不觧其赦天下(觧音懈)

元狩元年四月赦天下丁卯詔曰朕聞咎繇對禹曰在知人知人則哲惟帝難之葢君者心也民猶支體支體傷則心憯怛日者淮南衡山脩文學流貨賂兩

國接壤怵於邪說而造篡弒此朕之不德詩云憂心慘慘念國之為虐已赦天下滌除與之更始

元鼎元年五月大赦天下

五年四月南越王相呂嘉反殺漢使及其王王太后乃赦天下

元封二年四月上祠泰山塞决河還赦所過徒賜孤獨高年米四石

六月詔曰甘泉宮內中產芝九莖連葉上帝博臨不異下房賜朕弘休(言天廣臨不以下房為幽側而隔異之賜以此芝)其赦天下賜雲陽都百户牛酒

四年三月祠后土詔曰朕躬祭后土地祇見光集于靈壇一夜三燭幸中都宮殿上見光其赦汾陰夏陽中都死罪賜三縣及楊氏無出今年租賦(楊氏河東聚邑名)

五年四月詔曰朕巡荊揚輯江淮物會大海氣以合泰山上天見象增脩封禪其赦天下所幸縣毋出今年租賜鰥寡孤獨帛貧窮者粟

六年三月祠后土詔曰朕禮首山昆田出珍物化或為黃金(昆田首山下田也)祭后土神光三燭其赦汾陰殊死以下賜天下貧民布帛人一疋

太初二年四月詔曰朕用事介山祭后土皆有光應

(介山在河東皮氏縣東南其特立周七十里高三十里)其赦汾陰安邑殊死以下

天漢元年五月赦天下

三年三月行幸泰山脩封祀明堂還幸北地祠常山

四月赦天下行所過毋出田租

太始元年六月赦天下

四年五月赦天下

征和三年五月赦天下

後元元年二月詔曰朕郊見上帝巡于北邊見群鶴留止以不羅罔靡所獲獻(時春也非用羅罔時故無所獲也)薦于泰

時光景并見其赦天下

孝昭以後元二年二月即位六月赦天下

始元元年七月赦天下賜民百户牛酒

四年三月甲寅立皇后上官氏赦天下辭訟在後二年前皆勿聽治（武帝後一年）

元鳳元年六月赦天下十月詔曰燕王迷惑失道前與齊王子劉澤等爲逆抑而不揚望王反道自新今廼與長公主及左將軍桀等謀危宗廟王及公主皆自伏辜其赦王太子建公主子文信及宗室子與燕王上官桀等謀反父母同產當坐者皆免爲庶人其

吏爲桀等所詿誤未發覺在吏者除其罪

二年六月赦天下

四年六月赦天下

六年夏赦天下

宣帝以元平元年七月即位九月赦天下

本始元年五月鳳凰集膠東千乘大赦天下賜吏二千石諸侯相下至中都官宦吏六百石爵各有差自左更至五大夫賜天下人爵各一級女子百户牛酒租稅勿收

四年三月乙卯立皇后霍氏賜丞相已下至郎吏從官金錢帛各有差赦天下

四月壬寅郡國四十九地震或山摧水出詔曰蓋災異者天地之戒也朕承洪業奉宗廟託于士民之上未能和群生廼者地震北海瑯邪壞祖宗廟朕甚懼焉丞相御史其與列侯中二千石博問經學之士有以應變輔朕之不逮毋有所諱令三輔太常內郡國舉賢良方正各一人律令有可蠲除以安百姓條奏被地震壞敗甚者勿收租賦大赦天下

地節二年四月鳳凰集魯群鳥從之大赦天下

三年四月立皇太子大赦天下

四年七月大司馬霍禹謀反詔曰廼者東織室令史張赦使魏郡豪李竟報冠陽侯霍雲謀爲大逆朕以大將軍故抑而不揚冀其自新今大司馬博陸侯禹與母宣成侯夫人顯及從昆弟冠陽侯雲樂平侯山諸姊妹壻度遼將軍范明友長信少府鄧廣漢中郎將任勝騎都尉趙平長安男子馮殷等謀爲大逆顯前又使女侍醫淳于衍進藥殺共哀后謀毒太子欲危宗廟逆亂不道咸伏其辜諸爲霍氏所詿誤未發覺在吏者皆赦除之

元康元年三月詔曰廼者鳳凰集泰山陳留甘露降

未央宫朕未能章先帝休烈恊寧百姓承天順地調序四時獲蒙嘉瑞賜茲祉福夙夜兢兢靡有驕色內省匪懈永惟罔極書不云乎鳳凰來儀庶尹允諧其赦天下徒賜勤事吏中二千石以下至六百石爵自中郎吏至五大夫佐史以上二級民一級女子百户牛酒加賜鰥寡孤獨三老孝弟力田帛所賑貸勿收

二年正月詔曰書云文王作罰刑茲無赦今吏脩身奉法未有能稱朕意朕甚愍焉其赦天下與士大夫勵精更始

神爵二年二月詔曰迺者正月乙丑鳳凰甘露降集

京師群鳥從之萬數朕之不德屢獲天福祇事不怠其赦天下

四年二月詔曰迺者鳳凰甘露降集京師嘉祥并見脩興泰一五帝后土之祠祈爲百姓蒙祉福鸞鳳萬舉蜚覽翱翔集止于旁齋戒之暮神光顯著薦鬯之夕神光交錯或降于天或登于地或從四方來集于壇上帝嘉饗海內承福其赦天下賜民爵一級女子百户牛酒鰥寡孤獨高年帛

五鳳元年夏赦徒作杜陵者

三年三月詔曰往者匈奴數爲邊寇百姓被其害朕承至尊未能綏安匈奴虛閭權渠單于請求和親病死右賢王屠耆堂諸王並自立分爲五單于更相攻擊死者以萬數畜產大耗什八九人民饑餓相燔燒以求食因大乖亂單于閼氏子孫昆弟及呼遬累單于名王右伊秩訾且渠當户以下將衆五萬餘人來降歸義單于稱臣使弟奉珍朝賀正月北邊晏然靡有兵革之事朕飭躬齋戒郊上帝祠后土神光並見或興于谷燭燿齋宮十有餘刻甘露降神爵集已詔有司告祠上帝宗廟三月辛丑鸞鳳又集長樂宮東闕樹上飛下止地文章五色留十餘刻吏民並觀朕

之不敏懼不能任婁（婁讀曰屢）蒙嘉瑞獲茲祉福書不云乎雖休勿休祇事不怠公卿大夫其勗焉減天下口錢赦殊死已下賜民爵一級女子百户牛酒大酺五日賜鰥寡孤獨高年帛

甘露二年正月詔曰迺者鳳凰甘露降集黃龍登興醴泉滂流枯槁榮茂神光並見咸受禎祥其赦天下減民筭三十賜諸侯王丞相將軍列侯中二千石金錢各有差賜民爵一級女子百户牛酒鰥寡孤獨高年帛

元帝初元元年正月辛丑孝宣皇帝葬杜陵賜諸侯

王公主列侯黃金吏二千石以下錢帛各有差大赦天下

二年三月詔曰迺者二月戊午地震于隴西郡毀落太上皇廟殿壁木飾壞敗獂道縣獂道屬天水獂音桓城郭官寺及民室屋壓殺人衆山摧地裂水泉湧出惟天降災震驚朕師其間者歲數不登元元困乏不勝饑寒以陷刑辟朕甚閔之郡國被地動災甚者無出租賦赦天下有可蠲除減省以便萬民者條奏毋有所諱

三年四月詔曰迺者火災降於孝武園館咎在朕躬百姓仍遭凶阨阨與阸同無以相振加以煩擾乎苛吏拘

牽乎微文不得永終性命朕甚閔焉其赦天下

四年三月行幸河東祠后土赦汾陰徒賜民爵一級女子百戶牛酒鰥寡高年帛行所過無出租賦

永光元年正月行幸甘泉郊泰畤赦雲陽徒三月詔曰壬人在位壬人佞人也吉士壅蔽重以周秦之弊民漸薄俗去禮義觸刑法豈不哀哉繇此觀之元元何辜其赦天下令勵精自新

二年二月詔曰今陰陽未調三光晻昧元元大困流散道路盜賊并興是皆朕之不明朕自甚恥爲民父母若是之薄謂百姓何其大赦天下

六月詔曰間者連年不收四方咸困於饑饉亡以相救朕爲民父母德不能覆而有其刑甚自傷焉其赦天下

四年二月詔曰朕承至尊之重不能燭理百姓屢遭凶咎加以邊境不安師旅在外賦歛轉輸元元騷動窮困亡聊犯法抵罪夫上失其道而繩下以深刑朕甚痛之其赦天下所貸民勿收責

建昭二年四月赦天下

四年正月以誅郅支單于告祠郊廟赦天下

五年三月詔曰蓋聞明王之治國也明好惡而定去

就崇敬讓而民興行故法設而民不犯令施而民從今朕獲保宗廟兢兢業業匪敢懈怠德薄明晻晻與暗同教化淺微傳不云乎百姓有過在予一人其赦天下

成帝以竟寧元年六月即位七月大赦天下

建始元年二月詔曰迺者火災降於祖廟有星孛于東方始正而虧咎孰大焉群公孜孜帥先百寮輔朕不逮崇寬大長和睦凡事怨已毋行苛刻其赦天下使得自新

二年正月辛巳上始郊祀長安南郊詔曰迺者徙泰畤后土于南郊北郊朕親飭躬郊祀上帝皇天報應

神光並見赦奉郊縣長安長陵及中都官耐罪徒
三年三月赦天下徒
河平元年四月己亥晦日有食之既詔曰朕獲保宗廟戰戰栗栗未能奉稱傳曰男教不脩陽事不得則日爲之蝕天著厥異辜在朕躬公卿大夫其勉悉心以輔不逮百寮各脩其職惇任仁人退遠殘賊陳朕過失無有所諱大赦天下
四年正月匈奴單于來朝赦天下徒賜孝弟力田爵二級
陽朔元年二月丁未晦日有蝕之三月大赦天下

四年二月赦天下
鴻嘉元年二月行幸初陵赦作徒
三年四月赦天下
永始四年春行幸甘泉郊泰畤神光降集紫殿大赦天下
元延元年四月赦天下
綏和元年正月大赦天下
哀帝以綏和二年四月丙午卽位大赦天下
建平元年正月赦天下
二年四月詔曰漢家之制推親親以顯尊尊定陶恭皇之號不宜復稱定陶尊恭皇太后曰帝太太后恭皇后曰帝太后立恭皇廟于京師赦天下徒
六月待詔夏賀良等言赤精子之讖〔詔以材技徵召未有正官故曰待詔高祖感赤龍而生自謂赤帝之精賀良等因是作讖文〕漢家歷運中衰當再受命宜改元易號詔曰漢興二百載歷數開元皇天降非材之佑漢國再獲受命之符朕之不德曷敢不通夫基事之元命〔基始也始爲大事之命〕必與天下自新其大赦天下以建平二年爲太初元年號曰陳聖劉太平皇帝〔陳舜後王莽陳之後謬語以明莽當篡立而不知〕漏刻以百二十爲度
八月詔曰待詔夏賀良等建言改元易號增益漏刻

可以永安國家朕過聽其言冀爲海內獲福卒亡嘉應皆違經背古不合時宜六月甲子制書非赦令也皆蠲除之〔言非赦書事皆除之〕
元壽元年正月辛丑朔月有蝕之詔曰朕獲保宗廟不明不敏夙夜憂勞未皇寧息〔皇暇也〕惟陰陽不調元元不贍未睹厥咎婁勑公卿庶幾有望〔婁古屢字〕至今有司執法未得其中〔中音竹仲切〕或上暴虐假埶獲名溫良寬柔陷於亡滅是故殘賊彌長和睦日衰百姓愁怨靡所錯躬〔錯置也音七故切〕乃正月朔日有蝕之厥咎不遠在予一人公卿大夫其各悉心勉帥百寮敦任仁人黜

遠殘賊期於安民陳朕之過失無有所諱其與將軍列侯中二千石舉賢良方正能直言者各一人大赦天下

平帝以元壽二年九月卽位大赦天下

元始元年五月丁巳朔日有蝕之大赦天下

九月赦天下徒

四年二月丁未立皇后王氏大赦天下

後漢光武以更始二年六月己未卽位於鄗南千秋亭五成陌改元建武大赦天下

二年三月大赦天下

六月戊戌立貴人郭氏爲皇后子彊爲皇太子大赦天下

三年正月壬午大赦天下

六月壬戌大赦天下

四年四月甲申大赦天下

五年二月丙午大赦天下

五月丙子詔曰久旱傷麥秋種未下朕甚憂之將殘吏未勝獄多冤結元元愁恨感動天氣乎其令中都官三輔郡國出繫囚（中都官謂京師諸官府也國謂諸侯王國也）罪非犯殊死一切勿案（殊死謂斬刑殊絕也左傳曰斬其木而弗殊一切權時非久制也）見徒免爲庶人務進柔良退貪酷各正厥事焉

六年五月辛丑詔曰惟天水隴西安定北地吏人爲隗囂所詿誤者又三輔遭難赤眉有犯法不道者自殊死以下皆赦除之是年九月庚子赦樂浪謀反大逆殊死巳下

七年正月丙申詔中都官三輔郡國出繫囚非犯殊死皆一切勿案其罪見徒免爲庶民耐罪亡命吏以文除之（耐輕罪之名漢書音義曰一歲刑爲罰作二歲刑以上爲耐耐音乃代切亡命謂犯耐罪而改名逃者令吏爲文薄記其姓名而除其罪恐遂逃不歸因失名籍）

四月壬午詔曰比陰陽錯謬日月薄食百姓有過在

予一人大赦天下

十八年七月吳漢拔成都斬史歆等壬戌赦益州所部殊死巳下

二十三年九月詔曰日者地震南陽尤甚朕甚懼焉其令南陽勿輸今年田租芻藁其死罪繫囚在戊辰前減死罪一等徒皆弛解鉗衣絲絮（謂法徒者不得衣絲絮今赦許之）

二十四年正月乙亥大赦天下

二十九年二月丁巳朔日有蝕之遣使者舉冤獄出繫囚四月詔令天下繫囚自殊死以下及徒各減本罪一等其餘贖罪輸作各有差

中元元年四月巳卯大赦天下改元
明帝以中元二年二月戊戌即位四月詔弛刑及郡國徒在中元元年四月巳卯赦前所犯而後捕繫者悉免刑邊人遭亂爲内郡人妻在巳卯赦前一切遣還恣其所樂中二千石下至黄綬貶秩贖論者悉皆復秩還贖
永平二年正月祠明堂禮畢登靈臺使尚書令持節詔驃騎將軍三公曰今令月吉日宗祀光武皇帝於明堂以配五帝禮備法物樂和八音詠祉福舞功德其班時令勑群后事畢升靈臺望元氣吹時律觀物

變群寮藩輔京室子孫衆郡奉計百蠻貢職烏桓濊貊咸來助祭單于侍子骨都侯亦皆陪位斯固聖祖功德之所致也朕以闇陋奉承大業親執珪璧恭祀天地仰惟先帝受命中興撥亂反正以寧天下封泰山建明堂立辟雍起靈臺恢弘大道被之八極而嗣子無成康之質群臣無吕旦之謀盥洗進爵踧踖惟慙素性頑鄙臨事益懼故君子坦蕩蕩小人長戚戚其令天下自殊死已下謀反大逆皆赦除之百寮師尹其勉修厥職順行時令敬若昊天以綏兆人
十年四月戊子詔曰昔歲五穀登衍今茲蚕麥善收其大赦天下方盛夏長養之時蕩滌宿惡以報農功百姓勉務桑稼以備水旱吏敬厥職無令愆墮
十五年四月乙巳大赦天下其謀反大逆及諸不應宥者皆赦除之
章帝以永平十八年八月壬子即位十月丁未大赦天下
建初二年四月戊子詔還坐楚淮陽事徙者四百餘家令歸本鄉
三年正月巳酉宗祀明堂禮畢登靈臺望雲物大赦天下

元和元年八月詔曰朕道化不德吏政失和元元未諭抵罪於下寇賊爭心不息邊野邑屋不脩永惟庶事思稽厥衷與凡百君子共弘斯道中心悠悠將何以寄其改建初九年爲元和元年郡國中都官繫囚減死一等勿笞詣邊縣妻子自隨占著在所其犯殊死一切募下蚕室其女子宫繫囚鬼薪白粲以上皆減本罪一等輸司寇作亡命者贖各有差
十二月詔曰書云父不慈子不祗兄不友弟不恭不相及也往者妖言大獄所及廣遠一人犯罪禁至三屬莫得垂纓仕宦王朝如有賢才而没齒無用朕甚

憐之非所謂與之更始也諸以前妖惡禁錮者一皆蠲除之以明棄咎之路但不得在宿衞而已

二年二月東廵狩丙子詔曰朕廵狩岱宗柴望山川告祀明堂以章先勳其二王之後（禮記曰存二王之後尊賢不過二代公羊傳曰二王之後所以通三王也漢之二王殷周之後也）先聖之裔（東觀記曰孔子後褒成侯等咸來助祭）東后藩衞（東后謂東方國君也諸侯爲天子藩屏故曰藩衞）伯父伯兄仲叔季弟幼子童孫（尚書呂刑文皆天子同姓諸侯有父叔兄弟子孫列者故揔而言之）百寮從臣宗室衆子要荒四裔（要荒二服名要服去王城二千里荒服去王城二千五百里要者言可要約以文教荒者言其荒忽無常也裔遠也謂荒服之外）沙漠之北葱嶺之西（西河舊事曰葱嶺山名在敦煌西其山高大多葱故以爲名焉）

冐耏之類（字書曰耏多須貌音而言其須多冡冐其面或曰西域人多著冐而長故舉以爲言也）跋涉懸度（草行曰跋水行曰涉左傳子大叔日跋涉山川西域傳曰懸度者石山也溪谷不通以繩索相引而度去陽關五千八百五十里）陵棧阻絶駿奔郊畤（駿疾也音俊尚書駿奔走郊畤祭天處也漢書音義曰畤神靈之居止者）咸來助祭祖宗功德延及朕躬予一人空虛久疚纂承尊明（疚病也纂繼也）盥洗享薦慙媿祇慄詩不云乎君子如祉亂庶遄已（詩小雅遄速也已止也祉福也鄭玄注云祉者福賢者謂爵祿之也如此則亂亦庶幾可疾止也）歷數旣從靈燿著明（歷數旣從謂行四分歷也靈燿著明謂日月貞明）亦欲與士大夫同心自新其大赦天下諸犯罪不當得赦者皆除之復傳奉高瀛無出今年田租芻藁

和帝永元二年五月丁丑大赦天下

三年十二月庚辰帝至自長安減弛刑徒從駕者刑

五年正月乙亥宗祀五帝於明堂遂登靈臺望雲物大赦天下

六年七月京師旱詔中都官徒各除半刑謫其未竟五月已下皆免遣

十一年二月詔郡國中都官徒及篤癃老小女徒各除半刑未竟三月者皆免歸田里

四月丙寅大赦天下

十四年三月戊辰臨辟雍饗射大赦天下

元興元年四月庚午大赦天下改元宗室以罪絶者復屬籍

安帝永初元年正月癸酉朔大赦天下

六月丁卯赦除諸羌相連結謀反逆者罪

三年正月庚子皇帝加元服大赦天下

四年二月詔自建初以來諸妖言它過坐徙邊者各歸本郡其沒入官爲奴婢者免爲庶人

三月戊子杜陵園火癸巳郡國九地震四月司隷豫兖徐青冀六州蝗丁丑大赦天下

五年二月詔隴西徙襄武安定徙美陽上郡徙衙（左傳）

戰於彭衙是也北地徙池陽閏月丁酉赦京州河西四郡
六年六月辛巳大赦天下
元初元年四月丁酉大赦天下
二年十月詔吏人聚爲盜賊有悔過者除其罪
三年三月赦蒼梧鬱林合浦南海吏人爲賊所迫者
四年二月乙卯大赦天下
永寧元年四月丙寅立皇子保爲皇太子改元大赦天下
建元元年二月癸亥大赦天下七月巳卯改元大赦天下

延光元年三月丙午改元大赦天下還徙者復户邑屬籍
順帝永建元年正月甲寅詔曰先帝聖德享祚未永早棄鴻烈姦慝緣間人庶怨讟上干和氣疫癘爲災朕奉承大業未能寧濟蓋至理之本稽弘德惠蕩滌宿惡與人更始其大赦天下賜男子爵人二級爲父後三老孝弟力田三級流民欲自占者一級鰥寡孤獨篤癃貧不能自存者粟人五斛貞婦帛人三疋坐法當徙勿徙亡徙當傳勿傳徙四逃亡當傳捕者放之弗捕宗室以罪絶皆復屬籍其與閩顯江京等交通者悉勿考勉倚厥職以康我民
四年正月丙寅詔曰朕託王公之上涉道日寡政失厥中陰陽氣隔寇盜肆暴庶獄彌繁憂悴永歎疢如疾首詩云君子如祉亂庶遄已三朝之會明旦立春嘉與海内洗心自新其赦天下從甲寅赦令已來復秩屬籍三年正月巳來還贖其閻顯江京等知識婚姻禁錮一原除之一猶皆也務崇寛和敬順時令遵典去苛以稱朕意
陽嘉元年三月庚寅帝臨辟雍饗射大赦天下改元九月詔郡國中都官繫囚皆減死一等亡命者贖各

有差
三年五月戊戌制詔曰昔我太宗丕顯之德假于上下儉以恤民政致康乂朕秉事不明政失厥道天地譴怒大變仍見春夏連旱寇賊彌繁元元被害朕甚愍之加與海内洗心更始其赦天下自殊死巳下謀反大逆諸犯不當得赦者赦除之
永和元年正月巳巳宗祀明堂登靈臺大赦天下
四年四月戊午大赦天下賜民爵及粟帛各有差
漢安元年春正月癸巳宗祀明堂大赦天下
建康元年四月立皇子炳爲皇太子大赦天下賜人

爵各有差
質帝以永嘉元年正月丁丑即位二月乙酉大赦天下賜人爵及粟帛各有差還王侯所削户邑
本初元年六月大赦天下賜民爵及粟帛各有差
桓帝建和元年正月大赦天下賜吏更勞一歲男子爵人二級爲父後及三老孝弟力田人三級鰥寡孤獨篤癃貧不能自存者粟人五斛貞婦帛人三疋災害所傷什四以上勿收錢租其不滿者以實除之
四月詔郡國繫囚減死罪一等勿笞唯謀反大逆不用此書

二年正月甲子皇帝加元服庚午大赦天下
三年五月乙亥詔曰閒者日食毁缺陽光晦暗朕祗懼潛思匪遑啓處昔孝章皇帝愍前世禁徙故建初之元並蒙恩澤流徙者使還故郡没入者免爲庶人先皇德政可不務乎其自永建元年迄乎今歲凡諸妖惡支親從坐及吏民減死徙邊者悉歸本郡唯没入者不從此令
和平元年正月甲子大赦天下
元嘉元年正月癸酉大赦天下
永興元年正月大赦天下
二年春正月甲午大赦天下
永壽元年正月戊申大赦天下
三年正月巳未大赦天下
延熹元年六月戊寅大赦天下
三年正月大赦天下
四年六月京兆扶風及涼州地震庚子岱山及博尤來山並頹裂巳酉大赦天下
六年三月戊戌大赦天下
八年三月辛巳大赦天下
永康元年六月庚申大赦天下悉除黨錮時李膺等頗引宦者子弟宦官懼請帝以天時當赦帝許之故除黨錮也

靈帝以建寧元年正月庚子即位二月庚午謁高廟辛未謁世祖廟大赦天下賜民爵及帛各有差
二年正月丁未大赦天下
四年正月甲子帝加元服大赦天下賜公卿以下各有差唯黨人不赦
熹平元年五月巳巳大赦天下
二年二月壬午大赦天下
三年二月巳巳大赦天下
四年五月丁卯大赦天下

五年四月癸亥大赦天下是月使侍御史行詔獄亭部理冤枉原輕繫囚徒

六年正月辛丑大赦天下

光和元年三月辛丑大赦天下

二年四月丁酉大赦天下諸黨人禁錮小功以下皆除之時上祿長和海上言黨人錮及五族有乖典訓帝乃從之

三年正月癸酉大赦天下

四年四月庚子大赦天下

五年正月辛未大赦天下

六年三月辛未大赦天下

中平元年二月鉅鹿人張角自稱黄天其部帥有三十六萬皆着黄巾同日反三月壬子大赦天下黨人還諸徙者唯張角不赦時中常侍呂强言於帝曰黨錮久積若與黄巾合謀悔之無救帝懼皆赦之

十二月巳巳黄巾平大赦天下

三年二月庚戌大赦天下

四年正月巳卯大赦天下

五年正月丁酉大赦天下

少帝以中平六年四月即位大赦天下

光熹元年八月戊辰中常侍張讓等刼少帝走小平津尚書盧植追斬讓等辛未還宮大赦天下改光熹爲昭寧

獻帝以昭寧元年九月甲戌即位大赦天下改元永漢

初平元年正月山東州郡起兵以討董卓辛亥大赦天下

二年正月辛丑大赦天下

三年正月丁亥大赦天下

五年丁酉大赦天下

六月董卓部曲將李傕等陷長安巳未大赦天下

四年正月丁卯大赦天下

與平元年正月辛丑大赦天下改元

二年正月癸丑大赦天下

建安元年正月癸酉郊祀上帝於安邑大赦天下

七月甲子車駕至雒陽丁丑郊祀上帝大赦天下

魏文帝以延康元年十一月庚子受漢禪即位於繁陽改延康爲黄初大赦

黄初五年八月爲水軍親御龍舟循蔡潁浮淮幸壽春楊州界將吏士民犯五歲刑已下皆原除之九月遂至廣陵赦青徐二州

明帝以黄初七年五月丁巳即位大赦
太和二年三月丁未幸長安四月丁酉還雒陽宫赦繫囚非殊死已下
五年七月己酉皇太子殷生大赦
青龍二年三月己酉大赦
四年十二月幸許昌宫明年改元景初五月己巳行還雒陽宫己丑大赦
景初元年十月遼東太守公孫淵叛己卯詔遼東將吏士民爲淵所脅略不得已降者一切赦之
二年四月庚戌大赦

齊王以景初三年正月丁亥朔即帝位大赦七月齊王始親臨朝八月大赦
正始四年四月乙卯立皇后甄氏大赦
嘉平元年正月以誅曹爽丙午大赦
三年三月壬辰大赦天下
四年二月立皇后張氏大赦
五年三月辛亥大赦四月立皇后王氏大赦
高貴鄉公以嘉平六年九月司馬景王廢齊王十月己丑公即位詔曰昔三祖神武聖德應天受祚齊王嗣位肆行非度顛覆厥德皇太后深惟社稷之重延納宗輔之謀用替厥位集大命于予一人以眇眇之身託于王公之上夙夜祗畏懼不能嗣守祖宗之大訓恢中興之洪業戰戰兢兢如臨于谷今群公卿士股肱之輔四方征鎮宣力之佐皆積德累功忠勤帝室庶憑先祖先父有德之臣左右小子用保乂皇家俾朕蒙闇垂拱而治蓋聞人君之道德厚侔天地潤澤施四海先之以慈愛示之以好惡然後教化行於上兆民聽於下朕雖不德昧於大道思與宇内共臻玆慶書不云乎安民則惠黎民懷之大赦改元正元
正元二年閏正月壬子以毋丘儉文欽平特赦淮南

士民諸爲儉欽所詿誤者
三月立皇后卞氏大赦
十一月甲午以隴右四郡及金城連年受敵或亡叛投賊其親戚留在本土者不安皆特赦之
甘露二年五月以諸葛誕反丙子赦淮南將吏士民爲誕所詿誤者
九月大赦
陳留王以甘露五年六月甲寅嗣位大赦改元景元賜民爵及穀帛各有差
景元四年十一月大赦是月巴蜀平

咸熙元年二月鍾會反於蜀爲衆所討辛卯特赦諸在益土者

二年五月詔晋王加殊禮癸未大赦

九月乙未大赦

晋武帝以魏咸熙二年十二月丙寅受禪設壇于南郊郎雒陽宫幸太極前殿詔曰昔朕皇祖宣王聖哲欽明誕應期運熙帝之載肇啓洪基伯考景王履道宣猷緝熙諸夏至于皇考文王叡哲光遠允協靈祇應天順時受茲明命仁濟于宇宙功格於上下肆魏氏引鑒于古訓儀刑于唐虞疇咨群后爰輯大命於

朕身予一人畏天之命用不敢違惟朕寡昧負荷洪烈託于王公之上以君臨四海惴惴恐懼罔知所濟惟爾股肱爪牙之佐文武不二之臣乃祖乃父實左右我先王光隆我大業思與萬國共饗休祚於是大赦改元泰始賜天下爵人五級鰥寡孤獨不能自存者穀人五斛復天下租賦及關市之稅一年逋債宿負一皆勿收除舊嫌解禁錮亡官失爵者悉復之

泰始四年正月丁亥耕于籍田戊子詔曰古設象刑而衆不犯今雖參夷而姦不絶何德刑相去之遠哉先帝深愍黎元哀矜庶獄乃命群后考正典刑朕守遺業永惟保乂皇基思與萬國以無爲爲政方今陽春養物東作始興朕親率王公卿士耕籍田千畝律令既就班之天下將以簡法務本惠育海内宜寬有罪使得自新其大赦天下

五年二月赦五歲刑已下

四月曲赦交阯九眞日南五歲刑

六年三月赦五歲刑已下

七年五月雍梁秦三州飢赦其境内殊死已下

八月分益州之南中四郡置寧州曲赦四郡殊死已下

八年六月壬辰大赦

咸寧元年正月戊午朔大赦改元

二年二月甲午赦五歲刑已下十月丁卯臨軒遣太尉賈充策立皇后楊氏因大赦賜王公已下至于鰥寡各有差百寮上禮

五年三月星孛于柳四月又孛于女御大赦降除部曲督以下質任

太康元年三月吴孫皓降乙酉大赦改元大酺五日恤孤老困窮

十年四月太廟成乙巳遷神主於新廟帝迎於道左

遂袷祭大赦文武增位一等作廟者二等
惠帝以太熙元年四月卽位大赦改元永熙
永平元年三月誅太傳楊駿壬辰大赦改元
元康元年六月賈后矯詔使楚王瑋殺太宰汝南王
亮太保衞瓘乙丑又殺瑋曲赦雒陽
二年八月壬子大赦
四年八月上谷居庸上庸並地陷裂人有死者大饑
九月丙辰赦諸州之遭地災者
六年正月大赦
十月秦雍氐羌叛推齊萬年稱帝乙未曲赦雍京二

州
八年三月壬戌大赦
永康元年正月癸亥朔大赦改元
四月趙王倫矯詔廢賈后大赦
八月淮南王允舉兵討趙王倫不克遇害曲赦雒陽
十一月甲子立皇后羊氏大赦
永寧元年正月趙王倫簒位四月齊王冏逐倫歸第
乘輿反正癸亥詔曰朕以不德簒承皇統遠不能光
濟大業靖綏四方近不能閑明刑威式遏姦宄至使
逆臣孫秀敢肆凶虐窺間王室遂奉趙王倫饕據天
位鎭東大將軍齊王冏征北大將軍成都王穎征西
大將軍河間王顒並以明德茂親忠規允著首建大
策圖救國難尚書淮共立大謀左衞將軍王輿與群
公卿士協同謀略親勒本營斬秀及其二子前趙王
倫爲秀所誤與其子等已詣金墉迎朕幽宫旋軫閶
闔豈在予一人獨饗其慶宗廟社稷實有賴焉於是大
赦改元孤寡賜穀五斛大酺五日誅倀質等及倫之
黨
六年壬辰大赦增吏位二等八月大赦戊辰原徙邊
者

太安元年三月赦司冀兖豫四州十二月長沙王乂
攻殺王冏大赦改元
二年正月甲子朔赦五歲八月河間王顒成都王穎
舉兵逼京師帝出幸千城東丙申大赦
永興元年正月成都王穎自鄴諷于帝大赦改元永
安
三月戊申詔曰朕以不德纂承洪緒于茲十有五載
禍亂滔天姦逆仍起至幽廢重宫宗廟圮絶成都王
穎溫仁惠和克平暴亂其以穎爲皇太弟都督中外
諸軍事丞相如故大赦賜鰥寡高年帛三疋大酺五

日

七月丙申朔右衛將軍陳珍以詔勒兵討成都王穎大赦復皇后羊氏及皇太子覃巳亥帝北征軍敗幸穎軍明日幸鄴庚申大赦改元建武八月匈奴左賢王劉元海遣王浚攻穎大敗穎奉帝走雒陽辛巳大赦

十一月乙未帝幸長安遣宮在雒陽者爲留臺承制行事丙午留臺大赦改元復爲永安十二月大赦改元永興

二年八月辛丑大赦

懷帝以光熙元年十一月癸酉即位大赦

永嘉元年正月癸丑大赦改元

三月庚午立豫章王詮爲皇太子辛未大赦

八月撫軍苟晞敗汲桑於鄴甲辰大赦幽并司冀兖豫等六州

二年正月丁未大赦

十二月辛未朔大赦

三年三月丁巳東海王越勒兵收近臣中書令繆播等害之丙寅曲赦河南郡

四年正月乙丑朔大赦

六年九月雍州刺史賈疋奉秦王爲皇太子大赦

愍帝建興元年壬申即位大赦改元

二年正月巳巳朔黑霧五日乃止辛未隕于地三日出西方丁未大赦

三年四月大赦

六年丁未地震辛巳大赦

冊府元龜

巡按福建監察御史臣李嗣京　訂正

知閩縣事臣曹冉臣叅閱

知建陽縣事臣黃國琦較釋

帝王部八十三

赦宥第二

晉元帝建武元年三月辛卯卽晉王位大赦改元其殺祖父母父母及劉聰石勒不從此令

太興元年三月丙辰卽皇帝位大赦改元文武增位二等

二年十二月乙亥大赦臣欽若等曰諸只言大赦者按本史別無赦文

永昌元年正月乙卯大赦改元

明帝以永昌元年閏十一月庚寅卽位大赦

太寧二年正月庚辰赦五歲刑已下

七月王敦舉兵向闕遣其兄含等至南岸帝躬率六軍出攻南皇堂王含兵敗敦憤惋死丁酉帝還宮大赦惟敦黨不原

三年三月戊辰立皇子衍爲皇太子大赦增文武位二等大酺三日賜鰥寡孤獨帛人二疋

成帝以大寧三年閏三月乙丑卽位大赦增文武位二等賜鰥寡孤老帛人二疋

咸和元年二月丁亥大赦改元大酺五日賜鰥寡孤老米人二斛京師百里內復一年十月庚辰赦百里內五歲刑已下

四年二月蘇峻平丁亥大赦

五年正月巳亥大赦

七年正月辛未大赦

八年正月辛亥朔詔曰昔大賊縱暴宮室焚蕩元惡雖翦未暇營築有司屢陳朝會逼狹遂作斯宮子來之勞不日而成旣獲臨御大饗群后九賓充庭百官

象物知君子勤禮小人盡力矣思蠲密綱咸同斯會其赦五歲刑以下

咸康元年正月庚午朔帝加元服大赦改元增文武祿位一等大酺五日賜鰥寡孤獨不能自存者米五斛

二年正月辛亥立皇后杜氏大赦增文武位一等

六年三月丁卯大赦

八年正月乙丑大赦

康帝以咸康八年六月甲午卽位大赦

建元元年十一月巳巳大赦

穆帝以建元二年九月己亥即位大赦
永和二年正月丙寅大赦
三年六月辛酉大赦
五年正月辛巳朔大赦
九年正月乙卯朔大赦
升平元年正月壬戌朔帝加元服大赦改元
八月丁未立皇后何氏大赦賜孝悌鰥寡米五斛逋租宿債皆勿收大酺三日
五年正月戊戌大赦賜鰥寡孤獨不能自存者人米五斛

哀帝以升平五年五月庚申即位大赦
隆和元年正月壬子大赦改元
興寧元年二月己亥大赦改元九月癸亥以皇子生大赦
廢帝以興寧三年二月丙申即位大赦
太和元年五月江夏相朱序攻司馬勳於成都衆潰斬勳九月甲午曲赦梁益二州
三年三月丁巳朔日有蝕之癸亥大赦
六年四月戊午大赦
簡文帝咸安元年十一月己酉即位戊午詔曰王室多故穆哀早世皇胤夙遷神器無主東海王以母弟近屬入纂大統嗣位經年昏闇亂常人倫虧喪大禍將及則我祖宗之靈靡知所託皇太后深懼皇基特定大計司馬因順天人協同神畧親帥群后恭承明命雲霧既除皇極載清乃顧朕躬仰承洪緒雖伊尹之寧殷朝博陸之安漢室無以尚也朕以寡德猥居元首實懼眇然不克負荷戰戰兢兢罔知攸濟思與兆庶更始其大赦天下大酺五日增文武位二等賜孝順忠貞鰥寡孤獨米人五斛
孝武帝以咸安二年七月己未即位詔曰朕以不造

奄丁閔凶號天叩地靡知所訴藐然幼冲眇若綴旒深惟社稷之重大懼不克負荷仰憑祖宗之靈積德之祀先帝淳風玄化遺澤在民宰輔英賢勳隆德盛顧命之託寔賴規訓群后率職百寮勤政翼孤弱之躬有寄皇極之基不墜先恩遺惠播于四海思弘餘潤以康黎庶其大赦天下與民更始
寧康二年正月癸未朔大赦
三年正月辛亥大赦八月癸巳立皇后王氏大赦文武加位一等
大元元年正月壬寅朔帝加元服見于太廟皇太后

歸政甲辰大赦改元
五月癸丑地震甲寅詔曰頃者上天垂鑒譴告屢彰朕懼焉震惕于心思所以議獄緩死赦過宥罪庶因大變與之更始於是大赦增文武位各一等
四年正月辛酉大赦郡縣遭水者减租稅
五年四月癸酉大赦五歲刑以下
五月甲子比歲荒儉大赦五日太元三年巳前逋租宿債皆蠲除之
六年七月丙子赦五歲刑巳下
八年二月辛巳大赦十二月庚午以苻堅寇難初平

大赦
九年十一月乙丑以玄象乖度大赦
十年八月甲午大赦
十二年正月丁未大赦八月辛巳立皇子德宗爲皇太子大赦增文武位二等大酺五日
十五年三月戊辰大赦
十七年正月巳巳朔大赦除逋租宿債
安帝以太元二十一年九月辛酉即位大赦
隆安元年四月戊戌兖州刺史王恭等舉兵以討尚書左僕射王國寶建威將軍王緒爲名甲申殺國寶緒以說恭等乃罷兵戊子大赦
二年九月王恭敗收送京師斬之十月丙子大赦
四年正月乙亥大赦七月丁卯大赦
元興元年正月庚午朔大赦改元十二月庚申曲赦廣陵彭城大逆以下
三年三月桓玄逼帝西上密詔武陵王遵依舊典承制總百官大赦謀反大逆以下惟桓玄一祖之后不宥五月督護馮遷斬桓玄乘輿反正于江陵詔曰姦兇簒逆自古有之朕不能式遏杜漸以致播越賴鎮軍將軍裕英略奮發忠勇絕世冠軍將軍毅等誠心

宿著協同嘉謀義轂旣振士庶效節社稷載安四海共慶其大赦凡諸畏逼事屈逆命者一無所問
義熙元年正月帝在江陵振武將軍劉道規擊走桓謙詔曰朕以寡德夙纂洪緒不能緝熙遐邇式遏姦宄逆臣桓玄乘釁肆亂乃誣罔天人篡據極位朕躬播越淪胥荒裔宣皇之基眇焉以墜賴鎮軍將軍忠武英斷誠冠終古運謀機始貞賢協其契抆淚誓衆義士感其心故霜戈一揮巨猾奔迸三率稜威大憝授首而孽振猖狂（振玄故將）嗣凶荆郢幸天祚社稷義旗載捷狡徒沮潰朕獲反正斯實宗廟之靈勤王之勳

豈朕一人獨享伊祐思與億兆幸茲更始其大赦改元唯玄振一祖及同黨不在原例賜百姓爵二級鰥寡孤獨穀人五斛大酺五日

三年二月己酉大赦

五年正月辛卯大赦

六年五月己未以廣州刺史盧循反衛將軍劉毅與循戰敗於桑落洲大赦

十一年正月庚午大赦九月己巳大赦

十二年八月丙午大赦

十四年正月辛巳大赦

後魏道武初爲代王登國七年生子嗣於雲中帝晚有子聞大悅大赦天下

天興元年十有二月己丑帝臨於天文殿太尉司徒進璽綬即皇帝位大赦改元

二年正月甲子祀上帝于南郊乙丑大赦京師

天賜元年十月辛巳大赦改元

明元永興元年十月壬申即位大赦改元

五年五月乙亥行幸雲中舊宮丙子大赦天下

神瑞元年正月辛酉以祥瑞頻集大赦改元

泰常元年四月壬子大赦改元

七年十月帝南廵爲奚斤南討轂援十一月丙午曲赦司州殊死已下

太武以泰常八年十一月壬申即位大赦天下

神䴥元年四月戊午大赦天下

三年正月壬寅大赦天下

延和元年正月丙午立皇子晃爲皇太子謁于太廟大赦改元

太延元年正月甲申大赦改元

四年五月戊寅大赦天下

太平眞君元年六月丁丑皇孫濬生大赦改元

九年十月大赦改元

十一年九月皇太子北伐曲赦定冀相三州死罪以下

正平元年五月壬寅大赦

文成興安元年十月戊申即位大赦改元

二年八月戊戌詔曰諸殊死以下各降罪一等

興光元年二月帝至道壇登受圖籙禮畢還京師班賞各有差七月庚午皇子生大赦改元

太安元年三月己亥詔曰今始奉世祖恭宗神主於太廟又於西宛遍秩群神朕以大慶饗賜百寮而犯

罪之人獨郎刑戮非所以子育群生矜及衆庶夫聖人之教自近及遠是以周文刑於寡妻至于兄弟以御于家邦化苟從近恩亦宜然其曲赦京師死囚以下六月壬戌名皇子曰弘曲赦京師城改年

二年二月丁巳立皇子弘爲皇太子大赦天下十月甲午以幸河西還曲赦京師

四年九月丙寅以太華殿成饗群臣大赦天下

五年三月庚寅曲赦京師死罪已下

和平元年五月甲子朔大赦改元

六年正月丙申大赦天下

獻文以和平六年五月甲辰郎位大赦天下九月庚子曲赦京師

天安元年正月乙丑朔大赦改元三月辛亥帝幸道壇親受符籙曲赦京師

皇興元年八月戊申皇子生大赦改元

二年六月庚辰以河南闢地曲赦京師殊死以下

三年四月丙申名皇子曰宏大赦天下

四年四月辛丑大赦天下

孝文以皇興五年八月丙午郎位大赦天下改元延興

延興二年五月曲赦京師河西南至秦涇西至抱罕北至涼州及諸州

四年七月己卯曲赦仇池

五年六月壬申曲赦京師死罪遣備蠕蠕

承明元年六月壬申大赦改元九月丁亥曲赦京師十月辛未建明佛寺大宥罪人

太和元年八月壬子大赦天下

二年九月丙辰曲赦京師

三年三月甲辰曲赦京師十月己巳朔大赦天下

四年六月丁卯以澍雨大洽曲赦京師

五年二月辛卯朔大赦天下賜孝悌力田孤貧不能自存者穀帛有差免官人年老者還其所親

六年正月甲戌大赦天下

七年閏四月癸丑皇子生大赦天下

十年六月己卯名皇子曰恂大赦天下

十六年四月丁亥朔班新律令大赦天下

十九年四月帝自南伐齊廻曲赦徐豫二州其運漕之士復租賦二年十一月甲申有事於圜丘丙戌大赦天下

二十年十月己酉曲赦京師

二十二年十月帝北伐叛虜發懸弧曲赦兗豫殊死以下復民田租一歲
二十三年正月伐齊至自鄴告於社廟癸卯行飲至策勳之禮甲辰大赦天下
宣武以太和二十三年四月丁巳即位於魯陽大赦天下
景德元年正月乙巳大赦改元
二年二月大赦天下七月辛丑大赦天下
正始元年正月丙寅大赦六月甲午以歲旱録京師見囚殊死已下皆減一等鞭杖之坐悉皆原之

三年正月丁卯朔皇子生大赦天下八月戊申以大破秦賊降呂苟兒秦涇二州平曲赦涇秦岐原河五州
永平元年八月丁卯大赦改年
三年三月丙戌皇子詡生大赦天下
延昌元年四月乙酉大赦改元
三年六月曲赦揚州八月辛卯詔曰自頃水旱互侵頻年饑儉百姓窘弊多陷罪辜煩刑之愧朕用懼矣其殺人掠賣之群強盜首及雖非首而殺傷財主曾經再犯公斷王路刼奪行人者依法行決自餘恕死徒流已下各准減降
孝明以延昌四年正月丁巳即位戊午大赦天下七月戊子帝朝太后於宣光殿大赦天下
熙平元年正月戊辰朔大赦改元
二年正月甲戌大赦天下
神龜元年二月己酉詔以神龜表瑞大赦改年八月癸丑詔曰朕沖昧纂曆未閑政道皇太后般憂在疚始覽萬機故獄犴淹枉百姓寃弊言念繁刑思存降省京師見囚殊死以下可悉減一等
二年二月乙亥大赦天下十一月庚午大赦天下

正光元年七月辛卯帝加元服大赦改年內外百官進位一等
五年六月丁酉大赦
孝昌元年二月戊戌大赦六月癸未大赦改年九月辛未曲赦南北兩秦州
二年四月大赦天下六月己巳曲赦齊州又曲赦平陽建興正平三郡
三年正月甲申曲赦關西及正平平陽建興等郡七月己丑大赦天下十月戊申曲赦嘗農巴西河北平陽郡及關西諸州

武泰元年正月乙丑皇女生秘言皇子丙寅大赦改
元二月甲寅皇子即位大赦天下
孝莊建義元年四月戊戌即位庚子廵幸河西時爾
朱榮作逆殺靈太后諸王公卿等二千餘人列騎衛
帝還于便幕飲而稽顙謝過辛丑入宮御太極殿詔
曰太祖誕命應期龍飛燕代累世重光載隆帝緒冀
欲闡茲洪業永永無窮豈圖多難遘茲百六致使妖
悖四起內外競侵朝無恤政之臣野多怨酷之士寔
繇女主專朝致茲顛覆孝明皇帝天性冲順深存隱
忍奄棄萬國衆用疑焉苟求胡出入守神器凡厥有

心莫不辭體太原王榮世抱忠孝功格今古赴義晉
陽大會河雒乃推翼朕躬膺茲大命德謝少康道愧
前緒猥以眇身君臨萬國如涉淵海罔知所濟可大
赦天下改武泰為建義元年從太原王督將軍士普
加五階在京文官兩階武官三級
永安元年九月乙亥以平葛榮大赦天下改元
二年四月癸未遷肅祖文穆皇帝文穆皇后神主于
太廟曲赦畿內死罪至流人減一等刑以下悉免五
月北海王顥為梁高祖立為魏王是月入雒帝北廵
狩七月顥敗走庚午帝入居華林園升大夏門大赦
天下
三年四月甲戌以關中平大赦天下九月辛卯天柱
大將軍爾朱榮上黨王天穆自晉陽來朝戊戌帝殺
榮天穆於明光殿及榮子儀同三司菩提乃升閶闔
門詔曰蓋天道忌盈人倫嫉惡疏而不漏刑之無捨
是以呂霍之門禍譴所伏梁董之家咎徵斯在頃孝
昌之末天步孔艱女主亂政監國無主爾朱榮爰自
晉陽同憂王室義旗之建大會盟津與世樂推共成
洪業論其始圖非無勞効但致遠恐泥終之實難曾
未崇朝豺聲已露河陰之役安忍無親王公卿士一

朝塗地宗戚靡遺內外俱盡假弄天威殆危神器時
事倉卒未遑問罪尋以葛賊橫行馬首南向因便乘
勢用平醜虜及元顥問鼎大駕北廵復致勤王展力
所行以此論功且可補過旣位極宰衡地踰齊魯容
養之至豈復是過但心如猛火山林無以供其暴意
等漏巵江河無以充其溢旣見金華稍寧方隅漸泰
不推天功專為已力與奪任情臧否肆意無君之跡
日月以甚拔髮數罪曾未能紀而乃包藏姦宄陰圖
釁逆睥睨天居窺覦聖曆乃有裂冠毀冕之心將為
拔本塞源之事天旣厭亂人亦悔禍同惡之臣客來

投告將在必誅罪無容捨又元天穆宗室末屬名望素微遭逢際會頗參義舉不能竭其忠誠以奉國家乃復棄本逐末背同即異爲之謀主成彼禍心是而可忍孰不可忍並已伏辜自貽伊戚元惡旣除人神慶泰可大赦天下十月戊申皇子生大赦天下文武百寮汎加二級

前廢帝普泰元年二月巳巳即位登閶闔門大赦詔曰朕以寡薄撫臨萬邦思與億兆同茲慶泰可大赦天下以魏爲大魏改建明二年爲普泰元年除名免官者特復本資品封依舊

後廢帝中興元年十月壬寅即皇帝位於信都城西升壇焚燎大赦元年

出帝太昌元年四月戊子即位升閶闔門詔曰否泰相沿廢興互有玄天無所隱精識弗能喻大魏統乾德漸巨寓牢籠九服旁溥三光而上天降禍運距多難禮樂傾淪憲章漂減赫赫宗周翦爲戎𢦤肅肅清廟將成茂草胡羯乘機肆其昏虐殺君害主剗剔海內競其吞噬之意不識醉飽之心自書契以來未有若斯者也大丞相渤海王忠存今朝精貫白日爰舉義旗志雪國耻故廣門之軍貔虎奪氣鄴下之師金湯失險近者四胡相率寇竊有徒驅天下之兵盡華戎之銳桴鼓暫交一朝盪滅元兇授首大憝斯擒揚旆濟河掃清伊雒士民安堵不失舊章社稷危而復安洪基毀而還搆朕以託體宸極猥當樂推祗握寶圖承茲大業得以眇身託於王公之上若涉淵氷罔識攸濟思與兆民同茲嘉慶可大赦天下改中興二年爲太昌元年

永熙元年十二月大赦天下改太昌爲永興以明元年號尋改爲永熙

三年二月壬戌大赦天下八月幸長安以雍州公廨

爲官大赦

文帝以大統元年三月戊申即位大赦改元

九年七月大赦

後周閔帝元年正月辛丑即天王位柴燎告天大赦天下四月壬申詔死罪以下各降一等八月辛未詔曰朕甫臨大位政教未孚使乎民庶多陷刑網今秋律已應將行大戮言念群生責在於朕宜弘肆眚與其更新其犯死者宜降從流流巳下各降一等不在赦限者不從此降

明帝九年九月甲子即天王位大赦天下十一月丁

巳詔曰帝王之道以寬仁爲大諸有輕犯未至重罪及諸村民一家有犯乃及數家而被遠配者並放還

十二月戊子赦長安見囚

二年四月辛未降死罪一等五歲刑巳下皆原之七月丙申順陽獻三足烏八月甲子詔曰夫天不愛寶地稱表瑞莫不咸鳳巢閣圖龍躍沼豈直日月珠連風雨玉燭是以鉤命決曰王者至孝則出元命苞曰人君至治所致虞舜蒸蒸來茲異祉周文翼翼翔此靈禽文考至德下覃遺仁爰被遠符千載降斯三足將使三方歸本九州翕定惟此大禮景福在民予安

敢讓宗廟之善弗宣大惠可大赦天下文武官並奏二級十二月壬午大赦天下

武成元年八月巳巳改天王稱皇帝大赦改元

武帝以武成二年四月壬寅卽位大赦天下

保定元年七月詔曰亢旱歷時嘉苗殄悴豈獄犴失理刑罰失衷歟其所在見囚殊死以下一歲刑以上各降本罪一等百鞭以下悉原免之

二年五月庚午以山南來瑞並集大赦天下百官及軍人普加二級南陽宛縣三足烏所集免今年役及租賦之半

三年七月幸原州津門問百年降死罪一等

四年九月以皇世母閻氏自齊至（大冢宰宇文護之母）大赦天下

天和元年正月癸未大赦改元百官普加四級

三年三月甲辰大赦天下亡官失爵並聽復舊

五年六月庚子以皇女生降宥罪人並免逋租懸調等

建德元年正月戊子幸玄都觀御法座講說公卿道俗論難事畢還宫降死罪及流罪一等其五歲刑巳下普宥之三月誅大冢宰宇文護大赦改元四月立

魯國公贇爲皇太子大赦天下百官各加封級

三年二月丙辰詔曰民生而靜純懿之性本均感物而遷嗜欲之情斯起雖復雲鳥殊世文質異時莫不限以隄防示之禁令朕君臨萬寓覆養黎元思振頹綱納之懿式比因人有犯輿衆棄之所在群官有愆過者咸聽首露莫不輕重畢陳纖毫無隱斯則風行草偃從化無遠導德齊禮庶幾可致但上失其道有自來矣陵夷之弊反本無繇宜加蕩滌與民更始可大赦天下八月乙未詔自建德元年八月以前犯罪未被推糾於後事發失官爵者並聽復舊十月行幸

蒲州乙卯曲赦蒲州見四大辟以下

五年十二月親征太原擒北齊安德王高延宗平并州壬戌詔曰昔天厭水運龍戰於野兩京圯隔四紀于茲朕垂拱巖廊君臨宇縣相邪氏於海內混楚弓於天下一物失所有若推溝方欲德綏未服義征不諶僞王高緯放命燕齊怠慢典刑傲擾天紀加以背惠怒隣棄信忘義朕應天從物伐罪吊民一鼓而蕩平陽再舉而摧勍敵僞署王公相繼道左高緯知窮數屈逃竄草間僞安德王高延宗擾竄之閒遂竊名號與僞昌齊王莫多婁敬顯等收合餘燼背城借一

王威旣振魚潰鳥離破竹更難建瓴非易延宗衆散衿甲軍門根本旣傾枝葉自實幽青海岱折簡而來冀北河南傳檄可定八紘共貫六合同風行當偃甲靈臺休牛桃塞無疆之慶非獨在余漢皇約法除其苛政姬文輕典刑彼新邦思覃惠澤被之率土新舊臣民皆從蕩滌可赦天下高緯及王公以下若釋然歸順咸許自新諸入僞朝亦從寬宥官榮次序依例無失其齊制僞令郎宜削除鄒魯縉紳幽并騎士一介可稱並宜銓錄百年去殺雖或難希朞月有成庶幾可勉

六年正月甲午平北齊帝入鄴詔去年大赦班宣未及之處皆從赦例

宣帝大成元年正月癸巳朔受朝於露門大赦二月傳位於太子衍自稱天元皇帝所居稱天臺大赦天下改大成年爲大象元年

二年四月天元皇帝詔曰朕以寡薄昧於治方不能使天地休和陰陽調序自春涉夏甘澤未豊旣斬西郊之嘆時虧南畝之業興言夕惕無忘鑒寐良繇德化未敷政刑多舛萬方有罪責在朕躬思覃寬惠被之率土見囚死罪並降從流流從徒五歲刑已下悉

皆原宥其反叛惡逆不道及常赦所不免者不在降例

靜帝以大象二年五月入居天臺大赦天下七月破尉遲迥詔曰朕祗承洪業二載於茲藉祖考之休憑宰輔之力經天緯地四海晏如逆賊尉遲迥才質凡庸志懷姦慝因緣戚屬位冠朝倫屬上天降禍先皇晏駕萬國深鼎湖之痛四海窮遏密之悲獨幸天災欣然放命稱兵擁衆便懷問鼎乃詔六師肅茲九伐而兇徒孔熾充原蔽野諸將肆雷霆之威壯士縱貔貅之勢芟夷翦拂所在如莽亘指漳濱擒斬元惡群

醜喪媿咸集轂下順高秋之氣就上天之誅兩河妖孽一朝清蕩自朝及野喜忭相趍昔上皇之時不言爲治聖人宰物有教而已未戢干戈實深慙德思弘寬簡之政用副億兆之心可大赦天下其共逈元謀執迷不悞及逈子姪逆人司馬消難王謙等不在赦例

隋高祖開皇元年二月甲子即位大赦四月辛巳大赦

三年正月庚子將入雒陽新都大赦天下五月丙寅赦黄龍死罪已下

四年六月庚子降囚徒

五年十二月丁未降囚徒

六年二月庚子大赦天下

七年十月庚申行幸同州以先帝所居降囚徒

九年十一月甲寅降囚徒

十三年九月丙辰降囚徒

十五年正月庚午帝以歲旱祠泰山以謝愆咎大赦天下四月己丑朔大赦天下

十九年正月癸酉大赦天下

仁壽元年正月乙酉朔大赦改元

四年正月丙辰大赦

煬帝大業元年正月壬辰朔大赦改元

二年四月辛亥御端門大赦免天下今年租賦

三年四月甲申頒律令大赦天下關內復給三年

四年八月辛酉親祠恒岳河北道郡守畢集大赦天下車駕所經郡縣免一年租調

五年六月戊午帝在張掖大赦天下開皇已來流配悉放還鄉晉陽逆黨不在此例隴右諸郡給復三年

八年四月丙申詔曰天地施化生育之德既弘皇王建極戡濟之功斯大故能經綸四海撫育萬方朕嗣

膺靈命屬當負荷思隆景業克播鴻猷畧綿不占之鄉咸被聲教梯航所絕之域罔弗來庭而遼左島夷獨懷逆命惡甚夙沙罪深瘝徐朕奉遵先志躬行吊伐爰整六師親麾三令上憑宗廟之靈實賴幽明之德歷代逋醜一鼓大定滌彼遐裔萬里肅清今凱旋云及長嬴布氣宜順茲含養與物惟新可大赦天下自大業八年四月十六日昧爽已前大辟罪已下已發覺未發覺已結正未結正繫囚見徒罪無輕重皆赦除之其常赦所不免謀反大逆妖言惑衆語及國家並不在赦例其諸郡供軍事者並給復一年其所

役丁夫匠至涿郡者復二年至臨榆關巳西者復三
年至柳城巳西者復五年至通定鎭巳西者復七年
至渡遼鎭者復十年流配未達前所亦宜放免除名
觧官併聽收叙其鰥寡孤獨不能自存者量加賑贍
高年之老賜以束帛并賜天下大酺五日女子百户
牛酒孝悌力田義夫節婦并加旌異表其門閭遼左
之民新霑皇化宜遣刑部尚書正議大夫衞文昇守
尚書左丞劉士龍等廵撫存問仍給復十年郎置郡
縣以相統攝若有奇能異等隨才任用同之齊民無
隔夷夏

九年正月戊戌大赦十月乙酉詔曰博陵昔爲定州
地居衝要先皇歷試所基王化斯遠故以道冠凾風
義高姚邑朕巡撫氓庶爰届玆邦瞻望郊壥懷敬思
止所以宜播德澤覃被下人崇紀顯號式光令緒可
改博陵爲高陽郡赦境内死罪巳下給復一年於是
召高祖時故吏皆量才叙職
十年十二月壬申帝如東都是日大赦天下
十一年八月突厥圍帝於雁門九月觧圍而去丁未
曲赦太原雁門郡死罪巳下
恭帝義寧元年十一月壬戌郎位於大興殿詔曰王
道喪亂天步不康古往今來代有其事屬之於朕逢
此日罹彼蒼者天胡寧斯忍襁褓之歲夙遭閔凶孺
子之辰太上播越興言感動寔疚于懷太尉唐公膺
期作宰時稱舟檝大拯橫流糾合義兵翼戴皇室與
國咸休再造區夏爰奉明詔弼予幼沖顯命光臨天
威咫尺對揚尊號悼心失圖一人在遠三讓不遂僶
俛南面厝身無所苟利社稷莫敢或違俯從群議奉
遵聖旨可大赦天下改大業十三年爲義寧元年十
一月十六日昧爽巳前大辟罪巳下皆赦除之常赦
所不免者不在赦例

唐高祖武德元年五月甲子郎皇帝位于太極殿下
詔曰舜禹殊時禪代存乎揖讓殷周異世革命事乎
干戈至於據龍圖握鳳紀統御皇極撫輯黎氏奄有
四方朝宗萬國垂法作訓其揆一焉朕以寡薄屬彼
澆季大業末年綱維縻弛三光改耀九服移心旣戡
定時難輯和庶績一正海内再造黎元隋氏以天禄
永終曆數攸在欽禪厥位授于朕躬顧惟䆮德屬當
景運懼甚履氷凛乎御朽上荅蒼靈之睠俯順億兆
之心寶曆初基溥天同慶所宜布兹寬惠咸與惟新
可大赦天下改隋義寧二年爲武德元年自五月二

十日昧爽已前罪無輕重已發露未發露皆赦除之子殺父奴殺主不在赦限百官及庶人賜爵一級義師所行之處給復三年自餘給復一年孝子順孫義夫節婦旌表門閭孝悌力田鰥寡孤獨量加賑卹

二年二月甲午詔曰赦過宥罪哲王彞訓錄舊念功有國通典汾晉之地王迹所基戮力齊心夷凶靜亂惟彼士庶義越嘗倫犯禁陷刑宜從洗滌其并州浩州石州介州賈胡堡以北自武德二年二月二十四日以前犯辟罪已下已發覺繫囚見徒悉從原放五月癸未詔曰朕恭膺寶命綏靜烝黎思俾宇内躋於

仁壽而河湟之表比罹寇賊匈連凶醜擁隔朝風元元之民匪遑寧宴夙興軫慮旰食忘疲重勞師旅下令討擊馭以遐第且事招懷而慕化之徒乘機立効兵不血刃費無遺鏃今凶狡即夷西垂克定遠人悅附改道惟新宜播惠澤與之更始可曲赦涼甘瓜鄯肅會蘭河廓九州自武德二年五月十六日以前罪無輕重已發繫囚見徒悉從原免桀犬吠堯非無前喻弃瑕蕩穢列聖通規有惡言不順及邪謀惑計者並從洗滌一無所問十月高祖幸華陰送出師也下詔曰朕祗膺靈命君臨區宇承凋弊之餘拯橫流之難雖復翦除猾賊督課耕農安集黎元與之休息然而鯨鯢未翦四海多虞師旅洊興事不獲已及其士卒浮惰苟求逸樂憚於征役離其營伍因此逃竄潛匿崎嶇盜竊爲資規免朝夕良繇勸勵不明部署失所馳慢之責在於朕躬琴瑟不調已云變革多墜刑網情兼軫悼宜從寬宥許以自新其義士募人有背軍逃亡者自武德二年十月二十日以前罪無輕重皆赦除之饑寒困弊不能自存者所在官司隨事賑給

三年六月庚申詔曰朕發跡太原陳師汾澮底定皇

室廓清函夏惟彼晉魏事等豐宛近者妖寇憑陵侵斥郊境害虐良善擁逼吏民大軍東討義存拯難芟夷醜類實在吊民凡厥渠魁已就殲殄脅從之輩情有可原宜許自新義深蕩滌其晉州潞州隰州并州等四總管内自武德三年四月二十二日以前被劉武周宋金剛等所詿誤者罪無輕重皆赦除之各令復業一所不問州縣城堡有固守忠節抗禦凶徒者具錄聞奏別加褒賞

四年二月丁巳詔曰祝網泣辜彰乎舊典赦過宥罪著自前經往者劉武周竊據邊陲擁逼良善石嶺以

北皆懼其獎雖復武周奔竄寄命蕃夷而殘黨餘氛尚懷旅拒致使朔漠猶警關塞未寧屢動干戈久違覈教代州總管定襄王大恩勤績允著安輯邊境討擊未賓率其從化朕君臨天下義存撫育念彼彫弊若納諸隍但朔方黎元逆命日久今雖歸附仍懷反側其代州總管府內石嶺以北自從武德四年二月二十九日以前所有愆犯罪無輕重悉從原宥可並令安居復業勿使驚擾五月乙丑以竇建德平詔曰自隋氏失馭政散民流盜賊交侵區宇離析喋喋黔首俱被焚溺之災元元無辜並困豺狼之吻朕受天

命君臨人極克除暴亂大拯黎民覈教所覃無思不服唯彼趙魏尚隔朝風建德往因喪亂連群結黨竊州據邑擅置官寮叛渙一隅恣行凶虐朕愍彼河朔久遭塗炭納隍軫慮無忘興寢但以彫弊之後惡煩士衆且事含弘未先討擊然而遊魂放命數稔貫盈驅率犬羊圖爲侵斥與王世充欲相救援輙來舉斧以抗大軍兵威所臨醜徒皆潰生擒建德囚致軍門凡厥支黨皆就虜獲歷念逋逃一舉廓清蕩滌遺民與之更始可赦山東諸州舊爲建德詿誤者自武德四年五月八日以前皆赦其罪仍令太子左庶子鄭善果爲山東道撫慰大使考功郎中李觀王膳部郎中高正表爲副存問民俗宣布朝章其有率衆全城因機立効者量其功績就加職任奇才異行隨事旌擢其亡命山澤仍爲結聚詔書到後三十日不來歸首者復罪如初六月庚寅詔曰朕初膺靈命撫育萬邦一物失宜憂責在己是以昧旦丕顯昃食忘勞思流惠澤被於率土日者世充作梗僭擅一方侵虐士民阻絶覈教鞏洛之地比邑連城受制凶威莫能自勉翹足引領乞師請降朕愍彼黎庶獨爲匪民命將出軍用申撫弔兵威所震醜徒慴伏元惡頊顙面縛

軍門殄殲氛祲混同文軌拯彼烝民出乎塗炭宜從蕩滌與之更始可赦河南諸州舊爲世充所詿誤者自武德四年六月四日已前皆赦其罪若有率其部衆保城邑因事立功以歸朝化者量其効績就加職任奇才異行隨事旌擢鰥寡孤獨以時恤理亡命山澤詔書到後三十日不來歸首者復罪如初七月丁卯詔曰天生烝民樹之司牧光宅區宇撫字黎庶日月炤臨文明於是紘極雷雨作解順時所以布化往者隋氏代衰政刑廢缺九服雲擾五岳塵飛率土之民墜於塗炭瞻天跼地控告無所朕愍彼橫流志存

拯溺投袂勤旅肇建義旗伐暴除殘克寧宇縣靈祇叶贊遐邇樂推歸運所集祗膺寶位戡翦多難綏輯遺甿溥彼萬方情均覆育然而世充放命擾亂周韓建德遊魂虔劉趙魏害虐良善阻絕朝風言念匪民久罹凶毒盈溺之樂猶有向隅納隍之嘆無忘旦夕是以出軍命將伐罪吊民宗廟威靈卿士效節旌旗所拂醜徒氷泮二凶授首萬方廓清車軌大同氛祲澄蕩邊候解柝烽燧無虞振旅休徒凱歌里忭今旣九圍静謐八表乂寧思與吏民勵精更始又惟寡德政道多違陰陽不調致茲亢旱深思惕懼震悼于懐

解網崇恩宜流愷澤可大赦天下自武德四年七月十二日昧爽已前大辟罪以下已發露未發露悉從原免自武德二年十二月三十日已前亡官失爵者量聽叙用天下民庶給復一年其陝鼎函虢虞芮六州供轉輸之費幽州管内久隔寇戎給復二年身死王事量加褒贈律令格式且用開皇舊法孝子順孫義夫節婦所在詳側旌表門閭奇才異行隨狀薦舉高年惸獨量加賑䘏

六年四月己未幸故宅祭元皇帝于舊寢以貞皇后配享詔曰朕恭膺太寶克隆景祚永言孝思聿追罔極肇惟自昔莫宇舊居王迹所基積慶攸在桑梓之敬每懐踐歴日不暇給以迄于茲今旣氛祲廓清區夏寧謐民休俗泰天成地平爰擇良辰言還邑里禮同過沛事等歸譙故老咸臻族姻相會肅恭薦享感慶兼集思俾歡心逮于衆庶愍茲幽滯有懐寬釋都輦之地宗祐所居祚固萬邦義越常等特惟孟夏方申長育宜歸天心宜茲惠澤可曲赦京城内繫囚見徒及被推問應集之人死罪已下並從放免其内有於政切害情理難原者宜降死從流六月丁卯苑君璋及突厥吐屯設來寇馬邑高滿政設二伏以待之

突厥至城下伏兵發大破之斬首二百餘級以滿政爲朔州總管曲赦馬邑十月戊申咸死罪從流餘皆原放

七年四月甲子詔曰自有隋失馭盜賊交侵四海群飛六合雲擾上天降鑒爰命朕躬勘定凶災廓清宇縣然而江湖之外水鄉僻遠向化之民未能自達逆賊輔公祐驅扇凶醜蟻聚蜂屯侵虐黎民搖動城邑朕惻茲塗炭義在吊撫命彼偏師聊申湯伐沿流而下應機雷尅氛祲清蕩遐邇乂寧文軌大同朝野咸慶今朱明戒節時方長育宜順天心播茲仁惠可大

赦天下自武德七年四月一日昧爽已前大辟罪已
下已發露繫囚見徒悉原免其犯十惡劫賊官人枉
法受財主守自盜及嘗赦不免流已上道者並不在
赦例亡命山澤挾藏軍器百日不首者復罪如初其
江州道行軍經途悠遠非無勞倦應供運轉及從軍
之內有犯罪除解官人立勳効者並復官爵仍依本
品隨才處分楊越之民新沾大化見在民户給復一
年其與賊同心共為逆亂非被迫脅情狀難原者不
在此例

九年六月庚申皇太子建成齊王元吉內挾邪謀將

危社稷皆伏誅是日詔曰朕恭膺寶位臨馭萬方綏
育黔黎于茲九載欲使仁惠之政達於天下德義之
方孚于宇宙豈謂莫大之釁近發蕭墻反噬之惡咸
於天性皇太子建成地居嫡長屬當儲貳處以少陽
冀克負荷遂昵近群小聽受邪謀蔑棄君親離阻骨
肉密圖悖逆潛為梟獍司徒齊王元吉寄深盤石任
惟翰屏寵既厚職位非輕背違天經協同元惡助
成隱慝遞相驅扇醜心逆迹一旦盡彰惟彼二凶罪
窮數稔禍不旋踵用取屠戮念茲醜惡慙恨盈懷今
禍難既除氛祲澄蕩國步夷坦政道惟新思與萬民
滌除更始可大赦天下自武德九年六月四日申時
已前罪無輕重已發露未發露繫囚見徒悉原免凶
逆之事止在二人自餘徒黨其被詿誤一無所問各
從曠蕩其僧尼道士女冠宜依舊軍國事皆受秦王
處分是月廬江王瑗為幽州大都督舉兵反王君廓
斬瑗傳首京師癸未赦幽州都督內文武官人及
民庶被瑗拘逼淪陷逆黨者罪無輕重咸從蕩滌

冊府元龜

冊府元龜

巡按福建監察御史臣李嗣京訂正
知歐寧縣事臣孫以敬叅閲
知建陽縣事臣黄國琦較釋

帝王部　八十四

赦宥第三

唐太宗以武德九年八月甲子即位詔曰惟天爲大七政所以授時惟辟奉天三才於是育物故能彌綸宇宙經緯乾坤大庇生靈闡揚洪烈我大唐誕膺嘉運載協昌期丕受龍圖肇開鳳紀太上皇徇齊作聖

濬哲欽明奄有八荒光澤四表牢籠軒昊跨躡殷周金鏡俯臨玉燭遐被然而至德無宰成功不居高謝萬邦委兹重器郊禋曠禮士民翹屬欽惟宗社義存享獻朕以寡昧實膺統緒辭不獲免式纂洪業靈命旣臻用升寶位君臨兆庶繼軌百王若涉大川罔知攸濟方資命哲共康治道今紹祚伊始奉荅天休思敷惠澤被于黎獻可大赦天下自武德九年八月九日昧爽以前罪無輕重已發覺未發覺繫囚見徒悉從原免武德元年以來責情流配者亦并放還凡厥庶僚進爵一級其五品已上先無爵邑封開國男六品已下各加一轉關内蒲芮虞泰陜鼎六州免二年租調自餘率土普給復一年八十已上各賜米二石綿帛五段百歲已上各賜米四石綿帛十段仍加板授以旌尚齒鰥寡孤獨不能自存者量事優恤其有至孝純著竒於鄉黨徵詣闕庭厚加褒擢節義之夫貞順之婦州府列上旌表門閭高年碩學直言正諫所在長官隨狀薦舉亡命山澤挾藏軍器百日不首復罪如初敢以赦前事告言者以其罪罪之

貞觀二年三月庚午詔曰宥過肆青列聖所以垂風一面三驅至人所以被物故知畫冠化俗義在無刑

擊磬求情志存踈網然去聖茲遠淳風漸薄上陵下替獄訟繁興罪名日積於簡書滋文亟陳於嘉石自非帝堯臨政臯陶作士觀色聽聲哀矜靡失雖復三章兩造能無寃濫自新改過其道何由朕以虚薄恭膺大寶寅對三靈君臨九服昧旦求衣夜分忘寢履薄乘奔未足爲喻兢兢業業懼弗負荷是以詳詢卿宰下及芻蕘務求切直救其不逮推赤心於萬物罄誠言於多士惟以蒼生在念豈矜黄屋之尊嗟四海之未寧慮一物之失所傷躬厲己無忘晷刻率斯道也庶感幽明思與群辟俱與至治而世教未康玄風

尚鬱去歲霖雨既損秋場今茲旱蝗又傷宿麥萬姓嗷然懸磬已甚此皆朕之不德兆庶何辜將繇視聽弗明刑罰失度遂使陰陽舛謬氣序乖違矜物罪己載懷憂惕若使年穀豐稔天下乂寧移灾朕身以存萬國是所願也其心無吝此言之信有同皦日故披露胸臆義在無隱八方率土想見朕心今東作方興而膏澤不降仰彼雲漢翹心何已宜布寬大之恩以順雷雨之德可大赦天下

四年二月甲寅詔曰天生蒸民樹之司牧莫不仰膺靈命克嗣寶圖用能永享鴻名常爲稱首朕君臨八

方于今四載夙興夜寐無忘晷刻履薄馭朽思濟黔黎推心至誠庶幾王道上荷蒼昊之眷下藉股肱之力宇內休平遐邇寧泰率此區域致之仁壽懍彼葷戎爲患自昔軒昊以來嘗罹寇暴是以啗周致涇水之師強漢受白登之辱武夫盡力於關塞謀士極慮于廟堂征伐和親無聞上策有隋灾亂憑凌轉甚彊埸之萌曾無寧歲朕韜于鑄戟務在存養自去歲迄今降款相繼不勞衛霍之將無待賈晁之略單于稽首交臂藁街名王面縛歸身夷邸襁負而至前後不絕被髮左衽之鄉狼望龍堆之境蕭條萬里無復王庭唯頡利挺身逃竄林穴天網雲布走伏何所大同之世諒在茲日斯皆上玄降祐清廟威靈豈朕虛薄所能致此方欲致仁化物宜存寬惠思與萬邦同享斯福可大赦天下自貞觀四年二月十八日昧爽已前罪無輕重自大辟以下繫囚見徒皆赦除之逋負官物三分免一分其謀反大逆妖言惑衆及殺期親以上尊長奴婢部曲反主官人枉法受財不在赦例鰥寡孤獨不能自存者州縣量加賑濟賜天下大酺五日敢以赦前事相告言者以其罪罪之

十月壬辰詔曰朕恭膺寶命握圖馭曆屬喪亂之後

承凋弊之餘弘宣德化勵精治道遐邇肅清要荒來服聊因暇務觀省民風遵彼岐梁言臻汧渭百年之老俱稱鼓腹五尺之童咸欣擊壤睠言曩昔亟歷此地歲月踰邁以迄于茲周覽原隰悵然懷舊延問鄉黨僚吏猶存事異宛譙情均豐沛民和俗阜上下歡洽宜宣愷澤俾同慶幸可特赦岐隴二州管內自貞觀四年十月一日昧爽已前大辟罪以下悉從原免二州户民無出一年租賦八十以上鰥寡獨疾及舊任二州雜職佐史以上賜物各有差百歲以上就加優恤行經咸陽始平武功三縣見禁之囚徒罪以上

各降一等杖罪以下并宜釋放年八十以上及鰥寡篤疾并武功縣舊軍主帥亦加賜物凡此界內名山大川望秩之禮備加牲幣孝子順孫義夫節婦旌事褒顯旌表門閭其賜物之差宜依別勑務從周厚以稱朕意乙卯又詔曰武功舊居與岐隴不異前令減罪未稱朕心其武功一縣曲赦其罪及賜帛免租賦等特宜同岐隴二州

五年五月壬午皇太子承乾疾篤詔降囚徒許之

十二月癸丑降關內諸州死罪以下

八年二月己巳皇太子承乾加元服丙午降死罪以

下

九年三月壬午詔曰天地播氣垂生育之德皇王御極弘覆幬之仁故能財成萬類光宅八表朕祗奉慈訓嗣守鴻業承百王之季末屬四海之凋殘夜與夕惕無忘兆庶克己勤躬思隆政道欲使陰陽順序干戈載戢庶幾前烈致茲刑措而東山之地頻年不稔水雨爲災飢饉相屬蠢爾西戎屢擾邊境事不獲已遂勞兵車良繇誠未動天德不被物興言念此撫己多慙加以澆僞尚繁刑典仍用雖復留心聽斷明慎庶獄嘗恐縲絏之中含冤靡訴憲網所及弗辜致罪一物有怨責深在余今歲惟暮春時屬生長宜順天布澤與物更新可大赦天下自貞觀九年三月十六日昧爽以前大辟罪已下皆赦除之其嘗赦不免者不在赦例鰥寡惸獨不能自存者所在官司量加賑恤

十一年三月幸雒陽宮癸卯降雒州管內繫囚見徒仍免一年租調

十二年二月甲戌幸長春宮以舊經鎮復朝邑縣無出今年租賦降囚免徒

十三年正月乙巳帝朝于獻陵是日赦三原縣及從

官衛士等大辟已下已發覺未發覺皆原其罪免其縣人一年租賦年八十已上及孝子順孫義夫節婦鰥寡惸獨有篤疾者賜物各有差宿衛陵邑中郎將衛士及三原令已下各賜爵一級

十四年正月甲寅幸魏王泰宅曲赦雍州及長安獄大辟罪已下並原之延康里百姓無出今年租

二月丁丑幸國學觀釋奠曲赦大理萬年繫囚大辟罪已下

九月癸卯以交河道行軍總管侯君集擊高昌麴文泰破之曲赦其部內大辟罪已下其佞邪之徒勸文

泰爲惡并凶逆不變抗拒官軍者不在赦例可汗浮圖城及從軍兵士非犯十惡并從赦免其士卒有父子犯罪以下罪期親犯流大功犯徒小功緦麻犯杖罪悉皆放若妖言惑衆殺人官人枉法受財刼賊監治之主守自盜所監治不在赦限

十七年四月丙戌立晉王爲皇太子是日帝御承天門樓大陳仗衛文武百辟列於外京邑士女重疊而觀者皇城街悉滿當道中樹金雞大赦天下罪非十惡皆赦之文武執事九品以上及五品巳下子爲父後者各加一級八十巳上賜以粟帛孝子順孫義夫

節婦咸表門閭鰥寡孤獨篤疾之徒量加賑給賜天下酺

十一月壬午詔曰朕嗣守宗祧夙夜寅懼憂勤在於政道撫育遍於含生十七載于兹矣上玄儲祉貞石表瑞朕式備禋燎躬謝蒼旻逮于儲兩亦申虔奉朔風旣切飛雪載零及登泰壇六合開朗神祇介福豈獨在予和樂之慶宜被率土可賜酺三日自漢魏巳來或賜牛酒牛之爲用耕稼所資多有宰殺深乖惻隱其男子年七十巳上量給酒米麵梁州管内大辟罪巳下見禁囚皇太子慮過諸州並遣使人分往唯十惡不在慮限餘皆量情降宥焉

二十年正月征遼還幸并州庚辰引從官及太原父老宴賜物有差因下詔曰太原之地興運所階全晉之人義深惟舊自朕恭膺寶曆二紀于兹何嘗不御扆長懷想崤陵之風雨臨軒遠感念大麓之雲雷當於此時乃忘身而拯溺寔賴同德並贏糧而樂推役不踰年遂清區域諒繇成都之衆詎訟闡虞帝之功戰牧之徒歌舞興周王之業仗兹協力竟至升平懷彼勤勞可忘晷刻旣同垂拱之暇再省創業之方周歷邠原宛如疇昔訪其父老巳多長謝不見所識魏

后遂以興嗟郿彼故人漢皇因而式宴前王是日哀樂交懷在朕深衷義符於此是用具陳廣樂共申高宴取譬還譙之賞同彼幸代之情仍曲赦并州管内大辟巳下繫囚見徒皆赦除之常赦所不免者不在赦例

二十一年正月詔無識之徒自陷刑憲者宜順陽和特申恩慮諸司見禁囚並宜將過詳其輕重自此巳後每視朝錄禁囚二百人太宗親自案問降死至流流降入徒徒降入杖杖者並放

二十二年三月丁亥詔曰昔周武應天尅瑶臺而靡

處漢高作極獲負陽而不居散服桃林革命先於卜雒旣遷枌社創制肇于疏龍朕御九成有乖斯義以茲撫事未須改作何者文營仁壽槩日臨雲煬起乾陽銜珠帶璧比阿房而兢奕猶且有加擬傾宮而眇麗全於具體晦德云謝其徵在茲朕悼於懷爲日旣久故爲不後義顯今辰加以心懷齊育事切於肌膚亟犯風霜疾纏於腠理每至隆曦屆序大火摛芒雖對寒泉如升頭痛之坂式居珍簟若涉炎火之林繇是岳牧憂惶公卿駭懼累陳丹懇請建山宮歷載旣深竊愛百金之費詳其至理宜順萬姓之心朕往昌

兵凶爲黔首而忘己今茲溽暑豈勞人而取安但以上奉宗祧下寧兆庶身非己有不可自輕敬思休攝之方兼理古先之道發明二指創此一宮郎潤疏隍憑巖構宇土無文繡木不雕鏤鋪橋板以荊扉變綺窓於甕牖負扆協幽貞之賞垂纊嘉遁世之情振此冲規方垂帝範今旣成之不日頼洽普天宜順發生弘茲霈澤可曲赦宜君縣官及百姓并督令官人丁匠等大辟罪已下常赦所不免者不在赦例其營建當官人量加品秩及衞士以上並節級賜物先在宮苑內任務出外者給復三年

十二月辛酉詔曰皇太子治業隆三善道兼四學惟忠孝是資寬仁在慮輿言獄犴每切于懷以春陽方動請行寬宥惻隱之辭屢聞旒扆宜順其所請曲流恩降雍州長安萬年兩縣及諸司見禁囚徒三年以下差降杖罪並放免徒罪已上徵銅未輸者亦從降例

二十三年三月丙辰甘露降時太宗雖積疾曰久喜見於色謂司徒長孫無忌曰今此膏澤豈朕獨喜朕欲共天下蒼生同茲歡慶宜即爲赦文且日頒示也辛酉百官及京邑士庶并列於顯道門外見繫四千

餘人咸北面太宗力疾乘輿諸司庶僚百姓等車馬塡噎顧謂長孫無忌曰百姓滋盛如此誠可哀憐朕方欲盡心布化令其安樂而痾瘵彌積事不遂心因慷慨長息泣數行下然後遣宣詔曰昔興殷辭綱動加惠於生靈惟堯肆赦播滂仁於四海撫名嶽登甘泉疏長河揖儀鳳惟皇祚惠此爲常範朕夏越前古祗膺寶位雖復十角之寇乂變衣冠而乃三韓之野尚興車甲言念艱勤無忘鑒寐兼以去冬無積獻歲愆陽陳尊祖於四衢免租田於百郡昔成湯七載始聞兢惕朕今三月寔懼於懷是以政令除殘商羊繼

舞昭回停詠織阿衡畢客雨高飛傾河驟瀉至誠無奏天意非遥宜布寰瀛同滋愷澤可大赦天下大辟罪巳下無輕重咸赦常赦所不免者不在赦限其有亡官失爵宜量收叙八十巳上各賜粟帛鰥寡惸獨及篤疾者量加賑貸

高宗以貞觀二十三年六月甲戌即皇帝位詔曰粤以孤藐屬當元嗣荷搆乾儀若臨氷谷思勵虛薄康濟元元敬順惟新仰昭先德宜布愷澤被於億兆可大赦天下內外文武賜勳官一級諸年八十以上賚以粟帛雍州及諸州比年供軍勞役尤甚之處並給

復一年

永徽元年八月庚午親慮囚徒死罪降充流流降入徒餘決杖而免之慮未盡者令太尉無忌左僕射李勣等同慮之

三年正月甲子詔曰去秋少雨冬來無雪今陽和在辰春作方始膏澤未降良疇廢業或恐獄訟之間尚有滛濫含冤未達弗辜致罪百姓有過責深在予宜順彼發生申茲恩宥在京及天下囚徒死罪宜降從流流巳下放免鰥寡惸獨及篤疾之徒量加賑恤務令得所

七月丁巳立陳王忠爲皇太子大赦天下五品巳上子爲父後者賜勳一轉大酺五日

四年十月庚子幸温湯甲辰免新豐見禁囚

五年二月辛未帝在萬年宫詔曰恭膺寶命嗣奉遥圖居萬乘之尊當四海之責遐觀往烈詳求前古每希蹤於哲后常勞心於庶務兢懼弗寧憂勤若厲屬天下無事區宇有截仰高風於汾射暫清暑於林泉朕昔在震宫侍遊茲壤山川如舊歲月不追今既俗阜年和華夷胥悅緬懷徽範情兼感慰宜遵省方之義且順陽和之序曲申惠澤式彰寛宥行幸所經諸

縣及岐州囚徒行人犯罪者流降徒徒巳下並免之

六年正月壬辰親謁昭陵還行宫詔曰朕躬膺大寶嗣隆景業虔奉成則光闡洪猷昧旦兢懷分宵動慮蒼昊垂祐宗社降靈順黎元之心藉忠賢之力俗登仁壽道暨升平遠肅邇安時康俗阜屬端受節陽和肇氣親率庶寮奉詣陵寢遺弓永慕切終身之憂撫鏡纏悲興寒泉之思敬深如在哀隆罔極荐享既畢精禮獲申式表因心宜弘愷澤可曲赦醴泉縣并行從人大辟罪巳下皆赦除之百姓宜免今年租調右監門員外將軍當基在此宿衞進爵一等陵令陵丞

各加一階并節級賜物

二月乙巳皇太子忠加元服詔大辟已下罪并降一等杖者悉原之

十月乙卯詔立武氏爲皇后令來月一日備禮冊拜

丁巳大赦天下流人違前所放還緣王柳蕭等家臣欽若等曰王皇后等并舅家柳氏及蕭淑妃家也配流者不在此限八十已上老人各賜粟二石緜三段百歲已上各賜粟五石緜十段孝子順孫義夫節婦咸表門閭鰥寡惸獨篤疾之徒不能自存者量加賑恤

顯慶元年正月辛未立代王弘爲皇太子壬申大赦

天下改永徽七年爲顯慶元年文武職事九品以上及五品以上子爲父後者各加勳一轉亡官失爵並宜量叙諸年八十以上各賜粟帛其有孝子順孫義夫節婦咸表門閭鰥寡惸獨篤疾之徒不能自存者量加賑恤賜天下大酺三日

二年二月幸雒陽宮辛酉詔雒州管內并行從者大辟已下並降一等死罪徒流已下悉原之雒州百姓免一年租調

十月幸鄭州壬子次汜水頓曲赦鄭州管內

三年二月甲戌自東都還戊寅錄京城囚徒悉原宥之

四年十月皇太子弘加元服大赦天下文武官職五品以上子孫爲父祖後者各加勳官一級大酺三日

五年二月丙戌帝在并州曲赦并州管內及所經州縣義旗初職事五品已上身亡殯墳墓在州者令所司致祭佐命功臣子孫及大將軍府佐以上見今在者賜階級有差

八月癸未以蘇定方等討平百濟曲赦神丘道行軍大總管以下兵士及其父母妻子大辟罪已下賜天下大酺三日

龍朔元年二月乙未晦以益縣等五州皆言龍見改顯慶六年爲龍朔元年曲赦雒州境內

二年七月戊子朔以皇子旭輪滿月大赦天下大辟罪已下無輕重悉原之賜酺三日

三年十二月庚子詔以絳州麟見於介山含元殿前銀臺閣內並覩麟迹改來年正月爲麟德元年在京雍州諸縣見繫囚徒各降一等杖罪以下並免之

麟德元年八月已卯降萬年縣囚徒流罪從徒徒從杖杖已下并宥之

二年四月壬午以蠻獠平曲赦桂廣黔三府管內

乾封元年正月戊辰朔有事於泰山壬辰御朝覲壇受朝賀大赦天下改麟德三年爲乾封元年諸行從文武官及見朝覲岳牧二京留守并邊要州都督刺史三品以下並賜爵一等四品已上加授一階諸老人年八十已上者版授刺史司馬縣令婦人版授郡縣君並節級量賜粟帛天下百姓年二十一已上八十以下賜爵一級車駕所經州給復一年齊州停日稍久給復一年半兗州管嶽給復二年逋租懸調欠負官物並宜免徵孝子順孫義夫節婦表其門閭終身勿事率土之內賜酺七日

總章元年三月庚寅詔曰朕以寡薄忝承丕緒奉二聖之遺訓跨億兆以初臨馭朽兢懷推溝在念而上玄垂祐宗社降休歲稔時和人殷俗阜車書混一文軌大同鮨玉泥金升中告禪百蠻執贄萬國來庭朝野歡娛華夷胥悅但爲郊禋嚴配未安太室布政數化猶闕合宮朕所以日旰忘疲中宵輟寢討論墳籍錯綜群言採三代之精微探九皇之至頤斟酌前載製造明堂棟宇方圓之規雖兼古實肆筵陳俎之法獨運財成宣諸內外博考詳求度其長短與廣聞見而鴻生碩儒俱稱盡善宜命有司及時赴作務從折中稱朕意焉令陽和在辰景風扇物昆蟲草木有以自康朕之百姓尚多勞止思覃惠澤與其更新可大赦天下改乾封三年爲總章元年大辟罪以下皆赦除之

二年九月己亥帝自九成宮還京師乙巳至岐州以高祖初仕隋爲扶風太守故曲赦岐州管內

咸亨元年三月甲戌朔以京師旱大赦天下改總章三年爲咸亨元年

四年十月己未帝在九成宮以皇太子納妃裴氏禮畢曲赦岐州

上元元年八月壬辰追尊祖宗謚號改咸亨五年爲上元元年大赦天下長流人并放還五品以上各舉所知大酺三日

二年六月立雍王賢爲皇太子大赦天下

三年二月丁亥帝幸汝州之溫湯令御史中丞杜文範慮汝州囚徒罪輕者皆免之

儀鳳元年十一月壬申以陳州上言鳳凰見於宛丘縣改上元三年爲儀鳳元年大赦天下

三年四月丁亥朔以旱親慮京城繫囚悉原宥之戊申大赦天下

調露元年六月辛亥大赦天下改儀鳳四年爲調露元年

永隆元年八月乙丑立左衛大將軍雍州牧英王哲爲皇太子改調露二年爲永隆元年大赦天下大酺三日

二年七月以太平公主出降曲赦京城囚徒大辟罪已下

開耀元年十月壬辰裴行儉等獻定襄所獲俘囚乙丑改永隆二年爲開耀元年曲赦定襄軍及諸道緣征單于突厥官吏兵募等

永淳元年二月癸未以皇太子誕皇孫滿月大赦天下改開耀二年爲永淳元年大酺三日

二年九月己丑以皇女太平公主誕育曲赦東郡都城內

弘道元年十二月丁巳詔曰朕以寡昧謬膺丕緒未嘗不孜孜訪道戰戰臨人馭朽懷秋駕之危負重積春氷之懼日愼一日三十四載於今矣何則足寒傷心人勞傷國下安卽上逸時獘卽君憂所以身處九重而情周萬姓建本之懷遽切抑末之念逾深今雖庶績已寧淳源未洽履素歸厚者遂寂寥而靡聞徇華趨利者尚馳騖而不息顧以薄德有謝移風永念群方在予多愧况朕之緜系光自玄元固當遠協先規光宣道化變率土於壽域濟含生於福林屬想華胥載勞寤寐所與內外寮寀各竭乃誠敦惟黎民俱崇簡質舊染薄俗咸與惟新遵大道而開元共普天而更始宜更申霈澤廣被紘埏可改永淳二年爲弘道元年大赦前後責情流人並放還老人年百歲以上者版授下州刺史婦人版授郡君九十已上者版授上州司馬婦人版授縣君八十已上者版授縣令并婦人並節級量賜粟帛孝子順孫義夫節婦表其

門閭終身勿事鰥寡惸獨篤疾不能自存者量加賑恤仍天下諸州置道士觀上州三所中州二所下州一所每觀各度七人又比來天后事條深有益於政言近而意遠事小而功多務令崇用式遵無怠見任內外官五品以上經四考及守五考經三考六品以下計滿三考政有清勤狀無私犯者各加一階

中宗神龍元年正月乙亥卽位大赦天下唯張易之黨不在原限其周興等所枉破家人子女已進宮及配沒者賜爵一級東宮官寮見任六品加官計階應入五品者特令不拘年限諸州百姓免今年租稅天

下宗姓普准舊式房州百姓三年給復於是天下大悅是月甲子立妃韋氏爲皇后大赦天下內外官預陪位者賜勳一轉大酺三日

三月甲申朔文明以來被破家人特從放免所有子孫並還其資蔭其揚州搆逆黨唯徐敬業一房及裴炎不在免限餘并原宥

九月壬午親祀昊天上帝土皇地祇于明堂禮畢制曰朕聞唯天爲大所以上序三宗唯帝爲尊于是宏開七廟故知肇興衢室爰申宗祀之規爲建明堂或廣嚴禋之禮莫不八窓四達分氣候於炎涼複廟重

簷定尊卑於昭穆實爲國之洪訓乃經邦之茂典我國家膺祖神宗重光累葉道軼羲農之上功侔造化之初冠今昔而居尊掩寰區而作大朕承撫天運纘聖開元披鳳曆而乘時握龍圖而建極春秋變易每增霜露之心日月推移倍切蒸嘗之思然而城臨丹鳳淸廟久安水控玄龜神基未立金輿往幸空展望於瑶祠玉輦來巡實幸親於碣石三川帝里八水皇州豈都邑之相誇而郊畿之有謝所以交風輿壤還開候雁之庭睽日明區更置馴龍之室巍巍紫座無虧薦鮪之途奕奕彤宫遂得獻羔之所加以總章霧闢重屋煙披懸晦日于梅梁掛晴虹于桂棟是以用斯珪璧奠彼牲牢唱孤竹之簫管奏空桑之琴瑟爰於祔享之日乃至禋宗之辰景色殊常烟雲冠古或凱風南至縈喜氣而分輝或驟雨東來引祥雲而合嚮固可以作樂崇德殷薦上帝而璧海遥澄覺三邊之霧捲丹霄上廓看九野之塵淸祖宗之靈睍昭然宇宙之神心可見虔誠既展盛禮斯弘宜覃作解之恩以廣奉先之德但赦者小利而大害始泰而終否著小人之幸非君子之幸今歲已來頻數渥命徒長僥倖逾犯憲章非所以弘獎風猷發揮明教深慮無知

者因茲獲罪有識者緣此致譏遐思管仲之篇緬想吳漢之說恐貽丕構慨然長想昔孔明相蜀王猛佐秦咸以數赦爲言俱稱肆眚非便朕惟新闡政方事澄源期望古而裁規具脩今而布澤伏以禮申崇祔情展泰禋式流曠蕩之恩兼明懲勸之道可大赦雖州境內天下諸州見禁囚徒罪應至死者特宜免死配流者入徒餘并原宥京文武三品以上賜爵一級四品以上各加一階外文武官九品以上賜爵一轉皇親嗣王仍特許珮金魚袋內外職事官三品以上及四品清官并中書門下五品官父已亡者並量加

追贈如聞天下諸宮皆畫化胡之變諸寺亦畫老君
之形一種尊容兩俱不可限制到後十日並除却若
有故留者即科違勑罪其化胡經先有明勑禁斷如
聞在外仍頗流行自今諸部化胡經事及餘凡訛化
胡事處並宜除削在外百姓婚娶之家百兩未行二
親俄殯停哀之際便即成婚遂輟苴經之容敢申花
巹之禮寧戚之心安寄罔極之志闕如敗俗傷風莫
過於此自今巳後宜即懲革自弘道以前經任相三
年以上及秦府晉府寮佐四品以上并食實封功臣
雖經罪責不至破家子孫無任京官者特宜優與一官

英府周府舊寮五品巳上子孫亦宜准此天下百姓
爲父後者各賜古爵一級大酺三日
十一月壬午親謁太廟告謝受尊號之意禮畢大赦
天下前後流人非反逆緣坐者並放還緣張易之徒
黨本犯配流者量輕重與遠官京官文武官及朝集
士九品巳上加一等三品以上賜爵一等外官九品
巳上賜勲一轉安國相王諱錥太平公主並加實封
通前萬户天下賜酺二日
二年十月戊戌自東都還十一月乙巳大赦天下從
行文武官九品巳下賜勲一轉

三年四月庚寅幸薦福寺曲赦雍州其故吏周府官
從至寺者各賜勲一轉
七月辛丑太子重俊與成王千里舉兵誅武三思癸
卯以重俊等旣就誅夷大赦天下成王千里等親黨
不在原限
景龍元年九月庚子御太極殿受神龍皇帝尊號禮
畢大赦天下改元景龍文武官三品巳上賜勲一轉
二年二月庚寅順天皇后言衣箱中裙上有五色雲
起久而方歇帝令畫工圖其狀以示百寮乃大赦天
下内外五品巳上官母妻各加邑號一等

十一月巳卯安樂公主降武延秀禮畢大赦天下賜
酺三日
三年十一月巳丑親祀南郊禮畢大赦天下繫囚見
徒及十惡咸赦除之親祀流人並放還京文武官及
應集考使別敕陪位官邊州都督刺史諸軍大使副
三品巳上賜爵一等四品巳上加一階應入三品者
三品減四考五品減三考聽入外文武官賜勲一轉
舉堪刺関内諸州無出今年地税令内五品巳上各
舉堪史縣令者天下大酺三日
十二年甲午幸新豐温湯甲辰曲赦新豐縣大辟巳

下
四年二月壬午以金城公主出降吐蕃帝幸始平縣送之壬午曲赦始平縣大辟罪已下百姓復給一年
少帝温王唐隆元年六月庚子臨淄郡王平韋庶人辛丑詔曰大盜移國朝有賊臣見危授命家多義士朕以凶閔鞠諸糜潰姦豎搆扇傾隮宗社潛圖竊發機兆未萌相王第三子臨淄郡王隆基糾合同盟忠勇奮怒志除兇黨保護邦家逆賊韋温馬秦客葉静能宗楚客紀處訥武延秀趙履温楊均等密行鴆毒先聖暴終朕志不圖全枕戈泣血風雲玄感情計陰

通太平公主男衛尉卿薛崇暕與前同州朝邑縣尉劉幽求摠監鍾紹宗日夜共謀誓誅逆黨兇徒鷩殄援寡無所今天衢交泰氛祲廓清宜申作解之恩以洽升平之化自唐隆元年六月二十一日昧爽已前大辟罪以下常赦所不免者咸赦除之其逆賊頭首咸已斬決自餘支黨一無所問内外官三品以上賜爵一等四品已下加一階隆基可封平王食實封一千户賜物五千段薛崇暕封立節郡王食實封五百户賜物三千段鍾紹宗可銀青光祿大夫守中書侍郎潁州郡開國公食實封二百户賜物一千段前同州朝邑縣尉劉幽求可朝議大夫守中書舍人仍參知機務中山郡開國男食實封二百户利仁府折衝麻嗣宗可雲麾將軍行左金吾衛中郎將賜物一千段追貶皇后韋氏爲庶人安樂公主爲悖逆庶人
睿宗以唐隆元年六月甲辰即位大赦天下自唐隆元年六月二十四日辰時已前大辟罪已下咸赦除之内外官三品已上各加爵一等四品已下各加一階内外職事官五品已上各舉所知一人諸道征鎮人家令州縣簡較
景雲元年七月七日平王爲皇太子大赦天下制曰

天下公器非上聖無以運其機域中大業非元良無以固其本朕欽若靈命寅奉神宗居巳順人用安四海承祧主鬯實貞萬國頃者家臻大憫在疚惟憂梟獍滿朝豺狼塞路武職戎政必任凶徒國要時權咸升逆黨社稷之守望絶苞桑忠義之懷惟其艾棘階禍稔惡伺隙乘閒煩言碎辭所不勝述皇太子正氣凝姿端命敏德自家刑國英徽日湛移孝爲忠雄謀電發北宫馳入掃攙搶於紫衢南宫反正開日月於黄道平亂寧夏翼戴朕躬一旅不勞功逾復禹百神咸舉事邈與周聲應吹銅望惟當璧今遣司空讀册

命侍中授璽實由立義豈曰尚親承華肇開元嗣以建宜申洊雷之澤仍紀景雲之瑞可大赦天下改唐隆元年爲景雲元年自七月二十日昧爽以前大辟罪已下咸赦除之其犯十惡常赦所不免者不在赦限內外文武官九品已上子爲父後者賜勳一轉公卿各舉孝友忠正堪任東宫官一人自神龍以來直諫枉遭非命咸令封植其墓

十一月塋中宗于定陵曲赦萬年高陵三原華原富平等縣自景雲元年十一月二十一日昧爽已前大辟罪已下咸赦除之常赦不免不在赦例

二年四月壬寅大赦天下繫囚見徒流移未達前所及已到流所者皆赦之京官四品以下加一階外官賜勳一轉三品以上各賜一爵天下濫度僧尼道士女冠等先經度者並令依舊諸州廢寺觀并依舊名置立

八月乙卯以高祖舊宅有柿樹天授中已經枯死至是重生因而大赦天下謀殺人造僞頭首者并免死配流嶺南官典取受者特免放

延和元年五月戊寅有事於北郊辛巳大赦天下改太極元年爲延和元年五月十二日昧爽以前大辟罪已下咸赦除之其十惡及劉誠之胡大寧徒侶并不在赦限文武官預大禮各賜勳一轉天下大酺五日

先天元年八月甲辰傳位於皇太子帝稱太上皇大赦天下改元先天自先天元年八月七日大辟罪已下咸赦除之其常赦不免者不在赦限

二年三月太上皇詔曰恤刑緩獄古之通義務本勸農國之常典今陽和布氣膏澤順時凡厥黎民咸事東作而疲人嬰法自滯圜扉言念於此有軫于懷宜從寛宥使營稼穡其京城內見禁囚除死罪以外並

特放免營農天下諸州亦宜准此

七月甲子左僕射竇懷貞等與太平公主謀逆事覺伏誅是日太上皇御承天門樓下詔曰天步時艱王業多難亂常干紀何代無之我國家累聖膺期重光繼統戎蠻纂義遐邇無虞朕以寡昧嗣守丕祚嚮明而理旻景忘劬冀寓內之小康庶群生之遂性又使家知禮讓人盡忠良不謂姦宄潛謀蕭墻作孽逆賊竇懷貞蕭至忠岑羲薛稷李慈李猷常元楷唐晙唐昕李晉李欽賈膺福傳孝忠僧惠範等咸以庸微謬承恩幸未申毫髮之效遂興梟獍之心共舉北軍突

入中禁將欲廢朕及皇帝以行篡逆朕令皇帝率衆討除應時殄盡元惡旣戮姦黨畢殲宗社乂安人神胥悅務申寬大之典宜覃肆宥之恩可大赦天下自大辟罪已下無輕重咸赦除之其逆人魁首未捉獲及應緣坐者並不在赦限自餘黨類往還一無所問布告遐邇咸使知聞

冊府元龜

冊府元龜 帝王部 赦宥三 卷之八十四

二十七

册府元龜

巡按福建監察御史臣李嗣京　訂正
新建縣舉人臣戴國士　条閱
知建陽縣事臣黃國琦　較釋

帝王部八十五

赦宥第四

唐玄宗先天元年十月庚子謁太廟禮畢御延喜門下制大赦天下

開元元年三月丁卯御承天門樓下制曰朕承累聖之鴻源荷重光之積慶昔因多難時屬遘屯寶位深

墜地之危神器有綴旒之懼事殷家國義感人祇吟嘯風雲恭行雷電致君親於堯舜濟黎庶於休和遂以孟秋允升儲貳旋承内禪繼體宸居拜首之請空勤讓王之誠莫展恭臨億兆二載于茲上稟聖謨下凝庶績大荒同軌瀛海無波不謂姦慝潜謀蕭墻竊發逆賊竇懷貞等項以庸妄擢居台庭毫髮之效未申丘山之釁仍積共成梟獍將肆姦回太上皇聖斷宏通英謀獨運命朕率岐王範薛王業等躬事誅鋤齊斧一麾凶渠盡殪太陽朗曜澄氛霧於天衢高風順時厲肅殺於秋序人靈叶贊夷夏相歡四族之慝旣清七百之祥方永爰承後命載闡休期總軍國之大猷施雲雨之鴻澤承乾之道旣光被於無垠作解之恩思式覃於品物當與億兆同此維新可大赦天下大辟罪已下咸赦除之邠王守禮加實封二千户宋王成器申王成業各加實封一千户岐王範薛王業各加七百户文武官三品以上賜爵一級四品以下各加一階内外官人被諸道按察使及御史所通惡狀咸宜洗滌選日依資叙用十二月庚寅大赦天下改元爲開元

二年六月甲子制曰朕聞養人者謂之司牧非逸於

人上事天者謂之帝王蓋御於天下故作爲棟宇以避燥濕居於臺榭以順高明斯乃奉時令布朝政也朕以不德祇膺睿圖寶十家之產愛兆人之力未嘗興工於土木役思於池籞與之休艾以致邕熙自律應長羸時方大暑滯雲屢起溫風且至伏以太上皇宴居保衛滌慮清閒迹不往于井泉心每期於汾水朕侍於左右以奉晨夕助玄默之化則虧於聽理當炎蒸之序又憒以囂煩惕焉載懷感忘順色然大明創兆先聖所營卽舊不如因時而往千門萬户外雖調於別宫一日三朝中自連於複道下所以寧問安

之懇上所以資習靜之娛實獲我心俾康政理古有服珍來者則念人之寒居夏屋者則念人之熱況此歲阻飢東田不稔或愚人陷罪圜土稱寃凡厥庶僚將何以恤兩京及諸州宜令長官親理寃獄除犯名教及官典犯贓并緣妖僞以外餘罪徒以下咸宜放免其有茂才異等拔萃超群緣無紹介久不聞達者咸令自舉朕當親問其應宣撫使名聞舉人試第四等須准舊例别加優獎見任人各量與改轉前資常選人至冬依選例處分其未出身者兼授散官先天以來軍將押衙官等在陣戰亡者令本軍勘實奏聞

其設災祥詿惑閭里并令州縣長官等嚴加捉搦仍令御史訪察繩糾有能直言極諫補朕之闕者各封狀進朕將親覽如有可採當加獎擢其皇親諸親及東宫丞優任員外簡較試等官近停令至冬處分者有家道貧迫情願外任者亦令所司勘實量才注擬其緣坐流人處置有輕重不類者令所司勘會奏聞

三年正月丁酉册郢王嗣謙爲皇太子因下詔降見禁囚徒死罪者免死徒流已下罪悉原宥之

二月辛酉制曰青春式序陽和布氣萬物熙熙莫不遂其性而嘉其生也申念愚人干我王度日陷坑穽寘之網羅朕代天理物爲人父母眷言囚繫良增隱惻豈憲章之尚容將教道之不明歟順時行令抑惟常典兩京及天下見禁囚除犯惡逆造僞以外决一百配流嶺南磧石諸州其餘一切放免

五月丁未命宰臣親行京城諸獄省察囚徒下詔曰惟刑恤哉古之道也朕撫臨四海茂育兆人思致淳風登之壽域期畫冠而不犯故開羅而在宥念茲下愚自抵常法時屬盛夏天其養生在物最靈惟人爲貴朕處臺榭猶有欝蒸之毒彼居囹圄能無憯怛之憂故令宰臣備加案察省覽所奏用惻于懷爰矜可

恕之罪必務惟輕之義將布寛惠俾從原減應合書罪者宜遞降一等論

十月癸亥詔巡遊所過之縣見禁囚徒以下減放免流以上罪具犯狀奏聽進止戊辰大理具囚名奏帝覽之以所犯重者降一等輕者並釋放下詔曰朕祇膺鴻圖嗣守丕業何曾不馭朽增惕納隍在慮六合之内每勤祗綏五刑之屬尤用欽愼然簡書多窒惕之訟圜扉有幽滯之人淹恤逾時羈縲相對頗異哀矜之義實慙恢踈之網雖刑政之典彼則自貽而在予之責終以多愧其大理禁囚前令詳覆者宜檢所

犯輕者並放重降一等仍依令式處分十二月有司所奏徃幸鳳泉所過之縣流以上囚奏聽進止者凡稱原減頗詳故事罪至死刑寬其大戮况聽成有法閱實無寃屬陽和上春積雪未降天地之於庶物正亭之而毒之皇王之撫兆人宰以殺而止殺申念重辟惻然疚懷特布湛恩助兹生氣其犯斯刑者宜决一百配流遠惡處其犯杖配流者宜免杖依前配流已决及流三千里者節級稍移近處二千五百里以下並宜配徒以殿（臣欽若等曰殿謂自遠而近也）

五年二月甲戌行幸至東都大赦天下唯謀反大逆

不在赦限餘並宥之河南府百姓給復一年河南北遭澇及蝗虫處無出今年租武德貞觀以來勳臣子孫無在位者詳求其後奏聞有嘉遯逃棲養高不仕者州牧各以名聞

八年九月丙寅制曰五刑之用以禁奸慝三宥之設以矜愚耄朕永康四海憂在兆人俾臻大化爰措庶獄而愚妄之色抵犯或聞向隅可哀當宁與軫今天地旣肅申嚴在命時分其令罪則無留載懷幽犴思布生德宜崇減死之恩式明宥過之典其京城內犯罪人等特令按覆其中造僞頭首及謀殺人斷死者决一百配流嶺南惡處斷死者决一頓免死配流遠處雜犯流移者各減一等杖罪已下並免

九年五月庚午詔曰自昔明王恤人爲念朕君臨寓縣子育黎蒸一物乖宜常切納隍之慮萬方有罪再軫泣辜之責故勸農務穡國政攸先捨過錄功帝圖惟永况麥風炎序梅律啟辰言念狴牢情深惻隱宜申緩獄之令以布宥刑之澤其天下見禁囚徒犯流已下徒已上特宜免以嘗科並遣隨軍展效仍令所司明爲年限條例隨便近諸軍分配與能竭力勉樹勳庸其杖已下即令釋放使務農業

十一月庚午大赦天下內外官九品以上加一階五品已上加爵一等自六月二十日七月三日（臣欽若等曰玄宗景隆元年六月三日平韋庶人先天二年七月三日平太平公主）扶衛社稷食實封功臣坐事削除勳封官爵中間有先死者並量加收贈致仕官合佩魚者聽其終身大酺三日

十一年丁卯赦曰獻歲肇春陽和感氣且是發生之日寔惟布德之辰朕將幸泰京言離雒邑旣省方以覩俗思弘恩以齊人載念狴牢又惻襟抱宜敷寬大之典用敦祝泣之意都城內見禁囚徒除犯十惡及造僞頭首餘雜犯流死等各減一等徒以下並放是

月巳巳鑾輿發東都北廵狩下制曰朕爰自瀍雒有事省方乘發生之和因豫動之慶將欲恤鰥寡問老疾陳詩展禮黜幽陟明使滯伏必申微物咸遂其行幸所至處宜令刺史縣令存問百年老病鰥寡惸獨及行人家如有單貧不濟不能存活者量加賑給其侍老仍各賜物三段見禁囚徒除十惡及身犯反逆并造僞頭首以外自餘雜犯流死等罪各減一等徒以下放免百姓有賢良官人有清白並令中書門下採訪名聞其貪濁之吏委御史覺察彈奏庚辰幸雒州曲赦大辟已下給復五年是月癸巳帝車駕在并

州勅曰朕躬承寶位十有餘年荷累聖之昌圖膺三靈之睠命日愼一日雖休勿休今省俗觀風肆覲群后陳詩納賈親問百年雖念勞人事資展禮太原舊國王業所興乃眷成周西廵豐鎬因惟嗣漢東至沛鄉皆會彼舊都眷茲枌社况與王始封之地鴻圖創業之初含育生靈大造區宇永惟丕搆顧懃貽厥且稱用武戎役是殷宜錫懷舊之恩以順發生之澤太原府境內見禁囚徒除十惡及造僞頭首餘並放免預宴官共賜物二千疋父老及吏人等共賜物一萬疋百姓宜給復一年九等户給復三年元從家給復五年其家籍見在終身免征役侍老年八十巳上賜物五段版授上縣令仍賜緋婦人版授上縣君九十巳上賜物七段版授上州長史仍賜緋婦人版授郡君百歲巳上賜物十段版授上州刺史仍賜紫婦人版授郡夫人孝子順孫義夫節婦旌表門閭終身勿事其有沉淪草澤抱德栖遲及武德功臣子孫并元從子孫才堪文武並委府縣捜揚具以名薦

十一月戊寅親祀南郊大赦天下制曰朕獲主三靈于今一紀聽政中昃每不敢康觀書乙夜將求諸道而頃年以來爲理思至或遠人不率或嗣歲不登淳

朴未還惕厲斯在爲人上而懋德奉天明以畏威祝史正詞必期於陳信郊丘備禮將俟於升平今宗廟降靈克開厥後乾坤交泰保合太和麟鳳龜龍玄符黃瑞之祉蠻夷戎狄梯山航海之琛孰不日月以聞道路相屬顧惟不德當茲休運欽若昭報疇咨故實所以今年獻春恭祠后土季秋吉日追崇九廟採必先於曾經稽肆類於虞典爰因長至欽謁上玄告受命之元符昭嚴配之成績大典云備至誠克展諸侯駿奔來於穆之相百神受職率咸秩之文六變巳陳三獻斯畢葢春秋大事莫先乎祀王者盛禮莫重於

郊而柴燎克終感慶罔極豈予一人之福亦爾萬邦之賴宜用咸和之祭俾承厚下之澤可大赦天下自開元十一年十一月十六日昧爽以前罪無輕重已發覺未發覺已結正未結正繫囚見徒大辟罪已下咸赦除之其十惡死罪造僞頭首劫賊殺財主不在赦例就中仍慮有冤濫者所司具狀送中書門下畫理詳覆奏聞朕將親覽升壇行事官及供奉官三品已上賜爵一級四品已下加一階內外文武官及致任并前資陪位者賜勳一轉親王公主各與一子官凡諸軍節度大使及三都留守不備位委寄既重特

宜同陞壇官例百歲老人賜帛五段粟五碩縣令至其家存問給付孝子順孫義夫節婦旌表門閭終身勿事諸州百姓或有因逢水旱流寓未安者委令所司與朝集使節作賑恤安輯法奏聞征行人家州縣簡較勿令侵欺鰥寡惸獨州縣矜恤使得存濟元置義倉救人不足承前貸百姓糧及種子未納者並免不須却徵自古聖帝明王忠臣烈士名山大川并令所管致祭其左貶官非逆人五服內親及犯贓貽名教者所司勘實奏聞量移近處其人有清白政術堪任刺史縣令及抱器懷才不求聞達者長官具以名薦宗室中有孝悌才行爲衆所知仍在甲任者委宗正具以名奏君臣一體休戚共焉朕承天命傳大寶蓋憑累祖餘業得一之符亦繇群公舊勳不二之力永言繫賴其敢忘之自武德以來實封功臣知政宰輔有身無大故而亡官失封子孫淪屈者所司勘實具以狀聞存者可酬其官榮逝者當錄其裔嗣使幽冥同慶知有令辰亞獻邠王守禮終獻寧王憲各賜物一千疋侍中源乾曜中書令張說兵部尚書同中書門下三品王晙各賜物五百疋二王後賜物一百疋二品三品八十疋四品五品六十疋六品七品四十疋八品九品三十疋郡主縣主各賜物八十疋天下賜酺三日京城五日

十三年正月戊子制曰惟刑是恤止殺之深仁寧失不經好生之大德朕恭膺丕業思濟元元下之陷辜上教不至在予之責何咎于人今履端肇序陽和獻歲思布德澤惠此囹圄將弘愷悌之恩以順發生之氣其天下見禁囚徒死罪宜降至流流已下罪悉原之都城內委中書門下當日疏決處分京城委留守制到日處分仍令中丞蔣欽緒往河南大理少卿明珪往關內刑部郎中張栫往河東水部郎中崔恂往

山南東道右庶子高仲舒往江南西道職方郎中鄭績往劍南道秘書丞張履氷往淮南道殿中侍御史孫濟往隴右道贊善大夫張景幽往河西道右諭德李林甫往山南道主客郎中張烈往江南東道丞郎馳驛發遣所至之處疎決囚徒宣慰百姓其有窮乏交不存濟及侍老行人之家有疾苦者各令州縣量加醫療及賑恤其嶺南五府磧西四鎮非流配効力等見禁囚徒各委節度使及本晉都督府處分布告遐邇知朕意焉

十一月壬辰以封禪畢御朝覲壇之帳殿朝群臣

大赦天下制曰朕聞天監爲后后克奉天既合德以受命亦推功而復始厥初作者七十二君道洽跡著時至符出皆用事於介丘升中於上帝人神之望蓋有以塞之皇王之序可得而言之朕接統千歲承光五業惟祖宗之德在人惟天地之靈作主往有內難幽贊而積大勳間無外虞守成而纘舊服未嘗不乾乾終日思與公卿大夫上下叶心聿求至理以弘我列聖其庶乎馨香今九有大寧群萌樂業時必敬受而不奪物亦順成而無夭櫱建皇極幸致太和洎乃幽遐率繇感被戎狄不至唯文告而來庭麟鳳已臻將覺悟而在藪以故凡百執事亟言大封顧惟不德初欲勿議伏以先聖儲祉與天同功荷傳慶以在今敢侑神而無報大節斯在朕何讓焉遂奉遵高宗之舊憲章乾封之典時邁東出柴告岱嶽精意上達肹蠁來應信宿行事雲物呈祥登降之禮斯畢嚴配之誠獲展百神群望莫不懷柔四方諸侯莫不來慶斯天下之介福也邦家之耿光也無窮之休祉豈獨在予非常之惠澤宜其遠下可大赦天下自開元十三年十一月十日昧爽已前大辟罪已下罪無輕重已發覺未發覺已結正未結正見禁囚徒咸赦除之唯

十惡死罪不在此例流人未達前所者放還內外文武官三品以上賜爵一等四品已下賜一階邠王守禮寧王範薛王業各與一子三品官公主嗣王郡王縣主各與一子官其應行從文武官加階之外並賜勳兩轉孔子從褒聖侯優與處分天下致仕官各依本品賜一季祿及東帛諸蕃侯王首來會禮者各加一官其行幸州縣供頓劬勞百姓並免一年租賦兖州免二年租賦朕永惟王業緊賴舊勳元首股肱其猶一體自武德以來功臣宰輔或名存王府遺嗣沉淪或身無大故銜屈泉壤宜令所司訪擇申理唐元

立功官人往屬艱難能盡忠義令成大禮何日忘之宜各與一子出身朕躬步天門宿齋日覩時屬嚴冬雪後初夜風寒朕因露立祈恩誓欲代人當咎俯仰之際頓息霜飈莫厭之晨變同郜景誠荷上天垂祐亦賴靈山吐祥詩云無德不報宜封泰山神爲天齊王禮秩加三公一等宜令所管崇餙祠廟去山十里禁其樵採給近山二十户以奉神祀天下賜酺七日

十五年七月己亥降都城繫死囚及流罪各減一等徒已下罪悉免之

八月己巳制曰朕作人父母爲天下君豈將嚴廓爲

逸嘗以億兆爲念何嘗不養之如子視之如傷睪彼代俗躋之仁壽使勝殘之道自我王政好生之德洽于人心皆遷善以遠罪亦有耻而且格靡然向風以致刑措今秋典戒令理官議獄愍此愚者猶聞抵冐當宁發想與言疚懷宜布惠和之澤用伸矜降之典俾率土之內知朕意焉天下見禁囚犯死罪者特宜免死配流者配邊州效力徒已下罪並放免官人犯贓罪不在此例其未有斷給者各處本犯定刑名准此處分

十六年三月辛丑制曰頃屬初陽肇授移耊新官因施惠布德用順時令徒已下罪並責保放營農令詳其刑格亦非重罰已釋囹圄不可更收宜許自新特從免放

九月丙午以久雨思宥罪緩刑乃下詔曰古之善爲邦者重人之命執法之中所以和氣洽嘉生茂今秋京城連雨隔月恐耗其稾粒而害于粢盛抑朕之不明何政之闕也永惟久雨者陰氣凌陽冤塞不暢之所致也持獄之吏不有資性生於刻薄輕重出於愛憎邪詩曰此宜無罪汝反收之剌壞法也書曰與其殺不辜寧失不經明慎刑也好生之德可不務乎兩

京及諸州繫囚應推徒已下罪并宜釋放降死罪及流各一等庶得觧吾人之愠結迎上天之福佑布告遐邇知朕意焉

十七年四月癸亥制天下繫囚死罪減等餘並宥之

十一月丙申謁橋陵以奉先縣爲赤縣曲赦縣內大辟罪已下戊申謁諸陵還大赦天下制曰祀之大者莫尊於嚴享德之至者莫加於孝敬故周廟頌思文之章漢陵躬展事之禮因心斯在敢不肅祇我國家應天受期駿惠丕命繼武宗文之德重熙累洽之盛故以道高系表首冠帝先朕以眇身獲保鴻業往屬

多難時逢國屯推戴神宗纂復興運允迪前烈載康兆民此蓋伏卿士之謀叶人祇之贊豈伊薄德敢承天休露往霜來久積園陵之思秋嘗夏禘聿思孝饗之誠乃夏朔辰祥芝産於太室及秋吉日珎木瑞於神宮對越上靈拜茲嘉貺頃以秋稼未實民役尚勞每事害農豈惟在予有咎之責因親設教恐違先旨恤隱之方今三時已和百禮斯洽崇樂宿設萬舞在庭敬爾臣工駿奔執豆蠲絜爲禧明德惟馨有來雍雍載懷怵惕之思至止肅肅如聞歎息之聲降格有終纏感罔極瞻弓劍而莫及捧鏡奩而哽咽始自嶠

嶽終奉梁山紫氣升於壽宮甘露遍於陵樹白兎馴擾瑞草呈祥恭惟昭陵載感王業肆台小子夙奉慮圖及齋戒虔誠率祇祀典聖容昭見靈迹尤彰每四方多虞中國有事雖升龍已遠而躍馬如神及配奠壽宮親聞忭躍幽明合慶今古未聞蓋皇天眷於我唐神心昌於後嗣延祚之祉豈獨在予一人錫類之恩宜廣覃於四海可大赦天下自開元十七年十一月二十二日昧爽已前大辟罪已下罪無輕重已發覺未發覺已結正未結正繫囚見徒常赦所不免者咸赦除之自先天以來有雜犯經移近處流人并配隸磧西瓜州者朕捨其舊惡咸與惟新並宜放還其反逆緣坐長流及城奴量移近處編附爲百姓左降官量移近處官人有亡官失爵齒力未衰者量加收錄天下百姓無出今年地稅之半如已徵納聽折來年逋租懸調在百姓腹內者一切放免孝子順孫義夫節婦旌表門閭終身勿事諸州侍老百歲以上賜帛十段九十已上賜五段八十以上賜三段獻陵昭陵定陵官吏并當陵縣官各別加一階陵户並放從良終身灑掃陵寢仍每陵側近取百姓六鄉以供陵寢永勿徭役自古帝王賢臣將相陵墓宜令所在州

縣致祭內外文武官三品已上加爵一等四品已下各賜一階亞獻皇太子鴻賜物二千疋終獻慶王潭賜物一千疋邠王守禮寧王憲薛王業各賜物八百疋忠王浚隸王洽鄂王滉光王涺等各賜物七百疋中書門下賜物五百疋開府王毛仲賜物三百疋皇親五等已上諸親三等已上及文武百僚各賜物有差自古明王因心以待人曲已以施物故休戚共而憂樂同也中書門下丞相尚書開府三省大將軍父並賜三品官九卿三監十二衛監門羽林軍五省長官三府尹大都督長史父各贈四品官五品已上清

官父各賜五品官凡所贈官宜兼贈母邑號俾夫群臣受榮上延父母先帝遺澤下及幽冥輿言及此良多感歎君臣一體榮辱是同龍蛇之歌古今作戒其唐元年兩營立功官三品以上與一子官其四品已下選日優與進改京兆府供頓縣免今年地稅諸道戰亡人家仰州縣存恤不支濟者量事賑濟諸軍健兒別勑行人各賜勳兩轉

十八年正月丁巳親迎氣於東郊祀青帝下制曰皇王之大化備載於所陳必順時而行政將奉天而育物考古之要莫不繇斯自膺寶位欽若上玄萬物叶

心庶物簡易齊七政以察璿璣勸兆庶而勤稼穡日愼一日于今二十年矣何嘗不夙夜祗畏憂勞在懷思致黎元以弘政理屬獻歲初吉乘時布令是用敦本復古將必稽於月令始謀作則先有事於春郊宜因展禮之辰別布惟新之澤其天下見禁囚徒自開元十八年正月五日昧爽已前大辟罪已下罪無輕重已發覺未發覺已結正未結正繫囚見徒常赦所不免者咸赦除之其左降官及流移配隸安置罰鎮効力之類并宜量移近處其官已復資至叙用之時不須爲累其流人配隸并一房家口者所犯人情非切害身已亡歿其家口放還流人及左降官考滿載滿丁憂服滿者亦准例稍與量移其亡官失爵放還不齒及諸色被停解免與替人等非犯贓者宜令司存勸責量加收叙其衰老疾病者仍與致仕官天下百姓今年地稅并諸匀徵欠負等色在百姓腹內未納者并一切矜免亞獻太子鴻賜物二千疋終獻寧王憲賜物一千疋文武百官及有司職掌等各賜束帛有差率土之內賜酺三日其海內五嶽四瀆及諸鎮名山大川及靈跡并自古帝王得道升仙忠臣義士先有祠廟者各令郡縣逐處設祭

十九年四月壬午詔曰法以閑邪刑以助化因時而用蓋非獲已朕自臨御天下憂勞庶務以至誠感物道既有孚以致理和人仁或繇已豈欲以刑制政期於以化清刑故不用殊絕之誅每施寬大之令而遷善者衆犯法者寡斷獄十數聞諸有司然猶一夫不獲在予實懐多愧寰宇殷廣京都浩穰繫于徽纆或未聽理逮捕斯擾粮饋爲勞生業或虧何以卒歲言念於此深用惻然况今長嬴在辰耘耨斯切順時立政存于恤人恩弘在寬之典庶無留獄之弊其天下囚徒即令疏決其妖訛盜賊造僞頭首既深蠹時政

須量加懲罰刑名致死者各量决重杖一百長流嶺南自餘支黨被其詿誤矜其至愚量事科罰使示其懲創流巳下罪並節級處分令中書門下就大理及府縣詳理

八月辛巳帝降誕之日有黄雲三道於西方制天下死罪配流巳下罪原免之

二十年二月壬午制曰行慶施惠所以奉天時緩刑恤獄所以愛人命今陽和布序草木自榮而或入于罪隸嬰于春槀同被亭育之恩未暢生成之施言念于此深用惻然思弘時令以哀黎庶應天下四徒罪

至死者特寛宥配隸嶺南遠惡處其犯十惡及造僞頭首量决一百長流遠惡處流罪罰鎮三年其徒巳下罪并宜釋放其有官吏犯贓推未了者仍推取實狀定名訖然後准降例處分計贓一疋巳上及與百姓怨讎者并不須令却上其上都委中書門下疏理京城委留守天下諸州長官當日處理其責保停務之類並宜准此

十月辛卯北廵狩至潞州飛龍宫曲赦潞州給復三年兵募丁防悉放辛丑至北都曲赦太原給復三年

十一月庚午祀后土於睢上是日大赦天下制曰昔者廵狩所至柴瘞所在葢取誠享以尊告類朕承祖宗之烈獲主神祇之祀夙夜祗畏不敢荒寧故勒兵朔垂先展義於汾祉迴旃睢上遂有事于郊壇王者父事天母事地則漢氏祈穀未始正名周禮降神乃爲徽福而巳朕以天命之重子道爲先惟兹精誠在乎教孝庶蒙福於四海期永康於兆人是以率繇舊章敬恭明祀嚴配之誠旣展奠獻之禮又終且春秋之義大事在祀齋祭之福庶品惟祺豈獨在予而有斯慶可大赦天下自開元二十年十一月二十一日昧爽巳前大辟罪巳下罪無輕重巳發覺未發覺巳

結正未結正繫囚見徒常赦不免者咸赦除之官人犯贓及有罪被推者本罪雖原不得更令却上先天以來雜犯流移人并配隸人等各量移及先經量移官資未復本品者奏聽進止天下遭損免州及供頓州無出今年地稅如巳徵納聽折來年逋租懸調貸粮種子欠負官物在百姓腹內者並宜放免諸州開元十七年巳前所有貸粮種子欠負官物在百姓腹內者亦宜准此孝子順孫義夫節婦旌表門閭終身勿事諸州侍老百歲巳上賜粟五碩八十巳上賜粟三碩亞獻皇太子鴻賜物二千疋終獻慶王潭賜物

一千疋忠王浚已下各賜物三百疋裴光庭蕭嵩弼
亮朕躬弘益思遠不有優異何殊等夷加階賜爵之
外各與一子官仍賜物二百疋二王後及長公主嗣
王郡主縣主各賜物二百疋行從文武官并節級賜
物升壇三品已上特賜一階應入三品官階相當不
限考數緣大禮有執掌官賜勲三轉內外文武官三
品已上賜爵一等四品已下各加一階致仕官賜物
有差行從蕃客共賜物五千疋晉壇一鄉百姓給復
二年武德初功臣每有大慶必存追遠業參運始而
義合賞延其子孫沉翳無在朝者宜令勘責郎與官

唐元立功官等艱難之際誠效亦深言念其功豈忘
終始其三品已上各賜一子官五品已上各賜紫金
魚袋有亡殁者優贈與官仍與一子官兩京留守京
兆河南尹四大都督府長史諸軍節度副大使准行
從官例處分諸道陣亡人家仰州縣存恤不支濟者
量事賑給皇親中有文武才堪任使者委宗正具以
名薦當有奬擢五嶽四瀆名山大川及自古聖帝名
王忠臣輔相各令致祭務盡誠潔率土之內賜酺三
日
二十一年五月戊子以皇太子納妃下制曰禮有謹
於初義亦重其本凡是姻媾且猶正於人倫况在元
良寔將承于宗祀皇太子鴻儲副是屬仁孝自然爰
從吉辰式備嘉禮上事下繼君子重之言告言歸朕
豈無慰非獨在予之慶宜申與衆之澤囚徒死罪特
宜免罪配流嶺南遠處流罪降至徒徒已下罪並宜
釋放諸道征行人家及鰥寡惸獨委州縣長官簡較
矜放差科使安其業長安萬年兩縣百姓及今月當
番人等並免其家今年地稅京文武九品已上各賜
勲一轉東宮九品已上及諸司緣禮會祗供官等更
加一轉五禮使兵部尚書兼中書令蕭嵩特封徐國

公禮會使黄門侍郎同中書門下平章事韓休特與
三品妃禮會使少府監馬紹正賜紫金魚袋皇太子
舅尚輦奉御趙迥遵特與三品及五品官前右威衛
冑騎趙迥進特與五品及五品官皇太子侍讀侍書
等各加一等階其太子諭德瀋肅特與五品太子妃
兄通事舍人薛愿特與五品及五品官今日應預會
官等各節級賜物郎宜領取安慰者所以宣其情頒
錫者所以將其意公卿百辟庶知朕心
二十二年五月詔曰時尚炎蒸人或究繫豈忘仁恕
固須省察其兩京都城見禁囚宜令中書門下及留

守簡較覆訖徒已下罪及委所繇長官據情狀量决罰便放死罪已下遞降一等有情狀難容合决格杖者决訖准例處分天下諸司委刺史並准此

二十二年正月乙亥親耕籍田大赦天下制曰昔者受命爲君體元立極未有不謹於禮而能見教於人朕且庶乎有懃作者方册存而可舉舊章絕而復尋自古所行無一而廢將以上乞靈於宗社下冡福於黎元朕茲精誠天實降鑒今嗣歲初吉農事將起禮先陳於耕籍義緣奉於粢盛所以嚴祇敢不敬事故躬載耒耜親率公卿以先萬姓遂終千畝謂篤本之

爲爾何布澤之吏深宜有順於發生俾無偏於行惠可大赦天下自開元二十三年正月十八日昧爽已前大辟罪以下罪無輕重已發覺未發覺已結正未結正繫囚見徒咸赦除之其犯十惡死罪不在此限自餘死罪并節級降等處分天下諸州貸粮種子并宜放免京兆河南府逋縣欠負亦宜放免天下户役及貢賦先令中書門下均騈减省宜速與條奏諸軍行人有父母年老七十已上者放還本貫行人有身亡者爲造棺櫬遞還本鄉兩京城內今年所有諸雜夫役并宜放免農桑是時不得妨奪州縣官倍加勸課孝子順孫義夫節婦並旌表門閭鰥寡惸獨不能自存量加優恤天下侍老百歲已上版授上州刺史九十中州刺史八十以上州司馬七十已上所繇仍量給酒肉各令存問亞獻皇太子鴻賜物二千疋終獻慶王潭賜物一千疋邠王守禮等各賜物一千疋忠王浚已下各賜物三百疋汝陽郡王淳以下各賜物三百疋裴耀卿張九齡李林甫自期翊贊誠有忠益頒賞以序等數須優各與一子官賜物三百疋二王後賜物一百疋長公主各與一子官仍各賜物二百疋嗣王郡王縣主各賜物一百五十疋京文武官九

品已上官三郡留守諸道採訪使及節度使賜物有差晉籍田縣令更賜物六十疋京文武官及朝集使諸道節度使採訪使新除五品已上官未赴任畿縣令見在陪位者三品已上賜爵一級四品已上加一階皇親并內外文武官九品已上各賜勲一轉蕃客應陪位者共賜物五千疋近壇百姓各免今年雜差科宗廟致享務在豐潔禮經沿革必本人情籩豆之薦或未能備物服制之紀或有所未通宜令禮官學士詳議具奏朕自臨天下三紀于茲不敢荒寧日加兢業而灾眚未弭黎人未康若有繇而然則在予之

責有能直言極諫者具以狀聞每㟁賢良無忘監寐項雖虛佇未副旁求其或才有王覇之畧學究天人之際智勇堪將帥之選政能當牧宰之舉者五品以上清官及軍將都督刺史各舉一人孝悌力田鄉閭推挹者本州刺史長官各以名聞致仕官久歷清資始終著稱年漸衰邁情有可矜量與改職依前致仕宗室中有才行著聞比尚沉屈者委宗正卿責勘奏聞唐元兩營立功官量與進改亡官失爵量加收叙五嶽四瀆名山大川及自古聖帝明王忠臣良相並令所在長官以禮致祭都城之內賜酺三日

二十四年四月丁丑勑曰朕每思政本先教後刑而難遷之徒抵罪猶衆幽繫囹圄綿歷歲時今漸向欝蒸豈忘惻隱仍慮持法者不謹得罪者有冤若無省察何云哀矜天下見禁囚犯十惡死罪及造僞頭首刼殺人先決六十長流嶺南遠惡處自外死罪先決一頓並流嶺南流罪情狀重者決六十輕者決一頓決訖並放徒已下並放其有隱沒詐情官物及盜仍責保立限徵賦唯節文處分其官人犯贓合觧免仍勿令重上都城內宜令中書門下京城委留守外州委本州長官即踈决處分

十月發東都還京甲子至陝州勑曰朕永懐西土陵寢在焉至自東都誠慰罔極兼茲廵省且無忝思徯予之望多謝哲王飲至之規豈忘前典其供頓州應緣夫役差科並免今年地税行從飛騎萬騎三衞引駕監門各賜物五段兵瀆掌閑及諸色當番人各賜物三段緣路供頓刺史縣令及專知官各賜一中上考從行有職掌武官賜勲一轉京兆及岐同華三州畿輔之間百役所出至於征鎮又倍餘州其今年租并依本州納其脚縱已支入京亦令所司計折酧還兩京城內及京兆府諸縣囚徒反逆緣坐及十惡故

殺人造僞頭首死罪特宜免罪長流嶺南遠惡處其餘雜犯死罪隷配効力五年流罪並放罪人犯贓量罪貶降緣近頃所損麥苗宜令州縣即簡括量酬價直畿內侍老九十巳上量賜酒麪鰥寡惸獨及征行之家宜令州縣長官親自存問如有疾患量加醫藥使近甸之內咸有賴焉

二十六年正月丁丑親迎氣于東郊祀青帝下詔曰皇王之化載籍所陳將奉天而育物必順時而行政雖禮文則著而親祠蓋闕朕自膺寳曆且踰二紀承宗祉之降祉賴公卿之叶心萬物阜成庶務簡易思

以黎獻臻夫仁壽是用敦本復古將必稽於月令謀
始作則先有事於春郊宜因展禮之辰式布惟新之
澤其天下見禁囚應犯罪者特宜免死配流嶺南已
下罪並放免朕每念黎甿甃於征戍親戚多別離之
怨關山有往復之勤何嘗不惻隱於懷寤寐增嘆所
以別遣召募以實邊軍錫其厚賞便令常住今諸軍
所召人數向足在於中夏自可罷兵旣無金革之事
足保農桑之業自今已後諸軍兵健並宜停遣其見
鎮兵並一切放還京畿之內雜役殷繁言念劬勞豈
忘優恤頃以櫟陽等縣地多鹹鹵人力不及便至荒

廢近者開決皆生稻苗亦旣成功豈專其利京兆府
界內應雜開稻田并散給貧丁及逃還百姓以爲永
業書不云乎不作無益害有益語不云乎奢則不遜
儉則固緬懷前古嘗析在心將斵雕以爲樸期上行
而下效自今已後王公不得以珎物進獻所司應緣
宮室脩造務從節儉但蔽風雨勿爲華飾至於金玉
器物諸色雕鏤朕緣蕃客所要將充宴賞今流俗之
間遞相倣效旣損才於無用仍作巧於相矜敗俗傷
農莫斯爲甚并一切禁斷以絕浮華古者鄉有庠黨
有塾將以弘長儒教誘進學徒化人成俗率繇於是
斯道久廢朕用憫焉宜令天下州縣每一鄉之內別
各置學仍擇師資令其教授其諸州鄉貢明經進士
每年引見訖更令國子監謁先師所司設食學官等
爲之開講質問疑義且公侯之裔皆稟義方學禮聞
詩不應失墜容其僥倖是瀆化源其於貴冑子孫多
有不專經業便與及第深謂不然自今已後宜依令
式考試朕之爵位惟待賢能雖選士命官則有常調
而安卑退跡尚慮遺才其內外八品以下官及草澤
間有學業精博蔚爲儒首文詞雅麗通於政術爲衆
所推者各委本州本司長官精加搜擇具以聞薦發

生之月實在于行仁利物之心莫先於作善先斷捕
獵令式有文所繇州縣宜嚴加禁止其每年千秋節
日仍不得輙有屠宰釋道二門皆爲聖教義歸弘濟
理在尊崇其天下寺觀有道士女冠僧尼者宜量寺
觀大小各度六七人簡灼然有經業戒行爲鄉閭所
推仍先取年高者凡百卿士朕之同德宜勉所職以
全時令亞獻忠王嶼宜賜物一千疋終獻潁王璬賜
物五百疋邠王守禮寧王憲各五百疋慶王琮巳下
及長公主郡縣主二王後京文武官賜帛各有差天
下諸州侍老宜令所繇長官量賜酒肉務存優養令

朝廷無事天下和平美景良辰百官等任追勝爲樂
宜即布告中外咸使聞知
四月己亥朔始令太常卿韋縚讀時令于宣政殿百
寮於殿上列坐而聽之勑曰朕仰稽古訓思致人和
爰發綸褒之旨以行順時之政今孟夏初吉三農在
朝禮先央於薄刑義必寛於輕繫旣聽其令用軫於
懷囹圄之間少間於㫚法澄清之使咸盡於忠公猶
慮吏有煩苛人或寃滯是與和平之氣殊乖敬授之
心其天下見繫囚徒及事發應推身不禁者放即遣
使分往諸道巡事䟽决及宣布時令除犯贓賄名教
冊府元龜　帝王部　赦宥四　卷之八十五　二十九
十惡死罪自餘徒已下特宜放免迴日奏聞務在欽
恤以稱朕懷
七月己巳冊皇太子是日大赦天下制曰自昔聖人
恭有神器必立儲兩崇其繼明所以尊宗廟重社稷
也朕獲纘休運丕承寶曆五聖之業敢不克勤萬邦
之本期諸永固是以式遵彝訓乃擇元良太子璵樞
性温恭因心孝友文武之道旣著君親之義以弘有
命之初咸聞慶躍輿言士庶能協朕心是用擇以吉
辰申之冊命思惠率土以暢休期可大赦天下自開
元二十六年七月二日昧爽已前大辟罪無輕重已

發覺未發覺已結正未結正繫囚見徒嘗赦所不免
者咸赦除之比年已來十道採訪使逼官人惡狀以
其微瑕爲終身之累豈得永無甄叙許以自新宜令
御史臺及刑部大理寺參詳所犯輕重類例開奏內
外文武職事官九品已上各賜勳一轉五品以上子
爲父後者亦賜勳一轉其忠王府官及侍讀侍書除
賜之外三品以上賜爵一級四品以下各加一階仍
並即與改轉緣冊命行禮官各賜物有差今月番見
上飛騎萬騎監直長三衛引駕細伏執扇黃衣長上
等各賜勳一轉彍騎番兵各放免一番天下侍老八
冊府元龜　帝王部　赦宥四　卷之八十五　三十
十已上各賜粟三石帛三段百歲已下賜粟五石綿
帛五段并加版授至如磧西之人路途遥遠往復勞
弊頗異諸軍其中頎長往者已別有處分訖年鎮向
滿應合放還未到之間稍省優假其家內諸色雜科
并宜放免如有營農不自辨者州縣量事助借各使
存濟京畿近輔百姓所出雖庶務簡省終異於諸州
其百姓等應单貧下户者特放今年半租率土之內
賜酺三日

巡按福建監察御史臣李嗣京　訂正
分守建南道左布政使臣胡維霖　条閲
知建陽縣事臣黄國琦較釋

帝王部　八十六

赦宥第五

唐玄宗開元二十七年二月己巳加尊號開元聖文神武皇帝大赦天下制曰夫執大象建皇極者必藉彝訓而受鴻名所以應乎天而順乎人也朕嗣守丕業二十七年受命之初旣膺明號尚多祗懼已謂崇

高而公卿宗子緇黄耆艾披誠瀝懇詣闕上言僉以爲乃聖乃文祖宗大烈恭惟纘服必在欽承願以休名施於薄德抑而不許凡已十年爰迨於今又陳入請上追奉先之義下稽從衆之言將從至公不可固拒以今日敬請大號曰開元聖文神武皇帝勉從典訓良增感懼惟新之號旣不私於朕躬非常之澤宜普覃於率土大赦天下自開元二十七年二月七日昧爽以前大辟罪已下罪無輕重已發覺未發覺已結正未結正繫囚見徒常赦所不免者咸赦除之自開元已來諸色應負痕累人等咸從洗滌令許自新所司更不須以此爲累其有别勑停官及亡官失爵者放歸不齒之類量加收敘左降官及諸色流人並稍量移近處朕每於黎甿常恐失所求其賑困乏必在及時比來諸州或有傷損處所請賑給例逼春農比及奏報又淹時月旣無救於懸絶亦何成於惠養自今已後每年至秋收後即宜遣使分道宣慰仍與採訪使及州縣相知巡簡百姓間或有乏絶不自支濟者應須蠲放及賑給便量事處置訖奏聞天下百姓宜放今年地税古者三載考績黜陟幽明允叶大猷以勸天下諸道所通善狀但優仕進之輩與爲選

調之資責實存名或乖古義自今日已後諸道更不須通善狀每至三年朕當自擇使臣觀察風俗有清白政理著聞者當别擇用宗廟致敬必先於如在神人所依無取於非族深惟至理用切因心其應緣太廟五享於宗子及嗣郡王中揀擇有德望者令攝三公行事其異姓官吏不須令攝其草澤間有殊才異行文堪經國爲衆所知不求聞達者所繇州長官以禮徵送皇太子璵男及慶王琮已下男宜並封授官邠王守禮寧王憲各與一子三品官其内外文武官三品已上賜爵一級四品已下各加一階長公主公

主及嗣王郡王各與一子官郡主縣主各放一子出身二王後及諸方蕃客宜各賜物諸致仕官量與進改依前致仕天下侍老百歲已上版授下州刺史婦人版授郡君賜粟五石綿帛五段九十已上版授上州司馬婦人版授縣君賜粟三石綿帛三段八十已上版授縣令婦人版授鄉君賜粟兩石綿帛兩段京城父老等宜共賜物三千段僧尼等賜物一萬匹天下寺觀每六齋日宜轉讀經典懲惡勸善以闡大教率土之内賜酺五日

二十九年五月庚戌帝夢玄元皇帝告以休期畫真

容布告天下制曰道有三寶慈居一焉欽若至言爰茲宥過天下見禁囚徒其十惡罪及造僞頭首并謀殺妖訛宿宵人等特宜免死配流嶺南官人犯贓據情狀輕重量事貶降餘一切放免且夫愛人之義長之育之務在清净合於簡易至於州縣造籍之年因團定戶皆據資產以爲升降其有小葺園廬粗致蓄積多相糺訐便被加等朕情惟敢本義在勸農欲使野絶遊人國無曠土安可得也自今歲已後且三五年間未須定戶其中或有家資破散簡覆非虚則不可循舊差科量事與降今者真容應見古所未聞福雖始於邦家慶宜均於士庶其親王公主郡縣主內外文武官等並是賜錢至休假之辰宜以素飡用申慶樂諸道節度使及將士等亦准此其兩京諸州父老亦量賜錢同此歡晏其錢以當處官物充伊爾公卿逮于黎獻宜勉崇玄化共復淳源宣布遐邇明知朕意

天寶元年正月丁未朔御勤政樓授朝賀大赦天下制曰古先哲王之致理也皆上順天心下稽人事時令贊發生之德靈符協紀年之稱考彼前載斯爲大猷恭惟烈祖玄元皇帝天寶賜慶象帝之先垂裕後

人重光五聖自朕嗣守丕業洎三十年實賴宗祐降靈昊穹孚祐萬方無事六府惟脩寰宇晏如庶臻於理然則乾元在上仁覆爲德皇王臨下惠化攸先思弘善貸用廣慈育遵道實而建元暢玄風而不宰況屬陽和布氣獻歲發生宜覃在宥之恩式降惟新之澤可大赦天下改開元三十年爲天寶元年正月一日昧爽已前大辟罪已下罪無輕重已發覺未發覺已結正未結正繫囚見徒常赦所不原者咸赦除之諸色左降官並流人未經量移者亦與量移陽春布和鳥獸孳育宜禁麛卵以遂生成自今已後每年春

天下宜禁弋獵如聞百姓之內或有人戶高丁多苟爲規避父母在乃别籍異居宜令州縣勘會其一家之中有十丁已上者放兩丁征行賦役五丁已上放一丁卽令同籍共居以敦風化天下侍老八十已上者宜委州縣官每加存問仍量賜粟帛侍丁者令其養老孝假者矜其在喪比者王政優容俾申情理而官吏不依令式多雜役使自今已後不得更然國之急務莫若求才頃者數遣搜揚士庶尚慮遺逸更宜精訪以副虛懷其前資及白身人中有儒學博通及文詞秀逸或有軍謀越衆或有武藝絶倫者委所在

長官具以名薦若乃弘我風化實惟方岳必佇其人以膺共理其京文武官五品已上清資並郎官據資歷人才堪爲刺史者各人封狀自舉但文宣垂訓事必正名而黄鉞古來以金爲飾金者應五行之數有肅殺之威去金稱黄理或未當其黄鉞宜改爲金鉞副武威之義焉內外文武官九品已上各賜勳兩轉前王重典在乎祭祀况屬惟新事宜昭告五嶽四瀆名山大川諸靈迹及自古帝王忠臣義士並令所繇州縣致祭

三月丙申合祭天地於南郊制天下囚徒罪無輕重並放免流人移近處左降官依資敘用身死貶處者量加追贈文武官三品已上加一爵四品已下加一階

三載正月丙申朔御含元殿受朝賀下制曰履端正名義取垂範體元設教在乎變通雖沿革從宜罔不稽古朕纘復興運恭守睿圖嘗恐至化猶微淳風尚薄未能臻華胥之俗登可封之人故未明求衣日旰忘食厲精爲理思致雍和歷觀載籍詳求前制而唐虞之際煥乎可述用是欽若舊典以恊惟新可改天寶三年爲載今春事將興陽和布澤發號施令之日

革故履新之時宜弘在宥之恩以助生成之化其天下見禁囚徒應雜犯罪死者宜各降一等自餘一切放免其十惡及造僞妖妄頭首官吏犯贓並姦盜等害政既深情難容恕不在免限凡諸郡縣仍令太守縣令勸課農桑其先處分太守縣令在任有增減戶口成分者所繇司量爲殿最自今已後太守縣令兼能勾當租庸每載加數成分者特賜以中上考如三載之內皆成分所司録奏超資與處分其丁戶仍須案實不得取虛挂之名使新鄉代納受其艱弊凡在黎獻實資存恤一夫失業則流庸不歸每軫於懷深

可矜憫諸色當蓄人應送貲課者當郡具申尚書省勾覆如身至上處勿更抑令納貲致使往來辛苦從閏二月至六月已來其當上人中有單貧老弱者委郡縣長官與所繇計會便放營農諸軍征鎮及有尫羸疾病者委節度使速擇放還中外庶僚勉修其職各副朕意宣布遐邇咸使知聞

三月壬申制曰王者法天惠人順時行令是惟舊典用致和平朕臨御萬邦於茲三紀宵衣旰食思弘至化尚恐天下郡縣囹圄滯留不即疏決以傷和氣今三農在時宜務生育庶覃寬宥之澤以協上玄之心

其天下見禁囚徒應合死配流嶺南流已下罪并見徒一切放免其責保在外及追捉未獲者并同見禁例處分其京城內宜令中書門下即分往疏決應合流人便配訖聞奏其東京及北京兼諸郡各委所繇長官准此處分即宣示中外咸使知聞

十二月癸丑親祠九宮貴神於東郊禮畢大赦天下制曰九宮嚴祀百代莫修豈日給之不暇將明靈之有待朕當晨君臨握圖纘業每聽政中昃疇咨讜言觀書乙夜以求摭實勵精爲理三紀於茲上荷宗廟延祥克開厥後下賴股肱恊德以致雍熙而鱗鳳龜龍近遊郊藪蠻夷戎狄遠輸琛貢乘時來之休運恢皇王之遠圖是以圓丘方澤之儀升中告類之禮無典不舉靡神不懷恭惟九宮明祠尚闕載深兢惕用建靈壇爰以元辰親執奠獻恊青春發生之慶祈黔庶啓佑之福今至誠式展大禮云備瑞景和風神心如答無疆之祉豈獨在予非常之澤宜覃率土可大赦天下自天寶三載十二月二十五日昧爽已前大辟罪已下罪無輕重已發覺未發覺已結正未結正繫囚見徒並赦除之其十惡死罪造僞頭首謀殺攻刼及官典犯贓不在此限朕深惟善政實在養人作

法務從於寬簡任事必量於齒力比者成童之歲即挂輕徭既冠之年便當正役憫其勞苦用軫於懷自今已後天下百姓宜以十八已上爲中男二十三已上成丁每載庸調八月徵收農功未畢恐難濟辦自今已後延至九月三十日爲限諸軍行人遠爲邊扞修短之分雖有定期從役而終良深軫念其陣亡及在軍亡歿骸骨尚未還貫者宜令節度使給其棺櫬遞歸本鄉其家內無人付親收葬仍令所繇郡縣量事優恤使得濟辦自古聖王皆以孝理五常之命百行莫先移於國而爲忠事於長而爲順永言要道孝

行過人鄉閭欽伏者宜令所繇州郡長官具以名薦其有父母見在別籍異居虧損名教莫斯爲甚親殁之後亦不得分拆自今巳後如有不孝不恭傷財敗產者宜配隸磧西用清風教朕惟熈庶績博訪逸人豈惟振拔罪淹以期於大用亦欲褒崇高尚將敦於薄俗虛佇之懷盖若於此其有高蹈不仕遁跡丘園爲遠近所知未經薦舉者委所在長官以禮徵送又崇德追遠式閭封墓用旌前烈以協大猷自古聖帝明王名臣烈士陵墓有頽壞者宜令管內量事修葺仍明立標記禁其樵採天下侍老百歲巳上賜絹帛

五段粟三石八十巳上三段粟兩石仍令郡縣長官存問給付亞獻太子璵宜賜物二千疋終獻慶王琮一千疋正衣夾侍各五百疋親王三百疋新封建郡王及國公一百疋賢妃三百疋長公主各三百疋公主各二百疋嗣郡王各一百疋中書門下三品竭心翊戴弘益實多各與一子官如先巳授官量與一人改轉內外文武三品巳上賜爵一級四品巳下各與一階一品賜物七十疋三品巳上六十疋五品巳上賜物四十疋六品巳上二十段諸道節度使各賜物一百疋三京留守及二王後各八十疋採訪使各六十疋諸蕃客共賜二千疋其唐元功臣締搆之勑竭其忠款欽功念舊情所不忘普恩之外更加一階其身殁者各贈一官皇親五等巳上及九廟子孫諸親三等巳上未出身者與一子出身其前資者選日稍優與處分見任者更賜勳兩轉應天下賜酺三日

六載正月戊子有事於南郊禮畢下制曰昭事昊穹必惟殷祀盖順帝則而成政也肅雍清廟必惟嚴享盖繼先志而爲孝也則累聖之德在人元陽之和在候思所以達明靈之景貺廸皇王之大猷者矣朕夕惕宵衣奉天纘業勉思政道惟懷永圖賴百辟庶官

輔予不逮聲朔無遠車書靡殊加以乾符坤珍日來月往感福應之尤盛懼明祠之未殷且資父事天因親設教沿情以達禮廣敬以推尊時享之誠寧宜異數日舉之饋豈忘事生是以疇咨故典率循新禮對越上靈聿追嚴配既而崇牙宿設明德惟馨敬爾臣工駿奔執豆陛降至止樂編禮成精意上恊神休下荅宜廣維祺之福以覃作解之恩其天下見禁囚徒除十惡死罪及官典犯贓自餘一切放免自天寶元年巳前流人及配隸效力左降官非反逆緣坐其並量移近處其中有年齒衰暮情可哀矜者仍聽致仕

朕承大道之訓務好生之德施令約法以去極刑議罪執文猶存舊目既措而不用亦惡聞其名自今已後斷紋斬刑者宜除削此條仍令法官約近例詳定處分三皇五帝道冠開闢創物垂範功濟生靈繼天之德在墳典而昭著勳人之祀於禮文而尚闕永言龜鏡宜示欽崇其三皇宜置一廟五帝亦置一廟即令所司卜擇吉地營建仍以時致祭其廟令太常寺簡較諸廟之主禮有遵於合祭同等則祔義亦取於旁通惠宣等太子雖官爲立廟比來子孫自祭或時物有闕禮儀不備興言及此良用憮然宜與隱太子

及懿德太子列次諸室擇揀一寬處同爲廟一應祭祀及樂饌等並令官供每差祭官宜依嘗式仍都置廟官及丞等自餘所廢廟官等並宜減省奠獻既昭感思增遠恭惟陰教以集禎祥自獻祖宣莊皇后張氏已下祖父未有贈官及一房子孫沉翳所司即以名聞將展褒崇以申追慕王業之功羣才佐命中興之後元宰恊心且配食廟庭必重勳德循名冊府尚有闕遺緬懷茂功用增禮典自今已後大廟配享功臣高祖室宜加裴寂劉文靜太宗室加長孫無忌李靖杜如晦高宗室加褚遂良高季輔劉文軌中宗室加狄仁傑魏元忠王同皎文武之道既惟並用宗敬之義不可獨闕其鄉貢武舉人上省先令謁太公廟每拜大將及行師尅捷亦宜告獻今勝殘在運無事爲心顧此朝儀當符至理既時非旰食將至升平而廷設殺刑何成在宥其每日立仗食設杖鍥等並宜停廢立身揚名所以廣孝流根自葉亦在推恩既切因親之心須開議事之制其内外文武官五品已上官父祖無資蔭者其所蔭宜同子孫用蔭之例五服之紀宜所跂及三年之數以報免懷齊斬之殊雖存出母之制顧復之慕何申孝子之心其出嫁母宜終

服三載祭祀之典犧牲所備將有達於虔誠蓋不資於廣殺兕牛之爲畜人實有賴既功施播種亦力被於車輿此比餘生尤可矜憫但前聖有作難爲盡廢明神克享亦在深仁自今已後每大祭祀應用騂犢宜令所司量減其數仍永爲嘗式崇我祖訓其惟道門將以福助生靈弘拯天下諸觀道士等如聞人數全少修行多闕其欠少人處宜度滿七人並取三十已上灼然有道行經業者充仍令所縣長官精加試練採訪使重覆勿使踰濫度訖抄名奏聞其諸觀有絶無人處亦量度三兩人准此簡試選賢擇能嘗慮

不廣三府之辟則唯採於大名四科之薦盖不通於小學今承平既久仕進多端必欲遠賁弓旌載空巖穴片善必録末技無遺天下諸色人中通明一藝已上各任薦舉仍委所在郡縣長官精加試練灼然超絶流輩遠近所推者具名送省仍委尚書及左右丞諸司委御史中丞更加對試務取名實相副一時奏聞四瀆五嶽雖差秩序興雲播潤盖同利物崇號所及錫命宜均其五嶽既已封王四瀆當升公位遞從加等以荅靈心其河瀆宜封靈源公濟瀆封清源公江瀆封廣源公淮瀆封長源公仍令所司擇日差使

告祭自古聖帝明王忠臣烈士陵墓有頹毁者先令修葺并禁樵採歳月深久摧壞或多宜令所繇郡縣申明前勑處分並五嶽及諸名山大川並令所在長官致祭諸郡義倉本防水旱如聞多有費損妄作破除自今已後每郡差一上佐專知除賑給百姓之外更不得輙將雜用天下百姓今載應損郡逋租懸調諸色勾徵變換等物及諸延限者並宜一切放免征行之家每令存恤差科之際或未優矜自今已後並准飛騎例蠲免天下侍老百歳已上賜綿帛五段粟三碩八十已上綿帛三段粟二石仍令所在長官存

問各卽分付亞獻太子璵賜物二千疋終獻慶王琮賜物一千疋京文武官各賜帛有差天下賜酺三日

七載五月壬午册尊號畢御勤政樓大赦天下制曰惟天法道惟后奉天既合德以降符必執象以明本則上玄眷命有以丕承大寶鴻名斯爲公義朕纘宗社之重揚文武之烈克勤匪懈服道齊心允廸玄猷聿求至理日愼一日三紀於兹矣區夏大寧靈祇集貺而公卿宗子耆艾法流僉曰玉芝白魚神言瑞景天之應也敦信典禮務本崇儒人之應也化洽而風俗還淳氣和而疵癘不作天啓道運其何讓焉上荅

元符顧增徽號披誠詣闕累上封章至請愈勤懇詞難奪以今日敬膺典册曰開元天寶聖文神武應道皇帝式副人神感懼交集宜廣恩於善貸俾協慶於惟新可大赦天下自天寶七載五月三十日昧爽已前大辟罪已下罪無輕重已發覺未發覺已結正未結正繫囚見徒當赦除之其左降官及流移配隷安置罰鎮效力之數並稍與量移亡官失爵放歸不齒及諸色被停與替非衰老疾病者宜令所司量加收叙人和年登休運斯屬輕徭省賦惠政攸先將洽小康必弘厚貸其天下百姓來載租庸並宜放免及諸

色勾徵等亦一切放免自古帝王建邦受命必敬先代以循舊章周備禮文既存三恪之位漢從損益唯立二王之後自茲巳降且復因循將廣繼絶之恩式弘復古之道宜於後魏子孫中簡擇譜屬灼然相承者一人委所司勘責准酅公例定爲三恪陵廟所奏典職惟崇事雖更於有司任豈循於嘗秩其宗正卿宜與大嘗卿同品其少卿及丞亦宜准此又上古之君存諸號氏雖事先書契而道著皇王緬懷厥初寧忘咸秩其三皇巳前帝王宜於京城共置一廟仍與三皇五帝廟相近以時致祭自古受命之主創業之

君皆經濟艱難戡定禍亂雖道謝於往古乃功施於生人用率典章亦從禋祀其歷代帝王肇迹之處未有祠宇者宜令所繇郡縣量置一廟以時享祭仍取當時將相德業可稱者二人配祭仍並圖畫立像如先有祠宇霑享祭者亦宜准此式閭表墓追賢紀善事有勸於當時義無隔於異代其忠臣義士孝婦烈女史籍所載德行彌高者所在亦置一祠宇量事致祭古者鄉有塾黨有庠所以明尊卑之義正長幼之序風化之道義在於茲先置鄉學務令敦勸如聞郡縣之間不時訓誘閭巷之内多虧禮節致使言詞鄙褻少長相凌有黷清猷何成雅俗自今巳後宜令郡縣長官申明條式切加訓道如有禮義興行及紀綱不立者委採訪便明爲褒貶具狀聞奏道教之設淳化之源必在弘闡以敦風俗頃列四經之科將冠九流之道雖及門求進頗有其人而覩奧窮微罕聞達者豈專精難就爲勸奬未弘天下諸色人等有通道德經及南華等四經任於所在自舉各委長官考試申送其崇玄館生自今巳後每至選日宜減於嘗例次爲留放朕每以道元有屬思竭精誠經教所在豈忘崇奉且宗其道者師其人行其道者尊其禮晉琅

琊王公府舍人楊眞人護軍長史許眞人丹陽上計掾許眞人皆道著妙門感通玄關降高眞之迹爲上清之宗後漢張天師教達元和德宗太一正一之道幽賛生靈梁中散大夫貞白陶先生高尚塵表傳達玄微綜輯眞經傳授後學並令有司審定子孫將有封植以隆眞嗣天師冊爲太師眞白冊贈大保其洞宮山各置壇祠宇每處度道士五人並取近山三十戶蠲免租稅差科永供灑掃諸郡有自古得道昇仙之處雖先令醮祭循慮未周宜每處度道士二人其靈迹殊尤功應遠大者度三人永修香火其茅山紫

陽觀取側近二百戶太平崇元二觀各一百戶並蠲
免租稅差科長充修葺灑掃應天下靈山仙迹並宜
禁斷樵採弋獵如聞山林學道之士每被搜括且法
之防邪本有所以至於宿宵妖訛亡命聚衆誘陷愚
人故令禁斷郡縣遂一槩迫逐使志道之者不得安
居自今已後審係清潔更不得恐動以廢修行其五
嶽四瀆名山大川各令本郡長官致祭朕刻意真經
虔誠至道冀憑玄祐永錫黔黎每朝禮三清則宵衣
忘寢或齋戒一室則蔬食精專不以勤軀爲倦務以
狥物爲心况於宰殺尤加惻隱自今已後每月十齋

日不得輙有宰殺又閭閻之間例有私社皆殺生命
以資宴集仁者之心有所不忍永宜禁斷且因親設
教式本於人倫自葉流根必逮於榮養内外文武職
掌官有五品已上其父老見在無官者宜授各一官
仍令致仕其祖母見在准母例處分京官五品已下
正員如父母已没未有官者宜追贈所司勘會即與
處分睦親之義因心不忘前開府儀同三司竇瑰頃
以容納微人頗虧憲典永懷舅氏追感渭陽宜申國
恩再復榮秩可開府儀同三司仍放優閑不須朝會
王澤無私豈殊於中外天瑞有慶頻屬於京輦寬大
之典則以傳覃施惠之恩特申曲被其京城父老宜
各賜物十段七十已上仍版授本縣令其妻版授縣
君六十已上版授本縣丞天下侍老百歲已下版授
下郡太守婦女版授郡君九十已上版授上郡司馬
婦人版授縣君八十已上版授縣令婦人版授鄉君
仍並即量賜酒麪内外見任文武官九品已上宜各
賜勲兩轉其京文武官見在京及致仕並陪位官諸
方通表使及月番官等一品賜物一百疋二品三品
八十疋四品五品五十疋六品七品三十疋八品九
品二十段兩京留守各八十疋其節度採訪使並諸

克官使未回者並同在京例賜物貴妃楊氏禀性柔
和因心忠孝克慎閨壼蹈禮循詩加以勤志玄宗協
誠舉奉率勵宫掖以廸關雎宜賜物三千疋嬪御等
賜物有差其大真觀雖已度人住持尚少宜更度道
士七人太子璵宜更賜物二千疋慶王琮已下各賜
物有差率土之内賜酺三日
八載閏六月丁卯羣臣上尊號帝御含元殿受册禮
畢大赦天下制曰自昔皇王受命必降於元符天人
協心乃彰於大號朕纘承玄緒虔奉羣圖何嘗不精
意真宗專心庶政幸以方隅底定風雨時若人和歲

稔且洽於時雍極瑞殊祥荐臻於昭應故得玉芝再産秘牒玄通至道降休先聖儲祉顧惟菲德曷以克當是用祗薦崇名永揚洪烈郡公百辟援義比事誠請不已固辭不獲以今日敬膺典禮曰開元天地大寶聖文神武應道皇帝徽章載茂寅畏增深宜因稽古之典式布惟新之澤可大赦天下自天寶八載閏六月五日昧爽已前大辟罪已下罪無輕重已發覺未發覺已結正未結正繫囚見徒嘗赦所不免者咸赦除之朕永惟風教漸奠還淳至於弘貸之名亦思復古其天下百姓丈夫戸頭者宜各賜爵一級征鎮

之役其來久矣雖存素備諒在變通頃者用兵蓋非獲已今西戎摧殄北虜歸降南蠻東夷咸來稽顙亦可謂四海無事萬里廓清減戍息人思弘善貸其軍鎮兵非切要可均減者宜令本鎮節度使與所司商量處置奏聞其百姓有頻鎮經戍者已後差點之次不在此限高年給復義存養老因時定式務廣仁恩其天下百姓丈夫七十五以上婦人七十以上宜各給一人充侍仍自揀擇至八十已上依當式處分唐虞省刑畫冠不犯秦漢制法密網維煩理亂之源得失斯在朕常想淳古務崇敦朴刑期不濫政協無爲豈惟守於升平庶有臻於大道頃者詳諸條目已從推究至於結斷尚慮深刻所貴從寬示其知禁宜令中書門下與刑部大理寺法官審更詳定法律之間有所不便者具條目聞奏禘祫之禮以存序位質文之變蓋取隨時國家系本仙宗業承聖祖重熈累盛旣錫無疆之休合享祭神思弘不易之典自今已後每遇禘祫並於太淸宮聖祖前設位序正上以明配之禮欽若玄宗下以盡虔恭之誠無違至道比來每緣禘祫時廢享事雖適於從宜理或虧於必備已後每緣禘祫其嘗享無廢又奉先追遠禮惟昭後

崇福展敬義在因心自今已後獻祖宣皇帝宣莊光皇帝光懿皇后忌日宜令京城一日設齋太祖景皇帝景烈皇后代祖元皇帝元貞皇后忌日京城三日行道玄宗妙本實備微言垂範傳策將弘至化朕所以發求道之使遠令搜訪因聽政之餘親加尋繹旣判訛謬爰至簡編必闡揚以敦風教今內出一切道經宜令崇玄館郎繕寫分送諸道採訪使令管內諸郡轉寫其官本便留採訪郡一大觀持誦聖人垂訓蓋先於道學者宗本必有其師文宣王與聖祖同時俱爲教首雖考言比德理在難名而問理叙經跡彰

親授思廣在三之義用崇得一之尊宜於太微宮聖祖前更立文宣王遺像與四眞人列侍左右且道降眞符天有成命藏之於密則取固名山彰之以類則發祥星洞況靈仙所集宜表殊眞太白山可封爲神應公所繇四時祭祀其金星洞改爲嘉祥洞所管華陽縣仍置一祠宇仙人臺下置一觀兩京并十道於一大郡亦宜置一觀並以眞符玉芝爲名每觀度道士七人修持香火戶部侍郎兼御史中丞王鉷以才授委以忠奉上項命精求玄記克恊神心宜旌廼誠俾正章綬特與三品其李渾等三人既親傳眞誥因

獲元符當有甄明用旌福應宜令中書門下量其所能具狀聞奏當別處分又九州之鎮寔著禮經三代之典必崇望秩事既屬於報功義有符於錫命其九州鎮山除入諸嶽外並宜封公仍各置祠宇先已有祠宇者量更增修儲慶發祥當申昭報宜令所在長官各陳祭禮名山大川亦量事致祭天下侍老並量賜爵一級四品已上加一階其京文武官在京及諸色陪位官通表使等賜帛有差率土之內賜酺三日十載正月甲子有事於南郊大赦天下制曰皇天眷命必順於五行哲后馭時寔遵於三統考古之道何

莫繇斯朕欽若上玄嗣守丕業察璿衡以齊政念稼穡以勸人日愼一日四十載於兹矣何嘗不夙夜祗畏憂勞在懷思致黎元臻夫至理幸以刑清俗阜天成地平萬方底寧郡物咸遂雖慙大化且謂小康此皆至道儲祉宗社敷祐豈予菲薄而克致焉然則上稽歷象傍採輿議爰以土位承漢火行是憑大易之辭用紹前王之烈禎祥累應正閏攸分不改舊章惟新景運屬獻歲祈吉乘時布和是用展祀崇禮竭誠昭報庶協發生之序載覃雷雨之澤可大赦天下自天寶十載正月十一日昧爽已前大辟罪已下罪無

輕重已發覺未發覺已結正未結正繫囚見徒常赦所不免者咸赦除之其左降官及流移配隸安置罰鎮効力之類並稍量移近處其官已覆資至敘用之日不須爲累其流人配隸并一家往者所犯人情非切害身已亡殁其家口放還流人及左降官考滿載滿丁憂服滿者亦准例稍與量移其亡官失爵放還不齒其諸色放停解考免與替人等非犯贓者宜令所司勘責量加收叙其衰老疾病者仍與致仕官天下百姓今載地租并諸色勾徵欠負等色在百姓腹內未納者並一切放免且京兆府及三輔三郡百役

殷繁自今已後應差防丁屯丁宜令所繇支出別郡禮者所以訓導人俗昭事明祇所宜增修以會其本况國之大典在於精禋必資備禮以彰遵奉自今已後設祭南郊薦獻太清薦享太廟其太尉行事前一日於致齋所具羽儀鹵簿公服引入朕親授祝版乃赴清齋用展誠敬天子孝奉親極敬惟愛歿有思感霜露之感愈深祭以嚴恭蒸嘗之敬如在且廟者貌也取像存焉是禮繇於情因心則感太廟宜置內官以備嚴奉仍於廟外別造一院安置庶申罔極之思無忘事生之禮嶽瀆山川蘊靈毓粹雲雨之澤利及

生人春秋之義存乎祀典况正其運序式遵咸秩其五嶽四瀆及諸鎮山宜令專使分往置祭其名山大川及諸靈迹并自古帝王及得道昇仙忠臣義士孝婦烈女有祠廟者各令郡縣長官逐便致祭其有陵墓屋宇頹毀者量事修葺合應禁樵採宜申明四海攸廣百川朝宗德乃靈長道惟善利永言澤潤義在封崇其四海宜並封王仍差使備禮冊祭每順時行令奉道施法天心不違靈鑑不遠且去載長至庚子御辰今茲建元辛卯應歷立春乃標於歲首上巳更協於清明此氣序和調乾坤交泰既正東方之位咸

歸啓運之祥則政貴弘通上符天意况法以輔德刑以閑邪豈在煩苛必資簡易朕永懷至理思至還淳每懷哀矜之心屢申寬大之詔寔欲人皆知禁化洽無爲頃者已令法官每刊刑典夫共理親人在於郡守縣令今二千石朝廷精擇得其人縣令委之選司慮未盡善就若連職同官見有蹤跡宜令天下大守各舉堪任縣令一人善惡賞罰必及所舉所司仍明作條例每搜羅賢俊旌賁丘園猶慮遁跡藏名安卑守位韜言及此寤寐思焉其諸色人中有懷才抱器未經薦舉者委在長官審訪具名録奏禮之王制垂

範作程亦既觀德訓人孝敬故天子七廟諸侯五廟大夫三廟士一廟孝享奉先亦各有辨今三品已上乃許立廟永言廣敬載感於懷其京官上員四品清望官及四品五品清官並許立私廟京官五品已上正員清資官階相當並五品已上正員外清官父毋先亡歿無官號者並與追贈又父有封爵合傳授子孫或緣申請遲違准式遂停承襲如有此色自開元以來宜令所司審加勘責灼然合襲者特宜許襲天下侍老百歲已上賜綿帛五段粟五石八十已上綿帛三段粟三石丈夫七十五已上婦人七十已上綿

帛二段粟兩石大清宮道士各賜物三十段陪位道士共賜五百段亞獻太子賜物二千疋終獻榮王琬賜物一千段文武百官及有職掌各賜帛有差率土之内賜酺三日

十三載二月甲戌御興慶殿受册尊號爲開元天地大寶聖文神武證道孝德皇帝禮畢御勤政樓大赦天下制曰王者事天明事地察修身慎行孝德彰矣故風化天下和睦興焉致敬宗廟祖考來格是則禮莫大於嚴享孝莫大於揚名有以通於神明有以廣於四海朕承真之道纘聖之業欽若先訓惟懷永圖

實儉寶慈無爲而理自南自北有截來威五教聿興家服仁孝四靈咸盛物應純誠百郡公卿萬方夷夏僉奉玄貺徵長發於真源屢薦鴻名願昭彰於至德封章守闕於再於三加以聖祖錫符玄中啓廸天心垂裕榮光降臨敢不丕承固執冲讓乃展因心之義以弘推尊之典虔上册禮齋肅思誠入室僾然敢忘於目出戸而聽庶幾有聞揚美諡於無疆展永懷於罔極且敬從拜後禮既尊先式副群心以允成義以今日敬膺典册曰開元天地大寶聖文神武證道孝德皇帝大號載崇祇若增懼宜因布和之序式弘在宥之澤可大赦天下自天寶十三載二月九日昧爽已前大辟罪已下罪無輕重已發覺未發覺已結正未結正繫囚見徒嘗赦所不免者咸赦除之官人犯入已贓不可更令却上後不須爲累其左降官並稍量移近處反逆緣坐流配之色宜與量移其王鉷李林甫柴崇羅阿布思等並寄任非輕苞藏特甚原情議法深所難容况日月未淹罪坐尤重即從寬宥何以懲肅應緣親累流配者並不在該及之限左降官承前遭憂皆不得離任孝行之道所未弘通情理之閒深可哀恤如有此類宜並放歸仍申省計至服滿

之日准法處分自今已後編入嘗式其中有非反逆緣坐及情理切害有父母年老不任相隨無昆弟養者許停官歸侍及有身已衰老久罹譴責願停官者委本道採訪使簡擇具名牒中書門下然後放還鰥寡惸獨之絶者量加賑給三載黜陟百王令典殿最之迹庶問攸歸欲更別遣使臣慮有煩擾今載宜委本道採訪使具官人善惡奏聞以申勸沮自臨御以來四十餘年棫樸延想縉寀求賢林藪無遺旌招不絶猶慮升平已久策業增多至於徵求或遺僻陋其博通墳典洞曉玄經清白著聞詞藻宏麗軍謀出衆

武藝絶人者任於所在自舉仍委郡縣長官精加銓
擇必取才實相副者奏聞朕尊榮先謚霜露增感於
以孝思無忘錫類其内外見任官階俱是三品已上
父未有五品官及無官已亡殁者宜各贈五品官及
母無邑號者亦與追贈其見任四品五品清官官階
俱是五品已上者亡父母先無官號亦准此追贈且
厚其風俗五教之旨聿興賁於丘園十翼之風斯在
其士庶間衆推孝弟異代義居高尚確然隱遁巖穴
者委採訪使博訪聞薦其孝義之人已經旌表雍睦
無易純至有終著美鄉閭深可嘉尚各賜勲兩轉以

彰德行天下侍老百歲已上版授本郡太守婦人版
授郡夫人各賜綿帛五段粟三石八十已上版授本
縣令婦人版授縣君各賜綿帛兩段粟兩石太清宮
闕聖祖仙居頻降休徵屢貽啓廸不有優異豈表殊
嘗其本宮道士宜各賜物三十段道門威儀王虚真
賜物五十段階位大德各賜物二十段因心推崇增
山美謚推官統職必在正名今以大嘗尊事宗廟安
可别署爲名禮不逼尊情期達敬五陵署改爲臺其
獻陵臺等五令及丞并升一階以彰崇奉五嶽四瀆
及名山大川并靈迹之處先賢祠廟各委郡縣長官

致祭其有陵墓祠宇頽壞者量情修葺亞獻皇太子
璵賜一千段終獻榮王琬賜物五百段其餘各賜階
爵有差其郡守縣令職在親人必務公勤以康黎庶
凡所推擇皆竭乃誠寵錫之間須甄異等普恩之外
太守等並賜爵一級縣令賜勲兩轉庶期勉勵以表
朕心其京文武官一品賜物一百疋二品八十疋三
品七十疋四品五品五十疋六品七品各三十疋八
品九品各二十疋北京留守節度採訪使並京官准
勑出使未廻者所賜物並同見在側左相陳希烈純
粹之道載穆朝廷大儒之風式瞻師表且協和時令

翊贊升平柔嘉其德克壯元老與一子五品官賜物
五百疋攝太尉奠瓚上册書寶册讀册右相楊國忠
當朝正色百僚綱紀廉節遺身三階柱石况發揮孝
理潤色鴻猷金玉王廷典禮增緝不有殊等何用爲
勸宜與一子三品官仍與一子五品官更賜物五百段
左僕射安祿山以真一之心揔文武之任出清北落
入贊南宮既抑登歌又揮寶册與一子官更賜物四
百疋攝太尉張均太清宮祠及修儀注等使普恩之
外又賜物一百疋武德功臣及貞觀初宰輔等緬想
忠義感會風雲用集大勲肇興王業其有子孫零落

冠冕陵夷無任官宦者宜令所司勘責依資與一人京官唐元勳臣績參締構錄勞念舊每寘於懷普恩之外宜放一子出身如巳出身所司依資與一官率士之內賜酺三日

十四載捌月辛卯是月天長節上御勤政樓宴羣臣下制曰朕臨馭萬邦迨今四紀曷嘗不虔誠至道鋭心庶政昊穹孚祐俗致升平仁壽之域漸登太和之風斯在比歲小有僣亢頻非豐稔遂使開倉賑乏空圄恤刑兼蠲徭省賦故得家給人足頃者農功正興而霑澤頻阻言念黎獻匪遑底寧是用發於精誠庶

乎昭鑒至誠上達膏雨應期俾夏苗如雲秋穫不日周覽原野宛同茨梁豈惟有慰朕懷寔亦克符人慶此皆上玄垂貺宗社降靈豈曰朕躬所能通感屬天長令節盛德在金爰因歡慶之辰用申雷雨之澤其天下見禁囚徒有犯十惡及謀殺僞造頭首罪至死者特宜免死配流嶺南遠惡處自餘一切釋放故聖人積不涸之泉王者用無窮之府支計苟足多賦何爲天下百姓今載租庸並宜放半所運糧儲本資國用大倉今既餘羨江淮轉輸艱勞務在從宜何必舊數其來載水運入京宜並停如聞天下諸郡逃戶有田宅產業妄被人破除並緣欠負租庸親隣貨賣及其歸復無所依投永言此流須加安輯應復業者宜並給還縱巳代出租庸不在徵陪之限書云咸秩群望詩曰懷柔百神永惟明徵豈忘昭報今秋稼穡頗勝常年寔賴靈祇福臻稔歲其五嶽四瀆所在山川及得道升仙靈迹之處宜委郡縣長官至秋後各令醮祭務崇嚴潔式展誠享無廣屠宰以備牲牢其天下侍老宜各量賜米麥又親人之要令長爲重比雖精選未盡徵求卓魯之才或遺蒲密之化安寄宜令京官五品巳上正員文官三品巳上正員武官及郎

中御史各舉堪任縣令一人具名申省委有司試擇奏授其有善惡賞罰與舉主並同僚作期限一時令集王制下士視上農周政庶士陪祿君衣食既足則廉耻乃知至於貧用靡克或貪求不巳敗名冒法寔此之繇輦轂之下尤難取給其在兩京文武九品巳上正員旣親於職務可謂勤心自今巳後每月給俸食雜用防閤庶僕等宜十分爲率加二分其同正員官加一分仍永爲常式其南衙九品巳上并京兆府畿令等宜共賜物二萬疋左右龍武軍各賜一千疋其唐元功臣念言勳舊宜異常倫兩軍各賜物二千

疋餘各有差庶生成之澤自葉而流根慶賞之恩繇衷以暢物宜宣示遐邇知朕意焉

十五載八月庚辰玄宗至蜀郡癸未大赦天下制曰朕以薄德嗣守神器何嘗不乾乾惕厲勤念蒼生至於水旱或愆則禱祠請罪遐邇徵擾則齋戒思過聿來四紀人亦小康盖祖宗之靈卿大夫之功也是以推心將相不疑於物而奸臣宄黨負信背恩創剥我黎元暴亂我函夏皆朕不明之過豈復尤人哉楊國忠厚斂害時已肆諸原野安祿山亂常構禍尚逋其斧鉞朕用巡巴蜀訓厲師徒命元子北略朔方諸王

分守重鎮合其兵勢以定中原將盪滌煩苛大革前弊思與億兆約法惟新上以奉宗廟神祇下以寧華夷動植可大赦天下其天寶十五載八月一日昧爽已前大辟罪已下當赦所不免者咸赦除之自兵興已來有破家者一切與雪流人一切放還左降官各還舊資內外文武官節級賜階爵安祿山脅從官有能改過自新背逆歸順並原其罪優與官賞

册府元龜

巡按福建監察御史臣李嗣京　訂正

知長樂縣事臣夏允彝叅閲

知建陽縣事臣黄國琦較釋

帝王部八十七

赦宥第六

唐肅宗至德元年七月甲子即位於靈武御南門下詔曰朕聞聖人畏天命者奉天時知皇靈眷命不敢違而去之知曆數有歸不獲已而當之在昔帝王靡不繇斯而有天下者也乃者羯胡亂常京闕失守天

未悔禍群兇尚扇聖皇久厭天位思傳耿身軍興之初已有成命予恐不德罔敢祗承今群公卿士僉曰孝莫大於繼德功莫大於中興朕所以理兵朔方將殄寇逆務以大者本其孝乎須安兆庶之心敬順群臣之請乃以七月癸丑朔十二日甲子即皇帝位於靈州崇徽號上尊聖皇曰上皇天帝所司擇日昭告於上帝朕以薄德謬當重任既展承天之禮宜覃率土之澤可大赦天下改元曰至德大辟罪已下常赦所不免者咸赦除之其逆賊李林甫王鉷楊國忠近親合累者不在免限百姓官吏能率親屬去逆歸順者有官加其優奬斬得逆賊父子不問首從當錫茅土别有褒崇其直言極諫才堪牧宰文詞博達武藝絶倫孝悌力田沉淪草澤委所在長官聞薦詣闕自陳者亦聽東宫官屬既會昌期合承寵命量加改轉諸色勾徵逋租懸調及官錢在百姓腹内並宜免放靈州改爲靈武郡大都督府上縣爲望中縣爲上官寮等一切便授天下耆壽各賜物五段侍老版授太守縣令有差各賜物五段諸道百姓委本道採訪使差郡縣存問四方將士各賜馬一匹六品已下賜物十段天下寺觀度七人太守並限三考然後轉御史

取曾任郡縣理人官者後可薦用所有彈奏一依貞觀故事官吏犯枉法贓終身勿齒自古聖帝明王忠臣烈士五嶽四瀆名山大川並令所在致祭孝子順孫義夫節婦旌表門閭内外文武官九品已下各賜兩階賜勲兩轉三品已上賜爵一級

二年十二月戊午御丹鳳樓門下詔曰軒轅有版泉之戰堯帝有丹水之師湯有葛伯不祀周有儉狁孔熾古之王者奉若天命違道不敢不正干紀不得不誅日者逆胡倡狂敢行稱亂朕嗣守鴻業欽承曆圖枕戈嘗膽撫劒泣血罔不夙夜若涉春氷賴天地疾

威社稷憑怒上皇丕烈萬國永懷因時致討爲人請命繇是義夫奮發回紇籍兵邦圻關輔之士汧隴河湟之衆沙朔羌戎之騎黴盧蠻貊之人萬里雲起四方霧合既張我伐咸乃一心蠢玆蜂蠆之餘尚負螳蜋之力自京南合戰雒北追奔百萬摧鋒一戍而定昔夏以有窮之亂克之者四十年漢以新莽之亂復之者六千日今環周未載氛祲廓清風振海而波盪雷破山而石裂區宇重闢日月增輝此皆三靈叶贊累聖垂祉豈予小子能集大勳頃以先掃宮室奉迎鑾駕紫宸勑正黄屋未歸耆老之望則深庭闈之戀

猶積所以自天之澤必奉於承顔作解之恩尚稽於候命今六龍屆止萬姓昭蘇義本奉親慶深家國不失舊物與俗惟新宜弘肆青之典共喜以康之福可大赦天下常赦所不免者咸赦除之其逆人能自拔降率衆款附反逆殺人并獲逆人其以所部郡縣軍城降者並加超賞應與安祿山同謀反支黨及李林甫王鉷楊國忠等一房並不在免限武德開元及蜀郡靈武元從功臣有亡殁死王事者並加優贈各與子孫一人官乘輿幸蜀天步多難人心且搖臣節斯見太子太師豳國公韋見素開府儀同三司内侍監齊國公高力士開府儀同三司右龍武大將軍潁川郡陳玄禮開府儀同三司左龍武大將軍田長文開府儀同三司右龍武大將軍張崇俊右龍武大將軍杜休祥等勇不顧死危能致命或竭誠羽翼仰北辰而環拱或叶契心膂聚東井以全歸疇玆錫社之封以永誓河之義見素加開府儀同三司實封三百戶力士加實封三百戶玄禮進封蔡國公實封三百戶長文進封鴈門郡公崇俊進封南陽郡公休祥進封馮翊郡公各實封二百戶朕恭行天罰誓兵朔野幸以一旅之衆遂成九有之師言念經綸豈忘締構銀

青光祿大夫尚書右僕射裴冕識宇冲深體局貞固輸忠佐命肇啟興王開府儀同三司封冀國公食實封三百戶光祿大夫殿中監同正員判行軍李輔國志除軍惡忠誠濟危加開府儀同三司殿中監依前判行軍事封成國公實封五百戶銀青光祿大夫宗正卿兼工部侍郎李尊義切維城勳叅定國加特進封鄭國公封二百戶開府儀同三司兼鴻臚卿同正員中軍都知兵馬使副大使管崇嗣能訓戎律以佐兵權進封鉅鹿郡公實封二百戶中軍都虞候特進鴻臚卿同正員李鼎加開府儀同三司進封保定公

加雲麾將軍右武衛大將軍在羽林軍宿衛内供養王兢加特進太原縣侯仍各實封一百戸自冦賊姦宄王師未振嚱言京國尚聚犬羊廣平王俶循學好古令德孝恭志存邦家誓雪讐耻爰鞠其旅元戎啓行可封爲楚王實封二千戸銀青光禄大夫尚書左僕射兼武部尚書同中書門下平章事兼靈武大都府長史單于安北副都護持節充朔方節度使六城水運朔方管内採訪處置使子儀才光三傑功格十臣克焯皇威載昌大業加司徒兼尚書左僕射進封代國公食實封二千戸平章事已下並如故開府儀

同三司兼鴻臚卿同正朔方左廂兵馬事同節度副使姑臧縣伯僕固懷恩進封豐國公兼實封二百戸開府儀同三司兼右衛金吾大將軍同正仍充四鎮伊西北庭行軍兵馬使李嗣業履險亡軀破敵定難兼衛尉卿同正封虢國公食實封二千戸銀青光禄大夫守司徒兼戸部尚書同中書門下平章事御史大夫鴻臚卿太原尹北京留守河東節度副大使蘇國公光弼全德挺生英才間出干城禦侮坐甲安邊可司空兼六部尚書同中書門下平章事進封魏國公食實封八百戸開府儀同三司御史大夫兼工部

尚書持節充招討西京并定武威武興平等軍兼關内節度河西隴右伊西四郡行營兵馬使王思禮養銳先鳴蓄奇後殿可開府儀同三司行工部尚書兼御史大夫封霍國公實封六百戸光禄大夫太常卿同正兼御史大夫淮南西道節度採訪使潁川大守來瑱可開府儀同三司兼御史大夫封潁國公餘如故特進大僕卿南陽太守兼御史大夫權知襄陽事金鄉縣公魯炅蘊是韜畧副兹臨制可開府儀同三司兼御史大夫封祁國公仍各食實封二百戸兼京兆尹持節充京畿在採訪計會招討宣慰處置事崔

光遠毀家成國致命前茅可特進行禮部尚書封鄴國公食實封三百戸開府儀同三司李光進慎固封守克献殊勲封范陽郡公食實封三百戸賢非后不享后非賢罔乂社稷之固必在良臣左相苗晉卿忠不忘君才惟濟代弼成大業保乂王家可特進行侍中封韓國公食實封五百戸憲部尚書同中書門下平章事李麟藴德成務含貞軌物發揮帝業潤色皇猷可金紫光禄大夫刑部尚書同中書門下三品封褒國公銀青光禄大夫中書侍郎同中書門下平章事崔圓允釐庶績康濟多難一正天下大庇生人可

特進行中書令封越國公食實封五百戶朝散大夫守中書侍郎同中書門下平章事河南節度採訪陽紫金魚袋張鎬謀猷惟允綱紀立程總兹戎律懿是謀府封南陽縣公餘並如故銀青光祿大夫太子少師房琯嘗以經術輔道朕躬加金紫光祿大夫少保嗣虢王巨頃以宗枝居守經邑加光祿大夫御史大夫越國公晅總兼元戎克寧全蜀可金紫光祿大夫戶部尚書銀青光祿大夫守吏部尚書郇國公韋陟持衡流品式序百工可金紫光祿大夫吏部尚書銀青光祿大夫守禮部尚書李峴饋運周給開物成務

可光祿大夫行御史大夫兼京兆尹封梁國公太中大夫吏部侍郎賜金紫魚袋蘇震供億烝徒臨事益辦可銀青光祿大夫行吏部侍郎其赴蜀郡靈武元從官及在路扈從官三品已上與一子官四品以下與一子出身六品已上量與進改功臣將士動業高者別有處分應見任五品已上當別與一品階其陣亡人令所在郡縣收骸骨瘞埋具酒食致祭各與追贈其家給復二載諸郡縣收或隔絕賊境則困於齒殘或犒宴官軍則弊於賦歛其來載租庸三分放一其天下百姓應諸色人勾徵及欠負官物一切放免

宜令中書門下簡使郎分道宣慰所至郡縣審問百姓間利害有須釐革處置者一一聞奏其園苑內有閑廄使總監各據所管地界耕種所收草粟以備國馬其宮女及狗豽鷄鷹鷂之類宜即停減屋宇車輿衣服器用並宜准式珠玉寶鈿平脫金泥織成刺繡之類一切禁斷學官即宜精選務令講習簡擇郎官有堪任太守縣令者委京清資五品已上及郎官御史聞薦其郡縣官有灼然清白理行尤異百姓中孝悌力田不求聞達者委採訪使聞奏其有文經邦國學究天人博於經史工於詞賦善於著述精於法理

軍謀制勝武藝絕倫並任於所在自舉委郡守銓擇奏聞不限人數其律令格式未折中者委中書門下簡擇通明識事官兩三人並法官兩三人刪定近日所改百官額及郡名官名一切依故事須以上皇在蜀朕以居岐蜀郡宜改爲南京鳳翔宜改爲西京西京爲中京蜀郡改爲成都府鳳翔府尹以下官寮並依三京名號吳山爲吳嶽其祠享官屬並准五嶽故事天柱山老君廟改爲啟聖宮五品已上清資官及三品已上官上郡太守父見在無官及官卑並與五品官父母先亡歿者贈一人官祖母亡歿亦賜邑號

忠臣事君有死無二烈士徇義雖滅猶存其李憕盧奕顏杲卿袁履謙許遠張巡張介然蔣清龐堅等即與追贈訪其子孫厚其官爵家口深加優賞其内外文武官有枉遭逆賊殺害及身赴朝廷并逃難山谷其父子兄弟伯叔等爲賊捕捉損害及諜反城人言語洩漏因遭殺戮並勘責聞奏當以追贈天下侍老八十巳上版授有差並贈緋魚袋大原父遭逼圍給復三載上黨三度被攻給復五載其南陽潁州靈昌睢陽雍丘等郡縣堅壁多時力窮方下絶食尚守情亦可矜各給復三年其好畤奉仙兩縣進退禦寇徵

求復多各給復三載蜀郡上皇親幸萬乘父居明年租賦宜依當式起後載給復三載良娣張氏旣望氣知歸亦當熊見節可冊爲淑妃進封南陽王爲趙王新城王僅爲彭王潁川王僩爲兗王第九男係爲襄王第十男佋封興王第十一男傀封祀王第十二男侗封定王淑妃以下所司擇日即行冊命雖知人之明慙於則哲而牧親之儀蓋所隨時特盈尊師儀王巳下各賜五百疋諸長公主各與一子官嗣王及郡縣王各與一子六品官皇五等巳下及九廟子孫及親等人見在者並與轉改内外文武官三品巳下各加一階應叙三品五品量加減兩考蜀郡鳳翔扈從從官九品巳上賜勳兩轉溥天下賜酺五日

乾元元年二月丁未御明鳳門大赦詔曰古者父有天下傳歸於子子有天下尊歸於父有國所以繼統立身莫若揚親其義遠矣我太上至道聖皇天帝惟皇降乘敷祐於上允文允武乃聖乃神道合乎乾坤德明於日月粤若增崇九廟延謁五陵天子之孝也嚴禋二郊升中東嶽聖人之表也制禮作樂闡學明刑帝皇之業也戡定多難懷柔百蠻霸王之功也於是乎爲而不宰成而勿居神超象外之光心契合莫

之境釋負於小子俾承於丕構討伐叛逆綏懷四方豈朕所能皆聖皇之訓也頃者親授寶符載錫美稱顧朕不德以克負荷君父之命若登於天祖宗之緒恐墜於地一昨與群臣百寮庶尹衆士圖惟帝載欽若聖謩自古巳來百王垂範文明濬哲孝友寛仁豈有如我開元之盛也乃稽大典上徽號曰大上至道聖皇天帝累日誠請不蒙許納至於數四今茲俯從允膺天休克副人望朕上廸嚴旨曲被殊私迎春之初承奉嘉命聖皇所賜曰光天文武大聖孝感皇帝名以制義亦爲實賓畢不踰尊是昭物則恭惟聖造

何敢當仁頃以鴻業載昌有欝公議伏以大聖二字深僭皇猷讓非餝詞言必形泣承順顔色而宸聡不廻祇膺寵光乃夕惕增厲今惟新景命禮洽於尊親誕受徽章敬在於順上發生萬物行慶其時孚佑兆人綏刑斯在宜弘霈澤以布陽和可大赦天下改至德三年爲乾元元年起二月五日巳前大辟罪無輕重常赦所不免者咸赦除之其兩京文武官應三司先推勘者本罪中遞減等處分其合放者三司具條件奏聞自開元巳來將相大臣非反逆及犯名教枉法贓罪者流死許其家人以禮收葬其陷在賊境爲

其殺戮未經追贈公主并郡王嗣王郡主縣主及皇五等巳上親被逆賊殺害者各與子孫一人官使其瘞藏亡失骸骨者各招魂葬身死者三品巳上各與追贈仍各與一子官五品巳上一子出身六品巳下量事追贈其元從聖皇天帝至成都府文武官五品巳上宜與一子官六品巳下超資進改聖皇至成都府後到官及寧州靈州首末扈從三品巳上與一子官五品巳上放一子出身情願廻授周親及親近亦聽六品巳下量與改轉鳳翔府以歸順前者普恩外加一階車駕出城後任官潛藏不仕逆賊即與處分

唐元功臣普恩外賜爵一級身亡殁者子孫一人加一階其諸道節度下將士三品巳上與一子官五品巳上放一子出身六品巳下量與改轉勳業高者各委本使聞奏諸道留後將士普恩外賜恩三轉自開元巳來宰輔之家不爲逆賊所汙者與子孫一人官賊陷兩京文武常參官及諸州刺史絶脰仰藥不事叛人爲衆所知者量加優贈有脫身賊庭妻子被屠戮者委所司勘會聞奏其天下孝義門各與一子官爲採訪使具名聞奏量文武處分其左降官非反逆緣坐及犯惡逆名教枉法盜贓如有親年八十巳上

及疾患在牀枕者不堪扶持更無兄弟許其停官終養其流人亦准此自今巳後應有以醫術入仕者同明法例處分天下百姓今年租庸並放其百司府縣諸色雜供各宜減半其雜徭役非要切者一切並停其天下州縣有遭逆賊攻擊堅守不下竟以獲全其官人百姓中有識效灼然爲衆所知者宜令本道使案驗奏聞據狀迹酬其官賞身亡殁者重加褒贈有父母存者仍與一官及邑號無父母者與妻子仍令州縣以官物賑恤并量造舍宇使得安存其州因城陷被賊殺戮殘毀者委本道使勘責取實各量免其

二年租賦自逆賊以來有匹夫匹婦節義可稱者並
旌表其閭墓其流亡戶復業者委本道使與刺史勾
當賑給并與種子犂牛仍免三年租賦内外文武官
三品已上各賜爵一級四品已下及四方通表使各
加一階五品已下有父殁者各賜勳兩轉其刺史上
佐録事參軍縣令委中書門下速於諸色人中精加
訪擇補擬判司丞已下宜令所繇先於兩京潛藏不
仕逆賊及固託疾病官中簡擇資考深才堪者銓注
續發遣皇五等已上親及九廟子孫有才學政理委
宗正寺揀擇聞薦其有任僞官及掌兵馬軍將能郎

來各還本官仍別優賞其左降官諸色流移配隸安
置罰鎮效力之類亡官失爵解退放歸田里及安祿
山反黨緣坐不在免限李林甫王鉷楊國忠等一房
去年十二月十五日制後所犯並准前制處分
四月甲寅親行享廟之禮乙卯御丹鳳門大赦天下
詔曰朕聞皇天有命皇王受之命之爲君孝理爲本
莫不欽崇前烈聿修祼享之儀對越上玄式陳郊禋之
敬美其盛德商頌有奏祓之音告厥成功夏書有錫
珪之慶國之大事寔在於斯間者孽胡亂常暴殄天
物致圖書禮樂或阻於干戈宗廟神祇有虧於享祀
朕誕受明命恭行天罰群妖克殄討鯨鯢以示威王
室既寧奉鑾輿而載復太上聖皇大帝功格天地道
邁胥庭思凝神於姑射將釋負於宸扆俾予小子纘
承大統夙夜祇懼俯盡臣子之心親親尊尊庶極於
此是用追崇先后建立中宮永言孝思感徽音於父
母俾行婦道想鸞降於虞嬪情理於是獲申人倫以
之攸敘然後執瓚清廟歌五聖之重光燔柴圓丘覲
百神之受職復修祭禮再備樂章尊祖配天不失舊
物今大禮斯畢玄符允答行慶施惠尚屬於陽和出
繫挺囚必當於時令思與天下更布惟新宜覃肆告

之恩以洽雍熙之化可大赦天下除反逆之黨緣坐
謀殺十惡劫盜臨監主掌自餘一切原免其餘逆賊
元謀及脅從今但歸投並原其罪仍與官賞其成都
府元從聖皇功臣及靈武原從功臣並收兩京將士
京留守諸道節度採訪使普恩外三品已上賜爵一
級四品已上加一階行人賜勳三轉自寇賊以來官
吏百姓中有勞未經酬賞者委所在官長具狀奏聞
當與甄録天下百姓除正租庸外一切不得別有使
役如緣軍務所要自今和市兵士有尫弱羸老並揀
擇放其長安萬年兩縣各借錢一萬貫每月收利以

充和雇勑其別索物及供諸司并蕃客等左藏維給價値奏請每引時月宜先給兩縣各五十貫貯於兩市差官專知旋還價値其州府縣門夫勲官並於舊額數減一半其庸丁殘疾人等不須更差其州縣官上什物並以公廨及官人料錢依時價和雇造買不得分配典正其年支口味宜減一半諸使應進鷹狗豹貀等一切並停應緣南郊百司張設有損百姓苗稼者委京兆尹隨損多少陪酬所損錢物便即聞奏百姓中有能行仁義分濟貧窮免塡溝壑頼救恤者具名聞奏當寵以官職鰥寡惸獨篤疾不能自存及

陣亡人家並租免戶州縣隨事優恤賑給百姓中有事親不孝別籍異財黠汙風俗虧敗名教先決六十配隸磧西有官品者禁身奏聞京官九品以上許封事極言時政得失朕將親覽用佇嘉謀才有可覩別當甄錄草澤及卑位之間有不求聞達未經推薦者一藝已上恐遺俊乂令兵部吏部作徵召條目奏聞錄事參軍職司糺舉自今已後宜升判司一政以彰委任國子監學生明經法帖策口試各十並通四已上進士通三與及第鄉貢明經准當式州縣學生放歸營農待賊平之後任役當式二王三恪各與一子官內外文武官三品已上賜爵一級四品已下加一階

十月甲辰上御宣政殿冊成王爲皇太子詔曰守器爲重擇賢而立萬國繇其永貞百王以之垂範盖以重社稷而奉粢盛也朕纘承洪緒惟懷永圖丕膺皇極旣符域中之大茂建元儲用崇天下之本皇太子俶稟性恭懿因心孝友文武之德克聞於日躋君親之誠實原於天性往以時屬艱阻義扶宗社故能外清玄祲內復皇圖繇是肇啓承華懋昭嘉緒今撰辰斯及冊命攸行宜承繼明之慶俾廣洊雷之澤可大赦

天下頃者頻興大典累洽殊私率土之間屢經蕩滌猶慮近有冒法或滯徙牢其天下見禁囚徒已下罪一切放內外文武官三品已上者賜爵一級四品已上各加一階五品已上官子爲父後者賜勲兩轉頃因國用不足頒賜未周今所鑄新錢數盈於萬其京官文武五品已上及當參官六軍將士東京北留守及諸道節度將士等各賜有差其唐元功臣成都元從及朕元從功臣等普恩之外更賜一爵四品已下更加兩階其在靈州及寧州至鳳翔者仰所司類例更遞加一等皇親及諸色陪位人各賜勲兩轉其鴻

臚蕃客賜絹一千疋天下義夫節婦孝子順孫旌表
門閭終身不仕京官五品已上各舉忠正孝友文儒
周愼堪任東宫官者務取實才不得虚薦今餘寇未
殄有脅在賊中未歸順者一切不以爲罪其有受賊
節制能以兵降者酬其封爵且爲政之要求賢是急
比令中外薦舉多非實才所以詢事考言登科蓋寡
猶慮巖穴之内尚有沉淪宜令所在州縣更加搜擇
其懷才抱器隱遁丘園以禮徵送如或不赴具以名
聞凡與前詔科目相當一切委内外文武五品已上
官有所知者不限人數任各荐聞如自舉者亦聽於

所在投狀有堪任用不限當資其行人家及羸老單
貧鰥寡惸獨已頻有處分宜令州縣長官倍加優恤
應元冊禮職掌要重者及撰冊書舁寶官禮官等普
恩之外賜勲兩轉其禮儀使特賜一階副使普恩之
外賜爵一級勅文有不該者所司類例奏聞
二年三月壬戌帝遣侍中苗晉卿中書侍郎王璵分
録大理寺御史臺京兆府見禁囚徒已下罪皆免之
三月丁亥詔曰古之哲王臨御區夏莫不好生愼罰
以理人命故易稱緩死書貴恤刑所以樂時布和奉
天育物者也朕恭守丕緒祇膺皇極順時調氣庶欽
若於玄樞旰食宵衣每憂勤於黄屋頃自獻春之後
膏液稍愆言念人時或稽政本雖離畢之應未獲滂
沱而滋萌之漸亦頻霑沐是用申兹渥澤助彼發生
宜崇寛大之典俾達陽和之氣其天下應合死罪特
降從流流已下罪放免其事緣反逆造僞頭首情狀
難容者所司詳議聞奏其流移左降該恩合量移者
宜令所司即類例處分朕爲人父母義當亭育時有
或愆於令物有不遂其生敢懷自逸之至寔受在予
之責但以兇徒尚阻戎旅多虞致使黎庶不堪徭役
未息雖國家之事休戚當同而君父之誠寧忘愧惻

況春農在候田事方興百姓之間固須優恤天下州
縣應欠租庸課税傳馬粟貸糧種子糴糶變税及營
田少作諸色勾徵納未足者一切放免其正義等倉
及諸色攤徵亦宜准此其至德二載十二月三十日
已前和糴和市并負欠官物及諸色官錢欠利當平
義倉欠負五色一切放免州縣百姓頃屬軍興戶口
之間不無流散宜令州縣長官審加勘責且立簿書
據見在戶徵課税其逃亡者別立文案設法招輯終
年類例以爲褒貶如勘責虚望所繇官長並節級科
貶其所繇典正等先决六十仍罰効力其百姓先逃

散即能還者並每季申省給復三年其逃戶有田宅邸店堪克課稅者宜令所繇即爲租賃不得因茲妄有欺隱王到即却令分付此者不急之務尋已詔停如聞所司未全減省載求人瘼實切朕懷固當革弊息人勵精爲理自今已後內外不得輒別徵求妄爲進奉諸色力役造作非軍國灼然要急及諸色率稅亦一切並停太常寺音聲除禮用雅樂外并教坊音聲人等並仰所司疎理使敦生業非祠祭大祀及宴蕃客更不得輒有追呼其內將作少監及諸供司丁匠等各仰長官逐要量留餘者並委御史臺專加糺

察如有違犯具錄奏彈宣示中外令知朕意

三年二月丙子詔曰國之用刑兼在於慎恤王者布澤亦貴於乘時所以大易陳規必議於獄周官設教遵於中興朕躬臨寶位憂念黎元乾乾之心日愼一日況兵戎未息征役尤繁哀此下人無忘夕惕如聞州縣之內多有累囚囹圄之間動淹時序每軫納隍之慮常懷解網之仁屬陽春布和品彙咸遂宜覃在宥之澤俾叶生成之化其天下見禁囚徒死罪降流流已下一切放免其十惡反逆及僞造頭首強盜刦殺官吏犯贓枉法等害政旣甚在法難容不在此限其諸供司及作曹非切要外並宜減省京畿諸色和糴一切並停其天下百姓灼然單貧交不存者緣租庸先立限長行每鄉量降十丁猶恐編戶之中懸罄者衆限數旣少或未優矜其實不支濟者宜令每鄉量更矜放待資產稍成任依常式以天下未寧頻申赦令公私庶務優恤蓋多載覃宥過之恩庶及措刑之美宣示中外知朕意焉

上元元年閏四月己卯御鳴鳳門詔曰自古哲王恭承景命莫不執象以御宇歷時以建元必當上立乾符下立人極者也朕承累聖之鴻業紹大中之寶位

胡孽干紀王師尚勞乾乾之心豈忘鑒寐一物所失每軫納隍之憂萬邦未寧深懷馭朽之懼賴上玄垂福宗廟降靈百辟卿士同心戮力方與干戈載戢區宇乂寧每勵躬於帝圖常取則於天道屬天人叶紀景象垂文爰遵革故之典將契惟新之命義存更始庶有應於天心澤被無私宜載覃於率土可大赦天下改乾元三年爲上元元年閏四月十九日昧爽已前大辟罪已下已發覺未發覺已結正未結正見禁囚徒罪無輕重常赦不免者咸赦除之其與逆賊元謀及脅從受驅使懼法來降并潛藏不出者已頻處

分但能歸順赦罪除元惡之外一無所問其史思明心能改圖束手來欵亦當洗其瑕釁議以勲封内外文武官賜爵各有差其六軍及飛龍閑廐加賜物其成都靈武元從扈從遞加有差在外諸軍各加録賞物陣亡將士優加褒贈行人家口所在賑給定禍亂者必先於武德拯生靈者諒在於師貞周武創業克寧區夏惟師尚父寔佐興王兄德有可師義當禁暴稽諸古昔爰崇典禮其大公望可追封爲武成王有司依文宣王置廟仍委中書門下擇古今名將配享并置亞聖及十哲等享祭之典一同文宣自古百王

欽恤刑法蓋以法者人之命刑者國之權苟或失其科條罔難措其手足頃或奸臣擅命中興不修造次便行哀敬何在自今已後其有犯極刑者宜令本司依舊三覆庶平反之際人謂不寃幽明之間理皆無濫又書稱群望咸集詩曰祠事孔明爰自遐代尤崇祭祀朕深惟古義必在至誠苟德之不修則神亦無據故知精誠有感黍稷非馨而兄宋璟發言固三從而可驗漢文深戒爲千載之明徵事可遵行理當變革有司所立秘祝之法或移於歲或移於人君人之心寧所忍也自今已後削去此法其中祀下祀并雜祭祀等一切並停其諸應合祭祀列於常典所用祭科一依古制務從減省以副朕心又車服以庸有虞盛典威儀以等周禮舊章徃屬承平多歷年所至於公卿列位中外在官多以奢僭爲心流弊成俗宜令所司定王公已下車服產業各詳古制及令式作節限聞奏自頃戎車未息殘孽猶虞軍史獻功務陳首級且四海之内孰非王人豈以苟從昏迷陷在夷戮一朝授首懸彼槀街朕志在好生憫其驅脅其諸軍所獲首級除元惡之外一切不得傳送又設官以禮本在安人遞遷之政勞於利物今寰瀛之内兵革未清

加以時或不登物皆踴貴軍儲是急廪稍靡供冗官之流固甚勞弊其京閑司官等有材堪釐務者宜命中書門下即類例量資歷出授外官王者設教擇賢以理廣徵嵓穴用副薪槱宜令中外五品已上文武正員官各舉賢良方正直言極諫一人武藝文才俱堪濟理者亦任狀舉其或文乏詞策武非騎射但權謀可以集事材力可以臨戎方圓可收亦任通舉並限制到一月内奏畢自古明王聖帝名山大川並委州縣長吏擇日致祭義夫節婦孝子順孫旌表門閭終身勿事

二年正月甲寅詔曰乘時布澤有國之彝訓議獄緩刑前王之茂典繇是洽其犨郊殷湯弘解網之仁順彼陽和漢后有録囚之詔育物施惠抑惟舊章朕纘服鴻業祗膺寶位何嘗不日旰忘食中夜求衣慮一物之失所憂四方之未乂雖身居黄屋而志在蒼生今寇孽爲虞征輸未息猶恐提戈釋耒未有厚於人時寘棘理梧或處盈於幽圄屬三陽啓候萬物遂生宜覃在宥之澤庶叶惟新之令其天下見禁徒囚死罪降流徒以下並釋放京城宜令中書門下卽分往府縣御史臺大理寺卽自親按問疏决訖具狀聞奏

諸府州各委所繇長官准此處分諸色流人及左降官等所繇類例並與量移仍委中書門下議覆奏取處分其先緣安禄山僞署三司有名應在流貶者原情議罪負國誠深朕以捨其殊死竄於荒徼固當與衆共棄長爲匪人然皆邦國舊臣嘗挂纓冕使其終沒裔土永匿魅魂孰若貸以殊私俾令效節亦准例處分兼委中書門下量輕重類例奏取處分比緣寇盗之内干戈脅從自亦臨頸胡寧忍央所以陷於兇黨苟免者多前從詔書頻以該及其史思明將士及僞署官屬等有束身歸順并率衆來降官爵如初一無所問以城邑降者仍别加封爵餘兇黨之流亦同此例天實臨炤朕無食言王者設教務農爲首今土膏方起田事將興敦本勸人寔惟政要宜令天下刺史縣令各於所部親勸農桑百姓中有勤勞耕耘積其菽粟或贍於閭里或能益軍儲委所繇長吏具狀奏聞當特與甄賞仍令有司第其高下量酬五品以下官員其百司及州縣興工力役不急之務一切並停諸軍兵健應在行營有羸老疾病不任戰陣者各委節度使速揀擇放還路次州縣量加濟卹諸色歩役各令所司減省放其營農且寇孽未平軍戎當脩

毗庶之内征賦猶繁朕所以親帥公卿躬行節儉而詔書屢下蠲免蓋多國計軍儲取給而已猶欲累加損益以惠黔黎宜委中書門下勾當令度支使與諸供司一切減省應可蠲免每司各條件聞奏當使施行

九月壬寅詔曰爲人上者與衆守邦自古哲王懼其滿假聰明濬哲罔不在躬文武聖神乃以爲號顧予菲薄運屬經綸一旅成師復其舊物聖皇納人壽域逰意道源神器之重傳歸於朕獲守丕業若履春氷敢忘謙冲日益招損欲垂範而自我亦去華而就實

其乾元大聖光天文武孝感等尊崇之稱何德以當
之以欽若昊天定時成歲春秋五始義在體元惟以
紀年更無潤色至於漢武餙以浮華非昔王之茂典
豈永代而爲則三代受命正朔皆殊宗周之王實得
天統陽生元氣之本律首黃鍾之尊制度可行叶用
斯在自今已後朕號稱皇帝其年但號元年去上元
之號其以今年十一月爲天歲首便建丑建寅每月
以所建爲數承天陟后稽古臨人必繇華故之源方
合大中之道風行寓縣澤被無涯欽承上帝之心申
錫蒼生之慶可大赦天下自二年九月二十一日昧

爽已前大辟罪無輕重已發覺未發覺已結正未結
正見繫囚徒常赦所不免者咸赦除之其十惡五逆
及造僞頭首官典犯贓法實難容刑故無小並不在
免限其史朝義若能翻然改圖背逆歸順罪無所問
加以勳封自乾元元年已前開元已來應反逆連累
赦慮節度限所未該及者並宜釋放有官者降資與
官無官者依本色例收敘內外官三品已上賜爵一
級四品五品各加一階六品已下賜勳兩轉成都府
及靈武元從普恩之外三品已下更賜爵一級四品
更加一階六品已下更賜勳一轉眷及勤勞俾其焯

敘每以田功在謹農事惟勤不有司存何成重穀諸
州等各置司田參軍一人專主農事每縣各置田正
二人於當縣揀明閑田種者允務令勸課國之大事
郊祀爲先貴其至誠不美多品黍稷雖設猶或非馨
牲牢空多未謂能享今以玄元孚佑至道爲心將臻
太和不欲多殺禮樂殊制孝敬同歸丘圓方澤任依
常享宗廟時祠但臨時獻熟用懷明德之馨庶合西
鄰之祭唐虞之代肇有九州王者所都文無異制其
京兆府河南府大原府三京之號宜停其鳳翔先爲
西京亦宜准此所設諫曹欲聞諷議允副從繩之望

須成削豪之書其諫官令每月一上封事指陳時政
得失若不舉職事當別有處分其諸州別駕可依舊
却置每除京官五品已上正員清望官及郎官御史
諸州刺史皆用推荐一兩人以自代仍具錄行能聞
奏覬其所舉以行殿最文武官等賜物各有差自今
已後有隱欺須勾剩者宜勾當年若事連去年亦任
通勾其隔年者不在勾限官典隱藏在腹內不在此
限其氏姓雖得之乂遠者與俗諱及隱疾同聲者宜
改與本族望所出大姓自逐穩便名山大川明王聖
帝所在廟祠各委州縣官長虔誠致祭天下侍老先

版授者改與版授未版授者與版授鰥寡惸獨不能存立者委刺史縣令量加賑恤義夫節婦孝子順孫旌表門閭終身勿事赦書有所未及者各令有司速勘會類例條件聞奏

元年建卯月（臣欽若曰是去年號稱月建事具帝王年號門）辛亥朔御明鳳門詔曰惟天爲大事之在明惟聖能享承之在德朕託於人上獲守丕圖思大道之行去鴻名之節文武徽號存而不稱開統履端建元叶紀美皆有讓言必可陳虔告玄元致齋清廟恭行舊典展禮南郊百神允懷上帝臨我升聞之際其亦可言昭事以誠寔膺

多福高而不遠復見其心乃候發生之時用行鄕勸之道暘谷出日登大明於域中泰山起雲遍膏雨於天下君人臨炤德澤周洽布其寬大豈止於茲宜行肆眚之恩益廣萬邦之慶可大赦天下自元年建卯月一日昧爽已前大辟罪已下罪無輕重已發覺未發覺已結正未結正繫囚見徒常赦所不免者咸赦除之其反逆造僞頭首謀殺故殺并十惡死罪官吏及典正犯贓爲蠹旣深在法難容並不在赦限其史朝義已下脅從將士及受僞官等棄逆歸順因事立功封賞之外餘無所問其諸色流人及左降官等前後頻有處分並與量移所繇稽遲動歷年數宜令有司郎中明前後制勑節文速勘責類例聞奏其中外行業夙著情狀可矜久踐朝班曾經任用者委在朝五品已上清望官及郎官御史於流貶人中素相諳委爲衆所推者各以名薦須當才實其內外文武官三品已上賜爵一級四品已上各加一階成都府靈武元從功臣三品已上更賜爵一級四品已上更加一階朕敬授人時愼徽月令庶無極否以獲休徵自今以後每至四孟月迎氣之日與百辟卿士舉而行之建辰月應薦彍騎宜三分量留一分其餘即放歸

營農至建巳月任依當式諸州刺史縣令及司田參軍令設法勸課令其耕種不得失時貧不支濟戶仍方圓處置量事借貸務令存立歲終巡按量其功效便申賞罰諸道貢獻除馬畜供軍之外其餘鷹鷂狗豹奇禽異獸並不得輒進五都之號其來自久宜以京兆府爲上都河南府爲東都鳳翔府爲西都江陵府爲南都太原府爲北都孝本天經禮崇國典橫於四海漏及三泉其京資清正員文官五品已上武官三品已上幷兩省供奉官御史諸州刺史並諸道節度已下三品已上父母亡沒未經追贈者並量與追

贈文武不墜道弘於人務在搜揚俾其展效其諸道人中有詞學高深兼通政理軍謀制勝明習韜鈐者委所在刺史揀擇薦京四品已上員文武官任各舉一人孝子順孫義夫節婦旌表門閭終身勿事

建辰月壬午詔曰元首之義以人爲心外有惻傷内懷慘怛罪歸於已情見乎辭伯禹深泣辜之仁漢皇下哀痛之詔與理同道惟刑是恤朕志弘覆載運屬艱難思措大刑俾登壽域風以解慍時當發生國有舊章已懸書於象魏恩成在宥宜釋縶於狴牢其天下見禁囚徒罪無輕重一切放免其官典犯贓情雖

難恕特從寬典許以自新並宜納贓放所犯罪左降官等卽與量移近處諸色流人及效力罰鎮人等並卽放還其有亡官失爵亦與收叙比來兵革不息年穀未登百姓流離至於困弊戰士暴露頗闕乏或先有結聚及有違軍令但宜改過自效前事捨而不論艱虞以來多冒刑憲道存善貸屢有德音庶其最靈咸自改勵宜示中外知朕意焉

巳未又詔曰左降收叙官及流人等今月三日巳有處分若准例更待本處文解必恐動經歲年恩不及時殊乖先意宜令所繇計會勘責五品已上及郎官御史供奉中書門下六品已下委兵吏部各詳犯狀輕重量才改轉其本犯非巨蠹曾經清班名行夙著者仰具名銜聞奏諸色流人等所司簡勘明曆牒所繇州縣軍鎮等放還流貶人所在身亡者任其親故收以歸葬仍州縣量給棺櫬發遣

寶應元年四月乙丑詔曰上天降寶獻自楚州神明告曆數之符合璧定妖災之氣總集瑞命祇承鴻休因以體元叶乎五紀其元年宜改爲寶應元年建巳月改爲四月其餘月並爲常數仍舊以正月一日爲歲首受茲福應佇以升平因日月之重光布雨雲之

渥澤其天下見禁囚徒罪無輕重并已發覺未發覺已結正未結正四月十五日昧爽已前一切放免左降官宜卽量移近處流人一切放廻有司更不得輒有類例條件其楚州刺史并出寶縣官及進寶官量與進改隨進寶官典傔等各量與一子官宣示中外宜知朕意

冊府元龜

巡按福建監察御史臣李嗣京　訂正

知閩縣事臣曹冑臣參閱

知建陽縣事臣黃國琦較釋

帝王部八十八

赦宥第七

唐代宗以寶應元年四月巳巳即位五月丁酉帝御丹鳳樓門下大赦天下制曰高宗嗣興諒闇成受終之禮康王承統翌日奉顧命之書況萬事尚殷蕭墻有釁蒼生佇望社稷謀安教雖達於通喪禮有變於

金革順人聽政僶俛從權朕頃從鑾輿率彼西夏佐成草昧伻掌戎車國步艱難睿圖廣運再清寓縣崇復宗社稟承命以受律敢貪天以爲功聖慈弘深冊踐明兩奉承庭訓敢有怠遑嗚呼不吊昊天殃咎荐至皇祖之哀未釋閔凶之罰奄鍾攀號罔極若無天地晝終喪紀企及前王百辟抑予俾恭遺訓俯遂衆望嗣膺丕烈欽茲大寶懼不勝任若蹈春氷如集喬木日者先聖哀損朕在問安而鬩墻搆災凌長成禍闔闈作孽閹寺滔天職爲亂階潛置巫蠱將以竊弄覆我邦家賴良弼翊戴爪牙同德天道助順神理害盈昭此共工之心終貽管蔡之辱舍彼有罪咸伏其辜廢於離宮寘於城潁今天衢雖泰率土未康式協公卿之心仰遵易月之命奉時斯在先甲未孚宜允人神覃茲渙汗可大赦天下自寶應元年五月十九日昧爽巳前大辟罪巳下巳發覺未發覺巳結正未結正繫囚見徒嘗赦所不免者罪無輕重咸赦除之自開元巳來所有諸色犯累者並宜雪免左降官并諸色流人及罰鎮效配軍團人等一切即放還其中有見任刺史縣令及正員者并依本任其四月十五日巳後諸色流貶者與量移近處逆賊史朝義巳下

有能投降及率衆歸附者當超與封賞天下禁囚不得過五日所有推劾不得分外拷掠亦不得信友證便結罪名諸色文武官應在凌霄門內謁見者并飛龍射生等並宜以寶應功臣爲名諸州刺史與一子官刺史縣令入五品減兩考內外文武官三品巳上賜爵一級四品巳下各加一階諸州刺史父母在無官者與致仕官及母並號巳亡歿者追贈諸州防禦使並停天下子爲父後者各賜勳一轉州縣官自今巳後宜令三考一替大官饔膳等特宜減省有涉奢侈一切宜停天下百姓逋租懸調貸糧種子諸色欠

負官物一切放免開元乾元等錢並宜准一文用不須計以虛數益昌郡王邈進封鄭王延慶郡王逈進封韓王故庶人皇后王氏故庶人太子瑛鄂王瑶光王琚宜並復封號棣王琰永王璘及應安祿山註誤人反狀人等並宜昭雪建昌王追封爲齊王崇恩王追封爲衛王靈昌王追封爲鄆王其有明於政理傳綜典墳文可經邦謀能制勝及孝悌力田諸州刺史並宜搜揚聞薦投匭者不須勘以停處姓名務招直言以副朕意

十一月辛巳詔東都河北應受賊脇從署僞官并僞

出身悉原其罪一切不問

廣德元年七月壬子御宣政殿下詔曰惟高祖大宗敷大德於天下覆載之内湛恩茂育累聖同道用康兆人寶位重光深其德澤被服漸漬洽於生靈者百有五十年之間兵不作而刑將措矣自寇虐橫厲山東不開釁起渠魁毒流區宇三軍七萃之士豪傑忠良之徒制在風波遭其驅刼縣是干戈不息征賦寔煩哀我人斯並罹災患惻兹有犯無罪萬方朕上載皇天下臨黔首奉先聖之成命集一切之大勳元惡既誅群生思乂是欲鏡清六合綱決八紘庶齊大道之時克復太平之理至化猶鬱兵嚴矜解百辟卿士中外衆臣並進昌言請上號徽曰寶應元聖文武孝皇帝朕涉道日寡慚德良多恐沮樂推之心自增祔器之重俯應典册敬受鴻名便欲謁報昊天展事郊廟又以孟秋多稼垂及西成王畿之間人實勞止輟兹大禮式候玄冬切爲踰年改元之制纘承洪業敢廢舊章傳採群公之義乃貞協用之紀其寶應二年改爲廣德元年爰屬履端乃弘肆眚救兹湯火俾雲行而雨施滌其瑕穢將玉振而金聲宜廣更始之恩用明霈勸之福可大赦天下自廣德元年七月十一

日昧爽已前大辟罪無輕重已發覺未發覺已結正未結正繫囚見徒嘗赦所不免者咸赦除之左降官即量移近處亡官失爵各與妝叙諸色流人罰鎮效力安置配隷等一切放還其安祿山史朝義親族應在諸道一切原免並無所問天下所有諸色結聚羌渾黨項等但能悔過自陳各歸生業一切並捨其罪其中有頭首能勸率并束手來歸者并加官賞仍令本道防禦使并本管刺史縣令分明曉諭所有到者各具名錄奏請百姓逋租懸調及一切欠負官物等自寶應元年十二月三十日已前並放免一戶之中

有三丁放一丁庸調地稅依舊每畝稅二升天下男子宜二十五成丁五十五入老應徵租稅刺史縣令據見在戶徵科其逃亡死絕者不得虛攤隣保河北百姓復三年應是廻紇行營經歷處免今年租稅內外文武三品已上賜爵一級四品已上加一階仍各賜兩轉天下兵馬元帥雍王智謀夙成忠孝純至恭行討伐親統元戎撫小蕃以仁訓群師以義班師獻捷勳茂武成宜兼尚書令加實封二千戶廻紇可汗冊爲頡咄登密施合俱緑英義建功毗伽可汗可敦冊爲娑墨光親麗華毗伽可敦可汗及左右殺內外

宰相已下共加實封二萬戶令御史大夫王翊持節就衙帳冊禮左右殺胡祿都督等並封爲王諸部督並封國公河北副元帥懷恩宜兼太保仍與一子二品官一子四品官並階更加實封五百戶河南副元帥光弼與一子三品官并階更加實封三百戶幽州節度使懷仙與一子三品并階加實封二百戶李抱玉郭英乂辛雲京侯希逸田神功孫志直白孝德令狐彰并各與一子五品官并階加實封二百戶李寶臣薛嵩田承嗣張獻誠等各與一子五品官并階仍加實封二百戶魚朝恩寄崇師律程元振勳高佐命各加實封二百戶仍與一子五品官並階僕固瑒高彥崇渾日進李建義李光逸楊崇光李懷光張如岳白元光温如雅拓拔澄泌高暉盧欽友成惟艮曹楚玉等各與一子五品官加實封一百戶仍各賜鐵券以名藏大廟畫像於淩煙之閣并寇難已來將相勳業高者其名籍圖畫亦准此子儀與一子四品官并階實加封二百戶晉卿劉晏裴遵慶元載各與一子四品官并階加實封一百戶儀王及彭王已下男未官者并准舊例與官及封永穆并長樂已下長公主及群縣主嗣王群王等各與一子官皇親五等已上

諸親三等已上各與一子出身二王後各與一子官諸道節度觀察使立功將士其父兄在無官者依子文武與官已殁者追贈陣亡將士襲父官爵河北河南有懷材抱器安身守節素在丘園不仕爲衆所知委所在長官具名聞薦應授僞官等并已昭洗矜才宥過宜有甄收委所繇勘本官名銜資歷聞奏量才處分文武正員常參官并諸州刺史父母無邑號官者宜與致仕官及邑號贈者更與改贈刺史縣令自今以後改轉刺史三年爲限縣令四年爲限員外及攝試官一切不得釐務諫官每月上封事無所迴避

河南河北僞度僧尼道士女冠並與正度天下刑獄須大理正斷刑部詳覆不得中書門下卽便處分諸色人中有孝弟力田經術通傳文詞雅麗政理優長本州各以名薦

二年二月戊子御明鳳門下詔大赦天下制曰惟我高祖太宗之有邦罔不昭事於上帝嚴恭敬畏與神合符七聖在天眷命永固朕嗣守鴻業敢忘奉先尚質貴誠聿修盛典頃以四方多難責在朕躬六俟行師日不暇給東擒羯胡之首西禦犬戎之患元元告病社稷阽危內定外攘不遑展禮雖高明未達而精

意惟勤克通至誠以錫純嘏蓄戎卽叙弓矢載櫜虔奉泰壇蹙寐接神祇之顧永保宗社歲時結霜露之思近又百辟在庭儼然而進奉請元子以居少陽册命乃行鬯七攸主按風雨之淸道乘星火之仲春朝於玄元格於藝祖躬執珪奠祗見南郊天何言哉神所勞矣數兆人之戩穀廣四達之聰明式重燔柴之經盍申解網之惠可大赦天下自廣德二年二月二十一日昧爽已前大辟罪無輕重已發覺未發覺已結正未結正繫囚見徒嘗赦所不免者咸赦除之左降官卽與量移近處亡官失爵放歸不齒之類并官已復資未得本階者各量與收敘諸色流人及量移人并罰鎭效力配隸等一切放還自兇孽亂常王室多故干戈不息今已十年軍國務繁關輔尤劇念玆疲耗久困徵科其京城諸司諸使應配彍騎官散官諸色丁匠幕士供膳音聲人執祭齋郎問事掌閑師并諸司門僕京兆府騎丁屯丁及諸色納資人每月摠八萬四千五十八人數內宜每月共支二千九百四十四人令河東關內諸州府配不得偏出京兆府餘八萬一千一百一十四人并停所須衞役使宜槫節定數官給資錢不得干擾百姓其寶應元年十二

月三十日已前諸色逋欠在百姓腹內者并放免天下戶口宜委刺史縣令據見在實戶量貧富作等第差科不得依舊藉帳據其虛額攤及鄰保其天下諸州府長史及縣令有淸白著聞善政稱最能招輯逃亡編附復業戶口增多者具狀聞奏朕當差人按覆與所舉狀同者超資進改天下所有諸色結聚及羌渾黨項等能悔過自陳各歸生業一切并捨其罪其中有能率先來降者仍特加官賞征人不息勤戍斯久丁壯疲弊老弱困窮光武有言頭鬚爲白戢藏鋒刃敎養元元方面重臣宜悉朕意應諸州團練將士

等委本道節度及諸防禦使等審與州府商議如地非要害無所防虞其團練人等並放營農休息冦戎以來積有年歲徵求數廣彫弊轉深自今已後除正租稅及正勅并度支符外餘一切不在徵科限内外文武官三品已上賜爵一級四品已下各加一階仍並賜勳兩轉武德元從功臣勳業特崇子孫沉翳者委所司勘責各與一人官成都靈武元從普恩之外三品已上更賜一級四品已下更加一階寶應功臣普恩之外三品已上各與一子六品官賜爵一級四品已下各加兩階更賜勳兩轉五品已上官子爲父

後者賜勳兩轉副元帥光弼子儀各與一子三品官并階諸道節度使各一子五品官并階都防禦使及經畧等使各與一子六品官并階去歲行幸陝州六軍英武威遠威武寶應射生衙前射生左右步軍等并内外文武百官扈從到行在者三品已上與一子官四品已上各加兩階自陝州至上都已來置頓使及州府長官普恩之外各與一子出身置頓使判官已下緣路縣令及專知置頓官各加一階其六軍神策寶應射生衙前射生及左右步軍英武威遠威武等諸軍左右金吾將士緣大禮扈從及在城留從者共賜錢五萬貫鴻臚蕃客共賜錢一千貫儀王及彭王已下諸王男未有官者並准舊例與官其已封爲郡王國公者及永穆長樂已下長公主及諸郡縣主并嗣王郡王各與一子官皇親五等已上諸親三等已下各與一子出身二王之後各與一子官臺省之官事資履歷刺史縣令任在親人職務所更是爲理本其左右丞侍郎御史中丞等取曾任刺史者郎官亦取曾任縣令者并所選御史亦宜於録事參軍縣令中簡擇仍須資歷稍深者其有官非累歷才行特堪任用者自布衣已下任所在聞薦委中書門下尚

書省考試堪任者不在此限尚書省政理所繫左右綱轄攸歸比來百司職事皆廢宜令明徵式令舉所職百官有論時政得失并任指陳事實具狀進封必宜切直無諱有司白身人亦宜准此任詣匭使進表朕將親覽必加擇用朕每思素儉敦以淳風必約嚴章以齊俗其珠玉器玩寶鈿雜繡等一切禁斷諸攝官頻有處分一切盡停尚聞因循其弊未革即宜申明舊勅勒停三年之喪謂之達禮自非金革不可從權其文官自今已後并許終制一切不得輙有奏請緣大禮應升壇殿行事者普恩之外更與一子應

在太清宮郊廟諸色職掌者及册皇太子行事官撰册幷書文及簡較造册官普恩之外三品已上賜爵一級四品已下加一階仍賜勳一轉天下耆老九十已上版授刺史七十已上版授上佐縣令孝子順孫義夫節婦旌表門閭終身勿事五嶽四瀆名山大川今古聖帝明王忠臣義士宜令所管致祭

永泰元年正月癸巳朔御含元殿大赦天下制曰恊五紀者建號以體元受四時者布和而順氣天心可見人欲是從爰立大中之道式受惟新之命朕嗣膺下武獲主多方顧以薄德乘茲難運式虔問罪今已

十年欽至策勳雖凶渠之授首勞師黷武豈人主之用心况乃軍役屢興干戈靡定茫茫士庶斃於鋒鏑噫皇穹以朕爲子蒼生以朕爲父至德不能以被物精誠不能以動天俾我生靈擠於溝壑非朕之咎誰之過歟朕所以馭朽懸旌坐而待曙勞懷罪已之念延想安人之策亦惟郡公卿士百辟庶寮咸聽朕命叶宜乃力務履清白之道還與淳素之風率是黎元歸於仁壽君臣一德何以尚之廼者刑政不修惠化未洽旣盡財力良多抵犯靜惟哀敬實軫於懷今將大振維綱益明懲勸肇舉改元之典弘敷在宥之澤可大赦天下改廣德三年爲永泰元年自永泰元年正月一日昧爽已前大辟已下罪無輕重已發覺未發覺已結正未結正繫囚見徒常赦所不免者咸赦除之僕固懷恩戰伐有功計謀任重不終臣節輙肆姦凶妄誘異蕃同爲不軌朕惟務責已情重舊勳如能翻然來歸必從寬宥其下偏裨等因被驅率不獲已者所在山谷草竊及側未安者如能束手而來一切並無所問自廣德元年已前天下百姓所欠負官物一切放免在官典腹內者不在免限其百姓除正租庸外不得更別有科率刺史縣令與朕分憂彫瘵

之人切須撫字一夫不獲情甚納隍有能招輯逃亡平均賦稅增多戶口廣闢田疇清節有聞課效尤著者宜委所在節度觀察具名聞奏卽名按覆超資擢授其有理無能政迹涉贓私必當重加貶奪永爲殿累農政本也食人天也方春之首重於東作除軍典至急餘一切並停令百姓專營農事其逃戶復業及浮客情願編附者仰州縣長吏親就存撫特令賦役全不濟者量貸種子務合安集孝弟力田懷才抱器遺逸未經薦達者各委州府聞奏親當策試量能叙用應自立仗諸軍將士等宜共賜錢五萬貫書稱成

秩詩美懷柔仰惟衆靈念兹多祐其五嶽四瀆名山大川宜令所管牧宰精誠致祭中外寮吏各揚其職無使曠官克副朕意

大曆元年十一月甲子日長至制曰王者欽若昊天誕受丕命莫不協五紀而乘運稽三微而體元上齊璿衡下立人極乃須曆於惟歲更覃恩於率土朕嗣守鴻業恭臨寶位頃以時當寇難運屬干戈誓衆興師爲人除害實賴宗社降福寰宇小康用興淳朴之風庶洽雍熙之化乾坤敷祐大庶生靈文武協心同力王室豈朕薄德而臻於此乃者金革所聚綿歷歲時征

賦煩繁人猶雕瘵是用疚心疾首當宁而興懷罪以在予馭朽而貽懼每思弘濟之道用拯黎元之斃月纏星昴律中黃鍾合天正之符承日至之永祥雲在膽既當伯趙之司惠澤布和宜順一陽之氣建元發號革故惟新俾及履長之節用深行慶之典可大赦天下其永泰二年宜改爲大曆元年自大曆元年十一月十二日昧爽已前大辟罪已下已發覺未發覺已結正未結正繫囚見徒罪無輕重常赦所不免者咸赦除之長吏犯贓不在免限夫從簡之道大易至言薄賦之規前王令範朕志遵儉約務欲息人徵斂無期誠爲勞弊天下百姓除正租庸及軍器所須外不承正勅一切不得輒有科率國以人爲本人以農爲業頃緣師旅征稅殷繁編戶流離田疇荒廢永言牧宰政切親人其刺史縣令宜以招輯戶口墾田多少用爲殿最每年終委本道按察使節度等使案覆聞奏如課績尤異當加超擢或正理無聞必寘科貶逃亡失業萍泛無依特宜招撫使安鄉井其逃戶復業者宜給復三年如百姓先貨賣田宅盡者宜委州縣取逃死戶口田宅量丁口充給仍仰縣令親至鄉村安存處置務從樂業以贍資糧王畿之間賦斂尤

重百役供億當甚艱辛哀我疲人良多憫念盍徹之稅著自周經未便於人何必行古其什一稅宜停周徵俊造漢辟賢良垂之典謨永代作則天下有安貧樂道孝弟力田未經薦用者委所在長官具以名聞奏朕當親自策試量才叙用其立使將士等宜賜物五萬疋五嶽四瀆名山大川祀典攸存禋理昭著宜以禮致祭

四年七月癸未詔曰至禮之代先德後刑上歡心以臨下下欣然而奉上禍亂不作法令何施去聖久遠薄於教化簡書填委獄訟繁興苛吏舞文冤人致辟

思欲制心改行厥路無繇豈天地父母慈愛之意也朕主三靈之重託群后之上夕惕若厲不敢荒寧內訪卿士外咨方岳日不暇給八年於茲而大道淳風鬱而不振四郊多壘連歲備邊師旅在外役費尤廣賦輿轉輸疲耗吾人困竭無聊竊斯濫矣下庶闒昧不見刑網戎士在軍未習法令犯禁抵罪其徒實繁徃牢之間未詳事實吏議不次動淹時序傷阻和氣數彰咎徵此皆朕之不明教之未至上失其道而繩下以刑敢不罪已以荅災眚且人者君之支體害之則君有傷刑者教之輔助失之則人無所措慮有寃

濫慘然憂傷用明慎罰之典俾弘在宥之澤其天下見禁囚死罪降徒流已下罪釋放其左降官及流人移隸等並與量移仍爲所司即勘責送名中書門下奏聽進止如聞州縣官比來率意恣行籠枤不依格令致死殞斃深可哀傷頻有處分仍聞乖越自今已後非灼然蠹害者不得輒加非理仍委觀察節度使嚴加捉搦勿令有犯錄名聞奏宣示中外宜悉朕懷

五年三月丙戌制曰古者以季春之月布德行惠恤刑振乏朕親執犧牲玉帛獲奉於上帝神祇九年於茲矣克已思理明不能燭昆夷未叙王畧猶虞歲暮三秦之師日有千金之費悉索欵賦疲於餽軍俟甸之間徵求耗竭百穀翔貴關中小歉竊則斯濫安能懼刑因而成盜多有犯法至於軍戎之士致使廩賜不充因之逃亡或抵邦憲事非獲已情亦可察近以露濡之恩明發有懷屬禁火之令節方薦鮪於園寢聖祖敷祐景靈告祥先天後天載荷嘉貺以陰以雨又助發生固宜順曲成之仁布惟新之命赦罪宥物曠然滌除其京兆府及三輔并京城內諸司諸使見禁囚犯死罪已下特宜釋放其有犯未發覺者罪無輕重一切放免如妄有論告以其罪罪之官典犯贓

不在免限六月以來以彗星始滅赦下制曰惟辟奉天作人父母若天垂戒於上人不安於下則修德勤政以達至誠恤刑獄之寃滯問閭閻之疾苦招納諫諍方求良弼允廸前烈率繇茲道朕獲承宗廟之重託於王侯之上夙夜齋慄莫敢荒寧推誠以撫萬邦屈已以安百姓憂勤之志日慎一日服御之給損之又損而涉道猶淺燭理不明國經王度多有廢闕加以寇戎聚犯軍國煩勞賦重人竭因之歲歉田荒業廢逋散相仍每深怵惕頻有蠲降兼亦簡求良吏以惠矜人除去姦宄用達幽枉大變風俗更張刑政奠

人和之漸洽荷天眚之累彰固以朕德之寡昧化之衰薄其咎不遠在予一人亦縣郡邑之政未盡條理或貪以害物或擾以傷農有凌弱暴寡之寃有不均失中之政人無所措多陷刑辟盖上之教導未至豈忍以文法繩之惨然憂嗟深自隱愿雖靡草麥秋之後方斷薄刑而南風長養之時宜寛庶獄大决疏網與之更新其天下見禁囚徒死罪並降徒流流已下並釋放內外文武官及前資官六品已下并草澤中有碩學專門茂才異等智謀經武諷諫主文者仰所在州府觀察牧宰精求表薦如其中搜揚未盡遺逸

冊府元龜　帝王部　赦宥七　卷之八十八　十七

林閭者即宜詣闕自舉親當策試量能擢用朕覽漢文詔書至陽和之時草木群生之類皆有以自樂而吾百姓或陷於死亡而莫之省緬然遐想感歎增懐哀今之人又甚於昔思有瞻恤俾安其居觀察節度使及刺史各宜訓勵所部使奉科條變貪官之節激循吏之行其清白明著政理殊尤者具以名聞必加奬擢若冒干貨賄紊我紀綱切宜糾按當峻刑憲其官人犯贓經恩免罪者並宜申報中書門下及所司不得容其抑止自王室多故積有歲時皆我文武之臣中外戮力今天下既定崇德報功與之剖符傳代不絶至於涖官述職各宜明慎典刑宜慶子孫永以爲戒於戲武德貞觀之間有若魏徵王珪李靖李勣房玄齡杜如晦等扶翼大運勤勞王家尊主庇人匪躬致命咸有一德格於皇天緬然長懐風烈猶在其後嗣沉翳特加優奬如廟宇荒毁即宜修葺無德不報何日忘之其有鰥寡惸獨老幼貧窮不能自存者委州府縣長吏取諸色官量事賑給仍仰招攜戶口勸課農桑應所在州府首典工役處非灼然急切者宜並停五嶽四瀆名山大川神明所居風雨是主宜委中書門下分使致祭以達精誠孝子順孫義夫節婦

冊府元龜　帝王部　赦宥七　卷之八十八　十八

事迹明著者特加旌表頒示中外知朕意焉

七年五月己未制曰濟於道者化醇而刑措善於理者綱舉而網疏朕涉道未弘燭理多昧嘗亦遐想太古高揖玄風保合太和在宥天下蓋德薄而未臻也是用因時以設教便俗以立防務盡平恕用申哀恤又教淺而多犯也加以邉虞未戢井賦猶繁荒廢之餘寇攘斯起遂令圜土嘉石之下積有纍囚危章牙簡之中困於法吏屬盛陽之候大暑方蒸永念狴牢何堪鬱灼所以沮傷和氣感致咎徵天道人事豈相遠也如聞天下諸州自春已來或愆時雨首種不入

宿麥未登哀我矜人何恃不恐皆繇朕過益用懼焉
惕然憂嗟深自咎責所以減膳別居齋宮禱於神明
冀獲嘉應仲夏之月静事無刑以助晏陰以弘長養
斷薄決小已過於麥秋繼長增高宜順乎天意可大
赦天下其大曆七年五月十五日昧爽已前已發覺
未發覺已結正未結正應天下見禁囚徒罪無輕重
一切並宜放免所在不須類例聞奏宜令諸道節度
觀察及州牧縣宰等於當管内所有名山靈迹各精
誠致祭所降甘露冀獲豐稔永思流斃庶振風猷其
巴南諸州仍歲水旱廹於凍餒或至流離因有剽求

苟全性命懼刑綱之所及姑哨聚以相依抑有繇焉
蓋非獲已永言其弊用軫於懷如能相率來歸各安
生業並無所問咸許自新宣示中外咸使知悉
八年五月壬辰曲宥京城内見禁囚徒並釋放是月
癸卯制曰自古帝王順時行令當北至之炎燠應南
風之長嬴必事無刑解網申恵叙麥秋之氣而代天
理物矣朕獲奉珪璧虔恭郊廟一紀有餘承累聖之
鴻業爲兆人之父母戰戰兢兢恐不克濟而天地幽
贊陰陽化育闗輔之内農祥薦臻嘉穀豐衍宿麥滋
殖閭閻之間倉廩皆實百價低賤寔曰小康此皆上
帝報貺烈祖儲祉卿士存誠黎元盡力之效思與萬
方百辟咸共樂之而未能也況或抵嘗憲纍然就拘
辦對官曹幽閑獄戶永惟械繫之慘追復肖犯之繇
皆自王化之未醇風教之多闕俾民忘恥格俗虧禮
讓陷在刑典久於狴牢當順陽助生之時積寃蔽感
傷之氣百姓有過在予一人顧諟欽恤誠切傷痛用
申在宥之旨庶洽惟新之令自大曆八年五月二十
五日昧爽已前天下繫囚見徒及已發覺未發覺已
結正未結正死罪並降徒流流已下罪並宜放免敢
以赦前事相言告者以其罪罪之亡命山澤挾藏軍

器百日不首復罪如初夫承天之叙則三時有成自
中形外則四海蒙福嗟爾庶士諒悉予懷
九年四月壬辰制曰朕誕膺天命以撫方夏兢兢多
惕保祐惟人懼庶獄之未孚俾一夫之不獲思用哀
恤與之和寧頃屬夷夏多虞干戈是務徵賦頗重黎
元不康内廹艱窮外乘師旅因行盜竊自陷典刑纍
然圜土之下佇勦視陰之命永念愚惑惻焉疚心而
寰宇之間舉類斯衆今火中惟夏長嬴及時欝然沈
繫致傷和氣萬方有罪在予一人將洽至淳之化更
布惟新之理其大曆九年四月二十四日昧爽已前

大辟罪巳下巳發覺未發覺巳結正未結正罪無輕重一切並宜放免敢以赦前事相言告者以其罪罪之其在軍將士有刀箭所傷久嬰沉疾者勠力疆埸致身鋒刃各委所縣量給藥物厚加優賞其陣亡將士仰本路隨事優恤妻子各申錫賚其百姓鰥寡孤獨不能自存者困窮無主誠可哀傷仰所在州府長官每事以諸色官物量加贍恤令其得所亡命山澤挾藏軍器百日不首復罪如初在宥之典旣周勳槱純嘏之錫庶延子孫凡在品彙各宜遷善宣示中外諒悉朕懷

十二月壬辰勑京城内見禁囚犯死罪徒流流巳下罪釋放

十年九月壬寅宥京城内見禁囚死罪徒流流巳下罪釋放

十二年六月丁未以旱故詔曰頃屬煩暑差候愆陽積旬處於高明之中猶有鬱蒸之嘆而況幽閉獄戶辨對官曹俯臨秋斯將正時憲重修欽恤之道載弘全宥之仁其京城見禁囚犯流巳下罪並宜釋放

冊府元龜

巡按福建監察御史臣李嗣京訂正

知甌寧縣事臣孫以敬叅閱

知建陽縣事臣黄國琦較釋

帝王部八十九

赦宥第八

唐德宗以大曆十四年五月癸亥即位六月己亥御丹鳳樓大赦天下自大曆十四年六月一日已前罪無輕重常赦不原者咸赦除之寶應元年以後貶累禁錮及反逆緣坐等一切洗滌內外文武官三品

已上賜爵一級四品已下加階致仕官同見任天下百姓爲戶者賜古爵一級內外將相及方面連帥尚父子儀李正己李寶臣李忠臣朱泚崔祐甫崔寧李勉李叔明張獻恭梁崇義張延賞段秀實陳少游田悅張伯儀朱滔李抱真李希烈馬燧崔昭薛邕李道昌李國清吳仲孫李昌夔李國清李元忠郭昕孟皞馬崇福李芃康澤姚明敭杜佑及李忠誠嚴郢趙惠伯并劉晏侯希逸顏真卿路嗣恭王翃鶴等其正已爲司徒兼太子太保寶臣爲司空兼太子太傅崔寧李勉各以本官同平章事餘並加官及勳封等其乘輿服御量加減省務敦素質天下進獻事緣郊祀陵廟所須依前勿闕餘並撙節歸於省約士庶自艱難已來田宅踰制車服奢侈仰所司詳前後格式明立法度王公百官既處崇班宜知廉慎如省坊市之內置邸鋪鬻與人争利並禁斷仍委御史臺及京兆尹糾察諸州府祥瑞珍禽異獸鷹犬之類奇器異服錦繡珠玉等並不得輙有進獻諸軍州有與戎狄接境各守邊疆勿更掩襲無備仍即差使臣宣諭共崇和好諸州刺史上佐自今已後准式入計叔祖潁王已下叔彭王已下弟蜀王已下大長公主長公主各與

一子京官郡縣主嗣王郡王各與一子出身二王三恪褒聖侯各與一子官在城諸軍將士各賜纊帛武德已來宰臣功臣名迹崇高并至德已來將相功効明著已亡歿者量加贈諡子孫沉翳者量與官諸州刺史及常參官父見在未有官者量與五品致仕官及階父母殁與贈官及邑號天下諸使及州府有須改革處置事一切先申尚書省委僕射已下衆官商量聞奏外使及州府不得輙自奏請或律令格式條目有未折衷者委中書門下簡擇理識通明官共刪定自至德已來制勑或因人奏請或臨事頒行差互

不同使人疑惑中書門下與刪定官詳決取堪久長行用者編入條格三司使准式以御史中丞中書舍人給事中各一人爲之每日於朝堂受詞推勘處分憲官諫官嘗參官每政事錯綜仰面折廷爭無有所隱憲司彈奏一依貞觀故事其知匭使先有明勅非不丁寧猶聞壅遏自今已後仰每日諸匭務招遠方達聰明目諸司各舉欺職共守至公天下有才業尤著高蹈丘園及直言極諫之士所在具以名聞其諸色人中有孝弟力田經學優深文詞清麗軍謀宏遠武藝殊倫者亦具以名聞能詣闕自陳者亦聽仍限

今年十二月內到朕當親試自今已後更不得令置寺觀及請度人存問耆老恤孤弱不能自存者

建中元年正月辛巳有事於南郊還御丹鳳樓大赦天下自正月五日已前大辟已下罪咸赦除之內外文武官賜爵及階勳諸道宜分遣黜陟使觀風俗問疾苦自艱難已來徵賦名目繁雜委黜陟使與諸道觀察使刺史作年支兩稅徵納比來新舊徵科色目一切停罷兩稅外輒別率一錢四等官准擅興賦以枉法論其軍府支計等數准大曆十四年八月七日勅處分九廟子孫非五等新任用始封王廕不限年代東宮官宜擇端厚之士皇太子時幸大學行齒胄之禮諫議大夫孔述睿宜充太子侍讀公卿諸儒議定五經博士其嘗叅官及節度觀察防禦軍使都知兵馬使刺史少尹赤縣及大理司置評事授訖三日內於四方館上表讓一人自代其外官與長吏附中書門下每官闕以舉多者授之王府六品已下官及諸州縣有可併省及諸官要罷減者量事廢省天下子爲父後者賜勳兩轉

興元元年正月癸酉朔帝在奉天行宮受朝賀畢大赦天下制曰致理興化必在推誠忘已濟人不吝改

過朕嗣服丕構君臨萬邦失守宗祧越在草莽不念率德誠莫追於既往永言思咎期有復於將來明徵其義以示天下小子懼德不嗣罔敢怠荒然以長於深宮之中暗於經國之務積習易溺居安忘危不知稼穡之艱難不恤征伐之勞苦澤靡下究情未上通事既壅隔人懷疑阻猶未省已遂與興戎徵師四方轉餉千里賦車籍馬遠近騷然行齎居送衆庶勞止或一日屢交鋒刃或連年不解甲冑祀奠之主室家靡依死生流離怨氣凝結力役不息田萊多荒暴令峻於誅求疲甿空於杼軸轉死溝壑離去鄉閭邑里

丘墟人烟斷絶天譴於上而朕不寤人怨於下而朕不知遂致亂階變行都邑賊臣乘釁肆逆滔天曾莫知愧敢行凌偪萬品失序九廟震驚上累於祖宗下負於蒸庶痛心䩄貌罪實在予永言愧悚若墜淵谷賴天地降祐神祇叶謀將相竭誠爪牙宣力群盜斯屏皇維載張將弘永圖必布新令朕晨興夕惕惟念前非乃者公卿百寮用加虛美以聖神文武之號被蒙闇寡昧之躬固辭不獲俯遂群議昨因內省良所瞿然體陰陽不測之謂神與天地合德之謂聖豈伊淺劣所敢當仁文者所以化成武者所以定亂朕自

臨御於六載化之不被亂用是興豈可苟徇群情猥當徽號重予不德益用懷慚自今已後中外所上書奏不得更言聖神文武之號今上元統歷獻歲發祥宜革紀年之號式敷在宥之澤與人更始以荅天休可大赦天下改建中五年爲興元元年自正月一日昧爽已前大辟罪已下咸赦除之李希烈田悅王武俊李納等有以忠勞任膺將相有以勳舊繼守藩維朕撫馭乖方誠信未著致使疑懼不自保安失於懷柔蹟此威武皆由上失其道而下罹其災朕實不君人則何罪朕已弘物予無愛焉庶懷引慝之誠以洽

好生之德其希烈武俊田悅李納并所管將吏等一切並與洗滌復其爵位待之如初仍即遣使分道宣諭朱滔雖緣朱泚連坐路遠必不同謀朕念其舊勳務在弘貸如能效順亦與惟新朱泚大爲不道棄義絶恩反易天常盜竊名器暴犯陵寢所不忍言獲罪祖宗朕不敢赦其應被朱泚脅從將吏百姓等或遭扇誘或迫兇威苟能自新理可矜宥但官軍未到京城已前去逆效順并散歸本軍者并從赦例原免左降官及已經量移并與量移近處流人配隸及罰鎮効力並安置及得罪人家口未許歸者一切放還先

有痕累禁錮反逆緣坐承前恩赦不該者並宜洗雪亡官失爵放歸勿齒量加收叙未復資者更與進叙諸色降黜配隸人中有才能者特加錄用諸軍諸道應赴奉天并進收京城將士並賜名奉天定難功臣身有過犯遞減罪三等子孫有犯減罪二等諸道將士在行營並超三等改官仍各賜勳五轉在本鎮者依資與改官各賜勳三轉內外文武官三品已上賜爵一級四品已下者加一階仍並賜勳兩轉應因流貶身死未葬並許其家各據本官以禮收葬其所加墊陌錢稅間架竹木柴漆榷鐵之類悉宜停罷其奉

天升爲赤縣仍給復五年在縣城内者給復十年天下有隱居行義晦迹丘園委長吏具名聞奏當備禮邀致諸色人中有賢良方正能直言極諫弁儁逈墳典達於教化識洞韜畧堪任將帥者委當叅官及長吏奏聞諸道貢獻自非供宗廟軍國之用一切並停赦書既下人心大悦

七月辛卯御丹鳳樓大赦天下詔曰國家百七十載八聖儲慶敷祐下人視之如傷懼天天理未嘗不旣富而教旣教而懲有泣辜宥過之惠無作威逞欲之事俾爾萬姓嗣續沇今俾予一人纂承及此朕恭膺

顧命獲主大寶惰於理亂之本溺於因習之安上下否隔賞罰乖舛執法以濟衆而犯令愈甚興戎以除害而長亂益繁中心浩然罔知攸濟姑務騁力曾微省躬殫財以竭人畧内以勤遠中外耗蠹遐邇震騷賊臣蓄奸承釁竊發九廟乏祀兆人靡依猰㺄肆其吞噬豺狼擾於宫闕去歲云半再罹播遷茫茫中原罔有定極烈士殞命暴骸於草野黔首遭難轉死於溝壑朕實獲戾人其何辜悼心慙顔泣血思咎敢憚霣越以幸於厥躬誠懼重辱祖宗益縱兇醜忍耻晢志庶復寇讐頼昊穹降威式沮亂命將帥戮力恭行天誅士庶宅心不忘先德賜予寡昧再受多祐紐乾綱於旣紊復天柱於將傾言旋鎬京不改舊物宗祧以序朝享有期明發不寐彌增感惕嗚呼君者所以撫人也君苟失位人將安仰朕受天明命臨御萬方違道任情致寇興禍生靈無告受制兇威苟全性命急何能擇或虧廉名節或貪冒貨利陷於法紀事匪一端究本原情諒非獲已不能撫之以道而又繩之以刑豈朕恤人罪已之誠含垢布和之義滌清汚俗與物更新可大赦天下自興元元年七月二十日昧爽已前大辟罪已下咸赦除之令年五月已前左降

官與量移内外文武及致仕官三品已上賜爵一級四品已下加一階仍並賜勳兩轉司徒兼中書令晟與一子五品正員京官侍中瑊與一子六品正員京官駱元光尚可孤韓遊瓌戴休顔各與一子七品正員官諸道節度使及行在都知兵馬使都虞候扈從左右金吾六軍大將軍各與一子八品正員官都團練使觀察使各與一子官收京城將士超八資改轉已甄敘者更與超二資扈從及收京城將士及當叅官祖父母在先無官封量授致仕官及邑號已亡者與追贈扈從將士三品已上賜爵兩級四品已下各

加兩階賜勳三轉諸州刺史普恩之外賜爵一級四品巳下加一階賜太尉秀實天授貞烈激其頹風蒼黄之中密蘊雄斷將紓國難詭收冦兵撓其凶謀果集吾事挺身徑進奪擊渠魁英名凛然振邁千古宜差官致祭并旌表門閭緑葬所要一切官給及於墓所官爲立碑以揚徽烈諸軍將士有身死王事委本使具名銜聞奏即與褒贈京兆府百姓普恩之外給復一年

貞元元年正月丁酉朔御含元殿受朝賀禮畢大赦天下以興元二年爲貞元元年李懷光束身歸順以

其嘗有大勳官封如舊諸道進討淮西罪止希烈脅從皆原自今特敕正月十一日昧爽巳前大辟罪巳下咸赦除之左降官量移近處流人及罰鎮効力並即放還應有痕殿禁錮前後恩赦節文未該及者並宜洗雪李希烈僭逆不道誠所難容朕惻念蒼生務息征討頻有詔命許其自新若能歸降依前勅待之以不死内外文武見任及致仕官三品巳上賜爵一級四品巳下加一階天下諸使諸州將士三品巳上亦賜爵一級四品巳下加一階白身人賜勳三轉應奉天興元元年扈從立功并收京城將士食封者各

隨文武與一子官餘並加兩階仍賜勳三轉其文武百僚應從到興元府者五品巳上賜勳三轉其五品巳下賜爵一級六品巳下加一階合入三品五品者不拘考限聽敘其中五品巳上父母未經追贈者並與追贈司徒兼中書令晟宜與一子五品正員官副元帥各與一子五品正員官都統與一子六品正自官中書門下平章事充節度使及神策兵馬使六軍統軍金吾六軍大將軍判度支侍郎各與一子八品正員官都團練防禦觀察使京兆河南尹金吾六軍將軍殿前射生兵馬使各與一子九品正員官故尚

父子儀先朝元勳再復京邑贈太尉秀實以死衛國節冠古今各宜與子孫一人五品正員官江淮轉運使簡較尚書左僕射平章事韓滉勵精勤戒夙夜在公漕輓資儲千里相繼可進國公關畿之内連歲興戎荐屬天災稼穡不稔穀麥翔貴蒸黎困竆倉廩空虚莫之賑贍每一興念惻然痛心宜令度支取江西湖南見運到襄州米一十五萬石設法搬赴上都以救荒饉大長公主長公主各與一子七品官嗣王郡王各與一子出身應陪位皇親三品巳上賜爵一級四品五品加一階六品巳下及嘗選官等簡選日優

與處分應緣大禮職掌行事及留守副留守內行事中官等三品已上各賜爵一級四品已下加一階人竝賜勳兩轉介公酅公各與一子官如無子孫賜物一百疋及神策六軍殿前射生英武威武威遠皇城左右金吾街使等諸軍諸使將士御樓立仗及守本仗者并諸道節度下隨使赴上都帖仗將士等宜共賜物十三萬段仍賜勳兩轉

四年正月庚戌朔御丹鳳樓制曰朕以菲薄託於王公之上恭承天地之序虔奉祖宗之訓遐想至理思臻太和而誠不感物化不柔遠聲教猶鬱征賦仍繁

頃者務於安人不憚屈己與西蕃結好申以齊盟而戎心無厭背義虧信劫脅士庶屢犯封疆元元何辜皆朕之失乃者輦轂之下兇狂結構上帝垂祐悉自伏誅刑以止殺諒非獲已今三陽布和萬物資始思與群公兆庶惟新政理宜敷在宥之澤以覃作解之恩可大赦天下大辟罪已下繫囚見徒嘗赦所不原者咸赦除之官吏犯贓不在免限流人配隸放還左降官量移近處已經量移者更與量移百姓逋欠一切放免諸州遭水旱委長吏貸種子天下兩稅更審定等第仍加三年一定以為永式涇隴邠寧振武靈鹽夏銀官健嘗例之外每年加賜兩段軍州官吏寄客能務農業入粟助邊量其多少酬以官秩天下刺史與一子正員官戶口增加田疇廣闢者長吏加一階縣令減選優與處分額內官勿更注擬見任者三考勒停百官食錢所欲別置本宜令中書門下與百僚議可否奏京九品已上官各上封事極言得失賢良方正直諫者高蹈不仕隱居巖穴孝弟力田聞於鄉里所在長官具名聞薦諸色官有清白政術堪任刺史縣令者嘗衆官各舉所知朕當親自策試之諸軍立仗將士共賜物一萬疋陪位蕃客賜一千疋

六年十二月庚午南郊禮畢御丹鳳門下制曰禮稱日至而郊詩美豐年之報然則迎日之始時莫大焉順成之祐慶莫重焉朕承天眷懷俾作神主朝夕祗礪日月永思惟人安化洽是勤惟歲稔時和是與上靈降鑒豐祉聿臻展禮郊丘申大報之義祇禋宗廟極追孝之誠四海具瞻百神咸秩古者凡有大澤必與天下樂之慶賜遂行無思不備內外文武及致仕官并諸將士等三品已上賜爵一級四品已下加一階宰相及東都留守六軍統軍諸道節度神策神威金吾六軍及都團練防禦觀察使京兆河南尹正員

尚書御史臺長官太常卿各與一子官大禮行事官
各加一階立仗將士及守本營者共賜物十八萬端
疋故尚父子儀與一子五品正員官如已五品已上
量與改轉贈太尉秀實與一子官張巡許遠南霽雲
顔真卿顔杲卿各與一子正員官天子見禁囚徒罪
至流死者各遞減一等徒罪已下一切放免左降官
經三考流人配隸效力之類經三周年者普與量移
近日州縣官吏專殺立威杖或踰制自今已後有責
情決罰致死者宜令本道觀察使具事聞奏并申
報刑部御史臺吐蕃比斷信約自絶通和邊鎮之間

事資備禦因其犯邊累獻俘囚旣切懷歸之心復加
幽縶之苦永言覆育豈間華夷應所獲吐蕃生口見
在者一切放歸本國仍並遣人送至界首量事資遣
使得自全應諸道自艱難已來戰陣喪殁及荒凶死
亡骸骨暴露者長吏各令收瘞奠酹守宰之任弊在
數更自今刺史縣令以四考爲限嗚呼朕獲主珪璧
十有二年於兹天地明察罔敢不祗一日萬思罔敢
不愼遷已之過庶無忝心致人之安實有明志夫祀
之馨香在德天之視聽在人惟命不嘗聖有謨訓慶
感旣集於兹日儆厲方戒於將來與勉增修聿懷多

福凡百有司所宜同之
九年十一月乙酉日南至郊祀禮畢御丹鳳樓大赦
天下制曰朕以寡德祇膺天命勵精理道十有五年
夙夜惟寅罔敢自逸小大之務莫不祇勤皇靈顧懷
宗社垂祐年穀豐阜荒服會同遠至邇安中外咸若
永惟多祐實荷玄休是用虔奉禮章躬薦郊廟克展
因心之敬獲申報本之誠慶感兹深怵惕惟厲可大
赦天下自貞元九年十一月十日昧爽已前大辟罪
咸赦除之左降官及流人並量移近處内外文武見
任及致仕官并諸軍諸使將士等三品以上賜爵一

級四品已下加一階將士白身者賜勳兩轉緣大禮
職掌行軍法駕南郊後留守副守及太倉左藏庫及
陪位官等三品已上更賜爵一級四品已下加一階
其郊壇宮廟行事官仍各賜勳兩轉皇親應陪位者
三品已上賜爵一級四品已下加一階及諸色應陪
位官等各賜勳兩轉親王大長公主長公主嗣王郡
縣主鄰公介公鴻臚蕃客神策神威六軍及諸使應
緣大禮宿衞御樓立仗及守本軍本營者諸道節度
在京帖仗將士賜物有差宰輔及在方鎮者祖父各
與追贈東都留守諸軍節度觀察都防禦都團練經

署鹽鐵轉運使左右神策神威六軍等統軍大將軍英武威遠軍使戶部侍郎判度支及京文武三員已上正員官尚書省四品官中書門下省御史臺五品官父在未有官者量授簡較官已有官者加一階母在未有邑號者授邑號已有邑號者更進邑號父母亡歿者各與追贈應諸軍防秋兵馬使及別勅定名充邊地兵馬使等脩禦勤勞所宜優異其父在未有官者各授簡較官母在未有邑號者各授邑號邊軍鎭守及諸道諸軍防秋將士經三週年未改轉者宜與甄叙其九廟配享功臣封爵廢絶者宜令訪封以享祀故尚父子儀贈太尉秀實宜與一子六品正員官天下有才德高遠爲衆所知及隱遯丘園不求聞達者委所在州府長史具名迹聞薦諸色人中有賢良方正能直言極諫或博通墳典達於教化或詳明政術可以理人者委當叅官及州府長吏各舉所知聞奏朕當親自策試諸司官有陳時政得失各盡所見條流封進人有究滯事有闕遺悉當極言無所隱避

十月四日癸卯司天監言日食雲陰不見百官表賀是日釋京師繫囚

順宗以貞元二十一年正月卽位二月甲子御丹鳳門大赦天下制曰朕承天序嗣守鴻業以不明不敏託於萬國兆人之上永惟高祖大宗肇啟區夏列聖休德洽於人心肆惟寡昧膺受多福大懼不克負荷爲宗廟羞若涉大川罔知攸濟思與群公卿士方伯連帥祇若丕訓惟懷永圖内熙庶績外弘至化以納於理臻於大中俾懷生之類各遂其性咸得自新道迎休和蕩滌瑕累可大赦天下自貞元二十一年二月二十四日昧爽已前大辟罪已下罪無輕重已發覺未發覺已結正未結正繫囚見徒常赦所不原者咸赦除之左降官並移近處如復資者任依常調赴選如有親故在上都任於所司陳狀便與處分別敕因責授降資正員官者亦進改亡官失爵放歸不齒者量加收叙流人放還僧尼道士移隷者罪人已亡歿家口未許歸者一切放歸如自情願住者勿抑令歸如先有勅去縱逢恩赦不在放還之限者及別勅安置者並宜放還其安置之人五品已上待進止左降官及流人亡歿有官者各還本官今日已前頻累禁錮及反逆緣坐一切並與洗滌應緣山陵制度及喪儀禮物博詢可否務遵禮度必誠必信副朕乘懷

橋道置頓並以内庫錢充諸有費用先給功價仍以
見錢更不折物不得輒令科配天下百姓應欠貞元
二年二月三十日已前榷酒及兩稅錢物諸色逋懸
一物已上一切放免京畿諸縣應今年秋夏青苗錢
並宜放免天下諸州府應須夫役車牛驢馬脚價之
類並以兩稅錢自備不得別有科配仍並依兩稅元
勑處分仍永爲常式不得擅有諸色榷稅常貢外不
得別進錢物金銀器皿奇紋異錦雕文刻鏤之類若
已發在路者並納在藏庫清淨者理國之本恭儉者
修已之端朕臨御萬邦方弘此道苟可濟物予何愛

焉宫掖之中宜先省約其後宫弟子音聲人等並宜
放歸親族應緣宫市並出正文帖仍依時價買賣不
得侵擾百姓所緣宫中要妳母並取食糧戶充稅不
得科配寺觀諸軍先擒吐蕃生口配在諸處者宜資
給放還本國天下官吏應行鞭捶本罪不致死者假
以責情致令殞斃每念於此良增惻然宜切加察訪
内外文武見任及致仕官并諸道將士等賜爵加階
賜勳有差二王三恪褒聖侯各與一子官大長公主
嗣王等各與一官及出身有差宗子中有才用者委
宗正卿以名聞量才叙用皇王等已上親賜爵加階

有差陪位者年十五已上並放出身武德已來配饗
功臣及張延許遠南霽雲顏杲卿顏真卿等子孫中
各與一人正員官故尚父子儀贈太師晟大尉秀實
子孫中各與一人正員五品官及諸州府長官及京
嘗叅官父見在未有官者並與五品致仕官及階父
殁母存者與邑號父母亡殁量與追贈陝州元從寶
應功臣與元元從奉天定難功臣賜爵勳有差亡殁
者與追贈中書門下節度使東都留守度支鹽鐵等
使京兆尹觀察招討等使及神策神威金吾六軍將
軍大將軍英武威遠鎮國軍使隴右經畧軍使節度

留後各與一子官有差其神策神威六軍將軍大將
軍英武軍等使並與加官神策神威六軍英武威遠
營左右金吾及皇城將士及緣御樓立仗將士等賜
物及爵階有差應東宫官及侍讀侍書教授在正月
二十六日已前者國已來職掌行事及冊命官授顧
命撰制詔及修冊文并寫制詔官等賜爵加階勳進
改有差蕃客等共賜物一千八百七十疋義武軍節
度使下官健在城立仗共賜物三千八百四十五疋
立仗將士等量加改轉内侍省及内防官正諸道進
奏院及奏事官賜爵階勳有差内外五品已上文官

及臺省常參官宜至四考滿與改轉中外遊遷量才叙用其中政績尤異須甄升者不在此限常參官及諸州刺史有先得替及假百日經喪去官未授官者並即與進擬百司及在城諸使息利本錢徵放多年積成深弊内外官料錢職田等厚薄不均兩稅及諸色榷稅物重轉須有損益並宜委中書門下與逐司商量具利害條件以聞不得擅有閉糴禁錢務令通濟諸色人中有才識兼茂明於體用者經術精深可為師法者達於吏理可使從政者宜委常參官各舉所知其在外者長吏宜精加訪擇具以名聞仍優禮

發遣朕當詢事考言審其才實如無人論薦者即任自詣闕應内外官及諸色人任上封事極言時政得失有可觀者别當甄奬百姓九十已上版授及賜各有差仍令官吏就家存問順孫孝子義夫節婦旌表門閭重加優恤

四月戊申詔曰惟先格王光有天下必正邦本以立人極建儲貳以承宗祧所以啓迪大猷安固洪業斯前代之令典也皇太子純體仁秉哲恭敬溫文德叶元良禮當上嗣朕奉若丕訓憲章古式永惟社稷之重載考春秋之義授之匕鬯以奉粢盛爰以令辰俾膺茂典今册禮云畢慶感交懷思與萬方同其惠澤自貞元二十一年二月二十四日已後至四月九日昧爽已前天下應犯死罪者特降從流流罪已下各減一等文武官常參官及諸州府長官子為父後者賜勳兩轉古之所以教太子必茂選師友以輔翼之俾法於訓詞而行其典禮右左前後罔非正人是以教諭而成德也給事中陸贄中書舍人崔樞積學懿文守經據古以參講習庶叶於中可充皇太子侍讀天下孝子順孫先旌表門閭者委所管州縣各加存恤五嶽四瀆名山大川委所在長吏量加祭禮

永貞元年八月辛丑傳位於皇太子帝稱太上皇居興慶宮下詔曰有天下者傳歸於子前王之制也欽若大典斯為至公式揚耿光用體文德朕獲奉宗廟臨御萬邦降疾不瘳庶政多闕乃命元子代予守邦爰以令辰光膺册禮以今月九日册皇帝於宣政殿乃命簡較司徒平章事杜祐充册使門下侍郎平章事杜黄裳為副使國有大命恩俾惟新宜因紀元之慶用覃在宥之澤宜改貞元二十一年為永貞元年八月五日昧爽已前天下應犯死罪特降從流流罪已下各降一等

憲宗元和元年正月丁卯御含元殿受朝賀禮畢御
丹鳳樓大赦天下制曰朕聞明王之以孝理也必先
之以博愛臨之以莊敬繇一人之至德鼓四表之懽
心臻於大和以育庶類則下知禁而無犯上措刑而
勿用斯道不遠弘之在予朕以寡昧嗣守丕業荷累
聖之鴻休稟太上之嚴訓夙夜寅畏不敢荒寧承顏
而退省萬機問寢而下臨四海虔奉惟眷施於兆人
皇王以來孰有斯慶端本之化自予躬行總百行之
源刑四方之理推恩以覆育廣敬以昭事王者要道
朕其庶乎則日月之燭然可以率俾昆蚑之涵養期

於不夭是必家至日見而後化洽刑清圖始所難愼
終斯勉猶恐下愚之人因循陷辟官師之長教道未
明廹於饑寒遂愆禮節詿誤之網顧失政而多途哀
矜之人雖得情而勿喜思與公卿大夫下及士庶人
勵翼循省以圖將來其因體元之始覃此惟新之澤
上報於君父下念於蒼生須慶紀年鴻恩斯洽可大
赦天下改永貞二年爲元和元年自元和元年正月
二日昧爽已前大辟罪已下常赦所不原者咸赦除
之京畿諸縣今年青苗錢及摧酒錢並宜放免地稅
率於每年斛量放二升江淮荊襄等十州管內水旱
所損四十七州減放米六十萬石秋稅錢六十萬貫
內外文武見任在官神策六軍諸道將士等各賜爵
加勲自武德巳來功臣子孫與官及出身文武常參
官觀察節度團練經畧使刺史六軍大將等父母亡
歿與封賜至德以來任宰輔與追贈及諡陜州奉天
元從功臣普恩之外更賜勲爵中書門下及外使宰
相宜與一子七品官東都留守六軍大將等與一子
出身東宮官並與改官其撰冊文官等與一子官及
勲爵有差天下百姓高年者賜米帛羊酒國子監祭
酒司業及學官並先取朝廷有德望學識者充東都

國子監諸館共置學生百員應天下州府每年所稅
地子數內宜十分取二均充當平倉仍各逐當處穩
便收貯以時價糴糶務在救人
九月西川劉闢平十月詔曰西川諸州鎮刺史大將
軍及參官佐吏將健百姓等應被脅從補職掌一切
不問
二年正月辛卯有事於南郊還御丹鳳樓大赦天下
制曰朕聞王者大孝莫盛於配天國之大事禮莫
尊乎享帝故二儀合祭知上天所子之仁萬國駿奔
覲聖人嚴父之道教之所設禮極於斯我國家宗武

祖文繼天撫運聲名所被車書必同承祧而御極業光十聖體元而紀號年將二百朕以微眇纘奉昌圖畏此洪業若臨深谷而大事所屬仙寢維營凶德相挻兩隅皆阻淮湖與壤水旱愆期恕然疚懷懼不克濟旣而上天降祐烈祖垂休妖氛盡殄逆節咸伏精祲有以相盪善惡有以相資五兵纔試而復藏四氣應序而咸理物皆滋茂歲亦豐登百姓之心懽然相與是用齊精三日欵謁上玄明發不寐祇見烈祖周旋在位陟降是依克配之禮旣展如在之誠增慕嘉此福祐與物惟新式敷顯若之化俾洽霈然之澤可

大赦天下罪無輕重嘗赦不原者咸赦除之左降官與量移及復資仍聽累叙流移配隸並放還天下應有逋欠在百姓腹內者及京畿今年夏青苗錢並放免官酤酒及新榷率並同禁斷淮南江南去年已來水旱疾疫其稅租節級蠲放天下兩稅貞元四年制書已令三年一定委有司舉舊勑商量處置諸道年終勾宜停刺史録事叅軍並不得擅離州其事類已後制勑速令有司删定江淮大縣每歲據闕委三省御史臺諸司長官節度觀察使各舉堪任縣令不限選數並許赴集臺省官及刺史亦令有闕先於縣令中揀擇如有能否與元舉人同賞罰復置具員簿以序内外庶官禁郵驛假託乘券京兆府諸司色役人各令條疏簡省天下官吏應行鞭棰責情至死切令察放王府六品已下官及諸州縣有獄并省處及諸官諸使有要停減者委有司商量廢省天下百姓不得冐爲僧尼道士以避徭役其創造寺觀廣興土木者舉勑處分内外文武見任及致仕官諸軍將士等以品秩節級賜勲爵文宣王及二王三恪公主諸與一子官仍賜物有差宗子中有才用者委中書門下量才叙用故尚父子儀太師晟太尉秀實顔真卿顔

杲卿張巡許遠南霽雲及配饗功臣與一子官及出身有差至德已來功臣未配饗者速令詳定文武嘗叅官及諸道節度觀察使等并諸軍使並與父母封及追贈并一子官及出身有差諸軍身仗及在本營節級賜物應緣大禮職事官並賜階爵天下諸色人中有賢良方正能直言極諫博通墳典達於教化軍謀宏遠堪任將帥詳明政術可以理人委内外官各舉所知當親策試天下百姓高年者賜米帛羊酒物及版授官封名山大川及古聖帝明王忠臣烈士各令以禮致祭

三年正月癸巳御宣政殿受徽號曰睿聖文武皇帝冊禮畢移仗御丹鳳樓大赦天下自今已後應請道有除官赴闕受代至京不得取本道錢妄稱進奉

四年十月庚寅冊皇太子癸巳制曰朕丕承寶圖撫有方夏夙夜寅畏不敢荒寧永惟祖宗之洪業歷考皇王之令典思所以垂統立極事神保乂推明至公安固大本尊廟祧而主匕鬯嚴社稷而奉粢盛俾開春闈乃命元子斯古今之通誼也皇太子寧清明體仁莊敬好禮挺忠孝之節一君親之誠允諧詢謀用建儲貳爰以吉日冊於明庭鍾鼓載和文物大備盛

禮云畢慶感良深是宜布澤施恩自中達外厥有前躅舉而行之自元和四年十月八日昧爽已前天下應犯死罪殺人者降從流流罪已下遞減一等左降官未經量移者與量移文武常參官及諸州府長官子爲父後者賜勲兩轉應緑冊禮行事官賜階及勲爵有差鄧王府官量與改進夫輔翼元良教諭成德使目睹正事耳聞正言刑於施爲漸於心術非齋莊忠毅之士不在茲選工部侍郎歸登給事中呂元膺並踐履端方行義修潔通於經訓而得其要達於教化而蹈其中侍講承華師範磐石訪乃公義副予精求並可充皇太子諸王侍讀登宜加一階元膺宜賜紫金魚袋天下孝子順孫先旌表門閭者委所管州縣各加存恤五嶽四瀆名山大川委所在長吏量加祭祀

七年十月庚戌制曰王者司牧黎元紹膺統緒必建儲貳以稱家邦故春秋垂冢祀之文易象著震方之位朕屬承景運嗣守丕圖稽前王之令謨奉烈聖之彝訓上以嚴宗祧之顧下以繫億兆之心無疆之休用崇主鬯祗荷成懿敢息於懷皇太子忠孝溫文率義繇禮寬粹莊重自誠而明慶靈所積姿器夙茂能

辨南陽之牘允符東海之貴承華載序所感則深永爲固本爲慶滋大宜弘欽恤之令亦覃命賜之恩與衆共之無思不被自元和七年十月十七日昧爽已前天下應犯死罪殺人者遞減一等左降官流人並與量移如因流貶所亡殁及得罪之人並任歸葬文武常參官及諸州府長官子爲父後者賜勲兩轉應緑冊皇太子行事官加階賜勲爵有差文武常參官及陪位官并宗子諸親賜勲一轉遂至王府量與進改天下孝子順孫先旌表門閭者及高年癈疾者委所管州縣各加存恤五嶽四瀆名山大川委所在長

吏量加祭祀布告遐邇咸使知聞
十三年正月乙酉朔帝御含元殿受朝賀禮畢御丹鳳樓大赦天下詔曰朕聞王者法天作則與衆守邦奉公無私居兆人上當恭巳嚮方之際切臨深馭朽之懷憂勤靡遑今古何遠所重者兵革不試軌度自貞熙仁扇和以至大道朕顧惟菲德祇奉靈圖承昊天之眷命纘烈聖之丕緒昃食以求至理虛心而候昌言兢兢業業嘗惧失墜逮今十有四年矣道且希於廣運意嘗在於包荒推誠則深感物未至頃歲蜀川浙右怙亂阻兵人神共誅剪滅相次姑務偃革期

於措刑方蕭勺以懲姦庶干羽以成化而淮蔡寇孽稔禍挺災問罪興師蓋非獲已每念征行之暴露軫餽給之煩勞中宵惕然載盈祇勵妖兇既殄黎庶用康斯皆宗社垂休中外協力將勤恤於下土奠昭答於上玄茲朕所以思與群公卿士勵精於庶政也屬獻歲發春授時惟敬句萌盡達幽蟄咸蘇縲紲可矜録恤存念俾疎網之是決與慶澤之惟新可大赦天下元和十三年正月十日昧爽巳前大辟罪巳下咸赦除之惟官典犯贓不在此限左降官及流人移隷等並與量移近處別勅因責降授正員官所司亦與處分其淮西管內縱有迹同惡逆掛涉流言事在往時一切不問如聞申光蔡激四州百姓干戈之後饑殍爲病宜委所在長吏設法綏理先入擒吳元濟立功將先委韓弘條疏宜速具功勞等第聞奏待有甄奬處分天下諸州府百姓兩稅之外輙不得更有差率巳頻申勅尚恐因循宜委御史加糾察其諸道州府縣用兵巳來或慮有權置職名及擅加科配事非永制者一切禁斷淮西側近應緣資給軍用摧稅經奏請者各委條疏停省王承宗若束身赴闕捨而不問仍加官爵其度支元和二年巳前諸道借假及懸

欠錢物斛㪷雜物當四百八十餘萬貫石端疋枚具斤兩等並放鹽鐵戶部諸監院應有欠負亦疏理獄放二王三恪及文宣公各賜物五十疋神策六軍威遠金吾及皇城等縁御樓立仗將士等及在城蕃客各賜物有差故尚父子儀贈太尉秀實杲卿真卿張巡許遠南霽雲與一子官出身有差中書門下及文武常叅官諸道節度觀察神策諸軍等使祖父母節級與贈封官存者量與致仕及邑號天下百姓高年賜米帛羊酒有差
十四年七月巳丑御宣政殿群臣冊上尊號禮畢御

丹鳳樓大赦天下制曰朕聞惟人戴后因事必極於
推尊惟辟奉天有善必歸於讓德式敷景福以荅玄
功居有勞謙之思進多滿假之懼緬自遠古何嘗不
因是而致理焉朕獲纘膺圖祇奉神器上奉大癸下
安群生恭巳臨軒兢懷馭朽志欲周於四海而念嘗
切於一夫旰食宵興惟恐失墜運屬休泰時丁小康
方隅廓清氛祲銷盪斯乃上荷乾坤之垂祐宗社之
降靈下賴卿士之叶心戎臣之宣力端拱嚮道推誠
任能豈予寡昧用集丕績況至化循鬱勤憂未寧而
中外諸臣文武多士累陳懇疏並進昌言願獻鴻名

以增虛美拒衆心而率籲轉切顧恥身而內愧靡安
乃撰吉辰爰受典冊禋告於清廟虔聞於昊天當兹
盛儀夕惕增勵於戲朕自御極再加景號在徽章而
孔備諒浮實而多慚宜因行慶之辰誕布惟新之澤
與時咸遂永孚於休可大赦天下自元和十四年七
月十二日昧爽巳前大辟罪巳下咸赦除之唯故殺
人及官典犯贓不在此限左降官量移如復資者即
任便赴選亡官失爵放歸不齒者量加收敘前資見
任官如因戰累未階錄用并左降官事情可恕才行
足稱者並宜甄拔獎用淄青舊管內官人將士百姓
等縱有跡同惡逆掛涉流言事在當時一切不問京
畿今年秋稅青苗及榷酒錢每貫量放四百文從元
和五年至十年巳前諸縣百姓欠負錢物斛斗等委
京兆府疏理減放淮南浙江東道宣歙江南西道湖
南福建山南東道荊南等道今年秋稅錢合上供者
每貫量與減放度支鹽鐵戶部應有逋懸並委本司
疏理具可放數奏聞比來州縣多不定戶貧富變易
遂成不均前後頻有制勑長吏不盡遵守今宜三年
一定必使均平內外文武見任及致仕官三品巳上
賜爵一級四品巳下加一階仍賜勳兩轉神策六軍

金吾皇城威遠諸道將士經淮西淄青兩度立功者
更賜勳兩轉二王三恪及文宣公神策六軍金吾皇
城威遠等諸軍應在城內蕃客並節級賜物侍中韓
弘讀冊官崔群讀寶官皇甫鎛並各加一階巳至三
品者賜爵二級撰冊文官崔群與一子正員官其餘
應職行掌事官加階賜爵勳有差故尚父子儀贈太
師晟贈大尉秀實及張巡許遠南霽雲顏真卿杲卿
子孫各與官及出身寶應與元功臣各賜勳爵天下
諸色人有賢良方正能直言極諫博通墳典達於教
化軍謀宏遠堪任將帥詳明政術可以理人者委內

外官各舉所知當親自策試委中書門下選黜陟使分巡天下百姓高年者須賜有差

冊府元龜帝王部赦宥八　卷之八十九

三十一

册府元龜

巡按福建監察御史臣李嗣京 訂正

新建縣舉人臣戴國士參閱

知建陽縣事臣黃國琦較釋

帝王部 九十

赦宥第九

唐穆宗以元和十五年正月即位二月丁丑御丹鳳樓大赦天下制曰著大明者日也出乎震而見乎離則八紘開朗萬象炤煥乎大號者風也發厚地如鼓羣動則氛祲盪滌鬱伏舒散王者如日之炤臨故聖

躬作而庶類覩如風之號令故德音降而兆人從朕以寡薄方茲嗣服荷天地之眷祐承宗祧之祚運夙夜祇厲懼不克周永惟風教之流弊阽俗之疾苦思布齊時之政宜弘利物之澤庶有以導迎和氣感致懽心宜申在宥之恩用啓自新之路可大赦天下自元和十五年二月五日昧爽已前大辟罪已下罪無輕重咸赦除之唯官典犯贓及故殺人者不在免限左降官量移近處已經量移者更與量移如復資者即任依常調選責授降資正員官者亦與進改亡官失爵不齒者量加收敘流人及僧尼道士移隸者節級放還及移近處諸色得罪人中如先有勑去縱逢恩赦在放還之限者亦並與量移若曾任五品已上官者奏待進止左降官及流人先有官者如亡殁各還本官自今日已前曾有痕累禁錮等一切並與洗滌末惟罔極弓劍不留號奉終天用深哀感應緣山陵制度喪儀禮物宜委中書門下及諸司長官等博詢故實務遵禮度必誠必信副朕哀懷所緣山陵造作及橋道置頓並以內庫錢充不得輒令科配百姓度支諸州府監院從貞元八年已後至元和十年已前共記欠錢一百一萬五千九百餘貫鹽鐵使諸監

院應欠元和十三年已前錢物除准前制跡理外共欠一百八萬八千六百餘貫石等戶部諸州府從建中三年以後至元和十三年已前應欠在州貧窮并遭水旱逃亡百姓腹內兼連接淮西南賊界并燒刼散去及賑貸百姓錢物五十萬九百餘貫石等京兆府從元和五年已後至三十年已前欠諸色錢物共四十一萬九千五百餘貫石東等州府監院百姓欠負但在官典所由腹內者一切放免諸州府除京兆河南府外應有官莊宅鋪店碾磑菜園鹽畦車坊等宜割屬所管官府諸道除邊軍營田處其軍糧旣收

其正稅米分給其所管田自爲軍中資用不合取百姓營田并以瘠薄地廻授百姓濃肥地其軍中如要營田任取食糧健兒不得輒妄招召天下百姓等自屬艱難棄其鄉井戸部版籍虛繫姓名建中元年巳來改革舊制悉歸兩稅法久則弊奸濫益生自今巳後宜準例三年一定兩稅非論土著客居但據資產差率其擇刺史縣令宜委門下中書省御史臺官有所諳知即具聞薦如贓汚殘人當坐舉主搉稅之法雖合同遵瘡痍之餘姑欲寬假其河北稅鹽宜委度支與搉鹽使審細商量具條疏聞奏內外百官食利

錢一倍至五倍巳上節級放免仍每經十年即內外百司各賜錢一萬貫充本各據司大小公事閑劇及當司貧富作等級付應屬諸軍諸使諸司人等在村鄉及坊市鋪店經紀者宜與百姓一例差科不得妄有影占如有違越所司具屬司并人名奏聞如聞度支鹽鐵院等所在影占富商高戸庇人院司不伏州縣差科疲人偏苦事轉不濟如有此色仰當日勒歸諸州縣道除正勅率稅外不得妄託進奉擅有諸色搉率天下州府除兩稅合送上都錢物乃所繇常貢外輒不得別進錢物并方鎮得替後至城亦不得輒有進獻掖庭籍沒罪人妻子等宜並放歸親族其諸軍先擒吐蕃生口配在諸處者並放歸國願住者亦聽內外文武見任及致仕官三品以上賜爵一級四品以下加一階諸道諸軍將士等普恩之外賜階爵有差二王三恪文宣王及公主縣主嗣王節級賜與二子官及出身宗子才行者委以名聞奏仍委中書門下量才叙用皇王等巳上親皇大后二等巳上親並賜階爵武德巳來配饗及第一等功臣并張巡許遠南霽雲顏真卿杲卿等尚父子儀贈大尉秀實子孫中與一子官有差其中有才行堪任臺省者量才

叙用中書門下並諸道節度使諸州府長官東都留守及京常叅官諸軍使等父母祖父母並節級與追贈父母存者與官封巳經追贈更與改贈興元奉天功臣及蔡鄆立功將士普恩之外更賜勳爵亡歿者與追贈中書門下及節度等使東都留守度支鹽鐵使京兆尹諸州刺史等賜一子官有差在城諸軍將士節級賞賜仍加階爵京西京北及振武天德八道節給都防禦使下及神策一十二鎮將士等共一十八萬六千七百餘人都賜物一百八萬一千八百餘疋東宮官及侍讀普恩之外賜爵加階仍普與進改

自國哀及行事命職事官普恩之外賜階爵及勳其受顧命撰制誥及册文并寫制誥官等特加一階賜爵一級並賜上柱國優與進改書册官特加一階尊親之禮郎展於徽章廣愛之恩宜申其慶賜皇太后諸委中書門下量第等節級優賞文武常叅官及外官職事五品已上有母者並加邑號如已至郡太夫人者許回授周親應緣皇太后册禮職事官並節級賜天下百姓父母祖父母年高者賜粟帛城内蕃客等並節級賜今年正月二十八日至閏正月二日宫苑諸門守捉西内立仗將士等量加改轉應内侍省

及内防宫正等並賜勳爵常叅官及諸州刺史少尹赤令有先得替及因病假蒲百日解官并終制未授官者及致仕官並與進擬天下諸道州不得擅有閉糴禁錢務令通濟内外文武官及諸色人中任上封事極言時政得失才有可觀別當甄奬應外色役等賜勳有差

十一月制王承元首陳章疏願赴闕廷宜令諫議大夫徃鎮州宣慰王澤所洽天綱方恢宥過釋寃與人休泰其管内見禁囚徒罪無輕重並宜赦免

長慶元年正月辛丑郊禋禮畢御丹鳳樓大赦改元制曰朕聞自昔盛王之所以合天地諧神人莫過乎誠致其誠展其敬莫重於祭祭之大者莫大於郊廟故必躬行而心奉之然後百靈助慶萬國蒙福此帝王之孝也我國家祖功宗德立號配天日月所炤雨露咸被孝思善繼聖敬允升郊丘歲奉於嚴禋宗廟時修其明薦朕以冲昧自獲纉承仰荷睠命懼不克享幸天多祐俾歲大穰河朔底寧邊封靖謐及此元日至於上辛式遵典禮有事郊廟當祗見之夕感慕增懷洎大報之辰誠敬彌勵因體元而紀號用敷化之覃恩可大赦天下改元和十六年爲長慶元年自正

月三日昧爽已前大辟罪已下罪無輕重咸赦除之雖故殺人者十惡内者及官典犯贓不在免限左降官量移近處如復資便任選亡官失爵不齒者量加收叙左降官及流人先有官者如已亡殁者各還本官天下百姓今年夏税每貫放一百五十文州縣應徵科兩税榷酒錢内舊額須納見錢數者並任百姓隨所有段疋斛㪷依當處時價送納不得邀索見錢度支鹽鐵戶部應納税茶兼糶鹽中須納見錢者亦與時估段疋及斛㪷如情願納見錢亦任穩便任求爲當式其公私便換錢物先已禁斷宜委京兆府切

加覺察應度支鹽鐵戶部三司官吏所繇欠負元和十三年已前諸色錢物斛㪷委本司盡底勘責如是入已隱欺即准條處分如緣欠折攤徵元保外可納者宜並與疎理諸軍使亦准此處分兩稅外不得別有差率刺史如違越觀察使舉奏觀察使事乖格勅刺史不得輒受中使及郎官御史奉使所在並不得與人事物諸道諸州縣宜委中書門下及觀察使刺史量閑劇刑便可併省者事宜聞奏河北諸道管內宜各委本道團定兩稅務令均濟河北州縣凋殘戶口未復其官各據郡邑大小量公事留置餘並停應

諸道管內百姓或因水旱兵荒流離死絕見在桑產如無近親承佃委本道觀察使於官健中取無莊園有人丁者處多少給付便與公驗任充永業不得令有力職掌人妄爲請射其官健仍借種糧放三年租稅摧酒有以分配百姓處又置酒店官酤并諸色摧率切宜禁斷亡官失爵放還流人有田莊不經沒官被人請射本官及子孫到並委却還天下諸色人中有精通一經堪爲師法者委國子祭酒訪擇其有課績特殊堪在朝奬者臺省官有闕宜先選擢自今郡守恪奉詔條清潔可紀四考與轉諸道或閉糴禁錢自爲條約切宜禁斷其內外文武及致仕官三品已上賜爵一級四品已下各加一階陪位白身人賜勳兩轉故尚父子儀汾陽王贈太師晟贈太尉秀實各與一子八品官顏真卿杲卿張巡許遠南霽雲各與一子出身武德已來功臣子孫量加奬用中書門下及節度使帶平章事各與一子八品正員官祖父母及父母並與贈官封父歿母存與邑號已贈已封者更與追贈及邑號禮儀使大禮使度支鹽鐵使京兆尹各與一子出身文武嘗叅官并致仕官及諸道節度觀察經畧等使及神策等諸軍使父見存者量與

致仕官母存者與邑號父母亡與贈官及邑號東都留守及諸道節度觀察經畧等使神策六軍大將軍威遠鎮國軍使各與一子出身陝州奉先興元功臣更賜勳爵有差身歿未經追贈者並與追贈應緣大禮移仗宿衞御樓立仗將士普恩之外贈爵有差仍准舊例賜錢物二十萬四千九百六十端疋貫大禮職掌行事官及留守等更賜勳爵及加階升壇殿行事官更特加一階應在城內蕃客等賜物有差嘗叅官及刺史有停替及病假解官及中制未授官委中書門下量才進擬其有情願授致仕官者亦聽天下

諸色人中有賢良方正能直言極諫傳通墳典達於教化軍謀宏遠堪任將帥政術詳明可以理人者委有司各舉所知限今年十月到上都天下百姓高年者賜米及綿絹有差

七月己酉册尊號禮畢御丹鳳樓宣制曰我高祖太宗化隋爲唐奄宅區夏包舉海内全付子孫其何事哉彼昏盈而我勤勞也明皇承之能大其業六戎八蠻罔不貢奉繇是庶尹弛政庶吏弛刑視人不勤視道不謹燕冠勃起動無藩籬六十有七年兵革大試其何事哉據安逸而易萌漸也逮我聖父勤身振擄

斬斷誅除天下畧定曾是幽冥賜予懷來荷賴景靈丕訓不墜環歲之內二方平寧粤予何功時帝之力而卿大夫猥以大號加予眇身讓於四三益甚其請皇太后始聞其事懽然慰心慈旨下臨臣誠上追祗受典禮懔乎予懷尚念昔者七十二君莫不升中慶成自以爲堯舜莫已若也然而不爲堯舜之行者來代無傳焉朕常推是爲心不欲名浮於實今卿大夫謂我爲文武孝德矣其將何道以輔予予其業業兢兢日愼一日慕陶堯虞舜之行以自勉思文武憲章之道以自勤予苟不思無忘納誨於戲溢美之名既不克讓潤物之澤夫何愛焉可大赦天下自長慶元年七月十八日昧爽以前罪無輕重咸赦除之唯故殺人并官典犯贓不在限應左降官及流人未經量移者宜與量移近處有左降官流人本因犯贓得罪者宜依今年正月三日制處分京畿諸縣度支鹽鐵戶部欠負各疎理放免有差經戰陣之處所在州縣收瘞遺骸仍量事賜與槥櫝蕪以禮致祭李師道吳元濟自絕於天並從誅滅念其祖父嘗事先朝墳墓所在並不得令人擅有毀發愛人本於省賦難必在輕國用出於地財又安可闕今淮蔡并山東率三十

餘州約數千里須賜或踰於鉅萬給復有致於連年應河南北等州給復限滿處置宜委所在長吏審詳墾田并桑見定數均輸稅賦兼濟公私每定稅訖具所增加申奏其諸道定戶宜委觀察使刺史必加審實務使均平京兆府亦宜准此其百司職田在京畿諸縣者訪聞本地多被所繇侵隱抑令貧戶佃食蒿荒百姓流亡半在於此宜委京兆府勘會均配務使公平其京兆府百姓屬諸軍使者宜令各具挾名勅下京兆府一戶之內除已屬軍屬使餘父兄子弟據令式年幾合入色役者並令京兆府明立簿籍並同

百姓一例差遣頻年已有制勑分委京兆府舉舊章條聞奏刑獄所繫理道最切如聞比來多有稽滯一枸囹圄動變炎凉自今已後宜令御史臺切加訪察每季差御史巡囚事涉情故或斷給不當有失政刑具事繇聞奏其天下州縣並委御史臺并出使郎官御史兼諸道巡院切加察訪近邊所置和糴皆給實價如聞頃來積弊頗甚美利盡歸於主掌善價不及於村閭或虛招以奉於彊家或廣僦用資於游客若不嚴約弊何可除宜委度支精擇京西北應供軍糧并和糴院官并營田水陸運使切加訪察仍作條䟽

冊府元龜　帝王部　赦宥九　卷之九十　十一

撿轄速具奏聞應停諸道終年勾并不許刺史上使并録事參軍不得擅離本州委御史臺切加糾舉內外文武見任并致仕官各賜爵有差神策六軍金吾威遠皇城將士普恩之外各賜勲三轉大長公主長公主嗣王郡主縣主神策六軍金吾威遠皇城等諸軍將士統軍已下并將士等長行立仗及守本軍本營者各賜物有差鴻臚禮賓院應在城內蕃客等並節級賜物陰山貴女來迓天孫會玉明庭克觀盛典念吾妹之將遠於賓禮而宜加其廻鶻公主別有賜物攝侍中讀寶戶部侍郎平章事杜元頴讀冊官中書侍郎平章事崔植各加一階譔冊文官與一子正員官奉寶授書玉冊官書寶官各加兩階進寶綬進中嚴外辦禮儀贊導押冊押寶綬舁寶冊官各加一階其餘應職掌行事官并寫制書官太常修撰儀注禮官并內定行事中使三品已上賜爵一級四品已上加一階仍並賜勲兩轉鐫造玉冊并塡金字造寶裝寶官等各賜物五十段尊師重傅有國當經李逢吉韋綬薛放丁公著等普恩之外各加一階如已至三品四品者賜爵一級天下百姓年九十已上委所在長吏量加存問孝子順孫義夫節婦先以旌表者

冊府元龜　帝王部　赦宥九　卷之九十　十二

亦量加優恤五岳四瀆名山大川并自古聖帝明王忠臣烈士各令所在以禮致祭

二年十二月乙未帝以疾痊平勑在京諸司疎放繫囚癸丑制曰朕上奉宗祧下臨邦國承烈祖垂鴻之慶當累聖奕葉之尊祗膺寶圖敬守丕業體明離立象之重表青宮建嗣之崇元良以貞國本斯固皇太子湊恭孝溫文生知夙禀日者春闈尚曠東序未與朕常訓以義方舉明嚴敬匪資調護已達詩書克保承休爰當主鬯膺茲典禮慶感良深踐位少陽允孚明命用弘惠澤庶洽兆人自長慶二年十二月二十

日昧爽已前天下應罪合死除犯贓降從流罪已下遞減一等左降官及流人並與量移亡歿者任歸葬文武常參官及諸州府長官子爲父後者賜勳兩轉緣册太子攝太尉稱賀攝侍中承旨宣制進中嚴外辦攝中書令讀册授册各賜爵一級其行事職掌官及書寶弘册寶舁舉册寶禮儀使禮官等三品已上賜爵一級四品已下加一階撰册文官特加一階仍並賜物有差導引官各加一階鐫造册寶及禮生等賜勳有差文武常參及陪位官并宗子諸親賜勳一轉景王府官量與進改夫師賢友善庶發清明習近

性遷必資弘道所以慎簡師傅用保元良其太子侍讀宜委中書門下精擇二人具名聞奏

敬宗以長慶四年正月丙子即位三月壬子御丹鳳樓大赦天下自長慶四年三月二日昧爽已前大辟罪已下罪無輕重常赦所不原者咸赦除之左降官縱元勑云終年不齒者亦與收錄諸色得罪人先有勑云縱逢恩赦不在免限並別勑安置者亦放還京畿諸縣應今年夏青苗錢並宜放免秋青苗錢并河南府夏苗錢每貫放二百文其京兆府路所放青苗錢外更放錢五萬貫斛㪷五萬石河南府除所放青苗錢外亦更量放錢三萬貫斛㪷三萬石其天下當貢之外更不得別有進獻縱節度觀察使入朝亦不得進奉諸道監軍自今後在本道并入奏並不得進天下所貢奇綾異錦雕文刻鏤一事已上有涉踰制者悉斷至於喪葬嫁娶車馬衣服事關制度不合踰越委中書門下明立科條頒示天下有不守者御史臺及出使郎官御史嚴加訪察節級科處其六宅十宅諸王女宜令每年於選人中擇端良者降嫁老宮人及殘病不堪使役并有父母羸老疾病者並委所司選擇放出鷹犬之類本備蒐狩委所司量留多少

其餘並解放仍勑州府更不得進來宮禁經費及乘輿服膳委所司起今年三分其本色物價及水陸腳價一半委度支收管一半便任本州收充助貧下戶闕額稅錢其元和已來兩河節度使全家歸闕者如張茂昭王承元程權劉聰田弘正等五家在本道日所有債負并有異於法制之事被人言訴者一切不得爲理仍各與一子正員官天下州府財物有餘羨者委觀察使及所管州郡約舊事費用者條件聞中書門下便差官類例詳定可留可去者聞奏務從寬濟勿使難守其餘羨錢非兩稅外徵率並不用勘問

自今已後州府所申戶帳及墾田頃畝宜據見徵稅案爲定後與戶部類會具單數聞奏仍勒五年一定稅如有逃亡死損州縣須隨事均補亦仰年終申戶部如有隱漏委御史臺及所巡院察訪聞奏天下兩稅及諸色榷糧稅等錢弊重輕須有損益亦委中書門下條疏聞奏諸道除正勅率稅外不得擅有諸色榷稅涉擾人並宜禁斷其軍屯營種有侵占丁田課役稅戶者宜委御史臺切加訪察仍限勅到一月內每道各具所還州縣頃畝分折聞奏其諸軍先擒獲吐蕃生口配在諸處者宜委本道資給放還本國天

下諸州府縣官吏應行鞭撻本罪不致死者假以賊情致令殞斃每念於此良增惻然宜委御史臺及出身郎官御史等切加察訪仍具事繇聞奏天下諸色人中有賢良方正能言直諫經術優深可爲人師詳閑吏理達於教化軍謀宏遠堪任邊將者委常衆官并諸道節度觀察使諸州刺史各舉所知限來年正月到上都其所在淫祠不合禮經者並委長吏禁斷

寶曆元年正月辛巳祀昊天上帝於南郊禮畢還御丹鳳樓大赦天下改長慶五年爲寶曆元年正月七日昧爽已前大辟罪已下罪無輕重已發覺未發覺已結正未結正繫囚見徒常赦所不原者咸赦除之官典犯贓不在此限左降官自長慶四年三月三日制後未量移者並與量移近處已經量移者更與量移常衆官及諸州刺史有先因停替及病解假官并制未授官者委中書門下量才進擬諸州先擒獲吐蕃生口配流諸處者委本道資給放還邊上仍不得更受投降人并擒捉生口天下諸色人中能精通一經堪爲師法者委國子祭酒訪擇具名以聞天下州縣各委刺史縣令招延儒學明加訓誘大理寺官比來吏部所授多非其才宜令精選有志行詞學兼詳

明法律者注擬其課績特殊堪任朝奬者臺省有闕宜先選擇如聞去冬吏部所選人駁放者衆或文狀乖錯或書判差池主司守文不得不爾既施惠澤亦在霑恩其長名及雜駁選人如有未離京城者委吏今月內簡勘除涉踰濫者餘并却收以此遠殘闕注擬如不情願不可彊之朕即位之初已有赦令至如損撤服御止絕他獻限喪葬以息淫費禁奇靡以專女工他徭擅賦閉糴禁錢吏行姦欺人易依庇僧道踰濫流貶重輕錢弊利害軍屯侵占車馬衣服之制未幾廢格已多或職司惰慢而不能將明或詔書纔

行而已下不守以此求理不亦難乎其元和已來詔
并長慶四年三月三日赦令有委廢不行事在殿躳
者諫官直言得失無有所隱其在臺閣者左右承擾
詔條勘舉具事繇聞奏刺史縣令已後無過犯未滿
三周年不得除替如理行尤異但議就加其有才宜
他職灼然章著者中書門下先具事繇及授上年月
奏聽進止

四月癸巳冊尊號禮畢大赦天下自寶曆元年四月
二十日昧爽已前大辟罪已下罪無輕重咸赦除之
左降官已經量移者宜與量移近處京百司職田散

在畿內諸縣舊制配地出子歲月已深佃戶致有流
亡官曹多領虛數欲令攤額均入地盤萬戶供輸百
司盡得隨稅出子逐畝平攤比量舊制兢為允便宜
委京兆府與屯田審計會條流聞奏如聞京城諸司
捕繫推鞫動經旬時每季御史巡囚罕能舉劾積成
冤滯為弊頗深宜重舉明長慶元年七月十八日敕
件聞奏京畿百姓多屬諸軍諸使或戶內一人在軍
其父子兄弟皆不受府縣差役頃者頻有制勅等分
如聞尚未遵行宜委京兆府亦舉明前後條制聞奏
內外文武見任及致仕官賜爵加階有差

文宗太和元年正月乙巳御丹鳳樓大赦天下制曰
朕聞古先哲王之為理也修已以安百姓恤刑而矜
庶獄端立政以謹始弘厚澤以體仁推其禮以及於
物誠於中而化於外和氣斯洽休徵以臻故兵革不
試而四海寧疵癘不作而三靈泰我有唐祖武宗文
光宅天下列聖承統遂康區中漸濡丕冒掩軼前載
弘茲道以騰英聲煥其文以耀終古惟此鴻業屬予
冲人荷無疆之丕構託於兆人之上晝惕宵儆惄焉
如疾抑惟宗社儲休神祗協力克靖內難俾復皇綱
思布和以立極爰正風於更始因體元紀號之典舉

肆眚覃恩之命昭我恤隱與人惟新可大赦天下改
寶曆三年為大和元年正月十三日昧爽已前大辟
罪已下罪無輕重已發覺未發覺已結正未結正見
繫囚徒常赦所不免者咸赦除之惟十惡五逆及故
殺人官典犯入已贓不在於免限左降官量移近處
已經量移其合復資者五品已上中書門下速與處
分六品已下任從嘗例選丁憂去任在憂未赴貶所
者服闋日亦與量移如有親故在上都任緣奔可陳
狀不必更待州府申請流貶之中縱勅不量許多者
及言終身勿齒者亦與例依處分亡官失爵各與收

敘痕累禁錮並從洗滌其緣去年十二月八日坐累流隷者不在此限應緣山陵制度及喪儀禮物宜委中書門下及諸司長官轉詢故實務遵禮度必誠必信副朕哀懷所緣山陵造作及橋道置頓所資並以内庫錢物充用如不足以度支戶部錢充京兆府今年夏稅青苗量放一半太皇太后第二等已上親太行皇帝皇太后第一等親委中書門下量才敘用九廟子孫陪位者加兩階仍據始封每王後與一人出身委宗正卿簡尋圖譜取一房最沉翳者充數具名聞奏内外文武官及諸色人任上封事極言得失無

有隱諱天下諸色人中有賢良方正能直言極諫者及經學優深可爲師法詳閑吏理達於教化軍謀宏遠堪任將帥者當糸官及方牧郡守各舉所知無人舉者亦聽自舉并限來年正月到上都今年正月十四日上皇太后尊號及朕受冊進寶謀即位冊文承旨宣制等官各與一子正員七品官江王府官去年十二月已前在任者並與改進其去年十二月九日立功將士普恩之外三品已上更賜爵一級四品已下更加一階其赴難軍使兵馬使都虞候將士等仍各與改轉名銜聞奏是日立秋兵士南北軍合一萬人翰林學士並外樓備顧問

六月乙亥詔曰朕聞動人以行不以言應天以實不以文蓋明誠者感通之大本也刑德者陰陽之大倫也故五事陳於洪範時令著於禮經雖堯湯之災或丁於天數而休咎之萌必徵乎人事朕祇荷大統子視兆人宵衣旰食不敢自逸猶慮上心不達於下下志不通於上是以正朝延聽便殿訪求事之益者罔不行弊之壅者罔不去庶乎交感以致洽和而誠有所未孚應有所未達自春及夏亢陽爲害雖麥秋大稔而禾歲未登京畿之間陰陽小爽齋禱備至膏澤未濡中心惻然思所以濟豈庶獄之未平將一夫之

不獲永用惕戒載懷哀矜其京畿見禁囚徒犯死罪非故殺人者並降流流已下罪遞減一等依令有司約禮禱祠宗廟徧祈山川務盡莊敬以副予志百司庶務有不便於人者各委長吏悉心陳列無使壅於下聞其寶曆二年十二月二十七日勅及今年二月十二日赦條所釐革施行未畢者宜舉中書門下速舉處分朕志雖克己誠在恤人自臨御已來躬行不逮乃者永虞艱食聽仰昭回幽禱移災蔬食逾月益罷浮費用嚴天譴尚懼明有未燭道有未宣聞於神者無馨香施於理者或繆戾終夕三省履氷在懷内

外卿士有規朕以道宜封事條奏宰衡庶尹侯衛守
長各勵乃職庶承於天休
三年十一月甲午有事於南郊禮畢御丹鳳樓大赦
天下四方並不得輒以雜㨾難成非常之物爲獻其
於織麗若花絲布繚綾之類並禁斷勅到一月日機
杼一切焚棄刺史分憂得以專達事有違法觀察使
然後舉奏如聞州司常務巨細所裁官吏移攝將士
觧補占留支用刑獄等動須禀奉不得自專雖有政
能無所施設選置長吏將何責成宜委御史嚴加察
訪薦使奏聽進止判官不能規正及刺史不守朝章

量加貶降若所管州郡控接蕃夷軍戎之間事咨前
制卽不在此限
六年正月壬子詔曰朕聞天聽自我人聽天視自我
人視朕之非德涉道未明不能調序四時導迎善氣
自去冬已來踰月雨雪寒氣尤甚頗傷和氣念茲庶
甿或罹凍餒無所假貸莫能自存中宵載懷旰食興
歎怵惕若厲時予之辜思弘惠澤以順時令其天下
犯死罪除官吏犯贓及故殺人者餘並降從流流已
下遞減一等應京畿諸縣宜以常平倉斛㪷賑恤京
城內鰥寡癃殘無告不能自存者委京兆尹是事濟
恤具數以聞言念赤子視之如傷天或儆予示此陰
沴撫躬夕惕予甚悼焉
七年八月庚寅冊皇太子禮畢制曰帝者承天地貞邦
國法明離之象固鴻業之本必命元子以傳儲闈斯
皇王之令謨古今之丕典祇受眷祐虔恭寶圖欽若
彝章光修聖緒皇太子永幼禀仁智生知孝愛體溫
文以立德資敏哲以保躬寬裕有常貞愼無怠爰膺
盛禮俾奉青宮嚴宗廟主鬯之儀遵朝夕視膳之節
冊命云畢感悅良深問安既慶於寢門布澤宜覃於
天下自太和七年八月七日昧爽已前天下應犯死

罪從流流已下遞減一等唯官典犯贓及故殺人劫
獄奪囚持仗強劫者不在此限左降官流人並與量
移如因流貶及諸色得罪人所在亡歿並許歸葬宗
周之盛實在於維城二漢之隆亦繫於磐石自開元
已後累聖子孫皆長於深宮罔知稼穡曾不得習詩
書以修禮樂交氣類以叙人倫雖有閒平之才莫施
魯衛之政永言淪廢深疚朕懷諸王等宜以今年已
後相次出閤宜授緊望已上刺史上佐觀其才能續
有叙用人倫所先婚禮爲重笄年許嫁則有明文其
十六宅諸縣主等宜選良偶以時出適仍委吏部乃

於諸色人中選簡令具名聞奏漢代用人皆由儒術故能風俗深厚教化興行近日苟尚浮華莫修經藝先聖之道堙蕪不傳况進士之科尤要釐革雖鄉舉里選不可復行然務實抑華必有良術旣當甚弊思其改張今寰宇人寧干戈已戢皇太子方從師傅授五經一二年之後當令齒胄國庠以興墜典宜令國子監於諸道搜訪名儒置五經博士各一人其公卿士族子弟明年已後不先入國學習業不在應明經進士之限其進士舉宜先試帖經并略問大義精通者次試議論各一道文理高者便與及第其所試賦

並停其式經官便以國子監學官充禮部不得別更奏請弘文崇文兩館生齋郎並依令式試經畢仍差都省郎官兩人覆試卿大夫者下人之所視遠方之所傚若非恭儉克己薫貞化人而望其服從固不可得况朕不寶珠玉不御纖華逮於六宮皆務儉薄卿大夫得不叶朕此志率先兆人比年所頒制度皆約國家令式去其甚者稍謂得中而士大夫苟自便身安於習俗因循未革以至於今百官士族起今年十月服冬衣已後其衣服輿馬並准太和六年二月十七日勅處分如故違制度九品已上量加黜責其布

衣五年不得舉選百姓軍人各委州府長吏漸施教化使自遵行不要便爲禁制令其驚擾惠養疲人木於廉吏阜其生殖在絶貪求其諸道方鎮刺史等有聚歛貨財潛行餽遺者委御史臺糾察以聞仍委度支鹽鐵分巡院同爲訪察不得容蔽親人之官切在守長久於其道政乃可成其方鎮刺史三考已下者不得輒議替換如理有異等委中書門下訪察就加寵奬如灼然可録者别與甄升其或政有乖理害及百姓者即不在滿三考限易議豊屋傳美卑宮雕刻鐫磨先賢所戒近者官纔升於郎署位始至於郡符

莫不高其閈閎廣以池榭非唯僭侈踰制實亦耗蠹傷財其百官等宅已造成者並許仍舊今日後如更有創立新宅及屋室高大者並委御史臺糾弾必嚴加黜責御史臺所置六察分糾百司此來因循鮮能舉職起今以後諸司如有身名僞濫隱盜官錢及違法等事他處發覺者監察御史並當貶斥考課之法前王所重蓋以綜覈吏理勵精政途名實苟違將何沮勸宜准故事置内外知考使兼令中書舍人給事中各一人監考百姓困窮奬縣奸吏政苛不擾人皆自安其司農寺宮供内及諸厨冬藏菜並委本寺自

供其菜價仍委京兆府約每年時價支付更不得配京兆府和市其諸陵守當夫宜委京兆府以價直送陵司令自顧召並不得差配百姓應寒食雜差配及樹栽修橋柴木選場棘等便於本戶税錢内剋折不得更令和市天下諸州府應納義倉及諸色斛㪷二合耗外切宜禁斷仍委度支鹽鐵分巡院及出使郎官切加訪察其義倉斛㪷先有借用處委戶部勾當並須及時填足文武常叅官及諸州府長官子爲父後者賜勳兩轉應緑册禮行事官賜爵加階加勳幷賜物有差曾王府官未經進改者量與進改其皇太子侍讀宜委中書門下精選二人具名聞奏天下孝子順孫先旌表門閭者及高年癈疾者委所管州縣各加存恤

册府元龜

巡按福建監察御史臣李嗣京訂正
分守建南道左布政使臣胡維霖參閱
知建陽縣事臣黄國琦較釋

帝王部九十一

赦宥第十

唐文宗太和八年二月庚寅詔曰朕祗若天命纘承睿圖正統紀以清四方序彝倫以貞百度慄慄寅畏于茲九年雖儉巳飭躬推誠育物懼有未至不遑晏寧屬節氣交時疾恙嬰體列聖垂祐涉旬復初既上

慶於兩宮宜覃恩於兆庶思與寰宇同茲福祥自太和八年二月九日昧爽巳前天下應犯死罪降徒流巳下罪遞減一等唯官典犯贓及諸色所繇破用官物故殺人十惡等罪不在此限左降官流人宜准去年八月九日勑卽與處分爲政之要必在去煩厚下之恩莫先巳責應度支戶部鹽鐵積欠錢物或囚繫多年資產巳盡或本身淪歿展轉攤徵簿書之中虚有名數囹圄之下嘗積滯寃言念於斯所當矜恤其度支戶部鹽鐵應有懸欠委本司具可徵放數條流聞奏不得容留奸濫京諸司使食利錢巳納利計五倍巳上者本利並放其有攤徵保人納利兩倍巳上者其本利亦並放免京邑之內本無榷酤屬貞元用兵之後費用稍廣始定店戶等第令其納榷況萬戶所聚私釀至多禁令既不可施榷利自無所入從立課額殊非惠人其長安萬年兩縣見徵榷酒錢一萬五千一十貫八百文若先欠者並宜放免其榷酒錢起今亦宜停此者滄寇干紀稽誅數年諸道興師並獻戎俘時方討叛難議釋縛免死戍邊巳有恩貸令滄州一道久被朝章念其懷土之心必有向隅之歎俾之遂性用洽優恩其諸道所送滄州將健配流及

邊鎮營田役死者並委諸道據見在人放歸本管如有巳效軍職及自有生業不願去者亦任便住董昌齡自邕州累平溪洞兵威所向首惡皆擒言念蒼生無非赤子況在荒徼尤當撫循其溪洞如有未歸附者向後非因侵擾更不用進討仍加存撫各使懷安所獲黄洞百姓並分配側近州縣令自營生不得沒爲奴婢將充賞給如元是奴婢者卽任充賞南海蕃船本以慕化而來固在接以恩仁使其感悅如聞比年長吏多務徵求嗟怨之聲達於殊俗況朕方寶勤儉豈愛遐琛深慮遠邇未安率稅猶重恩宥矜恤以

示綏懷其嶺南福建及楊州蕃客宜委節度觀察使除舶脚收市進奉外任其來往自爲交通不得重加率稅天下諸州府如有寃滯未申宜委御史臺及出使郎官察訪聞奏朕百靈所祐獲遂痊和虔奉神休敢忘昭報其五岳四瀆天下名山大川委所在長吏致祭仍豐潔以副精誠朕以寡德上承丕搆宗社流慶玄穹叶靈微恙僁和旋就康復渥澤思及於人瘼儆戒先自於朕躬俾我華夷共歡富壽中外臣庶宜體予懷

十二月己卯詔曰王者愛人如身推己及物恤其寒

冊府元龜　帝王部　赦宥　卷之九十一　三

燠之苦適其舒慘之宜俾協太和用臻至理朕恭默思道憂勤在懷時屬嚴沴念深徽纆當霜雪之候滯囹圄之中饋餉爲勞逮捕斯擾沍寒所迫愁難必多惻然疚心思有矜降宜布在寬之令使無留獄之嗟應京百司及畿內諸縣見禁囚徒應犯死罪特降徒流流已下者遞減一等如欠官錢情非巨蠹責保填納不要禁繫唯故殺人者及官典犯贓不在此限仍委京兆府及諸司官長制下日當速疏決聞奏朕司牧黎元存誠寰宇况封甸殷廣京師浩攘憫觸法以罹辜式加恩而宥罪庶亡無告寧失不經宜示中外令知朕意

九年十二月丁亥詔曰朕以翼翼之心孜孜求理十年之內庶政未凝極其焦勞志在博採聿觀奇士冀獲長才取其節焉不顧發迹故李訓鄭珏咸得進言望其沃心每許造膝邪人奸色順非而澤信行聽言深心厚貌包藏不怍僞辨無疑梟鏡爲心禍亂竝作志欲剪除中外悉去大臣志願非常謀安太過上天垂祐宗社降靈同惡雖多姦謀竟敗忠臣輸力保護朕躬是日彌寧已嘗布告尚聞閭里未悉予心猶有浮言謬相誑惑朕君臣之際疑間不行致此妖妄

冊府元龜　帝王部　赦宥　卷之九十一　四

慙非哲惠前月二十一日王涯賈餗舒元輿李訓鄭珏李孝本韓約羅立言王璠郭行餘魏逢等親率金吾兵仗又郭行餘王璠潛領所部將健持兵上殿叶謀不軌傾覆社稷謀害中外凡此凶徒悉已梟戮絶其遺類以謝忠良內外庶臣卿士百辟體予前志宜即自安無惑浮言尚相恐怖且布維新之慶宜申在宥之恩京百司見禁囚徒死罪遞減一等未結正者推問畢日准此處分諸色所繇官吏陷於脅從雖有名籍涉於詿誤者一切不用更問仍付左右神策兩金吾京兆府御史臺竝准恩赦處分休便追捕其

有潛藏廻避限令出三日各歸本司逆人親族已處置外其餘周親已上一切不問所在更不用繫留聞報其先有定名捕捉者所在尋追獲日奏聞不得漏網脅者有擅入逆人之家盜掠財物攤無故之利生怙亂之心尚有縱酒聚徒妖言惑衆志於掠盜恐嚇居人假託軍司輙持兵器及以前月二十一日事妄相告訐者委御史臺京兆府嚴加伺察擒捉奏聞所在集衆決殺不在恩赦之限於戲齊晉之難桓文是興注訓之妖朕志先定識邪正之路辨消長之端覩衆臣宣力於急難見禁旅摧兇於頃刻當時危急之

際識臣節之勤藏于予心何日可忘宣示中外宜體朕懷

開成元年正月辛丑朔帝常服御宣政殿受朝賀禮畢大赦天下詔曰朕以寡昧祗奉昌圖兢業爲心不敢自怠庶乎播祖宗之光烈致區宇之康平推誠不疑唯才是用豈謂兇姦背德宗社將危中外叶謀咸加顯戮知人則哲實在帝而猶難罪已興懷誠爲君之不易緬懸古理良用惕然是用因元正御正殿先明首罪仍布鴻恩王守澄累朝奬任久掌禁軍忠力雖多愆訧難掩交通維累延進奸邪專弄威權蠹害時政鄭注李訓因緣引見忝竊恩榮二三舊臣陷在非罪成予憂昧抑有其繇遂使姦惡構連竊起前殿王涯賈餗舒元輿宰輔股肱叶謀不軌王璠郭行餘節將在京率兵上殿羅言立李孝本紀綱臺府深入領徒韓約誘金吾衛兵立成嚮背魏逢驛騎來往鄭注自出成師將相通謀情狀咸具上天降祐氛侵已靖討其本因已正刑辟王守澄旣已云亡難議深責自特進已上官爵及實封並宜削奪禍已終於旣往恩宜覃於有截可大赦天下宜改太和十年爲開成元年正月一日昧爽已前大辟罪已下罪無輕重常

赦所不原咸赦除之其左降官量移復資及才用有足稱者中書門下處分貶流大中元勅不許量移及終身勿齒者並與量移其去年應緣朋黨連累並十一月二十一日坐罪流貶者不在此限其身亡伏法者委所在州府量給棺殮任所親收瘞制服其戶部度支鹽鐵應有諸色欠負太和五年已前者並放免諸色賀正端午降誕賀冬進奉起今權停三年其錢充紐放百姓兩稅所在除藥物口味茶果外不得輙有進獻百司及諸道應宣索製造一物已上者並同三年京畿百姓兩稅已下凡一歲之內徵取者并百

官職田竝全放一年其京兆府一年所支用錢物斛
㪷草等竝勒鹽鐵使以關成元年夏青苗錢同州河
中絳州去年旱歉賦斂不登宜放開成元年夏青苗
錢同州賜雜穀六萬石河中絳州共賜十萬石委度
支戶部以見貯粟帛充賜三省九州列御史臺選黜
陟使十人同問風俗進賢退不肖興行新制務令通
流天下戎鎮文武帶憲官者䌤補進退竝須奏聞其
逐州令制譯語學官嘗令教習以達異意內外文武
官及諸色人任上封事極言得失有裨時政者必加
升擢以待不次其有藏器候時隱身岩穴奇節獨行

可激風俗者委嘗參官及所在長吏各以名聞文武
之道合而兼濟勳臣子弟有能修詞務學應進士明
經及通諸科者委有司先加獎引河朔節將以州縣
歸國者有張茂昭田弘正程權各與一子官子弟堪
任使者委中書門下量加引用應內外文武官進階
加爵有差
二年三月壬申以妖星見詔曰朕嗣守丕搆對越上
玄虔恭寅畏於今一紀何嘗不宵衣念道旰食思愆
師周文之小心慕易乾之夕惕懼德不類貽列聖羞
欲致和平時無災咎然誠未感物讁見於天仰愧三
靈俯慙衆𥠖思獲攸濟浩無津涯昔宋景發言星因
退舍魯僖納諫饑不害人取鑒往賢深惟自勵載軫
在予之責宜布恤辜之恩式表殷憂冀答昭戒應在
京城百司及天下州府見禁囚徒各委長吏親自鞫
問罪合死者從流流已下並釋放唯故殺人及官典
犯贓并主掌錢谷之吏計較盜竊者不在免限楊州
楚州浙西管內諸郡如聞去年稍旱人罹其災豈可
重困黎元更加誅斂爰布蠲除之令用伸拯物之情
宜委本道觀察使於兩稅戶內不支濟者量議矜減
今年夏稅錢物每貫作分數蠲放分拆速奏仍於供

上及留州使額內相均落下務令蘇息膏澤不愆播
種伊始土木興役恐防農功禁中及百司所有修造
竝宜權停部陽御辰生氣方盛思全物類以順天時
內外五方凡有籠養鷹鷂及鷄鴨狐兎等悉宜放之
起今月一日至五月三十日禁京師畿內採捕禽獸
羅網水蟲以遂生成永為定制委臺府及本軍本司
切加禁止唐州晝劫縣官桂州聚集妖人或始於計
竊或迷於誘導嘯聚未散伏藏山林者各委本處長
吏遣人宣諭恩旨便令放歸鄉貫田里俾安家業勿
更相尋所犯如不從制命不在此限朕今素服避殿

命太常撤樂大官減膳一日常費分爲一旬近者内外臣僚繼獻表章徵引故實請冊尊號夫道大爲皇德大爲帝朕膺此稱祗媿已多矧鍾星變之灾敢議名揚之美非徵既往且儆將來宰臣百僚及諸道節度觀察等使更不用奏請如表已在道路及到者竝宜却還當參官及諸州府長吏如有規諫者各上封事極言得失陳救灾之本明致理之方咸竭乃心以俾厥辟於戲朕明誠未感化理未孚譴告在天丁寧斯甚所宜盡意與我同憂勉進嘉言共凝庶績弼違納誨副茲虛懷宜示内外各令知悉

三年十一月壬戌以妖星再見詔曰上天垂高感應必繇乎人事寰宇雖廣理亂盡繫於君心從古以來必然之義朕嗣膺寶位十有三年當克己以虔恭每推誠於庶衆將以導迎休應漸致雍熈斯克荷於宗祧思保寧於華夏而德有所未至信有所未孚灾氣上騰天文譴見再周期月重擾星躔當求衣之時覩垂象之變兢惕若蹈泉谷是用舉成湯之六事念宋景之一言詳求譴咎之端採聽消禳之術必有精理藴於衆仁冀屈法以安人爰恤刑而厚下應京城百司及諸道州府十一月八日已前見禁囚徒未經勅斷者犯死罪竝降從流流已下遞減一等其十惡及謀殺人劫盜賊弃官典犯贓不在此限諸道今年遭水及蝗蟲州縣人戶等宜委觀察使與州縣長吏計會精加察訪勿憚奏論諸道所有進獻特新委中書門下更㸃勘撙減以稱朕意京畿之内百役繁興欲其阜安切在優恤其今年二月二十五日勅賑貸諸州百姓糧種粟八萬四千九百七十八石如聞數内半是義倉斛䯱此乃救灾之備豐年自合收積其餘有戶部管係者竝且停徵以俟來歲畿内諸縣應有開成元年以前諸道逋欠竝宜放免仍委度支

與府司同簡勘聞奏如是官吏破用不在此限皇大子甍事卜日稍近但令粗及禮制不必過務虛儀似涉繁冗則須裁減冀無害物夫豈傷恩易定兩州地理深阻近者守臣喪沒軍中初有異圖累遣詔書申明事理革心遷善章表繼來張元益出定州後應是初扶樹元益有違朝旨者自將校至於官健委新節度使安行慰諭竝經放釋如或輒相告訐却以其罪罪之冀使藩方永無疑懼文武百寮及諸色人有能通達刑政之源參考天人之際隨在各上章疏指言得失乃至撤樂減膳抑亦舊章便當内自指揮不復

更形綸翰宣示中外宜體至懷
四年十一月己亥曲赦京城及畿內死罪降流流巳下者遞減一等唯十惡五逆殺人官典及監臨犯贓不在此限
武宗以開成五年正月卽位二月戊申大赦天下
會昌元年正月庚戌享圓丘還御丹鳳樓大赦改元
二年四月戊寅受冊尊號大赦
五年正月辛亥有事於南郊禮畢御承天門大赦天下
六年二月癸酉制疏理天下囚徒除官典犯贓及持

杖劫人犯十惡外餘罪遞減一等犯輕罪者并釋放京城內仍委宰臣一人與御史中丞同疏理兩京及天下州府耄老惸獨及殘疾窮困交不存濟戶今年夏稅竝放免所攻討黨項事不獲巳其婦人并幼小未任持兵仗者交兵日不得濫有殺傷
宣宗以會昌六年三月卽位五月大赦
大中元年正月戊申享圓丘還御丹鳳樓大赦改元
四年正月大赦天下徒流人比在天德者以十年爲限旣遇明恩例減三載使循環添換邉不闕人次第放歸人無怨苦其秦州源州威州武州諸關等所配流人須量輕重與立年限宜令止於七年放還如有住者亦聽中有犯死罪及逆人賤隷不在此限諸道府州縣官員如請公假一月巳下而權差諸廳判官一月巳上卽准勾當例其課料等據數每貫剋二百文與見判按官員添給有故意殺人者雖巳傷未死巳死更生意欲殺傷偶然得免竝同巳殺人條處
懿宗咸通元年十一月丁未有事於南郊廟禮畢御丹鳳樓大赦改元
四年正月庚午有事于圓丘禮畢御丹鳳樓大赦
七年十一月壬申以復安南御宣正殿大赦

十二年正月戊申冊尊號禮畢大赦
五月庚申勑愼恤刑獄大易格言語曰如得其情則哀矜而勿喜而獄吏苛刻矜在舞文守臣因循罕聞親事以此械繫之輩溢於狴犴逮逋之徒繁於簡牘實傷和氣致用沴氣况時屬炎蒸化先茂育竝赦罪戾式順生成應天下所禁繫罪人十惡五逆故意殺人合造毒藥持杖行劫開發墳墓外餘竝宜疏理釋放或信任人吏多有任情繫留續察訪得知本道觀察使判官州府本曹官必懲譴以誡慢易勑後到十日內速疎理分析聞奏

十四年四月八日迎佛骨入内道場三日後出京城
諸寺制曰朕以寡德纘承鴻業十有四年頃屬鑾冦
猖狂王師未息朕憂勤在内愛育生靈遂乃尊崇釋
教志重玄門迎請眞身爲萬姓祈福今覩覩之衆隘
塞路陂載念徃牢寢興在慮嗟我黎人陷於刑辟况
漸暑毒繫於縲絏或即幽寃有傷和氣關連追擾有
妨農務京畿及天下州府見禁囚徒除十惡五逆故
意殺人官典犯贓合造毒藥光火持杖開發墳墓外
餘罪輕重節級遞减一等其京城軍鎮限兩日疎理
訖聞奏天下州府勅到三日内疎理奏聞

僖宗乾符元年十一月有事於郊廟禮畢御丹鳳樓
大赦改元
四年正月丁丑赦天下繫囚及徒流人放還
廣明元年正月乙卯朔御宣政殿制曰朕祗膺寶祚
嗣守宗祧夙夜一心勤勞八載實欲驅黎元於仁壽
致華夏之昇平而國歩循艱羣生寡遂災眚荐起冦
孽仍臻竊弄干戈連攻郡邑雖輸降欵未息狂誅江
左海南瘡痍旣甚湖湘荆漢耕織屢空言念疲羸良
深軫惻秋心未濟天道如何賴近者嚴勅師徒稍聞
勝捷皆列聖之潛祐寧菲德以言功屬節變三陽日
當首歲乃御正殿爰命改元况及發生是宜在宥自
古繼業守文之主握圖御宇之君必自正月吉辰發
號施令所以垂千年之懿範固百代之洪基莫不繇
斯道也可改乾符七年爲廣明元年近日東南州府
頻奏草賊結連本是平人迫於饑饉驅之爲盜情不
願爲委所在長吏子細曉諭如自首歸降保非詐僞
便須撫納不要勘問如未倒戈即時剪撲東南州府
遭賊之處農桑失業耕種不時就中廣州荆南湖南
盜賊留駐人戶逃亡傷痍最甚自廣明巳前諸色稅
賦宜令十分减四其河中府太原府遭賊冦掠處亦

宜准此吏部擢選人衆錯及長名駁放者除身名踰
濫欠選考外竝以此遠殘闕妝注入仕之門兵部最
濫全無根本頗壞紀綱近者武臣多轉入文臣依資
除授宜懲僭幸以辨品流自今後武官不得轉入文
臣選改所異輪轅各適秩序區分其内司不在此限
中和元年七月丁巳帝在蜀御成都府廨大赦改元
光啟元年三月丁卯帝自蜀還京巳巳御宣政殿大
赦改元
五月御殿受册尊號大赦
文德元年二月壬午帝自鳳翔還京戊子御承天樓

大赦改元

昭宗龍紀元年正月癸巳朔御武德殿大赦改元中外文武臣僚進秩頒爵有差

十一月辛卯祀圜丘禮畢御承天門大赦

天順元年正月戊子朔御武德殿受朝賀號禮畢大赦改元

景福元年正月丙午朔御武德殿受朝賀大赦改元

乾寧元年正月丁丑朔御武德殿受朝賀大赦改元

二年十月丁亥制赦繫囚其節文曰其有任崇柱石位重台衡或委以軍權或參諸宥密竟因連謗終至

褫名爵我好生嗟乎彊死應天順已來有非罪而加削奪者並復官資其杜讓能西門重遂李周潼已下並與昭雪還其爵秩韋昭度頃處台司每伸相業王行瑜求尚書令獨能抑之致於沉冤諒繇此事李磎文章宏贍迥出輩流竟以朋黨之間擠於死地凡在有識孰不嗞嗟宜並與昭洗仍復官爵

光化元年五月己巳朔以立后大赦

八月己未帝自華州還京甲子御端門大赦改元

天福元年四月甲戌御長樂門大赦改元

三年正月己巳自鳳翔還京謁廟禮畢御長樂樓大赦

天祐元年閏四月甲辰帝至雒乙巳御光政樓大赦改元制曰乃睠中州便侯伯會朝之路爰逢百六順古今禳避之宜况建邑舊京我家舊宅輦轂通其左郟鄏引其新周平王之東遷更延姬姓漢光武之定業克茂劉宗肇葺新都祈天永命皆因否運復啓昌期或西避於戎狄或載罹於妖孽遭家不造布德弗明十載已來三罹播越亦屬災纏秦雍叛起邠岐始幸石門以避衛兵之亂載遷蓮嶽仍驚畿邑之侵憂危則殆及車輿凌脅則火延宮廟迫至連綿宦豎構

結姦兇致劉季述幽朕於下宮韓全誨劫予於右輔莫匪兵圍内殿焰亘九重皆思假武以容身唯效指鹿而威衆矯誣天憲欺蔑外藩行書詔以任情欲忠良而獲罪雖羣方徹牧協力扶持拘戎律於阻修報朝恩而隔越獨有副元帥梁王全忠以兼鎮近輔總兵四藩遠赴岐陽躬迎大駕辛勤百戰盡勦兇渠營田三年竟廻鑾輅成鎬載新其宮闕讓珪絶類於闔徒方崇再造之功以正中興之運而又邠延結釁岐蜀連兵上負國恩下懷鄰好焚宮烈火更延爇於親鄰郡駕兇鋒復近侵於禁苑抑又太乙游處併集六

官罰星熒惑久躔東井玄象荐災於秦分地形無過於雒師爰有一二藎臣洎四方同志竭心王室共誓嘉謀魏鎮定燕航大河而畢至陳徐潞蔡輦巨軸以偕來披荆棘而立朝廷剗煨燼而光輪奐左郊兆而右社稷肅爾崇嚴前廣殿而後重廊藹然華邃公卿僉議龜噬叶從甲子今年孟夏祫吉備法駕而離分陜列百官而幸雒郊都此殷繁良多嘉慰謝罪太廟憂惕驚懷登御端門軫惻輿感蓋以一人寡祐而萬姓靡寧工役艱疲忠良盡瘁克建載遷之業冀延八百之基宜覃渙汗之恩克俟雍熙之慶滌瑕蕩垢咸

與維新可大赦天下改天福四年爲天祐元年應依天祐元年閏四月十一日昧爽已前所犯罪輕重已發覺未發覺已結正未結正見繫囚徒常赦所不原者咸赦除之唯十惡五逆故殺人命造毒藥持杖行劫官典犯贓不在此限長流人罪無輕重一切放免左降官與量移已經量移者更與量移經兩度量移者便與復資縱元勑云逢恩赦不在量移者今亦與洗滌一例施行如所在亡殁者便許歸葬朝貶官前資官及父母喪服闋委中書門下先與叙用存慰勳庸殁留義烈宜錫子孫之澤永流苗裔之恩庶邀英風以光壯睍武德以來立功效節著在史策燕與樓訪子孫繼嗣量才叙用其近年隨全忠鳳翔迎駕及青州討伐身殁王事者委全忠録奏如未經追贈者與追贈已追贈者更與加贈有子及妻在者優與存恤用表始終土木之工辛勤斯極朴斲既利於斤斧結構悉冒於梯登轉石如生剪茨就垣或簡差於軍伍或徵役於他州下不告勞吏皆戮力言念於此先布爾恩應修都邑工匠人夫軍將節級軍人百姓等共賜錢一十萬貫以見在東都諸道上供物充委全忠分給其軍將仍委具名銜聞奏量材酬奬天旋日

轉取象神明雷震電昇盖資儀衛稱警前導清蹕至都楯帳赫奕於行宮旂纛披靡於長路建兹班仗整肅無虧稟教揚威宜膺賞賚應自陜州執掌儀仗隨駕馬軍及樓下立仗將士等共賜錢五萬貫以見在東都錢充委全忠分給文脩紀律武靜艱氛當于建國之辰體爾榮家之志大須蠟印用慰泉扃應內外文武常參官已上及節度觀察防禦刺史並與追贈追封先已有者更加封贈務表哀榮漢宗蕭何周師呂望不有人傑孰拯屯危况兹定鼎之方甫爾建侯之所嘉其勳德一何巍峩迴天再造竭忠守正功臣

守太尉中書令宣武護國宣義天平等軍節度使諸道兵馬副元帥知府事判六軍諸衞事梁王全忠四溟偉量五嶽奇姿挺將相之兼才行公侯之全孝迎鑾岐邑忠貫於神祇作輔鳳池智周於今昔副予愛子仍董衞兵既久久而稱芳見多多而益辦一昨痛思國難首建良謀追周官卜雒之規述殷后遷都之策故得會盟咸萃遐邇遄臻分功盡禀於指縱表位悉歸於心匠躬勤巡撫頻散財糧荷畚鍤以駢羅執斧斤而翕習千門萬戶化雒宅之新官三署六軍踰西京之舊制人謀既叶天祐相扶俾我恥躬享茲垂

拱策勳之典別降麻制處分睠惟良師活濟疲民果因富庶之基遂創繕修之事表得人之斯理見有開而必先叶節元勳賚爾同德東都留守祐國軍節度使簡較太師兼中書令河南尹張全義保釐泉雒二十餘年惠行而藹若春和令簡而煦猶愛日珪璋特達桃李無言勤勤靡憚於身先敬善每聞於國事宮商迭應杞梓相扶誅茅棘爲平坦之田變黍離爲垣墉之峻役均甸服莫不子來夙駕而勤陝官載星而營新殿講論勳績實謂亟焉報功之典別降麻制處分國有大慶先及輔臣僉同既賴於經綸夙夜頗勤於扈從道途久次已聞啓沃之言朝闕方新更佇謀猷之力裴樞等宜與進改別降麻制處分凡眷都邑宗廟爲先非託良臣孰能盡禮魏博節度羅紹威經文緯武本孝資忠奉三百年之威靈構十二堂之棟宇將親禘合式魏崇嚴獲展蒸嘗預懷悽感天屬所蔭百代無疎矧我居新尤宜共樂鎮冀節度使王鎔代延勳戚躬尚禮儀探嘗嶽之瓌様製棠華之廣第內列雍和之殿外開朱戟之扉用弘友愛之風切慰睦親之思行鑾所駐供億攸難淹留將及於十旬忠敬備傾其任土陝州節度使朱讓驊騮得路鵬鷃逢

秋識將臣事君之儀導季父扶天之業仲春迎蹕西自於閿鄉閭夏撰行東及於都界饋獻有豐於國制贍濟盡費其家財卓立茂功宜膺異賞並別降麻制處分伏念明祖之幸蜀都服闋則恩施父老代祖之駐陝服迴鑾乃澤布州閭德祖之巡梁州冲人之省華郡前則以典元列號後則以興德標名矧乃芊棠邺惟右鎮俾新稱謂用慰藩方宜追列聖之舊文兼循往年之近事宜改陝州爲興唐府長史爲尹其所置官屬一准興元等例其將士等仍賜錢三萬貫充優賞委所司遂便支給其潞州節度使丁會左創文

昌之省右新執憲之臺軍令嚴明興功迅速河陽節
度使張漢瑜宵程來覲兩舍不歸問彼春芳駘巡板
築宮庭馳鞠盂閱驍才王處直遠罄規模備周場殿
則有留陽上相獻嵐谷之瓌材浙右元侯貢夏金之
三品咸鎬緝繕完之政荆襄開水陸之途豫章傾尊
奬之心鄂渚竭忠貞之懇潭桂守弭兵之畧甌閩勤
納貢之儀夏川孤立以安邊朗陵兩州而效悃嶺表
則番禺盡節海濱則青社自新交馳陝澠之途並集
澗瀍之闕嗟朕菲德何以致茲履薄臨深莫申兢畏
其諸道藩鎮牧守並委中書門下等其功績進改處

分禮儀使御營使各與進階執政乖方自罹衆怒任
使斯久恐忘舊恩故太子少傅崔裔頊者朕在下宮
實輸忠節後全忠迹奉又罄裨謀不慎滿盈據投於
覆餗今逢曠蕩興念於遺簪宜復本官階爵准天福
四年正月十四日已前從刬勅處分夫爲下不二爲
上不疑適當樹鷄之辰將陳刑馬之誓咨爾藩岳敬
聽朕言敦好睦鄰諸侯大義興兵動衆有土深災居
人不保室家戰士身膏草野爲人上者何所恐焉恃
安者危逞欲者敗齊桓葵丘之會但整衣裳晉文踐
土之盟唯論職貢古賢雖遠仰止何殊如有隣境自
相攻討情理不可容者先具奏聞朝廷爲平其事理
若有不用王命擅舉兵者委諸道共伐之含垢匿瑕
國君所尚雷驚雨洗域內斯同乾坤盡欲其包容日
月不私於炤耀其有負江山之固納奸諂之謀雖恣
猖狂或思改革禹誅後至亏不恐爲舜用舞干竊所
景慕如其執迷不悟長惡不悛國有刑章非朕能捨
禍福二事審自擇焉李茂貞楊崇本頃朋閹孽罪已
貫盈近抑强鋒謂知大德喘息纔緩翻覆如初嘗懷
梟獍之心欲恣豺狼之噬劫脅羣下安恐不臣此而
可容是驟王法即宜經畧進討然念彼一境獨困凶

殘罪止二人之身其下並許立功自贖俟續處分人
倫之間天性或異特起因心之孝獨堅匪石之貞方
遷國於土中貴廣教於區內應天下有孝子順孫義
夫節婦事績彰顯爲衆所知者仰所在長吏標錄聞
奏當與旌表門閭將安疲瘵須委循良共理者太守
之能親人者縣宰之任戈鋋稍戢政術爲先刺史縣
令有勸課農桑招復戸口一倍已上於前者委本道
觀察使條件奏聞當加進陟如貪墮不理害及於人
者速使停替務加葺養稱朕意焉思拯艱難實資材
幹尚慮非常之士猶懷自進之嫌苟或失人焉能致

理倘有懷才抱德隱遁山林武藝絶倫湮沉卑賤者仰所在處長吏察訪奏薦如得才實當待以不次之位於戲肆眚間閭卽安宮闈雖九廟几筵巳開於新室而諸侯松栢遥隔於舊都將務乂寧難申顧慕文武百辟執事具僚從我千里而來竭爾一心蒞政恩覃既往效責從新方當開國之初必舉慢官之罰分茅邦國外相大官愍兹多難之時無爽勤王之業協告元輔毗予一人礪山帶河敬守漢高之誓卜年與代希同穆滿之言永安新京無忝我高祖太宗之景命赦書日行五百里布告天下咸使聞知

哀帝以天祐元年八月卽位二年四月辛亥制以星孛西北赦京畿之内府縣諸軍諸使及近鎮州應有見禁囚徒除常赦不原者罪無輕重遞減一等限三日内疎理聞奏畿甸之内應有暴露骸骨委所在長吏指揮以上供錢收拾埋瘞身没王事者並追贈修奉園陵役費夫匠車牛宜令錄奏優復一年鄉里耆耄長吏切加存問搜訪湮沉孝子順孫義夫節婦有司具以名聞奏必當旌表其鰥寡孤獨不濟者長吏量加給䘏

册府元龜

冊府元龜

巡按福建監察御史臣李嗣京 訂正
知長樂縣事臣夏允彝条閱
知建陽縣事臣黃國琦較釋

帝王部九十二

赦宥第十一

後唐莊宗同光元年四月巳巳即位於魏州升告禮畢御應天門改元肆赦制曰法天取象令王以降衷下民秉籙承乾哲后以膺圖受命莫不運推曆數道濟艱難經綸於草昧之中式遏於亂略之始君臨兆

庶子惠萬邦壽域將登眚灾是宥朕顧慚凉德誠媿前修祗荷鴻休恭修清問將布維新之政是覃革故之恩遐按彝章溥頒成憲爰自夙承丕構世奉本朝誓雪耻於君親欲再安於廟社所以躬提義旅力殄凶徒漸致小康永清中夏俄屬列藩羣后不謀同辭咸稱僞逆于天宗祧乏享春命所屬主鬯攸歸以朕籍係鄭王志存唐室合中興於景祚須再造於洪基推戴既堅讓辭靡獲既難違衆遂命有司乃擇元辰率尊前典尋升壇而奠玉仍即位以建元欽若舊章崇敷霈澤宜改天祐二十年爲同光元年可大赦天下自四月二十五日昧爽已前除大辟罪已下罪無輕重已發覺未發覺已結正未結正咸赦除之唯犯十惡五逆火光行劫持刃殺人官典犯贓屠牛鑄錢合造毒藥不在原赦之限鎮州自收復已來累行告諭或因緣危艱爲保家族久在山中寨栅懼罪遲疑或被張文禮脅從事不獲已者昧爽已前一切不問咸從赦宥宜體予懷應六軍及行馬步蕃漢諸道將校兵士等皆以身先冒刃志切勤王或竭節於忠勞或連年而征戍須加恩奬倍撫苦辛其將校尉並賜功臣名號未有官者即起一子與簡較官已有官者

亦超一資如官資已高者與加爵邑如曾封爵者即給一子六品已上正員官其長行兵士並賜功臣多應將士等並勤逐處各定等第優賞應有大勳上將元老重臣或盤維每賴於急難或邦國早資於經濟即安義令公實昆仲之長護軍特進同骨肉之恩不可以名氏標文不可以臣下同等嘉庸如在崇德未申其次有戰沒陣場身終王事須顯忠藎之美咸隆贈謚之榮周德威盖寓李存璋李思恩李嗣本李存進伊廣等爲應該功文者並委中書門下各令所司一一具錄聞奏各加追贈仍定謚號貴流王澤永飾

泉扃應諸道管內有高年踰百歲者便與給優永俾
除名自八十至九十者與免一子免役州縣不得差
役鄉里有孝子順孫義夫節婦委在所長吏錄其節
行具以聞奏盡據典章必行旌表內外文武官及諸
色人任封事兼有賢良方正抱器懷能或利害可陳
無所隱諱直言極諫將一一行之亦委諸道長吏具
姓名申奏或所在有義行頗高爲鄉里所推者並仰
准例舉選所司量才任使澤潞封疆兄弟之國進思
舊績言念疲民惠在綏懷恩加招撫各仰沿邊鎮戍
布命宣陳咸令樂業營生使無侵疆爲患應有奉使

危邦罹殃殊域既遭陷害深可憫傷如伊鐸盖寓戴
漢超李承勳之徒並仰所司具名錄奏朝廷必議褒
贈其頁舉之道誘導爲先切要便行貴申奬士委中
書門下速商量聞奏其雲應邊陲比山八軍易定幽
燕邊陲諸縣自鮮甲入寇仍歲纏灾睠彼流人良堪
興歎或乍來復業纔擬營農尚怯侵擾須加慰恤其
税率仍委長吏量與矜减凡有逋毒孤貧惸嫠鰥寡
歷代皆聞於教化自古共切於軫傷勉致喚咻遍加
惠養應有欠負不繫公私若曾重出利累經徵理填
還不迨者並皆釋放夫掩骼著在前經敬神垂於古

典告布諸道州縣所在應有暴露骸骨並勒逐處埋
瘞及山林川澤祀典神祇各隨處差官崇修祭享教
之爲本禮儀是先德之所崇昭報在上其民間有曾
經三世已上不分居者並與蠲免諸雜差徭倘兵銷
患息何須有丹鳳白麟若歲稔人和何必有紫芝赤
鴈起今後諸道應有祥瑞並不要奏聞其赦文中有
未該詳事節者即仰所司條件錄奏如敢以赦前事
相告者以其罪罪之

十月已丑御崇元殿降德音曰伏順討逆少康所以
誅有窮纘業承基光武所以滅新莽咸以中興景命

再造皇猷經綸於草昧之中戎遏於亂略之際朕以
欽承大寶顯荷鴻休雖繼前修固慚凉德此以誓平
元惡期服本朝屬四海之阽危允萬邦之推戴近自
親提組練徑掃氛妖振已墜之皇綱殄偷安之寇孽
國讐方雪帝道爰開拯編甿覆溺之艱救率土倒懸
之苦粤自朱温構逆友貞嗣凶篡弒二君嚎殘九命
虺毒又傷於宇宙狠貪肆噬於華夷剥喪元良凌辱
神主帝里動黍離之歎朝廷多棟撓之危棄德崇姦
竊兵黷武戰士疲勞於力役蒸民既竭其膏腴言念
於斯軫傷彌切今則已梟逆豎大豁羣情覩曆數之

有歸顯神靈之匪昧得不臨深表志馭朽爲懷將弘濟於艱難宜特行於眚宥應僞命流貶責受官等已經量移並可復資徒流人放歸鄉里京畿及諸道見禁囚徒大辟罪降從流已下並赦除之其鄭珏等一十一人未在移復之限愍德賞功百王明訓疏封列爵國有通規應扈從征討將校及諸官員職掌軍將節級馬步兵士及河北諸處屯駐守戍兵士等皆情堅破敵業茂平讎副予戡定之謀顯爾忠勤之節並據等第續議獎酬其有交鋒戰陣沒於王事未經追贈各與贈官如有子孫成立堪任使者並量才甄錄

叛之則懲服之則捨蓋前經之與旨爲當代之通規既屬纂承是務遵守應舊僞庭位居藩翰任處專城或掌握兵權或捍防邊鄙各爲其主以全其名既解甲以歸明或飛章而送欵變通斯覩忠節可嘉其逐處節度觀察防禦團練等使及諸州刺史監押及僞庭先差出行營將校都監等並須恩詔不議改更仍許且稱舊銜當候別加新命理國之道莫若安民勸課之規宜從薄賦庶遂息肩之願與諧鼓腹之謡應諸道戶口宜並罷其差役各務營農新係殘欠稅賦及諸務懸久積年課利及公私債負等其汴州城內

自收復日已前並不在徵理之限應天下諸道自壬午年十二月已前並放其兵戈蹂躪之地水旱災沴之鄉苗稼不登徵賦旣減應今年經霜旱所損田苗處撿覆不虛便據畝龍蠲免兼北京及河北先爲妖祲未平配買征馬如有未請却官本錢及買馬不迨者可並放免往哲弘仁有興滅繼絶之道前王惻隱垂矜孤恤寡之文應有本廟宗屬及內外文武臣僚被朱温無辜屠害者並可追贈之如有子孫及本身逃難於諸處漂寓者並所在尋訪津送闕庭當行升陟其有義夫節婦孝子順孫並宜旌表門閭量加賑

給或鰥寡孤獨無所告仰者所在各議拯救或有身過八十者免一子從征殷王以恩推解網並務好生帝堯以引過責躬乃思含垢應有先投過僞庭將校官吏等一切不問事蹤無令輙有恐動側席求賢將臻至理懸旌進善或贊鴻猷應名德有稱才藝可取或隱居朝市或遁跡林泉並逐處長吏遍加搜訪津致赴闕朕當量才任使兼僞庭僭逆已來凡有冤抑沉滯之人宜並特與申雪仍加遷陟封遺冢而壅枯骨義出周王祀名山而祭大川禮傳虞帝旣立規於前古足垂訓於後昆應所在賢士丘墳並仰聞奏當

議封樹或有暴露骸骨亦委逐處瘞埋或有百神祠宇不得有虧時祭應德音內有節文不該者並仰所司重具起請分析聞奏當議施行於戲患難以平咸自忠良之力瘡痍未息宜施撫育之恩更在文武元臣中外耆德覩覆亡而立戒竭忠藎以為謀無縱驕矜須知廉慎同致昇平之道永全開創之功布告遐邇當體朕懷

二年二月巳巳朔有事於南郊禮畢還御五鳳樓宣制曰體元立極樹司牧者大君創業開基定禍亂者貞主是以肇分正氣斷鼇足而定四維耿觀玄風抗

龍首而朝萬國兆人歸往率土駿奔同與牧野之師共赴塗山之會恭行弔伐廣示驅除纔應順於人心俄恢張於戎畧未踰半歲悉集大功剪窮后於夏郊擒漸臺於新室配天纂祀宪耻咸申向闕來庭華夷率服再移星律得事郊禋獲申報本之義已展告虔之禮顧惟寡薄愧畏尤深久屬僞室宄狂彝倫失序照臨之內愁疾畧同爰當改物之辰乃布維新之慶與人更始以答天休可大赦天下應同光二年二月一日昧爽已前大辟罪已下所犯罪無輕重已發覺未發覺已結正未結正見禁囚徒常赦所不原者咸赦除之十惡五逆屠牛鑄錢故意殺人合造毒藥持杖行劫官典犯贓不在此限賞不失勞百王令典人惟求舊有國通規當宜廣示優恩務酬嘉績應自來立功將較兵士等皆久經戎陣備覩辛勤並宜各轉官資仍加賞給應僞朝流人弁左降官未經量移者卽與量移已量移者卽與復資尚慮道路遐遥未盡知悉中書門下再舉勑文應內外文武常參官節度觀察防禦刺史主軍都指揮使等夙夜在公氷泉斯戒既著顯親之道宜嘉事主之誠父母亡歿並與追贈追封在者各與加爵增封四品已上扈從翊衛整

肅威儀展我國容俾成大禮應南郊掌儀使隨駕官員各有勞獎其扈駕樓下立仗將士及河南將較兵士等亦各賜等第優賞睠惟盡瘁言念輸忠率玉帛以來庭贊郊廟而貳事既崇丕烈特顯殊恩凡關竭力之元勳宜舉報功之茂典應藩鎮使臣各賜一子出身仍加功臣名號諸道留後刺史官高者加爵階一級官卑者加官一資宗子維城本支百代禮既行於配祖情敢怠於睦親應本朝皇親近屬因緣僞梁竄遁遐遠並仰所在搜訪如非謬妄卽與奏聞到京委宗正寺簡勘不虛並與量才叙錄網羅之中無由

自奮蜂蠆之内竟至無辜旣淪沒於濫刑宜申明於
典節凡本朝内外臣僚枉被朱温殺害者竝仰所司
具銜中奏特與追贈仍搜訪子孫量加叙錄事主之
道以立節爲先致理之方以賞善爲本其懷才抱器
不事僞朝衆所聞知顯有節行仰所在長吏將所著
狀具姓名聞奏當別甄獎兼授官秩皇王御宇禮三
恪而爲賓士庶敦風賴五常而濟世當宜封崇後嗣
欽若前修應前代二王三恪及文宣王之後竝可各
令繼襲仍加恩命所有祖宗廟宇亦宜各與增修其
隨處合得俸戶并子孫戶下差稅征徭仍委中門下

較本朝格律施行堯鼓明懸貴聞進諫舜旌旁建此
爲來賢是宜廣納話言庶箴闕政洎僞梁入滋澆薄
朝掩忠良蔑聞投水之規莫識從繩之路此後應内
省文武常參官并前資草澤之士有謀分利害事旣
機宜竝許上表敷陳朕當選長旌錄如有性多毀讐
私貯愛憎承寬偶恃於得言縱志惟專於罔善朕亦
潜令伺察覩要審詳役蠹有彰罪刑無捨錢者古之
泉布盖取其流行天下布散人間無積滯則交易通
多貯藏則士農困故西漢興改弊之志立告緡之條
所以權蓄賈而防大姦也宜令所司散下州府常須
簡較不得令富室分外貯見錢又工人銷鑄而爲銅
器兼沿邊州鎮設法鈐轄勿令商人搬載出境被服
錦繡貴賤有倫裁製衣裝短長有度苟無彝則必害
女工近年已來婦女服飾異常寬博倍費縑帛有力
之家不計卑賤悉衣錦繡念蠶織之匪易顧法制之
不行須示條流異漸遵守委所司散下文牓曉諭御
史臺及諸道觀察糾舉違勅水旱之鄉而饑寒宜恤
兵戈之地勞獘堪傷鄴城及河東久興師旅頗困生
靈其近裏州縣又肇運徭役無時暫息應北京以北
諸州川界及至新州幽州鎮定管界契丹侵掠并邑

凋殘兼遼州沁州南界及安義北界澤州諸縣河陽
向下至鄆濮齊棣已來邊河州縣數年兵革至甚凋
殘自此竝宜倍加撫安召令復業應人戶所輸租稅
特與蠲減已從別勅處分兼諸道州縣有經霜水旱
之災所損田苗納稅不迨懸欠處仰子細簡詳如不
虛妄特與蠲放頃以未殄寇讎常勞戰伐况於邊鄙
足見凋傷旣歲月滋深在逋逃而可念或主持錢穀
管係牛羊旣已罄空須憂徵督將叶來蘇之詠宜施
在宥之恩應近邊界州縣人戶有舊主持官錢斛㪷
牛羊諸雜課利逃納不迨者竝令蠲放自兵屯邠境

事迫機宜互有侵漁交相虜掠既變良而爲賊實威
脅以勢驅人或徇宠朕寧無慮可各下諸處有百姓
娘女俘虜他處爲婢妾者願歸即竝不得占留一任
骨肉識認其丈夫曾被刺面者仰勘所在村保如委
不係食糧人數便勒本州府各與憑據放逐營生鄉
村糴貨斗斛及賣薪炭等物多被牙人於城外接賤
糴買到房店增價邀求遂使貧困之家嘗買貴物秤
量之際又罔平人宜令府縣及御史臺於諸門嚴切
條流不得更相違犯應天下見使斗斛竝是僞朝所
定宜令所司别造新朝斗秤頒下諸道其見使者納

官毀廢三館蘭臺藏書之府動盈萬卷許列九流爰自
亂離悉多遺逸須行搜訪以備討尋應天下有人能以
經史及百家之言進納者所司立等第酬獎喪葬之
典合式具言使貧者足以備其儀富者不得踰其制
頃自淳風漸散薄俗相承不守等威競爲僭侈生則
不能盡其養沒則廣費飾其終自今後仰所司舉名
條制勿令踰越若故違犯嚴加責罰歷代以來除桑
田正税外只有茶鹽銅鐵出山澤之利有商税之名
其餘諸司竝無税額僞朝已來通言雜税有形之類
無税不加爲獘頗深興怨無已今則軍須尚重國力

未充猶且權宜未能全去且撿天下桑田正税除三
司上供既能無漏則四方雜税必可盡除仰所司速
簡勘天下州府戶口正額墾田實數待憑條理以息
繁苛國以人爲本人困則國何所依人以食爲天食
艱則人何以濟聞僞朝已來恣爲掊斂至於雜色斛
斗柴草受納倉場邀頡人戶分外誅求納一斗則二
斗未充納一束則三束不了互相蒙蔽上下均分疲
斃生靈莫斯爲甚自今後仰長吏選清強官吏充主
納仍須嚴立條制以防姦欺兼具逐色所納加耗申
奏當官者宜守於朝章力田者宜遵於王制苟容僥

倖必亂規繩訪聞富戶田疇多投權勢影占州縣不
敢科役貧下者更代征徭轉致凋殘最爲蠹弊將安
疲瘵須擇循良應僞庭內班朝僚及諸色主掌職員
等遭無辜殺害者竝許昭雪歸葬共理者太守之官
親人者縣宰之任戈鋋稍弭政術爲先刺史縣令有
勸課農桑招復戶甲增加税額撿勘不虚委本道觀
察使條件奏聞當加進陟如貪墮不理害及於人者
速便停替務於葺養稱朕意焉況親人之官無先於
令錄致理之道必擇於才能苟選任不自於朝廷則
恩澤全歸於侯伯今日諸道奏請授官人數轉多闕

員全占交㩁體例須正條綱委中書門下舉舊例條理聞奏刺史總一州之政縣令專百里之權至于糾督之司並謂親人之任僞朝取士多不擇才蓋自藩方奏論及因權勢屬託公行賄賂蔑顧典章到官唯務於追求在任莫思於葺理或聚蓄更希後任或掊歛以報前恩上下相蒙遠邇爲害生靈困斃職此之繇自此牧守令錄之官委中書門下精加選擇至于三銓注擬亦在審詳吏能如貪猥有聞不得更授令錄及到官後委本道觀察使切加鈐轄仍勒本州判官專爲訪察如掩贓罪不具聞奏豈唯獨罪本官兼

亦累及長吏至於義夫節婦孝子順孫並合搜揚以行旌表德音之所未至赦文之所不該凡百有司各宜申舉於戲圓蓋方輿布陰陽而育萬物賢臣聖主守紀綱而馭四方所寶者黎元所重者神器久落姦宄之手每傷忠義之心朕以訓練五兵憂勤三紀收復而親經百戰輯寧而敢忽萬機得不居安慮危慎終如始內則委樞衡於元輔庶顯彌綸外則分符印於列侯務觀製緝股肱惟肅宗社是依朕有過而須言臣有善而無掩使百姓時序萬國咸寧共全可大之功式表中興之道

四年正月壬戌制曰蓋聞兵者凶器戰者危事故聖王不得已而任之是以大兵之後必有凶年朕自收復汴州戡定蜀郡雖當時秋毫無犯而已前乃十載勞師每歲傷夷寧無災殃言功於已曾莫繼於百王語德於人况未洽於兆庶遂至去歲水潦爲災自京以東幅員千里田疇悉多荒廢人戶未免流亡賦租旣輸納不充軍食又轉運未及物價騰踊人心煎熬旣視人以如傷每敬天而忘戒朕近欲親幸梁宋徧恤生靈又恐大駕省方百司云從道途寧免勞擾州縣復備供承轉慮凋殘莫知攸濟朕自今月三日巳

後避正殿減常膳徹樂省費以答天譴應同光三年經水災處有不迨及逃移人戶差科夏秋兩稅及諸折配色委長吏切加點檢並與放免仍一年內不得雜差遣見在者加意撫恤流徙者設法招携其田宅無信有力人戶占射及鄰近毀拆務令歸復以惠傷殘且念給養兵戎撫綏疲瘵輿連營而粗濟思比屋以乂安危困生靈倍懷憂切近者爰頒御札務切濟時有所便宜朕無不聽近歲賦稅尚恐懸闕遠年逋欠豈可督征不惟虛係於簿書兼亦轉困于生聚致其流散職此之繇應壬午年已前百姓所欠秋夏殘稅

及諸色課利錢物先有勑文悉已放免近聞或不遵守依前却有徵收仰下租庸司及諸道州府切准前勑處分如或更有違越任百姓詣闕論訴當議勘窮以定贓罪其同光元年當戰伐之後是平蕩之初人戶流離多未復業固於租賦須議矜蠲其諸色殘欠差稅及不迨係官課利並與放免分明曉告各遣聞知又輦轂之中郊甸之內時物踊貴人戶饑窮訪聞自陝以西退及邠鳳積年時熟百穀價和縱未能別備於貢輸亦宜廣通於糶糴近聞輒有稅率已留降敕指揮尚慮關鎮阻滯行人增長物價仰所在長吏切

加撿勘以濟往來推救灾卹患之心明奉國憂人之道又京圻之內自全義制置已數十年每聞開墾荒蕪勸課稼穡曾無歉歲甚有餘糧公私貯蓄極多收藏未肯出糶欲俟厚價頗失衆情宜令中書門下條流應在京及諸縣有停貯斛㪷並宜減價出糶以濟公私如不遵行即仰聞奏別具撿括仍委河南府切詳勑命處分伐罪弔人既叶前王之令推恩布澤敢忘當代之憂應三川管內王衍父子僞署將相文武官及諸色職吏等除罪名顯著已從刑憲外脅從者固是無辜同惡者亦以歸命一切釋放更不勘尋仍不得將今日已前事干有告論貴宣曠蕩之澤以安反側之心我國家奄有四海垂三百年西之日入罔不來賓凡有遐方皆我赤子久陷僭僞寧無憫嗟應三蜀管內百姓除秋夏兩稅及三司舊額錢物斛㪷并繼岌崇韜申奏減落徵收外所有無名配率急徵橫歛毒害生靈者更委本道新除節度使上後於舘內一一撿勘細具聞奏當與放免俾惠傷殘應在京及天下州府凡有繫囚除十惡五逆官典犯贓屠牛鑄錢光火劫舍持杖殺人准律常赦不原外合抵極刑者遞減一等並貸餘生其次罪等悉與減降疎理

釋放不得久有禁繫自同光元年後或有犯罪流人情非巨蠹者並許歸還應行營及在京諸軍皆役管徤僞因過犯便至奔逃懷憂懼以離家恐饑寒而在外事非在已情亦可矜委所在如有此色人切加招無或要劫歸都幕或願遂便營生盡捨愆尤悉皆聽許春以生而秋以殺天之道也德以教而刑以威君之政也朕惟寡薄敢忘憂勤唯將德惠以臨人庶免灾害之及物旣垂天戒未致時雍爰施布澤之文是表責躬之道中外臣庶遐邇生靈宜體朕懷罔有不敬是時天下州府相繼奏戶籍流亡及擧家凍殍者數千帝憂恐減膳徹樂故降此德音蠲除雜賦人

已流殛無所及也

明宗天成元年四月丙午即位甲寅御文明殿受朝改元肆赦制曰天生烝民樹之司牧立君臣之位定治亂之機撫之則爲后王虐之則爲讎敵以今况古何代不然先皇帝親總干戈而奄宅區夏功旣成而稍怠戒懼道未濟而不慎驕矜遂致貪吏藏姦羣小多辟勳舊無名而被禍忠良飲憤而見危比屋由是怨咨連營以之愁歎俄成否運遂至横流朕昔奉武皇而幼承明訓早承締搆備歷艱難敢忘作礪之規以奉維城之固一昨趙在禮遽從其羣徑入鄴都一

則迫於饑寒從其糧穀一則痛於離折就彼妻孥朕旣事於事征亦異成於靖亂豈意羣情見迫衆意相推雖於擾攘之中彌勵扶持之節無柰軍中散卒亂若棼絲關下禁兵勢如烈火繇是指河流而南渡誓軍旅以西馳志欲救於顛危情寔申於忠赤豈謂兵揺畿甸釁結蕭墻憖赴難以無功徒撫心而掩泣深誠未達羣議同詞以爲奉廟社之蒸嘗紹宗祖之基業軍民所繫神器難虚辭避雖至于再三推戴尤形於迫切竟將寡昧獲奉宗祧御朽索而敢載馳涉大川而莫知往夙夜戒懼罔敢底寧所賴中外藎臣將予冲耿援今引古爾旣以大寶尊予濟國安民予亦以忠貞賴爾庶將此道共致治平宜推更始之恩以布維新之化今以改同光四年爲天成元年鄴都赴難之際定策功臣宜特恩以彰豐報其扈從將士及六軍諸衞諸道行營將校等委中書門下次第酬獎夫人不能自理立君以理之豈可殫天下之賦租爲宮中之玩好後宮内職量留一百人其餘任歸骨肉臣守閣掌扇量留三十人教坊音聲量留一百人鷹犬之事以備蒐狩量留二十人御厨膳夫量留五十人其餘任從所適内諸司使務有名無實者並從停

廢先皇還關外之量資供雒中之戎馬遂致百姓困弊者不勝餽輓之勞今則須爲制置令度支與總管使會定在京兵數據所供饋積貯京師其近畿糧儲可令諸軍就食諸道營田租庸司先專差務使無益勸農起今後並委州使管係所納農具斛㪷據數申省應納夏秋稅糧先有省耗一升起今後只納正數不得別量省耗其輸芻藁亦不得別徵加耗征賦上供國之常典別申進獻懼削生靈今後節度防禦等使除正至端午降誕四節量事達情自於州府圓融不得輙科百姓其四節刺史不在貢奉諸州使造麴

如聞省數之外長吏私更加造價錢多入於私門滯翅常存於省數省司及諸府置稅茶場院自湖南至京六七處納稅以致商旅不通及州使置雜稅務交下煩碎宜定合稅物色名目商旅即許收稅不得邀難百姓諸道監務破脚價極多獲利課極少須有條流以成規制租庸司先將係省錢與人回圖所供課利或爛茶弊物積年之後和本乾沒爲弊最深宜令盡底收納以塞倖門已上五件委三司使條理聞奏力學登第承蔭出身或欠文書僞成踰濫先遭沒毀幾至調選無人州縣多是攝官爲弊滋甚宜令銓

別爲起請止除僞濫餘復舊規昨自魏汴至京大將所歷戎馬騰踐麥苗下本州使檢量據所傷殘與蠲地稅自今年四月一日已前並與放免如已徵入州縣者即據數納省若取宮中回圖錢立契取私債未曾納本利者不在限其餘並不徵理先緣漕運京師租庸司應借私船今既分兵就食停於漕運其諸河渡私船並仰却付本主如有滯留許本主論告先朝屢降德音所司不與宣行遲留奏改利在虐人赦書所至仰三司諸道丁寧宣布限一月內便須施行不得遺漏條件仍於要路牓壁貴示衆多嗚呼除舊布新

雖更於法制承祧繼世敢怠於纂脩惟上天之匪忱則下民之康定水能利物有載舟覆舟之文言可立身有興邦喪邦之喻敢不日慎一日業業兢兢庶乃三事大夫百辟卿士共修正道以啟遠圖復先皇帝已墜之基副億兆人相推之意與上天之悔禍廻下土之沉憂雖唐堯之茅茨土階夏禹之惡衣菲食納隍御朽不憚於憂勤履薄臨深無忘於夙夜必能自勵以慰人情惟爾尊奬之誠興復之志有始有卒是所望於羣公無怠無荒冀不移於薄德凡百有司宜體朕懷

是年十一月庚申赦應天下州使繫囚除大辟罪已下委所在長吏速推勘決斷不得旁追證對經過宿食之地除當死刑外並仰釋放無不許徵理天成元年四月一日已前私債所降德音節文仰王京諸道分明宣布於要害道路牓壁不得漏落今則上聞違犯其後來相次條理諸道事件皆關念及生聚布以優恩多因州使倖門淹留赦命或公然隱匿全不施行官吏但習舊風百姓罔知覩命宜令徧加告諭

二年二月丙申曲赦京城臺府軍巡見繫囚徒十月辛丑詔曰朕聞后來其蘇動必從於人欲天監厥德

靜宜布於國恩近者優恩多因州使倖門淹留刺命或
公然隱匿全不施行官吏但言幸浚郊暫離維邑蓋逢
歲稔共樂時康不謂姦官遽彰逆狀爲厲之階旣甚覆
宗之禍自貽俾我生靈盡茲紛擾永言軫惻無輟寐興
宜覃雨露之恩式表雲雷之澤應汴州城内百姓旣經
驚刼須議優饒宜放二年屋税兼公私債負如是在城
廻圖錢物及公私質庫除點簡見在外實經兵士散失者
不計年月遠近並宜蠲放兼不得輒差配管内戸有因納
税入州便値更變或散失車牛其車牛許本主識認勒王
之節雖自勳賢入貢之勞抑繇於使介其有諸道進奉使

或已入汴州陷失土貢宜與收破無勞重有貢輸專人
經刼奪者宜與優給不軌之徒已加顯戮無辜之士當
慰幽寃馬彦超宋景殷等宜與追贈逆人有子及弟姪
者仰並釋放一切不問輦轂之下姦逆遽興旣難戢於
戈鋋因莫分於玉石昨王師攻下汴州之時剪除兇逆
之際恐其士庶偶陷鋒鋩言念傷殘良多嗟憫宜令石
敬塘徧加存問兼勘在城殺傷人口奏聞量加給恤衛
主亡軀摧兇效命偶徇脅從之勢終懷忠蓋之誠首議
向明理宜行賞昨車駕初到城下之時有將士率先開
門及下城朝見宜令石敬塘奏聞當與甄酬禁暴戢兵

實由武德安民和衆乃契天心車駕自離維京戒嚴
兵士不配一物不役一夫河流井水此外無取尚恐
州縣以迎駕爲名妄有配率如或察知必不容恕布
澤之命必叶於羣心宥過之文庶臻于至理應天下
諸州府見禁囚徒除十惡五逆殺人光火刼盜合造
毒藥官典犯贓僞行印信屠牛外罪無輕重並宜釋
放瑕疵可滌旣責其自新稂莠未除必從於去害應
諸道或有人先偶曾爲非及有背役循官懼罪藏隱
宜令隨處長吏設法招携各勒歸家一切不問諸色
人不得輒有摇動如或自守狂迷尚且結集當令嚴

加捕捉無致逋逃貴靜封隅永安黎庶策名筮士誠
切於進身制祿命官義從於責實旣懲贖貨宜有代
耕應天下州縣官員逐月俸料如聞支給多不及時
縱或支遣皆是爛弱斛㪷旣闕供輸難責廉慎自此
隨處官員所破料錢宜逐縣人戸於合送納税物内
計折克支一則免勞於人戸輸納一則便於官僚仍
下三司速與計度掄選之道雖在精研調業之勞頗
聞艱苦應選人内有過格年深無門參選縱有材器
難遂進趨宜令三銓磨勘行止卽與今年冬集判成
選人例量材注官如或詐稱不在此限爲政之要切

在無私聽訟之方唯期不濫天下諸州府官員如有善推疑獄及曾雪冤濫無有異政者當具姓名聞奏別加甄獎敬老之規前王所重養親之道爲子居先應有年八十已上及家長有廢疾者宜免一丁差役俾遂奉養計國之心忠貞爲本承家之法孝友爲先應天下有孝子順孫義夫節婦兄弟繼世義居者隨處長吏聞奏當行旌表嫌疑之釁多起於蒼黃似是之非率難於明辨應去年四月一日諸州府軍變內有詿誤身没者並許子孫禮塟塡以兩軍對壘仍廢交鋒亡殁甚多暴露不少宜令滑濮鄆澶衞等州各

據地界內有暴露骸骨並與埋瘞仍差官致祭其餘諸道州府有暴露者亦委長吏指揮埋瘞夫天災流行時雨愆亢旣關地分宜減國租今歲岐華登萊自夏稍旱須加軫念以示優恩四州所管百姓宜令長吏切加安卹其所旱損田苗宜令檢行詣實申奏與蠲減稅租仍不得有差徭科配於戲罪已責躬前王之大德滌瑕盪穢往世之深仁致逆孽之亂常盖耿冲之寡德誠深惕厲罔敢怠荒旣行逮下之恩當守不移之信更在朝廷卿士藩翰侯王同交奉守之心共致治平之道宜布遐邇當體朕懷

終

冊府元龜

巡按福建監察御史臣李嗣京訂正

知閩縣事臣曹冉臣參閱

知建陽縣事臣黃國琦較釋

帝王部　九十三

赦宥第十二

後唐明宗長興元年二月乙卯郊祀畢還御五鳳樓宣制曰王者法天爲子長人爲君必在於上奉天明下從人欲奉天莫先於孝敬從欲莫先於矜寛則必上下叶和陰陽調序朕顧惟寡德猥紹丕圖祗荷景

靈敢不寅畏屬以域中作梗邊上多虞纔除梟鏡之妖累殄豺狼之族咀行大禮于茲五年負芒刺以靡寧積氷湯而爲懼今幸五兵偃戢百穀豐登謁清廟以寫心陟泰壇而瀝懇孝敬之道誠益勵於夙宵寛宥之懷固難忘於頃刻上承玄祐與永無疆之休下念黔黎宜覃莫大之慶况天地交泰之始雷雨作解之初布澤益示於滂沱發號重新於渙汗滌瑕蕩穢屈法申恩宜改天成五年爲長興元年可大赦天下應諸道見禁囚徒十惡五逆光火劫舍屠牛官典犯贓僞行印信合造毒藥外罪無輕重已發覺未發覺已結正未結正咸赦除之其天成四年十二月終已前諸道州府人戸應有殘欠稅物麴鹽食鹽乾榷濕榷旣係積年之欠俄逢作解之恩並與免放諸州府管田戸部院應欠租課房店利潤逃移人戸死損牛畜或先遭剽劫及水澇處欠負斛㪷無所徵填已收納到家産財物其餘所欠並與蠲除所在倉塲積年損壊使臣盤覆欠折尤多其主持專知官等據逋收到産業物色外亦與放免應諸道商稅課利撲斷錢額去處除納外年多虧欠枷禁徵收旣無抵當並可放免諸道採造材木欠數定州材木錢及閿鄉船務遺

火所司累行催促無可填納亦與放免先南北兩軍前倉塲持主損爛欠折及江河轉運抛失舟船並斛㪷荻稈錢諸鎮欠少過軍准被粮草等據主持人見在家業勒收納外餘放所欠天成元年二月諸州般納到上供庫秤盤積欠物色并遭兵火燒劫及耀州前後身死刺史界分欠省庫錢物刼勘州司官吏陪填者並特放免天成二年終諸色人於西川省庫內借過錢並省司先差人收買羊馬欠折死損無填還及天成二年終已前諸道銅銀鐵冶銀錫水錫坑窟應欠課利蕪木炭農具等塲欠負亦與放免諸州府

或經水旱災沴恐人戶闕欠饑粮方植春時誠宜賑恤宜令逐處取去年納到新好屬省斛㪷各加賑貸候秋收日徵納完數應天下府州合徵秋夏苗稅土地節氣各有早晚訪聞州縣官於省限前預先徵促致百姓主持送納博買供輸既不利其生民今特議其改革已令所司更展期限輔相之榮必資德望公侯之貴蓋選賢能欲展徽猷貴在彰顯內外羣臣職位帶平章事兼侍中中書令與改鄉名里號欲通和氣必在申寃將設公方實資獎善州縣官僚能雪寃獄活人生命者許非時選仍加階超資注官與轉服

色已着緋者與轉兼官其朝臣及藩侯郡守等亡父母祖父母在幷妻室未霑恩命者竝與追贈及叙封應有諸色私債納利已經一倍者只許徵本年外欠數竝放納利已經兩倍者本利竝放昭宗太祖莊宗時或有犯罪籍沒人若有子孫在者竝許識認上祖墳塋主祭庄田已係官及有主承佃不在識認之限河陽管內人戶每畝上舊徵橋道錢五文今後竝放不徵諸道州府人戶每畝上元徵麴錢五文今特放二文只徵三文敢以赦文前事告者以其罪罪之赦書有不該者所司各具條例聞奏夫施令覃恩比期及物苟有壅滯曷浣焦勞如聞近年赦書所在不廣宣布為人臣者豈若是乎其在輔弼公卿藩侯郡守各轉忠力副朕憂勤共致治平永躋仁壽仍令御史臺嚴加訪察無縱稽留赦書日行五百里告諭天下咸使聞知

五月勅曰本朝列聖受冊徽號多施霑澤蕩滌瑕疵今緣纔過南郊不可便行大赦其中有恩未及者宜示優矜其諸色官員中或有經罰殿停替者宜竝許以停任時官資理選數赴調其諸徵科不了勤定州縣官等除已赴南郊行事該恩外慮有在外赴行事不

及者宜竝准上許理選序貴普沾於恩惠免来滯其身名俾得自新皆期受任

二年四月已巳勅旨應諸色官曾貶官者昨遇郊天量移近地想能知過宜漸服勤其量移官等各與特恩流竄者更與寬宥乙卯勅久愆時雨深疚予心雖遍虔祈猶未溥足宜廣推恩之道更敷恤物之懷貴獲感通必彰靈應宜令諸道州府各委長吏親問刑獄省察寃濫應見禁囚徒除犯死刑外餘畫時疎放除省司主持廻畐敗闕軍將及諸色人等見別指揮三司商量或有情可矜憫或非欺罔積年致有逋懸

各具分析續行勅命弁公私債負放至秋熟塡納今
年取者不在此限
四年八月戊申冊尊號禮畢制曰朕聞爲而不有日
天使而不知日道下覆萬物中含兩儀難以嘗名加
難以嘗德報是故賢君哲后則而象之雖有唐堯之
聰明不伐其善雖有夏禹之勤苦不矜其功朕善愧
唐堯功慚夏禹屬六十年亂離之後承億兆人塗炭
之餘兒童悉習於戰爭耆艾罕聞於聲教强呑弱吐
禮壞樂崩凉德耿躬豈易爲治所賴王公卿士戮力
一心善無細而不行惡無大而不去革彼積弊成斯

小康夫化自心生乎其心則化洽令從身出正其身
則令行朕御玆九州迨今八載嘗懷戒懼罔敢怠荒
每務推心感人謹身率下刑必有罪豈以喜怒而死
生賞必有功豈以親讐而厚薄却雕鏤之麗日慮滔
巧以蕩心罷畋獵之游娛恐逆豫之敗度未能全臻
於富庶未能盡偃於干戈誠宜業業以兢兢詎可自
尊而自大中外文武不謀同辭謂朕弘清淨之風戴
以廣道樹生成之德而推之以法天堅讓固辭至于
數四遏之不止去而復來雖義乃爾心深可嘉也而
名過於實良所惕焉旣大舉於徽章宜溥單於霈澤

可大赦天下應八月四日昧爽已前在京天下州府
見禁囚徒已結正未結正已發覺未發覺罪無輕重
常赦所不原者咸赦除之長流人并諸色徒流人不
計年月遠近已到配所竝放還或有亡命山澤及爲
事關連逃避人等竝放歸鄉一切不問如過百日不
歸首者復罪如初在京諸道將士各與等第優給應
貶降官未復資者咸與復資州縣官內有先爲事勒
停止者竝許參選殿犯者免其所殿
長興三年正月一日已前諸道兩稅殘欠物色竝宜
減放或有先曾經災沴處逃戶却歸業者除見徵正

稅外不得諸雜科徭切委倍加安撫應係省司塲稅
倉庫今日已前諸色敗闕人等據其所有錢物家業
盡底收納已上所欠竝敗闕人竝放其間未曾經磨
勘點撿者宜令省司便與磨勘點撿准前處分將來
永不得任使如是雖稱敗闕省司未見申報文狀及
見令勾當人已後敗闕於中錢穀或涉降赦文年分
竝不得援此爲例山林草澤之人雖頻命搜羅而尚
慮沉滯委所在長吏切加採訪的有才氣義行者具
以名聞必議量才任使在朝文武臣僚并諸色職員
有直言極諫者如上封章盡當開納諸凡無主丘墓

自兵革已來經發掘者宜令觀察使刺史差人量事掩瘞敢有赦前事相告者以罪罪之於戲滌瑕蕩穢宇宙繇是澄清布德推恩遐邇以之胥悅所望藩垣羣后社稷諸臣既尊予以莫大之名當佐予以彌高之德日慎一日雖休勿休驅彼疲民置之壽域光爾在位顯我得人

愍帝應順元年正月戊寅受朝於明堂殿大赦改元

末帝淸泰元年四月乙亥卽位乙酉帝袞冕御明堂宣制曰王者司牧兆民寵綏四海爰屬統臨之始宜布渙汗之恩仰測天心俯從人欲所以春夏秋冬四

時先布於發生草木禽魚萬彙乃期於蘇息伏念大行皇帝承天眷祐立極艱難緊予耿躬嘗佐興運櫛風沐雨從湯征而多歷勤劬匣劍橐弓贊周道而克成底定爾後繼持王節獲受桐珪事君必盡于忠誠爲子益堅於孝道諒穹蒼之可鑒與宗社之永寧旋屬杞國人憂荆山弓號痛攀髯之靡及念同軌之將臻爰自汧岐徑朝伊雒所冀宿參歷略親奉山陵經覲宮闈旋承告令百辟堅陳於勸請三讓莫諧六師共切於推崇羣情益固昔夏啟以謳謌有屬能承大禹之基漢文以將相叶心克嗣高皇之業顧惟小子豈迨前王自纘鴻圖如登虎尾惟當慎終若始居安慮危保七百載之延昌致億兆人之開太將布改元之令爰敷在宥之文宜改應順元年爲淸泰元年可大赦天下四月十六日昧爽已前內外見繫囚徒據罪已發覺未發覺已結正未結正罪無輕重嘗赦所不原者咸赦除之應左降官及徒流人與量移已量移者更與量移已放歸者量與叙錄應內外文武臣寮節鎭州府等使刺史文武職員將校並與加恩應自鳳翔扈蹕員寮凡主兵主事者各賜功臣名見在京隨駕并諸道馬步將士並與等第優給並從別敕

處分自二月十四日西來文武參佐沒於王事者各與追贈仍叙錄子孫隨駕前資文武官寮並量才任使鳳翔民李存劉實齎出家財以助軍賞並與命官起事之初鳳翔三城民戶多遭燒燬並宜本道撿視量給瓦木工價各令修葺自岐雍華陝已來王師所經踐履去道叁里內夏稅並與放免應三京諸州府長興三年十二月已前欠夏秋殘稅並與除放其鳳翔卽自長興四月十二日終已前並放

二年五月乙巳御札曰王者父天子民深居高視恭已以行道褒賢以勸功盖以上承天休下除民瘼率

輦下以勸天下者一人而惠萬人爲子爲臣不可不察朕惟寡德獲纘丕圖奉先聖之神靈荷皇天之眷祐寅畏夕惕罔敢遑寧思與將相王公良牧賢宰共敷政教同致雍熙繇是詳酌政刑搜求利病以今觀古夜思朝行才濟於時雖蒿萊而必采言干於道雖誹謗而必容然而近歲已來多事之後邊陲尚擾府庫未殷扞防必假於兵師供饋須資於民力既未能便停征伐固不可頓減賦稅念乃疲羸勞於鑒寐今歲爰自初夏稍屬愆陽朝昏正積於焦勞祈請果垂于甘澤所宜行慶以答殊休言念狴牢之人屬此鬱

蒸之候苦毒之狀所不能言況當長養之時特降哀矜之令應王京諸道州府見禁囚徒自五月十二日已前除五逆十惡光火劫舍持杖殺人官典犯贓僞行印信合造毒藥外委逐處長吏據已發覺未發覺已結正未結正不在追呼支蔓只正身招罪便疾速斷遣并見欠省司錢物外諸罪無輕重一切釋放應天下藩侯郡守令錄等爲我股肱作民父母必在精窮事理杜塞倖門副我憂勤察民疾苦刑獄不可以阿曲法令不可以滋章私不得害公利不得傷義長思砥礪共致隆平凡百庶官宜體朕意

晉高祖天福元年十一月已亥即位於晉陽御崇元殿肆赦改元制曰古者君臨大寶子育黎民爰當御曆之初宜布惟新之令將冀昭蘇品物蕩滌瑕疵大推作解之恩俾樂咸亨之運恭以明宗皇帝經綸草昧統御寰瀛垂衣而八表歸心負扆而十年無事必謂盤維永固鼎祚無遷立萬代之基爲百王之軌範洎遺弓劍遂起干戈逆豎延災宗英失守劫奪神器侮亂天常誅戮至親寃害無告顧予何咎忽有異謀無名而大舉甲兵不道而廣勞生聚寰中板蕩天下驚搔內外離心遐邇積怨嗷嗷士庶若無所依契

丹皇帝不忘先朝特存舊好親提銳旅遠殄羣兇未整鸛鵝盡殲蛇豕而復念中原之無主憫四海之倒懸欲泰羣情特申大義猥惟涼德俾纂寶圖成命不迴固讓莫得殷湯以東征西怨乃踐帝圖夏禹以地平天成遂興王業矧予寡昧有愧推崇雖勉副羣心恭臨大位將何以祗膺眷祐統和人神以是馭朽興懷宵衣在念躋生民於富壽保社稷於延洪須曆紀年既有遵於典冊推恩行慶將普及於幽遐宜改長興七年爲天福元年大赦天下十一月九日昧爽已前應在京及諸州郡邑罪犯及曾受僞命職掌官吏

并見禁囚徒已結正未結正已發覺未發覺罪無輕重常赦所不原者咸赦除之應曾相連賊黨軍人百姓有奔竄山谷者一切不問任歸本貫如却願在軍者亦仰所司申送當令本軍收管易俗移風宜遵善教尊本敬始自有常規應明宗朝所行勑命法制仰所在遵行不得改易悉力爲時罄財助國苟不推於恩信亦何示於賞酬自舉義已來應借率人戶及經抄括商旅資財錢物委所司明置文籍候平定之後當議給還京城將士降附軍戎自舉義以來悉聞忠藎宜加賞賚以勸勤勞應在京諸軍將領兵士等候

竝破賊寨當議各加優賞有没於王事者各與贈官其子孫竝與量才叙用文武官寮等又輸推戴之誠宜示獎酬之道應在京及文武官寮及軍府將較并勸進官等兼前資官内自五月後來未曾分掌職任竝各與遷轉官資自五月後來已曾受官者不在此限其軍府諸色職掌將吏等已及押衙職者各與遞遷職次塩麥之利軍府所須倘不便放戶人宜別從於條制所期濟衆無患妨公在京塩貨元是官場出糶自今後竝不禁斷一任人戶馭使雜易仍下太原府更不得開場糶貨其麴每斤與減價錢三十文恩

推掩骼義顯燭幽允諧遐邇之心冀叶陰陽之序應自舉義已來或有因事抵法之人及九月十四日後殺戮賊寇所在暴露骸骨未有骨肉收認無主者委逐處長吏埋瘞弓旌聘士巖穴徵賢式光振鷺之班將起維駒之應山林草澤賢良方正隱逸之事委逐處長吏切加搜訪咸以名聞當議量才叙任昨以寇戎久在郊境頗傷禾稼賦租應近京畿五十里内委逐處令長撿覆當與免今秋稅租差科於戲茸澤配天萬物以之膏潤震雷出地百卉繇是發生將欲道和氣於八方示深仁於三面永康聖曆普洽民心凡

百庶寮洎方伯連帥克奉明恩勉揚厥職共臻至化稱朕意焉赦書日行五百里敢以赦前事言者以罪罪之布告中外咸使聞知

閏十一月辛巳入雒壬午詔御史府促朝官入見勑曰朕遠提義旅尋尅皇都六部相次以奉迎兆庶畫時而安堵旋兹底定已遂廓清應文武百官等早列通班各懷忠節掩跡雖淪於汚俗推誠必候於維新但當共罄嘉謨副予虛佇虞秦可鑒在於用捨之間堯舜爲心方務含弘之德勉堅臣節深體朕懷其兩班臣寮應事僞庭者竝宜釋罪是日百辟謝恩於行

宫之外甲申御文明殿受朝賀用唐禮樂制曰盖聞神無常祀惟德是歆民無常懷非賢不乂曆數有歸者人祇共贊文明懷遠者龜筮叶從所以周開七百之基夏作三王之首伏自莊宗失馭天下分離萬國懷賢三靈改卜明宗皇帝潛符景運克紹寶圖一莅寰區八周星律僞主從珂始因微績忝在維城遇大國之多艱以列藩而入統勦絶裔嗣屠害忠良臨大寶而罔以德聞御諸侯而惟將威脅朕以明宗皇帝每弘厚遇益勵微誠無纖粟而使人可疑無絲毫而事君不謹豈期深苞禍釁暗抱猜嫌欲用奸謀擬相

魚肉矜以北門之事委朕一生忽將汝上之田遷予十乘二三其德始終違心既欲害於無辜孰肯扶其不道而遇北朝皇帝英明鑒古威武冠今嫉彼不平閔予多難遂致累殲兇冠繼納降兵每借巨功俾成大業朕自與基構頗歷艱難異兆億而保安敢與衆而輙怠今則重光日月再造乾坤宜覃在宥之恩以布咒新之命可大赦天下今月二十九日昧爽已前應在京及諸州府凡有所禁囚徒已發覺未發覺已結正未結正罪無輕重常赦所不原者咸赦除之雷雨作解瑾瑜匿瑕宜加盪滌之恩用示包容之應中

外諸色職掌官吏有受僞命者一切不問既除巨蠹亦懲俱焚難全者須正呂刑可恕者特開湯網僞庭賊臣張延節劉延皓劉延郎等並姦邪害物貪威弄權罪已滿盈理難容貸除此三人已行勅命外其有宰臣馬裔孫樞密使房暠宣徽使李專美河中節度韓昭裔等四人雖元事僞庭咸居重位每持忠懿不務詭隨僞主不任才謀遂致傾覆朕昔在藩邸備所諳知今並釋放一切不問應中外官寮之外有自舉義已來歸順者委中書門下別加任使應僞庭貶降官未量移者與量移已量移者與復爵受官亦與復

資應徒流坐人並放還伏以少帝地居嫡裔位纂洪圖王從珂始構異謀非理屠害一家骨肉將正承祧之典式敦敬始之名宜令中書門下追尊定謚擇日禮葬妃孔氏宜行追册祔葬應有宿舊臣寮並與量加敘用昨者舉義之地稱師之邦必躁踐於川原要矜蠲於輿賦其河東管內諸縣稅租今年秋及來年夏稅各與减放一半警蹕經過之地望幸雖榮蕃漢雜處之兵禁暴難備既頻渥澤須示優矜昨大將軍兵士自河東以至京畿沿路擾踐之處宜委逐處長吏公當撿覆據頃畝特與蠲放今年秋稅一半朕

昨於覇府創置新軍救時昔在於從權卹下今狥於所欲河東所有新招置義勝軍人竝放逐便賞罰二柄激勸萬方倘稽甄奬之恩何答勤劬之效應扈駕及相次歸順軍都竝與重加優賞但緣宮內庫藏虛乏宜令三司疾速抽徵諸道稅物以充賞給其指揮使等竝與超轉官資五月後來已曾受恩命者亦與依資轉官高懸朗日炤臨必備於遐陬大扇仁風亭育罔遺於纖芥應天下歸順節度使刺史下賓席郡職及將校等委中書門下各與改轉官資覆車難襲弊政宜遷恤鄉邑之瘡痍救民人之疾苦其北京管

內塩當戶合納逐年塩利昨者僞命指揮使每蚪須令人戶折納白米一蚪五升極知百姓艱苦自後宜令人戶以元納食塩石蚪數自每蚪依時價計定錢數所取人戶便隱折納一人湯沐之奉實在王畿兆民凋弊之風宜行仁恕其維京管內逐年所配人戶實塩起從來年每斤特量减價錢十文應道州府所徵百姓正稅斛蚪錢帛等除係省司文帳外所在州府竝不得裏私增添紐配稅物應有懷才抱器隱遁山林方切務於旁求宜遍行於搜訪委所在長吏備達朝旨具以名聞致仕官或觔力未衰才能可任將表乞言之敬難從歸老之心委中書門下商量奏聞當議昇擢義夫節婦孝子順孫委逐道奏聞當加旌表應自起義已來或盡節捐軀歿於王事宜加褒贈無恤妻孥俾義激於忠貞厥恩霑於幽顯鳴諫鼓以俟讜言列杜石以申冤滯將聞善以自戒思與物以無恩備著前規用光大業或直辭可貢或有理可矜各務奏陳皆當鑒納明宗朝屬之內宿舊之中或功名曾著於輿情或材氣可裨於公政宜委中書門下量才敘錄關防凡有征稅省司曾降條流慮多時而或有隱藏因肆赦而再頒條貫應諸道商稅仰逐處

將省司各收稅條件文牒於本院前分明張懸不得收卷牓內該名目分數者即得收稅如牓內元不該說著係稅物色即不得收稅宜令所在長吏當加覺察如敢有違條流不將文牓張懸將不合係稅物色收稅欺罔官法停滯商賈盡時具名申送奇伎淫巧往詣不容務實去華哲王所尚應有浮虛假僞之物不鬻於市肆委所在當加覺察犯者加重刑責士流之內有懷才抱器碩學殊能者委中書門下搜訪任使勿拘門地資歷於戲愛民如子王者之所以勃興損已從人耿躬而安敢自忽況朕驟主百靈之祀創

開萬乘之基朽索在懷求衣益勵更賴庭中多士閫外諸侯咸罄良籌共裨不逮枌寧鯨浪適敵龍富冬陽開温炤之光春雨灑涵濡之澤惟新正令不宰玄功中外臣僚體予深意

二年四月甲申入汴州丁亥制曰歷代省方盖觀風而設教前王展義皆利國以便民雖今古以有殊在皇上而無異朕艱難創業宵旰臨朝每軫念於瘡痍敢自辭於癰瘠近以浚郊奧壤梁苑名區乃舟車通會之都實人物殷繁之地春秋租稅可贍給於兵師遠近蒸民免煩勞於饋運爰從清蹕遂整鳴鑾六飛

既議於按巡四海漸期於開泰今則已臨汴水宜順薰風思覃渙汗之恩特布如綸之命普安區宇首念徙牢况當長養之時曲示矜寬之澤應天福二年四月五日昧爽已前諸道州府見禁囚徒大辟已下罪無輕重並從釋放凡關布澤務在及民宜加軫憫之恩俾遂蘇舒之望天福元年已前諸道州應係殘欠租稅並特除放諸道係徵諸色人欠負省司錢宜令自僞主清泰元年終已前所欠者據所通納到物業外並與除放或水旱爲災虫蝗作沴儻無軫恤何致阜豐朕昨行至鄭州滎陽縣界路旁見有虫食及旱損桑麥處委所司差八簡覆量與蠲免租稅河陽管內酒戶百姓應欠天福元年閏十一月二十五日已前不敷年額麴錢並放其諸處應經兵火者亦與指揮當罪即誅式明當典既往可憫宜示深仁僞主清泰中臣僚內有從誅戮者並許收葬要荒之內鄉黨之中宜弘養老之規式表問年之道天下百姓有年高八十已上者與免一子差徭仍令逐處簡置上佐官過滎陽而因思紀信届夷門而尚想侯嬴著高義者猶足歎嘉蹈忠節者固宜旌賞事資激勸恩在褒揚梁故滑州節度王彥章勅命當時致身所事凜千

年之生氣流百代之令名宜令超贈太師子孫量才敘錄亡命藏姦此自攙搶之際好生惡殺宜弘曠蕩之恩應諸道州府管界內有自僞命抽點鄉兵之時多是結集劫盜因此畏懼刑章藏隱山谷宜令逐處曉諭招携各令復業自今年四月五日已前爲非一切不問如兩月後不來歸業者卽令所在長吏嚴加捕逐復罪如初於戲撫俗安民御宇式明於敏政行慶施惠爲君用顯於推誠况潛躍之時開創之始外則五侯九伯協力裨助內則四輔三公同心翼戴已寧華夏實賴忠良旣光帶礪之勳無忘盤盂之誠凡

百有位更竭乃誠共致隆平永輔寡昧布告遐邇宜
體朕懷
八月乙巳制曰雷雨作解表天道之推恩瑾瑜匿瑕
顯國君之含垢顧惟師古敢怠弘仁關河既靜於昏
霾綸綍宜覃於慶澤昨者張從賓輒萌逆節遠結叛
臣釁起三城悲纏兩地占據我都邑虔劉我士民丸
泥欲閉於虎牢祆霧幾迷於鳳闕賴乾坤垂祐將相
協謀渠魁送死於網羅兇黨咸膏於原野捷音繼振
惡蔓皆除宜施曠蕩之恩以撫驚搔之地仍頒霈澤
徧及縲囚貴感召於淳和速盪平於氛祲天福二年

八月二十五日昧爽已前天下見禁囚徒除十惡五
逆光火劫舍持杖殺人合造毒藥官典犯贓欠負官
錢外其餘不問輕重已發覺未發覺已結正未結正
並宜釋放應自張從賓作亂已來有曾被張從賓及
張延播脅從染汚及符彥饒下隨身軍將等兼安州
王暉徒黨除已誅戮外並從釋放一切不問尚恐無
知之人暗有恐動物色委雒京留守河陽節度使明
加察訪犯者重斷或無辜被害或徇節忘生既抱沉
冤宜申贈典應自張從賓作亂已來諸色官寮內有
沒於王事者並與追贈有子孫量才敘錄或是諸軍

小節級長行已下沒於王事者具給本家三年糧賜
有男成長者委侍司衛典諸軍內酌量安排富父春
喉須誅元惡文王葬骨式表至仁自張從賓作亂已
來所在殺傷者並委逐處差人收拾骸骨墊瘞張繼
祚在喪紀之中承逆豎之意顯從叛亂難貸刑章乃
睠先臣實有遺德遽茲之祀深所軫懷其一房家業
准法雖已籍沒所有先臣弁祖及母墳莊祠堂並可
交付親的骨肉主張應有犯事人親的骨肉除已誅
戮外並放一切不問所有祖先墳塋亦仰准此交付
負國者天地不容爲逆者人神共怒永惟肸饗實有

感通昨出師之時將帥虔禱頗聞陰祐成此戰功唐
衛國公宜封靈顯王其餘鄭州弁汜水管內神祠宜
令長吏差官點檢如有隳損處便委量事修葺貴伸
嚴飭以答陰功五嶽承天四瀆紀地自正當陽之位
未伸望秩之儀宜令差官徧往告祭兼下逐州府量
事修崇所有近廟山林仍宜禁斷採樵降黜之科既
然不濫洗滌之道足使自新應自創業已來降黜者
並可放還兵興已來邊疆多事或因虜掠或偶滯留
歲序遷移家鄉迢遞魚腸鴈足嘗懸骨肉之恩月夕
霜天必起桑榆之思宜令收贖俾遂歸還自梁朝後

唐巳來前後奉使及北京沿邊管界虜掠往向北人口宜令官給錢物差使齎持往彼一一收贖放歸本家與兵動衆蓋殄元凶伐罪弔民須安兆庶應內府管界內今年夏稅近指揮只徵五分今以方駐兵師無不勞役並宜蠲放於戲顧惟薄德屬此多艱敢忘御朽之規思廣納汚之道爰敷渙汗貴洽烝黎更在中外輔臣文武列辟同扶寡昧以致隆平告報寰區宜體朕懷

三年九月巳巳勑魏府城內馬步諸軍將校員寮節級軍將長行及參佐官員僧道百姓等朕以范延光

是明宗舊臣與朕素敦分義因開懷而捨釋果瀝懇以歸明君臣之義宛然金石之言無改亦繇諸軍將士參佐職員同輸歸向之誠共感懷柔之道備觀忠孝深所歎嘉將徧示於渥恩宜先行於慰撫表予大信安爾衆心應在城官員將校嘗行今日巳前罪無輕重一切不問范延光巳除授鄆州節度使賜鐵券封本郡王孫漢威等將校等第除授防禦團練刺史巳各別行制勑命使往彼宣賜恩命仍令各取便路赴任恩命未到間仍且委薛覇充都巡檢使喬譙充副巡撿侯范延光赴任後即可取便路發赴所任其餘將帥及參佐官吏隨職員並一一分折名銜奏聞當議各加渥澤其應在城馬步軍將廳子指揮散員親從左右義勇先鋒并入馬直有馬步人神勇弩手鄭翛張進手下兵士并薛覇王建遣諸色將校衙隊名額軍都並陞爲侍衛親軍排連所有今年冬衣見闕綿數巳指揮楊光遠收寨內綿勘會俵散應有先被張從賓脅從符彥饒驚擾及衞州黎陽陷失因茲走入及隔過官員使臣將士等無自興師以來前後離背軍都任彼者並不問罪其官員使臣等並與錄任其將士等各與依舊請受諸軍收管如有入城後

遷轉職名者便據見守職名支給請受如有諸色人輙敢恐動並當深罪在城將校及諸色官員應有物業爲人請射者並許給還依舊爲主先有抽入城義軍並放歸本家如是巳配在諸軍者各隨本人所願如願在軍者即依舊收管願歸農者即放歸本家所有府城四面人戶三十里內與放二年秋夏租稅三十里外委逐縣令佐專切點撿如實曾經砍伐桑柘毀折屋舍者分析申奏盡與蠲放租稅切仰招携速令歸業應九月二十五日巳前因事被殺之家不得更有論訟及相讐報妻孥家產巳配沒者並給還如

有自去年七月十九日後來曾經在城將校及諸色人請射合干等或爲配率柴薪或爲自要供燒毁折却者只據九月二十五日後見在者舍宇交割其有已破除却間未數日不得更有論索如內有屬官舍宇亦仰准此指揮應自去年七月十九日已前有諸色商旅或城內與城外親情相識應是寄留諸色錢物羊馬牛畜等或經括率或以沒納入官或破蕃盡不計是何公私官員寄付並不許更有論索如敢以赦前事相告言及相讐報者以其罪罪之朕方啟基扃務安華夏每推誠而待物日佚信以懷來布玆皆

言賔諸天地天雄軍節度副使朝請大夫檢校刑部尚書賜紫金魚袋刑部李式可中大夫檢校尚書右僕射亳州團練使金紫光祿大夫檢校司徒貝州刺史孫漢威可檢校太保隴州防禦使天雄三城都巡檢使檢校戶部尚書薛覇可檢校司空衛州刺史天雄軍馬步都指揮使檢校工部尚書王建可檢校司空虢州刺史天雄軍內外馬軍都指揮檢校戶部尚書樂元福可檢校司空深州刺史天雄軍內外步軍都指揮使檢校兵部尚書緇州刺史元覇可檢校司空隨州刺史李式本延光舊客歷數鎮從之薛覇延光妻弟自餘皆同惡相濟之腹心也

冊府元龜
巡按福建監察御史臣李嗣京 訂正
知甌寧縣事臣孫以敬 參閱
知建陽縣事臣黄國琦 較釋

帝王部 九十四

赦宥第十三

晉高祖天福三年十月戊戌勑曰天有四時首布和陽之命君臨萬國先弘曠蕩之恩所以垂眚肆之文則周甚遠大示寛仁之詔則漢業興隆朕猥以耿躬獲膺大寶顧惟凉薄每懼顛躋旰食宵衣恐一夫之

失所臨深履薄憂庶政之未孚雖粗致小康而未臻大化一昨災𧅫沙鹿兵駐銅臺擐甲執兵頗勞師旅飛蒭輓粟重困生靈頼天地垂休將相叶力克寧邦家永靜烟塵凱歌共樂於班還喜氣實騰於遠邇豈一人之感召蓋羣后之扶持弓矢載櫜大慶已流於中外雷雨解作普恩宜被於寰區庶使齊人咸霑霈澤可大赦天下應十月二十五日昧爽已前除犯十惡光火殺人僞行印信官典犯贓合造毒藥屠牛鑄錢外其餘罪無輕重已結正未結正已發覺未發覺咸赦除之侵官潤已爾其有諸督責暴徵我所不恐應係省司課利場院官等宜依近行宣命期限磨勘徵督内有送納所欠錢物得足者其違限愆罪特放如有没納本人及保人家業盡底外尚欠錢物更無抵當者其所欠竝與蠲放其逐人罪犯特從減等其去年降宣命月日後來欠負者不在此限昨以水旱爲沴什一未均兾使蒸黎因令撿覆未明公法或彰隱漏之愆爰念小民宜示矜寛之典近令撿田有隱漏合當罪犯者並放所有合罰令陪納租稅者特放竝令却依實頃畝輸納貨泉所聚徵督必行況係省之逋懸宜應期之供辦但以兵戈之後帳籍空存已

行蠲放之恩尚憂未普再示優饒之命式表推恩天福元年應經兵火處州府諸色場院因此失陷錢物等先曾指揮蠲放一半者今竝全放未曾經減放者今與蠲放一半天災或降地分所招携老幼以流離棄田園而蕪没深懷惻憫宜示招安蒲同晉絳滑濮魏府鎮定等州人戶或經亢旱或屬兵戈逃移人戶等應移戶所欠今年已前諸雜稅物竝特除放宜令州縣曉示招携如有復業者仍放一年秋夏租稅二年諸雜差徭爰自攻圍每多徭役或因兵死尚有戶存言念傷痍屢宜優恤應差赴魏府城下人夫内有

傷中身死者除已支孝贈外特放戶下三年諸雜差徭勸官奉國旣彰盡瘁之誠賞善酬勞爰舉必行之命應魏府側近州或曾祗應供饋或曾部領人夫當職員僚及州縣官等宜令逐處速具名銜分析申奏當與加恩區宇之表咸在炤臨疆場之間寧容隔限示王者之無外期國家之大同應淮南西川兩處邊界自今後不得阻滯商旅明堂欲搆必自羣才大道曲全俱無棄物將期多士詎可遺賢累朝廢棄官員與量才叙用頃者借率猶有逋懸方務優饒豈宜徵督先率借雜京舍錢其所欠並放七萃師徒五營吏

士偶因罪負遂至逋逃念曾效於忠勤宜顯行於招誘自用軍已來應有諸軍及諸色負罪逃背諸處人等限一百日内許所在陳首並不問罪却與放管如限内不出復罪如舊諸州府應有見禁此色人家口骨肉並從釋放恩隆加等固有明文道在恤孤宜弘異渥自去年出師來諸軍將校有沒於王事者子孫並與量才叙錄皐陶五刑既從流放商王一德用解網羅想其憔悴之容爰示哀矜之道應貶降官與量移已量移者與復資流配人等並放還仁及枯骨澤渥重泉睠哲后之芳蹤乃有國之令典魏府管内用軍已來墳墓所毀無主者委逐處官吏指揮隨事修整祭奠仍賫官中支給賦歛未省杼軸猶空言念疲羸聊得蠲貸諸道州府營田戶部院務省莊等天福元年秋夏租課錢帛斛㪷諸雜物色等除已納外應有逋欠並與蠲放於戲萬靈蠢蠢生成咸賴於上玄六合茫茫舒慘悉由於元首朕每興念慮莫釋焦勞遂覃在宥之恩將合好生之德朝野士庶中外臣僚體予蕩蕩之懷而賛我巍巍之治無怠於協謀勠力共期於偃革修文益勵乃誠永俾寡德布告遐邇咸使知聞

六年八月己亥帝至鄴壬寅制曰自昔聖皇明帝膺圖受命必觀風而設教或展義以省方上則順彼天道下則從其人欲朕創開基業每遵舊章期四海之混同法五載之巡狩乃睠全魏肇啟新都頃屬經綸嘗茲潛躍宜從望幸俾慰來蘇遂整明鑾旋臨舊地雷雨作解式覃曠蕩之恩日月無私用廣炤臨之道應三京新都諸道州府天福六年八月十五日昧爽已前諸色罪犯已結正未結正已發覺未發覺罪無輕重常赦所不原者咸赦除之其持杖行劫并殺人賊免罪移鄉仍配逐處軍都收管其犯枉法贓人雖

免罪即不得再有任用或始因罪犯久處竄流特行洗滌之恩各遂歸還之望應配流人并已前逢赦不在放還人等并放還徒罪年限未滿者並放偶負瑕疵爰從黜降俾量移於近地宜漸復于舊資應貶降官等未量移者與量移已量移者約資敘進用或歲因灾沴民用艱辛久係逋懸宜示蠲免應欠天福五年終已前夏秋稅租并公徵諸色及營田租課並與除放朕頃當開創爰在并汾或傾歸順之心首謀翊戴或擁驍雄之旅力效推崇洎汜水興妖鄴城伐罪每令致討皆立奇功漸臻開泰之期愈念艱危之際

宜頒殊渥允答茂勳應河東起義之初佐命效順洎復鄴都汜水立功臣僚將校等並與加恩其亡殁者更與追贈子孫已有官職者與遷改未有身名者與叙用經過郡縣迎奉乘輿既供億以爲勞宜旌酬而示寵自東京至鄴都沿路供頓官員職掌等並與加恩六飛行幸萬騎扈從慮旁午於路岐微損傷於苗稼應沿路有傍道稍損却田苗處其合納苗子及沿徵錢物等據畝數並與除放載念雀臺昔居侯服撫綏六郡臨涖四年睠彼職員依然父老無怪推恩之典仍敦尚齒之風鄴都并相澶貝博衛等州官員職

掌內有頃歲潛龍時在職者並與加恩管內耆老八十已上者並與版受上佐官爲國之規利物爲本農器俾從於改革畊民必致於便宜諸道鐵冶三司先滌疏百姓農具破者須於官場中賣鑄時却於官場中買鐵今後并許百姓取便鑄造買賣所在場院不得輒有禁止攪擾權文武之才今之急務旌孝義之行古有明文贊治道以克隆致人倫之式序山林草澤內有文才武藝爲衆所推者委長吏切加搜訪具以名聞當議量才叙用孝子順孫義夫節婦並與旌表門閭天覆地載無所不容改過自新於斯爲美應

亡命山澤負罪潛藏者並放罪招携各令歸業所在切加安撫如過百日不出者復罪如初唐室忠臣鄴臺靈廟濟蒼生於一境正皇統於中區宜命褒崇用彰激勸唐梁國公狄仁傑與追贈官秩主掌曠敗錢物逋懸宜示矜容聊加蠲免應天福三年終已前諸色場院官欠負官中錢物人等累經徵理逼勘實無錢物家業者並與除放其人免罪任從逐使不得再任使無黨無偏徇至公之道去泰去甚戒求利之心私下債負徵利已及一倍者並與除放如是主持者不在此限邊陲管界藩部經蹊言念疲羸良深軫恤

忻代蔚并鎭州管界内有經藩部踐踏却苗稼者其合納苗子沿徵錢物等據頃畝與除放其經燒爇舍室殺傷人命者據戶下合徵苗稅並與除放於戲居域中之大爲天下之君按巡既展於盛儀渙汗宜覃於慶澤人情允洽帝道有光更期忠藎之臣未贊隆平之運布告遐邇知朕意焉

七年正月戊午以收復鎭州曲赦廣晋府禁囚及襄州鎭州惡黨一百餘人

少帝以天福七年六月卽位七月庚子御正殿制曰古先哲王開創丕業未嘗不櫛風沐雨旰食宵衣安

黔首於八紘保鴻圖於萬世恭惟先皇帝艱難啟運恭儉臨朝以武功定寰區以文德安黎庶日愼一日無怠無荒載洽隆平永傳基搆顧惟冲濈獲奉纂承念負荷以爲難集哀摧而罔極期終喪制旋逼羣情竭推戴以彌堅執讓辭而不獲勉臨大寶以御兆民宜頒在宥之文用布惟新之澤可大赦天下應天福七年七月十七日昧爽已前四京及諸道州府諸色罪犯除十惡五逆殺人强盗官典犯贓合造毒藥屠牛鑄錢諸色僞造外其餘罪犯已結正未結正已發覺未發覺咸赦除之已前諸色配流人等除終身不

齒嘗知所在縱逢恩赦不放還人及曾爲强盗已配諸處收管人外其餘並放還其今日已前放還人內舊有職官者量與叙用弔民伐罪用遵懲勸之恩改過自新必務含弘之道其襄州安從進如能果決推誠一稟朝旨並從捨釋各與官榮朕恭承顧命祗膺丕基而文武羣臣中外良佐肅淸輦轂保佐國家備彰忠孝之心咸竭推榮之力宜覃恩渥用表旌酬在朝内外臣寮侍衞諸軍將校及諸道節度使防禦團練刺史並與加恩修奉園陵考詳故實務遵禮典副朕孝思凡曰在官悉能陳力爰逢昌運宜示溥恩諸

道賓幕將校職員見任京六品已下官州縣官三司場院監冶帶使額者普與加恩其諸道職員押衙已上與轉官兵馬使已下與轉職懸車官秩前任職資載敦尚齒之風爰示念功之典致仕官前任文武朝臣内諸使司已下前任節度使防禦團練刺史行軍兵從少尹上佐官前諸道都指揮已下前任京六品以下官及前資州縣官帶使額場院官等並與加恩京師職掌夙夜勤勞竭力有聞推恩無吝應在京諸司職掌亦量與恩澤奉守文之業敦孝治之風宜加幽顯之恩用慰哀榮之意内外臣僚内諸司使及侍

衞諸軍指揮使已上父母在者與官封已有官封別
與遷改已亡歿者並與封贈已有封贈更與妻封贈
其有郡邑國號者與進封未有者與叙封曾竭臣誠
歿於王事良深悼往宜示賞延自天福元年後來文
武臣僚終有歿於王事與追贈已追贈者更與追贈
有子孫未有職官者與錄用螟蝗作沴苗稼重傷特
示欽䘏俾令蘇息應諸道州府經螟蝗傷食苗稼者
並差官檢覆據所損頃田與蠲放稅賦仍委逐處長
吏切加安撫務令存濟山林逸士草澤遺賢將裨教
化之風宜廣搜羅之道應有懷才抱器隱遁丘園者

委隨處長吏切在搜訪具以名聞敦崇孝義旌顯門
閭式恢王化之基用正人倫之本應有孝子順孫義
夫節婦委逐處長吏具名聞奏當議旌表於戲纂繼
大業司牧羣黎小心必本於舊章恭已難忘於朽索
不敢逸豫以召和平更賴將相大臣文武多士遵顧
托於先帝永翊戴於冲人開保延洪爰覃渥澤報告
遐邇咸使聞知赦書日行五百里敢以赦前事相告
言者以其罪罪之

八月丁亥以襄州安從進平詔在城官員將校職掌
等並被脅從素非黨類除已送赴闕外其餘一切不
問自圍閉已來餓殍不少言念嗁寃之魂宜行掩骼
之文應有餓死及殺戮并安從進毀拆却墳墓暴露
骸骨等並官與埋瘞仍令致祭諸道商旅或有被安
從進威脅配軍者並仰給與公憑放歸本貫內有淮
南商旅亦給與公憑放歸纂嗣之初收復之始特行
軫恤用表渥恩宜令三司依此施行仍付所司九月
癸未御乾明門觀襄州行營都部署高行周等獻俘
馘曲赦京城禁囚

八年二月庚戌御札取今月十一日還幸東宮已未
發鄴都曲赦禁囚辛酉幸澶州赦獄囚

五月甲辰勑曰朕荷上天之睠命守先帝之丕基日
午坐朝恐一物之失所夜分不寐思比屋之可封身
雖安於九重心嘗懸於億兆屬飛蝗作沴膏雨久愆
流民倍切於撫安征賦頻令於蠲減未能感召深軫
焦勞念獄訟之繁當炎蒸之候欲臻和氣宜去深文
特行寬大之恩用叶哀矜之旨應三京鄴都諸道州
府見禁罪人除十惡行劫諸殺人者及僞行印信合
造毒藥官典犯贓外人犯死罪者減一等餘並放內
有欠官錢者宜令三司酌量與限監出徵理中外遐
邇宜體朕意

開運元年七月辛未朔御崇元殿降制曰王者化家爲國旣開創以惟難纂業承基亦負荷而尤重朕虔承遺命嗣守丕圖顧眇躬而懼不克堪持小心而曾無暇逸外以生靈是念内以宗社爲憂若涉大川如馭朽索然循功非及物德不動天蟲螟爲害苗之灾夷狄作亂華之患尚賴謀臣猛將義士勇夫共成戡翦之功復致澄清之運今則狂戎逃遁年谷豐登時屬小康禮當終制雖三年無改義欲化於人倫而正朔有常理宜新於鳳曆爰布改元之令仍覃在宥之恩天福九年宜改爲開運元年可大赦天下應今年

七月一日昧爽已前三京鄴都諸道州府見禁囚徒除十惡五逆光火劫殺屠牛鑄錢官典犯贓僞行印信合造毒藥外罪無輕重已發覺未發覺已結正未結正咸赦除之流竄之徒其實有咎和平之道亦許自新其流配人除終身不齒當知所在人外未經量移者與量移已經量移者與叙用蟲蝗灾疾之邦流夷頗甚徐兖經過之地凋弊尤深須議優饒用明軫惻其岐雍同華蒲陜涇邠耀威管内人戸委長吏切在招携復業之家免一年租稅魏博貝冀滄景德等州曾經虜騎剽攘特放今年秋稅其餘經過之地亦量與矜蠲乃睠親軍實推忠節或從征醜虜顯立勳勞或出討叛臣方期平定至於邊陲守戍藩鎮分屯盡緊捍防皆施勤効雖賦稅未集帑藏猶虚宜示頒宣用明奬賞應將校兵士量與等第優給逺年失稔嘗賦愆期國用未充軍須不足是行率借以濟贍供誠非欲爲蓋不獲已赦書到日盡時罷征出彼家財資予國力宜加甄别以示優隆出一千貫已上者特免科徭出一萬貫已上者咸授官秩無資給者與本處上佐有官名者依本品序遷竭彼臣誠沒於王事恩宜加等禮有明文當契丹侵犯之時有守城臨陣

盡節亡身者宜令逐處長吏以名銜奏聞當議超加褒贈或孫或子並與旌酬含垢匿瑕捨過宥罪前王令典有國通規應有曾行劫盜之人並宜放罪願在軍者與配軍收管願歸農者委本縣安存務局因循職掌敗闕空係連懸之數徒行徵督之文宜示哀矜並令除放於戲承祧繼統御極居尊雖旰食宵衣每勤庶政而利兵秣馬未息殷憂更賴四輔三公五侯九伯文武叶力上下同心竭彼忠貞佐予寡昧舉朝廷之急務盡軍旅之沉謀使鼓卧旗偃俾成寧謐同文共軌速洽隆平表乃有功致我無事

閏十二月乙酉以牧青州制曰高祖皇帝應天順人化家爲國勤勞庶政安輯四方御衆以寬懷遠以德高秩厚祿以獎勳勞推食解衣以重賢戚至于匹夫匹婦皆被亭毒之恩草木昆蟲悉覃忠厚之德朕恭承丕訓嗣守宗祧奉以周旋不敢失墜兢兢業業若涉大川所賴將相公卿同德比義共扶不逮庶洽於隆平而楊光遠頃以微功驟升亞將後承僞命來拒義師始則爲桀犬吠堯終則背楚降漢先皇帝方弘大義推以赤心忘彼仇讐歡如魚水亟承重寄久綰親軍累典大藩亦兼重鎮邇後選男尚主待之以懿

親裂地封王寵之以極致人臣之盛近代無儔至於諸子之中皆擢爲牧守家臣之内多有遷領郡符比外有非理邀求違法僭濫國家務存終始悉與含弘柰何自至滿盈不勝富貴恩深致怨物盛乃衰而輙信姦邪虛有怨望聞我大喪之後乘我饑饉之年外則勾引蕃戎倚爲勢援内則竊據城壘潛肆窺覦遂使河朔數州頓成瘡痏青丘一境獨陷尉羅朕所以命將興師吊民問罪然猶堅壁拒命自旻徂冬固執其迷自稔其惡其子楊承勳見衆情之攜貳知孤壘之困窮深懷滅族之憂遂有悛心之請解其戈甲待罪軍門梟彼兇徒而傳首於闕下氛霾遽息中外同權此皆宗社降靈乾坤眷祐將帥戮力士卒齊心掃千里之封孤不爲民患除三穴之狡兎甚泰物情念彼一方未能高枕宜行在宥用拯疲羸可取閏十二月十七日昧爽已前應諸州管内州縣見禁囚徒已結正未結正已發覺未發覺罪無輕重咸赦除之拾爵策勳前王之令典錄功旌義有國之嘗規應收復青州將校兵士等一自征行再罹寒暑頻親矢石備歷艱辛賊壘既平秋毫不犯雖已行頒賚而更議甄酬厚秩美名我無愛惜其將校自副兵馬使已上員

僚并監押使臣並與加恩十將已上各賜功臣名號已有功臣者更宜改賜自楊承勳納款歸明楊光遠亦拜章請罪朝廷務弘恩貸而特與全生既許自新終懷憂惕遂至疾作以及亡身雖悖逆之人衆所憤怒在君臣之分朕實憫憐斷棺戮屍情所不忍其楊光遠尸首許令骨肉收葬楊承勳比從頑父同作不臣志力既窮覆亡可待而能轉禍爲福全身保家果傾嚮義之心所謂見幾而作宜加恩澤以示獎酬其楊承勳宜與起復除授防禦使仍加官秩其一家骨肉並放罪其弟承祚承信已在哀制放歸私第烈火

焚山始識珪璋之性嚴霜殞夜方知松柏之心適當危亂之時乃見忠貞之節故淄州刺史翟進宗清風凛物貞骨凌秋當光遠跋扈之初被逆黨脅驅之際而伏節守義經死徇忠終異叛徒以及遇害雖已行褒贈而未稱朕懷宜覃延賞之恩仍示殊常之禮其翟進宗靈櫬委本處類會本人骨肉加禮歸塟葬事官給其子仁欽可特授官資補充東頭供奉官夫順效逆頗乖人倫濟惡助姦難逃國典前登州刺史張萬廸恩隆郡寄顯受朝恩不能事君盡忠輒敢從人於亂備彰逆節須舉明章其張萬廸宜從別勑處分

尚在寬宥特免族誅其骨肉並從釋放國家兵士恩澤頗隆賞賜以時衣糧甚厚其中有卤惡之輩輕狡之徒不顧妻孥輒背軍伍如期侥倖難逭嚴誅其青州城下兵士有走投入賊城者並令指揮殺戮所有逐人骨肉宜從釋放叛城既下汚俗宜新同惡者皆就勦除詿隨者並從停廢其餘詿誤宜示矜寬其楊光遠下惡黨皆已梟首所有隨幕賓從除已殺戮外餘皆配逆邊遠州府管知所在終身不齒縱逢恩赦不在放還之限其在城及管內州縣鎮員僚將校曾被楊光遠脅從者一切放罪亡命之人比來懼罪所宜招諭却復耕農自楊光遠作叛已來或有鄉村百姓接便遁相劫殺逃竄山林者並皆釋放仍委本處官吏明宣朝旨招喚歸業如敕命到兩月不歸者復罪如初當令擒捕顯行刑戮其莊田物業亦許力及人戶請射佃蒔忠力之士稟君命而不避危難良善之人入亂邦而橫遭迫脅罹茲患難實可憫傷自楊光遠作叛之初應有差去使臣非理而死者如子孫量與量才叙用攻圍之際役使實煩凡有區分皆繫急速稽緩者固當抵罪辨集者豈惜酬勞應青淄登萊兖沂密鄆齊棣等州職員州縣等曾部署輦運者

並與加階減選及轉官加職軍旅所至雖切戒嚴營寨所經寧無踐食宜寬當賦以慰編甿自王師攻討逆賊大軍下寨之處所有田苗桑棗應遭踩踐砍伐宜委本處官吏子細通撿除今年見苗供輸外來年夏稅並與放一半其去青州三里內更免今年秋夏殘租與師動衆勞費生靈或則負畚鍤以從軍或則徵輦運而赴役疲於供命不暇息肩言念烝黎宜加優恤應青州管內及鄆齊棣兖沂密等州諸縣人戶自攻討已來差役科配頗併其今年夏麥殘欠并沿徵錢物並與除放所有逃移戶口宜令逐處長吏切

加招携青州城市居人等久經圍閉頗是凋殘楊光遠率彼資財奪其糧食至此餓殍宜示惻傷其在城見在貧民委本道以食糧賑恤所有城内屋税特放一年應洞子頭及城下夫役有遭矢石致死者宜令逐處長吏子細通勘與放二年徭役城郭之内餓殍極多墟墓之間暴骨甚衆方隆渥澤豈限幽明其青州城内餓死百姓及城外墳墓曾遭發掘者並令本道掩藏埋瘞於戲亂常干紀天地不容負國欺君人祇共怒是知福善禍淫之道信而有徵孤恩背義之人敗不旋踵今則干戈少息海岱已寧凡在股肱更

思康濟庶臻治道同享升平布告寰區咸知朕意

二年五月丙申朔御崇元殿受朝制曰堯仁御極尚興丹浦之師軒后承乾亦有阪泉之戰是知五材並用王者不能去兵四氣同功天道不能止殺朕自躬傳神器勉徇人謀戢干戈而寧耀武威撫夷狄而但修文德而契丹見利忘義負約渝盟大爲猾夏之灾屢肆窺邊之暴須爲民而除害遂命將以伐戎駐五輅於大河勞六師於極塞賴乾坤祐助社稷威靈將相一心貔貅戮力致羣兇之敗衂血滿平川使元惡之奔迯魂消廣漠今則朔陲稍靜中夏小康宜上答於穹旻俾特施於赦宥用導和平之氣適符長養之風可大赦天下開運二年五月二十一日昧爽已前應三京鄴都諸道州府見禁囚徒除十惡五逆持杖殺人强盜官典犯贓合造毒藥屠牛鑄錢僞行印信外其餘罪犯已發覺未發覺已結正未結正咸赦除之諸色配流人除終身勿齒并縱逢恩赦不在放還人及曾爲盜賊并自契丹内來諸色人已於諸處收管外其餘配流人并嘗知所在者並放歸其開運二年正月一日後來配流人等不在放還之限兵戈之地可料傷殘惻隱之心不捨晝夜所宜優惜用恤疲羸

應當定刑貝相并鄴都已北管界自今年契丹犯境已來有人戶實經虜殺劫人者所通檢到夏苗十分已令減放二分苗子并沿徵錢物今更特減放一分其今年徵正税錢物等亦與十分内減放二分行幸之時往來之處奉迎不闕供億實繁宜示渥恩以獎勤效應滑澶兩州迎奉車駕并沿路供頓官員職掌等仰逐處具名銜申奏當與加恩出師已來遇敵之處忠烈之士皆效命以衝鋒行陣之間遂損身而報國宜加延賞用慰貞魂應北面行營將士等除已與加恩及第支賜優應給外其有没於王事者職員宜

令逐處分析聞奏當議超加褒贈子孫已有官者當與叙用其節級長行等如有親男堪充征行者宜令逐處酌量配軍收管支給衣糧戎夷侵軼驅脅吏民雖陷虜庭旋歸漢境所宜慰納以示綏懷應近北沿邊州縣軍鎮官員職掌被契丹脅擁入蕃得便逃得歸來者並放罪仍仰切加安撫睠彼易水最處邊陲經戎虜之攻圍賴軍民之固守將挍齊一生聚保全念此忠勇宜加旌賞其易州被契丹圍逼之時應在州守把城池刺史官員職掌等仰具名銜申奏並與加恩征討之際饋運之民不唯飛輓之勞或有抄截

之患宜令存恤用示優弘應鎮定刑雒先差隨軍運糧百姓偶有不廻者委逐處用勘如有此色其本戶骨肉切加安撫免三年差徭倣擾之際輕俠之徒而偶聚盜於萑蒲遂亡命於山澤宜令招携俾復農桑訪聞鄆齊棣等州管界及河北諸縣百姓內有昨因蕃賊入界接便為非今遇安寧怕罪未來歸業者宜令逐處長吏徧行牓示告諭所有今月一日已前罪犯一切不問宜令並放歸田業各務營生仍委縣鎮鄉村切加安撫不得恐動如告諭後過百日不來歸業仍前為惡者復罪如初逃背軍都誠為極罪誅夷家口乃是嘗刑將議寬矜弁從捨釋應諸州府見禁及本營枷項弁嘗知所在諸軍逃走兵士家口等並宜釋放場院積弊官吏承寬致課額之逋懸勞朝廷之徵督久淹刑獄深軫予懷爰示優容俾令除放其安邑解縣兩池前催塩使王居敏王景遇禁盤塩欠折軍將兩界逋懸累年禁繫宜令三司各詳逐人所欠如有人家業錢填納者可與盡底據數納官餘欠並本人並放如有欠負錢物數內全無家業錢物填納者宜與免死配送邊遠諸處收管仍永不得差使所欠特放河中府雍同華陝虢等州管界內人戶有

欠王居敏王景遇盤塩脚價者並特放於戲厲磧方秋稍息烟塵之患雞竿肆赦是覃雷雨之恩更賴文武大臣中外宿德或決策巖廊之上或提戈軍旅之間嘗贍為懷摧凶是念速除餘孽共集殊勳克致澄清永銷氛祲仍遺赦書日行五百里敢有以赦前事相擾告者以其罪罪之布告遐邇當體朕懷

冊府元龜卷之九十四終

冊府元龜

巡按福建監察御史臣李嗣京訂正
新建縣舉人臣戴國士叅閱
知建陽縣事臣黃國琦較釋

帝王部　九十五

赦宥第十四

漢高祖以晉開運四年二月卽位於晉陽宮稱天福十二年五月辛亥至陝府釋管内禁繫罪人六月甲子至東京戊辰赦曰王者興膏雨之師所以蕩瑕穢下哀痛之詔所以弔傷夷朕頃自晉朝俾乂

并土屬戎夷兆亂致干戈日尋每懷如燬之憂嘗竭扶顚之力旋以金行失馭天驕縱暴北陷河塞南踰官渡盜據宮闕凌辱衣冠蹂踐我京畿虔劉我生聚田不易壠人不聊生犬羊布於四郊腥穢聞於千里人旣思主朕實疚心遂乃建彼義旗整斯戎輅雪萬民之枉抑期九土之和平求理之端惟刑是恤况時當養物仁在好生爰覃觧網之恩用廣泣辜之道應天福十二年六月十五日昧爽已前諸道州府見禁人等已結正未結正已發覺未發覺除十惡五逆外其餘罪無輕重咸赦除之三司地征六管軍費素懸數額皆有限程但以兵革屢興旱蝗相繼盖督吏不能開許致疲民無以供輸苟不蠲除轉成困弊天福十一年已前諸道州府應係殘欠稅租並特除放朕昨夙駕河汾薄狩陝虢洎及京邑周覽神皐禾黍廢爲閑田墻屋毁爲平地悽傷滿目指顧傷心且農夫不耕廪食何取蠶婦不織府帛何輸言念流離諒宜矜恤况朕頃在藩翰備諳稼穡自臨大寶首念蒼生常久困於蕃戎欲盡蠲其租賦又以干戈未弭士馬方繁月無見粮歲無嘗給特於經費須此減除其東西兩京畿内遭契丹蹂踐暴苦處人牛俱喪蠶麥不

收雖近復田園固無可輸納其東西兩京一百里内今年夏稅及沿徵物色並與蠲放其一百里外曾有契丹經過劫掠之處委本處官吏躬親恤問如實被契丹蹂踐不虛其今年夏稅大小麥苗子沿徵物色等各放一半其京城内先遭張彥澤明行拷捶劫掠資財兼被契丹毁折屋舍括率緡錢爰屬艱危併罹殘害爰符望幸用慰來蘇其京城内今年屋稅與減一半雨露之恩豈宜有間文武之吏咸與維新應内外臣僚及京百司并諸官吏將校等各具名銜申奏當與加恩應有契丹除授諸道節度觀察防禦團練

使刺史及令錄賓僚將吏等並各安職任不議改更
勉思共理之規更俟維新之命或曾經謫官又念投
荒苟亡憫隱之恩何示炤臨之德應已前貶降官未
量移者當與量移已量移者便與敘錄應該徒流者
與放還近因徐兗猖狂萑蒲克斥交相刼剽不問官
私遂令王事之人空有係官之數應屬省務局錢穀
曾經契丹及草寇般擊處據已勘到實數仰三司具
指實條奏當議別有指揮應係欠省司錢物尚令逐
處徵催全放則因便生姦加罪則困窮可憫宜下三
司據見有家業抵當外如實無充折者特貸餘生更

無任使亡命不逞之徒殘民蠹物之類或隱藏山谷
或畏懼典刑及今日已前結集爲非者並不問罪仍
令所在長吏丁寧曉諭如願在軍都者量材安排如
不願在軍都者即任歸農業與限兩月明示招攜如
限滿依前結集爲非不議寬恕即嚴加捕捉復罪如
初浚都重地汴水名區控襟帶於八方便梯航於萬
國眷言王氣允稱皇居其汴州宜仍舊爲東京朕以
肇與寶曆克嗣炎精退追雍雒之宏規仰伏高光之
盛烈其國號宜改爲大漢朕始事晉以至開國雖易
服建號固有通規念舊懷恩未忍改作其年號仍舊

稱天福於戲帝王之道亭毒爲先黃老之言清淨爲
本用示滌瑕之典宜敷作解之恩矧惟臨馭之初方
屬艱難之運當欲盡除疾苦漸致康寧用遵置器之
方庶減納隍之慮凡在遐邇宜體朕懷
十月甲申北巡至韋城制曰自古聖帝明王開基創
業輯寧庶彙康濟四方行寬大之恩不遺遐邇布含
弘之德無隔華夷頃屬前朝季年中原失馭烝黎板
蕩寓縣分離寰區爲戎虜之鄉宮闕作腥羶之地百
萬之生聚俱陷虎狼數千里之人煙頃成荆棘朕屬
玆多難思庇生民憫晉祚之覆亡憤胡塵之紛擾繇

是痛心疾首躍馬提戈纂大業于高光起義師於汾
晉匈奴運盡魁首天亡殘孽遺妖奔巢走穴繼平凶
醜再造乾坤盡復諸華不失舊物顧惟耿質獲荷寵
靈怵惕于懷憂勤在念朝野亂離之後國家開搬之
初每慮德澤未優炤臨尚狹懼一夫之不獲恐一物
之乖宜思濟艱難靡遑宵旰大河之北易水之南久
因兵戈聚成瘡痏男孤女寡十室九空念此輿懷潛
然出涕近者北地州府相次歸明覩千里之坦夷顯
羣心之忠順今則方當展義爰用省方宜弘及物之
恩用廣惟新之澤應鄴都管內及邢洺慈相衞鎮深

趙貝冀博滄景德易定祁泰等州管内應見禁罪人取十月五日昧爽已前已結正未結正已發覺未發覺嘗赦所不原者咸赦除之自契丹爲患已來逆虜所至之處劫掠之外殺害實多方布仁慈豈限存殁應河北曾經契丹殺害處所有無主骸骨並仰所在長吏勤加指揮收斂埋瘞其有官員將吏殁於王事及曾被契丹脅從指使返遭殺害者並可搜訪逐人子孫及親嫡骨肉具名聞奏當與量材任使必令存濟捨過錄功方務含垢逋亡服叛惟切推誠契丹節度使麻答見在定州自前曾輸款誠欲來歸順已降

詔諭想計聞知當俟傾心別加殊渥幽燕瀛莫舊屬蕃戎惟彼生靈久遭屈辱近知軍民憤激志願歸明苟能密設機謀審圖禍福必然成事終享功名上郡雄藩當用酬獎鎮州殺傪契丹之時軍人百姓並立勛効其軍都將校員寮已行恩澤訪知百姓鬭敵之際死傷甚重聽聞已來傷歎尤切其逐人本家宜令本道常加優卹向者有漢地諸色人員隨契丹北未能歸還去國離鄉益加憫念其本人骨肉仰所在存卹倍加安撫先有諸色人曾伏事著契丹官員者一切放逐穩便所在不得動搖於戲上天悔禍黜首愛生敢忘兢慎之心冀令升平之運凡在黎庶當體朕懷

乾祐元年正月乙卯制曰昔我藝祖神宗開基撫運以武功平禍亂以文德致昇平澤潤生民慶流長世淳耀之德不泯延洪之業無窮肆予冲人猥集大命荷上穹之眷祐揚列聖之耿光底定四方奄有萬國纘堯承緒欽若未圖嗣夏配天不失舊物乃者有晋失馭猾賊亂常虵虺肆毒於寰區豺狼暫穴於宫闕虔劉我生聚俘掠我吏民戎馬所經人烟殆絶海内無主天下騷然朕方在躍潛遇茲屯難秉旄誓衆憤

其家國之仇冒暑出師雪彼生靈之怨皇天后土悔禍誘衷胡虜喪亡遺醜潰亂腥膻屏氣屬縣歸心按六轡而嚴屬車克寧西道走穹廬而飛折簡遂定中州旋以王業尚難魏郊斯梗當思康濟爰議省巡一方既靜於煙塵九野漸期於清晏今則巳旋魏闕正屬王春三陽布和四序更始便宜宣德澤以順發生紀號易年式顯鼎新之祚宥過懋德載覃渙汗之恩可大赦天下改天福十三年爲乾祐元年自正月五日昧爽已前犯罪除十惡五逆外罪無輕重已發覺未發覺已結正未結正咸赦除之諸貶降官未量移

者特與量移巳量移者與復資敘用諸色配流人竝放還鄉里其除名不齒者量與敘錄諸處散關場院官自前有因繇欠折即目竝無抵當灼然無可徵督者宜令三司勘覆聞奏豊阜之道耕種爲先宜伸勸課之條以重衣食之本應天下戶口夏秋見供輸頃畝稅賦外一人任戶開墾荒地及無主田土五年之內不議納稅亦聞自前有此指揮始即許其開耕旋乃却行簡括既非誠實顧失緝綏朕以化理域中信敷天下必無改易庶廣耕桑宜令所在長吏明行曉示自中原板蕩編戶瘡痍凶歉荐臻逋逃未復加以

徵賦煩重差配頻仍言念疲羸宜伸撫恤比聞州縣調役未甚均平秋夏供輸不依條制生靈受獘胥使成奸宜儆尤違俾循軌度所有逐處戶口宜令觀察使刺史縣令設法招緝除宣省指揮外不得非理差配其合充色役人戶不許官吏州縣影占務均苦樂其秋夏輸納只依朝廷指揮受納不得有加耗取覔若或差人察訪不虛其主者監官必加深罪更在藩侯郡牧共理分憂嚴設科條以副委任一昨親征鄴部暫駐野營周覽鄉川備觀凋瘵所宜優恤以召和平其鄴都四面人戶去城三十里內所有天福十二年賦稅并緣徵一物以上并可特放其無主破毀墳墓仰差官吏如法掩瘞兵荒之際冦盜連羣自朕始及京師以宣赦宥尚聞結集未復家園豈非告諭之未嚴慰撫之未至今則陽春資始東作將興雨雪及時耕桑有望所宜各歸營養自取安全式敷在宥之恩載啓自新之路應諸處有前自爲非惡迹之人一切放罪不問便可安家樂業各歸營農所在不得動搖赦書到後仍與限一月若不歸本家復罪如初當令緊切擒捕必無矜恕仍別有條理指揮恭惟列祖國陵諸聖祠廟桑田變海當時之弓劍猶存精爽在

天終古之威靈不泯載惟追感誠切求懷其雍州西京及諸州府應有諸帝陵廟仰所在修奉務令完葺國家大事惟祀與戎苟蘋藻之不虔則神祇之安享起今後凡有祠祭所供用之物務在豊潔宜令有司精細點簡向者桀虜亂華或有抱幽冤而沒地王師薄伐或有徇忠節以殞身念彼遺魂宜覃霈澤自國家舉義巳來應有將校臣寮沒於王事及晉朝臣寮枉遭契丹屠害者竝與追贈如已追贈爵秩未高者更與贈官仍令搜訪子孫量材敘錄朕昨展義省方討逷伐叛適當平定且錄勤勞應扈從鄴都城下內

外文武臣寮及馬步諸軍將校并在京部署巡撿官
員職掌諸軍將校等升除已行恩命外所有未曾加
恩者宜令中書門下條舉聞奏兼鄴都以來沿路州
縣迎奉大駕供饋宿頓粮草無遺闕處其職掌及州
縣官吏並可等第甄錄天下名山大川聖帝明王忠
臣烈士祠廟墳墓委所在量事修葺自唐莊宗後來
應有文武大臣功德昭著者其夌替子孫量與敘錄
其有先曾仕契丹并有骨肉見在契丹者其本人本
家所在切須安存不得妄有恐動朕昔在藩邸頗熟
臣寮文武之才嘗備觀其梗槩方員之用宜更察於

冊府元龜　帝王部　赦宥　卷之九十五　九

精微俾取質于衆多庶無遺於後造應文武嘗參官
仰准唐建中年故事上任後三月表舉一人自代軍
國之費務在豐財關市之征資於行旅所宜優假俾
遂通流應天下商旅往來所在並須饒借不得妄有
擾勒卑宮菲食前代之令猷革舄綈衣哲后之明德
至於損上益下惜力愛人冀息煩苛漸期富庶所有
乘輿服御後宮費用太官嘗膳一切減損在京及內
諸司並天下州府除應奉軍期急切外其餘不急之
務非理營造並皆停罷免致勞役徵聘丘園免遺邦
彥恢張名教俾厚人倫應有藴蓄器能精通理道文
理該博武畧縱橫而退遁於家高尚其事者委所在
訪尋當俟徵用義夫節婦孝子順孫仰具聞奏卽議
旌表於戲創業惟難守成非易敢忘馭朽思致偃戈
更賴文武股肱藩后同心康濟勠力弼諧永冀隆平
共臻仁愛凡在戴履宜體朕懷赦書有所未該者委
有司舉奏赦書日行五百里敢以赦前事言者以罪
罪之

隱帝以乾祐元年二月辛巳卽位癸巳制曰古先哲
王繼天御物必有大造被於生民故能流餘慶於子
孫保永圖於宗社我國家本惟堯之洪緒襲有漢之

冊府元龜　帝王部　赦宥　卷之九十五　十

耿光曆數有歸謳歌所屬先帝乘時出震應運開國
爰在礿潛適丁難否妖孽盜居於宮闕腥羶肆毒於
寰區血肉黔黎荆榛赤縣繇是建靈旗而指敵伏黃
鉞以誓師逐逋寇於龍荒救含生於虎口遺身利物
功德契於三靈以欲從人潤澤流於八表大統旣集
仙馭俄遷號慕終天殞越無地肆予小子獲纂丕基
上承顧命之嚴下迫羣臣之請遺旨如昨仍几具存
瞻黼扆以推心處苫廬而瀝血而文武庶尹將相大
臣連上封章請臨政事固拒雖切敦勸彌堅盖負荷
於耿躬復祗膺於永命諒難固執須强荒毳恭巳視

朝載惟感咽向明而治始聽斷於萬機作紲之恩宜
昭宣于四海可大赦天下取二月十三日昧爽已前
所犯罪有已結正未結正已發覺未發覺罪無輕重
嘗赦所不原者咸赦除之諸左降官未量移者與量
移已量移者與復資已復資者與叙用應諸有盜賊
處宜准今年正月五日所降恩赦放罪招携宜令所
在長吏更切曉諭招喚各令歸業安家營養並不問
以前違犯仍倍加安撫文武臣寮侍衞將士赤心爲
國勠力勤王盡節盡忠同心同德輔翊先帝推戴冲
人言報忠勞宜伸渥澤應中外文武臣僚將吏各加

恩寵其馬步諸將軍兵士等各賜賞給已從別勑處
分尚念國家多事帑藏尚虚賜賚未優良深媿意兵
火之後灾沴相仍編戶傷殘比屋貧弊重以科徭未
息輸歛不時言念瘡痍宜伸蠲復天福十二年終已
前殘欠秋夏稅賦及和糴沿徵一物已上並特放所
有徧經灾沴處開封府滑曹鄆宋亳單潁徐宿兗沂
密孟鄭懷衞澶濮等州并濮城四面三十里內共二
十處除已放去年殘稅外宜更加軫䘏其今年夏麥
苗子於舊額上特與放免一半頃經戎虜所在驚騷
於場院課程州府管係既有陷失宜示矜蠲應州府
縣鎮遭契丹草寇及軍都更變驚劫兼有般送綱運
已離本處沿路遭劫奪諸色錢帛一物已上兼天福
十二年六月終已前諸州府鹽麴商稅鐵冶不敷課
利及主持錢物糧草柴蒿敗闕欠折等一切特與除
放其主事人員亦放罪其有契丹紀闕之時諸州府
有危疑之處分差兵士守把城池逐急將係省錢物
充兵士優給犒設諸道州府有去年六月終已前全
分支却將士春冬衣賜及諸色諸受自來累行徵納
者並與檢驗除破先是諸州府被契丹率配到錢物
逐處差人管押送納有欠折者勘驗指實並與除破

天福十二年六月終已前逐處收刈到芟草積年損
爛及欠少處並令除放孝治之道不獨其親况推許
國之忠俱享承家之慶感霜露者宜覃漏澤奉晨昏
者亦示寵章立身揚名于斯爲美在朝文武臣寮內
諸司使及侍衞諸軍都虞侯已上諸道節度防禦團
練刺史并見任節度副使行軍司馬藩方馬步軍都
指揮使父母祖父母見存者並與加恩亡歿者並與
追贈追封已追封追贈者更封贈禮稱助祭詩美作
賓誠歷代之嘉猷盖近朝之闕典興衰繼絶宜舉舊
章其唐晉兩朝可求訪子孫訪立爲二王後州縣之

職朝廷命官既曠事者有懲豈奉公者無勸諸處令錄主簿在任顯有殊績善於勸課招輯徵科靜辦者委所在具以名聞當加優奬仍以時經多事民未小康每念疲羸倍懷軫惻天下州縣戶口除宣省指揮外不得輙有科配徭役如合充色役者並須定奪允當其力及大戶並不得諸處投名影占稍違科條當舉典憲古者慮政教之紕繆詢理道于蒭蕘蓋欲使外事不壅於中下情得通於上言路既廣頌聲則聞況在纘承之初實繫忠讜之說內外臣寮如有所見便於時政者可直言得失無所隱任賢勿二得士者

冊府元龜　帝王部　赦宥　卷之九十五　十三

昌仰稽聖謨敷求時彥訪諸貞遁庶無遺才天下有賢良方正文才武畧不求進達處于沉滯者仰所在搜訪以聞名實相得當加擢任於戲建邦撫運念創業之惟難繼統承基知守文之不易纘紹惟重憂思匪寧所賴列辟宗臣元勲舊德股肱王室保佑朕躬共致扶持庶無失墜爰覃霈澤用洽中區凡在炤臨當體予意

二年正月乙巳朔制曰朕以耿躬獲纘洪緒念守器承祧之重懷臨深履薄之憂屬以縣道循艱王室多故天降重戾國有大喪奸臣樂禍以圖危羣寇幸灾而伺隙力役未息兵革方殷朕所以嘗膽卧薪廢食輟寢雖居億兆之上不以九五之尊漸冀承平永安遐邇內則稟太后之慈訓外則仗多士之忠勲股肱叶謀爪牙宣力西推三叛撫其背而扼其喉北挫羣胡斷其臂而拆其脊次則巴邛嘯聚淮海猖狂纔聞矢接鋒交已見山摧岸沮寇難少息師徒無虧兼以修奉園陵崇建宗廟右賢左戚同寅協恭多事之忠大禮無闕負荷斯重哀感良深今三陽布和四序更始宜申允澤允答天休恤獄緩刑捨過宥罪當萬物之孚甲開三面之網羅順彼發生以召和氣應乾祐

冊府元龜　帝王部　赦宥　卷之九十五　十四

二年正月一日昧爽已前天下見繫罪人除十惡五逆官典犯贓合造毒藥劫家殺人賊黨正身外其餘犯人及關連並放如河中府李守貞鳳翔王景崇永興趙思綰等比與國家素無讐釁偶因疑懼遂致叛違所以命將陳師徵辭問罪止期旦夕必見功收然以彼之提封朕之黎庶久陷孤壘可念非辜易子折骸塡溝委壑爲人父母寧不軫傷但以屈已愛人先王厚德包荒含垢列聖美談宜弘齊物之恩用廣好生之道其李守眞王景崇趙思綰等宜令逐處都部署分明曉諭若能翻然順歸朕並待之如初當保始

終享其富貴明申信誓固無改移其或不認推誠堅欲拒命便可應時攻擊尅日盪平候收復城池罪止元惡其餘詿誤一切不問仍預告諸軍破城日不可殺人放火諸處草寇等拋棄耕農聚集林藪晝伏夜動害物殘人前後累令剪除繼行招諭尚恐疑懼特示寬恩如能改過知非出來陳首者應已前所有為非一切不問宜令逐處節度刺史及巡檢使明行曉示宣達朝廷恩旨冀其歸業嘗切撫安不得信任節級所繇更私怨慟重念征討已來勞役尤甚兵猶在野民未息肩急賦繁徵財殫力匱矜恤之澤未暇於

疾癘愁歎之聲幾盈於道路尚以軍旅未息帑廩無餘猶稽蠲復之恩空懷愧惕之意俟邊烽少弭國患漸除當議優饒冀獲蘇息諸道藩侯郡守等咸分寄任共體憂勞更宜念彼瘡痍倍加勤卹究鄉閭之疾苦去州縣之煩苛勸課耕桑省察冤濫共恢政理用副憂勞凡百臣僚當體朕意

冊府元龜卷之九十五終

册府元龜

巡按福建監察御史臣李嗣京　訂正
守建南道左布政使臣胡維霖　參閱
知建陽縣事臣黄國琦　較釋

帝王部　九十六

赦宥第十五

周太祖廣順元年正月丁卯即位制曰自古受命之君興邦建統莫不上符天意下順人心是以夏德既衰爰啓有商之祚炎風不競肇開皇魏之基朕早事前朝久居重位受遺輔政敢忘伊霍之忠杖鉞臨戎

復委韓彭之任匪躬盡瘁焦思勞心討叛渙于河潼張聲援于岐雍竟平大憝粗立微勞纔旋旆于闕西尋統兵於河北訓齊師旅固護邊陲只將身許國家不以賊遺君父外憂少息内患俄生群小連謀大臣遇害棟樑既壞社稷將傾朕方在藩維亦遭讒搆逃一生於萬死徑赴闕庭梟四罪於九衢幸安區宇將延漢祚擇立劉宗徵命已行軍情忽變朕以衆庶所迫逃避無繇扶擁至京尊戴爲主重以中外勸進方嶽推崇黽勉雖順于群心臨御實慙于凉德改元建號祗率于舊章革故鼎新宜覃于霈澤朕本姬室之遠裔虢叔之後昆積慶累功格天光表盛德既延於百世大命復集於耿躬今建國宜以大周爲號改乾祐四年爲廣順元年自正月五日昧爽以前應天下見禁人等罪無輕重已發覺未發覺已結正未結正常赦所不原者咸赦除之故漢樞密使楊邠侍衛都指揮使史弘肇三司使王章等以勞定國盡節致君千載逢時一旦同命悲感行路憤結重泉雖尋雪于沉冤宜更申於漏澤並可加等追贈備禮歸葬喪事官給仍訪子孫敘用其餘同遭枉害者亦以追贈馬步都軍將士等戮力協誠輸忠效義先則平持内難

後乃推戴朕躬言念勳勞所宜旌賞其員寮將士等各與等第超加恩命仍賜功臣名號已有功臣名號者别與改賜應左降官量加敘錄亡官失爵之人宜與齒用配流徒役人並許放還已歿者任從歸葬所有杜仲威李守貞王景崇趙思綰賓幕元隨親戚及諸色人先因懼罪至今逃匿者並可放還任自取便昨者犯罪人蘇逢吉劉銖閻晉卿李業侯贊聶文進郭允明及同時犯罪人等家族骨肉先已釋罪疎放其逐人所有親戚及門客元隨職掌在諸處者切慮尚抱憂疑今並釋放所在不得更有恐動内有手下

先管莊田錢穀人等已下三司點簷磨勘了日一任逐便諸處有犯罪逃亡之人及山林草寇等咸許自新一切不問各還鄉里自務營生仍仰所在切加安卹所懸節級不得褁私妄有恐動如赦到後一月不歸本業者復罪如初内外文武臣寮致仕官諸軍將校隨使職員及前任藩侯郡守文武朝列前内諸司使副使前禁軍指揮使前資行軍副使等各與等第加恩應見任文武臣寮内諸司使諸道行軍副使藩方馬步軍都指揮使如父母在未有恩澤者即與恩澤如亡殁未曾追封贈者亦與封贈已封贈者更與

封贈晋漢以來兵革屢動賦役煩併黎庶瘡痍鰥寡孤惸不能自濟爲人父母爭不閔傷應天下州縣所欠乾祐元年二月已前夏秋殘税及泒徵物色并三年夏税諸色殘欠並與除放所有澶州已來大軍經過之時沿路人戸恐有蹂踐兩邊共二十里并乾祐三年殘欠秋税並放應河北沿邊州縣自去年九月後來曾經契丹蹂踐處其人戸應欠乾祐三年終已前積年殘欠諸色税物並與除放仍委逐處長吏倍加存撫至於防守邊塞優卹疲羸利害之事各宜條奏自前或有拒扞契丹顯立功勞及將吏之中有殁于王事者具名以聞當議酬奬應係三司主持錢穀敗闕場院官取乾祐元年終以前徵納外累纒較科灼然無抵當者委三司分析開奏别候指揮秋夏徵科舊有規制如聞諸道州府别立近限催驅或逼蹴過深轉致供輸不易至使蠶欲老而求絲債禾未熟而取穀錢但無逋懸何須急暴應天下百姓納税租並取省限内納畢不在促限徵督如是軍期急速即不拘此例訪聞諸處人戸逃移在外者自前省司雖累行招携多未歸復兼知逃戸税賦攤配居人公私之間未甚允當念其疾苦嘗軫于懷宜令所司商量

别行條貫庶使逃移者即歸鄉土見居者漸遂舒蘇兔困生靈以付勤恤藩侯郡守寄任非輕立政之先養民爲本每及徵賦尤要徇公其逐處倉場庫務宜令節度使刺史專切鈐轄掌納官吏一依省條指揮不得别納斗餘秤耗舊來所進羨餘物色今後一切停罷朕早在藩鎮嘗戒奢華今御寰區尤思節儉況國家多事帑藏甚虚將緩憂勞所宜省約應乘輿服御之物不得過爲華飾宫闈器用並從朴素太官嘗膳一切減損諸道所有進奉比助軍國支費其珍巧纖華及奇禽異獸鷹犬之類不得輒有貢獻諸無用

之物不急之務並宜停罷帝王之道德化爲先崇飾虛名朕所不取苟致治之未洽雖多端以奚爲今後諸道所有祥瑞不得輒有奏獻古者用刑本期止辟今茲作法義切禁非蓋承弊之時非猛則姦宄難制及知勸之後在寬則典憲得宜相時而行庶臻中道今後應犯盗贓及和姦者並依晉天福元年巳前條制施行應諸處犯罪人等除反逆罪外其餘罪並不得籍沒家産及骨肉一依格令處分天下諸侯皆有親較自可愼擇委任當必克勤參裨朝廷選差理或未當宜矯前失庶協通規其先于在京諸司差軍將

充諸州郡元從都押牙孔目官內知客等並可停廢仍勒却還舊處職役設官分職具列司存離局侵權誠爲紊撓今後諸司公事並須各歸局分不得越次施行朝廷之務頗有舊章職官具存安可廢墜如聞自前諸司公事多有壅滯今後並可速疾舉行國之大事在祀爲先苟爽吉蠲深爲瀆慢如聞自前祠祭牢餼頗虧肅敬今後委監察御史嚴加覺察必須豐潔庶達精誠稍或不恭國有常典近代帝王所在陵寢合禁樵採俾奉神靈唐莊宗晉高祖各置守陵十戶以近陵人戶充漢高祖皇帝陵置職員及守陵宮人時月薦饗并守陵人戶等一切如故仍以晉漢之裔爲三王後委中書門下處分自古聖帝明王莫不好賢納諫是以立誹謗之木采蒭蕘之言時之利病罔不知政之得失無不察達聰明目其在茲乎應內外文武臣僚有見識灼然益於治道者許非時上章聞達山林草澤之間懷才抱器之士切在搜訪免致遺賢孝子順孫義夫節婦所宜旌表以勵時風於戲致理保邦非德教無以安萬國發號施令非誠信無以示四方其或言出行違朝行暮改是爲秕政何以子民更賴棟樑羽翼之臣左右前後之士共扶寡昧

同致雍熙思致器以永安都覆車之可戒納隍馭朽予豈忘諸鑾輦有所未盡者有司具啓請以聞

二年五月親征兖州癸亥次曹州行宮在州禁繫罪犯人除死罪外並釋放是月兖州平壬午制曰在昔哲王承天育物莫不內修庶政外撫諸侯推誠以待人人皆自信虛巳以馭下下無弗從是以車書大同華兵不試動植遂和平之性蒸黎絶愁嘆之聲朕以眇躬猥承大統側微自效嘗從軍旅之中億兆所推獲託王公之上渉道斯淺於德未章致其毒螫之兇爲我生靈之患逆賊慕容彥超輿臺賤類闒茸微人

歷郡牧而至藩侯扇貪風而彰惡迹洎予臨馭無間綏懷而乃顛越不恭姦邪是恣北則結連戎虜南則臣事淮夷每與劉崇潛通人使剖割萬姓傷殘乃杼軸其空盜橫一州嚴酷如爐炭之上招呼亡命剽劫隣封繕甲治兵深溝高壘既顯悖逆之狀須興討伐之師朕昨暫御戎車來巡軍寨覩貔貅之賈勇憤虵豕以爲妖咸請先登不容假息士怒未洩逆壘俄平盜泉已涸其源流惡草盡除其滋蔓班師振旅六軍方樂于凱旋盪穢滌瑕一境宜覃於霈澤可赦兖州晉內取五月二十七日見禁罪人及未發覺者大辟

以下並赦除元兇流毒同黨濟姦國有常刑皆合顯戮特示好生之道偎寬連坐之誅應曾與慕容彥超同惡之人逃避潛藏者並與釋放仰於所在自出陳首百日不首者獲罪如初應已伏誅逆黨人等於諸處有骨肉者先已指揮放罪招安尚慮本身抵法之後却有驚疑宜令所在州縣明行告諭並釋放不問兖州城內幕職及州縣官吏軍府將較今並放罪其衙前州使兩院職役人本城軍都並赦仍舊自慕容彥超違背已來鄆州山寨豪强人等接便爲非刼掠擄殺今因收復並與洗滌一切不問外諸軍將士等勇於爲主奮不顧身所有没於王事者各等第給孝絹仍以本人半分衣糧與本家一年有親子者官中並與收錄安排自軍使都頭以上皆與贈官職賊據一城民殘四境或撤毁其墻屋或蹂躙其田疇槩于徵取供軍點集應役並宜矜卹俾漸蘇舒應兖州城內所有徵取今年屋稅及蠶食鹽鐵諸雜稅物並與除放城外官軍下寨處四面去州城五里內所毁今年夏稅苗子蠶食鹽鐵並諸雜沿徵錢物並與除放五里外十里內除放今年夏苗子三分中減放一分弃兖州城內百姓被慕容彥超閉門已來無辜殺害

者宜令本州存恤其家其被殺官員宜令本州官具錄奏聞當行恩澤所有被毁折却舍屋極多及收城之時延火燒爇官中給賜材木重令蓋造攻取城池須資力役既臨矢石或致喪亡致人殁身在朕深念諸州差別人夫內有遭矢石身死者宜令逐州縣分拆姓名聞奏官中各給絹三疋以省庫物充仍放下三年諸雜差遣勸本縣給與文帖其部領人夫州縣官等到城下施功者據勞役日月等第加減選萊蕪監所抽點到諸縣義軍已各指揮放散今後更不得管係名額其權充都將節級者亦不得此後於鄉村

內更有稱呼於戲夏爲長羸勞軍民以從役聖職教化用干戈而剪兇惟予不明增愧于是尚賴穹旻之祐漸期寰海之安告爾魯人咸體玆意

顯德元年正月丙子親祀圜丘禮畢御樓肆赦曰王者祀天地饗祖宗著於前經謂之大事嚴上者伸尊於下奉先者教孝於民簠簋豆籩陳其備物犧牲玉帛薦以至誠聿遵嚴配之文式展昭事之懇朕仰膺睠命下副樂推有兢兢業業之心無赫赫明明之德錫珪膺瑞莫繼禹功祝網爲仁但欽湯政接近朝喪亂之後當群黎凋弊之餘不敏不明何以爲治而寒

暑三徙車書漸同征人少駐于邊防戰馬多閑于坰牧汚萊加闢杼軸靡空從大化之未敷亦小康之遽致得非藝祖烈考垂其佑皇天后土被其恩鍾在眇躬踐此嘉會俾創業垂統傳之無疆治國安民引於有慶將恐將懼雖休勿休祗荷景靈是用大報恭以都邑所在宗廟爲先開創已來因仍其舊未伸移奉之禮重增怵惕之懷爰自維陽卜遷浚下今四序資始三元履端陳水陸之毛載見清廟薦陶匏之質對越玄穹所謂禮行于郊而百神受職也凡爾衆庶同我虔恭申其肇禋既謹就陽之禮施於純嘏宜覃及物之恩改號紀年惟新行慶可大赦天下改廣順四年爲顯德元年自正月一日昧爽已前應犯罪人已結正未結正已發覺未發覺罪無輕重常赦所不原者咸赦除之其殺人者放罪移置他處貶降官與量移已量移者與復資已復資者與敘用諸配流人並任逐便如刺面配軍收管者不在此例流貶死者許歸葬草賊避法隱藏者所有逃竄人諭以恩赦招呼令歸農養如願在軍亦聽其內外馬步都軍將士各等第優賞應見任內外文武職員諸軍將校致仕官節度防禦團練使刺史前任文武升朝官前內諸司

使副使前諸州行軍列使前指揮使諸道進奏專人前資官赴郊廟陪位者並與加恩內外命婦並與進封因夫子敘封者不得過夫子本品其諸寺監攝官如滿七周年以上應奉公事無遺闕文書灼然者並與同明經出身如不滿七周年者任逐便穩今後寺監不得以白身署攝如違本司官吏並當勘罪諸州府廣順二年已前逋欠稅沿徵錢並放其二年終已前主持省錢及主倉庫敗闕者據納家業外無抵當者並釋放自開創已來諸軍將校死王事者軍使都頭已上並與追贈已追贈者更追贈有親嫡子孫量

才敘用者諸軍將士年老病患不任征行情愿歸農
者本軍具以名聞給憑繇放免應見任文武升朝官
內諸司使副節度留後防禦團練副使禁軍都指揮
使巳上藩方馬步軍都指揮使等父母亡殁未經追
贈者並與追贈巳追贈者更追贈自廣順元年後來
幽州淮南西川河東等界軍人百姓投降者累令安
撫所在有無主荒閑田土一任請射佃爲永業西
川接界久不通商今後一任來往只須所屬官吏防
閑恐夾帶姦細應祗奉郊廟職掌人員並與恩澤其
行事官巳勘無違碍者候銓司稜省後各與除官合
冊府元龜 帝王部 赦宥十五 卷之九十六 十一
來年集者候將來授任仍並加一階欠三選至五選
者減一選欠選以上減兩選幕職並與減一年如欠
月限不及一年者便與除官仍轉官資其諸色人駁
放皆依格勑其間小小違碍可以情恕者並條奏以
聞起今後升朝官兩任以上著錄十五周年者與賜
緋著緋十五周年者與賜紫凡縣官歷任內曾經五
度參選者雖未及六考與授朝散大夫階年七十以
上令授優散官者並賜緋其非時特恩不拘此例梁
室受命奄有中原當歷數之有歸亦神器之所在潞
王踐阼承紹唐基累年司牧於生靈諸夏奉承於正
朔莊宗克復以朱氏爲僞朝晉祖紇臨以清泰爲僞
號所宜追正庶協通規今後不得名梁朝爲僞朝潞
王爲僞主前代帝王陵廟及名臣墳墓無後者所在
官吏簡較勿令樵採耕犂天下年高殘疾鰥寡孤獨
所屬官吏務行存恤孝子順孫義夫節婦州縣以名
聞者並與旌表門閭山林隱逸草澤才能所屬長吏
搜訪具以名聞於戲安不忘危百王所以愼其德上
之化下一人姑務正厥躬予苟有違衆皆無隱方今
庶吏和勸貪者少而廉者多兆民從風令旣行而禁
亦止司予刑者無忘哀矜又禮讓方興恩信兼布賦
冊府元龜 帝王部 赦宥十五 卷之九十六 十二
役咸遵于法制鄉閭巳絕於侵漁家遂求安國當思
理從予政者無忘和平凡左輔右弼盡其心五侯九
伯宣其力君唱臣和同寅協恭不致昇平未之有也
凡百有位曁于群倫俱承福禧同體朕意節文有所
未該者所司條奏以聞
世宗以顯德元年正月卽位三月辛巳制曰凡神聖
之功乃開基以創業惟帝皇之德遂垂制而立文生
成參天地之靈悠久鍾子孫之福寧禹湯而獨美豈
堯舜以無倫先皇帝出震安時膺乾啓運改相仍喪
亂之轍造勃興開泰之邦儉靜其身寬慈于物寒耕

熱耨之苦嘗念三農宵衣旰食之勤不忘萬務恩霈
庶彙義結群心周室肇興安神器而方固軒臺遽往
望仙駕以不廻肆予冲人獲紹丕構孤藐自覩寡昧
何知稟理命之丁寧副衆情之推奉中心憂塞罔有
津涯易月之禮制雖終在天之感慕無已負荷斯重
恭默以居宜從作解之文以洽當陽之澤可大赦天
下應三月七日昧爽以前所犯罪人已結正未結正
已發覺未發覺嘗赦所不原者咸赦除之諸貶降責
授官等量與升陟敘用應配流徒役人及縱逢恩赦
不在放還并嘗知所在者並放逐便諸處有草寇團

集仰所在州府及巡簡使臣曉諭恩赦招喚各令歸
農兩京及諸道州府人戶所欠去年秋夏稅租及沿
徵物帛並與除放其鄉村逃移人戶並仰招喚歸業
內外見在文武職官致仕官及諸軍將較並與加恩
其前任京官幕職州縣官至今授官日施行諸將軍
較自開創以來有沒于戰陣及身死疆埸者並與追
贈如有親嫡子孫未曾錄用者並與錄用文武外朝
官及內諸司使副使禁軍都指揮使以上諸道行軍
副使藩方馬步軍都指揮使父母在者並與恩澤忘
殁者與封贈其妻未敘封者特與敘封應沿邊州府

接近西川河南契丹河東界處仰所在州府及巡簡
使臣鈐轄兵士及邊上人戶不得侵擾外界及虜掠
人畜務要靜守疆埸勿令擾動其投來人戶仍仰倍
加安撫大行皇帝山陵有期准遺命不得勞擾百姓
者宜令所司奉承先旨無至驟違應緣山陵公事合
使工人役夫並須先給錢物雇覔諸雜費用一切取
官物供給不得差遣人戶科配州縣文武班列親近
臣寮愛國誠堅致君心切苟或罔朕躬之過失覩時
政之否臧無惜敷陳以輔寡昧苦口良藥逆耳忠言
裨益至多翹竚惟切今後內外臣寮或有所見及有

所裨益可具實封章表以聞或欲面對便仰閤門司
晝時引見懷才抱器出衆超群或養素于衡門或屈
迹于末位孤寒難進志業何伸咸用搜羅待以爵秩
諸隱遁不仕及卑官下位中有文武幹畧灼見可稱
者所在具名以聞化理之本孝弟爲先苟或虧違實
亂名教其有士庶之內兇率之徒不順于父兄不恭
于尊長狂悖難狀訓誨莫從親族容隱而不言里巷
畏避而不告傷風敗俗莫甚于茲今後或有不孝不
義之人違戾尊長喧悖毀辱及父母在異財別居畧
不供侍如此之輩不計官宦軍人百姓之家宜令御

史臺及本軍本使所在州縣廂界彈舉覺察如或容
縱不切簡舉罪有歸處其有孝子順孫義夫節婦宜
所旌表以厚人倫恭惟先皇帝推誠損己焦思勞神
念將士之忠勤知戰伐之辛苦餱糧祿賜無非經手
經心土地官封不惜爵勳爵效生靈是念稼穡爲憂
罷非理之差徭去無名之侵耗不貪遊宴盡去奢華
減後宮冗食之人停諸司不急之務方嶽止苴鮮之
貢殿庭絶珠玉之珍獄訟無冤刑戮不濫凡關物務
盡立規繩予小子纘紹丕基恭禀遺訓仰承法度不
敢踰違更賴將相公卿左右前後共遵先旨同守成

冊府元龜　帝王部 赦宥十五　卷之九十六　十五

規庶裨冲人不墜洪業赦書有所未該所司速具聞
奏

四月庚午制曰昨者劉崇縱肆毒螫勾引蕃戎困我
生民洊入澤潞朕所以泣辭神御親總甲兵抑荼蓼
之哀懷殄豺狼之兇黨誠賴玄穹垂祐將士輸忠大
剪寇讎尋清源野覽賊寇經繇之地洊切憫傷當城
池圍閉之時見資捍禦適因駐蹕宜示特恩應潞州
諸縣取今月二十七日已前見禁罪人除死罪外並
宜與釋放當州數縣昨經賊軍傷殘處人戶所徵今
年夏稅斛㪷錢帛三分與放一分內有村坊元不遭
賊寇殘傷者不在蠲放之限潞州昨經圍閉將校職
員同力守禦兼以大駕駐蹕迎奉無闕應在城將校
官吏職員宜令本州具名銜以聞各加恩澤昨殺戮
賊軍之處及四面山谷間屍首絶多宜令逐處官吏
差人收斂埋瘞勿令暴露逐處墳墓曾被賊軍發掘
者指揮掩閉河東及契丹敗散兵士其中有潛竄山
谷間者並令招喚不得輒有傷害如是義軍百姓便
可放歸本家若是軍人及諸色人並監送至駕前各
與穩便安排遼沁二州新屬潞州久陷賊境洊可憫
傷委本道節度使倍加安撫所有劉崇煩苛事件並

冊府元龜　帝王部 赦宥十五　卷之九十六　十六

與蠲放

二年十一月癸丑鳳翔節度王章上言收下鳳州乙
卯詔曰朕承宗祉之靈居億兆之上祗臨大寶于茲
再周每念晉漢以來朝野多故疆宇日削生聚未堪
嘗懷拯救之心與答天人之意至於夙夜不敢荒寧
求安邊拓境之謀思濟世息民之計乃眷秦鳳地接
巴邛頃屬亂離因茲阻隔千里之地大朝之聲教不
通十年之中百姓之艱苦難狀昨者興發師旅經畧
封陲皷鼙絶震於郊原蛇豕難逃於鋒刃僵尸徧野
棄甲如山秦成階等州管內將校官吏軍人百姓等

喜寃孽之逋逃舉城壘而歸順飛章送款協力同謀父老相懽山河如故而僞署鳳州節度使王環等獨迷去就尚據城池朕念彼孤危繼令招諭惜一城之士庶開三面之網羅豈期拒轍之徒不體好生之德遂令攻擊立見盪平渠帥就擒秦隴無梗宜降惟新之澤庶隆及物之恩應秦鳳階等州管內自顯德二年十一月巳前有罪犯者無問輕重一切釋放應馬步行營將士等各與恩澤其有歿於王事者自付兵馬使巳上並與贈官仍賜賻贈物城下攻殺百姓爲矢石所害致死者本戶除二稅外放免三年差徭仍

賜本家孝服絹三疋其僞署人夫州縣官並與加階減選秦城階等州歸明將士自長行以上等第支賜優給其官吏將校職員等並與加恩其中有西川人員除恩澤賞賜外如願駐留者厚與請受如願歸去者並給盤纏用慰衆情免違物性應收捉到賊軍將校一切放罪並令押送赴闕各與恩澤自何重建等歸投西川巳來訪聞管內州縣連歲饑荒百姓軍人倍加勞役科斂頻併法令滋章旣爲吾民宜革前弊今後除秋夏兩稅徵科外應僞蜀所立諸般科率名目及非理徭役一切停罷德音未該者宜令所司相次指揮

三年五月乙卯帝至自淮南是日詔免在京見禁罪人六月壬申降德音曰王者經營四方式遏亂畧懷安逸而亡戰伐則雄圖莫震有雪霜而無雨露則歲功不成日者華輅親征靈旗問罪正陽之役吳師無匹馬之歸六合之征楚甲有齊山之積今長江以北半爲我疆實賴將相協謀貔貅宣力破彼勍敵成茲茂勳宜敷曠蕩之恩用慰輕揚之俗澤流霑於勳植寵豈忘於忠勤聲教惟新甄賞斯在可特赦淮南道諸州管內見禁罪人取顯德三年六月十一日巳前

凡有違犯不問輕重並不窮問其江北諸州縣有未收復處宜令行營大將明申招諭儻能知幾變歸順朝廷其向來名位俱一切如故仍選明藩大郡厚加旌賞其軍都自長行以上並與優給其中有願歸江南者亦聽自便應隨駕淮南行營諸軍等或破敵成功或攻城効力或收降州縣或護衛乘輿咸積忠勤宜加酧奬各與等第優給從駕職官及諸色人員等從征在外奉事有勞各與加恩以奬勤幹諸州夫役自來有没於矢石者其本戶放免三年差徭仍每人支賜贈孝絹三疋淮南道諸州縣先屬江南之時頗

有非理科徭無名配率今後一切停罷事有不利於民無益於時者宜令長吏條奏以聞

四年正月巳丑詔曰朕自守丕圖嘗勤庶政念萬方之至廣終日勞心恐一物之未蘇通宵不寐屬乾元資始春日載陽升紫殿以發德音秉鎭圭而朝群后順青帝發生之令體玄穹亭育之仁思與群生同慶嘉運及物之澤罔間於幽遐作解之恩宜均於雷雨應天下見禁罪人除犯大辟外一切釋放應諸色亡命之人官中自來追捕未獲者今並放罪諸道州府應欠顯德三年終巳前秋夏稅物並與除放諸處敗

闕塲院人員自來累行徵督尚有逋欠實無抵當者宜令三司具欠分析數目聞奏別候指揮內外文武職官自前曾有犯罪停免黜削人等宜令中書門下樞密院具罪犯因繇聞奏別候進止應淮南界內百姓宜令行營將校告報諸軍不得俘虜傷害應有文學之吏武勇之人或幕府州縣官等臨事强明在任有所振舉爲衆稱譽者宜令所在長吏具名聞奏在朝文武臣僚於知識人中有如此者亦可公舉並當擢用待之厚祿於戲帝王之於億兆也教之化之納於仁壽當五兵未戢舜干暫舞於兩階洎中夏小康湯網宜開於三面用示好生之德竚遵且格之言凢被熖臨體予朕意

三月庚戌以降下壽州制曰朕受天明命繼統中區寰瀛將保於大同征伐蓋非於獲巳一昨以壽春未拔吳寇重來內外張皇烽火相接罔避躬勞之役須興再駕之師步騎長驅水陸齊進戈船砦柵一鼓盪平劉仁贍以衆意憂危援兵覆沒遣子上表瀝血求哀矜彼含生許其納款兵革之後黎庶未安念孤壘之初開解疎羅而示德宜覃在宥之澤俾安向化之心可赦壽州管內見禁罪人自今月二十一日昧爽

巳前凢有過犯無問輕重並從釋放應歸順官吏將校職員並與等第加恩壽州管界去城五十里內與放今年及明年秋夏租稅自來百姓有曾受江南文字聚集山林者押逐處長吏使臣招喚歸家並不問罪如曾有傷害者今後不得更有相酧及經官論訴兼自用兵巳來被擄刼骨肉者不計遠近並許本家識認官中給物收贖所在不得藏占曾經陣敵處所暴露骸骨仰差人收拾埋瘞自前後政令有不便於民者委本州條列聞奏當行蠲華

恭帝以顯德六年六月甲午卽位七月丙寅制赦天

下

册府元龜

册府元龜　帝王部　赦宥十五　卷之九十六

二十一